D1618239

NomosKommentar

Dr. Jens Meyer-Ladewig |
Prof. Dr. Martin Nettesheim |
Stefan von Raumer [Hrsg.]

EMRK

Europäische
Menschenrechtskonvention

Handkommentar

4. Auflage

Dr. Frauke Albrecht, Rechtsanwältin, Berlin | **Dr. Kathrin Brunozzi**, Richterin am Landgericht, Marburg | **Prof. Dr. Birgit Daiber**, LL.M.Eur., Seoul National University | **Dr. Dirk Diehm**, LL.M. Eur., Richter am Landgericht, Würzburg | **Björn Ebert**, Eberhard Karls Universität Tübingen | **Hugo Fuentes**, MSc. (LSE), Ass. iur., Frankfurt am Main | AR a Zt. **Dr. Felix Hanschmann**, Goethe-Universität Frankfurt am Main | **Prof. Dr. Stefan Harrendorf**, Ernst-Moritz-Arndt-Universität Greifswald | **Dr. Bertold Huber**, Vorsitzender Richter am Verwaltungsgericht a.D. | **Prof. Dr. Stefan König**, Rechtsanwalt und Fachanwalt für Strafrecht, Berlin | AR a.Zt. **Dr. Andreas Kulick**, LL.M. (NYU), Eberhard Karls Universität Tübingen | AR a.Zt. **Dr. Roman Lehner**, Georg-August-Universität Göttingen | **Dr. Matthias Lehnert**, Rechtsanwalt, Berlin | **Dr. Jens Meyer-Ladewig**, Ministerialdirigent a.D. | **Axel Müller-Elschner**, Rechtsreferent, Kanzlei des Europäischen Gerichtshofs für Menschenrechte| **Dr. Stephan Neidhardt**, Maître en droit, LL.M. (Paris I/ Köln), Richter am Verwaltungsgericht, Karlsruhe | **Prof. Dr. Martin Nettesheim**, Eberhard Karls Universität Tübingen | **Prof. Dr. Birgit Peters**, LL.M. (London), Universität Rostock | **Stefan von Raumer**, Rechtsanwalt, Berlin | **Dr. Denise Renger**, Bundesministerium der Justiz und für Verbraucherschutz, Berlin | **Dr. Christiane Schmaltz**, LL.M. (Univ. of Virg.), Richterin am Oberlandesgericht, Schleswig | **Susette Schuster**, Richterin am Verwaltungsgericht, Köln

 Nomos MANZ  Helbing Lichtenhahn Verlag

Die Deutsche Nationalbibliothek verzeichnet diese Publikation in
der Deutschen Nationalbibliografie; detaillierte bibliografische
Daten sind im Internet über http://dnb.d-nb.de abrufbar.

ISBN 978-3-8487-1076-8 (Nomos Verlag, Baden-Baden)

ISBN 978-3-7190-3800-7 (Helbing Lichtenhahn Verlag, Basel)

ISBN 978-3-214-01188-8 (MANZ'sche Verlags- u. Universitätsbuchhandlung GmbH, Wien)

4. Auflage 2017

Vorwort zur 4. Auflage

Der 1959 gegründete und zunächst nur mit eingeschränkten Befugnissen ausgestattete Europäische Gerichtshof für Menschenrechte in Straßburg (EGMR) hat nach seiner grundlegenden Reform im Jahr 1998 enorm an Einfluss gewonnen. Seine Bedeutung hat gerade in den vergangenen Jahren durch vermehrte Berücksichtigung der Urteile des Gerichtshofs in der höchstrichterlichen Rechtsprechung aber auch in mehreren Gesetzgebungsverfahren des Deutschen Bundestags noch erheblich zugenommen. Heute gestaltet die Europäische Menschenrechtskonvention (EMRK), und insbesondere die Rechtsprechung des Gerichtshofs, mit der sie ausgelegt und fortentwickelt wird im erheblichen Maße die Rechtswirklichkeit in den 47 Vertragsstaaten der Konvention.

Alle staatlichen Institutionen, insbesondere die Gerichte, sind in ihren nationalen Verfahren an die Konvention als unmittelbar geltendes nationales Recht gebunden. Dabei ist für sie die Auslegung der Konvention durch die Rechtsprechung des Gerichtshofs verbindlich. Nach der jüngsten Rechtsprechung des Bundesverfassungsgerichts zu den Urteilen des EGMR, mit denen dieser die Konventionswidrigkeit der bisherigen Regelungen zur Sicherungsverwahrung festgestellt hat, überwindet die Bindungswirkung der Urteile des Gerichtshofs sogar die Selbstbindung des Bundesverfassungsgerichts an seine frühere abweichende Rechtsprechung.

Werden die staatlichen Institutionen ihrer Verpflichtung zur Beachtung der Konvention nicht gerecht, kann der Gerichtshof im Wege der Individualbeschwerde des Betroffenen nach Erschöpfung des innerstaatlichen Rechtswegs angerufen werden. Er stellt die Verletzung der EMRK in einem Feststellungsurteil fest und verurteilt auf Antrag den Staat gegebenenfalls zum Schadensersatz für die erfolgte Konventionsverletzung. In einigen Fällen ordnet der Gerichtshof inzwischen auch konkrete Maßnahmen an, wie etwa die Freilassung eines Inhaftierten oder eine gebotene Gesetzesänderung.

Verstößt ein staatliches Gesetz nach Auffassung des Gerichtshofs gegen die Konvention, sind die nationalen Parlamente gem. Art. 46 EMRK verpflichtet, die entsprechenden Bestimmungen zu ändern. Solche Gesetzesänderungen fanden alleine in der Bundesrepublik Deutschland in den letzten Jahren mehrfach statt. Sie betrafen neben der Sicherungsverwahrung etwa die bisherige Ungleichbehandlung nichtehelicher Väter gegenüber ehelichen Vätern beim Sorgerecht für ihre Kinder oder die gesetzgeberische Einführung eines neuen Rechtsbehelfs gegen überlange Gerichtsverfahren, zu der der Gerichtshof dem deutschen Gesetzgeber sogar eine konkrete Frist von einem Jahr gesetzt hatte. Verletzen Gerichtsurteile oder behördliche Entscheidungen nach den Feststellungen des Gerichtshofs die Konvention, so enthält das deutsche Recht inzwischen in allen Verfahrensordnungen zwingende Wiederaufnahmegründe für das Verfahren, wenn dessen Ergebnis auf der vom Gerichtshof festgestellten Verletzung der Konvention beruhte.

Damit sind die EMRK und die umfangreiche Rechtsprechung des EGMR heute zu einem unverzichtbaren Werkzeug in der Praxis auch der deutschen Rechtsanwender geworden.

Bereits in den nationalen Gerichtsverfahren gewinnt die Konvention immer stärker an Bedeutung. Während sich zunächst vor allem im Bereich des Strafrechts die deutschen Gerichte intensiver mit der Rechtsprechung des EGMR befasst hatten, geschieht dies nun zunehmend auch in den anderen Rechtsbereichen. Wenn auch ausführliche konventionsrechtliche Erwägungen in den Entscheidungsgründen der unteren Instanzen noch eher selten sind, finden sich zwischenzeitlich nicht nur in den Entscheidungen des Bundesverfassungsgerichts, sondern in immer größerem Umfang auch in den Entscheidungen der Bundesgerichte entscheidungstragende Rückgriffe auf die Rechtsprechung des Gerichtshofs. Hier ist im besonderen Maße auch die Anwaltschaft gefordert, in ihrem Vortrag den Instanzgerichten die streitmaßgebliche Rechtsprechung des Gerichtshofs darzulegen und deren Beachtung einzufordern.

Mehrere Reformen des Gerichtshofs haben zwischenzeitlich dazu geführt, dass das Individualbeschwerdeverfahren trotz der enormen Beschwerdezahlen zu einer effizienten Rechtsverfolgungsmöglichkeit geworden ist. Seit der grundlegenden Reform des Art. 47 der Verfahrensordnung (VerfO) zum 1. Januar 2014 mit Einführung einer streng formalisierten und im Volumen beschränkten Beschwerde liefert der Gerichtshof verlässlich Entscheidungen innerhalb eines Zeitraums von zwei Jahren nach der Beschwerdeeinlegung und ist damit deutlich schneller geworden als etwa das Bundesverfassungsgericht. Er ist aber auch in Fällen akut bevorstehender Konventionsverletzungen, etwa bei drohenden Abschiebungen, dazu in der Lage, innerhalb von 24 Stunden aktiv zu werden und in Zusammenarbeit mit den nationalen Gremien einen Vollzugsaufschub zu bewirken.

Der vorliegende Kommentar gibt den Rechtsanwendern aus Verwaltung, Justiz und Anwaltschaft nun in seiner inzwischen 4. Auflage ein praktisches Werkzeug an die Hand, mit dem sie einen schnellen Zugriff auf die wesentlichsten Entscheidungen aus der Rechtsprechung des EGMR zu allen Fragen des materiellen Rechts erhalten. Er enthält zudem praktische Hinweise zum Abfassen einer Beschwerdeschrift sowie zu weiterführenden, in der Praxis hilfreichen Materialien und Leitfäden zum Individualbeschwerdeverfahren und zu den wesentlichen Grundsätzen der EMRK. Die Auswahl der für die deutschen Rechtsanwender bedeutsamsten Urteile aus der extrem umfangreichen Rechtsprechung des EGMR sowie der wichtigsten ergänzenden Materialien wurde durch ein Autorenteam von Juristen mit langjährigen Erfahrungen im Umgang mit dem Recht der EMRK sowie in der Praxis des Beschwerdeverfahrens beim EGMR getroffen. Die Spanne reicht dabei von deutschen Richtern und Rechtswissenschaftlern, die größtenteils selbst mehrjährige eigene Erfahrungen in der Prüfung von Beschwerden in der Kanzlei des Gerichtshofs erworben haben bis hin zu Rechtsanwälten, die langjährige Routine im Abfassen von Beschwerden beim Gerichtshof und in der Anwendung der EMRK im nationalen Verfahren haben, deutschlandweit und international als Referenten in der Justiz- und Anwaltsausbildung zur EMRK und zum Beschwerdeverfahren beim EGMR tätig sind und sich am ständigen Reformprozess der Konvention und des Gerichtshofs aktiv in internationalen Gremien beteiligen.

Wir, Prof. Dr. Martin Nettesheim und Rechtsanwalt Stefan von Raumer, freuen uns sehr, dass uns Dr. Jens Meyer-Ladewig, der dieses Werk als alleiniger Autor begründet und in drei Auflagen verantwortet hat, die Möglichkeit eröffnet hat, diesen Kommentar herausgeberisch und als Autoren fortzuführen. Ein Team hochrangiger Spezialisten zeichnet für die einzelnen Teilbereiche der Konvention verantwortlich. Wir bedanken uns bei unserem engagierten Autorenteam und den Mitarbeitern des NOMOS-Verlages für ihren Beitrag.

Die Herausgeber möchten Herrn Dr. Andreas Kulick herzlich danken, der mit Umsicht, Tatkraft und Gewissenhaftigkeit die redaktionelle Betreuung übernommen hat. Wir danken zudem Herrn Dr. Merlin Bendisch, Herrn Björn Ebert, Frau Ilka Englert, Herrn Christoph Fischer, Herrn Sebastian Karl, Herrn Richard Herrmann, Frau Julia Pfaffenrot, Frau Julia Marie Polder, Herrn Felix Schmidhäuser, Herrn Tengfei Xu und Frau Isolde Zeiler, die am Tübinger Lehrstuhl die Last der redaktionellen Arbeiten mit Einsatz und Tatkraft getragen haben.

Dr. Jens Meyer-Ladewig   Prof. Dr. Martin Nettesheim
Rechtsanwalt Stefan von Raumer

Inhaltsübersicht

Konvention
zum Schutze der Menschenrechte und Grundfreiheiten
Vom 4. November 1950 (BGBl. II 1952, 686)
in der Fassung der Bekanntmachung vom
22. Oktober 2010 (BGBl. II S. 1198)

Bearbeiterverzeichnis

RAin Dr. Frauke Albrecht, Berlin (Art. 29-32 EMRK)

Dr. Kathrin Brunozzi, Richterin am Landgericht, Marburg (Art. 41-46 EMRK)

Prof. Dr. Birgit Daiber, LL.M.Eur., Seoul National University (Art. 10 und 11 EMRK)

Dr. Dirk Diehm, LL.M. Eur., Richter am Landgericht, Würzburg (Art. 16 und 18 EMRK)

Björn Ebert, Eberhard Karls Universität Tübingen (Art. 36-40 EMRK)

Hugo Fuentes, MSc. (LSE), Ass. iur., Frankfurt am Main, vormals Europäischer Gerichtshof für Menschenrechte (Art. 19-25 EMRK)

AR a.Zt. Dr. Felix Hanschmann, Goethe-Universität Frankfurt am Main (1. ZP Art. 2)

Prof. Dr. Stefan Harrendorf, Ernst-Moritz-Arndt-Universität Greifswald, und *RA Prof. Dr. Stefan König*, Fachanwalt für Strafrecht, Berlin (Art. 5-7 EMRK, Protokoll Nr. 4, Protokoll Nr. 6, Protokoll Nr. 7, Protokoll Nr. 12 und Protokoll Nr. 13)

Dr. Bertold Huber, Vorsitzender Richter am Verwaltungsgericht a.D. (Art. 2 und 4 EMRK)

AR a.Zt. Dr. Andreas Kulick, LL.M. (NYU), Eberhard Karls Universität Tübingen (Art. 33 und 34 EMRK)

AR a.Zt. Dr. Roman Lehner, Georg-August-Universität Göttingen (Art. 14 EMRK)

RA Dr. Matthias Lehnert, Berlin (Art. 3 EMRK)

Dr. Jens Meyer-Ladewig, Ministerialdirigent a.D., Wachtberg (Verfasser der Vorauflagen; Mitautor, soweit Vorkommentierungen teilweise übernommen wurden)

Axel Müller-Elschner, Rechtsreferent, Kanzlei des Europäischen Gerichtshofs für Menschenrechte (Art. 26-28 EMRK)

Dr. Stephan Neidhardt, Maître en droit, LL.M. (Paris I/Köln), Richter am Verwaltungsgericht Karlsruhe (Art. 17 EMRK)

Prof. Dr. Martin Nettesheim, Eberhard Karls Universität Tübingen (Einleitung I. und II., Art. 1, 8 und 12 EMRK, 1. ZP Art. 3)

Prof. Dr. Birgit Peters, LL.M. (London), Universität Rostock (Art. 35 EMRK)

RA Stefan von Raumer, Berlin (Einleitung III., 1. ZP Art. 1 und 4-6)

Dr. Denise Renger, Bundesministerium der Justiz und für Verbraucherschutz, Berlin (Art. 13 und 47-59 EMRK)

Dr. Christiane Schmaltz, LL.M. (Univ. of Virg.), Richterin am Oberlandesgericht, Schleswig (Art. 15 EMRK)

Susette Schuster, Richterin am Verwaltungsgericht Köln (Anhang zu Art. 8 EMRK und Art. 9 EMRK)

Abkürzungen

AEUV	Vertrag über die Arbeitsweise der Europäischen Union
AnwBl	Anwaltsblatt (Zeitschrift)
Bf.	Beschwerdeführer
BGBl.	Bundesgesetzblatt
BT-Drs.	Drucksache des Deutschen Bundestages
BVerfG	Bundesverfassungsgericht
BVerfGE	Entscheidungen des Bundesverfassungsgerichts
CPT	Europäischer Ausschuss zur Verhütung von Folter und unmenschlicher oder erniedrigender Behandlung oder Strafe (vgl. das Europäische Übereinkommen v. 26.11.1987 – BGBl. II 1989, 946)
DR	Decisions and Reports (Sammlung der Entscheidungen und Beschlüsse der EKMR)
Dt. Slg.	Entscheidungen des EGMR (Deutsche Übersetzung), hrsg. von Golsong, Petzold, Furrer, Bd. 1 – 3, Köln 1976
EKMR	Europäische Kommission für Menschenrechte
EGMR	Europäischer Gerichtshof für Menschenrechte
EGMR-E	Deutschsprachige Sammlung der Entscheidungen des EGMR, hsg. von Erika und Norbert Engel, Bd., S.
EMRK	Konvention zum Schutze der Menschenrechte und Grundfreiheiten (Europäische Menschenrechtskonvention)
EuGH	Gerichtshof der Europäischen Union
EuGRZ	Europäische Grundrechtezeitung, zitiert nach Jahrgang und Seite
EUV	Vertrag über die Europäische Union
EuZW	Europäische Zeitschrift für Wirtschaftsrecht
Grundrechtecharta	Charta der Grundrechte der Europäischen Union
GK	Große Kammer
NJOZ	Neue Juristische Online-Zeitschrift
NJW	Neue Juristische Wochenschrift
NLMR	Newsletter Menschenrechte
NVwZ	Neue Zeitschrift für Verwaltungsrecht
NZA	Neue Zeitschrift für Arbeitsrecht
ÖJZ	Österreichische Juristenzeitung
PKH	Prozesskostenhilfe
Slg.	Amtliche Sammlung des EGMR (Recueil des Arrêts et Décisions; Reports of Judgments and Decisions), Heymanns, Köln, zitiert nach Jahr, Nr.
Sozialcharta	Europäische Sozialcharta v. 18.10.1961 (BGBl. II 1964, 1262)

VerfO	Verfahrensordnung des EGMR v. 4.11.1998 (Règlement de la Cour, Rules of Court) in der Fassung der Bekanntmachung vom 17.5. 2002 (BGBl. II S. 1081), mit späteren Änderungen
VN	Vereinte Nationen
WTO	Welthandelsorganisation (World Trade Organization)
Zivilpakt oder IPbpR	Internationaler Pakt über bürgerliche und politische Rechte vom 19.12.1966 (BGBl. II 1973, 1534)
ZRP	Zeitschrift für Rechtspolitik

Hinweise für den Gebrauch

Der Hinweis auf Artikel ohne Zusatz bezieht sich auf die EMRK. Entscheidungen des EGMR werden ab dieser Auflage in der Regel nur noch mit Datum, Aktenzeichen (Beschwerdenummer) und Bezeichnung der Parteien zitiert. Da sämtliche Entscheidungen mit diesen Angaben auf der Website des Gerichtshofs abrufbar sind (www.echr.coe.int. – Case-law – hudoc), haben die Herausgeber von weiteren Angaben abgesehen. Der Zugang auf der Website ist dabei zur englischen und französischen Dokumentation möglich. Am einfachsten ist der Zugang mit der Beschwerdenummer, die unter „Application number" eingegeben werden kann. Bei der Suche werden in hudoc zunächst nur die Urteile ausgewiesen, wenn man eine Entscheidung (Beschluss) sucht, muss das besonders vermerkt werden. Auch die Sprache (Englisch oder Französisch) kann gewählt werden. In dem englischen Suchformular kann unter „Case Title" der Name des Beschwerdeführers eingegeben werden, bei Namen von Gesellschaften, Parteien oder Vereinigungen kann das wegen der Übersetzung problematisch sein. Die Suche nur mit dem Namen des Beschwerdeführers genügt normalerweise. Unter „Respondent State" kann der Name des beklagten Landes in der englischen Bezeichnung eingegeben werden. Teilweise ist zusätzlich die Fundstelle in der amtlichen Sammlung angegeben, soweit die betreffende Entscheidung dort abgedruckt ist.

Literaturverzeichnis

Bjørge, Domestic Application of the ECHR: Courts as Faithful Trustees, 2015

Cançado Trindade, The Access of Individuals to International Justice, 2011

Diehm, Die Menschenrechte der EMRK und ihr Einfluss auf das deutsche Strafgesetzbuch, 2006

Dörr/Grote/Marauhn, EMRK/GG – Konkordanz-Kommentar, 2. Aufl. 2013

Dörr/Lenz, Europäischer Verwaltungsrechtsschutz, 2006

Ehlers (Hrsg.), Europäische Grundrechte und Grundfreiheiten, 4. Aufl. 2014

Esser, Auf dem Weg zu einem europäischen Strafverfahrensrecht, 2002

Ders., EMRK/IPBPR in Löwe-Rosenberg, StPO, Bd. 11, 26. Aufl. 2012

Fischer, Rheinischer Kommentar zur EMRK, Privat- und Familienleben, Art. 8 und 12, 2. Aufl. 2015

Frowein/Peukert, Europäische Menschenrechtskonvention, 3. Aufl. 2009

Grabenwarter, European Convention on Human Rights – Commentary, 2014

Grabenwarter/Pabel, Europäische Menschenrechtskonvention, Kurz-Lehrbuch, 6. Aufl. 2016

Harris/O'Boyle/Bates/Buckley, Law of the European Convention on Human Rights, 3. Aufl. 201

Hartig (Hrsg.), Trente ans de droit européen des droits de l'homme – Études à la mémoire de Wolfgang Strasser, 2007

Jacobs/White/Ovey, The European Convention on Human Rights, 6. Aufl. 2014

Jarass, EU-Grundrechte, 2005

Karpenstein/Meyer (Hrsg.), Konvention zum Schutz der Menschenrechte und Grundfreiheiten, 2. Aufl. 2015

Kilian, Die Bindungswirkung der Entscheidungen des EGMR, 1994

Kleine-Cosack, Verfassungsbeschwerde und Menschenrechtsbeschwerde, 2. Aufl. 2006

Letsas, A Theory of Interpretation of the European Convention on Human Rights, 2007

Meyer (Hrsg.), Charta der Grundrechte der Europäischen Union, 4. Aufl. 2014

Mowbray, Cases, Materials, and Commentary on the European Convention on Human Rights, 3. Aufl. 2012

Pabel/Schmahl (Hrsg.), Internationaler Kommentar zur EMRK, Loseblattsammlung, Stand: 19. Ergänzungslieferung, März 2016

Partsch, Die Rechte und Freiheiten der EMRK, 1966

Peters/Altwicker, Europäische Menschenrechtskonvention, 2. Aufl. 2012

Renzikowski (Hrsg.), Die EMRK im Privat-, Straf- und öffentlichen Recht, 2005

Reid, A Practioner's Guide to the European Convention on Human Rights, 5. Aufl. 2015

Schabas, The European Convention on Human Rights – A Commentary, 2015

Schilling, Internationaler Menschenrechtsschutz, 2. Aufl. 2010

Schwarze/Graf Vitzthum (Hrsg.), Grundrechtsschutz im nationalen und internationalen Rechts, 1983

Velu/Ergec, Convention européenne des droits de l'homme, 2. Aufl. 2014

Einleitung

I. Entstehungsgeschichte und Stand des EMRK-Menschenrechtsschutzes

Politik wird heute wesentlich durch **menschenrechtliche Argumente** 1
geprägt. Menschenrechte sind zum zentralen Bezugspunkt praktischen Denkens und Handelns geworden. Die Zahl der Menschen-
rechtsdokumente ist in den letzten sechs Jahrzehnten explosionsartig
angestiegen. Bereiche, in denen sich nicht menschenrechtliche Forderungen erheben lassen, sind kaum noch vorstellbar. Der Menschen-
rechtsdiskurs ist teilweise rein politischer Natur. Teilweise stützt er
sich auch auf Texte rechtlicher Qualität. Deren Inhalt ist aber häufig
vage, und Institutionen, die den Inhalt konkretisieren und über verbindliche Entscheidungen durchsetzen könnten, gibt es auf globaler
Ebene kaum. Die Härte dieser Menschenrechte ist gering, Recht und
Politik vermischen sich.

Die EMRK weist auf diesem Hintergrund einzigartige Züge auf. Sie 2
errichtet einen Menschenrechtsraum, in dem eine **Gerichtsbarkeit mit
obligatorischer Jurisdiktionskompetenz** zur Konkretisierung und Anwendung der Menschenrechte berufen ist. Der Europäische Gerichtshof für Menschenrechte (EGMR) kann von jeder Person, die der Gewalt eines Mitgliedstaats der EMRK unterliegt, angerufen werden.
Kein Mitgliedstaat kann sich der Jurisdiktionsgewalt entziehen oder
die Anerkennung der Urteile verweigern. Die Menschenrechte, die
die EMRK begründet, weisen damit eine erhebliche Härte auf, ihre
Effektivität ist groß. Kein anderes globales oder regionales Men-
schenrechtssystem hat diese Entwicklungsreife erlangt. Dies gilt nicht
nur für das System des inter-amerikanischen Menschenrechtsschut-

zes, sondern auch für jenes der afrikanischen Banjul-Charta. In Asien existiert bislang kein regionales Menschenrechtsschutzsystem. Hier haben sich lediglich einige regionale Organisationen in unverbindlichen Erklärungen menschenrechtlich positioniert.

3 Das Menschenrechtsregime der EMRK erstreckt sich inzwischen auf 47 Mitgliedstaaten, in denen ca. 800 Mio. Menschen leben. Es hat beinahe gesamteuropäische Geltungskraft. Der Schutzgehalt ist durch die Vereinbarung von Zusatzprotokollen, vor allem aber durch eine expansive Rechtsprechung des EGMR beständig ausgebaut worden. Die EMRK ist heute weiter denn je davon entfernt, nur jene Bedingungen zu garantieren, deren Existenz für eine würdige Lebensführung in gleicher Freiheit unabdingbar ist (menschenrechtlicher Minimalismus). Die Schutzgehalte gehen inzwischen weit über die unmittelbaren Minimalvorstellungen darüber, welche Lebensbedingungen in jedem Fall gewährleistet sein müssen und damit unverzichtbar sind, hinaus. Die Rechtsprechung schreibt der EMRK und den Zusatzprotokollen heute eine Bedeutung zu, mit der sich die Lebensverhältnisse des Menschen umfassend thematisieren lassen. In manchen Kreisen weckt dies die Sorge, dass sich das EMRK-Recht zu einem Instrument wandelt, vermittels dessen Fragen des guten Lebens, über die eigentlich politisch zu verhandeln und zu entscheiden ist, richterlich abgehandelt werden. Eine einmal getroffene Entscheidung des EGMR ist zwar theoretisch durch eine Änderung der EMRK korrigierbar; in der Praxis erscheint dies aber so gut wie ausgeschlossen.

4 Diese Sorgen haben in einzelnen Mitgliedstaaten der EMRK eine Diskussion darüber ausgelöst, ob die vermeintliche Einflussnahme des EGMR auf innerstaatliche Vorbehaltsbereiche nicht Anlass geben sollte, über die Mitgliedschaft nachzudenken. Das Protokoll Nr. 15 sieht vor, dass in die Präambel der EMRK eine Bekräftigung des **Prinzips der Subsidiarität** und eine **Anerkennung der Lehre vom Beurteilungsspielspielraum** („margin of appreciation") erfolgt. Das Protokoll bedarf der Ratifizierung durch alle 47 Mitgliedstaaten, um in Kraft zu treten. Ende Juli 2016 sind 31 Ratifikationen erfolgt. Im Übrigen ist in der Rechtsprechung des EGMR schon jetzt eine spürbare Rücknahme der Kontrolldichte zu beobachten (zB im Bereich von Art. 10: von Stoll, Mouvement Raleain, Bediat).

5 Kritischen Stimmen ist im Übrigen entgegenzuhalten, dass die EMRK nicht als Instrument geschaffen wurde, um lediglich einen minimalistischen Menschenrechtsschutz zu gewährleisten. Schon dem Grunddokument lässt sich entnehmen, dass es um die Sicherung menschen-

rechtlicher Standards geht, die den jeweiligen Anschauungen darüber entsprechen, was von Rechts wegen dem politischen oder administrativen Prozess entzogen sein soll. Der EGMR hat dies mit der Formulierung von der Konvention als „living instrument" zum Ausdruck gebracht. Die Richterinnen und Richter werden dadurch nicht der Notwendigkeit enthoben, immer von neuem zu fragen, ob eine Wegweisung so eindeutig ist, dass sie von ihnen – und nicht im demokratischen Prozess – getroffen werden kann. Richterliche Tugend verlangt Zurückhaltung und Selbstbeschränkung, gerade wenn die Überzeugung von der Überlegenheit oder besonderen Klugheit der eigenen Position besteht. Die EMRK ist kein Instrument, die Mitgliedstaaten zu klugem Handeln zu zwingen.

1. Die Gründungszeit

Die Wurzeln der EMRK liegen in der Nachkriegszeit der 1940er Jahre. Nach den schrecklichen Menschenrechtsverletzungen während des **Zweiten Weltkrieges** sollte alles Erdenkliche getan werden, um eine Wiederholung unmöglich zu machen. Der internationale Schutz der Menschenrechte wurde zu einem besonderen Anliegen der VN und mündete in die Verabschiedung der allgemeinen Erklärung der Menschenrechte. In Europa versammelten sich im Mai 1948 ca. 700 hochrangige Politiker auf dem „Haager Kongress", um die Grundlagen für eine neue Ordnung in Europa zu legen. Von herausragender Bedeutung war dabei das Ziel der Schaffung einer Menschenrechtsordnung, die einen Rückfall in die Zeit der Barbarei verhindern sollte. Aufgrund dieser Vorarbeiten gelang es in kurzer Zeit, die EMRK auszuarbeiten. Die zugrundeliegende Idee war dabei, die Allgemeine Erklärung der Menschenrechte der VN vom 10.12.1948 in ein regionales Schutzsystem zu transformieren, das mit effizienten Kontrollmechanismen ausgestattet ist. Die Beratende Versammlung des Europarats (jetzt Parlamentarische Versammlung) nahm am 9.9.1949 den Entwurf einer EMRK an. Das Ministerkomitee des Europarats bestellte einen Sachverständigenausschuss. Im Juni 1950 wurde ein Konventionsentwurf verabschiedet, den das Ministerkomitee noch in einigen Punkten änderte und dann der Beratenden Versammlung vorlegte. Die EMRK wurde am 4.11.1950 in Rom unterzeichnet. Sie trat am 3.9.1953 nach Ratifizierung durch 10 Staaten in Kraft.

6

2. Fortentwicklung durch Protokolle

7 Die EMRK wird durch **14. Zusatzprot.** geändert oder ergänzt. Das 15. und 16. Änderungsprotokoll sind noch nicht in Kraft. Die Protokolle haben das Verfahren des Menschenrechtsschutzes im Laufe der Jahrzehnte tiefgreifend geändert.[1] Darüber hinaus haben sie den Menschenrechtsschutz durch die Gewährleistung weiterer Rechte fortentwickelt.[2] Die Prot. sind zum Teil **Fakultativprotolle**, die nur für solche Vertragsstaaten gelten, die das Zusatzprot. ratifiziert haben,[3] zum Teil **Änderungsprotokolle**, die den Text der EMRK geändert haben und der Ratifizierung durch alle Vertragsstaaten bedurften.[4]

8 In der **EMRK von 1950** war das **Überprüfungsverfahren** zurückhaltend und unter Betonung mitgliedstaatlicher Einflussmöglichkeiten ausgestaltet, um noch bestehenden nationalen Empfindlichkeiten Rechnung zu tragen. Eine Individualbeschwerde, mit der sich eine Person über eine Konventionsverletzung beklagt, war nur zulässig, wenn der betreffende Vertragsstaat eine besondere Erklärung abgegeben hatte, wonach er die Zuständigkeit der Kommission auf diesem Gebiet anerkennt. Eine Individualbeschwerde musste zunächst an die EKMR gerichtet werden, die in einem vertraulichen Verfahren verhandelte. Der EKMR gehörte ein Kommissar aus jedem der Vertragsstaaten an. Sie prüfte zunächst, ob die Individualbeschwerde zulässig war. War sie es nicht, wies sie die Beschwerde zurück, was eine abschließende Entscheidung war. Wenn die EKMR die Beschwerde für zulässig erklärte, konnte die Angelegenheit durch eine gütliche Einigung aus der Welt geschafft werden. Wenn das nicht möglich war, hat die EKMR die Tatsachen festgestellt und einen Bericht über den Sachverhalt angefertigt, in dem sie zu der Frage Stellung genommen hat, ob sich aus den festgestellten Tatsachen ergibt, dass der betreffende Staat seine Verpflichtungen aus der Konvention verletzt hat. Der Bericht war dem Ministerkomitee des Europarates vorzulegen sowie den beteiligten Staaten, die nicht das Recht hatten, ihn zu veröffentlichen. Der Bf. erhielt den Bericht zunächst nicht. Die EKMR war also ein Entscheidungsorgan nur insofern, als sie die Beschwerde als unzulässig zurückweisen konnte. Über zulässige Beschwerden äußerte sie sich nur gutachtlich. Entscheidungsorgan war dann entweder der EGMR oder das Ministerkomitee des Europarates. Der EGMR konnte nur angerufen werden, wenn der betroffene Staat sei-

---

1 Insbesondere die Prot. Nr. 8, 9, 11 und 14.
2 ZB Prot. Nr. 1, 4, 6, 7, 12 und 13.
3 ZB Prot. Nr. 6 und 12.
4 ZB insbesondere Prot. Nr. 11, 14.

ne Gerichtsbarkeit durch eine ausdrückliche Erklärung anerkannt hatte. Das Recht, die Sache dem EGMR vorzulegen, hatten nach der ursprünglichen Fassung der EMRK nur die Kommission und der beteiligte Vertragsstaat. Dem Bf. ist dieses Recht erst sehr viel später, nämlich durch das 9. Prot. vom 6.11.1990, eingeräumt worden, einem Fakultativprot. Der Bf. hatte zunächst auch nicht die Stellung eines Beteiligten im gerichtlichen Verfahren. Wenn der Gerichtshof nicht angerufen wurde, entschied das Ministerkomitee des Europarats über die Frage, ob eine Konventionsverletzung vorlag. Das Ministerkomitee verhandelte in einem vertraulichen Verfahren unter Beteiligung des betroffenen Staates, nicht aber des Bf. Es ist ein politisches Organ des Europarates, in dem die Vertragsstaaten durch Regierungsvertreter vertreten sind, nämlich die Außenminister oder deren Beauftragte. Wenn der EGMR in der Sache entschied, erging nach einem gerichtsförmigen Verfahren ein Urteil. Wenn das Ministerkomitee entschied, war dies gleichfalls eine für den betroffenen Staat bindende Entscheidung. EKMR und EGMR waren keine ständigen Institutionen, die Mitglieder waren nebenamtlich tätig und trafen zu Sitzungsperioden in Straßburg zusammen. Sie waren nicht Bedienstete des Europarates und bezogen kein Gehalt, sondern eine Aufwandsentschädigung.

Das am 1.11.1998 in Kraft getretene **11. Prot. zur EMRK** hat das 9 Überwachungssystem grundlegend geändert. Die Reform war notwendig geworden, weil die bisherigen Mechanismen zu kompliziert und schwerfällig waren, weshalb man mit ihnen eine große und immer weiter ansteigende Zahl von Individualbeschwerden nicht bewältigen konnte. Als einziges Entscheidungsorgan ist der nunmehr ständige EGMR geschaffen worden. Die Richter sind Bedienstete des Europarates und residieren in Straßburg. Eine besondere Unterwerfungserklärung der Staaten ist wegen der Gerichtsbarkeit des EGMR nicht mehr erforderlich. Jeder Bürger kann eine Beschwerde, mit der er geltend macht, dass er in einem seiner Konventionsrechte verletzt worden ist, unmittelbar an den EGMR richten. Eine Vorprüfung durch eine EKMR findet nicht mehr statt. Das Ministerkomitee ist nicht mehr Entscheidungsorgan, sondern wird auf die Aufgabe beschränkt, die Durchführung der Urteile des EGMR zu überwachen (Art. 46 Abs. 2 EMRK). Der Gerichtshof entscheidet in einem gerichtsförmigen Verfahren mit den üblichen rechtsstaatlichen Garantien. Damit sind die Europaratsstaaten zu den Anfängen der Bewegung zurückgekehrt, der wir die Konvention verdanken. Sie haben schließlich den Vorschlag des Europäischen Kongresses vom Mai 1948 angenommen, einen Europäischen Gerichtshof für Menschenrechte zu schaffen, der über die Einhaltung eines Katalogs von Grund- und Freiheitsrechten wacht und von den einzelnen Bürgern angerufen werden kann. Der Gerichtshof übernimmt damit gewisse Funktionen eines **europäischen Verfassungsgerichts.** Mit seiner Rechtsprechung gewährleistet er, dass beim Schutz der Menschenrechte einheitliche Rechtsgrundsätze in ganz Europa gelten.

10 Das **14. Protokoll** hat den Rechtsschutzmechanismus erneut erheblich geändert.[5] Es ist nach Ratifizierung durch alle Konventionsstaaten am 1.6.2010 in Kraft getreten. Schon vorher sind Teile des Prot. angewendet worden. Das ist ermöglicht worden durch das Madrider Abkommen vom 12.5.2009,[6] das für die Mitgliedsstaaten die Möglichkeit geschaffen hat, in Verfahren gegen sie bestimmte Vorschriften des 14. Prot. vorläufig für anwendbar zu erklären. In Verfahren gegen Deutschland haben aufgrund einer Erklärung Deutschlands vom 2.6.2009 Art. 24 Abs. 2, 26 Abs. 1, 2, 27 und 28 EMRK id Fassung des 14. Prot. gegolten. Auch das Prot. 14*bis* diente dem Ziel, die Geltung von Teilen des 14. Prot. vorzuziehen, obwohl noch nicht alle Staaten das Änderungsprot. ratifiziert hatten. Nach Art. 7 Prot. 14*bis* konnten die Mitgliedsstaaten erklären, dass es für sie provisorisch anwendbar ist.[7] Dieser unübersichtliche Rechtszustand ist nunmehr durch Inkrafttreten des 14. Prot. beendet. Mit seinem Inkrafttreten ist das 14. Protokoll nach Art. 20 Abs. 1 auf alle beim Gerichtshof anhängigen Beschwerden und auf alle Urteile, deren Durchführung das Ministerkomitee überwacht, anzuwenden. Für die neuen Zulässigkeitsvoraussetzungen sind in Art. 20 Abs. 3 Übergangsvorschriften vorgesehen, auf die bei den jeweiligen Artikeln hingewiesen wird. Das gilt auch für Art. 21 mit einer Übergangsregelung für die neue Amtszeit der Richter. Die Entscheidungsmöglichkeit für einen Einzelrichter, der Individualbeschwerden nach Art. 26 Abs. 1, 27 EMRK für unzulässig erklären kann, wenn das ohne weitere Prüfung möglich ist, beschleunigt das Verfahren. Auch der Richterausschuss kann wie bisher eine solche Entscheidung treffen, nach Art. 28 EMRK nunmehr aber auch Beschwerden für zulässig erklären und durch Urteil über die Begründetheit entscheiden, wenn die zu entscheidende Frage der Auslegung oder Anwendung der Konvention oder ihrer Prot. Gegenstand einer gefestigten Rechtsprechung des EGMR ist. Das wird für die weitaus meisten Beschwerden zutreffen. In Art. 35 Abs. 3 lit. b EMRK wird eine neue Zulässigkeitsvoraussetzung geschaffen: Der EGMR erklärt eine Individualbeschwerde für

---

5 BGBl. 2006 II 138.
6 BGBl. 2009 II 823.
7 Vgl. dazu *Meyer-Ladewig/Petzold*, NJW 2009, 3749 (3752 unter 5).

unzulässig, wenn dem Bf. kein erheblicher Nachteil entstanden ist, sofern nicht die Achtung der Menschenrechte nach der Konvention eine Prüfung erfordert und vorausgesetzt, dass die Sache von einem staatlichen Gericht gebührend geprüft worden ist.

Die wichtigsten Änderungen durch das **15. Protokoll** (24.6.2013) be-   11
treffen das Höchstalter der Richter und die Frist zur Einlegung der Individualbeschwerde: Art. 21 EMRK senkt das Höchstalter der Richter bei ihrer Wahl von 70 auf 65 und die sechsmonatige Frist nach Art. 35 Abs. 1 EMRK wird auf vier Monate verkürzt. Zudem werden das **Subsidiaritätsprinzip** und der **Beurteilungsspielraum** der Vertragsstaaten in der Präambel verankert. Die Bundesrepublik Deutschland hat das 15. Zusatzprotokoll bereits als Gesetz beschlossen.[8]

Das den Konventionstext ergänzende **16. Protokoll** (2.10.2013) sieht   12
vor, dass sich letztinstanzliche Gerichte mit Fragen hinsichtlich der Auslegung und Anwendung der Rechte und Freiheiten der EMRK an den EGMR („Advisory Opinion") bezüglich der bei ihnen anhängigen Fälle wenden können. Dieses Protokoll tritt schon mit 10 Ratifikationen in Kraft.

Zurzeit (am 30.7.2016) gibt es **47 Vertragsstaaten.** Seit dem Beitritt   13
der früheren DDR zur Bundesrepublik Deutschland am 3.10.1990 findet die EMRK auch auf das Gebiet der früheren DDR Anwendung.

II. Status, Geltung und Auslegung der EMRK

Die EMRK ist ein **völkerrechtlicher Vertrag,** der von den Mitglied-   14
staaten des Europarates ausgearbeitet worden ist. Die **Satzung des Europarates** vom 5.5.1949 sieht in Art. 1 Buchst. b) als Aufgabe des Europarates den Schutz und die Fortentwicklung der Menschenrechte und Grundfreiheiten vor. Die Präambel der EMRK greift darauf zurück und bekräftigt den tiefen Glauben an die Grundfreiheiten, "welche die Grundlage von Gerechtigkeit und Frieden in der Welt bilden und die am besten durch eine wahrhaft demokratische politische Ordnung sowie durch ein gemeinsames Verständnis und eine gemeinsame Achtung der diesen Grundfreiheiten zugrunde liegenden Menschenrechte gesichert werden" kann. Die EMRK ist eine sog **geschlossene Konvention,** sie kann nur von Mitgliedern des Europarats ratifiziert werden (Art. 59 EMRK). Auch umgekehrt gibt es eine Verbindung. Neue Mitgliedstaaten werden in den Europarat nur

---

8 BGBl. 2014 II 1034.

aufgenommen, wenn sie die EMRK und die Prot. dazu zeichnen. Die Verbindung der EMRK zum Europarat wird auch dadurch deutlich, dass die Kosten des Gerichtshofs vom Europarat getragen werden (Art. 50 EMRK). Das Ministerkomitee des Europarats überwacht die Durchführung der endgültigen Urteile des EGMR (Art. 46 Abs. 2 EMRK).

1. Die EMRK als völkerrechtlicher Vertrag

15 Die EMRK und ihre Protokolle werden für die Vertragsstaaten **mit Ratifizierung** verbindlich. Sie begründen unmittelbar die Verpflichtung, den der Jurisdiktion der Vertragsstaaten unterstehenden Personen die Konventionsrechte zu sichern (Art. 1 EMRK) („**unmittelbare Wirksamkeit**"). Diese Rechte werden unmittelbar durch das Völkerrecht geschaffen. Es ist also nicht so, dass die EMRK den Vertragsstaaten die Verpflichtung auferlegt, in ihrem innerstaatlichen Recht Garantien dieser Art vorzusehen. Weitere völkerrechtliche Verpflichtungen, die aus der EMRK folgen, sind zB die aus Art. 34 S. 2 EMRK, nämlich die wirksame Ausübung des Rechts, eine Individualbeschwerde einzulegen, nicht zu behindern, weiter die sich aus Art. 38 Abs. 1 lit. a EMRK ergebende Verpflichtung, alle zur wirksamen Durchführung der Ermittlungen erforderlichen Erleichterungen zu gewähren. Dazu gehört auch die Verpflichtung aus Art. 46 Abs. 1 EMRK, das endgültige Urteil des Gerichtshofs zu befolgen. Die EMRK enthält keine Aussagen darüber, welchen Rang ihre Normen in der mitgliedstaatlichen Ordnung einnehmen sollen (→ Rn. 17).

16 Die **Amtssprachen** des Gerichtshofs sind die des Europarats, also Englisch und Französisch (Art. 34 Abs. 1 VerfO). Die Beschwerde kann aber in der Sprache eines Mitgliedstaats verfasst werden, also bei einem Bf. aus Deutschland in der deutschen Sprache. Dasselbe gilt für alle Schriftsätze bis zur Mitteilung der Beschwerde an den beklagten Staat (Art. 34 Abs. 2 VerfO). Danach müssen Schriftsätze in einer der Amtssprachen abgefasst sein. Dasselbe gilt für Ausführungen in der mündlichen Verhandlung. Nach Art. 34 Abs. 3 VerfO kann der Kammerpräsident den weiteren Gebrauch der Amtssprache einer Vertragspartei, also auch der deutschen Sprache, genehmigen. Schriftsätze und mündliche Ausführungen der Regierung müssen in einer Amtssprache abgefasst sein, der Präsident kann aber Ausnahmen zulassen. Dann müssen aber die Vertragsstaaten die Übersetzungskosten tragen (Art. 34 Abs. 4 lit. b VerfO).

Meyer-Ladewig/Nettesheim

2. Geltung der EMRK in den mitgliedstaatlichen Rechtsordnungen

Die EMRK überlässt es den Vertragsstaaten, wie sie ihren völker- **17** rechtlichen Verpflichtungen aus der EMRK folgen wollen. Sie sind dazu verpflichtet, dafür zu sorgen, dass ihr internes Recht mit der Konvention vereinbar ist,[9] so dass die Behörden und Gerichte die Konvention in der Auslegung des Gerichtshofs anwenden können. Das setzt voraus, dass die Kenntnis der Straßburger Rechtsprechung erleichtert wird.[10]

In der **Bundesrepublik Deutschland** gehört die Konvention nicht zu **18** den allgemeinen Regeln des Völkerrechts (Art. 25 GG), die nach herrschender Auffassung im Rang zwischen Verfassung und Gesetz stehen. Der Gesetzgeber hat die Zustimmung zur völkerrechtlichen Bindung und die Vollzugsanordnung mit Gesetz nach Art. 59 Abs. 2 GG getroffen. Die ganz überwiegende Auffassung geht davon aus, dass den Konventionsbestimmungen der Rang eines innerstaatlichen Gesetzes zukommt.[11] Sie sind Teil des geltenden Bundesrechts und damit unmittelbar anwendbar, ohne dass es einer Transformation bedürfte. Ihre Bestimmungen sind von Legislative, Gubernative, Verwaltung und Judikative ohne Weiteres einzuhalten.[12]

Das Grundgesetz zwingt die deutschen Staatsorgane, das deutsche **19** Recht konventionsfreundlich auszulegen. Der Grundsatz der **völkerrechtsfreundlichen Auslegung** besagt, dass die Bestimmungen des deutschen Rechts soweit irgend möglich so auszulegen und anzuwenden sind, dass das Ergebnis mit der Konvention im Einklang steht.[13] Auch bei der Bestimmung des Inhalts und der Reichweite von Grundrechten des GG ist die Rechtsprechung des EGMR zu beachten.[14] Im Grundsatz folgt daraus, dass die Fachgerichte der Rechtsprechung des EGMR zu folgen haben, wenn nicht besondere Umstände vorliegen.[15] Grenzen bestehen, wenn die Rechtsprechung des EGMR methodisch nicht haltbar ist oder mit grundgesetzlichen Vor-

---

9   EGMR 17.2.2004 – 39748/98, Slg 04-I Rn. 47 – *Maestri/Italien.*
10 EGMR 10.6.2008 – 33729/06 Rn. 62, 65 – *Martius Castro ua/Portugal.*
11 Vgl. BVerfGE 128, 326 (367 ff.); kritisch etwa: E. *Klein*, JZ 2014, 2276; *Breuer*, NVwZ 2005, 412; *Ruffert*, EuGRZ 2007, 245.
12 BVerfGE 111, 307 (317, 329); *Sauer*, ZaöRV 2005, 35.
13 BVerfGE 111, 307 (315); BVerfGE 11, 153 (161); vgl. *Klein*, LKV 2003, 74.
14 EMRK als „Auslegungsvorgabe": BVerfG 74, 358 (370); schon früher BVerfG 15, 245 (251); *Frowein*, Festschrift 50 Jahre BVerfG S. 209, 218 (219); näher Art. 46 Rn. 17 ff.
15 BVerfGE 74, 358 (370); BVerfGK 12, 37 (40); BVerfGK 11, 153 (159).

gaben kollidiert.[16] Eine Verfassungsbeschwerde kann nicht unmittelbar auf die Verletzung der EMRK gestützt werden.[17]

20 Die Verpflichtungen der EMRK werden **zeitlich** mit der Ratifizierung wirksam. Auf vor diesem Tage liegende Handlungen oder Unterlassungen staatlicher Stellen kann eine Beschwerde nicht gestützt werden. Sie wäre sonst ratione temporis unzulässig.[18] Diese Regel wird uneingeschränkt angewendet bei einem einmaligen Eingriff mit negativen Folgen, zB bei der Beschlagnahme von Gegenständen, auch wenn die Folgen fortwirken[19] oder einer Enteignung.[20] Wird die Verfahrensdauer nach Art. 6 Abs. 1 gerügt, kann der Gerichtshof nur die nach Ratifizierung verstrichene Zeit zugrunde legen, er berücksichtigt aber den Stand des Verfahrens und insoweit auch die vorher verstrichene Zeit.[21]

3. EMRK und Europäische Union

21 Die Europäische Union (EU) ist nicht Mitglied der EMRK. Der EuGH hat den Entwurf einer Beitrittsübereinkunft mit Gutachten vom 18.12.2014 für EU-vertragswidrig erklärt.[22] Das Gutachten ist auf starke Kritik gestoßen und überzeugt nicht.[23] Der EuGH begründete dieses Ergebnis hauptsächlich mit der Wahrung der Autonomie und der Effektivität des Unionsrechts. Ein jedenfalls kurzfristiger Beitritt ist damit unwahrscheinlich geworden. Bis zum Beitritt ist das **Verhältnis des EGMR zum EuGH unverändert.**[24]

22 Ungeachtet dessen prägen die EMRK und die Rechtsprechung des EGMR die Grundrechtsjudikatur der EU-Gerichte in erheblichem Umfang. Die normativen Grundlagen finden sich seit dem Inkrafttreten des Vertrages von Lissabon am 1.12.2009 in Art. 6 Abs. 3 des EU-Vertrages. Danach sind **die Grundrechte, wie sie in der EMRK „gewährleistet sind** und wie sie sich aus den gemeinsamen Verfassungsüberlieferungen der Mitgliedsstaaten als allgemeine Grundsätze des Gemeinschaftsrechts ergeben, als allgemeine Grundsätze und Teil des Unionsrechts" anzuerkennen. Im Zentrum des unionsrechtlichen

---

16 BVerfGE 128, 326 (366 ff.).
17 BVerfGE 111, 307 (317); BVerfGK 3, 4 (8).
18 Vgl. Art. 34 Rn. 14, Art. 35 Rn. 5, 42 ff.
19 EGMR 7.11.2002 – 37571/97 Rn. 55 – *Veeber/Lettland* Nr. 1.
20 Art. 1 Zusatzprot. Rn. 55 ff.
21 ZB EGMR 30.10.2003 – 32984/96 Rn. 27 – *Alfatli ua/Türkei*.
22 EuGH, Gutachten 2/13, ECLI:EU:C:2014:2454.
23 ZB *Breuer*, EuR 2015, 330; *Nettesheim*, Die EU als Staat, FAZ vom 5.2.2015, S. 6.
24 Vgl. Art. 1 Rn. 11-13.

Grundrechtsschutzes steht inzwischen die – zum Teil des EU-Primärrechts gehörende – „Charta der Grundrechte der Europäischen Union". Die Befruchtung der unionalen Grundrechtsrechtsprechung durch Judikate des EGMR ist aber unübersehbar. Der EuGH berücksichtigt bei der Anwendung der EMRK die Rechtsprechung des EGMR, wie auch der EGMR die Rechtsprechung des EuGH in Betracht zieht.

4. Auslegung der Konvention durch den EGMR

Als völkerrechtlicher Vertrag ist die Konvention nach den allgemein geltenden Regeln auszulegen, also auch im Lichte der **Wiener Vertragsrechtskonvention** von 1969.[25] Nach Art. 31 Abs. 1 dieser Konvention sind sowohl Ziel und Zweck des völkerrechtlichen Vertrags zu berücksichtigen als auch die Übung bei der Anwendung (Art. 31 Abs. 3). Die Vorarbeiten zur EMRK werden herangezogen. Als Grundsatz gilt, dass der Gerichtshof die EMRK so weit wie möglich im Einklang mit anderen Grundsätzen des Völkerrechts auslegt und andere internationale Vereinbarungen berücksichtigt, selbst dann, wenn der beklagte Staat sie nicht gezeichnet oder ratifiziert hat.[26]   23

Der EGMR hat wiederholt ausgesprochen, dass er die EMRK als **lebendes Instrument** (living instrument) versteht. Das bedeutet, dass er bei seiner Rechtsprechung den gewandelten wirtschaftlichen und sozialen Verhältnissen und ethischen Auffassungen Rechnung trägt. Die Folge ist eine stetige Fortentwicklung des Menschenrechtsschutzes durch die Rechtsprechung des EGMR. Aus diesem Grunde ist es erforderlich, die Rechtsprechung zu den einzelnen Konventionsartikeln heranzuziehen, um den von der Konvention gewährten Schutz in seiner jetzigen Ausübung zu erfassen.[27]   24

Das Verständnis der Konvention als lebendes Instrument und ihre Auslegung im Lichte der heutigen Umstände führt in Teilbereichen dazu, dass der Gerichtshof **höhere Anforderungen** an das zu erreichende Menschenrechtsniveau stellt. Er ist zB dazu übergegangen, bei der Unterscheidung zwischen Folter und unmenschlicher oder erniedrigender Behandlung strenger zu sein.[28]   25

---

25 Dazu EGMR 29.1.2008 – 13229/03 Rn. 61 f.– *Saadi/Vereinigtes Königreich.*
26 EGMR 8.4.2014 – 31045/10 Rn. 77 – *The National Union of Rail, Maritime and Transport Workers/Vereinigtes Königreich*; EGMR 12.11.2008 – 34503/97 Rn. 69 ff., 78 – *Demir u Baykara/Türkei*; EGMR 12.12.2001 – 52207/99 Rn. 55-58 – *Bankovic/Nato-Staaten*; zur Haager Konvention über Kindesentführungen vgl. EGMR 26.11.2013 – 27853/09 – *X./ Lettland.*
27 Vgl. *Rudolf/von Raumer*, AnwBl 2009, 318.
28 EGMR 28.7.1999 – 25803/94 Rn. 101 – *Selmouni/Frankreich.*

26 Der Gerichtshof legt die Konvention unter Berücksichtigung ihres Zieles aus, einen **wirksamen Menschenrechtsschutz** sicherzustellen. Er hat wiederholt ausgesprochen, dass Ziel und Zweck der Konvention sei, Rechte zu schützen, die **nicht theoretisch oder scheinbar, sondern praktisch und wirksam sind**. Das wirkt sich zB dadurch aus, dass der Gerichtshof bei der Auslegung von Art. 1 Zusatzprot. nicht nur eine förmliche Enteignung, sondern auch eine faktische Enteignung berücksichtigt. Damit verbunden ist, dass der Gerichtshof in der Konvention verwandte Begriffe sehr häufig **autonom** auslegt und dabei nicht auf die Auslegung durch das innerstaatliche Recht abstellt. Das gilt zB für den Begriff der „zivilrechtlichen Ansprüche und Verpflichtungen" in Art. 6 Abs. 1 EMRK und für die Frage, ob eine Vereinigung im Sinne des Art. 11 EMRK eine öffentlich-rechtliche Körperschaft ist oder ein privatrechtlicher Verein. Der Gerichtshof geht bei seiner Rechtsprechung davon aus, dass in solchen Fällen die Einordnung durch das innerstaatliche Recht nur von begrenztem Wert ist und nicht mehr als ein Ausgangspunkt. Wenn die Vertragsstaaten über die Anwendung oder Nichtanwendung der Konventionsgarantien in ihrem innerstaatlichen Recht entscheiden könnten, würde ihnen das zu viel Freiheit einräumen, was zu Ergebnissen führen könnte, die mit Zweck und Zielsetzung der Konvention unvereinbar wären.

27 Andererseits geht der Gerichtshof bei Anwendung der Konvention davon aus, dass die Vertragsstaaten regelmäßig einen **Ermessensspielraum** („margin of appreciation") haben. Das gilt insbesondere für die Ausnahmeregelung in den Abs. 2 der Art. 8 bis 11. Der Gerichtshof nimmt an, dass es nicht seine Aufgabe sei, sich bei seiner Überwachung an die Stelle der staatlichen Behörden und Gerichte zu setzen. Er prüft vielmehr unter dem Gesichtspunkt des jeweiligen Konventionsartikels die Entscheidung, die jene Behörden in Wahrnehmung ihres Ermessensspielraums getroffen haben. Dabei betrachtet der Gerichtshof den angefochtenen Eingriff im Lichte aller Umstände des Falles, um zu bestimmen, ob die von den staatlichen Behörden zu seiner Rechtfertigung angeführten Gründe „stichhaltig und ausreichend" sind.[29] Der Gerichtshof prüft dabei auch, ob ein Eingriff **verhältnismäßig** war, um ein nach der Konvention rechtmäßiges Ziel zu erreichen. Es ist nicht zu verkennen, dass er dabei durchaus in Einzelheiten eines Sachverhalts geht.

---

29 EGMR 21.1.1999 – 29183/95 Rn. 45 – *Fressoz u. Roire/Frankreich*.

Meyer-Ladewig/Nettesheim

Ein wesentlicher und vom Gerichtshof immer wieder betonter 28
Grundsatz ist derjenige der **Subsidiarität**.[30] Die Leitgedanken sind:
Nach Art. 1 sind in erster Linie die staatlichen Behörden, insbesondere die staatlichen Gerichte, für die Anwendung und Durchsetzung
der Konvention verantwortlich. Der Beschwerdemechanismus der
Konvention ist gegenüber staatlichen Schutzsystemen subsidiär. Das
kommt in Art. 13 und 35 EMRK zum Ausdruck. Zweck des Art. 35
EMRK, nach dem die innerstaatlichen Rechtsbehelfe vor Einlegung
einer Beschwerde an den Gerichtshof erschöpft sein müssen, ist es,
den Konventionsstaaten die Möglichkeit zu geben, vorher Verstöße
gegen die Konvention abzustellen. Das beruht auf der Annahme,
dass das staatliche Recht wirksame Rechtsbehelfe zur Verfügung
stellt, wie es Art. 13 EMRK, aber auch Art. 6 EMRK, verlangt. Das
Schutzsystem nach der Konvention kann nur funktionieren, wenn
die Konventionsstaaten ihren Verpflichtungen aus Art. 6 EMRK folgen und ein wirksames Gerichtssystem schaffen. Wäre es anders, versuchten die Mitgliedsstaaten, ihre häuslichen Probleme nach
Straßburg zu verlagern, würde der Gerichtshof in Beschwerden er-
trinken. Das Konventionssystem ist ein Kooperationsmodell. Das
Subsidiaritätsprinzip hat den Gerichtshof im Fall *Kudla* dazu bewogen anzunehmen, dass Art. 13 EMRK einen Rechtsbehelf auch gegen
eine überlange Verfahrensdauer verlangt.

Der Gerichtshof legt **dieselben Maßstäbe** an: einerlei, gegen welchen 29
Vertragsstaat sich die Beschwerde richtet, ob es sich um eine seit langem etablierte westliche Demokratie oder um einen neuen Mitgliedsstaat aus Mittel- oder Osteuropa handelt. Der Gerichtshof ist aber
bereit, besondere Umstände und die Geschichte eines beklagten Staates in Betracht zu ziehen, die sich auch aus Besonderheiten des Über-
gangs von einer Diktatur in eine Demokratie ergeben können.

Bei der Auslegung hat der Gerichtshof festgestellt, dass die meisten 30
Konventionsgarantien gegen willkürliche Eingriffe durch staatliche
Behörden schützen und deswegen **Freiheitsrechte, negative Rechte,
Abwehrrechte** geben. Es gibt einige Vorschriften, die den Staat ausdrücklich zu **positiven Handlungen** verpflichten, zB Art. 3 Prot. Nr. 1
zur Organisation von Wahlen. Mehr und mehr kommt der Gerichtshof aber zu dem Ergebnis, dass sich auch aus den klassischen Freiheitsrechten Verpflichtungen zu positiven Handlungen ergeben, um
einen wirksamen Schutz der betroffenen Rechte zu garantieren. Der
Gerichtshof hat das insbesondere zu den Art. 2, 3, 6, 8, 10 und 11

---

30 ZB EGMR 26.10.2000 – 30210/96 (GK) Rn. 152; zur Erschöpfung innerstaatlicher Rechtsbehelfe: EGMR 24.10.2013 – 71825/11 Rn. 52 ff. – *Housein/Grie-
chenland*; EGMR 29. 5. 2012 – 53126/07 – *Taron/Deutschland*.

EMRK, aber auch zu anderen Art. ausgesprochen.[31] So hat er die Vertragsstaaten insbesondere für verpflichtet gehalten, **wirksame Ermittlungen anzustellen,** wenn staatliche Stellen gegen Art. 2 oder 3 EMRK verstoßen haben.[32] Der Staat wird auch für verpflichtet gehalten, ausreichende gesetzliche Maßnahmen zum Schutze der Menschenrechte, zB zum Schutze des Lebens in Art. 2, zu treffen.

31   Der Gerichtshof wird nur auf Beschwerde tätig (Art. 34, 35), insoweit herrscht die Dispositionsmaxime. Seine **Prüfung erstreckt sich nur auf die in einer Beschwerde vorgetragenen Tatsachen.** Eine Ausnahme hat der Gerichtshof für den Fall anerkannt, dass Gefangenenpost mit dem Stempel "Zensiert" bei ihm angekommen ist.[33] Auch für Art. 34 EMRK zieht der Gerichtshof das in Betracht.[34] Eine solche Verfahrensweise ist eine Anomalie, die auf enge Ausnahmefälle beschränkt sein sollte, weil sie das Konventionssystem sprengt.

32   **Die rechtliche Prüfung vorgetragener Tatsachen erfolgt von Amts wegen** (iura novit curia). Es kann nicht zweifelhaft sein, dass der Gerichtshof befugt ist, den vom Bf. vorgetragenen Sachverhalt unter jedem rechtlichen Gesichtspunkt zu prüfen, also auch darauf, ob vom Bf. nicht angeführte Art. der Konvention und ihrer Prot. verletzt sind. Er kann auch die vorgetragenen Tatsachen anders beurteilen als der Bf. Insoweit gilt nichts Anderes als für die staatlichen Gerichte („da mihi factum, dabo tibi ius"; „iura novit curia"). Der Gerichtshof hat diese Befugnis in mehreren Fällen ausdrücklich für sich in Anspruch genommen und ausgesprochen, **dass er im Rahmen der Zulässigkeitsentscheidung jede Tatsachen- und Rechtsfrage prüfen kann.**[35]

33   **Wenn der Bf. Verletzung mehrerer Art. rügt,** weist der Gerichtshof uU darauf hin, das Schwergewicht der Beschwerde betreffe einen dieser Art. und legt ihn seiner Prüfung zu Grunde.[36]

34   **Beispiele:** In der Sache *Bursuc/Rumänien*[37] hat der EGMR bei einer Rüge der Verletzung von Art. 3 EMRK auch geprüft, ob Art. 2

---

31   Übersicht in EGMR 16.3.2000 – 23144/93, Slg 00-III Rn. 42 – *Özgür Gündem/Türkei*; vgl. zu Art. 2 Rn. 9, Art. 3 Rn. 7, Art. 8 Rn. 2.
32   Art. 2 Rn. 20; Art. 3 Rn. 14; Art. 4 Rn. 7 ff.
33   Vgl. Art. 8 Rn. 95.
34   Vgl. EGMR 14.6.2005 – 92/03 Rn. 20, 29 – *Pisk u. Piskewski/Polen*; vgl. auch Rn. 40.
35   ZB EGMR 10. 1. 2012 – 22251/07 – *G. R./Niederlande*; EGMR 31.5.2005 – 25165/99 Rn. 88 – *Akdeniz/Türkei*; weiter EGMR 19.2.1998 – 14967/89, Slg 98-I Rn. 44 – *Guerra ua/Italien*; EGMR 21.2.1990 – 9310/81, Serie A, Bd. 172, Rn. 29 – *Powell u. Rayner/Vereinigtes Königreich*; EGMR 28.10.1998 – 24760/94, Slg 98-VIII Rn. 132 – *Assenov ua/Bulgarien*.
36   ZB EGMR 29.10.2006 – 23848/04 Rn. 47 – *Wallova u. Walla/Tschechien*.
37   EGMR 12.10.2004 – 42066/98 Rn. 93-96.

EMRK verletzt sei, in den Sachen *Poltorachenko/Ukraine*[38] und *Khudoyorov/Russland*[39] hat er von Amts wegen geprüft, ob die Dauer des Verfahrens gegen Art. 6 EMRK verstieß. Dabei hat er nicht nur den Beschwerdevortrag, sondern auch eingereichte Urkunden herangezogen. Im Fall *Chamaiev ua/Georgien* und *Russland*[40] hat der Gerichtshof von sich aus geprüft, ob Art. 34 EMRK verletzt ist, dann aber von einer Prüfung der Art der Auslieferung abgesehen, weil sie nicht von der Zulässigkeitsentscheidung gedeckt sei (Nr. 488).

In vielen Fällen ist der Gerichtshof **anders verfahren und hat nicht geprüft,** ob ein anderer Art. verletzt war, dessen Verletzung der Bf. nicht gerügt hatte.[41] Das ist nicht konsequent. Der Gerichtshof sollte in jedem Fall eine umfassende rechtliche Prüfung vornehmen. Dazu gehört auch, dass er über die Anwendbarkeit von Art. von Amts wegen entscheidet und nicht Hinweise der Regierung auf die Nichtanwendbarkeit als verspätete Einwendung der Unzulässigkeit zurückweist.[42] Zur Prüfung der Zulässigkeit: → Art. 35 Rn. 5. In klaren Fällen begnügt sich der EGMR manchmal mit dem Hinweis, der beklagte Staat habe eingeräumt, dass ein Konventionsart. verletzt sei.[43] Auch das ist nicht konsequent, denn er muss von Amts wegen prüfen, kann sich aber auf eine kurze Begründung beschränken, zB dass er keinen Anlass sehe, das anders zu beurteilen.   35

Der Gerichtshof entscheidet nicht darüber, ob eine Gesetzgebung oder Praxis insgesamt konventionswidrig ist, **sondern beschränkt sich auf die Prüfung des gerügten Einzelfalls.**[44] Es kann aber vorkommen, dass die im Einzelfall gerügte Verletzung der Konvention durch ein Gesetz selbst geschehen ist.   36

Entscheidung **bei der Rüge mehrerer Verletzungen desselben Art.:** Der EGMR verfährt unterschiedlich. Wenn der gerügte weitere Gesichtspunkt schon bei der Prüfung eines anderen Teils der Vorschrift behandelt worden ist, stellt der EGMR häufig fest, dass eine weitere   37

---

38 EGMR 18.1.2005 – 77317/01 Rn. 25.
39 EGMR 8.11.2005 – 6847/02 Rn. 209.
40 EGMR 12.4.2005 – 36378/02, Slg 05-III Rn. 468.
41 ZB EGMR 16.9.2004 – 11103/03 – *Ghiban/Deutschland* zu Art. 8.
42 Wie in EGMR 20.7.2004 – 38805/97 Rn. 31 – *K./Italien.*
43 ZB EGMR 26.6.2008 – 40322/02 Rn. 10 f. – *Petaukhov/Russland.*
44 Vgl. aber wegen der Praxis überlanger Gerichtsverfahren in Italien EGMR 28.7.1999 – 33440/96 – *Ferrari/Italien*; EGMR 10.1.2012 – 42525/07 u 60800/08 – *Ananyev ua/Russland* für strukturelle Mängel und Musterverfahren zu Art. 46.

Prüfung nicht notwendig ist und bringt im Tenor zum Ausdruck, dass insoweit kein selbstständiger Streitpunkt bestehe.[45]

38 Der EGMR verfährt auch nicht einheitlich, wenn **zu demselben Art. getrennte Rügen** erhoben werden, **die sich auf gesonderte Tatbestände** stützen. Zum Teil prüft er sie und erkennt zu ihnen auch im Tenor gesondert.[46] In anderen Fällen hat er zum Ausdruck gebracht, dass er es nicht für nötig halte, die weiteren Beschwerdegründe zu prüfen, weil er eine Verletzung schon festgestellt habe.[47]

39 In den Fällen der **Rüge einer Verletzung von Art. 2** wegen der Tötung eines Menschen und wegen der Verletzung der Ermittlungspflicht entscheidet der EGMR zu beiden Gesichtspunkten im Tenor.[48] Dasselbe gilt nach neuerer Rechtsprechung bei der **Rüge einer Verletzung von Art. 3** wegen Folter eines Menschen und der Verletzung der Ermittlungspflicht, zum Teil wird wegen der Verletzung der Ermittlungspflicht nur Art. 13 EMRK angewendet.

III. Praxis des EMRK-Menschenrechtsschutzes

1. Organisation des Gerichtshofs

40 Der EGMR ist ein **ständiger Gerichtshof** (Art. 19 S. 2 EMRK). Er besteht aus **je einem Richter** der Vertragsstaaten (Art. 20 EMRK). Der Gerichtshof hat sich seinen Präsidenten und zwei Vizepräsidenten gewählt (Art. 25 Buchst. a) EMRK), außerdem die Sektionspräsidenten (Art. 25 Buchst. c) EMRK). Die Organisation des EGMR ergibt sich aus der EMRK in der Fassung des Prot Nr. 11 und aus der VerfO, die sich der Gerichtshof nach Art. 25 Buchst. d) gegeben hat. Die VerfO vom 4.11.1998 ist in einer deutschen Übersetzung BGBl. 2002 II S. 1081 abgedruckt, später geändert worden. Der aktuelle Text vom 1.1.2016 ist im Internet in englischer Sprache zugänglich (http://www.echr.coe.int/Documents/Rules_Court_ENG.pdf).

---

45 ZB EGMR 1.3.2002 – 48778/99, Slg 02-II Rn. 34 – *Kutiá/Kroatien* für Rüge fehlenden Zugangs zum Gericht bei jahrelanger Aussetzung und Rüge der Dauer des Verfahrens; EGMR 26.2.2002 – 44872/98, Slg 02-I Rn. 53 – *Magalhaes Pereira/Portugal* wegen Verletzung von Art. 5 Abs. 4 und 1 EMRK.

46 ZB EGMR 29.1.2002 – 37328/97 – *A.B./Niederlande* wegen Rüge der Zensur von Gefangenenpost mit der EKMR, seinem Verteidiger und anderen Personen und wegen Besuchsmöglichkeiten.

47 ZB EGMR 28.6.2001 – 37292/97 Rn. 41 – *F.R./Schweiz*: Feststellung der Verletzung von Art. 6 Abs. 1 EMRK wegen Verstoßes gegen den Grundsatz der Waffengleichheit, weil der Bf. nicht zu Äußerungen anderer Beteiligter Stellung nehmen konnte, keine Prüfung, ob weitere Zeugen hätten gehört werden müssen.

48 Art. 2 Rn. 20.

Meyer-Ladewig/von Raumer

Der Gerichtshof tagt in Einzelrichterbesetzung, in Ausschüssen mit drei Richtern, in Kammern mit sieben Richtern und in einer Großen Kammer mit 17 Richtern (Art. 26 Abs. 1 EMRK). Die VerfO bezeichnet die Kammern als "Sektionen" (Art. 25 Abs. 1 VerfO). Es sind fünf Sektionen für drei Jahre gebildet worden. Jeder Richter gehört einer Sektion an, woraus sich ergibt, dass einer Sektion mehr Richter angehören, als die für die Kammerbesetzung nach Art. 26 Abs. 1 S. 1 EMRK erforderliche Zahl von sieben Richtern. Die Sektionen sind gleichermaßen überbesetzte Kammern. **Vorsitzende der Sektionen** sind die beiden Vizepräsidenten des Gerichtshofs und die gewählten Sektionspräsidenten. Die Kammer, die im Einzelfall in der Sache entscheidet, wird nach Art. 26 Abs. 1 VerfO wie folgt aus der Sektion gebildet: Der Kammer gehört in jeder Rechtssache der Sektionspräsident und der nationale Richter an. Die anderen fünf Richter werden vom Präsidenten bestimmt. Die übrigen Richter in der Sektion sind Ersatzrichter.   41

Die Zusammensetzung der **Sektionen** soll sowohl in geographischer Hinsicht als auch im Bezug auf die Vertretung der Geschlechter ausgeglichen sein und den unterschiedlichen Rechtssystemen der Vertragsparteien Rechnung tragen (Art. 25 Abs. 2 VerfO). Es gibt also keine Fachkammern und keine Kammern für bestimmte Länder oder Regionen. Damit soll sichergestellt werden, dass nach einheitlichen Maßstäben entschieden wird.   42

Der Gerichtshof hat einen **Kanzler und zwei stellvertretende Kanzler,** die nach Art. 25 Buchst. e) EMRK durch das Plenum des Gerichtshofs gewählt werden (Art. 15, 16 VerfO). Der Kanzler unterstützt den Gerichtshof bei der Erfüllung seiner Aufgaben und trägt die Verantwortung für die Organisation und Tätigkeit der Kanzlei (Art. 17 VerfO). Auch jede Sektion hat einen Kanzler (Art. 18 VerfO).   43

Nach Art. 27 Abs. 1 EMRK kann ein **Einzelrichter** eine Individualbeschwerde für unzulässig erklären, er übernimmt damit seit der Änderung durch das Prot. Nr. 14 die früheren Aufgaben der Ausschüsse. Ein **Ausschuss mit drei Richtern** kann nach Art. 28 Abs. 1 Buchst. a.) EMRK durch einstimmigen Beschluss eine Individualbeschwerde für unzulässig erklären. Seit der Änderung durch das Prot. Nr. 14 kann er eine Beschwerde auch für zulässig erklären und ein Urteil über die Begründetheit fällen wenn die für die Entscheidung maßgebliche Rechtsfrage der Auslegung oder Anwendung der Konvention oder der Protokolle Gegenstand einer gefestigten Rechtsprechung des Gerichtshofs ist (Art. 28 Abs. 1 Buchst. b.) EMRK). Diese Ausschüsse werden nach Art. 26 Abs. 1 S. 2 EMRK von den Kammern gebildet.   44

Der Präsident des Gerichtshofs entscheidet nach Art. 27 Abs. 1 S. 1 VerfO nach Anhörung des Sektionspräsidenten, wie viele Ausschüsse eingesetzt werden. Sie werden für 12 Monate gebildet. Art. 26 Abs. 4 S. 1 EMRK sieht vor, dass der Kammer und der Großen Kammer von Amts wegen der nationale Richter angehört. Für Ausschüsse ist eine solche Regelung nicht getroffen worden. Die Folge ist, dass der nationale Richter Mitglied des Ausschusses sein kann, der mit Individualbeschwerden gegen den Staat befasst ist, auf dessen Vorschlag er in den Gerichtshof gewählt worden ist, er muss aber nicht Mitglied dieses Ausschusses sein.

45 Das **Plenum** des Gerichtshofs hat nur die in Art. 25 EMRK umschriebenen organisatorischen Aufgaben; es wählt den Präsidenten und die Vizepräsidenten, bildet Kammern, wählt die Kammerpräsidenten, beschließt die Verfahrensordnung und wählt den Kanzler und seine Stellvertreter. Aufgaben der Rechtsprechung hat das Plenum nicht, weil das bei einem Gremium von mehr als 40 Richtern kaum praktikabel gewesen wäre. An die Stelle des Plenums tritt, soweit Rechtsprechungsaufgaben betroffen sind, die **Große Kammer**. Sie besteht aus 17 Richtern (Art. 26 Abs. 1 S. 1 EMRK). Ihr gehören der Präsident des Gerichtshofs, die Vizepräsidenten, die Sektionspräsidenten (Art. 26 Abs. 5 EMRK), der nationale Richter (Art. 26 Abs. 4 EMRK) und weitere Richter an, die von dem Plenum des Gerichtshofs ausgewählt werden. Die Auswahl ist in Art. 24 VerfO näher geregelt. Vorsitzender der Großen Kammer ist der Präsident des Gerichtshofs (Art. 9 abs. 2 VerfO).

46 **Die Große Kammer** entscheidet in besonders wichtigen Streitsachen. Art. 30 EMRK sieht vor, dass die Kammer die Sache jederzeit an die Große Kammer abgeben kann, wenn die Rechtssache eine schwerwiegende Frage der Auslegung der EMRK oder der Prot. dazu aufwirft oder wenn die Entscheidung zu einer Abweichung von einem früheren Urteil des Gerichtshofs führen kann. Es handelt sich also um eine Grundsatz- und Divergenzabgabe an die Große Kammer. Art. 30 betrifft die Abgabe, bevor die Kammer ihr Urteil gefällt hat. Der zweite Weg an die Große Kammer führt über Art. 43 EMRK, der vorsieht, dass jede Partei innerhalb von drei Monaten nach dem Urteil die Verweisung an die Große Kammer beantragen kann. Diese Möglichkeit besteht aber nur in Ausnahmefällen. Wenn der in Art. 43 Abs. 2 EMRK vorgesehene Ausschuss von fünf Richtern den Antrag annimmt, was nur geschehen darf, wenn die Rechtssache eine schwerwiegende Frage der Auslegung oder Anwendung der EMRK oder der Prot. dazu aufwirft oder eine schwerwiegende Frage von

Meyer-Ladewig/von Raumer

allgemeiner Bedeutung, entscheidet die Große Kammer die Sache durch Urteil (Art. 43 Abs. 3 EMRK).

2. Überblick über das Verfahren

Die EMRK kennt **Staatenbeschwerden** (Art. 33 EMRK) und **Indivi-** 47 **dualbeschwerden** (Art. 34 EMRK). Eine Individualbeschwerde kann jede natürliche oder juristische Person an den Gerichtshof richten mit der Behauptung, sie sei durch einen Vertragsstaat in einem ihrer in der Konvention oder in den Prot. dazu anerkannten Rechte verletzt worden (Art. 34 EMRK). Eine besondere Unterwerfungserklärung war früher vorgesehen, sie ist nach der EMRK in der Fassung des 11. Prot. nicht mehr erforderlich. Die Zulässigkeitsvoraussetzungen für Individualbeschwerden ergeben sich aus Art. 35 EMRK (ein Leitfaden zu den einzelnen Zulässigkeitsvoraussetzungen findet sich im Internet unter: http://www.echr.coe.int/Documents/Admissibility_guide _DEU.pdf)[49]. Wesentlich ist, dass alle nationalen Rechtsbehelfe erschöpft werden müssen einschließlich – für Deutschland – in der Regel der Verfassungsbeschwerde. Unzulässig sind auch offensichtlich unbegründete Beschwerden (Art. 35 Abs. 3 a EMRK).

Wie eine Individualbeschwerde inhaltlich aufgesetzt werden muss, ist 48 in Art. 47 VerfO zusammengefasst[50]. Dieser ist zum 1.1.2014 erheblich novelliert worden mit der Folge, dass nunmehr an die Abfassung der Beschwerde strenge formale Voraussetzungen gestellt werden. So kann die Sechsmonatsfrist ab Zustellung der letzten nationalen Entscheidung, in der Regel also in Deutschland der des BVerfG nur noch durch fristgemäße Absendung des vollständig ausgefüllten und vom Beschwerdeführer sowie, im Falle der (für die wirksame Beschwerdeeinreichung nicht erforderlichen) anwaltlichen Vertretung von seinem Anwalt unterschriebenen Beschwerdeformulars (in deutscher Sprache im Internet unter: http://www.echr.coe.int/Pages/home.aspx? p=applicants/deu&c=) gewahrt werden und darf diesem Formular lediglich noch ein maximal zwanzig seitiger Ergänzungsschriftsatz beigefügt werden. Dabei müssen alle für die Entscheidung relevanten Tatsachen im Beschwerdeformular selbst und nicht erst im Ergän-

---

49 Zu den Zulässigkeitsvoraussetzungen einer Beschwerde auch: *Rudolf/von Raumer*, AnwBl 2009, 313 mit Prüfungsschema S. 324 sowie in aktualisierter Fassung *Rudolf/von Raumer*, Die Beschwerde vor dem Europäischen Gerichtshof für Menschenrechte, in: Anwaltschaft für Menschenrechte und Vielfalt, Schriftenreihe AnwBl. Bd. 4 (2014), 29 (35).

50 Dazu *Rudolf/von Raumer*, Die Beschwerde vor dem Europäischen Gerichtshof für Menschenrechte, in: Anwaltschaft für Menschenrechte und Vielfalt, Schriftenreihe AnwBl. Bd. 4 (2014), 29 (40).

zungsschriftsatz erhalten sein und müssen alle relevanten Fakten durch beigefügte Dokumente belegt werden. Der EGMR hat ein Merkblatt mit weiteren detaillierten Vorgaben zum Ausfüllen der Beschwerdeformulare herausgegeben an das sich der Beschwerdeführer strikt halten sollte (kann in deutscher Sprache im Internet unter: http://www.echr.coe.int/Documents/Application_Notes_DEU.pdf abgerufen werden). Ausnahmen von den Formerfordernissen der Beschwerde macht der Gerichtshof nur in außergewöhnlichen Fällen und bei hinreichender Begründung in der Beschwerde. Sie sind etwa denkbar wenn ein Inhaftierter das Beschwerdeformular nicht beschaffen kann oder der Beschwerdeführer wegen des ungewöhnlichen Umfangs des streitrelevanten Sachverhaltes und des nationalen Verfahrensgangs nicht alle relevanten Tatsachen im Beschwerdeformular unterbringen kann oder aus besonderen, in der Sache liegenden Gründen das 20 Seitenlimit des Ergänzungsschriftsatzes nicht einhalten kann. Die Gründe dafür müssen aber in der Beschwerde überzeugend dargelegt werden Der Gerichtshof kann sich nur mit Beschwerden befassen, die sich auf Rechte beziehen, die in der Konvention oder einem der Prot. garantiert sind. Er ist kein Rechtsmittelgericht gegenüber den nationalen Gerichten und kann deren Entscheidung weder aufheben noch ändern. Für Beschwerdeführer, die sich mit einer Beschwerde gegen die Bundesrepublik Deutschland wenden wollen, ist wichtig, dass Deutschland die Konvention und alle Prot. mit Ausnahme des 7. und 12. Prot. ratifiziert hat. Die Beschwerde muss sich auf Vorgänge beziehen, welche sich nach der Ratifizierung ereignet haben. Für das frühere Gebiet der DDR hat die Konvention mit dem Beitritt zur Bundesregierung Deutschland am 3.10.1989 Geltung erlangt. Die Individualbeschwerde muss sich gegen Akte einer Behörde oder eine Gerichts in dem betroffenen Staat wenden. Beschwerden gegen Einzelpersonen oder private Organisationen sind nicht möglich. Die Beschwerde ist nur zulässig, wenn alle nationalen Rechtsbehelfe einschließlich der Verfassungsbeschwerde erschöpft sind. Sie muss binnen sechs Monaten nach der letzten staatlichen Entscheidung eingelegt werden (Art. 35 Abs. 1 EMRK).

49 Die Beschwerde wird **an den Europäischen Gerichtshofs für Menschenrechte, Europarat, Straßburg** unter seiner Postanschrift: The Registrar, European Court of Human Rights, Council of Europe, F-67075 Strasbourg cedex gerichtet. Sie kann auch auf Deutsch abgefasst sein. In diesem Stadium ist eine **Vertretung** des Bf. durch einen Prozessbevollmächtigten nicht erforderlich. Wird der Bf. vertreten, ist eine schriftliche Vollmacht vorzulegen die Bestandteil des

Beschwerdeformulars ist. Die Beschwerde muss von dem Bf. und seinem Vertreter unterschrieben werden (Art. 47 Abs. 1 c VerfO).

Der Präsident des Gerichtshofs **weist die Beschwerde nach Art. 52** **50** **VerfO einer Sektion** zu und achtet dabei auf eine gerechte Verteilung der Arbeitslast. Er wird in der Regel die Sektion auswählen, der der nationale Richter angehört, sofern das nicht bei Staaten mit vielen Beschwerden zur Überlastung einer Sektion führt. Wenn sich aus den Ausführungen des Bf. und den von ihm vorgelegten Unterlagen ergibt, dass die Beschwerde unzulässig ist oder im Register gestrichen werden muss, geht die Sache an den Einzelrichter, der sie nach Art. 27 EMRK für unzulässig erklären kann (Art. 49 Abs. 1 VerfO). Er wird von einem nicht-richterlichen Berichterstatter unterstützt (Art. 24 Abs. 2 EMRK), nämlich einem erfahrenen Angehörigen der Kanzlei. Über Beschwerden gegen den Staat, für den der Einzelrichter gewählt worden ist, darf er nicht entscheiden. (Art. 26 Abs. 3 EMRK). Wenn der Einzelrichter die Beschwerde für unzulässig erklärt, ist sie damit endgültig erledigt (Art. 27 Abs. 2 EMRK), der Beschwerdeführer wird durch Brief unterrichtet (Art. 52 A Abs. 1 S. 1 VerfO). Erklärt der Einzelrichter die Beschwerde nicht für unzulässig, gibt er sie nach Art. 27 Abs. 3 EMRK an einen Ausschuss oder eine Kammer weiter. An einen Ausschuss wird er die Sache insbesondere weiterleiten, wenn er die Beschwerde für offensichtlich begründet hält, denn der Ausschuss kann die Beschwerde nach Art. 28 abs. 1 b EMRK durch einstimmige Entscheidung jetzt auch für zulässig und begründet erklären, also ein Urteil erlassen, mit dem er eine Konventionsverletzung feststellt. Voraussetzung dafür ist, dass die in der Beschwerde streitgegenständliche Auslegungsfrage in der gefestigten Rechtsprechung des Gerichtshofs bereits entschieden ist. Das wird in sehr vielen Fällen so sein. Anderenfalls geht die Sache an die Kammer. Wenn die Entscheidung durch einen Ausschuss oder eine Kammer angemessen ist, kann der Sektionspräsident anordnen, dass sie entscheidet. Er bestellt einen Berichterstatter, der für den Fall, dass der Sektionspräsident keine Entscheidung darüber getroffen hat, bestimmt, ob die Sache von einem Einzelrichter, einem Ausschuss oder einer Kammer geprüft wird (Art. 49 Abs. 3 Buchst. b VerfO).

Wird die Beschwerde vom Einzelrichter nach Art. 27 EMRK oder **51** vom Ausschuss nach Art. 28 EMRK für unzulässig erklärt, ist sie damit endgültig erledigt. Erklärt sie der Ausschuss nach Art. 28 Abs. 1 Buchst. b EMRK für zulässig und entscheidet er in der Sache durch Urteil, ist auch dieses Urteil endgültig (Art. 28 Abs. 2 EMRK, Art. 53 Abs. 4 VerfO), kann also nicht nach Art. 43 EMRK an die Große Kammer gelangen. Wird die Beschwerde nicht für unzulässig erklärt und entscheidet der Ausschuss auch nicht in der Sache, geht die Beschwerde an eine Kammer, welcher der nationale Richter angehören muss (Art. 29 Abs. 1 EMRK). Das Verfahren ist in der Regel schriftlich, in seltenen Fällen wird auch mündlich verhandelt. Fälle, die einer näheren Prüfung bedürfen, werden der Regierung zur Stellungnahme zugestellt. Mit der Zustellung fordert der Gerichtshof die Parteien in der Regel auf mitzuteilen, ob sie sich vorstellen können das Beschwerdeverfahren durch gütliche Einigung im Sinne des Art. 39 EMRK zu erledigen. Kommt es dazu nicht werden Schriftsätze gewechselt, und danach entscheidet die Kammer durch begründetes Urteil.

52 An die Große Kammer kann die Sache auf zwei Wegen gelangen. In Fällen grundsätzlicher Bedeutung kann die Kammer die Sache nach Art. 30 EMRK an die Große Kammer abgeben, wenn keine Partei widerspricht. Dann entscheidet sie über die Zulässigkeit und Begründetheit der Beschwerde. Der andere Weg an die Große Kammer führt über Art. 43 EMRK. Nach dem Urteil der Kammer können die Parteien binnen drei Monaten die Verweisung an die Große Kammer beantragen. Über den Antrag entscheidet ein Ausschuss mit fünf Richtern, der prüft, ob die erforderliche besondere Bedeutung der Sache vorliegt. Gibt er dem Antrag statt, verhandelt und entscheidet die Große Kammer über die Sache noch einmal. Das geschieht selten.

53 Wenn eine mündliche Verhandlung stattfindet, ist sie **öffentlich**. Der Staat wird grundsätzlich durch seinen Verfahrensbevollmächtigten vertreten. Das ist in Deutschland der oder die Beauftragte für Menschenrechtsfragen im Bundesministerium der Justiz. **Der Bf. kann seine Beschwerde selbst einlegen** (Art. 36 Abs. 1 VerfO), muss aber nach Zustellung der Beschwerde an den Staat und **in der mündlichen Verhandlung vertreten sein,** in der Regel durch einen Rechtsanwalt. Der Präsident kann ihm aber ausnahmsweise erlauben, selbst aufzutreten (Art. 36 Abs. 2, 3 VerfO).

54 Der Gerichtshof kann **Beweis erheben,** er tut das selten. Nimmt er Ermittlungen vor, haben die betroffenen Staaten alle zur wirksamen Durchführung erforderlichen Erleichterungen zu gewähren (Art. 38 EMRK). Es ist Sache der Kammer darüber zu entscheiden, ob sie Ermittlungen für nötig hält. Sie kann insbesondere die Parteien ersuchen, schriftliche Beweismittel vorzulegen, und kann Zeugen oder Sachverständige hören (Art. A1 – A8 Anhang VerfO). In den weitaus meisten Fällen ist eine Beweiserhebung nicht notwendig, weil die bei den Akten befindlichen schriftlichen Unterlagen, zum Beispiel auch über Ermittlungen der staatlichen Gerichte oder Staatsanwaltschaf-

ten ausreichend sind. Der Gerichtshof überlässt den staatlichen Gerichten bei der Tatsachenfeststellung und auch bei der Beweiswürdigung normalerweise den Vortritt und übernimmt deren Feststellungen. Das ändert aber nichts daran, dass er seinerseits ermitteln kann und dass dies in vielen Fällen auch erforderlich ist. Wenn die Kammer eine Beweiserhebung für notwendig hält, kann sie eines oder mehrere ihrer Mitglieder oder andere Richter des Gerichtshofs beauftragen, eine Beweiserhebung durchzuführen (Ermittlungen durch eine Delegation, Art. A1 Abs. 3 Anhang VerfO). Sie kann unabhängige externe Sachverständige bestellen. Die Kammer kann weiter jede Person oder Institution ihrer Wahl bitten, zu einer bestimmten Frage Auskünfte einzuholen, eine Stellungnahme abzugeben oder der Kammer Bericht zu erstatten (Art. A1 Abs. 2 Anhang VerfO).

Die mündliche Verhandlung ist öffentlich, soweit nicht die Kammer aufgrund besonderer Umstände anders entscheidet (Art. 63 VerfO). Auch die dem Gerichtshof vorliegenden Schriftstücke sind der Öffentlichkeit zugänglich, soweit sie sich nicht auf Vergleichsverfahren beziehen; außerdem kann der Präsident ausnahmsweise etwas anderes anordnen (Art. 33 Abs. 1, 3 VerfO). 55

Über die Zulässigkeit wird, wenn nicht über Zulässigkeit und Begründetheit gleichzeitig im Urteil entschieden wird, durch eine **Entscheidung** (decision), nicht durch Urteil entschieden, nach deutschem Verständnis durch **Beschluss.** Über eine zulässige Beschwerde entscheidet der Ausschuss oder die Kammer durch begründetes **Urteil,** ob eine Vorschrift der EMRK oder eines der Prot. dazu verletzt worden ist. Das Urteil ist grundsätzlich ein **Feststellungsurteil.** Der EGMR kann also nicht eine Gerichtsentscheidung oder einen Verwaltungsakt aufheben oder ändern. Dem Bf. kann aber eine gerechte Entschädigung zugesprochen werden (vgl. Art. 41 EMRK; Art. 60 VerfO und die der VerfO beigefügten Praxishinweise) und ist insoweit ein **Leistungsurteil,** auch andere Leistungsurteile und Verpflichtungsurteile kommen vor (→ Art. 46 Rn. 5 f.). Im Falle einer Konventionsverletzung kann also der Vertragsstaat zur Zahlung einer bestimmten Geldsumme verurteilt werden. Die Vertragsstaaten haben sich in Art. 46 EMRK dazu verpflichtet, in allen Rechtssachen, in denen sie Partei sind, das endgültige Urteil des Gerichtshofs zu befolgen. **Sie sind also Kraft Völkerrechts dazu verpflichtet, dem Urteil Rechnung zu tragen.** Das Ministerkomitee des Europarates **überwacht** die Durchführung des Urteils (Art. 46 Abs. 2 EMRK). Das Urteil ergeht in einer der Amtssprachen. Endgültige Urteile werden veröffentlicht (Art. 44 Abs. 3 EMRK): Ausgewählte Urteile werden in 56 beiden Amtssprachen veröffentlicht, wie sich aus Art. 76 Abs. 2 und Art. 78 VerfO ergibt.

57 Wenn es sich um eine wichtige Sache handelt und die Kammer beabsichtigt, sie nach Art. 30 EMRK **an die Große Kammer abzugeben,** teilt der Kanzler dies den Beteiligten mit. Die Parteien haben dann einen Monat Zeit, um der Kanzlei schriftlich einen Einspruch zu unterbreiten, der begründet werden muss. Ein Einspruch, der diese Voraussetzungen nicht erfüllt, wird von der Kammer als unwirksam angesehen (Art. 30 EMRK, Art. 72 Abs. 4 VerfO). Auch ein **Antrag auf Verweisung** an die Große Kammer nach dem Urteil der Kammer nach Art. 43 EMRK muss begründet werden. In der Begründung muss die schwerwiegende Frage der Auslegung oder Anwendung der Konvention oder ihrer Prot. oder die schwerwiegende Frage von allgemeiner Bedeutung dargelegt werden, die eine Prüfung durch die Große Kammer rechtfertigt (Art. 73 Abs. 1 VerfO). Die Entscheidung, den Antrag abzulehnen, braucht nach Art. 73 Abs. 2 S. 3 VerfO nicht begründet zu werden. Eine solche Verweisung kann nur in Ausnahmefällen in Betracht kommen.

58 Die Einlegung der Beschwerde hat **keine aufschiebende Wirkung.** Die EMRK enthält auch keine Regelungen über **einstweilige Anordnungen** oder sonstige vorläufige Maßnahmen. Sie sind aber in der Verfahrensordnung getroffen worden. Nach Art. 39 VerfO kann die Kammer oder der Kammerpräsident auf Antrag einer Partei oder jeder anderen betroffenen Person und auch von Amts wegen den Parteien vorläufige Maßnahmen empfehlen, die im Interesse der Parteien oder eines ordnungsgemäßen Verfahrensablaufs ergriffen werden sollten. Nach der Praxis geschieht das nur in begrenzten Bereichen und nur, wenn die unmittelbare Gefahr eines nicht wieder gutzumachenden Schadens besteht. Art. 39 VerfO beschränkt die Anwendungsmöglichkeit nicht, in der Praxis ist von der Möglichkeit bei Beschwerden nach Art. 2, 3 und 8 EMRK Gebrauch gemacht worden, in den weitaus meisten Fällen haben sie die Auslieferung oder Abschiebung eines Ausländers betroffen. Der Gerichtshof hat in solchen Fällen den beklagten Staat gebeten, von der Abschiebung abzusehen, solange nicht der Gerichtshof über die Frage entschieden hat, ob diese Maßnahme konventionswidrig ist. Fast immer wird die Empfehlung an den beklagten Staat gerichtet, Adressat kann aber auch der Beschwerdeführer sein. Die Kammer kann anordnen, dass die Empfehlung gilt, bis das Urteil nach Art. 44 Abs. 2 EMRK endgültig wird[51]. Die Staaten haben Empfehlungen nur sehr selten nicht be-

---

51 EGMR 7.3.2006 – 6339/05, Rn. 76 f. – *Evans/Vereinigtes Königreich.*

folgt[52]. In der früheren Rechtsprechung ist angenommen worden, dass sie nicht binden[53], sie wurden aber in der Praxis befolgt. In der Sache Mamatkulov u.a./Türkei hat die GK des Gerichtshofs[54] mit ausführlicher Begründung entschieden, dass **eine Missachtung der Empfehlung Art. 34 verletzt,** weil sie den Gerichtshof daran hindert, die Beschwerde wirksam zu prüfen und entgegen Art. 34 S. 2 EMRK die wirksame Ausübung des Rechts des Bf., Beschwerde zu erheben, behindert[55]. Es kommt aber auf die Umstände an (→ Art. 34 Rn. 56).

Das Verfahren vor dem EGMR ist **kostenfrei. Prozesskostenhilfe**   59 kann gewährt werden. Einzelheiten ergeben sich aus Art. 100-105 VerfO.

3. Arbeitslast des EGMR

Die **Anzahl der Individualbeschwerden** ist im Laufe der Zeit ständig   60 angestiegen. 1955 sind 138 Beschwerden registriert worden, 1985 waren es fast 600, 1995 fast 3.500 und 2005 etwa 41500. 2009 sind 57100 Beschwerden einem Spruchkörper oder Einzelrichter zugewiesen worden, davon 2279 gegen Deutschland, 2015 waren es 40629 davon 789 gegen Deutschland. Diese Entwicklung zeigt sich auch in der Zahl der vom Gerichtshof erlassenen Urteile. In den Jahren 1955 bis 1982 hat der EGMR 61 Urteile erlassen, im Jahre 2009 waren es 1625, davon 21 gegen Deutschland (zum Vergleich 56 gegen die Türkei, 126 gegen die Ukraine, 168 gegen Rumänien, 219 gegen Russland und 68 gegen Italien, um die fünf Spitzenreiter zu nennen). 2015 hat der Gerichtshof zu 2441 Beschwerden Urteile erlassen. davon 12 die Deutschland betrafen, 158 die die Türkei, 81 die die Ukraine, 260 die Rumänien, 160 die Russland und 25 die Italien betrafen. Im Jahr 2011 waren deutlich über 150000 Beschwerden anhängig. Diese Entwicklung hat zwei Ursachen. Die eine ist das gewachsene Vertrauen in den EGMR und die Tatsache, dass das Kontrollsystem in den Vertragsstaaten immer mehr bekannt wird. Die andere Tatsache ist das erhebliche Ansteigen der Zahl der Vertragsstaaten. Mit der Einführung der Vorprüfungsmöglichkeit durch einen Einzelrichter durch das Prot. Nr. 14 und der Etablierung einer stren-

---

52 Vgl. die Schilderung der Praxis bei EGMR 4.2.2005 – 46827/99 (GK), Slg 05-I Rn. 104 f., – *Mamatkulov u.a./Türkei.*
53 EGMR 20.3.1991 – 15576/89 (GK), Serie A, Nr. 201 Rn. 97 ff..– *Cruz Varas/ Schweden;* abw. Wittinger NJW 2001, 1239 (1241).
54 EGMR 4.2.2005 – 46827/99 (GK), Slg 05-I Rn. 128 – *Mamatkulov u.a./Türkei.*
55 Vgl. auch EGMR 12.4.2005 – 36378/02, Slg 05-III Rn. 472 ff., – *Chamaiev/ Georgien und Russland.*

geren Form der Beschwerde mit Seitenbegrenzung durch die Novelle des Art. 47 VerfO ist es dem Gerichtshof aber nun gelungen seine Effizienz erheblich zu steigern. Am 31.12.2015 waren daher trotz einer weiter steigenden Zahl von Beschwerden nur noch 64850 Verfahren anhängig (http://www.echr.coe.int/Documents/Facts_Figures_2015_ENG.pdf).

Konvention zum Schutze der Menschenrechte und Grundfreiheiten

In der Fassung der Bekanntmachung vom 22. Oktober 2010
(BGBl. II S. 1198)
zuletzt geändert durch 15. EMRK-Protokoll[56] vom 24. Juni 2013
(BGBl. 2014 II S. 1034)

Die Unterzeichnerregierungen, Mitglieder des Europarats –

in Anbetracht der Allgemeinen Erklärung der Menschenrechte, die am 10. Dezember 1948 von der Generalversammlung der Vereinten Nationen verkündet worden ist;

in der Erwägung, dass diese Erklärung bezweckt, die universelle und wirksame Anerkennung und Einhaltung der in ihr aufgeführten Rechte zu gewährleisten;

in der Erwägung, dass es das Ziel des Europarats ist, eine engere Verbindung zwischen seinen Mitgliedern herzustellen, und dass eines der Mittel zur Erreichung dieses Zieles die Wahrung und Fortentwicklung der Menschenrechte und Grundfreiheiten ist;

in Bekräftigung ihres tiefen Glaubens an diese Grundfreiheiten, welche die Grundlage von Gerechtigkeit und Frieden in der Welt bilden und die am besten durch eine wahrhaft demokratische politische Ordnung sowie durch ein gemeinsames Verständnis und eine gemeinsame Achtung der diesen Grundfreiheiten zugrunde liegenden Menschenrechte gesichert werden;

entschlossen, als Regierungen europäischer Staaten, die vom gleichen Geist beseelt sind und ein gemeinsames Erbe an politischen Überlieferungen, Idealen, Achtung der Freiheit und Rechtsstaatlichkeit besitzen, die ersten Schritte auf dem Weg zu einer kollektiven Garantie bestimmter in der Allgemeinen Erklärung aufgeführter Rechte zu unternehmen –

haben Folgendes vereinbart:

---

[56] Die Bundesrepublik Deutschland hat dem Protokoll Nr. 15 zur Konvention zum Schutz der Menschenrechte und Grundfreiheiten zugestimmt, vgl. G v. 2. 12. 2014 (BGBl. II S. 1034). Der Tag des Inkrafttretens ist noch im Bundesgesetzblatt bekannt zu geben.

Artikel 1 Verpflichtung zur Achtung der Menschenrechte

Die Hohen Vertragsparteien sichern allen ihrer Hoheitsgewalt unterstehenden Personen die in Abschnitt I bestimmten Rechte und Freiheiten zu.

I. Grundsätzliches

1 Der in der EMRK angelegte Menschenrechtsschutz ist nicht universeller Natur. Die Mitgliedstaaten der EMRK übernehmen eine in persönlicher, räumlicher, sachlicher und zeitlicher Hinsicht beschränkte Schutzverantwortung. Die Konvention begründet damit keinen abstrakten Schutzstatus, sondern verleiht Menschenrechte nur im Rahmen ihres spezifischen Anwendungsbereichs. Art. 1 ist Ausdruck dieses begrenzten **Geltungsbereichs der EMRK.** Die Bestimmung macht deutlich, dass die Vertragsparteien (Verpflichtete) die in der Konvention (und den Protokollen) angelegten Rechtspositionen allen „ihrer Hoheitsgewalt unterstehenden" Personen zu gewähren haben, aber eben auch nur diesen. In der Vertragssprache Englisch findet sich die

Formulierung „within their jurisdiction", im Französischen ist von „relevant de leur juridiction" die Rede. Die Gegenüberstellung der Formulierungen lässt leichte Bedeutungsnuancen erkennen.

Der **Umfang und die Reichweite des Geltungsbereichs** der EMRK 2
sind in den letzten Jahren in Fluss geraten; die Rechtslage ist gegenwärtig nicht in allen Punkten eindeutig. Weiterhin erstreckt sich die Schutzverantwortung der Vertragsparteien zunächst und vor allem auf die Menschen, die sich auf ihrem Territorium befinden (Territorialprinzip). Wer sich auf dem Gebiet einer Vertragspartei befindet, genießt den Schutz insbesondere des Art. 3 EMRK ohne Einschränkungen und Vorbehaltsmöglichkeiten. Soweit eine internationale oder supranationale Organisation auf dem Gebiet einer Vertragspartei tätig ist, kommt es allerdings zu einer partiellen Rücknahme des Konventionsschutzes (→ Rn. 10 ff.). Zu einer **Ausweitung des Konventionsschutzes** über die Grenzen des Territoriums einer Vertragspartei kommt es, soweit deren Amtswalter grenzüberschreitend („extraterritorial") tätig sind. Im Zentrum der jüngeren Entscheidungspraxis stehen dabei Militäraktionen (→ Rn. 31 ff.). Die Diskussion darüber, wie weit die konventionsrechtliche Verantwortung bei Überwachungsmaßnahmen des Kommunikationsverkehrs reicht, hat erst begonnen. Inzwischen sind sogar erste Entscheidungen einzelner Kammern des Gerichtshofs ergangen, in denen eine **konventionsrechtliche Schutzverantwortung** für die Verhältnisse jenseits der Grenzen angenommen wird.[1] Auch wenn diese Entscheidungen noch nicht Ausdruck des Stands der Rechtsprechung sind, deuten sie doch die allgemeine Entwicklungsrichtung an. Die konventionsrechtliche Schutzverantwortung wird entterritorialisiert, die Kongruenz von territorialem Herrschaftsrecht und konventionsrechtlicher Pflicht entbindet sich.

Grenzen sind nicht mehr das Ende der in der EMRK angelegten menschenrechtlichen Garantenstellung.

Art. 1 verpflichtet die Mitgliedstaaten dazu, den ihrer Hoheitsgewalt 3
unterstehenden Personen die Rechte der Konvention und der Protokolle **„zuzusichern"** (englisch: „secure... the rights and freedoms"; französisch: „reconnaissent... les droits et libertés"). In der Sache verpflichtet Art. 1 die Vertragsparteien dazu, sich so zu verhalten, dass den inhaltlichen Vorgaben der Konvention und der Protokolle entsprochen wird. Die Konvention begründet vor allem Unterlassenspflichten (→ Rn. 8); darüber hinaus sind ihr aber auch „positive"

---

1 EGMR 29.6.2006 – 26937/04, Slg 06-XI – *Treska/Albanien u. Italien*; EGMR 3.3.2005 – 60861/00, Slg 05-VI Rn. 101 – *Manoilescu* ua/*Rumänien u. Russland.*

Handlungspflichten zu entnehmen (→ Rn. 9). Art. 1 zielt auf die Vertragskonformität des Verhaltens der Vertragsstaaten ab, macht aber keine Vorgaben darüber, wie dieses Ziel innerstaatlich verwirklicht werden muss. Es bleibt den Vertragsparteien überlassen, welche Stellung und welchen Rang sie der Konvention und den Protokollen in der staatlichen Rechtsordnung einräumen wollen. In Deutschland haben die Vorgaben den förmlichen Rang eines Bundesgesetzes, stehen aber in ihrer Wirkweise und ihrer interpretatorischen Bedeutung darüber (vgl. die Ausführungen in der Einleitung).

4   Art. 1 ist eine allgemeine Vorschrift, die ihre Bedeutung nur im Zusammenspiel mit den **sachlichen Gewährleistungen der EMRK** gewinnt. **Eine Verletzung von Art. 1 für sich genommen kann nicht gerügt werden.**[2]

II. Die Reichweite der konventionsrechtlichen Bindung („jurisdiction")

1. Verpflichtete: Mitgliedstaaten der EMRK

5   Die EMRK ist ein völkerrechtlicher Vertrag, der für den betroffenen Staat durch **Ratifizierung** verbindlich wird (Art. 59 EMRK, vgl. Art. 59 GG). Deutschland hat die Konvention am 7.8.1952 ratifiziert.[3] Für das Gebiet der früheren DDR ist die Konvention mit dem Beitritt am 3.10.1990 in Kraft getreten. Deutschland hat alle Zusatzprot. ratifiziert mit Ausnahme des 7. und des 12.

6   **a) Grds. Umfassende Verpflichtung der Mitgliedstaaten:** Die Träger der Hoheitsgewalt der Vertragsparteien werden durch die Konvention **umfassend** gebunden. Die konventionsrechtliche Verpflichtung gilt für alle staatlichen Organe und Institutionen, unabhängig davon, welche Stellung sie im Staatsaufbau und welche Funktion sie haben. Dabei spielt es keine Rolle, ob die angegriffene Handlung in öffentlich-rechtlicher oder privatrechtlicher Rechtsform erfolgt. Im Bundesstaat sind damit nicht nur die Institutionen der übergeordneten Ebene (Bund), sondern auch jene der nachgeordneten Ebenen (Länder, Gemeinden und Kreise) gebunden. Die EMRK kennt **keine Bundesstaatsklausel** wie Art. 28 der Amerikanischen Menschenrechtskonvention, welche die Haftung des Bundesstaats für Handlungen auf dem Gebiet eines Teilstaats beschränkt.[4] Die Bindung erstreckt sich auch auf rechtlich selbstständige Einrichtungen des öffentlichen

---

2 EGMR 22.3.2001 – 34044/96 (GK), Slg 01-II Rn. 112 – *Streletz* ua/*Deutschland*.
3 BGBl. 1952 II 685.
4 EGMR 8.4.2004 – 71503/01 (GK), Slg 04-II Rn. 141 – *Assanidze/Georgien*.

Rechts (Körperschaften, Anstalten und Stiftungen des öffentlichen Rechts). Neben der Gesetzgebung sind auch die Gubernative (Regierungsgewalt), die Administrativgewalt und die Judikative erfasst. Art. 1 unterscheidet nicht nach der Art der fraglichen Bestimmungen oder Maßnahmen und **entzieht keinen Bereich der Hoheitsgewalt** der Mitgliedsstaaten dem Zugriff der Konvention.[5] Auch wenn der Staat Schwierigkeiten bei der Durchsetzung der Konvention hat, bleibt er verantwortlich. Der Staat haftet also auch für Akte, die von der Exekutive nicht kontrolliert werden können, zB für Gesetzgebungsakte, wenn sie konventionswidrig sind. Dasselbe gilt für Urteile, obwohl sie von Gerichten erlassen worden sind, die von der Exekutive unabhängig sind.

Dem Staat zugerechnet werden alle Akte von Personen, die in offizieller Eigenschaft tätig werden, unabhängig von ihrem Rang. Die Konventionspflichten des Staates können von jeder Partei verletzt werden, die eine ihr vom Staat übertragene Funktion ausübt. Wenn eine Verantwortlichkeit ausscheidet, weil die Handlung dem Staat nicht zugerechnet werden kann, kann eine **Schutzpflicht verletzt** sein (vgl. → Rn. 8). Der Staat haftet für die seiner Leitung und Kontrolle unterstellten Einrichtungen. Dies gilt allerdings nur, wenn sie ausreichend institutionell und in ihrer Handlungsweise vom Staat abhängig sind.[6]

7

Eine Individualbeschwerde kann daher grundsätzlich nur mit der Verletzung eines Konventionsrechts **durch staatliche Institutionen** begründet werden. Diese Voraussetzung ist auch dann erfüllt, wenn es sich um rechtlich selbstständige juristische Personen handelt, die dem Staat gehören oder von ihm bestimmt werden, also nicht, wenn sie institutionell und bei ihren Tätigkeiten unabhängig vom Staat sind.[7] Wenn der Staat öffentliche Aufgaben **an private Einrichtungen delegiert,** kann er sich dadurch seiner Verantwortung nicht entziehen.[8] Eine Konventionsverletzung kann durch eine behördliche Handlung aber **auch durch ein Unterlassen** begangen worden sein. Viele der in der Konvention oder den Prot. garantierten Rechte verpflichten den Staat dazu, **zum Schutze der einer Person zustehenden Rechte** tätig zu werden (dazu → Einl. Rn. 47 ff., → Art. 2 Rn. 10, → Art. 3 Rn. 7, → Art. 8 Rn. 2). Denn Art. 1 verpflichtet die Staaten, durch geeignete

8

---

5 EGMR 18.2.1999 – 24833/94 (GK), Slg 99-I Rn. 29 – *Matthews/Vereinigtes Königreich.*
6 EGMR 7.6.2005 – 71186/01, Rn. 67 – *Fuklev/Ukraine*: keine Haftung für das Verhalten eines Unternehmens, bei dem der Staat 13% der Anteile hält.
7 EGMR 30.11.2004 – 35091/02, Slg 04-XII Rn. 44 – *Mykhaylenky* ua/*Ukraine.*
8 EGMR 8.6.2006 – 22860/02, Slg 06-VII – *Woś/Polen.*

Maßnahmen zu gewährleisten, dass Personen unter seiner Hoheitsgewalt nicht in ihren Rechten verletzt, auch nicht von Privatpersonen misshandelt werden.[9]

9 Der Staat haftet für Konventionsverletzungen in Teilen seines Staatsgebiets nur dann nicht, wenn das Gebiet tatsächlich von einem anderen Staat kontrolliert wird.[10] Dann haftet der andere Staat, wenn er Konventionsstaat ist, und zwar nicht nur für Handlungen seiner Soldaten und Repräsentanten, sondern auch für Handlungen der örtlichen Verwaltung, die aufgrund seiner Unterstützung besteht. Es kann aber auch die Haftung des Staates, zu dem das Gebiet gehört, fortbestehen; er muss alles ihm Mögliche tun, eine Verletzung von Konventionsrechten zu unterbinden.[11] Eine teilweise Hoheitsgewalt nach dem Grad der Kontrolle wird nicht anerkannt.[12]

10 **b) Mittelbare Verantwortlichkeit der Mitgliedstaaten für das Handeln Dritter:** Der Staat ist nach Art. 1 verpflichtet, **soweit seine Hoheitsgewalt reicht,** soweit nämlich Handlungen oder Unterlassungen von Organen dieses Staates angegriffen werden. Die Verantwortlichkeit erstreckt sich auch auf Fälle, in denen sich ein Mitgliedstaat einer internationalen oder supranationalen Organisation eingliedert. Er trägt dann die konventionsrechtliche Verantwortung, sicherzustellen, dass das Handeln dieser Organisation konventionskonform erfolgt. Die Mitgliedstaaten können sich der Bindung an die Konvention nicht dadurch entziehen, dass sie Hoheitsakte auf derartige Organisationen übertragen (Idee der Garantenstellung).[13] **Die EMRK schließt die Übertragung von Hoheitsbefugnissen auf internationale Organisationen nicht aus, verlangt aber,** dass die Rechte aus der EMRK weiter zugesichert sind.[14] Die Verantwortung der Vertragsstaaten bleibt also **auch nach der Übertragung von Hoheitsgewalt bestehen.** Die Konventionsstaaten dürfen **keine zwischenstaatlichen Vereinbarungen treffen, die ihren Konventionspflichten widersprechen.**[15]

---

9 EGMR 12.7.2005 – 41138/98, Slg 05 VII Rn. 98 – *Moldovan* ua/*Rumänien*.
10 EGMR 8.4.2004 – 71503/01 (GK), Slg 04-II – *Assanidze/Georgien*.
11 Für die Haftung Russlands und Moldaus für Menschenrechtsverletzungen in Transnistrien: EGMR 8.7.2004 – 48787/99 (GK), Slg 04-VII – *Ilaşcu* ua/ *Moldau u. Russland*.
12 EGMR 12.12.2001 – 52207/99 (GK), Slg 01-XII Rn. 75 – *Banković* ua/*Belgien* ua für die Luftherrschaft der Nato; vgl. dazu auch LG Bonn NJW 2004, 525.
13 EGMR 18.2.1999 – 26083/94 (GK), Slg 99-I – *Waite u. Kennedy/Deutschland*; EGMR 18.2.1999 – 28934/95 (GK) – *Beer u. Regan/Deutschland*; EGMR 18.2.1999 – 24833/94 (GK), Slg 99-I – *Matthews/Vereinigtes Königreich*.
14 *Busse* NJW 2010, 1074.
15 EGMR 2.3.2010 – 61498/08, Slg 10 Rn. 138 – *Al-Saadoon* ua/*Vereinigtes Königreich* – Verpflichtung, Gefangene zu überstellen, auch wenn ihnen die Todesstrafe droht.

Die Konvention hindert die Mitgliedstaaten nicht daran, sich an der   11
Gründung und an der Tätigkeit internationaler oder supranationaler
Organisationen zu beteiligen.[16] Sie müssen aber über geeignete Mittel sicherstellen, dass sich die Organisation ihrerseits in der Sache an
die Vorgaben der Konvention hält. Sie trifft eine Einwirkungspflicht
und ggf. (bei Erfolglosigkeit) ein Austrittsgebot.

Die Konventionsstaaten bleiben also für Konventionsverletzungen   12
verantwortlich, wenn nach der Übertragung auf internationale Organisationen Rechte nach der Konvention nicht mehr gewährleistet
sind; das hat der EGMR insbesondere für das Recht auf Zugang zu
einem Gericht nach Art. 6 Abs. 1 EMRK ausgesprochen und daran
erinnert, dass die Konvention nicht theoretische und scheinbare
Rechte garantiert, sondern konkrete und wirkliche Rechte. Es ist deswegen zu prüfen, ob nach Übertragung von Hoheitsbefugnissen oder
Gewährung von Immunitäten andere angemessene Möglichkeiten bestehen, die in der Konvention garantierten Rechte zu schützen.[17] Die
frühere EKMR hat in der Sache *M./Deutschland* in ihrer Entscheidung v. 9.2.1990[18] dargelegt, dass die Übertragung von Hoheitsgewalt auf die EG so lange keine Verletzung der Konvention ist, als das
Gemeinschaftsrecht einen vergleichbaren Grundrechtsschutz gibt;
das sei der Fall.[19] Zu Vorschriften über Immunitäten → Art. 6
Rn. 52 ff.

Im Grundsatz wendet der EGMR diese Rechtsprechung auch auf die   13
Mitgliedschaft in der Europäischen Union (EU) an. **Soweit die**
EMRK-Staaten Recht der EU anwenden, unterliegen sie der Kontrolle des Gerichtshofs. Denn Art. 1 macht keinen Unterschied nach der
Art der Norm oder Maßnahme und entzieht keinen Teil der Jurisdiktion der Geltung der Konvention.[20] Die Mitgliedstaaten sind damit
für das Handeln der EU weiterhin konventionsrechtlich verantwortlich.[21] Wenn eine staatliche Vorschrift mit einer Richtlinie der EU
übereinstimmt, ändert das also nichts an der Haftung des Staates.[22]
Die Folge dieser Rechtsprechung ist, dass über die Auslegung der
EMRK nicht nur der EGMR, sondern **auch der EuGH in Luxemburg**

---

16 EGMR 6.12.2012 – 12323/11 – *Michaud/Frankreich*; EGMR 30.6.2005 –
     45036/98 (GK), Slg 05-VI – *Bosphorus/Irland*; EGMR, 21.6.2016 – 5809/08
     (GK) – *Al-Dulimi* ua/*Schweiz.*
17 EGMR 18.2.1999 – 26083/94 (GK), Slg 99-I Rn. 68 – *Waite u. Kennedy/*
     Deutschland.
18 EKMR 9.2.1990 – 13258/87, D.R. 64, 138 – *M./Deutschland.*
19 Ebenso EGMR 30.6.2005 – 45036/98 (GK), Slg 05-VI – *Bosphorus/Irland.*
20 EGMR 18.2.1999 – 24833/94 (GK), Slg 99-I Rn. 29 – *Matthews/Vereinigtes*
     Königreich; *Callewaert* EuGRZ 2003, 198 (201).
21 EGMR 30.6.2005 – 45036/98 (GK), Slg 05-VI Rn. 137 – *Bosphorus/Irland.*
22 EGMR 15.11.1996 – 17862/91 (GK), Slg 96-V – *Cantoni/Frankreich.*

entscheidet. Das kann und hat in Einzelfällen zu Divergenzen geführt. Eine angemessene Lösung wird sich nur finden lassen, wenn **die EU der EMRK beitritt.** Nur dann wird eine Anwendung der Konvention auch auf Unionsakte und eine einheitliche Gerichtskontrolle sichergestellt.[23] Der Beitritt der EU zur EMRK ist nach der Entscheidung des EuGH im Gutachten vom 18.12.2014 unwahrscheinlich geworden.[24]

14   Angesichts des inzwischen gut ausgebauten Grundrechtsschutzes auf EU-Ebene und der aus Art. 6 EUV folgenden Verpflichtung zur Einhaltung der EMRK-Standards, hat der EGMR inzwischen die **Durchsetzung der Verpflichtung der Mitgliedstaaten** deutlich zurückgenommen.[25] Der EGMR prüft, ob der von den Gerichtsorganen der internationalen oder supranationalen Organisation gewährte Grundrechtsschutz im **Grundsatz „gleichwertig"** ist. Dieses Kriterium ist erfüllt, wenn ein im Wesentlichen vergleichbares Schutzniveau gewährleistet wird. Eine Vermutung für die Einhaltung der Konventionsstandards besteht, wenn sich sowohl in materieller Hinsicht als auch mit Blick auf die Verfahrensstellung Betroffener darlegen lässt, dass die Organisation den Standards der EMRK im Wesentlichen entspricht. Der EGMR hat inzwischen mehrfach festgestellt, dass diese Vermutung zugunsten der EU gilt.[26] Lässt sich der Nachweis führen, dass der Grundrechtsschutz in einer Organisation „offensichtlich mangelhaft" ist, entfällt die Vermutung. Im Übrigen tragen die Mitgliedstaaten der EU die konventionsrechtliche Verantwortung in Bereichen, in denen ihnen das EU-Recht Handlungsfreiheit einräumt, weiterhin vollumfassend. Dies gilt etwa für die Umsetzung und Durchführung einer Richtlinie.[27]

15   Für die Mitgliedschaft in den **Vereinten Nationen** gelten Besonderheiten. Der EGMR geht davon aus, dass sich die Mitgliedstaaten der aus Art. 103 UN-Charta ergebenden Bindung nicht unter Berufung auf die EMRK entziehen können.[28] Die Mitgliedstaaten sind damit nicht für das Handeln der UN-Organe verantwortlich, auch wenn sie der UN angehören. Ebenso wenig können sie für die Durchführung von Beschlüssen des UN-Sicherheitsrates konventionsrechtlich zur

---

23 Vgl. *Limbach* EuGRZ 2000, 417; *Winkler*, Der Beitritt der EG zur EMRK, 2000; *Peukert* NVwZ 2001, 1386; *Callewaert* EuGRZ 2003, 198 (201); *Hilf/ Hörmann* NJW 2003, 1.
24 EuGH Gutachten 2/13 v. 18.12.2014.
25 EGMR 30.6.2005 – 45036/98 (GK), Slg 05-VI Rn. 155ff. – *Bosphorus/Irland.*
26 Vgl. zB EGMR 20.1.2009 – 13645/05 – *Cooperatieve Producentenorganisatie/ Niederlande.*
27 EGMR 15.11.1996 – 17862/91 (GK), Slg 96-V Rn. 29ff. – *Cantoni/Frankreich.*
28 EGMR 2.5.2007 – 71412/01 (GK) – *Behrami* ua/*Frankreich.*

Verantwortung gezogen werden. Dies kann nach der Rspr. des EGMR selbst dann der Fall sein, wenn es sich um **freiwillige Unterstützungsmaßnahmen** handelt und gewisse Entscheidungsspielräume bestehen. Eine konventionsrechtliche Verantwortung gilt daher zB für Handlungen und Unterlassungen von Angehörigen der Streitkräfte, die im Rahmen einer **UN-Mission im Ausland** sind, auch dann nicht, wenn sich der Entsendestaat eine gewisse Entscheidungsgewalt über die Soldaten vorbehalten hat.[29]

In anderen Fällen hat der EGMR eine Verantwortlichkeit angenommen. Dies gilt, wenn ein Mitgliedstaat zwar unter einer **Resolution des UN-Sicherheitsrates** handelt, dabei aber im Wesentlichen selbstbestimmt agiert.[30] Gleiches gilt für die Verhängung eines Einreiseverbots, über das der Mitgliedstaat selbstbestimmt entscheidet.[31] Eine Verantwortlichkeit sah der EGMR auch darin begründet, dass ein Mitgliedstaat UN-Recht ausführt, dabei aber **keine hinreichenden Rechtsschutzmöglichkeiten** gewährt werden.[32] Im letztgenannten Fall ging der EGMR davon aus, dass die Erfüllung einer Verpflichtung aus UN-Recht als Rechtfertigungsgrund angesehen werden kann.[33] Der EGMR hat die Grundsätze über die beschränkte Verantwortlichkeit der Mitgliedstaaten auf deren Stellung in anderen Organisationen übertragen.[34] Die Rechtsprechung des EGMR unterscheidet sich in diesem Punkt von jener des EuGH.[35] 16

c) Keine Verpflichtung von Nichtvertragsparteien (Drittstaaten, internationale Organisationen): Die Konvention bindet **Nichtvertragsparteien** nicht. Dies ergibt sich aus allgemeinen völkerrechtlichen Grundsätzen (pacta tertiis nec nocent nec prosunt). Dritten Hoheitsträgern steht es allerdings frei, in ihrer Rechtsordnung eine Bestimmung des Inhalts vorzusehen, wonach die Bestimmungen der EMRK Geltung beanspruchen sollen. Ein Zugang zum Rechtsschutzsystem der EMRK wird dadurch nicht eröffnet. 17

Akte internationaler Organisationen, insbesondere der UN und der Nato, sind damit keine Handlungen des Vertragsstaates, sondern die einer übernationalen Organisation, auf welche der Vertragsstaat Ho- 18

---

29 Zum Kosovo: EGMR 2.5.2007 – 71412/01 (GK), Rn. 138, 144 – *Behrami* ua/ *Frankreich*; zu Einsätzen der Bundeswehr: *Stoltenberg* ZRP 2008, 111.
30 EGMR 7.7.2011 – 27021/08 (GK), Slg 11 Rn. 109 – *Al-Jedda/Vereinigtes Königreich*.
31 EGMR 12.9.2012 – 10593/08 (GK), Slg 12 Rn. 120 f. – *Nada/Schweiz*.
32 EGMR 21.6.2016 – 5809/08 (GK) – *Al-Dulimi* ua/*Schweiz*.
33 EGMR 21.6.2016 – 5809/08 (GK) – *Al-Dulimi* ua/*Schweiz*.
34 EGMR 9.9.2008 – 73250/01 – *Boivin/34 Mitgliedstaaten des Europarats*, mit Blick auf eine Entscheidung des Verwaltungsgerichts der ILO.
35 Vgl. EuGH 3.9.2008 – verb. Rs. C-402/05 P u. C-415/05 P – *Kadi*.

heitsrechte übertragen hat. Deswegen können sie nicht als solche nach der EMRK angegriffen werden, weil die Organisationen nicht Vertragsstaat der Konvention sind. **Beschwerden gegen die Organisation sind ratione personae unzulässig** (→ Art. 35 Rn. 41). Der EGMR hat Beschwerden von Bediensteten internationaler Organisationen[36] und wegen des Verfahrens vor dem EPA[37] und vor dem EuGH[38] als unzulässig zurückgewiesen.

19   **d) Keine Verpflichtung privater Personen:** Private werden durch die Bestimmungen der EMRK nicht unmittelbar gebunden. Die Bestimmungen der EMRK begründen damit **keine unmittelbare „Drittwirkung"** bzw. „horizontale Wirkung". EMRK-rechtlich trifft die Staaten eine Schutzpflicht, sich dem Verhalten Privater entgegen zu stellen, das eine Beeinträchtigung der Konventionsrechte mit sich bringt.

20   Ein Bürger kann daher keinen anderen Bürger oder eine private Vereinigung wegen der Verletzung von Konventionsrechten in Anspruch nehmen. In solchen Fällen kann aber eine **staatliche Gewährleistungspflicht** verletzt sein, zB durch Unterlassen des Schutzes einer Person (vgl. → Rn. 8) durch Gerichte oder den Gesetzgeber, der zB erlaubt hat, dass eine Privatperson Rechte einer anderen verletzt.[39]

2. Berechtigte: Personen im Verantwortungsbereich eines Mitgliedstaats

21   Die Rechte aus der **EMRK stehen jeder Person zu, die der Hoheitsgewalt des Staates unterworfen** ist. Art. 1 spricht zwar nur von dieser Konvention, erfasst aber auch die Zusatzprotokolle. Wenn eine Beschwerde von einer nicht berechtigten Person erhoben worden ist, ist sie „ratione personae" unzulässig (→ Art. 35 Rn. 41).

22   **a) Personelle Reichweite des Schutzes:** Die EMRK gilt zugunsten aller „Personen", die sich im Geltungs- und Schutzbereich aufhalten. Eine Begrenzung auf eigene Staatsangehörige erfolgt – naturgemäß – nicht. Ebenso schützt die EMRK nicht nur Personen, die sich auf dem Territorium eines Mitgliedstaats aufhalten (zur „extraterritorialen Reichweite" der Konvention: → Rn. 30 ff.). Die Bindungen kön-

---

36 EGMR 9.12.2008 – 73274/01 – *Connolly/15 Mitgliedstaaten der EU*; EGMR 9.9.2008 – 73250/01 – *Boivin/34 Mitgliedstaaten des Europarats.*
37 EGMR 16.6.2009 – 40382/04 – *Rambus Inc./Deutschland.*
38 EGMR 20.1.2009 – 13645/05 – *Cooperatieve Producentenorganisatie/Niederlande.*
39 EGMR 28.6.2001 – 24699/94, Slg 01-VI Rn. 47 – *VgT Verein gegen Tierfabriken/Schweiz (Nr. 1)*: Verbot politischer Werbung im Radio; dazu EGMR 30.6.2009 – 32772/02 (GK), Slg 09 – *Verein gegen Tierfabriken (VgT)/Schweiz (Nr. 2).*

nen von jeder Person in Anspruch genommen werden, die von der Hoheitsgewalt in einem rechtlich relevanten Sinn „betroffen" werden. Keine Personengruppe ist ausgeschlossen, nicht Beamte oder Soldaten, grundsätzlich auch nicht Strafgefangene, wenn nicht besondere Vorschriften berechtigte Einschränkungen geben, zB für das Wahlrecht.[40] Der Schutz gilt unabhängig davon, ob der Betroffene **Staatsangehöriger** des jeweiligen Staates ist oder nicht. Es gibt aber Vorschriften in der EMRK und den Prot., die ausdrücklich Differenzierungen nach der Staatsangehörigkeit erlauben (vgl. Art. 16 EMRK; vgl. auch zu Art. 14 EMRK) oder eine Garantie nur für Ausländer enthalten (Art. 5 Abs. 1 S. 2 lit. f. EMRK, Art. 4 Prot. Nr. 4; Art. 1 Prot. Nr. 7) oder einen Schutz auf eigene Staatsangehörige beschränken (zB Art. 3 Prot. Nr. 4). Die meisten Vorschriften der EMRK und der Prot. geben Staatsangehörigen und Nichtstaatsangehörigen denselben Schutz. Auch juristische Personen sind geschützt (vgl. zu Art. 34), wobei der Schutz je nach garantiertem Recht sachlich unterschiedlich sein kann. Sieht man von diesen Garantien ab, gelten die Garantien der EMRK immer auch für Ausländer, und zwar auch für Angehörige eines Nicht-Mitgliedstaats der EMRK.

In der Rechtsprechung des EGMR ist bislang nicht abschließend geklärt, ab welchem Entwicklungszeitpunkt vom **Vorliegen einer „Person"** auszugehen ist. Außer Zweifel steht lediglich, dass ein Mensch dem Schutzbereich der **EMRK ab dem Zeitpunkt der Vollendung der Geburt** unterfällt. Dabei kommt es nicht darauf an, inwieweit er zur eigenverantwortlichen Ausübung von Autonomie in der Lage ist. Geschützt werden auch Menschen, die zu einer eigenbestimmten Lebensführung zeitweilig oder dauerhaft nicht oder nur mit Einschränkungen in der Lage sind. Menschliches Leben vor der Geburt ist nach dem gegenwärtigen Stand der Rechtsprechung nicht berechtigt. Die Entwicklung objektiver Schutzpflichten erscheint gegenwärtig wenig wahrscheinlich, wenngleich auch nicht ausgeschlossen. In der menschenrechtlichen Beurteilung des Umgangs mit Zellen und Embryonen bestehen weiterhin große Unterschiede; bislang besteht für den EGMR kein Anlass, hier Weichenstellungen vorzunehmen. 23

Die Grundrechtsberechtigung aus der EMRK endet mit dem **Tod.** Der EGMR hat bislang keine (objektive) postmortale Schutzpflicht konstruiert. Rechtlich zulässig ist es, dass die Ansprüche einer Person, die zu Lebzeiten in ihren Rechten verletzt worden ist, nach deren Tod von einem Angehörigen geltend gemacht werden. 24

---

40 EGMR 30.3.2004 – 74025/01, Rn. 44 – *Hirst/Vereinigtes Königreich (Nr. 2)*, vgl. EGMR 6.10.2005 – 74025/01 (GK), Slg 05-IX – *Hirst/Vereinigtes Königreich (Nr. 2)*; vgl. Art. 3 Prot. Nr. 1 Rn. 19.

25   **Juristische Personen** genießen die Grundrechtsberechtigung insoweit, als es um Rechte geht, die ihrer Natur nach auf eine juristische Person Anwendung finden können. Keinen Schutz genießen juristische Personen, die der Sphäre des Staats zuzurechnen sind. Dies lässt sich Art. 34 EMRK entnehmen, wonach die „nichtstaatlichen Organisationen oder Personengruppen" zur Beschwerde berechtigt sind. Auch wenn diese Bestimmung lediglich die Antragsberechtigung bezeichnet, gibt sie auch Aufschluss über die Strukturen materieller Berechtigung. Ein Rechtsträger ist der staatlichen Sphäre zuzurechnen, wenn er hoheitliche Aufgaben oder Befugnisse wahrnimmt, zudem aber auch, wenn er vom Staat kontrolliert wird. Bei gemeinwirtschaftlichen Unternehmen muss im Einzelnen geprüft werden, wer hinter ihnen steht und welche Aufgaben sie haben.

26   **b) Territoriale Reichweite des Schutzes:** Die Verantwortlichkeit der Mitgliedstaaten erstreckt sich zunächst und vor allem auf ihr Hoheitsgebiet. Dieses Gebiet untersteht ihrer Verantwortlichkeit. **Hoheitsgewalt ist grundsätzlich wesentlich territorial bestimmt,** sie wird auf dem Staatsgebiet ausgeübt und geht nur ausnahmsweise darüber hinaus (→ Rn. 30 ff.).

27   **aa) Personen auf dem Staatsgebiet eines Mitgliedstaats:** Das Wort „Hoheitsgewalt" in Art. 1 ist vorrangig territorial zu verstehen (→ Rn. 2). Die Verantwortung des Konventionsstaates erstreckt sich auf das gesamte Staatsgebiet sowie das völkerrechtlich zugeordnete Küstenmeer. Schon seit längerem ist anerkannt, dass den Mitgliedstaaten konventionsrechtliche Verpflichtungen auch mit Blick auf die unter ihrer Flagge fahrenden Schiffe[41] und die von ihnen in einem Drittstaat unterhaltenen diplomatischen Vertretungen auferlegt sind. Es besteht eine Vermutung dafür, dass Geschehnisse, die auf dem Territorium eines Mitgliedstaats eintreten, diesem zugerechnet werden müssen.[42]

28   Die Verantwortlichkeit eines Mitgliedstaats für die **Verhältnisse auf seinem Territorium** kann in Ausnahmefällen gelockert oder auch durchbrochen sein. Dies gilt etwa für den Fall, dass das Gebiet eines Mitgliedstaats von ausländischen Kräften militärisch besetzt ist und

---

41   EGMR 23.2.2012 – 27765/09 (GK), Slg 12 Rn. 77 – *Hirsi/Italien*: Verantwortlichkeit für ein unter der eigenen Flagge fahrendes Schiff; EGMR 29.3.2010 – 3394/03 (GK), Slg 10 Rn. 62 ff. – *Medvedyev* ua/*Frankreich*: Aufbringung eines Schiffs bei Bekämpfung des Drogenhandels.
42   EGMR 8.7.2004 – 48787/99 (GK), Slg 04-VII Rn. 311-313, 333-335 – *Ilaşcu* ua/*Moldau u. Russland*.

der Territorialstaat die effektive Kontrolle verloren hat.[43] Es gilt auch für den Fall einer Rebellion oder den Versuch eines fremden Staats, eine separatistische Regierung auf dem Gebiet des Mitgliedstaats zu installieren.[44] In diesen Fällen ist der Mitgliedstaat gehalten, die Kontrolle wieder zu erlangen. Er hat zudem Schritte zu unternehmen, um eine Sicherung der Rechte Betroffener sicherzustellen.

Die Konvention untersagt es den Vertragsparteien auch, gegenüber 29 den auf ihrem Gebiet befindlichen Personen Maßnahmen zu ergreifen, die **zu einer konventionswidrigen Behandlung in einem Drittstaat** führen (Auslieferung an einen Staat, in dem die Todesstrafe droht: Soering).[45] Der Staat kann damit auch dann für eine Konventionsverletzung haften, wenn er selbst eine Person nicht konventionswidrig behandelt hat, sie aber durch Abschiebung oder Auslieferung in einen Drittstaat der Gefahr einer solchen konventionswidrigen Behandlung aussetzt (vgl. zu Art. 3).

bb) Mitgliedstaatliche Kontrolle von Gebieten außerhalb seines 30 **Staatsgebiets:** In jüngerer Zeit haben Fälle an Bedeutung gewonnen, in denen die Ausübung von Hoheitsgewalt außerhalb des Territoriums des Mitgliedstaats zu beurteilen war (sog „extraterritoriale Akte"). Ein Mitgliedstaat ist im Grundsatz auch für die Akte seiner Organe und Institutionen verantwortlich, die **außerhalb seines Territoriums** ausgeübt werden; sie sind Ausdruck seiner „Hoheitsgewalt" („jurisdiction"). Allerdings hat der EGMR ein differenziertes, nach Sinn und Zweck abgestuftes Regime der Begründung von Verantwortung („Zurechnung") entwickelt.

Die konventionsrechtliche Verantwortlichkeit obliegt einem Mit- 31 gliedstaat immer dann, wenn seine Organe über ein Gebiet die **„wirksame Gesamtkontrolle"** („effective overall control") ausüben.[46] Diese Kontrolle kann durch die Streitkräfte des Mitgliedstaats, aber auch durch eine von ihm kontrollierte zivile Administration ausgeübt werden. Denkbar ist es, dass sich die Kontrolle auf ein Teilgebiet eines Drittstaats erstreckt. Die Bombardierung eines Gebiets bewirkt eine „Gesamtkontrolle" nicht.[47] Es kommt immer auf

---

43 EGMR 12.5.2014 – 25781/94 (GK), Slg 14 Rn. 76-80 – *Zypern/Türkei*; EGMR 12.12.2001 – 52207/99 (GK), Slg 01-XII Rn. 70 f. – *Banković ua/Belgien* ua; EGMR 23.3.1995 – 15318/89 (GK) – *Loizidou/Türkei (preliminary objections)*.
44 Siehe EGMR 16.6.2015 – 40167/06 (GK), Slg 15 Rn. 126-131 – *Sargsyan/Aserbaidschan*.
45 EGMR 7.7.1989 – 14038/88 – *Soering/Vereinigtes Königreich*.
46 EGMR 16.11.2014 – 31821/96, Rn. 66ff. – *Issa ua/Türkei*; EGMR 23.3.1995 – 15318/89 (GK), Rn. 62 – *Loizidou/Türkei (preliminary objections)*.
47 EGMR 12.12.2001 – 52207/99 (GK), Slg 01-XII – *Banković ua/Belgien* ua

eine Einzelfallbeurteilung an.[48] Beim Einsatz türkischer Streitkräfte im Irak für eine Dauer von sechs Wochen hat der EGMR eine tatsächliche Kontrolle nicht angenommen, hat sein Urteil aber auch auf andere Erwägungen gestützt.[49] Im Fall Al-Saadoon ua[50] hat der EGMR die Verantwortung des Vereinigten Königreichs für Handlungen im Irak-Krieg angenommen. Die Rechtmäßigkeit der Kontrolle ist ohne Bedeutung. Übt ein Mitgliedstaat eine wirksame Gesamtkontrolle aus, sind die Ereignisse ihm zuzurechnen, und zwar auch dann, wenn seine Organe daran nicht mitwirken.

32   Eine konventionsrechtliche Verantwortlichkeit trifft einen Mitgliedstaat auch dann, wenn einzelne Personen oder Personengruppen der „Gewalt und Kontrolle" („authority and control") seiner Amtsträger unterliegen. Dies gilt selbst dann, wenn der Mitgliedstaat in dem Gebiet keine Gesamtkontrolle ausübt. Der EGMR war in letzter Zeit wiederholt mit Fällen befasst, in denen es um die konkreten Anforderungen an das Merkmal der „Gewalt und Kontrolle" ging. Der EGMR bejaht das Vorliegen dieses Merkmals in Fällen, in denen ein Mitgliedstaat mit Zustimmung oder Duldung eines Drittstaats Regierungs- oder Verwaltungsbefugnisse ausübt.[51] Das Merkmal wird auch erfüllt, wenn die Organe eines Mitgliedstaats über eine Person oder Personengruppe unmittelbare physische Gewalt ausüben.[52] Die räumliche Herrschaft kann beispielsweise auf einem Schiff, in einem Flugzeug, aber auch in einem Check-point erfolgen.[53]

33   Der EGMR geht davon aus, dass die Verantwortlichkeit eines Mitgliedstaats für extraterritoriales Verhalten in besonderem Umfang besteht, wenn dieser auf dem Gebiet eines anderen Mitgliedstaats operiert.[54] Die EMRK begründet einen einheitlichen Menschenrechtsraum, in dem sich die Schutzverantwortlichkeiten der verschiedenen Mitgliedstaaten ergänzen.

---

48 EGMR 16.6.2015 – 40167/06 (GK), Slg 15 – *Sargsyan/Aserbaidschan*.
49 EGMR 14.3.2006 – 23276/04 – *Saddam Hussein/Albanien u. 20 weitere Vertragsstaaten*.
50 EGMR 2.3.2010 – 61498/08, Slg 10 – *Al-Saadoon* ua/*Vereinigtes Königreich*.
51 EGMR 7.7.2011 – 55721/07 (GK), Slg 11 Rn. 74 – *Al-Skeini* ua/*Vereinigtes Königreich*; EGMR 14.5.2002 – 48205/99, Rn. 20 – *Gentilhomme* ua/*Frankreich*; EGMR 12.12.2001 – 52207/99 (GK), Slg 01-XII Rn. 71 – *Banković* ua/*Belgien* ua.
52 EGMR 7.7.2011 – 27021/08 (GK), Slg 11 Rn. 74 – *Al-Jedda/Vereinigtes Königreich*; EGMR 7.7.2011 – 55721/07 (GK), Slg 11 Rn. 136 – *Al-Skeini* ua/*Vereinigtes Königreich*; EGMR 2.3.2010 – 61498/08, Slg 10 Rn. 124 – *Al-Saadoon* ua/*Vereinigtes Königreich*.
53 EGMR 21.4.2015 – 42139/12, Rn. 33 – *Pisari/Moldau u. Russland*.
54 EGMR 12.12.2001 – 52207/99 (GK), Slg 01-XII Rn. 80 – *Banković* ua/*Belgien* ua; EGMR 23.3.1995 – 15318/89 (GK), Rn. 78 – *Loizidou/Türkei (preliminary objections)*.

cc) **Keine Berechtigung bei bloßer Auswirkung** („cause and ef-   34
fect"): Einen Mitgliedstaat trifft, wenn er nicht eine Verantwortlichkeit im vorstehenden Sinne trägt, keine konventionsrechtliche Haftung allein aus dem Umstand, dass sich seine Handlungen irgendwie
auf eine Person in einem Drittstaat auswirken („cause and effect").

3. Sachlicher Anwendungsbereich (ratione materiae): Handlung oder Unterlassen im Gewährleistungsbereich der Konvention

Die mitgliedstaatliche Verantwortlichkeit gilt **für jede Handlung und**   35
jedes Unterlassen, die sich im Geltungsbereich eines Konventionsrechts bewegen. Wenn ein in der Konvention oder den Prot. nicht ga-
rantiertes Recht geltend gemacht wird, ist sie „**ratione materiae**" unzulässig.

4. Zeitlicher Anwendungsbereich (ratione temporis)

Die Beschwerde kann auch „**ratione temporis**" unzulässig sein, wenn   36
sie sich auf Vorfälle bezieht, die vor dem Inkrafttreten der Konvention für den betroffenen Konventionsstaat stattgefunden haben (vgl.
zu Art. 35).

Abschnitt I Rechte und Freiheiten

Artikel 2 Recht auf Leben

(1) [1]Das Recht jedes Menschen auf Leben wird gesetzlich geschützt.
[2]Niemand darf absichtlich getötet werden, außer durch Vollstreckung eines Todesurteils, das ein Gericht wegen eines Verbrechens
verhängt hat, für das die Todesstrafe gesetzlich vorgesehen ist.

(2) Eine Tötung wird nicht als Verletzung dieses Artikels betrachtet,
wenn sie durch eine Gewaltanwendung verursacht wird, die unbedingt erforderlich ist, um
a) jemanden gegen rechtswidrige Gewalt zu verteidigen;
b) jemanden rechtmäßig festzunehmen oder jemanden, dem die Freiheit rechtmäßig entzogen ist, an der Flucht zu hindern;
c) einen Aufruhr oder Aufstand rechtmäßig niederzuschlagen.

I. Grundsatz

1 Art. 2 schützt das Recht auf Leben. Die Vorschrift ist zwingend auch dann zu beachten, wenn Hoheitsgewalt außerhalb des eigentlichen Staatsgebiets eines Konventionsstaats ausgeübt wird, sei es außerhalb der Territorialgrenzen „auf hoher See", sei es als Besatzungsmacht.[1] Art. 1 S. 1 enthält eine **allgemeine Garantie** für den Schutz des Lebens, und er ist damit eine Vorschrift von zentraler Bedeutung. Abs. 1 S. 2 verbietet die **absichtliche Tötung** mit Ausnahme durch Vollstreckung der Todesstrafe (dazu → Rn. 41). Darüber hinaus ist mit Blick auf Art. 15 im Notstandsfall eine Abweichung von Art. 2 nur bei Todesfällen infolge rechtmäßiger Kriegshandlungen erlaubt.[2] Abs. 2 gibt Rechtfertigungsgründe auch für Fälle einer absichtlichen Tötung. Die Regelung legt aber nicht in erster Linie die Umstände dar, unter denen es erlaubt ist, absichtlich zu töten, sondern die, unter denen **Gewaltanwendung zulässig ist, die ungewollt den Tod** verursachen kann.[3] Abs. 2 ist eng auszulegen (→ u. Rn. 40). Art. 2 und 3 garantieren grundlegende Werte der demokratischen

---

1 Vgl. nur EGMR 23.2.2012 – 27765/09, NVwZ 2012, 809 Rn. 70 ff. – *Hirsi Jamaa* ua/*Italien* betr. nach Libyen zurückzuführende Flüchtlinge durch italienische Behörden; EGMR 7.7.2011 – 55721/07 (GK), NJW 2012, 282 Rn. 30 ff. – *Al Skeini/Vereinigtes Königreich* zur Ausübung von Hoheitsgewalt britischer Truppen im Irak; vgl. hierzu auch EGMR 7.7.2011 – 27021/08, NJW 2012, 290 Ls. = BeckRS 2011, 25294 – *Al-Jedda/ Vereinigtes Königreich*. Vgl. dazu auch *Lehnert*, Frontex und operative Maßnahmen an den europäischen Außengrenzen, 2014, S. 191 ff. mwN. Vgl. ferner *Mrozek*, Grenzschutz als supranationale Aufgabe, 2013, S. 162 ff. und 203 ff.
2 EGMR 7.7.2011 – 55721/07 (GK), NJW 2012, 283 Rn. 162 – *Al Skeini* ua/*Vereinigtes Königreich*.
3 EGMR 20.5.1999 – 21594/93, NJW 2001,1991 – *Ogur/Türkei*; vgl. auch jüngst EGMR 12.11.2013 – 23502/06, NJOZ 2014, 1874 Rn. 163 = NVwZ 2014, 1646 Ls. – *Benzer* ua/*Türkei*.

Gesellschaft, für die der Europarat einsteht.[4] Aus Art. 2 folgt **nicht das Recht zu sterben**, auch nicht ein Recht auf Selbstbestimmung im Sinne eines Rechts auf Entscheidung für den Tod anstelle des Lebens.[5] Im Falle *Lambert* ua/*Frankreich* hat der EGMR den Abbruch der künstlichen Ernährung eines Wachkomapatienten und seiner Versorgung mit Flüssigkeit für vereinbar mit Art. 2 erachtet.[6]

Art. 2 Grundrechtecharta enthält eine entsprechende Vorschrift, die in Abs. 2 die Todesstrafe verbietet, in Art. 19 verbietet sie die Auslieferung und Abschiebung in einen Staat, in dem die Todesstrafe droht.

Abs. 2 Buchst. a) bezieht sich auf **die Notwehr**, gilt aber nicht zwischen Privatpersonen, denn eine Drittwirkung kennt die EMRK nicht (→ Art. 1 Rn. 10). Die Vorschrift hat Bedeutung für die Verpflichtung des Staates, **Gesetze zum Schutze des Lebens** zu erlassen (dazu → Rn. 11). Das ist ein Beispiel für die Verpflichtung des Staates zum positiven Tun, eine andere ist die Verpflichtung, bei Tötung eines Menschen eine unabhängige staatliche Untersuchung sicherzustellen (dazu → Rn. 21 ff.).   2

II. Schutzgut: Das Leben

1. Ungeborenes Leben

Es gibt keinen europäischen Konsens darüber, wann das Leben beginnt. Die Staaten haben insoweit einen Regelungs- bzw. einen „gewissen Ermessensspielraum".[7] Die Spruchpraxis hat sich bis dahin nur mit der Frage der **Abtreibung** befasst (dazu Art. 8 Rn. 18). Es gibt bisher keine Entscheidung, in der sie als Verstoß gegen Art. 2 angesehen worden ist. In der Spruchpraxis ist **bisher auch nicht angenommen worden, dass Art. 2 einen Schutz gegen Abtreibung gebe.** Die Kommission hat sich mit der deutschen gesetzlichen Regelung über die Abtreibung befasst und keine Vertragsverletzung angenom-   3

---

4 EGMR 17.9.2014 – 10865/09, 45886/07, 32431/08 (GK), BeckRS 2015, 17134 Rn. 315 mwN – *Mocanu/Rumänien.*
5 EGMR 29.4.2001 – 2346/02, Rn. 39, NJW 2002, 2851 – *Pretty/Vereinigtes Königreich* für den Fall einer unheilbar unterhalb des Kopfes gelähmten Frau; zuletzt EGMR 5.6.2015 – 46043/14, NJW 2015, 2715 Rn. 137 f. mwN – *Lambert* ua/*Frankreich.*
6 Vgl. zu den Einzelheiten EGMR 5.6.2015 – 46043/14, NJW 2015, 2715 – *Lambert* ua/*Frankreich.*
7 EGMR 8.7.2004 – 53924/00, NJW 2005, 727 – *Vo/Frankreich*; vgl. zuletzt EGMR 5.6.2015 – 46043/14, NJW 2015, 2715 Rn. 144 ff. mwN – *Lambert* ua/*Frankreich.*

men.[8] Sie hat aber die Frage offengelassen und nicht ausgeschlossen, dass der Fötus einen gewissen Schutz nach Art. 2 genieße. Der EGMR hat die Beschwerde eines Vaters gegen die Abtreibung bei der Mutter des Fötus für unzulässig erklärt.[9] Auch der EGMR hat offen gelassen, ob der Fötus vom Schutz des Art. 2 erfasst wird. Das Urteil in der Sache *Vo/Frankreich*[10] betraf eine Beendigung der Schwangerschaft gegen den Willen der Mutter durch **ärztliche Fahrlässigkeit**, die nach französischem Recht nicht strafbar war.[11]

2. Anwendung von Art. 2, wenn Gewalt nicht zum Tode geführt hat und bei Gesundheitsgefahren

4   Nach der Rechtsprechung kann Art. 2 **nur in Ausnahmefällen** angewendet werden, **wenn das Opfer nicht zu Tode gekommen ist**. Das wird angenommen, wenn der Angriff wegen Anwendung tödlicher Gewalt einem **Mordversuch** gleichkam.[12] Der EGMR stellt auf Art, Ausmaß und Absicht der Gewaltanwendung ab, ob sie das Leben gefährdet hat und welche Auswirkungen das Verhalten von Vertretern des Staates auf die Gesundheit des Betroffenen hatte, sowie auf die Interessen, die Art. 2 schützen will. Art. 2 kann dann auch anwendbar sein, wenn die Polizei nicht töten wollte und nicht getötet hat.[13] Der EGMR hat in solchen Fällen eine Verletzung festgestellt, wenn es keine ausreichenden Anweisungen gab, die angemessene und wirksame Garantien gegen willkürliche und missbräuchliche Gewaltanwendung gaben. Eine **Polizeioperation** muss so geregelt und organisiert sein, dass sie Gefahren für Leib oder Leben mindert.[14]

5   **Beispiele:** In dem Falle *Osman/Vereinigtes Königreich*[15] hat der EGMR geprüft, ob der beklagte Staat bei einem **Schuss mit schweren Verletzungen** Art. 2 verletzt hat, weil er den Betroffenen nicht ausreichend geschützt hat. Im Falle *Yasa/Türkei*[16] war der Bf. gleichfalls durch Schüsse verletzt worden. Der EGMR hat festgestellt, dass der beklagte Staat mangels ausreichender Ermittlungen Art. 2 verletzt

---

8 EuGRZ 1978, 199.
9 EGMR 5.9.2002 – 50490/99, Slg 02-VII – *Boso/Italien.*
10 EGMR 8.7.2004 – 53924/00, NJW 2005, 727.
11 Dazu *Groh/Lange-Bertalot* NJW 2004, 713.
12 EGMR 24.2.2005 – 57950/00, Rn. 175, EuGRZ 2006, 41 – *Isayeva/Russland.*
13 EGMR 20.12.2004 – 50385/99, Rn. 49, 51, 55, NJW 2005, 3405 – *Makaratzis/ Griechenland*, in dem mehrere Polizisten einen PKW durch Schüsse gestoppt hatten.
14 Vgl. auch EGMR 24.5.2005 – 36088/97, Rn. 77-79 – *Acar* ua/*Türkei*, in dem bei einer Operation acht Personen getötet und die Bf. verletzt worden sind.
15 EGMR 28.10.1998 – 23452/94 (GK), Slg 98-VIII Rn. 115-122 – *Osman/Vereinigtes Königreich.*
16 EGMR 2.9.1998 – 22495/93, Slg 98-VI Rn. 92-108 – *Yasa/Türkei.*

hat. Im Fall *Oyal/Türkei*[17] hat der EGMR Art. 2 bei einer **HIV-Infek-tion** durch Bluttransfusion angewendet, im Fall *Colak u. Tsakiridis/ Deutschland*[18] bei Verschweigen einer Aids-Erkrankung. In dem Fall *Ilhan/Türkei*[19] ging es um eine gegen Art. 3 verstoßende **schwere Gewaltanwendung** durch Polizisten. Der EGMR hat eine Verletzung von Art. 2 nicht angenommen und ausgeführt (Rn. 76), nur in besonderen Fällen könne der Grad und die Art der Gewaltanwendung und die eindeutige Absicht zu lebensgefährdenden Angriffen dazu führen, Art. 2 anzuwenden. Dem ist zuzustimmen. Es ist nicht angemessen, die Grenzen zwischen Art. 2 und 3 zu verwischen. Dementsprechend hat der EGMR Beschwerden gegen Gewalttaten durch Repräsentanten des Staates, die nicht zum Tod geführt haben, grundsätzlich nicht nach Art. 2, sondern nach Art. 3 oder 8 geprüft.[20] Andererseits hat er jüngst entschieden, dass türkische Justizbehörden ihre aus dem Recht auf Leben nach Art. 2 folgende Pflicht zur effektiven Verfahrensdurchführung verletzt haben, indem sie ein Strafverfahren gegen Polizisten, die den Bf. bei einem Schusswechsel verletzt hatten, 13 Jahre nach der Tat noch nicht abgeschlossen hatten.[21] Darüber hinaus hatte er im Falle einer angegriffenen Abschiebung eines Somaliers in sein Heimatland ausdrücklich darauf hingewiesen, dass diese Maßnahme sowohl mit Blick auf Art. 2 wie auch Art. 3 zu prüfen sei. Es handele sich um einen unteilbaren Vorgang.[22]

Im Zusammenhang mit den mit Menschenrechtsbeschwerden angegriffenen **Bombardierungen kurdischer Dörfer durch das türkische Militär** im Jahre 1994 hat der EGMR jedoch in seinem Urteil vom 12.11.2013 die Anwendung des Art. 2 auf drei der Bf., die bei der Bombardierung nicht getötet, aber verwundet worden waren, nicht infrage gestellt. Der der Beschwerde zugrunde liegende Angriff sei so gewaltig gewesen und habe wahllos so viele Menschen getötet, dass   6

---

17 EGMR 23.3.2010 – 4864/05 – *Oyal/Türkei.*
18 EGMR 5.3.2009 – 77144/01, Rn. 29, NJW 2010, 1866 – *Tsakiridis/Deutschland.*
19 EGMR 27.6.2000 – 22277/93, Slg 00-VII Rn. 75-78 – *Ilhan/Türkei.*
20 Vgl. EGMR 1.3.2001 – 22493/93, Rn. 154 – *Berktay/Türkei.*
21 EGMR 28.1.2014 – 54241/08, Rn. 51 ff. – *Camekan/Türkei.*
22 EGMR 5.9.2013 – 886/11, Rn. 67 – *K.A.B./Schweden.*

das zufällige Überleben der drei Bf. nicht bedeute, ihr Leben sei nicht in Gefahr gewesen.[23]

7 **Umweltrecht:** Auch hier gelten diese Grundsätze. Der Staat kann verantwortlich für den Verlust des Lebens sein, wenn er unterlässt, die Bürger angemessen zu schützen oder zu warnen (vgl. Art. 8 Rn. 45 f.). Der Fall *L.C.B./Vereinigtes Königreich*[24] betraf eine **Leukämieerkrankung aufgrund von Atomversuchen.** Der EGMR hat geprüft, ob der Staat alles getan hat, um ein Risiko für das Leben des Bf. Zu vermeiden. Im Fall *Budayeva ua/Russland*[25] ging es um eine Schlammlawine, die hätte verhindert werden können.

III. Eingriff

8 Anwendungsfälle in der bisherigen Praxis sind insbesondere die **Tötung durch Schusswaffengebrauch** von Polizei oder anderen Sicherheitskräften sowie Angehörigen der Armee. In einem das Vereinigte Königreich betreffenden Fall hat sich die EKMR mit **Impfschäden** befasst und die Beschwerde abgewiesen, weil die Behörden die notwendigen Sicherungsmaßnahmen getroffen hatten und wegen der Zwecke der Maßnahmen, lebensgefährliche Krankheiten zu verhüten.[26]

9 **Bei ärztlichen Kunstfehlern** genügt der Konventionsstaat seinen Verpflichtungen aus Art. 2, wenn er durch allgemeine Regelungen sicherstellt, dass Ärzte ausreichend sachkundig sind und das Leben der Patienten geschützt wird. Außerdem muss eine wirksame Justiz zur Verfügung stehen, um die Todesursache festzustellen und die Verantwortlichen zur Rechenschaft zu ziehen. Für einen Irrtum eines Arztes oder mangelnde Koordinierung zwischen mehreren Ärzten haftet der Staat dann nicht.[27] Vgl. → Art. 8 Rn. 13 und zu positiven Schutzpflichten im Gesundheitswesen u. → Rn. 15.

---

23 EGMR 12.11.2013 – 23502/06, NJOZ 2014, 1874 Rn. 143 = NVwZ 2014, 1646 Ls. – *Benzer* ua/*Türkei*.- Der Umstand, dass die Bf. erst acht Jahre nach den 1994 erfolgten Bombardierungen ihrer Dörfer Rechtsanwälte mit der Wahrnehmung ihrer Interessen beauftragt und ihre Beschwerden beim EGMR erst 12 Jahre nach den Ereignissen eingelegt hatten, führten angesichts der außergewöhnlichen Umstände nicht zu deren Unzulässigkeit; insbesondere stehe das Verstreichen der Sechsmonatsfrist des Art. 35 der Zulässigkeit nicht entgegen (Rn. 124 ff.).

24 EGMR 9.6.1998 – 23413/94, ÖJZ 1999, 353 Rn. 36-41 – *L.C.B./Vereinigtes Königreich*.

25 EGMR 20.3.2008 – 15339/02, Rn. 146 – *Budayeva* ua/*Russland*.

26 DR 14, 31; vgl. auch bei Rn. *5*.

27 EGMR 4.5.2000 – 45305/99, Slg 00-V – *Powell/Vereinigtes Königreich*.

IV. Pflichten des Staates

1. Unterlassungspflicht, Schutzpflicht

Art. 2 begründet die **Pflicht, Eingriffe in das Recht auf Leben zu un-** 10
terlassen, wenn sie nicht gerechtfertigt sind. Die Vorschrift verpflichtet aber nicht nur zu einem Unterlassen, sondern auch zu einem **posi-**
tiven Tun.[28] Der Konventionsstaat ist verpflichtet, das menschliche
Leben wirksam zu schützen.[29] Allerdings liegt dem EGMR zufolge
ein Verstoß gegen positive Verpflichtungen aus Art. 2 offensichtlich
nicht vor, wenn ein Häftling versucht, durch einen Hungerstreik seine Freilassung zu bewirken. Es stehe dem Inhaftierten nämlich
grundsätzlich nicht frei, durch selbstgewähltes lebensgefährdendes
Verhalten eine entsprechende staatliche Entscheidung zu veranlassen.[30]

Dazu gehört die Pflicht, sicherzustellen, dass Personen das **für den** 11
Lebensunterhalt absolut Notwendige haben, dass ihr Leben also
nicht durch Armut bedroht ist, aber nicht, einer Person einen bestimmten Lebensstandard zu sichern.[31]

Der Staat ist weiter verpflichtet, wirksame **strafrechtliche Vorschrif-** 12
ten mit abschreckender Wirkung zu erlassen sowie ein wirksames
und unabhängiges Gerichtssystem einzurichten, mit dem eine Tötung
aufgeklärt und der Schuldige bestraft wird,[32] also eine **Strafverfol-**
gung zu organisieren mit dem Ziele der Prävention, Unterdrückung
und Bestrafung bei Verstößen gegen die strafrechtlichen Normen.[33]
Wenn eine Person unter Umständen ums Leben gekommen ist, die
möglicherweise in die Verantwortung des Staates fallen, muss der
Staat mit allen ihm zur Verfügung stehenden Mitteln angemessen reagieren, durch die Justiz oder anders, damit die Vorschriften zum
Schutz des Lebens wirksam angewendet, Verstöße unterdrückt und

---

28 Vgl. EGMR 20.12.2011 – 18299/03, 27311/03, NJOZ 2013, 137 Rn. 206 ff. –
    Finogenov/Russland betr. Geiselbefreiung in Moskauer Theater mit tödlichem
    Einsatz von Gas.
29 EGMR 17.1.2008 – 59548/00 Rn. 79, NJW-RR 2009, 1394 – *Dodov/Bulgari-*
    en; EGMR 13.1.2012 – 7678/09, NJOZ 2014, 717 Rn. 88 – *Van Colle ua/*
    Vereinigtes Königreich,
30 EGMR 26.3.2013 – 73175/10 – *Rappaz/Schweiz.*
31 Vgl. EGMR 3.5.2005 – 19872/02, Rn. 18 – *Vasilenkov/Ukraine*; vgl. Art. 8
    Rn. 11.
32 EGMR 24.10.2002 – 37703/97, Rn. 89, NJW 2003, 3259 – *Mastromatteo/*
    Italien.
33 EGMR 22.3.2001 – 34044/96, Rn. 86, NJW 2001, 3035 – *Streletz, Kessler und*
    Krenz/Deutschland. Vgl. dazu auch Rn. 5 aE und EGMR 28.1.2014 –
    54241/08, Rn. 51 ff. – *Camekan/Türkei.*

bestraft und Fehler im Überwachungssystem aufgedeckt werden.[34] Wenn der Tod oder die Verletzung **nicht absichtlich** herbeigeführt worden ist, muss **nicht in jedem Fall die Strafjustiz** eingeschaltet werden, die Pflicht des Staates kann auch durch Zivil-, Verwaltungs- oder Disziplinarverfahren, die dem Opfer zur Verfügung stehen, erfüllt werden.[35] Das gilt auch für Fehler bei der medizinischen Versorgung.[36] Ständiger Rechtsprechung des EGMR entspricht es jedoch, dass eine **Zivilklage auf Schadensersatz** für gesetzwidriges Handeln und Verhalten eines Vertreters des Staates **kein wirksamer Rechtsbehelf bei Beschwerden nach Art. 2 ist**.[37] Vgl. zu wirksamen Rechtsbehelfen gegen umweltgefährdende Aktivitäten → Rn. 13, zu Ermittlungspflichten des Staates → Rn. 20. Art. 2 gibt einem Bf. jedoch nicht das generelle Recht, dass Dritte wegen einer Straftat verfolgt oder verurteilt werden. Auch folgt aus dieser Norm nicht die Pflicht des Staates, jede strafrechtliche Anklage zu einer Verurteilung zu bringen oder gar eine bestimmte Strafe zu verhängen.[38] Der Staat ist zudem nicht verpflichtet, bei **Todesfällen seiner Staatsangehörigen im Ausland** eine umfassende Zuständigkeit seiner Gerichte vorzuschreiben.[39]

13 Aus Art. 2 kann sich weiter die Verpflichtung ergeben, **Schutzmaßnahmen für eine oder mehrere Personen** zu treffen, deren Leben durch Straftaten anderer oder durch Selbstmordgefahr, aber auch durch anderweitige Bedrohungen wie Umweltgefahren bedroht ist.[40] Das gilt aber nur dann, wenn bewiesen ist, dass die Behörden zu der maßgebenden Zeit das Bestehen einer wirklichen und unmittelbaren Gefahr für das Leben einer oder mehrerer bestimmter Personen durch strafbare Handlungen Dritter oder durch sie selbst kannten oder hätten kennen müssen und keine Maßnahmen ergriffen haben, die vernünftiger Weise zur Abwehr einer solchen Gefahr zum Schutz vor Tötungshandlungen oder vergleichbarer Bedrohungen hätten er-

---

34 EGMR 28.2.2012– 17423/05 ua, NVwZ 2013, 993 Rn. 188 ff. mwN – *Kolyadenko/Russland.*

35 EGMR 24.10.2002 – 37703/97, Rn. 90, NJW 2003, 3259 – *Mastromatteo/Italien*; EGMR 8.7.2004 – 53924/00, Rn. 90, NJW 2005, 727 – *Vo/Frankreich*; EGMR 5.7.2005 – 49790/99, Rn. 86 – *Trubnikov/Russland.*

36 EGMR 23.3.2010 – 4864/05, Rn. 66 – *Oyal/Türkei.*

37 EGMR 30.1.2014 – 39436/06 und 40169/07, NVwZ 2015, 43 Rn. 47 mwN - *Z. u. Khatuyeva/Russland.*

38 EGMR 28.2.2012 – 17423/05 ua, NVwZ 2013, 993 Rn. 192 ff. mwN – *Kolyadenko/Russland.*

39 EGMR 7.1.2010 – 25965/04, Rn. 244, NJW 2010, 3003 – *Rantsev/Zypern u. Russland.*

40 EGMR 28.2.2012 – 17423/05 ua, NVwZ 2013, 993 Rn. 151 – *Kolyadenko/Russland.*

wartet werden können.[41] Dies schließt die Verpflichtung ein, „klare gesetzliche und verwaltungsmäßige Vorschriften zu schaffen, um von Bedrohungen des Rechts auf Leben wirksam abzuschrecken".[42] Besondere Schutzpflichten bestehen, wenn **eine Person entführt worden ist**.[43] Art. 2 darf aber nicht so ausgelegt werden, dass er dem Staat unerfüllbare Pflichten auferlegt, vielmehr müssen diese zumutbar sein.[44] Einer Person kann **kein absoluter Schutz** bei allen alltäglichen Tätigkeiten gewährt werden, bei denen eine Verletzung möglich ist.[45] Eine Schutzpflicht besteht auch in **Konfliktzonen für Personen, die nicht oder nicht mehr an Feindseligkeiten teilnehmen.** Ihre medizinische Versorgung muss sichergestellt sein. Bei getöteten Personen muss für eine Beerdigung gesorgt werden, außerdem müssen durch den Staat oder andere Organisationen Informationen über die Identität und das Schicksal gesammelt und weitergegeben werden.[46]

Schutzpflicht bei Umweltgefahren: Sie kann bei jeder staatlichen   14
oder privaten Tätigkeit bestehen, wenn sie eine ernstliche Gefahr für das Leben mit sich bringt.[47] Der Staat ist dann verpflichtet, alles Notwendige zum Schutz des Lebens zu veranlassen und die Bürger ausreichend zu informieren.[48] Er muss einen rechtlichen und verwaltungsmäßigen Rahmen schaffen, der wirksam vor Gefahren gegen das Leben schützt, besonders wenn es sich um eine gefährliche Anlage handelt.[49] Es müssen Vorschriften mit Sanktionen für Verstöße

---

41 EGMR 28.10.1998 – 23452/94 (GK), Slg 98-VIII, S. 3159 f. Rn. 115 f. – *Osman/Vereinigtes Königreich*; EGMR 10.10.2000 – 22947/93, Slg 00-X Rn. 77 ff. – *Akkoc/Türkei*; EGMR 8.11.2005 – 34056/02 Rn. 164, NJW 2007, 895 – *Gongadze/Ukraine*; EGMR 14.9.2010 – 2668/07 – *Dink/Türkei*.
42 EGMR 28.2.2012 – 17423/05 ua, NVwZ 2013, 993 Rn. 157 mwN – *Kolyadenko/Russland.*
43 Zur Ermittlungspflicht EGMR 31.5.2005 – 27305/95, Rn. 138 – *Koku/Türkei.*
44 EGMR 20.12.2011 – 18299/03, 27311/03, NJOZ 2013, 137 Rn. 209 mwN – *Finogenov/Russland.*
45 EGMR 1.3.2005 – 69869/01 – *Bosse/Frankreich* für einen 14jährigen, der auf der falschen Seite aus dem Zug gestiegen und von einem anderen Zug erfasst worden ist; vgl. auch EGMR 24.10.2002 – 37703/97, NJW 2003, 3259 – *Mastromatteo/Italien* – Mord durch beurlaubten Strafgefangenen; ähnlicher Fall EGMR 15.12.2009 – 28634/06 – *Maiorano/Italien.*
46 EGMR 18.9.2009 – 16064/90, Rn. 185 – *Varnava ua/Türkei* für Zypern.
47 Vgl. dazu *Meyer-Ladewig* NVwZ 2007, 25.
48 EGMR 28.2.2012 – 17423/05 ua, NVwZ 2013, 993 Rn. 159 mwN – *Kolyadenko/Russland* betr. Lebensgefährdung durch Öffnung eines Wasserspeichers. Vgl. dort auch mit Blick auf die Verpflichtungen aus Art. 8 Rn. 212 ff. Vgl. ferner EGMR 24.7.2014 – 60908/11 ua, NVwZ-RR 2016, 121 Rn. 79 ff. -*Brincal ua/Malta* betr. Tod und Gesundheitsschäden durch Asbest.
49 Regelungen über Genehmigung, Betrieb, Überwachung; vgl. EGMR 20.3.2008 – 15339/02, Rn. 129-137, Slg 08 – *Budayeva/Russland*; Vgl. auch EGMR 28.2.2012 –17423/05 ua, NVwZ 2013, 993 Rn. 158 und 170 ff., jew. mwN – *Kolyadenko/Russland.* zur Lebensgefährdung und Wasserschäden durch die Öffnung eines wegen starker Regenfälle überfüllten Wasserspeichers.

bestehen, nicht notwendig strafrechtlicher Art, es können zivilrechtliche, verwaltungsrechtliche oder disziplinarrechtliche Sanktionen sein. Solche Rechtsbehelfe müssen auch praktisch wirksam sein. Allerdings gesteht der EGMR den verantwortlichen Stellen bezüglich der zu treffenden Schutzmaßnahmen einen weiten Ermessensspielraum zu.[50]

15 **Notwendigkeit strafrechtlicher Ermittlungen:** Dass sie erforderlich sind, wird angenommen, wenn ein Mensch absichtlich getötet worden ist (→ Rn. 21), aber auch, wenn es sich um besonders gefährliche Tätigkeiten im Umweltbereich gehandelt hat, weil die Behörden oft die einzigen sind, die ausreichende Sachkenntnis haben. Die positive Verpflichtung geht über das Ermittlungsverfahren hinaus: das gesamte Verfahren, also auch das Gerichtsverfahren, muss den Anforderungen genügen. Das bedeutet, dass der EGMR auch prüfen kann, ob das Gericht rechtzeitig entschieden hat und in welchem Sinne.[51] Das bedeutet aber nicht, dass die Angemessenheit in Frage gestellt wird, wenn es nicht zu einer Verurteilung gekommen ist (vgl. aber für den Fall zu milder Bestrafung → Art. 3 Rn. 14). Jedenfalls muss eine unabhängige und unparteiliche Untersuchung sichergestellt sein, die es ermöglicht, bei Verstößen Schuldige zu bestrafen.[52]

16 **Öffentliches Gesundheitswesen:** Auch dort besteht die Schutzpflicht. Der Staat muss ua öffentliche und private Krankenhäuser durch entsprechende Vorschriften dazu verpflichten, angemessene Maßnahmen zum Schutz des Lebens ihrer Patienten zu treffen.[53] An Ärzte und Pflegepersonal müssen hohe berufliche Anforderungen gelten.[54] Wenn das gewährleistet und der Schutz des Lebens der Patienten auch sonst gesichert ist, genügte nach früherer Rechtsprechung des EGMR ein Fehlverhalten bei der Behandlung nicht aus, die Verant-

---

50 EGMR 28.2.2012 – 17423/05 ua, NVwZ 2013, 993 Rn. 160 u. 183 – *Kolyadenko/Russland*.
51 EGMR 20.3.2008 – 15339/02, Rn. 140, Slg 08 – *Budayeva* ua/*Russland*; u. Rn. 27.
52 Vgl. Rn. 11 u. EGMR 30.11.2004 – 48939/99, Rn. 64, 73, Slg 04-XII – *Öneryildiz/Türkei*: Explosion auf einer Deponie.
53 EGMR 5.6.2015 – 46043/14, BeckRS 2015, 13097 Rn. 140 mwN zur ständigen Spruchpraxis – *Lambert* ua/*Frankreich*; vgl. dort auch Rn. 161 ff. und 181 zu einer vom EGMR ausdrücklich für zulässig erachteten Verfahrens- und Konsultationsweise, die in etwa der Arbeit der deutschen Ethikkommissionen entspricht. Vgl. ferner EGMR 17.7.2014 – 47848/08 (GK), NJW 2015, 2635 Rn. 130 ff. – *Centre de Ressources juridiques au nom de Valentin Campanu/ Rumänien*.
54 Zur zurückgewiesenen Beschwerde der Eltern eines Kindes, dem die Ärzte ohne deren Zustimmung Diamorphin verabreicht hatten, vgl. EGMR 18.3.2003 – 61827/00 – *Glass/Vereinigtes Königreich* unter Verweis auf EGMR 4.5.2000 – 45305/99, Slg 00-V – *Powell/Vereinigtes Königreich*.

wortlichkeit des Staats nach Art. 2 zu begründen.[55] In dem Verfahren *Arskaya/Ukraine* hat der Gerichtshof bemängelt, dass trotz handgreiflicher Zweifel an der Einsichts- und Einwilligungsfähigkeit des Betroffenen nicht der Frage nachgegangen worden sei, ob dessen Verweigerung einer lebensnotwendigen Behandlung tatsächlich seinem freien Willen entsprochen habe und daher für die Beteiligten bindend gewesen sei.[56] Dieses Versäumnis sei unabhängig davon, ob es von einem öffentlichen oder privaten Krankenhaus zu verantworten sei, dem Staat anzulasten.[57] Unabhängig davon ist der Staat verpflichtet, einen wirksamen Rechtsschutz einzurichten, der es ermöglicht, die Todesursache einer im Krankenhaus verstorbenen Person festzustellen und die Verantwortlichen zur Rechenschaft zu ziehen.[58] Bei Fahrlässigkeit von Ärzten oder Pflegepersonal genügen ein Anspruch auf Schadensersatz, der vor den Zivilgerichten durchgesetzt werden kann, oder auch Disziplinarmaßnahmen.[59] Das **deutsche Recht** genügt diesen Anforderungen.[60] Der erstrittene Schadensersatz muss angemessen sein.[61]

Art. 2 S. 1 EMRK kann jedoch nicht so ausgelegt werden, dass die Staaten den Zugang zu nicht zugelassenen Arzneimitteln für Kranke im Endstadium in einer bestimmten Weise regeln müssen.[62]

Streitkräfte: Eine Schutzpflicht dieser Art gibt es auch bei ihnen. 17 Auch hier muss der Staat den notwendigen rechtlichen und verwaltungsmäßigen Rahmen schaffen, der einen wirksamen Schutz der Soldaten gewährleistet. Dabei müssen sowohl die sich aus militärischen Tätigkeiten ergebenden Gefahren berücksichtigt werden, als auch die besondere menschliche Situation der Wehrpflichtigen, sofern Wehrpflicht noch besteht, bzw. sonstigen Soldatinnen und Soldaten. Wenn die Behörden wissen oder erkennen müssten, dass ein Soldat selbstmordgefährdet ist, sind besondere Schutzmaßnahmen er-

---

55 EGMR 17.1.2008 – 59548/00, Rn. 81 f., NJW-RR 2009, 1394 – *Dodov/Bulgarien.*
56 EGMR 5.12.2013 – 45076/05, Rn. 88.
57 EGMR 5.12.2013 – 45076/05, Rn. 88.
58 EGMR 8.7.2004 – 53924/00, NJW 2005, 727 – *Vo/Frankreich.*
59 EGMR 17.1.2002 – 32967/96 (GK), ÖJZ 2003, 303 Rn. 49, 51 – *Calvelli und Ciglio/Italien.*
60 EGMR 5.3.2009 – 77144/01, Rn. 31 ff., NJW 2010, 1864 – *Colak u. Tsakiridis/Deutschland* auch zur Beweislast.
61 EGMR 23.3.2010 – 4864/05, Rn. 66 – *Oyal/Türkei* für HIV-Infektion durch Bluttransfusion.
62 EGMR 13.11.2012 – 47039/11, 358/12, NJW 2014, 447 Rn. 108 – *Hristozov ua/Bulgarien.* Zum bejahten Anspruch auf eine Erlaubnis zum Eigenanbau von Cannabis zu therapeutischen Zwecken vgl. BVerwG 6.4.2016 – 3 C 10/14, BeckRS 2016, 49045, allerdings ohne Einbeziehung der EMRK.

forderlich.[63] Unterlassungen des Sanitätsdienstes können die Verant-wortlichkeit des Staates begründen.[64]

18   **Gefangene:** Eine besondere Verpflichtung dieser Art besteht auch bei Gefangenen, denn sie befinden sich in einer verletzbaren Lage und müssen geschützt werden. Der Staat muss für Verletzungen Rechen-schaft geben, die während der Haft entstanden sind. **Kranke Gefan-gene** müssen im Gefängnis die erforderliche medizinische Behand-lung erhalten (dazu → Art. 3 Rn. 42),[65] wenn das nicht möglich ist, müssen sie in eine spezielle Anstalt oder ein ziviles Krankenhaus ver-legt werden. Wenn sie wegen eines Unterlassens der Behörden ster-ben, ist Art. 2 verletzt.[66] Bei verletzten oder kranken Gefangenen muss die **Transportfähigkeit** medizinisch festgestellt sein.[67]

19   **Bei einem Gefangenen mit Suizidabsichten**[68] bestehen besondere Schutzpflichten, wenn sie erkennbar sind. Wenn die Behörden eine solche Gefahr kannten oder kennen mussten, und nur dann, müssen sie die im Rahmen des Möglichen angemessenen Maßnahmen tref-fen, zB eine Überwachung rund um die Uhr sicherstellen. Im Übrigen genügen wegen der immer wegen der Verhaftung zu befürchtenden psychischen Störungen von Gefangenen Routinemaßnahmen, wie die Wegnahme scharfer oder spitzer Sachen, des Gürtels, der Schnürsen-kel.[69] Die Behörden müssen bei solchen Maßnahmen aber auch die Rechte und Freiheiten des Gefangenen berücksichtigen, es kommt auf die Umstände des Einzelfalls an.[70]

20   **Auslieferung, Ausweisung bei drohender Todesstrafe:** Die Rechtspre-chung hat sich nach dem 6. Prot (s. dort → Rn. 4) und dem 13. Prot. fortentwickelt. Davor hatte der Gerichtshof mehrfach entschieden, dass Art. 2 und 3 die Todesstrafe nicht allgemein verbieten, also auch nicht die Auslieferung in ein Land, in dem dem Täter die Todesstrafe droht. Es könne aber sein, dass die Überstellung wegen besonderer

63 EGMR 7.6.2005 – 40145/98, Rn. 41, 49 – *Kilinc* ua/*Türkei*.
64 EGMR 3.7.2001 – 51192/99 – *Alvarez Ramon /Spanien*; EGMR 4.5.2000 – 45305/99, Slg 00-V – *Powell/Vereinigtes Königreich*.
65 Vgl. auch EGMR 30.4.2013 – 49872/11, NJW 2014, 283 Rn. 204 – *Timo-schenko/Ukraine*.
66 EGMR 16.11.2006 – 52955/99, Rn. 63 ff. – *Huylu/Türkei*.
67 EGMR 13.1.2005 – 34491/97, Rn. 103 – *Ceyhan Demir/Türkei*.
68 Zum Recht auf Sterben vgl. nur EGMR 5.6.2015 – 46043/14, BeckRS 2015, 13097 Rn. 137 f. und 145 mwN – *Lambert* ua/*Frankreich*.
69 EGMR 6.11.2000 – 21422/93, Rn. 70 ff. – *Tanribilir/Türkei*.
70 EGMR 3.4.2001 – 27229/95, Slg 01-III Rn. 91 – *Keenan/Vereinigtes König-reich*.

Umstände Fragen nach Art. 2 aufwerfe.[71] Im Urteil *Öcalan/Türkei*[72] hat der Gerichtshof festgestellt, der Vollzug einer in einem nicht fairen Verfahren verhängten Todesstrafe verstoße jedenfalls gegen Art. 2 und die Verhängung einer Todesstrafe gegen Art. 3 (vgl. → Rn. 42). Danach können Art. 2 und 3 die Auslieferung und Ausweisung verbieten, wenn der Betroffene im Aufnahmeland eine flagrante Verletzung von Art. 6 in einem Verfahren fürchten muss, das wahrscheinlich mit einem Todesurteil endet.[73] **Nach Inkrafttreten der Prot. 6 vom 28.4.1983**[74] **am 1.8.1989**[75] **und des Prot. 13 vom 3.5.2002**[76] **am 1.2.2005**[77] **ist die Überstellung bei drohender Todesstrafe generell verboten.**[78] Wenn der ausliefernde Staat jemanden bewusst der ernsten Gefahr aussetzt, sein Leben zu verlieren, ist das absichtliche Tötung.[79]

2. Ermittlungspflicht des Staates

Aus Art. 2 iVm der allgemeinen Verpflichtung des Staates aus Art. 1, allen seiner Hoheitsgewalt unterstehenden Personen die in Abschnitt I EMRK bestimmten Rechte und Freiheiten zu sichern (vgl. → Rn. 10), aber auch aus Art. 13 (s. dort → Rn. 13) folgt weiter die Verpflichtung des Staates, ggf. eine Entschädigung zu zahlen und weiter, für eine **amtliche und wirksame Untersuchung** von Amts wegen zu sorgen, **wenn ein Mensch** durch Gewalteinwirkung insbesondere durch Repräsentanten des Staates, aber auch sonst auf zweifel-

21

71 EGMR 7.7.1989 – 14038/88, NJW 1990, 2183 – *Soering/Vereinigtes Königreich*; EGMR 8.2.2000 – 40907/98 – *Dougoz/Griechenland*.
72 EGMR 12.5.2005 – 46221/99 (GK),Rn. 163, 166, 175, NVwZ 2006, 1267 – *Öcalan/Türkei*.
73 EGMR 18.11.2005 – 13284/04, Slg 05-XI Rn. 42 – *Bader u. Kanbov/Schweden*; EGMR 10.12.2009 – 43707/07, Rn. 56 – *Koktysh/Ukraine*; vgl. auch EGMR 24.7.2014 – 28761/11, NVwZ 2015, 955 Rn. 576 ff. – *Al Nashiri/Polen* betr. Geheime Gefängnisse der CIA für Terrorverdächtige in Polen.
74 BGBl. 1988 II 662.
75 BGBl. 1989 II 814.
76 BGBl. 2004 II 982.
77 BGBl. 2004 II 1722.
78 Vgl. jüngst EGMR 24.7.2014 – 28761/11, NVwZ 2015, 955 Rn. 476 – *Al Nashiri/Polen* betr. CIA-Gefängnisse; Vgl. ferner EGMR 5.7.2005 – 57/03 – *Al-Shari* ua/*Italien*; EGMR 19.11.2009 – 41015/04, Rn. 99 – *Kaboulov/Ukraine*; EGMR 2.3.2010 – 61498/08, Rn. 123 – *Al-Saadoon* ua/*Vereinigtes Königreich* – Antrag auf Verweisung an GK ist gestellt; Zu den ua nach Art. 3 konventionswidrigen Inhaftierungen durch die CIA vgl. auch EGMR 13.12.2012 – 396/09 (GK), NVwZ 2013, 631 Rn. 195 ff. – *El Masri/Mazedonien* und EGMR 24.7.2014 – 7511/13, BeckRS 2014, 82235 – *Abu Zubaydeh/Polen*.
79 EGMR 5.10.2004 – 2345/02 – *Said/Niederlande*; EGMR 8.2.2000 – 40907/98 – *Dougoz/Griechenland*; EGMR 19.11.2009 – 41015/04, Rn. 99 – *Kaboulov/Ukraine*.

hafte Weise **zu Tode gekommen** ist.[80] Die Verfahrenspflicht nach
Art. 2 besteht dem EGMR zufolge auch unter schwierigen Sicher-
heitsverhältnissen einschließlich eines bewaffneten Konflikts oder eines Aufstands.[81] Solche Ermittlungen müssen immer angestellt werden, wenn die Behörden von einem Tod Kenntnis erlangen,[82] aber
auch dann, wenn eine Person auf vertretbare Weise geltend macht
(arguable claim), dass jemand unter Umständen verschwunden ist,
die als lebensbedrohend angesehen werden können,[83] insbesondere,
wenn er zuletzt im Gewahrsam des Staates gesehen worden ist. Eine
Ermittlungspflicht besteht auch in anderen Fällen, zB wenn Menschen durch Umweltschäden ums Leben gekommen sind (vgl. →
Rn. 14). Auch wenn eine Person unter lebensbedrohenden Umständen angegriffen worden, aber nicht zu Tode gekommen ist, muss,
wenn Art. 2 anwendbar ist (→ Rn. 4), ermittelt werden. Solche Ermittlungen bezwecken im Wesentlichen, die wirksame Anwendung
des staatlichen Rechts, das Leben schützt, sicherzustellen.[84] Wenn
geltend gemacht wird, es gebe einen ursächlichen Zusammenhang
zwischen der Tötung und rassistischen Einstellungen, ist auch das zu
ermitteln.[85] **Die Ermittlungspflicht besteht so lange,** wie das Schicksal der betroffenen Person nicht aufgeklärt ist, das weitere Unterlassen von Ermittlungen ist eine andauernde Verletzung.[86]

22 **Anforderungen an die Ermittlungen:** Welche Art von Ermittlungen
diesem Zweck am besten dienen, kann unterschiedlich sein,[87] es gibt
keine allgemeine Checkliste.[88] Jedenfalls **müssen die Behörden von
sich aus tätig werden** und dürfen nicht auf Initiativen und Anträge
von Angehörigen warten. Die Ermittlungen müssen prompt (→

---

80 EGMR 20.12.2011 – 18299/03, 27311/03, NJOZ 2013, 137 Rn. 268 – *Finoge-
nov/Russland*: „verfahrensrechtliche Handlungspflicht".
81 EGMR 7.7.2011 – 55721/07 (GK), NJW 2012, 283 Rn. 164 mwN – *Al-Skeini
ua/Vereinigtes Königreich*; EGMR 20.11.2014 – 47708/08 (GK), NJOZ 2016,
76 Rn. 186 *-Jaloud/Niederlande*; EGMR 17.9.2014 – 10865/09, 45886/07,
32431/08 (GK), BeckRS 2015, 17134 Rn. 319 – *Mocanu ua/Rumänien*.
82 EGMR 18.7.2000 – 25625/94, Rn. 78 – *Ekinci/Türkei*.
83 EGMR 10.5.2001 – 25781/94 (GK), Slg01-IV Rn. 132 – *Zypern/Türkei*; EGMR
2.8.2005 – 65899/01, Rn. 205, Slg 05-VIII – *Tanis ua/Türkei*.
84 EGMR 4.5.2001 – 24746/94, Rn. 105, Slg 01-III – *Hugh Jordan/Vereinigtes Königreich*.
85 EGMR 26.7.2000 – 55523/00, Rn. 98, Slg 07-IX – *Angelova u. Iliev/Bulgarien*,
vgl. auch Art. 14 Rn. 23.
86 EGMR 18.9.2009 – 16064/90, Rn. 148 – *Varnava ua/Türkei*.
87 EGMR 7.7.2011 – 55721/07 (GK), NJW 2012, 283 Rn. 165 mwN – *Al-Skeini
ua/Vereinigtes Königreich*.
88 EGMR 25.8.2009 – 23458/02, Rn. 208 – *Giuliani u. Gaggio/Italien*; s. Rn. 22 f.

Rn. 27), umfassend, unvoreingenommen und gründlich sein.[89] Sie müssen dazu geeignet sein, festzustellen, ob die angewandte Gewalt unter den gegebenen Umständen gerechtfertigt war oder nicht.[90] Sie müssen zur Ermittlung und Bestrafung der Verantwortlichen führen können.[91] Im Zusammenhang mit der Bombardierung kurdischer Dörfer durch die türkischen Streitkräfte hat der EGMR es als unverständlich bezeichnet, weshalb Personen, die nicht Zeugen der Ereignisse waren, vernommen wurden und sich die Regierung sodann stark auf deren Aussagen gestützt hat.[92]

Ermittlungspflicht als selbstständige Pflicht: Sie folgt aus der Schutzpflicht des Staates[93] und ist von der materiellen Verpflichtung aus Art. 2 zu trennen. Eine Verletzung wird gesondert geprüft und festgestellt (→ Rn. 38). Der Staat kann ratione temporis auch dann verantwortlich sein, wenn die Tötung vor dem Inkrafttreten der Konvention geschehen ist (→ Art. 35 Rn. 46).[94]   23

Der Gerichtshof prüft, ob die nach den Umständen notwendigen Ermittlungs- und Untersuchungsmaßnahmen vorgenommen wurden. Die Behörden müssen angemessene Schritte unternommen haben, um Beweismittel zu sichern, einschließlich der Aussagen von Augenzeugen, gerichtsmedizinischer Untersuchungen, ballistische Prüfungen Fotos, Sicherung von Fingerabdrücken und erforderlichenfalls einer Autopsie mit vollständigem und genauem Bericht über Anzeichen von Gewaltanwendung und einer objektiven Analyse der Todesursache.[95] Bei Einsätzen von Sicherheitskräften können auch Einsatzpläne und -berichte von Bedeutung sein.   24

89 EGMR 20.12.2011 – 18299/03, 27311/03, NJOZ 2013, 137 Rn. 270 u. 272
    jew. mwN – *Finogenov/Russland.*; Vgl. auch zur auf Art. 3 bezogenen Ermitt-
    lungspflicht EGMR 13.12.2012 – 39630/09 (GK), NVwZ 2013, 631 Rn. 182 ff.
    mwN – *El Masri/Mazedonien;* Vgl. ferner EGMR 14.4.2015 – 24014/05 (GK),
    Rn. 169 ff. unter Aufhebung EGMR 22.6.2013 – 24014/05 – *Tunc/Türkei*; vgl.
    auch EGMR 20.11.2014 – 47708/08 (GK), NJOZ 2016, 76 Rn. 199 f. – *Jaloud/
    Niederlande:* Wirksame Ermittlungen.
90 EGMR 4.5.2001 – 24746/94, Rn. 107, Slg 01-III – *Hugh Jordan/Vereinigtes Kö-
    nigreich.*
91 EGMR 20.5.1999 – 21594/93, NJW 2001, 1991 Rn. 88 – *Ogur/Türkei.* EGMR
    17.9.2014 – 10865/09, 45886/07, 32431/08 (GK), BeckRS 2015, 17134
    Rn. 319 – *Mocanu ua/Rumänien.*
92 EGMR 12.11.2013 – 23502/06, NJOZ 2014, 1874 Rn. 168 mwN = NVwZ
    2014, 1646 Ls. – *Benzer ua/Türkei.*
93 EGMR 17.12.2009 – 4762/05, Rn. 102 – *Mikayil Mammadov/Aserbaidschan.*
94 Vgl. dazu ausführlich EGMR 17.9.2014 – 10865/09, 45886/07, 32431/08
    (GK), BeckRS 2015, 17134 Rn. 205 ff. mwN – *Mocanu ua/Rumänien* sowie
    EGMR 21.10.2013 – 55508/07, 29520/09 (GK), NJOZ 2014, 1270 Rn. 127 ff.
    – *Janowiec ua/Russland* betr. Massaker in Katyn 1940.
95 EGMR 10.4.2001 – 26129/95, Slg 01-III Nr. 149 – *Tanli/Türkei.*

25 Wenn zu ermitteln ist, **ob Repräsentanten des Staates getötet haben,**
    muss die ermittelnde Person oder Institution unabhängig sein von de-
    nen, die an dem streitigen Ereignis beteiligt waren.[96] Es darf keine
    hierarchische oder institutionelle Beziehung zwischen ihnen bestehen
    und die ermittelnden Personen müssen auch in der Praxis unabhän-
    gig sein, sich zB nicht einseitig auf Angaben der beteiligten Polizisten
    stützen.[97] Außerdem ist erforderlich, dass die Ermittlungen ausrei-
    chend durch die Öffentlichkeit geprüft werden können, wobei die
    Anforderungen insoweit von Fall zu Fall verschieden sind.[98] **Jeden-
    falls müssen die Angehörigen der Opfer und gegebenenfalls auch das
    Opfer selbst ausreichend beteiligt** worden sein, und zwar von Amts
    wegen.[99] Es genügt nicht, wenn sie ihre Beteiligung nur mit besonde-
    rem Antrag erreichen können.[100] Sie müssen darüber informiert wer-
    den, warum die Gewaltanwendung nicht als strafbare Handlung an-
    gesehen worden ist, zB im Wege einer Entscheidung mit Begründung.
    Die Angehörigen müssen auch angemessenen Zugang zu den maßge-
    benden Dokumenten haben.[101]

26 Eine Beschwerde nach Art. 34 kann nur einlegen, wer behaupten
    kann, Opfer einer Verletzung der EMRK, hier des Art. 2, zu sein.
    Der Begriff „Opfer" ist nach ständiger Rechtsprechung des Gerichts-
    hofs autonom und unabhängig von den Rechtsbegriffen in den Kon-
    ventionsstaaten auszulegen.[102] Der Beschwerdeführer muss von der
    angefochtenen Maßnahme „unmittelbar betroffen" sein.[103] Der
    EGMR lässt jedoch von diesem Grundsatz eine Ausnahme zu, wenn
    die behauptete Verletzung der Konvention unmittelbar zu tun hat
    mit dem Verschwinden einer Person oder ihrem Tod unter Umstän-
    den, für die angeblich der Staat verantwortlich ist. In solchen Fällen
    wird den Angehörigen des Opfers das Recht eingeräumt, den Ge-

---

96 EGMR 7.7.2011 – 55721/07 (GK), NJW 2012, 283 Rn. 172 – *Al-Skeini* ua/
    Vereinigtes Königreich.
97 EGMR 20.5.1999 – 21594/93, NJW 2001, 1991 Rn. 91 f. – *Ogur/Türkei.*
98 EGMR 4.5.2001 – 24746/94, Rn. 106, Slg 01-III – *Hugh Jordan/Vereinigtes
    Königreich.*
99 EGMR 17.9.2014 – 10865/09, 45886/07, 32431/08 (GK), BeckRS 2014,
    17134 Rn. 324 – *Mocanu ua/Rumänien.*
100 Vgl. EGMR 20.5.1999 – 21594/93, NJW 2001, 1991 Rn. 87-93 – *Ogur/
    Türkei*; EGMR 27.7.04 – 57671/00, Slg 04-IX – *Slimani/Frankreich.*
101 EGMR 4.5.2001 – 24746/94, Rn. 124 – *Hugh Jordan/Vereinigtes Königreich.*
102 EGMR 5.6.2015 – 46043/14, BeckRS 2015, 13097 Rn. 89 – *Lambert* ua/
    Frankreich mwN.
103 EGMR 5.6.2015 – 46043/14, BeckRS 2015, 13097 Rn. 89 – *Lambert* ua/
    Frankreich mwN.

richtshof nach Art. 34 EMRK anzurufen.[104] In extrem gelagerten Ausnahmefällen kann auch einer NGO die Befugnis, eine Menschenrechtsbeschwerde beim EGMR trotz zwischenzeitlichen Todes des Opfers einzureichen, zuerkannt werden.[105]

Die Ermittlungen müssen **prompt angestellt und angemessen schnell** geführt werden. Das gilt auch für ein Strafverfahren (→ Rn. 29).[106] Folgen sie erst Jahre später, reicht das nicht aus.[107] Die sofortige Reaktion der Behörden durch Ermittlungen über den Gebrauch tödlicher Gewalt ist wesentlich, um das Vertrauen der Bevölkerung in die Rechtsinstitutionen zu erhalten und nicht den Anschein einer Kollusion oder Duldung rechtswidriger Handlungen zu erwecken.[108] Wenn der Gerichtshof eine Verletzung der Ermittlungspflicht feststellt, **ordnet er neue Ermittlungen nicht an,** schon deswegen nicht, weil sie idR nach langer Zeit nicht mehr sinnvoll sind.[109]   27

Ein **Anspruch auf Strafverfolgung gegen Dritte,** den Art. 6 nicht garantiert (vgl. → Art. 6 Rn. 59), ergibt sich insoweit aus Art. 2 iVm Art. 1. Bei der Überprüfung (vgl. auch → Rn. 24) geht der EGMR davon aus, dass es grundsätzlich Sache der staatlichen Justizbehörden ist, die von ihnen erhobenen Beweise zu würdigen. Er prüft nur, ob das Verfahren insgesamt angemessen und fair war. Dabei überzeugt er sich davon, dass die Umstände, unter denen ein Mensch zu Tode gekommen ist, gründlich ermittelt worden sind.[110] Zum Fortfall der Opfereigenschaft Art. 34 Rn. 33.   28

Anforderungen an das Strafverfahren: Die positive Pflicht bezieht sich in erster Linie auf das Ermittlungsverfahren, gilt aber auch für das Strafverfahren einschließlich der Verurteilung. Das Verfahren wird darauf überprüft, ob es geeignet ist, das Leben wirksam zu   29

---

104 EGMR 12.11.2013 – 23502/06, NJOZ 2014, 1874 Rn. 204 = NVwZ 2014, 1646 Ls. – *Benzer* ua/*Türkei*; EGMR 5.6.2015 – 46043/14, BeckRS 2015, 13097 Rn. 90 – *Lambert* ua/*Frankreich* mwN; Vgl. dort auch Rn. 91 ff. mwN zur Frage, unter welchen Voraussetzungen die von einem Vertreter des Opfers eingelegte Beschwerde zuzulassen ist. Vgl. ferner EGMR 20.12.2011 – 18299/03, 27311/03, NJOZ 2013, 137 Rn. 204 f. – *Finogenov/Russland.*
105 EGMR 17.7.2014 – 47848/08 (GK), NJW 2015, 2635 Rn. 96 ff. – *Centre de ressources juridiques au nom de Valentin Campanu/Rumänien*. Vgl. Hierzu auch die krit. Anm. von *Meyer-Ladewig* und *Petzold*, NJW 2015, 2642.
106 Vgl. EGMR 12.10.2006 – 60272/00, Rn. 89 – *Estamirov* ua/*Russland*: Beginn der Ermittlungen nach einem Monat und zwei Wochen beeinträchtigen die Wirksamkeit.
107 EGMR 13.1.2005 – 34491/97, Rn. 111 – *Demir* ua/*Türkei.*
108 Vgl. auch EGMR 5.10.1999 – 33677/96, NJW 01, 1989 – *Grams/Deutschland.*
109 EGMR 1.7.2003 – 29178/95, Rn. 89, Slg 03-VIII – *Finucane/Vereinigtes Königreich.*
110 EGMR 5.10.1999 – 36677/96, NJW 2001, 1989 – *Grams/Deutschland.*

schützen. Wenn auch die Strafverfolgungsbehörden und Gerichte keinen Angriff gegen das Leben unbestraft lassen dürfen, folgt daraus aber kein Recht auf Verurteilung eines Dritten[111] (vgl. auch oben → Rn. 15). Der Ermittlungspflicht kann auch genügt sein, wenn die Ermittlungen ohne oder ohne vollständiges Ergebnis bleiben. Wenn sich später Beweise oder Informationen ergeben, die zu einem Ergebnis führen können, muss das Ermittlungsverfahren wieder aufgenommen werden. Die Behörden dürfen aber dabei die Erfolgsaussichten berücksichtigen.[112] Auch wenn der Verantwortliche bestraft worden ist, prüft der EGMR, ob das Verfahren zügig betrieben worden ist.[113]

30   **Andere Verfahren als Strafverfahren:** Ein Strafverfahren bietet grundsätzlich die besten Garantien. Wenn die Verletzung von Art. 2 nicht absichtlich war oder sonst besondere Umstände ein Strafverfahren erfordern, wie in Umweltsachen (→ Rn. 14), kann der Staat seine Ermittlungspflicht aber auch erfüllen, wenn der Betroffene die Möglichkeit hat, vor Zivilgerichten auf Schadensersatz zu klagen oder durch ein Disziplinarverfahren. Bei einem zivilgerichtlichen Verfahren prüft der Gerichtshof dann auch, ob es fair war und in angemessener Frist erledigt worden ist.[114]

31   **Kritik:** Die Rechtsprechung zur Ermittlungspflicht staatlicher Behörden ist aus der Not geboren. Die zunächst entschiedenen Fälle betrafen vielfach die Übergriffe insbesondere von Sicherheitskräften im Südosten der Türkei, die innerstaatlich nur selten ausreichend untersucht worden sind. Der EGMR kann sich seit dem 11. Prot. auch nicht mehr auf Ermittlungen der EKMR stützen, müsste also selbst ermitteln (dazu → Rn. 32). Das würde ihn überfordern. Gewisse Zweifel daran, bei unzureichenden staatlichen Ermittlungen allein deswegen eine Verletzung von Art. 2 anzunehmen, sind aber begründet; die Rechtsprechung kann dazu führen, dass die schwerwiegende Feststellung einer Verletzung von Art. 2 verwässert wird, wenn sie auf die Ebene eines Verstoßes gegen nur verfahrensrechtliche Verpflichtungen abgesenkt wird. Ob die Rechtsprechung so weitergeführt wird, hängt auch davon ab, ob sich für Ermittlungen durch den EGMR hilfreiche Lösungen finden lassen, zB durch den Einsatz von ersuchten Richtern aus Konventionsstaaten.[115]

---

111 EGMR 7.7.2009 – 58447/00, Rn. 34 – *Zavoloka/Lettland*.
112 EGMR 27.11.2007 – 32457/04, Rn. 71 – *Brecknell/Vereinigtes Königreich*.
113 EGMR 8.12.2009 – 22465/03, Rn. 72 – *Sandru/Rumänien*.
114 EGMR 9.4.2009 – 71463/01, Rn. 194, 205, 210 – *Silh/Slowenien*.
115 Vgl. *Petzold* FS Ryssdal, 2000, S. 1571 (1581).

3. Sachverhaltsfeststellung, Beweisführung, Dokumentationspflicht des Staates bei Haft (Verschwundene Personen)

Aufklärung des Sachverhalts: Bei der Prüfung, ob Art. 2 verletzt ist, muss häufig **der Sachverhalt ermittelt** werden, die maßgebenden Tatsachen sind nicht selten streitig (vgl. → Art. 38 Rn. 6 ff.; → Art. 3 Rn. 13).[116] Das liegt häufig daran, dass die Staaten ihrer Ermittlungspflicht (→ Rn. 21 f.) nicht nachgekommen sind. **Wenn staatliche Gerichte den Sachverhalt ermittelt haben,** übernimmt der EGMR ihre Ergebnisse soweit wie möglich (→ Einl. Rn. 24). Er ist aber daran nicht gebunden, insbesondere wenn die Feststellungen widersprüchlich oder nicht folgerichtig sind. Dabei ist zu berücksichtigen, dass die staatlichen Gerichte die Schuld einzelner Personen feststellen und die Unschuldsvermutung beachten müssen, während es in den Straßburger Verfahren um die Verantwortlichkeit des Staates nach der Konvention geht. Der Gerichtshof kann deswegen stärker mit Vermutungen und prima-facie-Beweisen arbeiten. Die Einstellung eines strafrechtlichen Ermittlungsverfahrens ist daher nach den Umständen des konkreten Einzelfalles „mit großer Vorsicht" zu würdigen, auch wenn deren Ergebnisse nicht gänzlich außer Betracht zu lassen sind.[117]

Materielle Beweislast: Es gilt der Grundsatz, dass der Bf. die Tatsachen beweisen muss, auf die er seine Beschwerde stützt (affirmanti incumbit probatio). Der EGMR ermittelt notfalls von Amts wegen, wenn aber die der Beschwerde zugrunde liegenden Tatsachen nicht bewiesen werden, hat die Beschwerde keinen Erfolg, der Bf. hat also die **materielle Beweislast.** Dieser Grundsatz gilt aber nicht uneingeschränkt, besonders wenn die Behörden die ausschließliche Kenntnis von dem Sachverhalt haben, zB wenn der Bf. in der Haft verletzt oder zu Tode gekommen ist. Wenn der Staat die ihm vorliegenden Informationen, insbesondere Akten, ohne ausreichende Begründung nicht liefert, kann dies nicht nur Anlass geben festzustellen, dass die Regierung ihre Verpflichtungen nach Art. 38 nicht erfüllt hat, sondern auch Schlüsse auf die Begründetheit der Beschwerde zulassen.[118] Aber auch dann, wenn der Staat alle Beweise vorlegt, die ihm zur Verfügung stehen, ist es dem EGMR zufolge durchaus möglich,

32

33

---

116 Vgl. zu den türkischen und den Tschetschenien-Fällen *Meyer-Ladewig* NVwZ 2009, 1531.
117 EGMR 20.12.2011 – 18299/03, 27311/03, NJOZ 2013, 137 Rn. 240 – *Finogenov/Russland*.
118 Vgl. nur EGMR 12.11.2013 – 23502/06, NJOZ 2014, 1874 Rn. 157 ff. m. ausf. wN, Rn. 179 ff. u. 193 = NVwZ 2014, 1646 Ls. – *Benzer* ua/*Türkei*.

dass diese nicht ausreichen, eine „befriedigende und überzeugende" Erklärung für den Tod eines Opfers zu geben.[119]

34 **Sachverhaltsfeststellung durch den EGMR:** Der Gerichtshof betont, dass er sich seiner subsidiären Rolle bewusst ist und er erkennt die Notwendigkeit an, darauf zu achten, dass er nicht die Aufgaben eines erstinstanzlichen Gerichts zu übernehmen hat, wenn das nicht nach den Umständen des konkreten Einzelfalles unvermeidbar ist.[120] **Er kann selbst Beweise erheben** (→ Art. 38 I a) und prüft gerade bei angeblichen Verstößen gegen Art. 2 besonders sorgfältig.[121] Alle Beweismittel sind zulässig, es gibt keine verfahrensmäßigen Voraussetzungen oder feste Beweisregeln. Der EGMR kann selbst Zeugen vernehmen, Ortsbesichtigungen durchführen oder Sachverständige heranziehen (vgl. → Art. 38 Rn. 12), tut das aber fast nie. Soweit als möglich stützt er sich auf schriftliche Urkunden, die ihm übermittelt worden sind oder die er angefordert hat, insbesondere Urkunden über Ermittlungen in dem Konventionsstaat (Urteile, Protokolle). Der EGMR zieht den Vortrag der Beteiligten dazu heran und **berücksichtigt das Verhalten der Parteien, insbesondere des beklagten Staates, bei den Ermittlungen.** In manchen Fällen stützt er sich auf **Tatsachenvermutungen,** die für eine Verantwortung des Staates sprechen (→ Rn. 35). Die Beweislast geht dann auf die Behörden über, sie müssen befriedigende und überzeugende Erklärungen für das Geschehen geben.[122] Wenn der Staat **seine Mitwirkungspflicht** (→ Art. 38 Rn. 17) **verletzt,** kann das Auswirkungen auf Beweislast und Beweiswürdigung haben.

35 **Anforderungen an den Beweis:** Der Gerichtshof verlangt, dass eine Tatsache derart bewiesen ist, dass **kein vernünftiger Zweifel mehr möglich ist.** Ein solcher Beweis kann **durch Indizien oder nicht widerlegte Vermutungen** geführt sein, wenn sie ausreichend gewichtig, genau und übereinstimmend sind.[123] Dies hat der EGMR im Falle der Erkenntnisse über geheime Gefängnisse der CIA in Polen, die ua nach den Anschlägen vom 11.9.2001 dort errichtet und genutzt worden waren, bejaht, da sie auf „zahlreichen Beweisen durch internationale Untersuchungen, umfangreichen Dokumenten der CIA, ande-

---

119 EGMR 20.12.2011 – 18299/03, 27311/03, NJOZ 2013, 137 Rn. 238 mwN – *Finogenov/Russland.*
120 EGMR 20.12.2011 – 18299/03, 27311/03, NJOZ 2013, 137 Rn. 199 u. 237 jew. mwN – *Finogenov/Russland.*
121 EGMR 20.5.1999 – 21594/93, NJW 2001, 1991 Rn. 78 – *Ogur/Türkei.*
122 ZB EGMR 27.6.2000 – 21986/93, Rn. 100, NJW 2001, 2001 – *Salman/ Türkei*; EGMR 27.7.2004 – 26144/ 95, Rn. 69 – *Ikinsoy/Türkei.*
123 ZB EGMR 18.1.1978 – 5310/71, EuGRZ 1979, 149 – *Irland/Vereinigtes Königreich*; EGMR 18.7.2000 – 25625/94, Rn. 72 – *Ekinci/Türkei.*

ren allgemein zugänglich Quellen sowie Aussagen von Sachverständigen und Zeugen" beruhten.[124]

Umkehr der Beweislast: Der Gerichtshof hat sie bei unterschiedlichen Fallgestaltungen angenommen: 36

■ Wenn der Bf. einen **prima-facie-Beweis** erbracht hat, muss der Staat ihn erschüttern. Wenn er das nicht tut, zB keine Urkunden vorlegt, welche die Darstellung erschüttern, wird eine Verletzung aufgrund des Vortrags des Bf. festgestellt. So ist der EGMR in den Tschetschenien-Fällen gegen Russland verfahren, in denen Russland häufig behauptet hat, für die Tötung seien nicht russische Sicherheitskräfte, sondern Terroristen verantwortlich.[125] Einen prima-facie-Beweis hat der EGMR zB als erbracht angesehen, wenn sich aus schriftlichen Zeugenaussagen ergeben hat, dass die Täter Russisch sprachen, in der Armee gebräuchliche Fahrzeuge benutzt haben, nachts unterwegs waren und die Straßensperren passieren konnten, wenn Berichte über Operationen der Sicherheitskräfte in der fraglichen Gegend vorlagen.[126]

■ Wenn der Staat **über Tatsachen, die er kennen muss, trotz Aufforderung keine zufriedenstellenden Informationen gibt**, zB Urkunden oder Akten nicht oder nicht vollständig vorlegt und den Beschwerdevortrag nur allgemein bestreitet, kann der EGMR diesen Vortrag zugrunde legen. So ist der EGMR bei Haftbedingungen verfahren, auch bei den Umständen einer Tötung.[127] Wenn der Staat seinen Mitwirkungspflichten nicht nachgekommen ist, kann der Gerichtshof auch eine Verletzung von Art. 38 feststellen.[128]

■ Wenn eine Person **unverletzt in staatlichen Gewahrsam, insbesondere in Haft gekommen und verstorben oder verletzt worden ist.** Zu Art. 3 hat der EGMR entschieden, dass der Staat **eine plausible Erklärung** geben muss, wenn eine Person bei guter Gesundheit in Haft genommen und bei der Entlassung verletzt ist (vgl. → Art. 3 Rn. 52). Die Verpflichtung, **für die Behandlung einer Person in Haft Rechenschaft** abzulegen, gilt in besonderem Maße,

---

124 EGMR 24.7.2014 – 28761/11, NVwZ 2015, 955 Rn. 400 – *Al Nashiri/Polen.* In diesem Fall war es dem Beschwerdeführer nicht möglich, gegenüber dem Gerichtshof eine direkte Schilderung der Umstände seiner Inhaftierung zu geben, da er sich ständig im Gewahrsam der US-Behörden befand (vgl. Rn. 397).
125 EGMR 2.4.2015 – 21135/09, Rn. 56 ff., 60 f. und 66 ff. – *Ireziyevy/Russland; vgl. auch Meyer-Ladewig* NVwZ 2009, 1531 (1534).
126 ZB EGMR 4.12.2008 – 14800/04, Rn. 95 – *Gandaloyeva/Russland*; EGMR 29.5.2008 – 34561/03, Rn. 81 – *Ibragimov* ua/*Russland.*
127 ZB EGMR 12.10.2006 – 49438/94, Rn. 54 – *Staykov/Bulgarien*; zu den Tschetschenien-Fällen gegen Russland *Meyer-Ladewig* NVwZ 2009, 1531 (1534).
128 Vgl. nur EGMR 12.11.2013 – 23502/06, NJOZ 2014, 1874 Rn. 160 f. mwN = NVwZ 2014, 1646 Ls. – *Benzer* ua/*Türkei.*

wenn eine Person zu Tode gekommen ist.[129] Wenn konkrete Umstände dafür sprechen, dass der Betroffene in Haft zu Tode gekommen ist, und die Behörden über sein Schicksal keine plausible
Erklärung geben können, zB weil **keine Aufzeichnungen** gemacht
worden sind und deswegen unbekannt ist, wo der Betroffene ver-
blieben ist, kann das eine Verletzung von Art. 2 sein (und von
Art. 5). Die bloße Behauptung, die Verletzung sei vor der Festnahme geschehen, genügt nicht. Der Gerichtshof betont dazu die
Notwendigkeit einer frühen ärztlichen Untersuchung nach der Inhaftierung. Sie muss durch einen ausreichend qualifizierten Arzt
vorgenommen werden und nicht in Anwesenheit von Polizisten.
Der Bericht muss alle erkennbaren Verletzungen schildern und
die dafür vom Bf. gegebenen Erklärungen sowie eine Äußerung
dazu, ob die Erklärung mit dem Befund vereinbar ist. Auch wenn
ein **Fluchtversuch** zu den tödlichen Verletzungen geführt hat, verlangt der EGMR vom Staat Beweise, insbesondere ärztliche Gutachten und genaue Protokolle, die zeigen, dass die Gewaltanwendung verhältnismäßig und absolut notwendig war.[130] Ähnliche
Grundsätze gelten, **wenn eine Person in einem Bereich verschwunden ist, die ausschließlich ihrer Kontrolle unterliegt.**[131]

- **Bei Feststellung des Todes:** Bei verschwundenen Personen ist häufig nicht feststellbar, ob sie gestorben sind. **Dass dies so ist, kann
  sich aus den Umständen ergeben.** Ist eine Person vor langer Zeit
  durch Sicherheitskräfte festgenommen und nicht mit anderen Betroffenen freigelassen worden, kann das dafür sprechen, dass sie
  verstorben ist.[132] Bei **verschwundenen Personen** ist das Zeitele-
  ment besonders wichtig.[133] Wenn die Festnahme zu einer lebensbedrohenden Situation geführt hat und der Staat keine ausreichende Erklärung gibt, sieht der EGMR eine Verletzung von
  Art. 2 als gegeben an.[134] Das gilt insbesondere dann, wenn es keine Aufzeichnungen über den Gefangenen gibt (vgl. → Rn. 37).
  Wenn staatliche Stellen einander **widersprechende Erklärungen**

---

129 EGMR 27.6.2000 – 21986/93, Rn. 99, NJW 2001, 2001 – *Salman/Türkei*.
130 EGMR 14.2.2002 – 31889/96, Rn. 74 – *Orak/Türkei*.
131 Für Zypern EGMR 18.9.2009 – 16064/90, Rn. 184 – *Varnava ua/Türkei*.
132 EGMR 2.4.2015 – 21135/09, Rn. 69 – *Ireziyevy/Russland*; zu verschwunde-
     nen Personen vgl. auch EGMR 30.1.2014 – 39436/06, 40169/07, NVwZ
     2015, 43 Rn. 60 ff. – *Z. und Khatuyeva/Russland*.
133 EGMR 7.1.2008 – 59548/00, Rn. 68, NJW-RR 2009, 1395 – *Dodov/Bulgari-
     en* für einen verschwundenen Alzheimerpatienten.
134 Vgl. EGMR 13.6.2000 – 23531/94, Slg 00-VI Nr. 82 ff. – *Timurtas/Türkei*;
     EGMR 27.2.2001 – 25704/94, Rn. 146 – *Cicek/Türkei*; EGMR 14.11.2000 –
     24396/94, Rn. 63 ff., Slg 00-XI – *Taç/Türkei*; EGMR 31.5.2001 – 23954/94
     Nr. 86 ff. – *Akdeniz ua/Türkei*; vgl. zu den Kurden- und Tschetschenien-Fällen
     Meyer-Ladewig NVwZ 2009, 1531 (1535).

abgeben, hat das Auswirkungen auf die Glaubwürdigkeit der Stellungnahme durch die Regierung.[135] Zugleich kann bei solchen Sachverhaltskonstellationen eine Verletzung von Art. 3 vorliegen.[136]

Aufzeichnungspflicht: Gegen sie ist bei verschwundenen Personen   37
häufig verstoßen. Das Fehlen von schriftlichen Aufzeichnungen über die inhaftierte Person wird als besonders schwerwiegend angesehen.[137] Wenn der beklagte Staat über das Verbleiben eines Festgenommenen keine Auskunft geben kann, ist das uU eine Verletzung von Art. 2 und auch Art. 5. Ausdrücklich bejaht hat dies der EGMR für das Verschwinden von Personen insbesondere in Tschetschenien und Inguschetien für die Zeit von 1999 bis 2006.[138]

4. Gesonderte Feststellung einer Verletzung der Ermittlungspflicht

Wenn der beklagte Staat für den Tod einer Person verantwortlich ist   38
und außerdem seine Verpflichtung zu wirksamen Ermittlungen verletzt und auch deswegen gegen Art. 2 verstoßen hat, stellt der Gerichtshof das gesondert fest.[139]

V. Rechtfertigungsgründe

Absatz 2: Art. 2 schützt das Leben und gehört damit zu den Vor-   39
schriften grundlegender Bedeutung. Das zeigt auch Art. 15 Abs. 2, der Abweichungen von Art. 2 in Kriegs- und Notstandsfällen nur bei Todesfällen infolge rechtmäßiger Kriegshandlungen erlaubt. Art. 2 gilt aber nicht absolut, sondern erlaubt Ausnahmen, in Abs. 1 wegen der Todesstrafe und in den in Abs. 2 genannten Fällen. Das unterscheidet Art. 2 von Art. 3, der absolut gilt und Ausnahmen, nicht erlaubt (→ Art. 3 Rn. 1 ff.).

---

135 EGMR 31.5.2005 – 30949/96, Rn. 106 – *Yasin Ates/Türkei.*
136 Vgl. nur EGMR 30.1.2014 – 39436/06, 40169/07, NVwZ 2015, 43 Rn. 70 mwN – *Z. u. Khatuyeva/Russland.*
137 Vgl. EGMR 8.7.1999 – 23657/94 (GK), Slg 99-IV Nr. 85 – *Cakici/Türkei*; EGMR 14.11.2000 – 24396/94, Rn. 61-67 – *Taç/Türkei*; EGMR 13.6.2000 – 23531/94, Slg 00-VI Rn. 82 ff. – *Timurtas/Türkei*; EGMR 31.5.2005 – 25165/94, Rn. 88 – *Akdeniz/Türkei.*
138 EGMR 18.12.2012 – 2944/06, Rn. 217 u. 219 – *Aslakhanova* ua/*Russland*; vgl. auch jüngst EGMR 30.1.2014 – 39436/06, 40169/07, NVwZ 2015, 43 Rn. 54 u. 61 u. speziell zu Nordossetien Rn. 62 ff., jeweils mwN – *Z. u. Khatuyeva/Russland.*
139 ZB EGMR 14.11.2000 – 24396/94, Slg 00-XI – *Taç/Türkei*; EGMR 18.05.2000 – 41488/98, Slg 00-VI – *Velikova/Bulgarien.*

40   **Enge Auslegung von Abs. 2:** Die Rechtfertigungsgründe für die Tö-
      tung eines Menschen werden wegen der Bedeutung des Rechts auf
      Leben eng ausgelegt (s. auch → Rn. 46). Der EGMR betont auch
      hier das Ziel der Konvention, keine theoretischen, sondern praktisch
      wirksame Garantien zu geben, um die Anwendung lebensgefährden-
      der Gewalt und den Verlust menschlichen Lebens so gering wie mög-
      lich zu halten. Dies erfordert auch, dass bei der Wahl der Mittel und
      der Methode der Sicherheitsoperation alle denkbaren Vorsichtsmaß-
      nahmen getroffen worden sind.[140]

41   **Todesstrafe (Abs. 1 S. 2):** Die Vorschrift erwähnt die Vollstreckung
      eines **Todesurteils**, die also nach dem Wortlaut der EMRK selbst
      nicht verboten ist, sofern sie „ein Gericht wegen eines Verbrechens
      verhängt hat, für das die Todesstrafe gesetzlich vorgesehen ist". In
      Europa ist die Entwicklung darüber hinaus gegangen; die Todesstrafe
      hat keinen legitimen Platz mehr in den europäischen demokratischen
      Gesellschaften: Die weitaus meisten Staaten haben sie abge-
      schafft[141]und der Europarat macht es zur Bedingung für neue Mit-
      glieder, dass sie die Todesstrafe abschaffen. Der EGMR hat deswegen
      zum Ausdruck gebracht, dass nach Unterzeichnung des 6. Prot.
      durch alle und Ratifizierung durch fast alle Mitgliedsstaaten sowie
      angesichts der Praxis diese Staaten heute eine Zone bilden, in der die
      Todesstrafe in Friedenszeiten als unzulässige Form der Strafe angese-
      hen wird, die nicht mehr nach Art. 2 verhängt werden darf.[142] Nach
      Art. 1 Prot. **Nr. 6**, darf niemand zur Todesstrafe verurteilt und nie-
      mand hingerichtet werden. Für Kriegszeiten lässt Art. 2 Prot. Nr. 6
      noch Ausnahmen zu, nicht aber das **13. Prot.** In der Sache *Al-Saa-
      doon* ua/*Vereinigtes Königreich*[143] hat der EGMR ausgeführt, **es gebe
      starke Indizien dafür, dass Art. 2 jetzt so zu verstehen sei, dass er die
      Todesstrafe unter keinen Umständen zulasse.** Zur Abschiebung bei
      drohender Todesstrafe → Rn. 20.

42   **Anerkannt ist, dass ein Verstoß gegen Art. 3** gegeben sein kann (→
      Rn. 20) wegen der Art der Verurteilung zur Todesstrafe, der Unsi-
      cherheit und der Furcht, dass sie vollstreckt wird, wegen der Haftbe-
      dingungen vor der Vollstreckung oder der Art der Vollstreckung un-

---

140 EGMR 20.12.2011 – 18299/03, 27311/03, NJOZ 2013, 137 Rn. 208 mwN –
     Finogenov/Russland ua unter Verweis auf EGMR 27.9.1995 – 18984/91 (GK),
     ÖJZ 1996, 233 – *McCann* ua/*Vereinigtes Königreich.*
141 Vgl. EGMR 11.3.2004 – 42346/98, Rn. 72 – *G.B./Bulgarien.*
142 EGMR 12.5.2005 – 46221/99, Rn. 163, NVwZ 2006, 1267 – *Öcalan/Türkei*;
     der Gerichtshof hat die Frage letztlich offen gelassen und eine Verletzung von
     Art. 3 angenommen.
143 EGMR 2.3.2010 – 61498/08, Rn. 120.

ter Berücksichtigung der persönlichen Umstände des Täters,[144] und das auch dann, wenn die Todesstrafe zum Gewicht des Delikts unverhältnismäßig ist.[145] Ein Verstoß gegen Art. 3 wird insbesondere angenommen, wenn die Todesstrafe nach einem Verfahren ausgesprochen wird, das nicht fair war. Die GK hat das in dem Urteil *Öcalan/Türkei*[146] auch für **Art. 2** angenommen und aus dem Erfordernis abgeleitet, dass die Todesstrafe von einem Gericht verhängt sein muss, das unabhängig und unparteiisch sein und sehr strenge Maßstäbe an ein faires Verfahren beachtet haben muss. Die GK hat dann aber doch keine Verletzung von Art. 2 ausgesprochen (Rn. 19). In der Sache *Al-Saadoon* ua/*Vereinigtes Königreich*[147] hat der EGMR angenommen, die drohende Todesstrafe sei immer ein Verstoß gegen Art. 3.

Notwehr oder Nothilfe (Abs. 2 a): Art. 2 macht deutlich, dass die Anwendung tödlicher Gewalt durch die Polizei unter bestimmten Umständen gerechtfertigt sein kann. Die Norm gibt aber keine „freie Hand". Ungeregelte und willkürliche Maßnahmen von Bediensteten eines Staates sind nach dem EGMR mit einem wirksamen Schutz der Menschenrechte nicht zu vereinbaren. Dementsprechend müssen Polizeioperationen nach staatlichem Recht zugelassen[148] und es müssen angemessene und wirksame Garantien gegen Willkür und Missbrauch von Gewalt sowie gegen vermeidbare Unfälle vorhanden sein.[149] Demzufolge kann auch ein gezielter Todesschuss nach dieser Regelung konventionsgemäß sein, wenn zB Geiseln in unmittelbarer Gefahr sind und wenn ein Schuss notwendig ist, um ein besonders gefährliches Verbrechen, zB mit Sprengstoff, zu verhindern. Bei der von den russischen Sicherheitskräften im Oktober 2002 versuchten Befreiung von mehr als 900 Geiseln im Moskauer „Dubrovka-Theater" unter Einsatz von Gas hat der EGMR als nicht unverhältnismäßig bewertet,[150] zugleich aber die Planung der medizinischen Hilfe und die Evakuierung der Geiseln als im Hinblick auf Art. 2 als eine

43

---

144 ZB EGMR 7.7.1989 – 14038/88, NJW 1990, 2183 – *Soering/Vereinigtes Königreich*.
145 EGMR 12.5.2005 – 46221/99, Rn. 168, NVwZ 2006, 1267 – *Öcalan/Türkei*.
146 EGMR 12.5.2005 – 46221/99 (GK), Rn. 165, 166, NVwZ 2006, 1267.
147 EGMR 2.3.2010 – 61498/08, Rn. 144.
148 Dies darf jedoch mit Blick auf die Garantien der EMRK kein Freibrief sein.
149 EGMR 20.12.2011 – 18299/03, 27311/03, NJOZ 2013, 137 Rn. 207 mwN – *Finogenov/Russland*.
150 EGMR 20.12.2011 – 18299/03, 27311/03, NJOZ 2013, 137 Rn. 236 – *Finogenov/Russland*.

Verletzung positiver Schutzpflichten bewertet.[151] Darüber hinaus hat der EGMR die Aktionen russischer Streitkräfte in **Tschetschenien** nach Art. 2 geprüft und anerkannt, dass besondere Maßnahmen einschließlich des Einsatzes der Streitkräfte erforderlich waren. Er hat in einigen Fällen eine Verletzung von Art. 2 festgestellt, weil die aus dieser Vorschrift folgende Schutzpflicht und die Ermittlungspflicht verletzt wurden.[152]

44   **Abs. 2 b** betrifft die rechtmäßige Festnahme oder Verhinderung der Flucht einer Person, der rechtmäßig die Freiheit entzogen ist. Auch in solchen Fällen ist eine Gewaltanwendung, insbesondere der Schusswaffengebrauch innerhalb der geschilderten engen Grenzen zulässig.

45   **Zu Abs. 2 c** – Aufruhr oder Aufstand – gibt es kaum Anwendungsfälle. Die Vorschrift kann anwendbar sein, wenn aus einer Menschenmenge heraus größere Gewalttaten begangen werden oder drohen.

46   In allen drei Fällen muss die Gewaltanwendung „**unbedingt erforderlich**" sein, um das berechtigte Ziel zu erreichen. Die Tötung kann in diesen Fällen absichtlich oder unabsichtlich vorgenommen worden sein; Abs. 2 umschreibt Fälle, in denen es konventionsgemäß ist, Gewalt anzuwenden, auch wenn sie den Tod eines Menschen zur Folge haben kann. Der EGMR **legt die Ausnahmen** und das „unbedingt erforderliche" **eng aus**[153] und prüft die Notwendigkeit im Einzelfall sehr genau. Der Begriff des unbedingt Erforderlichen **wird enger ausgelegt** als die Worte „in einer demokratischen Gesellschaft notwendig" in den Abs. 2 der Art. 8 bis 11.[154] Gewaltanwendung durch Repräsentanten des Staates bei Verfolgung eines der genannten berechtigten Ziele kann gerechtfertigt sein, wenn in gutem Glauben angenommen wird, dass ein solches Ziel verfolgt werden muss, auch wenn sich das später als irrig herausstellt.[155]

---

151 EGMR 20.12.2011 – 18299/03, 27311/03, NJOZ 2013, 137 Rn. 266 mwN –
     Finogenov/Russland: Zur Notwendigkeit einer differenzierenden Bewertung
     unterschiedlicher Phasen einer polizeilichen oder militärischen Einsatzoperati-
     on vgl. auch ebda. Rn. 214 f. mwN.
152 EGMR 24.2.2005 – 57947/00, Rn. 182, 201 – *Isayeva ua/Russland*; EGMR
     24.2.2005 – 57950/00, Rn. 180, 200 – *Isayeva/Russland*.
153 EGMR 20.12.2011 – 18299/03, 27311/03, NJOZ 2013, 137 Rn. 206 – *Fino-*
     genov/Russland unter Verweis auf EGMR 27.6.2000 – 21986/93, NJW 2001,
     2001 Rn. 97 – *Salman/Türkei*.
154 EGMR 20.12.2011 – 18299/03, 27311/03, NJOZ 2013, 137 Rn. 210 mwN –
     Finogenov/Russland.
155 EGMR 27.9.1995 – 18984/91 (GK), ÖJZ 1996, 233 – *McCann ua/Vereinigtes*
     Königreich; EGMR 31.5.2005 – 27693/95, Rn. 78 – *Celikbilek/Türkei*; Vgl.
     auch EGMR 20.12.2011 – 18299/03, 27311/03, NJOZ 2013, 137 Rn. 211
     mwN – *Finogenov/Russland*.

Die angegriffene Maßnahme muss, damit sie sich im Lichte des   47
Art. 2 als konventionskonform erweist, „strikt verhältnismäßig"
sein, um die berechtigten Ziele zu erreichen.[156] Dabei ist das Verhalten des Betroffenen von Bedeutung, bei Buchst. b) insbesondere auch,
wegen welcher Straftat er gefasst werden soll. Wenn er keiner Gewalttat verdächtigt wird und bekannt ist, dass er keine Gefahr für
Leib oder Leben darstellt, nicht bewaffnet ist, ist es nicht gerechtfertigt, sein Leben durch Gewaltanwendung zu gefährden, insbesondere
auf ihn zu schießen, auch wenn die Gefahr besteht, dass er sonst entkommt.[157] Bei seiner Prüfung berücksichtigt der EGMR weiter nicht
nur die Handlungen der Repräsentanten des Staates, sondern die gesamten Umstände des Falles, insbesondere die Vorbereitung und
Kontrolle der Gewaltakte.[158] Unmissverständlich hat der Gerichtshof
aber im Zusammenhang mit der **Bombardierung kurdischer Dörfer**
durch die türkischen Streitkräfte klargestellt, dass jedenfalls eine
wahllose Bombardierung von Zivilisten und ihren Dörfern aus der
Luft in einer demokratischen Gesellschaft unvertretbar ist und sich
mit keinem der in Abs. 2 genannten Gründe rechtfertigen lässt.[159]

Der **Schusswaffengebrauch** muss durch rechtliche oder verwaltungs-   48
mäßige **Vorschriften angemessen geregelt** sein, welche die eng begrenzten Voraussetzungen für Gewaltanwendung und Schusswaffengebrauch bestimmen, insbesondere bei der Festnahme von Personen.
Sie müssen eine genaue Prüfung der Umstände vorschreiben, insbesondere der Art der dem Betroffenen vorgeworfenen Tat und der Gefahr, die von ihm ausgeht. Es müssen angemessene und wirksame
Garantien gegen Willkür und Missbrauch der Gewalt vorgesehen
sein, um vermeidbare Zwischenfälle zu vermeiden.[160] Die Bediensteten des Staates müssen ausgebildet werden mit dem Ziel, Gewalt nur
anzuwenden, wenn das unbedingt notwendig ist.[161] So ist eine War-

---

156 EGMR 12.11.2013 – 23502/06, NJOZ 2014, 1874 Rn. 163 = NVwZ 2014,
     1646 Ls. – *Benzer* ua/*Türkei*.
157 EGMR 6.7.2005 – 43577/98, Rn. 95, 107, EuGRZ 2005, 693 – *Natchova* ua/
     Bulgarien für den Fall einer tödlichen Verletzung bei einem Versuch der Fest-
     nahme von Flüchtigen, die wegen geringfügiger Straftaten verurteilt worden
     waren.
158 Vgl. EGMR 27.9.1995 – 18984/91 (GK), ÖJZ 1996, 233 Rn. 148-150 – *Mc-
     Cann* ua/*Vereinigtes Königreich*; EGMR 20.5.1999 – 21594/93, Rn. 78 ff.,
     NJW 2001, 1991 – *Ogur/Türkei*.
159 EGMR 12.11.2013 – 23502/06, NJOZ 2014, 1874 Rn. 184 = NVwZ 2014,
     1646 Ls. – *Benzer* ua/*Türkei*; Vgl. zu Tschetschenien auch EGMR 24.2.2005 –
     57950/00, Rn. 191 – *Isayeva/Russland*.
160 EGMR 20.12.2011 – 18299/03, 27311/03, NJOZ 2013, 137 Rn. 207 mwN –
     Finogenov/Russland.
161 EGMR 20.12.2004 – 50385/99, Rn. 57 ff., NJW 2005, 3405 – *Makaratzis/
     Griechenland*; EGMR 6.7.2005 – 43577/98, Rn. 95, 97, EuGRZ 2005, 693 –
     Natchova ua/*Bulgarien*.

nung notwendig, uU ein Warnschuss. Auch für die **Planung und Durchführung** einer Polizeioperation gelten strenge Anforderungen. Wenn der Tod bei einer Polizeiaktion verursacht worden ist, muss sie so geplant und kontrolliert worden sein, dass der Rückgriff auf tödliche Gewaltanwendung so weit wie möglich vermieden werden kann.[162] Auf der anderen Seite müssen einzelfallbezogen die Besonderheiten eines notwendig gewordenen Polizeieinsatzes und gegebenenfalls der „einzigartige Charakter" eines Vorfalls, der Anlass zum Einschreiten gegeben hat, berücksichtigt werden, wie dies beim Moskauer Geiseldrama der Fall war.[163]

49 **Fortfall der Opfereigenschaft:** Bei vorsätzlicher Tötung genügt die Zahlung einer Entschädigung nicht, es muss ein wirksames Strafverfahren gegen die Verdächtigen durchgeführt worden sein (→ Art. 34 Rn. 33).

VI. Verhältnis zu anderen Artikeln

50 Wenn Art. 2 verletzt ist, weil eine Person in Haft verschwunden ist (→Rn. 33 f.), ist auch **Art. 5** verletzt.

51 Wenn Art. 2 verletzt worden ist, weil eine amtliche und wirksame Untersuchung nicht angestellt worden ist (vgl. → Rn. 21), kann auch **Art. 13** verletzt sein.[164] Im Fall *Makaratzis/Griechenland*[165] hat die GK angenommen, in einem solchen Falle stelle sich keine besondere Frage nach Art. 13.[166] **Art. 6** prüft der EGMR in diesem Zusammenhang nicht.[167] Es ist auch denkbar, dass sich die aus Art. 2 und Art. 8 folgenden Schutzpflichten (zumindest) bei gefährlichen Tätigkeiten „weitgehend" überschneiden.[168]

52 Wenn der Bf. Nur rügt, dass er nach staatlichem Recht keinen Schadensersatz erhalten kann, fällt das unter Art. 13 iVm Art. 2.[169] Wenn

---

162 EGMR 14.12.2000 – 22676/93, Rn. 84 – *Gül/Türkei*; EGMR 20.5.1999 – 21594/93, Rn. 84, NJW 2001, 1991 – *Ogur/Türkei*.
163 EGMR 20.12.2011 – 18299/03, 27311/03, NJOZ 2013, 137 Rn. 230 ff. mwN – *Finogenov/Russland*.
164 ZB EGMR 27.6.2000 – 21986/93, Rn. 123, NJW 2001, 2001 – *Salman/ Türkei*; EGMR 18.5.2000 – 41488/98, Slg 00-VI Rn. 89 – *Velikova/Bulgarien*; EGMR 24.2.2005 – 57942/00, Rn. 185 – *Khashiyev/Russland*; EGMR 28.2.2012 – 17423/05 ua, NVwZ 2013, 993 Rn. 218 ff. mwN – *Kolyadenko/ Russland*.
165 EGMR 20.12.2004 – 50385/99, Rn. 86, NJW 2005, 3405.
166 Ebenso EGMR 6.7.2005 – 43577/98, Rn. 123, EuGRZ 2005, 693 – *Natchova/Bulgarien*.
167 EGMR 18.1.2005 – 36217/97, Rn. 75 – *Mentese ua/Türkei*.
168 EGMR 28.2.2012 – 17423/05 ua, NVwZ 2013, 993 Rn. 212 mwN – *Kolyadenko/Russland*.
169 EGMR 7.7.2009 – 58447/00, Rn. 36 – *Zavoloka/Lettland*.

Art. 2 verletzt ist, hat der EGMR in einigen Fällen davon abgesehen, zu prüfen, ob auch andere Art. Verletzt sind, wenn es um dieselben Tatumstände geht.[170]

In den Tschetschenien-Fällen gegen Russland hat der EGMR häufig eine Verletzung von Art. 2, 3, 5, 8, 34, 38, 1 Zusatzprot. festgestellt.[171]   53

VII. Anträge

Vgl. allgemein → Einl. Rn. 57 ff. zur Musterbeschwerde. Beantragt wird festzustellen, dass Art. 2 verletzt ist. Wenn das außerdem durch unzulängliche Ermittlungen geschehen ist, wird eine dahin gehende Feststellung gesondert beantragt (→ o. Rn. 51). Wenn weitere Art. verletzt sind (o. Rn. 49), sollte eine entsprechende Feststellung gesondert beantragt werden.   54

Beispiel: Der Bf. beantragt festzustellen, 1. dass der beklagte Staat Art. 2 verletzt hat, weil er seine Pflicht verletzt hat, das Leben des ... zu schützen, 2. dass der beklagte Staat Art. 2 verletzt hat, weil er die Vorfälle vom ... nicht wirksam ermittelt hat, 3. dass der beklagte Staat Art. 13 verletzt hat.

Wegen des Antrags auf gerechte Entschädigung vgl. zu Art. 41 und die Musterbeschwerde → Einl. Rn. 57. Möglicherweise kann materieller Schaden geltend gemacht werden (verlorene Unterhaltsansprüche, Behandlungs- und Bestattungskosten, → Art. 41 Rn. 7, 18), außerdem Ersatz für immaterielle Schäden, der in Fällen einer Verletzung von Art. 2 erheblich sein kann (vgl. → Art. 41 Rn. 19).   55

Artikel 3 Verbot der Folter

Niemand darf der Folter oder unmenschlicher oder erniedrigender Behandlung oder Strafe unterworfen werden.

---

[170] So für Art. 3 EGMR 20.12.2004 – 50385/ 99, Rn. 83, NJW 2005, 3405 – *Makaratzis/Griechenland*; EGMR 24.2.2005 – 57947/00, Rn. 229 – *Isayeva ua/ Russland*; für Art. 8 EGMR 7.6.2005 – 40145/98, Rn. 57 – *Kilinc ua/Türkei*; für Art. 10 EGMR 31.3.05 – 38187/97, Rn. 260 – *Adali/Türkei*; für Art. 11 EGMR 24.5.2005 – 25660/94, Rn. 203 – *Süheyla Aydin/Türkei*.

[171] Vgl. dazu *Meyer-Ladewig* NVwZ 2009, 1531 (1535).

I. Allgemeines

1 Art. 3 dient einem der **wichtigsten Rechtsgüter der demokratischen Gesellschaft,** indem es den Kernbereich der **psychischen und physischen Integrität des Einzelnen schützen** soll. Das Verbot von Folter und unmenschlicher und erniedrigender Behandlung ist **absolut;** die Vorschrift lässt **keine Ausnahmen** zu (anders zB die Art. 2, 8-11) und gilt ohne Rücksicht auf die Umstände, das Verhalten des Opfers und die von ihm begangene Straftat.[1] Art. 3 ist zudem **gem. Art. 15 Abs. 2 notstandsfest.**

Art. 4 Grundrechtecharta enthält eine entsprechende Garantie. Sie verbietet zugleich in **Art. 19 Abs. 2** explizit die Auslieferung und Abschiebung in einen Staat, in dem Folter oder eine unmenschliche oder erniedrigende Behandlung droht. Eine entsprechende Garantie enthält daneben **Art. 7 UN-Zivilpakt.**

2 **Auch im Kampf gegen den Terrorismus** duldet Art. 3 keine Ausnahmen (ebenso wenig wie Art. 5, s. dort → Rn. 3). Der EGMR hat wiederholt die Schwierigkeiten der Staaten anerkannt, die Bevölkerung

---

1 EGMR 13.5.2008 – 52515/99, Rn. 69 – *Juhnke/Türkei.*

vor terroristischen Straftaten zu schützen. Weil aber das Folterverbot absolut ist, gilt es auch für den Fall einer allgemeinen Gefahr für das Leben der Nation.[2]

Es gibt auch keine Ausnahmen, wenn es darum geht, von einem Verdächtigen Informationen zu erhalten, **die Gefahr für Leib und Leben einer oder auch vieler Personen** (sog **Rettungsfolter**) **abwenden** können. Eine Interessenabwägung ist nicht zulässig.[3]   3

Der **Fall Gäfgen** (**Daschner**) hat in Deutschland insoweit eine umfangreiche Diskussion ausgelöst. Hierbei hatte eine festgenommene Person sich geweigert, den Verbleib des von ihr entführten elfjährigen Jungen anzugeben. Die Polizei befürchtete, dass Gefahr für Leib und Leben des Kindes bestehe und drohte dem Festgenommenen die Zufügung erheblicher Schmerzen an. Der Täter gestand. Das Kind war bereits im Zeitpunkt der Androhung tot. Der Polizist wurde zu einer Geldstrafe mit Bewährung verurteilt und später befördert. Der Täter wurde zu lebenslangem Freiheitsentzug verurteilt[4] und legte Beschwerde beim EGMR ein, die von einer Kammer wegen Fortfalls der Opfereigenschaft als unzulässig zurückgewiesen wurde.[5] Die vom Täter sodann angerufene Große Kammer[6] stellte schließlich fest, dass er weiterhin behaupten kann, Opfer einer Menschenrechtsverletzung zu sein und dass Art. 3 verletzt ist, nicht aber Art. 6.   4

Die Bedeutung des Schutzes vor Folter wird durch das **Europäische Übereinkommen zur Verhütung von Folter und unmenschlicher oder erniedrigender Behandlung oder Strafe** vom 26.11.1987[7] unterstrichen, das einem Ausschuss (CPT) Zugang zu allen Orten gewährt, an denen Personen durch eine öffentliche Behörde die Freiheit entzogen wird. Dieses Übereinkommen verstärkt im regionalen Bereich das UN-Übereinkommen gegen Folter und andere grausame, unmenschliche oder erniedrigende Behandlung oder Strafe vom 10.12.1984,[8]   5

---

2 EGMR 13.12.2012 – 39630/09, Rn. 195 – *El-Masri/Mazedonien*; EGMR 11.10.2011 – 46390/10, Rn. 101 – *Auad/Bulgarien*; EGMR 27.1.2005, 59450/00, Rn. 96 – *Ramirez Sanchez/Frankreich*; EGMR 12.4.2005 – 36378/02, Slg 05-III Rn. 335 – *Chamaiev ua/Georgien u. Russland;* EGMR 6.4.2000 – 26772/95, Slg 00-IV Rn. 119 – *Labita /Italien;* EGMR 28.10.1998 – 24760/94, Slg 98-VIII Rn. 93 – *Assenov* ua/*Bulgarien.*

3 EGMR 1.6.2010 – 22978/05, Slg 10-IV Rn. 107 – *Gäfgen/Deutschland;* dazu *Grabenwarter* NJW 2010, 3128.

4 LG Frankfurt/M StV 2003, 325 mit Anm. *Weigand* StV 2003, 436; BVerfG NJW 2005, 656.

5 EGMR 10.4.2007 – 22978/05 – *Gäfgen/Deutschland.*

6 EGMR 1.6.2010 - 22978/05, Slg 10-IV – *Gäfgen/Deutschland.*

7 BGBl. 1989 II 946.

8 BGBl. 1990 II 246.

das in einem Protokoll gleichfalls örtliche Inspektionen ermöglicht. Die Übereinkommen sind von Deutschland ratifiziert worden.

6 **Definition der Folter und der unmenschlichen und erniedrigenden Behandlung:** Art. 3 gibt keine Definition. Der EGMR greift auf die Begriffsbestimmung in Art. 1 des UN-Übereinkommens gegen Folter zurück und hat die Abgrenzung in seiner Rechtsprechung konkretisiert (→ Rn. 20).

II. Pflichten des Staates

1. Unterlassungspflichten, Schutzpflichten

7 Art. 3 begründet die Verpflichtung, Misshandlungen der in der Vorschrift umschriebenen Art zu unterlassen; das ist ein Gebot, das sich an den Staat richtet, der nach der Konvention im Sinne des Art. 1 verantwortlich ist. Wie bei Art. 2 (dort → Rn. 10 ff.) gilt, dass der Staat **nicht nur negative Unterlassungspflichten hat, sondern auch zu positivem Tun verpflichtet ist.** Er muss Maßnahmen treffen, die sicherstellen, dass Personen, die seiner Hoheitsgewalt unterstehen, nicht gefoltert oder unmenschlich oder erniedrigend behandelt werden, auch nicht durch Privatpersonen.[9]

8 Dazu gehört, dass der Staat **durch Gesetzgebung und wirksame Strafverfolgung** gegen eine Art. 3 widersprechende Behandlung schützt (→ Rn. 15).[10] Diese Verpflichtung kann verletzt sein, wenn Strafvorschriften eine wirksame Verfolgung nicht gewährleisten, zB wenn sie bei Vergewaltigung eine Verurteilung von formalen Voraussetzungen, wie dem Nachweis körperlichen Widerstands, abhängig machen.[11]

9 Unter besonderen Umständen ist der Staat weiter dazu verpflichtet, **Schutzmaßnahmen für bestimmte Personen** zu treffen, denen Folter oder eine unmenschliche oder erniedrigende Behandlung droht.[12] Sie müssen vor akuten Misshandlungen physischer oder psychischer Art geschützt werden, aus welchem Grund auch immer sie drohen. Auch Folgen einer natürlich eingetretenen Krankheit können Schutzpflichten begründen.[13] Wenn die Polizei auf Hilferufe Angegriffener nicht

---

9 EGMR 10.5.2001 – 29392/95, Slg 01-V Rn. 73 – Z. ua/*Vereinigtes Königreich*; EGMR 29.4.2002 – 2346/02, Slg 02-III Rn. 51 – *Pretty/Vereinigtes Königreich*.
10 EGMR 23.9.1998 – 25599/94, Slg 1998-VI Rn. 22 – *A./Vereinigtes Königreich*.
11 EGMR 4.12.2003 – 39272/98, Slg 03-XII Rn. 149 – *M.C./Bulgarien*.
12 *Krieger* ZaöRV 2014, 187.
13 EGMR 11.9.2007 – 27527/03, Slg 07-X Rn. 46 – *L./Litauen*.

einschreitet, verletzt dies Art. 3.[14] Aus Art. 3 ergibt sich aber nicht
die staatliche Verpflichtung, den Betroffenen durchsetzbare Rechtsbehelfe gegen einen anderen Staat zu geben.[15]

Schutzmaßnahmen sind insbesondere notwendig, wenn staatliche   10
Stellen von einer bereits vorgenommenen Misshandlung oder einer
gewissen und unmittelbar bevorstehenden **Gefahr** für die physische
Integrität einer Person wissen oder wissen müssen. Sie müssen dann
ausreichenden Maßnahmen treffen, um die Realisierung der Gefahr
zu verhindern, zB bei einem durch räuberischen Überfall Verletzten
für schnelle Hilfe sorgen[16] und im Fall von permanenten Bedrohungen durch Private effektiv einschreiten,[17] was zugleich entsprechende
effektive gesetzgeberische Grundlagen impliziert.[18] Zwar dürfen den
Behörden hierbei keine unzumutbaren Verpflichtungen auferlegt werden,[19] allerdings reicht es nicht aus, irgendwelche, sondern es müssen tatsächlich effektive Maßnahmen unter besonderer Berücksichtigung der Interessen und Aussagen der Opfer eingeleitet werden.[20]
Schutzpflichten können insbesondere und in speziellem Maße entstehen, wenn Behörden von der Gefahr von Misshandlungen von Kindern oder anderen besonders verletzbaren Personen wissen oder wissen müssen.[21] Sie müssen Kinder dann auf geeignete Weise schützen,
sie zB aus dem häuslichen Bereich entfernen und anderweitig unterbringen.[22]

Schutz inhaftierter Personen: Art. 3 verpflichtet insbesondere auch   11
dazu, die körperliche Integrität und Gesundheit von Personen zu
schützen, denen die Freiheit entzogen worden ist, denn sie sind besonders verwundbar. So muss eine wirksame ärztliche Behandlung
sichergestellt[23] und auch im Übrigen auf die gesundheitliche Situation bei der Unterbringung und der Infrastruktur im Gefängnis besonders Rücksicht genommen werden (→ Rn. 42).[24] Wenn die Behörde
wissen musste, dass der Gefangene der Gefahr von Misshandlungen
durch andere Gefangene ausgesetzt ist, muss sie angemessene Maß-

---

14 EGMR 3.5.2007 – 71156/91, Slg 07-V Rn. 111 – *Mitglieder Zeugen Jehovahs/*
    Georgien.
15 EGMR 21.11.2001 – 35763/97 – *Al-Adsani/Vereinigtes Königreich.*
16 EGMR 17.12.2009 – 32704/04, Rn. 115. 122 – *Denis Vasilyev/Russland.*
17 EGMR 24.07.2012 – 41526/10, Rn. 138 – *Đorđević/ Kroatien.*
18 EGMR 22.32016 – 646/10, Rn. 72 ff. – *M.G. v. Turkey.*
19 EGMR 3.6.2003 – 33343/96, Slg 03-VI Rn. 189 f. – *Pantea/Rumänien.*
20 EGMR 28.5.2013 – 3564/11, Rn. 51 – *Eremia/Republik Moldau.*
21 EGMR 28.10.1998 – 23452/94, Slg 98-VIII Rn. 116 – *Osman/Vereinigtes Kö-*
    nigreich; EGMR 28.1.2014 – 35810/09, Rn. 144 – *O'Keeffe/Irland.*
22 EGMR 10.5.2001 – 29392/95, Slg 01-V Rn. 74 – *Z. ua/Vereinigtes Königreich.*
23 EGMR 29.4.2002 – 2346/02, Slg 02-III Rn. 51 – *Pretty/Vereinigtes Königreich.*
24 EGMR 25.1.2011 – 38427/05, Rn. 47 f. – *Elefteriadis/Rumänien.*

nahmen treffen, um das zu verhindern.[25] Ähnliche Schutzpflichten gibt es für Angehörige der Streitkräfte (→ Art. 2 Rn. 17).

12 Eine Handlungspflicht kann sich auch **aus vorangegangenen Unterlassungen** ergeben, zB wenn staatliche Stellen es entgegen Art. 3 versäumt haben, eine Person gegen Übergriffe durch andere zu schützen. Der Staat muss dann dafür sorgen, dass die gegen Art. 3 verstoßenden Lebensumstände geändert werden.[26]

2. Sachverhaltsfeststellung durch den Gerichtshof

13 Ob tatsächlich Umstände vorliegen, die Fragen nach Art. 3 aufwerfen, lässt sich nicht immer ohne Weiteres aufklären. Der Sachverhalt ist oft streitig, staatliche Ermittlungen haben nicht selten nicht oder nicht zufriedenstellend stattgefunden. Zum Vorgehen des Gerichtshofs in solchen Fällen → Art. 2 Rn. 32 ff.

3. Ermittlungspflicht des Staates

14 Aus Art. 3 iVm der allgemeinen Verpflichtung aus Art. 1 (dazu auch bei → Art. 2 Rn. 21) ergibt sich als positive Verpflichtung, für **gründliche, wirksame und unvoreingenommene Ermittlungen** zu sorgen, wenn ein Mensch gefoltert oder unmenschlich behandelt worden ist, insbesondere durch Repräsentanten des Staates, aber nicht nur dann. Diese Ermittlungspflicht setzt ein, wenn Behörden auf substantiierte Weise eine gegen Art. 3 verstoßende Behandlung angezeigt wird oder wenn substantiierte Hinweise bestehen, dass eine entsprechende Behandlung stattgefunden hat: So müssen die Ermittlungsbehörden tätig werden, wenn eine Person in bester Gesundheit festgenommen wird, im Zeitpunkt der Freilassung aber gravierende Verletzungen aufweist.[27]

Die Ermittlungspflicht ist notwendig, um das Folterverbot praktisch wirksam durchzusetzen.[28] Sie hat besonders dann Bedeutung, wenn der EGMR nicht feststellen kann, ob eine gegen Art. 3 verstoßende Behandlung stattgefunden hat.[29] Die Ermittlungen müssen geeignet sein, die Verantwortlichen zu identifizieren und zu bestrafen. Der Be-

---

25 EGMR 3.6.2003 – 33343/96, Slg 03-VI Rn. 189 – *Pantea/Rumänien*.
26 Vgl. für Gewaltanwendung gegen Roma durch Privatpersonen EGMR 12.7.2005 – 41138/98, Slg 05-VII Rn. 102, 104, 108 – *Moldovan* ua/*Rumänien*.
27 EGMR 6.12.2011 – 18919/10, Rn. 45 – *Taraburca/Republik Moldau*; EGMR 2.10.2012 – 40094/05, Rn. 151 – *Virabyan/Armenien*; EGMR 28.7.1999 – 25803/94, Slg 1999-V Rn. 87 – *Selmouni/Frankreich*.
28 EGMR 20.7.2000 – 33951/96, Slg 00-IX Rn. 89 – *Caloc/Frankreich*.
29 EGMR 24.2.2005 – 57942/00, Rn. 178 – *Khachiev* ua/*Russland*.

troffene muss am Ermittlungsverfahren **angemessen beteiligt** werden.[30] Unterlassen es die Behörden hingegen allein unter Berufung auf die Aussagen der potenziellen Täter, strafrechtliche Ermittlungen weiterzuführen, ist Art. 3 verletzt.[31] Die Ermittlungspflicht gilt auch dann, wenn die den Art. 3 EMRK widersprechende Handlung auf einem anderen Staatsgebiet und durch Akteure eines anderen Staates – wie im Fall der sog. **extraordinary renditions** durch die CIA – vorgenommen werden und Bedienstete des Konventionsstaat potenziell an der Festnahme beteiligt sind.[32]

Insofern politische Gründe bei einer potenziellen Verletzung von Art. 3 eine Rolle gespielt haben können, ergibt sich eine Ermittlungspflicht zusätzlich aus dem Zusammenspiel mit Art. 14.[33]

Bestrafung wegen Folterhandlungen: Die positive Verfahrenspflicht   15
aus Art. 3 erstreckt sich vor allem auf das Ermittlungsverfahren, aber **auch auf das Strafverfahren,** wenn es eröffnet worden ist, einschließlich der Verurteilung. Das gesamte Verfahren muss der Verpflichtung entsprechen, vor Verletzungen von Art. 3 zu schützen. Deswegen dürfen die Behörden und Gerichte Täter nicht straflos lassen oder nur gering bestrafen.[34] Unter diesem Gesichtspunkt kann Art. 3 verletzt sein, wenn das Gericht nicht zügig verfährt und Verjährung eintritt[35] oder wenn der Täter amnestiert wird.[36] Aus Art. 3 folgt aber **kein Recht auf Verurteilung eines Täters**: Der Ermittlungspflicht kann auch genügt sein, wenn das Ermittlungsverfahren eingestellt oder der Täter freigesprochen wird (→ Art. 2 Rn. 29).

Art. 13: Eine solche Ermittlungspflicht folgt auch aus Art. 13. Inso-   16
weit geht die Verpflichtung aus diesen Artikeln über die aus Art. 6 hinaus, der ein Recht auf Strafverfolgung Dritter nicht garantiert.[37] Der Gerichtshof wendet Art. 13 an, wenn feststeht, dass eine Folter oder unmenschliche Behandlung stattgefunden hat, dagegen Art. 3, wenn die fehlenden oder unzulänglichen Ermittlungen eine ausrei-

---

30 Vgl. zu den Anforderungen an das Ermittlungsverfahren aus der Rechtsprechung des EGMR zu Art. 3: EGMR 13.12.2012 – 39630/09, Slg 12-VI Rn. 182 ff. – *El-Masri/Mazedonien.*
31 EGMR 27.9.2011 – 29032/04, Rn. 116 – *M. and C./Rumänien.*
32 EGMR 23.02.2016 – 44883/09, Rn. 284 ff. – *Nasr ua/Italien.*
33 EGMR 2.10.2012 – 40094/05, Rn. 218 ff. – *Virabyan/Armenien.*
34 EGMR 1.6.2010 – 22978/05, Slg 10-IV Rn. 124 – *Gäfgen/Deutschland*; EGMR 17.10.2006 – 52067/99, Slg 06-XII Rn. 65, 74, 78 – *Okkali/Türkei.*
35 EGMR 25.6.2009 – 46423/06, Rn. 77-87 – *Beganovic/Kroatien.*
36 EGMR 16.7.2009 – 35160/05, Rn. 35 – *Ali Yavuz/Türkei.*
37 EGMR 05.10.1999 – 33677/96, Slg 1999-VII – *Grams/Deutschland.*

chende Tatsachenfeststellung verhindert haben.[38] Die Rechtsprechung ist aber insoweit nicht immer konsequent.[39]

17   **Gesonderter Ausspruch einer Verletzung der Ermittlungspflicht:** Wenn der EGMR einen Verstoß gegen Art. 3 durch Folterhandlungen oder unmenschliche oder erniedrigende Behandlung festgestellt hat, hat er früher nicht gesondert geprüft, ob auch die Ermittlungspflicht verletzt ist.[40] Die Rechtsprechung gleicht sich inzwischen der zu Art. 2 an und stellt in solchen Fällen **im Tenor eine Verletzung von Art. 3 wegen der Folter und außerdem wegen der Verletzung der Ermittlungspflicht fest,**[41] zT ist er der Auffassung, dass insoweit Art. 13 vorgeht.[42]

18   Bei einem Verstoß gegen die Ermittlungspflicht **ordnet der Gerichtshof keine neuen Ermittlungen** an (→ Art. 2 Rn. 27).

III. Abgrenzung

19   **Keine geringfügigen Misshandlungen:** Art. 3 ist nur anwendbar, wenn die Misshandlung **ein bestimmtes Mindestmaß** an Schwere erreicht und körperliche Verletzungen oder intensive physische oder psychische Leiden mit sich bringt.[43] Die Beurteilung dieses Mindestmaßes ist relativ und hängt von den Umständen des Einzelfalles ab, wie die Art und der Zusammenhang der Behandlung oder Strafe, die Art und Methode ihrer Durchführung, ihre Dauer, ihre körperlichen und seelischen Auswirkungen und uU das Geschlecht, das Alter, der Gesundheitszustand und im Allgemeinen die besondere Verletzlichkeit des Opfers.[44]

---

38 Vgl. EGMR 27.6.2000 – 22277/93, Slg 00-VII Rn. 89 ff. – *Ilhan/Türkei.*
39 Vgl. zB EGMR 10.4.2001 – 26129/95, Slg 01-III Rn. 159 – *Tanli/Türkei,* wo Mängel der Autopsie die Feststellung von Folter verhindert haben und trotzdem Art. 13 angewendet wurde; EGMR 23.2.2006 – 45500/99 – *Tzekov/Bulgarien,* wo der EGMR Verletzung von Art. 2, Art. 3 und Art. 3 wegen Verletzung der Ermittlungspflicht festgestellt hat. ZT stellt der EGMR neben der Verletzung von Art. 3 auch eine Verletzung von Art. 13 fest, siehe zB EGMR 16.11.2000 – 23819/94 – *Bilgin/Türkei;* EGMR 21.12.00, 28340/95 – *Büyükdag/Türkei;* EGMR 24.2.2005 – 57942/00 – *Khachiev* ua/*Russland.*
40 ZB EGMR 23.5.2001 – 25316/94 ua, Slg 01-V Rn. 388 – *Denizci/Zypern.*
41 Vgl. EGMR 30.9.2004 – 50222/99 Rn. 49 – *Krastanov/Bulgarien;* EGMR 12.10.2004 – 42066/98 – *Bursuc/Rumänien;* EGMR 5.10.2004 – 46430/99 – *Barbu Anghelescu/Rumänien.*
42 EGMR 27.6.2000 – 22277/93, Slg 00-VII Rn. 92 – *Ilhan/Türkei;* EGMR 20.7.2004 – 47940/99, Rn. 60 – *Balogh/Ungarn;* EGMR 20.7.2004 – 40154/98, Rn. 32 – *Yüksel/Türkei;* EGMR 5.4.2005 – 38722/02, Rn. 70 – *Afanasyev/Ukraine.*
43 EGMR 29.4.2002 – 2346/02, Slg 02-III Rn. 52 – *Pretty/Vereinigtes Königreich.*
44 EGMR 13.5.2008 – 52515/99, Rn. 69 – *Juhnke/Türkei.*

Auch die **Abgrenzung der Folter von der unmenschlichen Behand-** 20
lung ist graduell.[45] **Folter** ist vorsätzlich unmenschliche Behandlung,
die sehr schwere und grausame Leiden verursacht.[46] Der EGMR
greift insofern auf die Definition des Art. 1 Abs. 1 des **UN-Überein-**
kommens gegen Folter zurück, die wie folgt lautet:

> "Im Sinne dieses Übereinkommens bezeichnet der Ausdruck "Folter" jede Hand-
> lung, durch die einer Person vorsätzlich große körperliche oder seelische Schmer-
> zen oder Leiden zugefügt werden, zB um von ihr oder einem Dritten eine Aussage
> oder ein Geständnis zu erlangen, um sie für eine tatsächlich oder mutmaßlich
> von ihr oder einem Dritten begangene Tat zu bestrafen oder um sie oder einen
> Dritten einzuschüchtern oder zu nötigen, oder aus einem anderen auf irgendeiner
> Art von Diskriminierung beruhenden Grund, wenn diese Schmerzen oder Leiden
> von einem Angehörigen des öffentlichen Dienstes oder einer anderen in amtlicher
> Eigenschaft handelnden Person, auf deren Veranlassung oder mit deren aus-
> drücklichem oder stillschweigenden Einverständnis verursacht werden. Der Aus-
> druck umfasst nicht Schmerzen oder Leiden, die sich lediglich aus gesetzlich zu-
> lässigen Sanktionen ergeben, dazu gehören oder damit verbunden sind."

Unter Verweis auf dieses Verständnis hat der EGMR deutlich ge- 21
macht, dass auch die Beurteilung, ob Schmerzen "groß" sind, relativ
sein muss. Der Gerichtshof hat betont, dass er wegen des zunehmend
höheren Menschenrechtsstandards künftig eher dazu bereit sein
könnte, Folter anzunehmen.[47] **Auch Androhung von Folter kann Fol-**
ter sein, denn sie verursacht körperliches und seelisches Leiden. Es
kommt auf die Umstände an, ob die Androhung Folter oder unmenschliche Behandlung ist.[48]

Als **unmenschliche Behandlung** hat der EGMR eine Behandlung an- 22
gesehen, wenn sie vorsätzlich war, ohne Unterbrechung länger an-
dauerte und entweder eine Körperverletzung oder intensives physisches oder psychisches Leiden verursachte.[49] Als **erniedrigend** kann
eine Behandlung angesehen werden, wenn mit ihr die Absicht verbunden war, den Betroffenen zu demütigen oder zu erniedrigen und
die Behandlung ihn in seiner Persönlichkeit getroffen hat,[50] oder, anders ausgedrückt, wenn sie das Opfer entwürdigt, indem sie es an der
Achtung für die **Menschenwürde** fehlen lässt oder diese angreift oder
in den Opfern Gefühle der Angst, des Schmerzes und der Unterlegen-
heit erweckt, die geeignet sind, sie zu demütigen und ihren körperli-

---

45 Grundlegend und mwN: *Prosenjak*, Der Folterbegriff nach Art. 3 EMRK, 2011.
46 EGMR 18.12.1996 – 21987/93, Slg 96-IV Rn. 64 – *Aksoy/Türkei.*
47 EGMR 28.7.1999 – 25803/94, Slg 1999-V Rn. 101 – *Selmouni/Frankreich:* Fol-
    ter, weil der Bf. während der Haft am ganzen Körper geschlagen worden ist mit
    der Folge erheblicher Schmerzen, am Haar gezogen worden ist und Spießruten-
    laufen musste, auf ihn uriniert worden ist und er mit einer Lötlampe und Spritze
    bedroht wurde.
48 EGMR 1.6.2010 – 22978/05, Slg 10-IV Rn. 108 – *Gäfgen/Deutschland.*
49 EGMR 6.4.2000 – 26772/95, Rn. 120 – *Labita/Italien.*
50 EGMR 12.5.2005 – 46221/99, Slg 05-IV Rn. 181 – *Öcalan/Türkei.*

chen oder moralischen Widerstand zu brechen oder wenn sie geeignet war, das Opfer dazu zu veranlassen, gegen seinen Willen und sein
Gewissen zu handeln.[51] Von Bedeutung ist, ob mit der Behandlung
beabsichtigt war, das Opfer zu erniedrigen oder zu demütigen. Art. 3
kann aber auch verletzt sein, wenn das nicht der Fall ist, zB bei Haftbedingungen, die gegen Art. 3 verstoßen (→ Rn. 29). Der EGMR
lässt es uU ausreichen, wenn das Opfer in seinen eigenen Augen ge-
demütigt ist.[52] Das auf einer natürlich ausgebrochenen **körperlichen
oder geistigen Krankheit** beruhende Leid kann von Art. 3 erfasst werden, wenn es durch eine Behandlung oder Unterlassung verschlimm-
mert wird oder zu werden droht, die auf Maßnahmen zurückgeht,
für die Behörden verantwortlich gemacht werden können, wie zB
Haftbedingungen oder eine Ausweisung.[53] Auch eine **diskriminierende Behandlung** einer Bevölkerungsgruppe kann eine erniedrigende
Behandlung sein.[54]

23   **Beispiele:** Eine unmenschliche oder erniedrigende Behandlung ist zB
angenommen worden bei Schlägen mit Holzprügeln[55] oder das Einführen eines Stocks in den After.[56] Im Fall Bilgin/Türkei[57] hat der
EGMR die Zerstörung des Hauses und Inventars wegen der Begleit-
umstände als unmenschliche Behandlung angesehen,[58] im Fall Z ua/
Vereinigtes Königreich[59] die jahrelange Vernachlässigung sowie körperliche und geistige Misshandlung von Kindern, im Fall D.P. u. J.C./
Vereinigtes Königreich sexueller Missbrauch über Jahre.[60] Im Fall
Yankov/Bulgarien[61] ist das Kahlscheren des Kopfes eines Häftlings
als Verstoß gegen Art. 3 gewertet worden. Im Fall Ülke/Türkei[62] hat
der EGMR die achtmalige Bestrafung wegen Wehrdienstverweigerung nach den Umständen als erniedrigende Behandlung gewertet,
im Fall Tastan/Türkei[63] den Wehrdienst eines 71-jährigen.

---

51 EGMR 29.4.2002 – 2346/02, Slg 02-III Rn. 52 – *Pretty/Vereinigtes Königreich*;
    EGMR 26.10.2000 – 30210/96, Slg 00-XI Rn. 92 – *Kudla/Polen*.
52 EGMR 27.9.1999 – 33985/96, Slg 99-VI Rn. 120 – *Smith und Grady/Vereinig-
    tes Königreich*.
53 EGMR 29.4.2002 – 2346/02, Slg 02-III Rn. 52 – *Pretty/Vereinigtes Königreich*.
54 EGMR 10.5.2001 – 25781/94, Slg 01-IV Rn. 305, 311 – *Zypern/Griechenland*.
55 EGMR 31.5.2007 – 40116/02, Slg 07-VI Rn. 51 – *Secic/Kroatien*.
56 EGMR 27.9.2007 – 72663/01, Rn. 70 – *Nikolay Dimitrov/Bulgarien*.
57 EGMR 16.11.2000 – 23819/94, Rn. 103 – *Bilgin/Türkei*.
58 Ebenso EGMR 30.1.2001 – 25801/94, Rn. 55 – *Dulas/Türkei*.
59 EGMR 10.5.2001 – 29392/95, Slg 01-V Rn. 74 – *Z. u,a /Vereinigtes Königreich*.
60 EGMR 10.10.2002 – 38719/97, Rn. 66-74 – *D.P und J.C./Vereinigtes König-
    reich*; vgl. auch EGMR 26.11.2002 – 33218/96, Rn. 89 – *E. ua/Vereinigtes Kö-
    nigreich*; EGMR 4.12.2003 – 39272/98, Rn. 153 – *M.C./Bulgarien*.
61 EGMR 11.12.2003 – 39084/97, Slg 03-XII Rn. 120 – *Yankov/Bulgarien*.
62 EGMR 24.1.2006 – 39437/98, Rn. 62 f. – *Ülke/Türkei*.
63 EGMR 4.3.2008 – 63748/00, Rn. 30 f. – *Tastan/Türkei*.

Art. 3 ist mangels der erforderlichen Schwere nicht angewendet wor-   24
den: Bei Zwang zu körperlichen Übungen,[64] Tränengaseinsatz ohne
erhebliche gesundheitliche Probleme,[65] wenn ein Häftling keine vege-
tarische Kost erhält,[66] wenn er eine Zelle mit Rauchern teilen muss,
sofern das nicht zu gesundheitlichen Problemen führt,[67] bei Be-
schimpfungen,[68] bei Unterbringung in einem Hochsicherheitstrakt,
wenn ausreichende Gründe dafür vorliegen und die Gefangenen genügend Möglichkeit haben, sich zu informieren und sofern Kontakte
zu anderen Menschen möglich sind (→ Rn. 37 f.) sowie beim Wurf
eines kleinen Steins auf ein Kind, was eine kleine Wunde verursacht
hat,[69] bei nicht ausreichend quälenden und erniedrigenden Ermittlungen wegen Homosexualität in der Armee mit nachfolgender Entlassung, obwohl eine solche Behandlung, die auf der Voreingenom-
menheit der heterosexuellen Mehrheit beruhte, nach Auffassung des
EGMR grundsätzlich in den Anwendungsbereich von Art. 3 fallen
kann.[70] Keine Anwendung von Art. 3 wurde des Weiteren angenommen bei Strafverfahren gegen ein elfjähriges Kind mit öffentlicher
Verhandlung über drei Wochen[71] und mit unbestimmter Strafe.[72]
Aus Art. 3 ergibt sich auch keine Verpflichtung, **Beihilfe zum Selbst-**
mord nicht strafrechtlich zu verfolgen oder andere rechtliche Möglichkeiten einer Sterbehilfe zur Verfügung zu stellen.[73] Keine Anwendung weiter, wenn nach dem Tod eines nahen Angehörigen keine
wirksamen Ermittlungen angestellt worden sind, wenn nicht besondere Umstände vorliegen.[74] Keine Anwendung schließlich bei
Zwang, trotz gesundheitlicher Probleme ein Kind auszutragen.[75]

---

64 EGMR 29.4.1976, Serie A, Bd. 25, S. 70 Rn. 181 – *Irland/Vereinigtes König-*
    reich.
65 EGMR 6.3.2007 – 73333/01, Rn. 25-27 – *Ciloglu/Türkei.*
66 EGMR 16.10.2007 – 12786/02, Rn. 34 – *Krowiak/Polen.*
67 EGMR 26.11.2009 – 25282/06, Rn. 235 – *Dolenec/Kroatien.*
68 EGMR 17.7.2008 – 28433/02, Rn. 25 – *Camdereli/Türkei.*
69 EGMR 19.11.2009 – 18527/02, Rn. 39 f. – *Touchev/Bulgarien.*
70 EGMR 27.9.1999 – 33985/96, Slg 1999-VI Rn. 121 – *Smith u. Grady/Vereinig-*
    tes Königreich.
71 EGMR 16.12.1999 – 24724/94, Slg 99-IX Rn. 72 ff., – *T./Vereinigtes König-*
    reich.
72 EGMR 16.12.1999 – 24888/94, Slg 99-IX Rn. 98 – *V/Vereinigtes Königreich.*
73 EGMR 29.4.2002 – 2346/02, Slg 02-III Rn. 56 – *Pretty/Vereinigtes Königreich*;
    EGMR 23.6.2015 – 2478/15 und 1787/15 – *Nicklinson und Lamb/Vereinigtes*
    Königreich.
74 EGMR 8.4.2004 – 26307/95, Slg 04-III Rn. 239 – *Tahsin Acar /Türkei.*
75 EGMR 20.3.2007 – 5410/03, Slg 07-I Rn. 66 – *Tysiak/Polen.*

25   **Auf einen Leichnam** ist Art. 3 nicht anwendbar, er gilt nicht für Verstümmelung oder Schändung von Toten, dann aber uU wegen des Leids der Angehörigen (→ Rn. 84).[76]

IV. Anwendungsbereiche

1. Haft

26   Besondere Schutzpflichten (→ Rn. 9) bestehen gegenüber **Personen in Haft oder Polizeigewahrsam,** denn sie sind besonders verwundbar.[77] Dazu gehört, dass verletzten Häftlingen die Möglichkeit gegeben werden muss, sich durch einen Arzt ihres Vertrauens untersuchen zu lassen sowie anwaltliche Hilfe zu erhalten und einen Zugang zu Familienmitgliedern zu bekommen.[78] Der Gerichtshof hat jede **Gewaltanwendung gegen Häftlinge** als Verstoß gegen Art. 3 gewertet, die nicht wegen des Verhaltens des Häftlings unbedingt notwendig war, zB Schläge und andere Misshandlungen von Personen in Polizei-, Untersuchungs- oder Strafhaft. Darunter können unmenschliche Verhörmethoden fallen, zB langes Stehen mit verbundenen Augen, laute Geräusche, Entzug oder starke Reduzierung von Essen und Trinken, Schlafentzug, Entzug medizinischer Versorgung. Im Einzelnen sind auch hier alle Einzelumstände zu berücksichtigen (zB Dauer, Intensität usw).

27   **Gewaltanwendung gegen Häftlinge kann notwendig und damit menschenrechtskonform sein,** um eine Flucht zu verhindern, die Ordnung aufrecht zu erhalten, um andere Häftlinge oder sonstige Personen zu schützen oder Gewaltanwendung durch Häftlinge zu verhindern. Der Gerichtshof prüft in diesen Fällen zugleich, ob die Notwendigkeit ggfs. durch Behörden herbeigeführt worden ist, zB durch Täuschung von Häftlingen über die bevorstehende Auslieferung und damit verbundene Ängste.[79] Nicht notwendig, sondern Folter im Sinne von Art. 3 ist eine groß angelegte Gewaltaktion gegen hungerstreikende Häftlinge, die auf diese Weise und ohne Anwendung eigener Gewalt gegen die Gefängnisbedingungen protestieren.[80]

---

76   EGMR 13.1.2015 – 61243/08, Rn. 135 ff. – *Elberte/Lettland*; EGMR 27.2.2007 – 56760/00, Rn. 82, 87 – *Akpinar u. Altun/Türkei.*
77   Einführend: *Pohlreich* NStZ 2011, 566.
78   EGMR 22.10.2002 – 32574/96, Rn. 44 – *Algur/Türkei.*
79   EGMR 12.4.2005 – 36378/02, Slg 05-III Rn. 102 – *Chamaiev/Georgien u. Russland.*
80   EGMR 17.1.2013 – 38906/07 und 52025/07, Rn. 329, 332 – *Karabet ua/Ukraine.*

Zugefügte Leiden und Erniedrigungen fallen nur unter Art. 3, wenn   28
sie über das hinausgehen, **was unvermeidbar mit einer bestimmten
Form gerechtfertigter Behandlung oder Strafe verbunden ist.**[81]

Haftbedingungen: Sie können unmenschliche oder erniedrigende Be-   29
handlung sein, auch wenn sie nicht darauf abzielen, den Gefangenen
zu demütigen oder zu erniedrigen. Das kann auch der Fall sein, wenn
die Haft **nur kurz** war, also nur 24 Stunden oder einige Tage dauerte.
Die Dauer ist aber bei der Gesamtbetrachtung des dem Betroffenen
zugefügten Leides oder der Erniedrigung von Bedeutung.[82] Die Haftbedingungen verletzen Art. 3, **wenn sie erhebliches psychisches oder
physisches Leid verursachen, die Menschenwürde beeinträchtigen
oder Gefühle von Demütigung oder Erniedrigung erwecken.**[83] Der
EGMR berücksichtigt alle Umstände und einen etwaigen kumulati-
ven Effekt (Strenge, Dauer, das verfolgte Ziel, die Auswirkungen auf
den Gefangenen). Berücksichtigt werden zB Überbelegung, mangelhafte Heizung oder Lüftung, übergroße Hitze, sanitäre Verhältnisse,
Schlafmöglichkeit, Ernährung, Erholung, Außenkontakte). Unzureichende Ernährung kann allein Art. 3 verletzen.[84] Bei seiner Beurteilung zieht der EGMR auch **Berichte des CPT** heran.[85]

Haft von Kindern: Im Fall Mubilanzila Mayeka ua/Belgien[86] hat der   30
Gerichtshof die Haft eines fünfjährigen unbegleiteten ausländischen
Kindes in einem Unterbringungszentrum für Erwachsene als eine unmenschliche Behandlung angesehen.[87] Wenn ein kleines Kind wegen
einer Haftstrafe der Mutter im Gefängnis lebt, weil dies dem Kindeswohl an sich besser gerecht wird als eine Trennung von der Mutter,
bedarf es nochmals besonderer Anforderungen an die Haftbedingungen.[88]

Inhaftierung von Asylsuchenden: Wenn Asylsuchende nicht aus straf-   31
rechtlichen, sondern allein aus aufenthaltsrechtlichen Gründen inhaftiert werden, muss ihre besondere Verwundbarkeit (→ Rn. 82) berücksichtigt werden: Wenn die Inhaftierung im Wege der Gesamtbe-

---

81 EGMR 26.10.2000 – 30210/96, Slg 00-XI Rn. 92 – *Kudla/Polen.*
82 Siehe zB EGMR 2.12.2008 – 22390/05, Rn. 55 – *Mkhitaryan/Armenien.*
83 EGMR 15.7.2002 – 47095/99, Slg 02-VI – *Kalashnikov/Russland*; EGMR
     10.11.2011 – 48337/09, Rn. 48 – *Plathey/Frankreich.*
84 EGMR 6.11.2007 – 8207/06, Rn. 55 – *Stepuleac/Moldau.*
85 EGMR 6.3.2001 – 40907/98, Slg 01-II Rn. 46 – *Dougoz/Griechenland*; EGMR
     19.4.2001 – 28524/95, Slg 01-III Rn. 72 ff. – *Peers/Griechenland*; EGMR
     29.4.2003 – 40679/98, Rn. 141 – *Dankewich/Ukraine.*
86 EGMR 12.10.2006 – 13178/03, Slg 06-XI Rn. 50-59 - *Mubilanzila Mayeka u.
     Kaniki Mitunga/Belgien.*
87 In diesem Sinne zur Inhaftierung von Kindern auch: EGMR 12.07.2016 –
     11593/12, Rn. 109 ff. – *A.B. ua/Frankreich.*
88 EGMR 24.3.2016 – 56660/12, Rn. 129 ff. – *Korneykova ua/Ukraine.*

trachtung ein Gefühl der Willkür, Beklemmung und Minderwertigkeit erzeugt, handelt es sich um eine unmenschliche und erniedrigende Behandlung, wobei es auch hier auf die Dauer nicht zwingend ankommt.[89]

32 **Überbelegung eines Gefängnisses:** Sie kann eine erniedrigende Behandlung iSv Art. 3 sein. Bei Gefängniszellen nimmt der Gerichtshof im Anschluss an den CPT ein **Mindestmaß von vier Quadratmetern je Gefangenem** an.[90] Wenn **weniger als drei Quadratmeter** zur Verfügung stehen, genügt allein das für die Feststellung einer Verletzung von Art. 3.[91] **Bei drei bis vier Quadratmetern** stellt der EGMR auf die sonstigen Haftbedingungen ab, zB auf ausreichende Lüftung, Zugang zu natürlichem Licht und Luft, Bewegungsfreiheit am Tage, Heizung, sanitäre Anlagen, Möglichkeit der unbeobachteten Toilettenbenutzung.[92]

33 **Deutsches Recht:** Die Unterbringung von Gefangenen in einer gemeinsamen Zelle, in der jeder Mithäftling nicht wenigstens fünf Quadratmeter zur Verfügung hat, und in der es keinen abgetrennten Sanitärbereich gibt, verstößt gegen die Menschenwürde[93] und kann Schadensersatzansprüche auslösen, jedenfalls dann, wenn die Beeinträchtigung nicht in anderer Weise befriedigend ausgeglichen werden kann.[94] Schadensersatz kann aber nur verlangt werden, wenn sich der Gefangene mit einem Rechtsbehelf nach dem StVollzG dagegen gewehrt hat.[95]

34 **Einzelfälle: Körperliche Durchsuchung nach Entkleiden:** Sie ist mit Art. 3 vereinbar, wenn sie zu einem berechtigten Zweck angeordnet und in angemessener Weise unter Achtung der Menschenwürde geschieht.[96] Das gilt selbst dann, wenn sich die Gefangenen bücken und husten müssen, damit ihr After inspiziert werden kann, aber nur, wenn das absolut notwendig ist und eine konkrete Gefahr besteht, dass dort eine Sache versteckt ist. Regelmäßige Untersuchungen ohne

---

89 EGMR 21.1.2011 – 30696/09, Slg 11-I Rn. 220 – *M.S.S./Belgien und Griechenland*.
90 EGMR 13.9.2005 – 35207/03, Rn. 82 – *Ostrovar/Moldau*.
91 EGMR 10.3.2015 – 14097/12, Rn. 88 – *Varga ua/Ungarn*. Anders noch EGMR 8.1.2009 – 37449/02, Rn. 38 f. – *Shishmanov/Bulgarien*: zwei bis drei Quadratmeter ausgeglichen durch Bewegungsfreiheit und nur für zwei Monate.
92 Mit umfangreichen Nachweisen EGMR 22.10.2009 – 17885/04, Rn. 122 – *Orchowski/Polen*; zur Überbelegung grundlegend EGMR 15.2.2002 – 47095/99, Slg 02-VI Rn. 97 – *Kalashnikov/Russland*.
93 BVerfG NJW 2000, 2699.
94 BGH NJW 2005, 58.
95 OLG Naumburg NJW 2005, 514.
96 EGMR 11.12.2003 – 39084/97, Slg 03-XII Rn. 166 f. – *Yankov/Bulgarien*.

konkreten Grund verstoßen hingegen gegen Art. 3.[97] Wenn demnach nicht festgestellt werden kann, dass die Untersuchung aus Sicherheitsgründen, zur Verhinderung von Straftaten oder zur Aufrechterhaltung der Ordnung vorgenommen worden ist, verstößt sie gegen Art. 3.[98] Wenn ein Häftling aus vorgeblichen oder tatsächlichen Sicherheitsgründen sieben Tage in einer Zelle nackt gefangen gehalten wird, stellt diese eine unmenschliche Behandlung dar.[99]

Besondere Umstände, unter denen Untersuchungen erniedrigend sind, sind angenommen worden, wenn die Untersuchung in Anwesenheit von Aufsehern des anderen Geschlechts durchgeführt wird,[100] wenn sie von erniedrigenden oder herabsetzenden Bemerkungen von Beamten begleitet wurde[101] oder wenn die Geschlechtsorgane und Nahrungsmittel mit bloßen Händen angefasst wurden.[102] Wenn das für Art. 3 erforderliche Mindestmaß an Schwere nicht erreicht wurde, kann Art. 8 verletzt sein. 35

Sanitäre Verhältnisse: Dass ein Gefangener in Gegenwart anderer die Toilette benutzen muss, kann nicht gerechtfertigt werden, es sei denn, es ergebe sich ein konkretes und ernstliches Sicherheitsrisiko. **Körperliche Bewegung:** Wenn keine besonderen Gründe vorliegen, muss der Häftling die Möglichkeit haben, sich außerhalb der Zelle zu bewegen und sich körperliche Bewegung zu verschaffen.[103] **Permanente Videoüberwachung** ist nicht als Verstoß angesehen worden.[104] 36

Einzelhaft, Isolationshaft: Einzelhaft verstößt nicht an sich gegen Art. 3. Dagegen kann eine totale sinnliche und soziale Isolation die Persönlichkeit zerstören; sie kann nicht durch Sicherheitserwägungen oder andere Gründe gerechtfertigt werden und verstößt gegen Art. 3.[105] Wenn Kontakte zur Außenwelt verboten sind, aber zum Gefängnispersonal oder Mitgefangenen bestehen, ist das keine totale Isolation. Eine Einschränkung von Kontakten kann gerechtfertigt sein, wenn das aus Gründen der Sicherheit, Disziplin oder zum 37

---

97 EGMR 12.6.2007 – 70204/01, Slg 07-VII Rn. 41, 47 f. – *Frerot/Frankreich.*
98 EGMR 6.7.2006 – 13600/02, Rn. 60 – *Baybasin/Niederlande*: EGMR 4.3.2003 – 50901/99, Slg 03-II Rn. 63 – *Van der Ven/Niederlande*: regelmäßig einmal die Woche; EGMR 22.2.2007 – 2293/03, Rn. 39 – *Wieser/Österreich.*
99 EGMR 7.7.2011 – 20999/05, Rn. 57 – *Hellig/Deutschland.*
100 EGMR 17.7.2001 – 44558/98, Slg 01-VIII Rn. 117 – *Valasinas/Litauen.*
101 EGMR 15.11.2001 – 25196/94 – *Iwanczuk/Polen.*
102 Vgl. weiter EGMR 26.9.2006 – 12350/04, Slg 06-X Rn. 42 – *Wainwright/ Vereinigtes Königreich.*
103 EGMR 18.1.2005 – 41035/98, Rn. 71-74 – *Kehayov/Bulgarien.*
104 EGMR 1.6.2004 – 8704/03 – *Van der Graf/Niederlande.*
105 EGMR 27.5.2004 – 25143/94 – *Yurttas/Türkei.*

Schutze von Gefangenen nötig ist, zB das Verbot von Kontakten zu Mitgefangenen.[106]

38   **Beispiele:** Ob Art. 3 durch die Haftbedingungen verletzt ist, hängt auch in diesen Fällen von den Umständen ab, wobei ua auf die **Strenge der Durchführung, Dauer, Ziel und Auswirkungen auf die Persönlichkeit des Häftlings** abgestellt wird.[107] Die EKMR hat 17 Monate Einzelhaft für bedenklich gehalten, wenn sie auch nicht zu einer Verletzung von Art. 3 gekommen ist.[108] Im Fall Rohde/Dänemark[109] hat der EGMR ausgeführt, eine Einzelhaft von elfeinhalb Monaten könne schädliche Auswirkungen auf die geistige Gesundheit haben, ob sie aber gegen Art. 3 verstoße, hänge von den weiteren Umständen ab. Der EGMR hat sodann keine Verletzung festgestellt, weil der Bf. Fernsehen in der Zelle hatte, Zeitungen und Bücher lesen konnte, Kontakte zum Gefängnispersonal hatte, Englischunterricht erhielt, den Gefängnispfarrer sprechen konnte und Besuch erhielt. Im Fall Ramirez Sanchez/Frankreich[110] hat er eine Einzelhaft mit relativer sozialer Isolation von acht Jahren und zwei Monaten nicht für einen Verstoß gegen Art. 3 gehalten, weil der Bf. Bücher und einen Fernseher in der Zelle hatte, viele Besuche erhielt und zwei Stunden täglich Ausgang hatte. Im Fall Petyo Petkov/Bulgarien[111] hat der EGMR eine Einzelhaft von fünfeinhalb Monaten nicht für zu lang gehalten. Einen Verstoß hat er dagegen angenommen bei einer Isolierung über acht Jahre ohne Besuche,[112] über acht Monate zum Schutz des Gefangenen selbst, in diesem Fall eines Homosexuellen, zum Schutz vor homophoben Übergriffen.[113] Ebenfalls wurde eine Verletzung von Art. 3 in der Entscheidung Csüllög/Ungarn[114] angenommen, weil der Häftling zwei Jahre ohne Angabe von Gründen in Isolationshaft saß und ihm verboten war, eigenständig Stifte, Teebeutel oder andere Habseligkeiten zu besitzen.[115]

---

106   EGMR 8.6.1999 – 25498/94, Slg 99-V – *Messina/Italien.*
107   EGMR 4.2.2003 – 52750/99 – *Lorse* ua/*Niederlande*; EGMR 21.7.2005 – 69332/01, Rn. 93 – *Rohde/Dänemark*; EKMR 8.7.1978 – 7572/76 – *Ensslin, Baader, Raspe/Deutschland.*
108   EKMR 11.3.1985 – 10263/83 – *R./Dänemark.*
109   EGMR 21.7.2005 – 69332/01, Rn. 97 – *Rohde/Dänemark.*
110   Mit einer guten Zusammenfassung der Rechtsprechung: EGMR 4.7.2006 – 59450/00, Slg 06-IX Rn. 125 ff. – *Ramirez Sanchez/Frankreich.*
111   EGMR 7.1.2010 – 32130/03, Rn. 53 – *Petyo Petkov/Bulgarien.*
112   EGMR 29.5.2005 – 24919/03, Slg 05-IX – *Mathew/Niederlande.*
113   EGMR 9.10.2012 – 24626/09, Rn. 42 – *X/Türkei.*
114   EGMR 7.6.2011 – 30042/08, Rn. 34 ff. – *Csüllög/Ungarn.*
115   Vgl. weiter EKMR 8.7.1978 – 7572/76 – *Ensslin, Bader u. Raspe/Deutschland*; EKMR 16.12.1982 – 8463/78 – *Kröcher-Möller/Schweiz*; EGMR 12.5.2005 – 46221/99, Slg 05-IV Rn. 199 – *Öcalan/Türkei.*

Verfahrensgarantien bei Einzelhaft: Um Willkür auszuschließen und   39
zur Durchsetzung der Verhältnismäßigkeit müssen im Verfahren Garantien vorgesehen sein. Einzelhaft darf nur ausnahmsweise angeordnet werden und nachdem alle in den Europäischen Strafvollzugs-
grundsätzen (prison rules) vorgesehenen Vorsichtsmaßnahmen getroffen worden sind. Die Entscheidung über Einzelhaft muss sowohl
bei Beginn als auch bei Verlängerung auf triftige Gründe gestützt
sein, von denen der Gefangene Kenntnis erhalten muss. Aus der Begründung muss sich ergeben, dass die Entscheidung unter Berücksichtigung aller Umstände getroffen worden ist, insbesondere des
Verhaltens des Gefangenen oder seiner Mithäftlinge. Je länger die
Einzelhaft dauert, desto triftiger müssen die dafür angeführten Gründe sein. Die körperliche und geistige Gesundheit des Gefangenen
muss regelmäßig untersucht werden, um sicher zu stellen, dass die
Einzelhaft weiterhin angemessen ist.[116]

Das Anlegen von Handschellen ist zulässig, wenn es im Zusammen-   40
hang mit einer rechtmäßigen Festnahme oder Haft geschieht und
nicht mit Gewalt und öffentlichem Aufsehen verbunden war, die
über das hinausgehen, was nach den Umständen vernünftigerweise
als notwendig angesehen werden kann.[117] Notwendig kann dies bei
Fluchtgefahr oder Gefahr einer Verletzung oder Schädigung anderer
sein.[118] Ein systematisches Anlegen von Handschellen bei jeglichen
Gängen außerhalb der Haftzelle verletzt indes Art. 3, wenn es vorab
keine Anzeichen gab, dass der Häftling zu flüchten versucht.[119] Die
Fesselung an ein Krankenhausbett ist nur zulässig, wenn das nach
den Umständen unabdingbar ist.[120]

Das Verbinden der Augen über längere Zeit kann Gefangene unter   41
starken psychischen und physischen Druck setzen. Es ist nur zulässig, wenn es notwendig ist und den Gefangenen nicht erniedrigen
oder bestrafen soll.[121]

Haft alter Gefangener: Die Konvention verbietet nicht, dass alte   42
Menschen in Untersuchungshaft genommen werden oder eine Ge-

---

116 EGMR 9.7.2009 – 39364/05, Rn. 104 – *Khider/Frankreich*; EGMR 7.1.2010 –
     24407/04, Rn. 70 – *Onoufriou/Zypern*.
117 EGMR 12.5.2005 – 46221/99, Slg 05-IV Rn. 182 – *Öcalan/Türkei*.
118 Vgl. EGMR 10.2.2004 – 42023/98, Rn. 117 – *Gennadiy/Ukraine*; EGMR
     14.11.2002 – 67263/01, Rn. 99 – *D.G./Irland*; EGMR 14.11.2002 –
     67263/01, Rn. 47, 48 – *Mouisel/Frankreich*.
119 EGMR 20.1.2011 – 891/05, Rn. 39 f. – *Kashavelov/Bulgarien*.
120 EGMR 27.11.2003 – 65436/01, Rn. 52 – *Henaf/Frankreich*; EGMR
     29.5.2012 – 16563/08 ua, Rn. 124 – *Julin/Estland*.
121 EGMR 12.5.2005 – 46221/99, Slg 05-IV Rn. 183 – *Öcalan/Türkei*; EGMR
     7.1.2010 – 32130/03, Rn. 47 – *Petyo Petkov/Bulgarien*.

fängnisstrafe verbüßen müssen. Unter besonderen Umständen kann eine lange Haft gegen Art. 3 verstoßen. Der EGMR berücksichtigt insbesondere den Gesundheitszustand und die medizinische Behandlung in der Haft, die Haftbedingungen und die Möglichkeit der Haftverschonung[122] und beurteilt danach die Angemessenheit, ihn angesichts seines Gesundheitszustands in Haft zu halten.[123]

43 **Haft kranker Gefangener:** Art. 3 zwingt nicht grundsätzlich zur Entlassung aus gesundheitlichen Gründen oder zur Unterbringung in einem zivilen Krankenhaus. Der Staat muss aber die Gesundheit der Gefangenen schützen und sicherstellen, dass sie die notwendige medizinische Behandlung erhalten.[124]

Wenn das nicht geschieht und die mangelnde Behandlung oder die fehlenden medizinischen Geräte negative Auswirkungen auf die Gesundheit des Gefangenen haben oder Leiden von gewisser Intensität verursachen, ist Art. 3 verletzt.[125] Der Gefangene muss **entlassen oder in eine spezialisierte Anstalt oder ein ziviles Krankenhaus** überwiesen werden, wenn eine angemessene Behandlung in der Haft nicht möglich ist und sein Gesundheitszustand eine Haft nicht zulässt.[126] Wenn der Gefangene wegen unterlassener Behandlung stirbt, ist Art. 2 verletzt (dort → Rn. 18). Der EGMR berücksichtigt den Gesundheitszustand des Gefangenen, die ihm zuteil werdende medizinische Versorgung und die Angemessenheit, ihn angesichts seines Gesundheitszustands in Haft zu halten.[127] Das gilt **besonders für**

122 EGMR 7.6.2001 – Slg 01-VI – *Papon/Frankreich*; EGMR 5.4.2001 – 48799/99 – *Priebke/Italien*; EGMR 29.5.2001 – 63716/00, Slg 01-VI – *Sawoniuk/Vereinigtes Königreich*.
123 EGMR 2.12.2004 – 4672/02, Rn. 53 – *Farbtuhs/Lettland*: Verletzung von Art. 3 gegenüber einem 84-jährigen, der ohne Hilfe elementare Dinge des täglichen Lebens nicht bewältigen kann.
124 EGMR 26.10.2000 – 30210/96, Slg 00-XI Rn. 93 – *Kudla/Polen*; EGMR 20.12.2011 – 10486/10 Rn. 91 – *Yoh-Ekale Mwanje/Belgien*.
125 EGMR 15.11.2007 – 30983/02, Rn. 72 – *Grishin/Russland*.
126 EGMR 7.6.2001 – 64666/01, Rn. 1 – *Papon/Frankreich*; EGMR 15.11.2007 – 30983/02, Rn. 71 – *Grishin/Russland*; EGMR 29.4.2003 – 50390/99, Rn. 57 – *McGlinchey ua/Vereinigtes Königreich*: Für eine Gefangene mit schweren Entzugserscheinungen.
127 EGMR 2.12.2004 – 4672/02, Rn. 53 – *Farbtuhs/Lettland*. EGMR 14.11.2002 – 67263/01, Rn. 47, 48 – *Mouisel/Frankreich* für einen Krebskranken.

psychisch kranke Gefangene, die besonders verletzbar sind und oft nicht von spezialisiertem Personal versorgt werden.[128]

Auch von Bedeutung für die Frage einer Verletzung von Art. 3 kann sein, ob sich der Gesundheitszustand während der Haft verschlechtert hat, weil das ein Licht auf die allgemeinen Verhältnisse werfen kann.[129] Schließlich muss das Verhalten des Gefangenen berücksichtigt werden, zB ob er sich einer ärztlichen Behandlung verweigert.[130]

Angemessenheit ärztlicher Behandlung in Haft: Der Gerichtshof ver-   44
langt jedenfalls bei verurteilten Gefangenen nicht, dass der Standard der ärztlichen Behandlung in der Haft dem außerhalb des Gefängnisses entspricht. Er akzeptiert, dass die medizinischen Möglichkeiten im Gefängnis im Vergleich zu einem sonstigen Krankenhaus begrenzt sind. Der Standard muss die Menschenwürde achten, es müssen aber auch die praktischen Erfordernisse der Haft berücksichtigt werden. Dabei kann von Bedeutung sein, ob ein Gefangener die notwendigen Medikamente von seinen Familienangehörigen erhalten hat und das keine übergroße finanzielle Last war.[131]

Aufzeichnungen über den Gesundheitszustand des Gefangenen und   45
seine Behandlung sind notwendig[132] und sie müssen umfassend sein.[133]

Angepasste Haftbedingungen bei kranken Häftlingen: Sie müssen   46
dem Gesundheitszustand entsprechen[134] und es muss ein Leben gewährleistet werden, dass der Ausgrenzung und Stigmatisierung durch Mithäftlinge gerecht wird.[135] Wesentliche Grundlage ist hierbei die

---

128 EGMR 11.7.2006 – 3384/03, Rn. 62-64 – *Rivière/Frankreich*; EGMR 3.4.2001 – 27229/95, Slg 01-III Rn. 110, 115 – *Keenan/Vereinigtes König-reich*: Fehlen wirksamer Überwachung und sachkundiger psychiatrischer Behandlung bei selbstmordgefährdeten Gefangenen als Verstoß; EGMR 23.2.2012 – 27244/09, Rn. 43 ff. – *G./Frankreich*: Ständige Verlegung eines nachweislich an Schizophrenie erkrankten Gefangenen vom Gefängnis ins Krankenhaus und zurück verstößt gegen Art. 3, wenn eine permanente Behandlung im Krankenhaus medizinisch indiziert ist; EGMR 10.3.2013 – 43418/09 – *Claes/Belgien*: Fünfzehn Jahre Inhaftierung im psychiatrischen Teil eines Gefängnisses, ohne eine angemessen medizinisch versorgt zu werden und eine Änderung der Verhältnisse nicht in Aussicht gestellt wird; EGMR 14.12.04, 25875/03, Rn. 58 f. – *Gelfmann/Frankreich*: Keine Verletzung bei Aidskranken mit ausreichender medizinischer Versorgung.
129 EGMR 24.7.2001 – 44558/98, Slg 01-VIII Rn. 54 – *Valasinas/Litauen*.
130 EGMR 22.12.2008 – 46468/06, Rn. 137 – *Aleksanyan/Russland*.
131 EGMR 22.11.2008 – 46468/06, Rn. 139 – *Aleksanyan/Russland*.
132 EGMR 26.10.2006 – 56696/00, Slg 06-XII Rn. 83 – *Khudobin/Russland*.
133 EGMR 18.12.2008 – 30628/02 – *Ükhan/Ukraine*.
134 Allgemein dazu: EGMR 19.2.2015 – 10401/12, Rn. 47 f. – *Helhal/Frankreich*.
135 EGMR 6.2.2014 – 2689/12, Rn. 80, 85 – *Semikhvostov/Russland*.

Empfehlung des behandelnden Arztes. Insbesondere muss ein Zugang zu hygienischen Einrichtungen gewährleistet sein.[136]

Der EGMR hat es im Einzelfall als erniedrigend angesehen, dass ein Gefangener, der nicht allein gehen konnte, über vier Monate in einer Zelle verbracht hat, die er nur im Rollstuhl mit fremder Hilfe verlassen konnte, weil der Rollstuhl aus der Zelle getragen werden musste.[137] Wenn der Gefangene transportiert wird, muss er notfalls von geschultem Pflegepersonal begleitet werden.[138] Wenn eine Person, die sich an sich nur mit dem Rollstuhl fortbewegen kann, gezwungen ist, mangels Aufzug vier Treppen eigenständig ab- und aufzusteigen, um die medizinische Behandlung wahrzunehmen, ist dies eine unmenschliche Behandlung.[139] Eine Person, die eine Lungenerkrankung hat, darf nicht ständigem Rauch etwa durch Mitgefangene in einer Zelle ausgesetzt sein.[140]

47 **Zwangsweise medizinische Behandlung:** Die den Staaten obliegende Schutzpflicht (→ Rn. 9) kann es notwendig machen, Gefangene auch gegen ihren Willen medizinisch zu behandeln, ihnen zB Medikamente einzuflößen. Die Gefängnisbehörden müssen die anerkannten therapeutischen Mittel anwenden, die zur Erhaltung oder Wiederherstellung der körperlichen und geistigen Gesundheit des Gefangenen erforderlich sind, notfalls auch mit Gewalt. Eine nach anerkannten Grundsätzen der Medizin erforderliche therapeutische Maßnahme verstößt grundsätzlich nicht gegen Art. 3. Der EGMR prüft, ob die Notwendigkeit einer solchen Zwangsbehandlung überzeugend nachgewiesen ist[141] und ob Verfahrensgarantien für den Eingriff bestehen und eingehalten worden sind.[142]

48 **Medizinische Eingriffe zu Beweiszwecken,** um also Beweise für eine Straftat zu gewinnen, sind nicht grundsätzlich konventionswidrig. Der Eingriff muss aber überzeugend gerechtfertigt sein und die Art und Weise, in der ein Eingriff vorgenommen wird, darf nicht über das Mindestmaß an Schwere hinausgehen, also nicht Art. 3 verletzen.[143] Das ist zB bei Verbringen in ein Krankenhaus zu einer gynä-

---

136 EGMR 12.4.2011 – 56664/08 Rn. 82 ff., 91 – *Flamînzeanu/Rumänien.* Siehe dazu auch: EGMR 25.6.2013 – 6087/03, Rn. 150 ff. – *Grimailovs/Lettland.*
137 EGMR 24.10.2006 – 6253/03, Rn. 100 – *Vincent/Frankreich.*
138 EGMR 16.11.2006 – 52955/99, Rn. 63 – *Huylu/Türkei.*
139 EGMR 10.1.2012 – 48977/09, Rn. 79 ff. – *Arutyunyan/Russland.*
140 EGMR 25.1.2011 – 38427/05, Rn. 54 – *Elefteriadis/Rumänien.*
141 EGMR 10.2.2004 – 42023/98, Rn. 112 – *Gennadiy Naumenko/Ukraine.*
142 EGMR 13.5.2008 – 52515/99, Rn. 71 – *Juhnke/Türkei.*
143 Vgl. EGMR 13.5.2008 – 52515/99, Rn. 72 – *Juhnke/Türkei.*

kologischen Untersuchung nicht grundsätzlich der Fall.[144] Wenn eine medizinische Untersuchung zwangsweise durchgeführt wird, ist das ein Eingriff in Art. 8, der nach dessen Abs. 2 gerechtfertigt sein muss.[145]

Zwangsweise Ernährung: Sie muss aus medizinischen Gründen not- 49
wendig sein und darf nur im Interesse des Häftlings angeordnet werden. Die Einzelheiten der Durchführung müssen geregelt sein. Die Art der Durchführung kann gegen Art. 3 verstoßen.[146]

Schutz vor Misshandlungen durch Mitgefangene: Die Schutzpflicht 50
aus Art. 3 und die besondere Verwundbarkeit von inhaftierten Personen gebieten hinreichende Schutzvorkehrungen bei Übergriffen durch Mitgefangene: Wenn der Staat es unterlässt, gegen systematische Misshandlungen durch Mitgefangene einzuschreiten und dem betreffenden Häftling ggfs. psychologische Unterstützung zukommen zu lassen, verletzt er Art. 3.[147]

Verlegung in andere Gefängnisse: Sie kann aus Sicherheitsgründen 51
nötig sein, eine häufige Verlegung kann aber schädliche Auswirkungen haben. Eine systematische Rotation zur Verhinderung eines Ausbruchs ist nicht per se eine Verletzung von Art. 3,[148] kann jedenfalls aber nicht nur deswegen angeordnet werden, weil der Gefangene einen Fluchtversuch unternommen hat, wenn er danach unauffällig war.[149]

Gefangenentransporte: Der EGMR übernimmt Kriterien des CPT, 52
der angenommen hat, dass Abteile von 0,8 Quadratmeter ungeachtet der Dauer des Transports ungeeignet sind. Ein Quadratmeter je Ge-

---

144 Vgl. zur zwangsweisen Einflößung von Brechmitteln zur Entfernung von Rauschgiftbeuteln: EGMR 11.7.2006 – 54810/00, Slg 06-IX – *Jalloh/Deutschland*: Verletzung, weil nicht unbedingt erforderlich und gesundheitlich riskant. Aber auch: EGMR 7.10.2008 – 35228/03, Slg 08 Rn. 81 – *Bogumil/Portugal*: Operation eines Gefangenen zur Entfernung von Rauschgiftbeuteln ohne Gewaltanwendung verstößt nicht gegen Art. 3.
145 Vgl. EMRK 13.5.2008 – 52515/99, Rn. 81 – *Juhnke/Türkei*: Ein Gefangener darf nicht gezwungen oder unter Druck gesetzt werden, sich gegen seinen Willen einer ärztlichen Untersuchung zu unterziehen, um etwaigen falschen Anschuldigungen sexueller Übergriffe durch Bedienstete vorzubeugen, denn das ist nicht verhältnismäßig.
146 Vgl. EGMR 5.4.2005 – 54825/00, Rn. 93 ff. – *Nevmerzhitsky/Ukraine*: Handschellen, Mundöffner, Einführung in Speiseröhre mit Schlauch.
147 EGMR 10.2.2011 – 44973/04, Rn. 82 ff. – *Premininy/Russland*.
148 EGMR 20.1.2011 – 19606/08, Rn. 56 – *Payet/Frankreich*.
149 EGMR 9.7.2009 – 39364/05, Rn. 108-112 – *Khider/Frankreich*: Verletzung bei 14 Verlegungen in sieben Jahren.

fangenem genügt, wenn ausreichende Beleuchtung, Belüftung und Heizung, Sitzgelegenheit und Haltegriffe vorhanden sind.[150]

53 **Deutsches Recht:** Wenn Haftbedingungen gegen Art. 3 verstoßen, liegt auch ein Verstoß gegen Art. 1 Abs. 1 GG vor. Wenn Haftbedingungen gegen die Menschenwürde verstoßen, wird ein Fortsetzungsfeststellungsinteresse nach § 115 Abs. 3 StVollzG angenommen.[151] In solchen Fällen kann ein Anspruch auf Schmerzensgeld gegeben sein.[152]

54 **Feststellung des Sachverhalts:** Vgl. dazu → Art. 2 Rn. 32 ff. Bei der Prüfung von Beschwerden nach Art. 3 ist die **Beweislast** von großer Bedeutung. Es liegt nicht selten die Konstellation vor, dass Bf. behaupten, misshandelt worden zu sein und die beschuldigten Polizisten dies bestreiten und sich auf die Unschuldsvermutung nach Art. 6 Abs. 2 berufen. Der Gerichtshof geht von folgendem aus: **Wenn eine Person bei guter Gesundheit festgenommen wird und bei der Entlassung verletzt ist, muss der Staat eine plausible Erklärung über die Ursachen dieser Verletzung geben,** anderenfalls wird ein Verstoß gegen Art. 3 angenommen.[153] Wenn eine körperliche Untersuchung ergibt, dass ein Gefangener geschlagen worden ist, und nicht bewiesen worden ist, dass die Verletzung aus einer Zeit vor der Haft stammt[154] (→ Rn. 55) oder Folge eines Fluchtversuchs (→ Rn. 56) oder einer Selbstverletzung sein kann, nimmt der Gerichtshof einen Verstoß gegen Art. 3 an. In solchen Fällen ist es also Sache des Staates, die Verletzung zu erklären.[155] Diese Grundsätze werden auch angewendet, wenn eine Person **verletzt oder tot in einem ausschließlich der Kontrolle des Staates unterliegendem Gebiet aufgefunden** wird.[156]

55 **Bedeutung ärztlicher Untersuchung nach Festnahme:** Sie kann beweisen, dass eine Verletzung nicht in der Haft, sondern vorher entstanden ist. Wenn der Gefangene nicht untersucht worden ist, wird der Staat nicht mit der bloßen Behauptung gehört, der Häftling sei schon vor der Festnahme verletzt gewesen.[157] Der Gerichtshof sieht die

---

150 EGMR 8.11.2005 – 6847/02, Slg 05 Rn. 117-119 – *Khoudoyorov/Russland*: Verletzung bei Transport von zwei Gefangenen zum Gericht in einer Kabine von einem Quadratmeter.
151 BVerfG NJW 2002, 2699; OLG Frankfurt/M. NJW 2003, 2844.
152 OLG Celle NJW 2003, 2463.
153 EGMR 28.7.1999 – 25803/94, Slg 1999-V Rn. 87 – *Selmouni/Frankreich*.
154 EGMR 21.2.2006 – 50125/99, Rn. 30 – *Doganay/Türkei*; EGMR 11.1.2007 – 34445/04, Rn. 63-67 – *Mammadov/Aserbaidschan*.
155 EGMR 27.8.1992 – 12850/87, Serie A Nr. 241-A Rn. 110, 115 – *Tomasi/Frankreich*.
156 EGMR 20.5.2008 – 8534/02 Rn. 50 – *Tekin ua/Türkei*.
157 EGMR 19.12.2006 – 43124/98, Rn. 42 – *Türkmen/Türkei*; EGMR 13.7.2010 – 45661/99, Rn. 113 – *Carabulea/Rumänien*.

frühzeitige Untersuchung, das Recht auf einen Anwalt und darauf, eine dritte Person von der Haft zu informieren, als wichtige Garantien gegen Misshandlungen in der Haft an und hält sie für einen wesentlichen Teil des Justizsystems. Wegen der Art der Durchführung der ärztlichen Untersuchung bezieht sich der EGMR auf die Standards des CPT, werden sie nicht eingehalten, lässt er die Ergebnisse unberücksichtigt.[158]

Verletzungen bei der Festnahme oder bei einem Fluchtversuch: Es gilt   56
grundsätzlich nichts Anderes.[159] Wenn sich die Umstände nicht aufklären lassen, weil die Darstellungen der Polizei und des Bf. nicht übereinstimmen, hat der Gerichtshof in einzelnen Fällen den Beweis für eine Verletzung von Art. 3 nicht als erbracht angesehen.[160] Die Rechtsprechung hat sich aber zugunsten des Bf. weiterentwickelt. Danach muss die Regierung die Umstände der Festnahme darlegen. Wenn der Betroffene bei seiner Verhaftung erhebliche Verletzungen davon trägt und der Sachverhalt durch staatliche Gerichte nicht aufgeklärt ist, **muss die Regierung überzeugend erklären, dass die Gewaltanwendung nicht übermäßig** war. Kann sie das nicht, nimmt der EGMR eine Verletzung von Art. 3 an.[161] Es kommt aber auf den Einzelfall an. So hat der EGMR in der Sache Petyo Petkov/Bulgarien[162] bei ungeklärten Tatsachen festgestellt, Art. 3 sei nicht verletzt.

Gewaltanwendung, insbesondere Schusswaffengebrauch bei Festnah-   57
me: Es gelten ähnliche Anforderungen an die Verhältnismäßigkeit wie bei Art. 2 (→ Art. 2 Rn. 48). Die Gewaltanwendung muss absolut notwendig und verhältnismäßig sein. Schusswaffengebrauch ist das grundsätzlich nicht, wenn bekannt ist, dass der Täter Leib oder Leben anderer Personen nicht gefährdet, nicht bewaffnet und keiner Gewalttat verdächtig ist. Das gilt auch dann, wenn zu befürchten ist, dass der Täter ohne Gewaltanwendung entkommt.[163]

---

158 Dazu EGMR 17.3.2009 – 15828/03, Rn. 80 – *Salmanoglu ua/Türkei.*
159 EGMR 13.10.2005 – 27526/95, Rn. 29 – *Günaydin/Türkei.*
160 EGMR 22.9.1993 – 15473/89, Serie A Nr. 269 Rn. 29, 30 – *Klaas/Deutschland.*
161 EGMR 28.11.2000 – 29462/95, Slg 00-XII Rn. 72 – *Rehbock/Slowenien*; EGMR 22.5.2001 – 22279/93, Rn. 54 – *Altay/Türkei.*
162 EGMR 22.1.2009 – 75022/01, Rn. 53-57 – *Petyo Popov/Bulgarien.*
163 EGMR 23.2.2006 – 45500/99, Rn. 63 f. – *Tzekov/Bulgarien.*

2. Strafe

58 **Unverhältnismäßig hohe Strafe:** Wird sie auferlegt, kann das Fragen nach Art. 3 stellen. Der EGMR legt aber die Schwelle der erforderlichen Schwere in solchen Fällen hoch.[164]

Bei **lebenslanger Freiheitsstrafe** können sich Fragen nach Art. 3 stellen, obwohl die Konvention kein Recht auf bedingte Entlassung gibt. Problematisch kann die lebenslange Strafe zB sein, wenn Minderjährige verurteilt worden sind, oder bei Erwachsenen, wenn keine Möglichkeit vorzeitiger Entlassung und damit keine Hoffnung auf bedingte Entlassung besteht. Dafür genügt, dass die Strafe rechtlich und tatsächlich reduziert werden kann,[165] wobei der Staat tatsächliche Möglichkeiten zur Verfügung stellen muss, damit sich der Häftling rehabilitieren kann.[166] Bei geistig behinderten oder psychisch kranken Menschen umfasst dies das Recht, einen effektiven Zugang zu einer Therapie bzw. Behandlung zu bekommen.[167] Wenn eine Freilassung allein im Wege einer Begnadigung etwa durch den Präsidenten möglich ist, liegt ein Verstoß gegen Art. 3 vor.[168] Ebenfalls ist eine lebenslange Freiheitsstrafe unmenschlich und erniedrigend, wenn eine Freilassung nur in ganz außerordentlichen Fällen, wie im Fall einer unheilbaren Krankheit, in Betracht kommt.[169]

Das deutsche Recht enthält das Recht auf eine bedingte Freilassung. Deswegen verstößt die Ablehnung, eine lebenslange Strafe zur Bewährung auszusetzen, nicht gegen Art. 3.[170] Wenn die zur Verbüßung erforderliche Zeit verstrichen ist, kann das Verbleiben in Haft durch Erwägungen des Risikos und der Gefährlichkeit begründet sein.[171] Kein Verstoß ist dagegen angenommen worden bei Strafe auf unbestimmte Zeit (Haft für bestimmte Zeit und anschließend Fortsetzung, soweit dies zum Schutze der Öffentlichkeit nötig ist) oder wenn sonst über geraume Zeit nicht vorhersehbar war, wie lange die Haft dauert,[172] nicht bei Strafverfahren gegen ein zehnjähriges oder elfjähriges

---

164 EGMR 27.7.2010 – 28221/08, Rn. 29 – *Gatt/Malta*: Keine Verletzung bei fünf Jahren und sechs Monaten Freiheitsentzug wegen Zuwiderhandlung gegen eine Bewährungsauflage.
165 EGMR 12.2.2008 – 21906/04, Slg 08-I Rn. 97, 101 ff. – *Kafkaris/Zypern*.
166 EGMR 8.7.2014 – 15018/11 und 61199/12, Rn. 245 – *Harakchiev und Tolumov/Bulgarien*.
167 EGMR 26.4.2016 – 10511/10, Rn. 107 ff. – *Murray/Niederlande*.
168 EGMR 20.5.2014 – 73593/10, Rn. 58 – *László Magyar/Ungarn*.
169 EGMR 9.7.2013 – 66069/09, 130/10 und 3896/10, Slg 13-III Rn. 123 ff. – *Vinter ua/Vereinigtes Königreich*.
170 EGMR 3.11.2009 – 26958/07 – *Meixner/Deutschland*.
171 EGMR 11.4.2006 – 19324/02, Rn. 90, 91 – *Léger/Frankreich*.
172 EGMR 19.2.2009 – 3455/05, Slg 09-II Rn. 129 ff. – *A. ua/vereinigtes Königreich*.

Kind, auch nicht, wenn ein öffentliches Strafverfahren vor einem normalen Strafgericht stattgefunden hat und der Name des Täters nach der Verurteilung veröffentlicht wurde.[173] Unter Art. 3 fällt die Verhängung einer **Prügelstrafe**.[174]

Todesstrafe: Die Verhängung einer Todesstrafe kann nicht nur für Art. 2 von Bedeutung sein, sondern auch für Art. 3 (→ Art. 2 Rn. 41 f.). Eine Verletzung von Art. 3 kann sich zudem aus den Umständen der Verhängung oder der Vollstreckung ergeben (→ Art. 2 Rn. 42).   59

3. Polizeiliche Maßnahmen

Gewaltanwendung durch polizeiliche Behörden ist aufgrund des strukturellen Gewaltverhältnisses zwischen Staat und Bürgern nur unter bestimmten Voraussetzungen und nicht umstandslos zulässig. Neben den Vorgaben zur Verhältnismäßigkeit und bestimmten Anforderungen an die Planung und die Organisation polizeilicher Operationen aus Art. 2 (→ Art. 2 Rn. 43 ff.) verstößt physische Gewalt durch Polizeibehörden zugleich gegen Art. 3, wenn die Maßnahme nicht wegen des Verhaltens der betroffenen Person notwendig ist und die Menschenwürde verletzt.[175]   60

Beispiele: Der EGMR nimmt in seiner Prüfung regelmäßig eine Gesamtbetrachtung vor und berücksichtigt hierbei insbesondere das **Vorverhalten der betreffenden Person, die mit der Maßnahme verbundenen Ziele und die physischen und psychischen Folgewirkungen auf die Person.** Wenn eine unbewaffnete Person, die allein passiven Wiederstand leistet, bei einer Identitätskontrolle mit einem Knüppel geschlagen und verletzt wird, liegt demnach eine unmenschliche und erniedrigende Behandlung vor.[176] Ebenfalls verletzt die Nutzung von Tränengas gegenüber einer bereits verhafteten Person mangels Notwendigkeit und wegen der schmerzhaften Konsequenzen Art. 3.[177] Keine Verletzung von Art. 3 liegt hingegen vor, wenn einer Person für   61

---

173 EGMR 16.12.1999 – 24724/94 und 24888/94, Slg 1999-IX – *T/Vereinigtes Königreich und V/Vereinigtes Königreich.*
174 ZB drei Schläge mit einer Birkenrute: EGMR 25.4.1978 – 5856/72 – *Tyrer/Vereinigtes Königreich.*
175 EGMR 20.10.2009 – 12728/05, Rn. 27 – *Kop/Türkei*: Gewaltanwendung kann nicht allein mit der Auflösung einer Demonstration erklärt werden; EGMR 24.9.2013 – 74010/11, Rn. 41 – *Dembele/Schweiz.*
176 EGMR 24.9.2013 – 74010/11, Rn. 47 f. – *Dembele/Schweiz.*
177 EGMR 10.4.2012 – 9829/07, Rn. 43 – *Ali Güneş/Türkei.*

zwei Stunden Handschellen und Fußfesseln angelegt werden, wenn gewalttätiger Widerstand nicht anders unterbunden werden kann.[178]

In anderen Einzelfällen sind Maßnahmen auch ohne Betrachtung des Zwecks als Verletzung von Art. 3 kategorisiert worden: So ist die Penetration einer festgenommenen Person mit einem Knüppel Folter im Sinne des Art. 3.[179] Wiederholte körperliche Durchsuchungen einschließlich des Anus, die durch maskierte Menschen vorgenommen und gefilmt werden, stellen eine erniedrigende Behandlung dar.[180] Schließlich verletzt eine Zeugenbefragung von neuneinhalb Stunden ohne Essen und Trinken Art. 3.[181]

4. Psychiatrische Behandlung und sonstige körperliche Eingriffe

62 Die Hilflosigkeit der **Patienten in psychiatrischen Einrichtungen** erfordert eine erhöhte Wachsamkeit, dass den Anforderungen der Konvention Rechnung getragen wird und nur solche **Zwangsmaßnahmen** angewendet werden, bei denen nachgewiesen ist, dass sie medizinisch notwendig sind.[182] Zugleich muss auch die **Unterbringung** von psychisch kranken Personen gewissen Mindeststandards entsprechen: Im Einzelfall wurde durch den EGMR die Unterbringung in einem betreuten Wohnprojekt für psychisch kranke Menschen in der Gesamtschau als unmenschliche und erniedrigende Behandlung klassifiziert, da das Gebäude nicht beheizt und die Personen in ihrer Jacke schlafen mussten, sie nur einmal pro Woche in einem verdreckten Badezimmer duschen konnten und die Toiletten in einem abscheulichen Zustand waren.[183]

63 Wenngleich **sonstige medizinische Eingriffe und Behandlungen sowie entsprechende Schutzpflichten** regelmäßig im Lichte von Art. 2 (dort → Rn. 16) und Art. 8 (dort → Rn. 13 ff.) thematisiert werden, können sie in Ausnahmefällen auch – neben den besonderen Anforderungen an die Behandlung von Gefängnisinsassen (→ Rn. 26) und an polizeiliche Maßnahmen (→ Rn. 60) – gegen Art. 3 verstoßen. Der EGMR hat hierzu noch keine grundlegende Dogmatik entwickelt, indes in Einzelfällen insbesondere mit Blick auf die **sexuelle und körperliche Selbstbestimmung** Schutzpflichten aus Art. 3 angenommen:

---

178 EGMR 11.10.2011 – 38455/06, Rn. 56 – *Portmann/Schweiz*.
179 EGMR 17.1.2012 – 12294/07, Rn. 84 ff. – *Zontul/Griechenland*. Wie schon vergleichbar etwa: EGMR 25.9.1997 – 23178/94, Rn. 83 – *Aydın/Türkei*.
180 EGMR 20.1.2011 – 51246/08, Rn. 46 – *El Shennawy/Frankreich*.
181 EGMR 22.2.2011 – 24329/02, Rn. 221 f. – *Soare* ua/*Rumänien*.
182 EGMR 24.9.1992 – 10533/83, Serie A Nr. 244 Rn. 82 – *Herczegfalvy/Österreich*.
183 EGMR 17.1.2012 – 36760/06, Slg 12-I Rn. 206 ff. – *Stanev/Bulgarien*.

So gebietet Art. 3 eine informierte und selbstbestimmte Entscheidung über einen Schwangerschaftsabbruch – in dem zugrundliegenden Fall wurde festgestellt, dass die staatlichen Behörden einen rechtzeitigen Zugang zu Pränataltests ermöglichen müssen, wenn eine Missbildung des Fötus im Raum steht und die Schwangere im Fall der Missbildung die Schwangerschaft abzubrechen gedenkt.[184] Gegen Art. 3 verstößt es ebenfalls, wenn eine Sterilisierung – etwa zum vorgeblichen Schutz der Frau oder des zu zeugenden Kindes – ohne Zustimmung der Betroffenen bzw. ohne hinreichende Aufklärung über Inhalt und Folgen vorgenommen wird.[185]

5. Abschiebung oder Auslieferung eines Ausländers in einen Staat, in dem ihm eine unmenschliche oder erniedrigende Behandlung droht

a) **Allgemeines:** Die EMRK garantiert **kein Asyl- oder Aufenthalts-** 64 **recht** von Ausländern.[186] Die Konventionsstaaten können frei über die Einreise und den Aufenthalt sowie die Ausweisung und Abschiebung entscheiden. Die einzigen Vorschriften, die ausdrücklich vor Abschiebung bzw. Ausweisung schützen, sind Art. 3 Prot. Nr. 4 (Verbot der Ausweisung eigener Staatsangehöriger) und Art. 4 Prot. Nr. 4 (Verbot der Kollektivausweisung ausländischer Personen). Sonst gibt es kein ausdrückliches und allgemeines Abschiebeverbot von Ausländern und Staatenlosen. Aufenthaltsbeendende Maßnahmen können aber gegen andere Verpflichtungen aus der EMRK oder anderen internationalen Verträgen verstoßen. Das gilt für die Anordnung, jemanden auszuliefern oder auszuweisen, und für die Auslieferung oder Abschiebung selbst.[187] Wegen der Anknüpfung an ein Menschenrecht wird ein solches **non-refoulement-Gebot** auch als „Korollarrecht" bezeichnet.[188] Dogmatisch handelt sich insofern um Eingriffsabwehrrechte, indem die Handlung, die die Übergabe an den Zielstaat bezweckt bzw. bewirkt und welche damit die entsprechende Gefahr auslöst, als aktive Verletzung der EMRK zu verstehen ist.[189]

---

184 EGMR 26.5.2011 – 27617/04, Rn. 159 f. – *R.R./Polen.*
185 EGMR 8.11.2011 – 18968/07, Rn. 106 ff. – *C./Slowakei*; EGMR 12.6.2012 – 29518/10, Rn. 77 ff. – *N.B./Slowakei*; EGMR 13.11.2012 – 15966/04, Rn. 123 – *I.G., M.K. und R.H./Slowakei.* In den Fällen waren jeweils Roma-Frauen von der Sterilisierung betroffen.
186 EGMR 30.10.1991 – 13163/87 ua, Slg 01-V Rn. 102 – *Vilvarayah ua/Vereinigtes Königreich*; BVerwG NVwZ 2000, 1302.
187 EGMR 20.2.2007 – 35865/03, Rn. 62 – *Moayad/Deutschland.*
188 *Hong*, Asylgrundrecht und Refoulementverbot, 2008, S. 29 ff.
189 EGMR 28.2.2008 – 37201/06, Slg 08-II Rn. 126 – *Saadi/Italien*; EGMR 7.7.1989 – 14038/88, Rn. 111 – *Soering/Vereinigtes Königreich.*

65   **Abschiebeverbot:** In der Rechtsprechung des EGMR ist anerkannt, dass ein Staat gegen Art. 3 verstößt, wenn er eine Person in einen anderen Staat abschiebt, obwohl sie ernsthafte Gründe dafür vorgetragen hat, dass im Aufnahmeland **die ernsthafte Gefahr einer Behandlung besteht, die Art. 3 widerspricht.**[190] Aus Art. 3 ergibt sich dann die Pflicht, von einer Abschiebung in dieses Land abzusehen.[191] Das Abschiebeverbot aus Art. 3 enthält zugleich das implizite **Recht auf ein Verfahren zur Feststellung der Abschiebeverbote,**[192] wobei aufgrund der Irreversibilität kein absolut zweifelsfreier Nachweis über das Risiko verlangt werden kann.[193] Dass es einer regelmäßigen Prüfung des Einzelfalles bedarf, die nicht durch pauschalisierende Regelungen in Bezug auf Dritt- oder Herkunftsländer gänzlich und unwiderlegbar umgangen werden darf, hat der EGMR bereits mehrfach bestätigt.[194] Ebenfalls verbietet die EMRK Kettenabschiebungen.[195] Damit ist es auch in Bezug auf die Rechte der EMRK praktisch ausgeschlossen, dass das Verfahren vor der Grenze oder auf dem Territorium eines Drittstaates stattfindet. Derweil gilt das Verbot – unter Zugrundelegung von Art. 1 – **auch für staatliche Maßnahmen auf extraterritorialem Gebiet.**[196]

66   **b) Abschiebung oder Auslieferung in einen Staat, der nicht Konventionsstaat ist:** Die bisher vom EGMR entschiedenen Fälle haben überwiegend die Abschiebung und Auslieferung in einen Staat betroffen, der nicht Konventionsstaat ist.[197] In Fällen dieser Art kommt eine einstweilige Maßnahme nach Art. 39 VerfO in Betracht (dazu → Einleitung Rn. 58). Ein Verstoß kann auch vorliegen, wenn im Zielstaat

---

190 EGMR 15.11.1996 – 22414/93, Slg 1996-V Rn. 73 f. – *Chahal/Vereinigtes Königreich*; EGMR 7.7.1989 – 14038/88, Rn. 103-104 – *Soering/Vereinigtes Königreich*; EGMR 12.4.2005 – 36378/02, Slg 05-III Rn. 335 – *Chamaiev/ Georgien u. Russland*. Einführend: *Alleweldt*, Schutz vor Abschiebung bei drohender Folter oder unmenschlicher oder erniedrigender Behandlung oder Strafe, 1996; *Lorz/Sauer* EuGRZ 2010, 389. Zum deutschen Recht vgl. Rn. 80.
191 EGMR 2.12.2008 – 32733/08 – *K.R.S./Vereinigtes Königreich*.
192 EGMR 17.2.2000 – 40035/98, Slg 00-VIII Rn. 43 ff. – *Jabari/Türkei*. Grundlegend und mwN: *Mole/Meredith*, Asylum and the European Convention on Human Rights, 2010, S. 103 ff.
193 EGMR 11.12.2008 – 42502/06, Rn. 101 – *Muminov/Russland*; EGMR 5.2.2002 – 51564/9,9 Rn. 75 – *Čonka/Belgien*.
194 Vgl. ua und mwN EGMR 2.12.2008 – 32733/08 – *K.R.S./Vereinigtes Königreich*.
195 EGMR 7.3.2000 – 43844/98 – *T.I v. The United Kingdom*.
196 EGMR 23.2.2012 – 27765/09, Slg 12-II Rn. 70 ff., 202 ff. – *Hirsi Jamaa* ua/ *Italien*. Dazu: *Lehnert/Markard* ZAR 2012, 194.
197 Vgl. insbesondere EGMR 7.7.1989 – 14038/88 – *Soering/Vereinigtes Königreich*. Der Fall betraf die Auslieferung eines Jugendlichen und geistig nicht balancierten Straftäters in die Vereinigten Staaten, wo ihm die Todesstrafe in einem Erwachsenenstrafverfahren und die sog "death row" in einer Todeszelle über viele Jahre drohte.

eine lebenslange Haftstrafe droht und vorzeitige Entlassung ausgeschlossen ist.[198] Sofern sich aus Zusagen von Behörden des Zielstaates ergibt, dass solche Gefahren nicht bestehen, verstößt die Auslieferung nicht gegen Art. 3[199] (→ Rn. 74). Eine Auslieferung kann **auch
gegen Art. 6** verstoßen (→ Art. 6 Rn. 166).

Absolutes Abschiebungsverbot: Art. 3 erlaubt auch in diesen Konstel-   67
lationen keine Ausnahmen. Deswegen ist es unzulässig, die Gefahr
von Misshandlungen und die für die Abschiebung angeführten Gründe gegeneinander abzuwägen.[200] Weil der Abschiebungsschutz nach
Art. 3 **unbedingt** ist, gilt er auch, wenn sich der Betroffene strafbar
gemacht hat.[201]

Recht der EU: Art. 15 b) der **Qualifikationsrichtlinie**[202] übernimmt   68
Art. 3 EMRK weitgehend wörtlich.

c) Abschiebung in einen Konventionsstaat: Dass der Zielstaat Kon-   69
ventionsstaat ist, beseitigt nicht die Pflicht des abschiebenden Staates
sicherzustellen, dass der Ausländer nicht einer Art. 3 widersprechenden Behandlung ausgesetzt wird oder eine Kettenabschiebung in
einen Staat droht, wo ihm eine Behandlung droht, die Art. 3 verletzt.
Die menschenrechtliche Relevanz von Abschiebungen in Konventionsstaaten offenbart sich in neuerer Zeit in Entscheidungen, die **das
unionrechtliche Zuständigkeitssystem für Asylanträge nach der Dub-
lin II-VO**[203] zum Gegenstand haben: Die Unionsstaaten können sich
nicht ohne Weiteres auf das Zuständigkeitssystem berufen, sondern
müssen regelmäßig prüfen, ob konventionswidrige Zustände drohen.[204] Auch hierbei wird eine Betrachtung der individuellen Situation im Lichte der allgemeinen Zustände vorgenommen.[205] Auch
wenn nicht gänzlich und für alle Personen die Gefahr einer men-

---

198 EGMR 3.7.2001 – 44190/98, Slg 01-VII – *Nivette/Frankreich*.
199 EGMR 16.10.2001 – 71555/01, Slg 01-X – *Einhorn/Frankreich*.
200 EGMR 28.2.2008 – 37201/06, Slg 08-II – *Saadi/Italien*.
201 EGMR 17.12.1996 – 25964/94, Slg, 1996-VI Rn. 41 – *Ahmed/Österreich*;
     EGMR 2.5.1997 – 30240/96 – *D/Vereinigtes Königreich*.
202 Richtlinie 2004/83/EG vom 13.12.2011 über Normen für die Anerkennung
     von Drittstaatsangehörigen oder Staatenlosen als Personen mit Anspruch auf
     internationalen Schutz, für einen einheitlichen Status für Flüchtlinge oder für
     Personen mit Anrecht auf subsidiären Schutz und für den Inhalt des zu gewäh-
     renden Schutzes Neufassung., ABl. EU 2011 L 337, 1.
203 Verordnung EG Nr. 343/2003 des Rates vom 18.02.2003, ABl. EU 2003 L 50,
     1; nunmehr Dublin III-VO: Verordnung EU. Nr. 604/2013 des Europäischen
     Parlaments und des Rates vom 26.06.2013, ABl. EU 2013 L 180, 31.
204 EGMR 21.1.2011 – 30696/09, , Slg 11-I Rn. 339 f. – *M.S.S./Belgien und Grie-
     chenland*; siehe auch bereits: EGMR 2.12.2008 – 32733/08 – *K.R.S./Vereinig-
     tes Königreich*; EGMR 7.3.2000 – 43844/98, Slg 00-III – *K.I./Vereinigtes Kö-
     nigreich*.
205 EGMR 4.11.2014 – 29217/12, Rn. 101 – *Tarakhel/Schweiz*.

schenrechtswidrigen Lage besteht, kann insofern im Einzelfall eine Überstellung gegen Art. 3 verstoßen.

70 d) **Konkrete Gefahr:** Die Gefahr einer unmenschlichen Behandlung im Zielland muss dargetan sein und sich gerade auf die betroffene Person beziehen.[206] Die Feststellung einer allgemeinen Gefahrsituation genügt grundsätzlich nicht, solange der Betroffene nicht darlegen und beweisen kann, dass seine Situation schlechter ist, als die der anderen Bewohner dieses Staates.[207] Es ist grundsätzlich **Sache des Bf.**, Material und Informationen über die drohende Gefahr beizubringen, soweit das möglich ist.[208] Insofern fundierte Berichte von anerkannten staatlichen oder nicht-staatlichen Organisationen vorliegen und hinreichend bekannt sind, muss derweil der Staat darlegen, aus welchen Gründen – etwa in Form einer qualifizierten Zusicherung des Zielstaates – eine Gefahr nicht vorliegen soll.[209] Das Vorliegen einer Gefahr wird aus einer ex ante-Perspektive bemessen, mithin es irrelevant ist, ob sich die Gefahr tatsächlich verwirklicht.[210] Auch Gründe, die auf Tatsachen beruhen, die nach der Ankunft im Konventionsstaat oder gar erst nach Stellung des Antrags entstehen – wie etwa eine glaubhafte Konversion – müssen berücksichtigt werden, wenn diese Gründe für die zuständigen Behörden ersichtlich sind.[211]

Zwar kann eine **interne Schutzalternative im Herkunftsstaat** einer Verletzung von Art. 3 entgegenstehen.[212] Ein anderer Ort im Zielstaat kann allerdings dann dem Betroffenen nicht zugemutet werden, wenn dort keine hinreichenden sozialen Bedingungen herrschen, die ein menschenwürdiges Dasein einschließlich des Zugangs zu Versorgung und sanitären Einrichtungen für die individuell betroffene Person, die dort etwa keine familiäre Anbindung hat, ermöglichen.[213]

71 **Nachweis einer Gefahr bei allgemeiner Bedrohung:** Wenn die allgemeine Gewalttätigkeit im Zielstaat so intensiv ist, dass der Schluss auf eine Verletzung von Art. 3 zwingend ist, kann das ausreichen.

---

206 Dazu EGMR 28.2.2008 – 37201/06, Slg 08-II Rn. 128 ff. – *Saadi/Italien.*
207 EGMR 29.04.97 – 24573/94 – H.L.R./Frankreich; EGMR 30.10.1991 – 13163/87 ua, Slg 01-V Rn. 103 – *Vilvarajah ua/Vereinigtes Königreich.*
208 EGMR 5.7.2005 – 2345/02, Slg 05-VI Rn. 49 – *Said/Niederlande.*
209 In diesem Sinne: EGMR 25.3.2014 – 59297/12, Rn. 78 – *M.G./Bulgarien.*
210 EGMR 7.7.1989 – 14038/88, Rn. 92 – *Soering/Vereinigtes Königreich;* siehe auch aus neuerer Zeit explizit: EGMR 4.9.2014 – 140/10, Rn. 130 – *Trabelsi/Belgien.*
211 EGMR 23.3.2016 – 43611/11, Rn. 14 ff – *F.G./Schweden.*
212 EGMR 11.1.2007 – 1948/04, Rn. 141 – *Salah Sheekh/Niederlande;* EGMR 15.11.1996 – 22414/93, Slg 1996-V Rn. 98 – *Chahal/Vereinigtes Königreich;* EGMR 6.6.2001 – 45276/99, Rn. 67 f. – *Hilal/Vereinigtes Königreich.*
213 EGMR 28.6.2011 – 8319/07 und 11449/07, Rn. 266, 293 ff. – *Sufi und Elmi/Vereinigtes Königreich.*

Das nimmt der EGMR aber nur in extremen Fällen allgemeiner Gewalt an, wenn eine konkrete Misshandlungsgefahr schon dadurch besteht, dass der Ausländer ihr bei seiner Rückkehr ausgesetzt ist.[214]

Zugehörigkeit zu einer verfolgten Gruppe: Wenn der Bf. einer Perso-   72
nengruppe angehört, die systematisch misshandelt wird, kann er sich
auf Art. 3 berufen, wenn er uU mithilfe von Berichten zuverlässiger
Institutionen beweisen kann, dass es ernsthafte und stichhaltige
Gründe dafür gibt.[215]

Prüfung durch den Gerichtshof: Er prüft die vorhersehbaren Folgen   73
einer Abschiebung in ein bestimmtes Land und berücksichtigt die
dortige allgemeine Menschenrechtslage und die persönlichen Verhältnisse des Bf. Das tut er wegen der Bedeutung des Art. 3 besonders
gründlich. Er berücksichtigt alles ihm vorgelegte und von ihm heran-
gezogenes Material, auch Berichte anderer Staaten und NGOs, weiter von Institutionen wie dem Hohen Flüchtlingskommissar der VN
(UNHCR) und dem CPT.[216]

Bestehen einer konkreten Gefahr: Sie wird nicht allein dadurch aus-   74
geräumt, dass der Zielstaat Gesetze zum Schutz der Menschenrechte
erlässt und internationale Menschenrechtspakte ratifiziert hat, sondern es kommt auf die Praxis an. Wenn **diplomatische Zusagen** über
die Behandlung des Ausländers gegeben worden sind, prüft der Gerichtshof, ob sie im konkreten Fall ausreichende Garantien bieten
und berücksichtigt dabei, ob frühere Zusagen eingehalten worden
sind.[217] Wenn hingegen im Zielstaat systematisch und unterschiedslos Verletzungen entgegen Art. 3 EMRK aufgrund stichhaltiger Berichte nachgewiesen sind, reichen diplomatische Zusicherung oder
bilaterale Vereinbarungen auch für den individuellen Fall nicht
aus.[218]

Maßgebender Zeitpunkt: Es kommt es auf die Informationen an, die   75
dem Staat **im Zeitpunkt der Abschiebung** bekannt waren oder bekannt sein mussten.[219] Der EGMR kann aber auch Informationen

---

214 EGMR 17.7.2008 – 25904/07, Rn. 113-116 – *N.A./Vereinigtes Königreich.*
215 EGMR 28.2.2008 – 37201/06, Slg 08-II Rn. 132 – *Saadi/Italien.*
216 EGMR 17.2.2000 – 40035/98, Slg 00-VIII Rn. 39, 41 – *Jabari/Türkei.*
217 EGMR 23.2.2012 – 27765/09, Slg 12-II Rn. 129 ff. – *Hirsi Jamaa ua/Italien;*
     EGMR 17.1.2012 – 8139/09, Slg 12-I Rn. 187 – *Othman (Abu Qatada)/Verei-*
     nigtes Königreich; EGMR 23.10.2008 – 2440/07, Rn. 69 – *Soldatenko/Ukrai-*
     ne; EGMR 28.2.2008 – 37201/06, Slg 08-II Rn. 147, 148 – *Saadi/Italien;*
     EGMR 20.2.2007 – 35865/03, Rn. 68-72 – *Al-Moayad/Deutschland.*
218 EGMR 2.10.2012 – 14743/11, Rn. 149 – *Abdulkhakov/Russland;* siehe dazu
     auch: EGMR 23.2.2012 – 27765/09, Slg 12-II Rn. 129 – *Hirsi Jamaa ua/Itali-*
     en. Siehe auch mwN: *Schneider* EuGRZ 2014, 168.
219 EGMR 5.7.2005 – 2345/02, Slg 05-VI Rn. 48 – *Said/Niederlande.*

verwerten, die er erst nach der Abschiebung erhalten hat.[220] Wenn der Bf. noch nicht abgeschoben ist, kommt es auf den **Zeitpunkt der Entscheidung durch den EGMR** an. Es werden also auch Informationen berücksichtigt, die nach der letzten staatlichen Entscheidung bekannt geworden sind.[221]

76 **e) Drohende Misshandlung durch nichtstaatliche Stellen:** Art. 3 kann nach der Rechtsprechung des EGMR einer Ausweisung oder Auslieferung auch dann entgegenstehen, wenn die zu befürchtende Misshandlung nicht von staatlichen Institutionen droht, sondern von nichtstaatlicher Seite, sofern die Behörden dem Bf. **keinen ausreichenden Schutz gewähren** können.[222]

77 **f) Krankheit:** Eine natürlich eingetretene Krankheit oder ein Leiden kann der Abschiebung entgegenstehen, wenn durch die Abschiebung eine Verschlechterung des Gesundheitszustands zu erwarten ist. Der Gerichtshof hat aber in solchen Fällen nur selten einen Verstoß gegen Art. 3 festgestellt. Er hat das für den besonderen Fall eines **Aids-Kranken** getan, dessen Auslieferung seine Lebenserwartung weiter verkürzen und ihm psychisches und physisches Leiden zufügen würde, zugleich aber betont, dass Strafgefangene im Allgemeinen **keinen Anspruch auf Nichtausweisung haben, um von der medizinischen, sozialen und sonstigen Hilfe im Aufenthaltsstaat zu profitieren.**[223] Auch im Fall D/Vereinigtes Königreich[224] hat er einen Verstoß gegen Art. 3 bei Abschiebung eines Aids-Kranken angenommen, im Fall N/Vereinigtes Königreich[225] nicht. Der EGMR stellt insofern auf die Umstände des Einzelfalls ab. Dass die Lage und Lebenserwartung wegen schlechter medizinischer Versorgung beeinträchtigt würden, genügt nicht. Anders ist es nur in besonderen Ausnahmefällen, in denen humanitäre Gründe zwingend gegen eine Abschiebung sprechen. Der EGMR hat deutlich gemacht, dass die Schwelle für die Anwendbarkeit von Art. 3 höher ist, wenn der Fall nicht die unmittelbare Verantwortung des Konventionsstaats betrifft.[226] **Selbstmordgefahr** hindert die Abschiebung nicht, wenn der Staat konkrete und ausreichende Maßnahmen zur Verhinderung trifft.[227]

---

220 EGMR 4.2.2005 – 46827/99, Slg 05-I Rn. 69 – *Mamatkulov* ua/*Türkei*.
221 EGMR 15.11.1996 – 22414/93, Slg 1996-V Rn. 86, 87 – *Chahal/Vereinigtes Königreich*.
222 EGMR 2.5.1997 – 30240/96, Rn. 46-50 – *D/Vereinigtes Königreich*.
223 EGMR 7.10.2004 – 33743/03 – *Dragan/Deutschland*.
224 EGMR 2.5.1997 – 30240/96 – *D/Vereinigtes Königreich*.
225 EGMR 27.5.2008 – 26565/05, Slg 08-III – *N./Vereinigtes Königreich*.
226 EGMR 6.2.2001 – 44599/98, Slg 01-I Rn. 40 – *Bensaid/Vereinigtes Königreich*: Für den Fall einer schizophrenen Bf. keine Verletzung von Art. 3 bei Abschiebung nach Algerien.
227 EGMR 7.10.2004 – 33743/03 – *Dragan/Deutschland*.

g) **Lebensbedingungen:** Ein Verstoß gegen Art. 3 kann sich auch aus   78
den **sozialen Lebensbedingungen** der abgeschobenen Personen im
Zielstaat ergeben. Dies hat der EGMR jedenfalls für Fälle entschieden, in denen in Konventionsstaaten abgeschoben werden sollte, die
nicht zugleich das originäre Herkunftsland der Personen waren, in
denen die Personen also **als Asylsuchende besonders verwundbar**
sind.

Wenn demnach den Abgeschobenen, wie in diesem Fall in Griechenland, eine völlige Mittellosigkeit für mehrere Monate ohne die Aussicht auf Besserung droht, verletzt dies Art. 3.[228] Auch hier entheben
allgemeine Vereinbarungen mit dem Zielstaat den abschiebenden
Staat nicht von der Schutzpflicht.[229] In einer weiteren Entscheidung
hat der EGMR aus den gleichen Gründen, in diesem Fall ging es um
Italien, eine Verletzung von Art. 3 für den Fall angenommen, dass die
allgemeinen Zustände darauf hindeuten, dass ein Großteil der Asylsuchenden von Obdachlosigkeit und von der Unterbringung in überfüllten Einrichtungen bedroht ist, so dass eine Abschiebung nur dann
zulässig sein kann, wenn der Zielstaat vorab eine individuelle Zusicherung abgibt, dass die Personen angemessen untergebracht werden.[230] Dabei betont der EGMR regelmäßig die nochmals stärkere
Verletzlichkeit von Kindern.[231]

Desweiteren dürfen Asylsuchende durch eine Abschiebung nicht
Haftbedingungen ausgeliefert werden, die der Menschenwürde widersprechen.[232]

h) **Rechtsbehelfe:** Art. 13 verlangt einen Rechtsbehelf, der eine unab-   79
hängige und genaue Prüfung der Behauptung gewährleistet, es gebe
ernsthafte Gründe für die Befürchtung, dass tatsächlich die Gefahr
einer Art. 3 widersprechenden Behandlung im Zielstaat bestehen.
Der Rechtsbehelf muss theoretisch und auch praktisch wirksam sein,
was bedeutet, dass er automatisch **aufschiebende Wirkung** haben
muss.[233] Wenn die Person keine Informationen über den Zugang zu

---

228 EGMR 21.1.2011 – 30696/09, Slg 11-I Rn. 362 ff. – *M.S.S./Belgien und Griechenland.*
229 EGMR 21.1.2011 – 30696/09, Slg 11-I Rn. 362 ff. – *M.S.S./Belgien und Griechenland.*
230 EGMR 4.11.2014 – 29217/12, Rn. 122 – *Tarakhel/Schweiz.*
231 EGMR 4.11.2014 – 29217/12, Rn. 99 – *Tarakhel/Schweiz*; zu unbegleiteten
minderjährigen Flüchtlingen: EGMR 5.4.2011 – 8687/08, Rn. 62, 95 – *Rahi-
mi/Griechenland.*
232 EGMR v. 21.1.2011, 30696/09, Slg 11-I Rn. 221 – *M.S.S./Belgien und Griechenland.*
233 EGMR 2.12.2008 – 32733/08 – K.R.S./Vereinigtes Königreich.

Rechtsberatung erhält, um gegen die Abschiebung vorzugehen, kann dies Art. 13 iVm Art. 3 verletzen.[234]

80 i) **Rechtslage in Deutschland:** Das deutsche Recht bestimmt in § 60 Abs. 5 AufenthaltsG,[235] dass ein Ausländer nicht abgeschoben werden darf, soweit sich aus der EMRK die Unzulässigkeit der Abschiebung ergibt. Die Verweisung auf die EMRK meint insbesondere Art. 3 und 8. Desweiteren bestimmt § 60 Abs. 2 Aufenthaltsgesetz unter Verweis auf § 4 Abs. 1 Nr. 2 AsylVfG, dass nicht in einen Staat abgeschoben werden darf, wenn dort Folter oder unmenschliche oder erniedrigende Behandlung oder Bestrafung droht. Die Rechtsprechung des EGMR ist insofern, auch bei der Auslegung von § 60 Abs. 2 AufenthG, zu beachten.[236]

6. Behandlung von Asylsuchenden

81 **Lebensbedingungen:** Da Asylsuchende aus soziokulturellen und finanziellen Gründen besonders verwundbar sind, ergeben sich aus der EMRK nicht nur Maßgaben für die Lebensbedingungen, die im Hinblick auf den Zielstaat bei Abschiebungen zu beachten sind (→ Rn. 78), sondern auch solche, die sich an die Aufnahmestaaten richten. In diesem Sinne findet eine Entwicklung der EMRK statt, die über die klassisch freiheitsrechtliche Lesart hinausgeht und **aus den menschenrechtlichen Vorgaben auch soziale Rechte gewährleistet.** Zwar stellen die EMRK und Art. 3 nach der Rechtsprechung des EGMR im Allgemeinen kein prinzipielles Recht auf eine Unterkunft bereit.[237] Derweil hat der EGMR eine Verletzung von Art. 3 angenommen, wenn der Asylsuchende obdachlos ist, keinerlei Zugang zu sanitären Einrichtungen und allgemeinen sozialen Unterstützungen hat und überdies keine Möglichkeit und Perspektive besteht, dass der Betroffene seine Grundbedürfnisse befriedigen kann,[238] oder, wie an anderer Stelle formuliert, die Person, die mangels Alternativen von staatlicher Unterstützung abhängig ist, konfrontiert ist mit staatlicher Gleichgültigkeit, die mit der Menschenwürde nicht vereinbar

---

234 EGMR 21.1.2011 – 30696/09, Slg 11-I Rn. 390 ff. – *M.S.S./Belgien und Griechenland.*
235 BGBl. 2008 I 162.
236 BVerwG NVwZ 2013, 1167.
237 Dazu bereits: EGMR 18.1.2001 – 27238/95, Rn. 99 – *Chapman/Vereinigtes Königreich.*
238 EGMR 21.1.2011 – 30696/09, Slg 11-I Rn. 250, 263 – *M.S.S./Belgien und Griechenland;* EGMR 23.7.2013 – 55352/12, Rn. 88 – *Aden Ahmed/Malta;* EGMR 1.8.2013 – 70427/11, Rn. 41 ff. – *Horshill/Griechenland.* Siehe auch mit engerer Stoßrichtung: EGMR 26.4.2005 – 53566/99, Rn. 85 – *Müslim/ Türkei.*

ist.[239] Eine nochmals darüber hinausgehende Verwundbarkeit ist zu berücksichtigen, wenn Kinder betroffen sind.[240]

Inhaftierung: Bei der Inhaftierung von Asylsuchenden müssen, wenngleich der EGMR hier kein generelles Verbot statuiert, besondere Vorgaben an die Bedingungen berücksichtigt werden, die ebenfalls an die besondere Verwundbarkeit und das Schutzbedürfnis dieses Personenkreises anknüpfen. Im Allgemeinen folgt aus der Rechtsprechung, dass eine mit Art. 3 vereinbare Inhaftierung von Asylsuchenden mit der Menschenwürde vereinbar sein muss, die Betroffenen nicht einer leidvollen und elenden Lage ausgesetzt werden dürfen und die Gesundheit und das Wohlbefinden hinreichend gesichert ist.[241] Im konkreten Fall bejahte der EGMR sodann eine Verletzung, weil der Bf. als Asylsuchender in Griechenland einem Haftregime ausgesetzt war, in dem er kaum Freigang hatte, Wasser nur aus der Toilette trinken konnte, auf dem bloßen Boden schlafen musste und die Haftanstalt völlig überfüllt war.[242] An anderer Stelle betont der EGMR die psychischen Folgewirkungen einer Inhaftierung insbesondere bei Minderjährigen: So verstößt es gegen Art. 3, wenn ein Minderjähriger in einem geschlossenen Transitbereich zur Vorbereitung der Abschiebung über vier Monate gefangen gehalten wird, wenn etwa eine bereits bestehende Traumatisierung der Kindes durch die Flucht und die Trennung vom Vater dadurch verschärft werden kann.[243]

82

7. Zerstörungen von Häusern bei Polizeiaktionen

Die Zerstörung eines Hauses oder der Einrichtung oder von Ernten auf den Feldern im Rahmen einer Polizeiaktion kann dem Betroffe-

83

---

239 EGMR 4.11.2014 – 29217/12, Rn. 98 – *Tarakhel/Schweiz*; vgl. bereits: EGMR 18.6.2009 – 45603/05 – *Budina/Russland*.

240 EGMR 4.11.2014 – 29217/12, Rn. 99 – *Tarakhel/Schweiz*; EGMR 12.10.2006 – 13178/03, Slg 06-XI Rn. 55 – *Mubilanzila Mayeka u. Kaniki Mitunga/Belgien*; EGMR 19.1.2012 – 39472/07, Rn. 91 – *Popov/Frankreich*.

241 EGMR 21.1.2011 – 30696/09, Slg 11-I Rn. 211 f. – *M.S.S./Belgien und Griechenland*; siehe auch: EGMR 26.10.2000 – 30210/96, Slg 00-XI Rn. 94 – *Kudla/Polen*.

242 EGMR 21.1.2011 – 30696/09, Slg 11-I Rn. 223 ff. – *M.S.S./Belgien und Griechenland*; vgl. auch bereits zur Inhaftierungspraxis gegenüber Asylsuchenden in Griechenland: EGMR 11.6.2009 – 53541/07, Rn. 49 ff. – *S.D./Griechenland*; EGMR 26.11.2009 – 8256/07, Rn. 38 – *Tabesh/Griechenland*; EGMR 22.7.2010 – 12186/08, Rn. 57 ff. – *AA/Griechenland*.

243 EGMR 13.12.2011 – 15297/09, Rn. 67 f. – *Kanagaratnam/Belgien*; wie auch schon: EGMR 19.1.2010 – 41442/07, Rn. 55 ff. – *Muskhadzhiyeva ua/Belgien*.

nen so intensives Leid zufügen, dass Art. 3 verletzt ist. Es kommt, wie immer, auf die Umstände des Einzelfalles an.[244]

8. Angehörige von Opfern

84   Im Bezug auf **nahe Familienangehörige** einer Person, die von Folter oder unmenschlicher oder erniedrigender Behandlung betroffen ist, kann je nach den Umständen Art. 3 verletzt sein. Der EGMR nimmt das nur an, wenn besondere Umstände zeigen, dass Leiden verursacht worden sind, die über die Trauer hinausgehen, die mit schweren Menschenrechtsverletzungen von nahen Angehörigen unvermeidbar verbunden sind. Es kommt auf die Nähe der Familienbeziehungen (zB insbesondere Eltern-Kind-Beziehung) und ihre besondere Ausgestaltung an, darauf, ob das Familienmitglied die Menschenrechtsverletzungen hat mit ansehen müssen, ob es versucht hat, Informationen über den Betroffenen zu erhalten und ob es lange Zeit in Unsicherheit und Sorge bleiben musste.[245] Bei Fällen dieser Art stellt der EGMR des Weiteren in besonderem Maße auf das Verhalten der Behörden und ihre Reaktionsweise ab.[246]

Auch bei körperlichen Eingriffen oder bei Unterlassen von eben solchen hat der EGMR in Einzelfällen eine Verletzung der Rechte der Angehörigen aus Art. 3 festgestellt: So stellt es eine erniedrigende Behandlung einer Person dar, wenn ihrem verstorbenen Ehepartner Gewebe entnommen wird, ohne dass sie um Zustimmung gefragt wird.[247] Auch verletzt eine unzureichende Behandlung eines HIV-positiven Häftlings, die für sich gesehen gegen Art. 3 EMRK verstößt, auch die Rechte der Mutter, wenn eine enge Bindung besteht und eine Hilfe durch die Mutter unmöglich gemacht wird und sie sodann tatenlos dem Tod ihres Sohnes zusehen muss.[248]

Bei Verletzung von Art. 2 wegen unzulänglicher Ermittlungen der Umstände des Todes eines nahen Familienangehörigen, der dem

---

244 ZB EGMR 16.11.2000 – 23819/94, Rn. 103 – *Bilgin/Türkei*.
245 ZB EGMR 25.5.1998 – 24276/94, Slg 1998-III Rn. 130-134 – *Kurt/Türkei*; EGMR 14.11.2000 – 24396/94, Slg 00-XI Rn. 79 f. – *Taç/Türkei*; EGMR 27.2.2001 – 25704/94, Rn. 173 – *Cicek/Türkei* (die Fälle betrafen jeweils verschwundene Söhne der Bf.). EGMR 12.11.2013 – 23502/06, Rn. 203 ff. – *Benzer ua/Türkei*: Verletzung von Art. 3 von Personen, die bei der Bombardierung von zivilen Gebieten Zeugen des Sterbens ihrer Angehörigen wurden; vgl. aber auch EGMR 31.5.2001 – 23954/94, Rn. 102 – *Akdeniz ua/Türkei*: Keine besonderen Umstände, die die Feststellung einer Verletzung rechtfertigen.
246 EGMR 10.5.2001 – 25781/94, Slg 01-IV Rn. 156 – *Zypern/Türkei*; EGMR 31.5.2005 – 27601/95, Rn. 127 – *Togcu/Türkei*; EGMR 12.10.2006 – 13178/03, Slg 06-XI Rn. 61 f. – *Mubilanzila Mayeka ua/Belgien*.
247 EGMR 13.1.2015 – 61243/08, Rn. 140 ff. – *Elberte/Lettland*.
248 EGMR 14.3.2013 – 28005/08, Rn. 204 f. – *Salakhov und Islyamova/Ukraine*.

Staat nicht zugerechnet werden kann, wird eine Verletzung von Art. 3 ausscheiden.[249]

V. Mehrfache Verletzung von Art. 3, Verhältnis zu anderen Artikeln

Wenn Art. 3 wegen eines **Eingriffs** verletzt worden ist und außerdem   85
der **Ermittlungspflicht** nicht genügt ist, stellt der EGMR zT beide Verletzungen fest,[250] manchmal dann auch noch eine Verletzung von Art. 13.[251] Wegen des Verhältnisses zu Art. 13 → Rn. 16. Wenn eine Verletzung von Art. 2 wegen unzulänglicher Ermittlungen festgestellt worden ist, entscheidet der EGMR zu Art. 3 nicht gesondert,[252] ebenso nicht, wenn die Bf. Angehörige eines Getöteten sind; wenn der Staat für den Tod verantwortlich ist, wird nur über die Verletzung von Art. 2 entschieden.[253] Wenn Misshandlungen nicht die für die Anwendbarkeit von Art. 3 erforderliche Schwere erreicht haben, kann **Art. 8** verletzt sein (→ Art. 8 Rn. 11). Wenn eine Verletzung von Art. 3 festgestellt worden ist, sieht der EGMR davon ab zu prüfen, ob dieselben Tatsachen auch eine Verletzung von Art. 8 ergeben.[254] Wenn die Verletzung zugleich diskriminierenden Charakter hat, liegt daneben eine Verletzung von **Art. 14** vor.[255]

VI. Anträge

Der Antrag geht dahin festzustellen, dass der beklagte Staat durch   86
eine bestimmte Handlung oder ein Unterlassen Art. 3 verletzt hat. Wenn es auch an einer ordnungsgemäßen Ermittlung fehlt, wird weiter Feststellung der Verletzung von Art. 3 in dieser Beziehung und von Art. 13 gerügt. Wenn sich die Beschwerde gegen eine noch nicht vollzogene Abschiebung oder Auslieferung wendet, wird Feststellung beantragt, dass die Abschiebung in das jeweilige Land Art. 3 verlet-

---

249 EGMR 22.3.2005 – 28290/95, Rn. 106 – *Güngör/Türkei*.
250 EGMR 23.2.2006 – 45500/99 – *Tzekov/Bulgarien*; EGMR 1.3.2001 – 22493/93, Rn. 184 ff. – *Berktay/Türkei*; EGMR 24.2.2005 – 57942/00, Rn. 185 – *Khashiyev/Russland*.
251 EGMR 26.1.2006 – 77617/01 – *Mikheyev/Russland*.
252 EGMR 23.2.2006 – 46317/99, Rn. 124 – *Ognyanova/Bulgarien*.
253 EGMR 23.10.2008 – 8979/02, Rn. 113 – *Magomed Musayev ua/Russland*.
254 ZB EGMR 10.5.2001 – 29392/95, Slg 01-V Rn. 77 – *Z. ua/Vereinigtes Königreich*; EGMR 26.7.2005 – 38885/02, Rn. 173 – *N./Finnland*.
255 Exemplarisch: EGMR 9.10.2012 – 24626/09, Rn. 46 ff. – *X/Türkei*: Isolationshaft über acht Monate zum Schutz eine homosexuellen Gefangenen zum Schutz vor homophoben Übergriffen.

zen würde.[256] Wegen der Anträge auf Ersatz materiellen und immateriellen Schadens → Art. 41 Rn 39 f.

Artikel 4 Verbot der Sklaverei und der Zwangsarbeit

(1) Niemand darf in Sklaverei oder Leibeigenschaft gehalten werden.

(2) Niemand darf gezwungen werden, Zwangs- oder Pflichtarbeit zu verrichten.

(3) Nicht als Zwangs- oder Pflichtarbeit im Sinne dieses Artikels gilt:

a) eine Arbeit, die üblicherweise von einer Person verlangt wird, der unter den Voraussetzungen des Artikels 5 die Freiheit entzogen oder die bedingt entlassen worden ist;

b) eine Dienstleistung militärischer Art oder eine Dienstleistung, die an die Stelle des im Rahmen der Wehrpflicht zu leistenden Dienstes tritt, in Ländern, wo die Dienstverweigerung aus Gewissensgründen anerkannt ist;

c) eine Dienstleistung, die verlangt wird, wenn Notstände oder Katastrophen das Leben oder das Wohl der Gemeinschaft bedrohen;

d) eine Arbeit oder Dienstleistung, die zu den üblichen Bürgerpflichten gehört.

1 **Abs. 1**: Art. 4 garantiert einen der Grundwerte demokratischer Gesellschaften. Anders als die meisten konventionsrechtlichen Bestimmungen ist Art. 4 insgesamt, also nicht nur Abs. 1, notstandsfest iSd Art. 15 Abs. 2.[1] Obwohl der EGMR die Vorschrift zusammen mit Art. 2 und 3 zu den grundlegenden Artikeln der Konvention zählt,[2] ist deren praktische Bedeutung gering. **Art. 5 Grundrechtecharta** enthält eine entsprechende Garantie; in Abs. 3 wird Menschenhandel ausdrücklich verboten (→ Rn. 6). Nach **Art. 12 Abs. 2 und 3 GG** sind Arbeitszwang und Zwangsarbeit verfassungsrechtlich verboten.[3]

2 **Sklaverei**: Das Verbot der Sklaverei gilt absolut.[4] Wegen der Definition greift der EGMR auf Art. 1 Nr. 1 der Konvention gegen Sklaverei vom 25.9.1926 in der Fassung des Änderungsprot. vom 7.12.1953 (BGBl. 1972 II 1473) zurück. Sklaverei ist „der Zustand

---

256 Vgl. den Tenor EGMR 26.7.2005 – 38885/02 – *N./Finnland*.
  1 EGMR 7.1.2010 – 25965/04, NJW 2010, 3003 Rn. 283 – *Rantsev/Zypern u. Russland*; EGMR 7.7.2011 – 37452/02 (GK), BeckRS 2012, 16689 Rn. 116 – *Stummer/Österreich*.
  2 EGMR 26.7.2005 – 73316/01, NJW 2007, 41 Rn. 82, 112 – *Siliadin/Frankreich*.
  3 Vgl. dazu BVerfG NJW 1988, 45.
  4 Vgl. *Behnsen* in *Karpenstein/Mayer*, EMRK, 2. Aufl. 2015, Art. 4 Rn. 3.

oder die Stellung einer Person, an der die mit dem Eigentumsrecht verbundenen Befugnisse oder einzelne davon ausgeübt werden", wodurch der Betroffene zum Objekt wird.[5]

Leibeigenschaft ist nach der Definition in Art. 1 Buchst. b) des Zu-   3
satzübereinkommens über die Abschaffung der Sklaverei, des Sklavenhandels und sklavereiähnliche Einrichtungen und Praktiken vom 7.9.1956 (BGBl. 1958 II 205) „die Lage oder Rechtsstellung eines Pächters, der durch Gesetz, Gewohnheitsrecht oder Vereinbarung verpflichtet ist, auf einem einer anderen Person gehörenden Grundstück zu leben und zu arbeiten und dieser Person bestimmte entgeltliche oder unentgeltliche Dienste zu leisten, ohne seine Rechtsstellung selbstständig ändern zu können". Diese Definition wird auch für Art. 4 EMRK bedeutsam sein, sie ist aber zu eng. Der Schutzbereich des **Art. 4 geht darüber hinaus.** Die Rechtsprechung trägt den heutigen Verhältnissen und Anschauungen Rechnung. Leibeigenschaft ist eine besonders schwere Form der Abschaffung der Freiheit, nämlich Arbeit unter Zwang, und ist eng mit der Sklaverei verbunden.[6] Der EGMR hat in dem Urteil *Siliadin* Leibeigenschaft und Zwangsarbeit bei einer jungen Frau aus Togo angenommen, die mit 15 Jahren allein nach Frankreich gekommen war und bei einem Ehepaar arbeiten musste, keine Bewegungsfreiheit und kaum Freizeit hatte und auf die Gnade des Ehepaars angewiesen war, weil man ihr die Papiere weggenommen hatte und sie in der ständigen Angst vor polizeilicher Festnahme lebte.[7] Auch die **Zwangsprostitution** und die **Rekrutierung von Kindersoldaten** sind unter dem Aspekt der Leibeigenschaft zu betrachten.[8] Dem Grunde nach könnte auch eine erfolgte **Zwangsheirat** darauf schließen lassen, dass diese gegen das Verbot der Leibeigenschaft verstößt.[9] Insoweit bedarf es jedoch der kritischen Würdigung der Besonderheiten des konkreten Einzelfalles. Die Zahlung eines in bestimmten Kulturkreisen üblichen Brautgeldes sieht der EGMR nicht als Grund, um eine konventionswidrige Leibeigenschaft anzunehmen.[10] Konventionsrechtlichen Schutz gegen eine Zwangsverheiratung und der darauf gründenden zwangsweisen Auf-

---

5 EGMR 7.1.2010 – 25965/04, NJW 2010, 3003 Rn. 276 – *Rantsev/Zypern.*
6 Vgl. EGMR 26.7.2005 – 73316/01, NJW 2007, 41 Rn. 121 – *Siliadin/Frankreich*; EGMR 7.1.2010 – 25965/04, NJW 2010, 3003 Rn. 276 – *Rantsev/ Zypern u. Russland.*
7 EGMR 26.7.2005 – 73316/01, NJW 2007, 41 Rn. 113, 123-129 – *Siliadin/ Frankreich.*
8 Vgl. *Behnsen* in *Karpenstein/Mayer*, EMRK, 2. Aufl. 2015, Art. 4 Rn. 4.
9 Nach VGH München (17.3.2016 – 13 a B 15.30241, BeckRS 2016, 45090) kann eine Zwangsheirat eine erniedrigende Behandlung i.S.d. Art. 3 EMRK darstellen.
10 EGMR 31.7.2012 – 40020/03, Rn. 161 – *M. u. Others/Italien u. Bulgarien.*

rechterhaltung einer Ehe dürfte ohnehin eher aus der Ehe-
schließungsfreiheit, die Art. 12 garantiert, und auch aus dem Schutz
des Privatlebens nach Art. 8 herzuleiten sein.[11]

4 **Abs. 2: Zwangs- oder Pflichtarbeit:** Mit dem Verbot der Zwangs-
und Pflichtarbeit wurde der EGMR mehrfach befasst. Zur Definition
vgl. Art. 2 des Übereinkommens über Zwangs- oder Pflichtarbeit
(ILO-Übereinkommen 29) v. 28.6.1930 (BGBl. 1956 II 641): Als
„Zwangs- oder Pflichtarbeit" im Sinne dieses Übereinkommens gilt
jede Art von Arbeit oder Dienstleistung, die von einer Person unter
Androhung irgendeiner Strafe verlangt wird und für die sie sich nicht
freiwillig zur Verfügung gestellt hat.[12] Auf dieses Übereinkommen ist
in der bisherigen Spruchpraxis Bezug genommen worden.[13] Es ist also ein Element des körperlichen oder geistigen Zwangs erforderlich,
mit dem der Wille einer Person gebrochen wird.[14] Vom Begriff der
„Strafe" sind auch disziplinarische Sanktionen umfasst[15] sowie sub-
tilere, psychischen Druck auslösende Maßnahmen wie zB die Anzei-
ge von illegal Beschäftigten bei der Polizei oder den Einwanderungs-
behörden.[16] Mit Urteil vom 4.6.2015 hat der EGMR entschieden,
dass eine vorzeitige Entlassung eines Soldaten aus der Armee, die von
der Zahlung eines hohen Geldbetrages abhängig gemacht wurde, gegen Art. 4 Abs. 2 verstoßen kann. Der Entscheidung lag der Sachverhalt eines Soldaten zu Grunde, der während des Militärdienstes ein
medizinisches Studium absolviert und sich verpflichtet hatte, über
einen bestimmten Zeitraum in den Streitkräften Dienst zu tun. Die
griechischen Behörden machten die Entlassung davon abhängig, dass
er fast 110.000 EUR zurückzahlt. Dies sah der EGMR als unverhältnismäßig an. Es fehle ein fairer Ausgleich zwischen den Interessen
des Bf. Und des griechischen Staates.[17]

5 Keine Verletzung des Art. 4 Abs. 2 ist vom EGMR angenommen
worden für den Fall der Bestellung eines deutschen Rechtsanwalts im

---

11 Vgl. unter flüchtlings- und konventionsrechtlicher Perspektive: VG Frankfurt
     aM 4.7.2012 – 1 K 1836/11.F.A, BeckRS 2012, 59585 = NVwZ-RR 2013, 243
     Ls.; vgl. auch VG München 4.6.2014, M 23 K 11.30549, BeckRS 2015, 41285;
     Zur Strafbarkeit der Zwangsheirat vgl. § 237 StGB.
12 Vgl. auch das Übereinkommen über die Abschaffung der Zwangsarbeit – ILO-
     Übereinkommen 105 – v. 25.6.1957 – BGBl. 1959 II 442.
13 Vgl. zB EGMR 23.11.1983 – 8919/80, EuGRZ 1985, 477 – *van der Mussele/
     Belgien.*
14 EGMR 7.1.2010 – 25965/04, NJW 2010, 3003 Rn. 276 – *Rantsev/Zypern u.
     Russland.*
15 EGMR 18.10.2011 – 31950/06, NJW 2012, 3566 Rn. 39 – *Graziani-Weiss/
     Österreich.*
16 EGMR 11.10.2012 – 67724/09, Rn. 77 f. – *C.N. u. V./Frankreich.*
17 EGMR 4.6.2015 – 51637/12, BeckRS 2016, 80249 (französische Fassung) =
     AuR 2016, 75 – *Chitos/Griechenland.*

Verfahren der Prozesskostenhilfe gegen Gebühr.[18] Der Gerichtshof stellt darauf ab, dass der Beruf des Rechtsanwalts vom Betroffenen freiwillig gewählt wurde.[19] Dementsprechend stellt auch die gegen seinen Willen erfolgte Bestellung eines Rechtsanwalts zum Betreuer keine nach Abs. 2 verbotene Zwangs- oder Pflichtarbeit dar.[20] Schließlich stellt auch die Pflicht zur Teilnahme am ärztlichen Notdienstsystem keinen Verstoß gegen Art. 4 Abs. 2 dar.[21] Auch der Wegfall der Arbeitslosenunterstützung für den Fall der Nichtannahme einer zumutbaren Arbeit wurde auf die Niederlande bezogen für konventionsgemäß erachtet.[22] Dasselbe gilt für die rechtliche Bewertung einer freiwillig übernommenen Arbeit ohne Bezahlung.[23]

Menschenhandel, insbesondere der Handel mit Frauen und Kindern zur Ausbeutung („Sexindustrie"), wird in Art. 4 nicht erwähnt, fällt aber unter die Vorschrift.[24] Menschenhandel bedeutet, dass Menschen als Ware behandelt und verkauft werden und ist häufig mit einer Einschränkung ihrer Bewegungsfreiheit verbunden. Er verletzt die Menschenwürde und ist mit den Grundwerten einer demokratischen Gesellschaft unvereinbar. Der EGMR wendet Art. 4 an, ohne sich festzulegen, ob Menschenhandel unter Sklaverei, Leibeigenschaft oder Zwangsarbeit fällt.[25]   6

Pflichten der Staaten: Aus Art. 4 ergeben sich ebenso wie aus anderen Artikeln **negative Pflichten, Abwehrrechte, und positive Handlungspflichten** (→ Einl. Rn. 48). Durch die Gesetzgebung und die Anwendung der Gesetze muss sichergestellt sein, dass niemand in seinen Rechten aus Art. 4 verletzt wird, insbesondere nicht Minderjährige und andere verwundbare Personen. Ein Schutz durch zivilrechtliche Ansprüche (zB auf Schadensersatz) genügt nicht, es müssen angemessene strafrechtliche Vorschriften erlassen werden.[26]   7

Positive Pflichten bei Menschenhandel: In seinem grundlegenden Urteil vom 7.1.2010 hat der EGMR die Verpflichtung des Staates be-   8

---

18 EKMR 1.4.1974 – 4653/70, EuGRZ 1975, 48 – *Husmann.*
19 EGMR 20.9.2011 – 432559/07, Rn. 41 – *Bucha/Slowakien.*
20 EGMR 18.10.2011 – 31950/06, NJW 2012, 3566 Rn. 36 ff. – *Graziani-Weiss/ Österreich.*
21 EGMR 14.9.2010 – 29878/07 – *Steindel/Deutschland.*
22 EKMR DR 7, 161.
23 EGMR 3.5.2005 – 19872/02, Rn. 20 – *Vasilenkov/Bulgarien*; EGMR 24.9.2013 – 68198/10 – *Nespala/Tschechische Republik.*
24 EGMR 7.1.2010 – 25965/04, NJW 2010, 3003 Rn. 277-282 – *Rantsev/Zypern u. Russland* für Anwerbung einer Frau in Russland als „Kabarettkünstlerin" für Zypern.
25 EGMR 31.7.2012 – 40020/03, Rn. 146 ff. – *M. u. Others/Italien u. Bulgarien.*
26 EGMR 26.7.2005 – 73316/01, NJW 2007, 41 Rn. 143-149 – *Siliadin/Frankreich*; vgl. im deutschen Recht § 234 StGB und dazu BGHSt 39, 212 = NJW 1993, 2252.

tont, angemessene Regelungen zu treffen, die einen Schutz vor Menschenhandel praktisch und wirksam gewährleisten, Menschenhandel unterbinden, die Opfer schützen und die Täter strafrechtlich verfolgen.[27] Danach verpflichtet Art. 4 den Staat dazu, Regelungen zur Überwachung von Geschäftstätigkeiten zu erlassen, die häufig als Deckmantel für Menschenhandel benutzt werden, und die Einwanderungsvorschriften müssen so gefasst sein, dass sie Menschenhandel nicht ermutigen, erleichtern oder tolerieren. Das erfordert auch eine angemessene Schulung der Bediensteten. Bei Beteiligung mehrerer Staaten, nämlich dem Herkunfts-, Durchgangs- und Zielstaat, muss eine wirksame Zusammenarbeit organisiert werden. Schließlich ergibt sich aus Art. 4 eine **Ermittlungspflicht,** für die die zu Art. 2 entwickelten Grundsätze gelten (→ Art. 2 Rn. 21 ff.).[28]

9   **Pflicht, bestimmte Personen zu schützen:** Sie besteht, wenn die Behörden Umstände kannten oder hätten kennen müssen, die den glaubhaften Verdacht begründen, dass eine Person wirklich und unmittelbar in der Gefahr war oder ist, Opfer von Menschenhandel zu werden. Wenn die Behörden dann nicht alles ihnen Mögliche tun, um sie aus dieser Gefahr zu befreien, ist Art. 4 verletzt.[29] Auf die zu Art. 2 entwickelten Grundsätze (→ Art. 2 Rn. 13) kann verwiesen werden.

10 **Auch in Notstandsfällen** ist eine Abweichung von Art. 4 nicht zulässig, also auch nicht im Kriege (Art. 15 Abs. 2).[30]

11 **Ausnahmen in Abs. 3 Buchst. a:** Arbeiten während einer Freiheitsentziehung, wenn sie „üblicherweise" verlangt werden. Die Heranziehung zu Zwangs- oder Pflichtarbeit während einer angeordneten Untersuchungshaft ist hingegen nicht zulässig.[31] Eine Verpflichtung zur Entlohnung für eine im Freiheitsentzug verrichtete Arbeit ergibt sich aus der EMRK nicht.[32] Ob sich diese Auffassung auf Dauer wird vertreten lassen, muss abgewartet werden.

---

27 EGMR 7.1.2010 – 25965/04, NJW 2010, 3003 Rn. 284 ff. – *Rantsev/Zypern u. Russland:*
28 EGMR 7.1.2010 – 25965/04, NJW 2010, 3003 Rn. 288 – *Rantsev/Zypern u. Russland.*
29 EGMR 7.1.2010 – 25965/04, NJW 2010, 3003 Rn. 286 – *Rantsev/Zypern u. Russland.*
30 Vgl. dazu EGMR 26.7.2005 – 73316/01, NJW 2007, 41 Rn. 112 – *Siliadin/Frankreich*; EGMR 7.1.2010 – 25965/04, NJW 2010, 3003 Rn. 283 – *Rantsev/Zypern u. Russland* ; EGMR 7.7.2011 – 37452/02 (GK), BeckRS 2012, 16689 Rn. 116 – *Stummer/Österreich.*
31 Vgl. *Behnsen* in *Karpenstein/Mayer*, EMRK, 2. Aufl. 2015, Art. 4 Rn. 23 mwN.
32 Vgl. dazu auch EGMR 7.7.2011 – 37452/02 (GK), BeckRS 2012, 16689 Rn. 121 ff. – *Stummer/Österreich.* Vgl. aber zum Anspruch auf ein Arbeitsentgelt § 43 StVollzG.

Deutsches Recht: Dass Strafgefangene, die zur Arbeit herangezogen werden, nicht versicherungspflichtig sind, verstößt nicht gegen die EMRK.[33] Die Auferlegung gemeinnütziger Bewährungsauflagen nach § 56 b Abs. 2 S. 3 StGB ist mit der EMRK vereinbar.[34] Auch die von Sozialhilfeempfängern verlangten gemeinnützigen Arbeiten sind als konventionsgemäß angesehen worden.[35]

Buchst. b: Militärdienst oder Ersatzdienst. Art. 4 verpflichtet nicht   12
dazu, das Recht auf Kriegsdienstverweigerung einzuräumen, wie sich aus der Fassung des Buchst. b) deutlich ergibt.[36] Im Fall *Ülke/ Türkei*[37] hat der EGMR eine Verletzung von Art. 3 bei achtmaliger Bestrafung wegen Kriegsdienstverweigerung angenommen.[38]

Buchst. c: Notstand oder Katastrophe. Nach der neueren Rechtspre-   13
chung des EGMR ist Art. 4 im Hinblick auf Art. 15 Abs. 2 insgesamt notstandsfest (→ Rn. 1 und 10). Dies schließt es jedoch nicht aus, Personen im Falle von Notständen und Katastrophen, die das Leben oder das Wohl der Gemeinschaft bedrohen, zu einer hierauf bezogenen Arbeit heranzuziehen.[39] Die in Art. 4 Abs. 3 Buchst. c vorgesehene Ausnahme vom Verbot der Zwangs- oder Pflichtarbeit ist jedoch eng auszulegen.

Buchst. d: Übliche Bürgerpflichten, zB Feuerwehrdienstpflicht oder   14
ersatzweise Abgabe in Deutschland[40]; Pflichten zur Deichhilfe, Verpflichtung für Arbeitgeber, Steuern und Sozialabgabe zu entrichten.[41]

Artikel 5 Recht auf Freiheit und Sicherheit

(1) [1]Jede Person hat das Recht auf Freiheit und Sicherheit. [2]Die Freiheit darf nur in den folgenden Fällen und nur auf die gesetzlich vorgeschriebene Weise entzogen werden:

---

33 BSGE 27, 197 = NJW 1968, 1158.
34 BVerfGE 83, 119 = NJW 1991, 1043.
35 Vgl. HessVGH v. 14.9.1978, V OE 55/78.
36 Vgl. dazu auch EGMR 7.7.2011 – 23459/03 (GK), NVwZ 2012, 1603 Rn. 92 ff. – *Bayatyan/Armenien*; dort auch zum Verhältnis von Art. 9 und Art. 4 Buchst. b).
37 EGMR 24.1.2006 – 39437/98.
38 Vgl. auch EGMR 6.4.2000 – 34369/97, Rn. 43, ÖJZ 2001, 518 Rn. 43 – *Thlimmenos/Griechenland* mit Blick auf Art. 9 bei zusätzlichem Ausschluss vom Wirtschaftsprüferberuf unverhältnismäßig.
39 Vgl. *Behnsen* in *Karpenstein/Mayer*, EMRK, 2. Aufl. 2015, Art. 4 Rn. 31 mwN.
40 EGMR 18.7.1994 – 13580/88, EuGRZ 1995, 392 – *Schmidt/ Deutschland*: Zulässige Verpflichtung, aber Verstoß gegen Art. 14, weil nur Männer betroffen sind.
41 EKMR DR 7, 148.

a) rechtmäßige Freiheitsentziehung nach Verurteilung durch ein zuständiges Gericht;

b) rechtmäßige Festnahme oder Freiheitsentziehung wegen Nichtbefolgung einer rechtmäßigen gerichtlichen Anordnung oder zur Erzwingung der Erfüllung einer gesetzlichen Verpflichtung;

c) rechtmäßige Festnahme oder Freiheitsentziehung zur Vorführung vor die zuständige Gerichtsbehörde, wenn hinreichender Verdacht besteht, dass die betreffende Person eine Straftat begangen hat, oder wenn begründeter Anlass zu der Annahme besteht, dass es notwendig ist, sie an der Begehung einer Straftat oder an der Flucht nach Begehung einer solchen zu hindern;

d) rechtmäßige Freiheitsentziehung bei Minderjährigen zum Zweck überwachter Erziehung oder zur Vorführung vor die zuständige Behörde;

e) rechtmäßige Freiheitsentziehung mit dem Ziel, eine Verbreitung ansteckender Krankheiten zu verhindern, sowie bei psychisch Kranken, Alkohol- oder Rauschgiftsüchtigen und Landstreichern;

f) rechtmäßige Festnahme oder Freiheitsentziehung zur Verhinderung der unerlaubten Einreise sowie bei Personen, gegen die ein Ausweisungs- oder Auslieferungsverfahren im Gange ist.

(2) Jeder festgenommenen Person muss innerhalb möglichst kurzer Frist in einer ihr verständlichen Sprache mitgeteilt werden, welches die Gründe für ihre Festnahme sind und welche Beschuldigungen gegen sie erhoben werden.

(3) [1]Jede Person, die nach Absatz 1 Buchstabe c von Festnahme oder Freiheitsentziehung betroffen ist, muss unverzüglich einem Richter oder einer anderen gesetzlich zur Wahrnehmung richterlicher Aufgaben ermächtigten Person vorgeführt werden; sie hat Anspruch auf ein Urteil innerhalb angemessener Frist oder auf Entlassung während des Verfahrens. [2]Die Entlassung kann von der Leistung einer Sicherheit für das Erscheinen vor Gericht abhängig gemacht werden.

(4) Jede Person, die festgenommen oder der die Freiheit entzogen ist, hat das Recht zu beantragen, dass ein Gericht innerhalb kurzer Frist über die Rechtmäßigkeit der Freiheitsentziehung entscheidet und ihre Entlassung anordnet, wenn die Freiheitsentziehung nicht rechtmäßig ist.

(5) Jede Person, die unter Verletzung dieses Artikels von Festnahme oder Freiheitsentziehung betroffen ist, hat Anspruch auf Schadensersatz.

I. Allgemeines

1   Art. 5 garantiert in Abs. 1 S. 1 ein Recht auf Freiheit und Sicherheit.
    Insofern stimmt der Wortlaut mit Art. 6 der Grundrechtecharta über-
    ein. Art. 5 trifft aber zusätzlich differenzierte Regelungen darüber,
    unter welchen Umständen Freiheitsentziehungen gerechtfertigt sein
    können (Abs. 1 S. 2, Abs. 2 bis 5) und wie Verstöße gegen diese Re-
    geln kompensiert werden müssen (Abs. 5). So sollen willkürliche
    Freiheitsentziehungen verhindert werden.[1] Art. 5 spielt nicht nur in
    der Rechtsprechung des EGMR eine große Rolle. Auch die deutsche
    Rechtsprechung bezieht sich zunehmend unmittelbar auf die Norm,
    insbes. im Zusammenhang mit Sicherungsverwahrung (→ Rn. 30),
    polizeirechtlichem Unterbindungsgewahrsam (→ Rn. 37) und der
    Entschädigung für rechtswidrige Freiheitsentziehungen (→
    Rn. 107 ff.). Im Notstandsfall können die Garantien des Art. 5 außer
    Kraft gesetzt werden (Art. 15). Sind Konventionsstaaten in bewaffne-
    te Konflikte im Ausland involviert, gelten spezielle Maßstäbe für die
    Auslegung des Art. 5 (→ Rn. 4). Wie das Freiheitsgrundrecht in den
    nationalen Rechtsordnungen der Konventionsstaaten verankert ist,
    erläutert Paeffgen anhand einiger Beispiele.[2]

2   Der EGMR hat zu Art. 5 drei **Grundsätze** bezüglich Freiheitsentzie-
    hungen herausgearbeitet:[3]

---

1 EGMR 15.10.2013 – 26291/06 – *Gahramanov/Aserbaidschan*.
2 Vgl. *Paeffgen* in *Wolter*, SK-StPO Bd. X, 5. Aufl. 2010, Art. 5 EMRK Rn. 4.
3 EGMR 3.10.2006 – 543/03, Slg 06-X Rn. 30 – *McKay/Vereinigtes Königreich*.

Die Ausnahmen, unter denen diese zulässig sind, **müssen eng ausgelegt werden;**[4] sie enthalten keine weit gefassten Rechtfertigungsgründe wie die Abs. 2 der Art. 8 bis 11.

Die Freiheitsentziehung muss rechtmäßig sein, und zwar **wegen des Verfahrens und in der Sache.** Das setzt eine strikte Beachtung der Rechtsstaatlichkeit/Rechtmäßigkeit voraus.

Die in Abs. 3 und 4 vorgesehene **richterliche Überprüfung** muss unverzüglich oder in kurzer Frist stattfinden. Die Entscheidungen müssen begründet werden und befristet sein (→ Rn. 102).

Der EGMR hat sich immer wieder mit staatlichen **Maßnahmen gegen Terrorismus** beschäftigen müssen und anerkannt, dass terroristische Straftaten die Behörden vor besondere Probleme stellen.[5] Dies suspendiert aber nicht die Menschenrechtsgarantien aus Art. 5 (vgl. auch → Art. 3 Rn. 2 f.).[6] Auch für Terroristen gehaltene Personen dürfen nicht ohne wirksame Kontrolle durch staatliche Gerichte und den EGMR inhaftiert werden. Es ist insbesondere nicht erlaubt, das Recht auf Freiheit des Einzelnen gegen das Interesse des Staates abzuwägen, die Bevölkerung vor terroristischer Bedrohung zu schützen.[7]

Die Organe der Konventionsstaaten sind auch dann an die Vorgaben des Art. 5 gebunden, wenn sie im Rahmen eines **bewaffneten Konflikts** im Ausland Personen gefangen nehmen.[8] Der EGMR konstatiert allerdings, es gäbe zwischen einer Freiheitsentziehung in Friedenszeiten und der Gefangennahme eines Kombattanten in einem bewaffneten Konflikt hinsichtlich Zusammenhang und Zweck der Maßnahme erhebliche Unterschiede. Eine Internierung sei in Friedenszeiten (außer bei Notstand nach Art. 15) nach Art. 5 nicht möglich, weil keiner der Fälle des abschließenden Katalogs des Abs. 1 S. 2 erfüllt sei. Im Rahmen internationaler bewaffneter Konflikte müsse Art. 5 jedoch vor dem Hintergrund des humanitären Völkerrechts, das ebenfalls gelte, ausgelegt werden. Dieses erkenne die Festnahme von Kriegsgefangenen und Zivilisten, die ein Sicherheitsrisiko darstellen, an, weshalb dies ausnahmsweise auch als von Art. 5 gedeckt anzusehen sei. Die Festnahme müsse dann aber den Vorschriften des hu-

---

4 EGMR 17.3.2016 – 69981/14, Rn. 114 – *Razul Jafarov/Aserbaidschan;* EGMR 23.3.2016 – 47152/06, Rn. 166 – *Blokhin/Russland.*
5 Zuletzt EGMR 20.10.2015 – 5201/11, Rn. 149 – *Sher ua/Vereinigtes Königreich* (für Slg vorgesehen).
6 EGMR 29.11.1988 – 1209/84, Rn. 61 – *Brogan ua/Vereinigtes Königreich;* EGMR 18.12.1996 – 21987/93 Slg 96-VI Rn. 78 – *Aksoy/Türkei;* EGMR 22.4.2004 – 36115/97, Rn. 52 – *Sarikaya/Türkei.*
7 EGMR 19.2.2009 – 3455/05, Slg 09-II Rn. 171 – *A. ua/Vereinigtes Königreich.*
8 EGMR 16.9.2014 – 29750/09 – *Hassan/Vereinigtes Königreich* (für Slg vorgesehen).

manitären Völkerrechts entsprechen und mit dem Anliegen des Art. 5 im Einklang stehen, den Einzelnen vor willkürlicher Freiheitsentziehung zu bewahren. Die Verfahrensregeln der Abs. 2 bis 4 müssen entsprechend angewendet werden, soweit die besonderen Umstände eines bewaffneten Konflikts dies zulassen.[9] Es wird demnach der (eigentlich abschließende) Katalog der Haftgründe ausnahmsweise erweitert, bei der Rechtmäßigkeit auf das Völkerrecht abgestellt und die übrigen Garantien werden entsprechend angewendet.

5 Eine rechtmäßige Freiheitsentziehung hat **nicht** zur Folge, dass der **Gefangene den Schutz der Konvention verliert.** Er darf zB nicht entgegen Art. 3 misshandelt werden, hat das Recht auf Achtung seines Familienlebens, soweit das in der Haft möglich ist (→ Art. 8 Rn. 54), seiner Korrespondenz (→ Art. 8 Rn. 94)und der Meinungsfreiheit (→ Art. 10). Einschränkungen dieser und anderer Konventionsrechte müssen gerechtfertigt sein, was insbesondere der Fall ist, wenn sie notwendig und unvermeidbar Folge der Haft sind.[10]

II. Recht auf Sicherheit

6 Hinter dem in Abs. 1 angeführten **Recht auf Sicherheit** steht kein eigenständiger Schutzbereich.[11] Der Begriff der (Rechts-)Sicherheit wird nur gelegentlich in unmittelbarem Zusammenhang mit dem Freiheitsrecht herangezogen, etwa bei Maßnahmen, die ein Staat außerhalb seines Hoheitsgebiets unter eindeutigem Verstoß gegen Völkerrecht durchgeführt hat, zB die Festnahme und Entführung einer Person ohne Zustimmung des anderen Staates (→ Rn. 23). Staatliche Eingriffe können mit dem Recht auf Sicherheit nicht gerechtfertigt werden.[12] Auch positive Ansprüche vermittelt das Recht auf Sicherheit nicht.[13]

7 Es soll insbesondere daraus **kein Asylrecht** abgeleitet werden können (→ Art. 3 Rn. 64), auch kein Recht auf Schutz der Sicherheit einzelner Personen und keine Garantie der körperlichen Unversehrtheit (zB in der Haft), ebenso kein Schutz vor Unsicherheit infolge Verlusts des Hauses.[14] Diese Risiken sind von Art. 2, 3 und 8 abgedeckt.

---

9 EGMR aaO.
10 EGMR 6.10.2005 – 74025/01, Slg 05-IX Rn. 69-71 – *Hirst/Vereinigtes Königreich*; EGMR 4.12.2007 – 44362/04, Slg 07-V Rn. 68 – *Dickson/Vereinigtes Königreich* zum Recht auf eine künstliche Befruchtung der Ehefrau.
11 EGMR 13.1.2009 – 37048/04 – *Nikolaishvili/Georgien*; EGMR 1.6.2004 – 24561/94 – *Altun/Türkei*; *Elberling* in *Karpenstein/Mayer*, EMRK, 2. Aufl. 2015, Art. 5 Rn. 5; *Jarass*, EU-GRCharta, 2. Aufl. 2013, Art. 6, Rn. 6.
12 *Elberling* in *Karpenstein/Mayer*, EMRK, 2. Aufl. 2015, aaO.
13 *Grabenwarter/Pabel*, EMRK, 6. Aufl. 2016, S. 190 Rn. 3.
14 EGMR 26.10.2004 – 33646/96, Rn. 70 – *Cacan/Türkei*.

III. Begriff der Freiheitsentziehung

1. Schutzbereich

Schutzgut des Rechts auf Freiheit ist (nur) die **körperliche Bewegungsfreiheit.**[15] Die allgemeine Handlungsfreiheit oder spezielle Freiheiten der Lebensführung und Kommunikation (zB Versammlungsfreiheit) sind nicht erfasst.[16]   8

2. Eingriff

Unter einer **Freiheitsentziehung** ist dementsprechend **die staatlich veranlasste unfreiwillige Unterbringung an einem räumlich begrenzten Ort** für nicht unerhebliche Zeit zu verstehen.[17] Um festzustellen, ob eine Freiheitsentziehung vorliegt, wird auf **die besondere Lage** des Betroffenen abgestellt und die besonderen Umstände wie Art, Dauer, Auswirkungen und die Art der Durchführung der streitigen Maßnahme.[18] Dass der Betroffene die Maßnahme hinnimmt, sich zB freiwillig in eine geschlossene Anstalt begibt oder nicht um Entlassung bittet, hat allein noch nicht zur Folge, dass er den Schutz von Art. 5 verliert,[19] besonders dann, wenn der Betroffene nicht geschäftsfähig ist.[20] Ob der jeweilige Staat das Vorliegen einer Freiheitsentziehung anerkennt, ist für die Beurteilung durch den EGMR nicht entscheidend.[21]   9

Nicht von den Regelungen des Art. 5 erfasst sind bloße **Einschränkungen der Bewegungsfreiheit.**[22] Diese fallen aber in den Schutzbereich von Art. 2 Abs. 1 Prot. Nr. 4 (zur Abgrenzung auch → Art. 2 Prot. 4 Rn. 13). Bei der Abgrenzung berücksichtigt der Gerichtshof alle Umstände des Einzelfalls wie Art, Dauer und Auswirkungen der Maßnahmen.[23] Freiheitsentziehung und Freiheitsbeschränkung unterscheiden sich nur dem Grade und der Intensität nach, nicht aber   10

---

15 EGMR 7.3.2013 – 15598/08 – *Ostendorf/Deutschland.*
16 *Grabenwarter/Pabel*, EMRK, 6. Aufl. 2016, S. 190 Rn. 2; *Satzger* in *Satzger/Schuckebier/Widmaier*, StPO, 2. Aufl. 2015, Art. 5 EMRK Rn. 5; *Paeffgen* in *Wolter*, SK-StPO, Bd. X, 5. Aufl. 2010, Art. 5 EMRK Rn. 4.
17 EGMR 16.6.2005 – 61603/00, Slg 05-V Rn. 75 – *Storck/Deutschland.*
18 EGMR 5.10.2004 – 45508/99, Slg 04-IX Rn. 89 – *H.L./Vereinigtes Königreich*; EGMR 16.6.2005 – 61603/00, Slg 05-V Rn. 71 – *Storck/Deutschland.*
19 EGMR 18.6.1971 – 2832/66 – *De Wilde* ua/*Belgien.*
20 EGMR 5.10.2004 – 45508/99, Slg 04-IX Rn. 90 – *H.L./Vereinigtes Königreich.*
21 EGMR 26.6.2014 – 26587/07 – *Krupko* ua/*Russland.*
22 EGMR 15.10.2013 – 26291/06 – *Gahramanov/Aserbaidschan.*; EGMR 12.1.2010 – 4158/05, Slg 10-I – *Gillan* ua/*Vereinigtes Königreich.*
23 EGMR 26.6.2014 – 26587/07 – *Krupko* ua/*Russland*; EGMR 6.11.1980 – 7367/76, Rn. 92 – *Guzzardi/Italien.*

nach ihrem Wesen.[24] Keine Freiheitsentziehung ist die Auflage, sich in einer bestimmten Gemeinde aufzuhalten und sich regelmäßig bei der Behörde zu melden.[25] Auch in einem Fall, in dem der Beschwerdeführer, der in einer kleinen italienischen Exklave umgeben von schweizerischem Staatsgebiet lebte, durch ein Einreiseverbot der Schweiz praktisch gehindert wurde, die italienische Exklave zu verlassen, hat der EGMR eine Freiheitsentziehung nach Art. 5 verneint. Dem Beschwerdeführer werde nur verboten, in einen anderen Staat zu reisen. Er werde aber nicht daran gehindert, dort zu leben, wo er aus freien Stücken seinen Wohnsitz genommen hat. Außerdem werde er nicht überwacht, könne nach seinen Wünschen Besuch empfangen etc.[26] Dagegen fällt **Hausarrest** unter Art. 5,[27] ebenfalls die Verbannung auf eine bewachte kleine Insel.[28]

11   Nur weil eine Freiheitsentziehung **nur kurze Zeit andauert** (zB kurzer Polizeiarrest, zwangsweise Durchführung von Untersuchungsmaßnahmen), ist sie nicht automatisch als bloße Freiheitsbeschränkung einzustufen. Bereits Freiheitsentziehungen von unter einer Stunde Dauer können in den Anwendungsbereich des Art. 5 fallen.[29] Eine Freiheitsentziehung kann auch nach Disziplinarrecht verhängter Arrest bei Soldaten sein, jedenfalls bei strengem Arrest.[30] Entscheidend für die Einstufung ist bei kurzen Freiheitsentziehungen besonders ihr Anlass. Wird jemand, der sich aus freien Stücken zu einer Flugreise entschieden hat, im Rahmen der Sicherheitskontrollen am Flughafen nur für die Dauer der Kontrolle seiner Papiere und der Durchsuchung seines Gepäcks in einem Raum der Grenzschützer festgehalten, stellt dies noch keine Freiheitsentziehung gem. Art. 5 dar.[31]

---

24 EGMR 26.6.2014 – 26587/07 – *Krupko* ua/*Russland*; zB keine Freiheitsentziehung, wenn Soldaten in der Kaserne bleiben müssen: EGMR 8.6.1976 – 5100/71, Rn. 61-63 – *Engel* ua/*Niederlande*, wohl aber wenn Besatzungsmitglieder eines Schiffs in ihren Kabinen festgehalten werden: EGMR 29.3.2010 – 3394/03, Slg 10-III Rn. 74 – *Medvedyev* ua/*Frankreich*; Art. 5 ist anwendbar bei Festhalten von Asylbewerbern in dem Transitbereich eines Flughafens: EGMR 25.6.1996 – 19776/92, Rn. 41-43 – *Amuur/Frankreich*; EGMR 27.11.2003 – 45355/99, Rn. 44 ff. – *Shamsa/Polen*; vgl. aber BVerfG 14.5.1996 = 2 BvR 1516/93: Festhalten von Asylbewerbern im Rahmen des sog Flughafenverfahrens nach § 18 a AsylVfG ist keine Freiheitsentziehung gem. Art. 2 Abs. 2 S. 2 GG.
25 Ebenso *Elberling* in *Karpenstein/Mayer*, EMRK, 2. Aufl. 2015, Art. 5, Rn. 7, 11.
26 EGMR 12.9.2012 – 10593/08, Slg 12-V – *Nada/Schweiz*.
27 EGMR 2.11.2006 – 69966/01, Slg 06-XIII Rn. 27 ff. – *Dacosta Silva/Spanien*.
28 EGMR 6.11.1980 – 7367/76, Rn. 95 – *Guzzardi/Italien*.
29 EGMR 15.10.2013 – 26291/06 – *Gahramanov/Aserbaidschan* mwN; EGMR 26.6.2014 – 26587/07 – *Krupko* ua/*Russland*: Dreistündiges Festhalten auf Polizeiwache ist Freiheitsentziehung.
30 EGMR 8.6.1976 – 5100/71, Rn. 61-63 – *Engel* ua/*Niederlande*.
31 EGMR 15.10.2013 – 26291/06 – *Gahramanov/Aserbaidschan*.

3. Verantwortlichkeit des Staates

Art. 5 umfasst grundsätzlich nur den Schutz vor **staatlich** zu verant- 12
worteten Freiheitsentziehungen. Dies kann unter drei Gesichtspunkten gegeben sein, nämlich 1. wegen unmittelbarer Mitwirkung
staatlicher Behörden oder Stellen an der Freiheitsentziehung, 2. wegen Verletzung der sich aus Art. 5 ergebenden positiven Handlungspflicht, den Betroffenen vor Eingriffen durch Private in sein Freiheitsrecht zu schützen (→ Rn. 13) und 3. wegen einer Auslegung
staatlichen Rechts, die dem Geist von Art. 5 nicht ausreichend Rechnung trägt; der Staat ist zur Gewährleistung der Konventionsrechte
dazu verpflichtet, das staatliche Recht im Geist der Konvention auszulegen.[32] Zu Vermisstenfällen („Verschwindenlassen"), in denen
streitig ist, ob es sich um eine staatliche Festnahme handelt, vgl. →
Rn. 67.

Wie bei anderen Konventionsrechten (Einl. → Rn. 30) ergeben sich 13
aus Art. 5 nicht nur negative Abwehrrechte, sondern auch **positive
Handlungspflichten, die Bürger vor Eingriffen in ihre Rechte durch
Privatpersonen oder andere Staaten zu schützen.** Damit soll eine
Lücke beim Schutz vor willkürlicher Freiheitsentziehung vermieden
werden. Ein besonderer Schutz ist für verwundbare Personen erforderlich, wie Jugendliche und Kranke. Die Behörden müssen angemessene Vorkehrungen treffen, um eine Freiheitsentziehung zu verhindern, die ihnen bekannt ist oder hätte sein müssen.[33] Schiebt ein
Staat eine Person in einen anderen Staat ab, wo dieser der erkennbaren Gefahr einer Verletzung des Art. 5 ausgesetzt ist, verwirklicht
auch der abschiebende Staat eine Konventionsverletzung, da er gegen
seine positiven Schutzpflichten verstößt.[34]

IV. Zulässigkeit der Freiheitsentziehung/Rechtfertigung von Eingriffen

1. Prüfungsreihenfolge

Die Prüfung der Rechtmäßigkeit von Freiheitsentziehungen nach 14
Art. 5 erfolgt in der folgenden Reihenfolge:

---

32 EGMR 16.6.2005 – 61603/00, Slg 05-V Rn. 89, 93 – *Storck/Deutschland*.
33 EGMR 16.6.2005 – 61603/00, Slg 05-V Rn. 102, 103 – *Storck/Deutschland* für
    Aufsichtsmaßnahmen bei Unterbringung in einer geschlossenen Station einer
    Privatklinik.
34 EGMR 13.12.2012 – 39630/09, Slg 12-VI Rn. 239 – *El Masri/*Mazedonien.

- Liegen die Voraussetzungen dafür vor, ausnahmsweise in das Freiheitsrecht einzugreifen? (Schrankenregelungen)
  - Gibt es eine innerstaatliche Rechtsgrundlage und wurden deren materielle und verfahrensrechtliche Vorschriften eingehalten?
  - Dienen diese Vorschriften mindestens einem der in Abs. 1 S. 2 Buchst. a bis f aufgeführten Zwecke?
- Genügen die Rechtsgrundlage und die konkrete Maßnahme den qualitativen und prozeduralen Anforderungen des Art. 5? (Schranken-Schranken)
  - Sind die innerstaatlichen Regeln zugänglich und ausreichend bestimmt?
  - War die Freiheitsentziehung dem Grunde nach und in ihrer Dauer notwendig und verhältnismäßig sowie frei von Willkür?
- Wurden die Verfahrensgarantien der Abs. 2 bis 4 eingehalten?

15   Der EGMR und die innerstaatlichen Gerichte sind demnach nicht darauf beschränkt, die Einhaltung innerstaatlichen Rechts zu prüfen. Dieses unterliegt vielmehr auch einer materiellen Kontrolle in Hinblick auf seine Transparenz und Bestimmtheit, die Haftgründe und die Verfahrensregeln. Außerdem gebietet Art. 5 eine von innerstaatlichen Vorschriften unabhängige Verhältnismäßigkeitsprüfung in Hinblick auf die Anordnung und die Dauer der jeweiligen Freiheitsentziehung.[35]

2. Allgemeine Voraussetzungen der Freiheitsentziehung

16   Eine Freiheitsentziehung ist nach Art. 5 Abs. 1 zulässig, wenn sie **nach innerstaatlichem Recht rechtmäßig** und auf die im Gesetz vorgeschriebene Weise vorgenommen worden ist. Aus der Verweisung auf das innerstaatliche Recht folgt die Konventionsverpflichtung, die materiellen und verfahrensrechtlichen Vorschriften des jeweiligen Mitgliedstaats einzuhalten.[36] Es ist zwar vorrangig Sache der staatlichen Gerichte, das innerstaatliche Recht auszulegen und anzuwenden. Weil aber die Nichteinhaltung des innerstaatlichen Rechts einen Konventionsverstoß zur Folge hat, **muss auch der Gerichtshof unter-**

---

35 EGMR 25.9.2003 – 52792/99 – *Vasileva/Dänemark*: Festnahme zur Identitätsfeststellung war zwar rechtmäßig, die Freiheitsentziehung verstieß aber wegen ihrer Dauer [dreizehn Stunden] gegen Art. 5 Abs. 1; EGMR 25.1.2005 – 56529/00, Slg 05-I Rn. 36 – *Enhorn/Schweden*: Freiheitsentziehung war konventionswidrig, weil mildere Mittel nicht erwogen wurden.
36 EGMR 19.9.2013 – 17167/11 – *W./Deutschland*.

suchen, ob das innerstaatliche Recht beachtet worden ist.[37] Fehler des Haftbefehls machen die Haft nicht in jedem Fall konventionswidrig, sondern nur dann, wenn sie den Haftbefehl nichtig machen, etwa bei groben und offensichtlichen Mängeln oder sonst, wenn der Fehler nicht zügig behoben, zB der Haftbefehl durch einen neuen ersetzt wird.[38] Gehen nationale Regelungen über die Garantien des Art. 5 hinaus und werden verletzt, liegt darin auch ein Verstoß gegen Art. 5.[39]

Neben der Prüfung der Einhaltung der innerstaatlichen Regelungen stellt Art. 5 auch **qualitative Anforderungen an das staatliche Recht**.[40] Es muss mit den Konventionsgrundsätzen übereinstimmen. Außerdem müssen die Rechtsgrundlage und die konkrete Freiheitsentziehung einem der in Abs. 1 S. 2 Buchst. a bis f abschließend aufgeführten **Haftgründe** dienen.[41] Aus einem anderen als den dort genannten Gründen können Freiheitsentziehungen auch bei Vorliegen einer innerstaatlichen Rechtsgrundlage mit Art. 5 nicht in Einklang gebracht werden (einzige Ausnahme: → Rn. 4). Eine Freiheitsentziehung ist deswegen nur gerechtfertigt, wenn sie von einem oder mehreren der in Abs. 1 S. 2 Buchst. a bis f genannten Gründe erfasst wird.[42] Diese Regelungen werden **eng ausgelegt**,[43] können zB nur herangezogen werden, solange sie bestehen (zB bei Buchst. f solange Ausweisungs- oder Auslieferungsverfahren schweben). Etwas anderes kann dann gelten, wenn der Betroffene zustimmt.[44]

Der EGMR verlangt zudem, anknüpfend an den Begriff der „Rechtmäßigkeit", Mindeststandards bei der **Rechtssicherheit**.[45] Die Voraussetzungen für eine Freiheitsentziehung müssen im nationalen

17

18

---

37 EGMR 4.8.1999 – 31464/96 – *Douiyeb/Niederlande*; EGMR 27.11.1997 – 25629/94, Slg 97-VII Rn. 72 – *K.-F./Deutschland*: Überschreitung der Zwölfstundenfrist in § 163 c Abs. 3 StPO ist Konventionsverletzung; vgl. dazu *Eiffler* NJW 1999, 762; EGMR 27.7.2006 – 73947/01, Rn. 46 – *Zervudacki/Frankreich*: Überschreitung der 24-Stunden-Frist nach vorläufiger Festnahme ist Konventionsverletzung; weiter EGMR 9.6.2005 – 42644/02, Rn. 45 – *Picaro/Italien*: Überschreitung der Höchstgrenze für U-Haft von sechs Monaten um vierundzwanzig Stunden.
38 EGMR 9.7.2009 – 11364/03, Rn. 75, 80 f., 89, 95 – *Mooren/Deutschland*; vgl. auch die überzeugende krit. Würdigung bei *Elberling* in *Karpenstein/Mayer*, EMRK, 2. Aufl. 2015, Art. 5 Rn. 20 ff.
39 EGMR 30.6.2005 – 5379/02, Rn. 36, 43 – *Nakach/Niederlande*.
40 EGMR 19.9.2013 – 17167/11 – *W./Deutschland*: „Qualität des Gesetzes".
41 EGMR 23.11.2013 – 7345/12 – *Glien/Deutschland*; EGMR 22.3.1995 – 18580/91, Rn. 42 – *Quinn/Frankreich*.
42 EGMR 25.1.2005 – 56529/00, Slg 05-I – *Enhorn/Schweden*.
43 EGMR 26.6.2014 – 26587/07 – *Krupko ua/Russland*.
44 EGMR 18.6.1971 – 2832/66, Rn. 65 – *De Wilde ua/Belgien*; EGMR 16.6.2005 – 61603/00, Slg 05-V – *Storck/Deutschland*; o. Rn. 9.
45 EGMR 9.7.2009 – 11364/03, Rn. 72 – *Mooren/Deutschland*; EGMR 25.1.2005 – 56529/00, Slg 05-I Rn. 36 – *Enhorn/Schweden*.

Recht allgemein zugänglich sein und klar umrissen werden, so dass die Rechtsanwendung vorhersehbar ist, Willkür also vermieden wird.[46] Wie auch sonst ist notwendig, dass eine Person, wenn nötig nach rechtlicher Beratung, in angemessener Weise vorhersehen kann, welche Konsequenzen eine Handlung hat (→ Art. 8 Rn. 105). Erforderlich ist weiter, dass das staatliche Recht einen **angemessenen Rechtsschutz** gewährt und ein **faires und angemessenes Verfahren** vorschreibt.[47] Das erfordert insbesondere, dass über jede Freiheitsentziehung **Aufzeichnungen** gemacht werden (→ Rn. 66).[48]

3. Willkürgrenze

19 Der Gerichtshof prüft zudem, ob die Freiheitsentziehung mit dem Ziel von Art. 5 Abs. 1 vereinbar ist, Personen **vor missbräuchlicher oder willkürlicher Freiheitsentziehung** zu schützen.[49]

20 Der **Begriff der willkürlichen Freiheitsentziehung** wird vom EGMR allerdings nicht generell definiert. Je nach Art der Freiheitsentziehung kann der Begriff unterschiedlich zu verstehen sein.[50] In der Regel wird eine Freiheitsentziehung als willkürlich anzusehen sein, wenn die Behörden zwar in Übereinstimmung mit staatlichem Recht gehandelt haben, aber in bösem Glauben oder mit Täuschung vorgegangen sind.[51] Um Willkür auszuschließen, müssen die Anordnung der Freiheitsentziehung und ihr Vollzug mit Ziel und Zweck der jeweils erlaubten Maßnahme vereinbar sein. Eine Freiheitsentziehung kann demnach dem innerstaatlichen Recht entsprechen und trotzdem willkürlich und somit konventionswidrig sein.[52] Der EGMR fasst unter den Begriff der Willkür nicht nur das Verhältnis von Zweck und Maßnahme, sondern auch die Angemessenheit des Orts und der Bedingungen der Freiheitsentziehung sowie der Dauer in Relation zu

---

46 EGMR 23.10.2008 – 2440/07, Rn. 111 – *Soldatenko/Ukraine*.
47 EGMR 25.6.1996 – 19776/92, Rn. 53 – *Amuur/Frankreich*; EGMR 5.10.2004 – 45508/99, Slg 04-IX Rn. 115, 124 – *H.L./Vereinigtes Königreich*.
48 Vgl. zu einer diplomatischen Note mit Einverständnis des Flaggenstaats als Rechtsgrundlage für eine Festnahme ausländischer Seeleute EGMR 29.3.2010 – 3394/03, Slg 10-III Rn. 96 ff. – *Medvedyev ua/Frankreich*: nicht klar und zugänglich genug.
49 EGMR 19.9.2013 – 17167/11 – *W./Deutschland*; EGMR 27.11.1997 – 25629/94, Slg 97-VII Rn. 63 – *K.-F./Deutschland*.
50 EGMR 31.7.2014 – 1774/11 – *Nemtsov/Russland*.
51 EGMR 29.1.2008 – 13229/03, Slg 08-I Rn. 67-74 – *Saadi/Vereinigtes Königreich*.
52 EGMR 24.10.13 – 71825/11 – *Hosein/Griechenland*; EGMR 5.4.2011 – 8687/08, Rn. 104 – *Rahimi/Griechenland*; EGMR 31.7.2014 – 1774/11 – *Nemtsov/Russland*.

dem jeweiligen Zweck.[53] Zwischen dem Grund der Freiheitsentziehung und dem Ort und den Umständen der Unterbringung muss eine Beziehung bestehen. Das Willkürverbot überschneidet sich stark mit dem deutschen Verhältnismäßigkeitsgrundsatz. Es gilt für Freiheitsentziehungen jeder Dauer, so kurz sie auch sein mögen.[54]

a) **Willkür bei Buchst. a:** Faktisch ist die Verhältnismäßigkeitsprüfung durch den EGMR bei den einzelnen Haftgründen jedoch höchst unterschiedlich: Bei **Strafhaft nach Buchst. a** wird ausschließlich geprüft, ob eine Verurteilung durch ein zuständiges Gericht vorliegt, die nicht auf einer offensichtlichen Rechtsverweigerung (flagrant denial of justice) beruht und mit Gründen versehen ist (→ Rn. 32). Zusätzliche Verhältnismäßigkeitserwägungen stellt der Gerichtshof nicht an. Bei anderen Haftarten befasst er sich hingegen zB damit, ob mildere Mittel einbezogen wurden, ob die Dauer der Freiheitsentziehung noch angemessen ist und ob das Verfahren ausreichend beschleunigt wurde.   21

b) **Willkür bei Buchst. b, d und e:** Die Freiheitsentziehung darf im Falle der **Buchst. b, d und e** nur das letzte Mittel sein, andere weniger einschneidende Maßnahmen müssen erwogen, aber für unzureichend befunden worden sein, um die Interessen anderer oder der Allgemeinheit zu schützen, die eine Unterbringung notwendig machen.[55] Bei Freiheitsentziehung zur Erzwingung der Erfüllung einer gesetzlichen Verpflichtung (Buchst. b) verlangt der Grundsatz der Verhältnismäßigkeit, dass ein Ausgleich hergestellt wird zwischen der Notwendigkeit in einer demokratischen Gesellschaft, die sofortige Erfüllung der Verpflichtung sicherzustellen, und der Bedeutung des Rechts auf Freiheit. Dabei ist die Dauer der Freiheitsentziehung von Bedeutung. Die Freiheitsentziehung einer als psychisch krank geltenden Person (Buchst. e) verstößt gegen das Willkürverbot, wenn zuvor kein ärztliches Gutachten eingeholt wurde.[56]   22

c) **Willkür bei Buchst. c:** Bei Buchst. c ist Willkür im Falle der **Entführung von Tatverdächtigen** angenommen worden (male captus male detentus), wenn ein Staat außerhalb seines Hoheitsgebiets Maßnahmen trifft, die durch eindeutige Verletzung des Völkerrechts zu der Haft des Betroffenen führen, zB weil er dazu gezwungen wird,   23

---

53 Vgl. EGMR, aaO.
54 EGMR 26.6.2014 – 26587/07 – *Krupko* ua/*Russland*: Dreistündiges Festhalten auf einer Polizeiwache.
55 Vgl. etwa zur zwangsweisen Unterbringung eines HIV-Infizierten in einem Krankenhaus, bei der die Behörden es versäumten, mildere Mittel zu erwägen EGMR 25.1.2005 – 56529/00, Slg 05-I Rn. 36 – *Enhorn/Schweden.*
56 EGMR 18.2.2014 – 8300/06 – *Rivera/Schweiz.*

unter Missachtung der Souveränität des andern Staates in das Gebiet des beklagten Staates zu wechseln, wo er strafrechtlich verfolgt wird.[57] Die Konvention verbietet im Übrigen nicht, dass Staaten durch Auslieferungsverträge oder auf anderer Grundlage zusammenarbeiten. Eine festgenommene Person kann daher konventionskonform von den Behörden eines Staates an die eines anderen überstellt werden. Wenn aber eine Person durch Repräsentanten eines Staates auf dem Gebiet eines anderen **ohne das Einverständnis** der dortigen Behörden festgenommen wird, stellt dies nicht nur eine Verletzung des Freiheitsrechts, sondern auch des Rechts der Person auf Sicherheit (→ Rn. 6) dar, wenn der andere Staat protestiert.[58]

24 **Beweisanforderungen in Entführungsfällen:** Der Bf. muss nachweisen, dass Behörden außerhalb des Staatsgebiets unter Verstoß gegen die Hoheitsrechte des Gaststaats gehandelt haben, jedoch muss kein Nachweis zur vollen Überzeugung des Gerichts geführt werden. Der Staat muss nachweisen, dass er die Souveränität des Gaststaats und das internationale Recht beachtet hat, wenn es Anhaltspunkte für den Vortrag des Bf. gibt.[59]

25 **d) Willkür bei Buchst. f:** Maßnahmen müssen in gutem Glauben vorgenommen werden und strikt auf den Zweck abgestellt sein, eine neue Einreise zu verhindern. Außerdem müssen Ort und Art der Unterbringung angemessen sein, denn die Maßnahme betrifft keinen Straftäter, sondern einen Ausländer, der häufig aus Angst um sein Leben geflohen ist.[60]

26 **e) Notwendigkeit der Freiheitsentziehung:** Freiheitsentziehung ist ein schwerwiegender Eingriff, der nur gerechtfertigt ist, wenn weniger einschneidende Maßnahmen geprüft und für unzureichend befunden wurden; die Freiheitsentziehung **muss nach den Umständen notwendig sein.**[61] Für Art. 5 Abs. 1 Buchst. f. gilt das mit Einschränkungen (→ Rn. 25); bei Buchst. a prüft der Gerichtshof die Notwendigkeit nicht gesondert (näher → Rn. 21).

27 **f) Verzögerungen:** Eine Freiheitsentziehung ist nach der Rechtsprechung des EGMR willkürlich, wenn eine abgelaufene oder für rechtswidrig erklärte Unterbringungs- bzw. Haftanordnung nicht

57 EGMR 20.2.2007 – 35865/03, Rn. 81 – *Al-Moayad/Deutschland.*
58 EGMR 20.2.2007 – 35865/03, Rn. 81 (88) – *Al-Moayad/Deutschland.*
59 EGMR 12.5.2005 – 46221/99, Slg 05-IV Rn. 85 (90) – *Öcalan/Türkei*; vgl. auch EGMR 19.3.1991 – 11755/85, Rn. 54 – *Stocké/Deutschland*; EGMR 4.7.1984 – 10689/83 – *Altmann (Barbie)/Frankreich.*
60 EGMR 25.6.1996 – 19776/92 – *Amuur/Frankreich.*
61 EGMR 8.6.2004 – 40905/98, Rn. 51 – *Hafsteinsdottir/Island*; EGMR 25.1.2005 – 56529/00, Slg 05-I Rn. 36 – *Enhorn/Schweden.*

rasch genug ersetzt oder die betroffene Person nicht schnell genug freigelassen wird.[62] Dabei liegt ein besonderes Augenmerk des Gerichtshofs darauf, ob es angemessene Garantien gibt, die sicherstellen, dass die Entscheidung über die Freilassung des Betroffenen nicht unangemessen verzögert wird, und festlegen, wer die Verantwortung für eine etwaige Verzögerung trägt (aaO). In Deutschland sind hiervon insbesondere die **turnusmäßigen Überprüfungen von Maßregelunterbringungen** betroffen (§ 67 e StGB). In dem Fall W./Deutschland[63] hatte der EGMR zu entscheiden, ob die Überschreitung der damals noch zweijährigen Frist zur Überprüfung der Sicherungsverwahrung um 27 Tage zur Rechtswidrigkeit der Unterbringung während dieser Zeit führte. Die nationalen Gerichte hatten die Freiheitsentziehung für rechtmäßig erklärt, da die kurze Überschreitung der Frist keine unvertretbare Fehlhaltung der Justiz gegenüber dem Freiheitsrecht des Betroffenen zum Ausdruck bringe. Sein Freiheitsgrundrecht sei daher nicht verletzt worden. Der EGMR geht in seiner Entscheidung zwar davon aus, dass angesichts dieser Positionierung der nationalen Gerichte (noch) von einer Rechtmäßigkeit der Freiheitsentziehung nach nationalem Recht auszugehen sei. Sie sei aber gleichwohl willkürlich und damit rechtswidrig nach Art. 5 gewesen. Siebenundzwanzig Tage seien kein unerheblicher Zeitraum. Eine Verzögerung von einem Monat sei aus seiner Sicht die Obergrenze dessen, was unter Umständen überhaupt noch als angemessen angesehen werden könne. Vorliegend habe der Betroffene aber nichts zu der Verzögerung beigetragen, sondern sogar frühzeitig auf den nahenden Fristablauf aufmerksam gemacht. Gleichzeitig seien ausreichende Schutzmechanismen zur Vermeidung von Fristüberschreitungen nicht zu erkennen. Wenn diese nur dann Konsequenzen hätten, wenn eine „nicht vertretbare Fehlhaltung" gegenüber den Verfahrensrechten des Betroffenen zu Tage trete, würden die Fristen nicht ausreichend ernst genommen. Siehe auch unten, → Rn. 102.

4. Haftgründe

a)   **Gerichtliche Verurteilung (Buchst. a):** Die Freiheitsentziehung   28
muss bei Buchst. a auf einer gerichtlichen Entscheidung beruhen, mit der die Schuld des Betroffenen festgestellt und eine bestimmte Strafe verhängt worden ist. Dies muss der wirkliche und nicht nur vorgeschobene Grund für die Freiheitsentziehung sein (→ Rn. 20 f.). Es kann sich um eine **strafrechtliche oder disziplinarrechtliche Verurtei-**

---

62   EGMR 19.9.2013 – 17167/11 – *W./Deutschland.*
63   EGMR 19.9.2013 – 17167/11 – *W./Deutschland.*

lung handeln. Ein Strafbefehl genügt.[64] Rechtskraft ist nicht erforderlich. Das Gericht muss nach der staatlichen Rechtsordnung **zuständig**, unabhängig und unparteiisch sein; die Gewähr für die Einhaltung rechtsstaatlicher Verfahrensgarantien muss gegeben sein. Unter diesen Voraussetzungen genügt grundsätzlich auch die Verurteilung durch ein Gericht eines **De-facto-Regimes**.[65] Die Freiheitsentziehung kann eine Strafe sein, aber auch eine andere Maßnahme, zB eine Maßregel der Besserung und Sicherung wie die Unterbringung in einer psychiatrischen Anstalt (vgl. auch Buchst. e). Es muss allerdings die Schuld des Verurteilten festgestellt worden sein. Die Unterbringung eines Schuldunfähigen durch ein Strafgericht (§ 63 StGB) richtet sich daher allein nach Buchst. e. Für den Fall, dass der Betroffene vorübergehend in Strafhaft bleibt, bis ein Platz in einer für den Maßregelvollzug vorgesehenen Institution frei ist, gelten dieselben Grundsätze wie bei Buchst. d, e (→ Rn. 46 f.).[66]

29   Die Freiheitsentziehung muss Konsequenz der Verurteilung sein, es muss daher zwischen beiden ein **ausreichender Kausalzusammenhang** bestehen. Dabei wird die Verbindung mit zunehmendem Zeitablauf seit der Verurteilung schwächer. Der Kausalzusammenhang wird unterbrochen und die Freiheitsentziehung also nicht mehr durch die Verurteilung gerechtfertigt, wenn eine Haftfortdauer auf Gründe gestützt wird, die sich nicht aus der gerichtlichen Verurteilung ergeben.[67] Dies nahm der EGMR im Fall der 1998 beschlossenen **rückwirkenden Verlängerung** der Unterbringungsdauer in der deutschen **Sicherungsverwahrung** an und erklärte sie für konventionswidrig.[68] Urteile, die zu einem Zeitpunkt Sicherungsverwahrung anordneten, als diese noch gesetzlich auf zehn Jahre beschränkt war, können die spätere Vollstreckung der Sicherungsverwahrung über zehn Jahre hinaus (nach neuem Recht) nicht im Sinne des erforderlichen Kausalzusammenhanges rechtfertigen.[69] Auch die sog **nachträgliche Sicherungsverwahrung**, also die Anordnung der Sicherungsverwahrung erst während der Vollstreckung der Strafe, verwarf der EGMR we-

---

64 EGMR 23.11.2010 – 14579/05, Rn. 1 – *Wenner/Slowakei*.
65 EGMR 8.7.2004 – 48787/99, Slg 04-VII Rn. 460 – *Ilaşcu* ua/*Moldau u. Russland*. Dort wurden diese Voraussetzungen für die transnistrischen Gerichte abgelehnt (Rn. 462); vgl. auch Rn. 42. Gewahrt sind sie hingegen in Nordzypern: EGMR 10.5.2001 – 25781/94, Slg 01-IV Rn. 231, 237 – *Zypern/Türkei*.
66 Zur sog Organisationshaft BVerfG = NJW 2006, 427.
67 EGMR 22.1.2013 – 2894/08 – *Dörr/Deutschland*.
68 EGMR 17.12.2009 – 19359/04, Slg 09-VI Rn. 88, 100 – *M./Deutschland* mit Anm. Eschelbach NJW 2010, 2499; vgl. auch BVerfG 4.5.2011, 2 BvR 2333/08 ua = BVerfGE 128, 326.
69 Zuletzt wieder bestätigt in EGMR 7.1.2016 – 23279/14, Rn. 104 – *Bergmann/Deutschland*.

gen des darin liegenden Verstoßes gegen Art. 5 Abs. 1 Buchst. a. Es fehle an der Kausalität zwischen dem die Schuld feststellenden Urteil und der späteren, wegen zusätzlicher Umstände erfolgenden Anordnung der Sicherungsverwahrung.[70] Die bereits im Urteil angeordnete Sicherungsverwahrung ist aus seiner Sicht hingegen von Buchst. a gedeckt, solange ihre Anordnung auf der Verurteilung beruht[71] und der Kausalzusammenhang zu der Verurteilung auch bei den regelmäßigen Fortdauerentscheidungen noch vorhanden ist. Dasselbe gilt für die vorbehaltene Sicherungsverwahrung.[72] Die Fortdauerentscheidung selbst ist keine Verurteilung im Sinne des Buchst. a, da sie keine Schuldfeststellung beinhaltet.[73] Es bedarf daher stets der Kausalverbindung zu dem Strafurteil. Die Berechtigung der Entscheidung, die Sicherungsverwahrung zu verlängern, wird zudem in Frage gestellt, wenn die nationalen Gerichte eindeutig über unzureichendes Material (insbes. Gutachten, dazu auch → Rn. 52) verfügen, um schlusszufolgern, dass der Betroffene weiterhin eine Gefahr für die Allgemeinheit sei. Wird der Sachverhalt (das Fortbestehen der Gefährlichkeit) nicht hinreichend aufgeklärt, fehlt es an dem erforderlichen Kausalzusammenhang zwischen Urteil und Fortdauerentscheidung.[74]

Der deutsche Gesetzgeber war nach den Grundsatzentscheidungen des EGMR in den Jahren 2009 und 2011 gezwungen, die **Sicherungsverwahrung grundlegend neu zu regeln** und tat dies zunächst mit dem „Gesetz zur Neuordnung der Sicherungsverwahrung und zu begleitenden Regelungen" vom 20.12.2010.[75] Verurteilte, die von einer nachträglichen Anordnung oder Entfristung ihrer Sicherungsverwahrung betroffen waren, wurden teils freigelassen. Die Rechtsprechung bis hin zum BGH[76] agierte zunächst jedoch uneinheitlich. Das BVerfG erklärte schließlich mit Urteil vom 4.5.2011[77] die Regelungen zur Sicherungsverwahrung insgesamt für verfassungswidrig, zum großen Teil allerdings nur wegen Verstoßes gegen das sog Abstandsgebot (→ Art. 7 Rn. 12). Für die Fälle nachträglicher Anordnung oder Entfristung der Sicherungsverwahrung ließ es die Siche-

30

---

70 EGMR 13.1.2011 – 6587/04 – *Haidn/Deutschland*, konkret bezogen auf eine Unterbringung nach dem bayerischen Gesetz zur Unterbringung von besonders rückfallgefährdeten hochgefährlichen Straftätern sowie, nach dessen Erklärung für verfassungswidrig durch BVerfG 10.2.2004, 2 BvR 834/02 = BVerfGE 109, 190, auf die Fortgeltensanordnung des BVerfG aus jener Entscheidung.
71 EGMR 21.10.2010 – 24478/03, Rn. 47 – *Grosskopf/Deutschland*.
72 EGMR 10.02.2015 – 264/13 – *Müller/Deutschland*.
73 LG Karlsruhe 24.4.2012 – 2 O 278/11 = BeckRS 2012, 09000.
74 EGMR 19.9.2013 – 17167/11 – *W./Deutschland*.
75 Vgl. ausf. *Renzikowski* ZIS 2011, 531.
76 Vgl. 4. Strafsenat 12.5.2010, 4 StR 577/09, NStZ 2010, gegenüber 5. Strafsenat 21.7.2010, 5 StR 60/10, BGHSt 55, 234.
77 BVerfGE 128, 326.

rungsverwahrung zudem nur noch bei einer hochgradigen Gefahr schwerster Gewalt- oder Sexualstraftaten, die aus konkreten Umständen in der Person oder dem Verhalten des Untergebrachten abzuleiten sein muss, zu, wenn zugleich die **Voraussetzungen des Art. 5 Abs. 1 S. 2 Buchst. e** erfüllt sind. Auf die Entscheidung des BVerfG reagierte der Gesetzgeber mit dem „Gesetz zur bundesrechtlichen Umsetzung des Abstandsgebotes im Recht der Sicherungsverwahrung" v. 5.12.2012. Durch die genannten Reformen wurde die nachträgliche Sicherungsverwahrung (nur) für Fälle mit Tatdatum ab dem 1.1.2011 (weitestgehend)[78] abgeschafft. Für die Altfälle gilt weiter der frühere Gesetzeszustand unter zusätzlicher Beachtung der Vorgaben des BVerfG (vgl. Art. 316 e, 316 f EGStGB). Der Gesetzgeber schuf zudem mit dem Gesetz vom 20.12.2010 auch das sog Therapieunterbringungsgesetz, das ebenfalls eine konventionskonforme Unterbringung nach Maßgabe von Buchst. e für diejenigen Fälle ermöglichen soll, die von dem konventionswidrigen rückwirkenden Fortfall der Höchstfrist betroffen sind. Die Vorschrift wurde vom BVerfG aber nur unter denselben, restriktiven Bedingungen als verfassungskonform angesehen, die auch für die Altfälle gelten,[79] wodurch das Gesetz seither leerlaufen dürfte. Zu Buchst. e in den Fällen der Sicherungsverwahrung siehe unten, Rn. 48. Als Ersatz für die bisherige nachträgliche Sicherungsverwahrung hat sich der Gesetzgeber nun für ein Modell entschieden, das vermehrt auf eine im Urteil **vorbehaltene** (und ggf. im Nachverfahren anzuordnende) **Sicherungsverwahrung** setzt; dadurch ist den Anforderungen von Buchst. a nun Rechnung getragen.[80] Der einzige auch für Neufälle verbleibende Bereich der nachträglichen Sicherungsverwahrung (**nachträgliche Sicherungsverwahrung bei zuvor nach § 63 StGB Untergebrachten**, deren Unterbringung gem. § 67 d Abs. 6 StGB für erledigt erklärt wurde, weil der Zustand iSd §§ 20, 21 StGB zum Entscheidungszeitpunkt nicht (mehr) bestand) dürfte hingegen ebenfalls konventionswidrig sein.[81] An sich müsste die Vorschrift, um dem zu begegnen, auch bei Neufällen nach dem og Muster restriktiv ausgelegt werden;[82] dem

---

78 Vgl. § 66 b StGB und dazu sogleich.
79 BVerfG 11.7.2013, 2 BvR 2302/11 = BVerfGE 134, 33.
80 Ausdrücklich EGMR 10.02.2015 – 264/13 – *Müller/Deutschland*. Ebenso bereits BVerfG 20.6.2012, 2 BvR 1048/11 = BVerfGE 131, 268.
81 Vgl. nur EGMR 28.6.2012 – 3300/10 – *S./Deutschland* zu der entsprechenden Regelung in § 66 b Abs. 3 StGB aF; näher *Jehle/Harrendorf* in *Satzger/Schuckebier/Widmaier*, StGB, 3. Aufl. 2016, § 66 b Rn. 14, auch zur daraus folgenden Vefassungswidrigkeit.
82 Dies für Altfälle nach § 66 b Abs. 3 StGB aF bejahend, für Neufälle aber offenlassend, BVerfG 6.2.2013, 2 BvR 2122/11 = BVerfGE 133, 40.

dürfte allerdings der erkennbare gesetzgeberische Wille[83] entgegenstehen. Auch bei restriktiver Auslegung verbleibt für die Norm allerdings kein nennenswerter Anwendungsbereich, weil sie dann voraussetzen würde, dass ein – zuvor angenommener – Zustand gem. §§ 20, 21 StGB nicht (mehr) vorliegt, aber dennoch weiterhin eine Buchst. e unterfallende psychische Störung besteht.[84]

Wenn eine **Strafaussetzung zur Bewährung widerrufen** wird, ist die weitere Haft grundsätzlich von Buchst. a gedeckt, weil die Möglichkeit des Bewährungswiderrufs bereits im Urteil vorgesehen war und deshalb der erforderliche Kausalzusammenhang besteht. Gleiches gilt für die Vollstreckung einer Ersatzfreiheitsstrafe.[85]   31

Wenn sich später ergibt, dass sich der Richter bei der Verurteilung geirrt hat, macht das die Freiheitsentziehung nicht konventionswidrig. Deswegen werden Bf. nicht mit der Behauptung gehört, der Schuldspruch oder die gegen sie verhängte Strafe beruhten auf einem Tatsachen- oder Rechtsirrtum.[86] Der EGMR prüft die Urteile staatlicher Gerichte also **nicht auf deren Richtigkeit**. Auch einer Verhältnismäßigkeitsprüfung (insbes. hinsichtlich der Angemessenheit der Strafe) wird die gerichtliche Entscheidung nicht unterworfen. Wenn aber die Verurteilung auf einer **offensichtlichen Rechtsverweigerung** (flagrant denial of justice) beruht, also offensichtlich **gegen Art. 6** verstößt, ist sie kein Rechtfertigungsgrund für eine Freiheitsentziehung.[87] Eine Gerichtsentscheidung, welche die Haft erheblich verlängert und dafür keine Begründung gibt, kann wegen Verstoßes gegen das Gebot der Rechtsklarheit und Vorhersehbarkeit und wegen des Schutzes gegen Willkür unzureichend sein, um die weitere Haft zu rechtfertigen.[88] Wegen des Verhältnisses zu Art. 5 Abs. 4 vgl. → Rn. 93.   32

Eine **Überstellung in den Heimatstaat zur Verbüßung der Strafe** bleibt aufgrund der Verurteilung im Aufenthaltsstaat rechtmäßig. Wenn die Praxis der Staaten bei der vorzeitigen Entlassung unterschiedlich ist, hindert das eine Überstellung nicht. Etwas anderes kann allenfalls gelten, wenn der Betroffene im Aufnahmeland we-   33

---

83 Siehe nur BT-Drucks. 17/3403, S. 34.
84 Krit. auch *Renzikowski* NJW 2013, 1638 (1642).
85 Ebenso *Elberling* in *Karpenstein/Mayer*, EMRK, 2. Aufl. 2015, Art. 5 Rn. 30.
86 EGMR 4.8.1999 – 31464/96, Rn. 45 – *Douiyeb/Niederlande*.
87 EGMR 8.7.2004 – 48787/99, Slg 04-VII Rn. 461 – *Ilascu* ua/*Moldau u. Russland*; EGMR 24.3.2005 – 9808/02, Rn. 51 – *Stoichkov/Bulgarien* für den Fall einer Verurteilung in Abwesenheit, weil es nicht möglich war, eine erneute Verhandlung herbeizuführen.
88 EGMR 8.11.2005 – 6847/02, Slg 05-X Rn. 135-137 – *Khudoyorov/Russland*.

sentlich und unverhältnismäßig länger in Haft bleiben müsste,[89] oder wenn der Betroffene entgegen einer Zusage nicht überstellt wird.[90]

34   **b) Nichtbefolgung einer rechtmäßigen Anordnung, Erzwingung der Erfüllung einer gesetzlichen Verpflichtung (Buchst. b): Buchst. b** kennt **zwei Fälle:** Die Festnahme oder Freiheitsentziehung wegen Nichtbeachtung einer rechtmäßigen gerichtlichen Anordnung und diejenige zur Erzwingung der Erfüllung einer gesetzlichen Verpflichtung. **In beiden Fällen muss eine Abwägung vorgenommen werden** zwischen dem Interesse in einer demokratischen Gesellschaft daran, dass eine gerichtliche Anordnung befolgt wird, und dem Recht auf Freiheit. Die Freiheitsentziehung muss verhältnismäßig sein.[91]

35   Die erste Alternative setzt einen **Gerichtsbeschluss** voraus, zB auf Zahlung von Kosten oder einer Geldbuße, auf Räumung oder Aufenthalts- oder Meldeauflagen, auf Herausgabe von Kindern an ein Elternteil oder die gerichtliche Anordnung, sich einer Untersuchung zu unterziehen oder der Unterbringung.[92] Die Haft darf nur der Durchsetzung der Maßnahme dienen, darf nicht unverhältnismäßig lange dauern und muss unmittelbar nach Erfüllung der Verpflichtung beendet werden, denn sie dient nur der Durchsetzung dieser Verpflichtung.[93]

36   Die zweite Alternative meint eine **besondere Verpflichtung, die unmittelbar durch Gesetz** auferlegt wird. Nicht erfasst werden also allgemeine Pflichten, zB zur Beachtung der Rechtsordnung.[94] Die Vorschrift soll die **Durchsetzung spezieller gesetzlicher Pflichten** ermöglichen, zB der Pflicht, bei der Polizei Angaben zur Person zu machen[95] oder als Zeuge auszusagen.[96] Voraussetzung für die Rechtmäßigkeit der Freiheitsentziehung ist also, dass den Betroffenen eine **noch nicht erfüllte** Verpflichtung trifft und dass die Haft dazu dient, die Erfüllung zu erzwingen und nicht etwa Strafcharakter hat. Wenn der Betroffene die Pflicht erfüllt hat, ist kein Raum mehr für eine Freiheitsentziehung. Außerdem muss eine Interessenabwägung vorgenommen

---

89 Vgl. allerdings EGMR 15.3.2005 – 38704/03, Slg 05-VII – *Veermäe/Finnland*, wo der Gerichtshof eine Konventionsverletzung verneint hat, auch wenn in dem überstellenden Staat mit einer Entlassung nach der Halbstrafe zu rechnen und in dem aufnehmenden Staat Vollverbüßung der Strafe zu erwarten ist.
90 EGMR 1.4.2010 – 27801/05 – *Smith/Deutschland*.
91 EGMR 27.7.2010 – 28221/08, Slg 10-V Rn. 40 – *Gatt/Malta*.
92 Vgl. die Zusammenstellung EGMR 27.7.2010 – 28221/08, Slg 10-V Rn. 37 – *Gatt/Malta*.
93 EGMR 3.12.2002 – 30218/96, Rn. 63 (64) – *Nowicka/Polen*.
94 EGMR 1.7.1961 – 332/57, Rn. 9 – *Lawless/Vereinigtes Königreich*.
95 EGMR 25.9.2003 – 52792/99 – *Vasileva/Dänemark*.
96 EGMR 22.5.2008 – 65755/01 – *Stefanov/Bulgarien*; EGMR 22.2.2011 – 24329/02 – *Soare ua/Russland*.

werden (vgl. → Rn. 34) zwischen dem **Allgemeininteresse** an der Erzwingung der Verpflichtung und der Freiheit des Einzelnen. Dabei berücksichtigt der Gerichtshof die Art der Verpflichtung, ihren Zweck und ihr Ziel, die in Haft genommene Person und die besonderen Umstände, die zu der Haft geführt haben sowie deren Dauer.[97]

Nach der neueren Rechtsprechung des EGMR[98] fällt auch der **Gewahrsam zur Verhinderung einer Ordnungswidrigkeit oder Straftat**, wie er in der Bundesrepublik in den Polizeigesetzen der Länder vorgesehen ist, unter den Buchst. b (anders noch die Vorauflage). Obwohl der EGMR sich zunächst zu dem deutschen Unterbindungsgewahrsam kritisch geäußert hat,[99] hielt er ihn schließlich unter bestimmten Umständen für mit Art. 5 vereinbar.[100] Es muss allerdings gleichwohl um die Verhinderung einer dem Betroffenen obliegenden spezifischen und konkreten Verpflichtung gehen, deren Verletzung droht. Dies sieht der EGMR als erfüllt an, wenn Ort und Zeit der bevorstehenden Begehung der Straftat oder Ordnungswidrigkeit sowie ihr mögliches Opfer hinreichend konkretisiert sind.[101] Zum Schutz vor willkürlichen Freiheitsentziehungen bedarf es eines Hinweises auf die konkret zu unterlassende Handlung und der Weigerung des Betroffenen, sich entsprechend zu verhalten.[102] Ein Versammlungsverbot soll zugleich die hinreichend konkrete und spezifische gesetzliche Verpflichtung (§ 29 Abs. 1 Nr. 1 VersG) begründen, an der gleichwohl stattfindenden Versammlung nicht teilzunehmen, und daher eine präventive Ingewahrsamnahme rechtfertigen können.[103]

37

c) **Vorläufige Festnahme, Untersuchungshaft (Buchst. c):** Buchst. c betrifft **nur Freiheitsentziehungen im Rahmen eines strafrechtlichen Ermittlungsverfahrens,**[104] insbesondere die vorläufige Festnahme und

38

---

97 Vgl. EGMR 25.9.2003 – 52792/99, Rn. 37, 38 – *Vasileva/Dänemark*; EGMR 24.3.2005 – 77909/01, Rn. 37 – *Epple/Deutschland*: achtzehn Stunden Haft bei Zuwiderhandlung gegen die polizeiliche Anordnung, einen bestimmten Ort wegen dort stattfindender „Chaostage" zu verlassen, zu lang – Verletzung.

98 EGMR 24.3.2005 – 77909/01 – *Epple/Deutschland*; EGMR 7.3.2013 – 15598/08 – *Ostendorf/Deutschland*; EGMR 1.12.2011 – 8080/08, Slg 11-VI – *Schwabe* ua/*Deutschland*.

99 EGMR 1.12.2011 – 8080/08, Slg 11-VI – *Schwabe* ua/*Deutschland*.

100 EGMR 7.3.2013 – 15598/08 – *Ostendorf/Deutschland*.

101 EGMR 7.3.2013 – 15598/08 – *Ostendorf/Deutschland*.

102 EGMR 7.3.2013 – 15598/08 – *Ostendorf/Deutschland*; OVG Lüneburg 14.2.2014 = NVwZ-RR 2014, 552 (557); weitergehend OLG Celle 7.10.2014, 22 W 1/14 = BeckRS 2015, 07359, das den Hinweis u. bestimmten Umständen für entbehrlich hält.

103 OVG Bremen 9.5.2015, 1 A 251/12 = BeckRS 2015, 48609.

104 EGMR 1.12.2011 – 8080/08, Slg 11-VI – *Schwabe* ua/*Deutschland*.; EGMR 24.3.2005 – 77909/01, Rn. 35 – *Epple/Deutschland*.

Untersuchungshaft. Eine vorbeugende Haft ohne Tatverdacht ist nach Buchst. c unzulässig.[105] Präventivgewahrsam zur Verhinderung von Straftaten oder Ordnungswidrigkeiten wird von Buchst. c nicht erfasst, da dieser nur Untersuchungshaft mit dem Ziel, die inhaftierte Person einem gerichtlichen Verfahren zuzuführen, abdeckt.[106] Er lässt sich aber ggf. unter Buchst. b subsumieren (→ Rn. 34). Auch die **Sicherungsverwahrung** kann nicht nach Buchst. c gerechtfertigt werden, da dieser kein präventives Vorgehen gegen Personen erlaubt, die wegen eines fortbestehenden Hanges zu Straftaten eine Gefahr darstellen.[107] Die Formulierung in Buchst. c „...wenn begründeter Anlass zu der Annahme besteht, dass es notwendig ist, sie an der Begehung einer Straftat zu hindern" hat demnach keine eigenständige Bedeutung. Sie rechtfertigt keine Präventivhaft, sondern allenfalls Untersuchungshaft mit dem Haftgrund der Wiederholungsgefahr.

39 Die Vorschrift gilt auch, wenn die Haft nur **kurze Zeit** dauert (zu Abs. 3 → Rn. 75). Auch kurze Haft ist nur zulässig, wenn "stichhaltige und ausreichende" Gründe die U-Haft trotz der Unschuldsvermutung rechtfertigen.[108] Entscheidungen über die Anordnung oder Fortdauer der Haft, in denen solche Gründe weder konkret angeführt, (→ Rn. 86) noch eine Frist für die Haft bestimmt wird, setzen die Garantien aus Art. 5 EMRK faktisch außer Kraft und sind daher im Lichte dieser Vorschrift unzulässig.[109]

40 Die Freiheitsentziehung muss **rechtmäßig und auf die gesetzlich vorgeschriebene Weise** (→ Rn. 42), außerdem **zur Vorführung vor die zuständige Gerichtsbehörde** (u. → Rn. 76) vorgenommen sein, und es muss **ein Haftgrund** vorliegen (Tatverdacht, Verhinderung einer Straftat, Fluchtgefahr, u. → Rn. 44, 86, 87). Die U-Haft beginnt mit der Verhaftung und endet mit der gerichtlichen Entscheidung in der ersten Instanz. Sie darf nicht länger dauern als notwendig (u. → Rn. 82 f.).

41 **Pflicht zur Entlassung:** Wenn die Voraussetzungen für die Haft entfallen, zB wenn der Betroffene freigesprochen wird oder das Gericht

---

105 EGMR 19.2.2009 – 3455/05, Slg 09-II Rn. 172 – *A.* ua/*Vereinigtes Königreich.*
106 EGMR 7.3.2013 – 15598/08 – *Ostendorf/Deutschland*; OVG Bremen 9.5.2015, 1 A 251/12 = BeckRS 2015, 48609; OLG Celle 7.10.2014, 22 W 1/14 = BeckRS 2015, 07359; OVG Lüneburg 14.2.2014 = NVwZ-RR 2014, 552; zur früher vertretenen Auffassung vgl. VGH Baden-Württemberg 27.9.2004, 1 S 2206/03.
107 BGH 19.9.13, III ZR 407/12 = BeckRS 2013, 17471; LG Marburg 8.7.2014, 2 O 63/13 = BeckRS 2015, 07833.
108 EGMR 27.6.1968 – 2122/64, Rn. 12 – *Wemhoff/Deutschland*; EGMR 24.7.2003 – 46133/1999, Slg 03-IX Rn. 58 – *Smirnova/Russland*, vgl. Rn. 82 ff.
109 EGMR 8.11.2005 – 6847/02, Slg 05-X Rn. 142 – *Khudoyorov/Russland.*

seine Freilassung anordnet, auch wenn die Haft nach der gerichtlichen Entscheidung an einem bestimmten Tag endet, ist die Fortdauer nicht mehr konventionsgerecht und der Inhaftierte muss entlassen werden.[110] Auch im Falle eines **Freispruchs** ist die Haft nicht länger gerechtfertigt. **Verzögerungen** bei der Entlassung werden besonders genau geprüft. Der Gerichtshof erkennt an, dass **bis zur Entlassung eine gewisse Zeit** erforderlich sein kann, die aber auf das absolut erforderliche Minimum beschränkt sein muss.[111] Der beklagte Staat muss über die wesentlichen Tatsachen im Einzelnen **Auskunft geben und zwar Stunde für Stunde.** Verwaltungsförmlichkeiten können eine Verzögerung um mehrere Stunden nicht rechtfertigen.[112] Im Fall *Picaro/Italien*[113] hat der EGMR eine Verzögerung der Entlassung um einen Tag akzeptiert, weil Klärungen erforderlich waren. Wenn eine Person **trotz Freispruchs festgehalten** wird, verletzt das nicht nur Art. 5, sondern auch Art. 6, weil das Urteil nicht beachtet wird.[114] Siehe auch bereits → Rn. 27.

Die Freiheitsentziehung ist nur rechtmäßig, wenn sie im **Zusammen-**   42
hang mit einem Strafverfahren vorgenommen wird (o. → Rn. 29). Zweck der Festnahme muss die **Vorführung vor die zuständige Justizbehörde** wegen eines Tatverdachts sein. Gerichtsbehörde ist ebenso zu verstehen wie in Abs. 3 (Richter oder zur Wahrnehmung richterlicher Aufgaben ermächtigte Person). Rechtmäßig kann eine Verhaftung nach Buchst. c grundsätzlich auch dann sein, wenn sie durch Gerichte eines international nicht anerkannten **De-facto-Regimes** angeordnet wurde; Voraussetzung ist aber, dass das dortige Justizsystem auf einer verfassungsmäßigen und rechtlichen Basis operiert, die mit dem Standard der Konvention vereinbar ist, also insbesondere unabhängige und unparteiische Gerichte vorsieht, die nach rechtsstaatlichen Grundsätzen arbeiten.[115]

Wenn ein Beschuldigter in U-Haft genommen worden ist, darf er   43
nicht in Polizeigewahrsam zurückgebracht werden, weil das eine

---

110 EGMR 30.10.2003 – 38654/97, Rn. 57 – *Goral/Polen*.
111 EGMR 1.7.1997 – 19218/91, Slg 97-IV Rn. 25 – *Manzoni/Italien*; EGMR 6.4.2000 – 26772/95, Slg 00-IV Rn. 172 – *Labita/Italien*: zwölf Stunden zu viel; EGMR 12.12.2004 – 45114/98, Rn. 73 – *Bogilov/Bulgarien*: zwanzig Stunden zu lang; EGMR 4.6.2015 – 5425/11, Rn. 68 f. – *Ruslan Yakovenko/Ukraine* (vorgesehen für Slg): zwei Tage zu lang.
112 EGMR 22.12.2004 – 40063/98, Rn. 116 – *Mitev/Bulgarien*.
113 EGMR 9.6.2005 – 42644/02, Rn. 58-61 – *Picaro/Italien*.
114 Art. 6 Rn. 87; EGMR 8.4.2004 – 71503/01, Slg 04-II – *Assanidze/Georgien*.
115 EGMR 23.2.2016 – 11138/10, Rn. 144 – *Mozer/Moldau u. Russland*. Dort wurden diese Voraussetzungen für die transnistrischen Gerichte abgelehnt (Rn. 147 ff.); vgl. auch Rn. 28. Gewahrt sind sie hingegen in Nordzypern: EGMR 10.5.2001 – 25781/94, Slg 01-IV Rn. 231, 237 – *Zypern/Türkei*.

wirksame richterliche Kontrolle verhindert und deswegen Art. 5 verletzen würde.[116]

44 Der **Haftgrund des hinreichenden Tatverdachts** muss sich auf eine strafbare Handlung beziehen, die eine Verurteilung auch zu einer Freiheitsstrafe[117] nach sich ziehen kann (Buchst. a). Wenn das nationale Recht weitergehende Voraussetzungen vorsieht (zB dringender Tatverdacht, Verdunkelungs- oder Wiederholungsgefahr), müssen sie vorliegen, weil die Freiheit sonst nicht auf die gesetzlich vorgesehene Weise entzogen wäre.[118]

45 Der EGMR **prüft** anhand der erforderlichen Begründung der richterlichen Entscheidungen (→ Rn. 89), **ob ein hinreichender Tatverdacht vorliegt.** Es müssen konkrete Tatsachen vorliegen, die einen objektiven Betrachter davon überzeugen würden, dass der Betroffene eine Straftat begangen haben könnte.[119] Die bloße fehlende staatliche Registrierung einer NGO sowie der von ihr eingeworbenen finanziellen Zuschüsse begründet zB keinen Verdacht der Steuerhinterziehung oder einer illegalen Unternehmertätigkeit.[120] Die strafbare Handlung muss aber nicht schon so weitgehend aufgeklärt sein, dass die Anklage erhoben werden kann.[121] Der Begriff des „hinreichenden Tatverdachtes" in Buchst. c entspricht also nicht dem der §§ 170 Abs. 1, 203 StPO). Die Hinweise auf eine Tat müssen nicht das Gewicht haben, das für eine Anklage oder Verurteilung erforderlich ist.[122] Die Haft kann also auch gerechtfertigt gewesen sein, wenn es nicht zu einer Anklage oder wenn es zu einem Freispruch kommt. Wenn ein **Rechtsanwalt verhaftet** wird, prüft der Gerichtshof die Voraussetzungen besonders genau, weil die Freiheit der Anwälte, ihren Beruf auszuüben, für die Gewährleistung der Konventionsgarantien besonders wichtig ist.[123]

46 d) **Freiheitsentziehung Minderjähriger (Buchst. d):** Buchst. d betrifft die **Freiheitsentziehung Minderjähriger zum Zwecke überwachter Erziehung und zur Vorführung.** Der Begriff überwachte Erziehung umfasst Maßnahmen der Jugendhilfe und des Jugendstrafrechts; er ist aber etwas qualitativ anderes als positiv oder negativ spezialpräventi-

---

116 EGMR 12.12.2006 – 20265/02, Rn. 33 – *Kirkazak/Türkei.*
117 EGMR 19.5.2004 – 44568/98, Rn. 87 – *R.L. u. M.-J.D./Frankreich.*
118 EGMR 27.11.1997 – 25629/94, Slg 97-VII Rn. 63 ff. – *K.-F./Deutschland.*
119 EGMR 17.3.2016 – 69981/14, Rn. 116 – *Razul Jafarov/Aserbaidschan.*
120 EGMR 17.3.2016 – 69981/14, Rn. 121 f. – *Razul Jafarov/Aserbaidschan.*
121 EGMR 28.10.1994 –14310/88, Rn. 55 – *Murray/Vereinigtes Königreich*; EGMR 17.3.2016 – 69981/14, Rn. 115 – *Razul Jafarov/Aserbaidschan.*
122 EGMR 16.10.2001 – 37555/97, Slg 01-X Rn. 34 (36) – *O'Hara/Vereinigtes Königreich.*
123 EGMR 13.11.2003 – 23145/93, Rn. 669 – *Elci* ua/*Türkei.*

ve Beeinflussung durch Strafe.[124] Notwendig ist die Unterbringung in einer geeigneten Einrichtung, die sowohl eine Erreichung der Erziehungsziele ermöglicht als auch den Sicherheitsanforderungen Rechnung trägt.[125] Die Anordnung kann von einer Behörde getroffen worden sein. Eine kurzfristige und **vorübergehende Unterbringung in einer U-Haft-Anstalt** ist nicht konventionswidrig, wenn sie dazu dient, die Einweisung in ein geeignetes Heim sicherzustellen,[126] eine längere Unterbringung in einer Strafanstalt lässt sich hingegen nicht rechtfertigen.[127] Zulässig ist eine Haft nach der zweiten Alternative auch zur Prüfung, ob eine überwachte Erziehung angeordnet werden soll. Die Unterbringung durch eine erziehungsberechtigte Person fällt nicht unter Art. 5.[128]

e) Ansteckend Kranke, psychisch Kranke, Alkoholabhängige, Rauschgiftsüchtige, Landstreicher (Buchst. e): Grund für die Regelung ist die Gefahr, die von den abschließend aufgezählten Personen für die öffentliche Sicherheit ausgehen kann, aber auch das eigene Interesse dieser Personen, das eine zwangsweise Unterbringung erforderlich machen kann.[129] Es genügt also nicht etwa schon, dass jemand alkoholabhängig oder obdachlos ist, sondern es bedarf zusätzlich einer Gefahr, die nicht anders als durch Inhaftierung behoben werden kann. Ein Gerichtsbeschluss ist für die Freiheitsentziehung nicht erforderlich. Die Vorschriften des nationalen Rechts sind wie immer zu beachten. 47

In der **deutschen Rechtspraxis** hat Buchst. e einige Bedeutung erlangt, weil der Gesetzgeber und das BVerfG[130] die Voraussetzungen schufen, um bei Vorliegen einer psychischen Störung iSd Buchst. e die Freiheitsentziehung von Sicherungsverwahrten, die als sog Altfälle nach den Entscheidungen des EGMR zur **nachträglichen Entfristung** der **Sicherungsverwahrung** und zur **nachträglichen Anordnung** (→ Rn. 30) sonst hätten entlassen werden müssen, fortdauern zu lassen (insbes. gem. Art. 316 e Abs. 1 iVm Art. 316 f Abs. 2 S. 2 EGStGB) und in Fällen eines konventionswidrigen rückwirkenden Fortfalls der Höchstfrist deren erneute Inhaftierung auf der Grundlage des Buchst. e zu ermöglichen (vgl. § 1 Therapieunterbringungsgesetz). Auch bleibt bei Altfällen (letztes Tatdatum bis 31.12.2010) die Mög- 48

---

124 Vgl. EGMR 23.3.2016 – 47152/06, Rn. 171 – *Blokhin/Russland.*
125 EGMR 23.3.2016 – 47152/06, Rn. 167 – *Blokhin/Russland.*
126 EGMR 29.2.1988 – 63235/00, Slg 07-II Rn. 50 – *Bouamar/Belgien.*
127 EGMR 16.5.2002 – 39474/98, Slg 02-III Rn. 83 – *D.G./Irland.*
128 EGMR 28.11.1988 – 10929/84 – *Nielsen/Dänemark.*
129 EGMR 6.11.1980 – 7367/76, Rn. 98 – *Guzzardi/Italien.*
130 BVerfG 4.5.2011, 2 BvR 2333/08 = BVerfGE 128, 326 sowie 11.7.2013, 2 BvR 2302/11 = BVerfGE 134, 33.

lichkeit einer nachträglichen Anordnung der Sicherungsverwahrung auf dieser neuen Basis weiter zulässig.[131] Sowohl die sog Therapieunterbringung[132] als auch die Fortdauer oder Anordnung von Sicherungsverwahrung in den Altfällen[133] sind nach der Rechtsprechung des BVerfG, die auch in Art. 316 f Abs. 2 EGStGB ihren Niederschlag gefunden hat, nur dann zulässig, wenn eine hochgradige Gefahr schwerster Gewalt- oder Sexualstraftaten vorliegt, die aus konkreten Umständen in der Person oder dem Verhalten des Untergebrachten abzuleiten sein muss, und zugleich eine psychische Störung iSd Buchst. e vorliegt. Näher zur Sicherungsverwahrung bereits oben, → Rn. 30.

49   Bei den **Krankheiten** ist insbesondere an die Fälle des § 30 Abs. 1 IFSG zu denken (Quarantäne, insbesondere wegen Lungenpest oder von Mensch zu Mensch übertragbarem hämorrhagischem Fieber). Auch Krankheits- und Ansteckungsverdächtigen sowie Ausscheidern kann die Freiheit entzogen werden. In der Sache *Enhorn/Schweden*[134] hat der EGMR über die Unterbringung eines Aids-Kranken entschieden und Buchst. e angewendet. Die Maßnahme muss gerechtfertigt sein, insbesondere gesetzmäßig. Weniger einschneidende Maßnahmen müssen geprüft und für unzureichend befunden worden sein, um das Interesse des Betroffenen und der Allgemeinheit zu schützen (Rn. 36, 43 des Urteils). Der EGMR wendet insoweit ähnliche Kriterien an wie bei Geisteskrankheiten (→ Rn. 52) und Alkoholikern (→ Rn. 59). Gerechtfertigt ist eine Unterbringung nur, wenn sie erwiesenermaßen notwendig ist, um Gefahren für die öffentliche Gesundheit oder Sicherheit durch Verbreitung der Krankheit zu verhindern. Wenn diese Voraussetzung nicht mehr gegeben ist, muss der Betroffene entlassen werden (Rn. 44 des Urteils). Im Fall *Enhorn* hat der EGMR eine Verletzung festgestellt, weil die Anordnung einer Unterbringung für sieben Jahre nicht verhältnismäßig war. Die zuständigen Behörden hätten versäumt, weniger einschneidende geeignete Mittel in Betracht zu ziehen.

50   Was eine **psychische Krankheit** ist, wird weder in der EMRK selbst, noch in der Rechtsprechung des EGMR genau definiert. Der EGMR verweist zur Begründung auf den Wandel, dem der Begriff durch den Fortschritt der psychiatrischen Forschung ständig unterworfen sei.[135] Es müsse sich jedenfalls um eine psychische Erkrankung einiger

---

131 Vgl. erneut Art. 316 e Abs. 1 iVm Art. 316 f Abs. 2 S. 2 EGStGB.
132 BVerfG 11.7.2013, 2 BvR 2302/11 = BVerfGE 134, 33.
133 BVerfG 4.5.2011, 2 BvR 2333/08 = BVerfGE 128, 326.
134 EGMR 25.1.2005 – 56529/00, Slg 05-I – *Enhorn/Schweden*.
135 EGMR 23.11.2013 – 7345/12, Rn. 72 – *Glien/Deutschland*.

Schwere handeln, die der Behandlung in einer stationären Einrichtung bedürfe.[136] Er lässt auch nicht-pathologische Störungen (also nicht psychiatrische Erkrankungen) grundsätzlich genügen, wenn sie schwer genug sind.[137] Der Begriff sei zudem unabhängig von den §§ 20, 21 StGB zu definieren.[138] Auch in der deutschen Rechtsprechung hatte sich diese Ansicht bereits durchgesetzt. Eine im engen Sinne psychiatrische Erkrankung soll danach nicht erforderlich, sondern auch zB Persönlichkeitsstörungen können ausreichend sein. Das Vorliegen einer dauerhaften schweren Störung der Verstandestätigkeit, des Willens oder des Gefühls- und Trieblebens genüge. Normabweichendes Verhalten allein sei jedenfalls nicht ausreichend, da stets eine Störung vorliegen müsse, die sich dann in einem bestimmten Verhalten äußere. Die psychische Störung müsse zwar über eine bloße Persönlichkeitsprägung oder ein sozial abweichendes Verhalten hinausgehen, wiederum aber nicht bereits die Voraussetzungen der §§ 20, 21 StGB erfüllen, um unter den Begriff der Geisteskrankheit des Art. 5 Abs. 1 S. 2 Buchst. e subsumierbar zu sein.[139] Allerdings ist zu beachten, dass nach der Auffassung des EGMR der Begriff des „unsound mind" uU enger ist als der **Begriff der psychischen Störung** in Art. 316 f Abs. 2 S. 2 EGStGB und § 1 Abs. 1 Nr. 1 ThUG.[140] In der konkreten Anwendung zeigen sich insofern vor allem Unterschiede mit Blick auf die Bewertung dissozialer Persönlichkeitsstörungen.[141] Dementsprechend ist eine **konventionskonform enge Interpretation** des Begriffs zu fordern.

---

136 EGMR 23.11.2013 – 7345/12, Rn. 85 – *Glien/Deutschland*.
137 Vgl. EGMR 23.11.2013 – 7345/12, Rn. 88 f. – *Glien/Deutschland*: dissoziale Persönlichkeit des Beschwerdeführers sei allein wohl nicht schwer genug, um als Störung im Sinne des Buchst. e zu gelten, zusammengenommen mit der ebenfalls festgestellten sexuellen Devianz aber womöglich schon – im Ergebnis offengelassen; EGMR 7.1.2016 – 23279/14, Rn. 113 – *Bergmann/Deutschland*: sadistische sexuelle Präferenzstörung, die in Verbindung mit Alkoholkonsum bei den Anlasstaten zu einer verminderten Schuldfähigkeit geführt hat, ausreichend.
138 EGMR 23.11.2013 – 7345/12, Rn. 84 – *Glien/Deutschland*.
139 BVerfGE 128, 326, 397; OLG Karlsruhe 6.12.2011, 2 Ws 332/10 = BeckRS 2015, 13837; aA OLG Hamm StV 2011, 681; OLG Hamm NStZ-RR 2010, 388.
140 EGMR 7.1.2016 – 23279/14, Rn. 113 – *Bergmann/Deutschland*; EGMR 28.11.2013 – 7345/12, Rn. 87 – *Glien/Deutschland*.
141 Vgl. EGMR 28.11.2013 – 7345/12, Rn. 88 – *Glien/Deutschland*; EGMR 19.04.2012 – 61272/09, Rn. 78 f. – *B./Deutschland*; EGMR 19.01.2012 – 21906/09, Rn. 78 f. – *Kronfeldner/Deutschland* gegenüber BGHSt 56, 254; BVerfG 15.09.2011 – 2 BvR 1516/11 – juris; KG 04.03.2015 – 2 Ws 27/15 - 141 AR 50/15 – juris; uneindeutig BVerfGE 134, 33, 83 f.

51 Die Freiheitsentziehung ist nur unter **drei Voraussetzungen** zulässig, den sog *Winterwerp*-Kriterien.[142] Erforderlich ist danach 1., dass verlässlich nachgewiesen ist, dass eine Geisteskrankheit vorliegt (→ Rn. 52), 2. muss die Unterbringung notwendig sein (→ Rn. 54) und 3. darf sie nur so lange andauern, wie die Krankheit und die Notwendigkeit der Unterbringung fortbestehen (→ Rn. 55).

52 Zum **Nachweis einer Geisteskrankheit** ist ein **ärztliches Gutachten** erforderlich.[143] Es muss die Geisteskrankheit verlässlich beweisen. Das Gutachten muss idR vor der Unterbringung vorliegen, in dringenden Fällen kann es genügen, wenn es unmittelbar danach eingeholt wird, zB wenn eine Person wegen Gewalttätigkeit in Gewahrsam genommen wird. Das Gutachten muss jedenfalls auf der Grundlage des aktuellen Geisteszustandes des Betroffenen angefertigt sein.[144] **Wie alt ein Gutachten sein darf**, um darauf die Fortdauer einer Freiheitsentziehung stützen zu können, hängt vom Einzelfall ab. In dem Fall *Herz/Deutschland* ging der EGMR davon aus, das die Erkenntnisse aus einem eineinhalb Jahre alten Gutachten allein die Freiheitsentziehung nicht rechtfertigen können.[145] Der Betroffene hatte den therapeutischen Kontakt in der Anstalt abgebrochen, weshalb der Versuch einer externen Begutachtung besonders wichtig war, um möglichst genaue Informationen über den psychischen Gesundheitszustand des Betroffenen zu erhalten. Umgekehrt kann ein Gutachten auch erheblich älter sein, wenn es in der Folge von behandelnden Anstaltspsychologen bestätigt wird und der Betroffene nicht substantiiert vorträgt, es hätten sich seit der letzten Begutachtung wesentliche Veränderungen seiner Persönlichkeit und seiner Einstellung gegenüber seinen Straftaten ergeben.[146]

53 Grundsätzlich stellt der EGMR die Beurteilung der **Eignung des Sachverständigen** in das Ermessen der staatlichen Behörden und Gerichte.[147] In bestimmten Fällen, insbesondere wenn der Betroffene zuvor noch nicht an einer psychischen Erkrankung gelitten habe, sei

---

142 Vgl. EGMR 24.10.1979 – 6301/73 – *Winterwerp/Niederlande*; EGMR 23.11.2013 – 7345/12, Rn. 72 – *Glien/Deutschland*.
143 EGMR 18.2.2014 – 8300/06 – *Rivera/Schweiz*.
144 EGMR 5.10.2000 – 31365/96, Slg 00-X Rn. 47 – *Varbanov/Bulgarien*.
145 EGMR 12.6.2003 – 44672/98 – *Herz/Deutschland*. Im Verfahren *Rivera/Schweiz* ließ er eine etwas mehr als drei Jahre zurückliegende Begutachtung nicht ausreichen (EGMR18.2.2014 – 8300/06 – *Rivera/Schweiz*).
146 Vgl. EGMR 22.1.2013 – 2894/08 – *Dörr/Deutschland* – zu einem nach Abs. 1 S. 2 Buchst. a zu beurteilenden Fall der Sicherungsverwahrung. Die Überlegungen zur Halbwertzeit eines Gutachtens sind aber auf Fälle des Buchst. e übertragbar.
147 EGMR 23.11.2013 – 7345/12, Rn. 74 – *Glien/Deutschland*.

aber die Begutachtung durch einen *psychiatrischen* Sachverständigen unabdingbar.[148]

Die Krankheit muss so schwerwiegend sein, dass sie **die Unterbrin-**   54
gung notwendig macht.[149] Weniger einschneidende Maßnahmen müssen in Betracht gezogen und unzureichend sein, um die persönlichen oder öffentlichen Interessen, die für eine Unterbringung sprechen, zu schützen.[150] Die Beweislast für die Notwendigkeit der Unterbringung liegt beim Staat, dem Betroffenen kann sie auch in Verfahren vor staatlichen Gerichten nicht auferlegt werden.[151] Eine Unterbringung ist nicht nur deswegen zulässig, weil die Vorstellungen des Betroffenen und sein Verhalten von dem abweichen, was in der Gesellschaft vorherrschend ist.[152]

Eine **Fortsetzung der Unterbringung** ist nur zulässig, wenn der   55
Krankheitszustand fortbesteht und die Unterbringung weiter notwendig macht.[153] Psychisch Kranke haben nach Abs. 4 Anspruch auf regelmäßige Überprüfung ihrer Unterbringung (→ Rn. 94).

Der Betroffene muss grundsätzlich **in einem Krankenhaus oder einer**   56
entsprechenden anderen geeigneten Einrichtung untergebracht werden, sonst ist die Unterbringung nicht gesetzmäßig.[154] Ein übergangsweiser Aufenthalt in einem Gefängnis wird akzeptiert, solange das erforderlich ist, um eine geeignete Einrichtung auszuwählen. Wenn aber wegen Kapazitätsschwierigkeiten längere Zeit verstreicht, verstößt das gegen Art. 5.[155] Die Unterbringung in einem Flügel für Sicherungsverwahrte innerhalb einer Strafanstalt genügt – auch in der vom BVerfG[156] eingeräumten Übergangsfrist bis 31. Mai 2013 – nicht.[157] Anders dürfte dies hingegen für eine dem Abstandsgebot genügende, therapeutisch-resozialisierend ausgerichtete Sicherungsverwahrung in separaten Sicherungsverwahrungshäusern oder -abteilungen auf dem Gelände einer Strafanstalt sein, wie es dem geltenden Rechtszustand nach Inkrafttreten des Gesetzes zur bundesrechtlichen

---

148 EGMR 18.2.2014 – 8300/06 – *Rivera/Schweiz.*
149 EGMR 23.11.2013 – 7345/12, Rn. 73 – *Glien/Deutschland.*
150 EGMR 5.10.2000 – 31365/96, Slg 00-X Rn. 45 f. – *Varbanov/Bulgarien.*
151 EGMR 20.2.2003 – 50272/99, Slg 03-IV Rn. 69 f. – *Reid/Vereinigtes König-
      reich.*
152 EGMR 12.6.2003 – 44672/98 – *Herz/Deutschland.*
153 EGMR 24.10.1979 – 6301/73, Rn. 37, 39 – *Winterwerp/Niederlande.*
154 EGMR 23.11.2013 – 7345/12, Rn. 75 – *Glien/Deutschland*; EGMR
      20.2.2003 – 50272/99, Slg 03-IV Rn. 47 (48) – *Reid/Vereinigtes Königreich*;
      EGMR 30.7.1998 – 25357/94, Slg 98-V Rn. 46 – *Aerts/Belgien.*
155 EGMR 11.5.2004 – 48865/99 – *Morsink/Niederlande*: fünfzehn Monate zu
      lang; EGMR 11.5.2004 – 49902/99, Rn. 66 – *Brand/Niederlande*: sechs Mo-
      nate zu lang.
156 BVerfG 4.5.2011, 2 BvR 2333/08 = BVerfGE 128. 326.
157 EGMR 23.11.2013 – 7345/12, Rn. 95 ff. – *Glien/Deutschland.*

Umsetzung des Abstandsgebotes im Recht der Sicherungsverwahrung vom 5.12.2012, namentlich dem § 66 c StGB, und den Ländergesetzen zum Sicherungsverwahrungsvollzug entspricht.[158] In der Entscheidung *Bergmann/Deutschland* hat er jedenfalls die separate Sicherungsverwahrungseinrichtung in der JVA Rosdorf bei Göttingen als geeignet angesehen.[159]

57 Für die Beurteilung, ob in einem Krankenhaus oder einer ähnlichen Einrichtung eine **Freiheitsentziehung vorliegt,** kommt es auf die Umstände an (o. → Rn. 56), zB darauf, ob das Pflegepersonal eine umfassende Kontrolle über Pflege und Aufenthalt des Betroffenen hat und ob er die Anstalt nicht verlassen kann, wenn er das will.[160] Entscheidend ist nicht unbedingt, ob die Türen verschlossen sind oder nur abgeschlossen werden können, eine Freiheitsentziehung kann auch bei einer gewissen Bewegungsfreiheit in der Anstalt, auch im ungesicherten Bereich, gegeben sein.[161]

58 Die Unterbringung muss wie in allen Fällen des Art. 5 **gesetzmäßig** sein, also im Einklang stehen mit den formellen und materiellen Vorschriften des staatlichen Rechts. Es müssen faire und angemessene Vorschriften bestehen zum Schutz des Betroffenen (o. → Rn. 18), insbesondere **klare Regelungen über die Unterbringung** Geisteskranker.[162]

59 Der **Begriff des Alkoholkranken** ist nicht im engen Sinne zu verstehen dahin, dass er nur Personen umfasst, die alkoholabhängig sind oder bei denen eine Alkoholkrankheit medizinisch festgestellt ist. Es sind auch Personen gemeint, deren Verhalten unter Alkohol eine **Gefahr oder Bedrohung** für die öffentliche Ordnung oder sie selbst ist.[163] Die Freiheitsentziehung dient dem Schutz der öffentlichen Ordnung und der Gesundheit und Sicherheit des Betroffenen; sie kann angeordnet werden, um ein gefährliches Verhalten nach Alkoholkonsum zu verhindern.[164] Alkoholkonsum allein genügt also nicht.[165]

---

158 Siehe die grundsätzlich positive Bewertung der Reformbemühungen in EGMR 7.1.2016 – 23279/14, Rn. 123 – *Bergmann/Deutschland*; EGMR 23.11.2013 – 7345/12, Rn. 98 f. – *Glien/Deutschland* sowie EGMR 23.9.2014 – 58600/12, Rn. 45 ff. – *Eberhard/Deutschland*.
159 EGMR 7.1.2016 – 23279/14, Rn. 128 – *Bergmann/Deutschland*.
160 EGMR 5.10.2004 – 45508/99, Slg 04-IX – *H.L./Vereinigtes Königreich*.
161 EGMR 28.5.1985 – 8225/78, Rn. 41 – *Ashingdane/Vereinigtes Königreich*.
162 EGMR 5.10.2004 – 45508/99, Slg 04-IX Rn. 120, 124 – *H.L./Vereinigtes Königreich*.
163 EGMR 7.1.2016 – 23279/14, Rn. 100 – *Bergmann/Deutschland*.
164 Vgl. zB EGMR 7.6.2001 – 33310/96 – *H.D./Polen*.
165 EGMR 8.6.2004 – 40905/98 – *Hafsteinsdottir/Island*.

Landstreicher sind Personen ohne festen Wohnsitz, ohne Mittel zum   60
Unterhalt und ohne regelmäßige Erwerbstätigkeit.[166] Ein Mafioso ist
kein Landstreicher.[167]

5. Festnahme und Freiheitsentziehung zur Verhinderung unerlaubter Einreise, Abschiebungs- und Auslieferungshaft (Buchst. f.)

Buchst. f betrifft zwei Fälle, nämlich die **Festnahme und Freiheitsent-**   61
ziehung zur Verhinderung unerlaubter Einreise (einschließlich Zu-
rückweisungshaft, vgl. § 15 AufenthG) und die **Abschiebungs- und**
Auslieferungshaft (§ 62 AufenthG bzw. § 15 IRG; einschließlich
Durch- und Rücklieferungshaft, §§ 45, 68 IRG). Der EGMR erkennt
an, dass die Konventionsstaaten vorbehaltlich ihrer internationalen
Verpflichtungen einschließlich derjenigen nach Art. 3 und 8 das
Recht haben, die Einreise, den Aufenthalt und die Ausweisung von
Ausländern zu regeln. Es gelten die allgemeinen Regeln des Art. 5:
Die Freiheitsentziehung muss bei beiden Fallgestaltungen rechtmäßig
und auf die gesetzlich vorgesehene Weise vorgenommen worden sein,
es müssen also die materiellen und verfahrensrechtlichen Vorschriften des staatlichen Rechts eingehalten und die Freiheitsentziehung
darf nicht willkürlich sein. Das Verfahren muss zügig betrieben werden, andernfalls ist die Freiheitsentziehung nicht mehr rechtmäßig.[168]

Bei **unerlaubter Einreise** gilt die Vorschrift zB für das Festhalten im   62
Transitbereich von Flughäfen. Die Staaten haben das Recht, Personen in Gewahrsam zu nehmen, die einreisen wollen, auch wenn sie
die Erlaubnis dafür beantragt haben.[169] Die Freiheitsentziehung darf
nicht willkürlich sein (→ Rn. 20 ff.), dh, dass sie in gutem Glauben
vorgenommen und strikt auf den Zweck abgestellt sein muss, eine
unerlaubte Einreise zu verhindern. Ort und Bedingungen der Unterbringung müssen angemessen sein. Die Dauer darf nicht über das
hinausgehen, was notwendig ist, den angestrebten Zweck zu erreichen. Als unerlaubt gilt die Einreise, solange der Ausländer die notwendige Erlaubnis für sie nicht hat. Die Einreise ist also nicht schon
erlaubt, wenn er sich bei der Einreisebehörde gemeldet hat, also Ein-
reisebeschränkungen nicht umgehen wollte.[170]

---

166 Vgl. EGMR 18.6.1971 – 2832/66, Rn. 68 – *De Wilde* ua/*Belgien*, der sog Bel-
     gische Landstreicher-Fall.
167 EGMR 6.11.1980 – 7367/76 – *Guzzardi/Italien.*
168 EGMR 29.1.2008 – 13229/03, Slg 08-I Rn. 67-74 – *Saadi/Vereinigtes König-
     reich.*
169 EGMR 29.1.2008 – 13229/03, Slg 08-I Rn. 64 – *Saadi/Vereinigtes Königreich.*
170 EGMR 29.1.2008 – 13229/03, Slg 08-I Rn. 64 – *Saadi/Vereinigtes Königreich.*

63   Bei **Abschiebe- und Auslieferungshaft** ist Voraussetzung nur, dass ein
     Ausweisungs- oder Auslieferungsverfahren in Gang ist, dass also die
     zuständige Behörde die Ausweisung (bzw. Auslieferung) angeordnet
     hat.[171] Die Regelung betrifft nur die Zulässigkeit der Haft, nicht die
     der Abschiebung oder Auslieferung. Es wird also nicht geprüft, ob
     die zugrunde liegende Auslieferungs- oder Ausweisungsentscheidung
     rechtmäßig ist oder nicht.[172] Das Auslieferungsersuchen darf aber
     nicht offensichtlich unzulässig oder unbegründet sein.[173] Weitere
     Haftgründe sind nicht notwendig, insbesondere muss die Freiheits-
     entziehung nicht notwendig sein, um den Ausländer daran zu hin-
     dern, unterzutauchen oder eine Straftat zu begehen. Umgekehrt be-
     tont der EGMR, dass dem Art. 5 Abs. 1 S. 2 Buchst. f nicht zu ent-
     nehmen sei, Personen, gegen die ein Abschiebeverfahren betrieben
     werde, seien vernünftigerweise in Haft zu nehmen.[174] **Das Verfahren
     muss in Gang sein.** Wenn die Behörde es nicht betreibt, zB weil keine
     wirkliche Möglichkeit besteht, den Betroffenen abzuschieben, recht-
     fertigt es die Freiheitsentziehung nicht, auch nicht, wenn terroristi-
     sche Straftaten befürchtet werden.[175]

64   **Dauer des Verfahrens:** Der EGMR berücksichtigt bei seiner Überprü-
     fung der Rechtmäßigkeit auch, ob sich das Auslieferungs- oder Aus-
     weisungsverfahren über Gebühr **verzögert** hat.[176] Wenn das der Fall
     ist, endet der Rechtfertigungsgrund für die Haft.[177] Dies gilt auch bei
     der Vollstreckung eines Europäischen Haftbefehls. Wurde das Ver-
     fahren nicht mit der erforderlichen Sorgfalt durchgeführt und dauert
     die Inhaftierung dadurch übermäßig lang, ist sie nicht mehr von
     Art. 5 Abs. 1 S. 2 Buchst. f. gedeckt.[178]

65   Auch hier prüft der EGMR, ob die Haft **willkürlich** ist (o. →
     Rn. 20 ff.) und berücksichtigt dabei die im staatlichen Recht vorgese-
     henen Garantien.[179] Wenn das Verfahren nicht den (→ Rn. 18) ge-

---

171 EGMR 27.4.2006 – 11919/03, Rn. 23 – *Mohd/Griechenland*.
172 EGMR 9.10.2003 – 48321/99, Slg 03-X Rn. 146,– *Slivenko/Lettland*.
173 EGMR 21.10.1986 – 9862/82 – *Sanchez-Reisse/Schweiz*.
174 EGMR 24.10.13 – 71825/11 – *Hosein/Griechenland*.
175 EGMR 19.2.2009 – 3455/05, Slg 09-II Rn. 167 ff. – *A. ua/Vereinigtes König-
     reich*.
176 Vgl. Rn. 61 u. EGMR 2.6.2005 – 52467/99 – *Kabongo/Belgien*: Abschiebehaft
     von mehr als 10 Monaten, weil sich Bf. geweigert hatte, ein Flugzeug zu be-
     steigen.
177 EGMR 7.1.2010 – 41923/06, Rn. 106-109 – *Aribaud/Luxemburg*: 1 Jahr 1
     Monat unbedenklich, EGMR 15.11.1996 – 22414/93, Slg 96-V Rn. 113 –
     Chahal/Vereinigtes Königreich; EGMR 25.1.2005 – 60538/00, Rn. 61 – *Singh/
     Tschechien*: zweieinhalb Jahre zu lang.
178 EuGH 16.7.15, C-237/15 PPU = BeckRS 2015, 81034.
179 EGMR 12.4.2005 – 36378/02, Slg 05-III Rn. 397 – *Chamaiev/Georgien u.
     Russland*.

schilderten Anforderungen (Zugänglichkeit, Bestimmtheit, Vorhersehbarkeit) entspricht, verstößt das gegen Art. 5.[180] Wenn die Betroffenen in einer Vorladung über deren wahren Anlass getäuscht werden, damit sie erscheinen und in Abschiebehaft genommen werden können, ist das ein Verstoß gegen das Willkürverbot des Art. 5.[181]

V. Aufzeichnungs- und Ermittlungspflichten bei Freiheitsentziehungen

Wenn eine Person in staatlichen Gewahrsam genommen wird, muss der Staat über ihr **Schicksal Rechenschaft** ablegen können (→ Art. 2 Rn. 13). Er muss darüber Auskunft geben, wo die betroffene Person in Haft gehalten wird.[182] Der EGMR leitet das aus Art. 5 ab, der eine unabhängige gerichtliche Überprüfung der Freiheitsentziehung sicherstellen will. Eine Freiheitsentziehung **ohne amtliche Aufzeichnung** darüber und über das Verbleiben der betroffenen Person ist schon für sich genommen eine schwere Verletzung von Art. 5, der dem Staat die Verpflichtung auferlegt, wirksame Maßnahmen zu treffen, um dem Risiko des **Verschwindens einer Person** zu begegnen. Genaue und verlässliche Aufzeichnungen sind eine unverzichtbare Sicherung gegen willkürliche Haft und stellen sicher, dass die für die Freiheitsentziehung Verantwortlichen sich nicht der Pflicht zur Rechenschaft über das Schicksal des Gefangenen entziehen können.[183] Die Aufzeichnung muss insbesondere Angaben enthalten über den Namen des Festgenommenen, Datum, Uhrzeit der Festnahme und den Haftort. 66

Ist zwischen der Regierung und dem Beschwerdeführer in **Vermisstenfällen** („Verschwindenlassen") bereits streitig, ob es überhaupt eine staatliche Freiheitsentziehung gegeben hat, genügt es nach der Rechtsprechung des EGMR, wenn der Beschwerdeführer[184] prima facie glaubhaft macht, dass der Vermisste durch Vertreter des Staates entführt wurde. Dann geht die Beweislast auf die Regierung über, die Unterlagen, über die nur sie verfügt, vorlegen oder eine befriedigende und überzeugende Erklärung geben müsste, wie sich die Dinge zuge- 67

---

180 EGMR 23.10.2008 – 2440/07, Rn. 113 f. – *Soldatenko/Ukraine.*
181 EGMR 5.2.2002 – 51564/99, Slg 02-I Rn. 38 – *Conka/Belgien.*
182 EGMR 2.8.2005 – 65899/01, Slg 05-VIII Rn. 200 – *Tanis ua/Türkei.*
183 EGMR 25.5.1998 – 24276/94, Slg 98-III Rn. 130 ff. – *Kurt/Türkei*; EGMR 14.11.2000 – 24396/94 Rn. 84 ff. – *Taç/Türkei*; EGMR 13.6.2000 – 23531/94, Slg 00-VI Rn. 82 – *Timurtas/Türkei*; EGMR 31.5.2005 – 25165/94, Rn. 129 – *Akdeniz/Türkei.*
184 I.d.R. ein Angehöriger, vgl. zu deren Beschwerderecht EGMR 18.9.2009 – 16064/90 ua, Slg 09-V Rn. 111 – *Varnava ua/Türkei.*

tragen haben.[185] Eine auf diesem Weg erwiesene, unbestätigte Festnahme und Haft ist aus Sicht des EGMR eine völlige Negierung der Garantien des Art. 5 und daher eine besonders schwerwiegende Konventionsverletzung.[186]

68   Die Behörden müssen unverzüglich **wirksame Ermittlungen** anstellen, wenn auf vertretbare Weise geltend gemacht wird, dass eine Person festgenommen und dann nicht mehr gesehen worden ist[187] oder wenn eine Person unter Umständen verschwunden ist, die als lebensbedrohend angesehen werden können (→ Art. 2 Rn. 21).

VI. Besondere Rechte bei Freiheitsentziehung

1. Recht auf Information

69   a) **Anwendungsbereich: Abs. 2** gibt ein Recht auf Information über die Haftgründe und ist damit wesentlicher Teil des Schutzes gegen Willkür. Er ist **für alle Fälle des Abs. 1** anwendbar und steht im Zusammenhang mit Abs. 4, denn eine Person kann von ihrem Recht auf Haftkontrolle nur wirksam Gebrauch machen, wenn sie weiß, warum sie verhaftet worden ist.[188] Sie hat Anspruch darauf, in verständlicher und nichttechnischer Sprache über die wesentlichen rechtlichen und tatsächlichen Gründe (auch Beweismittel) für ihre Verhaftung unterrichtet zu werden, so dass sie ggf. von ihrem Recht nach Abs. 4 Gebrauch machen kann.

70   b) **Form und Inhalt der Information:** Die Unterrichtung kann **mündlich** geschehen. Wenn die Person nach ihrem Geisteszustand nicht in der Lage ist, die Belehrung zu verstehen, muss der **gesetzliche Vertreter** unterrichtet werden. Eine **Übersetzung des Haftbefehls** ist nicht erforderlich, es genügt, dass der Betroffene auf für ihn verständliche Weise unterrichtet wird.[189] Es wird auch nicht verlangt, dass eine vollständige Liste der Vorwürfe übersetzt wird.[190] Die **Einsicht** in die vollständigen **Akten** ist ebenfalls nicht unbedingt nötig, wesentlich ist, dass der Betroffene die Informationen erhält, die es ihm ermögli-

---

185   EGMR 30.1.2014 – 39436/06, 40169/07 – *Khatuyeva/Russland*: Verschwinden von Personen im Nordkaukasus.
186   EGMR 2.8.2005 – 65899/01, Slg 05-VIII Rn. 124 – *Tanis ua/Türkei*.
187   EGMR 27.2.2001 – 25704/94, Rn. 164 – *Cicek/Türkei*; EGMR 10.5.2001 – 25781/94, Slg 01-IV Rn. 147 – *Zypern/Türkei*.
188   EGMR 21.2.1990 – 11509/85, Rn. 27-28 – *Van der Leer/Niederlande*.
189   EGMR 5.4.2000 – 26899/95, Rn. 47 – *H.B./Schweiz*; BGH 4.3.2010, V ZB 222/09, BGHZ 184, 323; BGH 12.3.2015, VZB 187/14, BeckRS 2015, 08780; LG Hamburg 2.10.2009, 310 T 57/09 = BeckRS 2010, 06566.
190   EGMR 8.2.2005 – 49491/99, Rn. 56 – *Bordovskiy/Russland*.

chen, von den in Art. 5 garantierten Rechtsbehelfen Gebrauch zu machen;[191] vgl. auch → Art. 6 Rn. 109.

c) **Zeitpunkt der Unterrichtung:** Die Unterrichtung muss **schnell** ge-   71
schehen, nicht notwendig bei der Verhaftung selbst, aber zumindest
unmittelbar danach, zB bei der ersten Vernehmung und nicht erst
drei[192] oder gar sechs[193] Tage nach der Festnahme, auch nicht erst
zehn Tage nach der Anordnung der Unterbringung wegen Geisteskrankheit.[194]

2. Ansprüche auf unverzügliche Vorführung vor einem Richter und auf ein Urteil in angemessener Frist (Abs. 3)

a) **Zweck und Inhalt der Gewährleistungen:** Die durch Abs. 3 – frei-   72
lich nur für auf Abs. 1 Buchst. c gestützte Freiheitsentziehungen – ge-
währleisteten Rechte sind von grundlegender Bedeutung für den
Schutz gegen willkürliche oder rechtswidrige Eingriffe des Staates in
das Recht auf Freiheit. Die gerichtliche Kontrolle ist Ausdruck des
Rechtsstaatsprinzips, eines der grundlegenden Prinzipien der demokratischen Gesellschaft, auf das in der Präambel zur Konvention hingewiesen wird.[195]

Abs. 3 betrifft zwei Situationen, nämlich einmal die ersten Stunden   73
nach der Festnahme (**Recht auf unverzügliche Vorführung:** S. 1, 1.
Halbsatz) und weiter die Zeit bis zum erstinstanzlichen Urteil (**Recht
auf ein Urteil in angemessener Frist oder auf Entlassung:** S. 1, 2.
Halbsatz). Insoweit ist sein Ziel, eine Haftentlassung zu erzwingen,
sobald die Haft nicht mehr angemessen ist. Es handelt sich um jeweils besondere Rechtsgarantien.[196]

Das Recht auf Vorführung besteht für den Fall, dass der Festgenom-   74
mene nicht sofort wieder entlassen wird. Die Vorführung und richterliche Überprüfung darf nicht von einem Antrag abhängig gemacht
werden, sie muss **von Amts wegen** geschehen. Das unterscheidet
Abs. 3 von Abs. 4.[197]

---

191 Zur Einsicht in Auslieferungsakten EGMR 12.4.2005 – 36378/02, Slg 05-
     III Rn. 427 – *Chamaiev/Georgien u. Russland.*
192 EGMR 29.1.2008 – 13229/03, Slg 08-I Rn. 67-74 – *Saadi/Vereinigtes König-
     reich.*
193 EGMR 14.6.2007 – 65028/01, Rn. 62 – *Bashir* ua/*Bulgarien.*
194 EGMR 21.2.1990 – 11509/85, Rn. 27-28 – *Van der Leer/Niederlande.*
195 EGMR 29.11.1988 – 1209/84, Rn. 59 – *Brogan* ua/*Vereinigtes Königreich.*
196 EGMR 3.10.2006 – 543/03, Slg 06-X Rn. 30 f. – *McKay/Vereinigtes König-
     reich.*
197 EGMR 29.4.1999 – 25642/94, Slg 99-III Rn. 49 – *Aquilina/Malta.*

75 **b) Unverzügliche Vorführung vor einen Richter:** Was unverzüglich ist, hängt von den Umständen des Falles ab. Der Gerichtshof nimmt aber an, dass hier nur geringe Flexibilität besteht. Die Anforderungen sind strenger als in Abs. 3 S. 1 2. Halbsatz (innerhalb angemessener Frist) oder in Abs. 4 (innerhalb kurzer Frist). Leitentscheidung ist die in der Sache *Brogan*.[198] Seither gilt, dass eine Vorführung **nach mehr als vier Tagen** prima facie eine Verletzung ist,[199] bei Minderjährigen und bei bestimmten Delikten gilt eine kürzere Frist.[200] Ein Zeitraum von mehr als vier Tagen kann nur ausnahmsweise noch hingenommen werden,[201] acht Tage sind jedenfalls zu lang, auch bei Ermittlungen gegen Terroristen.[202] Die gleichen Grundsätze gelten, wenn der Betroffene unverzüglich entlassen wird, bevor er einem Richter vorgeführt wurde.[203] **Ausnahmsweise kann die Frist länger sein**, z.B. bei Festnahme auf hoher See und Verbringen in einen Hafen.[204]

76 Die **Vorführung** hat **vor einen Richter** oder eine andere gesetzlich zur Wahrnehmung richterlicher Aufgaben ermächtigte Person zu erfolgen. Letztere erfüllt die Voraussetzungen dabei nur, wenn sie **unabhängig von der Exekutive und den Parteien** ist, da die von der EMRK gewollte Garantie gegen willkürliche und rechtswidrige Freiheitsentziehung nur dann verwirklicht werden kann. Es kommt insbesondere auf den objektiven Anschein an: Wenn sich zur Zeit der Anordnung der Haft zeigt, dass die ermächtigte Person im folgenden Strafverfahren als Vertreter der Strafverfolgungsbehörde auftreten kann, können Zweifel an ihrer Unabhängigkeit und Unparteilichkeit bestehen.[205]

77 Als **nicht ausreichend hat der Gerichtshof die Vorführung vor einen Staatsanwalt** oder vor den mit der Untersuchung beauftragten Beamten oder Soldaten, der bei der weiteren Strafverfolgung beteiligt sein kann, angesehen. Eine mehrfache Vorführung verlangt Abs. 3 in der Regel nicht.[206]

---

198 EGMR 29.11.1988 – 1209/84, Rn. 59, 62 – *Brogan* ua/*Vereinigtes Königreich*.
199 EGMR 3.10.2006 – 543/03, Slg 06-X Rn. 33 – *McKay/Vereinigtes Königreich*.
200 EGMR 23.6.2009 – 39686/02, Rn. 43 – *Oral* ua/*Türkei*.
201 EGMR 14.11.2000 – 24396/94 Rn. 86 – *Taç/Türkei*.
202 EGMR 20.6.2002 – 34481/97, Rn. 25 – *Filiz* ua/*Türkei*.
203 Drei Tage sind unverzüglich: EGMR 27.7.2004 – 26144/95, Rn. 103 – *Ikincisoy/Türkei*.
204 EGMR 29.3.2010 – 3394/03, Slg 10-III Rn. 130 ff. – *Medvedev* ua/*Frankreich*: je nach Umständen dreizehn oder sechzehn Tage keine Verletzung.
205 EGMR 18.2.1999 – 27267/95, Slg 99-I – *Hood/Vereinigtes Königreich*.
206 EGMR 10.10.2000 – 37975/97, Rn. 25 – *Grauzinis/Litauen*.

c) **Entscheidungsbefugnisse des Richters und Verfahrensweise bei Vorführungen:** Nach der Rechtsprechung des EGMR[207] hat die richterliche Person die **Aufgabe, die für und gegen eine Haft sprechenden Umstände zu prüfen** und nach rechtlichen Kriterien darüber zu entscheiden, ob Haftgründe, insbesondere ein dringender Tatverdacht, vorliegen, und die **Haftentlassung zu verfügen**, wenn das nicht der Fall ist. Sie muss also die **Freiheitsentziehung der Sache nach überprüfen.**[208] Der Richter bzw. die andere ermächtigte Person muss befugt sein, die Entlassung verbindlich anzuordnen. Es ist wünschenswert, aber nicht notwendig, dass der Richter auch über die Haftentlassung gegen Kaution (→ Rn. 91) entscheiden kann.[209]

78

Die **verfahrensrechtlichen Erfordernisse** müssen formal und deutlich im Gesetz verankert sein, es genügt nicht, dass lediglich eine feste Praxis besteht. Der Richter oder die weiter genannte Person muss **den Betroffenen persönlich anhören, bei Geisteskranken, wenn nötig, den gesetzlichen Vertreter,**[210] und alle Tatsachen und Umstände, die für und gegen eine Haft sprechen, von Amts wegen prüfen. Das muss schon im frühen Stadium der Haft geschehen.[211] In der Entscheidung über die Haft müssen die Tatsachen angegeben werden, auf die sich die Entscheidung stützt.[212]

79

d) **Untersuchungshaft und Recht auf Urteil in angemessener Frist oder Entlassung: Abs. 3** gibt ein Recht auf ein **Urteil binnen angemessener Frist oder auf Entlassung.** Es handelt sich um die in der Praxis bedeutsamste Garantie. Eine Entscheidung in angemessener Frist wird auch in Art. 6 Abs. 1 S. 1 garantiert (→ Art. 6 Rn. 188 ff.). Die Garantie in Art. 5 Abs. 3 ist aber strenger, denn der Inhaftierte hat Anspruch auf zügige Behandlung seines Falles.

80

Der **Anwendungsbereich** des Abs. 3 S. 1 2. Halbsatz erstreckt sich – ebenso wie beim 1. Halbsatz – nur auf die **Freiheitsentziehung nach Art. 5 Abs. 1 Buchst. c.** Er ist nicht mehr anwendbar, wenn über die Anklage entschieden ist, sei es auch nur in erster Instanz, denn dann gilt Buchst. a (→ Rn. 28). Nach der Rechtsprechung kann aber die Haft unter mehrere Fälle des Abs. 1 fallen, zB, weil der Bf. während der Strafhaft auch wegen eines anderen Tatvorwurfs festgehalten wird. Dann zieht der EGMR die Haft insoweit in die Beurteilung

81

---

207 S. insbes. EGMR 25.3.1999 – 31195/96, Slg 99-II Rn. 49 ff. – *Nikolova/Bulgarien.*
208 EGMR 29.4.1999 – 25642/94, Slg 99-III Rn. 47 – *Aquilina/Malta.*
209 EGMR 3.10.2006 – 543/03, Slg 06-X Rn. 46 – *McKay/Vereinigtes Königreich.*
210 EGMR 27.3.2008 – 44009/05, Slg 08-II Rn. 71 – *Shukaturov/Russland.*
211 EGMR 3.10.2006 – 543/03, Slg 06-X – *McKay/Vereinigtes Königreich.*
212 EGMR 29.4.1999 – 25642/94, Slg 99-III – *Aquilina/Malta*; EGMR 18.2.1999 – 27267/95, Slg 99-I – *Hood/Vereinigtes Königreich.*

nach dieser Vorschrift ein,[213] was dem Zweck der Regelung kaum entspricht. Auf **Freiheitsentziehungen nach Buchst. f** ist Abs. 3 ebenfalls nicht anwendbar, aber auch für sie gilt, dass die Haft nicht unangemessen lange dauern darf. Wenn die Behörden das Verfahren nicht mit der erforderlichen Sorgfalt betreiben, ist die Haft nicht mehr gerechtfertigt (→ Rn. 64).

82   Die Vorschrift **rechtfertigt nicht** aus sich heraus eine **U-Haft,** die eine gewisse Dauer nicht übersteigt. Sie lässt zudem dem **Gericht kein Wahlrecht,** entweder in angemessener Frist ein Strafverfahren gegen die inhaftierte Person zu beginnen oder sie vorläufig zu entlassen. Bis zur Verurteilung gilt sie als unschuldig, für die Notwendigkeit, sie vorläufig zu entlassen, spricht eine Vermutung. Die Haft muss dementsprechend durch ein öffentliches Interesse ausnahmsweise **gerechtfertigt** sein (→ Rn. 89). Wenn die Haft nicht gerechtfertigt oder ihre Dauer nicht mehr angemessen ist, muss der Inhaftierte entlassen werden.[214] Es müssen **auch bei Haft kurzer Dauer zutreffende Gründe** zu ihrer Rechtfertigung angegeben werden, die sich konkret mit der Lage des Inhaftierten befassen.[215] Entscheidungen über eine Haft, die weder Gründe für die Anordnung oder Fortdauer der Haft enthalten, noch **eine Frist** bestimmen, setzen Art. 5 faktisch außer Kraft und sind daher unzulässig.[216]

83   Ebenso wie bei Art. 6 Abs. 1 S. 1 gibt es hier **keine feste zeitliche Grenze.** Es kommt auf die Umstände des Einzelfalles an, so dass auch **kurze Haftzeiten** ein Verstoß sein können.[217] **Bei langer Haftdauer** sieht der EGMR die U-Haft uU schon deswegen als problematisch an.[218] Je länger die Haft dauert, desto höhere Anforderungen werden an die Haftgründe und die Prüfung von Alternativen (zB Auflagen, Kaution) gestellt.

84   **Maßgeblicher Zeitraum** ist die **Zeit zwischen der Verhaftung und der Entlassung oder der Aburteilung in erster Instanz.**[219] Wenn also ein Häftling in erster Instanz verurteilt wird, endet die Frist. Wird das Urteil auf Rechtsmittel aufgehoben und die Sache zurückverwiesen,

---

213 Vgl. EGMR 30.7.2009 – 7739/06, Rn. 59 – *Sorokin/Russland.*
214 EGMR 3.10.2006 – 543/03, Slg 06-X Rn. 41 – *McKay/Vereinigtes Königreich.*
215 EGMR 6.11.2007 – 30779/04, Rn. 62 ff. – *Patsuria/Georgien.*
216 EGMR 8.11.2005 – 6847/02, Slg 05-X Rn. 142 – *Khudoyorov/Russland.*
217 Z.B. EGMR 8.4.2004 – 39270/98, Rn. 82 – *Belchev/Bulgarien*: vier Monate, vierzehn Tage.
218 Vgl. EGMR 9.2.2006 – 73443/01, Rn. 92 – *Freimanis* ua/*Lettland*: bei drei Jahren und drei Monaten, andererseits EGMR 6.11.2007 – 22755/04 – *Chruscinski/Polen*: zwei Jahre, sieben Monate keine Verletzung.
219 EGMR 26.10.2000 – 30210/96, Slg 00-XI Rn. 104 – *Kudla/Polen.*

beginnt sie neu.[220] **Mehrere Haftperioden** bei wiederholter Inhaftnahme sind zusammenzurechnen;[221] die Sechsmonatsfrist des Art. 35 Abs. 1 beginnt dabei mit dem Ende der letzten Periode.[222] (Elektronischer) **Hausarrest** wird in die Fristen mit eingerechnet,[223] ebenso Auslieferungshaft im Ausland.[224]

Der EGMR prüft weiter, ob die Strafverfolgungsbehörden die gerade bei Haftsachen notwendige **besondere Sorgfalt eingehalten** und das **Verfahren schleunig betrieben**,[225] ob sie es "besonders gefördert" haben,[226] wobei die Schwierigkeit der Sache von Bedeutung ist. Das Verhalten des Betroffenen wird berücksichtigt, er ist aber nicht verpflichtet, aktiv zu seiner Verurteilung beizutragen. Das besondere Beschleunigungsgebot gilt auch dann, wenn der Haftbefehl gerade nicht vollzogen wird, weil sich der Beschuldigte in anderer Sache in Strafhaft befindet und die Untersuchungshaft lediglich als Überhaft notiert ist.[227]

85

e) Haftgründe und Begründung von Haftentscheidungen: Eine Fortdauer der Freiheitsentziehung ist nur gerechtfertigt, wenn es konkrete Hinweise auf ein wirklich bestehendes öffentliches Interesse gibt, das trotz der Unschuldsvermutung das Recht auf persönliche Freiheit überwiegt.[228] **Haftgrund** kann die Gefahr sein, 1. dass der Beschuldigte nicht zur Gerichtsverhandlung erscheint, 2. dass er in der Freiheit die Beweiserhebung erschwert bzw. manipuliert (Verdunkelungsgefahr), 3. dass er weitere Straftaten begeht oder 4. dass er Störungen der öffentlichen Ordnung verursacht;[229] vgl. zu Haftgründen zudem Abs. 1 Buchst. c sowie dazu bereits → Rn. 38.

86

Haft zur Vermeidung von **Störungen der öffentlichen Ordnung** kann dabei nur bei **besonders schweren Straftaten,** nur in Ausnahmefällen, nur für bestimmte Zeit, nur, wenn das staatliche Recht einen solchen Haftgrund kennt, und nur solange, wie die Störung der öffentlichen Ordnung anhält, gerechtfertigt sein. Dass ein solcher Fall vorliegt, muss mit konkreten Tatsachen begründet werden.[230] Auch Haft aus

87

---

220 EGMR 26.4.2005 – 49929/99, Rn. 51 – *Chodecki/Polen.*
221 EGMR 24.7.2003 – 46133/1999, Slg 03-IX Rn. 67 – *Smirnova/Russland.*
222 EGMR 16.1.2007 – 27561/02, Rn. 34-37 – *Solmaz/Türkei.*
223 EGMR 6.11.2008 – 73281/01, Rn. 48 – *Atanasov/Bugarien.*
224 Vgl. EGMR 6.6.2000 – 33644/96, Rn. 71 – *Ceský/Tschechische Republik*; insofern anders die Vorauflage.
225 EGMR 26.10.2000 – 30210/96, Slg 00-XI Rn. 110 f. – *Kudla/Polen.*
226 EGMR 5.7.2001 – 38321/97, Slg 01-VII Rn. 39 – *Erdem/Deutschland.*
227 OLG Hamm, 1.3.12, III-3 Ws 37/12, BeckRS 2012, 07386.
228 EGMR 29.7.2004 – 49746/99 – *Cevizovic/Deutschland.*
229 EGMR 3.5.2007 – 7328/03, Rn. 29 – *Kapar/Türkei.*
230 EGMR 31.5.1995 – 57547/00, Rn. 63, 64 – *Dumont-Maliverg/Frankreich* für einen Fall von Kindesmissbrauch.

Gründen der **Wiederholungsgefahr** ist auf schwere Straftaten beschränkt und kann nur verhängt werden, wenn neue Taten nach den Umständen und insbesondere der Person des Täters wahrscheinlich sind und die Haft die angemessene Reaktion ist.[231]

88 Bei **organisierter Kriminalität** kann **Verdunkelungsgefahr** anfangs schlicht auf die insofern im Allgemeinen mit solchen Taten assoziierten Risiken gestützt werden; dies kann auch für die ersten Entscheidungen über die Haftfortdauer noch gelten, im weiterem Fortgang des Verfahrens ist die Gefahrprognose zunehmend zu individualisieren.[232] Der Gerichtshof erkennt an, dass die Ermittlungen schwierig sein können und die Verdunkelungsgefahr besonders groß ist. Aus diesen Gründen kann die Haft im Vergleich zu anderen Straftaten länger dauern, aber nicht unbeschränkt lange. Für eine Fortdauer der Haft über die sonst zulässige Dauer müssen besonders schwerwiegende Gründe angeführt werden.[233]

89 **Begründung der Haftentscheidungen:** Es ist zunächst Sache der nationalen Behörden, alle Umstände darauf zu überprüfen, ob ein **öffentliches Interesse besteht, das es rechtfertigt, trotz der Unschuldsvermutung eine Ausnahme von der Garantie der persönlichen Freiheit zuzulassen.**[234] Die Behörden müssen ihre Entscheidung **begründen.** Wenn sie das nicht tun, ist das mit dem von Art. 5 beabsichtigten Schutz gegen Willkür (→ Rn. 19 ff.) nicht vereinbar. Es genügt nicht, allgemein auf die Schwere des Tatvorwurfs, die Gefahr der Flucht oder die Behinderung des Verfahrens hinzuweisen oder auf die Höhe der angedrohten Strafe, ohne das mit konkreten Gründen zu untermauern.[235] Ein allgemeiner Hinweis auf eine Verdunkelungs- oder Kollusionsgefahr ohne Angabe, auf welche Weise eine Entlassung die Ermittlungen behindern würde, ist daher unzureichend.[236] Es muss auf die persönlichen Verhältnisse und den Charakter des Betroffenen eingegangen werden.[237] Ein dringender Tatverdacht ist notwendig und muss fortbestehen, kann nach der Rechtsprechung von einer gewissen Zeit ab aber allein die Fortdauer der Haft nicht rechtfertigen. Bei der **Beurteilung der Fluchtgefahr** darf nicht allein auf die

---

231 EGMR 31.5.2005 – 57547/00, Rn. 65 – *Dumont-Maliverg/Frankreich*; vgl. § 112 a StPO.
232 EGMR 4.10.2005 – 28904/02, Rn. 58 – *Górski/Polen*.
233 EGMR 6.9.2007 – 3994/03, Rn. 52 f. – *Kakol/Polen*.
234 Dazu und zum folgenden EGMR 3.10.2006 – 543/03, Slg 06-X Rn. 41-45 – *McKay/Vereinigtes Königreich*.
235 EGMR 24.5.2005 – 73038/01, Rn. 27 – *Altun/Türkei*.
236 EGMR 26.4.2005 – 49929/99, Rn. 60 – *Chodecki/Polen*; vgl. zu gewissen Ausnahmen bei organisierter Kriminalität aber bereits Rn. 88.
237 EGMR 15.5.2014 – 19554/05 – *Taranenko/Russland*: keine „Sammel-Haftbefehle".

Schwere der Tat und die zu erwartende Strafe abgestellt werden, notwendig ist vielmehr eine Würdigung aller Umstände.[238] Generell gilt: Je länger die Haft andauert, desto gewichtiger müssen die angeführten Gründe sein. Die Gerichte müssen auch auf die sich fortentwickelnde Lage und die voranschreitenden Ermittlungen eingehen und begründen, warum die Haftgründe trotzdem noch gültig sind.[239]

Insbesondere bei **terroristischen Straftaten** können sich Schwierigkeiten ergeben, wenn sich die Behörden auf verlässliche Informanten gestützt haben, die aber nicht offen gelegt werden können, ohne sie zu gefährden. Die Staaten werden nicht gezwungen, zur Begründung der Haft vertrauliche Informationsquellen zu offenbaren, müssen aber selbst unter solchen Umständen konkrete Tatsachen oder Informationen mitteilen, die es dem Beschuldigten ermöglichen, die Art der gegen ihn bestehenden Vorwürfe in Erfahrung zu bringen, und ihn in den Stand setzen, etwaige Gegenbeweise anzubringen,[240] sowie den EGMR überzeugen können, dass hinreichender Tatverdacht besteht.[241]   90

Die staatlichen Behörden müssen auch **andere Maßnahmen als die Haft** in Erwägung ziehen, zB **polizeiliche Meldepflichten** oder eine **Entlassung gegen Kaution**,[242] haben bei ihrer Entscheidung aber einen Ermessensspielraum. Entlassung gegen Kaution kann abgelehnt werden, wenn die Gefahr besteht, dass der Beschuldigte nicht zur Verhandlung kommen wird, dass er bei Entlassung den Gang des Verfahrens behindert oder weitere Straftaten begeht oder die öffentliche Ordnung stört.[243] Wenn jedoch eine solche Möglichkeit für bestimmte Fälle generell ausgeschlossen wird, verstößt das gegen Art. 5 Abs. 3.[244] Auch das Verhältnis der Haftdauer zur angedrohten Strafe ist von Bedeutung, ebenso die Auswirkungen der Haft auf den Betroffenen.[245] Bei der Festsetzung der **Höhe einer Kaution** muss auf die Vermögensverhältnisse des Betroffenen abgestellt werden. Es kommt darauf an, ob die Gefahr des Verlusts der Kaution etwaigen Fluchtgedanken ausreichend entgegenwirkt. Die Begründung der ge-   91

---

238 EGMR 31.5.2005 – 61443/00, Rn. 57 – *Dinler/Türkei*.
239 EGMR 10.3.2009 – 4378/02, Rn. 65 f. – *Bykov/Russland*.
240 EGMR 20.10.2015 – 5201/11, Rn. 149 – *Sher* ua/*Vereinigtes Königreich* (für Slg vorgesehen).
241 EGMR 2.12.2008 – 20775/03, Rn. 27 – *Adirbelli/Türkei*.
242 Vgl. Abs. 3 S. 2 und EGMR 15.5.2014 – 19554/05 – *Taranenko/Russland*; EGMR 27.6.1968 – 2122/64, Rn. 15 – *Wemhoff/Deutschland*.
243 EGMR 24.7.2003 – 46133/1999, Slg 03-IX Rn. 59 – *Smirnova/Russland*.
244 EGMR 19.06.01 – 39360/98 – *S.B.C./Vereinigtes Königreich*.
245 EGMR 26.6.1991 – 12369/86, Rn. 85 – *Letellier/Frankreich*.

richtlichen Entscheidung muss sich damit auseinandersetzen.[246] In Ausnahmefällen können auch Beträge gerechtfertigt sein, die der Inhaftierte nicht bezahlen kann, wenn das nach seinem beruflichen Hintergrund (professional environment) und der Schwere der Tat und ihrer finanziellen Folgen angezeigt ist.[247] Wenn ein Gefangener trotz Anordnung seiner Entlassung gegen Kaution in Haft bleibt, weil er die Kaution nicht zahlt, muss sich die **Überprüfung nach Abs. 4 auch auf die Angemessenheit der Kaution** beziehen.

92   f) **Deutsches Recht:** Art. 2 Abs. 2 S. 2 GG garantiert die Freiheit der Person. Haft darf nur aufgrund eines Gesetzes angeordnet und aufrechterhalten werden, wenn **unabwendbare Bedürfnisse einer wirksamen Strafverfolgung** das zwingend gebieten. Der Grundsatz der Verhältnismäßigkeit setzt der Haftdauer unabhängig von der zu erwartenden Strafe Grenzen. Das Gewicht des Freiheitsanspruchs vergrößert sich gegenüber dem Interesse an einer wirksamen Strafverfolgung mit zunehmender Dauer der Haft. Insoweit entspricht die Rechtslage der nach Art. 5 Abs. 3 S. 1 EMRK.[248] § 121 StPO begrenzt die Haftdauer darüber hinaus grundsätzlich auf **sechs Monate.** Aus Art. 2 Abs. 2 GG ergibt sich zudem ein **Beschleunigungsgebot** für das Strafverfahren in Haftsachen. Kommt es wegen Fehlern der Justiz zu erheblichen Verzögerungen, steht das der Haftfortdauer uU entgegen.[249] Eine nur kurzfristige Überlastung der Strafkammer rechtfertigt die weitere Haft nicht;[250] vgl. zur **Kompensation beim Vollzug der Strafe** bei überlanger Verfahrensdauer → Art. 13 Rn. 20; zum Fortfall der Opfereigenschaft in solchen Fällen → Art. 34 Rn. 31.

93   g) **Verhältnis zu Abs. 5:** Wenn der EGMR einen Verstoß gegen Abs. 3 festgestellt hat und das innerstaatliche Recht dem Bf. keinen durchsetzbaren Anspruch auf Entschädigung gibt, ist auch Abs. 5 verletzt.[251] Dasselbe gilt bei Verstößen gegen Abs. 4.

---

246 EGMR 27.6.1968 – 1936/63, Rn. 14 – *Neumeister/Österreich*; EGMR 22.12.2004 – 45114/98, Rn. 60 f. – *Bojilov/Bulgarien*.
247 EGMR 28.9.2010 – 12050/04, Slg 10-V Rn. 83 (90) – *Mangouras/Spanien*: drei Millionen Euro bei Strafverfolgung gegen den Kapitän eines Schiffs wegen großer Ölkatastrophe.
248 KG, 4.3.14, 4 Ws 21/14, BeckRS 2014, 10889.
249 BVerfGE 53, 152, 158; BVerfG NJW 2003, 2895; BVerfG NJW 2005, 3485; NJW 2006, 677; NJW 2006,1336; vgl. Jahn, NJW 2006, 652.
250 BVerfG NJW 2003, 2895.
251 EGMR 18.2.1999 – 27267/95, Slg 99-I – *Hood/Vereinigtes Königreich*.

3. Richterliche Haftkontrolle (Abs. 4)

a) **Recht auf richterliche Überprüfung:** Die Vorschrift spiegelt den 94 *habeas corpus*-Gedanken wider und gibt festgenommenen Personen das Recht, die Rechtmäßigkeit der Freiheitsentziehung sowohl zu Beginn als auch später in regelmäßigen Zeitabständen überprüfen zu lassen, weil sich im Laufe der Zeit neue Fragen ergeben können. **Abs. 4 gilt für alle Fälle einer Freiheitsentziehung** nach Abs. 1, also auch für die **Sicherungsverwahrung**[252] und für psychisch Kranke (→ Rn. 50). Die Pflichten der Vertragsstaaten sind jedoch jeweils unterschiedlich. Wenn **ein Gericht eine Person zu einer bestimmten Freiheitsstrafe verurteilt hat,** ist die von Abs. 4 geforderte gerichtliche Überprüfung in der Verurteilung enthalten.[253] Anderes gilt nur in Ausnahmefällen, zB dann, wenn über neue Rechtsfragen zu entscheiden ist, über die im Strafverfahren noch nicht entschieden worden ist,[254] weiter in den o. → Rn. 21 geschilderten Ausnahmefällen flagranter Rechtsverweigerung.[255] Die ursprüngliche Verurteilung deckt die spätere Anordnung der Sicherungsverwahrung nicht (→ Rn. 29). Ein Anspruch auf Überprüfung der Entscheidung, den Betroffenen nicht **im Gnadenwege** zu entlassen, besteht nicht. Gegenüber Art. 13 EMRK ist Abs. 4 lex specialis.[256]

b) **Inhalt des Anspruchs:** Das Recht erstreckt sich darauf, **binnen** 95 **kurzer Frist** eine **richterliche Entscheidung** über die **Rechtmäßigkeit der Haft** zu erhalten und **Haftentlassung, wenn die Haft nicht rechtmäßig** ist.[257] Der Betroffene hat Anspruch auf richterliche Überprüfung der Rechtmäßigkeit der Haft **bei der Verhaftung,** und, wenn neue Umstände eintreten können, **periodisch danach.**[258] Die Abs. 3 und 4 stehen nebeneinander. Der Betroffene hat also in U-Haftsachen **sowohl das Recht auf unverzügliche Vorführung und Entscheidung von Amts wegen nach Abs. 3, als auch das Recht, eine Entscheidung durch ein Gericht nach Abs. 4 zu beantragen.** Abs. 4 gilt für alle Haftgründe des Abs. 1, kann aber für die unterschiedlichen Arten der Freiheitsentziehung unterschiedliche Garantien geben.[259] Bei **sehr kurzfristiger Haft** kann es möglich sein, dass eine Haftkontrolle innerhalb dieser Zeit nicht durchgeführt werden kann. Das Recht er-

---

252 EGMR 9.5.2007 – 12788/04 – *Homann/Deutschland.*
253 EGMR 20.1.2004 – 39753/98, Rn. 19 – *König/Slowakei.*
254 EGMR 6.11.2008 – 74012/01, Rn. 57-59 – *Yossifov/Bulgarien.*
255 EGMR 24.3.2005 – 9808/02, Rn. 65 – *Stoichkov/Bulgarien.*
256 EGMR 18.2.2014 – 8300/06 – *Rivera/Schweiz.*
257 EGMR 28.3.2000 – 28358/95, Slg 00-III Rn. 68 – *Baranowski/Polen*; EGMR 19.5.2005 – 76024/01, Rn. 24 – *Rapacciuolo/Italien.*
258 EGMR 26.9.2002 – 28212/95, Rn. 33 – *Benjamin* ua/*Vereinigtes Königreich.*
259 EGMR 24.6.1982 – 7906/77 – *van Droogenbroeck/Belgien.*

lischt mit unbedingter Haftentlassung.[260] Die Überprüfung muss die Angemessenheit einer Kaution umfassen (→ Rn. 91).

96   **c) Begriff der Rechtmäßigkeit:** Der Begriff der Rechtmäßigkeit in Abs. 4 entspricht demjenigen in Abs. 1. Die inhaftierte Person hat daher den Anspruch, die Haft nicht nur nach staatlichem Recht, sondern auch nach der Konvention prüfen zu lassen. Das kontrollierende Gericht muss zwar nicht in jedem Detail eine eigene Sachentscheidung treffen (etwa was Zweckmäßigkeitserwägungen angeht). Die Kontrolle der Haftentscheidung muss aber so umfassend sein, dass sie sich auf alle zwingenden Voraussetzungen für die Rechtmäßigkeit der Freiheitsentziehung einer Person nach Art. 5 Abs. 1 EMRK erstreckt;[261] eine Art automatisches „Abnicken" des Vortrags der Staatsanwaltschaft genügt nicht.[262] Es soll allerdings nicht jede Verletzung von Verfahrensrechten automatisch zur Rechtswidrigkeit der Haft führen. Wird etwa der Anspruch auf rechtliches Gehör verletzt, kommt es darauf an, ob die speziellen tatsächlichen und rechtlichen Umstände des konkreten Falles zu einem anderen Ergebnis hätten führen können, weil der Betroffene Gesichtspunkte hätten geltend machen können, die geeignet gewesen wären, die Beendigung der Haft zu rechtfertigen. Nur wenn dies zu bejahen sei, käme eine Haftentlassung in Betracht.[263]

97   **d) Anforderungen an den Rechtsbehelf nach Abs. 4:** Nach der Rechtsprechung verweist Abs. 4 auf einen Rechtsbehelf im staatlichen Recht, der ausreichend sicher zur Verfügung stehen, zugänglich und wirksam sein muss.[264] Ein **Rechtsmittel** gegen die Entscheidung wird nicht garantiert. Wenn das innerstaatliche Recht ein solches vorsieht, muss allerdings auch das Rechtsmittelgericht Art. 5 Abs. 4 beachten.[265] Das Erfordernis der kurzen Frist gilt auch für dessen Entscheidung[266].

98   Über den Antrag muss **ein Gericht** entscheiden. Art. 5 Abs. 4 garantiert einen Zugang zu dem Gericht und gibt damit eine Art. 6 Abs. 1 entsprechende Vorschrift (insofern vgl. → Art. 6 Rn. 33 ff.). Die entscheidende Stelle muss von den Parteien und der Exekutive unabhän-

---

260   EGMR 9.10.2003 – 48321/99, Slg 03-X Rn. 158 – *Slivenko/Lettland*.
261   EGMR 24.10.13 – 71825/11 – *Hosein/Griechenland*.
262   EGMR 17.3.2016 – 69981/14, Rn. 143 – *Razul Jafarov/Aserbaidschan*.
263   EuGH 10.9.2013 – C-383/13 PPU, Rn. 40, BeckRS 2014, 81993; BGH, 12.3.2015, V ZB 187/14, BeckRS 2015, 08780.
264   EGMR 26.11.1997 – 23878/94, Slg 97-VII Rn. 53 – *Sakik ua/Türkei*.
265   EGMR 10.10.2000 – 37975/97, Rn. 32 – *Grauzinis/Litauen*.
266   EGMR 19.5.2005 – 76024/01, Rn. 31 – *Rapacciuolo/Italien*.

gig und unparteiisch sein (vgl. insofern → Art. 6 Rn. 65 ff.).[267] Ein
Staatsanwalt oder ein Minister ist kein Gericht.

Der Gefangene muss wirksamen **Zugang zu dem Gericht** haben,   99
auch zum Rechtsmittelgericht, wenn das staatliche Recht ein Rechtsmittel vorsieht.[268] Der Zugang kann im staatlichen Recht **von bestimmten Voraussetzungen** abhängig gemacht werden (Form, Frist),
die ihn aber nicht unverhältnismäßig erschweren dürfen. Das Gericht
muss darüber entscheiden können, ob die Freiheitsentziehung rechtmäßig ist und muss die Entlassung anordnen können. Es muss die
Einhaltung von Verfahrensvorschriften und das Vorliegen von Recht-
fertigungsgründen nach Abs. 1, also zB eines hinreichenden Tatverdachts, prüfen können und auch den Zweck der Festnahme.[269] Wenn
das Gericht nur eingeschränkte Prüfungs- und Entscheidungsmög-
lichkeiten hat, reicht das nicht aus.

Das gerichtliche Verfahren muss **justizförmig** sein und ausreichende   100
Garantien bieten, wobei es im Einzelnen auf die Art der Freiheitsentziehung ankommt. Wegen der schwerwiegenden Folgen einer Freiheitsentziehung müssen die Grundanforderungen an ein faires Verfahren (dazu allgemein → Art. 6 Rn. 87 ff.), zB das Recht auf ein
kontradiktorisches Verfahren, auch unter den besonderen Umständen eines laufenden Ermittlungsverfahrens soweit wie möglich erfüllt
sein. Einige der Garantien des Art. 6 Abs. 1 gelten deswegen auch
hier, zB das Recht auf freien Zugang zu einem Anwalt.[270] Bei einer
Freiheitsentziehung nach Abs. 1 Buchst. c muss eine **persönliche Anhörung** stattfinden. Eine **anwaltliche Vertretung** kann notwendig
sein, insbesondere bei besonderen Schwierigkeiten oder wenn der Betroffene seine Interessen nicht ausreichend selbst wahrnehmen
kann.[271] Wenn das Verfahren diese Garantien nicht bietet, muss ein
Rechtsbehelf an eine Institution gegeben sein, bei der das der Fall
ist.[272] Im Haftprüfungsverfahren muss **Waffengleichheit** zwischen
der Staatsanwaltschaft und dem Verhafteten gegeben sein. Der Betroffene muss ausreichende Gelegenheit haben, seine Argumente vorzutragen.[273] Er muss insbesondere Kenntnis davon haben, dass
Schriftsätze eingereicht worden sind und Gelegenheit zur Stellung-

---

267 EGMR 29.3.2001 – 27154/95, Slg 01-III Rn. 42 *D.N./Schweiz*: Verletzung von
     Art. 5 Abs. 4 bei Teilnahme eines Psychiaters als Richter, der vor der mündli-
     chen Verhandlung als Berichterstatter Untersuchungen vorgenommen hat.
268 EGMR 9.5.2007 – 12788/04 – *Homann/Deutschland*.
269 EGMR 25.3.1999 – 31195/96, Slg 99-II – *Nikolova/Bulgarien*.
270 EGMR 24.10.1979 – 6301/73 – *Winterwerp/Niederlande*; EGMR 29.2.1988 –
     63235/00, Slg 07-II Rn. 60 – *Bouamar/Belgien*.
271 EGMR 12.5.1992 – 13770/88 – *Megyeri/Deutschland*.
272 EGMR 5.10.2000 – 31365/96, Slg 00-X Rn. 58 – *Varbanov/Bulgarien*.
273 EGMR 21.10.1986 – 9862/82, Rn. 46 ff. – *Sanchez-Reisse/Schweiz*.

nahme haben, Anträge der Staatsanwaltschaft müssen ihm vorher mitgeteilt werden.[274] Er **muss Einsicht in Schriftstücke** erhalten, die für eine wirksame Anfechtung der Rechtmäßigkeit der Haft wesentlich sind. **Dem muss bei Anwendung von § 147 Abs. 2 StPO Rechnung getragen werden.**[275] Im öffentlichen Interesse kann es notwendig sein, den Beschuldigten nicht alle Beweise zugänglich zu machen. Sie müssen aber so ausreichend informiert sein, dass sie ihren Anwälten wirksame Anweisungen geben können (vgl. auch → Art. 6 Rn. 108 ff.).[276] Eine **öffentliche mündliche Verhandlung ist nicht erforderlich,** Art. 5 Abs. 4 ist *lex specialis* gegenüber Art. 6 Abs. 1.[277]

101   Der Richter muss in der **Begründung** seiner Entscheidung nicht auf jedes Argument des Bf. eingehen. Er darf aber konkrete Tatsachen nicht als unerheblich behandeln oder außer Betracht lassen, die Zweifel daran begründen können, dass die Voraussetzungen für die Rechtmäßigkeit der Freiheitsentziehung vorliegen.[278]

102   Die Entscheidung muss **innerhalb kurzer Frist** ergehen. Der Antrag muss also kurzfristig möglich sein und die Entscheidung muss innerhalb kurzer Frist getroffen und mitgeteilt werden. Maßgebend ist die Frist zwischen dem Antrag, uU der Begründung[279] und der Entscheidung durch das Gericht. Die Regelung ist strenger als in Abs. 3, wie dort gibt es aber **keine feste zeitliche Grenze,** es kommt an auf die Umstände des Falls, den allgemeinen Ablauf des Verfahrens und darauf, in welchem Umfang Verzögerungen auf den Bf. oder seinen Verteidiger zurückgehen. Weil es aber um die Freiheit des Beschuldigten geht, muss der Staat dafür sorgen, **dass die Entscheidung so schnell wie möglich ergeht.**[280] Fristen von bis zu 14 Tagen sind ausreichend,[281] eine Frist von siebzehn, einundzwanzig bzw. dreiundzwanzig Tagen ist grundsätzlich zu lang.[282] Selbst wenn schwierige

---

274   EGMR 5.7.2005 – 20723/02, Rn. 18 – *Osváth/Ungarn.*
275   EGMR 25.3.1999 – 31195/96, Slg 99-II Rn. 59 – *Nikolova/Bulgarien*; EGMR 30.3.1989 – 10444/83 – *Lamy/Belgien*; EGMR 13.2.2001 – 24479/94, Slg 01-I Rn. 44 – *Lietzow/Deutschland*; EGMR 13.2.2001 – 25116/94, Slg 01-I Rn. 52 – *Schöps/Deutschland*; EGMR 13.2.2001 – 23541/94, Rn. 41-43 *Alva/Deutschland* und dazu Kieschke/Osterwald NJW 2002, 2003.
276   EGMR 19.2.2009 – 3455/05, Slg 09-II Rn. 220 – *A. ua/Vereinigtes Königreich.*
277   EGMR 15.11.2005 – 67175/01, Slg 05-XII Rn. 41 (55) – *Reinprecht/Österreich.*
278   EGMR 25.3.1999 – 31195/96, Slg 99-II Rn. 61 – *Nikolova/Bulgarien.*
279   Vgl. EGMR 12.6.2003 – 44672/98 – *Herz/Deutschland.*
280   EGMR 19.5.2005 – 76024/01, Rn. 32 – *Rapacciuolo/Italien.*
281   EGMR 12.6.2003 – 44672/98, Rn. 73 – *Herz/Deutschland:* elf Tage unbedenklich.
282   EGMR 4.10. 2005 – 3456/05, Rn. 120 – *Sarban/Moldau*; EGMR 28.11.2000 – 29462/95, Slg 00-XII Rn. 85 f. – *Rehbock/Slovenien*; EGMR 22.12.2009 – 7923/04, Rn. 34 – *Butusov/Russland.*

Fragen zu entscheiden sind und ein Sachverständigengutachten erforderlich ist, genügt eine Frist von mehreren Monaten den Anforderungen nicht.[283] Der EGMR berücksichtigt auch, wenn ein Rechtsmittelgericht die Sache zurückverweist und nicht selbst entscheidet.[284]

Wenn nach staatlichem Recht **Rechtsmittel gegen die Entscheidung** gegeben sind, muss auch **über sie binnen kurzer Frist entschieden** werden.[285] Auch hier stellt der Gerichtshof auf den Einzelfall ab: dreißig und dreiundvierzig Tage zu lang, neunzehn bis sechsundzwanzig Tage in schwierigen Fällen ausreichend, in einem besonders komplizierten Fall auch einundvierzig Tage.[286]   **103**

e) Besonderheiten bei der Unterbringung psychisch Kranker (Abs. 1 Buchst. e): Wenn ein Gericht die Unterbringung angeordnet hat, ist die erforderliche gerichtliche Überprüfung darin enthalten, aber nur, wenn das Verfahren gerichtsförmig ist und dem Betroffenen Garantien bietet, die auf die Art der Freiheitsentziehung abgestimmt sind. Diese Voraussetzungen sind nicht erfüllt, wenn das Gericht die Beschwerde ohne Prüfung in der Sache mit der Begründung zurückweist, die Freiheitsentziehung sei beendet und der Bf. entlassen. Denn sonst liefen die Garantien von Art. 5 leer.[287]   **104**

Die Rechtsprechung hat für die **periodische Überprüfung** wegen der besonderen Schutzbedürftigkeit psychisch kranker Personen **besondere Anforderungen** entwickelt. Wenn sie zwangsweise lange oder auf unbestimmte Zeit in einer Anstalt untergebracht sind, haben sie nach Abs. 4 das Recht, **in regelmäßigen Abständen die Rechtmäßigkeit der Unterbringung durch ein Gericht überprüfen zu lassen,** weil die Gründe, die eine Unterbringung anfangs erforderlich machen, später wegfallen können.[288] Das gilt auch für unbestimmte Gefängnisstrafen oder Unterbringung (Verwahrung) wegen Geisteskrankheit, psychischer Instabilität oder Gefährlichkeit. Der EGMR hat **Abstände von mehr als einem Jahr für zu lang** befunden.[289] Auch das Gericht muss dann innerhalb kurzer Frist entscheiden.[290] Ein Zeit-   **105**

---

283 EGMR 13.7.2006 – 55894/00, Rn. 44 (53) – *Fuchser/Schweiz.*
284 Vgl. EGMR 9.7.2009 – 11364/03, Rn. 103 – *Mooren/Deutschland.*
285 EGMR 25.1.2005 – 60538/00, Rn. 75 – *Singh/Tschechien.*
286 Vgl. die Übersicht bei EGMR 2.10.2007 – 39742/05, Rn. 64-67 – *Baranowski/ Polen.*
287 EGMR 12.6.2003 – 44672/98, Rn. 66-69 – *Herz/Deutschland.*
288 EGMR 12.5.1992 – 13770/88, Rn. 23 – *Megyeri/Deutschland*; EGMR 25.3.1999 – 24557/94, Slg 99-II – *Musial/Polen.*
289 EGMR 24.9.1992 – 10533/83 Rn. 75 – *Herczegfalvy/Österreich*: fünfzehn Monate bis zwei Jahre zu lang; vgl. die Zusammenstellung bei EGMR 26.9.2000 – 36273/97, Slg 00-X – *Oldham/Vereinigtes Königreich* und bei EGMR 21.6.2005 – 59512/00, Rn. 44 – *Blackstock/Vereinigtes Königreich.*
290 EGMR 24.10.1979 – 6301/73, Rn. 55 – *Winterwerp/Niederlande.*

raum von einem Jahr acht Monaten zwischen dem Antrag und der Entscheidung des Gerichts ist zu lang, wenn nicht außergewöhnliche Umstände vorliegen. Für Verzögerungen durch Sachverständigengutachten ist grundsätzlich der Staat verantwortlich. Ein Abstand von neun Monaten zwischen einem Gutachten und der Entscheidung ist zu lang, weil das Gutachten überholt sein kann.[291]

106 Die untergebrachten **Personen müssen persönlich angehört** werden oder durch einen Anwalt vertreten sein, der ihnen unter Umständen von Amts wegen beigeordnet werden muss.[292]

VII. Absatz 5: Recht auf Entschädigung

107 Abs. 5 gewährt dem Betroffenen einer rechtswidrigen Freiheitsentziehung einen vor deutschen Zivilgerichten einklagbaren verschuldensunabhängigen Anspruch auf Ersatz des durch die Haft entstandenen materiellen und immateriellen Schadens.

1. Voraussetzungen des Entschädigungsanspruchs

108 **Voraussetzung** ist, dass durch ein staatliches oder ein Konventionsorgan eine Freiheitsentziehung unter **Verletzung von Art. 5 Abs. 1 bis 4 EMRK** bzw. des in Bezug genommenen nationalen Rechts **festgestellt worden ist**[293] – also nicht bei Einstellung des Strafverfahrens zB wegen Verjährung.[294] Nötig ist weiter, dass ein **materieller oder immaterieller Schaden entstanden** ist. Es steht den Konventionsstaaten frei, den Nachweis eines solchen Schadens zu verlangen und über die **Höhe der Entschädigung** zu entscheiden.[295] Versucht ein Betroffener vergeblich, einen Ersatzanspruch aus Abs. 5 bei den nationalen Gerichten geltend zu machen, obwohl die Voraussetzungen vorliegen und rügt er dies schließlich vor dem EGMR, stellt dieser eine Verletzung des Abs. 5 fest und gewährt eine Entschädigung nach Art. 41 EMRK.[296] Ein **Verschulden** der staatlichen Organe ist für den Ersatzanspruch nach Abs. 5 nicht erforderlich, da es sich um eine Gefährdungshaftung für objektiv rechtswidrige Haft handelt.[297] Anders als

---

291 EGMR 25.3.1999 – 24557/94, Slg 99-II – *Musial/Polen*.
292 EGMR 12.5.1992 – 13770/88 – *Megyeri/Deutschland*.
293 EGMR 20.3.2001 – 33591/96 – *Bouchet/Frankreich*.
294 EGMR 3.4.2007 – 29453/02 – *Collmann/Deutschland*.
295 EGMR 27.9.1990 – 12535/86, Rn. 38 – *Wassink/Niederlande*; EGMR 6.10.2005 – 9647/02, Rn. 20 – *Shilyayev/Russland*.
296 Vgl. etwa EGMR 24.10.13 – 71825/11 – *Hosein/Griechenland*.
297 OLG München 22.8.2013 – 1 U 1488/13, BeckRS 2013, 15717.

es bei Ansprüchen aus § 839 BGB oftmals der Fall ist,[298] besteht der Schadensersatzanspruch daher nicht erst ab der Feststellung der Rechtswidrigkeit (Bösgläubigkeit), sondern ab dem Moment, ab dem die Freiheitsentziehung objektiv rechtswidrig war.[299] Eine Verletzung von Abs. 5 liegt nicht notwendig schon dann vor, wenn die Entscheidung über die Freiheitsentziehung später aufgrund abweichender tatsächlicher oder rechtlicher Würdigung von der Rechtsmittelinstanz aufgehoben wird. Wenn die Voraussetzungen des Abs. 5 nicht gegeben sind, ergibt sich aus der Konvention kein Recht auf Entschädigung für erlittene Haft nach Einstellung des Verfahrens.[300]

Der Schadensersatzanspruch wird im **deutschen Recht** direkt aus Art. 5 Abs. 5 abgeleitet,[301] er umfasst neben materiellen Schäden[302] auch den Ersatz für den immateriellen Schaden.[303] Er besteht neben Ansprüchen aus dem StrEG.[304] Auf andere Zwangsmaßnahmen wie Hausdurchsuchungen ist der Schadensersatzanspruch nicht übertragbar.[305] Deutschland haftet nicht für Freiheitsentziehungen durch die sowjetische Besatzungsmacht.[306] | 109

Die **Feststellung der Rechtswidrigkeit durch den EGMR** ist nicht erforderlich. Das über den Schadensersatzanspruch entscheidende Gericht muss in eigener Zuständigkeit unter Heranziehung der einschlägigen Rechtsprechung des EGMR die Rechtmäßigkeit der Freiheitsentziehung prüfen.[307] | 110

2. Verfahrensfragen bei Geltendmachung des Anspruchs

a) **Passivlegitimation: Passivlegitimiert** ist gem. Art. 34 GG derjenige deutsche Hoheitsträger, der „Verletzer" ist.[308] In Fällen der Abschiebehaft ist trotz der gerichtlichen Kontrolle der Freiheitsentziehung | 111

---

298 Vgl. zB KG 21.3.2014, 9 U 252/12, BeckRS 2015, 17184.
299 KG 21.12.2012 – 9 W 51/11, BeckRS 2015, 12347; LG Marburg 8.7.2014, 2 O 63/13, BeckRS 2015, 07833; OLG Hamm 6.2.2015 – 11 U 131/13, BeckRS 2015, 09373.
300 EGMR 3.4.2007 – 29453/02 – *Collmann/Deutschland*.
301 BGHZ 45, 58, 65; BGH NVwZ 2006, 960 für rechtswidrige Abschiebehaft; OLG Karlsruhe 29.11.2012, 12 U 60/12, BeckRS 2012, 24391 für rechtswidrige Sicherungsverwahrung.
302 Z.B. Haftkosten, vgl. EGMR 19.4.2012 – 61272/09 – *B./Deutschland*.
303 BGHZ 122, 268.
304 OLG Nürnberg 23.2.12, 2 Ws 320/11 = NStZ-RR 2012, 223, 224; OLG Celle 14.2.2012 – 2 Ws 32/12, BeckRS 2012, 11589.
305 LG Nürnberg-Fürth 11.8.2011, 4 O 9068/10, BeckRS 2011, 20568.
306 BGHZ 45, 46.
307 KG 21.12.2012, 9 W 51/11, BeckRS 2015, 12347.
308 BGH 19.9.2013, III ZR 405/12 = NJW 2014, 67, 68; OLG München, 22.8.2013 – 1 U 1488/13, BeckRS 2013, 15717.

die Kommune als Trägerin der Ausländerbehörde passivlegiti-
miert.[309] Darauf, ob die Verletzung beim Vollzug von Bundes- oder
Landesrecht erfolgt, kommt es nicht an.[310] Auch wenn die Freiheitsentziehung auf „legislativem Unrecht" beruht und die Vollstre-
ckungsbehörden und -gerichte sich an die herrschenden (Bundes-)Ge-
setze gehalten haben, die sich später jedoch als konventionswidrig erwiesen, haftet entsprechend Art. 34 GG (auch) das Land für Schadensersatzansprüche des Betroffenen aus Art. 5 Abs. 5.[311] Daneben
haftet gesamtschuldnerisch auch die Bundesrepublik, da sie mit ihrer
konventionswidrigen Gesetzgebung und ihren an der Gesetzgebung
mitwirkenden Amtsträgern die rechtlichen Voraussetzungen für die
nicht gerechtfertigten Eingriffe in das Freiheitsrecht der Betroffenen
geschaffen hat.[312]

112 **b) Aufrechnungsverbot:** Es gilt das vom BGH in Fällen der Geldentschädigung für menschenunwürdige Haftbedingungen bereits anerkannte Verbot der **Aufrechnung** offener Forderungen der Justiz aus
dem Strafverfahren mit der Entschädigungssumme.[313] Auch eine
Aufrechnung mit einem staatlichen Rückzahlungsanspruch für die
Kosten einer Abschiebung ist nach § 242 BGB ausgeschlossen.[314]

113 **c) Zuständigkeit: Zuständig** für Entschädigungsklagen nach Art. 5
Abs. 5 EMRK sind die Zivilgerichte.[315] Der Anspruch **verjährt** nach
der herrschenden Rechtsprechung in der Regelverjährungsfrist von
drei Jahren.[316] Bei der Bestimmung des Beginns der Verjährungsfrist
ist zu berücksichtigen, ab wann der Kläger tatsächlich in der Lage
war, seinen Anspruch zu verfolgen.[317]

---

309 OLG München aaO; OLG Naumburg 27. 12. 2011 – 10 W 14/11 = NVwZ-
     RR 2012, 366.
310 OLG Karlsruhe 29.11.2012 – 12 U 60/12, BeckRS 2012, 24391.
311 BGH 19. 9. 2013, III ZR 405/12 = NJW 2014, 67, 68; LG Marburg 8.7.2014,
     2 O 63/13, BeckRS 2015, 07833.
312 KG 30.6.2015, 9 W 5/14, BeckRS 2015, 12349; KG 21.12.2012, 9 W 51/11,
     BeckRS 2015, 12347.
313 Vgl. OLG München aaO m.V.a. BGH 1.10.2009, III ZR 18/09; aA bei Fällen
     rechtswidriger, weil nachträglich entfristeter Sicherungsverwahrung: OLG
     Hamm 6.2.2015, 11 U 131/13, BeckRS 2015, 09373.
314 OLG Naumburg 27.12.2011, 10 W 14/11 = NVwZ-RR 2012, 366, 368.
315 OLG Hamm 12.3.2013, 3 (s.) Sbd. I – 3/13, BeckRS 2013, 11236.
316 § 195 BGB; LG Berlin 27.10.2010 – 86 O 82/10; für eine Verjährung erst nach
     dreißig Jahren: *Killinger,* Staatshaftung für rechtswidrige Untersuchungshaft in
     Deutschland und Österreich im Lichte von Art. 5 Abs. 5 EMRK, Heidelberg
     2015, S. 149 ff.
317 Vgl. EGMR 16.6.2005 – 61603/00, Slg 05-V Rn. 96 – *Storck/Deutschland:*
     Verjährungsbeginn erst mit Entlassung aus der Unterbringung.

3. Höhe des Schadensersatzes

In welcher **Höhe** Schadensersatz für den durch eine rechtswidrige   114
Freiheitsentziehung entstandenen **immateriellen Schaden** gem. § 253
Abs. 2 BGB angemessen ist, wird sehr uneinheitlich beantwortet. Die
deutschen Gerichte gehen zwar davon aus, dass eine entsprechende
Anwendung von § 7 StrEG, welcher pro Hafttag eine Entschädigung
von nur 25 EUR vorsieht, ausgeschlossen ist.[318] Es wird aber dieser
Betrag, der (nur) die üblichen Unzuträglichkeiten ausgleiche, die die
(rechtmäßige) Haft mit sich bringe,[319] dennoch überwiegend als Ausgangspunkt genommen und Summen zwischen 16 und 40 EUR pro
Tag gewährt.[320] Der **EGMR** gewährt für rechtswidrige Freiheitsentziehungen hingegen im Rahmen seiner Entscheidungen nach **Art. 41**
sehr unterschiedlich hohe Entschädigungen, die teilweise weit über
das hinausgehen, was deutsche Gerichte bei Abs. 5 für angemessen
halten.[321] Während etwa ein deutscher Sicherungsverwahrter, dessen
Beschwerde wegen des Verstoßes gegen das Abstandsgebot erfolgreich war, für mehr als zwei Jahre nur 3.000 EUR bekam,[322] sprach
der EGMR in einem anderen Fall einem Mann für eine insgesamt 24
Stunden dauernde rechtswidrige Inhaftierung 5.850 EUR zu.[323]

4. Reichweite des Ersatzanspruchs

Der Entschädigungsanspruch besteht nur für die erlittene Haft als   115
solche, nicht für die (menschenunwürdige) **Art und Weise des Voll-**

---

318 BGH 29.4.1993, III ZR 3/92 = NJW 1993, 2927 (2930).
319 So BGH aaO.
320 OLG Hamm 14.11.2014, 11 U 80/13, BeckRS 2015, 00246, OLG Karlsruhe
     29.11.2012, 12 U 60/12, BeckRS 2012, 24391; LG Dortmund 29.10.2013, 25
     O 37/13, BeckRS 2015, 09374: 500 EUR pro Monat bzw. 16,60 EUR pro Tag
     für konventionswidrig vollzogene Sicherungsverwahrung sind in der Regel an-
     gemessen, zwischen Entschädigung für rechtswidrige Sicherungsverwahrung
     und Straf-/U-Haft ist zu differenzieren [OLG Hamm], anders noch OLG
     Hamm 28.11.2012, I-11 W 75/12, BeckRS 2013, 00471; für konventionswid-
     rige Abschiebehaft: OLG Naumburg 27.12.2011, 10 W 14/11, NVwZ-RR
     2012, 366, 367 – 40 EUR pro Tag; OLG München 22.8.2013, 1 U 1488/13,
     BeckRS 2013, 15717 – 30 EUR pro Tag, Berücksichtigung eines Mitverschul-
     dens des Betroffenen; OLG Brandenburg 12.9.2013, 2 W 2/13, BeckRS 2013,
     17121 – 20 EUR pro Tag.
321 Vgl. die Übersicht bei *Killinger* aaO, S. 79.
322 EGMR 23.11.2013 – 7345/12 – *Glien/Deutschland*; vgl. auch EGMR
     19.4.2012 – 61272/09 – *B./Deutschland*, EGMR 19.1.2012 – 21906/09 –
     Kronfelder/Deutschland, EGMR 24.11.2011 – 48038/06, *Schönbrod/*
     Deutschland: jew. ca. 16 EUR pro Tag rechtswidrige Sicherungsverwahrung.
323 EGMR 13.1.2015 – 41040/11 – *Micu/Rumänien*; vgl. auch EGMR 24.10.13 –
     71825/11 – *Hosein/Griechenland*: 12.000 EUR für zwei Monate Abschiebe-
     haft.

zugs.[324] Die Haftbedingungen können daher kein Anknüpfungspunkt für eine Entschädigungsforderung sein.[325] Eine Ausnahme soll nur dann gelten, wenn die Haftbedingungen derart schlecht waren, dass eine Haftverschonung geboten gewesen wäre, die jedoch unterblieb. In diesem Ausnahmefall würde die Art und Weise des Vollzuges auf die Rechtmäßigkeit der Haft durchschlagen.[326]

116   Ob eine durch den EGMR in dem Beschwerdeverfahren zugesprochene **Entschädigung gem. Art. 41** einen darüber hinausgehenden **Anspruch nach Art. 5 Abs. 5 ausschließt**, ist umstritten.[327] Das Verhältnis zwischen Art. 41 und Abs. 5 ist nicht nur für die Frage der Anrechnung bzw. Erfüllung von Bedeutung, sondern auch für die Bemessung der Höhe. Während der EGMR nur den Art. 41 anwendet,[328] ist die Entscheidungsgrundlage der staatlichen Gerichte allein der Art. 5 Abs. 5. Das LG Marburg begründet daher seine Haltung, sich beim Ersatz immaterieller Schäden streng an den Sätzen des StrEG und nicht an den Entscheidungen des EGMR zu orientieren, gerade mit der Verschiedenheit der Ansprüche aus Art. 41 und Art. 5 Abs. 5.[329] Umgekehrt begründen Gerichte ihre Spruchpraxis, wonach für rechtswidrige Sicherungsverwahrung ein Schadensersatz in Höhe von (nur) 500 EUR monatlich angemessen sei, gerade mit der Rechtsprechung des EGMR nach Art. 41 EMRK,[330] was der BGH nicht beanstandet hat.[331]

117   **Vergleichszahlungen,** die der in Anspruch genommene Staat im Rahmen des Individualbeschwerdeverfahrens vor dem EGMR geleistet hat, sollen wiederum dann anzurechnen sein, wenn sie ausdrücklich zum Ausgleich immaterieller Schäden dienen sollten.[332]

---

324 BGH 4.7.2013, III ZR 342/12 = NJW 2013, 3176, (3179) m. Verw. auf die vorher uneinheitliche fachgerichtliche Rspr. zu dieser Frage; KG 16.1.14, 9 U 126/11, BeckRS 2014, 04493; KG 21.3.2014, 9 U 252/12, BeckRS 2015, 17184.
325 OLG Bamberg 14.1.14, 4 U 112/13, BeckRS 2014, 02647.
326 BGH 4.7.2013 = NJW 2013, 3176, 3179 am Beispiel der Haftunfähigkeit.
327 Kein Ausschluss: OLG Frankfurt 9.4.2013, 15 W 2/12, NStZ-RR 2013, 295: keine Anspruchsidentität, da Entschädigung kein echter Schadensersatz sei; Ausschluss: OLG Hamm 14.11.2014, 11 U 80/13, BeckRS 2015, 00246: EGMR bezwecke mit einer nach Art. 41 EMRK zuerkannten Entschädigung eine umfassende Kompensation der immateriellen Beeinträchtigungen, weshalb weitere Ansprüche nach Art. 5 Abs. 5 EMRK ausgeschlossen seien.
328 Ggf. wegen Verletzung des Art. 5 Abs. 5.
329 LG Marburg 8.7.14, 2 O 63/13, BeckRS 2015, 07833.
330 S. oben Rn. 108 und ausführlicher bei *Killinger*, Staatshaftung für rechtswidrige Untersuchungshaft in Deutschland und Österreich im Lichte von Art. 5 Abs. 5 EMRK, Heidelberg 2015, S. 138 f.
331 BGH 19.9.2013, III ZR 407/12, BeckRS 2013, 17471.
332 OLG Hamm 14.11.2014, 11 U 80/13, BeckRS 2015, 00246.

VIII. Verhältnis zu anderen Artikeln, mehrfache Verletzung von Art. 5

Bei **mehrfacher Verletzung von Art. 5** entscheidet der Gerichtshof frei darüber, ob er alle Rügen prüfen oder sich auf die wesentliche(n) beschränken will.[333]

Art. 6, 13: Wenn Art. 5 Abs. 3 verletzt ist, weil die zur Wahrnehmung richterlicher Aufgaben beauftragte Person nicht unabhängig war, liegt häufig auch ein Verstoß gegen Art. 6 Abs. 1 vor (fehlender Zugang zu einem unabhängigem Gericht). Wenn Art. 5 Abs. 3 oder 4 wegen der Dauer des Verfahrens verletzt ist, ist häufig auch gegen Art. 6 Abs. 1 verstoßen worden. Art. 5 ist bei Beschwerden wegen Freiheitsentziehung lex specialis gegenüber Art. 13.[334] Wenn ein Verstoß gegen Art. 5 Abs. 4 nicht vorliegt, prüft der Gerichtshof deswegen nicht, ob Art. 13 verletzt worden ist.[335] Er tut das zudem auch dann nicht, wenn er eine Verletzung von Art. 5 Abs. 4, 5 festgestellt hat.[336]

IX. Anträge

Der Antrag geht wie üblich dahin **festzustellen,** dass Art. 5 verletzt ist. Bei Rüge mehrerer Verletzungen werden sie gesondert erwähnt (zB „wird beantragt festzustellen, dass Art. 5 Abs. 1 Buchst. e durch die Unterbringung in der Haftanstalt Essen vom ... bis ... und durch die Unterbringung in dem Landeskrankenhaus Stuttgart vom ... bis ... verletzt ist"). Bei Rüge der Verletzung mehrerer Absätze des Art. 5 werden sie gesondert genannt (zB „festzustellen, dass Art. 5 Abs. 3 verletzt ist, dass Art. 5 Abs. 4 verletzt ist und dass Art. 5 Abs. 5 verletzt ist"). Wenn zugleich andere Artikel verletzt sind (o. → Rn. 41), werden insoweit gesonderte Anträge gestellt.

Zu den Verpflichtungen des Staates aus dem Urteil nach Art. 46 kann der Antrag in Betracht kommen, **den Staat dazu zu verurteilen, den Bf. unverzüglich aus der Haft zu entlassen** (→ Art. 46 Rn. 23).

Wegen der Anträge nach Art. 41 auf **gerechte Entschädigung** (vgl. → Art. 41 Rn. 39). Es empfiehlt sich, bei Rüge der Verletzung von Verfahrensgarantien den Antrag besonders zu begründen, zB darauf hinzuweisen, dass der Bf. ohne Verletzung von Art. 5 Abs. 3, 4 mögli-

---

333 EGMR 22.12.2008 – 46468/06, Rn. 176 – *Aleksanyan/Russland.*
334 EGMR 18.2.2014 – 8300/06 – *Rivera/Schweiz.*
335 EGMR 18.2.1999 – 27267/95, Slg 99-I – *Hood/Vereinigtes Königreich.*
336 EGMR 25.3.1999 – 31195/96, Slg 99-II – *Nikolova/Bulgarien*; EGMR 21.6.2005 – 517/02, Slg 05-V Rn. 88 – *Kolanis/Vereinigtes Königreich.*

cherweise früher entlassen worden wäre oder dass ihm reale Chancen der Einwirkung auf das Verfahren genommen worden sind (→ Art. 41 Rn. 39).

Artikel 6 Recht auf ein faires Verfahren

(1) [1]Jede Person hat ein Recht darauf, dass über Streitigkeiten in Bezug auf ihre zivilrechtlichen Ansprüche und Verpflichtungen oder über eine gegen sie erhobene strafrechtliche Anklage von einem unabhängigen und unparteiischen, auf Gesetz beruhenden Gericht in einem fairen Verfahren, öffentlich und innerhalb angemessener Frist verhandelt wird. [2]Das Urteil muss öffentlich verkündet werden; Presse und Öffentlichkeit können jedoch während des ganzen oder eines Teiles des Verfahrens ausgeschlossen werden, wenn dies im Interesse der Moral, der öffentlichen Ordnung oder der nationalen Sicherheit in einer demokratischen Gesellschaft liegt, wenn die Interessen von Jugendlichen oder der Schutz des Privatlebens der Prozessparteien es verlangen oder – soweit das Gericht es für unbedingt erforderlich hält – wenn unter besonderen Umständen eine öffentliche Verhandlung die Interessen der Rechtspflege beeinträchtigen würde.

(2) Jede Person, die einer Straftat angeklagt ist, gilt bis zum gesetzlichen Beweis ihrer Schuld als unschuldig.

(3) Jede angeklagte Person hat mindestens folgende Rechte:
a) innerhalb möglichst kurzer Frist in einer ihr verständlichen Sprache in allen Einzelheiten über Art und Grund der gegen sie erhobenen Beschuldigung unterrichtet zu werden;
b) ausreichende Zeit und Gelegenheit zur Vorbereitung ihrer Verteidigung zu haben;
c) sich selbst zu verteidigen, sich durch einen Verteidiger ihrer Wahl verteidigen zu lassen oder, falls ihr die Mittel zur Bezahlung fehlen, unentgeltlich den Beistand eines Verteidigers zu erhalten, wenn dies im Interesse der Rechtspflege erforderlich ist;
d) Fragen an Belastungszeugen zu stellen oder stellen zu lassen und die Ladung und Vernehmung von Entlastungszeugen unter denselben Bedingungen zu erwirken, wie sie für Belastungszeugen gelten;
e) unentgeltliche Unterstützung durch einen Dolmetscher zu erhalten, wenn sie die Verhandlungssprache des Gerichts nicht versteht oder spricht.

I. Allgemeines

1 Art. 6 ist die EMRK-Vorschrift **mit der größten praktischen Bedeutung**. Von den 823 Urteilen, die der EGMR im Jahre 2015 gesprochen hat, betrafen 280 Art. 6, also 34 %. In 104 Urteilen davon ging es um die Dauer des Verfahrens (also rund 13 % aller Urteile).[1] Wird der Zeitraum von 1959 bis 2015 betrachtet, so entfallen auf insgesamt 18.577 Urteile 10.155, die sich auf Art. 6 bezogen, das sind etwa 55 %, davon. 5.435 Urteile zur Verfahrensdauer (29 % aller Urteile).[2]

2 Die Garantie eines unparteiischen Gerichts und des Zugangs zu diesem Gericht in den Konventionsstaaten, eines fairen und öffentlichen Verfahrens sowie einer Entscheidung in angemessener Frist spiegelt die **Subsidiarität** des Konventionssystems wider. Es ist in erster Linie Sache der staatlichen Gerichte, Schutz gegen Menschenrechtsverletzungen zu geben. Art. 6 steht damit in engem Zusammenhang mit Art. 13 (Recht auf wirksame Beschwerde) und Art. 35 Abs. 1 (Erschöpfung aller innerstaatlichen Rechtsbehelfe als Zulässigkeitsvoraussetzung für Individualbeschwerden). Die Norm gehört zu den wenigen Vorschriften der Konvention, die eine positive Handlungspflicht ausdrücklich vorsehen, denn sie **verpflichtet die Konventionsstaaten dazu, ihre Justiz so einzurichten, dass die Gerichte allen Anforderungen von Art. 6 entsprechen können** (→ Rn. 33).

3 **Vorbild** für Art. 6 war Art. 10 der Allgemeinen Erklärung der Menschenrechte vom 10.12.1948. Art. 14 Abs. 1 bis 3 des Zivilpakts (IPBPR) enthält eine ähnliche Regelung.[3] In der Rechtsprechung des Gerichtshofs zu Art. 6 finden sich ähnliche Leitlinien wie in der Rechtsprechung des BVerfG zu Art. 19 Abs. 4, 103 Abs. 1, aber auch zu Art. 1 und 3 GG. In der **Grundrechtecharta** gibt **Art. 47** ein Recht auf einen wirksamen Rechtsbehelf und ein unparteiisches Gericht, ein faires Verfahren und auf Prozesskostenhilfe und gewährleistet **Art. 41** das Recht auf eine gute Verwaltung. Weiterhin garantiert **Art. 48** Unschuldsvermutung und Verteidigerrechte.

II. Anwendungsbereich

4 Art. 6 garantiert die in ihm genannten Rechte **jeder Person**, also natürlichen und juristischen Personen, In- und Ausländern sowie Staa-

---

1 http://www.echr.coe.int/Documents/Stats_violation_2015_ENG.pdf.
2 http://www.echr.coe.int/Documents/Stats_violation_1959_2015_ENG.pdf.
3 Vgl. dazu die Kommentierung von *Esser* in *Löwe/Rosenberg*, StPO, 26. Aufl. 2012, zu Art. 6 EMRK / 14 IPBPR.

tenlosen ohne Unterschied. **Besondere Statusverhältnisse** (zB Militärdienst, Beamtenverhältnis, Schule, Strafhaft etc) schließen die Anwendbarkeit nicht aus, können jedoch Anpassungen notwendig machen.[4] Die Verletzung **können die Beteiligten** an dem Verfahren vor den staatlichen Gerichten **rügen**, auch wenn sie nicht Kläger oder Beklagter, sondern Nebenkläger oder anderer Beteiligter sind.[5] Bei letzteren ist allerdings Voraussetzung, dass sie (auch) **zivilrechtliche Ansprüche verfolgen**, etwa durch eine Adhäsionsklage gem. §§ 403 ff. StPO.[6]

Art. 6 gilt nur für Streitigkeiten über **zivilrechtliche Ansprüche und** 5
Verpflichtungen und für **strafrechtliche Anklagen.** Der Anwendungsbereich ist aber erheblich weiter, als der Wortlaut nahe legt, denn der Gerichtshof legt die Begriffe **autonom** aus und betrachtet die Einordnung im nationalen Recht und die Zuständigkeit der staatlichen Gerichte nur als Anhaltspunkt.[7] Das hat zur Folge, dass viele Streitigkeiten, die nach deutschem Verständnis öffentlich-rechtlich sind und für die Gerichte der Verwaltungsgerichtsbarkeit, der Sozialgerichtsbarkeit oder auch der Verfassungsgerichtsbarkeit zuständig sind, vom Gerichtshof als zivilrechtlich angesehen werden. Die Garantien des Art. 6 beziehen sich jedenfalls auf **gerichtliche Verfahren**, in Strafsachen einschließlich der Voruntersuchung. Auch ein Untersuchungsrichter muss unabhängig und unparteiisch sein.[8] Bestimmte Garantien für ein faires Verfahren können schon vor dem Gerichtsverfahren gelten (zu Abs. 3 vgl. → Rn. 230). Auch Abs. 2 ist nicht auf das gerichtliche Verfahren beschränkt (→ Rn. 211). Auf Ermittlungen durch gerichtlich bestellte **Sachverständige** ist Art. 6 nur ausnahmsweise anwendbar (→ Rn. 154 f.).

Die Verfahrensrechte aus Art. 6 werden vom **EuGH** als **Rechtser-** 6
kenntnisquelle für den Grundrechtsschutz auf europäischer Ebene anerkannt.[9] Der Vertrag von Lissabon sieht in Art. 6 Abs. 2 EU-Vertrag den Beitritt zur EMRK vor. Den Kommissionsentwurf einer Übereinkunft über den Beitritt hat der EuGH allerdings in seinem Gutachten vom 18.12.2014 für unvereinbar mit Art. 6 Abs. 2 EUV und dem Protokoll (Rn. 8) zu Art. 6 Abs. 2 des Vertrags über die Europäische Union über den Beitritt der Union zur EMRK gehalten.[10]

---

4 *Esser* in *Löwe/Rosenberg*, StPO, 26. Aufl. 2012, Rn. 22.
5 EGMR 31.5.2005 – 64330/01 Rn. 43 – *Rocha/Portugal.*
6 *Esser* in *Löwe/Rosenberg*, StPO, 26. Aufl. 2012, Rn. 25.
7 *Meyer* in *Karpenstein/Mayer*, EMRK, 2. Aufl. 2015, Rn. 2.
8 EGMR 6.1.2010 – 7418/10, Rn. 109 ff. – *Fernandez-Huidobro/Spanien.*
9 *Esser* in *Löwe/Rosenberg*, StPO, 26. Aufl. 2012, Rn. 31; *Paeffgen* in *Wolter*, Systematischer Kommentar StPO, 4. Aufl. 2012, Rn. 14 mwN.
10 EuGH HRRS 2015 Nr. 172.

7 Nicht anwendbar ist Art. 6 auf das Verfahren vor **internationalen Gerichten.**[11]

1. Zivilrechtliche Ansprüche

8 **Voraussetzung für die Anwendbarkeit des zivilrechtlichen Asts von Art. 6** ist nach der Rechtsprechung, dass

1. ein Anspruch nach innerstaatlichem Recht auf vertretbare Weise geltend gemacht wird (→ Rn. 14 ff.),
2. ein wirklicher und ernsthafter Streit darüber besteht (→ Rn. 17),
3. das Verfahrensergebnis unmittelbar entscheidend ist für den in Rede stehenden Anspruch (→ Rn. 18 ff.) und
4. dieser zivilrechtlicher Natur ist (→ Rn. 9 ff.; Kasuistik → Rn. 21 f.).[12]

Eine Leitentscheidung mit einem Kriterienkatalog, wie sie die sog **Engel-Kriterien** (s. dazu → Rn. 24)[13] für den strafverfahrensrechtlichen Anwendungsbereich formulieren, fehlt.[14]

9 Der Gerichtshof legt den Begriff der **zivilrechtlichen** Ansprüche und Verpflichtungen autonom aus, dh unabhängig von den einschlägigen Rechtsvorschriften und dem Charakter der entscheidenden Gerichtsbarkeit;[15] die Einstufung im nationalen Recht ist dabei allerdings keinesfalls bedeutungslos.[16] Dabei beurteilt er die zivilrechtliche Natur von Ansprüchen und Verpflichtungen in Zweifelsfällen entweder nach den **Auswirkungen** eines Verfahrens auf solche Rechte und Pflichten, auf der Basis einer **Abwägung** der öffentlich-rechtlichen und zivilrechtlichen Elemente eines Rechts oder aufgrund des **Vermögenswerts** des streitgegenständlichen Rechts bzw. der Auswirkungen auf ein vermögenswertes Recht (zur Kasuistik → Rn. 21).[17] Bei der autonomen Auslegung stellt der Gerichtshof dementsprechend zunächst darauf ab, **ob das Ergebnis eines Verfahrens für zivilrechtliche Ansprüche und Verpflichtungen unmittelbar entscheidend ist,**[18] ob

---

11 So entschieden für den ICTY durch dieses Gericht im Verfahren *Naletilic/Kroatien*, EuGRZ 2002, 143. Näheres, auch zu weiteren internationalen Gerichten bei *Esser* in *Löwe/Rosenberg*, StPO, 26. Aufl. 2012, Rn. 32 ff.
12 EGMR 5.10.2000 – 33804/96, Slg 00-X Rn. 23 – *Mennitto/Italien;* EGMR 15.10.2009 – 17056/06, Slg 09-V Rn. 74 – *Micallef/Malta.*
13 EGMR 8.6.1976 – 5100/71, Rn. 82 – *Engel* ua/*Niederlande.*
14 Vgl. auch *Meyer* in *Karpenstein/Mayer*, EMRK, 2. Aufl. 2015, Rn. 13.
15 *Meyer* in *Karpenstein/Mayer*, EMRK, 2. Aufl. 2015, Rn. 13; vgl. auch *Esser* in *Löwe/Rosenberg*, StPO, 26. Aufl. 2012, Rn. 38 ff.
16 EGMR 12.2.2004 – 47287/99, Slg 04-I Rn. 57 – *Perez/Frankreich.*
17 *Grabenwarter/Pabel*, EMRK, 6. Aufl. 2016, § 24 Rn. 9 ff. mwN.
18 St. Rspr., vgl. EGMR 27.7.2000 – 33379/96, Rn. 28 – *Klein/Deutschland;* EGMR 25.2.2001 – 29357/95, Slg 00-II Rn. 64 – *Gast u. Popp/Deutschland.*

also der Ausgang des Verfahrens zivilrechtliche Ansprüche oder Verpflichtungen begründet, ändert oder aufhebt.[19] Der EGMR berücksichtigt den materiellen Inhalt und die Auswirkungen des Anspruchs. Dafür, ob ein Anspruch zivilrechtlich ist, kommt es also nicht entscheidend auf die Behandlung im innerstaatlichen Recht an. Zivilrechtlich im Sinne von Art. 6 kann auch ein Streit zwischen einem Bürger und dem Staat wegen eines Hoheitsakts sein, über den die **Verwaltungsgerichte** entscheiden. Art. 6 gilt auch für Verfahren vor **Verfassungsgerichten**, wenn das Ergebnis für den Ausgang des Rechtsstreits über zivilrechtliche Ansprüche entscheidend sein kann, zB für Verfahren vor dem BVerfG, einerlei ob aufgrund einer Vorlage oder einer Verfassungsbeschwerde, auch dann, wenn sie sich unmittelbar gegen ein Gesetz richtet.[20]

Darüber hinaus kann sich der zivilrechtliche Charakter eines Anspruchs bzw. einer Verpflichtung aus einer **Abwägung** der zivil- und öffentlich-rechtlichen Elemente des Anspruchs ergeben.[21] Insbesondere im **Sozialrecht** verwendet der EGMR diese Abwägungstechnik,[22] die im Ergebnis zu einer zumeist zivilrechtlichen Einstufung führt.[23] Dies gilt selbst in Fällen, in denen der sozialrechtliche Anspruch unabhängig von vorherigen eigenen Einzahlungen gewährt wird, sofern die Gewährung nicht vollständig im Ermessen der Verwaltung steht und die Verwehrung der Leistung den Lebensunterhalt beeinträchtigt (zB **Sozialhilfe**):[24] "[T]oday the general rule is that Article 6 para. 1 [...] does apply in the field of social insurance, including even welfare assistance [...]".[25] · 10

Auch bei **arbeits- und dienstrechtlichen Streitigkeiten im öffentlichen Dienst** kommt der Gerichtshof nach seiner neueren Rechtsprechung[26] in aller Regel zu einer zivilrechtlichen Einstufung des Rechtsstreits. Dies soll dazu führen, dass Bedienstete unabhängig von ihren dienstlichen Aufgaben mit Blick auf Streitigkeiten, die Ge- · 11

---

19 EGMR 13.7.2006 – 31273/04, Rn. 26 – *Nikas u. Nika/Griechenland.*
20 EGMR 25.2.2001 – 29357/95, Slg 00-II Rn. 64 – *Gast u. Popp/Deutschland;* EGMR 27.7.2000 – 33379/96, Rn. 29 – *Klein/Deutschland;* EGMR 8.1.2004 – 47169/99, Slg 04-I Rn. 31 – *Voggenreiter/Deutschland.*
21 Vgl. zB EGMR 29.5.1986 – 9384/81, Rn. 62 ff. – *Deumeland/Deutschland.*
22 *Meyer* in *Karpenstein/Mayer,* EMRK, 2. Aufl. 2015, Rn. 18; *Grabenwarter/Pabel,* EMRK, 6. Aufl. 2016, § 24 Rn. 10.
23 Vgl. EGMR 29.5.1986 – 9384/81, Rn. 62 ff. – *Deumeland/Deutschland;* EGMR 24.6.1993 – 14518/89, Rn. 46 – *Schuler-Zgraggen/Schweiz;* EGMR 20.12.2001 – 23959/94, Rn. 32 – *Janssen/Deutschland;* EGMR 21.7.2005 – 52367/99, Rn. 34 – *Mihailov/Bulgarien.*
24 EGMR 26.2.1993 – 13023/87, Rn. 19 – *Salesi/Italien.*
25 So bereits EGMR 24.6.1993 – 14518/89, Rn. 46 – *Schuler-Zgraggen/Schweiz.*
26 Seit EGMR 19.4.2007 – 63235/00, Slg 07-II Rn. 62 – *Eskelinen ua/Finnland;* siehe zudem zB EGMR 16.7.2009 – 8453/04, Rn. 37 f. – *Bayer/Deutschland.*

halt, Zulagen und ähnliche Rechte betreffen, gleich behandelt werden.[27] In dem Urteil *Eskelinen* ua/*Finnland*[28] hat der EGMR dementsprechend das zuvor herangezogene, auf die Natur der Aufgabenerfüllung bezogene funktionale Abgrenzungsmerkmal[29] aufgegeben. Auch beamtenrechtliche **Disziplinarverfahren**, soweit sie nicht dem Strafrechtszweig unterfallen, sind seither dem Zivilrecht zuzuordnen; ebenso jegliche anderen „ordinary labour disputes" im Bereich des Beamtenrechts,[30] einschließlich des Dienstrechts der Richter.[31] Wenn die Regierung geltend macht, Art. 6 sei nicht anwendbar, muss sie nach dem *Eskelinen*-Test darlegen, erstens, dass der Bf. nach staatlichem Recht keinen Zugang zu einem Gericht hat, und zweitens, dass der Ausschluss des Rechtsschutzes durch objektive Gründe des staatlichen Interesses gerechtfertigt ist.[32] Die Bedingung Nr. 1 muss schon vor der angefochtenen dienstrechtlichen Maßnahme bestehen, da andernfalls der Schutzbereich des Art. 6 willkürlich ausgeschlossen werden könnte, indem man zB die Beendigung eines Amtes schlicht durch ein gerichtlich nicht anfechtbares Gesetz regelt.[33] Bedingung Nr. 2 kann vorliegen, wenn sich der Streitgegenstand auf die Ausübung der Staatsgewalt bezieht oder das besondere Vertrauensverhältnis zwischen dem Bediensteten und dem Staat gefährdet ist.[34] Im Zweifel ist von einer Anwendbarkeit von Art. 6 auszugehen.[35] Die neuen Kriterien haben zur Folge, dass **Art. 6 auch in Deutschland auf Streitigkeiten im Bereich öffentlichen Dienstes, für die der Rechtsschutz nicht ausgeschlossen wurde, ausnahmslos anwendbar ist**.[36] Das gilt zB auch für den Zugang zum Anwaltsnotariat.[37]

12   Auch der **Vermögenswert** eines Rechts, um das sich der Streit dreht oder auf das sich dieser auswirkt, kann zu einer Einstufung als zivilrechtlich führen.[38] Für die Abgrenzung zwischen Zivilrecht und öffentlichem Recht kommt es allerdings nicht allein ausschlaggebend

---

27 So ausdrücklich EGMR 19.4.2007 – 63235/00, Slg 07-II Rn. 51 – *Eskelinen* ua/
    Finnland.
28 EGMR 19.4.2007 – 63235/00, Slg 07-II – *Eskelinen* ua/*Finnland*.
29 Dazu EGMR 8.12.1999 – 28541/95, Slg 99-VIII Rn. 64 ff. – *Pellegrin/Frank-
    reich* sowie *Grabenwarter/Pabel*, EMRK, 6. Aufl. 2016, § 24 Rn. 11.
30 EGMR 16.7.2009 – 8453/04, Rn. 37 f. – *Bayer/Deutschland*.
31 EGMR 23.6.2016 – 20261/12, Rn. 104 – *Baka/Ungarn*.
32 EGMR 19.4.2007 – 63235/00, Slg 07-II Rn. 62 – *Eskelinen* ua/*Finnland*; kri-
    tisch zu diesen Kriterien *Grabenwarter/Pabel*, EMRK, 6. Aufl. 2016, § 24
    Rn. 11.
33 EGMR 23.6.2016 – 20261/12, Rn. 116 – *Baka/Ungarn*.
34 EGMR 19.4.2007 – 63235/00, Slg 07-II Rn. 62 – *Eskelinen* ua/*Finnland*.
35 EGMR 23.6.2016 – 20261/12, Rn. 103 – *Baka/Ungarn*.
36 BVerfG ThürVBl 2012, 51; BVerwG DokBer 2015, 15.
37 EGMR 13.1.2011 – 32725/06, Rn. 45 f. – *Kübler/Deutschland*.
38 Vgl. EGMR 26.3.1992 – 11760/85, Rn. 40 – *Editions Périscope/Frankreich*;
    EGMR 19.3.1997 – 20416/92, Rn. 30 – *Paskhalidis* ua/*Griechenland*.

auf die **wirtschaftliche Bedeutung** der Auseinandersetzung an.[39] Auch Geldforderungen können dem öffentlichen Recht zuzuordnen sein und nicht unter Art. 6 fallen, zB im Steuerrecht oder sonst bei üblichen Verpflichtungen von Bürgern gegenüber dem Staat. Der EGMR erkennt an, dass er Art. 6 Abs. 1 nicht so auslegen kann, als gäbe es nicht die Beschränkung auf zivilrechtliche Ansprüche und Verpflichtungen.[40] Die vermögensrechtliche Natur eines geltend gemachten Anspruchs kann zudem zwar zur Folge haben, dass eine Streitigkeit darüber unter Art. 6 fällt, das heißt aber andererseits nicht, dass das bei nicht vermögensrechtlichen Streitigkeiten nicht der Fall wäre. So sind Streitigkeiten über den Schutz des guten Rufs unabhängig von der Geltendmachung von Schadensersatz als zivilrechtlich angesehen worden.[41] **Zivilrechtliche Ansprüche, die im Strafverfahren erhoben werden**, fallen grundsätzlich unter den zivilrechtlichen Aspekt von Art. 6 (siehe ergänzend → Rn. 41).[42] Dies gilt nicht nur für Adhäsionsklagen, sondern zB auch für Fälle der Nebenbeteiligung, wenn vermögenswerte Ansprüche einer Person betroffen sind (etwa bei Einziehung oder Verfall).[43] Eine Beteiligung am Strafverfahren allein aus Gründen strafrechtlicher Genugtuung (zB im Wege der Nebenklage) fällt nicht in den Bereich des Zivilrechts iSd Art. 6.[44]

Nicht zum Zivilrecht zählen jedoch Verfahren aus dem **Kernbereich** 13 **des öffentlichen Rechts**,[45] zB im Bereich des Strafrechts, des Steuerrechts,[46] des Ausländerrechts,[47] des Wahlrechts.[48] Nicht darunter fällt zB auch ein Verfahren über ein Parteiverbot.[49] **Kirchenrechtliche Streitigkeiten** fallen nicht in den Anwendungsbereich von Art. 6, wenn die Kirche nach ihrem Ermessen entscheiden kann und keiner

---

39 EGMR 8.12.1999 – 28541/95, Slg 99-VIII Rn. 60 – *Pellegrin/Frankreich*; EGMR 12.7.2001 – 44759/98, Slg 01-VII Rn. 25 – *Ferrazzini/Italien*.
40 EGMR 12.7.2001 – 44759/98, Slg 01-VII Rn. 30 – *Ferrazzini/Italien*.
41 EGMR 29.10.1991 – 11826/85, Rn. 29 – *Helmers/Schweden*; EGMR 28.9.2004 – 62179/00, Rn. 20 – *Pieniazek/Polen*.
42 EGMR 12.2.2004 – 47287/99, Slg 04-I Rn. 67 ff. – *Perez/Frankreich*; EMRK 4.10.2007 – 63610/00, Rn. 106 – *Forum Maritime S.A./Rumänien*.
43 *Esser* in *Löwe/Rosenberg*, StPO, 26. Aufl. 2012, Rn. 64.
44 EGMR 12.2.2004 – 47287/99, Slg 04-I Rn. 70 – *Perez/Frankreich*; EGMR 10.6.2004 – 66752/01 – *Garimpo/Portugal*.
45 *Grabenwarter/Pabel*, EMRK, 6. Aufl. 2016, § 24 Rn. 13; *Meyer* in *Karpenstein/Mayer*, EMRK, 2. Aufl. 2015, Rn. 17.
46 EGMR 12.7.2001 – 44759/98 – Slg 01-VII Rn. 29 – *Ferrazzini/Italien*.
47 EGMR 12.7.2001 – 44759/98 – Slg 01-VII Rn. 28 – *Ferrazzini/Italien*.
48 EGMR 21.10.1997 – 24194/94, Slg 97-VI Rn. 50 – *Pierre-Bloch/Frankreich*.
49 EGMR 9.4.2002 – 22723-5/93, Slg 02-II Rn. 66– *Yazar, Karatas, Aksoy u. Volkspartei der Arbeit (HEP)/Türkei*.

gerichtlichen Kontrolle unterliegt.[50] Etwas anderes kann allenfalls dann gelten, wenn die Maßnahmen der Kirche gegenüber einem Bediensteten gegen die Grundprinzipien der (im entschiedenen Fall: deutschen) Rechtsordnung, wie das Willkürverbot oder den Begriff der guten Sitten und des ordre public verstoßen.[51] Hingegen ist der Anwendungsbereich von Art. 6 auch in kirchenrechtlichen Angelegenheiten unter den unten (→ Rn. 15) generell erläuterten Voraussetzungen eröffnet.[52] Art. 6 gilt auch für Streitigkeiten über das Recht, öffentliche Räume für religiöse Zeremonien zu nutzen.[53] Zur Kasuistik vgl. im Übrigen → Rn. 22.

14   Auch die Begriffe **Ansprüche** und **Verpflichtungen** („rights and obligations" bzw. „droits et obligations") selbst werden autonom bestimmt.[54] Der Anspruch muss nicht begründet sein; das soll gerade im gerichtlichen Verfahren geklärt werden. Die Rechtsauffassung, dass der Anspruch nach innerstaatlichem Recht besteht, muss aber vertretbar sein („at least on arguable grounds [...] recognised under domestic law").[55] Art. 6 will keine neuen materiellen Rechte schaffen, sondern ein faires Verfahren zu ihrer Durchsetzung garantieren.[56]

15   Bei der Prüfung, ob ein **zivilrechtlicher Anspruch vertretbar begründet** werden kann und ob er durch das materielle Recht eingeschränkt ist, wird auf das staatliche Recht abgestellt und seine Auslegung durch staatliche Gerichte.[57] Wenn höhere innerstaatliche Gerichte das Bestehen eines Anspruchs bereits umfassend und überzeugend geprüft haben, weicht der EGMR von ihrer Auslegung nur aus gewichtigen Gründen ab.[58] Die Konvention garantiert keinen bestimmten Inhalt solcher zivilrechtlicher Ansprüche.[59] Im Lichte von Art. 6 ist zu unterscheiden zwischen Fällen, in denen das staatliche Recht den Anspruch materiell begrenzt oder von Voraussetzungen abhän-

---

50 EGMR 30.1.2001 – 40224/98 – *Duda u. Dudova/Tschechien*; EGMR 23.2.2008 – 48907/99, Rn. 42 – *Ahtinen/Finnland*.
51 EGMR 6.12.2011 – 38524/04 – *Reuter/Deutschland*.
52 EGMR 6.12.2011 – 12986/04 – *Müller/Deutschland*.
53 EGMR 6.11.2008 – 58911/00, Rn. 44-48 – *Leela Förderkreis eV ua/Deutschland*, wo in Rn. 47 offengelassen wird, ob das Recht auf Religionsfreiheit ein zivilrechtlicher Anspruch ist.
54 EGMR 5.10.2000 – 33804/96, Slg 00-X Rn. 27 – *Mennitto/Italien*.
55 EGMR 5.10.2000 – 33804/96, Slg 00-X Rn. 23 – *Mennitto/Italien;* EGMR 15.10.2009 – 17056/06, Slg 09-V Rn. 74 – *Micallef/Malta*.
56 EGMR 19.10.2005 – 32555/96, Slg 05-X Rn. 117 – *Roche/Vereinigtes Königreich*.
57 EGMR 14.12.2006 – 1398/03, Slg 06-XIV Rn. 93 – *Markovic ua/Italien*.
58 EGMR 19.10.2005 – 32555/96, Slg 05-X Rn. 120 – *Roche/Vereinigtes Königreich*.
59 EGMR 21.9.1994 – 17101/90, Rn. 65 – *Fayed/Vereinigtes Königreich*.

gig macht, die im Einzelfall nicht bestehen, und verfahrensrechtlichen Einschränkungen der Anspruchsdurchsetzung. Nur in Bezug auf letztere kann Art. 6 Anwendung finden;[60] allerdings ist die Abgrenzung nicht immer einfach.[61]

Wenn die Verwaltung nach **Ermessen entscheiden** kann, ob eine Leistung gewährt wird, muss der Streit die Rechtmäßigkeit betreffen, über die ein Gericht entscheiden kann. Die Anwendbarkeit von Art. 6 ist nicht schon deswegen ausgeschlossen, weil bei der Entscheidung Ermessenselemente einfließen oder eine Rechtsverfolgung wegen Immunität ausgeschlossen ist.[62] Der EGMR hat angenommen, dass ein unbegrenztes oder auch weites Ermessen darauf hindeutet, dass ein Anspruch nicht besteht und verlangt, dass der Anspruch an bestimmte Kriterien geknüpft sein muss, deren Vorliegen von den Gerichten geprüft werden kann.[63] Man wird annehmen können, dass ein Anspruch besteht, wenn die Ablehnung rechtswidrig ist, weil die Behörde die gesetzlichen Grenzen ihres Ermessens überschritten oder das Ermessen nicht dem Zweck der Ermächtigung entsprechend ausgeübt hat (§ 114 VwGO). | 16

Der **Streit** muss **wirklich bestehen** und **ernsthaft** sein, er kann sich auf das Bestehen des Rechts und auch auf seine Tragweite oder die Art der Ausübung beziehen; es muss nicht notwendig um Schadensersatz oder andere Geldansprüche gehen.[64] | 17

Das Ergebnis des Verfahrens, also die Entscheidung, muss **unmittelbar für das Recht entscheidend** sein.[65] Letzteres hat der Gerichtshof zB für Beschwerden von Personen verneint, die sich gegen die Verlängerung der Betriebserlaubnis für ein Kernkraftwerk allein aufgrund der abstrakten Gefahren für die Bevölkerung gewandt hatten, ohne einer konkreten und unmittelbaren Gefahr ausgesetzt zu sein.[66] Eine **Popularklage ist nicht zulässig.**[67] Der Gerichtshof spricht sich aber für eine flexible Anwendung der vorstehend genannten Kriterien angesichts der wichtigen Rolle von NGOs in der Zivilgesellschaft, na- | 18

---

60 EGMR 19.10.2005 – 32555/96, Slg 05-X Rn. 118 f. – *Roche/Vereinigtes König-reich*; EGMR 21.9.1994 – 17101/90, Rn. 65 – *Fayed/Vereinigtes Königreich.*
61 EGMR 21.9.1994 – 17101/90, Rn. 70 – *Fayed/Vereinigtes Königreich.*
62 EGMR 21.11.2001 – 31253/96, Slg 01-XI Rn. 26 – *McElhinney/Irland.*
63 EGMR 7.4.2009 – 28426/06, Rn. 43-45 – *Mendel/Schweden*; EGMR 3.4.2012 – 37575/04, Slg 12-II Rn. 99 f. – *Boulois/Luxemburg.*
64 EGMR 28.9.2004 – 62179/00, Rn. 20 – *Pieniazek/Polen.*
65 St. Rspr., vgl. EGMR 29.7.1998 – 25554/94, Slg 1998-V Rn. 56 – *Le Calvez/Frankreich.*
66 EGMR 26.8.1997 – 22110/93, Slg 97-IV Rn. 40 – *Balmer-Schafroth* ua/ *Schweiz.*
67 *Esser* in *Löwe/Rosenberg*, StPO, 26. Aufl. 2012, Rn. 40.

mentlich im Bereich des Umweltschutzes, aus.[68] Um eine Streitigkeit über einen zivilrechtlichen Anspruch handelt es sich auch, wenn eine allgemeine Regelung nicht ausdrücklich an einen Empfänger gerichtet ist, aber in die Rechte einzelner Personen eingreift;[69] damit sind wohl **Allgemeinverfügungen** gemeint. Der Streit kann **Tatsachen und Rechtsfragen** betreffen, muss aber gerichtlich entschieden werden können. Weitläufige Verbindungen und entfernte Auswirkungen reichen nicht aus, um Art. 6 anwendbar zu machen.[70]

19   Bei **Normenkontrollverfahren nach § 47 VwGO** liegt eine unmittelbare Einwirkung vor mit der Folge, dass Art. 6 anwendbar ist, wenn sich ein Eigentümer gegen eine Festsetzung in einem Bebauungsplan wendet, die unmittelbar sein Grundstück betrifft (vgl. auch → Rn. 180),[71] dagegen nicht, wenn sich Gemeinden auf eine Verletzung ihrer Planungshoheit berufen[72] und nicht bei Anträgen gegen Abgabensatzungen.[73]

20   Im Hinblick auf **einstweilige Verfügungen oder Anordnungen** nach staatlichem Recht hat der EGMR früher angenommen, dass Art. 6 für sie nicht gilt, weil sie nicht über ein Recht entscheiden,[74] es sei denn, die einstweilige Entscheidung nimmt die Hauptsache vorweg.[75] Diese Rechtsprechung hat er aufgegeben und nimmt jetzt an, dass Art. 6 gilt, wenn es sich um eine zivilrechtliche Angelegenheit handelt und die Verfügung oder Anordnung das Zivilrecht wirksam „festlegt" – ohne Rücksicht auf die Dauer ihrer Geltung.[76] **Verfahrensrechtliche Entscheidungen** fallen mangels Entscheidung in der Sache nicht unter Art. 6, zB über die **Gewährung von PKH** in Zivilsachen (vgl. aber auch → Rn. 43 ff. dazu, dass die Verweigerung von PKH, wenn auf diese ein Anspruch besteht, die Fairness des Verfahrens beeinträchtigen kann)[77] oder über **Zuständigkeit und Verweisung**.[78]

---

68 EGMR 13.12.2011 – 55243/10 – *Greenpeace/Frankreich.*
69 EGMR 24.9.2002 – 27824/95, Slg 02-VII Rn. 52, 53 – *Posti u. Rahko/Finnland.*
70 EGMR 6.4.2000 – 27644/95, Slg 00-IV Rn. 43 – *Athanassoglou/Schweiz.*
71 BVerwGE 110, 203, 210 ff.; BVerwG NVwZ 2002, 87, 88.
72 BVerwG NJW 2003, 2039.
73 VGH BW ESVGH 53, 69.
74 EGMR 13.1.2000 – 39754/98 – *Apis/Slowakei.*
75 EGMR 23.10.2001 – 51591/99 – *Markass Car Hire Ltd/Zypern.*
76 EGMR 15.10.2009 – 17056/06, Slg 09-V Rn. 83-86 – *Micallef/Malta* für eine einstweilige Verfügung, die für begrenzte Zeit die Nutzung einer Wohnung regelt und sofort vollziehbar ist; EGMR 13.1.2011 – 32715/06, Rn. 47 – *Kübler/Deutschland*, Anweisung des BVerfG an Justizministerium, eine Notarstelle freizuhalten bis zur endgültigen Entscheidung über deren Besetzung im Hauptsacheverfahren; vgl. auch *Esser* in Löwe/Rosenberg, StPO, 26. Aufl. 2012, Rn. 42.
77 EGMR 12.6.2003 – 45681/99, Slg 03-VII Rn. 38 ff. – *Gutfreund/Frankreich*; EGMR 9.2.2006 – 22897/02, Rn. 24 – *Barillon/Frankreich.*
78 EGMR 22.2.2007 – 76835/01, Rn. 34 – *Kolomiyets/Russland.*

Art. 6 Abs. 1 Satz 1 EMRK ist deshalb auch für die Anfechtung der Entscheidung eines **Schiedsgerichts** über seine Zuständigkeit nicht einschlägig.[79]

Kasuistik: Die vom Gerichtshof gewählten Abgrenzungskriterien haben immer wieder zu Unklarheiten geführt und zu einer nicht immer konsequenten Kasuistik. Als **zivilrechtliche Streitigkeiten** sind zB angesehen worden Streitigkeiten über: **21**

- **Aufhebung strafrechtlicher Verurteilung,** darauf gerichtetes Verfahren Hinterbliebener wegen Verurteilung aus der kommunistischen Zeit in Polen,[80]
- **Berufsrechtliche** und **gewerberechtliche Verfahren,** in denen es um die Fortführung des Berufes / Gewerbes sowie den Fortbestand der dafür erforderlichen Genehmigungen, Zulassungen, Approbationen, Erlaubnisse geht,[81]
- **Diskriminierung,** Verfahren zur Abwehr von Diskriminierung aus rassischen, religiösen oder anderen Gründen,[82]
- **Disziplinarverfahren gegen Beamte** oder andere Berufsangehörige, sofern sie nicht zum Strafrecht gehören (ergänzend → Rn. 11, 26),[83]
- **Entmündigung,**[84]
- **Erschließungsbeiträge,** die keine Steuern sind, sondern sonstige Abgaben iS von Art. 1 Zusatzprot.,[85]
- **Enteignungsverfahren,**[86]
- **familienrechtliche Sachen,**[87]
- **Flurbereinigungsverfahren,**[88]
- **Grundstückbezogene Genehmigungen,** zB Verkaufsgenehmigungen zu Grundstücksverkäufen,[89] Baugenehmigungen,[90] zudem

---

79 BGHZ 202, 168 ff.
80 EGMR 25.5.2000 – 31382/96, Slg 00-VI – *Kurzak/Polen.*
81 Zu Rechtsanwälten EGMR 21.12.1999 – 26602/95, Rn. 27 – *W.R./Österreich* sowie EGMR 19.2.2013 – 47195/06, Rn. 39 – *Müller-Hartburg/Österreich*; für den Fall eines Arztes und Klinikbetreibers EGMR 28.6.1978 – 6232/73, Rn. 87 ff. – *König/Deutschland.*
82 EGMR 17.7.2008 – 15766/03, Slg 10-II Rn. 43 – *Orsus ua/Kroatien.*
83 EGMR 14.1.2000 – 29889/04, Rn. 33 – *Vanyak/Kroatien*; EGMR 16.7.2009 – 8453/04, Rn. 18 f. – *Bayer/Deutschland*; vgl. auch BVerfG ThürVBl 2012, 51.
84 EGMR 24.10.1979 – 6301/73, Rn. 73; EGMR 27.3.2008 – 44009/05, Slg 08-II Rn. 64 – *Shtukaturov/Russland.*
85 EGMR 13.7.2006 – 38033/02, Rn. 28 f – *Stork/Deutschland.*
86 EGMR 28.3.2000 – 38042/97 – *Zanatta/Frankreich.*
87 EGMR 28.11.1984 – 8777/79, Rn. 32 – *Rasmussen/Dänemark*; vgl. auch *Esser* in *Löwe/Rosenberg*, StPO, 26. Aufl. 2012, Rn. 48 mwN.
88 EGMR 23.4.1987 – 9616/81, Rn. 62 – *Erkner u. Hofauer/Österreich.*
89 EGMR 16.7.1971 – 2614/65, Rn. 94 – *Ringeisen/Österreich.*
90 EGMR 25.10.1989 – 10842/84, Rn. 73 – *Allan Jacobsson/Schweden.*

Normenkontrollverfahren nach § 47 Abs. 5 VwGO vor dem OVG über einen Bebauungsplan (vgl. auch → Rn. 19),[91]

- Insolvenzverfahren,[92]
- Kassenarztsachen (Honorare),[93]
- Kosten, Kostenfestsetzung, wenn die Kosten in einem zivilrechtlichen Streit entstanden sind,[94]
- Namensrechtliche Streitigkeiten,[95]
- Patentsachen,[96]
- Persönlichkeitsrechte,[97]
- Persönliche Freiheit (zB in Unterbringungssachen),[98]
- Ruf, Abwehr von Beeinträchtigungen des guten Rufs[99] – der EGMR hat Art. 6 insoweit auch auf einen Strafantrag zur Verteidigung des guten Rufs angewendet –,[100]
- Schadensersatzansprüche gegen den Staat oder andere, auch wenn öffentlich-rechtliche Fragen zu Grunde liegen,[101] weiter wegen erlittener Haft,[102] gegen einen Straftäter, auch wenn sie im Strafverfahren geltend gemacht werden (vgl. dazu auch → Rn. 12, 41)[103] – Art. 6 gilt dann unter seinem zivilrechtlichen Aspekt für ein Strafverfahren,[104]
- Selbstverwaltungsrecht einer Gemeinde,[105]

---

91 BVerwGE 110, 203, wo auf die Notwendigkeit einer völkerrechtsfreundlichen Auslegung der nach Inkrafttreten der EMRK geschaffenen Regelung hinweist; BVerwG NVwZ 2002, 87, 88.
92 EGMR 15.11.1996 – 22461/93, Slg 96-V – *Ceferoni/Italien.*
93 EKMR 18.7.1986 – 11097/84 – *Blochmann/Deutschland.*
94 EGMR 10.11.2005 – 40324/98, Rn. 113 – *Süss/Deutschland.*
95 EGMR 17.6.2003 – 63056/00 – *Mustafa/Frankreich.*
96 EGMR 20.11.1995 – 19589/92, Rn. 67 – *British-American Tobacco Company/Niederlande.*
97 EGMR 23.9.2008 – 9907/02, Slg 08-IV Rn. 24 – *Araç/Türkei;* EGMR 30.10.2003 – 41576/98, Slg 03-XI Rn. 25 – *Ganci/Italien.*
98 EGMR 30.7.1998 – 25357/94, Rn. 59 – *Aerts/Belgien;* EGMR 7.1.2003 – 39282/98, Rn. 76 – *Laidin/Frankreich.*
99 EGMR 29.10.1991 – 11826/85 – *Helmers/Schweden;* EGMR 28.9.2004 – 62179/00, Rn. 20 – *Pieniazek/Polen;* EGMR 15.11.01 – 26760/95, Rn. 33 – *Werner/Polen* wegen Entlassung eines Insolvenzverwalters.
100 EGMR 20.4.2006 – 10180/04, Rn. 30 – *Patrono ua/Italien.*
101 EGMR 1.11.2007 – 20027/02, Rn. 55 – *Herbst/Deutschland.*
102 EGMR 29.5.1997 – 21522/93, Slg 97-III Rn. 32 ff. – *Georgiadis/Griechenland.*
103 ZB gem. §§ 403 ff. StPO; EGMR 12.2.2004 – 47287/99, Slg 04-I Rn. 67 ff. – *Perez/Frankreich.*
104 EMRK 4.10.2007 – 63610/00, Rn. 106 – *Forum Maritime S.A./Rumänien.*
105 VGH BW DÖV 2005, 433.

- **sozialrechtliche Ansprüche** (näher auch → Rn. 10),[106] auch solche, die unabhängig von vorherigen eigenen Leistungen des Antragstellers bestehen (zB **Sozialhilfe**),[107]
- **Strafvollzug, Beschwerden gegen Maßnahmen,** soweit sie vermögensrechtliche Auswirkungen oder solche auf das Persönlichkeitsrecht (Korrespondenz, Telefon, Kontakte) oder auf Familienbeziehungen (Besuchsrecht) haben,[108]
- **Unterbringung** – in solchen Verfahren zieht der EGMR bei der Beurteilung, ob das Verfahren fair war, (auch) Art. 5 I e und 5 IV heran,[109]
- **umweltrechtliche Abwehransprüche** (vgl. aber auch → Rn. 18),[110]
- **Vereinsrecht:** Eintragung des Vereins,[111] Mitgliedschaftsrechte,[112]
- **Verfassungsgerichtliche Verfahren,** wenn das Ergebnis für den Ausgang des Rechtsstreits über zivilrechtliche Ansprüche entscheidend sein kann, zB für Verfahren vor dem BVerfG, einerlei ob aufgrund einer Vorlage oder einer Verfassungsbeschwerde, auch dann, wenn sie sich unmittelbar gegen ein Gesetz richtet (vgl. auch → Rn. 9),[113]
- **Wiederaufnahmeverfahren** fallen unter Art. 6 ab neuer Verhandlung,[114] wenn das ursprüngliche Verfahren unter Art. 6 fiel (→ Rn. 32).[115] Verfahren über einen Antrag auf Wiederaufnahme werden grundsätzlich nicht von Art. 6 erfasst,[116] es gibt aber Ausnahmen für den Fall, dass der Antrag vom staatlichen Recht als wirksamer Rechtsbehelf anerkannt wird und das Verfahren die

---

106 EGMR 29.5.1986 – 9384/81, Rn. 62 ff. – *Deumeland/Deutschland;* EGMR 24.6.1993 – 14518/89, Rn. 46 – *Schuler-Zgraggen/Schweiz;* EGMR 20.12.2001 – 23959/94, Rn. 32 – *Janssen/Deutschland;* EGMR 21.7.2005 – 52367/99, Rn. 34 – *Mihailov/Bulgarien.*

107 EGMR 26.2.1993 – 13023/87, Rn. 19 – *Salesi/Italien;* EGMR 24.6.1993 – 14518/89, Rn. 46 – *Schuler-Zgraggen/Schweiz.*

108 EGMR 17.9.2009 – 74912/01, Slg 09-IV Rn. 106 – *Enea/Italin;* EGMR 30.10.2003 – 41576/98, Slg 03-XI Rn. 25 – *Ganci/Italien;* EGMR 11.1.2005 – 33695/96, Rn. 36, 48 – *Musumeci/Italien* für Rechtsbehelf gegen verschärfte Haftbedingungen.

109 EGMR 27.3.2008, 44009/05, Slg 08-II Rn. 66 – *Shtukaturov/Russland.*

110 EGMR 10.11.2004 – 46117/99, Slg 04-X Rn. 133 – *Taskin ua/Türkei.*

111 EGMR 5.10.2000 – 32367/96, Slg 00-X Rn. 36 – *APEH Üldözötteinek Szövetsége ua/Ungarn.*

112 EGMR 6.1.2011 – 38110/08 – *Sakellaropoulos/Griechenland.*

113 EGMR 25.2.2001 – 29357/95, Slg 00-II Rn. 64 – *Gast u. Popp/Deutschland;* EGMR 27.7.2000 – 33379/96, Rn. 29 – *Klein/Deutschland;* EGMR 8.1.2004 – 47169/99, Slg 04-I Rn. 31 – *Voggenreiter/Deutschland.*

114 Vgl. § 590 ZPO.

115 EGMR 10.4.2001 – 36445/97, Rn. 87 – *Sablon/Belgien;* vgl. auch EGMR 8.4.2003 – 42277/98, Rn. 18 – *Jussy/Frankreich;* ebenso bei strafrechtlicher Wiederaufnahme.

116 EGMR 10.5.2007 – 56026/00, Rn. 48 – *Wende ua/Polen.*

einzige Möglichkeit ist, das rechtskräftige Urteil aufzuheben;[117] ähnliches gilt für Verfahren zur Berichtigung eines Urteils,[118]

- **Zugang zum Amt eines Anwaltsnotars,**[119]
- **Zulassung zum Studium,**[120]
- **Zwangsvollstreckungsverfahren:** zur Räumung von Grundstücken[121] und wegen anderer zivilrechtlicher Ansprüche;[122] auch bei Zwangsvollstreckung ausländischer rechtskräftiger Urteile mit Vermögensbezug.[123]

22 **Nicht als zivilrechtlich sind angesehen wurden** Streitigkeiten über:

- **Abhörmaßnahmen** (zweifelhaft),[124]
- **Asyl,**[125]
- **ausländerrechtliche Maßnahmen:** Entscheidungen über Einreise, Aufenthalt, Ausweisung und Abschiebung,[126]
- **Auslieferungsverfahren** (s. → Rn. 166),[127]
- **kirchenrechtliche Streitigkeiten** (in der Regel, näher → Rn. 13),

---

117 EGMR 22.7.2010 – 30604/07, Rn. 35 – *Melis/Griechenland* für einen Fall, in dem ein Zeuge wegen Falschaussage verurteilt worden ist und dann Antrag auf Wiederaufnahme gestellt wurde.
118 EGMR 8.4.2003 – 50975/99, Rn. 26 – *Jarreau/Frankreich.*
119 EGMR 13.1.2011 – 32715/06, Rn. 47 – *Kübler/Deutschland.*
120 EGMR 23.9.2008 – 9907/02, Slg 08-IV Rn. 24 – *Emine Arac/Türkei.*
121 EGMR 28.7.1999 – 22774/93, Slg 99-V Rn. 62 f. – *Immobiliare Saffi/Italien.*
122 EGMR 18.2.2008 – 69917/01, Rn. 61 f. – *Saccoccia/Österreich* wegen Vollstreckung aus ausländischen Urteilen.
123 EGMR 23.5.2016 – 17502/07, Rn. 96 – *Avotins/Lettland.*
124 Art. 6 unter zivilrechtlichem Aspekt unanwendbar bei staatlichen Überwachungsmaßnahmen (zB durch den Verfassungsschutz) gem. EKMR 9.3.1977 – 5029/71, Rn. 58 – *Klass* ua/*Deutschland*; ausdrücklich offengelassen in EGMR 18.5.2010 – 26839/05, Rn. 179 – *Kennedy/Vereinigtes Königreich*; *für* die Anwendbarkeit hingegen im englischen Ausgangsfall Investigatory Powers Tribunal 23.1.2003 – IPT/01/62 u. IPT/01/77, Rn. 85 ff. (http://www.ipt-uk.com/doc s/ipt_01_62_ipt_01_77.pdf), zudem zB *Esser* in Löwe/Rosenberg, StPO, 26. Aufl. 2012, Rn. 67, wenn die Maßnahmen in den Privatbereich des Betroffenen eingreifen.
125 EGMR 3.10.2009 – 11230/07 – *Panjeheighalehei/Dänemark*: sogar dann, wenn Schadensersatz wegen Ablehnung des Asylantrags beansprucht wird.
126 EGMR 5.10.2000 – 39652/98, Slg 00-X Rn. 38 – *Maaouia/Frankreich*; EGMR 10.1.2012 – 22251/07, Rn. 48 – *G.R./Niederlande;* bei Ausweisung und Abschiebung auch deswegen, weil diese in Art. 1 Prot. Nr. 7 besonders geregelt sind (*Maaouia/Frankreich* Rn. 36 f.).
127 EGMR 4.2.2005 – 46827/99, Slg 05-I Rn. 81 ff. – *Mamatkulov/Türkei*; Art. 6 kann allerdings unter seinem strafrechtlichen Aspekt anwendbar sein, wenn der Bf. durch die Auslieferung dem Risiko ausgesetzt wird, dass ihm im die Auslieferung beantragenden Land ein faires Verfahren verweigert wird: EGMR 20.2.2007 – 35865/03, Rn. 100 ff. – *Al-Moayad/Deutschland*; EGMR 4.5.2000 – 51891/99, Slg 00-V – *Naletilic/Kroatien.*

- Entscheidung über **Prozesskostenhilfe**[128] und andere **verfahrensrechtliche Entscheidungen** (näher → Rn. 20), wie zB über Beweissicherung,[129]
- **Prüfungsrecht:** Verfahren über Schul- und Hochschulprüfungen, juristische Staatsexamen,[130]
- **Staatsangehörigkeitsrecht,**[131]
- **Steuerrecht**[132] – Steuersanktionen können aber strafrechtlicher Natur sein –,[133] Normenkontrollverfahren nach § 47 VwGO wegen einer Abgabensatzung,[134]
- **Wahlrecht,**[135]
- **Wehrpflicht** einschließlich Freistellung davon und Wehrdienstverweigerung,[136]
- **Zollrecht.**[137]

2. Strafrechtliche Anklage

Auch bezüglich des Begriffs der strafrechtlichen Anklage grenzt der Gerichtshof **autonom** nach **materiellen Kriterien** ab.[138] Das war schon deswegen erforderlich, weil der in der französischen Fassung gewählte Ausdruck "accusation" einen sehr begrenzten Anwendungsbereich hat, nämlich nur für Schwurgerichtsverfahren verwendet wird. Die Schwierigkeiten bei der Abgrenzung sind aber nicht so groß wie im Zivilrecht.[139]   23

Ob es sich um eine **Straftat** handelt, ob also eine strafrechtliche Angelegenheit betroffen ist, beurteilt der Gerichtshof autonom[140] nach den sog **Engel-Kriterien:**[141] Er berücksichtigt, wie das **nationale Recht** das Geschehen einordnet (→ Rn. 25), die **Natur des Vergehens**   24

---

128 EGMR 12.6.2003 – 45681/99, Slg 03-VII Rn. 38 ff. – *Gutfreund/Frankreich*; EGMR 9.2.2006 – 22897/02, Rn. 24 – *Barillon/Frankreich*.
129 EGMR 25.3.2004 – 71888/01 – *Lamprecht/Österreich*.
130 EGMR 1.11.2007 – 20027/02, Rn. 54 – *Herbst/Deutschland*.
131 EGMR 12.7.2001 – 44759/98 – Slg 01-VII Rn. 28 – *Ferrazzini/Italien*.
132 EGMR 12.7.2001 – 44759/98 – Slg 01-VII Rn. 29 – *Ferrazzini/Italien*.
133 Vgl. Rn. 29 und EGMR 23.7.2002 – 34619/97, Slg 02-VII Rn. 67 – *Janosevic/ Schweden*.
134 VGH BW ESVGH 53, 69.
135 EGMR 21.10.1997 – 24194/94, Slg 97-VI Rn. 50 – *Pierre-Bloch/Frankreich*.
136 Vgl. EKMR 14.10.1985 – 10600/83 – *Johansen/Norwegen*.
137 EGMR 13.1.2005 – 62023/00 – *Emesa Sugar N.V./Niederlande*; vgl. auch BFH/NV 2015, 800.
138 EGMR 26.3.1982 – 8269/78, Rn. 30 – *Adolf/Österreich*.
139 Zu Auswirkungen auf das deutsche Strafverfahrensrecht *Ambos*, NStZ 2002, 628.
140 EGMR 26.3.1982 – 8269/78, Rn. 30 – *Adolf/Österreich*.
141 EGMR 8.6.1976 – 5100/71, Rn. 82 – *Engel* ua/*Niederlande*; vgl. dazu *Barrot*, ZJS 2010, 701 ff.

(→ Rn. 26) sowie **Art und Schwere der angedrohten Sanktion** und ihren **Zweck** (→ Rn. 27 ff.).

25 Berücksichtigt wird im Ausgangspunkt **die Beurteilung durch das nationale Recht,** ob es nämlich die Tat dem strafrechtlichen Bereich zuordnet. Im deutschen Recht ist das zB bei **Ordnungswidrigkeiten** nicht der Fall. Das ist für den EGMR aber nur ein Indiz mit beschränktem Aussagewert; im Ergebnis fallen sie unter Art. 6.[142] Dem Staat soll nicht das Recht eingeräumt werden, selbst über den Anwendungsbereich von Art. 6 zu bestimmen.[143] Auch die Einordnung einer Sanktion als **verwaltungsrechtlich** hindert die Anwendung von Art. 6 nicht.[144] Wenn das staatliche Recht das Geschehen dem **Strafrecht** zuordnet, ist Art. 6 hingegen idR anwendbar.[145]

26 Zur Abgrenzung zum **Disziplinarrecht** ist von Bedeutung, ob es sich um einen Verstoß gegen eine für alle Bürger geltende Regelung handelt oder um eine Vorschrift, die nur eine Personengruppe mit besonderem Status betrifft, zB Soldaten, Beamte.[146] Voraussetzung für die Anwendbarkeit von Art. 6 ist zudem, dass die Tat ein gewisses Gewicht hat.[147] Wenn das Disziplinarverfahren nicht strafrechtlich ist, ist es in der Regel **zivilrechtlich** (siehe → Rn. 11, 21). Auch dann können aber für Strafverfahren wesentliche Elemente des fairen Verfahrens von Bedeutung sein.[148] Die deutschen **Verkehrsordnungswidrigkeiten** fallen ebenfalls ihrer Natur nach in den Bereich des Strafrechts.[149]

27 **Art und Schwere der angedrohten Sanktion und ihr Zweck:**[150] Strafrechtlicher Art ist eine Sanktion, wenn sie keinen Schadensersatz leisten soll, sondern **bestrafen und abschrecken.**[151] Die **Schwere der angedrohten Sanktion** ist von Bedeutung, also die Schwere der Sanktion, mit der die betroffene Person rechnen muss, nicht die Sanktion,

---

142 EGMR 21.2.1984 – 8544/79, Rn. 54 – *Öztürk/Deutschland*; EGMR 2.9.1998 – 27061/95, Slg 98-VI Rn. 51 – *Kadubec/Slowakei*.
143 EGMR 8.6.1976 – 5100/71, Rn. 81 – *Engel ua/Niederlande*.
144 EGMR 4.3.2014 – 18640/10 ua, Rn. 98 – *Grande Stevens ua/Italien*.
145 Dazu sehr deutlich EGMR 8.6.1976 – 5100/71, Serie A Nr. 22 Rn. 81 – *Engel ua/Niederlande*: "[...] Such a choice, which has the effect of rendering applicable Articles 6 and 7 [...], in principle escapes supervision by the Court. [...] In short, the "autonomy" of the concept of "criminal" operates, as it were, one way only."
146 Vgl. EGMR 21.2.1984 – 8544/79, Rn. 53 – *Öztürk/Deutschland*; EGMR 1.2.2005 – 61821/00, Rn. 32 – *Ziliberberg/Moldau*.
147 EGMR 9.10.2003 – 39665/98, Slg 03-X Rn. 104 – *Ezeh u. Connors/Vereinigtes Königreich*.
148 EGMR 14.1.2000 – 29889/04, Rn. 58 – *Vanyak/Kroatien*.
149 EGMR 21.2.1984 – 8544/79, Rn. 52 – *Öztürk/Deutschland*.
150 Vgl. EGMR 25.8.1987 – 9912/82, Rn. 55 – *Lutz/Deutschland*.
151 EGMR 8.6.1976 – 5100/71, Rn. 53 – *Engel ua/Niederlande*.

welche letztlich verhängt wird.[152] Die Anwendbarkeit von Art. 6 ist aber nicht grundsätzlich ausgeschlossen, wenn nur eine geringere Sanktion vorgesehen ist.[153] Wenn die Norm allgemeinen Charakter hat und nicht nur eine bestimmte Personengruppe betrifft (→ Rn. 27) und wenn die Sanktion Strafcharakter hat und abschrecken soll, nimmt der Gerichtshof eine Straftat an.[154] Bei der Beurteilung wird auf die mögliche **Höchststrafe** abgestellt,[155] aber auch die verhängte Strafe ist von Bedeutung.[156] Es ist zudem relevant, ob bei Geldbußen **ersatzweise Haft** vorgesehen ist,[157] was aber nicht notwendig zur Anwendbarkeit von Art. 6 führt (vgl. → Rn. 29).

Wenn die angedrohte Sanktion **Freiheitsentziehung** ist, nimmt der   28
Gerichtshof grundsätzlich eine Strafsache an.[158] Etwas anderes kann ausnahmsweise gelten, wenn die Sanktion nach Dauer und Art des Vollzugs nicht schwerwiegend ist (zB maximal 2 Tage strenger Arrest).[159] Der Gerichtshof hat eine Strafsache auch angenommen bei einer Geldsanktionsdrohung von max. 500 Schweizer Franken, die ersatzweise in Haft umgewandelt werden kann;[160] ebenso bei einem Ordnungsgeld von 400.000 Österreichischen Schilling mit Möglichkeit der Umwandlung in eine Gefängnisstrafe.[161] Es kommt insofern aber auf alle Umstände des Einzelfalls an. So hat der Gerichtshof eine Geldsanktion in Höhe von 1.000 Schwedischen Kronen, die in eine Freiheitsentziehung umgewandelt werden kann, nicht für ausreichend gehalten, um die Anwendung von Art. 6 zu begründen, auch weil die Sanktion im konkreten Fall nicht ins polizeiliche Register einzutragen war und zudem die Umwandlung in eine freiheitsentziehende Sanktion nur in einem separaten Verfahren und unter engen

---

152 EGMR 8.6.1976 – 5100/71, Rn. 82 – *Engel ua/Niederlande*; EGMR 4.3.2014 –18640/10 ua, Rn. 95 – *Grande Stevens ua/Italien*.
153 Ordnungsgeld, Buße, vgl. EGMR 21.2.1984 – 8544/79, Rn. 53 – *Öztürk/Deutschland*.
154 ZB EGMR 2.9.1998 – 26138/95, Rn. 58 – *Lauko/Slowakei*; EGMR 1.2.2005 – 61821/00, Rn. 33 – *Ziliberberg/Moldau*.
155 EGMR 9.10.2003 – 39665/98, Slg 03-X Rn. 120 – *Ezeh u. Connors/Vereinigtes Königreich*.
156 EGMR 9.2.2006 – 43371/02 – *Rabus/Deutschland*: für Trunkenheitsfahrt eines Beamten angedrohte Höchststrafe Entlassung, trotzdem kein Straf- und auch kein Zivilverfahren; EGMR 16.7.2009 – 8453/04, Rn. 37 – *Bayer/Deutschland*: Entlassung eines Beamten aus dem Dienst im Disziplinarwege kein Straf-, sondern Zivilverfahren.
157 EGMR 1.2.2005 – 61821/00, Rn. 34 – *Ziliberberg/Moldau*.
158 EGMR 9.10.2003 – 39665/98, Slg 03-X Rn. 126 – *Ezeh u. Connors/Vereinigtes Königreich*; EGMR 15.12.2005 – 73797/01, Slg 05-XIII Rn. 61-64 – *Kyprianou/Zypern*: Strafsache bei 5 Tagen Haft wegen Gebühr.
159 EGMR 8.6.1976 – 5100/71, Rn. 85 – *Engel ua/Niederlande*.
160 EGMR 22.5.1990 – 11034/84, Rn. 34 – *Weber/Schweiz*.
161 EGMR 14.11.2000 – 27783/95, Slg 00-XI Rn. 61, 67 – *T./Österreich*.

Voraussetzungen möglich gewesen wäre.[162] Auch die Versetzung in eine **Disziplinareinheit** der Armee hat Strafcharakter.[163]

29 **Sanktionen in Steuersachen:** Ein Verfahren, das zu einer Geldbuße wegen Steuerhinterziehung führt, fällt grundsätzlich unter Art. 6.[164] Eine Strafsache ist auch bei anderen Sanktionen angenommen worden, zB bei Auferlegung erheblicher zusätzlicher Steuern, etwa Erhöhung der Steuer bei bösem Glauben,[165] weiter die Ausübung des Vorkaufsrechts durch Steuerbehörden als Strafmaßnahme.[166] Wenn Zinsen wegen unterlassener Steuerzahlung unabhängig von einer Schuldfeststellung nur als Ausgleich für Verluste der Steuerbehörden erhoben werden, ist das kein Strafverfahren.[167]

30 Die in Rn. 25 – 29 genannten Kriterien werden grundsätzlich **alternativ angewendet**, dh es ist ausreichend, wenn eines erfüllt ist.[168] Für die Qualifikation durch das staatliche Recht hat der EGMR angenommen, dass es nicht allein ausreiche, dass die Maßnahme in einem staatlichen Strafgesetz vorgesehen ist, wenn es sich nur um eine vorbereitende Maßnahme handelt;[169] im Übrigen aber ist die Einordnung als strafrechtliche Maßnahme im nationalen Recht für sich allein ausreichend (siehe auch bereits → Rn. 25).[170] Auch bei der Natur des Vergehens und der Art und Schwere der Sanktion genügt, dass eines der Kriterien erfüllt ist.[171] Eine **kumulative Anwendung** ist aber dann nötig, wenn die Betrachtung der einzelnen Kriterien kein eindeutiges Ergebnis erbringt.[172] Im Ergebnis führt die Anwendung der Engel-Kriterien mithin zu einer Ausdehnung des Schutzbereichs des strafrechtlichen Zweigs des Art. 6. Diese Ausdehnung hat den EGMR nun wiederum in seiner neueren Rechtsprechung dazu veranlasst, qualitative Abstufungen im Bereich des so definierten Strafrechts vorzunehmen. Nur im **Kernbereich des Strafrechts** greifen die strafrechtlichen Garantien des Art. 6 in ihrer vollen Intensität, wäh-

---

162 EGMR 23.3.1994 – 14220/88, Rn. 35 – *Ravnsborg/Schweden.*
163 EGMR 8.6.1976 – 5100/71, Rn. 85 – *Engel ua/Niederlande.*
164 EGMR 3.5.2001 – 31827/96, Slg 01-III – *J.B./Schweiz.*
165 EGMR 24.2.1994 – 12547/86, Rn. 58 – *Bendenoun/Frankreich*; EGMR 16.12.2003 – 69825/01, Rn. 21 – *Faivre/Frankreich.*
166 EGMR 22.9.1994 – 13616/88, Rn. 51 f. – *Hentrich/Frankreich.*
167 EGMR 16.3.2006 – 77792/01 – *Mayer/Deutschland.*
168 *Grabenwarter/Pabel*, EMRK, 5. Aufl. 2012, § 24 Rn. 16.
169 EGMR 28.10.1999 – 26780/95, Slg 99-VII Rn. 34 – *Escoubet/Belgien* für die vorläufige Entziehung einer Fahrerlaubnis als Maßnahme der Verkehrssicherheit, nicht der Bestrafung.
170 EGMR 8.6.1976 – 5100/71, Rn. 81 – *Engel ua/Niederlande.*
171 Vgl. zB EGMR 1.2.2005 – 61821/00, Rn. 31 – *Ziliberberg/Moldau*; EGMR 21.2.1984 – 8544/79, Rn. 54 – *Öztürk/Deutschland.*
172 EGMR 9.10.2003 – 39665/98, Slg 03-X – *Ezeh u. Connors/Vereinigtes Königreich*; EGMR 4.3.2014 –18640/10 ua, Rn. 94 – *Grande Stevens ua/Italien.*

rend in den Randbereichen Abstriche gemacht werden können (zB Verhängung von Sanktionen zunächst durch eine Verwaltungsbehörde).[173]

Die **Anklage** muss sich auf eine Straftat beziehen. Der Gerichtshof 31 hat die Anklage definiert als die amtliche Mitteilung an den Betroffenen durch die zuständige Behörde, dass er einer Straftat beschuldigt wird.[174] Das kann die Anklage iS des Strafverfahrensrechts sein, aber auch ein früherer Zeitpunkt, nämlich wenn gegen den Bf. Maßnahmen getroffen werden, aus denen sich eine Beschuldigung ergibt und welche Auswirkungen auf die Lage des Betroffenen haben, wie insbesondere die Festnahme,[175] die Eröffnung von Voruntersuchungen oder eine Durchsuchung (s. auch → Rn. 196).[176] Maßnahmen ohne Außenwirkung fallen jedoch nicht darunter.[177] Die für eine Anklage konstitutive Beschuldigteneigenschaft beginnt auch dann, wenn eine an sich erforderliche offizielle Eröffnung eines Anfangsverdachts gegenüber der tatverdächtigen Person **gezielt umgangen** wird (zB Vernehmung als Zeuge statt als Beschuldigter).[178] Von diesem „Anklage"-Zeitpunkt an erfasst Art. 6 das **gesamte Strafverfahren**, einschließlich **Rechtsmittelverfahren** und vollständiger **Strafzumessung,** auch im Wege nachträglicher Gesamtstrafenbildung[179] oder der Festsetzung einer Mindestverbüßungsdauer bei unbefristeten Strafen.[180]

Art. 6 gilt grundsätzlich nicht unmittelbar für **vorbereitende Maß-** 32 **nahmen,** wie die vorläufige Festnahme, die Vernehmung des Betroffenen oder die vorläufige Sicherstellung seines Führerscheins;[181] solche Maßnahmen können aber gegen Art. 3 oder 5 verstoßen. Die Auffassung, Art. 6 finde für die **Haftprüfung bei Untersuchungshaft** trotz des evidenten Zusammenhangs mit einem laufenden Strafver-

---

173 EGMR 23.11.2006 – 73053/01, Slg 06-XIV Rn. 43 – *Jussila/Finnland;* tatsächlich dürfte eine solche Abstufung aber zwingende Folge eines weiten Strafrechtsbegriffs, der zB auch Ordnungswidrigkeiten umfasst, sein; der Auffassung des EGMR ist daher zuzustimmen; krit. aufgrund bisher unzureichend entwickelter Abgrenzungskriterien aber *Meyer* in *Karpenstein/Mayer,* EMRK, 2. Aufl. 2015, Rn. 27 a f.
174 EGMR 27.2.1980 – 6903/75, Rn. 46 – *Deweer/Belgien.*
175 EGMR 17.12.2004, 49017/99, Slg 04-XI Rn. 44 – *Pedersen u. Baadsgaard/ Dänemark;* EGMR 27.6.1968 – 2122/64, Rn. 19 – *Wemhoff/Deutschland.*
176 EGMR 15.7.1982 – 8130/78, Rn. 75 – *Eckle/Deutschland;* EGMR 5.7.2001 – 45269/99, Rn. 12 – *P.G.F./Italien.*
177 Vgl. EGMR 15.7.1982 – 8130/78, Rn. 74 – *Eckle/Deutschland.*
178 EGMR 20.10.1997 – 20225/92, Rn. 42 f. – *Serves/Frankreich.*
179 EGMR 15.7.1982 – 8130/78, Rn. 77 – *Eckle/Deutschland.*
180 EGMR 16.12.1999 – 24724/94, Rn. 109 f. – *T./Vereinigtes Königreich* (Festsetzung des „tariff" bei Strafen „at Her Majesty's pleasure").
181 EGMR 17.12.1996 – 19187/91, Slg 96-VI Rn. 67 – *Saunders/Vereinigtes Königreich;* EGMR 28.10.1999 – 26780/95, Slg 99-VII Rn. 34 – *Escoubet/Belgien.*

fahren keine Anwendung, weil es dabei nicht um die Überprüfung einer strafrechtlichen *Anklage* gehe, ist umstritten.[182] Hier ist jedenfalls der Schutzbereich des Art. 5 eröffnet. Die Vorschrift ist in bestimmten Fällen auch noch **nach Beendigung des Strafverfahrens** anzuwenden, wenn zB über Kosten, Entschädigung oder Schadensersatz zu entscheiden ist (vgl. → Rn. 211).[183] **Maßnahmen im Strafvollzug** sind keine Strafsachen iS von Art. 6, können aber Zivilsachen sein (vgl. → Rn. 21).[184] Wird eine **Verfallserklärung** gegen eine nicht als Beschuldigte an einem Verfahren beteiligte Person ausgesprochen, handelt es sich auch dann nicht um ein Verfahren über eine strafrechtliche Anklage, wenn die betroffene Person sich dem Verfahren als **Nebenbeteiligte** (§§ 431 ff., 442 StPO) angeschlossen hat. Hier ist allerdings der zivilrechtliche Schutzbereich von Art. 6 eröffnet (→ Rn. 12).[185] Gesonderte Verfahren wegen **Beschlagnahme oder Einziehung** nach abgeschlossenen Strafverfahren sind dagegen Strafverfahren iS von Art. 6.[186] **Rechtshilfesachen** fallen nicht in den Anwendungsbereich von Art. 6, sofern nicht besondere Umstände vorliegen,[187] zB dann, wenn die aufgeworfenen Fragen ausnahmsweise eng mit einem Strafverfahren verbunden sind.[188]Allerdings kann sich der ersuchende Staat seiner eigenen Pflichten aus Art. 6 auch nicht entledigen, soweit er Ermittlungsmaßnahmen (zB eine Zeugenvernehmung) im Wege der Rechtshilfe im Ausland durchführen lässt.[189] Im **Wiederaufnahmeverfahren** gilt Art. 6 erst dann, wenn die Wiederaufnahme angeordnet ist (§ 370 Abs. 2 StPO; ebenso im Zivilrecht: → Rn. 21).[190] **Interne Ermittlungen** in Unternehmen durch deren Rechts- oder Revisionsabteilungen oder durch externe Beauftragte sind nicht strafrechtlicher Natur und fallen daher nicht unter Art. 6.[191] Etwas anderes kann dann gelten, wenn die Ermittlungsbe-

---

182 Vgl. dazu *Meyer* in *Karpenstein/Mayer*, EMRK, 2. Aufl. 2015, Rn. 32, der sich unter Verweis auf EGMR 27.6.1968 – 1936/63, Rn. 23 – *Neumeister/Österreich* dagegen ausspricht; für die Anwendbarkeit von Art. 6 *Paeffgen* in *Wolter*, Systematischer Kommentar StPO, 4. Aufl. 2012, Rn. 44 unter Verweis auf die Voraussetzung des *dringenden* Tatverdachts für den Erlass und Fortbestand eines Haftbefehls (§ 112 Abs. 1 StPO).
183 EGMR 25.8.1987 – 9912/82, Rn. 123 – *Lutz/Deutschland*.
184 EGMR 30.10.2003 – 41576/98, Slg 03-XI Rn. 22-26 – *Ganci/Italien*.
185 *Esser* in *Löwe/Rosenberg*, StPO, 26. Aufl. 2012, Rn. 80.
186 EGMR 23.9.2008 – 19955/05, Rn. 37 – *Grayson* ua/*Vereinigtes Königreich*: Beweislast des Verurteilten, dass Sache nicht aus Straftat stammt, verstößt nicht gegen Art. 6.
187 EGMR 1.4.2010 – 27801/05, Rn. 42 – *Smith/Deutschland* für die Zusage der Überstellung durch die StA.
188 EGMR 1.4.2010 – 27804/05, Rn. 41-43 – *Buijen/Deutschland*.
189 EGMR 27.10.2011 – 25303/08, Rn. 51 f. – *Stojkovic/Frankreich u. Belgien*.
190 EGMR 3.10.2000 – 30546/96, Rn. 18 f. – *Löffler/Österreich*.
191 *Meyer* in *Karpenstein/Mayer*, EMRK, 2. Aufl. 2015, Art. 6 Rn. 34 mwN.

hörde sich gezielt des Einsatzes interner Ermittler bedient oder sie unter Ausnutzung von Sanktionsdrohungen gegenüber dem betroffenen Unternehmen initiiert, um Verfahrensgarantien (zB Schweigerechte) zu umgehen.[192] Keine Strafsache ist der Bericht eines parlamentarischen **Untersuchungsausschusses**, auch wenn er eine bestimmte Person im Zusammenhang mit Terrorismus erwähnt, aber nicht über deren Schuld entscheidet.[193] **Maßregeln der Besserung und Sicherung** (§§ 61 ff. StGB) fallen – ebenso wie sonstige Präventivmaßnahmen – unter den strafrechtlichen Schutzbereich des Art. 6, wenn das Verfahren in Zusammenhang mit einer Straftat iSd Art. 6 steht, auch dann, wenn der Betroffene mangels strafrechtlicher Verantwortlichkeit (§ 20 StGB) vom Schuldvorwurf freigesprochen, jedoch nach § 63 StGB untergebracht wurde. Abzustellen ist auf die der angeklagten Person im Verfahren drohende Sanktion, nicht darauf, welches Ergebnis es hatte,[194] so dass es für Art. 6 insofern nicht darauf ankommt, ob die Maßregel auch nach Art. 7 EMRK als Strafe einzustufen wäre (dazu → Art. 7 Rn. 9 ff.). Anders ist es, wenn die Anordnung der Maßregel in einem vom Strafverfahren getrennten Verfahren – zB im Sicherungsverfahren (§ 413 StPO) – erfolgt.[195] Dann kann allerdings der zivilrechtliche Schutzbereich eröffnet sein (vgl. → Rn. 21). Wenn über die **Aussetzung der Sicherungsverwahrung zur Bewährung** entschieden wird, handelt es sich um eine Entscheidung über eine strafrechtliche Anklage, so dass Art. 6 gilt.[196]

III. Recht auf ein Gericht und Recht auf Zugang zu einem Gericht (Art. 6 Abs. 1 S. 1)

Aus Art. 6 Abs. 1 ergibt sich die **positive Pflicht** des Staates, ein **effektives Justizsystem aufzubauen und zu unterhalten** und zwar so, dass die Gerichte den in der Vorschrift gegebenen Garantien einschließlich der Entscheidung in angemessener Frist entsprechen können.[197] Der Staat ist in der Entscheidung frei, wie er diese Pflicht erfüllen will. Er

33

---

192 Näher *Meyer* in *Karpenstein/Mayer*, EMRK, 2. Aufl. 2015, Art. 6 Rn. 34 b, der mit überzeugenden Argumenten für eine entsprechende Heranziehung der Überlegungen aus EGMR 27.10.2011 – 25303/08, Rn. 51 f. – *Stojkovic/Frankreich u. Belgien* auf diese Fallkonstellation eintritt.
193 EGMR 9.7.2002 – 64713/01 – *Montera/Italien*.
194 *Esser* in *Löwe/Rosenberg*, StPO, 26. Aufl. 2012, Rn. 79.
195 *Esser* in *Löwe/Rosenberg*, StPO, 26. Aufl. 2012, Rn. 79.
196 EGMR 9.5.2007 – 12788/04, NJW 2008, 2320 – *Homann/Deutschland*.
197 EGMR 25.2.2000 – 29357/95 Slg 00-II Rn. 75 – *Gast u. Popp/Deutschland*; EGMR 31.5.2001 – 37591/97, NJW 2002, 2856 Rn. 42 – *Metzger/Deutschland*; vgl. auch Rn. 202.

kann zB die Effektivität des Systems Einstellung weiterer Richter oder durch Fristenregelungen erhöhen.[198]

1. Zivilsachen

34   Ein **Recht auf ein Gericht und – als Ausfluss dieses Rechts – ein Recht auf Zugang zu einem Gericht** ergibt sich im Rahmen des Anwendungsbereichs der Vorschrift aus Abs. 1 Satz 1.[199] Dieses Recht umfasst nicht nur die Befugnis, das Verfahren bei Gericht anhängig zu machen, sondern auch das Recht auf eine abschließende gerichtliche Entscheidung.[200] Das Recht auf ein Gericht und auf Zugang zu diesem muss **effektiv** sein.[201] Dies bedeutet zunächst, dass der Betroffene eine eindeutige und konkrete Möglichkeit haben muss, Maßnahmen gerichtlich anzugreifen, die in seine Rechte eingreifen.[202] Fehlen **Rechtsbehelfe im Strafvollzug** in Streitigkeiten, die als zivilrechtlich angesehen werden (→ Rn. 21), ist das Recht auf Zugang verletzt.[203] Auch Gefangene im Vollzug müssen zudem das Recht haben, mit Blick auf einen zu führenden Rechtsstreit **einen Anwalt zu konsultieren;**[204] dasselbe gilt für untergebrachte Personen.[205]

35   Art. 6 garantiert ein Gericht, das in **vollem Umfang** über den Streitfall **entscheiden** und der Beschwer **abhelfen** kann.[206] Das Gericht muss also **über alle erheblichen Tatsachen- und Rechtsfragen** entscheiden können und darf nicht auf die Prüfung von Rechtsfragen beschränkt oder an Feststellungen einer Kommission oder Behörde gebunden sein, zB des Außenministeriums bei der Beurteilung der Gegenseitigkeit.[207] Derartige Bindungen sind mit Art. 6 nur vereinbar, wenn die gesonderte Feststellung **auch gesondert gerichtlich angefochten** werden und vom Gericht umfassend geprüft werden

---

198 Vgl. EGMR 29.1.2004 – 53084/99, Rn. 54 – *Kormachova/Russland*.
199 EGMR 18.2.1999 – 26083/94, Slg 99-I Rn. 50 – *Waite u. Kennedy/Deutschland*.
200 EGMR 19.3.1997 – 18357/91, Slg 97-II Rn. 40 – *Hornsby/Griechenland*; EGMR 1.3.2002 – 48778/99, Slg 02-II Rn. 25 – *Kutic/Kroatien*.
201 EGMR 26.2.2002 – 40041/98, Slg 00-IX Rn. 38 – *Gnahoré/Frankreich*.
202 EGMR 20.4.2006 – 10180/04, Rn. 56 – *Patrono ua/Italien*: Verletzung bei Einstellung eines beantragten Strafverfahrens wegen Immunität des Täters.
203 EGMR 6.4.2010 – 46194/06, Rn. 49 f. – *Stegarescu u. Bahrin/Portugal*.
204 Vgl. EKMR 3.2.1971 – 4220/69 – *X./Vereinigtes Königreich*.
205 EGMR 31.5.2016 – 17280/08, Rn. 103 – *A.N./Litauen*.
206 EGMR 7.11.2002 – 37571/97, Rn. 70 – *Veeber/Estland*.
207 EGMR 13.2.2003 – 49636/99, Slg 03-III Rn. 81 – *Chevrol/Frankreich*; vgl. weiter EGMR 28.6.1990 – 11761/85, Rn. 69 f. – *Obermeier/Österreich*; EGMR 17.12.1996 – 20641/92, Slg 96-VI Rn. 52-55 – *Terra Wohnungsbau B.V./Niederlande*: Bindung an Feststellung der Bodenverschmutzung durch Behörde; EGMR 28.4.2005 – 43578/98, Rn. 46 ff. – *D./Bulgarien*: Bindung an Feststellung über Ursache einer Berufskrankheit.

kann.[208] Auch sonst können bindende Entscheidungen einer **Verwaltungsbehörde** (zB durch **Verwaltungsakte**) vorgesehen werden, sofern sie auf Antrag des Betroffenen von einem unabhängigen Gericht in vollem Umfang, also in tatsächlicher und rechtlicher Hinsicht, überprüft werden müssen.[209] Ebenfalls muss die Überprüfung von **Ermessensentscheidungen** auf Rechtsfehler möglich sein (→ Rn. 16). Das Gericht muss den Anspruch **in der Sache prüfen** und **darüber entscheiden**. Ob es das getan hat, ergibt sich aus der Begründung, die aber nicht auf jede Einzelfrage eingehen muss (→ Rn. 103).

Das **Recht auf Zugang** zu einem Gericht ist aber **nicht absolut**, es   36
kann durch gesetzliche Regelungen des innerstaatlichen Rechts **eingeschränkt werden**.[210] Die Konventionsstaaten haben dabei einen gewissen **Ermessensspielraum**; ihre Entscheidung wird vom Gerichtshof nur daraufhin überprüft, ob sie mit der Konvention vereinbar ist, also nicht darauf, ob die beste Lösung gefunden worden ist.[211] Das innerstaatliche Recht kann den Zugang zB durch Vorschriften beschränken, die Fristen und Formen bestimmen, einen Begründungszwang, einen Vertretungszwang vorschreiben, die Prozessfähigkeit umschreiben oder in Verwaltungsstreitsachen ein Vorverfahren anordnen, Gebühren vorsehen und eine Vorschusspflicht bestimmen (s. näher → Rn. 38 ff.).[212] Ein **Vorverfahren** kann aber den Zugang zum Gericht konventionswidrig beschränken, wenn es nicht in angemessener Frist beendet wird.[213] Es ist möglich, eine **öffentliche Zustellung der Ladung** vorzusehen, wenn die Anschrift nicht bekannt ist und die Rechte des Betroffenen ausreichend gewahrt werden.[214] Im Fall *Sergey Smirnov/Russland*[215] hat der Gerichtshof eine Verletzung angenommen, weil das Gericht die Klage mangels Angabe einer Anschrift des Klägers für unzulässig gehalten hat; der Kläger hatte keinen festen Wohnsitz, aber eine Korrespondenzadresse angegeben.[216] Auch in einem Fall, in dem der Betroffene durch falsche Zusagen des Gene-

---

208 EGMR 28.4.2005 – 43578/98, Rn. 48, 53 – *D./Bulgarien.*
209 Vgl. Rn. 86 und EGMR 25.11.1994 – 12884/87, Rn. 31 – *Ortenberg/Österreich;* EGMR 7.12.2004 – 48309/99, Rn. 27 – *Kilian/Tschechien.*
210 EGMR 21.6.2016 – 5809/08, Rn. 129 – *Al-Dulimi u. Montana Management Inc./Schweiz.*
211 EGMR 16.11.2010 – 926/05, Slg 10-VI Rn. 84 – *Taxquet/Belgien.*
212 EGMR 10.5.2001 – 29392/95, Slg 01-V Rn. 93 – *Z. ua/Vereinigtes Königreich.*
213 EGMR 23.7.2002 – 34619/97, Slg 02-VII Rn. 90 – *Janosevic/Schweden:* 3 Jahre.
214 EGMR 10.4.2003 – 69829/01, Slg 03-IV – *Nunes/Portugal;* EGMR 2.10.2007 – 30203/03 – *Weber/Deutschland.*
215 EGMR 12.12.2009 – 14085/04, Rn. 30 ff. – *Smirnov/Russland.*
216 Ähnlich EGMR 20.10.2009 – 25924/06, Rn. 33 – *Nowinski/Polen* für Angabe einer Arbeitsanschrift und Postfach.

ralanwalts zur Rücknahme seines Rechtsmittels bewogen worden ist, hat der EGMR eine Verletzung von Art. 6 (Zugang zum Gericht) angenommen.[217] Auch **psychisch kranken, betreuten Personen** kann nicht per se der persönliche Zugang zum Gericht verwehrt werden; Voraussetzung ist vielmehr, dass eine solche Person vollständig außerstande ist, einen kohärenten Standpunkt im Rechtsstreit einzunehmen.[218]

37 Der Zugang darf aber **nicht auf eine Weise eingeschränkt** werden, dass die in Art. 6 gegebene Garantie **in ihrem Wesensgehalt** angetastet wird. Die Beschränkungen müssen ein **berechtigtes Ziel verfolgen**, und **verhältnismäßig** sein.[219] Als Verstoß ist angesehen worden, wenn staatliche Vorschriften die **Aussetzung aller Verfahren** wegen bestimmter Ansprüche bis zum Erlass neuer Rechtsvorschriften anordnen und das über Jahre andauert.[220] Zulässig ist der **Ausschluss von Klagen in einem Vertrag zur Regelung von Kriegs- und Besatzungsfolgen**.[221] Wenn eine Person auf einer Sanktionsliste, nach der Vermögenswerte zu beschlagnahmen und an einen anderen Vermögensträger[222] zu übertragen sind etc., steht, die auf einer **Resolution des UN-Sicherheitsrats** basiert,[223] kann ein Gericht vor Anordnung einer solchen Maßnahme zwar nicht untersuchen, ob es dieser Maßnahme gegen eine gelistete Person tatsächlich bedurft hätte, es muss aber immerhin prüfen, dass die Listung nicht **willkürlich war**.[224]

38 Bei der Anwendung von **Formvorschriften** müssen die Gerichte einen übertriebenen Formalismus, der die Fairness des Verfahrens beeinträchtigen könnte, vermeiden, ebenso aber eine übertriebene Nachgiebigkeit, die im Ergebnis zur Abschaffung der gesetzlich vorgesehenen Verfahrensregeln führen könnte.[225] Das Verfahrensrecht ist so auszulegen, dass es einen **effektiven Zugang** zum Gericht ermög-

---

217 EGMR 9.11.2004 – 46300/99, Slg 04-X Rn. 49-51 – *Marpa Zeeland B.V.* ua/ *Niederlande.*
218 EGMR 31.5.2016 – 17280/08, Rn. 90 – *A.N./Litauen*; vgl. auch Rn. 99.
219 EGMR 18.2.1999 – 26083/94, Slg 99-I Rn. 59 – *Waite u. Kennedy/Deutschland.*
220 Für Schadensersatzansprüche wegen terroristischer Taten EGMR 1.3.2002 – 48778/99, Slg 02-II Rn. 25 – *Kutic/Kroatien.*
221 EGMR 12.7.2001 – 42527/98, Slg 01-VIII – *Fürst Hans Adam II v. Liechtenstein/Deutschland.*
222 Im konkreten Fall der „Development Fund for Iraq".
223 Im konkreten Fall: UN Security Council Resolution 1483 (2003).
224 EGMR 21.6.2016 – 5809/08, Rn. 150 f. – *Al-Dulimi u. Montana Management Inc./Schweiz.*
225 EGMR 28.6.2005 – 74328/01, Rn. 29 – *Zednik/Tschechien*: Verletzung von Art. 6, wenn der Beteiligte angeforderte Urkunden am letzten Tag der vom Gericht gesetzten Frist absendet und das dem Gericht unmittelbar durch Fax mitteilt und das Gericht dennoch die Frist als versäumt ansieht.

licht.[226] Im Fall *Kadlec* ua/*Tschechien*[227] hat der Gerichtshof eine Verletzung von Art. 6 festgestellt, weil das Gericht bei einer erkennbaren Verwechslung von Daten der angefochtenen Entscheidungen das Rechtsmittel trotz späterer Berichtigung für unzulässig angesehen hat. Im Fall *Bulena/Tschechien*[228]wurde eine Verletzung angenommen, weil das Gericht die eindeutige Bezeichnung der angefochtenen Entscheidung nicht in dem gemeinten Sinn ausgelegt hat, was ohne Weiteres möglich gewesen wäre.[229] Eine Verletzung des Rechts auf Zugang ist auch angenommen worden bei Klageabweisung als unzulässig aufgrund besonders **strenger, formalistischer Auslegung** prozessualer Vorschriften über die Klageart.[230] Für den Zugang zum Rechtsmittelgericht vgl. → Rn. 59 ff.

Fristvorschriften sind grundsätzlich zulässig (zu Rechtsmittelfristen im Strafrecht → Rn. 63) und dienen einer geordneten Justizverwaltung sowie der Rechtssicherheit.[231] Die Vorschriften und ihre Anwendung dürfen aber dem Betroffenen **nicht auf unangemessene Weise den Zugang** zum Gericht oder Rechtsmittelgericht (insofern → Rn. 59 ff.) beschneiden (vgl. zudem → Rn. 37).[232] Das kann zB der Fall sein, wenn das Rechtsmittelgericht irrtümlich ein Rechtsmittel wegen Fristversäumnis als unzulässig verwirft, obwohl es rechtzeitig eingelegt war[233] oder wenn die Fristversäumung auf einem Fehler der Kanzlei des Gerichts beruht,[234] auf einer fehlerhaften Rechtsmittelbelehrung gegenüber einer nicht (mehr) anwaltlich vertretenen Beschwerdeführerin[235] oder auf Verzögerungen beim Gericht.[236] Auch hier spielen Gesichtspunkte der **Fairness** eine Rolle. Bei ungewöhnlichen Umständen wird es erforderlich sein, im Wege der **Wiedereinsetzung** zu helfen.[237] Der Zugang zu einem Verfassungsgericht kann von der vorherigen **Erschöpfung des Rechtswegs** dann nicht abhängig gemacht werden, wenn auch die Einlegung von Rechtsmitteln, deren Annahme im Ermessen eines Rechtsmittelgerichts liegt, ver-

39

---

226 EGMR 18.11.2004 – 54268/00, Slg 03-XI Rn. 40 ff. – *Qufaj Co SH.P.K./Albanien*.
227 EGMR 25.4.2004 – 49478/99, Rn. 27-30 – *Kadlec* ua/*Tschechien*.
228 EGMR 20.4.2004 – 57567/00, Rn. 31, 35 – *Bulena/Tschechien*.
229 Vgl. auch EGMR 9.11.2004 – 77837/01, Rn. 30– *Saez Maeso/Spanien* für den Verstoß gegen eine Begründungspflicht, wenn das Gericht das Rechtsmittel zunächst für zulässig, dann aber nach sieben Jahren für unzulässig erklärt hat.
230 EGMR 12.11.2002 – 47273/99, Slg 02-IX Rn. 51– *Beles* ua/*Tschechien*; EGMR 25.7.2002 – 48553/99, Slg 02-VII Rn. 81 – *Sovtransavto/Ukraine*.
231 EGMR 14.6.2011 – 21974/07, Rn. 46 – *Mercieca* ua/*Malta*.
232 EGMR 14.6.2011 – 21974/07, Rn. 45 – *Mercieca* ua/*Malta*.
233 EGMR 26.10.2000 – 43269/98, Rn. 25 – *Leoni/Italien*.
234 EGMR 27.5.2004 – 66294/01, Rn. 26 – *Boulougouras/Griechenland*.
235 EGMR 9.9.2014 – 43730/07, Rn. 65-77 – *Gajtani/Schweiz*.
236 EGMR 17.9.2004 – 71440/01, Rn. 38 ff. – *Freitag/Deutschland*.
237 Vgl. EGMR 6.12.2001 – 44584/98, Rn. 27 ff. – *Tsironis/Griechenland*.

langt wird und die Bf. dadurch Gefahr laufen, die Frist zur Einlegung der Beschwerde beim Verfassungsgericht zu versäumen.[238]

40   Die Erhebung von **Gerichtskosten** ist unter den in → Rn. 37 genannten Voraussetzungen ebenfalls zulässig.[239] Es kommt also auf die Höhe der Gebühren an, auf die Zahlungsfähigkeit des Betroffenen, das Stadium des Verfahrens, in dem die Gebühr verlangt wird, und den Streitgegenstand.[240] Eine Verletzung ist bei **unangemessen hohen Gebühren** angenommen worden.[241] Schwierigkeiten können durch **Prozesskostenhilfe** abgefangen werden, bei der außer der Zahlungsfähigkeit auch die Erfolgsaussichten eines Rechtsbehelfs berücksichtigt werden dürfen, um die Justiz von aussichtslosen Rechtsbehelfen zu entlasten (näher → Rn. 43 ff.). Diese Grundsätze gelten auch dann, wenn die Kosten nicht im Voraus, sondern nach Abschluss des Verfahrens zu zahlen sind;[242] auch **Missbrauchsgebühren** sind grundsätzlich zulässig, müssen aber ebenfalls in der Höhe angemessen zum verfolgten Zweck sein.[243] Grundsätzlich unbedenklich sind **Kostenvorschüsse**, die ein Verfassungsgericht einfordern kann.[244]

41   Auch für das dem Zivilrecht zuzuordnende (→ Rn. 12, 21) **Recht des Verletzten, Entschädigung im Strafverfahren zu verlangen** gilt Art. 6 (Recht auf Zugang), wenn das Strafprozessrecht die Möglichkeit grundsätzlich eröffnet. Dass der Antrag akzessorisch ist und bei Einstellung des Strafverfahrens nicht zum Ziel führt, verletzt Art. 6 nur, wenn keine andere Möglichkeit besteht, den Entschädigungsanspruch durch Klage vor den Zivilgerichten geltend zu machen.[245] Wenn das Strafverfahren lange dauert, verletzt das nicht das Recht auf Zugang zu dem Gericht wegen des Schadensersatzanspruchs. Wenn aber eine Einstellung des Strafverfahrens auf Unterlassungen der Behörde zurückgeht, insbesondere auf Verzögerungen, kann Art. 6 verletzt sein. Dann wird dem Verletzten nicht zugemutet, nach langer Zeit vor den Zivilgerichten zu klagen, und es kommt nicht darauf an, dass er vorher hätte eine Klage erheben können.[246]

---

238 EGMR 12.11.2002 – 47273/99, Slg 02-IX Rn. 63 ff. – *Beles* ua/*Tschechien*.
239 EGMR 19.6.2001– 28249/95, Slg 01-VI Rn. 54 f. – *Kreuz/Polen*.
240 EGMR 26.7.2005 – 39199/98, Rn. 64 – *Podbielski* ua/*Polen*, für das Erfordernis einer Sicherheitsleistung für die Kosten des Gegners EGMR 13.7.1995 – 18139/91, Rn. 61 ff. – *Tolstoy u. Miloslavski/Vereinigtes Königreich*.
241 EGMR 19.6.2001 – 28249/95, Slg 01-VI – *Kreuz/Polen*.
242 EGMR 12.7.2007 – 68490/01, Slg 07-VIII Rn. 51-54 – *Stankov/Bulgarien*.
243 EGMR 22.10.2013 – 20577/05, Rn. 28 ff. – *Sace Elektrik Ticaret Ve Sanayi A.S./Türkei*.
244 EGMR 5.6.2003 – 74789/01 – *Reuther/Deutschland*.
245 EMRK 4.10.2007 – 63610/00, Rn. 91 – *Forum Maritime S.A./Rumänien*.
246 EGMR 22.1.2009 – 23057/03, Rn. 46-51 – *Dinchev/Bulgarien*.

Deutsches Recht: Das BVerfG leitet aus Art. 19 Abs. 4, 20 Abs. 3,   42
103 Abs. 1 GG und dem allgemeinen Gedanken rechtsstaatlicher
Verfahrensgestaltung den Grundsatz ab, dass der Zugang zu den Gerichten, auch den Rechtsmittelgerichten, nicht in unzumutbarer, aus
Sachgründen nicht mehr zu rechtfertigender Weise erschwert werden
darf.[247] Nach seiner Rechtsprechung folgt aus dem Grundsatz des
fairen Verfahrens (Art. 2 Abs. 2 GG iVm dem Rechtsstaatsprinzip),
dass ein Gericht aus eigenen oder ihm zuzurechnenden Fehlern, Unklarheiten oder Versäumnissen keine Folgen zum Nachteil eines Beteiligten ableiten darf. Das gilt zB bei Fristversäumnissen, die auf
Fehlern des Gerichts beruhen.[248] Die in Art. 3 Abs. 1 i.V. mit Art. 20
Abs. 2 GG verbürgte Rechtsschutzgleichheit gebietet eine weitgehende Angleichung der Lage von Bemittelten und Unbemittelten. Eine
Prüfung der Erfolgsaussichten der Hauptsache bei Anträgen auf Prozesskostenhilfe ist zulässig, darf aber die Rechtsverfolgung oder -ver-
teidigung nicht in das summarische Verfahren ziehen.[249]

Auch nach Art. 6 EMRK muss das Recht auf Zugang zu einem Ge-   43
richt **ebenso für Personen gewährleistet sein, die keine ausreichenden
Mittel** haben, um Gerichtsgebühren, eine erforderliche Sicherheitsleistung oder einen notwendigen Anwalt zu bezahlen.[250] Dieselben
Regeln gelten grundsätzlich für den Zugang zu einem Rechtsmittelgericht.[251] **Die EMRK garantiert aber keine allgemeine Prozesskostenhilfe (PKH)** in Zivilsachen, wie die unterschiedliche Fassung von
Art. 6 Abs. 1 und Art. 6 Abs. 3 Buchst. c für Strafsachen zeigt.[252] **Ob
PKH gewährt werden muss,** um ein faires Verfahren zu gewährleisten, hängt von der Bedeutung der Sache für den Beteiligten, der
Schwierigkeit des anzuwenden Rechts und des Verfahrens sowie von
der Fähigkeit des Beteiligten ab, sich selbst effektiv zu vertreten.[253]
Die Staaten haben aber einen **Spielraum** und können eine andere angemessene Lösung für einen effektiven Zugang wählen.[254] Wenn
aber der Zugang zum Gericht von einer Sicherheitsleistung abhängig
gemacht wird, die die betroffene Person aufgrund ihrer finanziellen

247 Vgl. zB BVerfG NJW 2005, 3346 mwN; zum Verbot der Überspannung von
    Anforderungen an die Wiedereinsetzung BVerfG NJW 2008, 2167.
248 BVerfG NJW 1988, 2787; NJW 2004, 2887.
249 BVerfGE 81, 347, 356; BVerfG NVwZ-RR 2007, 361.
250 Vgl. EGMR 9.10.1979 – 6289/73, Rn. 24 ff. – *Airey/Irland*; EGMR
    26.10.2010 – 46040/07, Rn. 55 ff. – *Marina/Lettland.*
251 Vgl. grundsätzlich EGMR 17.1.1970 – 2689/65, Rn. 24 f. – *Delcourt/Belgien.*
252 EGMR 9.10.1979 – 6289/73, Rn. 26 – *Airey/Irland; Grabenwarter/Pabel,*
    EMRK, 6. Aufl. 2016, § 24 Rn. 56.
253 EGMR 15.2.2005 – 68416/01, Slg 05-II Rn. 61 – *Steel u. Morris/Vereinigtes
    Königreich.*
254 EGMR 25.1.2001 – 28460/95 – *M.C./Finnland:* zB Kosten für Sachverständi-
    ge und Zeugen, die vom Gericht geladen wurden, trägt der Staat.

Situation nicht zu leisten im Stande ist, verletzt das Art. 6 Abs. 1.[255] Auch wenn die betroffene Person einen Anwalt nicht bezahlen kann und ihre Sache wegen der **Schwierigkeit** oder wegen eines **Vertretungszwangs** nicht selbst vertreten kann, muss ein Rechtsanwalt im Wege der PKH beigeordnet werden, wenn das für einen effektiven Zugang zum Gericht erforderlich ist.[256] Wenn jemand in schwierigen Fällen den Rechtsstreit mangels Beiordnung eines Anwalts alleine führen muss, kann das andererseits die **Fairness des Verfahrens** (dazu im Übrigen → Rn. 87 ff.) beeinträchtigen.[257]

44 **Ausgestaltung der PKH:** Wenn sie im nationalen Recht vorgesehen ist, müssen die Vorschriften so angewendet werden, dass sie die in Art. 6 garantierten Rechte angemessen schützen.[258] Wenn die Gewährung von Voraussetzungen abhängig gemacht wird, muss das Verfahren ausreichende Garantien gegen Willkür bieten. Im deutschen Recht ist das der Fall.[259] Von **einer hinreichenden Erfolgsaussicht** kann die Gewährung der PKH abhängig gemacht werden,[260] ebenso von Formerfordernissen, wie zB bei der Einreichung eines Formulars über die Einkommens- und Vermögensverhältnisse. Der EGMR überlässt es grundsätzlich dem staatlichen Gericht **festzustellen, ob der Betroffene wegen seiner Armut** das Gericht nicht anrufen konnte, nimmt aber eine Verletzung von Art. 6 an, wenn er insofern Ungereimtheiten bemerkt.[261] Ablehnende Entscheidungen müssen **begründet** werden.[262]

45 **Vollständige Waffengleichheit** zwischen den Parteien muss der Staat durch Einsatz öffentlicher Mittel nicht herstellen, solange jede die

---

255 EGMR 15.2.2000 – 38695/97, Slg 00-II Rn. 43 ff. – *Garcia Manibardo/ Spanien*.
256 EGMR 9.10.1979 – 6289/73, Rn. 26 – *Airey/Irland*.
257 EGMR 16.7.2002 – 56547/00, Slg 02-VI Rn. 91 – *P., C. u. S./Vereinigtes Königreich*; EGMR 7.5.2002 – 46311/99, Slg 02-III Rn. 47-50 – *McVicar/Vereinigtes Königreich*.
258 EGMR 22.3. 2007 – 59519/00, Rn. 129 – *Staroszczyk/Polen*.
259 EGMR 8.12.2009 – 54193/07 – *Herma/Deutschland*.
260 EGMR 19.9.2000 – 40031/98, Slg 00-IX Rn. 41 – *Gnahore/Frankreich*; EGMR 26.2.2002 – 46800/99, Slg 02-II Rn. 23 – *Del Sol/Frankreich*; zum deutschen Recht vgl. Rn. 42.
261 EGMR 26.7.2005 – 71731/01, Rn. 44 – *Kniat/Polen*, wo beanstandet wird, dass der Betroffene darauf verwiesen wurde, eine ihm im Scheidungsverfahren zugesprochen Summe für Gerichtskosten aufzuwenden, statt sie für die Existenzsicherung einzusetzen; weiter EGMR 26.7.2005 – 73547/01, Rn. 63 f. – *Jedamski* ua/*Polen*, wo beanstandet wird, dass das Gericht auf die Möglichkeit des Erwerbs für den Bf. abstellte und keine Ermittlungen über seine finanziellen Verhältnisse angestellt hat.
262 EGMR 17.6.2008 – 64916/01, Rn. 51 – *Bobrowski/Polen*.

Möglichkeit hat, ihren Fall unter Voraussetzungen zu führen, die sie gegenüber ihrem Gegner nicht wesentlich benachteiligen.[263]

Die **Beiordnung eines Rechtsanwalts** ist allein keine Garantie für die **46** **Effektivität der Vertretung** durch diesen. Aber wenn dem Bf. ein Rechtsanwalt beigeordnet worden ist, begründen **Pflichtverletzungen dieses Anwalts** die Haftung des Staates wegen der Unabhängigkeit des Anwaltsberufs nur unter besonderen Umständen, zB wenn Nachlässigkeiten des Rechtsanwalts glaubhaft mitgeteilt[264] oder Probleme bei der Vertretung sonst bekannt werden.[265] Wenn der zu Vertretende aufgrund psychischer Krankheit untergebracht ist, muss Gelegenheit bestehen, dass der Anwalt und der Untergebrachte sich treffen und miteinander kommunizieren können.[266] Art. 6 Abs. 1 gibt **kein Recht auf Kostenerstattung** durch den unterlegenen Gegner.

Der Anwalt kann **ablehnen**, einen **aussichtslosen Rechtsbehelf**, eine **47** **Klage** oder ein **Rechtsmittel, einzulegen**. Dafür müssen aber zur Vermeidung von Willkür Verfahrensgarantien vorgesehen sein, insbesondere wegen der Frist und der Form der Ablehnung. Eine späte Weigerung darf nicht dazu führen, dass keine ausreichende Zeit mehr bleibt, um einen anderen Vertreter zu suchen.[267] Die Weigerung muss schriftlich begründet werden.[268] Sie begründet nicht ohne Weiteres die Verpflichtung, einen anderen Vertreter zu bestellen, darf den Betroffenen aber nicht rechtlos stellen.[269] Diese Grundsätze **gelten auch in Strafsachen** (→ Rn. 234).

Die Effektivität des Zugangs zu einem Gericht kann auch in Frage **48** gestellt sein, wenn **das Gericht zur Prüfung der Beiordnung unverhältnismäßig lange Zeit braucht**. Insoweit ergeben sich Überschneidungen mit dem Recht auf Entscheidung in angemessener Frist. Wenn das staatliche Recht für die Entscheidung eine Frist vorschreibt und diese überschritten ist, heißt das allerdings nicht notwendig, dass Art. 6 verletzt ist. Es kommt auf die Umstände des Einzelfalls an.[270]

---

263 EGMR 15.2.2005 – 68416/01, Slg 05-II Rn. 62 – *Steel u. Morris/Vereinigtes Königreich*: Verletzung der Waffengleichheit bei Bf., der sich ohne PKH in einem schwierigen Rechtstreit gegen McDonalds behaupten musste.
264 EGMR 19.10.2000 – 45995/99, Slg 00-XI – *Rutkowski/Polen*.
265 EGMR 22.3. 2007 – 59519/00, Rn. 122 – *Staroszczyk/Polen*.
266 EGMR 31.5.2016 – 17280/08, Rn. 103 – *A.N./Litauen*.
267 EGMR 22.3.2007 – 8932/05, Rn. 114 f. – *Sialkowska/Polen*.
268 EGMR 22.3. 2007 – 59519/00, Rn. 136 – *Staroszczyk/Polen*.
269 EGMR 28.7.2009 – 8958/04, Rn. 54-63 – *Smyk/Polen*.
270 EGMR 28.9.2000 – 25498/94, Slg 00-X Rn. 94 – *Messina/Italien*; Rn. 2; EGMR 11.1.2005 – 33695/96, Rn. 40 – *Musumeci/Italien*.

49   Ein Recht auf eine **Rechtsmittelbelehrung** wegen Form- und Fristvorschriften besteht nicht, ein Fehlen kann aber Art. 13 verletzen.[271]
Wenn eine unrichtige Rechtsmittelbelehrung erteilt wird, kann das
eine Verletzung des Zugangs zu einem Gericht sein.[272]

50   Zum Recht auf Zugang zu einem Gericht gehört auch das Recht,
dass ein endgültiges Urteil beachtet wird; das folgt aus dem Grundsatz der Rechtsstaatlichkeit, auf den in der Präambel zur Konvention
ausdrücklich hingewiesen wird, und spezieller aus dem Grundsatz
der Rechtssicherheit (vgl. → Rn. 87). Aus ihm ergibt sich, dass endgültige Gerichtsurteile nicht in Zweifel gezogen werden dürfen. Daraus folgt ein Recht **auf Vollstreckung aus dem Urteil,** weil das Recht
auf Zugang sonst illusorisch wäre.[273] Es wäre unverständlich, wenn
Art. 6 detaillierte Verfahrensgarantien gibt, ohne die Vollstreckung
des Urteils zu schützen. Die **Vollstreckung des Urteils ist deswegen
integraler Teil des fairen Verfahrens.**[274] Wenn sich das **Urteil gegen
den Staat oder eine staatliche Einrichtung** richtet, muss der Bf. kein
gesondertes Vollstreckungsverfahren in Gang setzen: Der Staat muss
das Urteil auch so befolgen;[275] er kann sich auch nicht darauf berufen, dass er keine ausreichenden finanziellen Mittel habe.[276] Wenn
sich das **Urteil gegen einen Privaten** richtet, muss der Staat ein angemessenes und effektives Instrumentarium zur Vollstreckung schaffen[277] und haftet nur insoweit, als Behörden nicht angemessen reagiert haben. Wenn eine Vollstreckung aus dem Urteil unmöglich ist,
sind die Behörden nicht verantwortlich.[278] Der EGMR akzeptiert,
dass eine **gewisse Zeit** zwischen der Rechtskraft und der Vollstreckung verstreicht, sie darf aber nicht so lang sein, dass dies Art. 6 in
seinem Wesen antastet.[279] Verstreicht eine zu lange Zeit, ist außer
Art. 6 häufig **auch Art. 1 Zusatzprot.** verletzt.[280] Wie lang die Zwischenzeit sein darf, hängt von den Umständen ab. Der EGMR berücksichtigt die Schwierigkeit der Vollstreckung, das Verhalten

---

271 EGMR 4.7.2000 – 51717/99, Rn. 16 – *Societé Guerin/15 Mitgliedsstaaten der
     EU.*
272 EGMR 7.4.2009 – 28426/06, Rn. 43-45 – *Mendel/Schweden* für die unrichtige
     Belehrung, dass es kein Rechtsmittel gebe.
273 EGMR 19.3.1997 – 18357/91, Slg 97-II Rn. 40 – *Hornsby/Griechenland.*
274 EGMR 21.12.2004 – 34297/02, Rn. 73 – *Derkach u. Palek/Ukraine.*
275 Zur Informationspflicht des Staates bei Unmöglichkeit der Erfüllung aus be-
     sonderen Gründen EGMR 26.5.2005 – 57810/00, Rn. 28 – *Costin/Rumänien.*
276 EGMR 24.2.2005 – 43883/02, Rn. 23 – *Plotnikovy/Russland.*
277 EGMR 3.2.2005 – 2577/02, Rn. 69 – *Fociac/Rumänien.*
278 EGMR 17.12.2009 – 10856/03, Rn. 14 – *Volnykh/Russland* für Wohnung in
     einem Haus, das nicht gebaut worden ist.
279 EGMR 7.5.2002 – 59498/00, Slg 02-III Rn. 34 – *Burdov/Russland.*
280 Vgl. EGMR 14.5.2005 – 42667/98, Rn. 18 ff. – *Eksinozlugil/Türkei*; EGMR
     1.3.2001 – 44486/98, Rn. 16 ff. – *Tebaldi/Italien.*

des Bf. und das der Behörden sowie die Höhe und Art der Forderung.[281]

Die für den Vollzug bzw. die Vollstreckung von Urteilen entwickelten   51
Grundsätze gelten auch für die **Vollstreckung aus bestandskräftigen
Verwaltungsakten.**[282]

Sieht das staatliche Recht vor, dass die **Zwangsvollstreckung gegen**   52
einen ausländischen Staat nur mit Zustimmung einer Behörde möglich ist, ist die Versagung zwar ein Eingriff in Art. 1 Zusatzprot., der aber gerechtfertigt ist, weil er auf allgemein anerkannten Grundsätzen des Völkerrechts über die Gewährung von Immunität für Staaten beruht.[283] Zum Einfluss der Legislative auf den Rechtsstreit und mögliche Verletzungen von Art. 6 aus diesem Grunde vgl. → Rn. 161. Die anderen Staaten und ihren Einrichtungen nach der Wiener Konvention gewährte **Immunität** verfolgt das legitime Ziel, dem Völkerrecht Rechnung zu tragen und gute Beziehungen zwischen den Staaten zu fördern. Wenn solche Vorschriften allgemein anerkannten Regeln des Völkerrechts entsprechen, sind sie keine unverhältnismäßige Einschränkung des Zugangs zum Gericht, denn die EMRK muss soweit wie möglich unter Heranziehung anderer Regeln des Völkerrechts ausgelegt werden.[284] Vom Grundsatz der Staatenimmunität macht der EGMR auch dann keine Ausnahme, wenn **Ansprüche wegen Folterung** geltend gemacht werden. Zwar beobachtet er eine Entwicklung der Rechtsprechung nationaler Gerichte, in solchen Fällen eine *ius cogens*-Ausnahme bei zivilrechtlichen Klagen gegen einen Staat anzunehmen, sieht sich aber durch die Entscheidung des IGH im Verfahren *Deutschland/Italien*[285] an einer solchen, vom IGH aaO

---

281 Beispiele: EGMR 18.11.2004 – 15021/02, Rn. 36 – *Wasserman/Russland*:
     sechs Monate hinnehmbar; EGMR 7.10.2003 – 36575/02 – *Kornikov* ua/
     Ukraine: acht Monate hinnehmbar; EGMR 3.7.2008 – 34679/03, Rn. 29 – *Be-
     lotserkovets/Russland*: 10 Monate ausreichend; EGMR 26.7.2005 – 15366/03,
     Rn. 24 – *Chernyayev/Ukraine*: elf Monate zu viel; EGMR 20.7.2004 –
     60750/00, Rn. 45 – *Shmalko/Ukraine* sowie EGMR 9.2.2006 – 36407/02,
     Rn. 16-18 – *Iguscheva/Russland*: 14 Monate zu lang; EGMR 6.10.2005 –
     63973/00, Rn. 53 – *Androsov/Russland*: ein Jahr und 12 Tage zu viel; EGMR
     3.5.2005 – 26131/02, Rn. 23 – *Grishechkin* ua/*Ukraine*: zwei Jahre jedenfalls
     zu viel; andererseits EGMR 26.3.2009 – 38103/04. Rn. 28 – *Nikolenko/Russ-
     land*: ein Jahr ausreichend; EGMR 17.9.2002 – 60858/00 – *Krapyvnitsky/
     Ukraine*: zwei Jahre, sieben Monate keine Verletzung.
282 EGMR 3.2.2009 – 45264/04, Rn. 26 – *Hamzaraj/Albanien*.
283 EGMR 12.12.2002 – 59021/00, Slg 02-X – *Kalogeropoulou/Griechenland u.
     Deutschland* wegen Vollstreckung in Goethe-Institut.
284 EGMR 21.11.2001 – 37112/97, Slg 01-XI – *Fogarty/Vereinigtes Königreich*
     für Arbeitsverhältnisse an einer Botschaft; EGMR 21.11.2001 – 31253/96, Slg
     01-XI Rn. 26 – *McElhinney/Irland* für Schadensersatzansprüche wegen rechts-
     widrigen Verhaltens von Soldaten im Ausland; vgl. dazu *Maierhöfer* EuGRZ
     2002, 391.
285 Urteil des IGH vom 3.2.2012; vgl. dazu *Kreicker* ZIS 2012, 107 ff.

abgelehnten Ausnahme gehindert.[286] Das gilt auch für Klagen gegen einzelne Staatsbedienstete, denen vorgeworfen wird, gefoltert zu haben.[287] Die Immunität wird unter Berücksichtigung von Art. 11 der UN Konvention über die Immunität der Staaten und ihres Vermögens von der Gerichtsbarkeit von 2004 bei **Streitigkeiten über Arbeitsverträge** von Bediensteten einer diplomatischen Vertretung einschränkend verstanden und nur auf diplomatische und konsularische Beamte bezogen, nicht auf sonstige Bürokräfte.[288] Zur **Übertragung von Hoheitsrechten** durch völkerrechtliche Verträge, insbesondere auf internationale Organisationen, vgl. Art. 1 Rn. 13 f.

53   Die Gewährung von **Immunität für andere Personen** muss verhältnismäßig sein.[289] Nach der Rechtsprechung wäre es mit Art. 6 und dem Grundsatz der Rechtsstaatlichkeit nicht vereinbar, wenn ein Staat vorbehaltlos und ohne Prüfung durch den Gerichtshof die Zuständigkeit seiner Gerichte für einen ganzen Bereich zivilrechtlicher Streitigkeiten ausschließen und großen Personengruppen Immunität gewähren würde.[290]

54   Die Gewährung von **Immunität für Abgeordnete** ist grundsätzlich gerechtfertigt,[291] sie verfolgt das berechtigte Ziel, die Unabhängigkeit des Parlaments, insbesondere die freie Rede darin und die Gewaltenteilung zwischen der Legislative und der Judikative, zu garantieren und ist kein persönliches Privileg der Abgeordneten, sondern mit ihrem Status verbunden. Die Staaten haben insoweit einen weiten Ermessensspielraum. Je umfassender aber die Immunität ist und je weniger die Integrität des Parlaments geschützt werden soll, desto zwingender müssen die Gründe für ihre Rechtfertigung sein. Wenn es an

---

286   EGMR 14.1.2014 – 34356/06, Rn. 198 – *Jones* ua/*Vereinigtes Königreich*.
287   EGMR 14.1.2014 – 34356/06, Rn. 199 ff. – *Jones* ua/*Vereinigtes Königreich*; s. aber auch den Schlusssatz in Rn. 215: „However, in light of the developments currently underway in this area of public international law, this is a matter which needs to be kept under review by Contracting States." sowie das Sondervotum des Richters *Kalaydjieva*.
288   EGMR 23.3.2010 – 15869/02, Slg 10-III Rn. 44, 57 ff. – *Cudak/Litauen* zur Kündigung einer litauischen Bürokraft durch die polnische Botschaft; siehe auch den ähnlichen Fall EGMR 29.6.2011 – 34869/05, Rn. 55 ff. – *Sabeh el Leil/Frankreich*.
289   EGMR 16.11.2006 – 11801/04, Rn. 47-49 – *Tsalkitzis/Griechenland*.
290   Dazu und zur Unterscheidung zwischen Immunität von der Haftung, einer materiellen Beschränkung des Anspruchs, und der Immunität von rechtlicher Verfolgung, einer verfahrensrechtlichen Beschränkung: EGMR 14.12.2006 – 1398/03, Slg 06-XIV Rn. 96 f. – *Makovic* ua/*Italien*; EGMR 8.6.2006 – 22860/02, Slg 06-VII Rn. 106 – *Wos/Polen* für Ausschluss gerichtlicher Entscheidung über Entschädigung für Zwangsarbeit; vgl. BVerfG NJW 2006, 2542 zum Ausschluss von Ersatzansprüchen für Maßnahmen deutscher Streitkräfte in Griechenland.
291   EGMR 17.12.2002 – 35373/97, Slg 02-X Rn. 83 – *A./Vereinigtes Königreich*.

einer Verbindung mit parlamentarischen Tätigkeiten fehlt, wird die Verhältnismäßigkeit besonders streng geprüft.[292] So verstößt die Immunität gegen Art. 6, wenn sie nicht nur für Tätigkeiten gewährt wird, die mit der Ausübung parlamentarischer Rechte verbunden sind, zB in Ausübung des Mandats vorgenommen werden, wie Reden im Parlament, sondern auch für Streitigkeiten außerhalb parlamentarischer Diskussionen[293] oder Straftaten im Zusammenhang mit familiären Streitigkeiten.[294] Zum Recht des Betroffenen selbst auf ein Strafverfahren gegen ihn → Rn. 58.

Die Gewährung funktioneller **Immunität für das Staatsoberhaupt** gegen Klagen wegen übler Nachrede ist nicht unvereinbar mit dem Recht auf Zugang zu einem Gericht nach Art. 6 Abs. 1 EMRK. Allerdings soll eine solche Immunität in klarer und einschränkender Weise reguliert und ausgelegt werden, wobei insbesondere die Grenzen der Immunität klar definiert sein müssen.[295]   55

2. Strafsachen

Art. 6 Abs. 1 S. 1 gibt einen Anspruch darauf, dass über strafrechtliche Anklagen (zum Begriff vgl. → Rn. 23 ff.) ein **unabhängiges und unparteiisches Strafgericht** entscheidet. Dieses Recht ist auch in **Bußgeld-** und **Strafbefehlsverfahren** gewahrt, weil der Betroffene die Möglichkeit hat, ein Gericht anzurufen.[296] Auch hier kann der staatliche Gesetzgeber Einzelheiten bestimmen. Art. 6 hat auch für das **Verfahren vor der gerichtlichen Hauptverhandlung** Bedeutung, wie sich insbesondere aus Art. 6 Abs. 3 ergibt. Die Anwendung der Vorschrift hängt von den Besonderheiten des jeweiligen Ermittlungsverfahrens und den Umständen des Einzelfalles ab (zum Recht auf einen Anwalt → Rn. 228 ff.).   56

Aus Art. 6 ergibt sich **kein Recht auf Strafverfolgung gegen Dritte;** dies kann sich aber aus Art. 2 und 3 ergeben.[297] Bei der **Untersuchung von Todesfällen** verlangt der Art. 2 innewohnende prozedurale Schutz eine **ausreichende Unabhängigkeit der mit der Untersuchung betrauten Personen und Institutionen.** Für sie gelten aber nicht die weiter reichenden Kriterien absoluter Unabhängigkeit aus Art. 6.   57

---

292   EGMR 3.12.2009 – 8917/05, Slg 09-VI Rn. 79 ff. – *Kart/Türkei*.
293   EGMR 30.1.2003 – 40877/98, Slg 03-I Rn. 60, 65 – *Cordova/Italien*; Rn. 1; EGMR 16.11.2004 – 53678/00, Slg 04-X Rn. 50 – *Karhuvaara/Finnland*.
294   EGMR 11.2.2010 – 24895/07, Rn. 44 – *Syngelidis/Griechenland*.
295   EGMR 2.12.2014 – 27756/05, NLMR 2014, 501 ff. – *Urechean u. Pavlicenco/ Moldau*.
296   EGMR 27.2.1980 – 6903/75 – *Deweer/Belgien*.
297   Vgl. EGMR 5.10.1999 – 33677/96, Slg 99-VII – *Grams/Deutschland*.

Vielmehr ist es erforderlich, aber auch ausreichend, wenn sie unabhängig von den Personen und Institutionen sind, deren Verantwortlichkeit durch den Todesfall tangiert ist.[298]

58 Auch ein **Recht auf ein Strafurteil** (Freispruch oder Verurteilung) **des Betroffenen selbst** kann aus Art. 6 nicht abgeleitet werden.[299] Das Verfahren kann eingestellt werden, aber nur, wenn damit das Verfahren erledigt oder beendet ist, so dass es keine wesentlichen Auswirkungen mehr auf den Bf. haben kann.[300] Ein Abgeordneter, der wegen **Immunität** nicht verfolgt wird, kann ein Interesse an der strafrechtlichen Klärung haben. Eine Verletzung von Art. 6 liegt aber nur vor, wenn die Einschränkung des Zugangs zu einem Gericht unverhältnismäßig ist und den Wesensgehalt des Rechts antastet.[301]

3. Rechtsmittelgericht

59 Die EMRK verpflichtet nicht dazu, ein Rechtsmittel zuzulassen und Rechtsmittelgerichte einzurichten.[302] Art. 6 gewährt einen Schutz durch den Richter, aber nicht gegen den Richter. Die Konventionsstaaten können bestehende Rechtsmittel auch einschränken oder wieder abschaffen.[303] **Wenn sie aber Rechtsmittelgerichte vorgesehen haben, gilt Art. 6 auch für das Verfahren vor diesen Gerichten;**[304] dh es besteht ein Anspruch auf Zugang zu diesem Gericht und auf ein faires Verfahren.

60 Die Konventionsstaaten können auch den **Zugang zum Rechtsmittelgericht** näher regeln, zB Vorschriften über die Form des Rechtsmittels, die Frist, Kosten oder einen Anwaltszwang vorsehen; die Regeln müssen aber kohärent und ausreichend klar sein.[305] Solche Regelungen dienen dem Ziel, eine funktionstüchtige Justiz und die Rechtssicherheit zu gewährleisten. Sie müssen verhältnismäßig sein. Die Parteien müssen damit rechnen können, dass solche Regelungen angewendet werden; sie müssen über die bestehenden Zugangsregeln in klarer, zuverlässiger Form offiziell informiert werden.[306] So kann der

---

298 EGMR 14.4.2015 – 24014/05, Rn. 217-234 – *Tunc ua/Türkei.*
299 EGMR 3.12.2009 – 8917/05, Slg 09-VI Rn. 87, 111 – *Kart/Türkei;* EGMR 26.8.2003 – 59493/00 – *Withey/Vereinigtes Königreich.*
300 Vgl. EGMR 26.8.2003 – 59493/00 – *Withey/Vereinigtes Königreich.*
301 EGMR 3.12.2009 – 8917/05, Slg 09-VI Rn. 87, 111 – *Kart/Türkei.*
302 *Meyer* in *Karpenstein/Mayer,* EMRK, 2. Aufl. 2015, Rn. 52; Ausnahme in Strafsachen: Art. 2 Prot. 7, das Deutschland bisher nicht ratifiziert hat.
303 Vgl. zu § 522 Abs. 3 ZPO EGMR 29.9.2009 – 5643/07 – *Jung/Deutschland:* keine Verletzung.
304 Vgl. EGMR 25.7.2002 – 54210/00, Slg 02-VII Rn. 90 ff. – *Papon/Frankreich.*
305 EGMR 20.5.2008 – 39005/04, Rn. 44 – *Santos Pinto/Portugal.*
306 EGMR 31.1.2012 – 61226/08, Rn. 87 – *Assunção Chaves/Portugal.*

Zugang zu einer Revisionsinstanz von strengeren Voraussetzungen abhängig gemacht werden, als der Zugang zur Berufungsinstanz, zB bei den Anforderungen an die Begründung des Rechtsmittels.[307] Der Vertretungszwang (§ 73 Abs. 4 SGG) vor dem BSG stellt keinen Verstoß gegen Art. 6 dar.[308]

Der Gerichtshof zieht bei der **Prüfung von Zugangsbeschränkungen** 61 das gesamte Verfahren in Betracht und berücksichtigt, welche Rolle dem Rechtsmittelgericht im staatlichen Recht zugewiesen ist. Die Staaten dürfen aber den Zugang nicht unzumutbar erschweren und das Recht auf Zugang nicht in seinem Wesensgehalt antasten.[309] Es muss ein Gleichgewicht hergestellt sein zwischen dem Interesse an der Vollstreckung gerichtlicher Entscheidungen und dem Zugang zur Rechtsmittelinstanz. Deswegen darf der Zugang zur Revisionsinstanz in Strafsachen zB nicht davon abhängig gemacht werden, dass der Betroffene sich dem angefochtenen Haftbefehl unterworfen hat und erschienen ist.[310]

Beim **Verfahren** können sich Modifikationen ergeben, zB bei der 62 Notwendigkeit einer mündlichen Verhandlung (vgl. dazu → Rn. 175). In einigen Fällen hat der Gerichtshof eine Verletzung von Art. 6 festgestellt, weil die Gerichte Verfahrensvorschriften **zu formalistisch** angewendet und damit die Prüfung in der Sache verhindert haben.[311]

Die im **deutschen Recht** vorgesehenen **Rechtsmittelfristen** für die Einlegung und Begründung von Rechtsbehelfen sind bisher nicht beanstandet worden. Das gilt für Fristen von einem Monat, aber auch für die Wochenfristen in §§ 311, 314, 341 StPO.[312] Auch die Revisionsbegründungsfrist von einem Monat nach § 345 StPO wird grundsätzlich nicht zu beanstanden sein,[313] auch wenn sie nicht verlängert werden kann.[314] In kritischen Fällen muss mit der Wiedereinsetzung

---

307 EGMR 1.2.2007 – 78041/01, Rn. 51 – *Paljic/Deutschland*: Anforderungen von § 344 Abs. 2 S. 2 StPO nicht einfach, aber Anwendung hat Art. 6 nicht verletzt.

308 BSG 10.2.2014 – B 5 R 378/14 B – juris.

309 EGMR 25.7.2002 – 54210/00, Slg 02-VII Rn. 90 – *Papon/Frankreich*.

310 EGMR 23.11.1993 – 14032/88, Rn. 38 – *Poitrimol/Frankreich*.

311 ZB für übertriebene Begründungsanforderungen EGMR 24.4.2008 – 17140/05, Rn. 50, 57 – *Kemp* ua/*Luxemburg*; EGMR 14.12.2006 – 77574/01, Rn. 29-31 – *Zouboulidis/Griechenland* für das Erfordernis, in dem Rechtsmittel Tatsachen anzugeben, die sich aus den Akten ergaben; vgl. auch o. Rn. 38.

312 Vgl. EGMR 9.5.2007 – 12788/04 – *Homann/Deutschland*: Wochenfrist in § 311 StPO kurz, aber wegen Möglichkeit der Wiedereinsetzung unbedenklich.

313 Abw. für schwierige Fälle *Grabenwarter* NJW 2002, 109.

314 Vgl. hingegen die Verlängerungsmöglichkeit in §§ 515 Abs. 2 S. 2, 551 Abs. 2 S. 5, 544 Abs. 2 S. 2 ZPO, §§ 124 a Abs. 3 S. 3, 139 Abs. 3 S. 4 VwGO.

geholfen werden. Vgl. zur Vertretung durch einen Rechtsanwalt in Zivilsachen → Rn. 43 ff. sowie in Strafsachen → Rn. 228 ff.

64 Ein Recht auf Zugang zum Rechtsmittelgericht gibt es auch nach **deutschem Recht**, wobei auch das Recht auf einen gesetzlichen Richter nach Art. 101 Abs. 1 S. 2 GG von Bedeutung ist. Der Zugang darf nicht willkürlich ausgeschlossen werden, was zB der Fall ist, wenn ein Berufungsgericht nach § 522 Abs. 2 ZPO verfährt, obwohl Anhaltspunkte dafür vorliegen, dass der Rechtsstreit wegen abweichender Rechtsprechung grundsätzliche Bedeutung hat und die Entscheidung über die Auslegung der Vorschrift unter keinem denkbaren Gesichtspunkt mehr verständlich ist, wenn es sich also um ein krasses Fehlurteil handelt.[315]

IV. Unabhängiges Gericht, das auf Gesetz beruht (Art. 6 Abs. 1 S. 1)

65 Das Gericht muss **unabhängig und unparteiisch sein und auf Gesetz beruhen** (Art. 6 Abs. 1 S. 1); das gilt auch für den Untersuchungsrichter.[316] Der EGMR hat wiederholt die Wichtigkeit betont, dass die Bevölkerung in einer demokratischen Gesellschaft Vertrauen zu den Gerichten hat.[317]

66 Um unabhängig zu sein, muss es sich nicht notwendig um ein klassisches, ordentliches Gericht handeln, aber **ein justizförmiger, unabhängiger und unparteiischer Spruchkörper** sein, der über Streitfragen auf der Grundlage des Rechts und in einem gesetzlich vorgesehenem Verfahren mit rechtsstaatlichen Garantien entscheidet.[318] Unabhängigkeit muss nicht nur von der Exekutive bestehen, sondern auch von den Parteien.[319] Für die Beurteilung der Unabhängigkeit spielt die Art der Ernennung der Richter und die Dauer des Richteramts eine Rolle, ebenso die Garantien gegen Einflussnahmen von außen.[320] Die Richter, und zwar Berufsrichter und Laienrichter, dürfen **nicht weisungsgebunden oder rechenschaftspflichtig** sein.[321]

---

315 BVerfG NJW 2008, 1938.
316 EGMR 6.1.2010 – 74181/01 Rn. 109 ff. – *Fernandez-Huidobro/Spanien.*
317 EGMR 7.6.2005 – 64935/01, Slg 05-IV Rn. 55 – *Chmelir/Tschechien.*
318 EGMR 29.4.1988 – 10328/83, Rn. 64 – *Belilos/Schweiz.*
319 EGMR 2.6.1984 – 7819/77, Rn. 78 – *Campbell u. Fell/Vereinigtes Königreich.*
320 EGMR 2.9.1998 – 26138/95, Rn. 63 – *Lauko/Slowakei.*
321 *Grabenwarter/Pabel*, EMRK, 6. Aufl. 2016, § 24 Rn. 37; vgl. zB EGMR 2.9.1998 – 26138/95, Rn. 63 f. – *Lauko/Slowakei.*

Die Richter müssen während ihrer Amtszeit grundsätzlich **unabsetz-** 67
bar und **unversetzbar** sein.[322] Auch die **Dauer** der **Amtszeit** ist für die
Unabhängigkeit von Bedeutung: Der Gerichtshof hat eine Amtszeit
von vier Jahren und erst recht von einem Jahr für kurz gehalten.[323]
Trotzdem kann die Unabhängigkeit gewährleistet sein, wenn die anderen notwendigen Voraussetzungen erfüllt sind.[324]

Das Gericht muss **auch äußerlich den Anschein der Unabhängigkeit** 68
bieten. Daran fehlt es, wenn Angehörige des öffentlichen Dienstes
oder Soldaten Richter sind, die von einer Partei oder vom Staat abhängig sind.[325]

Dagegen bestehen grundsätzlich keine Bedenken dagegen, dass bei 69
Standes- oder Berufsgerichten **Berufsangehörige als Richter** mitwirken.[326] Wenn sie aber von einer Institution ernannt sind, welche die
im Prozess streitigen Richtlinien erlassen hat, ist das Gericht nicht
unabhängig und unparteiisch. Dasselbe gilt, wenn Beisitzer Bedienstete einer Prozesspartei sind.[327] Zu ehrenamtlichen Richtern →
Rn. 73.

Wenn **Militärgerichte** in Strafsachen gegen Angehörige und Personal 70
der Streitkräfte entscheiden, widerspricht das der Konvention grundsätzlich nicht, wenn es ausreichende Garantien für die Unabhängigkeit gibt. Unabhängig sind die Gerichte nicht, wenn als Richter Soldaten mitwirken, die in die militärische Hierarchie eingebunden
sind.[328] Es ist auch nicht grundsätzlich ausgeschlossen, dass Militärgerichte für Strafsachen gegen Zivilisten zuständig sind. Das ist aber
nur in Ausnahmefällen zulässig, wenn es zwingende Gründe gibt und
eine klare Gesetzesgrundlage. Bei Regelungen dieser Art ist eine besonders sorgfältige Prüfung nötig. Es genügt nicht, dass ein Gesetz
bestimmte Strafsachen den Militärgerichten zuweist. Der Gerichtshof

---

322 EGMR 30.11.2010 – 23614/08, Rn. 45 – *Urban u. Urban/Polen*; EGMR
2.6.1984 – 7819/77, Rn. 80 – *Campbell u. Fell/Vereinigtes Königreich*.
323 EGMR 9.6.1998 – 22678/93, Rn. 68 – *Incal/Türkei*; EGMR 3.5.2007 –
39429/98, Rn. 38 – *Irfan Bayrak/Türkei*.
324 EGMR 3.5.2007 – 39429/98, Rn. 39 – *Irfan Bayrak/Türkei*; zur Mitwirkung
von Richtern auf Probe nach § 12 DRiG vgl. *Lippold* NJW 1991, 2383 ff.,
auch BVerfG DtZ 1996, 175 und NJW 1998, 1053.
325 Vgl. EGMR 29.4.1988 – 10328/83, Rn. 64 ff. – *Belilos/Schweiz*; EGMR
28.6.1984 – 7819/77, Rn. 76 ff. – *Campbell u. Fell/Vereinigtes Königreich*;
EGMR 22.10.1984 – 8790/79, Rn. 41 f. – *Sramek/Österreich*; EGMR
12.5.2005 – 46221/99, Slg 05-IV Rn. 112-118 – *Öcalan/Türkei* zu türkischen
Militärrichtern.
326 EGMR 23.6.1981 – 6878/75, Rn. 58 – *Le Compte* ua/*Belgien*.
327 Vgl. EGMR 3.2.2005 – 58141/00, Rn. 35 –37 – *Thaler/Österreich*.
328 EGMR 3.5.2007 – 39429/98, Rn. 33-40 – *Irfan Bayrak/Türkei*.

hat in solchen Fällen in der Regel eine Verletzung von Art. 6 angenommen.[329]

71 **Auf Gesetz beruhen** muss das Gericht. Das entspricht dem Grundsatz der Rechtsstaatlichkeit. Erforderlich sind insbesondere Vorschriften über die **Einrichtung, Zusammensetzung, Organisation und Zuständigkeit des Gerichts.**[330] Wenn das Gericht danach nicht zuständig ist und trotzdem entscheidet, verstößt das gegen Art. 6. Der Gerichtshof prüft also die Einhaltung staatlichen Rechts, stellt aber die Auslegung durch die staatlichen Gerichte nur in Frage, wenn sie das Recht eindeutig verletzt oder willkürlich ist. Es wird darauf abgestellt, ob das staatliche Gericht vernünftige Gründe hatte, seine Zuständigkeit anzunehmen.[331] **Auf Gesetz beruhen** muss nicht nur das Gericht, sondern **auch der zur Entscheidung berufene Spruchkörper.** Deswegen ist Art. 6 verletzt, wenn Vorschriften des staatlichen Rechts über seine Zusammensetzung, zB die Heranziehung ehrenamtlicher Richter, verletzt worden sind.[332]

72 **Verletzung der Vorlagepflicht nach Art. 267 AEUV:** Die Konvention gibt kein Recht auf Vorlage, die Ablehnung eines entsprechenden Antrags kann aber gegen das Gebot der Fairness verstoßen, wenn sie willkürlich ist.[333] Daraus folgt zugleich die Pflicht, die Ablehnung einer Vorlage zu begründen, insbesondere, wenn die Nichtvorlage nach dem nationalen Recht auf Ausnahmefälle beschränkt ist;[334] vgl. auch → Rn. 87 ff. Das **Verfahren vor dem EuGH** kann der EGMR nicht direkt prüfen; eine Beschwerde gegen die EU wäre bis zu deren Beitritt unzulässig (→ Art. 1 Rn. 13 ff.). Wenn aber der EuGH auf Vorlage entschieden hat, ist der Staat des vorlegenden Gerichts beteiligt und der EGMR prüft auf Beschwerde gegen ihn, ob Art. 6 verletzt ist. Das kann der Fall sein, wenn der Bf. auf die Schlussanträge des Generalanwalts nicht hat antworten können.[335] Die Rechtsprechung hat aber offenbar eine Linie noch nicht gefunden. In der Ent-

---

329 Vgl. die Zusammenfassung in EGMR 21.9.2006 – 59892/00, Rn. 42 ff. – *Maszni/Rumänien.*

330 EGMR 20.7.2006 – 29458/04, Rn. 24 – *Sokurenko u. Strygun/Ukraine;* EGMR 4.3.2003 – 63486/00, Slg 03-IV Rn. 39 – *Posokhov/Russland.*

331 EGMR 12.7.2007 – 74613/01, Slg 07-III Rn. 64 f. – *Jorgic/Deutschland* zur Verurteilung eines Bosniers wegen Völkermord; vgl. dazu *Müßig,* Gesetzlicher Richter ohne Rechtsstaat?, Berlin 2007.

332 EGMR 4.3.2003 – 63486/00, Slg 03-IV Rn. 41– *Posokhov/Russland.*

333 EGMR 13.2.2007 – 15073/03 – *John/Deutschland;* EGMR 8.12.2009 – 54193/07 – *Herma/Deutschland;* vgl. auch BVerfG NJW 2014, 2489.

334 EGMR 20.9.2011 – 3989/07, Rn. 60 f. – *Ullens de Schooten u. Rezabek/Belgien.*

335 EGMR 20.2.1996 – 19075/91 – *Vermeulen/Belgien;* EGMR 20.2.1996 – 15764/89, Slg 96-I, Rn. 29 ff. – *Lobo Machado/Portugal.*

scheidung vom 20.1.2009[336] geht der EGMR davon aus, dass der in
der EU gewährte Schutz mindestens gleichwertig ist (→ Art. 1
Rn. 14), jedenfalls nicht offensichtlich unzureichend, weil die Verhandlung vor dem EuGH nach Art. 61 seiner VerfO wiedereröffnet
werden kann und der EuGH entsprechende Anträge prüft. In dieser
Entscheidung hat der EGMR zwei Fragen offen gelassen, nämlich
erstens die, ob es sich im Vorlageverfahren um eine Entscheidung
über eine Streitigkeit iSd Art. 6 Abs. 1 handelt und zweitens ob Drittbeteiligte dieselben Rechte aus Art. 6 haben wie Beteiligte. Beide Fragen wird man bejahen müssen, denn die Entscheidung des EuGH ist
für die staatlichen Gerichte bindend und Drittbeteiligte müssen jedenfalls dann auf gleiche Weise geschützt werden, wenn sie von der
umstrittenen staatlichen Entscheidung unmittelbar in ihren Rechten
betroffen werden, wie das bei an sie gerichteten Verwaltungsakten
der Fall ist.

Eine **Mitwirkung ehrenamtlicher Richter** ist grundsätzlich unproble- 73
matisch, wenn ihre Unabhängigkeit sichergestellt ist. Sie können
durch ihre besonderen Kenntnisse und Erfahrungen zB im Bereich
der Arbeits- und Sozialgerichtsbarkeit sogar besonders zur Rechtsfindung mit beitragen.[337] Es verstößt auch nicht grundsätzlich gegen
Art. 6, wenn sie von Organisationen oder Verbänden ernannt worden sind. Wesentlich ist ein Ausgleich der Interessen bei der Zusammensetzung der Spruchkörper. Die Unabhängigkeit kann in Frage gestellt sein, wenn alle ehrenamtlichen Richter bzw. die sie ernennen-
den Verbände Interessen vertreten, die denen des Bf. zuwiderlaufen.
Das ist der Fall, wenn eine direkte Verbindung zu unmittelbar Interessierten besteht.[338] Dass ein ehrenamtlicher Richter (Schöffe) Kenntnis von der Anklageschrift erhält, macht ihn nicht befangen.[339] Die
Beteiligung von **Abgeordneten** mit besonderer Sachkunde als Richter
ist nicht immer ausgeschlossen, sie verstößt nur gegen Art. 6, wenn
die Abgeordneten vorher zu den zu entscheidenden Fragen legislative, exekutive oder beratende Funktionen ausgeübt haben.[340] Gegen
die **Beteiligung ehrenamtlicher Richter** in **deutschen Gerichtsverfahren** bestehen danach **keine Bedenken**.

---

336 EGMR 20.1.2009 – 13645/05 – *Cooperative Produzentenorganisatie/Nieder-
     lande*.
337 EGMR 28.1.2010 – 20089/06, Rn. 51 – *Puchstein/Österreich*.
338 EGMR 22.6.1989 – 11179/84, Rn. 34 f. – *Langborger/Schweden*; EGMR
     26.10.2004 – 41579/98, Rn. 60, 63 f. – *A.B. Kurt Kellermann/Schweden* für
     Arbeitsrichter.
339 EGMR 12.6.2008 – 26771/03 – *Elizi/Deutschland*.
340 EGMR 22.6.2004 – 47221/99, Slg 04-V Rn. 34 – *Pabla Ky/Finnland*.

74 Das Gericht muss auch **unparteiisch,** darf also nicht voreingenommen oder befangen sein. Für den Staat folgt aus Art. 6 Abs. 1 die **verfahrensrechtliche Pflicht, zu ermitteln,** ob das Gericht unparteiisch ist, wenn ein Beteiligter Zweifel daran geäußert hat, die nicht offensichtlich unbegründet sind.[341] Der Gerichtshof prüft die Unparteilichkeit unter **subjektiven und objektiven Gesichtspunkten.** Er untersucht zunächst, ob Gesichtspunkte erkennbar sind, dass der Richter oder ein Richter eines Spruchkörpers nach seinen persönlichen Überzeugungen und seinem Verhalten in einem bestimmten Fall subjektiv befangen ist; **seine subjektive Unparteilichkeit wird bis zum Beweis des Gegenteils vermutet.**[342] **Subjektive Parteilichkeit kann gegeben sein,** wenn sich der Richter feindselig oder böswillig geäußert oder aus persönlichen Gründen dafür gesorgt hat, dass ihm der Fall zugewiesen wurde. Ein Beweis dafür ist meistens schwer zu führen; in einigen Fällen kann mit der Prüfung nach objektiven Gesichtspunkten geholfen werden; es gibt keine eindeutige Trennung zwischen den beiden Aspekten.[343]

75 Bei der Prüfung **nach objektiven Gesichtspunkten** kommt es darauf an, **ob berechtigte Zweifel an der Unparteilichkeit des Richters ausgeschlossen sind,** oder, anders ausgedrückt, ob nachweisbar Umstände objektiv berechtigte Zweifel an der Unparteilichkeit des Richters begründen, wobei der Anschein ausreicht.[344] Dabei kommt es nicht entscheidend auf den Standpunkt des Beteiligten, sondern darauf an, ob die Befürchtung für objektiv berechtigt gehalten werden kann. An der Unparteilichkeit kann es **aus funktionalen Gründen** fehlen, zB bei Ausübung verschiedener Funktionen im Prozess durch dieselbe Person. Das kann insbesondere bei Vermischung von Aufgaben des Staatsanwalts und des Richters der Fall sein (→ Rn. 79) oder bei hierarchischen oder sonstigen Verbindungen mit einem Beteiligten, zB bei Beteiligung eines Militärs als Richter (→ Rn. 70). An der Unparteilichkeit kann es auch aus persönlichen Gründen fehlen, insbesondere wegen des Verhaltens des Richters im Verfahren (näher → Rn. 81 ff.).[345]

76 **Objektiv begründete Zweifel** an der Unparteilichkeit können auch bestehen, wenn der Richter, der über den Fall entscheidet, in einem **angreifbaren Verfahren bestimmt** worden ist.[346] Die Staaten haben

---

341 EGMR 16.1.2007 – 17070/05, Rn. 25 – *Farhi/Frankreich* für die Behauptung eines Kontakts zwischen dem Staatsanwalt und Schöffen.
342 EGMR 10.8.2006 – 75737/01, Rn. 39 – *Schwarzenberger/Deutschland.*
343 EGMR 15.12.2005 – 73797/01, Slg 05-XIII Rn. 119 – *Kyprianou/Zypern.*
344 EGMR 23.4.1996 – 16839/90, Rn. 48 – *Remli/Frankreich.*
345 EGMR 15.12.2005 – 73797/01, Slg 05-XIII Rn. 121– *Kyprianou/Zypern.*
346 EGMR 9.10.2008 – 62936/00, Rn. 176 – *Moiseyev/Russland.*

bei der Bestimmung der Zuständigkeit einen Spielraum. Der Gerichtshof prüft grundsätzlich nicht, ob es berechtigte Gründe für die Bestimmung des Richters gegeben hat; die im deutschen Recht vorgesehenen Garantien für den gesetzlichen Richter müssen aus Sicht der Konvention daher nicht eingehalten werden. Wenn aber Richter ohne Begründung ausgewechselt werden, kann das willkürlich sein und gegen Art. 6 verstoßen.[347]

Dass ein Richter vor dem Prozess Entscheidungen in demselben Verfahren getroffen hat, begründet für sich genommen keine Zweifel an seiner Unabhängigkeit (vgl. aber auch → Rn. 80). Es kommt darauf an, ob die vorher getroffene Entscheidung eine ähnliche Tragweite hatte wie die später im Rechtsstreit zu treffende.[348] Eine vorherige Entscheidung über eine Richterablehnung schadet nicht.[349] Ebenso ist unschädlich, dass der Richter in anderen Verfahren über ähnliche, aber gesonderte Fälle entschieden hat, es sei denn, die früheren Entscheidungen hätten sich auf die Schuld des Bf. in Fällen bezogen, über die noch zu entscheiden ist oder sie vorweggenommen.[350]   77

Negative Ausführungen über den Beschuldigten schaden nicht, wenn sie in einem Urteil gegen andere Mittäter in einem früheren Verfahren gemacht worden sind.[351] Schließlich ist es unschädlich, wenn Richter des obersten Gerichts vorher darüber entschieden haben, ob das Ermittlungsverfahren und die Anklage dem Gesetz entsprechen einschließlich der Frage, ob für eine Anklageerhebung ausreichende Vorwürfe erhoben werden, soweit sie nicht über die Schuld entschieden haben.[352]   78

An der Unparteilichkeit kann es fehlen, wenn ein Strafrichter vorher im Ermittlungsverfahren als **Vertreter der Anklagebehörde oder als Ermittlungsrichter** beteiligt war.[353] Das aber ist nicht bereits dann angenommen worden, wenn der Richter vorher eine vorläufige Bewertung der Tatsachen vorgenommen hat, **über die Untersuchungshaft** und damit über den Tatverdacht zu entscheiden hatte oder über eine Haftentlassung. Etwas anderes kann gelten, wenn der Richter   79

---

347 EGMR 9.10.2008 – 62936/00, Rn. 179 ff. – *Moiseyev/Russland*: elf Richterwechsel.
348 EGMR 22.4.1994 – 15651/89, Rn. 35, 38 – *Saraiva de Carval/Portugal*.
349 EGMR 5.4.2001 – 48799/99 – *Priebke/Italien*.
350 EGMR 14.6.2001 – 63226/00 – *Craxi III/Italien*.
351 EGMR 10.8.2006 – 75737/01, Rn. 42-46 – *Schwarzenberger/Deutschland.*;
      EGMR 22.10.2007 – 21279/02, Slg 07-IV – *Lindon, ua/Frankreich* für Mitwirkung des Richters an einem früheren ähnlichen Verfahren gegen andere Angeklagte.
352 EGMR 10.2.2004 – 53971/00, Slg 04-I Rn. 35 ff.– *D.P./Frankreich*.
353 EGMR 1.10.1982 – 8692/79, Rn. 30 – *Piersack/Belgien*; EGMR 26.10.1984 – 9186/80, Rn. 24 ff. – De *Cubber/Belgien*.

seine vorherige Entscheidung nicht auf einen Verdacht gestützt hatte, sondern auf seine Überzeugung von der Schuld des Angeklagten.[354] Wenn ein Richter vorher über die Eröffnung des Ermittlungsverfahrens entschieden und selbst die Ermittlungen geleitet sowie dann die Sache an das Spruchgericht abgegeben hat, weil die Ermittlungen darauf hindeuten, dass der Bf. der Täter ist, ist die Besorgnis begründet, dass er befangen ist.[355]

80   Wenn ein Richter in dem Rechtsstreit **in einer vorangegangenen Instanz mitentschieden hat,** werden berechtigte Zweifel an seiner Unparteilichkeit begründet sein, auch wenn er über einen technisch getrennten Streitgegenstand, der aber denselben Sachverhalt betraf, entschieden hat.[356] Auch eine frühere Beteiligung an der Vorbereitung von Gesetzen oder Verwaltungsentscheidungen kann den Anschein der Parteilichkeit begründen, wenn es im Rechtsstreit darum geht, ob von dem Wortlaut abgewichen werden kann.[357]

81   Objektiv begründete Zweifel an der Unparteilichkeit können auch in Fällen bestehen, in denen sich Richter **öffentlich,** zB in **der Presse,** über den Fall und seine Aussichten äußern,[358] zudem wenn zwischen dem Richter und dem Beteiligten **besondere positive oder negative Beziehungen bestehen,** wenn also der Richter von der Ausübung des Richteramts nach § 41 ZPO ausgeschlossen wäre oder nach § 42 ZPO wegen der Besorgnis der Befangenheit abgelehnt werden könnte, zB bei verwandtschaftlichen Beziehungen zu einer Partei oder zum Rechtsanwalt einer Partei.[359]

82   Der EGMR berücksichtigt **Vorschriften des nationalen Rechts,** wenn sie deutlich machen, dass bei Verstoß gegen sie Zweifel an der Unparteilichkeit berechtigt sein können.[360] Der Anschein einer Befangenheit kann zB gegeben sein, wenn Beziehungen zu einer Partei bestehen, die über bloße Kollegialität hinausgehen,[361] bei **beruflichen**

---

354 EGMR 24.5.1989 – 10486/83, Rn. 50-52 – *Hauschildt/Dänemark*; EGMR 27.2.2007 – 65559/01, Rn. 100 f. – *Nestak/Slowakei*.

355 EGMR 2.3.2010 – 54729/00, Rn. 102, 108 – *Adamkiewicz/Polen*; vgl. dazu auch die Information given by the government concerning measures taken to prevent new violations vom 25.9.2014.

356 EGMR 1.2.2005 – 46845/99, Rn. 51 – *Indra/Slowakei*: Beteiligung des Richters am Verfahren über Rehabilitation, der über Entlassung entschieden hatte.

357 EGMR 28.9.1995 – 14570/89, Rn. 45 – *Procola/Luxemburg*; vgl. aber auch EGMR 6.52003 – 39343/98, Rn. 199 f. – *Kleyn* ua/*Niederlande*.

358 EGMR 28.11.2002 – 58442/00, Rn. 118 – *Lavents/Lettland*.

359 EGMR 15.10.2009 – 17056/06, Slg 09-V Rn. 83-86 – *Micallef/Malta*: bei Richter, der Onkel des Rechtsanwalts einer Partei ist und Bruder eines Anwalts in der Vorinstanz.

360 EGMR 15.7.2005 – 71615/01, Rn. 27 – *Meznaric/Kroatien*.

361 EGMR 19.5.2005 – 63151/00, Slg 04-II Rn. 48 – *Steck-Risch* ua/*Liechtenstein*.

und finanziellen **Verbindungen** zu einer Partei,[362] wenn der Richter
vorher eine Partei vertreten hat[363] oder wenn der Richter in einem
Abhängigkeitsverhältnis zu einer Partei steht.[364] Berechtigte Zweifel
an der Unparteilichkeit können weiter bestehen, wenn ein ehrenamtlicher Richter in einem Strafverfahren gegen einen Ausländer rassistische Witze oder Bemerkungen macht.[365] Auch **Geschäftsbeziehungen**
zu einer Partei können Zweifel rechtfertigen,[366] ebenso die Teilnahme eines Richters an einem Verfahren gegen eine Universität, wenn
der Richter dort als Professor lehrt.[367] Ein Anschein der Parteilichkeit kann auch entstehen, wenn ein **Generalanwalt oder Staatsanwalt**
oder (in Frankreich) ein Regierungskommissar an den Beratungen
des Gerichts teilnimmt.[368]

Dass ein Richter **ungebührliches Verhalten durch Ordnungsmittel**   83
ahndet, begründet nicht den Verdacht der Parteilichkeit. Für einen
geordneten und korrekten Ablauf des Gerichtsverfahrens sind Vorschriften notwendig, die es dem Richter ermöglichen, ungebührliches
Verhalten zu verhindern.[369] Wenn aber ein Richter unangemessen
oder gekränkt auf ein Verhalten eines Beteiligten reagiert, zB auf ein
Ablehnungsgesuch, und der Eindruck besteht, dass er keine ausreichende Distanz gewahrt hat, sondern sich persönlich angegriffen und
beleidigt fühlt, kann Art. 6 verletzt sein.[370] In diesen Fällen müssen
die Bedenken rechtzeitig, insbesondere durch ein Ablehnungsgesuch,
im Rechtsstreit geltend gemacht werden. Im Fall *Kyprianou/*
Zypern[371] hat der EGMR Zweifel aus objektiven Gründen für berechtigt gehalten, weil bei Ungebühr vor Gericht die kritisierten
Richter zugleich Bf., Zeuge, Ankläger und Richter waren. Dies wird
bei der Anwendung von § 178 GVG zu beachten sein, wenn der Vorsitzende oder das Gericht Ordnungsmittel wegen Ungebühr verhän-

---

362 EGMR 17.6.2003 – 62435/00, Slg 03-VII Rn. 27 – *Pescador Valero/Spanien.*
363 EGMR 15.7.2005 – 71615/01, Rn. 34-36 – *Meznaric/Kroatien* wegen der
     kurzfristigen und neun Jahre zurückliegenden Vertretung einer Partei in einem
     vorangegangenen verfassungsgerichtlichen Verfahren gegen eine Entscheidung
     eines Zivilgerichts.
364 EGMR 22.10.1984 – 8790/79, Rn. 42 – *Sramek/Österreich*; EGMR 19.5.2005
     – 63151/00, Slg 04-II Rn. 47 – *Steck-Risch ua/Liechtenstein.*
365 EGMR 9.5.2000 – 34129/96, Slg 00-V – *Sander/Vereinigtes Königreich*;
     EGMR 25.2.1997 – 222299/93, Slg 97-I Rn. 43 – *Gregory/Vereinigtes König-
     reich.*
366 EGMR 10.4.2003 – 39731/98, Slg 03-IV Rn. 45 – *Sigurdsson/Island.*
367 EGMR 17.6.2003 – 62435/00, Slg 03-VII – *Pescador Valero/Spanien.*
368 EGMR 7.6.2001 – 39594/98, Slg 01-VI, Rn. 84, 85 – *Kress/Frankreich*;
     EGMR 27.11.2003 – 48943/99 – *Slimane-Kaid/Frankreich.*
369 EGMR 23.3.1994 – 14220/88, Rn. 34 – *Ravnsborg/Schweden.*
370 EGMR 7.6.2005 – 64935/01, Slg 05-IV Rn. 67 – *Chmelir/Tschechien.*
371 EGMR 15.12.2005 – 73797/01, Slg 05-XIII – *Kyprianou/Zypern.*

gen wollen und sich die Ungebühr gegen das Gericht oder einen Richter gerichtet hat.[372]

84 **Wenn Politiker versuchen, Einfluss auf das Gerichtsverfahren zu nehmen,** kann das die Unabhängigkeit und Unparteilichkeit ausschließen.[373] **Öffentliche Erklärungen** von Ministern oder Staatsanwälten schaden aber grundsätzlich nicht, denn auf diese Personen bezieht sich die Garantie der Unabhängigkeit und Unparteilichkeit nicht. Sie müssen aber die Unschuldsvermutung in Art. 6 Abs. 2 beachten (→ Rn. 213). Auch **Pressekampagnen** sind nur dann mit Bezug auf die richterliche Unabhängigkeit problematisch, wenn sich konkret zeigt, dass sie das Verfahren beeinflusst haben (vgl. ergänzend Rn. 167, 213).[374] Zur Einflussnahme durch rückwirkende Gesetze → Rn. 161.

85 Wenn ein übergeordnetes Gericht das Urteil des befangenen Gerichts aufhebt und neu entscheidet,[375] wird der Mangel **geheilt.** Die fehlende Unabhängigkeit und Unparteilichkeit des Gerichts kann nicht mehr gerügt werden, wenn dessen Urteil der Überprüfung durch ein Gericht unterliegt, das allen Anforderungen von Art. 6 genügt.[376] Wenn eine unzulässige Besetzung geändert wird, zB ein Militärrichter ersetzt wird, kommt es darauf an, ob der frühere Richter nur vorbereitende Entscheidungen oder sachliche getroffen hat, und, wenn letzteres zu bejahen ist, ob sie vom neuen Richter in einem ordnungsmäßigen Verfahren wiederholt worden sind.[377] Früher hat der EGMR zT angenommen, dass ein Verstoß gegen diese Grundsätze jedenfalls in Strafsachen nicht immer durch eine konventionsgemäße Verhandlung in der Rechtsmittelinstanz **geheilt werden** kann, denn der Betroffene habe Anspruch auf ein erstinstanzliches Verfahren, das allen Garantien von Art. 6 entspricht,[378] dem Erfordernis des unabhängigen und unparteiischen Gerichts müsse in allen Instanzen genügt sein.[379] Diese Rechtsprechung ist wohl aufgegeben;[380] vgl. zur Heilung bei unfairem Verfahren → Rn. 94.

86 **Ordnungswidrigkeitengesetz** und **Disziplinarsachen:** Nach der Konvention ist es unproblematisch, wenn für die Ahndung geringer Ver-

---

372 Vgl. dazu *Kissel* NJW 2007, 1112: Restrisiko bei Anwendung von § 178 GVG.
373 EGMR 25.7.2002 – 48553/99, Slg 02-VII Rn. 80 – *Sovtransavto/Ukraine.*
374 EGMR 5.4.2001 – 48799/99 – *Priebke/Italien;* EGMR 15.11.2001 – 54210/00, Slg 01-XII – *Papon/Frankreich.*
375 EGMR 15.12.2005 – 73797/01, Slg 05-XIII Rn. 134 – *Kyprianou/Zypern.*
376 EGMR 6.1.2010 – 74181/01, Rn. 131 – *Fernandez-Huidobro/Spanien.*
377 EGMR 24.10.2006 – 38282/02, Rn. 28 – *Macin/Türkei.*
378 EGMR 26.10.1984 – 9186/80, Rn. 32 f. – *De Cubber/Belgien;* EGMR 25.2.1997 – 22107/93, Slg 97-I Rn. 79 – *Findlay/Vereinigtes Königreich.*
379 EGMR 12.5.2005 – 46221/99, Slg 05-IV Rn. 114, 115 – *Öcalan/Türkei.*
380 Kritisch zu dieser Rechtsprechung *Paeffgen* in *Wolter,* Systematischer Kommentar StPO, 4. Aufl. 2012, Rn. 63, auch unter Verweis auf Ausnahmen.

stöße zunächst eine Behörde zuständig ist, die nicht den Anforderungen von Art. 6 Abs. 1 entspricht. Dann muss aber ein Gericht angerufen werden können, das die Sache in vollem Umfang überprüfen kann;[381] vgl. insofern auch → Rn. 30.

V. Faires Verfahren (Art. 6 Abs. 1 Satz 1)

Der Grundsatz des fairen Verfahrens wird **umfassend** verstanden. Welche Garantien er im Einzelnen umfasst, ergibt sich nicht aus der Konvention. Der Gerichtshof zieht zur Auslegung die Präambel heran, die in ihrem letzten Absatz die Rechtsstaatlichkeit als Teil des gemeinsamen Erbes der Staaten anerkennt. Einer der wesentlichen Aspekte der Rechtsstaatlichkeit ist die Rechtssicherheit.[382] Daraus folgt insbesondere die Verpflichtung, ein rechtskräftiges Urteil zu beachten und die Vollstreckung zu garantieren (→ Rn. 50, 163). Für den Grundsatz eines fairen Verfahrens wesentlich ist weiter, dass der Beteiligte nicht Objekt in einem gerichtlichen Verfahren sein darf, er muss Subjekt sein und also **angemessene Mitwirkungsrechte** haben.[383] Als **diametralen Gegensatz** zum fairen Verfahren sieht der Gerichtshof die **flagrante Rechtsverweigerung** *(flagrant denial of justice)*. Darunter wird ein Verfahren verstanden, das offensichtlich den in Art. 6 enthaltenen Prinzipien zuwiderläuft, zB eine Abwesenheitsverurteilung ohne Möglichkeit einer Überprüfung, Haft ohne die Möglichkeit, ein unabhängiges, unparteiisches Gericht dagegen anzurufen, systematische Verweigerung des Zugangs zu einem Verteidiger, Zulassung von durch Folter erlangten Beweisen etc.[384] Es muss sich um eine Verletzung des Recht auf ein faires Verfahren handeln, die so grundlegend ist, dass sie einer Nichtigerklärung dieses Rechts oder einer Zerstörung seines innersten Wesens gleichkommt.[385]

Zweck von Art. 6 Abs. 1 ist zugleich **Schutz gegen Willkür** des Gerichts zu geben; der EGMR prüft deswegen, ob ein Gericht willkür-

87

88

---

381 EGMR 23.6.1981 – 6878/75, Rn. 51 – *Le Compte* ua/*Belgien* und für das deutsche OWiG EGMR 21.2.1984 – 8544/79 – *Öztürk/Deutschland*.
382 Vgl. EGMR 24.7.2003 – 52854/99, Slg 03-IX Rn. 51 – *Ryabykh/Russland*.
383 *Satzger* in *Satzger/Schluckebier/Widmaier*, StPO, 2. Aufl. 2015, Art. 6 EMRK Rn. 35.
384 Vgl. dazu EGMR 24.7.2013 – 7511/13, Rn. 552-554 – *Husayn (Abu Zubaydah)/Polen* m. Verw.; dazu *Ambos* StV 2014, 646 ff.
385 EGMR 17.1.2012 – 8139/09, Slg 12-I Rn. 260 – *Othman (Abu Qatada)/Vereinigtes Königreich*.

lich verfahren ist.[386] Die reiche Rechtsprechung hat eine Vielzahl von Einzelaspekten verdeutlicht. Sie kann hier nicht vollständig, sondern nur in ihren wesentlichen Bezügen behandelt werden.[387]

89   Ein allgemeines Prozessgrundrecht auf ein faires Verfahren wird auch im **deutschen Recht** anerkannt und aus Art. 1 Abs. 1, Art. 2 Abs. 1 GG iVm dem Rechtsstaatsprinzip (Art. 20 Abs. 3) abgeleitet.[388]

90   Art. 6 stellt in den Abs. 2 und 3 für Strafverfahren einige **besondere Vorschriften für das Strafverfahren** auf. Es handelt sich dabei um **besondere Aspekte** des allgemeinen Grundsatzes in Abs. 1 Satz 1.[389] Die allgemeinen Grundsätze gelten für alle Verfahren, zB das Recht auf Gehör, die Waffengleichheit. Die Abs. 2 und 3 zeigen aber, dass Art. 6 differenziert. So gibt es deutliche Unterschiede bei der Regelung über die unentgeltliche Beiordnung eines Anwalts, denn Art. 6 Abs. 3 Buchst. c gilt nur für Strafverfahren. Art. 6 garantiert auch nicht das Recht, vor dem Zivilgericht die Muttersprache zu sprechen, denn auch Art. 6 Abs. 3 Buchst. e gilt nur für Strafverfahren.[390] Die Anforderungen sind auch sonst nicht immer notwendig dieselben. Der Gerichtshof gibt den Staaten in anderen Verfahren als Strafverfahren einen größeren Spielraum.[391] Dazu, dass in als zivilrechtlich eingestuften Disziplinarverfahren strafrechtliche Anforderungen gelten können, → Rn. 26.

91   **Zeitlicher Geltungsbereich**: Art. 6 gilt für das gerichtliche Verfahren, in Strafsachen auch schon für das Ermittlungsverfahren.[392] Bei Berechnung der Verfahrensdauer zählt in Verwaltungsprozessen ein Widerspruchsverfahren mit (→ Rn. 193).

92   **Ob ein Verfahren fair war**, beurteilt der Gerichtshof **unter Berücksichtigung aller Umstände** des Verfahrens einschließlich des Ermittlungsverfahrens (im Strafprozess)[393] und der Rechtsmittelinstanz (zur möglichen Heilung vgl. aber → Rn. 85, 94). Unter besonderen Um-

---

386   ZB EGMR 4.10.2001 – 60350/00 – *Canela Santiago/Spanien* für den Fall einer Nichtvorlage an EuGH nach Art. 234 EG-Vertrag (jetzt Art. 267 AEUV); vgl. Rn. 72.
387   Vgl. im Übrigen *Pache* NVwZ 2001, 1342.
388   BVerfG NJW 2003, 2225; BVerfG NJW 2004, 2887; NJW 2010, 287; vgl. auch ThürVerfGH NJW 2003, 740; LR-StPO/*Esser* sieht es als Teil des Rechtsstaatsprinzips iVm dem allgemeinen Freiheitsrecht des Art. 2 Abs. 1 GG, dem Recht auf Gleichbehandlung und dem Recht auf Gehör nach Art. 103 Abs. 1 GG; vgl. weiter Art. 13 Rn. 38.
389   EGMR 13.2.2001 – 29731/96, Slg 01-II – *Krombach/Frankreich*.
390   EGMR 15.9.2009 – 798/05, Rn. 104 – *Mirolubovs ua/Lettland*.
391   EGMR 27.3.2008 – 34499/06, Rn. 18 – *Peric/Kroatien*.
392   EGMR 21.11.2008 – 36391/02, Slg 08-V – *Salduz/Türkei* für Verteidigerbestellung; generell Rn. 230.
393   Vgl. BGH NStZ 2001, 212, 213 m. Verw.

ständen kann es schon vor Abschluss eines Verfahrens zur Feststellung einer Verletzung kommen.[394] Der EGMR hat immer wieder betont, dass er keine Superrechtsmittelinstanz ist und es den staatlichen Gerichten überlässt, das innerstaatliche Recht auszulegen. Aufgabe des Gerichtshofs ist es, die Vereinbarkeit mit der EMRK zu prüfen, zB bei der Anwendung von Fristvorschriften.[395] Art. 6 garantiert keine „richtige" Entscheidung des staatlichen Gerichts. Ein Verstoß kann insofern allenfalls in Betracht kommen, wenn das Gericht willkürliche Schlüsse gezogen, die Grenze einer vernünftigen Auslegung staatlichen Rechts überschritten hat.[396]

Divergierende Rechtsprechung kann zu einer Rechtsunsicherheit und damit zu einer Verletzung von Art. 6 führen. In jeder Gerichtsbarkeit gibt es voneinander abweichende Urteile. Zweifelsfragen werden im Instanzenzug geklärt. Wenn aber das oberste Gericht zu derselben Frage einander widersprechende Entscheidungen trifft und kein Mechanismus vorhanden ist, der eine einheitliche Rechtsprechung sicherstellt, verletzt das Art. 6.[397] Art. 6 kann auch verletzt sein, wenn ein oberstes Gericht von einer ständigen Rechtsprechung abweicht, ohne das zu begründen.[398] Allerdings gibt es kein allgemeines Recht auf ein konsistentes Fallrecht; insbesondere muss eine Entwicklung der Rechtsprechung möglich bleiben;[399] vgl. auch → Rn. 162. Die Verfahrensfairness ist auch nicht verletzt, wenn zwei hierarchisch voneinander unabhängige, unterschiedliche und unabhängige Gerichtsbarkeiten denselben Sachverhalt rechtlich abweichend entscheiden.[400] 93

Heilung:[401] Wenn die untere Instanz gegen das **Gebot des fairen Verfahrens verstoßen** und dann freigesprochen hat, kann der Bf. nicht mehr geltend machen, Opfer einer Verletzung von Art. 6 zu sein.[402] Anderes gilt nur bei Verletzung des Rechts zu schweigen (→ Rn. 135). Im Übrigen kann der Fehler uU **im Rechtsmittelverfahren geheilt werden**. Voraussetzung ist, dass das Rechtsmittelgericht den von dem Fehler möglicherweise beeinflussten Verfahrensteil **völlig** 94

---

394 EGMR 9.2.2006 – 73443/01, Rn. 69 – *Freimanis* ua/*Lettland*.
395 Vgl. EGMR 28.10.1998 – 28090/95, Slg 98-VIII Rn. 43 – *Perez de Rada Cavanilles/Spanien*.
396 EGMR 11.1.2005 – 58580/00, Rn. 56 – *Blücher/Tschechien*.
397 EGMR 6.12.2007 – 30658/05, Slg 07-V Rn. 35 – *Beian/Rumänien*; EGMR 1.12.2009 – 44698/06, Rn. 56 – *Vincic* ua/*Serbien*; EGMR 24.3.2009 – 21911/03, Rn. 29-31 – *Tudor Tudor/Rumänien*.
398 EGMR 27.1.2009 – 24428/03, Rn. 34-37 – *Stefan* ua/*Rumänien*.
399 EGMR 20.10.2011 – 13279/05, Rn. 58 – *Nejdet u. Perihan Şahin/Türkei*.
400 EGMR 20.10.2011 – 13279/05, Rn. 59 ff. – *Nejdet u. Perihan Şahin/Türkei*.
401 Zur Heilung bei fehlender richterlicher Unabhängigkeit o. Rn. 85.
402 EGMR 21.12.2000 – 34720/97, Rn. 43 – *Heaney u. McGuinness/Irland*.

wiederholt, uU einschließlich der Beweisaufnahme.[403] **Bei Verletzung der Vorschriften über die Mündlichkeit oder Öffentlichkeit** muss das ganze Verfahren wiederholt werden (→ Rn. 174). Voraussetzung ist weiter, dass das Rechtsmittelgericht das frühere Urteil aufheben und neu entscheiden kann.[404]

95   Ein **Verzicht auf das in Art. 6 geschützte Recht** ist nach ständiger Rechtsprechung grundsätzlich möglich, auch stillschweigend, muss aber eindeutig und von bestimmten Mindestgarantien begleitet sein. Der Verzicht muss freiwillig und informiert erfolgen, dh es muss nachgewiesen sein, dass der Verzichtende die Folgen seines Verhaltens angemessen vorhersehen konnte (zum Verzicht auf Teilnahme an der mündlichen Verhandlung → Rn. 123).[405] Dafür kann von Bedeutung sein, ob der Betroffene juristische Kenntnisse hat oder belehrt worden ist. Außerdem dürfen keine wichtigen öffentlichen Interessen entgegenstehen.[406] Der Verzicht kann auch in einer **Vereinbarung mit der Staatsanwaltschaft und/oder dem Gericht** erklärt werden.[407] Der Gerichtshof prüft aber zT sehr kritisch, ob es wirklich zu einem Verzicht gekommen ist.[408] Außerdem wird der Verzicht hinfällig, wenn der Staat nicht in gutem Glauben handelt und berechtigte Erwartungen enttäuscht.[409]

1. Recht auf Gehör

96   **Grundsätze:** Das Recht beinhaltet als Ausfluss der Garantie eines fairen Verfahrens wie im deutschen Recht den Anspruch darauf, sich in gerichtlichen Verfahren zu allen erheblichen Tatsachen und rechtlichen Fragen ausreichend **zu äußern und Beweise anzubieten.**[410] Das verlangt zunächst, dass die von einem Verfahren **betroffene Person Kenntnis von diesem erlangt.** Wegen der grundlegenden Bedeutung des Rechts auf ein faires Verfahren muss die Justiz prüfen, ob diese

---

403 EGMR 14.11.2000 – 35115/97, Slg 00-XII Rn. 41 – *Riepan/Österreich*.
404 Vgl. EGMR 1.3.2001 – 29082/95, Slg 01-II Rn. 47 ff. – *Dallos/Ungarn* für unterlassenen Hinweis auf andere rechtliche Qualifikation der angeklagten Tat.
405 EGMR 22.12.2009, 5962/03, Rn. 135 – *Makarenko/Russland*; zum Verzicht auf Vertretung durch einen Anwalt EGMR 8.12.2009 – 44023/02, Rn. 91 – *Caka/Bulgarien*.
406 EGMR 27.5.2007 – 32432/96, Rn. 59-61 – *Talat Tunc/Türkei*.
407 EGMR 5.10.2006 – 58733/00, Rn. 30 – *Sodadjiev/Bulgarien*.
408 ZB EGMR 16.1.2007 – 60682/00, Rn. 41 – *Young/Vereinigtes Königreich*: nicht ausreichend ist eine negative Antwort auf die Frage, ob der Bf. Hilfe bei der Anhörung wünsche, er würde dann über die Möglichkeit einer Vertretung unterrichtet.
409 EGMR 17.9.2009 – 10249/03 – *Scoppola/Italien*.
410 EGMR 27.10.1993 – 14448/88, Rn. 33 – *Dombo Beheer B.V./Niederlande*.

Möglichkeit bestand.[411] Daraus ergibt sich weiter das Recht, von dem Vortrag der anderen Beteiligten, auch von Generalanwälten[412] und in Strafverfahren von Staatsanwälten, von Beweismaterialien, auch wenn sie das Gericht von Amts wegen herangezogen hat,[413] Kenntnis zu erlangen und dazu Stellung zu nehmen, auch wenn sie nach Auffassung des Gerichts keine erkennbar neuen Gesichtspunkte bringen.[414]

Das **staatliche Gericht** muss den **Vortrag zur Kenntnis nehmen** und   97 ihn berücksichtigen, **also prüfen**.[415] Die Beteiligten müssen also in der Lage sein, sich angemessen an dem Verfahren zu beteiligen, der Gerichtshof spricht von „adversarial proceedings".[416] Wenn es sich um schwierige Fragen handelt, müssen die Beteiligten rechtzeitig vor der mündlichen Verhandlung von dem Beweismittel unterrichtet werden, es genügt zB nicht, Urkunden solcher Art in der mündlichen Verhandlung zu verlesen.[417] Die Staatsanwaltschaft muss der Verteidigung alles Beweismaterial, das ihr vorliegt, mitteilen. Ausnahmen (dazu → Rn. 101 f.) sind nur zulässig, soweit das unbedingt notwendig ist; eine Interessenabwägung ist erforderlich. Die Staatsanwaltschaft darf nicht allein entscheiden, dass Beweismaterial aus Gründen des öffentlichen Interesses zurückgehalten wird.[418]

Das Gebot des fairen Verfahrens verlangt, dass die Beteiligten, insbe-   98 sondere der Angeklagte, **Beweismittel angreifen** und auch das **Verfahren rügen** können.[419] Sie dürfen sich zur rechtlichen Bedeutung äußern. Das Gericht muss den Vortrag zur Kenntnis nehmen, ihn würdigen und Beweisangebote prüfen sowie sich mit den wesentlichen Aspekten des Vortrags auseinandersetzen (vgl. → Rn. 97, zur Begründung von Entscheidungen → Rn. 103).[420] Näher zur **Beweisaufnahme** vgl. → Rn. 139 ff.

Die Beteiligten können ihr Recht auf Gehör **in der mündlichen Ver-**   99 **handlung** ausüben (zum Recht auf mündliche Verhandlung → Rn. 170 ff.). Als Grundsatz gilt, dass der Angeklagte das **Recht hat, an der mündlichen Verhandlung teilzunehmen** (näher → Rn. 112 ff.);

---

411 EGMR 18.5.2004 – 67972/01, Slg 04-IV Rn. 72 – *Somogyi/Italien.*
412 EGMR 26.7.2002 – 32911/96, Slg 02-VII Rn. 51 – *Meftah* ua/*Frankreich.*
413 EGMR 3.3.2000 – 35376/97 – *Krcmar* ua/*Tschechien.*
414 EGMR 13.7.2006 – 17671/02, Rn. 32 – *Ressegati/Schweiz.*
415 EGMR 19.4.1994 – 16034/90, Rn. 59 – *Van de Hurk/Niederlande.*
416 Vgl. EGMR 18.3.1997 – 21497/93, Slg 97-II Rn. 33 – *Mantovanelli/Frankreich.*
417 EGMR 3.3.2000 – 35376/97, Rn. 42 – *Krcmar* ua/*Tschechien.*
418 EGMR 24.6.2003 – 39482/98, Slg 03-VII – *Dowsett/Vereinigtes Königreich.*
419 EGMR 13.2.2001 – 23541/94, Rn. 39 – *Garcia Alva/Deutschland.*
420 EGMR 2.6.2005 – 50372/99, Rn. 25 – *Goktepe/Belgien.*

enthalten ist darin auch das Recht, die **Verhandlung zu hören, ihr zu folgen und an ihr effektiv teilzuhaben;**[421] näher → Rn. 113. In einer Rechtsmittelinstanz kann das anders sein (→ Rn. 114; zudem zum Recht auf mündliche Rechtsmittelverhandlung → Rn. 175). Auch **psychisch kranke, unter Betreuung stehende Personen** haben grundsätzlich das Recht – notfalls mittelbar – angehört zu werden, es sei denn, eine solche Person ist im Einzelfall vollständig außerstande ist, einen kohärenten Standpunkt im Rechtsstreit einzunehmen.[422]

100   Wie auch das deutsche Recht verpflichtet die EMRK nicht zu einem **Rechtsgespräch.**[423] **Überraschungsentscheidungen** werden aber gegen Art. 6 Abs. 1 S. 1 verstoßen. Ein „Zwischenverfahren" im Strafprozess, in dem sich das Gericht zu Inhalt und Ergebnis einzelner Beweiserhebungen erklären müsste, ist nach Ansicht des BGH auch unter dem Gesichtspunkt fairer Verfahrensgestaltung nicht vorgesehen.[424]

101   Der Gerichtshof erkennt an, dass es unter besonderen Umständen im Interesse der nationalen Sicherheit, zum Schutz von Dritten, insbesondere von Zeugen (siehe auch → Rn. 148 f.), zum Schutz wichtiger öffentlicher Interessen oder um geheime Ermittler oder Ermittlungsmethoden der Polizei nicht offenzulegen, nötig sein kann, **bestimmte Beweismittel nicht mitzuteilen.** Erforderlich ist dann eine **Interessenabwägung.** Es sind nur solche Einschränkungen zulässig, die unbedingt erforderlich sind. Etwaige Schwierigkeiten für die Beteiligten müssen im Verfahren **ausreichend ausgeglichen** werden.[425] Vgl. zur Möglichkeit einer **Videokonferenz** → Rn. 119.

102   Darüber, was insoweit notwendig ist, entscheiden in erster Linie die staatlichen Gerichte, die aber auch insoweit der **Kontrolle durch den Gerichtshof** unterliegen. Er prüft auch hier unter Berücksichtigung aller Umstände, ob die zur Rechtfertigung der Geheimhaltung vorgebrachten Gründe stichhaltig und ausreichend und die Nachteile für die Verteidigung durch geeignete Verfahrensgarantien ausgeglichen sind.[426] Bei Gründen der staatlichen Sicherheit prüft er immerhin, ob

---

421 EGMR 8.1.2008 – 30443/03 – *Liebreich/Deutschland.*
422 EGMR 31.5.2016 – 17280/08, Rn. 90 – *A.N./Litauen;* vgl. auch Rn. 36.
423 BSG 3.4.2014 – B 2 U 308/13 B – juris; BVerfGE 86, 133, 145.
424 BGHSt 43, 212 m. abl. Anm. *König* StV 1998, 113; zudem ist ein Anspruch auf ein solches Rechtsgespräch auch durch § 257 b StPO einfachrechtlich nicht generell umgesetzt; zu möglichen Ausnahmekonstellationen vgl. aber *König/Harrendorf* in *Dölling/Duttge/König/Rössner*, Handkommentar Gesamtes Strafrecht, 4. Aufl. 2016, § 257 b Rn. 3.
425 EGMR 26.3.1996 – 20524/92, Slg 96-II Rn. 72 – *Doorson/Niederlande;* EGMR 23.4.1997 – 21363/93, Slg 96-III Rn. 58 – *Van Mechelen* ua/*Niederlande;* EGMR 17.11.2005 – 73047/01 – *Haas/Deutschland.*
426 EGMR 11.12.2008 – 6293/04, Rn. 195 – *Mirilashvili/Russland.*

der Fall Interessen dieser Art berührt; dabei berücksichtigt er die Bedeutung des geheim gehaltenen Materials und sein Gewicht im Strafverfahren.[427] Es ist dabei nicht Aufgabe des Gerichtshofs, anstelle der staatlichen Gerichte die zwingende Notwendigkeit einer Geheimhaltung selbst zu überprüfen. In den Fällen, in denen die Beweismittel nie offenbart worden sind, ist ihm eine eigene Interessenabwägung zudem gar nicht möglich; er prüft stattdessen die Entscheidungsprozesse.[428] Die Prüfung erstreckt sich darauf, ob das Verfahren insgesamt fair war, ob es notwendig war, den Zeugen zu schützen,[429] ob die Interessen eines Beschuldigten in einem Strafverfahren ausreichend geschützt worden sind, ob Waffengleichheit bestand, ob der Richter die Interessen abgewogen und über diese Frage entschieden hat und ob die Verteidigung bei der Entscheidung über die Nichtmitteilung von Unterlagen ausreichend beteiligt worden ist.[430] Zu **anonymen Zeugen** siehe zudem → Rn. 148.

Aus dem Grundsatz einer geordneten Rechtspflege folgert der Gerichtshof, dass gerichtliche Entscheidungen angemessen **begründet werden müssen.** Der Umfang ist je nach der Natur der Entscheidung unterschiedlich. Das Gericht **muss nicht auf jeden Beteiligtenvortrag eingehen.** Eine Verletzung kann aber gegeben sein, wenn das Gericht auf Hauptargumente nicht eingeht.[431] Der Betroffene kann eine spezifische und ausdrückliche Antwort auf die für den Ausgang entscheidenden Fragen erwarten. Wird sie nicht gegeben, ist auch das Recht auf Zugang zum Gericht verwehrt.[432] Ein Begründungszwang wird auch für andere Entscheidungen angenommen, zB über die Zurückweisung von Beweismitteln.[433]

Ein **Rechtsmittelgericht** kann sich, wenn es ein Rechtsmittel zurückweist, grundsätzlich darauf beschränken, sich die Begründung der angefochtenen Entscheidung zu eigen zu machen.[434] Wenn es seine Entscheidung nicht begründet und sich auch nicht auf die Begründung der Vorinstanz bezieht, verletzt das Art. 6.[435] Ein oberstes Gericht kann einen Rechtsbehelf aber auch unter bloßem Hinweis auf

103

104

---

427 EGMR 11.12.2008 – 6293/04, Rn. 196, 199 – *Mirilashvili/Russland.*
428 EGMR 27.10.2004 – 39647/98, Slg 04-X Rn. 46, 48 – *Edwards u. Lewis./ Vereinigtes Königreich.*
429 EGMR 28.2.2006 – 51277/99, Rn. 81 f. – *Krasniki/Tschechien.*
430 EGMR 16.2.2000 – 29777/96, Slg 00-II Rn. 46-48 – *Fitt/Vereinigtes Königreich.*
431 EGMR 24.5.2005 – 61302/00, Rn. 67 – *Buzescu/Rumänien.*
432 Vgl. Rn. 35 und EGMR 9.12.1994 – 18390/91, Rn. 29 f. – *Ruiz Toriga/ Spanien;* EGMR 15.3.2007 – 19215/04, Rn. 43 – *Gheorghe/Rumänien.*
433 EGMR 1.7.2003 – 37801/97, Rn. 34 ff. – *Suominen/Finnland.*
434 EGMR 21.1.1999 – 30544/96, Slg 99-I – *Ruiz/Spanien.*
435 EGMR 28.4.2005 – 57808/00, Rn. 33-36 – *Albina/Rumänien.*

die Vorschriften, die die Zurückweisung erlauben, verwerfen, wenn der Fall keine Rechtsfragen grundsätzlicher Bedeutung aufwirft oder keine hinreichenden Erfolgsaussichten bietet.[436]

105 Wenn **nicht besondere Umstände** das Gegenteil ergeben, wird angenommen, dass das Gericht den Vortrag der Beteiligten **zur Kenntnis genommen** hat. Ein solcher besonderer Umstand kann vorliegen, wenn sich aus der Begründung des Urteils ergibt, dass es auf einem Irrtum über den Vortrag beruht.[437]

2. Waffengleichheit

106 Aus dem Grundsatz eines fairen Verfahrens ergibt sich weiter das Erfordernis der Waffen- und Chancengleichheit,[438] das mit dem Diskriminierungsverbot in Art. 14 zusammenhängt. **Alle Beteiligten in einem Verfahren müssen gleich behandelt werden**, also insbesondere in gleichem Umfang unterrichtet werden und unter denselben Bedingungen die Möglichkeit haben, vorzutragen und ihre Sache geltend zu machen;[439] vgl. aber auch → Rn. 45. Der Gerichtshof hat einen Verstoß gegen diesen Grundsatz zB angenommen, wenn der Generalanwalt bei dem französischen Kassationshof von seiner Stellungnahme nur die Anwälte von Beteiligten unterrichtet, nicht aber Beteiligte ohne anwaltliche Vertretung.[440] In **Strafsachen** muss **Waffengleichheit zwischen der Vertretung der Anklage und dem Beschuldigten** bestehen, beide müssen in gleicher Weise von dem Vortrag der Gegenseite und über Beweismittel unterrichtet werden.[441] Die Anklagebehörde muss den Beschuldigten (grundsätzlich, vgl. → Rn. 102 f.) über alle in ihrer Hand befindlichen Beweismittel für oder gegen den Beschuldigten informieren.

107 Die Waffengleichheit spielt dabei insbesondere **im Kontext der einzelnen Teilausprägungen** des Rechts auf ein faires Verfahren eine Rolle,

---

436 EGMR 23.10.2007 – 2357/05 – *Heimann/Deutschland* für Entscheidungen des BVerfG, eine Verfassungsbeschwerde nicht zur Entscheidung anzunehmen; EGMR 2.11.2010 – 32463/06, Slg 10-V Rn. 2 – *Bachowski/Polen*; EGMR 18.10.2011 – 21218/09, Rn. 46 – *Bugallo/Spanien*.
437 EGMR 31.3.2000 – 34553/97 – *Dulaurans/Frankreich*.
438 Zur Entstehungsgeschichte vgl. *Safferling* NStZ 2004, 181, 182.
439 EGMR 22.2.1996 – 17358/90, Slg 96-II Rn. 47 – *Bulut/Österreich*; vgl. zum deutschen Recht BVerfG NJW 2008, 2170 Rn. 15.
440 EGMR 8.2.2000 – 27362/95 – *Voisine/Frankreich*; vgl. die Zusammenfassung der Rspr. des EGMR zum Generalanwalt und Generalstaatsanwalt in Belgien, Portugal, Frankreich und den Niederlanden und zur Anwesenheit des Commissaire du Gouvernement bei den Beratungen eines VG EGMR 7.6.2001 – 39594/98, Slg 01-VI, Rn. 77 ff. – *Kress/Frankreich*.
441 EGMR 28.8.1991 – 11170/84, NJW 1992, 3085 Rn. 66 f. – *Brandstetter/Österreich*.

weshalb auf diesen Grundsatz dort in der jeweiligen Kommentierung hingewiesen wird. Ob dieser Grundsatz daneben auch eine **eigenständige Bedeutung** hat, ist zweifelhaft.[442]

3. Weitere Einzelfälle

a) Akteneinsicht in Strafverfahren: Die Gebote des fairen Verfahrens und der Waffengleichheit machen es grundsätzlich **erforderlich, Akteneinsicht zu gewährend,** auch für einen **Beschuldigten selbst,** wenn er keinen Verteidiger hat.[443] Wenn der Angeklagte verteidigt ist, verstößt es hingegen nicht gegen Art. 6, das Recht auf Akteneinsicht dem Verteidiger vorzubehalten.[444] Der Angeklagte darf sich auch Notizen machen und hat, falls nötig, das Recht, Kopien von Aktenteilen zu erhalten.[445] Der deutsche Gesetzgeber hat mit Wirkung vom 1.1.2010 § 147 Abs. 7 S. 1 StPO geändert und damit dem unverteidigten Beschuldigten in Umsetzung der zitierten Rechtsprechung des EGMR ausdrücklich das Recht eingeräumt, „auf seinen Antrag Auskünfte und Abschriften aus den Akten" zu erhalten, soweit zur angemessenen Verteidigung erforderlich.[446] Die Geheimhaltung von Ermittlungsvorgängen kann allerdings im Einzelfall zum Schutz des Privatlebens Dritter und im Interesse der Rechtspflege gerechtfertigt sein (→ Rn. 101 f.).

Befindet sich ein Beschuldigter in **Untersuchungshaft,** sieht der Gerichtshof die Waffengleichheit (vornehmlich aus Art. 5 Abs. 4 EMRK, vgl. → Art. 5 Rn. 100) nicht als gewährleistet an, wenn seinem Verteidiger diejenigen Informationen verwehrt werden, die für die Beurteilung der Rechtmäßigkeit einer Freiheitsentziehung **wesentlich** sind. Sie sollen dem Verteidiger „in geeigneter Weise" zugänglich gemacht werden.[447] Aus der Rechtsprechung des Gerichtshofs ist mit Recht abgeleitet worden, die Regelung in § 147 Abs. 2 S. 2 StPO müsse konventionskonform dahin ausgelegt werden, dass die dort

108

109

---

442 Vgl. nur *Meyer* in *Karpenstein/Mayer,* EMRK, 2. Aufl. 2015, Rn. 116; *Safferling* NStZ 2004, 181, 188.

443 EGMR 18.3.1997 – 22209/93, Slg 97-II Rn. 36 – *Foucher /Frankreich* = NStZ 1998, 429 mAnm *Deumeland;* EGMR 14.5.2005 – 39553/02, Rn. 46 – *Menet/Frankreich.*

444 EGMR 19.12.1989 – 9783/82, Rn. 88 – *Kamasinski/Österreich;* EGMR 1.2.2005 – 42270/98, Rn. 37 – *Frangy/Frankreich.*

445 EGMR 26.11.2009 – 25282/06, Rn. 218 – *Dolenec/Litauen* mit w. Nachw.; EGMR 15.1.2008 – 37469/05, Rn. 64 – *Luboch/Polen.*

446 Zu den Einschränkungen dieses Rechts vgl. § 147 Abs. 7 S. 1 StPO; dazu *Beulke* in *Satzger/Schluckebier/Widmaier,* stopp, 2. Aufl. 2016, § 147 Rn. 47 ff.

447 EGMR 9.7.2009 – 11364/03, Rn. 124 – Mooren/Deutschland = StV 2010, 490 mAnm *Pauly;* EGMR 11.5.2008 – 41077/04 – *Falk/Deutschland* = NStZ 2009, 164 ff. mAnm *Strafner.*

geregelte Unterrichtung des Beschuldigten über die zur Beurteilung der Rechtmäßigkeit der Freiheitsentziehung wesentlichen Informationen „in geeigneter Weise" nur durch Gewährung von Akteneinsicht erfolgen kann.[448] Allerdings hat der Gerichtshof die Verweigerung von Akteneinsicht für einen Inhaftierten vor der Vernehmung durch den Untersuchungsrichter für konventionskonform gehalten.[449]

110 Die Verfahrensfairness kann es auch angezeigt erscheinen lassen, dem Verteidiger Einsicht in sämtliche tatbezogenen **Spurenakten** zu gewähren.[450] Nur so kann die verfahrensrechtliche Waffengleichheit zwischen Staatsanwaltschaft und Angeklagtem gewährleistet werden. Unter Beachtung dieses Grundsatzes sind die Spurenakten darüber hinaus auch den übrigen Verfahrensbeteiligten zugänglich zu machen.[451]

111 Das Recht auf ein faires Verfahren gibt auch einen Anspruch auf **Wissensparität**, der gebietet, dass ein Betroffener das Ergebnis einer Geschwindigkeitsmessung nur dann hinzunehmen hat, wenn ihm zuvor die Kenntnis der Grundlagen der Messung sowie deren konkreter Anwendung ermöglicht worden ist.[452]

112 **b) Teilnahme an der mündlichen Verhandlung:** Der Beteiligte hat **in Strafverfahren** ein Recht darauf, an der **mündlichen Verhandlung teilzunehmen**. Das ist ein wesentliches Element des fairen Verfahrens[453] und hängt mit dem **Recht auf Gehör** (oben, → Rn. 96 ff.) zusammen (zur Notwendigkeit einer mündlichen Verhandlung u. → Rn. 170 ff.). Art. 6 Abs. 3 Buchst. c – e machen deutlich, dass die Konvention davon ausgeht, der Angeklagte müsse anwesend sein.[454] Art. 6 garantiert dem Beschuldigten das Recht, effektiv am Strafverfahren gegen ihn mitzuwirken.[455] Der Gerichtshof hat wiederholt betont, dass die Anwesenheit des Beschuldigten in der Hauptverhandlung im Interesse eines fairen und gerechten Strafverfahrens von entscheidender Bedeutung ist und zwar sowohl wegen des Rechts auf Gehör, als auch wegen der Notwendigkeit, die Richtigkeit der Ausführungen von Beteiligten zu überprüfen und sie den Aussagen von

---

448 Vgl. *Pauly* aaO; aA *Strafner* aaO.
449 EGMR 9.4.2015 – 30460/13, Rn. 79-84 – *A.T./Luxemburg.*
450 Vgl. BGH, 25.1.1983 – Rn. 3 – juris; zur Beiziehung von Spurenakten auch BVerfG NStZ 1983, 273 ff.
451 BGH StV 2015, 683.
452 AG Emmendingen 13.11.2014 – 5 Owi 530 Js 17298/13 – juris; aA OLG Karlsruhe 17.7.2015 – 2 (7) SsBs 212/15, 2 (7) SsBs 212/15 – AK 108/15 – juris.
453 EGMR 18.10.2006 – 18114/02, Slg 06-XII Rn. 58 – *Hermi/Italien.*
454 EGMR 12.2.1985 – 9024/80, Rn. 27 – *Colozza/Italien.*
455 EGMR 16.12.1999 – 24888/94, Slg 99-IX Rn. 85 – *V./Vereinigtes Königreich.*

Zeugen gegenüber zu stellen. Deswegen hat der Gesetzgeber die Möglichkeit, ungerechtfertigtem Nichterscheinen entgegenzuwirken.[456]

Das Recht auf Teilnahme beinhaltet das Recht, die **Verhandlung zu hören, ihr zu folgen und an ihr effektiv teilzuhaben.**[457] Der Angeklagte muss verstehen können, was für ihn auf dem Spiel steht und mit welcher Strafe er rechnen muss.[458] Er muss in der Lage sein, dem Verteidiger seine Version zu erklären und ihn auf erhebliche Umstände hinzuweisen; insbesondere muss er dafür auch **verhandlungsfähig** sein.[459] Wenn der Angeklagte Hörschwierigkeiten hat und deswegen der Verhandlung nicht folgen kann und das Gericht das weiß oder wissen muss, muss es geeignete Maßnahmen treffen, zB eine Hörhilfe zur Verfügung stellen oder einen Verteidiger bestellen.[460]   **113**

In **Rechtsmittelverfahren** hat das Anwesenheitsrecht **nicht dieselbe Bedeutung** wie in der ersten Instanz. Es kommt auf die Art des Rechtsmittelverfahrens und dessen Rolle im staatlichen Recht an, zudem darauf, wie die Interessen der Verteidigung präsentiert und geschützt werden.[461] Auch Fragen der Verfahrensbeschleunigung dürfen berücksichtigt werden.[462] Geht es nur um die **Zulassung eines Rechtsmittels,** kann das Rechtsmittelgericht sogar ohne mündliche Verhandlung entscheiden, dasselbe gilt, wenn es **nur um Rechtsfragen** geht, sofern in erster Instanz eine mündliche Verhandlung stattgefunden hat (vgl. → Rn. 175); jedenfalls bedarf es jeweils nicht der Anwesenheit des Angeklagten.[463]   **114**

Umgekehrt kann auf die **Anwesenheit des Angeklagten in mündlicher Verhandlung nicht verzichtet** werden, wenn das Rechtsmittelgericht über Tat- und Rechtsfragen entscheiden und die **Schuld des Angeklagten selbst umfassend neu feststellen** muss.[464] Dasselbe gilt, wenn das Rechtsmittelgericht Feststellungen treffen muss über den **Charakter des Angeklagten und seine Motive,** was auf die Strafe erheblichen Einfluss haben kann.[465] Ein Anwesenheitsrecht besteht hingegen **nicht allein deswegen,** weil das Rechtsmittelgericht die Kompetenz   **115**

456   EGMR 23.11.1993 – 14032/88, Rn. 35 – *Poitrimol/Frankreich.*
457   EGMR 8.1.2008 – 30443/03 – *Liebreich/Deutschland.*
458   EGMR 15.6.2004 – 60958/00, Slg 04-IV Rn. 28 f. – *S.C./Vereinigtes Königreich.*
459   EGMR 8.1.2008 – 30443/03 – *Liebreich/Deutschland.*
460   Art. 6 Abs. 3 Buchst. c, vgl. EGMR 14.10.2008 – 40631/02, Rn. 51 ff. – *Timergaliyev/Russland.*
461   EGMR 8.1.2008 – 30443/03 – *Liebreich/Deutschland.*
462   EGMR 5.10.2006 – 45106/04, Slg 06-VI Rn. 70 –*Viola/Italien.*
463   EGMR 5.10.2006 – 45106/04, Slg 06-VI Rn. 55 –*Viola/Italien.*
464   EGMR 5.10.2006 – 45106/04, Slg 06-VI Rn. 58 –*Viola/Italien.*
465   EGMR 18.10.2006 – 18114/02, Slg 06-XII Rn. 67 – *Hermi/Italien.*

besitzt, den Fall in **Bezug auf Tat- und Rechtsfragen zu überprü-fen.**[466] Hingegen kann es auch dann, wenn das Rechtsmittelgericht die Tatsachen nicht bezweifelt, aber **rechtlich neu bewertet** und deswegen das erstinstanzliche Urteil aufhebt und den Bf. verurteilt, erforderlich sein, ihn persönlich in mündlicher Verhandlung zu hören.[467]

116 Eine angemessene Verteidigungsmöglichkeit ist gleichfalls von grundlegender Bedeutung (vgl. Abs. 3 Buchst. c). Deswegen hat ein Beschuldigter, der selbst nicht erschienen ist, eine Verteidigung durch seinen für ihn erschienenen Anwalt aber ausdrücklich wünscht, grundsätzlich das **Recht, auch in absentia verteidigt zu werden.**[468] Dies gilt jedenfalls, soweit eine solche Verteidigung möglich ist, weil es nicht auf Einlassungen des Angeklagten selbst ankommt, namentlich im Fall von zu klärenden Rechtsfragen.[469] Die Entscheidung des EGMR im Verfahren *Neziraj/Deutschland*[470] veranlasste den deutschen Gesetzgeber zu einer **Reform des § 329 StPO,**[471] nachdem sich die deutschen Ober(landes)gerichte gehindert sahen, die Norm in ihrer bis dahin geltenden Fassung der Rechtsprechung des EGMR entsprechend konventionskonform auszulegen.[472] Nach § 329 Abs. 1 StPO aF war die Berufung des unentschuldigt ausgebliebenen Angeklagten zwingend zu verwerfen, auch dann, wenn ein bevollmächtigter Verteidiger für ihn erschien. Nach der Neuregelung des § 329 Abs. 2 StPO ist eine **Verhandlung in Abwesenheit des unentschuldigten Angeklagten** in den Fällen möglich, in denen für ihn ein mit schriftlicher Vertretungsvollmacht (die sich ausdrücklich auf diese Situation erstrecken muss)[473] ausgestatteter Verteidiger auftritt. Daneben hat die Reform eine Reihe von Regelungen für die Fälle gebracht, in denen die Anwesenheit des Angeklagten zur Sachaufklärung auch dann erforderlich ist, wenn er durch einen Verteidiger ver-

---

466 Vgl. die Zusammenfassung der Rechtsprechung in EGMR 5.10.2006 – 45106/04, Slg 06-VI Rn. 56 –*Viola/Italien*.
467 ZB EGMR 12.1.2010 – 43151/02 – *Suuripaa/Finnland*.
468 EGMR 21.1.1999 – 26103/95, Slg 99-I Rn. 32 f. – *Van Geyseghem/Belgien*; EGMR 13.2.2001 – 29731/96, Slg 01-II Rn. 82 ff. – *Krombach/Frankreich* und dazu *Gündel* NJW 2001, 2380; EGMR 8.11.2012 – 30804/07, Rn. 52 ff. – *Neziraj/Deutschland* m. Sondervotum *Power-Forde/Nussberger* = StraFo 2012, 15 mAnm *Püschel*.
469 EGMR 13.2.2001 – 29731/96, Slg 01-II Rn. 90 – *Krombach/Frankreich*.
470 EGMR 8.11.2012 – 30804/07 – *Neziraj/Deutschland*.
471 Durch Gesetz zur Stärkung des Rechts des Angeklagten auf Vertretung in der Berufungsverhandlung und über die Anerkennung von Abwesenheitsentscheidungen in der Rechtshilfe v. 17.7.2015 (BGBl. I, 1332).
472 ZB OLG Brandenburg StraFo 2015, 70; OLG Düsseldorf StV 2013, 299; auch BVerfG StraFo 2007, 190 *Mosbacher* NStZ 2013, 312; krit. *Esser* StV 2013, 331 (334).
473 *Eschelbach* in *Graf*, Beck'scher Online-Kommentar StPO, § 329 Rn. 31.

treten ist, oder in denen eine Verwerfung der Berufung auch dann nicht möglich ist, wenn der Angeklagte unverteidigt ist. Dabei geht die Norm über das hinaus, was zur Umsetzung der EGMR-Rechtsprechung notwendig gewesen wäre. Danach hätte es ausgereicht, die Rechtsfolge der Berufungsverwerfung beim unentschuldigten Ausbleiben des Angeklagten zu beseitigen, die keine Einflussmöglichkeit des präsenten, bevollmächtigten und zur Vertretung bereiten Verteidigers vorsieht.[474]

Andererseits gilt auch, dass der **Angeklagte selbst dann ein eigenes Recht auf Teilnahme hat, wenn er verteidigt ist.**[475] In Rechtsmittel- oder Wiederaufnahmeverfahren gilt dies indessen nicht uneingeschränkt (näher → Rn. 114 f.; siehe ergänzend unten → Rn. 175). **117**

Auch ein in Haft befindlicher Beschuldigter hat das Recht auf Teilnahme, der Staat muss seine Anwesenheit sicherstellen, wobei aber Sicherheitsanforderungen bei schweren Kriminellen berücksichtigt werden können.[476] Das gilt im Grundsatz auch im Rechtsmittelverfahren.[477] **118**

Eine Beteiligung des Angeklagten im Wege einer **Videokonferenz** verstößt nicht grundsätzlich gegen Art. 6. Der Gerichtshof prüft, ob die Anordnung ein berechtigtes Ziel verfolgt und der Ablauf den Erfordernissen der Verteidigung Rechnung trägt. Dazu gehört, dass der Angeklagte ungehinderten Zugang zu einem Verteidiger hat.[478] Sie kann bei gefährlichen oder fluchtgefährdeten Strafgefangenen gerechtfertigt sein, zudem zum Schutz gefährdeter Zeugen.[479] **119**

In Ausnahmefällen kann das Gericht weiter verhandeln, wenn der **Angeklagte wegen Erkrankung abwesend** ist, sofern seine Interessen geschützt werden. Wenn aber im Verfahren die Person und der Charakter des Angeklagten von Bedeutung sind, und es auf seine Einstellung zur Tatzeit ankommt und das Ergebnis der Verhandlung schädlich für ihn sein kann, muss er anwesend sein.[480] **120**

Ein **Verfahren in Abwesenheit** des Angeklagten ist auch dann **nicht konventionswidrig,** wenn der Verurteilte später erreichen kann, dass **121**

---

474 *Eschelbach* in *Graf,* Beck'scher Online-Kommentar StPO, § 329 Rn. 2; krit. auch *Sommer* StV 2016, 55; *Frisch* NStZ 2015, 69.
475 EGMR 25.3.1998 – 23103/93, Slg 98-II Rn. 37 – *Belziuk/Polen.*
476 EGMR 15.5.2008 – 7460/03, Rn. 27 – *Nadtochiy/Ukraine.*
477 EGMR 18.10.2006 – 18114/02, Slg 06-XII Rn. 63 – *Hermi/Italien.*
478 EGMR 27.11.2007 – 35795/02, Rn. 63 ff. – *Asciutto/Italien*; EGMR 5.10.2006 – 45106/04, Slg 06-VI Rn. 63 ff. –*Viola/Italien.*
479 EGMR 5.10.2006 – 45106/04, Slg 06-VI Rn. 69 ff. –*Viola/Italien*; vgl. zur audiovisuellen Zeugenvernehmung nach deutschem Recht zudem BGH NJW 2007, 1475.
480 EGMR 20.10.2005 – 63993/00, Rn. 108 – *Romanov/Russland.*

ein Gericht in einem Verfahren, das den Anforderungen von Art. 6 entspricht, insbesondere nach seiner Anhörung über die Anklage, in tatsächlicher und rechtlicher Hinsicht neu entscheidet,[481] ohne dass dies von besonderen Beweisanforderungen über den Aufenthalt des Betroffenen abhängt.[482] Ob das auch dann gilt, wenn der Betroffenen auf Teilnahme verzichtet hat (→ Rn. 123 f.), hat der Gerichtshof offen gelassen.[483]

122 Auch ein **Ausschluss des Angeklagten von der mündlichen Verhandlung wegen ungebührlichen Verhaltens** verstößt in begründeten Fällen nicht gegen Art. 6. Das Gericht kann dann ohne ihn verhandeln, muss ihn aber belehren.[484]

123 Der Angeklagte kann schließlich auf sein **Recht auf Teilnahme verzichten** (→ Rn. 95). Das kann ausdrücklich oder stillschweigend geschehen, muss aber eindeutig sein, und es darf kein wesentliches Allgemeininteresse entgegenstehen. Das setzt insbesondere voraus, dass der Beschuldigte von dem Verfahren und dem Termin wusste, also **ordnungsgemäß geladen worden** ist. Eine ungefähre Kenntnis von dem Strafverfahren gegen ihn genügt nicht.[485] Das Gericht muss also prüfen, ob der Angeklagte von dem Termin erfahren hatte und ob Maßnahmen getroffen werden können, ihm die Teilnahme zu ermöglichen.[486] Voraussetzung für die Wirksamkeit eines Verzichts ist weiter, dass der Angeklagte die **Folgen vorhersehen konnte.**[487]

124 Ein **Verzicht kann angenommen werden**, wenn nachgewiesen wird, dass der Angeklagte von dem Strafverfahren wusste, von Art und Anlass der Anklage, aber nicht teilgenommen hat oder flüchten will, insbesondere, wenn er öffentlich oder schriftlich erklärt, dass er der Ladung nicht folgen werde oder einer Verhaftung entkommt.[488] Nicht ausreichend für einen Verzicht ist, dass der Angeklagte keinen Antrag stellt, ihm die Teilnahme zu ermöglichen.[489]

125 Einem **minderjährigen Beschuldigten** muss das Gericht bei der Ausgestaltung des Verfahrens helfen, seine **Schüchternheit und Hemmun-**

---

481 EGMR 13.2.2001 – 29731/96, Slg 01-II Rn. 85 – *Krombach/Frankreich*.
482 EGMR 9.6.2005 – 42191/02, Rn. 59 – *R.R./Italien*.
483 EGMR 22.12.2009 – 5962/03, Rn. 137 – *Makarenko/Russland*.
484 EGMR 30.7.2009 – 20292/04, Rn. 45 f. – *Ananyev/Russland*.
485 EGMR 21.2.1990 – 11855/85, Rn. 66 – *Hakansson/Schweden*; EGMR 9.6.2005 – 42191/02, Rn. 53 – *R.R./Italien*.
486 EGMR 18.10.2006 – 18114/02, Slg 06-XII Rn. 75 – *Hermi/Italien*.
487 EGMR 18.10.2006 – 18114/02, Slg 06-XII Rn. 74 – *Hermi/Italien*.
488 EGMR 12.6.2007 – 19321/03, Rn. 68 – *Pititto/Italien*.
489 EGMR 30.7.2009 – 30049/02, Rn. 61 – *Kornev/Russland*.

gen zu überwinden.[490] Auch er hat ein Recht auf Teilnahme und darauf, mithilfe einer geeigneten Person zu verstehen, worum es geht. Das Gericht muss ihm dabei behilflich sein und die nach Alter, Reife, geistigen und emotionalen Fähigkeiten erforderlichen Maßnahmen treffen, damit er dem Verfahren folgen kann.[491] Das Kindeswohl muss beachtet werden (vgl. auch → Rn. 87).

Die Ausübung des Rechts auf Teilnahme setzt voraus, dass die Personen **rechtzeitig und ordnungsgemäß geladen** werden und teilnehmen können.[492] Insoweit haben aber auch die Beteiligten gewisse Sorgfaltspflichten, zB in Bezug auf die Mitteilung einer ladungsfähigen Anschrift (vgl. insofern und zur öffentlichen Zustellung der Ladung → Rn. 36). Wenn die Beteiligten durch überlange Verhandlung bis in die Nachtstunden **ermüdet werden,** kann das einen Verstoß gegen Art. 6 darstellen (→ Rn. 222). **126**

Art. 6 garantiert **kein allgemeines Recht auf Teilnahme an anderen Gerichtsverhandlungen als Strafverfahren,**[493] sondern insofern nur das allgemeine Recht, seinen Fall effektiv vor Gericht vertreten zu können und Waffengleichheit zu haben. Das setzt aber auch hier voraus, dass der Beteiligte oder sein Anwalt zu mündlichen Verhandlungen geladen wird und ist insoweit Teil des Rechts auf Gehör, das zum fairen Verfahren gehört. Zudem folgt das Recht auf Teilnahme der Parteien an der Verhandlung im Regelfall bereits daraus, dass diese mündlich und öffentlich ist (zu den Grundsätzen der Mündlichkeit und Öffentlichkeit und möglichen Ausnahmen → Rn. 170 ff.).[494] **127**

Probleme stellen sich jedoch zB mit Blick auf die **Anwesenheit von Strafgefangenen in mündlichen Verhandlungen anderer Gerichte als Strafgerichte.** Diese muss nicht generell gewährleistet sein; wenn der Gefangene durch einen Anwalt vertreten ist, genügt das grundsätzlich. Etwas anderes kann gelten, wenn die Interessen der Rechtspflege die Anwesenheit des Gefangenen erfordern, zB wenn er zur Aufklärung der Sache besonders aus eigener Wahrnehmung beitragen kann.[495] Es kommt also auf die Umstände an und insbesondere da- **128**

---

490 EGMR 16.12.1999 – 24888/94, Slg 99-IX Rn. 86 f. – *V./Vereinigtes König-reich.*
491 EGMR 15.6.2004 – 60958/00, Slg 04-IV Rn. 29 f. – *S.C./Vereinigtes König-reich*; EGMR 23.3.2016 – 47152/06, Rn. 195 – *Blokhin/Russland* (für Slg aus-gewählt).
492 Vgl. für Aushang an der Gerichtstafel EGMR 5.11.2002 – 32576/96, Slg 02-VIII – *Wynen* ua/*Belgien.*
493 *Meyer* in *Karpenstein/Mayer,* EMRK, 2. Aufl. 2015, Rn. 106.
494 Vgl. EGMR 10.5.2007 – 78145/01, Rn. 33 – *Kovalev/Russland.*
495 EGMR 10.5.2007 – 78145/01, Rn. 36 – *Kovalev/Russland*; EGMR 17.9.2009 – 30782/03, Rn. 38 – *Kozlov/Russland*; EGMR 15.10.2009 – 23243/03, Rn. 35 – *Sokur/Russland.*

rauf, ob der Gefangene insgesamt seinen Fall effektiv vor Gericht vertreten konnte. Insoweit haben die Staaten einen Spielraum bei der Wahl der Mittel. Wenn es auf persönliche Erfahrungen des Gefangenen oder auf sein Verschulden ankommt, kann das seine persönliche Anwesenheit erforderlich machen, ebenso, wenn eine effektive anwaltliche Vertretung nicht gewährleistet ist.[496]

129   c) **Recht zu Schweigen und sich nicht selbst zu bezichtigen:** Dieses Recht ist nicht ausdrücklich in Art. 6 erwähnt, ergibt sich aber aus dem Grundsatz eines fairen Verfahrens und entspricht allgemein anerkannten internationalen Standards.[497] Es ist auch in Zusammenhang mit der Unschuldsvermutung (Art. 6 Abs. 2) zu sehen.[498] Das Recht bedeutet insbesondere, dass der Wille des Beschuldigten, bei einer Vernehmung zu schweigen, geachtet werden muss. Er darf **nicht genötigt** werden, eine Erklärung abzugeben. Die Anklage soll gezwungen sein, die notwendigen Beweise ohne Rückgriff auf Beweismittel zu erbringen, die gegen den Willen des Beschuldigten durch ungerechtfertigten Zwang erlangt wurden.[499] Das Schweigerecht des Beschuldigten und sein Recht sich nicht selbst zu bezichtigen muss nicht gravierend verletzt worden sein. Es reicht aus, wenn seine unter Verletzung dieser Rechte gemachten Angaben geeignet sind, seine Rechtsposition substanziell einzuschränken. Derartige Angaben müssen mit äußerster Zurückhaltung gewürdigt werden.[500] Bei **minderjährigen Beschuldigten** müssen die Strafverfolgungsbehörden darauf hinwirken, dass diese die **Bedeutung des Schweigerechts verstehen.**[501]

130   Im **nationalen Verfassungsrecht** kommt dem Verbot des Zwangs zur Selbstbelastung der Rang eines **Prozessgrundrechts** zu.[502] Es wird abgeleitet aus dem Rechtsstaatsprinzip (Art. 20 Abs. 3 GG), der allgemeinen Handlungsfreiheit und dem allgemeinen Persönlichkeitsrecht (Art. 2 Abs. 1 GG) sowie unmittelbar aus Art. 1 GG, da der Zwang, sich durch die eigene Aussage selbst zu überführen, eine Instrumenta-

---

496   EGMR 23.10.2008 – 13470/02, Rn. 104-107 – *Khuzhin* ua/*Russland*.
497   EGMR 3.5.2001 – 31827/96 – Slg 01-III Rn. 64 – *J.B./Schweiz*; vgl. dazu Weiß NJW 1999 – 2236; EGMR 11.7.2006 – 54810/00, Slg 06-IX Rn. 100 – *Jalloh/ Deutschland*; EGMR 16.9.2015 – 41269/08, Rn. 37 – *Schmid-Laffer/Schweiz*; *Meyer* in *Karpenstein/Mayer*, EMRK, 2. Aufl. 2015, Rn. 127 spricht unter Verweis auf EGMR 17.12.1996 – 19187/91, Slg 96-VI Rn. 68 – *Saunders/Vereinigtes Königreich* – vom „Herzstück des fairen Verfahrens".
498   *Meyer* in *Karpenstein/Mayer*, EMRK, 2. Aufl. 2015, Rn. 127 m.Verw.
499   EGMR 3.5.2001 – 31827/96, Slg 01-III Rn. 64 – *J.B./Schweiz*.
500   EGMR 16.9.2015 – 41269/08, Rn. 37 – *Schmid-Laffer/Schweiz*.
501   EGMR 23.32016 – 47152/06, Rn. 195 – *Blokhin/Russland* (für Slg ausgewählt).
502   *Paeffgen* in *Wolter*, Systematischer Kommentar StPO, 4. Aufl. 2012, Rn. 80.

lisierung darstellt und mit der Menschenwürde nicht vereinbar ist.[503]
Der Grundsatz wird auch abgeleitet aus dem in Rechtsstaatsprinzip
und Menschenwürdegarantie wurzelnden Recht auf Verteidigung
und auf Gehör sowie aus der Unschuldsvermutung.[504]

Direkter Zwang zur Herbeiführung einer Aussage begründet **grund-**   131
sätzlich, aber nicht automatisch einen Verstoß gegen Art. 6.[505] Wenn
ein Betroffener zur Aussage verpflichtet ist, prüft der EGMR Art und
Grund des Zwangs, ob ausreichende Verfahrensgarantien vorhanden
waren und eingehalten worden sind und wozu der Beweis verwendet
worden ist.[506]

Das Recht zu schweigen hat auch Bedeutung für **körperliche Bewei-**   132
se, die durch Zwang beschafft werden. Der Zwang zur Herausgabe
belastender Schriftstücke kann das Recht verletzen.[507] Anerkannt ist
aber, dass die Benutzung anderer Beweise, die durch Zwang beschafft wurden, aber unabhängig vom Willen des Betroffenen vorhanden sind, nicht grundsätzlich ausgeschlossen ist.[508]

Wird das Recht zu schweigen durch eine Maßnahme verletzt, die ge-   133
gen **Art. 3** verstößt, so sind in der Folge dann, wenn ein Fall der **Fol-**
ter vorliegt, auch **körperliche Beweismittel**, die aufgrund der Folterung erlangt werden konnten, **unverwertbar**, ohne dass es auf eine
Abwägung ankäme.[509] **Anderes kann hingegen gelten,** wenn „nur"
eine **unmenschliche oder erniedrigende Behandlung** vorliegt: Dann
ist nur die Aussage zwingend unverwertbar, aber bezüglich der aufgrund dieser gewonnenen körperlichen Beweise kann eine Abwägung
mit Blick auf Art und Umfang des Zwangs, das Gewicht des öffentlichen Interesses an der Strafverfolgung, das Vorhandensein angemessener Verfahrensgarantien und die Art der Verwertung der erlangten

---

503 BVerfGE 38, 105 (113); 56, 37 (49); BVerfG StV 2001, 257; BVerfG 2002,
177; *Esser* in *Löwe/Rosenberg*, StPO, 26. Aufl. 2012, Rn. 886.
504 *Esser* in *Löwe/Rosenberg*, StPO, 26. Aufl. 2012, Rn. 886 mwN.
505 EGMR 26.9.2007 – 15809/02, Slg 07-III Rn. 53 – *O'Halloran u. Francis/
Vereinigtes Königreich.*
506 EGMR 26.9.2007 – 15809/02, Slg 07-III Rn. 55 – *O'Halloran u. Francis/
Vereinigtes Königreich* für Zwang des Halters, Fahrer des Wagens anzugeben:
keine Verletzung.
507 EGMR 25.2.1993 – 10828/84 – *Funke/Frankreich*; EGMR 3.5.2001 –
31827/96, Slg 01-III Rn. 63-71 – *J.B./Schweiz.*
508 ZB Urkunden, Tachoscheiben, medizinische Untersuchungen, zB Blutunters-
chungen, Gewebeproben usw., vgl. EGMR 17.12.1996 – 19187/91, Slg 96-VI
Rn. 68 f. – *Saunders/Vereinigtes* Königreich.
509 EGMR 11.7.2006 – 54810/00, Slg 06-IX Rn. 105 – *Jalloh/Deutschland*;
EGMR 1.6.2010 – 22978/05, Slg 10-IV Rn. 167 – *Gäfgen/Deutschland*;
EGMR 21.4.2011 – 42310/04, Rn. 260 – *Nechiporuk u. Yonkalo/Ukraine*;
vgl. auch EGMR 24.7.2014 –7511/13, Rn. 554 – *Husayn (Abu Zubaydah)/
Polen.*

Beweise in Betracht kommen.[510] Ausnahmen sind jedenfalls restriktiv zu handhaben, um den Strafverfolgungsbehörden keinen Anreiz zu geben, zu Maßnahmen iSd Art. 3 Zuflucht zu nehmen, um Beweismittel zu schaffen.[511] Zu prüfen ist aber jedenfalls, ob die Verurteilung auf den körperlichen Beweismitteln, die durch unmenschliche oder erniedrigende Behandlung gewonnen wurden, **beruht**.[512]

134   Das Recht zu schweigen kann auch verletzt sein, wenn ein **Polizeiinformant den Beschuldigten zum Reden bringt** und die Polizei informiert oder das Gespräch abgehört wird.[513] Auch hier kommt es aber auf die Umstände an, zB darauf, ob der Ausgehorchte freiwillig mit dem Informanten gesprochen hat und keinerlei Pressionen ausgesetzt war, das Verfahren fair war und die Verurteilung auch auf andere Beweismittel gestützt wurde.[514] Klare Kriterien sind der (auch) insoweit stark kasuistischen Rechtsprechung des EGMR nicht zu entnehmen.[515]

135   Art. 6 kann in Fällen erzwungener Aussagen auch **anwendbar** sein, wenn es zu **keinem gerichtlichen Verfahren** kommt oder der Betroffene **freigesprochen** wird.[516]

136   Wenn der Betroffene **in einem Steuerverfahren** unter Androhung von Zwangsgeld zu Angaben gezwungen wird, die auch für ein Steuerstrafverfahren relevant sind, kann das eine Verletzung von Art. 6 Abs. 1 bedeuten,[517] selbst, wenn die Angaben nicht in einem Straf-

---

510   Letztlich offengelassen in EGMR 11.7.2006 – 54810/00, Slg 06-IX Rn. 106 – *Jalloh/Deutschland*, weil im konkreten Fall auch eine Abwägung nur die Unverwertbarkeit hätte ergeben können (Rn. 107 f.).

511   EGMR 1.6.2010 – 22978/05, Slg 10-IV Rn. 178 – *Gäfgen/Deutschland*.

512   EGMR 1.6.2010 – 22978/05, Slg 10-IV Rn. 179 ff. – *Gäfgen/Deutschland*.

513   So im Fall EGMR 5.11.2002 – 48539/99, Slg 02-IX – *Allan/Vereinigtes Königreich*, in dem die Behörden einen Informanten in die Zelle des Beschuldigten verlegt hatten, dazu *Esser* JR 2004, 98.

514   Keine Verletzung in EGMR 1.3.2007 – 5935/02 – *Heglas/Tschechien*; EGMR 10.3.2009 – 4378/02, Rn. 99-104 – *Bykov/Russland*; vgl. zum deutschen Recht unter Auswertung der Rechtsprechung des EGMR BGH NJW 2007, 3138: bei Verstoß gegen Recht zu schweigen Beweisverwertungsverbot; BGHSt 55, 138: verdeckte Ermittler dürfen selbstbelastende Äußerungen weitergeben, dürfen den Beschuldigten dazu aber nicht drängen.

515   *Meyer* in *Karpenstein/Mayer*, EMRK, 2. Aufl. 2015, Rn. 140, der auch einen Überblick über den „Pool von potentiellen Kriterien" gibt, aus denen der EGMR im Einzelfall schöpft.

516   EGMR 26.9.2007 – 15809/02, Slg 07-III Rn. 35 – *O'Halloran ua/Vereinigtes Königreich*; EGMR 21.4.2009 – 19235/03, Rn. 63-65 – *Marttinen/Finnland*.

517   EGMR 3.5.2001 – 31827/96, Slg 01-III Rn. 64 ff. – *J.B./Schweiz*; EGMR 25.2.1993 – 10828/84 – *Funke/Frankreich* für Zwang zur Herausgabe von Papieren, die für Zollverfahren von Interesse waren; EGMR 21.4.2009 – 19235/03, Rn. 67-75 – *Marttinen/Finnland* für Zwangsgeld wegen Aussageverweigerung in einem Vollstreckungsverfahren, in dem es um dieselbe Tatsache geht, wie im Gerichtsverfahren.

verfahren benutzt worden sind (vgl. → Rn. 135). Zwangsmaßnahmen gegen eine Person, um sie zu Angaben zu bringen, verstoßen
aber nicht immer gegen Art. 6. Im Fall *Weh/Österreich*[518] war ein
Strafverfahren weder anhängig noch beabsichtigt; der EGMR hat
eine Verletzung verneint. Wenn aber **die Gefahr eines Strafverfahrens**
und der dortigen Benutzung der erzwungenen Angaben besteht, auch
wenn es nicht zur Anklage reicht oder der Angeklagte freigesprochen
wird (→ Rn. 135), ist Art. 6 grundsätzlich verletzt[519] (vgl. aber ergänzend → Rn. 131). Im Rahmen sog **internal investigations**, also be-
triebsinterner Ermittlungen, die große Unternehmen, zB im Rahmen
von Kartellordnungswidrigkeitsverfahren, durchführen, um ihnen
selbst drohende Sanktionen abzuwenden oder zu reduzieren, besteht
für die befragten Arbeitnehmer grundsätzlich eine arbeitsrechtlich
begründete Auskunftspflicht. Aus der Existenz allgemeiner Aus-
kunftspflichten folgt allerdings nicht, dass Arbeitnehmer zu Aussagen verpflichtet sind, mit denen sie sich der Gefahr eigener strafjusti-
zieller Verfolgung aussetzen. Vielmehr sind die konfligierenden Interessen im Rahmen einer Verhältnismäßigkeitsprüfung gegeneinander
abzuwägen.[520] Eine Auskunftspflicht beim Risiko eigener Verfolgung
wird danach in den Fällen verneint, in denen der Arbeitgeber auch
über andere Möglichkeiten der Aufklärung des Sachverhalts verfügt.[521] Bei den Ermittlungen sind **rechtsstaatliche Mindeststandards**
zu beachten.[522] Ihre Verletzung würde die Verwertung auf diese Weise erlangter Erkenntnisse im Strafprozess als **Verstoß gegen den fair
trial-Grundsatz** darstellen. Überdies wird in Hinblick auf die Verwertung von arbeitsrechtlich erzwungenen Angaben des Arbeitnehmers
in einem ihn selbst betreffenden Strafverfahren die Anwendung der
Grundsätze der sog Gemeinschuldner-Entscheidung des BVerfG[523]
empfohlen, die zur strafprozessualen Unverwertbarkeit gegen den
Willen des Arbeitnehmers führen würde.[524]

---

518 EGMR 8.4.2004 – 38544/97, Rn. 45 – *Weh/Österreich.*
519 EGMR 4.10.2005 – 6563/03, Rn. 38 – *Shannon/Vereinigtes Königreich.*
520 *Dann/Schmidt* NJW 2009, 1851 (1853); *Esser* in *Löwe/Rosenberg,* StPO,
     26. Aufl. 2012, Rn. 910 f.
521 *Esser* in *Löwe/Rosenberg,* StPO, 26. Aufl. 2012, Rn. 910.
522 Vgl. zu den vom Strafrechtsausschuss der Bundesrechtsanwaltskammer formu-
     lierten rechtsstaatlichen Mindeststandards, die bei internen Ermittlungen zu
     beachten sein sollen, *Sidhu/von Saucken/Ruhmannseder* NJW 2011, 881.
523 BVerfGE 56, 37 (50).
524 Vgl. dazu *Jahn* StV 2009, 41 (46), dort zu den Erfahrungen mit internen Er-
     mittlungen des *Siemens*-Konzerns auf Druck der US-amerikanischen Wertpa-
     pieraufsicht SEC; zur Verschwiegenheitsverpflichtung eines mit unternehmens-
     internen Ermittlungen beauftragten Rechtsanwalts vgl. LG Hamburg NJW
     2011, 942 mit abl. Anm. *v. Galen.*

137 Das Recht zu schweigen gilt auch **für juristische Personen**, zB in Kartellverfahren.[525]

138 Da das Recht zu schweigen und sich nicht selbst zu beschuldigen ein wesentlicher Bestandteil eines fairen Verfahrens ist, dürfen aus dem **Schweigen eines Beschuldigten Schlüsse nur unter engen Voraussetzungen gezogen** werden. Nach **deutscher Rechtsprechung** gilt sogar, dass aus der vollständigen Verweigerung der Aussage ebenso wenig für den Beschuldigten nachteilige Schlüsse gezogen werden dürfen wie aus einem pauschalen Bestreiten.[526] Auch nach der **Rechtsprechung des Gerichtshofs** kann eine Verurteilung jedenfalls nicht ausschließlich oder wesentlich auf Schlüsse gestützt werden, die aus dem Schweigen gezogen werden.[527] Eine Verwertung des Schweigens zulasten des Angeklagten ist jedoch nach seiner Rechtsprechung nicht absolut ausgeschlossen: Wenn nach der Sachlage und den Beweisergebnissen eine Erklärung des Beschuldigten eindeutig zu erwarten ist, kann das vom Gericht bei der Beweiswürdigung berücksichtigt werden,[528] ebenso, wenn bei freier Würdigung der Beweise nur der Schluss gezogen werden kann, dass der Beschuldigte keine Antwort auf die Vorwürfe weiß.[529] Selbst (widerlegliche) tatsächliche oder rechtliche Vermutungen zulasten des Angeklagten sind nicht ausgeschlossen, solange sie sich innerhalb vernünftiger Grenzen halten.[530]

139 **d) Beweisaufnahme:** Art. 6 regelt nicht, wann eine Beweisaufnahme vor den staatlichen Gerichten erforderlich ist und welche Beweismittel zulässig sind, welche Beweiskraft sie haben, und auch nicht die Beweislast.[531] Es gibt auch kein Recht auf Zeugenvernehmung oder sonstige Beweiserhebung in Zivilsachen und auch nicht auf Beweiserleichterungen.[532] Das zu regeln ist Sache des innerstaatlichen Rechts, darüber zu entscheiden Sache der staatlichen Gerichte. Sie entscheiden insbesondere über die Würdigung der Beweise, die Erheblichkeit von Beweisanträgen und die Notwendigkeit von Zeugenvernehmun-

---

525 *Weiß* NJW 1999, 2236; abw. für das deutsche Recht BVerfG NJW 1997, 1841; abw. auch der EuGH, vgl. dazu *Esser* in *Löwe/Rosenberg*, StPO, 26. Aufl. 2012, Fn. 2239 m. Verw.

526 BGH NJW 1987 2027 (2028); vgl. zum Ganzen *Meyer* in *Karpenstein/Mayer*, EMRK, 2. Aufl. 2015, Rn. 144.

527 *Meyer* in *Karpenstein/Mayer*, EMRK, 2. Aufl. 2015, Rn. 146.

528 EGMR 8.2.1996 – 18731/91, Slg 96-I Rn. 47, 66 – *Murray/Vereinigtes Königreich*; EGMR 2.5.2000 – 35718/97, Slg 00-V Rn. 56 – *Condron/Vereinigtes Königreich*; EGMR 20.3.2001 – 33501/96, Rn. 17-19 – *Telfner/Österreich*; vgl. dazu auch *Meyer* in *Karpenstein/Mayer*, EMRK, 2. Aufl. 2015, Rn. 144.

529 EGMR 20.3.2001 – 33501/96, Rn. 17 – *Telfner/Österreich*.

530 EGMR 7.10.1988 – 10519/83, Rn. 28 – *Salabiaku/Frankreich*.

531 EGMR 21.1.1999 – 30544/96, Slg 99-I Rn. 28 – *García Ruiz/Spanien*.

532 Zur Umkehr der Beweislast bei Haftung eines Arztes EGMR 5.3.2009 – 77144/01, Rn. 41 – *Colak* ua/*Deutschland*.

gen; vgl. zu Art. 6 Abs. 3 Buchst. d zudem u. → Rn. 244. Der Gerichtshof **prüft aber, ob das Verfahren insgesamt, also einschließlich des Beweisverfahrens, fair war**.[533] Eine Verletzung von Art. 6 kann es sein, wenn das Gericht die Zeugenvernehmung mit unzutreffenden und widersprüchlichen Gründen ablehnt.[534]

In **Strafverfahren** ist für die Beurteilung wesentlich, ob die Rechte der Verteidigung beachtet worden sind, ob der Bf. die **Ablehnung oder Erhebung des Beweises angreifen** und sich einer Verwertung widersetzen konnte.[535] Das Auferlegen einer extrem hohen Beweislast, die jeden Beweis zugunsten des Angeklagten ausschließt, verstößt gegen den Grundsatz *in dubio pro reo* und damit auch gegen das fair-trial-Prinzip.[536] Von Bedeutung ist weiter die Beweiskraft, ob Umstände Zweifel an der Verlässlichkeit und Genauigkeit begründen. Auch das öffentliche Interesse an der Strafverfolgung wird berücksichtigt.[537] Die Beweiskraft kann auch beeinträchtigt sein, wenn es um lange zurückliegende Ereignisse geht. Es ist allerdings nicht ausgeschlossen, darüber (zB über Kriegsverbrechen im Zweiten Weltkrieg) Beweis zu erheben. Das Gericht hat dann festzustellen, ob der der Anklage obliegende Beweis erbracht ist.[538] Grundsätzlich besteht ein **Recht auf Zugang zu allen Beweisen, über die die Anklage verfügt** (→ Rn. 107). Es kann aber notwendig sein, der Verteidigung einzelne Beweise im öffentlichen Interesse vorzuenthalten (→ Rn. 101 f., 148). Dann müssen aber die Nachteile ausgeglichen werden. Die Verurteilung darf nicht ausschließlich oder wesentlich auf Beweise gestützt werden, zu denen der Angeklagte sich nicht hat äußern können (→ Rn. 145 ff.).[539]

Es gibt **keinen allgemeinen Grundsatz**, dass nach staatlichem Recht **unzulässige Beweismittel** (zB unzulässig abgehörte Telefongespräche) im gerichtlichen Verfahren **nicht verwertet werden dürfen**. Der Gerichtshof prüft die Gesamtumstände und entscheidet danach, ob das Verfahren fair gewesen ist.[540]

140

141

---

533 EGMR 22.11.2001 – 39799/98, Rn. 4 – *Volkmer/Deutschland*.
534 EGMR 15.6.2004 – 40847/98, Rn. 39-41 – *Tamminen/Finnland*.
535 EGMR 17.10.2013 – 36044/09, Rn. 78 – *Horvatic/Kroatien*; vgl. auch *Esser* in *Marauhn*, Bausteine eines europäischen Beweisrechts, 2007, 39 ff.
536 EGMR 31.7.2014 – 1774/11, Rn. 92 – *Nemtsov/Russland*.
537 EGMR 11.7.2006 – 54810/00, Slg 06-IX Rn. 95-97 – *Jalloh/Deutschland*.
538 EGMR 29.5.2001 – 63716/00, Slg 01-VI – *Sawoniuk/Vereinigtes Königreich*.
539 EGMR 19.2.2009 – 3455/05, Slg 09-II Rn. 205 ff. – *A. ua/Vereinigtes Königreich*.
540 EGMR 12.7.1988 – 10862/84 – *Schenk/Schweiz*; EGMR 25.3.1999 – 25444/94, Slg 99-II Rn. 45 – *Pelissier ua/Frankreich*.

142 Die **Verwertung von Beweismitteln,** die unter **Verletzung von Art. 8
gewonnen** worden sind, verletzt nicht automatisch Art. 6, auch wenn
es sich um den einzigen oder den ausschließlichen Beweis handelt,
sofern der Betroffene die Möglichkeit hatte, zu dem Beweismittel
Stellung zu nehmen und das Verfahren insgesamt fair war.[541] Der
Gerichtshof wägt die Interessen der Beteiligten und anderer Personen, zB Zeugen, und des Staates ab. Er prüft insbesondere das Verfahren bei der Prüfung der Zulässigkeit des Beweises durch die staatlichen Gerichte, ob der Bf. die Zulässigkeit anfechten und zu den Beweisen Stellung nehmen konnte sowie ob es die einzigen Beweismittel
waren.[542]

143 Die **Verwertung von Beweismitteln, die unter Verletzung von Art. 3
gewonnen wurden,** verstößt im Fall von Folter immer zugleich gegen
Art. 6, im Fall von unmenschlicher oder erniedrigender Behandlung
ist jedenfalls eine Beruhensprüfung durchzuführen; immer geht es
auch um eine Verletzung des *Nemo-tenetur*-Grundsatzes (näher daher bereits oben, → Rn. 133).[543]

144 Auch im **deutschen Recht** gibt es keinen allgemeinen Grundsatz, dass
die Verwertung einer rechtsfehlerhaften Beweisaufnahme stets unzulässig ist;[544] vgl. aber § 136a Abs. 3 S. 2 StPO zum Verwertungsver-
bot für Aussagen, die durch verbotene Vernehmungsmethoden gewonnen worden sind.[545] Im Falle der **Verletzung von Belehrungs-
und Benachrichtigungspflichten** (insbes. über das Schweigerecht des
Beschuldigten nach § 136 Abs. 1 S. 2 StPO) knüpft die deutsche
Rechtsprechung das Vorliegen eines strafprozessualen Verwertungs-
verbots an das Erfordernis eines rechtzeitig in der Hauptverhandlung
erklärten Widerspruchs (sog Widerspruchslösung).[546] Das BVerfG
misst die Verwertbarkeit rechtswidrig erhobener oder erlangter Informationen am Recht auf ein faires Verfahren mangels einer anderen
verfassungsrechtlichen Gewährleistung, aus der sich ein vollständiger

---

541 EGMR 12.5.2000 – 35394/97, Slg 00-V – *Kahn/Vereinigtes Königreich.*
542 EGMR 10.3.2009 – 4378/02, Rn. 89-91 – *Bykov/Russland.*
543 EGMR 11.7.2006 – 54810/00, Slg 06-IX Rn. 105 ff. – *Jalloh/Deutschland*;
     EGMR 1.6.2010 – 22978/05, Slg 10-IV Rn. 167 ff. – *Gäfgen/Deutschland.*
544 BVerfG NVwZ 2005, 1175; BVerfG NJW 2010, 287, zur Verwertung unzuläs-
     sig abgehörter Gespräche; aber BGH NJW 2009, 2463; BAG NJW 2010, 104:
     Beweisverwertungsverbot im Kündigungsschutzprozess.
545 Allgemein dazu *Meyer-Mews* JuS 2004, 39.
546 Vgl. dazu *Schmitt* in *Meyer-Goßner/Schmitt* StPO, 59. Aufl. 2016, § 136
     Rn. 25 f.; *König/Harrendorf* in: *Dölling/Duttge/König/Rössner,* Handkommen-
     tar Gesamtes Strafrecht, 4. Aufl. 2016, § 257 StPO Rn. 12 ff.; dort jeweils
     auch zur umfangreichen kritischen Literatur, auch zur sog *Zustimmungslö-
     sung*; vgl. zu dem entsprechenden Gesetzesvorschlag des Strafrechtsausschus-
     ses der Bundesrechtsanwaltskammer *Schlothauer/Jahn* Recht und Politik 2012,
     222.

Maßstab für die Verwertbarkeit von rechtswidrig erhobenen oder verwendeten Informationen ergäbe. Es orientiert sich dabei auch an der Rechtsprechung des EGMR.[547]

Das Verfahren ist beim **Zeugenbeweis** fair, **wenn der Angeklagte bei der ersten Aussage oder später Gelegenheit hatte, den Zeugen zu befragen.**[548] Der Gerichtshof geht davon aus, dass Zeugen **grundsätzlich in der mündlichen Verhandlung** vernommen werden müssen, damit die Beteiligten den Zeugen Fragen stellen und Vorhaltungen machen können (vgl. Abs. 3 d und dazu → Rn. 238 ff.), schließt aber die Verwertung von Aussagen, die im Vorverfahren oder sonst außerhalb der Hauptverhandlung gemacht worden sind, **nicht aus,** wenn zB der Zeuge verstorben ist oder das Gericht nachweisbar angemessene Anstrengungen unternommen hat, ihn zu laden. Der Gerichtshof prüft dann die **Verwertbarkeit der ohne Konfrontationsmöglichkeit zustande gekommenen Aussagen** nach den folgenden Maßstäben: 145

Hat die Aussage eines Zeugen für das Urteil Bedeutung, der nicht vom Angeklagten und/oder seinem Verteidiger befragt werden konnte, bestimmt sich die Vereinbarkeit der Entscheidung mit Art. 6 Abs. 3 Buchst. d (dazu im Übrigen auch noch unten, → Rn. 238 ff.) nach den Kriterien des **Al-Khawaja-Tests.**[549] Die Prüfung hat **in den folgenden Schritten** zu erfolgen: 146

- Gab es **gute Gründe für die Abwesenheit** des Zeugen und **für die Zulassung seiner Aussage** als Beweismittel?[550]
- War die Aussage des abwesenden Zeugen die **alleinige oder entscheidende Grundlage** für die Verurteilung des Angeklagten?[551]
- Gab es **hinreichende ausgleichende Faktoren,** einschließlich gewichtiger prozessualer Absicherungen, um die Hindernisse für die Verteidigung zu kompensieren, die durch die Zulassung der nicht überprüften Aussage entstanden sind, und um die Fairness des Verfahrens insgesamt zu sichern?[552] Dazu kann zählen, dass dem Beschuldigten für die Vernehmung eines wichtigen Belastungszeugen, bei dem die absehbare Gefahr besteht, dass er das Land verlassen und für weitere Befragungen nicht zur Verfügung stehen

---

547 BVerfG NJW 2012, 907, Rn. 115 ff.
548 EGMR 18.10.2001 – 37225/97, Slg 01-XI – *N.F.B./Deutschland.*
549 Vgl. dazu EGMR 15.12.2011 – 26766/05, Slg 11-VI Rn. 119 ff. – *Al-Khawaja ua/Vereinigtes Königreich* = HRRS 2012 Rn. 1; auch EGMR 15.12.2015 – 9154/10, Rn. 107 ff. – *Schatschaschwili/Deutschland* (für Slg ausgewählt).
550 EGMR 15.12.2011 – 26766/05, Slg 11-VI Rn. 119-125 – *Al-Khawaja ua/ Vereinigtes Königreich.*
551 EGMR 15.12.2011 – 26766/05, Slg 11-VI Rn. 119, 127-147 – *Al-Khawaja ua/ Vereinigtes Königreich.*
552 EGMR 15.12.2011 – 26766/05, Slg 11-VI Rn. 147 – *Al-Khawaja ua/Vereinigtes Königreich.*

wird, durch den Ermittlungsrichter ein Verteidiger beigeordnet wird, der an der Vernehmung teilnimmt;[553] generell scheint insbesondere die Möglichkeit einer **Vorverlagerung der Konfrontation auf das Ermittlungsverfahren** (im deutschen Recht gem. § 168 c StPO) eine besonders vielversprechende Ausgleichsmaßnahme darzustellen.[554]

147 Das **Verhältnis zwischen den einzelnen Elementen** des dreistufigen *Al-Khawaja*-Tests ist in der Rechtsprechung des EGMR nicht ganz geklärt. Während in einer Reihe von Entscheidungen bereits die **Verneinung der Voraussetzungen der ersten Stufe** zur Annahme einer Konventionswidrigkeit geführt hat,[555] ist der EGMR (GK) in der Entscheidung *Schatschaschwili/Deutschland*[556] der (Mehrheits-)Auffassung gewesen, die drei Stufen des Tests stünden zueinander in Beziehung. Die Fairness des Verfahrens müsse daher **im Lichte aller drei Stufen** beurteilt werden.[557]

148 Die genannten Grundsätze gelten auch für die Frage, ob **anonyme Zeugenaussagen**[558] oder Aussagen von zwar nicht anonymen, aber **abgeschirmten Zeugen, die von der Verteidigung nicht befragt werden konnten**, verwertet werden dürfen.[559] Die Behörden müssen stichhaltige und ausreichende Gründe für die Geheimhaltung der Identität des Zeugen vorbringen.[560] Wenn wichtige öffentliche Interessen, zB bei der **Bekämpfung der organisierten Kriminalität**, und die **Notwendigkeit** des **Schutzes von Zeugen** oder der **Geheimhaltung polizeilicher Ermittlungsmethoden** besondere Maßnahmen erforderlich machen, hält der Gerichtshof anonyme Informationen in der Ermittlungsphase für zulässig (vgl. auch bereits → Rn. 101 f.), aber **nicht als ausschließliches oder entscheidendes Beweismittel** in der

---

553 EGMR 15.12.2015 – 9154/10, Rn. 155 – *Schatschaschwili/Deutschland* (für Slg ausgewählt).

554 EGMR 10.5.2012 – 28328/03, Rn. 40 ff. – *Aigner/Österreich*; EGMR 3.4.2014 – 18475/05, Rn. 51, 57 – *Chmura/Polen*.

555 Vgl. EGMR 10.4.2012 – 8088/05, Rn. 77, 84 – *Gabrielyan/Armenien*; EGMR 3.7.2014 – 63117/09, Rn. 35 – *Nikolitsas/Griechenland*; EGMR 6.10.2015 – 32152/04, Rn. 108 – *Karpyuk* ua/*Ukraine*; vgl. auch das Sondervotum der Richter Spielmann, Karakas, Sajó und Keller zur Entscheidung *Schatschaschwili/Deutschland*, Rn. 4 ff.

556 EGMR 15.12.2015 – 9154/10, Rn. 118 – *Schatschaschwili/Deutschland* (für Slg ausgewählt).

557 Vgl. auch die im Ergebnis abweichende Entscheidung der 5. Sektion des EGMR vom 17.4.2014, die der Entscheidung der GK im Verfahren *Schatschaschwili/Deutschland* vorausging, JR 2015, 95, und die Entscheidungsbesprechungen dazu von *Lohse* JR 2015, 60 ff. und *Allgayer* JR 2015, 64 ff.; zur Problematik auch VG Berlin, 30.1.2014, BeckRS 2014, 47540.

558 Zu Aussagen verdeckter Ermittler und Lockspitzel u. Rn. 158.

559 Dazu *Renzikowski* JZ 1999, 605.

560 EGMR 17.11.2005 – 73047/01 – *Haas/Deutschland*.

Hauptverhandlung.[561] Anerkannt ist, dass uU besonderer Schutz für Zeugen notwendig ist, zB bei gewalttätigen Tätern[562] oder in Strafverfahren wegen Sexualdelikten, in denen **besondere Maßnahmen zum Schutz des Opfers**, insbesondere wenn es ein Kind ist, erforderlich sein können,[563] oder wenn sonst die Sicherheit einer Person gefährdet ist oder andere von Art. 8 geschützte Interessen betroffen sind.[564] Bei der Entscheidung, ob ein Zeuge anonym bleiben soll, muss das Gericht die Interessen der Verteidigung gegen die des Zeugen oder Opfers abwägen.[565]

Eine **Verurteilung** darf jedenfalls **nicht ausschließlich oder entscheidend** auf **anonyme Zeugenaussagen oder Aussagen von Zeugen gestützt** werden, die von der Verteidigung **weder im Ermittlungsstadium noch während der Hauptverhandlung befragt** werden konnten und deren Glaubwürdigkeit sie daher nicht überprüfen konnte.[566] Dies gilt auch für Aussagen Mitangeklagter.[567] War eine Befragung nicht möglich, ist nur eine zurückhaltende Würdigung der Aussagen zulässig;[568] ihnen darf keine tragende Rolle für die Verurteilung zukommen.[569] Eine Vernehmung des Polizeibeamten, der die Zeugen vernommen hat, als Zeugen vom Hörensagen reicht meistens nicht aus. Immerhin kann die Möglichkeit dazu ein gewisses Korrektiv sein.[570] Nicht ausreichend ist auch, wenn ein Richter die anonymen oder abgeschirmten Zeugen vernimmt und der Verteidiger in einem anderen Raum mithören und den Zeugen von dort aus befragen kann.[571] Unbedenklich (und nach Auffassung des BGH geboten) ist dagegen die Vernehmung des Zeugen **unter optischer und akustischer Abschirmung bei audiovisueller Vernehmung mit Fragemöglichkeit des Verteidigers**.[572] Wie auch sonst berücksichtigt der Gerichtshof bei unzulässigen Beweismitteln, welchen Einfluss sie im konkreten Fall gehabt haben. Wenn sie für das Urteil nicht ausschlaggebend

149

---

561 EMGR 20.11.1989 – 11454/85, Rn. 41, 44 – *Kostovski/Niederlande*.
562 EGMR 29.9.2009 – 15065/05 – *Dzelili/Deutschland*.
563 EGMR 2.7.2002 – 34209/96, Slg 02-V Rn. 47 – *S.N./Schweden*; EGMR 14.6.2005 – 69116/01, Rn. 34 – *Mayali/Frankreich*.
564 EGMR 20.12.2001 – 33900/96, Rn. 22 – *P.S./Deutschland*.
565 EGMR 10.11.2005 – 54789/00, Rn. 69 – *Bocos-Cuesta/Niederlande*.
566 EGMR 26.3.1996 – 20524/92, Slg 96-II Rn. 76 – *Doorson/Niederlande*; EGMR 20.9.1993 – 14647/80, Rn. 43 f. – *Saidi/Frankreich*.
567 EGMR 27.2.2001 – 33354/96, Slg 01-II Rn. 41 – *Lucà/Italien*.
568 EGMR 2.7.2002 – 34209/96, Rn. 53 – *S.N./Schweden*.
569 EGMR 27.2.2001 – 33354/96, Slg 01-II Rn. 40 – *Lucà/Italien*.
570 EGMR 29.9.2009 – 15065/05 – *Dzelili/Deutschland*.
571 EGMR 23.4.1997 – 21363/93, Slg 96-III – *Van Mechelen* ua/*Niederlande*.
572 BGH NJW 2003, 74; vgl. auch BGH NJW 2005, 1132 und *Weider* StV 1999, 51.

waren, scheidet eine Verletzung von Art. 6 aus.[573] Wenn es zB zum Schutz eines Kindes erforderlich ist, es nicht in mündlicher Verhandlung zu vernehmen, verlangt der EGMR jedenfalls, dass erstens der Beschuldigte von dem Termin für die Vernehmung unterrichtet wird, zweitens, dass er die Vernehmung verfolgen kann, gleich oder später im Wege einer Videoaufzeichnung und drittens, dass er veranlassen kann, dass dem Kind Fragen gestellt werden, direkt oder indirekt, bei der ersten Vernehmung oder später.[574]

150 **Wenn ein Zeuge nicht geladen werden kann,** zB weil seine Anschrift nicht bekannt ist, müssen die Behörden nachweisen, dass sie ausreichend versucht haben, die Ladung zu ermöglichen. Wenn das geschehen ist, darf die Aussage verwertet werden. Sie muss besonders sorgfältig gewürdigt werden. **Auch dann aber darf die Verurteilung nicht ausschließlich oder entscheidend darauf gestützt werden.**[575] Dies gilt nach neuerer Rechtsprechung unabhängig davon, ob dem Staat die **Nichtgewährung des Konfrontationsrechts zugerechnet** werden kann; insofern gibt es also keine Erleichterungen bei der Beweisverwertung.[576] Gleiches gilt auch in allen anderen Fällen fehlender Zurechenbarkeit (zB bei Tod eines Belastungszeugen). Hingegen zeigt die neuere Rechtsprechung die **besondere Bedeutung der Ausgleichsmaßnahmen** deutlich auf: Sind diese in ausreichendem Maße erfolgt, darf auf die Aussage eine Verurteilung durchaus wieder entscheidend gestützt werden.[577]

151 **Deutsches Recht:** Nach der Rechtsprechung dürfen Aussagen anonymer Zeugen regelmäßig nur Grundlage der Verurteilung sein, wenn sie einer besonders kritischen Prüfung unterzogen worden sind und durch andere Beweisanzeichen bestätigt werden, es gilt das „Korrektiv der **vorsichtigen Beweiswürdigung**", oder „gesteigerte Sorgfalt bei der Verwertung nicht konfrontativer Aussagen".[578] Ähnliches gilt für aus anderen Gründen nicht konfrontativ befragte Zeugen. Im Einzelnen: Nach der sog **Stufentheorie** prüft der BGH zunächst das Vorlie-

---

573 EGMR 25.3.1999 – 25444/94, Slg 99-II Rn. 47 – *Pelissier* ua/*Frankreich*; vgl. zur Verwertung von Videovernehmungen *Weider* StV 1999, 51.
574 EGMR 28.9.2010 – 40156/07, Rn. 56 – *A.S./Finnland*; vgl. auch Rn. 244.
575 EGMR 13.11.2003 – 71846/01, Rn. 24 – *Rachdad/Frankreich*; EGMR 17.11.2005 – 73047/01 – *Haas/Deutschland*; EGMR 23.3.2010 – 26437/04, Rn. 38 – *Cacan/Türkei*.
576 EGMR 15.12.2011 – 26766/05, Slg 11-VI Rn. 128 – *Al-Khawaja* ua/*Vereinigtes Königreich*.
577 Vgl. zB EGMR 10.5.2012 – 28328/03, Rn. 40 ff. – *Aigner/Österreich*; EGMR 3.4.2014 – 18475/05, Rn. 51, 57 – *Chmura/Polen*.
578 Vgl. BVerfG NJW 2010, 925; BVerfG NStZ 1995, 600; BGHSt 42, 15; BGH NJW 2000, 1661; BGH StV 2015, 142 unter Berücksichtigung der Rechtsprechung des EGMR; zum verstorbenen Belastungszeugen BGH JR 2005, 247 mAnm *Esser*; vgl. weiter *Wattenber* StV 2000, 688.

gen eines vom EGMR **anerkannten Einschränkungsgrundes für das Konfrontationsrecht,** sodann, ob **zureichende Ausgleichsmaßnahmen** (→ Rn. 146) getroffen wurden oder ob die mangelnde Gelegenheit zur Konfrontation jedenfalls **nicht im Verantwortungsbereich** der Strafverfolgungsorgane liegt.[579] Liegt ein Fall vor, in dem die Nichtgewährung des Konfrontationsrechts dem Staat nicht zugerechnet werden kann (zB Tod des Zeugen), wird die Verwertung der Aussage unter erleichterten Umständen für zulässig gehalten; sie muss dann – obschon „äußerst sogfältig" zu würdigen, iE lediglich durch weitere Beweisanzeichen unterstützt werden.[580] Der schon einleitend erwähnte Grundsatz besonders vorsichtiger Beweiswürdigung greift hingegen erst dann in vollem Umfang, wenn keine ausreichenden Ausgleichmaßnahmen erfolgt sind und dies dem Staat zuzurechnen ist; dann müssen die Angaben des Zeugen durch andere gewichtige Gesichtspunkte außerhalb der Aussage bestätigt werden.[581] Selbst dann aber soll es keinen verfassungsrechtlichen Grundsatz geben, der besagt, dass bei der Aussage nicht konfrontativ befragter Zeugen die Bewertung der Straftat in jedem Fall auch dann Bestand haben muss, wenn die Aussage des Zeugen hinweggedacht wird; das Urteil darf lediglich nicht allein auf die Aussage gestützt werden.[582] Ob das mit der vorstehend geschilderten Rechtsprechung des EGMR übereinstimmt, ist zweifelhaft; insbesondere sind die Vorgaben des *Al-Khawaja*-Tests (→ Rn. 146) noch nicht berücksichtigt.[583] Insbesondere darf danach das mangelnde Verschulden des Staates nicht mehr ausschlaggebend in Ansatz gebracht werden.[584]

Der **Grundsatz der Unmittelbarkeit** ist ein wichtiger Teil der Garantie eines fairen Verfahrens, weil der unmittelbare Eindruck des Richters von einem Zeugen für die Beurteilung der Glaubwürdigkeit von besonderer Bedeutung sein kann.[585] Es ist daher wichtig, dass der Zeuge in Gegenwart des Angeklagten **von dem Richter vernommen wird, der dann auch entscheidet.** Deswegen muss bei Änderung der Besetzung des Gerichts in Strafsachen **die Vernehmung grundsätzlich wiederholt** werden.[586] In **Zivilsachen** gibt der EGMR einen größeren 152

---

579 BGHSt 51, 150, 154 ff.
580 BGHSt 55, 70; vgl. dort Rn. 17: „[...] kann eine Verurteilung auf die Aussage des Zeugen bei äußerst sorgfältiger Würdigung gestützt werden, wenn sie nicht einzig und allein auf dieser Aussage beruht [...].".
581 BGHSt 46, 93, 106; BGH NStZ 2005, 224, 225.
582 BVerfG NJW 2010, 925.
583 So auch *Meyer* in *Karpenstein/Mayer*, EMRK, 2. Aufl. 2015, Rn. 215.
584 EGMR 15.12.2011 – 26766/05, Slg 11-VI Rn. 128 – *Al-Khawaja* ua/*Vereinigtes Königreich*.
585 EGMR 9.3.2004 – 30508/96, Rn. 58 – *Pitkanen/Finnland*.
586 EGMR 9.3.2004 – 30508/96, Rn. 58 – *Pitkanen/Finnland*.

Spielraum. Dort kann genügen, dass den entscheidenden Richtern Niederschriften oder Tonbänder über die Aussagen vorliegen.[587]

153   Beim **Sachverständigenbeweis** ist es grundsätzlich **Sache der staatlichen Gerichte,** darüber zu entscheiden, ob sie einen Sachverständigen bestellen oder ohne Sachverständigen entscheiden können.[588] Der Gerichtshof prüft auch hier, ob das Verfahren insgesamt fair war, und ist in einigen Fällen zu dem Ergebnis gekommen, dass ein Gericht einen Sachverständigen hätte bestellen müssen. Das hat der EGMR zB bei Fragen der Transsexualität angenommen,[589] aber auch in Kindschaftssachen (vgl. → Art. 8 Rn. 75).[590] Unter außergewöhnlichen Umständen kann es sogar nötig sein, einen zweiten Sachverständigen zur selben Fragestellung zu beauftragen.[591] Jedenfalls verlangt es die Waffengleichheit, dass nicht nur die Staatsanwaltschaft und das Gericht, sondern auch die Verteidigung Möglichkeiten hat, Stellungnahmen von Experten in irgendeiner Form zulässig in den Prozess einzubringen.[592] Da die Rechtsfindung die ureigene Aufgabe des Gerichts ist, können Anträge, Sachverständige zur Rechtsfragen zu bestellen, als nutzlos bzw. irrelevant abgelehnt werden.[593]

154   Die Garantien von Art. 6 Abs. 1 beziehen sich auf das gerichtliche Verfahren. Auf **Ermittlungen eines vom Gericht bestellten Sachverständigen** sind sie nur ausnahmsweise anwendbar. So muss ein Sachverständiger grundsätzlich nicht wie ein Gericht unabhängig und unparteiisch sein. Wenn er es aber an der notwendigen Neutralität fehlen lässt, kann das gegen Art. 6 verstoßen.[594]

155   Zum **Verfahren des Sachverständigen** gilt als Grundsatz, dass **Beteiligte kein Recht haben, bei Anhörungen durch den Sachverständigen anwesend zu sein** oder Unterlagen zu erhalten, die der Sachverständige berücksichtigt hat. Wesentlich ist insofern nur, dass die Beteiligten

---

587   EGMR 9.3.2004 – 30508/96, Rn. 59, 65 – *Pitkanen/Finnland.*
588   EGMR 25.72013 – 11082/06, Rn. 721 – *Khodorkovskiy u. Lebedev/Russland.*
589   ZzB EGMR 12.6.2003 – 35968/97, Slg 03-VII Rn. 63 – *Van Kück/Deutschland;* EGMR 8.1.2009 – 29002/06, Rn. 57 – *Schlumpf/Schweiz.*
590   EGMR 13.7.2000 – 25735/94, Slg 00-VIII Rn. 66 – *Elsholz/Deutschland:* Verletzung, weil in der Beschwerdeinstanz kein psychologisches Gutachten vor einer Entscheidung über eine Umgangsregelung eines unehelichen Vaters mit seinem Kind angefordert worden ist und keine erneute mündliche Anhörung in zweiter Instanz stattgefunden hat.
591   EGMR 2.10.2001 – 44069/98, Slg 01-X Rn. 69 – *G.B./Frankreich.*
592   EGMR 25.7.2013 – 11082/06, Rn. 728 ff. – *Khodorkovskiy u. Lebedev/Russland.*
593   EGMR 25.7.2013 – 11082/06, Rn. 721 f. – *Khodorkovskiy u. Lebedev/Russland.*
594   Vgl. EGMR 5.7.2007 – 31930/04, Rn. 47 – *Eggertsdottir/Island;* EGMR 11.12.2008 – 34449/03, Rn. 63-70 – *Shulepova/Russland* für ärztlichen Sachverständigen, der bei der beklagten Klinik angestellt ist.

nach den Maßstäben des Art. 6 am folgenden gerichtlichen Verfahren beteiligt werden. Im Fall *Cottin/Belgien*[595] hat der EGMR ausnahmsweise eine Verletzung von Art. 6 angenommen, weil die dem Sachverständigen vorgelegte Frage dafür entscheidend war, ob ein Straftatbestand erfüllt war und der Bf. die vom Sachverständigen befragte Person nicht seinerseits befragen konnte. Wenn ein von der Verteidigung benannter **Sachverständiger** zu Ergebnissen kommt, die die Anklage stützen oder wenn er seine Meinung zum Nachteil des Angeklagten in der Verhandlung ändert, ist das Verfahren nicht schon deswegen unfair, weil das staatliche Recht dem Angeklagten keinen Anspruch auf einen neuen Sachverständigen gibt. Etwas anderes kann bei plötzlichem Sinneswandel innerhalb derselben Verhandlung nach flüchtiger Durchsicht neuer Urkunden gelten.[596] Aus Art. 6 Abs. 3 Buchst. d wird für Strafsachen auch das Recht abgeleitet, Sachverständige zu befragen (→ Rn. 240).

Wenn beim **Urkundenbeweis** dem staatlichen Gericht **nur eine Fotokopie** der maßgebenden Urkunde vorliegt, ist eine besonders kritische Prüfung erforderlich, besonders dann, wenn andere Umstände Zweifel an der Fairness des Verfahrens begründen.[597]   **156**

e) **Verdeckte Ermittler (V-Leute) und Tatprovokation:** Der Gerichtshof geht davon aus, dass der **Einsatz verdeckter Ermittler grundsätzlich zulässig ist** (vgl. auch bereits → Rn. 148 f.), insbesondere im Kampf gegen das organisierte Verbrechen, den Drogenhandel und die Korruption, dass von dieser Möglichkeit aber nur beschränkt und innerhalb klarer Grenzen Gebrauch gemacht werden darf und weiter, dass Schutzmaßnahmen vorgesehen sein müssen.[598] Es muss ein eindeutiges und vorhersehbares Verfahren geben, um die Ermittlungsmaßnahmen zu genehmigen, durchzuführen und zu überwachen. Anderes gilt hingegen, wenn der Ermittler die Grenzen eines V-Manns überschritten und als sog **Lockspitzel (agent provocateur)** zur Tat anstiftet hat. Die Verwertung von **Beweismitteln aus ihrem Einsatz ist unzulässig.**[599] Unbedenklich ist der Einsatz eines verdeckten Ermittlers hingegen dann, wenn der Anstoß zur Tat nicht von ihm, sondern vom Straftäter ausgegangen ist.[600]   **157**

---

595 EGMR 2.6.2005 – 48386/99, Rn. 32 – *Cottin/Belgien.*
596 EGMR 2.10.2001 – 44069/98, Slg 01-X – *G.B./Frankreich.*
597 EGMR 13.6.2000 – 23531/94, Slg 00-VI Rn. 66 – *Timurtas/Türkei*; EGMR 24.5.2005 – 61302/00, Rn. 70 f. – *Buzescu/Rumänien.*
598 EGMR 15.12.2005 – 53203/99, Rn. 46 – *Vanyan/Russland*; EGMR 5.2.2008 – 74420/01, Slg 08-I Rn. 50 ff. – *Ramanauskas/Litauen.*
599 EGMR 5.2.2008 – 74420/01, Slg 08-I Rn. 60 – *Ramanauskas/Litauen*; EGMR 9.6.1998 – 25829/94, Slg 08-IV Rn. 36 – *Teixeira de Castro/Portugal.*
600 EGMR 21.3.2002 – 59895/00, Slg 02-V – *Calabro/Italien u. Deutschland.*

158   Zur **Abgrenzung**: Der V-Mann beobachtet, der Lockspitzel stiftet an.
      Der EGMR prüft, ob sich Ermittler darauf beschränkt haben, das
      kriminelle Verhalten zu beobachten, ob sie passiv geblieben sind oder
      Einfluss genommen und zur Begehung angestiftet haben. Das ist ins-
      besondere der Fall, wenn **die Straftat ohne Zutun des Ermittlers gar
      nicht begangen worden wäre**.[601] Dabei wird berücksichtigt, ob der
      Täter verdächtig war, ob er einschlägig vorbestraft ist oder zu erken-
      nen gegeben hat, dass er zu der Straftat geneigt ist, und ob die Tätig-
      keit des Lockspitzels der Polizei von einem Gericht kontrolliert
      war.[602]

159   Wenn der Gerichtshof **nicht feststellen kann**, ob der Bf. von einem
      Lockspitzel angestiftet worden ist, prüft er das Verfahren, in dem vor
      dem staatlichen Gericht über die entsprechende Behauptung des Bf.
      entschieden worden ist, um festzustellen, ob die Rechte der Verteidi-
      gung mit Blick auf ein adversatorisches Verfahren und die Waffen-
      gleichheit angemessen gewahrt worden sind.[603] Die staatlichen Ge-
      richte müssen also gründlich prüfen, ob der Bf. von einem Lockspit-
      zel angestiftet worden ist und welches Beweismaterial darauf be-
      ruht.[604]

160   **Deutsches Recht**: Eine unzulässige, nach Art. 6 verbotene Tatprovo-
      kation setzt voraus, dass eine unverdächtige und zunächst nicht tat-
      geneigte Person durch einen V-Mann der Polizei zu der Straftat ver-
      leitet worden ist. Wenn das so war, wurde das bisher nur **bei der
      Strafzumessung** berücksichtigt; geschah das nicht, konnte das mit der
      Revision durch eine Verfahrensrüge geltend gemacht werden.[605] Mit
      der Rechtsprechung des EGMR stimmte das ganz offensichtlich nicht
      überein.[606] Dementsprechend hat der 2. Strafsenat des BGH nun-
      mehr eine Kehrwende vollzogen und ist auf eine Einstellungslösung
      umgeschwenkt: Das Verfahren ist bei einer rechtsstaatswidrigen Tat-
      provokation regelmäßig wegen eines Verfahrenshindernisses einzu-
      stellen.[607] Dies geht über die vom EGMR vorgegebene Lösung über
      die Unverwertbarkeit der aus der Tatprovokation erlangten Beweis-

---

601 EGMR 9.6.1998 – 25829/94, Slg 08-IV Rn. 38 f. – *Teixeira de Castro/Portu-
     gal*.
602 Vgl. EGMR 27.10.2004 – 39647/98, Slg 04-X Rn. 46-48 – *Edwards* ua/*Verei-
     nigtes Königreich*.
603 EGMR 5.2.2008 – 74420/01, Slg 08-I Rn. 61 – *Ramanauskas/Litauen*.
604 EGMR 11.2.2014 – 16463/08, Rn. 31 – *Sandu/Moldau*.
605 BGH NStZ 2001, 53; vgl. weiter BGH NJW 2000, 1123 – Strafzumessungslö-
     sung – und kritisch dazu *Endriß* NStZ 2000, 271.
606 So jetzt ausdrücklich auch EGMR 23.10.2014 – 54648/09, Rn. 86 f. – *Furcht/
     Deutschland*.
607 BGHSt 60, 276 mAnm *Jahn/Kudlich* JR 2016, 54; *Eisenberg* NJW 2016, 98;
     Mitsch NStZ 2016, 57; *Eidam* StV 2016, 129.

mittel noch hinaus und ist jedenfalls mit Art. 6 konform. Dass der BGH sich gegen eine Lösung über Verwertungsverbote ausgesprochen hat, begründet er mit der Systemwidrigkeit einer solchen Lösung und zudem – berechtigt – mit gewissen, inhärenten Wertungswidersprüchen: Wenn das Problem darin liegt, dass es die Tat ohne die rechtsstaatswidrige Provokation nicht gegeben hätte, lässt sich das durch den Ausschluss von Beweismitteln gar nicht vollständig kompensieren. Fast gleichzeitig hat dagegen der erste Strafsenat in einer Entscheidung zum selben Thema eine Einstellungslösung – außer für extreme Ausnahmefälle – abgelehnt; im Ergebnis wurde in der Entscheidung aber schon das Vorliegen jeglicher rechtsstaatswidriger Tatprovokation im zu entscheidenden Fall abgelehnt, so dass letztlich offenbleibt, wie nach Auffassung des ersten Senats bei einer solchen rechtsstaatswidrigen Tatprovokation – unterhalb der genannten extremen Ausnahmefälle – zu verfahren wäre.[608] Abzulehnen ist schließlich eine Entscheidung des BVerfG, die in einem Einzelfall nach Ergehen der Entscheidung des EGMR im Fall *Furcht/Deutschland*[609] die Strafzumessungslösung in eklatantem Widerspruch zur genannten Entscheidung als mit Art. 6 konform einstuft.[610]

f) Einflussnahme auf das Verfahren oder das Urteil durch den Gesetzgeber; Rechtsprechungsänderungen: Der Gerichtshof bestreitet dem nationalen Gesetzgeber nicht grundsätzlich das Recht, in **Zivilsachen** auch **rückwirkende Gesetze** zu erlassen,[611] die also den Ausgang eines Verfahrens bestimmen können.[612] Das ist aber nach dem Grundsatz der Rechtsstaatlichkeit und dem Gebot eines fairen Verfahrens nur aus evidenten und zwingenden Gründen des Allgemeininteresses zulässig, und zwar auch dann, wenn die Gesetzgebung nicht auf die Beeinflussung eines Rechtsstreits abzielt, für dessen Ausgang aber entscheidend ist. Haushaltserwägungen und die Absicht, ein politisches Programm durchzuführen, genügen nicht.[613] Nach der Rechtsprechung verstößt es gegen den Grundsatz eines fairen Verfahrens, wenn der Gesetzgeber eine Norm erlässt, die im Kern darauf abzielt, den Ausgang des gerichtlichen Verfahrens an dem der Staat Partei ist, zu beeinflussen, ohne dass ein rechtfertigender Grund

161

---

608 BGHSt 60, 238 mAnm *Jahn/Kudlich* JR 2016, 54.
609 EGMR 23.10.2014 – 54648/09, Rn. 86 f. – *Furcht/Deutschland*.
610 BVerfG NJW 2015, 1083; zu Recht ablehnend dazu *Jahn/Kudlich* JR 2016, 54; *Eisenberg* StraFo 2015, 102; *Meyer/Wohlers* JZ 2015, 761.
611 EGMR 28.10.1999 – 24846/94, Slg 99-VII Rn. 57– *Zielinski* ua/*Frankreich*.
612 EGMR 20.2.2003 – 47316/99 – *Forrer-Niedenthal/Deutschland*.
613 Vgl. EGMR 29.3.2006 – 36813/97, Slg 06-V Rn. 126, 130, 132 – *Scordino/Italien* Rn. 1 m.w. Nachweisen; EGMR 9.1.2007 – 20127/03, Rn. 70 – *Arnolin* ua/*Frankreich* für rückwirkende Regelung des Arbeitsentgelts.

dafür vorliegt.[614] Im **Strafverfahren** gelten diese Grundsätze entsprechend;[615] siehe im Übrigen das strikte Rückwirkungsverbot des
Art. 7 (vgl. dortige Kommentierung).

162   Eine **Änderung der höchstrichterlichen Rechtsprechung** wird hingegen nicht durch Anforderungen der Rechtssicherheit und des Ver-
trauensschutzes ausgeschlossen.[616] Es kann aber gegen den Grundsatz der Rechtssicherheit verstoßen und damit Art. 6 verletzen, wenn
ein Gericht seine Rechtsprechung von Fall zu Fall ändert, ohne das
zu begründen (→ Rn. 93).

163   **g) Beachtung der Rechtskraft:** Der Grundsatz der Rechtssicherheit
als Teil des fairen Verfahrens (→ Rn. 87) **verbietet außerdem, die
Rechtskraft eines Urteils zu missachten.** Eine Partei darf nicht ein
Rechtsmittel einlegen können, mit dem sie erreichen kann, dass über
einen rechtskräftig entschiedenen Fall neu verhandelt wird, wenn das
nicht aus ganz besonderen Gründen ausnahmsweise notwendig ist
(Wiederaufnahmegründe). Es verstößt gegen Art. 6 Abs. 1, wenn ein
Staatsanwalt oder Gerichtspräsident oder eine andere staatliche Institution als Mittel der Aufsicht ein Rechtsmittel einlegen kann, das zur
Aufhebung eines rechtskräftigen Urteils führt, besonders, wenn das
ohne Fristbindung möglich ist.[617]

164   Eine **Wiederaufnahme des Verfahrens** kann zulässig sein, um Justiz-
irrtümer zu beseitigen, zB wenn entscheidungserhebliche Beweismit-
tel später bekannt werden. Insoweit ergeben sich Berührungspunkte
mit Art. 4 Prot. 7 (ne bis in idem; vgl. → Art. 4 Prot. 7 Rn. 6).[618]
Wenn der Partei das Beweismittel schon vorher bekannt war und die
Wiederaufnahme trotzdem durchgeführt wird, verstößt das gegen
Art. 6.[619] Zum Recht auf Vollstreckung aus dem Urteil → Rn. 50 ff.
Erst recht kommt eine **Wiederaufnahme in Strafsachen** in Betracht,
um ein Fehlurteil, das in einem unter gravierenden prozeduralen
Mängeln leidenden Verfahren zustande gekommen war, zu beseiti-
gen.[620]

165   **h) Kostenentscheidung:** Die **Kostenentscheidung** fällt uU in den Anwendungsbereich von Art. 6 (→ Rn. 21) und kann in Ausnahmefäl-

614 EGMR 9.12.1994 – 13427/87, Rn. 47 – *Refineries* ua/*Griechenland*; EGMR
     22.10.1997 – 24628/94, Slg 1997-VI Rn. 37 – *Papageorgiou/Griechenland*.
615 EGMR 17.9.2009 – 10249/03, Rn. 132 – *Scoppola/Italien*.
616 EGMR 18.12.2008 – 20153/04, Rn. 74 – *Unedic/Frankreich*.
617 EGMR 29.10.1999 – 28342/95, Slg 99-VII – *Brumarescu/Rumänien*; EGMR
     24.7.2003 – 52854/99, Slg 03-IX Rn. 52 ff. – *Ryabykh/Russland*; EGMR
     25.7.2002 – 48553/99, Slg 02-VII Rn. 72 – *Sovtransavto/Ukraine*.
618 EGMR 20.7.2004 – 50178/99, Rn. 56, Slg 04-VIII – *Nikitin/Russland*.
619 EGMR 18.11.2004 – 69529/01, Rn. 25-31 – *Pravednaya/Russland*.
620 EGMR 21.6.2011 – 24360/04, Rn. 28 ff. – *Giuran/Rumänien*.

len gegen das Gebot des fairen Verfahrens verstoßen, wenn sie willkürlich oder unangemessen ist.[621]

i) **Auslieferung und Ausweisung:** Art. 6 gilt für das Auslieferungs-   **166** oder Ausweisungsverfahren nicht unter zivilrechtlichem Aspekt (→ Rn. 22). Die **Auslieferung oder Ausweisung** kann aber unter strafrechtlichem Aspekt gegen Art. 6 verstoßen, wenn der Bf. nachweist, dass ihm eine „flagrante Rechtsverweigerung" (dazu näher → Rn. 87) im Aufnahmeland droht.[622] Das muss unter Berücksichtigung der Umstände geprüft werden, welche die Behörden bei der Entscheidung kannten oder hätten kennen müssen. Dabei darf die drohende Gefahr **nicht mit dem Auslieferungs- oder Ausweisungsgrund abgewogen** werden;[623] insbesondere gilt derselbe Maßstab auch in **Terrorismusfällen.**[624] Allerdings ist zwischen den Zielländern zu differenzieren: Ist das Zielland ebenfalls Vertragsstaat der Konvention, besteht für das ausliefernde bzw. ausweisende Land grundsätzlich keine Pflicht, die Einhaltung der EMRK im Zielland zu überprüfen. Eine Verletzung der EMRK durch die Entscheidung, auszuweisen oder auszuliefern, kommt dann nur in Betracht, wenn irreparable oder besonders schwere, weder im Zielland noch vor dem EGMR anfechtbare Rechtsverletzungen drohen.[625] **Beispiele** für eine flagrante Rechtsverweigerung: Verletzung zB, wenn der Bf. eine in Abwesenheit verhängte Strafe ohne erneute Verhandlung verbüßen muss,[626] wenn ein Verdächtiger festgehalten wird, ohne dass ihm Zugang zu einem Gericht gewährt oder wenn der Zugang zu einem Anwalt absichtlich und systematisch verweigert wird (vgl. → Art. 3 Rn. 26),[627] wenn dem Auszuliefernden ein Verfahren droht, in dem durch Folter erlangte „Beweise" verwertet werden.[628]

k) **Pressekampagnen:** Eine **Pressekampagne gegen den Beschuldigten**   **167** kann dazu führen, dass das Verfahren nicht mehr fair ist, weil sie die öffentliche Meinung und die Richter beeinflussen kann (vgl. auch → Rn. 84, 213).[629] Gerade bei Personen, die im öffentlichen Interesse

---

621 EGMR 10.11.2005 – 40324/98, Rn. 114 – *Süss/Deutschland.*
622 EGMR 17.1.2012 – 8139/09, Slg 12-I Rn. 258 – *Othman (Abu Qatada)/Vereinigtes Königreich*; EGMR 27.10.2011 – 37075/09, Rn. 113 – *Ahorugeze/Schweden.*
623 EGMR 17.1.2012 – 9146/07, Rn. 124 f. – *Harkins u. Edwards/Vereinigtes Königreich.*
624 EGMR 31.1.2012 – 50012/08, Rn. 126 f. – *M.S./Belgien.*
625 EGMR 15.12.2009 – 43212/05 – *Kaplan/Deutschland.*
626 EGMR 16.10.2001 – 71555/01, Slg 01-XI – *Einhorn/Frankreich.*
627 EGMR 20.2.2007 – 35865/03, Rn. 101 f. – *Al-Moayad/Deutschland.*
628 EGMR 17.1.2012 – 8139/09, Slg 12-I Rn. 267 – *Othman (Abu Qatada)/Vereinigtes Königreich.*
629 EGMR 29.4.2014 – 9043/05, Rn. 105 – *Natsvlishvili u. Togonidze/Georgien* (für Slg vorgesehen).

stehen, ist eine gewisse Medienaufmerksamkeit allerdings unvermeidbar. Die Gefahr einer Beeinflussung ist geringer, wenn nur Berufsrichter entscheiden.[630]

168 **l) Verständigung im Strafverfahren; „plea bargaining":** Tendenzen zur **Entformalisierung des Strafverfahrens** sind europaweit zu beobachten.[631] Im deutschen Recht ist versucht worden, die sog **Verständigung im Strafverfahren** in § 257 c StPO normativ einzuhegen.[632] Das BVerfG hat die Norm trotz festgestellter erheblicher Vollzugsdefizite in der Praxis als gegenwärtig noch verfassungskonform eingestuft.[633] Sie stellt im deutschen Strafprozess jedoch weiterhin einen Fremdkörper dar und lässt insofern sowohl Kritiker als auch Befürworter von konsensualen Erledigungsformen im Strafprozess unbefriedigt zurück.[634] Insbesondere will und darf sie eine echte Form des **plea bargaining** nicht sein,[635] kann aber dennoch relativ einfach dazu missbraucht werden.[636] **Aus der Sicht der EMRK** und insbesondere Art. 6 stellt auch ein echtes plea bargaining hingegen den Strafprozess **nicht vor grundsätzliche rechtsstaatliche Probleme.** Dies verwundert auch nicht, handelt es sich doch in den Common-law-Rechtsordnungen um eine seit jeher eingeführte Form der Verfahrenserledigung, die sich zudem zunehmend auch in den kontinentaleuropäischen Rechtsordnungen ausgebreitet hat.[637] Der EGMR betont denn in einer jüngeren Grundsatzentscheidung zum Thema – zu unkritisch – auch zunächst die Vorteile dieser Verfahrensart: "[T]he Court subscribes to the idea that plea bargaining, apart from offering the important benefits of speedy adjudication of criminal cases and allevia-

---

630 EGMR 5.12.2002 – 34896/97, Rn. 98 ff. – *Craxi/Italien*; Rn. 2; o. Rn. 87.
631 Vgl. zB den Überblick in EGMR 29.4.2014 – 9043/05, Rn. 62–75 – *Natsvlishvili u. Togonidze/Georgien* (für Slg vorgesehen); zudem *Peters/Aubusson de Cavarlay/Lewis/Sobota* European Journal on Criminal Policy and Research 14 (2008), 145 ff.
632 Ausführlich zu § 257 c StPO *König/Harrendorf* in *Dölling/Duttge/König/Rössner*, Handkommentar Gesamtes Strafrecht, 4. Aufl. 2016, § 257 c StPO Rn. 1 ff.
633 Zur Verfassungsmäßigkeit BVerfGE 133, 168 und dazu ua *Beulke/Stoffer* JZ 2013, 662; *Fezer* HRRS 2013, 117; *Globke* JR 2014, 9; *Greco* GA 2016, 1; *Heger/Pest* ZStW 2014, 446; *Heintschel-Heinegg* JA 2013, 474; *Jahn* JuS 2013, 659; *Kempf* StraFo 2014, 105; *König/Harrendorf* AnwBl. 2013, 321; *Kudlich* NStZ 2013, 379; *Landau* NStZ 2014, 425; *Löffelmann* JR 2013, 333; *Meyer* NJW 2013, 1850; *Niemöller* StV 2013, 420; *Stuckenberg* ZIS 2013, 212; *Weigend* StV 2013, 424.
634 Vgl. *König/Harrendorf* in *Dölling/Duttge/König/Rössner*, Handkommentar Gesamtes Strafrecht, 4. Aufl. 2016, § 257 c StPO Rn. 3 mwN.
635 Eine Aushandlung des Schuldspruchs wäre nach dem BVerfG mit dem verfassungsrechtlichen Schuldgrundsatz unvereinbar: BVerfGE 133, 168, Rn. 102 ff.
636 Siehe nur *Altenhain/Dietmeier/May* Die Praxis der Absprachen in Strafverfahren, 2013.
637 Vgl. erneut EGMR 29.4.2014 – 9043/05, Rn. 62–75 – *Natsvlishvili u. Togonidze/Georgien* (für Slg vorgesehen).

ting the workload of courts, prosecutors and lawyers, can also, if applied correctly, be a successful tool in combating corruption and organised crime and can contribute to the reduction of the number of sentences imposed and, as a result, the number of prisoners".[638] Entscheidend sei, dass die Rechte der EMRK grundsätzlich verzichtbar seien; insofern komme es vor allem darauf an, dass Verzichtserklärungen eindeutig erfolgten, von ihrer Bedeutung angemessenen Mindestsicherungen begleitet seien und auch gewichtigen öffentlichen Interessen nicht widersprächen.[639] Der Gerichtshof hat zwei Bedingungen aufgestellt, unter denen ein solcher Verzicht im Rahmen eines plea bargaining ohne Verstoß gegen Art. 6 Abs. 1 möglich ist: erstens Entscheidung des Angeklagten in **voller Kenntnis der Falltatsachen** und **der rechtlichen Konsequenzen** sowie auf einer **wirklich freiwilligen Basis**; zweitens **ausreichende gerichtliche Überprüfung der Inhalte** der (im Fall zunächst zwischen Staatsanwaltschaft und Angeklagtem geschlossenen) Vereinbarung sowie der **Fairness** der Art und Weise, in der diese herbeigeführt wurde.[640] Notwendig ist insofern jedenfalls, dass die Verständigung dem Angeklagten nicht aufgezwungen wird und dass er Akteneinsicht erhält; weiterhin misst der EGMR der Tatsache, dass der Angeklagte verteidigt ist, jedenfalls im konkreten Fall große Bedeutung bei.[641] Besonders betont der Gerichtshof – insofern mit gewissen Parallelen zu den Anforderungen, die das BVerfG mit Blick auf § 257c StPO hervorgehoben hat[642] – die Bedeutung von Hinweis- bzw. Überprüfungspflichten zur Sicherung der Freiwilligkeit sowie von Dokumentationspflichten betreffend nicht nur das Verständigungsangebot, sondern auch die vorangehenden Verhandlungen.[643] Für den beurteilten Fall einer zunächst nur zwischen Staatsanwaltschaft und Angeklagtem zustande gekommenen Verständigung betont der EGMR zudem die Wichtigkeit von Ablehnungs- und Abweichungsmöglichkeiten des Gerichts mit Blick auf die Verständigung. Bedeutsam sei schließlich, dass jedenfalls überprüft werde, ob die Anschuldigungen gegen den Angeklagten tatsachenbasiert und durch zumindest Prima-facie-Beweismittel ge-

---

638 EGMR 29.4.2014 – 9043/05, Rn. 90 – *Natsvlishvili u. Togonidze/Georgien* (für Slg vorgesehen).
639 EGMR 29.4.2014 – 9043/05, Rn. 91 – *Natsvlishvili u. Togonidze/Georgien* (für Slg vorgesehen); EGMR 17.9.2009 – 10249/03, Rn. 135 f. – *Scoppola/ Italien*.
640 EGMR 29.4.2014 – 9043/05, Rn. 92 – *Natsvlishvili u. Togonidze/Georgien* (für Slg vorgesehen).
641 EGMR 29.4.2014 – 9043/05, Rn. 93 – *Natsvlishvili u. Togonidze/Georgien* (für Slg vorgesehen).
642 BVerfGE 133, 168, Rn. 80 ff.
643 EGMR 29.4.2014 – 9043/05, Rn. 93 f. – *Natsvlishvili u. Togonidze/Georgien* (für Slg vorgesehen).

stützt werden, und dass die Überprüfung der Vereinbarung in öffentlicher Hauptverhandlung erfolge.[644] Mit Blick auf **Art. 2 Prot.** 7 sei es hingegen unproblematisch, dass plea bargains nur begrenzt mit Rechtsmitteln angegriffen werden können.[645] Das **Verfahren gem.** § 257 c StPO ist mit diesen Vorgaben **grundsätzlich** vereinbar; jedenfalls mit Blick auf eine ggf. **generell erforderliche Akteneinsicht** des Angeklagten vor Abschluss der Verständigung und in Hinsicht auf eine etwaige **Notwendigkeit von Verteidigung**[646] (zu der sich die Entscheidung selbst aber nicht verhalten hat, da der Angeklagte ja verteidigt war) **bleibt abzuwarten,** ob nicht Art. 6 in seiner Interpretation durch den EGMR nochmals eine Verbesserung der Rechte des Angeklagten auch im Kontext des § 257 c StPO bewirken können wird. Die deutsche Judikatur hat im Vergleich dazu Art. 6 bisher nur in Ansätzen zu einer stärkeren Konturierung und Einhegung des Verständigungsverfahrens herangezogen. Dies betrifft bisher vor allem die aus dem Grundsatz eines fairen Verfahrens abgeleitete Pflicht, den Angeklagten dann, wenn sich über eine zur Bewährung auszusetzende Strafe verständigt wird, **auf in Frage kommende Bewährungsauflagen hinzuweisen.**[647]

169   **m) Anspruch auf Einschreiten gegen eigene Taten:** Ein Anspruch eines Straftäters darauf, dass die Ermittlungsbehörden rechtzeitig gegen ihn einschreiten, um seine Taten zu verhindern, folgt nicht aus dem Recht auf ein faires Verfahren gemäß Art. 6 Abs. 1 (siehe auch → Rn. 58).[648]

---

644 EGMR 29.4.2014 – 9043/05, Rn. 95 – *Natsvlishvili u. Togonidze/Georgien* (für Slg vorgesehen).
645 EGMR 29.4.2014 – 9043/05, Rn. 96 – *Natsvlishvili u. Togonidze/Georgien* (für Slg vorgesehen).
646 Die Notwendigkeit von Verteidigung bei Verständigungen ist im deutschen Recht bisher str., vgl. nur (bejahend) OLG Naumburg NStZ 2014, 116; *Velten* in *Wolter,* Systematischer Kommentar StPO, 4. Aufl. 2012, § 257 c StPO Rn. 9; *Paeffgen* in *Wolter,* Systematischer Kommentar StPO, 4. Aufl. 2012, § 202 a Rn. 29 a; aA OLG Bamberg NStZ 2015, 184; *Wenske* NStZ 2014, 117; *Peglau* jurisPR-StrafR 6/2014 Anm. 2; vermittelnd und mwN *König/Harrendorf* StV 2015, 540.
647 BGHSt 59, 172; BGH NJW 2014, 3173; aA OLG Rostock NStZ 2015, 663 und zur alten Rechtslage vor § 257 c StPO BGH 17.2.1995 – 2 StR 29/95 – juris. Anderes gilt für die rein spezialpräventiven, maßregelähnlichen Weisungen: BGH NStZ 2015, 179; zweifelnd OLG Frankfurt NJW 2015, 1974.
648 BGH NJW 2011, 1299 (1301)Rn; BGH NStZ 2013, 411 mwN; vgl. auch BVerfG 4. 12.2003 – 2 BvR 328/03 – juris.

VI. Mündliche Verhandlung und Öffentlichkeit des Verfahrens (Art. 6 Abs. 1)

1. Anspruch auf mündliche Verhandlung

Aus Art. 6 ergibt sich die Verpflichtung, **grundsätzlich eine öffentli-** **170** **che mündliche Verhandlung** abzuhalten. Von diesem Grundsatz gibt es Ausnahmen.

Gibt es nur eine Instanz, muss vor Gericht **grundsätzlich mündlich** **171** **verhandelt werden,** wenn nicht außergewöhnliche Umstände eine Ausnahme zulassen.[649] Für Ausnahmen kommt es dabei auf die Art der Sache an, nicht auf die Häufigkeit: Art. 6 wird nicht so verstanden, dass nur in wenigen Fällen ohne mündliche Verhandlung entschieden werden kann. Deswegen ist auch **nicht ausgeschlossen, dass** **der Staat eine Fallgruppe ausnimmt,** wenn das zum Schutz der Moral, der öffentlichen Ordnung oder der staatlichen Sicherheit, im Interesse von Jugendlichen oder zum Schutz des Privatlebens angemessen ist. Das kann auch im Interesse des Zeugenschutzes geschehen oder um einen besseren Informationsaustausch zu ermöglichen.[650]

Auch sonst wendet der Gerichtshof Art. 6 **flexibel** an und prüft, ob **172** **nach den Umständen eine mündliche Verhandlung notwendig war** (bei Tatfragen oder Rechtsfragen allgemeiner Bedeutung). Die Behörden dürfen Gesichtspunkte der Effektivität und Wirtschaftlichkeit berücksichtigen, damit die Verfahren schleunig erledigt werden können.[651] **Von einer mündlichen Verhandlung kann abgesehen werden, wenn das Gericht nur über Rechtsfragen entscheiden muss,** die nicht besonders schwierig sind und keine Fragen allgemeiner Bedeutung aufwerfen.[652] Der EGMR hat weiter eine **Ausnahme für Streitigkeiten anerkannt, die hochgradig technische Fragen betreffen, zB für Klagen auf Leistungen aus der Sozialversicherung,** weil Verfahren darüber im Allgemeinen technischer Art sind, großes Zahlenwerk umfassen und ihr Ausgang weitgehend von einem schriftlichen ärztlichen Gutachten abhängt. In diesen Sachen könnten die Staaten dem Gebot der Effektivität, Wirtschaftlichkeit und Schnelligkeit den Vor-

---

649 EGMR 19.2.1998 – 16970/90, Rn. 46 – *Allan Jacobsson/Schweden*; zurückhaltender noch EGMR 23.2.1994 – 18928/91, Rn. 21 – *Fredin/Schweden*.
650 EGMR 24.3.2005 – 54645/00, Rn. 47 – *Osinger/Österreich*.
651 EGMR 6.12.2001 – 31178/96 – *Petersen/Deutschland*.
652 EGMR 12.11.2002 – 28394/95, Rn. 37 – *Döry/Schweden*; EGMR 14.2.2006 – 45983/99 – *Kaplan/Österreich*.

rang geben.[653] Auch in **Strafsachen,** die eher den **Randbereich des Strafrechts** (Ordnungswidrigkeiten uä) betreffen, ist unter entsprechenden Bedingungen eine mündliche Verhandlung entbehrlich.[654] Ebenfalls kann es in derartigen Fällen genügen, wenn die Ahndung zunächst durch eine Behörde erfolgt, sofern nur ein Gericht angerufen werden kann, das umfassende Prüfungs- und Entscheidungsbefugnisse hat (vgl. auch → Rn. 30, 86).

173 Die **deutsche Regelung über Gerichtsbescheide** nach § 84 VwGO, § 105 SGG verstößt nicht gegen Art. 6 Abs. 1, weil die Beteiligten eine mündliche Verhandlung erzwingen können, indem sie Berufung einlegen oder Antrag auf mündliche Verhandlung stellen.[655] Der Gerichtshof würdigt das Verfahren insgesamt, wenn er die Vereinbarkeit mit der Konvention prüft. Wenn aber die Berufung ausgeschlossen ist, darf das VG nicht durch Gerichtsbescheid entscheiden und die Revision zulassen, wenn auch Tatfragen streitig sind und sich ein Beteiligter gegen den Erlass eines Gerichtsbescheides gewendet hat. Es ist also eine konventionskonforme Anwendung dieser Vorschriften nötig.[656]

174 Wenn das Verfahren in erster Instanz nicht mündlich und öffentlich war, **kann der Fehler nur unter engen Voraussetzungen in höherer Instanz geheilt werden,** nämlich durch eine völlige Wiederholung einschließlich der Beweisaufnahme.[657] Wenn die Überprüfung in der Rechtsmittelinstanz beschränkt ist, führt also eine neue mündliche Verhandlung nicht notwendig zu einer Heilung. Für Strafsachen hat der Gerichtshof das mit der Bedeutung des Grundsatzes der Öffentlichkeit begründet und damit, dass Beweise grundsätzlich in Anwesenheit des Beschuldigten in mündlicher Verhandlung erhoben werden müssen.[658]

175 Für **Rechtsmittelinstanzen** gilt: Ist nach staatlichem Recht eine mündliche Verhandlung vorgesehen, muss sie öffentlich sein. Von einer mündlichen Verhandlung kann aber nach der Rechtsprechung uU **abgesehen werden, wenn in der ersten Instanz eine mündliche**

---

653 EGMR 24.6.1993 – 14518/89, Rn. 58 – *Schuler-Zgraggen/Schweiz*; EGMR 8.2.2005 – 55853/00 – *Miller/Schweden*; siehe auch EGMR 18.2.2008 – 69917/01, Rn. 78 f. – *Saccoccia/Österreich* für ein Verfahren über die Anerkennung ausländischer Titel.
654 EGMR 23.11.2006 – 73053/01, Slg 06-XIV Rn. 43 – *Jussila/Finnland*; EGMR 4.3.2014 – 18640/10, Rn. 120 – *Grande Stevens* ua/*Italien.*
655 BVerwG DVBl 1996, 105.
656 *Clausing* in *Schoch/Schneider/Bier*, VwGO, § 84 Rn. 6; *Leitherer* in *Meyer-Ladewig/Keller/Leitherer*, SGG, 11. Aufl. 2014, § 105 Rn. 2.
657 EGMR 22.5.1990 –11034/84, Rn. 39 – *Weber/Schweiz.*
658 EGMR 14.11.2000 – 35115/97, Slg 00-XII Rn. 37, 40 – *Riepan/Österreich.*

Verhandlung stattgefunden hat und es nur um die Zulassung eines Rechtsmittels geht oder wenn das Rechtsmittel **nur eine rechtliche Überprüfung** eröffnet und außerdem, selbst wenn über Tatsachenfragen zu entscheiden ist, unter der Voraussetzung, dass das Rechtsmittelgericht **ohne eigene Ermittlungen aufgrund der Aktenlage in der Sache entscheiden kann,** zB wenn es nur um die Würdigung ärztlicher Gutachten geht.[659] Der EGMR berücksichtigt dabei Besonderheiten des staatlichen Rechtsmittelsystems und den Umfang der Kontrollbefugnisse des Rechtsmittelgerichts (vgl. auch → Rn. 114 f. zur Anwesenheit des Angeklagten).

Eine zweite mündliche Verhandlung ist dagegen erforderlich, wenn   176
der Fall auch schwierige tatsächliche Fragen aufwirft, die erhebliche Bedeutung haben, insbesondere wenn das Berufungsgericht eine Frage zum ersten Mal entscheidet, zB weil sich der Streitgegenstand geändert hat, und Beweisergebnisse selbst würdigen muss, weil ein Beteiligter substantiierte Einwendungen gegen die Tatsachenfeststellungen der Vorinstanz erhoben hat oder wenn eine persönliche Anhörung des Beteiligten für die Tatsachenfeststellungen erforderlich ist.[660] Insbesondere bei **voller Überprüfung in tatsächlicher und rechtlicher Hinsicht in der Rechtsmittelinstanz** muss idR nach mündlicher Verhandlung entschieden werden, insbesondere, wenn das Gericht auch über die Schuld des Angeklagten befindet (vgl. auch bereits Rn. 115)[661] oder Zeugen gehört werden müssen: Das Gericht **kann nicht ohne persönlichen Eindruck von Zeugen entscheiden.**[662] Eine Wiederholung der Beweisaufnahme ist aber nicht immer erforderlich ist; sie ist es zB, wenn das Rechtsmittelgericht Aussagen anders würdigen will als die Vorinstanz. Wenn in der ersten Instanz auf eine mündliche Verhandlung verzichtet worden ist und sie mit dem Rechtsmittel beantragt wird, hält der EGMR eine weniger strikte Praxis für zulässig, weil es idR besser ist, eine mündliche Verhandlung in der ersten Instanz zu haben.[663]

Deutsches Recht: § 130 a VwGO erlaubt eine Zurückweisung der Be-   177
rufung durch Beschluss ohne mündliche Verhandlung. Das Berufungsgericht muss diese Vorschrift konventionskonform auslegen und darf einen Beschluss nicht erlassen, wenn das VG erster Instanz

---

659 ZB EGMR 11.11.2002 – 28394/95, Rn. 38 ff. – *Döry/Schweden.*
660 EGMR 26.5.1988 – 10563/83, Rn. 31 – *Ekbatani/Schweden*; EGMR 29.10.1991 – 12631/87 Rn. 33 – *Fejde/Schweden*; EGMR 29.10.1991 – 11826/85, Rn. 38 – *Helmers/Schweden.*
661 EGMR 5.10.2006 – 45106/04, Slg 06-VI Rn. 58 – *Viola/Italien.*
662 EGMR 27.6.2000 – 28871/95, Slg 00-VIII Rn. 55 – *Constantinescu/Rumänien.*
663 EGMR 8.2.2005 – 55853/00, Rn. 70 – *Miller/Schweden.*

auf verfahrensfehlerhafte Weise ohne mündliche Verhandlung entschieden hat oder wenn der Fall schwierige Tatsachenfragen aufwirft. Dagegen kann durch Beschluss entschieden werden, wenn nur über Rechtsfragen zu entscheiden ist.[664] Außerdem stellt das BVerwG besondere Anforderungen an die vorherige Unterrichtung der Beteiligten.[665]

178   Das BVerwG[666] hat angenommen, dass eine mündliche Verhandlung auch dann nicht erforderlich ist, wenn die Beweisaufnahme vor dem voll besetzten Senat des OVG an Ort und Stelle stattgefunden hat, die Beteiligten sich dazu äußern konnten und das OVG seine Auffassung über das Ergebnis der Beweisaufnahme mitgeteilt hat, weitere Urkundenbeweise vorlagen und eine Entscheidung auf dieser Aktengrundlage sachgerecht möglich war.

179   Nach § 153 Abs. 4 SGG ist eine Entscheidung durch Beschluss nicht möglich, wenn sich die Berufung gegen einen Gerichtsbescheid richtet. Bei konventionsgerechter Anwendung verstößt die Regelung nicht gegen Art. 6.[667] Eine Beschlussentscheidung darf nicht ergehen, wenn der Fall schwierig ist und Tatsachenfragen erhebliche Bedeutung haben.[668] Das BSG prüft auf Revision auch, ob das LSG die Schwierigkeit des Falles und die Bedeutung von Tatsachenfragen berücksichtigt und die Anforderungen von Art. 6 beachtet hat.[669]

180   **Für Normenkontrollverfahren nach § 47 VwGO gilt:** Eine mündliche Verhandlung ist erforderlich, wenn das Verfahren von Art. 6 erfasst wird (dazu o. → Rn. 21), wenn zB die angegriffene Festsetzung in einem Bebauungsplan unmittelbar auf das Eigentum einwirkt.[670] Es muss mündlich verhandelt werden (also keine Beschlussentscheidung nach § 47 Abs. 5), wenn es um unmittelbar das Grundstück des Antragstellers betreffende Feststellungen geht.[671] Etwas anderes gilt für offensichtlich unzulässige Anträge.[672]

181   Zu §§ 307 u. 331 Abs. 3 ZPO nF schlagen *Knauer/Wolf*[673] eine konventionskonforme Auslegung dahin vor, dass auf Antrag einer Partei

---

664   BVerwG NVwZ 2004, 109; BVerwG NVwZ 2004, 1256; vgl. *Rudisile* in *Schoch/Schneider/Bier*, VwGO, § 130 a Rn. 4, 7.
665   Vgl. BVerwG NVwZ 2000, 1040.
666   BVerwG NVwZ 1999, 763.
667   BSG NZS 1994, 1990.
668   *Keller* in: *Meyer-Ladewig/Keller/Leitherer*, SGG, 11. Aufl., § 153 Rn. 13 a.
669   BSG SozR 3-1500 § 153 Rn. 1; BSG 9.9.03 – B 9 VS 2/03 B – juris.
670   BVerwG NVwZ 2000, 810; BVerwG NVwZ 2002, 87.
671   *Ziekow* in *Sodan/Ziekow*, VwGO, 4. Aufl. 2014, § 47 Rn. 351.
672   BVerwG NVwZ 2008, 696.
673   *Knauer/Wolf* NJW 2004, 2857.

mündlich verhandelt werden muss. §§ 522[674] und 552 ZPO[675] sind unbedenklich.

Das Recht ist **verzichtbar,** auch in Strafsachen.[676] Ein Verzicht muss   182
eindeutig sein und darf öffentlichen Interessen nicht widersprechen.[677] Wenn nach innerstaatlichem Recht eine mündliche Verhandlung nur auf Antrag stattfindet, nimmt der Gerichtshof einen gülti-
gen Verzicht an, wenn der Antrag nicht gestellt wird.[678]

2. Öffentlichkeit

Der Grundsatz der Öffentlichkeit soll **vor Geheimjustiz schützen,**   183
Vertrauen in die Rechtsprechung schaffen und ein faires Verfahren
sichern.[679]

Die Öffentlichkeit kann aus den in Art. 6 Abs. 1 S. 2 genannten   184
Gründen **ausgeschlossen** werden. Dem entsprechen die deutschen
Vorschriften in §§ 169-172 GVG. Es kann auch sonst Gründe geben,
die Öffentlichkeit einzuschränken, zB um die Sicherheit oder die Privatsphäre von Zeugen zu schützen oder um den freien Informations-
und Meinungsaustausch zu fördern und zu erhalten.[680] Ein **Verstoß
gegen das Gebot der Öffentlichkeit** kann bei **rechtlichem** oder **tat-
sächlichem Ausschluss** gegeben sein.[681] Die Öffentlichkeit ist garantiert, wenn sie Informationen über Zeit und Ort des Termins erhalten
kann und der Ort für die Öffentlichkeit leicht zugänglich ist. Ein
ausreichend großer Gerichtsraum ist in der Regel zugänglich und damit ausreichend. Es sind aber auch Gerichtstermine außerhalb des
Gerichts möglich, auch in einem Gefängnis, selbst wenn Besucher
Identitäts- und Sicherheitskontrollen unterworfen werden. Weil der
Zugang im Gefängnis aber normalerweise nicht gewährleistet ist,
muss der Staat zusätzlich Maßnahmen treffen, damit die Öffentlichkeit und die Medien ausreichend über den Ort informiert werden
und damit sie einen effektiven Zugang haben, zB durch Aushang an
der Gerichtstafel, uU mit Hinweisen, wie man das Gefängnis errei-

---

674 EGMR 29.9.2009 – 5643/07 – *Jung/Deutschland.*
675 EGMR 2.2.2006 – 5398/03 – *Rippe/Deutschland.*
676 *Grabenwarter/Pabel,* EMRK, 6. Aufl. 2016, § 24 Rn. 105.
677 EGMR 21.2.1990 – 11855/85, Rn. 66 – *Hakansson u. Sturesson/Schweden.*
678 EGMR 5.7.2005 – 48962/99, Rn. 47 – *Exel/Tschechien.*
679 Vgl. *Tubis* NJW 2010, 415.
680 EGMR 24.4.2001 – 36337/97, Slg 01-III Rn. 37 – *B. u. P./Vereinigtes König-
     reich.*
681 EGMR 14.11.2000 – 35115/97, Slg 00-XII Rn. 28 – *Riepan/Österreich.*

chen kann und über Zugangsbedingungen,[682] notfalls auch Einrichtung einer Busverbindung, wenn das Gefängnis weit entfernt liegt.[683]

185   **Sicherheitsbedenken** rechtfertigen nur unter besonderen Umständen den Ausschluss der Öffentlichkeit.[684] Die Bedenken müssen erhebliches Gewicht haben und umfassend begründet werden. Die Anwesenheit einer gefährlichen Person genügt nicht, sie kann entfernt werden.[685] Auch **Geheimschutzerwägungen**, zB mit Blick auf im Fall zu erörternde Staatsgeheimnisse, können den Ausschluss der Öffentlichkeit rechtfertigen. Es ist jedoch stets zu prüfen, ob es einer Erörterung des Staatsgeheimnisses in der Verhandlung überhaupt bedarf. Falls dies der Fall ist, ist zudem zu prüfen, ob ein **zeitweiliger Ausschluss** der Öffentlichkeit genügt.[686]

186   Die Öffentlichkeit ist auch für die **Urteilsverkündung** vorgeschrieben, und zwar auch bei rechtmäßigem Ausschluss der Öffentlichkeit für die Verhandlung (Art. 6 Abs. 1 S. 2, vgl. § 173 Abs. 1 GVG). Der EGMR ist aber flexibel und berücksichtigt die Besonderheiten des jeweiligen Verfahrens.[687] Eine Verkündung mit summarischer Zusammenfassung des Urteils genügt. Eine Verkündung auf diese Weise oder das Vorlesen des begründeten Urteils in mündlicher Verhandlung ist nicht erforderlich, wenn die Öffentlichkeit auf andere Weise Zugang zu dem begründeten Urteil hat, zB durch die Möglichkeit der Einsichtnahme auf der Geschäftsstelle, die nicht auf die Beteiligten beschränkt sein darf. Wenn das nicht sichergestellt ist, verletzt das Verlesen nur der Urteilsformel und die spätere Zustellung des begründeten Urteils an die Beteiligten Art. 6.[688] Die frühere Rechtsprechung war zum Teil weniger streng.[689] Auch hier rechtfertigen **Geheimschutzüberlegungen** nicht ohne Weiteres die vollständige Nichtveröffentlichung eines Urteils.[690]

---

682 EGMR 14.11.2000 – 35115/97, Slg 00-XII Rn. 28-30 – *Riepan/Österreich*.
683 EGMR 29.11.2007 – 9852/03, Rn. 147-149 – *Hummatov/Azerbaidjan*.
684 EGMR 14.11.2000 – 35115/97, Slg 00-XII Rn. 34 – *Riepan/Österreich*.
685 EGMR 10.12.2009 – 20437/05, Rn. 58, 65 – *Shagin/Ukraine*.
686 EGMR 17.12.2013 – 20688/04, Rn. 74 f. – *Nikolova u. Vandova/Bulgarien*.
687 EGMR 17.1.2008 – 14810/02, Slg 08-I Rn. 32 – *Biryukov/Russland*.
688 EGMR 17.1.2008 – 14810/02, Slg 08-I Rn. 38 ff. – *Biryukov/Russland* und kritisch dazu *Tubis* NJW 2010, 415: Praxis der deutschen Gerichte entspricht dem nicht.
689 Vgl. EGMR 6.12.2001 – 31178/96 – *Petersen/Deutschland*; EGMR 8.12.1983 – 8273/78 – *Axen/Deutschland* für den Fall eines Beschlusses durch den BGH ohne mündliche Verhandlung, mit dem die Revision zurückgewiesen wird, weil der BGH sie einstimmig für unbegründet hält und die Parteien vorher gehört worden sind; EGMR 24.4.2001 – 36337/97, Slg 01-III Rn. 45 ff. – *B. u. P./Vereinigtes Königreich*.
690 EGMR 17.12.2013 – 20688/04, Rn. 85 – *Nikolova u. Vandova/Bulgarien*.

Deutsches Recht: § 116 Abs. 2 VwGO (Zustellung eines verwal- 187
tungsgerichtlichen Urteils anstelle der Verkündung) ist nur konventionskonform, wenn die → Rn. 186 genannten Voraussetzungen erfüllt sind.[691] § 133 SGG (Zustellung von Urteilen nach schriftlichem
Verfahren) verstößt nicht gegen Art. 6 Abs. 2, weil nur mit Einverständnis der Beteiligten ohne mündliche Verhandlung entschieden
werden kann (§ 124 Abs. 2 SGG).

VII. Entscheidung in angemessener Frist (Art. 6 Abs. 1 S. 1)

Innerhalb der angemessenen Frist muss das Gericht **nicht nur verhan-** 188
delt, sondern auch entschieden haben (zum Recht auf eine Entscheidung → Rn. 34). Die Garantie ist die am meisten vor dem Gerichtshof in Anspruch Genommene; sie führt auch am meisten zu Urteilen,
in denen eine Verletzung festgestellt wird. Beschwerde kann nur erheben, wer am Verfahren beteiligt war,[692] auch Zivilparteien im
Strafverfahren,[693] in Deutschland also auch Verletzte, die in einem
Strafverfahren Entschädigung beanspruchen (§ 403 StPO).

1. Der in Betracht zu ziehende Zeitraum

a) **Zivilsachen:** Der maßgebliche Zeitraum ist der **vom Eingang des** 189
Antrags oder der Klage bei Gericht bis zur abschließenden, rechts-
kräftigen Entscheidung bzw. anderweitigen Erledigung, wobei es auf
die Verkündung der Entscheidung oder Zustellung an den Bf. ankommt, bei unterbliebener Unterrichtung also auf einen späteren
Zeitpunkt. Der EGMR wendet die in → Art. 35 Rn. 11 f dargelegten
Grundsätze an.[694] Art. 6 verlangt, dass alle Verfahrensabschnitte innerhalb angemessener Frist verhandelt werden, also auch solche, die
dem Urteil in der Hauptsache zeitlich nachfolgen, wie das Vollstreckungsverfahren (→ Rn. 190) und das **Kostenfestsetzungsverfahren.**
Die darauf entfallene Zeit wird also bei der Berechnung der Frist
mitgerechnet.[695] Tritt eine Partei einem laufenden Verfahren bei, ist
für sie dieser Zeitpunkt maßgebend. Wird die Sache in der Revisionsinstanz aufgehoben und zurückverwiesen, ist die letzte gerichtliche
Entscheidung maßgebend. Das Gebot der Entscheidung in angemessener Frist gilt **auch für Rechtsmittelgerichte.** Bei **Disziplinarverfah-**

---

691 Dazu *Clausing* in Schoch/Schneider/Bier, VwGO, § 116 Rn. 9: kein Verzicht
     auf Verkündung bei ausdrücklichem Widerspruch der Beteiligten.
692 EGMR 18.12.2001 – 41803/98, Rn. 8 – *Pupillo/Italien.*
693 EGMR 1.2.2005 – 69258/01, Rn. 25 – *Quemar/Frankreich.*
694 EGMR 23.9.2004 – 60408/00, Rn. 38-40 – *Yemanakova/Russland.*
695 EGMR 4.2.2010 – 13791/06, Rn. 78 – *Gromzig/Deutschland.*

ren (→ Rn. 11, 21, 26) beginnt die Frist ab Entscheidung über die Einleitung des förmlichen Disziplinarverfahrens.

190 **Dauer der Zwangsvollstreckung:** Wenn die gerichtliche Entscheidung nicht oder erst spät durchgesetzt werden kann, stellt der Gerichtshof auf den Zeitpunkt der endgültigen Befriedigung des Bf. (zB den der **Zwangsvollstreckung**) ab[696] er rechnet also das Zwangsvollstreckungsverfahren bei der Berechnung der Dauer mit. Seine Dauer kann aber auch selbständig gerügt werden. Ist insoweit Art. 6 verletzt, wird häufig auch Art. 1 Zusatzprot. verletzt sein. Ob die Dauer des Zwangsvollstreckungsverfahrens angemessen ist, entscheidet sich nach den Umständen des Falls.[697] Wenn über Kosten und Auslagen gesondert entschieden wird, gilt dieser Zeitpunkt.[698]

191 **Beteiligt sich ein Dritter in eigenem Namen am Rechtsstreit,** zählt der Zeitpunkt der Beteiligung. Beteiligt er sich als Erbe, nimmt er also das Verfahren als **Rechtsnachfolger** auf, rechnet die Gesamtzeit.[699]

192 Die Erschöpfung der innerstaatlichen Rechtsbehelfe (Art. 35 Abs. 1) setzt für Deutschland grundsätzlich voraus, **dass auch Verfassungsbeschwerde erhoben worden ist** (das gilt nicht bei Rüge überlanger Verfahrensdauer in anderen als Strafverfahren → Art. 13 Rn. 40). Die bis zur Entscheidung des **BVerfG** verstrichene Zeit wird dann eingerechnet, der maßgebende Zeitraum rechnet also vom Eingang der Klage bis zu Entscheidung des BVerfG.[700] Hat das Gericht eine Norm **nach Art. 100 GG** dem BVerfG zur Entscheidung vorgelegt, wird auch der dafür erforderliche Zeitraum einbezogen. Dagegen zählen **andere außerordentliche Rechtsbehelfe,** zB auf Urteilsberichtigung, nicht mit.[701]

193 **b) Verwaltungsgerichtliche Verfahren:** Soweit Art. 6 für sie anwendbar ist (→ Rn. 9 ff.), gelten die zu a) geschilderten Grundsätze. Ist ein **Vorverfahren** (§ 68 VwGO, § 78 SGG) vorgeschrieben, rechnet die

---

696 ZB EGMR 2.7.2002 – 71891/01, Rn. 20 – *Halka* ua/*Polen.*
697 Beispiele: EGMR 8.7.2004 – 75907/01 – *Grishchenko/Russland*: ein Jahr, ein Monat hinnehmbar; EGMR 15.1.2009 – 33509/04, Rn. 73, 77, 83 – *Burdov/ Russland*: zwei Jahre und ein Monat, zwei Jahre zehn Monate bzw. ein Jahr, drei Monate zu lang; EGMR 15.10.2009 – 6036/0, Rn. 47-54 – *Union des Cliniques privées de Grèce* ua/*Griechenland*: zwei Jahre, neun Monat zu lang.
698 EGMR 23.9.1997 – 22410/93, Slg 97-V Rn. 28 – *Robins/Vereinigtes Königreich.*
699 EGMR 27.2.1992 – 13218/87, Rn. 2 – *Pandolfelli* ua/*Italien*; EGMR 3.2.2005 – 64756/01 – *Amek* ua/*Griechenland*; EGMR 19.5.2005 – 26136/95, Rn. 25 f. – *M.Ö./Türkei.*
700 EGMR 25.2.2001 – 29357/95, Slg 00-II Rn. 64 – *Gast u. Popp/Deutschland*; EGMR 27.7.2000 – 33379/96, Rn. 35 – *Klein/Deutschland.*
701 EGMR 26.4.2005 – 50913/99, Rn. 34 – *Özel* ua/*Türkei.*

dafür verstrichene Zeit mit.[702] Werden mehrere Verwaltungsprozesse wegen desselben Gegenstands geführt, rechnet der Gerichtshof die Zeiten zusammen.[703]

Der EGMR rechnet manchmal auch die **Dauer des Verwaltungsver-** **194** **fahrens** mit, weil er die Verwaltungsentscheidung als Voraussetzung für ein Gerichtsverfahren ansieht.[704] Es wäre wünschenswert, dass der EGMR stets auf die Klageerhebung oder den Widerspruch im Vorverfahren abstellen würde, wenn er Klagevoraussetzung ist, denn Art. 6 betrifft nun einmal das gerichtliche und nicht das Verwaltungsverfahren.

Wenn der Bf. nach Abschluss des Verfahrens die **Zwangsvollstre-** **195** **ckung nicht** oder nur verspätet betreiben kann, rechnet der Gerichtshof auch insoweit die Zeit mit ein (vgl. o. → Rn. 190).[705]

c) Strafverfahren: Der maßgebende **Zeitraum beginnt mit der Ankla-** **196** **ge** im Sinne von Art. 6 Abs. 1, also wenn dem Betroffenen offiziell mitgeteilt oder er sonst darüber in Kenntnis gesetzt wird, dass wegen des Verdachts einer strafbaren Handlung gegen ihn ermittelt wird, oder dem Zeitpunkt, zu dem der Beschuldigte von Maßnahmen der Strafverfolgung, die wegen eines Tatverdachts gegen ihn getroffen werden, ernsthaft betroffen ist.[706]

---

702 EGMR 28.6.1978 – 6232/73, Rn. 98 – *König/Deutschland*.

703 EGMR 12.6.2003 – 45256/99, Rn. 35 – *Richeux/Frankreich*.

704 Z B EGMR 21.7.2005 – 77098/01, Rn. 18 – *Desrues/Frankreich*: ab Antragstellung auf Pension bei der Behörde; EGMR 15.6.2004 – 77741/01, Rn. 23 – *Piekara/Polen*; EGMR 1.6.2004 – 33777/96, Rn. 59 – *Urbanczyk/Polen*: ab Stellung des Bauantrags; EGMR 13.7.2006 – 62276/00, Rn. 23 – *Nichifor/ Rumänien* Rn. 1: ab Antrag an Behörde auf Übereignung eines Hauses; EGMR 19.4.2007 – 63235/00, Slg 07-II Rn. 65 – *Vilho Eskelinen ua/Finnland*: ab Antrag an die Verwaltung auf Zahlung einer Zulage; EGMR 1.12.2009 – 34469/05 – *Trzaskalska/Polen*: ab Antrag an die Verwaltung auf Wiederaufnahme eines Verwaltungsverfahrens; andererseits EGMR 26.3.2009 – 20271/05, Rn. 50 – *Vaas/Deutschland*: nicht ab Antrag an Berufsgenossenschaft sondern ab Widerspruch; EGMR 3.2.2005 – 37040/02, Rn. 29 – *Riepl/ Österreich*: nicht ab Stellung des Bauantrags, sondern ab Rechtsbehelf der Nachbarn, wenn es sich um Nachbarschaftsstreit handelt; EGMR 19.5.2004 – 8694/02, Rn. 14 – *Palaska/Griechenland* und EGMR 8.10.2009 – 47757/06, Rn. 29 – *Sopp/Deutschland*, wo nicht auf den Rentenantrag beim Sozialversicherungsträger, sondern auf die Klagerhebung beim VG abgestellt wird; EGMR 19.6.2008 – 12045/06, Rn. 38 – *Ichtigiaroglou/Griechenland*: nicht Antrag auf Zahlung von Pension, sondern Widerspruchseinlegung.

705 EGMR 4.4.2000 – 38670/97, Slg 99-VI – *Dewicka/Polen*.

706 EGMR 17.12.2004 – 49017/99, Slg 04-XI Rn. 44 – *Pedersen u. Baadsgaard/ Dänemark*, zB durch Festnahme, Kenntnis von dem Haftbefehl, Beginn von Ermittlungen, zB Vernehmung von Zeugen – vgl. EGMR 31.5.2001 – 37591/97 – *Metzger/Deutschland*; vgl. o. Rn. 21.

197   Der Zeitraum endet auch hier mit der letzten und rechtskräftigen gerichtlichen Entscheidung. Die Strafe muss endgültig bestimmt sein.[707] Der Zeitraum endet auch, wenn nicht länger angenommen werden kann, dass der Beschuldigte ernsthaft betroffen ist, zB weil die Staatsanwaltschaft oder ein Gericht das Verfahren **einstellt**.[708] Ein **Rechtsmittelverfahren** wird auch dann berücksichtigt, wenn es auf das Strafmaß begrenzt ist.[709] Das Verfahren vor dem **BVerfG** wird in die Berechnung der Frist mit einbezogen, weil es Auswirkungen auf den Ausgang des Strafverfahrens haben kann.[710] Im Übrigen wird das Verfahren über eine Verfassungsbeschwerde gegen ein Strafurteil vor dem BVerfG nach den gleichen Grundsätzen geprüft.[711]

198   **d) Ratione temporis:** Unter Berücksichtigung der **zeitlichen Geltung** ist eine Beschwerde unzulässig, wenn die Verletzung vor der Ratifizierung durch den beklagten Staat stattgefunden hat (→ Art. 35 Rn. 39). Bei Verstößen gegen Art. 6 beginnt deswegen die maßgebliche Frist erst mit der **Ratifizierung** zu laufen. Der Gerichtshof berücksichtigt aber den Stand des Verfahrens zu diesem Zeitpunkt und insoweit mittelbar auch das vor der Ratifizierung abgelaufene Verfahren.[712]

2. Angemessene Frist

199   Für die Angemessenheit der Frist gibt es **keine feste zeitliche Grenze**. Erstmals im Fall *Panchenko/Russland*[713] erwähnt der EGMR beiläufig, dass als grobe **Faustregel** gelten könne: ein Jahr je Instanz.[714] Das spiegelt sich so in der übrigen Rechtsprechung des EGMR aber nicht wider und mag in vielen Fällen insbesondere für die erste Instanz zu kurz sein; vielleicht kommen zwei Jahre der Lösung näher (vgl. auch → Rn. 207).[715]

---

707 EGMR 24.5.2005 – 42585/98, Rn. 34 – *Intiba/Türkei.*
708 Zur Einstellung nach § 154 Abs. 2 StPO EGMR 3.2.2009 – 37972/05 – *Niedermeier/Deutschland*; vgl. weiter EGMR 13.5.2003 – 62960/00, Slg 03-VII – *Antoine/Vereinigtes Königreich* für den Fall, dass der Bf. aus psychiatrischen Gründen nicht verhandlungsfähig ist; vgl. die Zusammenstellung der Rechtsprechung EGMR 31.5.2005 – 38581/97, Rn. 26 – *T.K.* ua/*Finnland.*
709 *Meyer* in *Karpenstein/Mayer*, EMRK, 2. Aufl. 2015, Rn. 75.
710 EGMR 31.5.2001 – 37591/97 – *Metzger/Deutschland.*
711 EGMR 25.2.2001 – 29357/95, Slg 00-II Rn. 64 – *Gast u. Popp/Deutschland.*
712 ZB EGMR 24.7.2003 – 46133/99, Slg 03-IX Rn. 57– *Smirnova/Russland.*
713 EGMR 8.2.2005 – 45100/98, Rn. 117 – *Panchenko/Russland.*
714 Ebenso zB EGMR 26.11.2009 – 13591/05, Rn. 126 – *Nazarov/Russland.*
715 EGMR 15.11.2007 – 22750/02, Rn. 34 – *Benderskiy/Ukraine*: ein Jahr 9 Monate bei eilbedürftiger, aber nicht einfacher Sache keine Verletzung; EGMR 19.7.2007 – 43151/04, Rn. 46 – *Charalambous/Zypern*: fünf Jahre sieben Monate bei drei Instanzen mit Zurückverweisung nicht grundsätzlich bedenklich, Verletzung wegen Perioden der Untätigkeit.

Der Gerichtshof **entscheidet von Fall zu Fall und berücksichtigt deren** 200
Besonderheiten. Auch bei verhältnismäßig kurzer Dauer kann eine
Periode der Untätigkeit zu einer Verletzung führen.[716] Der EGMR
stellt auf die Schwierigkeiten der Sache ab, das Verhalten des Bf. (→
Rn. 201) und der Gerichte (→ Rn. 202) sowie die Bedeutung der Sache für den Bf.[717] **Besonders schwierig** kann der Fall sein, wenn er
tatsächlich kompliziert ist, zB bei Enteignungen vieler Grundstücke,
bei Ermittlungen im Ausland im Wege der Rechtshilfe, bei komple-
xen Wirtschaftsstrafsachen,[718] wenn mehrere Sachverständigengutachten erforderlich waren[719] oder wenn es um ein Steuerstrafverfahren mit vielen Beschuldigten geht.[720]

Nur dem Staat zuzurechnende Verzögerungen können zu einer Ver- 201
letzung von Art. 6 führen. Der Gerichtshof berücksichtigt deswegen,
wenn der **Beschwerdeführer das Verfahren verzögert,** zB Fristen nicht
einhält oder zur Sache nicht rechtzeitig und nicht vollständig vorträgt oder Vertagungen nicht widerspricht oder wenn das Gericht
späte Termine mit ihm oder seinem Verteidiger abgesprochen hat.[721]
Das Verhalten seines Bevollmächtigten wird ihm zugerechnet.[722] Es
wird dem Bf. nicht angelastet, wenn er von Rechtsbehelfen Gebrauch
macht, die ihm das staatliche Recht zur Verfügung stellt, zB Richter
ablehnt. In **Strafsachen** wird nicht erwartet, dass der Bf. zu einer
schnellen Verurteilung beiträgt. Er muss mit den Justizbehörden
nicht zusammenarbeiten; daraus resultierende Verzögerungen werden dem Staat aber auch nicht zugerechnet.[723]

Wenn das **Gericht das Verfahren nicht zügig betreibt,** geht das zulas- 202
ten des beklagten Staates, und zwar auch in Verfahren mit Parteima-
xime wie nach der ZPO.[724] Das kann bei längeren **Perioden der Untätigkeit** der Fall sein. Dann kann eine Verletzung von Art. 6 auch gegeben sein, wenn das Verfahren insgesamt nicht sehr lange gedauert

---

716 ZB EGMR 13.10.2007 – 4983/04, Rn. 16 – *Gjashta/Griechenland*: drei Jahre
     und fünf Monate in zwei Instanzen nicht übermäßig, aber Verletzung wegen
     zeitweiser Untätigkeit; vgl. auch Rn. 199 aE, 202.
717 Dazu Rn. 205; vgl. zB EGMR 25.2.2001 – 29357/95, Slg 00-II Rn. 64 – *Gast
     u. Popp/Deutschland*.
718 *Meyer* in *Karpenstein/Mayer*, EMRK, 2. Aufl. 2015, Rn. 79.
719 EGMR 31.5.2001 – 37591/97, Rn. 39 –*Metzger/Deutschland*.
720 EGMR 24.5.2005 – 42585/98, Rn. 40 – *Intiba/Türkei*.
721 EGMR 17.12.2004 – 49017/99, Slg 04-XI Rn. 49 – *Pedersen u. Baadsgaard/
     Dänemark*.
722 *Meyer* in *Karpenstein/Mayer*, EMRK, 2. Aufl. 2015, Rn. 80.
723 EGMR 15.7.1982 – 8130/78, Rn. 82 – *Eckle/Deutschland*.
724 EGMR 1.11.2007 – 20027/02, Rn. 78– *Herbst/Deutschland*.

hat.[725] Wenn **Richterplanstellen nicht besetzt** sind oder sonst Personalengpässe zu Verzögerungen führen, müssen Abhilfemaßnahmen
schnell getroffen werden. Länger bestehende Rückstände bei Gericht
entlasten den beklagten Staat nicht, denn nach ständiger Rechtsprechung des Gerichtshofs legt die EMRK den Konventionsstaaten die
Verpflichtung auf, ihr **Gerichtssystem so einzurichten**, dass die **Gerichte den Anforderungen von Art. 6 entsprechen** können, einschließlich der Entscheidung innerhalb angemessener Frist.[726] Verzögerungen können durch die Bestellung von Ergänzungsschöffen vermieden
werden, es kann auch erforderlich sein, zwei zu bestellen.[727]

203   **Aussetzung des Verfahrens:** Es kann angemessen sein, im Interesse
der Prozessökonomie den Ausgang von Parallelverfahren oder Strafverfahren abzuwarten. Das muss nach den Umständen gerechtfertigt
sein und darf nicht unangemessen lange dauern,[728] auch dann nicht,
wenn der Bf. die Aussetzung beantragt hat.[729]

204   Dass sich durch **Aufhebung und Zurückverweisung** in der Rechtsmittelinstanz Verzögerungen ergeben, ist an sich nicht problematisch.
Wenn das aber mehrfach in derselben Sache geschieht, kann das auf
einen Mangel in der Justiz hinweisen, der dem Staat zuzurechnen
ist.[730]

205   **Wegen der Bedeutung der Sache** müssen besonders zügig behandelt
werden zB Haftsachen,[731] arbeitsrechtliche Klagen zB wegen einer
Kündigung,[732] Kindschaftssachen, zB wegen des Umgangs- oder Sorgerechts,[733] Streitigkeiten über Rentenansprüche,[734] Prüfungsangelegenheiten.[735] Wenn Haftsachen nicht besonders zügig bearbeitet wer-

---

725 ZB EGMR 31.5.2005 – 64330/01, Rn. 51 f. – *Rocha/Portugal* für ein Jahr,
     acht Monate, wobei das Verfahren schon vor Inkrafttreten der EMRK längere
     Zeit anhängig war; EGMR 15.3.2007 – 19215/04, Rn. 58 – *Gheorghe/Rumänien* bei zwei Jahren und elf Monaten für zwei Instanzen; EGMR 9.11.2004 –
     46300/99, Slg 04-X Rn. 61 – *Marpa Zeeland B.V. ua/Niederlande*: Verletzung
     bei einer Dauer von sechs Jahren und 9 Monate für drei Instanzen; vgl. auch
     Rn. 200.
726 EGMR 25.2.2001 – 29357/95, Slg 00-II Rn. 64 – *Gast u. Popp/Deutschland*;
     EGMR 31.5.2001 – 37591/97, Rn. 42 – *Metzger/Deutschland*.
727 EGMR 29.7.2004 – 49746/99 – *Cevizovic/Deutschland*; abw. BGH NJW
     2005, 1813.
728 EGMR 13.7.2004 – 73983/01 – *Rezette/Luxemburg*: acht Jahre zu lang.
729 EGMR 13.7.2006 – 38033/02, Rn. 44 – *Stork/Deutschland.*; EGMR
     1.11.2007 – 20027/02, Rn. 78 – *Herbst/Deutschland*.
730 EGMR 8.1.2009 – 35463/02, Rn. 46 – *Umek/Slovenien*.
731 EGMR 26.10.2000 – 30210/96, Slg 00-XI Rn. 130 – *Kudla/Polen*.
732 EGMR 29.1.2004 – 53084/99, Rn. 56 – *Kormacheva/Russland*.
733 EGMR 18.2.1999 – 33158/96, Slg 99-I Rn. 22 – *Laino/Italien*; EGMR
     4.12.2008 – 44036/02 – *Adam/Deutschland*.
734 EGMR 16.9.1996 – 20024/9, Rn. 61 – *Süßmann/Deutschland*.
735 EGMR 1.11.2007 – 20027/02, Rn. 78 – *Herbst/Deutschland*.

den, führt das auch zu einer Verletzung von Art. 5 Abs. 3 ($\rightarrow$ Art. 5 Rn. 80 ff.).

Bei **Verfassungsgerichten** erkennt der Gerichtshof an, dass diese   206
Grundsätze nicht in derselben Weise angewendet werden können,
weil die Rolle des Verfassungsgerichts als Hüter der Verfassung auf
besondere Weise nötig macht, die Fälle nicht nur nach der Zeitfolge
ihres Eingangs, sondern nach anderen Kriterien zu entscheiden.[736]
Ähnliche Gesichtspunkte hat der EGMR auf Verfahren vor obersten
Gerichten angewendet.[737]

Kasuistik: In der jüngeren Zeit hat der Gerichtshof **noch als ange-**   207
messen angesehen folgende Verfahrensdauern:

- 2 Jahre und 3 Monate für Strafverfahren gegen 30 Angeklagte in einer Instanz,[738]
- 3 Jahre und 3 Monate bei schwierigen Verfahren in drei Instanzen,[739]
- 3 Jahre und 7 Monate für eine Instanz,[740]
- 3 Jahre und 9 Monate für Verfahren vor BVerfG,[741]
- 4 Jahre und 1 Monat für Strafverfahren in einer Instanz, wobei der Bf. zu zehn Terminen nicht erschienen war,[742]
- 4 Jahre und 2 Monate für eine Instanz in Strafsachen (Streit zwischen Anwälten, komplexe Sache),[743]
- 4 Jahre, 8 Monate für 3 Instanzen bei Strafprozess wegen Zollvergehen,[744]
- 5 Jahre für 3 Instanzen in einer Zivilsache,[745]
- 7 Jahre und 10 Monate für eine schwierige Strafsache mit vielen wirtschaftlich verbundenen Unternehmen in drei Instanzen,[746]
- 8 Jahre für Arzthaftungsprozess in drei Instanzen und BVerfG,[747]

---

736 Beispiele für das BVerfG: zwei Jahre, 10 Monate hinnehmbar: EGMR 25.2.2001 – 29357/95, Slg 00-II Rn. 64 – *Gast u. Popp/Deutschland*; EGMR 9.3.2006 – 58182/00 – *Mitzon/Deutschland*: fünf Jahre noch hinnehmbar EGMR 8.1.2004 – 47169/99, Slg 04-I – *Voggenreiter/Deutschland*: sieben Jahre zu viel; EGMR 6.11.2008 – 58911/00, Rn. 65 – *Leela Förderkreis e.V.* ua/ *Deutschland*: elf Jahre zu viel.
737 EGMR 25.1.2005 – 53672/00, Rn. 37 – *Cakmak* ua/*Türkei*.
738 EGMR 6.3.2007 – 73333/01, Rn. 32 – *Ciloglu* ua/*Türkei*.
739 EGMR 25.3.1999 – 31423/96, Slg 99-II Rn. 41 – *Papachelas/Griechenland*.
740 EGMR 7.11.2000 – 45891/99 – *Piccolo/Italien*.
741 EGMR 2.3.2000 – 52442/99 – *Schwengel/Deutschland*.
742 EGMR 27.3.2007 – 71354/01 Rn. 31 f. – *Koc/Türkei*.
743 EGMR 5.11.2002 – 45290/99 – *Pisaniello* ua/*Italien*.
744 EGMR 5.2.2004 – 62770/00, Rn. 19 – *Papathanasiou/Griechenland* wegen Verhaltens des Bf.
745 EGMR 4.12.2003 – 36843/97 – *Hadjikostova/Bulgarien*.
746 EGMR 1.8.2000 – 36009/97 – *C.P.* ua/*Frankreich*.
747 EGMR 8.10.2008 – 23279/06 – *Yildiz/Deutschland*.

- 8 Jahre, 3 Monate für Schadensersatzprozess in zwei Instanzen,[748]
- 9 Jahre, 4 Monate für Schadensersatzprozess in drei Instanzen und BVerfG,[749]
- 11 Jahre, 3 Monate für Widerspruch und Klage auf Sozialleistung in drei Instanzen und BVerfG, Zurückverweisung an BSG.[750]

208 Als **nicht mehr angemessen** hat der Gerichtshof angesehen eine Dauer von

- 1 Jahr, 9 Monate für Kindschaftssache in einer Instanz,[751]
- 2 Jahre, 11 Monate für zwei Instanzen – Verwaltungsprozess über Behinderteneigenschaft,[752]
- 3 Jahren, 2 Monate für ein Strafverfahren in zwei Instanzen bei 18 Monaten Warten auf Termin,[753]
- 3 Jahren und 3 Monate für eine Instanz,[754]
- 3 Jahre und 8 Monate für ein Strafverfahren in zwei Instanzen,[755]
- 3 Jahre und 9 Monate für zwei Instanzen in einer Arbeitsrechtssache,[756]
- 4 Jahre, 9 Monate für drei Instanzen in Strafsache,[757]
- 4 Jahre, 10 Monate für Schadensersatzprozess in zwei Instanzen,[758]
- 7 Jahre für ein Rückführungsverfahren von der Einleitung bis zur endgültigen Entscheidung (beteiligte Instanzen bis dahin: je zweimal erst- und zweitinstanzliche ordentliche Gerichte, zweimal der Kassationshof und einmal das Verfassungsgericht),[759]
- mehr als 7 Jahre für ein Sorgerechtsverfahren in zwei Instanzen sowie vor dem BVerfG (davon allein mehr als 5 Jahre 5 Monate beim Amtsgericht).[760]

209 **Deutsches Recht:** Art. 2 Abs. 1 iVm Art. 20 Abs. 3 GG garantiert den Parteien eines Zivilprozesses nach der Rechtsprechung des BVerfG[761] wirkungsvollen gerichtlichen Rechtsschutz und damit auch eine Entscheidung binnen angemessener Frist. Das Recht muss bei Terminie-

748 EGMR 4.7.2006 – 24706/02 – *Rylski/Polen.*
749 EGMR 2.6.2009 – 36853/05 – *Metzele/Deutschland.*
750 EGMR 14.2.2009 – 30209/05, Rn. 2 – *Niedzwiecki/Deutschland.*
751 EGMR 26.11.2009 – 54215/08 – *Abduvalieva/Deutschland.*
752 EGMR 15.3.2007 – 19215/04, Rn. 50-60 – *Gheorghe/Rumänien.*
753 EGMR 2.12.2003 – 37641/97, Rn. 86 – *Matwiejczuk/Polen.*
754 EGMR 16.11.2000 – 46521/99 – *Ciccardi/Italien.*
755 EGMR 17.7.2003 – 57836/00 – *Mellors/Vereinigtes Königreich.*
756 EGMR 14.11.2000 – 38437/97 – *Delgado/Frankreich.*
757 EGMR 19.5.2005 – 71563/01 – *Diamantides/Griechenland.*
758 EGMR 13.2.2007 – 38015/03, Rn. 30 – *Salamatina/Russland.*
759 EGMR 13.1.2015 – 35632/13, Rn. 44 ff. – *Hoholm/Slovakei.*
760 EGMR 21.1.2010 – 42402/05, Rn. 57 ff. – *Wildgruber/Deutschland.*
761 BVerfG NJW 2010, 1192.

rung durch das Gericht beachtet werden. Wann die Dauer das zulässige Maß überschritten hat, hängt vom Einzelfall ab, wobei ähnliche Kriterien herangezogen werden wie vom EGMR.[762] Mit zunehmender Dauer wächst die Pflicht des Gerichts, sich nachhaltig um die Förderung, Beschleunigung und Beendigung des Verfahrens zu bemühen.[763] Dann muss auch das Präsidium für Rahmenbedingungen sorgen, unter denen das Verfahren bestmöglich gefördert werden kann.[764] **Rechtsbehelfe** (vgl. → Art. 13 Rn. 3 ff.): Bis Ende 2011 gab es in Deutschland keine ausreichenden Rechtsbehelfe gegen überlange Verfahren. Im Wesentlichen konnte innerstaatlich nur Verfassungsbeschwerde (teils auch zu den Landesverfassungsgerichten)[765] eingelegt werden; eine Ausnahme bildeten insofern nur die Strafsachen, da der BGH dort bereits damals mit der sog Vollstreckungslösung die Möglichkeit eröffnet hatte, bei überlanger Verfahrensdauer einen Teil der Strafe als bereits verbüßt gelten zu lassen (→ Art. 13 Rn. 20).[766] In dieser Situation wurde Deutschland durch den EGMR ausdrücklich ermahnt, wirksamen innerstaatlichen Rechtsschutz gegen überlange Verfahren binnen eines Jahres ab Rechtskraft der Entscheidung *Rumpf/Deutschland* zu schaffen.[767] Anfang 2012 traten dann –geringfügig verspätet – §§ 198 ff. GVG sowie für das verfassungsgerichtliche Verfahren §§ 97 a ff. BVerfGG in Kraft, so dass seither ein **Rechtsbehelf gegen überlange Verfahrensdauer in allen Gerichtsbarkeiten existiert.** Gem. § 198 Abs. 1 ist in der Regel eine **angemessene Entschädigung** zu gewähren und zwar für den materiellen wie auch den immateriellen Verzögerungsschaden. Letzterer wird regelmäßig mit 1.200 EUR pro Jahr entschädigt (§ 198 Abs. 2 S. 3 GVG), wenn nicht im Einzelfall Wiedergutmachung in anderer Weise, insbesondere durch Feststellung des Vorliegens einer unangemessenen Verfahrensdauer, genügt (§ 198 Abs. 2 S. 2, Abs. 4 GVG). Voraussetzung für einen Entschädigungsanspruch ist gem. § 198 Abs. 3 GVG, dass der Verfahrensbeteiligte zuvor bei dem mit der Sache be-

---

762 Zur Dauer des Strafverfahrens BGH 27.7.2004 – 3 StR 71/04 – juris (in NStZ 2005, 155, insoweit nicht abgedruckt): 2 1/2 Jahre zwischen Tat und Beendigung der ersten Instanz nicht ungewöhnlich; zur Dauer verwaltungsgerichtlicher Verfahren BVerfG NVwZ 2004, 471: bisherige Dauer des erstinstanzlichen Verfahrens von etwas über zwei Jahren nicht unangemessen; Angabe einer festen Jahresgrenze ist angesichts der Unterschiedlichkeit der Verfahren nicht möglich.
763 BVerfG NJW 2004, 3320; BVerfG NJW 2005, 739.
764 BVerfG NJW 2010, 1192.
765 ZB BbgVerfG NVwZ 2010, 378 und dazu *Lau* NVwZ 2010, 358; zur Staatshaftung bei überlangem Verfahren *Brüning* NJW 2007, 1094.
766 BGHSt 52, 124 (138).
767 EGMR 2.9.2010 – 46344/06, Rn. 73 – *Rumpf/Deutschland*; die Frist lief mithin ab 2.12.2010.

fassten Gericht eine Verzögerungsrüge erhoben hat. In Strafsachen bleibt es im Ausgangspunkt bei der Vollstreckungslösung (vgl. § 199 Abs. 3);[768] daneben kommt eine Geldentschädigung nach Maßgabe des § 198 Abs. 2 bis 4 GVG in Betracht (vgl. § 199 Abs. 1 GVG), soweit die Strafvollstreckungslösung eine (vollständige) Kompensation nicht ermöglicht (zB mit Blick auf Vermögensschäden). Die Erhebung einer Verzögerungsrüge ist im Strafverfahren entbehrlich.[769]

VIII. Entschädigung nach Art. 41 für eine Verletzung von Art. 6 Abs. 1

210 Wenn der Gerichtshof eine Verletzung von Art. 6 Abs. 1 feststellt, wird er in der Regel **eine gerechte Entschädigung** nach Art. 41 gewähren, dh den Konventionsstaat zur Zahlung eines bestimmten Betrages verurteilen (→ Rn. 258; → Art. 41 Rn. 1). In einigen Fällen hat der Gerichtshof entschieden, dass die Feststellung der Konventionsverletzung als Entschädigung ausreichend ist; solche Entscheidungen bilden aber immerhin die Ausnahme (s. → Art. 41 Rn. 10). zB

IX. Unschuldsvermutung (Art. 6 Abs. 2)

211 **Anwendungsbereich:** Der in Art. 6 Abs. 2 zum Ausdruck gekommene Grundsatz gilt **für alle Verfahren, die Strafverfahren** im Sinne von Art. 6 sind (dazu oben → Rn. 23 ff.) ohne Rücksicht auf ihren Ausgang.[770] Der Bf. muss nicht Angeklagter sein, es genügt, dass er in anderer Weise von der Entscheidung eines Strafgerichts betroffen ist,[771] zB bei Privatklägern oder Nebenklägern.[772] Art. 6 Abs. 2 gilt schon vor Anklageerhebung und auch für Verfahren nach endgültigem Freispruch oder Einstellung, zB für Kostenentscheidungen.[773] Wenn ein Kfz-Halter aufgefordert wird, nach einer Geschwindigkeitsüberschreitung den Fahrer zu nennen, verstößt das nicht gegen Art. 6 Abs. 2, wenn der Halter nicht beschuldigt wird,[774] wohl aber, wenn er bei Weigerung als Fahrer angesehen und verurteilt wird, ohne dass es Beweise dafür gibt.[775]

---

768 BT-Drs. 17/3802, 24.
769 *Meier* in *Karpenstein/Mayer*, EMRK, 2. Aufl. 2015, Rn. 88.
770 EGMR 30.3.2010 – 44418/07, Rn. 50 – *Poncelet/Belgien*.
771 EGMR 10.10.2000 – 42095/98, Slg 00-X Rn. 41– *Daktaras/Litauen*.
772 EGMR 19.5.2005 – 71563/01, Rn. 36 – *Diamantrides/Griechenland*.
773 EGMR 19.5.2005 – 71563/01, Rn. 35 – *Diamantrides/Griechenland*; vgl. auch Rn. 214 f.
774 EGMR 8.4.2004 – 38544/97 – *Weh/Österreich*; EGMR 24.3.2005 – 63207/00 – *Rieg/Österreich*.
775 EGMR 18.3.2010 – 13201/05 – *Krumpholz/Österreich*; vgl. Rn. 136.

Die **Beachtung der Unschuldsvermutung ist Element eines fairen Ver-** 212
fahrens.[776] Sie verlangt, dass die Richter nicht mit der Vorstellung in
die Verhandlung gehen, der Angeklagte habe die Straftat begangen.
Die **Beweislast hat die Anklage,** jeder Zweifel muss zugunsten des
Angeklagten sprechen. Eine Umkehr dieser Beweislast verletzt
Abs. 2. Das kann auch der Fall sein, wenn aus dem **Schweigen** des
Angeklagten ungerechtfertigt Schlüsse gezogen werden (→
Rn. 138).[777] Der gesetzliche Beweis der Schuld wird durch ein **rechts-**
kräftiges Gerichtsurteil erbracht. Der Gerichtshof verlangt, dass das
Gericht die Schuld des Angeklagten prüfen kann und nicht durch ge-
setzliche Vermutungen gebunden ist.[778]

Richter dürfen sich über die Schuld eines Angeklagten oder über die 213
Aussichten seiner Verteidigung nicht negativ äußern, bevor die gerichtliche Entscheidung ergangen ist.[779] Auch **andere staatlichen Stel-**
len müssen Art. 6 Abs. 2 beachten.[780] Die Vorschrift ist **verletzt,**
wenn ein **Amtsträger Entscheidungen oder Äußerungen trifft, die zei-**
gen, dass die betroffene Person für schuldig gehalten wird, bevor sie
verurteilt worden ist. Dies gilt auch für **Ermittlungsbeamte,**[781] ebenso für **Politiker,** zB wenn sie sich öffentlich zu einem Fall äußern.[782]
Eine **Medienkampagne** gegen einen Beschuldigten kann unter bestimmten Umständen die Verfahrensfairness, die Unparteilichkeit des
Gerichts sowie die Unschuldsvermutung beeinträchtigen;[783] vgl. bereits → Rn. 84, 167; näher zur Pflicht der Medien, die Unschuldsvermutung zu respektieren, bei → Art. 10 Rn. 42. Die Unschuldsvermutung kann auch verletzt sein, wenn ein Staatsanwalt nach Freispruch
des Angeklagten in erster Instanz und während der Anhängigkeit in
zweiter erklärt, kein Richter könne ihn davon überzeugen, dass der
Angeklagte unschuldig sei.[784]

Die Unschuldsvermutung gilt grundsätzlich auch für Feststellungen 214
zur **Tatbeteiligung eines gesondert Verfolgten,** dessen Verfahren noch
nicht rechtskräftig erledigt ist, im **Urteil gegen einen Mittäter.**[785] Der

---

776 EGMR 5.7.2001 – Rn. 41087/98, Slg 01-VII Rn. 40 – *Phillips/Vereinigtes Kö-*
     nigreich.
777 EGMR 20.3.2001, 33501/96, Rn. 15 ff. – *Telfner/Österreich.*
778 EGMR 7.10.1988 – 10519/83 Rn. 27 – *Salabiaku/Frankreich.*
779 EGMR 28.11.2002 – 58442/00, Rn. 127 – *Lavents/Lettland.*
780 EGMR 10.2.1995 – 15175/89, Rn. 36 – *Allenet de Ribemont/Frankreich.*
781 EGMR 30.3.2010 – 44418/07, Rn. 57 ff. – *Poncelet/Belgien;* EGMR
     10.2.1995 – 15175/89, Rn. 37 – *Allenet de Ribemont/Frankreich;* EGMR
     10.10.2000 – 42095/98, Slg 00-X Rn. 41 f. – *Daktaras/Litauen.*
782 ZBEGMR 26.3.2002 – 48297/99, Slg 02-II Rn. 49 f. – *Butkevicius/Litauen.*
783 EGMR 29.4.2014 – 9043/05, Rn. 105 – *Natsvlishvili u. Togonidze/Georgien*
     (für Slg vorgesehen).
784 EGMR 7.1.2010 – 32130/03, Rn. 92-97 – *Petkov/Bulgarien.*
785 EGMR 27.2.2014 – 17103/10, Rn. 43 f. – *Karaman/Deutschland.*

EGMR anerkennt aber die Notwendigkeit, derartige Feststellungen zu treffen: Schon deswegen, weil die Schuld des in dem anderen Verfahren Angeklagten festzustellen sei, könne auch mit Blick auf gesondert verfolgte Personen das Urteil nicht von bloßen Verdachtslagen oder Beschuldigungen ausgehen, soweit die genaue Klärung des Tatbeitrags auch des gesondert Verfolgten für die Verurteilung des Mittäters erforderlich sei.[786] Auf das dazu Notwendige solle sich das Gericht dann aber auch beschränken. Betont wird zudem die Bedeutung der Bezeichnung „gesondert Verfolgter" zur Klarstellung, dass es nicht um die Feststellung von dessen Schuld gegangen sei.[787]

215 Die Unschuldsvermutung gilt auch **nach Abschluss des Verfahrens** durch rechtskräftigen Freispruchs oder durch verfahrensbeendende Einstellung fort; in einer neueren Entscheidung bezeichnet der EGMR dies als den „zweiten Aspekt" der Unschuldsvermutung.[788] Wenn jemand strafrechtlich angeklagt war und dieses Verfahren mit einem **Freispruch** geendet habe, sei diese Person in den Augen des Gesetzes unschuldig und müsse entsprechend behandelt werden.[789] Für sich anschließende Verfahren gilt, dass Art. 6 Abs. 2 anwendbar ist, wenn ein – vom Bf. nachzuweisender – Zusammenhang mit dem früheren Strafverfahren besteht.[790] Im Fall eines rechtskräftigen **Freispruchs**, und sei es aus Mangel an Beweisen, darf dabei auch an einen Schuldverdacht nicht mehr angeknüpft werden.[791] Den Hinweis auf einen fortbestehenden **Tat-** bzw. **Schuldverdacht** bei **Folgeentscheidungen** nach **Opportunitätseinstellung des Verfahrens** hat der Gerichtshof hingegen nicht beanstandet.[792] Es muss jedoch hinreichend deutlich werden, dass nur der fortbestehende hinreichende Tatverdacht bewertet wird, nicht etwa doch eine **Schuldfeststellung** erfolgt;[793] es darf daher auch nicht eine **Verurteilungsprognose** ange-

---

786 EGMR 27.2.2014 – 17103/10, Rn. 64 – *Karaman/Deutschland*.
787 EGMR 27.2.2014 – 17103/10, Rn. 69 – *Karaman/Deutschland*.
788 EGMR 12.7.2013 – 25324/09, Slg 13-IV Rn. 94 – *Allen/Vereinigtes Königreich*.
789 EGMR 12.7.2013 – 25324/09, Slg 13-IV Rn. 103 – *Allen/Vereinigtes Königreich*.
790 EGMR 12.7.2013 – 25324/09, Slg 13-IV Rn. 104 – *Allen/Vereinigtes Königreich*.
791 EGMR 25.8.1993 –13126/87, Rn. 30 – *Sekanina/Österreich*.
792 Vgl. EGMR 25.8.1987 – 9912/82, Rn. 62 ff. – *Lutz/Deutschland*; EGMR 25.8.1987 – 10282/83, Rn. 39 ff. – *Englert/Deutschland*.
793 EGMR 28.4.2005 – 72758/01, Rn. 34 – *A.L./Deutschland*.

stellt werden.[794] Ähnliches gilt bei einer Einstellungsentscheidung wegen Verjährung.[795] Einen Anspruch auf **Kostenerstattung und Entschädigung** nach Einstellung des Verfahrens oder Freispruch gibt die EMRK nicht ohne Weiteres. So muss nach Art. 6 Abs. 2 **keine Entschädigung für rechtmäßige U-Haft** geleistet werden.[796] Wenn aber eine Verweigerung der Kostenerstattung oder Entschädigung mit einer Schuldfeststellung begründet wird, verstößt das gegen Art. 6 Abs. 2.[797] Nicht zulässig sind also auch insofern **direkte oder indirekte Schuldfeststellungen** bei Entscheidungen über die Einstellung des Verfahrens oder über die Kosten.[798]

Für **Verfahren wegen Schadensersatz,** die mit dem Strafverfahren verbunden sind oder ihm wegen derselben Vorwürfe folgen, gilt: Ein Freispruch schließt es nicht grundsätzlich aus, eine zivilrechtliche Haftung auszusprechen, die sich auf dieselben Vorgänge stützt. Die Beweisanforderungen können anders sein. Wenn der Ausgang des Strafverfahrens für den zivilrechtlichen Anspruch nicht entscheidend ist und in der folgenden gerichtlichen Entscheidung über den Schadensersatz keine Feststellungen getroffen werden, die eine strafrechtliche Verantwortung zum Ausdruck bringen, welche dem Freispruch widersprechen oder seine Richtigkeit in Zweifel ziehen, ist das keine Verletzung von Art. 6 Abs. 2. Es kommt auf die Wortwahl im Schadensersatzurteil an.[799] Dass nach § 581 Abs. 1 ZPO das Zivilgericht

216

---

794 *Meyer* in *Karpenstein/Mayer,* EMRK, 2. Aufl. 2015, Rn. 167. Im Fall *A.L./Deutschland* (EGMR 28.4.2005 – 72758/01) hatte der Vorsitzende der Strafkammer diese Grenze an sich bereits überschritten, als er außerhalb der Entscheidung in einem Schreiben an Verteidiger des Bf. erklärte, dem Bf. könnten nach Einstellung des Verfahrens Kosten nicht erstattet werden, weil er „mit bei weitem überwiegender Wahrscheinlichkeit" (EGMR 28.4.2005 – 72758/01, Rn. 13) verurteilt worden wäre. Der EGMR hat dennoch eine Verletzung verneint, weil das LG und danach das BVerfG ausreichend klargemacht hatten, dass es der Unschuldsvermutung widersprechen würde, dem Bf. Schuld zuzuweisen und dem Schreiben keine Öffentlichkeitswirkung zukam (EGMR 28.4.2005 – 72758/01, Rn. 38).
795 EGMR 28.10.2014 – 60101/09, Rn. 30 ff. – *Peltereau-Villeneuve/Schweiz.*
796 EGMR, stRspr, zB 25.8.1987 – 10300/83 Rn. 34-36 – *Nölkenbockhoff/Deutschland*; EGMR 13.1.2005 – 42914/98, Slg 05-I Rn. 23 – *Capeau/Belgien.*
797 Vgl. für die Feststellung, dass der Bf. unzweifelhaft verurteilt worden wäre, EGMR 9.11.2004 – 44760/98, Rn. 32 – *Del Latte/Niederlande.*
798 ZB EGMR 25.3.1983 – 8660/79 – *Minelli/Schweiz*; EGMR 25.8.1993 – 13126/87, Rn. 29 – *Sekanina/Österreich*; EGMR 21.3.2000 – 28389/95, Rn. 28 – *Rushiti/Österreich*; EGMR 5.11. 2002 – 35437/97, Rn. 27 – *Demir/Österreich.*
799 Vgl. die beiden Urteile des EGMR 11.2.2003 mit Feststellung einer Verletzung in der Sache 56568/00, Slg 03-II – *Y/Norwegen* und keine Verletzung in der Sache 34964/97, Slg 03-II – *Ringvold/Norwegen*; vgl. auch EGMR 25.8.1993 – 13126/87, Rn. 29 – *Sekanina/Österreich*; EGMR 21.3.2000 – 28389/95, Rn. 28 – *Rushiti/Österreich*; EGMR 15.5.2008 – 31283/04, Rn. 51-55 – *Orr/Norwegen* für Zivilprozess über Tatwerkzeuge nach Freispruch.

uU im Wiederaufnahmeverfahren nach Einstellung des Strafverfahrens aus anderen Gründen als mangels Beweises strafrechtliche Ermittlungen selbst würdigen darf, verstößt nicht gegen Art. 6 Abs. 2.[800] Die Unschuldsvermutung hindert auch nicht, dass ein Geschehen, das alle Elemente eines Straftatbestandes verwirklicht, (auch) zum Gegenstand eines **Disziplinarverfahrens** gemacht wird. Ein Verstoß gegen Art. 6 Abs. 2 kann insofern nur resultieren, wenn im Disziplinarverfahren nicht nur disziplinarische, sondern auch strafrechtliche Verantwortung zugeschrieben wird.[801]

217 Das für den **Widerruf einer Strafaussetzung zur Bewährung** zuständige Gericht darf bei seiner Entscheidung keine Straftaten berücksichtigen, die noch nicht rechtskräftig abgeurteilt worden sind.[802] Ein Widerruf vor Verurteilung wegen der neuen Tat ist danach nur zulässig, wenn der Betroffene die neue Tat glaubhaft gestanden hat.[803]

218 Aus Abs. 2 kann nach Auffassung des EGMR **kein Recht auf unterschiedliche Behandlung von Untersuchungs- und Strafgefangenen** hergeleitet werden;[804] das ist zweifelhaft, da das Leitprinzip des Strafvollzugs die Resozialisierung, das des Untersuchungshaftvollzugs aber eben die Unschuldsvermutung darstellen muss.

219 **Rechts- und Tatsachenvermutungen** sind nicht grundsätzlich ausgeschlossen, auch nicht in Strafsachen, zB in Steuersachen. Es muss aber ein angemessener Ausgleich zwischen dem Gewicht der Sache und dem Recht auf Verteidigung hergestellt werden, der Grundsatz der Verhältnismäßigkeit ist zu beachten. Der Bf. muss Gegenbeweis antreten können.[805]

220 Die **sofortige Vollziehung einer Verwaltungsmaßnahme oder -sanktion** vor Abschluss des Verfahrens ist prinzipiell möglich, sie verstößt insbesondere nicht notwendig gegen Art. 6 Abs. 2. Auch hier muss aber ein angemessener Interessenausgleich gefunden werden. Wesentlich ist die Möglichkeit einer gerichtlichen Kontrolle und einer Rückzahlung entrichteter Beträge im Falle des Erfolgs des Rechtsbehelfs.[806]

---

800 BSGE 81, 46 (50); BVerfG NJW 91, 1530 (1532); *Leitherer* in *Meyer-Ladewig/Keller/Leitherer*, SGG, 11. Aufl. 2014, § 179 Rn. 5 b.
801 EGMR 17.12.2013 – 20688/04, Rn. 99 f. – *Nikolova u. Vandova/Bulgarien*.
802 EGMR 3.10.2002 – 37568/97, Rn. 69 – *Bohmer*/Deutschland. Das hat die deutsche Rechtsprechung inzwischen übernommen, zB OLG Nürnberg NJW 2004, 2032.
803 BVerfG NJW 2005, 817.
804 EGMR 19.4.2001 – 28524/95, Slg 01-III Rn. 78 – *Peers/Griechenland*.
805 EGMR 23.7.2002 – 34619/97, Slg 02-VII Rn. 101 – *Janosevic/Schweden*.
806 EGMR 23.7.2002 – 34619/97, Slg 02-VII – *Janosevic/Schweden*.

X. Besondere Rechte der Angeklagten (Art. 6 Abs. 3)

Die in Abs. 3 aufgezählten besonderen Rechte sind **besondere Aus-** **221**
prägungen der allgemeinen Garantie eines fairen Verfahrens. Sie ha-
ben grundsätzlich nur für Strafverfahren Bedeutung.[807] Der EGMR
räumt den Staaten in Zivilsachen einen größeren Spielraum ein.[808]
Die Rechte zielen darauf ab, die Fairness des Verfahrens zu gewährleisten oder dazu beizutragen und werden in diesem Sinne ausgelegt.[809]

Die Aufzählung der Rechte ist für Strafverfahren **keineswegs er-** **222**
schöpfend. Auch wichtige Rechte, wie das zu schweigen und sich
nicht selbst zu beschuldigen (oben, → Rn. 129 ff.) sowie das Recht
auf Teilnahme an der mündlichen Verhandlung (oben, Rn. → 112 ff.)
sind hier nicht erwähnt. Sie werden aus dem Gebot des fairen Verfahrens unmittelbar abgeleitet. Der EGMR prüft also auch hier unter
Berücksichtigung aller Umstände des Einzelfalls, ob das Verfahren
insgesamt fair war. Voraussetzung für eine effektive Ausübung der
aufgezählten Rechte in der mündlichen Verhandlung ist, dass der Angeklagte **nicht wegen Erschöpfung und Übermüdung** benachteiligt
ist, auch wenn er einen Verteidiger hat. Auch seine Konzentrationsfä-
higkeit und die der Richter darf nicht durch lange Verhandlungen
überfordert werden.[810] Bei **minderjährigen Beschuldigten** muss das
Kindeswohl im Prozess beachtet werden. Es muss ihrem Alter, ihrer
Reife und ihren geistigen und emotionalen Fähigkeiten Rechnung getragen werden; es sind Maßnahmen zu ergreifen, um ihre Fähigkeit,
den Prozess zu verstehen und an ihm teilzunehmen, zu fördern (vgl.
auch → Rn. 125).[811] Dass es sich um ein Jugendverfahren in Reaktion auf eine Straftat handelt, darf nicht – auch nicht zum vermeintli-
chen „Wohl" des Beschuldigten – zu einer Beschränkung seiner prozessualen Rechte führen;[812] dass das Verfahren aus Anlass einer bestimmten, ihm nachzuweisenden Straftat geführt wird, darf nicht in

---

807 ZB EGMR 10.7.2007 – 18223/04, Rn. 29 – *Carvalho/Portugal.*
808 EGMR 9.3.2004 – 30508/96, Rn. 59 – *Pitkanen/Finnland.*
809 EGMR 20.1.2005 – 63378/00, Rn. 77 – *Mayzit/Russland*; zum Beweisrecht
     Rn. 139 ff. und *Esser* in *Marauhn*, Bausteine eines europäischen Beweisrechts,
     2007, 39 ff.
810 EGMR 19.10.2004 – 59335/00, Rn. 39 f. – *Makhfi/Frankreich*: Verletzung bei
     überlanger Verhandlung bis in die Nachtstunden.
811 EGMR 23.3.2016 – 47152/06, Rn. 195 – *Blokhin/Russland* (für Slg ausge-
     wählt).
812 Ob vor diesem Hintergrund § 55 JGG, der die Rechtmittelmöglichkeiten ge-
     genüber dem Erwachsenenstrafrecht aus „erzieherischen Gründen" (vgl. zum
     Normzweck nur *Schatz* in *Diemer/Schatz/Sonnen*, JGG, 7. Aufl. 2015, Rn. 3)
     erheblich einschränkt, mit Art. 6 EMRK vereinbar ist, ist zweifelhaft.

den Hintergrund treten.[813] Dies gilt gerade auch bei Kindern unter der Strafmündigkeitsgrenze.[814]

1. Unterrichtung über Art und Grund der erhobenen Beschuldigung

223   **Buchst. a** gewährt beschuldigten Personen das Recht, innerhalb möglichst kurzer Frist in einer ihnen verständlichen Sprache in allen Einzelheiten **über Art und Grund der gegen sie erhobenen Beschuldigung** unterrichtet zu werden. Dieses Recht hängt mit dem Recht auf Vorbereitung der Verteidigung nach Buchst. b zusammen, denn ohne genaue Kenntnis der Beschuldigung ist eine angemessene Verteidigung nicht möglich. Daraus folgt, dass der Beschuldigte über die Tat, die ihm vorgeworfen wird und auch über die rechtliche Bewertung der Tatsachen im Einzelnen unterrichtet werden muss; notwendig ist eine genaue und vollständige Unterrichtung über die Vorwürfe.[815] Eine besondere Form schreibt Buchst. a nicht vor. Die Unterrichtung ist also auch mündlich möglich.[816] Über eine **Veränderung des rechtlichen Gesichtspunkts** ist der Beschuldigte zu unterrichten,[817] ebenso über Änderungen im zugrundgelegten Sachverhalt. Er muss ausreichend Zeit haben, seine Verteidigung darauf einzurichten. Ein Verstoß dagegen ist eine Verletzung von Art. 6, auch wenn der Beschuldigte Akteneinsicht oder eine Wiedereröffnung der Verhandlung hätte beantragen können.[818]

224   Eine **mündliche Unterrichtung in der Hauptverhandlung** (Übersetzung der Anklage nach deren Verlesung) ist nur ausreichend, wenn ihr ein leicht zu übersehender Sachverhalt zugrunde liegt und auch das Verfahren ohne Weiteres überschaubar ist.[819] Insoweit ist Vorsicht angebracht. Die Unterrichtung muss **möglichst schnell** und in **verständlicher Sprache** vorgenommen werden; die **wesentlichen Elemente**, nicht notwendig die ganzen Akten, müssen übersetzt werden, wenn der Beschuldigte sie sonst nicht versteht (vgl. zu Abs. 3

---

813 EGMR 23.3.2016 – 47152/06, Rn. 196 – *Blokhin/Russland* (für Slg ausgewählt).
814 Vgl. EGMR 23.3.2016 – 47152/06, Rn. 218 – *Blokhin/Russland* (für Slg ausgewählt).
815 EGMR 25.3.1999 – 25444/94, Rn. 51 f. – *Pélissier u. Sassi/Frankreich*; *Grabenwarter/Pabel*, EMRK, 6. Aufl. 2016, § 24 Rn. 113.
816 OLG Düsseldorf NJW 2003, 2766.
817 EGMR 25.3.1999 – 25444/94, Slg 99-II Rn. 51 ff. – *Pelissier* ua/*Frankreich*; EGMR 1.3.2001 – 29082/95, Slg 01-II Rn. 47 – *Dallos/Ungarn*.
818 EGMR 25.7.2000 – 23969/94, Slg 00-IX – *Mattoccia/Italien*; EGMR 26.9.2006 – 73529/01 – *Miraux/Frankreich*.
819 OLG Düsseldorf NJW 2003, 2766.

Buchst. e → Rn. 250). Der Gerichtshof hat darauf hingewiesen, dass ein Ausländer, der die Gerichtssprache nicht versteht, erhebliche Nachteile erleiden kann, wenn ihm nicht eine vollständige Übersetzung der Anklageschrift zur Verfügung gestellt wird.[820] Wenn es nach deutschem Recht im beschleunigten Verfahren keine Anklageschrift gibt, muss die Antragsschrift (§ 417 StPO) nicht vorher in die Fremdsprache übertragen werden, es genügt, dass sie dem anwesenden Angeklagten mündlich übersetzt wird.[821]

Ein Verstoß kann **in der Rechtsmittelinstanz geheilt** werden, wenn   225
das Rechtsmittelgericht umfassend über Tat- und Rechtsfragen entscheiden kann und der Bf. ausreichend Gelegenheit hatte, sich wegen der neu qualifizierten Vorwürfe zu verteidigen.[822] Das ist nicht der Fall, wenn das Rechtsmittelgericht nur über die Zulässigkeit des Rechtsmittels entscheidet.[823]

2. Ausreichende Zeit und Gelegenheit zur Vorbereitung der Verteidigung

Buchst. b: Beschuldigte haben auch das Recht auf **ausreichende Zeit**   226
und Gelegenheit zur Vorbereitung der Verteidigung. Die Regelung hängt zusammen mit den Buchst. a und c. Der Beschuldigte muss die Möglichkeit haben, alles zur Vorbereitung des Verfahrens Notwendige zu tun. Er muss sich **so vorbereiten** können, dass er dem Gericht **alle erheblichen Argumente vortragen** kann. Wenn ihm das unmöglich gemacht wird, ist die Vorschrift verletzt. Auch hier ist **Waffengleichheit** zwischen Anklage und Verteidigung wichtig. Eine Verletzung kann auch darin bestehen, dass die **Haftbedingungen** dem Beschuldigten nicht ermöglichen, konzentriert zu lesen und zu schreiben.[824] Der Angeklagte hat ein Recht auf **Akteneinsicht** (→ Rn. 108 ff.).

Wie viel **Zeit für die Vorbereitung der Verteidigung** erforderlich ist,   227
hängt von den Umständen ab. Auch der **Anwalt** muss hinreichende

820 EGMR 19.12.1989 – 9783/82 Rn. 79 – *Kamasinski/Österreich*; in diesem Sinn auch BGH NStZ 2014, 725 ff.
821 OLG Stuttgart NStZ 2005, 471; vgl. dagegen EGMR 9.10.2008 – 62936/00, Rn. 222 – *Moiseyev/Russland*: keine Möglichkeit der Konzentration nach beschwerlichem Transport und wegen der Bedingungen im Gericht.
822 EGMR 1.3.2001 – 29082/95, Slg 01-II Rn. 47-53 – *Dallos/Ungarn*; EGMR 20.4.2006 – 42780/98, Rn. 36 – *I.H. ua/Österreich*.
823 EGMR 24.4.2007 – 45830/99, Rn. 33 – *Nuutinen/Finnland*.
824 EGMR 20.1.2005 – 63378/00, Rn. 77-84 – *Mayzit/Russland*, in der der EGMR keine Verletzung angenommen hat, weil der Bf. seine Benachteiligung nicht beweisen konnte und nicht vorgetragen hat, dass er sich darüber beschwert hatte.

Zeit zur Vorbereitung haben. Unter Umständen muss das Gericht die Verhandlung auf Antrag vertagen. In dem Urteil *Campbell und Fell/ Vereinigtes Königreich*[825] hat der Gerichtshof eine Frist von **fünf Tagen** für ausreichend gehalten und dabei berücksichtigt, dass der Verteidiger Vertagung nicht beantragt hatte, im Fall *Mattik/Deutschland*[826] einen Monat nach Akteneingang; dass der Verteidiger ein Gutachten und andere Urkunden erst drei Tage vor der Verhandlung erhalten hatte, wurde nicht beanstandet, weil er sie zwischen den Sitzungstagen prüfen konnte. Hingegen genügen vier Tage Vorbereitungszeit nicht, wenn mindestens 43.000 Seiten Beweismaterial zu sichten sind;[827] ebenso genügen in einem Umfangsverfahren 21 Tage seit Zustellung des erstinstanzlichen Urteils nicht zur Vorbereitung der Berufungshauptverhandlung.[828] Selbst bei einfach gelagerten Fällen von **Bagatellverstößen** (Ordnungswidrigkeiten, administrative offences) genügt eine Vorbereitungszeit von wenigen Stunden nicht.[829]

3. Recht, sich selbst zu verteidigen oder sich verteidigen zu lassen; Pflichtverteidigung

228 **Buchst. c:** Die Vorschrift gewährt das Recht, sich **selbst zu verteidigen** (zur Verhandlungsfähigkeit → Rn. 113), sich **durch einen Wahlverteidiger verteidigen** zu lassen und **bei Mittellosigkeit das Recht auf Bestellung eines unentgeltlichen Pflichtverteidigers.** Das Recht auf unentgeltlichen Beistand durch einen Verteidiger besteht unter zwei Voraussetzungen, nämlich 1., dass dem Angeklagten die Mittel zur Bezahlung fehlen (vgl. auch → Rn. 231) und 2., dass die Bestellung im Interesse der Rechtspflege erforderlich ist (→ Rn. 232). Bei **minderjährigen Beschuldigten** müssen die Strafverfolgungsbehörden darauf hinwirken, dass diese die **Bedeutung ihrer Verteidigungsrechte** verstehen.[830]

229 Das Recht auf einen **Wahlverteidiger** besteht auch dann, wenn der Angeklagte selbst Rechtsanwalt ist; dies jedenfalls dann, wenn nicht bereits im Gesetz insofern eine Ausnahme vorgesehen ist.[831] Ein

---

825 EGMR 28.6.1984 – 7819/77, Rn. 98 – *Campbell und Fell/Vereinigtes König-reich.*

826 EGMR 31.3.2005 – 62116/00 – *Mattik/Deutschland.*

827 EGMR 20.9.2011 – 14902/04, Rn. 536, 540 f. – *OAO Neftyanaya Kompaniya Yukos/Russland.*

828 EGMR 20.9.2011 – 14902/04, Rn. 544 f. – *OAO Neftyanaya Kompaniya Yukos/Russland.*

829 EGMR 11.4.2013 – 20371/11, Rn. 76 – *Vyerentsov/Ukraine.*

830 EGMR 23.3.2016 – 47152/06, Rn. 195 – *Blokhin/Russland* (für Slg ausge-wählt.).

831 EGMR 11.4.2013 – 20371/11, Rn. 79 – *Vyerentsov/Ukraine.*

Pflichtverteidiger nach Wahl wird **nicht garantiert.** Dem Wunsch, dass ein bestimmter Verteidiger bestellt wird, sollte nach Möglichkeit Rechnung getragen werden, es ist aber möglich, im Interesse einer ordnungsmäßigen Rechtspflege davon abzusehen, wenn es relevante und ausreichende Gründe dafür gibt.[832] Wo diese fehlen, ist Art. 6 verletzt, wenn durch die Versagung der Wahlfreiheit die Verteidigung des Bf. auch tatsächlich beeinträchtigt wurde.[833] Ein Verzicht auf das Wahlrecht ist möglich, erfordert aber Kenntnis von der bestehenden Wahlmöglichkeit.[834]

Die Garantien nach Buchst. c gelten **schon im Ermittlungsverfahren,**   230 normalerweise **schon bei der ersten Vernehmung durch die Polizei**[835] und auch im Haftprüfungsverfahren nach Art. 5 Abs. 4. Ein Zugang zum Verteidiger im Fall der Untersuchungshaft oder sonstigen Inge-wahrsamnahme ist von fundamentaler Bedeutung bei minderjährigen Beschuldigten.[836] Buchst. c gilt ebenfalls **im Rechtsmittelverfahren,** auch im Revisionsverfahren. In der Revisionshauptverhandlung muss der vom Angeklagten gewählte Verteidiger anwesend sein, ggf. ist er als Pflichtverteidiger beizuordnen.[837] Zum Recht auf Teilnahme an der Hauptverhandlung → Rn. 112 ff.

Das Recht auf kostenlose Verteidigerbestellung muss **keine endgülti-**   231 **ge Kostenbefreiung** zur Folge haben. Ein Anspruch auf Erlass der Verfahrenskosten besteht nur, wenn der Beschuldigte noch bei der Geltendmachung mittellos ist.[838] Ist er das nicht, können also die für einen Pflichtverteidiger verauslagten Gebühren geltend gemacht wer-den.[839]

Die Pflichtverteidigung muss **im Interesse der Rechtspflege erforder-**   232 lich sein, insoweit kommt es auf die Bedeutung der Sache für den Be-schuldigten (Schwere der vorgeworfenen Tat und der angedrohten

---

832 EGMR 25.9.1992 – 13611/88, Rn. 29 – *Croissant/Deutschland*; EGMR 20.1.2005 – 63378/00, Rn. 66 – *Mayzit/Russland*; EGMR 20.10.2015 – 25703/11, Rn. 79 – *Dvorski/Kroatien* (für Slg ausgewählt).
833 EGMR 20.10.2015 – 25703/11, Rn. 79 – *Dvorski/Kroatien* (für Slg ausge-wählt).
834 EGMR 20.10.2015 – 25703/11, Rn. 93, 102 – *Dvorski/Kroatien* (für Slg aus-gewählt): Dort war dem Beschuldigten nicht bekannt, dass seine Eltern bereits einen Verteidiger für ihn beauftragt hatten, diesem aber Zugang zur Polizeista-tion verwehrt wurde; er wählte daher den von der Polizei angebotenen Vertei-diger. Zum Verzicht siehe auch Rn. 237.
835 EGMR 12.5.2005 – 46221/99, Slg 05-IV Rn. 131 – *Öcalan/Türkei*; EGMR 2.8.2005 – 35811/97, Rn. 51 – *Kolu/Türkei*.
836 EGMR 23.3.2016 – 47152/06, Rn. 199 – *Blokhin/Russland* (für Slg ausge-wählt).
837 BGH NJW 2014, 3527.
838 EGMR 25.9.1992 – 13611/88, Rn. 35 ff. – *Croissant/Deutschland*.
839 BVerfG NJW 2003, 196.

Strafe) und deren Schwierigkeiten an, wobei auch von Bedeutung sein kann, dass der Beschuldigte die Gerichtssprache nicht versteht oder Hörschwierigkeiten hat (→ Rn. 113). Der Beschuldigte muss eine realistische Chance haben, sich während des gesamten Verfahrens zu verteidigen.[840] Wenn eine **Freiheitsstrafe droht,** ist die Verteidigung in der Regel notwendig.[841]

233 **Pflichtverletzungen des beigeordneten Verteidigers** begründen nicht notwendig die Verantwortlichkeit des Staates, denn der Rechtsanwalt ist unabhängiges Organ der Rechtspflege, aber kein Organ des Staates (→ Rn. 46).

234 Die Behörden trifft aber eine **Überwachungspflicht:** Sie müssen darauf achten, dass die Pflichtverteidigung **effektiv** ist. Dazu gehört, dass der Verteidiger so rechtzeitig bestellt wird, dass er ausreichend Zeit hat, sich vorzubereiten; andernfalls ist Art. 6 Abs. 3 Buchst. c verletzt.[842] Sie müssen einen anderen Pflichtverteidiger bestellen, wenn sie davon wussten oder hätten wissen müssen, dass die Verteidigung nicht ausreichend ist, insbesondere wenn das offensichtlich ist.[843] Der Verteidiger hat das Recht, sich zu weigern, ein Rechtsmittel einzulegen, das er für aussichtslos hält. Das darf aber wegen abgelaufener Fristen nicht dazu führen, dass der Angeklagte rechtlos wird (→ Rn. 47). Wenn der Bf. rügen will, der ihm bestellte Verteidiger sei nicht effektiv gewesen, muss er das durch konkrete Beispiele dartun.[844]

235 Aus Buchst. c folgt ein **Recht auf ungestörten und unüberwachten Verkehr mit dem Verteidiger,**[845] und zwar auch **schon im Ermittlungsverfahren,** zB bei der ersten Vernehmung durch die Polizei nach der vorläufigen Festnahme, und im Haftprüfungsverfahren nach Art. 5 Abs. 4 (→ Art. 5 Rn. 100). Das Recht auf ein vertrauliches Gespräch mit dem Verteidiger ist ein wesentliches Element des Rechts, sich zu verteidigen.[846] Wenn das nicht gewährleistet ist und der Verteidiger keine Instruktionen ohne Überwachung erhalten kann, verliert seine Hilfe jede Nützlichkeit. Ein solches Gespräch muss dem Beschuldigten **vor der Erstvernehmung durch den Untersuchungs-**

---

840 EGMR 18.12.2001 – 29692/96, Rn. 49 – *R.D./Polen.*
841 EGMR 24.5.1991 – 12744/87, Rn. 32-34 – *Quaranta/Schweiz*; EGMR 27.5.2007 – 32432/96, Rn. 56 – *Talat Tunc/Türkei.*
842 EGMR 7.10.2008 – 35228/03, Rn. 48 – *Bogumil/Portugal.*
843 EGMR 19.12.1989 – 9783/82 Rn. 65 – *Kamasinski/Österreich.*
844 EGMR 10.10.2002 – 38830/97, Slg 02-VIII – *Czekalla/Portugal:* bei eindeutiger Missachtung einer reinen Formvorschrift muss Gericht eingreifen.
845 EGMR 28.11.1991 – 12629/87, Rn. 58 – *S./Schweiz.*
846 EGMR 25.3.1992 – 13590/88, Rn. 46 – *Campbell/Vereinigtes Königreich.*

richter ermöglicht werden.[847] UU genügt für eine Verletzung schon, dass der Betroffene gute Gründe hat anzunehmen, das Gespräch werde überwacht.[848] Das Recht auf ungestörten und unüberwachten Verkehr mit dem Verteidiger kann aber auch **beschränkt** werden, zunächst einmal im Hinblick auf die inhärenten zeitlichen und räumlichen Rahmenbedingungen bei Beschuldigten, die sich in Untersuchungshaft befinden, zudem auch dann, wenn Sicherheitsrisiken vom Beschuldigten ausgehen, insbesondere in Verfahren in den Bereichen Terrorismus und organisierter Kriminalität.[849] Eine Glastrennwand bei Gesprächen mit dem Verteidiger kann daher nach den Umständen und der Gefährlichkeit des Täters angemessen sein,[850] wenn das die Verteidigung nicht wesentlich behindert und der Austausch von Dokumenten ermöglicht wird. Unzulässig sind hingegen zB willkürliche Durchsuchungen von Anwaltskanzleien, zudem bei ungefährlichen Beschuldigten (im konkreten Fall aus dem Bereich der Wirtschaftskriminalität) die langfristige Überwachung der Verteidigerkorrespondenz oder die Verhinderung unüberwachter Gespräche zwischen Verteidigung und Mandanten.[851]

Deutsches Recht: Zum Abhören von Mandantengesprächen mit dem   236
Verteidiger bei Verdacht der Geldwäsche sind nach dem BVerfG[852]
konkrete Verdachtsgründe nötig.

Die Anwendung der Vorschrift hängt von den Besonderheiten des   237
Verfahrens ab, das Recht auf frühen Zugang zu einem Anwalt **kann
vorübergehend beschränkt** werden, wenn es triftige Gründe dafür
gibt.[853] Wie das Recht gewährt wird, hängt von den Umständen des
Einzelfalles ab. Wenn der Zugang zum Anwalt nicht unverzüglich ermöglicht wird, prüft der Gerichtshof, ob dadurch insgesamt **die Fairness des Verfahrens erheblich beeinflusst worden** ist.[854] Ob das so ist,
hängt von der Länge der Beschränkungen ab und davon, ob Nachteile später ausgeglichen werden können.[855] Ein unter Verletzung der
Rechts auf einen Verteidiger erlangte Aussage darf im weiteren Ver-

847 EGMR 9.4.2015 – 30460/13, Rn. 85 ff. – *A.T./Luxemburg.*
848 EGMR 13.3.2007 – 23393/05, Rn. 55 – *Castravo/Moldau.*
849 EGMR 25.7.2013 – 11082/06, Rn. 628 – *Khodorkovskiy u. Lebedev/Russland.*
850 EKMR 16.12.1982 – 8463/78, Rn. 60 – *Kröder* ua/*Schweiz.*
851 EGMR 25.7.2013 – 11082/06, Rn. 634, 640 f., 646 f. – *Khodorkovskiy u. Lebedev/Russland.*
852 BVerfG NJW 2006, 2974.
853 EGMR 21.11.2008 – 36391/02, Slg 08-V Rn. 52-55 – *Salduz/Türkei*; hier auf A.T./Luxemburg s. o.
854 EGMR 8.2.1996 – 18731/91, Slg 96-I Rn. 62 f. – *Murray/Vereinigtes Königreich.*
855 EGMR 2.8.2005 – 35811/97 – *Kolu/Türkei.*

fahrensverlauf nicht als wesentlich die Verurteilung tragendes Beweismittel verwertet werden.[856] Wurde dem Bf. „nur" die **Wahlfreiheit** (→ Rn. 229) genommen, kommt es darauf an, ob der Bf., eine Verteidigung durch den gewünschten Verteidiger von Anfang unterstellt, ein anderes Prozessverhalten an den Tag gelegt hätte (zB geschwiegen hätte, statt zu gestehen).[857] Art. 6 ist hingegen nicht verletzt, wenn die Verurteilung nicht auf Erklärungen im Ermittlungsverfahren, die unter Verletzung des Rechts auf einen Verteidiger abgegeben worden sind, gestützt wird.[858] Der Betroffene kann auf sein Recht **verzichten**, muss das aber eindeutig tun.[859] Dazu, dass das Recht auf Verteidigung durch einen Rechtsanwalt nicht deswegen entzogen werden kann, weil **der Beschuldigte selbst nicht erschienen** ist, → Rn. 116.

4. Befragung von Belastungszeugen; Ladung und Vernehmung von Entlastungszeugen

238 **Buchst. d:** Das Recht, **Fragen an Belastungszeugen zu stellen oder stellen zu lassen und die Ladung und Vernehmung von Entlastungszeugen unter denselben Bedingungen zu erwirken, wie sie für Belastungszeugen gelten**[860] hängt mit dem Recht auf Gehör und dem Prinzip der Waffengleichheit zusammen,[861] erschöpft sich aber darin nicht. Es ist ein **Aspekt des Rechts auf ein faires Verfahren**, so dass der EGMR auch hier prüft, ob das Verfahren insgesamt fair war.[862] Der Beschuldigte muss die Möglichkeit haben, als Subjekt an dem Verfahren mitzuwirken und darf nicht nur Objekt des Verfahrens sein. Deswegen hat er nach Buchst. d das Recht, **bei der Vernehmung von Zeugen in der Hauptverhandlung anwesend zu sein** und **Fragen zu stellen** (siehe bereits ausführlich → Rn. 145 ff.). Von diesem Grundsatz gibt es Ausnahmen, die aber die Rechte der Verteidigung nicht beschränken dürfen.

239 **Anwendungsbereich:** Art. 6 Abs. 3 Buchst. d gilt nicht unbeschränkt im Ermittlungsverfahren, in dem die Behörden auch geheime und verborgene Informationen heranziehen können. Wenn solche Ermittlungsergebnisse im gerichtlichen Verfahren verwertet werden, kön-

---

856 EGMR 24.9.2009 – 7025/04, Rn. 90 – *Pishchalnikov/Russland.*
857 EGMR 20.10.2015 – 25703/11, Rn. 111 – *Dvorski/Kroatien* (für Slg ausgewählt).
858 EGMR 3.5.2007 – 32581/96, Rn. 38 – *Kocak/Türkei.*
859 EGMR 24.9.2009 – 7025/04, Rn. 80 – *Pishchalnikov/Russland.*
860 Vgl. zur Beweisaufnahme allgemein o. Rn. 139 ff.
861 Zu § 240 Abs. 2 StPO *Degener* StV 2002, 618.
862 EGMR 19.10.2004 – 59335/00 – *Makhfi/Frankreich.*

nen sich aber Fragen nach Art. 6 stellen.[863] Art. 6 Abs. 3 Buchst. d gibt nicht das Recht, bei allen Verhören im Ermittlungsverfahren anwesend zu sein, garantiert aber, dass dem Beschuldigten die Möglichkeit gegeben wird, die Aussage eines Belastungszeugen anzugreifen und ihn zu befragen, bei seiner Aussage oder später.[864] Wenn er das nicht kann, muss er dartun, dass der Zeuge wesentlich war und die Ablehnung, den Zeugen zu befragen, Rechte der Verteidigung verletzt hat.[865]

Der **Zeugenbegriff** wird autonom ausgelegt und erfasst jede Person, deren Aussage wesentlich sein kann, also auch Mitbeschuldigte.[866] Aus Buchst. d wird auch das Recht abgeleitet, **Sachverständige** zu befragen.[867]   240

Es gilt der **Grundsatz, dass Zeugen in mündlicher Verhandlung zu vernehmen** sind (vgl. o → Rn. 145). Die Behörden und Gerichte müssen alles Erforderliche tun, um die Anwesenheit der Zeugen sicherzustellen, insbesondere die Anschrift zu ermitteln, damit sie geladen werden können.[868] Buchst. d ist grundsätzlich verletzt, wenn eine Verurteilung ausschließlich oder wesentlich auf eine Zeugenaussage gestützt wird und der Beschuldigte weder im Ermittlungsverfahren noch in der Hauptverhandlung die Möglichkeit hatte, **den Zeugen zu befragen** (näher bereits → Rn. 149 ff.).[869] Vgl. zum **anonymen Zeugen** → Rn. 148 f.   241

Die **Verlesung** und **Verwendung von Aussagen Mitangeklagter,** die sie vor dem Prozess gemacht haben und die sich nun auf ihr Recht zu schweigen berufen oder gestorben sind, verletzt grundsätzlich Buchst. d, weil der Bf. sie nicht in mündlicher Verhandlung angreifen konnte (näher bereits → Rn. 150). Wenn er die Möglichkeit hatte, sich wirksam gegen die Verwertung zu wehren und das nicht getan hat, kann das ein **Verzicht** auf seine Rechte sein.[870]   242

Ein **Rechtsmittelgericht** muss in der Vorinstanz vernommene Zeugen nicht notwendig nochmals vernehmen. Es muss das aber tun, wenn es die Zeugenaussagen anders auslegen oder bewerten will als die   243

---

863 EGMR 13.1.2009 – 926/05, Rn. 59 – *Taxquet/Belgien.*
864 EGMR 22.10.2009 – 35185/03, Rn. 71 – *Raykov/Bulgarien.*
865 EGMR 13.1.2009 – 926/05, Rn. 60 – *Taxquet/Belgien.*
866 EGMR 17.11.2005 – 73047/01 – *Haas/Deutschland.*
867 EGMR 4.11.2008 – 72596/01 Rn. 63, 66 – *Balsyté u. Lideikiené/Litauen*;
     EGMR 25.7.2013 – 11082/06, Rn. 711 – *Khodorkovskiy u. Lebedev/Russland.*
868 EGMR 5.4.2005 – 39209/02 – *Scheper/Niederlande.*
869 EGMR 23.4.1997 – 21363/93, Slg 96-III Rn. 49 – *Van Mechelen* ua/*Niederlande*; EGMR 20.12.2001 – 33900/96, Rn. 21 ff. – *P.S./Deutschland.*
870 EGMR 5.12.2002 – 34896/97, Rn. 87 – *Craxi/Italien.*

Vorinstanz, insbesondere wenn es abweichend von der Vorinstanz eine Verurteilung darauf stützen will.[871]

244 Das Recht, die **Ladung von Entlastungszeugen** zu erwirken, **gilt nicht unbeschränkt.** Das Gericht prüft, ob die Ladung nötig ist und kann eine Ladung ablehnen, wenn es die zu erwartende Aussage nicht für erheblich hält. Auch hier überlässt der EGMR dem staatlichen Gericht grundsätzlich die Entscheidung, ob der angebotene Beweis erhoben werden muss. Der Grundsatz der Waffengleichheit muss aber gewahrt werden und das Verfahren muss fair sein.[872] Die Ablehnung muss nicht notwendig begründet werden,[873] sollte das aber. Es genügt also nicht, dass der Bf. rügt, er habe bestimmte Zeugen nicht befragen können. Er muss auch darlegen, dass die Beweiserhebung wichtig und zur Wahrheitsermittlung notwendig gewesen wäre.[874] Eine Verletzung kann gegeben sein, wenn es nach den Umständen nahe liegt, dass die Aussagen erheblich sind und das Gericht die Ablehnung nicht begründet.[875]

245 **Deutsches Recht:** Vgl. § 244 StPO. Wenn das Gericht einen Beweisantrag ablehnt, muss es den dahin gehenden Beschluss begründen.[876] Zum Recht auf Anwesenheit bei der richterlichen Vernehmung eines Zeugen oder Sachverständigen siehe § 168 c Abs. 2 StPO.[877] Die Vorschrift gilt nicht für die Vernehmung von Beschuldigten und durch die Polizei im Ermittlungsverfahren.[878] Vgl. zum Konfrontationsrecht im Übrigen bereits → Rn. 151.

5. Unentgeltliche Unterstützung durch einen Dolmetscher

246 **Buchst. e:** Das **Recht auf unentgeltliche Unterstützung durch einen Dolmetscher** gilt in allen Strafverfahren, auch für Verfahren nach dem OWiG, auch im Ermittlungsverfahren und im Auslieferungsverfahren,[879] und bezieht sich nicht nur auf die mündliche Verhandlung, sondern **auch auf Urkunden.** Es räumt dem der Gerichtssprache

---

871 EGMR 18.5.2004 – 56651/00 – *Destrehem/Frankreich*.
872 EGMR 12.7.2007 – 74613/01, Slg 07-III Rn. 82 – *Jorgic/Deutschland*; EGMR 13.7.2006 – 26853/04, Rn. 179, 183,188 – *Popov/Russland*: Wenn sich widersprechende Beweise vorliegen und die Verurteilung darauf gestützt wird, dass der Angeklagte zu einer bestimmten Zeit an einem bestimmten Ort war, muss er das Recht haben, das Gegenteil zu beweisen.
873 EGMR 7.7.1989 – 10873/84, Rn. 89 – *Bricmont/Belgien*.
874 EGMR 6.5.2003 – 48898/99, Slg 03-V Rn. 26 – *Perna/Italien*.
875 EGMR 22.4.1992 – 12351/86, Rn. 34 – *Vidal/Belgien*.
876 Vgl. BGH NJW 2005, 1132.
877 Dazu unter Auswertung der Rechtsprechung des EGMR BGH NJW 2007, 237.
878 BVerfG NJW 2007, 204.
879 OLG München NVwZ-RR 2006, 830.

nicht kundigen Angeklagten unabhängig von seiner finanziellen Lage für das gesamte Strafverfahren einschließlich vorbereitender **Gespräche mit einem Verteidiger** einen Anspruch **auf unentgeltliche Zuziehung eines Dolmetschers** ein; das gilt auch dann, wenn kein Fall der notwendigen Verteidigung (§ 140 Abs. 2 StPO) vorliegt. Der Beschuldigte ist **endgültig von den Kosten befreit.**[880]

Das Recht gilt für alle dem Angeklagten gegenüber vorgenommenen maßgeblichen **schriftlichen und mündlichen Verfahrensakte,** alle von ihm im Verfahren abgegebenen **mündlichen und schriftlichen Erklärungen,** auch außerhalb der mündlichen Verhandlung, zB für Beweisanträge, weiter für Termine bei der StA.[881] Eine mündliche Übersetzung wird häufig ausreichen.[882]   247

Es ist aber **nicht notwendig, dass alle Urkunden** übersetzt werden; das muss nur insoweit geschehen, als der Beschuldigte erfahren muss, was ihm vorgeworfen wird und ihm die Möglichkeit gegeben wird, sich zu verteidigen. Ein Dolmetscher ist danach notwendig für die Vorführung nach Art. 6 Abs. 3 Buchst. a und Art. 5 Abs. 3, das Haftprüfungsverfahren, die Anklage und die mündliche Verhandlung.[883] Eine Übersetzung schriftlicher Urkunden ist nicht erforderlich, wenn die Urkunden in der mündlichen Verhandlung oder bei der Urteilsverkündung übersetzt werden.[884] UU ist nicht nur die Bestellung eines Dolmetschers nötig, sondern auch seine Überwachung.   248

Deutsches Recht: Die Vorschrift wird auf Strafverfahren angewendet und auf andere Freiheitsentziehungen, also auch für die Abschiebehaft.[885] Die Übersetzung ist für das gesamte Verfahren, auch für das Ermittlungsverfahren und vorbereitende Gespräche, erforderlich.[886] Ein förmliches Antragsverfahren darf nicht vorgesehen werden.[887] Auch Dolmetscherkosten für Gespräche mit dem Verteidiger sind zu erstatten.[888] Wenn der Beschuldigte eine schriftliche Übersetzung der Anklage in der Hand hat, ist eine mündliche Übersetzung nicht außerdem noch notwendig.[889] Im Ermittlungsverfahren entstandene   249

---

880 EGMR 28.11.1978 – 6210/73, Rn. 46 – *Luedicke* ua/*Deutschland.*
881 BGH NJW 2001, 309.
882 Vgl. EGMR 24.2.2005 – 18913/03, Slg 05-III – *Husain/Italien.*
883 EGMR 23.10.1978 – 6210/73, Rn. 48 – *Luedicke* ua/*Deutschland.*
884 Vgl. EGMR 19.12.1989 – 9783/82 Rn. 74 – *Kamasinski/Österreich*; EGMR 18.10.2006 – 18114/02, Slg 06-XII – *Hermi/Italien:* die Vorschrift verlangt einen Dolmetscher, nicht einen Übersetzer.
885 BVerfG NJW 2004, 50.
886 BGHSt 46, 178.
887 BVerfG NJW 2004, 50: Art. 2 I GG iVm dem Rechtsstaatsprinzip, Art. 3 III 1 GG.
888 BGHSt 46, 178.
889 BVerfG NJW 2004, 1443.

Dolmetscherkosten für die Übersetzung von Telefonüberwachungsprotokollen können dem Verurteilten auferlegt werden; Art. 6 Abs. 3 Buchst. e gilt auch nicht entsprechend.[890] Der die Übersetzung der Schlussvorträge auf eine Bekanntmachung der Anträge von Staatsanwalt und Verteidiger reduzierende § 259 StPO dürfte mit der Vorschrift Art. 6 Abs. 3 Buchst. e kaum vereinbar sein.[891]

XI. Mehrere Verletzungen von Artikel 6, Verhältnis zu anderen Artikeln

250 Wie bei → Rn. 90 ausgeführt, sind die in Art. 6 Abs. 3 genannten Rechte besondere Aspekte des allgemeinen Rechts auf ein faires Verfahren. Der Gerichtshof **prüft** deswegen in der Regel eine Beschwerde **unter dem Gesichtspunkt der Abs. 1 und 3 zusammen genommen**[892] und hält es nicht für notwendig, die Beschwerde gesondert unter dem Gesichtspunkt von Abs. 3 zu prüfen.

251 Wenn Art. 6 verletzt ist, weil das Gericht **nicht unabhängig und unparteiisch war**, steht damit fest, dass das Verfahren nicht fair war, denn ein solches Gericht kann ein faires Verfahren nicht gewährleisten. Eine **nähere Prüfung und Feststellung** finden dann häufig nicht statt,[893] in einigen Fällen aber doch.[894] Umgekehrt hat der EGMR davon abgesehen, gesondert zu prüfen, ob das Gericht unabhängig war, wenn er eine Verletzung wegen mangelnder Fairness festgestellt hatte.[895] In anderen Fällen prüft der EGMR zT mehrere Rügen nach Art. 6 und stellt Verletzungen auch gesondert fest.[896]

252 Wenn **Art. 5 Abs. 4** verletzt ist, ist häufig auch **Art. 6 Abs. 1** verletzt. Art. 5 Abs. 4 ist wegen des Verfahrens lex specialis (→ Art. 5 Rn. 119).

253 Art. 6 gibt **weitergehende Rechte als Art. 13** und **geht diesem Art. vor**[897] mit der Folge, dass eine Prüfung von Art. 13 nicht mehr erforderlich ist, wenn keine Verletzung von Art. 6 Abs. 1 wegen feh-

---

890   BVerfG NJW 2004, 1095.
891   So auch *Velten* in *Wolter,* Systematischer Kommentar StPO, 4. Aufl. 2012, § 259 Rn. 4; *Eschelbach* in *Graf,* Beck'scher Online-Kommentar StPO, § 259 Rn. 1; aA BVerfGE 64, 135 (145 ff.).
892   ZB EGMR 12.10.1992 – 14104/88, Rn. 25 – *T./Italien.*
893   ZB EGMR 28.8.2004 – 42437/98, Rn. 27-30 – *Riza Dinc/Türkei.*
894   So EGMR 12.5.2005 – 46221/99, Slg 05-IV – *Öcalan/Türkei.*
895   ZB EGMR 6.12.2007 – 30658/05, Slg 07-V Rn. 45 – *Beian/Rumänien.*
896   ZB EGMR 20.10.2005 – 19578/02 – *Özata/Türkei*: Verletzung wegen fehlender mündlichen Verhandlung, mangelndem rechtlichen Gehör und Dauer des Verfahrens.
897   EGMR 20.9.2011 – 3989/07, Rn. 52 – *Ullens de Schooten u. Rezabek/Belgien.*

lenden Zugangs zu einem Gericht festgestellt wird.[898] Das gilt auch für den Fall, dass Art. 6 wegen Nichtvollstreckung eines Urteils verletzt ist.[899] Wenn aber Art. 6 Abs. 1 wegen einer **unangemessenen Verfahrensdauer** verletzt ist und der Betroffene insoweit keinen Rechtsbehelf nach staatlichem Recht einlegen kann, ist auch Art. 13 verletzt (vgl. dazu → Art. 13 Rn. 14 ff.).[900]

Wenn Art. 6 verletzt ist, kann **auch Art. 8 verletzt** sein, weil sich auch   254
aus dieser Vorschrift Verfahrenspflichten ergeben, insbesondere in Kindschaftssachen.[901] Art. 6 und 8 verfolgen unterschiedliche Ziele. Deswegen kann es notwendig sein, dieselben Tatsachen unter dem Gesichtspunkt beider Artikel zu prüfen. Das gilt aber nicht, wenn der Bf. zu beiden Artikeln dieselben Rügen vorbringt.[902] Es kommt aber auf die Umstände an. Wenn die Beschwerde nach Art. 6 den wesentlichen Inhalt des auf Art. 8 gestützten Beschwerdepunkts ausmacht, prüft der EGMR die Beschwerde nach Art. 6 nicht gesondert, wenn er eine Verletzung von Art. 8 festgestellt hat.[903]

Wenn Art. 6 verletzt ist, weil ein **Urteil zu spät vollstreckt** worden ist,   255
kann auch **Art. 1 Zusatzprot.** verletzt sein (vgl. o. → Rn. 50; → Art. 1 Zusatzprot. Rn. 19).[904] Wenn Art. 6 wegen der Dauer des Verfahrens insgesamt verletzt ist, prüft der EGMR Art. 1 Zusatzprot. allerdings nicht gesondert (→ Art. 1 Zusatzprot. Rn. 63). Die Auswirkungen auf Vermögensrechte werden dann nur bei der Entscheidung nach Art. 41 über eine gerechte Entschädigung berücksichtigt.[905] In anderen Fällen hat der EGMR eine Verletzung von Art. 1 Zusatzprot. festgestellt und dann Art. 6 nicht gesondert geprüft.[906] Bei unangemessener Dauer eines **Insolvenzverfahrens** kann neben Art. 6 Abs. 1 wegen der im Verfahren auferlegten Beschränkungen auch Art. 8, Art. 1 Zusatzprot. und Art. 3 Prot. 4 verletzt sein.[907]

---

898 ZB EGMR 9.6.2005 – 43837/02, Rn. 3 – *Castren-Niniou/Griechenland.*
899 EGMR 18.1.2005 – 74153/01, Rn. 58 – *Popov/Moldawien.*
900 So in Abweichung von der früheren Rechtsprechung EGMR 26.10.2000 – 30210/96, Slg 00-XI Rn. 146 ff. – *Kudla/Polen.*
901 Art. 8 Rn. 78 ff., 116.
902 EGMR 10.11.2005 – 40324/98, Rn. 110 – *Süss/Deutschland.*
903 ZB EGMR 22.6.2006 – 7548/04, Rn. 111-115 – *Bianchi/Schweiz.*
904 Vgl. EGMR 14.5.2005 – 42667/98, Rn. 18 ff. – *Eksinozlugil/Türkei;* EGMR 1.3.2001 – 44486/98, Rn. 16 ff. – *Tebaldi/Italien.*
905 EGMR 14.12.2004 – 58358/00, Rn. 55 f. – *Becvar* ua/*Tschechien.*
906 ZB EGMR 25.10.2007 – 31603/03, Rn. 39 – *Ciobotea/Rumänien.*
907 EGMR 5.10.2006 – 1595/02 – *Blasi/Italien.*

256 Wenn Kinder nach staatlichem Recht **keine Möglichkeit** haben, ihr **Recht auf Schutz gegen Missbrauch** (s. → Art. 3 Rn. 10) durchzusetzen, ist das kein Verstoß gegen Art. 6, sondern gegen **Art. 13.**[908]

XII. Anträge

257 Der Antrag geht wie üblich auf **Feststellung,** dass Art. 6 verletzt ist. Wenn das durch **mehrere Fehler** geschehen ist, kann beantragt werden, sie gesondert festzustellen (zB festzustellen, dass 1. Art. 6 verletzt ist, weil das Verfahren nicht fair war, 2. Art. 6 verletzt ist, weil das Verfahren unangemessen lange gedauert hat). Wenn weitere Artikel verletzt sind (o. → Rn. 250 ff.), wird insoweit gesonderte Feststellung beantragt.

258 Wegen der **gerechten Entschädigung** wird auf die Erläuterungen zu Art. 41 hingewiesen. Bei überlanger Dauer kann ein materieller Schaden nur ausnahmsweise geltend gemacht werden (→ Art. 41 Rn. 10). Interessanter ist der Anspruch auf Ersatz immaterieller Schäden (→ Art. 41 Rn. 11 ff.). Es sollte nicht versäumt werden, bei Verletzung von Verfahrensgarantien auf einen etwa erlittenen „wirklichen Verlust von Chancen" hinzuweisen (→ Art. 41 Rn. 14 f.). Wichtig ist, dass eine Erstattung von Kosten durch staatliche Gerichtsverfahren nur möglich ist, wenn sie durch Rechtsbehelfe verursacht worden sind, die notwendig waren, die festgestellten Konventionsverletzungen abzuwenden oder ihnen abzuhelfen, also bei Rüge überlanger Verfahrensdauer keine Kosten wegen der Hauptsache (→ Art. 41 Rn. 28 ff.).

Artikel 7 Keine Strafe ohne Gesetz

(1) [1]Niemand darf wegen einer Handlung oder Unterlassung verurteilt werden, die zur Zeit ihrer Begehung nach innerstaatlichem oder internationalem Recht nicht strafbar war. [2]Es darf auch keine schwerere als die zur Zeit der Begehung angedrohte Strafe verhängt werden.

(2) Dieser Artikel schließt nicht aus, dass jemand wegen einer Handlung oder Unterlassung verurteilt oder bestraft wird, die zur Zeit ihrer Begehung nach den von den zivilisierten Völkern anerkannten allgemeinen Rechtsgrundsätzen strafbar war.

---

908 EGMR 10.5.2001 – 29392/95, Slg 01-V Rn. 102 f. – *Z.* ua/*Vereinigtes Königreich.*

I. Allgemeines

Art. 7 ist eine grundlegende Vorschrift für den rechtsstaatlichen 1
Strafprozess. Eine Abweichung von Art. 7 ist **auch in Notstandsfällen
nicht zulässig** (Art. 15 Abs. 2). Der Gerichtshof legt die Vorschrift so
aus, dass **sie wirksame Garantien gegen willkürliche Verfolgung, Verurteilung und Bestrafung** gibt.[1]

Vorbild für Art. 7 war Art. 11 Abs. 2 der Allgemeinen Erklärung der 2
Menschenrechte. Art. 7 Abs. 1 entspricht Art. 103 Abs. 2 GG. **Art. 49
Grundrechtecharta** und **Art. 15 IPBPR** enthalten entsprechende Garantien, schreiben jedoch jeweils ergänzend in Abs. 1 S. 3 vor, dass
eine nach der Begehung, aber vor der Aburteilung durch Gesetz eingeführte mildere Strafe verhängt werden muss; dieser nicht ausdrücklich in Art. 7 Abs. 1 enthaltene Grundsatz gilt nach neuerer Rechtsprechung des EGMR[2] auch für Art. 7 (→ Rn. 20). Ein solches *Lex-
mitior*-Prinzip geht nach der Auffassung des BVerfG über den Ge-
währleistungsgehalt von Art. 103 Abs. 2 GG hinaus; es soll im deutschen Recht nur einfachgesetzlich verankert sein (nämlich in § 2
Abs. 3 StGB, § 4 Abs. 3 OWiG).[3] Dies ist indes mit Blick auf die Verpflichtung zur konventionskonformen Auslegung auch des deutschen
Verfassungsrechts[4] zweifelhaft.[5] Art. 49 Abs. 3 Grundrechtecharta
ordnet zudem an, dass die Strafe nicht unverhältnismäßig sein darf.

---

1 EGMR 22.3.2001 – 34044/96, Slg 01-II Rn. 50 – *Streletz, Kessler und Krenz/
  Deutschland*; EGMR 17.12.2009 – 19359/04, Slg 09-VI Rn. 117 – *M./Deutsch-
  land* mit Anm. *Eschelbach* NJW 2010, 2499.
2 EGMR 17.9.2009 – 10249/03(GK), NJOZ 2010, 2726 Rn. 105 ff. – *Scoppola/
  Italien*.
3 BVerfGE 81,132; BVerfG NJW 2008, 3769.
4 BVerfGE 111, 307; BVerfGE 128, 326.
5 So auch *Satzger* in *Satzger/Schluckebier/Widmaier*, SSW-StGB, 2. Aufl. 2014, § 2
  Rn. 16.

3 Deutschland hatte zu Abs. 2 den **Vorbehalt** gemacht, dass es die Vorschrift nur in den Grenzen des Art. 103 Abs. 2 GG anwenden wird,[6] diesen Vorbehalt aber später zurückgenommen.[7] Dazu bei → Rn. 22.

4 **Besondere Bedeutung** hat Art. 7 bei der **juristischen Aufarbeitung von Völkerstraftaten** gewonnen. Zu denken ist an **nationalsozialistisches** und **kommunistisches Unrecht**, aber auch zB an **Völkermord** und **Kriegsverbrechen** im **ehemaligen Jugoslawien** (näher → Rn. 19, 21).[8] Zudem sind in **Deutschland** die Entscheidungen des EGMR zur **Sicherungsverwahrung** (dazu näher → Rn. 9 ff.)[9] von großer Relevanz (nicht nur) für Art. 7 (zu Art. 5 insofern → Art. 5 Rn. 29 f., 38, 48, 50, 56).

II. Nullum crimen, nulla poena sine lege

1. Überblick

5 Der in Art. 7 Abs. 1 niedergelegte Grundsatz *nullum crimen, nulla poena sine lege* verlangt, dass nur das Gesetz einen Straftatbestand vorsehen und eine Strafe androhen darf.[10] Die Straftat muss im Gesetz klar umrissen sein. Es lassen sich drei spezifische Gewährleistungen des **strafrechtlichen Gesetzlichkeitsprinzips** des Art. 7 EMRK unterscheiden: das **Bestimmtheitsgebot** (lex certa) einschließlich der Vorhersehbarkeit und Zugänglichkeit,[11] das **Verbot ausdehnender Auslegung**, zB im Wege der **Analogie** (lex stricta)[12] und das **Rückwirkungsverbot** (lex praevia),[13] einschließlich des Verbots **rückwirkender Strafschärfung** (Abs. 1 S. 2). Die Vorschrift verlangt zudem, dass eine **spätere Strafmilderung** berücksichtigt wird (→ Rn. 20).[14] Ein echtes **Verbot des Gewohnheitsrechts** (lex scripta) kennt Art. 7 Abs. 1

---

6 BGBl. 1954 II 14.
7 BGBl. 2003 II 1580.
8 Vgl. EGMR 22.3.2001 – 34044/96, Slg 01-II – *Streletz, Kessler und Krenz/ Deutschland*; EGMR 22.3.2001 – 37201/97, Slg 01-II – *K.-H. W./Deutschland*; EGMR 12.7.2007 – 74613/01, Slg 07-II – *Jorgic/Deutschland*; EGMR 19.2.2008 – 74357/01 – *Kuolelis ua/Litauen*; EGMR 19.9.2008 – 9174/02 (GK), Slg 08-IV – *Korbely/Ungarn*; EGMR 17.5.2010 – 36376/04 (GK), Slg 10-IV – *Kononov/Lettland*; EGMR 20.10.2015 – 35343/05 (GK) – *Vasiliauskas/ Litauen.*
9 Insbesondere EGMR 17.12.2009 – 19359/04, Slg 09-VI Rn. 120 – *M./Deutschland*; EGMR 28.11.2013 – 7345/12, NLMR 2013, 436 – *Glien/Deutschland*; EGMR 7.6.2012 – 65210/09 – *G./Deutschland* und zuletzt EGMR 7.1.2016 – 23279/14 – *Bergmann/Deutschland.*
10 EGMR 25.3.1993 – 14307/88, Rn. 52 – *Kokkinakis/Griechenland.*
11 EGMR 12.2.2008 – 21906/04 (GK), Slg 08-I Rn. 140 – *Kafkaris/Zypern.*
12 EGMR 25.3.1993 – 14307/88, Rn. 52 – *Kokkinakis/Griechenland.*
13 EGMR 24.1.2012 – 1051/06, Rn. 26 – *Mihai Toma/Rumänien.*
14 EGMR 17.9.2009 – 10249/03 (GK), NJOZ 2010, 2726 Rn. 105 ff. – *Scoppola/ Italien.*

– anders als Art. 103 Abs. 2 GG – hingegen **nicht;**[15] auch das Richterrecht des common law genügt Art. 7,[16] ebenso Völkergewohnheitsrecht.[17]

2. Anwendungsbereich von Art. 7: Straftaten und Strafen

Art. 7 statuiert – vergleichbar Art. 103 Abs. 2 GG ($\rightarrow$ Rn. 2) ein **6** **strafrechtliches Gesetzlichkeitsprinzip.** Der sachliche **Anwendungsbereich** von Art. 7 erstreckt sich insofern nur auf „Straftaten" (im englischen Wortlaut: „criminal offence", im französischen: „infraction") und „Strafen" (english: „penalty", französisch: „peine"). In Bezug auf den konventionsrechtlichen **Straftatbegriff** kann zunächst auf die Ausführungen bei $\rightarrow$ Art. 6 Rn. 24 ff. verwiesen werden, die hier entsprechend gelten.[18] Dementsprechend gilt Art. 7 zB auch für Ordnungswidrigkeiten,[19] für Disziplinarverstöße hingegen nur teilweise.[20] Im Vergleich zur Abgrenzung bei Art. 6 ist jedoch eine stärker gesamtwürdigende Betrachtung vorzunehmen, die auch die anwendbaren Vorschriften des Allgemeinen Teils mit in den Blick nimmt.[21]

Bei der Entscheidung, was eine **Strafe** ist, legt der EGMR die Vorschrift ebenfalls **autonom** aus. Er prüft zunächst, ob eine Maßnahme eine Sanktion ist, die nach einer Verurteilung für eine strafbare Handlung auferlegt worden ist. Weiter stellt er auf die Natur der Maßnahme und ihren Zweck ab, ihre Charakterisierung durch das innerstaatliche Recht, das vorgesehene Verfahren, den Vollzug und die Schwere der Maßnahme (sog Welch-Kriterien).[22] Die **Schwere** ist aber nicht für sich allein entscheidend, weil viele Maßnahmen präventiver Art, die nicht strafrechtlich sind, erhebliche Auswirkungen haben.[23]

Abzugrenzen sind Strafen danach zunächst von **anderen Maßnahmen,** insbesondere solchen **rein präventiver Art.** Eine reine Präventiv-

---

15 Insofern missverständlich *Sinner* in *Karpenstein/Meyer*, EMRK, 2. Aufl. 2015, Art. 7 Rn. 6.
16 EGMR 22.11.1995 – 20166/92, Rn. 35 f. – *S. W./Vereinigtes Königreich.*
17 EGMR 17.5.2010 – 36376/04 (GK), Slg 10-IV Rn. 221 – *Kononov/Lettland*; ablehnend aber *Paeffgen* in *Wolter*, SK-StPO, Bd. X, 4. Aufl. 2011, Art. 7 Rn. 2.
18 *Grabenwarter/Pabel*, EMRK, 5. Aufl. 2012, § 24 Rn. 134; *Paeffgen* in *Wolter*, SK-StPO, Bd. X, 4. Aufl. 2011, Art. 7 Rn. 5.
19 EGMR 21.2.1984 – 8544/79, NJW 1985, 1273 Rn. 52 ff. – *Öztürk/Deutschland.*
20 Vgl. EGMR 24.11.1998 – 38644/97 – *Brown/Vereinigtes Königreich*; EGMR 31.5.2011 – 16137/04, Rn. 35 ff. – *Kurdov u. Ivanov/Bulgarien.*
21 *Sinner* in *Karpenstein/Meyer*, EMRK, 2. Aufl. 2015, Art. 7 Rn. 8.
22 EGMR 9.2.1995 – 17440/90, Rn. 27 ff. – *Welch/Vereinigtes Königreich*; EGMR 12.2.2008 – 21906/04 (GK), Slg 08-I Rn. 142 – *Kafkaris/Zypern.*
23 EGMR 17.12.2009 – 19359/04, Slg 09-VI Rn. 120 – *M./Deutschland.*

haft ohne konkreten Bezug auf begangene Straftaten (**Unterbindungsgewahrsam**) unterfällt nicht Art. 7.[24] Das gleiche gilt für die Eintragung in ein Register für Sexualstraftäter, weil eine solche Registrierung präventive Ziele verfolgt und eine Abschreckung bezweckt, aber keine Ahndung für eine Straftat darstellt,[25] oder für die Verpflichtung verurteilter Straftäter, eine DNA-Probe abzugeben, die für Zwecke der Vorbeugung und Aufklärung anderer Straftaten in eine polizeiliche Datenbank eingespeist wird.[26] Auch eine **Ausweisung** ist dann keine Strafe, wenn sie nur Konsequenz einer solchen ist;[27] anderes gilt, wenn sie diese substituiert.[28] Strafcharakter kann auch eine **Beschlagnahme von Vermögenswerten** haben, die mit Blick auf die Erlöse aus Straftaten erklärt wird; dies gilt jedenfalls dann, wenn sie mit einer Vermutung verbunden ist, dass alle Vermögenswerte des Täters innerhalb einer längeren Zeitspanne bis zum Beweis des Gegenteils als aus den Taten erlangt gelten, nicht nur der Gewinn, sondern der gesamte Erlös abgeschöpft wird, der Richter bei der Festsetzung der Höhe der zu beschlagnahmenden Geldsumme das Verschulden des Täters berücksichtigen kann und für den Fall der Nichtzahlung eine Freiheitsentziehung vorgesehen ist.[29] Auch eine **Ersatzfreiheitsstrafe** für den Fall der Nichtzahlung einer Geldstrafe stellt selbst eine Strafe dar.[30]

9   Schwieriger ist die Beurteilung des Strafcharakters für die deutschen **Maßregeln der Besserung und Sicherung**. Insofern ist insbesondere der Fall *M./Deutschland* ein Schulbeispiel für die og autonome Auslegung von Art. 7, hatte doch der EGMR dort erstmals entschieden, dass die **Sicherungsverwahrung** nach dem StGB als **Strafe** iSv Art. 7 anzusehen ist und also nicht rückwirkend verlängert werden darf (zu letzterem ergänzend → Rn. 11).[31] Sie sei eine Freiheitsentziehung von bedeutender Schwere, die durch eine strafgerichtliche Verurteilung für eine Straftat verhängt werde, im Wesentlichen wie die reguläre Freiheitsstrafe vollzogen werde und nicht nur vorbeugen, sondern auch abschrecken wolle.[32] Mit Bezug auf die praktische Ausgestaltung der Sicherungsverwahrung rügte der EGMR die für eine reine

24 EGMR 1.7.1961 – 332/57, Rn. 19 – *Lawless/Irland*.
25 EGMR 17.12.2009 –16428/05, Slg 09-V Rn. 43 – *Gardel/Frankreich*.
26 EGMR 7.12.2006 – 29514/05, Slg 06-XV – *Van der Velden/Niederlande*.
27 EGMR 27.6.2006 – 28578/03, Slg 06-VIII – *Szabó/Schweden*.
28 EGMR 15.12.2009 – 16012/06, Rn. 39 ff. – *Gurguchiani/Spanien*.
29 EGMR 9.2.1995 – 17440/90, Rn. 33 – *Welch/Vereinigtes Königreich*.
30 EGMR 8.6.1995 – 15917/89, Rn. 32 – *Jamil/Frankreich*.
31 EGMR 17.12.2009 – 19359/04, Slg 09-VI Rn. 133 ff. – *M./Deutschland*. Dazu ua *Eschelbach* NJW 2010, 2499; *Kinzig* NStZ 2010, 233; *Kreuzer* NK 2010, 89; *Laue* JR 2010, 198; *Radtke* NStZ 2010, 537, *Renzikowski* ZIS 2011, 531.
32 EGMR 17.12.2009 – 19359/04, Slg 09-VI Rn. 127 ff. – *M./Deutschland*.

präventive Maßnahme unzureichenden Resozialisierungsbemühungen.[33] Insbesondere machte sich der Gerichtshof die Einschätzung des CPT zu Eigen, dass die Erreichung des individualpräventiven Ziels "a high level of care involving a team of multi-disciplinary staff, intensive work with inmates on an individual basis (via promptly-prepared individualised plans), within a coherent framework for progression towards release, which should be a real option" erfordere.[34] Im Übrigen betonte der Gerichtshof, dass auch eine Strafe präventive Zwecke verfolgen könne[35] und Sicherungsmaßnahmen nach Art der deutschen Sicherungsverwahrung in manchen Ländern als Strafe, in anderen als präventive Maßnahme eingestuft würden.[36] Die Einschätzungen zum Strafcharakter der Sicherungsverwahrung hat der EGMR in weiteren Entscheidungen hierzu aufrechterhalten.[37] Auch in seiner bisher **neuesten Entscheidung** zur deutschen Sicherungsverwahrung mit Blick auf Art. 7, *Bergmann/Deutschland*, ist der EGMR von dieser grundsätzlichen Einschätzung nicht abgerückt,[38] auch wenn er feststellt, dass nunmehr ausweislich der gesetzlichen Vorgaben des § 66 c StGB sowie der Sicherungsverwahrungsvollzugsgesetze und jedenfalls mit Bezug auf die konkrete Ausgestaltung in der JVA Rosdorf bei Göttingen eine angemessene Trennung und Besserstellung der Sicherungsverwahrten sowie hinreichende therapeutische Bemühungen festzustellen sind.[39] Weiterhin werde die Sicherungsverwahrung jedoch durch Strafgerichte in der Folge einer Verurteilung wegen einer Straftat angeordnet und beinhalte eine unbefristete Freiheitsentziehung.[40] Besonders betont der Gerichtshof zudem, dass Sicherungsverwahrung nur gegen Personen verhängt werden kann, die mehrerer gravierender Straftaten für schuldig befunden wurden. Sie könne auch weiterhin als zusätzliche Strafe aufgefasst werden und wirke abschreckend.[41] Lediglich für den **Sonderfall der Altfallregelung des Art. 316 f Abs. 2 S. 2 EGStGB** (dazu bereits oben, → Art. 5 Rn. 30, 48, 56), um den es in der streitgegenständliche Sache ging, geht der Gerichtshof im Ergebnis davon

---

33 EGMR 17.12.2009 – 19359/04, Slg 09-VI Rn. 128 f. – *M./Deutschland*.
34 EGMR 17.12.2009 – 19359/04, Slg. 09-VI Rn. 129 – *M./Deutschland*; CPT/Inf (2007) 18 vom 18 April 2007, Rn. 100.
35 EGMR 17.12.2009 – 19359/04, Slg. 09-VI Rn. 130 – *M./Deutschland*.
36 EGMR 17.12.2009 – 19359/04, Slg. 09-VI Rn. 126 – *M./Deutschland*.
37 Siehe insbesondere EGMR 28.11.2013 – 7345/12, NLMR 2013, 436 Rn. 119 ff. – *Glien/Deutschland*, zudem zB EGMR 9.6.2011 – 30493/04, NJW 2012, 1707 Rn. 47 – *Schmitz/Deutschland*; EGMR 13.1.2011 – 17792/07, NJW 2011, 3427 Rn. 68 f. – *Kallweit/Deutschland*.
38 EGMR 7.1.2016 – 23279/14, Rn. 181 – *Bergmann/Deutschland*.
39 EGMR 7.1.2016 – 23279/14, Rn. 164 ff. – *Bergmann/Deutschland*.
40 EGMR 7.1.2016 – 23279/14, Rn. 181 – *Bergmann/Deutschland*.
41 EGMR 7.1.2016 – 23279/14, Rn. 175 – *Bergmann/Deutschland*.

aus, dass das zusätzliche Erfordernis der psychischen Störung, wenn es das Ausmaß einer psychischen Krankheit iSv Art. 5 Abs. 1 S. 2 Buchst. e) EMRK erreiche, in Verbindung mit den erfolgten Verbesserungen mit Blick auf Besserstellung und Resozialisierung den **Strafcharakter beseitige.**[42]

10 Versucht man diese Rechtsprechung[43] auf die anderen stationären Maßregeln der Besserung und Sicherung in Deutschland (Unterbringung in einem **psychiatrischen Krankenhaus,** § 63 StGB, und Unterbringung in einer **Entziehungsanstalt,** § 64 StGB) zu übertragen, so dürften diese im Ergebnis trotz Anordnung durch Strafgerichte in der Folge einer Straftat **keine Strafen** darstellen, da sie – anders als die Sicherungsverwahrung – keinen Schuldspruch wegen der Straftat erfordern und zudem – ähnlich wie und noch ausgeprägter als die Altfallregelung in Art. 316 f Abs. 2 S. 2 EGStGB – an ein spezifisches psychiatrisches bzw. psychologisches Störungsbild (Zustand iSd Eingangsmerkmale der §§ 20, 21 StGB bzw. Hang, alkoholische Getränke oder andere berauschende Mittel im Übermaß zu sich zu nehmen) anknüpfen. Des Weiteren ist jeweils die Vollziehung noch deutlich stärker vom Strafvollzug separiert und eindeutig rein präventiv ausgerichtet. Für die Unterbringung in der Entziehungsanstalt kommt zudem die geringere Schwere hinzu, auf die es indes nicht entscheidend ankommt (→ Rn. 7).

11 Ebenfalls sind Strafvorschriften von Verfahrensvorschriften und Regelungen zu Vollstreckung und Vollzug der Strafe **abzugrenzen:** Eine Änderung von **Verfahrensvorschriften** fällt nicht unter Art. 7;[44] die Vorschrift macht keine Vorgaben mit Blick auf die Strafverfolgung.[45] Er verbietet insbesondere auch nicht, Verjährungsvorschriften zu überprüfen und die Fristen zu verlängern.[46] Auch für Vorschriften zur **Strafvollstreckung** und zum **Strafvollzug** – einschließlich einer veränderten Bewährungspraxis – gilt Art. 7 nicht;[47] allerdings nimmt der EGMR auch insofern eine **autonome Abgrenzung** vor und be-

---

42 EGMR 7.1.2016 – 23279/14, Rn. 153 ff., 182 – *Bergmann/Deutschland.*
43 Insbesondere die durch EGMR 7.1.2016 – 23279/14, Rn. 153 ff. – *Bergmann/ Deutschland* aufgestellten Kriterien.
44 *Sinner* in: *Karpenstein/Meyer,* EMRK, 2. Aufl. 2015, Art. 7 Rn. 9; *Grabenwarter/Pabel,* EMRK, 5. Aufl. 2012, § 24 Rn. 134; aA *Paeffgen* in *Wolter,* SK-StPO, Bd. X, 4. Aufl. 2011, Art. 7 Rn. 7.
45 EGMR 25.7.2013 – 11082/06, Rn. 789 – *Khodorkovskiy u. Lebedev/Russland.*
46 EGMR 22.6.2000 – 32492/96, Slg 00-VII Rn. 149 – *Coeme* ua/*Belgien.* Ausdrücklich offen gelassen wurde aber, was bei einer Anwendung auf bereits verjährte Straftaten gilt; auch im Fall EGMR 17.5.2010 – 36376/04 (GK), Slg 10-IV Rn. 228 ff. – *Kononov/Lettland* wurde die Frage erneut angesprochen, mangels Einschlägigkeit aber nicht entschieden.
47 EGMR 12.2.2008 – 21906/04 (GK), Slg 08-I Rn. 151 – *Kafkaris/Zypern.*

tont, dass die Grenzen fließend sein können.[48] Daher wurde zB bei einer gravierenden Änderung der Rechtsprechung durch die sog *doctrina Parot* in Spanien zur strafverkürzenden Anrechnung von Arbeit in der Haft nicht mehr auf die gesetzliche Höchstdauer der Freiheitentziehung (im Fall: 30 Jahre), sondern auf die Summe der Einzelstrafen (im Fall: über 3.000 Jahre)[49] eine rückwirkende Strafschärfung ebenso angenommen wie beim **rückwirkenden Fortfall der Höchstfrist** der deutschen **Sicherungsverwahrung** (dazu im Übrigen bereits → Rn. 9), obwohl diese sich formell nur aus der Änderung der vollstreckungsrechtlichen Regelung in § 67 d Abs. 1 StGB ergab.[50] Auch die **nachträgliche Anordnung der Sicherungsverwahrung** nach Erledigterklärung einer Unterbringung in einem psychiatrischen Krankenhaus gem. § 67 d Abs. 6 StGB ist nach der überzeugenden Einschätzung des EGMR[51] und entgegen der Auffassung des deutschen Gesetzgebers[52] nicht mit einer bloß vollstreckungsrechtlichen Überweisung in eine andere Maßregel gleichzusetzen.[53]

Die Entscheidungen des EGMR zur Sicherungsverwahrung führten in **Deutschland** zu Reaktionen der Rechtsprechung und des Gesetzgebers, die näher bereits in → Art. 5 Rn. 30, 48, 56 nachgezeichnet sind (dort auch zum – praktisch irrelevanten – Therapieunterbringungsgesetz). Von besonderer Bedeutung für Art. 7 ist die **Reaktion des BVerfG** auf die soeben skizzierte Rechtsprechung des EGMR, insbesondere auf die Entscheidung *M./Deutschland*.[54] Das deutsche Verfassungsgericht erklärte auf entsprechende Verfassungsbeschwerden von Untergebrachten mit Urteil v. 4.5.2011[55] die Regelungen zur Sicherungsverwahrung insgesamt für verfassungswidrig. Den Anwendungsbereich von **Art. 103 Abs. 2 GG** sah das BVerfG allerdings auch in dieser Entscheidung – ebenso wie in einer früheren Entscheidung aus dem Jahr 2004[56] – nicht als eröffnet an; nach verfassungsrechtlichen Maßstäben stellt die Sicherungsverwahrung dem BVerfG zufolge trotz anderer Einstufung durch den EGMR (weiterhin) keine Strafe dar.[57] Aus Sicht des EGMR wiederum bestehen gegen eine sol-

12

---

48 EGMR 12.2.2008 – 21906/04 (GK), Slg 08-I Rn. 142 – *Kafkaris/Zypern*.
49 EGMR 21.10.2013 – 42750/09 (GK), Slg 13-VI Rn. 104 ff., 118 – *Del Rio Prada/Spanien*.
50 EGMR 17.12.2009 – 19359/04, Slg 09-VI Rn. 134 ff. – *M./Deutschland*.
51 EGMR 7.6.2012 – 65210/09, Rn. 76 ff. – *G./Deutschland*; EGMR 7.6.2012 – 61827/09, Rn. 85 ff. – *K./Deutschland*.
52 Siehe nur BT-Drucks. 17/3403, S. 34.
53 Näher *Jehle/Harrendorf* in *Satzger/Schuckebier/Widmaier*, StGB, 3. Aufl. 2016, § 66 b Rn. 14.
54 EGMR 17.12.2009 – 19359/04, Slg 09-VI – *M./Deutschland*.
55 2 BvR 2333/08, BVerfGE 128, 326.
56 BVerfGE 109, 133, 167 ff.
57 BVerfGE 128, 326, 392 f.

che abweichende Einstufung keine Bedenken, sofern die Mindeststandards der EMRK trotzdem gewahrt bleiben.[58] Mit Blick auf die konkret nicht nur mit Blick auf Art. 5, sondern auch auf Art. 7 problematischen Fälle der nachträglichen Verlängerung der Höchstfrist sowie der nachträglichen Anordnung der Sicherungsverwahrung sah das BVerfG stattdessen das **allgemeine rechtstaatliche Vertrauensschutzgebot** aus Art. 20 Abs. 3 GG ivm dem Freiheitsrecht aus Art. 2 Abs. 2 S. 2 GG verletzt, sofern nicht eine hochgradige Gefahr schwerster Gewalt- oder Sexualstraftaten besteht, die aus konkreten Umständen in der Person oder dem Verhalten des Untergebrachten abzuleiten sein muss, und zugleich eine psychische Störung iSd Art. 5 Abs. 1 Buchst. e) vorliegt.[59] Im Übrigen räumte das BVerfG ein, dass die Sicherungsverwahrung, obschon keine Strafe, sich doch in der konkreten Ausgestaltung nicht hinreichend von einer solchen unterscheide. Es konkretisierte das schon in der 2004er Entscheidung kurz angedeutete[60] **Abstandsgebot** als Grundvoraussetzung der Verhältnismäßigkeit der Freiheitsentziehung durch Sicherungsverwahrung[61] und erklärte sämtliche damals geltenden Vorschriften zur Sicherungsverwahrung wegen Verstoßes gegen dieses Gebot für verfassungswidrig.[62] Es entwickelte (im Einklang auch mit den Vorgaben des EGMR und des CPT zur deutlicheren Ausrichtung der Sicherungsverwahrung am Resozialisierungsziel; dazu oben, → Rn. 9) konkrete **Leitlinien** zur künftigen Wahrung des Abstandsgebots, fasste diese in spezifischen Einzelgeboten zusammen (Ultima-ratio-Prinzip, Individualisierungs- und Intensivierungsgebot, Motivierungsgebot, Trennungsgebot, Minimierungsgebot, Rechtsschutz- und Unterstützungsgebot sowie Kontrollgebot)[63] und verpflichtete den Bundesgesetzgeber, diese spätestens zum 1.6.2013 bundeseinheitlich festzulegen.[64] Dies ist mit § 66 c StGB geschehen; zudem haben sämtliche Bundesländer fristgerecht Sicherungsverwahrungsvollzugsgesetze erlassen[65] und – wie auch der EGMR positiv zur Kenntnis genommen hat[66] – in verschiedenen Anstalten mit teils großem Aufwand neue Häuser zum Sicherungsverwahrungsvollzug gebaut. Auch die strengeren Vorgaben für die Vertrauensschutzfälle der nachträglichen Verlängerung oder Anordnung der Sicherungsverwahrung hat der Gesetzgeber für

58 EGMR 7.1.2016 – 23279/14, Rn. 163 – *Bergmann/Deutschland.*
59 BVerfGE 128, 326, 399.
60 BVerfGE 109, 133, 166 f.
61 BVerfGE 128, 326, 372 ff.
62 BVerfGE 128, 326, 404.
63 BVerfGE 128, 326, 379 ff.
64 BVerfGE 128, 326, 387 f., 404.
65 Siehe dazu *Dessecker,* BewHi 2013, 309 ff.
66 EGMR 7.1.2016 – 23279/14, Rn. 164 ff. – *Bergmann/Deutschland.*

Altfälle in den **Art. 316 e, 316 f EGStGB** nun **konventionskonform** umgesetzt (näher oben, → Rn. 9).[67] Für **Neufälle** schließlich bleibt als **einzige Problemkonstellation** vor dem Hintergrund der EMRK der reformierte § 66 b StGB zurück (dazu bereits → Art. 5 Rn. 30), der weiterhin bei zuvor nach § 63 StGB Untergebrachten, deren Unterbringung gem. § 67 d Abs. 6 StGB für erledigt erklärt wurde, weil der Zustand iSd §§ 20, 21 StGB zum Entscheidungszeitpunkt nicht (mehr) bestand, eine **nachträgliche Sicherungsverwahrung ohne die zusätzlichen Voraussetzungen des Art. 316 f Abs. 2 S. 2 EGStGB** zulässt. Dies dürfte nicht nur gegen Art. 5, sondern auch gegen Art. 7 EMRK verstoßen.[68] Um dem zu begegnen, müsste die Vorschrift an sich auch bei Neufällen nach dem og Muster restriktiv ausgelegt werden; dem dürfte aber der erkennbare Wille des Gesetzgebers[69] entgegenstehen, so dass die Norm wohl konventions- und verfassungswidrig ist.[70] Jedenfalls entstünde dadurch für diese Regelung die widersinnige Situation, dass sie zur Anwendung die Ablehnung eines Zustandes gem. §§ 20, 21 StGB, aber dennoch die Bejahung einer psychischen Störung, die die Schwere einer psychischen Krankheit i.S.d. Art. 5 Abs. 1 Buchst. e) erreicht, voraussetzt.[71] Im Übrigen bleibt zu konstatieren, dass sich im Lichte der Entscheidung *Bergmann/ Deutschland* die beim BVerfG ausweislich der stark an Art. 7 orientierten Begründung[72] anscheinend bestehende Hoffnung, durch die Betonung und Einforderung des Abstandsgebotes auch die konventionsrechtliche Einstufung der Sicherungsverwahrung als Strafe für die Zukunft zu verhindern, nicht bestätigt hat: Die Sicherungsverwahrung bleibt, aller auch vom EGMR anerkannten Verbesserungen[73] zum Trotz, im Grundsatz vor dem Hintergrund des Art. 7 eine Strafe[74] und muss sich daher **auch künftig am strengen Maßstab des Art. 7 messen lassen** (vgl. bereits → Rn. 9).

---

67 Vgl. EGMR 7.1.2016 – 23279/14, Rn. 164 ff. – *Bergmann/Deutschland*.
68 Vgl. EGMR 7.6.2012 – 65210/09, Rn. 76 ff. – *G./Deutschland*; EGMR 7.6.2012 – 61827/09, Rn. 85 ff. – *K./Deutschland* zu der entsprechenden Regelung in § 66 b Abs. 3 StGB aF.
69 Siehe nur BT-Drucks. 17/3403, S. 34.
70 Dies für Altfälle nach § 66 b Abs. 3 StGB aF bejahend, für Neufälle aber offenlassend BVerfGE 133, 40, 56 f.; näher *Jehle/Harrendorf* in *Satzger/Schuckebier/ Widmaier*, StGB, 3. Aufl. 2016, § 66 b Rn. 14.
71 Krit. auch *Renzikowski* NJW 2013, 1638 (1642).
72 Vgl. BVerfGE 128, 326, 374 ff., 391 ff.
73 EGMR 7.1.2016 – 23279/14, Rn. 164 ff. – *Bergmann/Deutschland*.
74 EGMR 7.1.2016 – 23279/14, Rn. 181 – *Bergmann/Deutschland*.

3. Gesetzesvorbehalt

13   Der Grundsatz *nullum crimen, nulla poena sine lege* statuiert einen
Gesetzesvorbehalt, besagt also, dass Straftaten und Strafen nur durch
ein Gesetz vorgesehen werden dürfen.[75] Dabei benutzt Art. 7 in der
englischen Fassung sowohl in der Überschrift als auch im Text das
Wort „law", entsprechend anderen Vorschriften der Konvention (zB
Art. 5, 6, 8 Abs. 2, 9 Abs. 2, 10 Abs. 2, 11 Abs. 2).[76] In der französischen Fassung (wie auch in der völkerrechtlich nicht verbindlichen
deutschen) findet sich der Begriff „loi" (bzw. „Gesetz") hingegen nur
in der Überschrift, während in Art. 7 Abs. 1 S. 1 von „droit" (bzw.
„Recht") die Rede ist. Der Inhalt dieses Begriffs wird ebenso wie der
Begriff „law" bzw. „loi" in anderen Konventionsvorschriften ausgelegt.[77] Umfasst sind danach **Gesetze im materiellen Sinn**, also nicht
nur „statute law", sondern auch „case law" in den Common-law-
Staaten sowie untergesetzliche Normen (zB in Verordnungen).[78] Die
gesetzliche Norm in diesem Sinne muss zudem nicht dem nationalen
Recht entstammen, es genügt auch eine rechtliche Fundierung im **internationalen Recht** (vgl. den Wortlaut von Art. 7 Abs. 1 S. 1), also
eine Strafbarkeit nach Völkerstrafrecht.[79] Hierzu zählt auch das Völkergewohnheitsrecht.[80]

14   Der EGMR prüft nicht, ob sich der Betroffene strafbar gemacht hat
– dies ist allein Aufgabe des Strafgerichts – sondern nur, ob die **Ge-
setzesinterpretation mit der Konvention vereinbar** ist,[81] dh ob im
Lichte des Art. 7 zur Tatzeit eine Gesetzesvorschrift in dem geschilderten Sinne bestand, welche die Handlung strafbar machte[82] und ob
die auferlegte Strafe die von dieser Vorschrift bestimmten Grenzen
eingehalten hat. **Fehler bei der Rechtsanwendung** als solche begründen keine Verletzung der Konvention, wenn sie nicht **manifest willkürlich** sind.[83]

---

75   EGMR 25.3.1993 – 14307/88, Rn. 52 – *Kokkinakis/Griechenland.*
76   Missverständlich insofern *Sinner* in *Karpenstein/Meyer*, EMRK, 2. Aufl. 2015,
       Art. 7 Rn. 12, sowie *Meyer-Ladewig* in der hiesigen Vorauflage, Rn. 7.
77   EGMR 22.11.1995 – 20166/92, Rn. 35 – *S.W./Vereinigtes Königreich.*
78   EGMR 12.2.2008 – 21906/04 (GK), Slg 08-I Rn. 139 – *Kafkaris/Zypern.*
79   *Grabenwarter/Pabel*, EMRK, 5. Aufl. 2012, § 24 Rn. 139; vgl. EGMR
       17.5.2010 – 36376/04(GK), Slg 10-IV Rn. 196 ff. – *Kononov/Lettland*; EGMR
       17.1.2006 – 23052/04 – *Kolk u. Kislyiy/Estland.*
80   EGMR 17.5.2010 – 36376/04 (GK), Slg 10-IV Rn. 221 – *Kononov/Lettland;*
       ablehnend aber *Paeffgen* in *Wolter*, SK-StPO, Bd. X, 4. Aufl. 2011, Art. 7 Rn. 2.
81   EGMR 19.9.2008 – 9174/02 (GK), Slg 08-IV Rn. 72 – *Korbely/Ungarn*; EGMR
       18.2.1999 – 26083/94, Slg 99-I Rn. 54 – *Waite u. Kennedy/Deutschland.*
82   EGMR 20.10.2015 – 35343/05 (GK), Rn. 190 – *Vasiliauskas/Litauen.*
83   EGMR 20.10.2015 – 35343/05 (GK), Rn. 189 – *Vasiliauskas/Litauen.*

4. Gebot der Bestimmtheit, Vorhersehbarkeit und Zugänglichkeit

Das Prinzip der Strafgesetzlichkeit enthält auch qualitative Anforde-   15
rungen, insbesondere an die **Zugänglichkeit** (bzw. Wahrnehmbarkeit)
des Gesetzes und an die **Vorhersehbarkeit** einer Bestrafung,[84] also an
die Bestimmtheit des Gesetzes. Der Betroffene muss aus dem Wortlaut der Vorschrift, notfalls mithilfe der Auslegung durch die Rechtsprechung, erkennen können, welche Handlungen und Unterlassungen ihn strafrechtlich verantwortlich machen.[85] Die Unbestimmtheit
kann sich dabei auch aus der **Gesamtschau** aller einschlägigen Vorschriften ergeben, so zB dann, wenn Strafrecht und Strafvollzugs-
recht abweichende Regelungen für die tatsächliche Dauer lebenslanger Haft vorgeben.[86] Der EGMR erkennt dabei an, dass es nicht immer möglich ist, Gesetze mit absoluter Bestimmtheit zu fassen und
dass eine **gewisse Flexibilität** notwendig ist, um die Rechtsnorm sich
ändernden Verhältnissen anzupassen.[87]

Der **notwendige Grad der Bestimmtheit** hängt davon ab, für welche   16
Bereiche die Norm gilt, und von der Zahl und dem Status der Adressaten. Wenn es notwendig ist, Rechtsrat einzuholen, schadet das
nicht immer, besonders nicht bei Adressaten, die einen Beruf ausüben, der sie ohnehin zu besonderer Vorsicht zwingt.[88] Ähnlich wie
für Art. 103 Abs. 2 GG[89] kann es auch für Art. 7 genügen, dass die
Auslegung eines unbestimmten Rechtsbegriffs vor der Verurteilung
durch die **Rechtsprechung** bereits hinreichend geklärt worden ist.[90]
Dies gilt selbst dann, wenn das durch Auslegung ermittelte Begriffs-
element sich dem Normtext nicht explizit entnehmen lässt, zB bei der
Berücksichtigung des Abschreckungsgedankens bei der Strafzumessung auf der Basis von § 32 öStGB.[91] Ebenso kann es genügen, wenn

---

84 EGMR 12.2.2008 – 21906/04 (GK), Slg 08-I Rn. 140 – *Kafkaris/Zypern*. Fra-
    gen der Zugänglichkeit werden vor allem mit Bezug auf das Völkerstrafrecht re-
    levant, vgl. zB EGMR 20.10.2015 – 35343/05(GK), Rn. 167 ff. – *Vasiliauskas/
    Litauen*. Vgl. zudem *Paeffgen* in *Wolter*, SK-StPO, Bd. X, 4. Aufl. 2011, Art. 7
    Rn. 11 mit einem Beispiel mangelnder Zugänglichkeit aus sprachlichen Grün-
    den.
85 EGMR 25.3.1993 – 14307/88, Rn. 52 – *Kokkinakis/Griechenland*; EGMR
    12.2.2008 – 21906/04 (GK), Slg 08-I Rn. 140 – *Kafkaris/Zypern*.
86 EGMR 12.2.2008 – 21906/04 (GK), Slg 08-I Rn. 143 ff. – *Kafkaris/Zypern*.
87 EGMR 8.7.1999 – 23536/94, NJW 2001, 1995 Rn. 39 – *Baçkaya u. Okcuoglu/
    Türkei*.
88 EGMR 11.11.1996 – 17862/91, Rn. 35 – *Cantoni/Frankreich*; EGMR
    20.10.2015 – 35343/05 (GK), Rn. 157 – *Vasiliauskas/Litauen*.
89 Vgl. zB BVerfGE 126, 170.
90 Z.B. für den Begriff „verwerflich" in § 240 Abs. 2 StGB EGMR 8.1.2007 –
    18397/03, NJW 2008, 2322 – Witt/Deutschland.
91 EGMR 14.12.1999 – 33448/96 – *Wedenig/Österreich*.

der verwendete, an sich eher vage Begriff aus anderen Gründen präzise genug abgrenzbar ist, zB mit Blick auf „von nationalsozialisti-
schen Ideen inspirierte Handlungen", worin eine klare Bezugnahme
auf die historische Ideologie des Nationalsozialismus zu erblicken ist,
die ein hinreichend präzises Konzept darstellt.[92] Andererseits ist eine
Strafnorm, die einen allgemein gehaltenen Begriff (im konkreten Fall
der „Insider")[93] verwendet, in Bezug auf eine Fallkonstellation nicht
allein deshalb unbestimmt, weil zu dieser vor dem Bezugsfall keinerlei Rechtsprechung vorlag.[94] Hingegen liegt **Unbestimmtheit** vor,
wenn eine Vorschrift die Verletzung von Verfahrensregeln, die für die
Organisation und Abhaltung von Versammlungen gelten, pönalisiert,
obwohl derartige Regeln nirgendwo eindeutig niedergeschrieben
sind.[95] Ebenfalls unvorhersehbar und daher unbestimmt ist eine
Strafandrohung, die alternativ zwei verschiedene Strafrahmen vorsieht, je nachdem, vor welchem Gericht angeklagt wird, wenn für die
entsprechende Entscheidung des Generalstaatsanwalts weder im Gesetz noch in der Rechtsprechung irgendwelche Kriterien niedergelegt
sind, so dass sie in seinem unbeschränkten Ermessen steht.[96]

5. Verbot der ausdehnenden Auslegung und der Analogie

17   Aus Art. 7 folgt ein Verbot ausdehnender Auslegung zulasten des Täters und damit auch ein Analogieverbot *in malam partem*.[97] Da auch
Strafgesetze der Auslegung bedürfen, besteht jedoch immer die Notwendigkeit, Zweifelsfragen zu klären und geänderte tatsächliche Umstände zu berücksichtigen. Dies ist gerade Aufgabe der Gerichte.
Art. 7 steht **Rechtsprechungsänderungen** nicht entgegen,[98] verbietet
aber eine strafrichterliche **Rechtsfortbildung** im Wege ausdehnender

---

92 EGMR 1.2.2000 – 32307/96, ÖJZ 2000, 817 – *Schimanek/Österreich*.
93 EGMR 6.10.2011 – 50425/06, NJW-RR 2012, 1502 Rn. 54 – *Soros/Frankreich*.
94 EGMR 6.10.2011 – 50425/06, NJW-RR 2012, 1502 Rn. 58 – *Soros/Frankreich*
    (dazu krit. *Hammen* ZIS 2014, 303, (306 f.)); vgl. auch EGMR 17.2.2005 –
    42758/98, Rn. 55 – *K.A. u. A.D./Belgien*.
95 EGMR 1.4.2013 – 20372/11, Rn. 67 – *Vyerentsov/Ukraine*.
96 EGMR 22.1.2013 – 42931/10, Rn. 42 f., NLMR 2013, 27 – *Camilleri/Malta*.
97 EGMR 25.3.1993 – 14307/88, Rn. 52 – *Kokkinakis/Griechenland*.
98 *Grabenwarter/Pabel*, EMRK, 5. Aufl. 2012, § 24 Rn. 136: *Sinner* in: *Karpen-
    stein/Meyer*, EMRK, 2. Aufl. 2015, Art. 7 Rn. 13; vgl. zB EGMR 22.11.1995 –
    20166/92, Rn. 34 ff. – *S. W./Vereinigtes Königreich*.

Auslegung bzw. der Analogie.[99] Die Grenzen sind dabei fließend.[100] Art. 7 verbietet eine **schrittweise Klärung** strafrechtlicher Vorschriften durch gerichtliche Auslegung von Fall zu Fall nicht, solange die sich damit ergebende Entwicklung mit dem Kern des Straftatbestands im Einklang steht und vernünftigerweise vorhersehbar ist.[101] Auch für eine **Änderung bzw. Fortentwicklung der Rechtsprechung durch den EGMR** gilt Art. 7 nicht, denn er klärt nur den Inhalt bereits bestehender Texte und erlegt den Konventionsstaaten nicht rückwirkend Verpflichtungen auf.[102]

6. Rückwirkungsverbot

Die Tat muss **zur Zeit ihrer Begehung** nach nationalem oder internationalem Recht (→ Rn. 13) strafbar gewesen sein. Das Rückwirkungsverbot kann dabei auch dann verletzt sein, wenn eine Strafnorm zur Zeit der Tatbegehung zwar existierte, aber bestimmte, an sich darunterfallende Verhaltensweisen in einer Weise toleriert wurden, dass von einer **De-facto-Entkriminalisierung** auszugehen war.[103] Bei der Bestrafung von **Dauerdelikten** und **fortgesetzten Handlungen,**[104] die teils bereits vor, teils aber auch noch nach dem Erlass der angewendeten Strafvorschrift begangen worden sind, ist dem Rückwirkungsverbot grundsätzlich genüge getan.[105] Allerdings liegt ein Verstoß in einer Anwendung der Vorschrift auch auf den Zeitraum vor ihrem Inkrafttreten nur dann nicht, wenn die das Dauerdelikt / die fortgesetzte Handlung konstituierenden Einzelakte vorher zumindest jeweils für sich genommen strafbar waren und die neue Strafe auch nicht schärfer ist als sie nach den alten Regeln zu erwarten ge-

18

---

99 EGMR 12.2.2008 – 21906/04 (GK), Slg 08-I Rn. 141 – *Kafkaris/Zypern*; EGMR 17.9.2009 – 10249/03 (GK), NJOZ 2010, 2726 Rn. 101 – *Scoppola/ Italien*; EGMR 17.2.2005 – 42758/98, Rn. 55 – *K.A. u. A.D./Belgien*.
100 Vgl. einerseits EGMR 22.11.1995 – 20166/92, Serie A, Bd. 335, S. 42, Rn. 34 ff. – *S.W./Vereinigtes Königreich* (zulässige Änderung der Rechtsprechung), andererseits EGMR 10.10.2006 – 40403/02, Rn. 28 ff. – *Pessino/ Frankreich* (unzulässige Rechtsfortbildung).
101 EGMR 22.3.2001 – 34044/96, Slg 01-II Rn. 69, 82 – *Streletz, Kessler u. Krenz/Deutschland* für die Schüsse an der DDR-Grenze; EGMR 12.7.2007 – 74613/01, Slg 07-II Rn. 103 ff. – *Jorgic/Deutschland* zur Auslegung des Straftatbestands Völkermord; EGMR 22.11.1995 – 20166/92, Serie A, Bd. 335, S. 42, Rn. 34 ff. – *S.W./Vereinigtes Königreich* für den Fall der Vergewaltigung in der Ehe.
102 EGMR 18.9.2009 – 16064/90 (GK), Slg 09-V Rn. 140 – *Varnava ua/Türkei*.
103 EGMR 25.7.2013 – 11082/06, Rn. 817 – *Khodorkovskiy u. Lebedev/Russland*.
104 Zur Unterscheidung in der Rechtsprechung des EGMR vgl. EGMR 27.1.2015 – 59552/08(GK), Rn. 28 – *Rohlena/Tschechische Republik*.
105 EGMR 27.1.2015 – 59552/08 (GK), ausgewählt für Slg, NLMR 2015, 32 Rn. 62 – *Rohlena/Tschechische Republik*.

wesen wäre.[106] Zudem muss die Anwendung der Regeln, nach denen sich bestimmt, ob ein Dauerdelikt bzw. eine fortgesetzte Handlung vorliegt, vorhersehbar gewesen sein.[107] Der EGMR verlangt zudem, dass sich aus der Anklage klar ergibt, dass sich der angeklagte Tatzeitraum auch auf die Zeit nach der Einführung des Dauerdelikts / der fortgesetzten Handlung erstreckt, oder dass dies doch jedenfalls für das Strafurteil gilt.[108]

19   In dem Urteil betreffend **der Schüsse an der DDR-Grenze**[109] ist der EGMR zu dem Ergebnis gekommen, Art. 7 sei nicht verletzt. Die Taten seien nach DDR-Recht strafbar gewesen. Die Strafbarkeit sei auch bezogen auf diejenigen, die diese Praxis in leitender Position zu verantworten hatten, erkennbar gewesen, denn sie selbst hätten die Diskrepanz zwischen der Rechtslage und der Praxis geschaffen (Rn. 88),[110] für die Grenzsoldaten hingegen gelte, „that even a private soldier could not show total, blind obedience to orders which flagrantly infringed not only the GDR's own legal principles but also internationally recognised human rights".[111] Auch der Menschenrechtsausschuss der VN hat eine Vereinbarkeit mit Art. 15 IPBPR schon deswegen bejaht, weil die Taten nach DDR-Recht strafbar gewesen seien,[112] zudem waren auch BVerfG[113] und BGH[114] in Deutschland zu ähnlichen Ergebnissen gelangt. Insofern war die Bejahung der Strafbarkeit im Ergebnis Folge bereits einer Anwendung **nationalen Rechts.** Dass daneben ohne eigentliche Prüfung von Vorschriften des Völkerstrafrechts vom EGMR auch die Strafbarkeit nach internationalem Recht bejaht wurde,[115] wird zu Recht an der Entscheidung kritisiert.[116] In **anderen Fällen von Makrokriminalität** hingegen ergibt sich die Strafbarkeit häufig allein nach **internationa-**

---

106   EGMR 27.1.2015 – 59552/08(GK), ausgewählt für Slg, NLMR 2015, 32 Rn. 62 f., 66 f. – *Rohlena/Tschechische Republik;* EGMR 21.1.2003 – 45771/99, Rn. 36 – *Veeber/Estland.*
107   EGMR 27.1.2015 – 59552/08(GK), ausgewählt für Slg, NLMR 2015, 32 Rn. 60, 63 – *Rohlena/Tschechische Republik.*
108   EGMR 27.2.2001 – 29295/95, Slg 01-II Rn. 33 ff. – *Ecer u. Zeyrek/Türkei.*
109   EGMR 22.3.2001 – 34044/96, Slg 01-II – *Streletz, Kessler u. Krenz/Deutschland* sowie EGMR 22.3.2001 – 37201/97, Slg 01-II – *K.-H. W./Deutschland* ; dazu *Rau* NJW 2001, 3008.
110   EGMR 22.3.2001 – 34044/96, Slg 01-II Rn. 88 – *Streletz, Kessler u. Krenz/ Deutschland.*
111   EGMR 22.3.2001 – 37201/97, Slg 01-II Rn. 75 – *K.-H. W./Deutschland.*
112   UN – Menschenrechtsausschuss 31.7.2003 – CCPR/C/78/D/960/2000, NJW 2004, 2005 – *Baumgarten/Deutschland.*
113   BVerfGE 95, 96.
114   BGHSt 39, 1; 39, 168; 40, 218; 40, 241.
115   EGMR 22.3.2001 – 34044/96, Slg 01-II Rn. 90 ff. – *Streletz, Kessler u. Krenz/ Deutschland;* EGMR 22.3.2001 – 37201/97, Slg 01-II Rn. 92 ff. – *K.-H. W./ Deutschland.*
116   Z.B. von *Grabenwarter/Pabel,* EMRK, 5. Aufl. 2012, § 24 Rn. 139.

lem Recht. Hier kommt es dann zunächst darauf an, ob eine Strafbarkeit zur Tatzeit zumindest nach Völkergewohnheitsrecht bereits bestand.[117] Zudem muss die Norm auch zugänglich und die Bestrafung auf ihrer Basis auch vorhersehbar gewesen sein (oben → Rn. 15).[118] Beides hat der EGMR zB in der Sache *Kononov/Lettland*[119] bejaht, obwohl es sich um Taten handelte, die 1944 und mithin vor den Nürnberger Kriegsverbrecherprozessen begangen wurden.[120] Im Urteil *Korbely/Ungarn*[121] hat der EGMR hingegen eine Verletzung von Art. 7 angenommen, weil die Tat zur Zeit der Begehung nach den damals geltenden Standards nicht hätte als Verbrechen gegen die Menschlichkeit eingestuft werden können, so dass die Verurteilung nicht vorhersehbar war.[122]

Nach Abs. 1 S. 2 verbietet Art. 7 auch eine **rückwirkende Strafschärfung.** Dies ist verschiedentlich in der Rechtsprechung relevant geworden, ua auch bei den oben (→ Rn. 9 ff.) dargestellten Entscheidungen zur Sicherungsverwahrung. Sieht das neue Gesetz eine höhere Mindest-, aber eine geringere Höchststrafe als das alte vor, kommt es für die Frage, **welches Gesetz** das **mildere** ist, darauf an, in welchem Bereich des abstrakten Sanktionsrahmens der Fall einzuordnen ist: Soweit Strafen im untersten Bereich des Sanktionsrahmens verhängt wurden, ist dementsprechend der untere Sanktionsrahmen zu vergleichen.[123] Dabei muss nicht festgestellt werden, dass die Strafe nach dem früheren Gesetz tatsächlich milder ausgefallen wäre. Art. 7 ist bereits verletzt, wenn sie **hätte milder ausfallen können.**[124] Hingegen enthält Art. 7 – ebenso wie Art. 103 Abs. 2 GG, aber anders als Art. 49 Abs. 1 Grundrechtecharta und Art. 15 Abs. 1 IPBPR keine ausdrückliche *Lex-mitior*-Regelung. Dennoch hat der EGMR in seiner neueren Rechtsprechung unter Bezugnahme auf Art. 49 Abs. 1

20

---

117 EGMR 17.5.2010 – 36376/04 (GK), Slg 10-IV Rn. 221 – *Kononov/Lettland*.
118 EGMR 20.10.2015 – 35343/05 (GK), Rn. 162 – *Vasiliauskas/Litauen*.
119 EGMR 17.5.2010 – 36376/04 (GK), Slg 10-IV.
120 Vgl. EGMR 17.5.2010 – 36376/04 (GK), Slg 10-IV Rn. 205 ff. – *Kononov/Lettland* mit ausführlicher Begründung, warum für die Kriegsverbrechen, wegen derer der Beschwerdeführer verurteilt wurde, bereits damals eine individuelle strafrechtliche Verantwortung nach internationalem Recht bestand und warum eine Verurteilung auch vorhersehbar war.
121 EGMR 19.9.2008 – 9174/02 (GK), Slg 08-IV Rn. 94.
122 Dazu *Schroeder/Küpper* JOR 2009, 213.
123 EGMR 18.7.2013 – 2312/08 (GK), Slg 13-IV Rn. 69 – *Maktouf u. Damjanovic/Bosnien u. Herzegovina*; krit. zu dieser vereinfachten Vorgehensweise *Damnjanovic* ZIS 2014, 629, (633 ff.).
124 EGMR 18.7.2013 – 2312/08 (GK), Slg 13-IV Rn. 70 – *Maktouf u. Damjanovic/Bosnien u. Herzegovina*.

Grundrechtecharta anerkannt, dass auch Art. 7 Abs. 1 S. 2 die Anwendung einer **späteren Strafmilderung** vorschreibt.[125]

III. Die klarstellende Regelung in Absatz 2

21 Abs. 2 ist mit Rücksicht auf die **Nürnberger Militärgerichtsverfahren**
nach dem zweiten Weltkrieg aufgenommen worden. Anwendungsfälle sind Gesetze, die nach dem Krieg gegen Kriegsverbrecher erlassen
worden sind.[126] An sich ist Abs. 2 allerdings auch in diesen Fällen
überflüssig, weil sich die Strafbarkeit dann zwar nicht aus dem nationalen, sehr wohl aber aus dem internationalen Recht ergibt, so
dass schon Art. 7 Abs. 1 S. 1 nicht verletzt ist. Insofern hat Abs. 2
nur eine klarstellende Funktion.[127] In seinen Urteilen wegen der
Schüsse an der DDR-Grenze ist der EGMR sogar zu dem Ergebnis
gekommen, dass die Taten bereits nach nationalem Recht strafbar
waren (oben, → Rn. 19); dementsprechend kam es auf die Frage, ob
die Verurteilung nach Abs. 2 gerechtfertigt war, nicht mehr an.[128]

22 Die EMRK ist von der Bundesrepublik Deutschland am 5.12.1952
zunächst mit einem Vorbehalt im Hinblick auf Art. 7 Abs. 2 ratifiziert worden, nach dem dieser nur in den Grenzen des Art. 103
Abs. 2 GG Anwendung finden sollte.[129] Indes wurde ein entsprechender Vorbehalt gegenüber Art. 15 Abs. 2 IPBPR nicht erklärt, obwohl es sich inhaltlich um die gleiche Bestimmung handelt. Dies war
widersprüchlich, zudem der Vorbehalt nicht erforderlich, da beide

---

125 EGMR 17.9.2009 – 10249/03 (GK) Rn. 105 ff. – *Scoppola/Italien*; anders zuvor EKMR 6.3.1978, DR, Bd. 13, 70 – *X./Deutschland* und dem folgend der
EGMR, zB EGMR 6.3.2003 – 41171/98 – *Zaprianov/Bulgarien*.
126 Vgl. zB; EGMR 17.5.2010 – 36376/04 (GK), Slg 10-IV Rn. 186 – *Kononov/
Lettland*; EGMR 15.11.2001 – 54210/00, Slg 01-XII – *Papon/Frankreich*.
127 In diesem Sinne sehr deutlich auch EGMR 18.7.2013 – 2312/08(GK), Slg 13-
IV Rn. 72 – *Maktouf u. Damjanovic/Bosnien u. Herzegovina*: „[...] Article 7
§ 1 can be considered to contain the general rule of non-retroactivity and [...]
Article 7 § 2 is only a contextual clarification of the liability limb of that rule,
included so as to ensure that there was no doubt about the validity of prosecu-
tions after the Second World War in respect of the crimes committed during
that war [...]. It is thus clear that the drafters of the Convention did not intend
to allow for any general exception to the rule of non-retroactivity. Indeed, the
Court has held in a number of cases that the two paragraphs of Article 7 are
interlinked and are to be interpreted in a concordant manner [...].“ Ebenso
Grabenwarter/Pabel, EMRK, 5. Aufl. 2012, § 24 Rn. 140; anders *Sinner* in
Karpenstein/Meyer, EMRK, 2. Aufl. 2015, Art. 7 Rn. 26 f. (Ausnahme); problematisch *Damjanovic*, ZIS 2014, 629, (636). Vgl. auch EGMR 17.5.2010 –
36376/04, Slg 10-IV Rn. 186 – *Kononov/Lettland*; EGMR 20.10.2015 –
35343/05(GK), Rn. 189 – *Vasiliauskas/Litauen*.
128 EGMR 22.3.2001 – 34044/96, Slg 01-II Rn. 108 – *Streletz, Kessler u. Krenz/
Deutschland*; EGMR 22.3.2001 – 37201/97, Slg 01-II Rn. 112 – *K.-H. W./
Deutschland*.
129 BGBl. 1954 II 14.

Bestimmungen in den genannten Fällen die (schon nach Abs. 1 S. 1 bestehende) Möglichkeit einer Bestrafung nach internationalem Recht trotz zur Tatzeit fehlender Umsetzung im nationalen Recht nur klarstellen, aber nicht vorschreiben.[130] Deutschland hat dementsprechend den **Vorbehalt** Anfang der 2000er Jahre **zurückgenommen**.[131]

Artikel 8 Recht auf Achtung des Privat- und Familienlebens

(1) Jede Person hat das Recht auf Achtung ihres Privat- und Familienlebens, ihrer Wohnung und ihrer Korrespondenz.

(2) Eine Behörde darf in die Ausübung dieses Rechts nur eingreifen, soweit der Eingriff gesetzlich vorgesehen und in einer demokratischen Gesellschaft notwendig ist für die nationale oder öffentliche Sicherheit, für das wirtschaftliche Wohl des Landes, zur Aufrechterhaltung der Ordnung, zur Verhütung von Straftaten, zum Schutz der Gesundheit oder der Moral oder zum Schutz der Rechte und Freiheiten anderer.

---

130 BT-Drs. 14/3892, 2 f.
131 BGBl. 2003 II 1580.

I. Allgemeines

1   Die Vorschrift fasst den **Schutz von vier Rechten** zusammen (Privat-
und Familienleben, Wohnung und Korrespondenz). Die Bestimmung
ähnelt Art. 17 des Zivilpakts, der noch den Schutz der Ehre und des
Rufs ausdrücklich hinzufügt. Das GG gibt in Art. 1 (Schutz der Menschenwürde), Art. 6 (Ehe und Familie), Art. 10 (Briefgeheimnis) und
Art. 13 (Wohnung) Garantien, welche die des Art. 8 EMRK umfassen. **Die Grundrechtecharta** schützt in Art. 1 die Menschenwürde, in
Art. 8 das Recht auf körperliche und geistige Unversehrtheit, in
Art. 7 das Privat- und Familienleben, in Art. 8 personenbezogene Da-
ten, in Art. 15 die Berufsfreiheit, in Art. 16 die unternehmerische
Freiheit, in Art. 33 das Familien- und Berufsleben, in Art. 34 die so-
ziale Sicherheit, in Art. 35 den Gesundheitsschutz, in Art. 37 den
Umweltschutz und in Art. 38 den Verbraucherschutz.

2   **Negative und positive Pflichten des Staates:** Das Recht auf Achtung
dieser Rechte bedeutet, dass der Staat **nicht in sie eingreifen darf**, sofern nicht die Ausnahmen des Abs. 2 vorliegen. Es bedeutet aber zugleich, dass eine **Verletzung in einem Nichtstun** bestehen kann, weil
sich aus dem Artikel **positive Schutz- und Gewährleistungspflichten**

des Staates ergeben.[1] Die Staaten sind verpflichtet, Maßnahmen zu treffen, um die Achtung des Privat- und Familienlebens zu gewährleisten. Dazu gehört die Einrichtung eines wirksamen gerichtlichen Rechtsschutzes und die Durchsetzung von Maßnahmen zum Schutz der Rechte Einzelner.[2] Zu den positiven Pflichten können also auch **Maßnahmen im Verhältnis von Privatpersonen** zueinander gehören (→ Rn. 5). Es muss sichergestellt sein, dass im Rahmen dieses Rechtsschutzes die Gründe für den Eingriff und die Bewertung – auch die Verhältnismäßigkeit – geprüft werden können und eine angemessene Beteiligung des Betroffenen sichergestellt ist.[3] Die positive Handlungspflicht kann sich auch auf den Erlass von Gesetzen erstrecken.[4]

Schutz- und Gewährleistungspflichten: Zu den positiven Handlungs-   3
pflichten gehört, dass der Staat **für rechtliche Regelungen sorgen muss**, die dem Betroffenen die Möglichkeit geben, sich in einem fairen Verfahren gegen Beeinträchtigungen seiner Rechte aus Art. 8 Abs. 1 **zu wehren**[5] und dabei **ausreichende verfahrensrechtliche Garantien** vorsehen, die es dem Opfer ermöglichen, Eingriffe durch gerichtliche Schritte wirksam anzufechten. Dazu gehört auch die Begründung von Eingriffen. Das wird aus dem Rechtsstaatsprinzip abgeleitet, das allen Konventionsartikeln zugrunde liegt. Diese Gesichtspunkte werden bei der Prüfung berücksichtigt, ob der Staat bei der Prüfung der Notwendigkeit seinen Ermessensspielraum überschritten hat.[6]

Der Staat muss im Einzelfall auch **Strafgesetze** erlassen, die das Bege-   4
hen schwerer Straftaten gegen in Art. 8 geschützte Werte verhindern, also wirksam bestrafen, insbesondere wo grundlegende Werte und wesentliche Aspekte des Privatlebens betroffen sind. Er muss außerdem dafür sorgen, dass im Falle einer Verletzung strafrechtliche Vorschriften **durch wirksame Ermittlungen und ein wirksames Strafverfahren** durchgesetzt werden.[7] Insoweit gelten also ähnliche Ermitt-

---

1 EGMR 23.9.2010 – 1620/03, Slg 10 Rn. 55 – *Schüth/Deutschland*; EGMR 8.7.1987 – 9749/82, Rn. 60 – *W./Vereinigtes Königreich*.
2 EGMR 20.3.2007 – 5410/03, Slg 07-I Rn. 107 – *Tysiąc/Polen*.
3 EGMR 16.10.2008 – 39058/05, Rn. 51 – *Kyriakides/Zypern*; EGMR 20.3.2007 – 5410/03, Slg 07-I Rn. 112, 117 – *Tysiąc/Polen*.
4 ZB EGMR 9.10.1979 – 6289/73, Rn. 32 f. – *Airey/Irland*.
5 Vgl. insbes. EGMR 26.3.1985 – 8978/80, Rn. 27 – *X. u. Y./Niederlande* und zu positiven Verpflichtungen Rn. 2.
6 Dazu Rn. 2 ff., vgl. EGMR 27.5.2004 – 66746/01, Rn. 83, 92-95 – *Connors/Vereinigtes Königreich*.
7 EGMR 4.12.2003 – 39272/98, Slg 03-XII Rn. 152 f. – *M.C./Bulgarien*: Verletzung, weil eine Bestrafung der Vergewaltigung den Nachweis körperlichen Widerstands voraussetzt.

lungspflichten wie bei Art. 2 (dort → Rn. 20) und 3 (dort → Rn. 14). Zu verfahrensrechtlichen Pflichten aus → Art. 8 Rn. 3, 43, 120.

5   Aus Art. 8 kann sich die Pflicht ergeben, die Achtung des Privat- und Familienlebens auch im privaten Bereich durchzusetzen (horizontales **Verhältnis zwischen Privatpersonen**). Wenn staatliche Stellen die Verletzung von Rechten Anderer durch Privatpersonen dulden, kann das eine Haftung des Staates begründen, auch wenn Repräsentanten des Staates ohne Vollmacht oder weisungswidrig handeln.[8] Dann wird auch das spätere Verhalten des Staates berücksichtigt, zB ob er wirksame Ermittlungen angestellt hat. Der Staat kann dann auch dazu verpflichtet sein, als Folge seines Eingriffs oder Unterlassens eingetretene und **gegen Art. 8 verstoßende Lebensbedingungen zu ändern**, seine Verantwortung wird dann auch insoweit durch ein Nichtstun begründet.[9] Zum Schutz des guten Rufs → Rn. 43, zur Verpflichtung zur Familienzusammenführung → Rn. 67.

6   Eine genaue Abgrenzung der **negativen Unterlassungspflichten** und der **positiven Handlungspflichten** ist nicht möglich. In beiden Fällen muss nach der Rechtsprechung **ein gerechter Ausgleich** hergestellt werden zwischen den widerstreitenden Interessen des Einzelnen und der Gemeinschaft; der Staat hat dabei einen **gewissen Ermessensspielraum**.[10]

II. Privatleben

1. Gewährleistungsbereich: Überblick

7   Der **Begriff des Privatlebens** wird umfassend verstanden und ist einer abschließenden Definition nicht zugänglich. Die **Autonomie** des Menschen und damit ein **Recht auf Selbstbestimmung** stehen im Zentrum der Garantie, deren Inhalt sich im Zuge sich verändernder gesellschaftlicher Anschauungen weiterentwickeln kann.[11] Geschützt wird ein Recht **auf Identität und Entwicklung der Person**.[12] Gemeint ist **eine geschützte Sphäre**, in der eine Person ihr Leben nach ihrer

---

8 EGMR 12.6.2003 – 35968/97, Slg 03-VII Rn. 70 – *van Kück/Deutschland*; EGMR 10.5.2001 – 25781/94 (GK), Slg 01-IV Rn. 81 – *Zypern/Türkei*.
9 Vgl. EGMR 12.7.2005 – 41138/98, Slg 05-VII – *Moldovan ua/Rumänien (Nr. 2)* für die Duldung von Ausschreitungen gegen Roma; weiter EGMR 8.7.2004 – 48787/99, Slg 04-VII Rn. 317, 382, 384 f., 393 – *Ilaşcu ua/Moldau u. Russland*.
10 EGMR 4.12.2007 – 44362/04 (GK), Slg 07-V Rn. 70 – *Dickson/Vereinigtes Königreich*; EGMR EGMR 26.5.1994 – 16969/90, Rn. 49 – *Keegan/Irland*.
11 EGMR 29.4.2002 – 2346/02, Slg 02-III Rn. 61, 76 – *Pretty/Vereinigtes Königreich*.
12 EGMR 13.2.2003 – 42326/98, Slg 03-III Rn. 29 – *Odièvre/Frankreich*.

Wahl lebt und ihre Persönlichkeit entwickeln kann. Erfasst wird aber auch die Möglichkeit, **Beziehungen zu anderen Menschen, auch sexueller Art,** aufzunehmen.[13] Auch die Beziehungen zu einer Verlobten können dazugehören.[14] Art. 8 umfasst auch **geschäftliche und berufliche Aktivitäten.**[15] Wesentliche Elemente sind **Name, geschlechtliche Ausrichtung, Sexualleben, Identifizierung mit dem Geschlecht, aber auch körperliche Integrität und geistige Gesundheit.**[16] Auch die Registrierung einer Ehe versteht der EGMR als Teil der persönlichen und sozialen Identität.[17]

Art. 8 weist damit einen besonderen Bezug zum Schutz der Menschenwürde auf. Anders als Art. 1 GG erwähnt die Konvention den Schutz der Menschenwürde nicht ausdrücklich. Nach der Rechtsprechung des EGMR liegt **das Gebot ihrer Achtung allen Konventionsgarantien zu Grunde.**[18] Besondere Bedeutung hat die Menschenwürde bei der Auslegung von Art. 3, wo die Definition der erniedrigenden Behandlung auf die Menschenwürde abstellt. Sie wird als entwürdigende Behandlung verstanden.[19] In Urteilen über Beschwerden gegen Haftbedingungen hat der EGMR betont, dass eine Person nur unter Bedingungen festgehalten werden darf, die mit der Achtung der Menschenwürde vereinbar sind.[20] Auch das **BVerfG** ist der Auffassung, dass die Grundrechte des GG insgesamt Konkretisierungen der Menschenwürde sind.[21] Der Schutz der moralischen und psychischen Integrität und des guten Rufs fällt unter Art. 8.[22]

8

Art. 8 schützt natürliche Personen gleich welchen Alters. Geschützt werden auch juristische Personen, soweit die Garantien auf sie anwendbar sind (zB Schutz der Privatheit, Schutz der Geschäftsräume).[23]

9

---

13 EGMR 25.9.2001 – 44787/98, Slg 01-IX Rn. 56 – *P.G. u. J.H./Vereinigtes Königreich.*
14 EGMR 23.2.2010 – 1289/09 – *Hofmann/Deutschland*: aber kein Anspruch nach § 844 BGB auf Schadensersatz gegen Dritten.
15 ZB zur Durchsuchung einer Anwaltskanzlei EGMR 16.12.1992 – 13710/88, Rn. 29 – *Niemietz/Deutschland*; vgl. u. Rn. 89, 93.
16 EGMR 6.2.2001 – 44599/98, Slg 01-I Rn. 47 – *Bensaid/Vereinigtes Königreich.*
17 EGMR 20.7.2010 – 38816/07, Rn. 48 – *Dadouch/Malta.*
18 ZB EGMR 11.7.2002 – 28957/95 (GK), Slg 02-VI Rn. 90 – *Goodwin/Vereinigtes Königreich*; zum Schutz der Menschenwürde *Meyer-Ladewig* NJW 2004, 981.
19 EGMR 29.4.2002 – 2346/02, Slg 02-III Rn. 52 – *Pretty/Vereinigtes Königreich.*
20 EGMR 15.7.2002 – 47095/99, Slg 02-VI Rn. 95 – *Kalashnikov/Russland* und zur Leibesvisitation EGMR 24.7.2001 – 44558/98, Slg 01-VIII Rn. 102 – *Valašinas/Litauen.*
21 BVerfGE 107, 275.
22 EGMR 15.11.2007 – 12556/03 – *Pfeifer/Österreich.*
23 ZB EGMR 29.6.1999 – 29197/95 – *Bernard ua/Luxemburg.*

2. Körperliche Sphäre

10 Der Schutz des **Privatlebens** erstreckt sich auf die **körperliche, psychische und soziale Integrität**.[24] In neueren Entscheidungen deutet der EGMR an, dass das Recht auch dem **Embryo** zustehen könnte; die Rechtsprechung hierzu ist aber noch nicht gefestigt.[25]

11 **a) Schutz der körperlichen, psychischen und sozialen Integrität:** Es ist ein Eingriff in Art. 8, wenn die körperliche Unversehrtheit einer Person auch nur geringfügig beeinträchtigt wird. **Zwangsmaßnahmen staatlicher Stellen**, die unterhalb der für Art. 3 erforderlichen Schwere liegen, können ein Verstoß gegen Art. 8 sein, wenn sie die **physische oder psychische Integrität** einer Person nachteilig beeinflussen.[26] Die Konfrontation von Kindern mit Gewaltabbildungen kann unter Art. 8 fallen.[27]

12 Dazu gehören zahlreiche Aspekte wie die Gesundheit, der Schutz vor Eingriffen durch Zwangsmaßnahmen des Staates, zwangsweise Untersuchungen und medizinische Behandlung, Fragen der Familienplanung, der Abtreibung. Weder Art. 8 noch eine andere Konventionsbestimmung **garantieren einen bestimmten Lebensstandard** (→ Art. 2 Rn. 11). Auch die Verpflichtung, im Auto einen Sicherheitsgurt zu tragen, ist nicht als Eingriff in die Privatsphäre angesehen worden, sondern als zulässige Schutzmaßnahme.[28] Art. 8 umfasst das Recht, über sein Leben verfügen zu können.[29] Das Verbot der **Beihilfe zum Selbstmord** ist aber kein Verstoß. Die Mitgliedstaaten können aus Art. 8 verpflichtet sein, Medikamente zugänglich zu machen, die eine Selbsttötung erlauben.[30]

13 **b) Medizinische Behandlung:** Die Durchführung einer medizinischen Behandlung ist nur mit Zustimmung des Betroffenen zulässig. **Eine medizinische Behandlung ohne Einverständnis einer Person ist nur unter den Voraussetzungen des Abs. 2 zulässig,** selbst wenn die Behandlung nach den Regeln ärztlicher Kunst durchgeführt wird.[31] Der

---

24 EGMR 22.7.2003 – 24209/94, Slg 03-IX Rn. 33 – *Y.F./Türkei*; EGMR 29.4.2002 – 2346/02, Slg 02-III Rn. 61 – *Pretty/Vereinigtes Königreich*.
25 EGMR 16.12.2010 – 25579/05 (GK), Slg 10 Rn. 215 – *A, B u. C/Irland*; EGMR 8.7.2004 – 53924/00, Slg 04-VIII Rn. 80 – *VO/Frankreich*.
26 EGMR 6.2.2001 – 44599/98, Slg 01-I Rn. 46 – *Bensaid/Vereinigtes Königreich*; EGMR 25.3.1993 – 13134/87, Rn. 36 – *Costello-Roberts/Vereinigtes Königreich*.
27 EGMR 28.5.2013 – 3564/11 – *Eremia/Moldau*.
28 EKMR 13.12.1979 – 8707/79, D.R. 18, 257 – *X./Belgien*.
29 EGMR 20.1.2011 – 31322/07, Slg 11 Rn. 51 – *Haas/Schweiz*; EGMR 29.4.2002 – 2346/02, Slg 02-III Rn. 61, 76 – *Pretty/Vereinigtes Königreich*.
30 EGMR 19.7.2012 – 497/09 – *Koch/Deutschland*.
31 EGMR 16.6.2005 – 61603/00, Slg 05-V – *Storck/Deutschland*.

Staat hat die positive Verpflichtung, die körperliche Unversehrtheit zu schützen.[32] Ein bestimmtes Maß medizinischer Versorgung wird aber nicht garantiert, ebenso wenig eine kostenlose Versorgung.[33] Sind in einem Staat bestimmte Behandlungsverfahren erlaubt, fällt der freie Zugang unter Art. 8.[34] Die Schutzpflicht kann verletzt sein, wenn die Gesundheit in einer öffentlichen oder privaten Klinik beschädigt wird und der Staat nicht alles Erforderliche zum Schutz der Patienten getan hat. Er muss die erforderlichen Rechtsvorschriften erlassen und die Überwachung sicherstellen. Außerdem muss es möglich sein, bei Behandlungsfehlern oder Nachlässigkeit die Verantwortlichen zivilrechtlich und strafrechtlich zur Rechenschaft zu ziehen, zB Schadensersatz zu erhalten.[35]

Art. 8 begründet kein allgemeines **Recht auf Abtreibung**.[36] Allerdings   **14**
hat der EGMR Kriterien entwickelt, nach denen sich bestimmt, wie die Integrität einer Schwangeren bei Gefahren und Komplikationen zu schützen ist.[37] Ein Mitgliedstaat kann verpflichtet sein, einen fahrlässig herbeigeführten rechtswidrigen Schwangerschaftsabbruch strafrechtlich zu sanktionieren.[38]

c) **Zwangsuntersuchungen:** Die **gerichtliche Anordnung** einer ärztli-   **15**
chen, insbesondere psychologischen oder psychiatrischen Untersuchung zur Feststellung der Schuld- oder Prozessfähigkeit ist ein Eingriff in Art. 8, der nach Abs. 2 gerechtfertigt sein, insbesondere einen gerechten Ausgleich zwischen den Rechten des Einzelnen und den Interessen der Rechtspflege herstellen, muss. Eine Verletzung kann bei wiederholten Untersuchungen im selben Verfahren vorliegen.[39] Zwangsuntersuchungen wie die zwangsweise Entnahme von Blut- oder Speichelproben sind Eingriffe in das Recht nach Art. 8 Abs. 1 und nur unter den Voraussetzungen von Abs. 2 zulässig, auch wenn es sich um geringfügige Eingriffe handelt.[40] Der Zwang zu einem Drogentest kann aus Gründen der öffentlichen Sicherheit gerechtfer-

---

32 Vgl. EGMR 20.3.2007 – 5410/03, Slg 07-I – *Tysiqc/Polen*.
33 EGMR 4.1.2005 – 14462/03, Slg 05-I – *Pentiacova* ua/*Moldau*.
34 EGMR 28.8.2012 – 54270/10 – *Costa u. Pavan/Italien*: In-vitro-Fertilisation.
35 EGMR 15.11.2007 – 22750/02, Rn. 60 f. – *Benderskiy/Ukraine*; zu Fragen der Impfpflicht: EKMR 4.2.1982 – 8542/79, D.R. 27, 94 – *Godfrey/Vereinigtes Königreich*.
36 EGMR 30.10.2012 – 57375/08 – *P. u. S./Polen*.
37 EGMR 16.12.2010 – 25579/05 (GK), Slg 10 – *A, B u. C/Irland*; EGMR 20.3.2007 – 5410/03, Slg 07-I – *Tysiqc/Polen*.
38 EGMR 8.7.2004 – 53924/00, Slg 04-VIII – *VO/Frankreich*.
39 EGMR 27.11.2003 – 26624/95, Slg 03-XI Rn. 81 ff. – *Worwa/Polen*.
40 EGMR 22.7.2003 – 24209/94, Slg 03-IX Rn. 33 – *Y.F./Türkei*.

tigt sein.[41] Untersuchungen nach § 81 a StPO sind in der Regel gerechtfertigt.[42]

16 **Körperliche Untersuchungen:** Polizeiliche Durchsuchungen mit der Aufforderung, Kleidungsstücke abzulegen und die Durchsuchung von Taschen und Schuhen sind ein Eingriff in das Privatleben. Die Befugnisse müssen angemessen begrenzt und von Verfahrensgarantien begleitet sein. Untersuchungen im Flughafen sind nach Abs. 2 gerechtfertigt, möglicherweise kann angenommen werden, dass der Betroffene zustimmt.[43] Zu körperlichen Untersuchungen in Haft → Art. 3 Rn. 34.

17 **d) Recht auf Zugang zu Gesundheitsdaten und Informationen:** Aus Art. 8 ergibt sich das Recht auf Zugang zu Akten über eine Behandlung im Krankenhaus mit dem Recht, sich Kopien anzufertigen.[44] Informationsrechte haben auch in Umweltsachen ihre Bedeutung (dazu → Rn. 19), aber auch bei gesundheitlichen Gefahren, zB bei medizinischen Versuchen.[45]

18 **e) Beeinträchtigung durch Umweltschäden:** Über Umweltschäden muss der EGMR zunehmend entscheiden.[46] Art. 8 gibt kein Recht auf saubere und ruhige Umwelt. Wenn aber eine Person direkt und erheblich durch Lärm oder andere Emissionen beeinträchtigt wird, kann Art. 8 verletzt sein.[47] Dies gilt allerdings nur, wenn die Eingriffe eng mit dem Privat- oder Familienleben zusammenhängen oder das Recht auf Wohnung beeinträchtigt wird. Auch Art. 2 kann verletzt sein (dort → Rn. 13). Wenn die beeinträchtigende Anlage **nicht von einer staatlichen Stelle betrieben** wird, handelt es sich nicht um einen staatlichen Eingriff. Der Staat hat aber die positive Verpflichtung (Einleitung → Rn. 48), **vernünftige und angemessene Maßnahmen zu treffen, um das Recht der Betroffenen aus Art. 8 zu schützen** (zB Lärmschutz, Schutz vor toxischen Emissionen). Ob ein Eingriff direkt ist oder ob eine Schutzpflicht verletzt ist, lässt sich nicht immer

---

41 EGMR 9.3.2004 – 46210/99 – *Wretlund/Schweden.*
42 EGMR 5.1.2006 – 32352/02 – *Schmidt/Deutschland.*
43 Vgl. EGMR 12.1.2010 – 4158/05, Slg 10 Rn. 64 f., 87 – *Gillan u. Quinton/ Vereinigtes Königreich.*
44 EGMR 28.4.2009 – 32881/04, Slg 09 Rn. 45-49 – *K.H.* ua/*Slowakei.*
45 EGMR 19.10.2005 – 32555/96, Slg 05-X Rn. 157 ff. – *Roche/Vereinigtes Königreich.*
46 Dazu *Steiger* FS Kutscheidt, 2003, S. 165; *Meyer-Ladewig* NVwZ 2007, 25.
47 EGMR 8.7.2003 – 36022/97 (GK), Slg 03-VIII – *Hatton* ua/*Vereinigtes Königreich*: Flughafen Heathrow; EGMR 20.9.2011 – 25002/09 – *Frankowski* ua/ *Polen*: Autolärm; ähnlich EGMR 9.11.2010 – 2345/06 – *Deés/Ungarn*; EGMR 12.5.2009 – 18215/06 – *Greenpeace* eV ua/*Deutschland*; EGMR 20.5.2010 – 61260/08 – *Oluić/Kroatien*: Nachtbar; EGMR 7.4.2009 – 6586/03 – *Brânduşe/ Rumänien*: Beeinträchtigung in einer Gefängniszelle; vgl. *Schmidt-Radefeld* JuS 1999, 997; *Schrader* NVwZ 1999, 40.

sauber abgrenzen. Für **beide Fälle gelten aber im Wesentlichen dieselben Grundsätze.**[48] Für die dabei erforderliche Interessenabwägung vgl. → Rn. 111, 113. Dem Staat wird ein weiter Ermessensspielraum eingeräumt; die in Art. 8 Abs. 2 aufgezählten Schutzzwecke sind von Bedeutung. Er kann unter verschiedenen Möglichkeiten zum Schutz der in Art. 8 garantierten Rechte wählen und seinen Verpflichtungen auch dann gerecht werden, wenn er staatliches Recht verletzt, aber andere wirksame Maßnahmen trifft. Die Interessen der wirtschaftlichen Entwicklung überwiegen nicht immer. Der Staat muss den Eingriff soweit wie möglich begrenzen und nach anderen Lösungen suchen, wenn damit ein weniger schwerwiegender Eingriff verbunden ist. Dafür sind uU angemessene und umfassende **Ermittlungen und Gutachten** vor der Entscheidung notwendig.[49] Die Betroffenen müssen am Verfahren beteiligt werden und Zugang zu den Gutachten haben.[50] Wenn Lärmbelästigungen durch eine Disco eine bestimmte Schwelle überschreiten, müssen Behörden wirksame Maßnahmen treffen und auch in der Praxis durchsetzen, sie müssen die Einhaltung überwachen.[51] Im Fall Horno hat der Gerichtshof **eine Umsiedlung wegen Braunkohleabbau** als Eingriff in Art. 8 Abs. 1 angesehen, der nach Abs. 2 gerechtfertigt war.[52] Auch von **Mobilfunkantennen** herrührende Immissionen können ein Eingriff in das Recht auf Achtung des Privat- und Familienlebens sein, sind aber nach dem jetzigen Stand der Wissenschaft kein ernsthaftes Risiko für die Gesundheit.[53] Zu den Gefahren durch Staubpartikel aus Dieselmotoren vgl. Greenpeace eV ua/Deutschland.[54]

Informationspflicht: Art. 8 kann auch verletzt sein, wenn die Behör-   19
den die Betroffenen über Umweltrisiken nicht rechtzeitig und ausrei-

---

48 EGMR 9.6.2005 – 55723/00, Slg 05-IV Rn. 94 – *Fadeyeva/Russland.*
49 EGMR 8.7.2003 – 36022/97 (GK), Slg 03-VIII – *Hatton* ua/*Vereinigtes König-reich* wegen Flughafen Heathrow: Verletzung von Art. 8.
50 EGMR 2.11.2006 – 59909/00, Slg 06-XII Rn. 83 – *Giacomelli/Italien.*
51 EGMR 16.11.2004 – 4143/02, Slg 04-X Rn. 61 – *Moreno Gómez/Spanien*; vgl. zu Lärm- und anderen Umweltbelastungen weiter: EGMR 20.4.2004 – 48995/99 – *Surugiu/Rumänien*; EGMR 19.2.1998 – 14967/89 (GK), Slg 98-I Rn. 57 – *Guerra* ua/*Italien*; EGMR 22.10.1996 – 22083/93 (GK), Slg 96-IV Rn. 62 – *Stubbings* ua/*Vereinigtes Königreich*; EGMR 9.12.1994 – 16798/90, Rn. 51 – *López Ostra/Spanien.*
52 EGMR 25.5.2000 – 46346/99, Slg 00-VI – *Noack* ua/*Deutschland.*
53 EGMR 3.7.2007 – 32015/02 – *Gaida/Deutschland*; EGMR 17.1.2006 – 42756/02 – *Luginbühl/Schweiz*; *Kerschner* in *Karl/Schöpfer*, Mobilfunk, Mensch und Recht, 2006, S. 65.
54 EGMR 12.5.2009 – 18215/06 – *Greenpeace* eV ua/*Deutschland.*

chend **informieren.**[55] Bei der erforderlichen Interessenabwägung berücksichtigt der EGMR auch, ob der Betroffene von den **Umweltgefahren wusste,** als er sich dort niederließ, und ob er die Möglichkeit hat, **umzuziehen.** Aber eine Verletzung von Art. 8 scheidet nicht schon deswegen aus, weil das so war. Der EGMR berücksichtigt die persönliche Lage des Betroffenen und stellt in Rechnung, dass er die Umweltgefahren früher möglicherweise unterschätzt hat und ob der Staat bei einem Umzug hilft.[56]

20 **Prüfung durch den Gerichtshof:** Sie kann sich darauf beziehen, ob die von den Behörden getroffene Entscheidung sachlich mit Art. 8 vereinbar ist. Sie kann sich aber auch auf das Verfahren beziehen. Auch in Umweltsachen leitet der EGMR nämlich aus Art. 8 **verfahrensrechtliche Pflichten** ab. Er prüft, ob das Verwaltungsverfahren fair war und so ausgestaltet, dass die von Art. 8 geschützten Rechte ausreichend beachtet wurden.[57]

3. Schutz der Identitätsbildung

21 Das Recht auf Privatleben umfasst die psychische Identitätsbildung einer Person. Art. 8 gewährt das Recht, sich entsprechend der eigenen Identität verhalten zu können. Der Personenstand gehört zur persönlichen und sozialen Identität.[58]

22 **a) Recht auf Informationen über eigene Identität und Verwandtschaft:** Zur Entwicklung der Person gehört das Recht, notwendige Informationen über wesentliche Aspekte der eigenen Identität und der ihrer Eltern zu erhalten. Die Geburt und die Umstände, unter denen sie stattgefunden hat, sind Teil des Privatlebens. Jeder hat ein geschütztes Interesse daran, Auskünfte zu erhalten, die notwendig sind, die Kindheit und frühe Entwicklung zu verstehen. Beschränkungen müssen nach Art. 8 Abs. 2 gerechtfertigt sein. Zur Prüfung, ob sie notwendig sind, ist eine umfassende Interessenabwägung nötig.[59]

---

55 EGMR 24.7.2014 – 60908/11 – *Brincat* ua/*Malta*; EGMR 5.12.2013 – 52806/09 – *Vilnes* ua/*Norwegen*; EGMR 30.11.2004 – 48939/99 (GK), Slg 04-XII – *Öneryıldız/Türkei*, der eine Verletzung von Art. 2 angenommen hat; vgl. *Dörr* JuS 1999, 809.
56 EGMR 9.6.2005 – 55723/00, Slg 05-IV Rn. 120, 121, 123 – *Fadeyeva/Russland*.
57 EGMR 9.6.2005 – 55723/00, Slg 05-IV Rn. 105 – *Fadeyeva/Russland*; zu Mobilfunkanlagen EGMR 3.7.2007 – 32015/02 – *Gaida/Deutschland*; kritisch dazu *Budzinski* NVwZ 2009, 160; s. u. Rn. 111.
58 EGMR 20.7.2010 – 38816/07 – *Dadouch/Malta*.
59 EGMR 13.2.2003 – 42326/98, Slg 03-III – *Odièvre/Frankreich*: französische Regelung über anonyme Geburt verstößt nicht gegen Art. 8; vgl. weiter EGMR 7.2.2002 – 53176/99, Slg 02-I Rn. 54, 64 – *Mikulić/Kroatien*; EGMR 7.7.1989 – 10454/83 – *Gaskin/Vereinigtes Königreich*.

Dabei müssen also auch die Interessen Dritter berücksichtigt werden.[60]

b) Feststellung der Vaterschaft, Anfechtung der Ehelichkeit: Zum   23
Privatleben und zum Familienleben gehört das Recht eines Mannes,
seine Vaterschaft eines Kindes festzustellen oder die Ehelichkeit anzufechten, aber auch das Recht des Kindes, die rechtlichen Beziehungen zu seinem natürlichen Vater feststellen zu lassen und das der
Mutter, die biologische Vaterschaft einer Person feststellen zu lassen.[61] Wenn ein angeblicher Vater keine Möglichkeit hat, die Ehelichkeit eines Kindes anzufechten, kann das im Interesse der Rechtssicherheit, der Sicherheit der Familie und im Interesse des Kindes gerechtfertigt sein, es muss aber ein gerechter Ausgleich der verschiedenen Interessen gefunden werden.[62] Es ist nicht grundsätzlich konventionswidrig, wenn für Feststellungsklagen eines nichtehelichen Kindes im Interesse der Rechtssicherheit Fristen vorgesehen werden, es
kann aber nötig sein, Ausnahmen vorzusehen.[63]

c) Geschlechtliche Präferenzen: Der Schutz des Art. 8 erstreckt sich   24
auch auf die sexuelle Identität und das Geschlechtsleben. Die **Bestrafung einvernehmlicher homosexueller Handlungen zwischen Erwachsenen** über 21 Jahren in ihrer Privatsphäre verstößt gegen Art. 8,[64]
die Bestimmung **unterschiedlicher Altersgrenzen** für einvernehmliche
homosexuelle und heterosexuelle Handlungen gegen Art. 14 i. V. mit
Art. 8.[65] In der Sache Smith u. Grady/Vereinigtes Königreich hat der
Gerichtshof entschieden, dass die Entlassung aus den Streitkräften
nur wegen Homosexualität gegen Art. 8 verstößt.[66] Zur Diskriminierung gleichgeschlechtlicher Paare nimmt der EGMR vermehrt Stellung.[67]

Sado-masochistische Praktiken fallen unter Art. 8. Das Recht einer   25
Person, ihr Leben ihren Wünschen gemäß zu gestalten, kann die

---

60 EGMR 13.7.2006 – 58757, Slg 06-X Rn. 38 – *Jäggi/Schweiz* zur Verweigerung
    einer DNA-Probe eines Toten: Verletzung.
61 EGMR 7.5.2009 – 3451/05, Rn. 28-30 – *Kalacheva/Russland*: Verletzung, weil
    Gericht keinen DNA-Test angeordnet hat.
62 EGMR 10.10.2006 – 10699/05, Slg 06-XI Rn. 41-47 – *Paulik/Slowenien*: kein
    gerechter Ausgleich, wenn Vater eines 40 jährigen Kindes Ehelichkeit nicht auf-
    grund neuer biologischer Erkenntnisse feststellen lassen kann; vgl. zum Recht
    des angeblichen biologischen Vaters auf Feststellung BVerfGK 14, 322.
63 EGMR 6.7.2010 – 17038/04, Rn. 47, 58 ff. – *Grönmark/Finnland*.
64 EGMR 22.4.1993 – 15070/89, Rn. 25 – *Modinos/Zypern*; EGMR 26.10.1988 –
    10581/83, Rn. 46 – *Norris/Irland*; EGMR 22.10.1981 – 7525/76, Rn. 60 –
    Dudgeon/Vereinigtes Königreich.
65 EGMR 9.1.2003 – 39392/98, Slg 03-I – *L. u. V./Österreich*.
66 EGMR 27.9.1999 – 33985/96, Slg 99-VI – *Smith u. Grady/Vereinigtes König-
    reich*.
67 EGMR 7.11.2013 – 29381/09 (GK), Slg 13 – *Vallianatos* ua/*Griechenland*.

Möglichkeit einschließen, über ihren Körper zu verfügen und auch Praktiken hinzunehmen, die ihr psychische oder physische Schäden verursachen oder gefährlich sind. Wenn solche Handlungen **einvernehmlich** ausgeübt werden, kann der Staat nur aus schwerwiegenden Gründen eingreifen. Das ist der Fall, wenn der Wille einer Person bei Fortsetzung der Handlungen nicht mehr geachtet wird.[68]

26 Probleme der **Transsexualität** haben den Gerichtshof mehrfach beschäftigt.[69] In dem Urteil B./Frankreich[70] ging es um eine **männlich-weibliche Geschlechtsumwandlung.** Der Gerichtshof hat festgestellt, dass die fortbestehende Bezeichnung ihres Geschlechts als männlich in amtlichen Urkunden eine Quelle täglicher Probleme in ihrem Privatleben sei und mit der Achtung ihres Privatlebens nicht vereinbar. Deswegen sei Art. 8 verletzt. Der Staat werde nicht verpflichtet, die Geschlechtsumwandlung in den amtlichen Urkunden zu berücksichtigen, aber dazu, Maßnahmen zu treffen, um die Schwierigkeiten der Bf. zu beheben. In dem Fall, X, Y und Z/Vereinigtes Königreich[71] war dem Bf., einem **weiblich-männlichen Transsexuellen,** nicht erlaubt worden, als Vater eines durch künstliche Insemination von seinem Partner geborenen Kindes registriert zu werden. Der Gerichtshof hat Art. 8 angewendet, aber nicht für verletzt gehalten, weil es zu den damit verbundenen schwierigen wissenschaftlichen, rechtlichen, medizinischen und sozialen Fragen in den Konventionsstaaten keinen gemeinsamen Standard gebe. Diese zurückhaltende Rechtsprechung hat der EGMR in zwei Urteilen der GK v. 11.7.2002[72] **fortentwickelt und die mangelnde rechtliche Anerkennung einer Geschlechtsumwandlung als Verstoß gegen Art. 8 und 12 angesehen.** Im Fall L./Litauen[73] ging es darum, dass die staatliche Gesetzgebung das Recht auf Geschlechtsumwandlung anerkannt, aber keine Regelung für eine Operation für die volle Geschlechtsumwandlung getroffen hatte. Im Fall van Kück/Deutschland[74] ging es um die Verweigerung der

68 EGMR 17.2.2005 – 42758/98, Rn. 84 f. – *K.A. u. A.D./Belgien* für sadistische Praktiken, die fortgesetzt wurden, obwohl der Betroffene nicht mehr einverstanden war; vgl. noch EGMR 19.2.1997 – 21627/93, Slg 97-I Rn. 36 ff. – *Lasky, Jaggard u. Brown/Vereinigtes Königreich.*
69 Vgl. etwa EGMR 11.9.2007 – 27527/03, Slg 07-IV – *L./Litauen*; EGMR 12.6.2003 – 35968/97, Slg 03-VII – *van Kück/Deutschland*; EGMR 11.7.2002 – 28957/95 (GK), Slg 02-VI – *Goodwin/Vereinigtes Königreich*; EGMR 30.7.1998 – 22985/93 (GK), Slg 98-V – *Sheffield u. Horsham/Vereinigtes Königreich.*
70 EGMR 25.3.1992 – 13343/87, Rn. 58 – *B./Frankreich.*
71 EGMR 22.4.1997 – 21830/93, Slg 97-II Rn. 42, 52 – *X, Y u. Z/Vereinigtes Königreich.*
72 EGMR 11.7.2002 – 28957/95 (GK), Slg 02-VI – *Goodwin/Vereinigtes Königreich*; EGMR 11.7.2002 – 25680/94 (GK) – *I./Vereinigtes Königreich.*
73 EGMR 11.9.2007 – 27527/03, Slg 07-IV Rn. 57-60 – *L./Litauen.*
74 EGMR 12.6.2003 – 35968/97, Slg 03-VII – *van Kück/Deutschland.*

Kostenerstattung für geschlechtsangleichende Maßnahmen bei privat Versicherten. Der EGMR hat eine Verletzung von Art. 6 und 8 festgestellt. Ein Anspruch auf Kostenerstattung für die Operation besteht nicht.[75] Dem Mitgliedstaat steht es frei, eine Geschlechtsumwandlung einer verheirateten Person nur dann personenstandsrechtlich zu vollziehen, wenn diese Person von der Ehe in eine Partnerschaft wechselt.[76] **Zum deutschen Recht** vgl. BVerfG[77]: Verstoß gegen Art. 1 und 6 GG bei Beschränkung der personenstandsrechtlichen Anerkennung einer Geschlechtsumwandlung.

d) Geschäftsfähigkeit und Entmündigung: Die Entmündigung ist ein 27
schwerwiegender Eingriff in das Recht auf Privatleben, der nach Abs. 2 gerechtfertigt und insbesondere verhältnismäßig sein muss. Die Behörden und Gerichte müssen eine Interessenabwägung vornehmen und haben dabei einen Ermessensspielraum. Das Verfahren muss fair sein und das Recht aus Art. 8 schützen. Grundlage muss ein ärztliches Gutachten sein. Der Betroffene muss persönlich gehört werden, notfalls durch einen Vertreter. Eine Geisteskrankheit, auch eine schwere, kann eine vollständige Entmündigung allein nicht rechtfertigen, die Krankheit muss derart sein, dass sie eine solche Maßnahme erfordert.[78]

4. Familiäre Beziehungen

Die **Integrität der familiären Beziehungen** wird von Art. 8 ge- 28
schützt.[79] Als Familie wird die soziale Struktur von Eltern und Kindern bezeichnet. Der Schutz umfasst das Recht der Betroffenen, Eltern eines von ihnen abstammenden Kindes zu werden.[80] Die Entscheidung darüber, ob man Vater oder Mutter eines Kindes werden will, ist von Art. 8 geschützt.[81] Ob **die Einpflanzung einer in vitro befruchteten Eizelle** nach staatlichem Recht zulässig ist, hat der EGMR nach Art. 8 geprüft und befunden, den Staaten stehe ein weiter Beurteilungsspielraum zu, weil es dazu keinen internationalen Konsens gebe. Deswegen verstoße es nicht gegen Art. 8, wenn der männliche

---

75 EGMR 8.1.2009 – 29002/06 – *Schlumpf/Schweiz*.
76 EGMR 16.7.2014 – 37359/09 (GK), Slg 14 – *Hämäläinen/Finnland*.
77 BVerfGE 121, 175.
78 EGMR 27.3.2008 – 44009/05, Rn. 87-94 – *Shtukaturov/Russland*.
79 EGMR 22.1.2008 – 43546/02 (GK), Rn. 42 – *E.B./Frankreich*; EGMR 10.4.2007 – 6339/05 (GK), Slg 07-I Rn. 71 – *Evans/Vereinigtes Königreich*.
80 EGMR 4.12.2007 – 44362/04 (GK), Slg 07-V Rn. 66 – *Dickson/Vereinigtes Königreich* zur die Verweigerung einer künstlichen Befruchtung der Frau eines lebenslang Inhaftierten; EGMR 1.4.2010 – 57813/00, Rn. 58 – *S.H.* ua/*Österreich* zum Verbot der Eispende für künstliche Befruchtung.
81 EGMR 10.4.2007 – 6339/05 (GK), Slg 07-I – *Evans/Vereinigtes Königreich*.

Samenspender der Einpflanzung zustimmen muss und die Zustimmung bis zur Einpflanzung widerrufen kann.[82] Zum Anspruch auf Durchführung einer In-vitro-Befruchtung: Costa u. Pavan/Italien.[83]

29   **Ein Recht auf Abtreibung gibt es nicht.** Die EKMR hat entschieden, dass die deutsche Abtreibungsgesetzgebung kein Eingriff in Sinne von Art. 8 Abs. 1 sei, weil die Schwangerschaft nicht allein zum Privatleben der Frau gehöre.[84] Das Verbot der Abtreibung ist ein Eingriff in das Recht auf Privatleben. Der Gerichtshof hat aber offen gelassen, ob die Konvention ein Recht auf Schwangerschaftsabbruch garantiert. Die Gesetzgebung dazu berühre aber das Recht auf Privatleben. Wenn das Gesetz einen Schwangerschaftsabbruch unter bestimmten Voraussetzungen zulasse, müsse der Staat die physische Integrität der werdenden Mutter schützen. Dann sind die Verfahrensgarantien von Bedeutung (o. → Rn. 3), ein gewisser Rechtsschutz muss gewährleistet sein. Die Mutter muss in dem Verfahren das Recht haben, gehört zu werden.[85]

30   Die Freiheit der **Gestaltung der Beerdigung** eines nahen Angehörigen und das **Recht zur Teilnahme an der Beerdigung** fällt unter Art. 8.[86] Fragen dazu können das Privatleben betreffen. Das gilt dafür, ob ein Recht darauf besteht, seine Asche auf seinem Grundstück verstreuen zu lassen, und auch für die Weigerung der Behörden, die Urne mit den Überresten des Ehepartners zu transportieren, sowie für das Recht, an der Beerdigung seines Kindes teilzunehmen. Auch eine übermäßige Verzögerung der Behörden, die Leiche eines Kindes nach einer Autopsie freizugeben, fällt darunter.[87] Ein Anspruch auf Zahlung einer Hinterbliebenenrente besteht nicht.[88]

5. Schutz der Privatheit

31   Art. 8 schützt die Privatheit. Im Einzelnen ist schwierig zu bestimmen, wann eine **geschützte Sphäre** betroffen ist, insbesondere wenn

---

82   EGMR 10.4.2007 – 6339/05 (GK), Slg 07-I Rn. 59 ff. – *Evans/Vereinigtes Königreich*; vgl. auch EGMR 2.10.2012 – 10048/10 – *Knecht/Rumänien*; EGMR 3.11.2011 – 57813/00 (GK), Slg 11 Rn. 80 ff. – *S.H. ua/Österreich*.
83   EGMR 28.8.2012 – 54270/10 – *Costa u. Pavan/Italien*.
84   EKMR 19.5.1976 – 6959/75, D.R. 5, 116 – *Brüggemann u. Scheuten/Deutschland*.
85   Vgl. die Zusammenfassung in EGMR 20.3.2007 – 5410/03, Slg 07-I Rn. 104, 112, 117 f. – *Tysiąc/Polen*: Verletzung von Art. 8 wegen fehlender Vorkehrungen für die Feststellung, ob die gesetzlichen Voraussetzungen für einen Schwangerschaftsabbruch vorliegen.
86   EGMR 17.1.2006 – 61564/00, Slg 06-I – *Elli Poluhas Dödsbo/Schweden*.
87   Vgl. die Zusammenfassung in EGMR 14.2.2008 – 55525/00, Rn. 51 f. – *Hadri-Vionnet/Schweiz*.
88   EGMR 21.9.2010 – 66686/09 – *Manenc/Frankreich*.

es um Maßnahmen außerhalb des häuslichen Bereichs geht. Dabei ist von Bedeutung, wenn auch nicht entscheidend, ob der Betroffene **Achtung seiner Privatsphäre erwarten** kann. **Bei der Überwachung öffentlicher Orte** unterscheidet der EGMR zwischen einer Überwachung im Interesse der Sicherheit und der Überwachung zu anderen, vom Betroffenen nicht vorhersehbaren Zwecken.[89] Der Bereich von Art. 8 kommt ins Spiel, wenn **systematische oder dauernde Aufzeichnungen aus öffentlichen Bereichen** gemacht werden und zB in Akten des Geheimdienstes aufbewahrt werden. Aufnahmen auf öffentlichen Plätzen zur Gewährleistung der Sicherheit oder anlässlich von Demonstrationen sind kein Eingriff in die Privatsphäre, wohl aber die systematische Aufzeichnung und Aufbewahrung, zB auch **zur Identifizierung eines Verdächtigen**[90] und ebenso die **Veröffentlichung von Fotos**.[91] Das Büro eines Amtsgebäudes kann eine geschützte Sphäre sein.[92] Die Anfertigung heimlicher Filmaufnahmen (insbesondere von Minderjährigen) greift in Art. 8 ein.[93]

a) Datenschutz: Der Gerichtshof unterscheidet zwischen privaten Daten und öffentlichen, die nicht unter Art. 8 fallen. Besonderen Fragen stellen sich bei systematischen Datensammlungen (→ Rn. 33). Der Schutz persönlicher Daten, insbesondere medizinischer und sozialer Daten, ist wesentlicher Teil des Rechts einer Person auf Schutz ihres Privatlebens. Datenschutz ist wesentlich für den Betroffenen und für die Erhaltung des Vertrauens in Behörden und Gesundheitsdienste. Das innerstaatliche Recht muss deswegen **ausreichende Garantien gegen Datenmissbrauch** geben. Eine Offenbarung sensibler Daten insbesondere aus dem Gesundheitsbereich ohne Zustimmung des Betroffenen ist nur unter engen Voraussetzungen zulässig. Bei der erforderlichen Interessenabwägung haben die staatlichen Behörden auch hier einen Beurteilungsspielraum.[94] Der EGMR berücksichtigt den Zusammenhang, in dem die Daten erhoben worden sind, die Art der Information, die Form ihrer Verwendung und Verarbeitung und das Ergebnis, zu dem das führen kann.[95]   **32**

Besondere Garantien sind nach der Rechtsprechung auch erforderlich bei der **Sammlung von Informationen** über Personen, zB im In-   **33**

---

89 EGMR 20.12.2005 – 71611/01, Rn. 26 – *Wisse/Frankreich*.
90 EGMR 17.7.2003 – 63737/00, Slg 03-IX Rn. 38 – *Perry/Vereinigtes Königreich*.
91 EGMR 28.1.2003 – 44647/98, Slg 03-I Rn. 62 – *Peck/Vereinigtes Königreich* zu einer Fernsehsendung mit Aufnahmen des Bf. vor einem Selbstmordversuch.
92 EGMR 26.7.2007 – 64209/01, Rn. 37 ff. – *Peev/Bulgarien*.
93 EGMR 12.11.2013 – 5786/08 (GK), Slg 13 – *Söderman/Schweden*.
94 EGMR 25.2.1997 – 22009/93, Slg 97-I Rn. 95 ff. – *Z./Finnland*.
95 EGMR 4.12.2008 – 30562/04 (GK), Slg 08 Rn. 67 – *S. u. Marper/Vereinigtes Königreich*.

teresse der Staatssicherheit (zur Verwertung von Unterlagen der sog Gauck-Behörde → Rn. 34). Die **Vorratsspeicherung von Daten** ist ein Eingriff in die von Art. 8 geschützten Rechte, einerlei, ob die Daten später verwertet werden oder nicht.[96] Das Urt. Leander/Schweden[97] betrifft die Nichteinstellung bei einer Marinebasis aufgrund geheimer Informationen durch den Sicherheitsdienst. Der EGMR hat die Auffassung vertreten, solche geheimen Datensammlungen seien ein Eingriff in Art. 8 Abs. 1, der nach Abs. 2 gerechtfertigt sein könne, aber nur, soweit unbedingt nötig und nur, wenn bestimmte Garantien gegen Missbräuche vorgesehen und berücksichtigt werden.[98] Gleiches gilt für Listen mit Sex-Straftätern mit Namen, Geburtsdatum und Anschrift.[99] Bei der Abwägung berücksichtigt der EGMR die in → Rn. 32 erwähnten Umstände und unterscheidet zwischen der Speicherung von Fingerabdrücken und von Zellproben und DNA-Profilen.[100]

34 **Anforderungen an das Gesetz:** Auch hier muss das **Gesetz,** das Eingriffe nach Abs. 2 zulässt, ausreichend **deutlich und genau** sein.[101] Der EGMR erkennt aber an, dass die Vorhersehbarkeit in diesem Bereich nicht dieselbe sein kann, wie sonst. Es wird nicht verlangt, dass der Betroffene genau vorhersehen kann, welche Nachforschungen die Polizei über seine Person zum Schutz der nationalen Sicherheit anstellen wird. Immerhin muss das Gesetz Begriffe verwenden, die so klar sind, dass die Betroffenen erkennen können, unter welchen Umständen und Bedingungen geheimdienstliche Eingriffe in ihr Privatleben zulässig sind.[102] Dabei können auch Anweisungen und Verwaltungsübungen berücksichtigt werden, soweit die Betroffenen sie kennen.[103] Das Gesetz muss weiter **angemessene Kontrollmechanismen vorsehen** und so weit wie möglich die Werte einer demokratischen Gesellschaft achten.[104] Nötig sind zB bei einer Datei Regelungen, un-

---

96 EGMR 4.12.2008 – 30562/04 (GK), Slg 08 Rn. 67, 73 – *S. u. Marper/Vereinigtes Königreich* für die Speicherung von Zellproben und DNA-Profilen; EGMR 12.9.2012 – 10593/08 (GK), Slg 12 – *Nada/Schweiz* zu Terrorlisten.
97 EGMR 26.3.1987 – 9248/81, Rn. 48, 60, 65, 67 – *Leander/Schweden.*
98 ZB Beteiligung von Abgeordneten; vgl. EGMR 6.9.1978 – 5029/71, Rn. 49 – *Klass* ua/*Deutschland.*
99 EGMR 17.12.2009 – 16428/05, Slg 09 Rn. 58 – *Gardel/Frankreich.*
100 EGMR 4.12.2008 – 30562/04 (GK), Slg 08 Rn. 69 – *S. u. Marper/Vereinigtes Königreich*: zeitlich unbegrenzte Speicherung der Daten von Verdächtigen, aber nicht Verurteilten, von denen einer minderjährig war, ist unverhältnismäßig.
101 Zu den Anforderungen EGMR 4.12.2008 – 30562/04 (GK), Slg 08 Rn. 95 ff., 103 – *S. u. Marper/Vereinigtes Königreich.*
102 EGMR 26.3.1987 – 9248/81, Rn. 51 – *Leander/Schweden.*
103 EGMR 31.5.2005 – 64330/01 Rn. 69 – *Antunes Rocha/Portugal.*
104 EGMR 31.5.2005 – 64330/01 – *Antunes Rocha/Portugal;* EGMR 4.5.2000 – 28341/95 (GK), Slg 00-V Rn. 43 – *Rotaru/Rumänien.*

ter welchen Umständen sie angelegt wird, das Verfahren und die Informationen, die gesammelt werden dürfen, weiter die Aufbewahrungsfrist und die Vernichtung.[105] Die Verwendung von **Stasi-Unterlagen** zur Begründung einer Kündigung kann nach Abs. 2 gerechtfertigt sein.[106]

b) Staatliche Kommunikationsüberwachung: Die Überwachung und   35
Abhörung der Kommunikation sind ein Eingriff in das Privatleben,
der beim Telefonabhören auch von dem Begriff „Korrespondenz" erfasst wird.[107] Der Eingriff kann aber nach Abs. 2 gerechtfertigt sein.
Ein staatlicher Eingriff ist das Mithören und Mitschneiden von Telefongesprächen auch dann, wenn eine Privatperson tätig wird, die im
Einvernehmen, unter Mithilfe oder auf Betreiben der Polizei handelt.[108]

Heimliche Tonbandaufnahmen in einer Polizeizelle, Gefängnis- oder   36
Besuchszelle fallen unter Art. 8,[109] ebenso **Videoüberwachung in der**
Haft, die nach Abs. 2 gerechtfertigt sein muss, das kann sie zB sein,
wenn sie nötig ist, um Flucht oder Selbstverletzungen zu verhindern.[110] Eingriffe können unter den Schutz des Privatlebens und der
Korrespondenz fallen.[111]

Anforderungen an das Gesetz zur Regelung von Abhörmaßnahmen: 37
Das Gesetz (dazu → Rn. 38) muss in **besonderem Maße konkret**
sein, das gilt auch für die Benutzung von Funküberwachungsgeräten.[112] Das kann zwar bei geheimen Überwachungsmaßnahmen
nicht bedeuten, dass eine Person in der Lage sein muss vorherzusehen, wann ihre Gespräche abgehört werden. Das Gesetz muss aber
so hinreichend deutlich sein, dass der Bürger daraus entnehmen
kann, unter welchen Voraussetzungen die Behörden solche Maßnahmen treffen dürfen. Der Umfang des den Behörden eingeräumten Ermessensspielraums und die Art seiner Anwendung muss gesetzlich
klar geregelt sein.[113]

---

105 EGMR 16.2.2000 – 27798/95 (GK), Slg 00-II Rn. 76 ff. – *Amann/Schweiz.*
106 EGMR 22.11.2001 – 41111/98, Slg 01-XII – *Knauth/Deutschland*; EGMR
      22.11.2001 – 42358/98 – *Bester/Deutschland.*
107 EGMR 4.12.2015 – 47143/06 (GK), Slg 15 – *Zakharov/Russland*; EGMR
      29.6.2006 – 54934/00, Slg 06-XI Rn. 77 – *Weber u. Saravia/Deutschland.*
108 EGMR 8.4.2003 – 39339/98, Rn. 38 f. – *M.M./Niederlande*; EGMR
      23.11.1993 – 14838/89, Rn. 36 – *A./Frankreich.*
109 EGMR 20.12.2005 – 71611/01, Rn. 34 – *Wisse/Frankreich*; EGMR 25.9.2001
      – 44787/98, Slg 01-IX Rn. 59 f. – *P.G. u. J.H./Vereinigtes Königreich.*
110 EGMR 1.6.2004 – 8704/03 – *van der Graaf/Niederlande.*
111 EGMR 20.12.2005 – 71611/01, Rn. 27 – *Wisse/Frankreich.*
112 EGMR 10.3.2009 – 4378/02 (GK), Rn. 79 – *Bykov/Russland.*
113 EGMR 10.3.2009 – 4378/02 (GK), Rn. 78 – *Bykov/Russland*; EGMR
      29.6.2006 – 54934/00, Slg 06-XI Rn. 93 f. – *Weber u. Saravia/Deutschland.*

38 **Danach muss das Gesetz regeln,** gegen wen die Abhörmaßnahmen ergriffen werden können, unter welchen Voraussetzungen, zum Schutz welcher Rechtsgüter, bei welchen Straftaten, mit welchen Mitteln und nach welchem Verfahren.[114] Der Gerichtshof hat beanstandet, dass keine Regeln getroffen sind über Personen, die zufällig, als Gesprächspartner der überwachten Person, abgehört worden sind. Für den Fall des Abhörens von Gesprächen eines Rechtsanwalts: Iordachi/Moldau.[115]

39 **Verfahrensanforderungen:** Das innerstaatliche Recht muss **Schutz gegen willkürliche Eingriffe durch Behörden geben.** Denn gerade bei geheimen behördlichen Maßnahmen ist die Gefahr der Willkür groß.[116] Dazu zählt, dass die Person, die Abhörmaßnahmen genehmigt, unabhängig ist und dass es eine gerichtliche oder sonst unabhängige Kontrolle gibt. Wird sie vom Parlament ausgeübt muss das Verfahren näher geregelt sein.[117] Bei Genehmigung muss eine bestimmte Zeit für die Abhörmaßnahmen bestimmt werden, und es müssen Regelungen für Abhörprotokolle, Sicherungen für ihre unveränderte Übermittlung für eine eventuelle Kontrolle durch den Richter und den Verteidiger und Aufbewahrungsfristen bestimmt sein bzw. wann die Protokolle zu vernichten sind, zB nach Freispruch oder Einstellung des Verfahrens.[118] Zum Recht auf das gesprochene Wort und zur Verwertung von Zeugenaussagen über rechtswidrig mitgehörte Telefongespräche **nach deutschem Recht,**[119] zur **Zulässigkeit der Verwertung** unter Verletzung von Art. 8 erlangter Beweise → Art. 6 Rn. 144.

40 **Interessenabwägung:** Sie ist auch hier erforderlich (u. → Rn. 113). Die Behörden müssen die Interessen des Staates, die nationale Sicherheit zu schützen, gegen das Interesse des Einzelnen, vor einem schweren Eingriff in seine Rechte geschützt zu werden, abwägen und haben dabei einen Spielraum. Der Gerichtshof berücksichtigt bei der Überprüfung die Umstände des Einzelfalls, wie Art und Dauer der Maßnahme, die Gründe für ihre Anordnung, die für die Genehmigung, Durchführung und Kontrolle zuständige Behörde und die Art

---

114 EGMR 16.2.2000 – 27798/95 (GK), Slg 00-II Rn. 58 – *Amann/Schweiz.*
115 EGMR 10.2.2009 – 25198/02, Rn. 50 – *Iordachi ua/Moldau;* dazu auch BVerfGK 8, 349.
116 EGMR 2.8.1984 – 8691/79, Rn. 64 ff. – *Malone/Vereinigtes Königreich.*
117 EGMR 10.2.2009 – 25198/02, Rn. 40 – *Iordachi* ua/*Moldau;* EGMR 26.4.2007 – 71525/01, Rn. 70-73 – *Dumitru Popescu/Rumänien (Nr. 2).*
118 EGMR 20.12.2005 – 71611/01, Rn. 33 – *Wisse/Frankreich;* EGMR 31.5.2005 – 59842/00 – *Vetter/Frankreich;* zum deutschen G 10-Gesetz: EGMR 29.6.2006 – 54934/00, Slg 06-XI Rn. 95 – *Weber u. Saravia/Deutschland;* vgl. auch Rn. 3.
119 Vgl. BVerfGK 2, 89.

der Rechtsbehelfe. Bei Abwägung aller Umstände muss der Eingriff verhältnismäßig sein.[120]

Anforderungen an Beschwerde: Eine Beschwerde kann uU darauf ge- 41
stützt werden, dass ein Gesetz das Abhören erlaubt, ohne dass der Bf. konkrete Maßnahmen gegen ihn behaupten kann; es kommt auf die Umstände an, auch auf die Möglichkeit, dass er von Abhörmaßnahmen betroffen sein kann. Wenn das so ist, begründet das Bestehen einer gesetzlichen Grundlage für geheimes Abhören die Gefahr, dass dies geschieht und ist damit ein Eingriff in die von Art. 8 geschützten Rechte.[121]

6. Auftritt im öffentlichen Raum

Art. 8 erstreckt sich auch auf die Entscheidung darüber, wie man im 42
öffentlichen Raum auftreten will.

a) Schutz des guten Rufs und der Ehre: Der Ruf einer Person ist Teil 43
ihrer persönlichen Identität und geistigen Integrität, er ist damit Teil des Privatlebens. Art. 8 gibt einen Anspruch auf Schutz des guten Rufs, was aber voraussetzt, dass der Eingriff eine gewisse Schwere hat und das Recht auf Achtung des Privatlebens beeinträchtigt.[122] Die positiven Schutzpflichten aus Art. 8 zwingen den Staat, den Betroffenen gegen Verletzungen seines guten Rufs zu schützen und zwar sowohl durch materielle Vorschriften als auch durch angemessenen Rechtsschutz, auch zur Durchsetzung von Schadensersatzansprüchen.[123] Wenn der Ruf einer Person durch eine andere beschädigt wird, muss das Recht aus Art. 8 gegen das aus Art. 10 abgewogen werden. Dabei ist von Bedeutung, ob die Äußerung den Pflichten

---

120 Zum deutschen G 10-Gesetz: EGMR 29.6.2006 – 54934/00, Slg 06-XI Rn. 106 f. – *Weber u. Saravia/Deutschland*: Beschwerde offensichtlich unbegründet.
121 EGMR 10.2.2009 – 25198/02, Rn. 34 – *Iordachi* ua/*Moldau*; EGMR 29.6.2006 – 54934/00, Slg 06-XI Rn. 78 f. – *Weber u. Saravia/Deutschland*; EGMR 6.9.1978 – 5029/71, Rn. 34 f., 41 – *Klass* ua/*Deutschland*.
122 EGMR 16.6.2015 – 64569/09 (GK), Slg 15 – *Delfi AS/Estland*; EGMR 21.1.2014 – 34288/04 – *Ihsan Ay/Türkei*; EGMR 21.11.2013 – 16882/03 – *Putistin/Ukraine*; EGMR 31.10.2013 – 12316/07 – *Popovski/Die ehemalige jugoslawische Republik Mazedonien*; EGMR 28.4.2009 – 39311/05, Rn. 23-28 – *Karako/Ungarn*; EGMR 9.4.2009 – 28070/06, Rn. 64 – *A./Norwegen*; vgl. auch zur Kriminalberichterstattung: EGMR 7.2.2012 – 39954/08 (GK) – *Axel Springer AG/Deutschland*.
123 EGMR 16.10.2008 – 39627/05, Rn. 45, 55, 58 – *Taliadorou u. Stylianou/Zypern* wegen Entlassung eines Polizisten aufgrund Foltervorwürfen.

und der Verantwortung nach Art. 10 II entsprach.[124] Die Feststellung der Elternschaft im Falle eines Kindes, das in Leihmutterschaft geboren wurde, berührt Art. 8.[125]

44   b) **Recht auf einen Namen:** Der Name als Mittel zur persönlichen Identität und Verbindungsglied einer Familie gehört zum Privat- und Familienleben.[126] Der Fall betraf das Recht eines Mannes, seinen Nachnamen dem Familiennamen voranzusetzen, wie das nach Schweizer Recht Frauen dürfen. Der Gerichtshof hat eine Verletzung von Art. 8 iVm Art. 14 angenommen, ebenso für den Fall, dass die Frau ihren **Mädchennamen nach Eheschließung** nicht beibehalten kann[127] und bei Türkisierung eines kurdischen Vornamens.[128] Ein **Recht auf Namensänderung** folgt aus Art. 8 nicht.[129] Auch auf **Vornamen** ist Art. 8 anwendbar und schützt das Recht der Eltern, für ihr Kind einen Vornamen auszuwählen, wobei eine Regelungsbefugnis der staatlichen Behörden anerkannt wird.[130]

45   c) **Recht am eigenen Bild:** Die Veröffentlichung von Fotos einer Person ist ein Eingriff in ihren Privatbereich.[131] Die grundlegende Entscheidung ist die Sache Caroline von Hannover/Deutschland (Nr. 1),[132] in der der EGMR eine Verletzung von Art. 8 festgestellt hat. In der Begründung wird ausgeführt, dass die sich aus Art. 8 ergebenden Schutzpflichten des Staates uU Maßnahmen gegen den Missbrauch von Fotos durch Dritte erfordern. Bei der **Abwägung des Rechts aus Art. 8 gegen das Recht auf Meinungsfreiheit nach Art. 10** ist darauf abzustellen, ob die Fotos zu einer öffentlichen Diskussion über eine **Frage des Allgemeininteresses** beitragen. Bei Personen des öffentlichen Lebens hat die Öffentlichkeit uU auch ein Recht auf Informationen über Privatbereiche. Dort hat die Meinungsfreiheit aber

---

124 Dazu Art. 10 Rn. 33 ff. und EGMR 15.11.2007 – 12556/03 – *Pfeifer/Österreich*; vgl. EGMR 9.4.2009 – 28070/06, Rn. 70 ff. – *A./Norwegen*: Verletzung von Art. 8 weil Gerichte nicht wegen Presseberichterstattung mit Bild über schwerwiegenden Verdacht verurteilt hatten; EGMR 16.4.2009 – 34438/04, Rn. 52 ff. – *Egeland u. Hanseid/Norwegen*: keine Verletzung bei Verurteilung wegen Veröffentlichung von Fotos Angeklagter oder Verurteilter auf dem Weg zum oder vom Gericht.
125 EGMR 26.6.2014 – 65192/11, Slg 14 – *Mennesson/Frankreich*.
126 EGMR 22.2.1994 – 16213/90, Rn. 24 – *Burghartz/Schweiz*.
127 Art. 14 Rn. 17; vgl. auch EGMR 6.12.2001 – 31178/96 – *Petersen/Deutschland*.
128 EGMR 21.10.2008 – 37483/02, Rn. 55 – *Güzel Erdagöz/Türkei*.
129 EGMR 25.11.1994 – 18131/91, Rn. 38 f. – *Stjerna/Finnland*.
130 Vgl. EGMR 24.10.1996 – 22500/93, Slg 96-V Rn. 21 – *Guillot/Frankreich*.
131 ZB EGMR 19.9.2013 – 8772/10 – *Caroline von Hannover/Deutschland (Nr. 3)*; EGMR 7.2.2012 – 40660/08 (GK), Slg 12 – *Caroline von Hannover/Deutschland (Nr. 2)*.
132 EGMR 24.6.2004 – 59320/00, Slg 04-VI – *Caroline von Hannover/Deutschland (Nr. 1)*.

weniger Gewicht.[133] Die **Veröffentlichung von Fotos einer Angeklagten** bedarf der gesetzlichen Grundlage.[134] Die Presse trifft keine Pflicht, vor einer Veröffentlichung Betroffene zu informieren.[135]

7. Selbstbestimmte Lebensführung (ua Kleidung, Berufstätigkeit)

Art. 8 erstreckt sich auch auf **einzelne Aspekte der (äußeren) Lebensführung**. Die Rechtsprechung ist hier bislang wenig gefestigt und sehr fallspezifisch. So haben etwa **Behinderte** nicht generell Anspruch darauf, dass ihnen der Zutritt zu öffentlichen Gebäuden ermöglicht wird. Eine Verletzung von Art. 8 ist das nur, wenn im Einzelfall das Recht auf persönliche Entwicklung und darauf, Beziehungen zu anderen Personen aufzunehmen, berührt wird.[136] Nicht geschützt werden Freizeitaktivitäten wie etwa die Jagd,[137] jedenfalls wenn sie keinen Lebensstil verkörpern, der für die persönliche Identitätsbildung kennzeichnend ist. | 46

Art. 8 schützt die freie **Wahl der Kleidung,** unterwirft dieses Recht aber Schranken.[138] Ein Kopftuchverbot[139] und ein Gesichtsschleierverbot[140] sollen sich – nach umstrittener Rechtsprechung – rechtfertigen lassen können. Kein Eingriff bewirkt eine Gurtpflicht im PKW.[141] | 47

Art. 8 garantiert kein **Erbrecht,** es ist Sache der Staaten, Regelungen darüber zu treffen. Erbrechtliche Fragen zwischen nahen Verwandten fallen aber in den Bereich dieses Art., weil sie ein besonderer Ausdruck des Familienlebens sind. Deswegen ist Art. 14 anwendbar,[142] | 48

---

133 S. auch EGMR 4.6.2009 – 21277/05, Rn. 46 f. – *Standard Verlags GmbH/ Österreich (Nr. 2)* zur Verbreitung von Gerüchten über angebliche Eheprobleme des früheren österreichischen Bundespräsidenten: öffentliches Amt, keine Verletzung.
134 EGMR 11.1.2005 – 50774/99, Slg 05-I Rn. 28 f. – *Sciacca/Italien.*
135 EGMR 10.5.2011 – 48009/08 – *Mosley/Vereinigtes Königreich.*
136 EGMR 14.5.2002 – 38621/97, Slg 02-V – *Zehnalova* ua/*Tschechische Republik.*
137 EGMR 24.11.2009 – 16072/06 – *Friend u. Countryside Alliance/Vereinigtes Königreich.*
138 EKMR 3.3.1986 – 11674/85, D.R. 46, 245 – *Stevens/Vereinigtes Königreich*: Schuluniform; EKMR 15.5.1980 – 8317/78, D.R. 20, 44 – *McFeeley* ua/*Vereinigtes Königreich.*
139 EGMR 10.11.2005 – 44774/98 (GK), Slg 05-XI – *Leyla Şahin/Türkei.*
140 EGMR 1.7.2014 – 43835/11 (GK), Slg 14 – *S.A.S./Frankreich.*
141 EKMR 13.12.1979 – 8707/79, D.R. 18, 257 – *X./Belgien.*
142 EGMR 13.6.1979 – 6833/74, Rn. 52 f. – *Marckx/Belgien.*

der zB eine Diskriminierung nichtehelicher Kinder verbietet.[143] Das gilt nicht nur nach dem Tod, sondern schon vorher, zB für Testamente.[144]

Die Konvention verpflichtet nicht zu Regelungen über eine etwaige **Erbunwürdigkeit.** Wenn es sie aber gibt, müssen sie auf angemessene Weise angewendet werden und insbesondere unter Abwägung der Interessen; eine zu enge Auslegung der Gesetzesvorschriften kann Art. 8 verletzen.[145]

49 Die Konvention garantiert **kein Recht auf Wahl eines bestimmten Berufs,** auch nicht auf Einstellung in den öffentlichen Dienst.[146] Auch sonst wird eine berufliche Tätigkeit nicht garantiert. Ein Eingriff in das Privatleben kann aber vorliegen, wenn einer Person berufliche Tätigkeiten auch im Privatleben in erheblichem Umfang verboten oder erschwert werden.[147] Ein Eingriff kann auch die **Entlassung aus dem öffentlichen Dienst** sein, wenn sie aus Gründen geschieht, die dem Kernbereich des Rechts auf Privatleben widersprechen.[148] In solchen Fällen ist dann zu prüfen, ob der Eingriff nach Abs. 2 gerechtfertigt war. Ein Eingriff kann durch **Durchsuchungsmaßnahmen** bewirkt werden.[149] Auch die Berufsausbildung wird erfasst.[150]

50 **Lustrationsverfahren:** Solche Verfahren zur Überprüfung früherer Tätigkeit unter einem diktatorischen Regime und die Entlassung aufgrund des Ergebnisses sind nicht grundsätzlich konventionswidrig, das Verfahren muss aber bestimmten Anforderungen genügen:[151] Es muss auf einem Gesetz beruhen, das ausreichend zugänglich und bestimmt ist. Das Verfahren darf nicht ausschließlich der Bestrafung

---

143 EGMR 28.5.2009 – 3545/04, Rn. 30 – *Brauer/Deutschland*; EGMR 13.7.2004 – 69498/01, Slg 07-VIII – *Pla u. Puncernau/Andorra*; EGMR 1.2.2000 – 34406/97, Slg 00-II Rn. 46 – *Mazurek/Frankreich*; vgl. Art. 14 Rn. 31.
144 EGMR 22.12.2004 – 68864/01, Rn. 46, 48 – *Merger u. Cros/Frankreich*.
145 EGMR 1.12.2009 – 64301/01, Rn. 129-134 – *Velcea u. Mazare/Rumänien*.
146 Art. 10 Rn. 24; zur Rechtsprechung zum Berufsrecht der freien Berufe *Kleine-Cosack* AnwBl 2009, 326.
147 EGMR 14.1.2014 – 1944/10 – *Mateescu/Rumänien*; EGMR 24.7.2012 – 29476/06 – *D.M.T. u. D.K.I./Bulgarien*; EGMR 28.5.2009 – 26713/05, Rn. 31 – *Bigaeva/Griechenland*: Ablehnung der Zulassung zur Anwaltsprüfung; EGMR 16.11.2006 – 45965/99, Rn. 85 ff. – *Karov/Bulgarien*: zeitweise Entlassung eines Polizisten vor Strafverfahren wegen Bestechlichkeit; EGMR 27.7.2004 – 55480, Slg 04-VIII Rn. 47 – *Sidabras u. Džiautas/Litauen*: für frühere KGB-Mitarbeiter.
148 EGMR 12.6.2014 – 56030/07 (GK), Slg 14 – *Fernández Martínez/Spanien*: zur Entziehung einer Lehrbefugnis; EGMR 16.10.2008 – 39058/05, Rn. 50 – *Kyriakides/Zypern*.
149 EGMR 6.12.2012 – 12323/11, Slg 12 – *Michaud/Frankreich*; EGMR 3.7.2012 – 30457/06 – *Robathin/Österreich*; EGMR 24.7.2008 – 18603/03 – *André u a/Frankreich*.
150 EGMR 2.12.2014 – 61960/08 – *Emel Boyraz/Türkei*.
151 Dazu EGMR 24.6.2008 – 3669/03, Rn. 116 – *Ādamsons/Lettland*.

oder der Rache dienen, Bestrafung ist Sache der Strafgerichte. Wenn das Gesetz eine Einschränkung von Konventionsrechten vorsieht, muss es so bestimmt gefasst sein, dass die individuelle Verantwortung jeder betroffenen Person festgestellt werden kann, und es muss angemessene Verfahrensgarantien geben. Lustrationsmaßnahmen sind ihrer Natur nach zeitlich begrenzt; die Notwendigkeit einer Einschränkung von Rechten nimmt mit der Zeit ab.[152] Der EGMR hat sich insbesondere mit dem Recht auf Einsicht in geheime Unterlagen der Sicherheitsdienste befassen müssen.[153]

8. Aufenthalt und staatsbürgerliche Stellung

a) Recht auf Staatsangehörigkeit: Ein Recht auf Staatsangehörigkeit   51
wird von der EMRK nicht garantiert.[154] Willkürliche Vorenthaltung der Staatsangehörigkeit kann aber Auswirkungen auf das Privatleben haben und unter bestimmten Umständen eine Verletzung von Art. 8 sein, wenn die Folgen der Ablehnung gravierend sind.[155]

b) Minderheitenrechte: Die EMRK garantiert keine besonderen   52
Minderheitenrechte. Die Staaten sind auch nicht dazu verpflichtet, den Begriff „Minderheit" zu definieren.[156] Die in der Konvention geschützten Rechte stehen allen der Hoheitsgewalt unterworfenen Personen zu (Art. 1). Die Konventionsrechte müssen nach Art. 14 ohne Diskriminierung insbesondere wegen Zugehörigkeit zu einer nationalen Minderheit gewährt werden. Angehörige von Minderheiten sind besonders verwundbar; ihre Bedürfnisse und ein abweichender Lebensstil müssen besonders berücksichtigt werden. Auch die Lebensweise einer Minderheit kann deswegen grundsätzlich vom Schutz des Privatlebens, des Familienlebens und der Wohnung erfasst werden.[157] Der EGMR hat zB angenommen, dass das **Wohnen in Wohnwagen** wesentlicher Teil der ethnischen Identität von Roma sei und die Verweigerung einer Genehmigung dazu und Zwangsmaßnahmen dagegen ein Eingriff in Art. 8 sind. Art. 8 verpflichtet aber

---

152 Vgl. auch Art. 10 Rn. 26, Art. 3 Zusatzprot. Rn. 13.
153 ZB EGMR 8.6.2010 – 50399/07 – *Gorny/Polen*: Verletzung von Art. 6.
154 EGMR 26.6.2012 – 26828/06 (GK), Slg 12 – *Kurić* ua/*Slowenien* prüft Privat-
      und Familienleben; EGMR 11.10.2011 – 53124/09, Rn. 30 – *Genovese/Malta*;
      vgl. auch EGMR 15.1.2007 – 60654/00, Slg 07-I – *Sisojeva* ua/*Lettland*.
155 EGMR 12.1.1999 – 31414/96, Slg 99-II – *Karassev/Finnland* für den Fall, dass
      Voraussetzung des Erwerbs der Staatsangehörigkeit durch Geburt ist, dass damit nicht eine andere Staatsangehörigkeit erworben wird.
156 EGMR 17.2.2004 – 44158/98 (GK), Slg 04-I – *Gorzelik* ua/*Polen*.
157 EGMR 25.5.2000 – 46346/99, Slg 00-VI – *Noack* ua/*Deutschland* betreffend
      Horno; dazu *Lenz* LKV 2001, 446.

nicht dazu, Roma mit ausreichenden Plätzen zu versorgen.[158] Der
EGMR entnimmt aus Art. 8 die positive Pflicht des Staates, die Lebensweise der Roma zu erleichtern und dazu auch **Verfahrensgaranti-
en** zu geben.[159]

53   c) **Ausweisung:** Zum Privatleben gehört auch das Recht, Beziehungen zu anderen Personen herzustellen und zu entwickeln, denn es
umfasst Aspekte der sozialen Identität, die Gesamtheit der sozialen
Beziehungen. Deswegen schützt Art. 8 auch unter diesem Gesichtspunkt vor einer nicht gerechtfertigten Ausweisung. Der Gerichtshof
stellt meist auf den Gesichtspunkt des Familienlebens (→ Rn. 77 ff.)
ab, aber auch auf das Privatleben.[160] Im Einzelnen: Anhang zu Art. 8
(unten → Rn. 9ff.).

III. Familienleben

1. Gewährleistungsgehalt: Überblick

54   Art. 8 schützt bestehende Familien, er gibt kein Recht auf Gründung
einer Familie[161] (vgl. Art. 12) und auch nicht auf eine **Adoption** (→
Rn. 62 ff.). Das Bestehen einer Familie wird vorausgesetzt[162]. Der
EMRK liegt das Konzept einer durch soziale Verbindungen begründeten Familie zugrunde; biologische oder rechtliche Beziehungen
sind allein nicht maßgeblich. Die Familie wird durch das Zusammenleben zweier Erwachsener[163], regelmäßig durch das Zusammenleben
von Eltern mit ihren Kindern konstituiert[164]. Es spielt keine Rolle,
ob die Eltern verheiratet sind oder nicht; ebensowenig kommt es darauf an, ob die Eltern die biologischen Eltern sind[165]. Die Beziehungen von Verlobten[166] und von nichtehelichen Partnern[167] werden geschützt.

---

158 EGMR 18.1.2001 – 27238/95 (GK), Slg 01-I – *Chapman/Vereinigtes König-
     reich*: Eingriff nach Abs. 2 gerechtfertigt.
159 Dazu Rn. 3; vgl. EGMR 27.5.2004 – 66746/01, Rn. 83 f. – *Connors/Vereinig-
     tes Königreich*.
160 Vgl. EGMR 18.10.2006 – 46410/99 (GK), Slg 06-XII Rn. 59 – *Üner/Nieder-
     lande*.
161 Vgl. Rixe FPR 2008, 222.
162 EGMR 22.1.2008 – 43546/02 (GK), Rn. 41 – *E.B./Frankreich*.
163 EGMR 26.5.1994 – 16969/90, Ser. A, Nr. 290 – *Keegan/Irland*.
164 EGMR 3.12.2009 – 22028/04 – *Zaunegger/Deutschland*.
165 EGMR 21.12.2010 – 20578/07 – *Anayo/Deutschland*; EGMR 17.1.2012 –
     1598/06 – *Kopf* ua/*Österreich*.
166 EGMR 23.2.2010 – 1289/09 – *Hofmann/Deutschland*.
167 EGMR 7.11.2013 – 32684/09 (GK) – *Vallianatos* ua/*Griechenland*; EGMR
     15.3.2012 – 25951/07 – *Gas* ua/*Frankreich*; EGMR 3.12.2009 – 22028/04 –
     Zaunegger/Deutschland; vgl. auch EGMR 10.5.2001 – 56501/00 – *Estevez/
     Spanien*.

2. Freiheit der Gestaltung des Familienlebens

Art. 8 verleiht das Recht, die familiäre Beziehung ungestört und ohne   **55**
ungerechtfertigte, insbesondere willkürliche Eingriffe führen zu können. Die Mitgliedstaaten haben auch zu gewährleisten, dass den Familienmitgliedern verfahrensrechtliche Vorkehrungen zugutekommen, die die Führung des Familienlebens ermöglichen oder fördern[168].

a) **Sozialer Begriff der Familie:** Der **Begriff der Familie** stellt auf die   **56**
soziale Verbindung von Menschen in der Generationenfolge ab. Er
umfasst soziale, moralische und kulturelle Beziehungen zwischen Familienmitgliedern, zB bei der Erziehung der Kinder, und auch materielle Interessen, wie Unterhaltsansprüche und erbrechtliche Beziehungen[169], wenn auch Art. 8 ein Erbrecht nicht garantiert (o. → Rn. 48).
Der Begriff Familienleben umfasst jedenfalls die Beziehungen **zwischen Partnern, ob ehelich oder nicht, also zwischen Elternteilen und
ihren Kindern, einerlei, ob es sich um legitime oder nicht legitime Familien handelt, also auch um die Beziehungen zwischen Personen,
die eine de facto-Familie bilden,** die zusammenleben und bei denen
also eine enge persönliche Beziehung besteht[170]. Auch **gleichgeschlechtliche Paare** können ein Familienleben haben[171]. Ein Familienleben kann auch zwischen Pflegeeltern und Kind bestehen[172].

Ein **Kind aus einer Ehe** oder zusammen lebenden nicht verheirateten   **57**
Partnern ist ipso jure Teil der Familie seit seiner Geburt und nur aufgrund dessen besteht zwischen ihm und seinen Eltern ein Band, das
Familienleben iSv Art. 8 ist und das sich nur unter besonderen Umständen ändern kann[173]. Wenn die Partner nicht zusammen leben,
können andere Umstände sich ergeben, dass eine Beziehung so eng
ist, dass eine de facto-Familie begründet ist (→ Rn. 58). Dagegen genügt eine **biologische Vaterschaft** ohne weitere rechtliche und tatsächliche Elemente, die auf eine enge persönliche Beziehung hinweisen, nicht[174]. Eine Familie kann aus **Mutter und Kind, Vater und**

---

168 EGMR 10.11.2005 – 40324/98 – *Süss/Deutschland* – Bearbeitung umgangs-
    rechtlicher Streitigkeiten; EGMR 8.7.2003 – 30943/96 (GK) – *Sahin/Deutsch-*
    land, Slg 03-VIII – Anhörungspflichten.
169 EGMR 22.12.2004 – 68864/01, Rn. 46 – *Merger* ua/*Frankreich.*
170 EGMR 12.7.2001 – 25702/94 (GK), Rn. 150 – *K. u. T./Finnland.*
171 EGMR 22.7.2010 – 18984/02, Rn. 30 – *P. B.* ua/*Österreich.*
172 EGMR 27.4.2010 – 16318/07, Rn. 46 ff. – *Moretti u.a.,/Italien:* Zusammenle-
    ben mit Kleinkind über 19 Monate, abgelehnter Adoptionsantrag; vgl. Rixe, in
    16. Deutscher Familiengerichtstag, 2005, S. 57.
173 EGMR 19.2.1996 – 53/1995/559/645, Slg 96-I Rn. 32 – *Gül/Schweiz*; EGMR
    5.2.2004 – 60457/00, Rn. 42 – *Kosmopoulou/Griechenland.*
174 EGMR 1.6.2004 – 45582/99, Slg 04-IV – *L.v./Niederlande.*

Kind, **Großeltern und Kind**[175] bestehen. Familienbeziehungen bestehen **zu allen nahen Verwandten**, also auch zu **Geschwistern** (vgl. aber
→ Rn. 61), **zwischen Großeltern und Enkeln**[176]. Gerichte müssen zB
bei **Auswahl eines Vormunds** bestehende Familienbindungen zwischen Großeltern und Enkeln beachten[177]. Eine rechtmäßige **Adoption** begründet ein Familienleben.

58 Wenn die Familie nicht zusammen lebt, hängt es also von den **Umständen ab, ob ein Familienleben** besteht. Das ist der Fall, wenn Umstände auf eine ausreichend konstante Beziehung hinweisen und enge
persönliche Bindungen vorliegen, wie zB Beziehungen von einem
Kind zu seinem natürlichen Vater bei dessen erkennbarem Interesse
und Verantwortungsbewusstsein für das Kind vor und nach der Geburt, bei dessen Bekenntnis zu dem Kind[178]. U.U. genügen **potenzielle Beziehungen**, die sich entwickeln können, wenn also das Familienleben noch nicht voll aufgenommen ist[179], und zwar vor allem,
wenn das dem Bf. nicht zugerechnet werden kann[180]. Die Beziehungen zwischen dem biologischen Vater und einem Kind, das er nie
kennen gelernt hat, wird nicht geschützt[181]. Hat sich ohne Verschulden (noch) kein Familienleben entwickeln können, kann Art. 8 Anwendung finden[182].

59 Art. 8 begründet keinen Anspruch des biologischen Vaters, die Vaterschaft des rechtlichen Vaters anfechten zu können[183]. Dass für An-
fechtungsklagen **Fristen** bestimmt sind, verstößt grundsätzlich nicht
gegen Art. 8, weil sie der Rechtssicherheit in Familienbeziehungen
und dem Schutz der Kindesinteressen dienen. Nach Fristablauf über-

---

175 EGMR 9.6.1998 – 40/1997/824/1030, Slg 98-IV – *Bronda/Italien* und dazu
Rixe FamRZ 1999, 680.
176 EGMR 13.6.1979, Ser. A, Nr. 31 Rn. 45 – *Marckx/Belgien*.
177 Unter Hinweis auf die Rechtsprechung des BVerfG NJW 2009, 1133 Rn. 22.
178 EGMR 1.6.2004 – 45582/99, Slg 04-IV Rn. 39 – *L.v./Niederlande*: ausreichende Indizien zB Anwesenheit bei der Geburt, unregelmäßige Besuche, Babysit-
ten, Sorge für die Gesundheit; vgl. weiter EGMR 28.5.2009 – 3545/04, Rn. 30
– Brauer/Deutschland; EGMR 18.3.2008 – 33375/03 – *Hülsmann/Deutsch-
land*.
179 EGMR 12.1.2008 – 43546/02 (GK), Rn. 41 – *E.B./Frankreich*.
180 EGMR 18.3.2008 – 33375/03 – *Hülsmann/Deutschland*.
181 EGMR 21.12.2010 – 20578/07 – *Anayo/Deutschland*.
182 EGMR 5.6.2014 – 31021/08 – *I.S./Deutschland*; mit Blick auf biologische Väter: EGMR 19.6.2003 – 46165/99 – *Nekvedavcius/Deutschland*; EGMR
29.6.1999 – 27110/95 – *Nylund/Finnland*.
183 Vgl. EGMR 22.3.2012 – 23338/09 – *Kautzor/Deutschland*; EGMR 5.11.2013
– 26610/09 – *Hülsmann/Deutschland*.

wiegen die Kindesinteressen. Auch hier muss aber ein gerechter Interessenausgleich hergestellt werden[184].

Zu einem totgeborenen Kind gibt es keine Familienbeziehungen. Enge Beziehungen, die nicht vom Begriff Familie erfasst werden, können als dem **Privatleben** zugehörig aufgefasst werden[185]. Gegen Art. 8 verstößt auch, wenn Eltern der **Leichnam ihres Kindes** nach dessen Tod im Krankenhaus verspätet freigegeben wird[186]. Die Verweigerung der Umsetzung der Urne des Ehemannes ist ein Eingriff in das Familienleben oder in das Privatleben[187].   60

Beziehungen zwischen Erwachsenen, also auch zwischen Eltern und erwachsenen Kindern, genießen nicht ohne weiteres den Schutz von Art. 8, wenn keine zusätzlichen Elemente einer Abhängigkeit bestehen, die über die übliche gefühlsmäßige Bindung hinausgeht[188]. Wenn volljährige Kinder noch keine eigene Familie gegründet haben und mit ihren Eltern oder anderen Familienangehörigen zusammen leben, ist das Familienleben[189]. Grundsätzlich ist also ein Zusammenleben oder sind doch Kontakte erforderlich, ausnahmsweise nicht, wenn sie von Behörden verhindert werden[190]. Im Fall A.W. Khan /Vereinigtes Königreich[191] hat der Gerichtshof in einer Ausländersache das Zusammenleben eines erwachsenen Kindes mit Mutter und Brüdern nicht ausreichen lassen.   61

b) Adoption: Art. 8 gibt aber kein Recht darauf. Eine bestehende **Adoption** begründet aber Familienbeziehungen[192]. Sie können auch bestehen, wenn die Beteiligten nicht zusammenleben und auch sonst kein enges persönliches Band zwischen ihnen besteht. Art. 8 bezieht sich auf Beziehungen, die sich entwickeln können. Der EGMR zieht die Haager Konvention v. 29.5.93 heran[193]. Mit der Adoption werden die **Beziehungen mit der ursprünglichen Familie beendet**[194].   62

---

184 EGMR 24.11.2005 – 74826/01, Rn. 30, 39, 45 – *Shofman/Russland*: kein gerechter Ausgleich und deswegen Verletzung, wenn Frist abgelaufen ist, bevor der Vater von den Umständen Kenntnis erhält, die Zweifel begründen.
185 EGMR 2.6.2005 – 77785/01, Rn. 27 – *Znamenskaya/Russland*; EKMR 1.10.1990 – 15817/89 – *Wakefield/Vereinigtes Königreich* für Beziehungen zwischen einem Gefangenem und seiner Verlobten.
186 EGMR 30.10.2001 – 37794/97, Slg 01-X Rn. 38 – *Pannullo ua/Frankreich*.
187 EGMR 17.1.2006 – 61564/00 Rn. 24 – *Dödsbo./Schweden*.
188 EGMR 17.4.2003 – 52853/99 – *Yilmaz/Deutschland*.
189 EGMR 23.6.2008 – 1638/03 (GK), Slg 08-III Rn. 62 – *Maslov/Österreich*.
190 EGMR 21.11.2006 – 10427/02, Rn. 99 – *Roda ua/Italien*.
191 EGMR 12.1.2010 – 47486/06, Rn. 32 – *A.W. Khan/Vereinigtes Königreich*.
192 EGMR 12.1.2008 – 43546/02 (GK), Rn. 41 – *E.B./Frankreich*.
193 EGMR 22.6.2004 – 78028/01 ua, Slg 04-V Rn. 140-144 – *Pini ua/Rumänien*.
194 EGMR 26.2.2002 – 36515/97, Slg 02-I Rn. 32 – *Frette/Frankreich*.

63   **Adoption ohne Kenntnis oder Zustimmung eines Elternteils** ist ein Eingriff in Art. 8, der nach Abs. 2 gerechtfertigt sein muss[195]. Das kann der Fall sein bei einem Elternteil ohne Sorgerecht und nur begrenztem Kontakt zum Kind. Der Gerichtshof zieht die Europäische Konvention über die Adoption von Kindern heran, die im Regelfall Zustimmung beider Elternteile verlangt, sofern ihnen das Sorgerecht zusteht.

64   **c) Familienleben von Gefangenen:** Vgl. zur Eheschließung → Art. 12 Rn. 4. Jede, also auch die rechtmäßige Haft beeinträchtigt das Familienleben. Die Gefängnisverwaltung muss aber dem Gefangenen **helfen, den Kontakt zu seiner engen Familie aufrecht zu erhalten.** Wenn Besuche beschränkt werden[196], ist das ein Eingriff in das Familienleben nach Art. 8 Abs. 1, der nach Abs. 2 gerechtfertigt sein muss[197]. Bei der **Interessenabwägung** müssen die normalen und angemessenen Erfordernisse der Haft berücksichtigt werden, wobei die Behörden insbesondere bei der Regelung des Besuchsrechts einen Ermessensspielraum haben[198]. Das Ermessen muss aber nach Inhalt und Ausmaß angemessen bestimmt sein[199]. Auch die Verweigerung der Erlaubnis, **Familienangehörige außerhalb des Gefängnisses zu besuchen,** ist ein Eingriff in Art. 8, der aber jedenfalls gerechtfertigt ist, wenn die Familienangehörigen den Gefangenen im Gefängnis besuchen können[200]. Es ist ein Eingriff, wenn dem Gefangenen nicht erlaubt wird, an der **Beerdigung** seiner Eltern teilzunehmen; der Eingriff muss nach Abs. 2 gerechtfertigt, insbesondere notwendig und verhältnismäßig sein[201]. Die Verweigerung einer künstlichen Insemination bei der Ehefrau eines Gefangenen ist ein Eingriff, der nach Abs. 2 gerechtfertigt sein kann[202].

65   Aus Art. 8 ergibt sich auch ein **Recht auf schnellen Kontakt mit Familienangehörigen nach einer Verhaftung,** weil das unerklärliche Ver-

---

195   EGMR 25.1.2007 – 21949/03, Rn. 34-37 – *Eski/Österreich* für nicht verheirateten Vater; für ein Gesetz EGMR 26.5.1994 – 16969/90, Serie A, Bd. 290, S. 16 – *Keegan/Irland.*
196   ZB nur zweimal monatlich, Trennscheibe ohne besondere Gründe.
197   EGMR 9.10.2008 – 62936/00, Rn. 255, 258 – *Moiseyev/Russland*; EGMR 30.6.2015 – 41418/04 (GK) – *Khoroshenko/Russland.*
198   EGMR 27.4.1988 – 9659/82 ua, Serie A, Nr. 131, S. 29 Rn. 74 – *Boyle* ua/ *Vereinigtes Königreich*; vgl. EGMR 11.10.2005 – 37444/97 Rn. 96 ff. – *Baginski/Polen*: Verletzung bei längerem Verbot von Besuchen der Mutter des Gefangenen.
199   EGMR 7.1.2010 – 24407/04, Rn. 96 – *Onoufriou/Zypern.*
200   EGMR 18.10.2005 – 75833/01 – *Schemkamper/Frankreich.*
201   EGMR 22.11.2002 – 26761/95 – *Ploski/Polen.*
202   EGMR 4.12.2007 – 44362/04 (GK), Slg 07-V Rn. 30 – *Dickson/Vereinigtes Königreich*: keine Verletzung, Beurteilungsspielraum.

schwinden einer Person erhebliche Angstgefühle verursachen kann. Sieben Tage ohne Kontakt sind zu lang[203].

Die Konvention gibt kein Recht darauf, sich **den Haftort auszusu-** **chen,** damit Besuche einfacher möglich sind. Auch eine Abschiebung von Familienmitgliedern ist nicht grundsätzlich unzulässig, selbst wenn das Besuche im Gefängnis schwierig macht. Es kommt auf die Einzelumstände an[204] (Kontakt durch Briefe und Telefongespräche, Haftdauer).   66

4. Integrität der Familie

Art. 8 begründet ein Recht auf Zusammenleben oder auf persönliche **Kontakte** unter den Familienmitgliedern, zwischen dem Kind und El- ternteilen auch dann, wenn die Beziehung zwischen den Eltern been- det ist, die Eltern nicht mehr zusammenleben oder geschieden sind[205]. Die Behörden müssen grundsätzlich Maßnahmen treffen, **die** **das Zusammenleben oder den Kontakt zwischen Familienmitgliedern** **ermöglichen**[206]. Staatliche Maßnahmen, die in das Recht auf Zusam- menleben eingreifen, bedürfen der Rechtfertigung nach Abs. 2[207]. Das gilt auch für die Zurückweisung eines Antrags auf gemeinsame Sorge nicht verheirateter Eltern[208]. Art. 8 gewährt nur in Ausnahme- fällen ein prima-facie-Recht auf die aufenthaltsrechtliche Ermögli- chung der Familienzusammenführung[209]. Besteht ein derartiges Recht, ist es nicht-diskriminierend (Art. 14) zu handhaben[210].   67

Zu den positiven Pflichten des Staates gehört **sicherzustellen, dass** **sich die Beziehungen zwischen den Familienmitgliedern normal ent-** **wickeln** können, dass Eltern und Kind vereinigt werden und dass ein Familienleben zwischen Elternteilen und Kindern möglich ist[211] und   68

---

203 EGMR 4.4.2006 – 42596/98 ua – *Sari* ua/*Türkei.*
204 Vgl. EGMR 28.6.2001 – 70258/01, Slg 01-VII – *Selmani/Schweiz.*
205 EGMR 21.6.1988 – 10730/84, Serie. A, Nr. 138 Rn. 21 – *Berrehab/Niederlan- de*; EGMR 11.7.2000 – 29192/95, Slg 00-VIII Rn. 59 – *Ciliz/Niederlande.*
206 EGMR 26.3.1985 – 8978/80, Serie. A, Nr. 91 Rn. 23 – *X u. Y/Niederlande*; EGMR 28.10.1998 – 23452/94 (GK), Slg 98-VIII Rn. 115 – *Osman/Vereinig- tes Königreich*; EGMR 19.9.2000 – 32346/96, Rn. 63 – *Glaser/Vereinigtes Kö- nigreich*; EGMR 11.7.2000 – 29192/95, Slg 00-VIII Rn. 61 – *Ciliz/Niederlan- de.*
207 EGMR 13.7.2000 – 25735/94 (GK), Slg 00-VIII Rn. 43 – *Elsholz/Deutsch- land.*
208 EGMR 3.12.2009 – 22028/04, Rn. 40 – *Zaunegger/Deutschland* mAnm Coes- ter NJW 2010, 482; EGMR 3.2.2011 – 35637/03 – *Sporer/Österreich*; EGMR 15.9.2011 – 17080/07 – *Schneider/Deutschland.*
209 EGMR 3.10.2014 – 12738/10(GK) – *Jeunesse/Niederlande.*
210 EGMR 24.5.2016 – 38590/10 (GK) – *Biao/Dänemark.*
211 EGMR 26.2.2004 – 74969/01 – *Görgülü/Deutschland.*

auch nach der Scheidung fortgesetzt werden kann[212]. Wenn Behörden aufgrund bestimmter Anhaltspunkte Maßnahmen zum Schutz von Kindern treffen, ist das grundsätzlich keine Verletzung von Art. 8, auch wenn sich nachträglich herausstellt, dass der Verdacht unbegründet war[213].

69 **a) Umgangs- und Sorgerecht:** Aus Art. 8 ergibt sich das Recht von Elternteilen auf Maßnahmen, die ihm ein Zusammenleben mit dem Kind ermöglichen, und die Verpflichtung der Behörden, solche Maßnahmen zu treffen (**Durchsetzung von Entscheidungen über Umgangs- und Sorgerecht**). Ist einem Elternteil ein Umgangsrecht gewährt oder das Sorgerecht zugesprochen worden, müssen die Behörden alle Maßnahmen treffen, die von ihnen vernünftigerweise erwartet werden können, um den Vollzug der gerichtlichen Anordnung zu ermöglichen[214].

70 **Die Trennung einer Familie** durch behördliche Anordnung ist eine sehr weitgehende Maßnahme; sie muss mit gewichtigen Argumenten im Interesse des Kindes begründet werden[215]. Deswegen geht der Gerichtshof davon aus, dass eine Unterbringung des Kindes außerhalb der Familie **grundsätzlich eine zeitlich beschränkte Maßnahme** sein muss, die aufzuheben ist, sobald es die Umstände zulassen[216]. Die Wegnahme eines **Kindes gleich nach der Geburt** ist eine sehr einschneidende Maßnahme; sie muss mit außerordentlich zwingenden Gründen gerechtfertigt werden[217].

71 **Kindesentführung:** Diese Verpflichtung muss in solchen Fällen unter Berücksichtigung anderer völkerrechtlicher Instrumente bestimmt werden, zB der UN-Kinderrechtskonvention und des Haager Übereinkommens v. 25.10.1980 über die zivilrechtlichen Aspekte internationaler Kindesentführungen[218]. Der Staat muss in solchen Fällen alles tun, um eine schnelle Vollstreckung einer Entscheidung zu erreichen[219]. Insofern sind also auch Art und Dauer des Verfahrens von

---

212 Vgl. Thym NJW 2006, 3249.
213 EGMR 23.3.2010 – 45901/05 ua – *M.A.K. u. R.K./Vereinigtes Königreich*.
214 EGMR 22.6.2006 – 7548/04, Rn. 78 ff. – *Bianchi/Schwitzland*.
215 EGMR 24.3.1988 – 10465/83, Serie A, Bd. 130, S. 33 Rn. 72 – *Olsson/Schweden*.
216 EGMR 24.3.1988 – 10465/83, Serie A, Bd. 130, S. 36 Rn. 81 – *Olsson/Schweden*.
217 EGMR 16.7.2002 – 56547/00, Slg 02-VI Rn. 116 – *P.* ua/*Vereinigtes Königreich*; EGMR 8.4.2004 – 11057/02, Slg 04-III – *Haase/Deutschland*; EGMR 12.7.2001 – 25702/94 (GK) – *K. u. T./Finnland*.
218 BGBl. 1990 II 206.
219 EGMR 24.4.2003 – 36812/97 ua, Rn. 57-60 – *Sylvester/Österreich*; EGMR 29.4.2003 – 56673/00, Slg 03-V Rn. 50, 56 – *Iglesias Gil* ua/*Spanien*; EGMR 5.4.2005 – 71099/01, Rn. 73 – *Monory u. Romania/Ungarn*; EGMR 26.11.2013 – 27853/09 (GK), – *X/Lettland*.

Bedeutung. Das Kindesinteresse steht auch hier im Vordergrund und kann einer Rückführung entgegenstehen[220].

Interessenausgleich: Die Verpflichtungen der staatlichen Stellen sind aber **nicht absolut,** es ist eine **Interessenabwägung** erforderlich. Unter Umständen ist es nicht sofort möglich, Kontakte zwischen dem nicht sorgeberechtigten Elternteil und dem Kind herzustellen, weil **vorbereitende Maßnahmen** nötig sind. In solchen Fällen sind die Zusammenarbeit und das gegenseitige Verständnis der beteiligten Personen besonders wichtig. Deswegen können auch **Zwangsmaßnahmen unangemessen** sein[221]. Die zuständigen Behörden müssen alle notwendigen Maßnahmen zur Erleichterung des Kontakts, zB des Umgangsrechts, ergreifen, die nach den Umständen sinnvoll sind. Wenn Kontakte mit einem Elternteil das Kindesinteresse gefährden oder seine Rechte beeinträchtigen, müssen die Behörden einen **angemessenen Ausgleich** suchen, zB beim Umgang mit dem Vater helfen. Wenn sie insoweit keine Hilfe anbieten, kann Art. 8 verletzt sein[222]. Es bestehen verfahrensrechtliche Verpflichtungen (→ Rn. 4), bei der Wahl des Verfahrens muss auch der **Zeitfaktor** berücksichtigt werden, weil uU vollendete Tatsachen geschaffen sein können, bevor die Sache vor Gericht kommt[223]. An dem Verfahren müssen Elternteile ausreichend beteiligt werden (→ Rn. 74). | 72

Der Gerichtshof entnimmt aus Art. 8 auch **verfahrensrechtliche Garantien** (vgl. auch → Rn. 4, 120). Das Verfahren, das zu einem Eingriff führt, muss fair sein und die Garantien von Art. 8 ausreichend berücksichtigen. Das hat der EGMR insbesondere **für Verfahren wegen des Umgangsrechts nichtehelicher und geschiedener Väter** entschieden. Elternteile müssen so ausreichend an dem Entscheidungsprozess beteiligt werden, dass der erforderliche Schutz ihrer Interessen sichergestellt ist[224]. Dazu gehört, dass Eltern wichtige **Urkunden** zugänglich gemacht werden[225]. Auch die Beiordnung eines Rechtsan- | 73

---

220 Vgl. EGMR 6.7.2010 – 41615/07 (GK), Rn. 134, 151 – *Neulinger* ua/*Schweiz*.

221 Zu Schwierigkeiten bei der Durchsetzung einer Umgangsregelung EGMR 10.11.2005 – 40324/98, Rn. 103 – *Süss/Deutschland*, bei der Durchsetzung des Sorgerechts EGMR 22.6.2006 – 7548/04, Rn. 80 – *Bianchi/Italien*.

222 EGMR 30.6.2005 – 30595/02, Rn. 46, 50, 51 – *Bove/Italien* für einen Fall, in dem der Umgang mit dem Vater bei verfeindeten Elternteilen trotz Gerichtsbeschluss nicht zustande kam.

223 EGMR 23.9.1994 – 19823/92. Serie A, Bd. 299-A, S. 20 Rn. 55 ff. – *Hokkanen/Finnland*; EGMR 8.7.1987 – 9580/81, Serie A, Bd. 120, S. 63 Rn. 89 f. – *H./Vereinigtes Königreich*; EGMR 8.7.1987 – 9749/82, Serie A, Bd. 121, S. 28 Rn. 62 ff. – *W/Vereinigtes Königreich*.

224 EGMR 26.2.2004 – 74969/01 – *Görgülü/Deutschland*; EGMR 10.11.2005 – 40324/98, Rn. 89 – *Süss/Deutschland*.

225 EGMR 24.2.1995 – 16424/90, Serie A, Bd. 307-B, S. 57 Rn. 92 – *McMichael/Vereinigtes Königreich*.

walts kann notwendig sein[226]. Eine Abwägung unter Berücksichtigung der Kindesinteressen ist notwendig[227].

74   Die **Einholung eines Sachverständigengutachtens und die erneute Anhörung der Beteiligten** kann notwendig sein[228]. Im Fall Mikulic/Kroatien[229] hat es der EGMR nicht für ausreichend gehalten, dass eine staatliche Rechtsordnung nicht ermöglicht, den Vater im Rechtsstreit um die Feststellung der Vaterschaft zu einer DNA-Untersuchung zu zwingen oder andere Ermittlungsmöglichkeiten zur Verfügung stellt.

75   Teil der verfahrensrechtlichen Garantien aus Art. 8 ist das **Erfordernis der Entscheidung binnen angemessener Frist,** das also nicht nur aus Art. 6, sondern auch aus Art. 8 folgt. In Kindschaftssachen muss wegen der Gefahr, dass der Fall allein durch Zeitablauf entschieden wird, mit besonderer Sorgfalt verfahren werden[230].

76   **b) Aufenthaltsrecht:** Im Aufenthaltsrecht gibt die EMRK einen weiten Ermessensspielraum. Art. 8 garantiert kein Recht auf Einreise und Aufenthalt (→ Rn. 77), er gibt kein Recht auf einen besonderen Aufenthaltstitel. Wenn es im staatlichen Recht unterschiedliche Titel gibt, prüft der EGMR die rechtlichen und praktischen Auswirkungen[231]. Wenn der Titel erlaubt, im Gastland einen Wohnsitz zu begründen und darin sein Recht auf Achtung der in Art. 8 garantierten Rechte wahrzunehmen, entspricht das den Anforderungen dieser Vorschrift. Der EGMR entscheidet also nicht darüber, ob dem Bf. ein anderer Titel zuerkannt werden muss[232]. Art. 8 gibt auch kein Recht darauf, dass Ausländer ihren Wohnort im Gastland bestimmen dür-

---

226 EGMR 16.7.2002 – 56547/00, Slg 02-VI Rn. 137 – *P. ua/Vereinigtes Königreich.*
227 EGMR 10.5.2001 – 28945/95 (GK), Slg 01-V Rn. 80, 83 – *T. P. und K. M./Vereinigtes Königreich* für den Zugang der Eltern zu Kindesaussagen über Missbrauch.
228 EGMR 13.7.2000 – 25735/94 – *Elsholz/Deutschland*; EGMR 11.7.2000 – 29192/95, Slg 00-VIII – *Ciliz/Niederlande*; EGMR 8.7.2003 – 30943/96 (GK), Slg 03-VIII – *Sahin/Deutschland*; EGMR 8.7.2003 – 31871/96 (GK), Slg 03-VIII – *Sommerfeld/Deutschland*; EGMR 11.10.2001 – 34045/96 – *Hoffmann/Deutschland*; diese zuletzt genannten Urteile betreffen das Umgangsrecht unehelicher Väter mit ihrem Kind, wobei der EGMR angenommen hat, dass ein unehelicher Vater aufgrund § 1711 BGB aF unter Verstoß gegen Art. 8 iVm Art. 14 schlechter behandelt worden ist als ein geschiedener Vater.
229 EGMR 7.2.2002 – 53176/99, Slg 02-I – *Mikulic/Kroatien.*
230 EGMR 10.11.2005 – 40324/98, Rn. 100 – *Süss/Deutschland.*
231 EGMR 12.3.2014 – 26828/06 (GK) – *Kuric ua/Slowenien*; EGMR 23.6.2008 – 1638/03 (GK), Slg 08- III, Rn. 74 – *Maslov/Österreich*; EGMR 15.1.2007 – 60654/00 (GK), Slg 07-I Rn. 104 und 108 – *Sisojeva/Lettland*, aber Kammerurteil infolge Streichens aus dem Verzeichnis gegenstandslos; EGMR 9.10.2003 – 48321/99 (GK), Slg 03-X Rn. 96 ff. – *Slivenko/Lettland.*
232 EGMR 15.1.2007 – 60654/00 (GK), Slg 07-I Rn. 91 – *Sisojeva ua/Lettland.*

fen, ausländischen Ehepartnern auch grundsätzlich nicht das Recht, zusammenzuleben (→ Rn. 80). Wenn aber das Asylverfahren über Jahre dauert und die Eheleute dazu gezwungen werden, an unterschiedlichen Orten zu leben, kann das Art. 8 verletzen[233]. Zum **Fortfall der Opfereigenschaft** bei späterer günstiger Entscheidung → Art. 34 Rn. 28.

Art. 8 spielt eine erhebliche Rolle in diesen Fällen. Die EMRK hindert die Konventionsstaaten grundsätzlich nicht daran, die Einreise und die Dauer des Aufenthalts von Ausländern zu regeln und gibt kein Recht, in ein bestimmtes Land einzureisen und sich dort aufzuhalten. Die Abschiebung von Ausländern und Staatenlosen ist nicht grundsätzlich verboten. Die Staaten haben auch das Recht, Straftäter auszuweisen. Sie müssen aber die sich aus Art. 3 (dort → Rn. 60 ff.) und 8 ergebenden Verpflichtungen beachten[234]. Staatliche Maßnahmen sind ein Eingriff in Art. 8, wenn der Betroffene im Aufenthaltsstaat persönliche Bindungen oder Familienbindungen hat, die ausreichend stark sind und durch eine Abschiebung beeinträchtigt würden. Solche Maßnahmen müssen also nach Abs. 2 gerechtfertigt, insbesondere verhältnismäßig sein. Siehe im Einzelnen Anhang zu Art. 8, unten → Rn. 11.   77

Diese Grundsätze gelten unabhängig davon, ob ein Ausländer als **Erwachsener oder als Kind** eingereist ist oder dort geboren ist. Aus Art. 8 ergibt sich nicht die Pflicht, im Gastland geborene oder als Kind eingereiste Ausländer nicht auszuweisen. Selbst wenn Ausländer eine unbefristete Aufenthaltserlaubnis haben und in hohem Maße integriert sind, können sie Staatsangehörigen nicht gleichgesetzt werden. Die Ausweisung wegen einer Straftat ist auch keine Doppelbestrafung[235] (Art. 4 Prot. 7 → Rn. 6).   78

Wenn **Familienbindungen** nicht bestehen, kann auch das **Privatleben** geschützt sein, wenn der Betroffene während langem Aufenthalts persönliche, soziale und wirtschaftliche Beziehungen geschaffen hat, die für das Privatleben wesentlich sind[236] (vgl. → Rn. 53). Das gilt auch, wenn der Betroffene nur geduldet ist[237]. Es ist aber nicht deswegen allein verboten, einen Ausländer auszuweisen, **weil er sich schon eine gewisse Zeit in dem Staat aufgehalten** hat.   79

---

233 EGMR 29.7.2010 – 24404/05, Rn. 61 ff. – *Mengesha Kimfe/Schweiz.*
234 EGMR 18.10.2006 – 46410/99 (GK), Slg 06-XII Rn. 84 – *Üner/Niederlande.*
235 Vgl. EGMR 18.10.2006 – 46410/99 (GK), Slg 06-XII Rn. 55 f. – *Üner/Niederlande.*
236 EGMR 9.10.2003 – 48321/99 (GK), Slg 03-X Rn. 96 – *Slivenko/Lettland.*; EGMR 15.7.2007 – 60654/00 (GK), Slg 07-I Rn. 102 – *Sisojeva* ua/*Lettland.*
237 VGH BW NvwZ 2008, 344.

80 Art. 8 gibt auch **nicht das Recht, den Ort zu wählen, der am besten geeignet ist, ein Familienleben** aufzubauen. Der Staat muss nicht die von einem Ehepaar getroffene Wahl akzeptieren, wo es seinen Wohnsitz nehmen möchte und zulassen, dass sich nicht inländische Partner dort aufhalten[238] (vgl. aber → Rn. 76).

81 Der **Schutz des Familienlebens oder des Privatlebens (→ Rn. 79) kann aber eine Ausweisung verbieten.** Unter Familienleben wird in diesen Fällen das auf dem Gebiet des Staates von Nicht-Staatsangehörigen **wirklich geführte Familienleben** mit anderen Familienmitgliedern verstanden, die sich dort rechtmäßig aufhalten. Der Schutz ist idR auf einen Kernbereich der Familie beschränkt. Der Gerichtshof prüft bei der Abschiebung eines Familienmitglieds, ob der Eingriff nach Abs. 2 gerechtfertigt ist, insbesondere **einem zwingenden sozialem Bedürfnis entspricht und verhältnismäßig ist**[239] (vgl. unten → Rn. 84 ff.).

82 Der Gerichtshof nimmt auch hier eine **Interessenabwägung** unter Berücksichtigung aller Umstände vor. Die Ausweisung bzw. Abschiebung muss insbesondere einen **gerechten Ausgleich** zwischen dem Interesse des Bf. wegen der Achtung seines Familienlebens und dem Schutz der öffentlichen Ordnung, der Verhütung von Straftaten und dem Schutz der Gesundheit herstellen. Die Abschiebung junger Menschen insbesondere der zweiten oder dritten Generation, die keine Verbindungen zu ihrem förmlichen Heimatstaat haben, ist nur unter besonderen Voraussetzungen möglich[240], insbesondere wenn keine Wiederholungsgefahr besteht[241] (Vgl. → Rn. 84 f.).

83 **Beim Nachzug von Familienmitgliedern stellt der EGMR auf folgende Gesichtspunkte ab**[242]: Das Ausmaß, in dem das Familienleben tatsächlich gelebt wird, die Bindungen zum Konventionsstaat, etwaige unüberwindbare Hindernisse für ein Familienleben im Herkunftsland, etwaige Hindernisse der Einwanderungskontrolle (zB frühere Verstöße gegen Einreiserecht), ob Gründe der öffentlichen Ordnung gegen die Zuwanderung sprechen, ob die Betroffenen bei Aufnahme des Familienlebens wussten, dass ein Familienleben im Gastland un-

238 EGMR 27.3.2003 – 78084/01 – *Mogos* ua/*Deutschland*; EGMR 7.10.2004 – 33743/03 – *Dragan/Deutschland*; EGMR 16.9.2004 – 11103/03 – *Ghiban/ Deutschland*.
239 EGMR 4.10.2001 – 43359/98 – *Adam/Deutschland*.
240 Frowein NVwZ 2002, 29 (31).
241 VGH BW NVwZ-Beil. I 2002, 51.
242 EGMR 31.1.2006 – 50435/99, Slg 06-I Rn. 39 – *Rodrigues da Silva* ua/ *Niederlande*.

sicher war. Ist letzteres der Fall, ist eine Abschiebung nur bei außergewöhnlichen Umständen eine Verletzung von Art. 8[243].

Der Gerichtshof berücksichtigt bei der Abschiebung von Straftätern   84
unabhängig davon, ob sie im Gastland geboren und wann sie eingereist sind, folgende Gesichtspunkte: Art und Schwere der vom Bf. begangene Straftat (vgl. → Rn. 87), Dauer seines Aufenthalts in dem beklagten Staat, den Zeitraum zwischen der Straftat und der Ausweisung und das Verhalten des Bf. in der Zwischenzeit, die Staatsangehörigkeit aller betroffenen Personen, Einzelheiten des Familienlebens, zB Dauer der Ehe und Art des Zusammenlebens, Kenntnis des Partners von der Straftat bei Aufnahme des Familienlebens, Vorhandensein von Kindern und ihr Alter, ihr Wohl, die Schwierigkeiten, die sie wahrscheinlich bei einer Ausreise haben, auch etwaige Schwierigkeiten des Partners im Herkunftsland[244]. Außerdem ist von Bedeutung, ob der Betroffene **besondere soziale, kulturelle oder familiäre Bindungen zum Gastland** oder zum Bestimmungsland entwickelt hat[245].

Die o. → Rn. 2 erwähnten **positiven Handlungspflichten** des Staates   85
können auch hier bestehen. Der Staat ist nicht nur dazu verpflichtet, eine Art. 8 verletzende Abschiebung zu unterlassen, sondern darüber hinaus auch dazu, dem Betroffenen die Möglichkeit zu geben, sein Privatleben zu führen[246]. **Das bedeutet aber nicht, dass der Staat allgemein dazu verpflichtet wäre, Flüchtlingen finanziell zu helfen,** damit sie ein bestimmtes Lebensniveau aufrechterhalten können (vgl. → Art. 2 Rn. 11). Sie haben auch kein Recht auf Arbeit[247].

Beispiele: Der EGMR hat die **Verhältnismäßigkeit verneint** in dem   86
Fall Berrehab/Niederlande[248], in dem der Vater eines Kindes nach Scheidung von der Ehefrau und Mutter abgeschoben worden ist. Wenn ein erwachsener Ausländer wegen Drogenstraftaten abgeschoben wird, der keine Kinder hat, dessen Eltern und Geschwister aber in dem ausweisenden Staat leben, ist das ein Eingriff in das Privat- und Familienleben. Die Maßnahme dient aber der Verteidigung der öffentlichen Ordnung, der Verhinderung von Straftaten und dem

---

243   EGMR 24.11.1998 – 40447/98 – *Mitchell/Vereinigtes Königreich.*
244   Vgl. die Zusammenstellung der Gesichtspunkte in EGMR 2.8.2001 – 54273/00, Slg 01-IX Rn. 48 – *Boultif/Schweiz*; EGMR 15.7.2003 – 52206/99, Rn. 30 – *Mokrani/Frankreich.*
245   EGMR 18.10.2006 – 46410/99 (GK), Slg 06-XII Rn. 57 – *Üner/Niederlande.*
246   EGMR 15.7.2007 – 60654/00 (GK), Slg 07-I Rn. 104 f. – *Sisojeva* ua/*Lettland*.: Aufenthaltsrecht.
247   Vgl. die Zusammenfassung der Rechtsprechung EGMR 26.4.2005 – 53566/99, Rn. 85 – *Müslim/Türkei.*
248   EGMR 21.6.1988 – 10730/84, Serie. A, Nr. 138, S. 16 Rn. 29 – *Berrehab/ Niederlande.*

Schutz der Gesundheit und verfolgt also legitime Ziele[249]. Im Fall Chaio u. J.B./Deutschland[250] ist eine Ausweisung als nach Abs. 2 gerechtfertigt angesehen worden, in dem der Bf. 13 Jahre in Deutschland gelebt hat, verheiratet ist und eine Tochter hat und wegen schweren Diebstahls und Vergewaltigung zu 5 Jahren, 3 Monaten Gefängnis verurteilt worden ist.

87   Bei der Abschiebung von Straftätern berücksichtigt der EGMR insbesondere die **Schwere der Straftat.** Er akzeptiert insbesondere bei **Betäubungsmitteldelikten,** dass die Vertragsstaaten gegen die Verbreitung vorgehen[251]. Im Fall Moustaquim/Belgien hat der Gerichtshof eine Verletzung von Art. 8 festgestellt; es ging um die Ausweisung eines Marokkaners wegen zahlreicher Jugendstraftaten, seine Familie lebte in Belgien, er hatte in Marokko keine Verwandten und sprach nicht Arabisch[252]. Art. 8 kann auch verletzt sein, wenn einem Ausländer, der sich um eine gerichtliche Regelung des Umgangsrechts zu seinem Kind bemüht, Aufenthalt und Wiedereinreise zur Teilnahme am Verfahren verweigert wird[253].

88   **Maßgebender Zeitpunkt:** Maßgebend für die Prüfung ist der Zeitpunkt, in dem die Ausweisung bestandskräftig geworden ist; spätere Umstände werden also grundsätzlich nicht berücksichtigt[254].

IV. Wohnung

89   Der EGMR legt den Begriff der Wohnung **autonom** aus und stellt nicht auf die Definition im staatlichen Recht ab. Das Wort "domicile" im französischen Text ist weiter[255]. Wohnung wird als Ort verstanden, einem räumlich abgegrenzten Bereich, in dem das Privat- und Familienleben stattfindet[256]. Erforderlich ist eine ausreichende und andauernde Verbindung mit einem bestimmten Ort, unabhängig

---

249   Vgl. EGMR 30.11.1999 – 34374/97, Slg 99-VIIII – *Baghli/Frankreich*: Zeitweiliger Ausschluss vom französischen Staatsgebiet nicht unverhältnismäßig und deswegen nach Abs. 2 gerechtfertigt.
250   EGMR 6.12.2007 – 69735/01 – *Chair* ua/*Deutschland*.
251   ZB EGMR 17.4.2003 – 52853/99, Rn. 46 – *Yilmaz/Deutschland*; vgl. aber auch EGMR 13.2.2001 – 47160/99, Rn. 34 – *Ezzouhdi/Frankreich*: Zwei Jahre Gefängnis wegen Rauschgiftgebrauchs stellt keine schwerwiegende Gefahr für die öffentliche Ordnung dar.
252   EGMR 18.2.1991 – 12313/86; vgl. auch EGMR 26.3.1992 – 12083/86 – *Beldjoudi/Frankreich*, aber auch EGMR 4.10.2001 – 43359/98 – *Adam/Deutschland*: keine Verletzung bei mehrfachen Straftaten.
253   EGMR 11.7.2000 – 29192/95, Slg 00-VIII Rn. 59 – *Ciliz/Niederlande*.
254   EGMR 17.4.2003 – 52853/99, Rn. 47 – *Yilmaz/Deutschland*; EGMR 6.12.2007 – 69735/01, Rn. 60 – *Chair* ua/*Deutschland*.
255   EGMR 27.9.2005 – 50882/99, Rn. 70 – *Sallinen* ua/*Finnland*.
256   EGMR 3.7.2007 – 32015/02 – *Gaida/Deutschland*.

davon, ob er regelmäßig bewohnt wird oder vermietet worden ist[257]. Auch Zweitwohnungen oder Ferienwohnungen werden geschützt[258]. Geschützt werden **Miet- und Eigentumswohnungen, auch Büros**[259], **gewerbliche Räume,** auch einer juristischen Person[260], auch an Zweigstellen[261], weiter **Wohnwagen**[262].

Das Recht auf Achtung der Wohnung hat zum Inhalt, dass man die 90 Wohnung ungestört nutzen kann. Ein Eingriff in das Recht ist nicht nur ein sichtbarer, körperlicher Eingriff, wie zB das unbefugte Betreten, sondern auch ein nicht sichtbarer, nicht körperlicher Eingriff, zB durch Lärm, Immissionen, Gerüche oder andere Einwirkungen. Wenn sie Gewicht haben, können sie das Recht auf Achtung der Wohnung verletzen[263]. Wenn der Eingriff auf Privatpersonen zurückgeht, ist zu prüfen, ob eine positive Schutzpflicht des Staates verletzt ist[264] (→ Rn. 2). Das ist besonders bei Umweltschäden von Bedeutung (→ Rn. 18).

Eingriffe sind zB Zwangsumsiedlungen und Durchsuchungen, weiter 91 die Zerstörung von Wohnungen, Hinderung am Zugang zu ihnen[265]. Von wachsender Bedeutung sind die Fälle von Beeinträchtigungen der Wohnung durch **Umwelteinflüsse** (→ Rn. 18), zB durch Fluglärm[266].

Durchsuchungen stellen einen Eingriff dar. Wenn Wohnungen oder 92 Büros durchsucht werden, ist das ein Eingriff in Art. 8, auch die Durchsuchung eines Schreibtisches in dem Büro eines Amtsgebäudes, weil der Betroffene insoweit Achtung seiner Privatsphäre erwarten

---

257 EGMR 25.9.1996 – 20348/92, Slg 96-IV Rn. 52-54 – *Buckley/Vereinigtes Königreich*; EGMR 18.11.2004 – 58255/00, Slg 04-XI Rn. 36 – *Prokopovich/Russland* für eine Bf., die zu ihrem Partner in dessen Wohnung gezogen ist; EGMR 28.4.2005 – 41604/98, Slg 05-IV Rn. 31 – *Buck/Deutschland.*
258 EGMR 26.2.2008 – 37664/04 – *Fägersköld/Schweden*; EGMR 31.7.2003 – 16219/90 – *Demades/Türkei.*
259 Für eine Anwaltskanzlei EGMR 16.12.1992 – 13710/88, Serie A Nr. 251-B Rn. 29 – *Niemietz/Deutschland.*
260 EGMR 30.3.1989 – 10461/83, Serie A, Bd. 152, S. 13 Rn. 25 und S. 26 Rn. 63 – *Chappel/Vereinigtes Königreich*; EGMR 28.4.2005 – 41604/98, Slg 05-IV Rn. 31 – Buck/Deutschland; EGMR 14.3.2013 – 24117/08 – *Bernh Larsen Holding/Norwegen.*
261 EGMR 16.4.2002 – 37971/97, Slg 02-III Rn. 41– *Stes Colas Est* ua/*Frankreich.*
262 Vgl. EGMR 25.9.1996 – 20348/92, Slg 96-IV Rn. 34 – *Buckley/Vereinigtes Königreich* in einem Fall, in dem einem Roma die Genehmigung verweigert wurde, auf eigenem Grund und Boden in einem Wohnwagen zu leben.
263 EGMR 3.7.2007 – 32015/02 – *Gaida/Deutschland.*
264 Vgl. EGMR 20.4.04 – 48995/99, Rn. 68 – *Surugiu/Rumänien* – Verletzung wegen Nichteingreifen der Polizei bei Streit über Eigentum und eigenmächtigem Handeln einer Parte.
265 EGMR 12.5.2004 – 25781/94, Rn. 175 – *Zypern/Griechenland.*
266 Vgl. *Schmidt-Radefeldt* JuS 1999, 997; *Schrader* NVwZ 1999, 40.

kann[267]. Wenn die **Zelle eines Strafgefangenen** durchsucht wird, wird dasselbe gelten.

93 **Die Durchsuchung einer Anwaltskanzlei** ist ein Eingriff in das Privatleben (→ Rn. 7, 31), die Wohnung und die Korrespondenz. Sie bedarf besonders sorgfältiger Prüfung, ob die Voraussetzungen vorliegen, ob sie insbesondere verhältnismäßig ist und ob das vorgeschriebene Verfahren eingehalten worden ist[268]. (dazu bei → Rn. 115).

V. Korrespondenz

94 Art. 8 erfasst nicht nur den Schriftwechsel, sondern auch **Telefongespräche**[269], E-Mails, auch vom Büro aus[270]. Solche Aktivitäten fallen auch unter das Privatleben[271]. Wenn der Betroffene nicht auf die Möglichkeit der Überwachung hingewiesen wird, kann er Vertraulichkeit erwarten[272].

95 **Elektronisch gespeicherte Daten** fallen unter „Korrespondenz"[273].

96 Die **Briefkontrolle von Gefangenen** beschäftigt den EGMR immer wieder. Der Schutz der Korrespondenz hat hier besondere Bedeutung erlangt. Art. 8 Abs. 2 kann eine Briefkontrolle und das Anhalten von Briefen unter bestimmten Voraussetzungen rechtfertigen[274]. Es bedarf aber einer **detaillierten Regelung,** die ausreichende Garantien gegen Missbrauch gibt und nach Korrespondenzpartnern differenziert, die Grundsätze für die Ausübung der Zensur festlegt und die Art und Weise sowie den zeitlichen Rahmen bestimmt. Ein Gesetz, dass die **Briefkontrolle in Haft** erlaubt, ist nicht genau genug, wenn es nicht die Dauer der Maßnahme regelt, nicht die Voraussetzungen und nicht das Ausmaß der Kontrolle sowie die Grenzen des Ermessens[275]. Die Anordnung muss begründet werden, damit der Betroffene die

---

267 EGMR 17.7.2003 – 63737/00, Slg 03-IX Rn. 36-43 – *Perry/Vereinigtes König-reich.*
268 Vgl. zum deutschen Recht BVerfG NJW 2006, 3411; 2007, 1443; 2008, 2422.
269 EGMR 15.6.1992 – 12433/86, Serie A, Nr. 238 – *Lüdi/Schweiz.*
270 EGMR 16.2.2000 – 27798/95 (GK), Slg 00-II Rn. 43 – *Amann/Schweiz.*
271 EGMR 29.6.2006 – 54934/00, Slg 06-XI Rn. 77 – *Weber u. Saravia/Deutschland.*
272 EGMR 3.4.2007 – 62617/00, Slg 07-I Rn. 41 f.– *Copland/Vereinigtes König-reich.*
273 Vgl. zur Beschlagnahme in einer Anwaltskanzlei EGMR 16.10.2007 – 74336/01, Slg 07-IV Rn. 45 – *Wieser* ua/*Österreich.*
274 EGMR 25.3.1983 – 5947/72 ua, Serie A, Nr. 61 Rn. 103 – *Silver* ua/*Vereinigtes Königreich.*
275 Vgl. EGMR 6.4.2000 – 26772/95 (GK), Rn. 175 ff., Slg 00-IV – *Labita/Italien;* EGMR 26.7.2001 – 39920/98, Rn. 26 – *Di Giovine/Italien;* EGMR 28.11.2002 – 58442/00, Rn. 136 – *Lavents/Lettland.*

Rechtmäßigkeit prüfen kann[276]. **Eine automatische Zensur ist nicht zulässig**[277].

Die Überwachung des Briefverkehrs **zwischen dem Gefangenen und dem EGMR verstößt gegen Art. 8**[278]. Die Vertraulichkeit dieser Post muss geachtet werden, weil sie Anschuldigungen gegen das Gefängnispersonal enthalten kann und bei Öffnung Reaktionen ausgelöst werden können. Der EGMR stellt eine Verletzung von Art. 8 in solchen Fällen sogar **ohne Rüge** fest, wenn die Gefangenenpost bei ihm mit dem Vermerk "zensiert" eingegangen war[279]. In solchen Fällen kann auch **Art. 34** verletzt sein ($\rightarrow$ Art. 34 Rn. 46 ff.). Auch Korrespondenz mit einem **Ombudsman** darf nicht zensiert werden[280].   97

Die Kontrolle der **Korrespondenz eines Gefangenen mit seinem Verteidiger** ist nur ausnahmsweise zulässig, wenn Grund zur Annahme besteht, das Privileg dieser Post werde missbraucht und der Inhalt bedrohe die Sicherheit im Gefängnis oder anderer oder sei strafbar oder enthalte sonst Verbotenes. Ein solcher Verdacht muss auf Tatsachen gestützt sein, die einen objektiven Betrachter davon überzeugen würden, dass ein Missbrauch vorliegt[281], eine allgemeine hypothetische Missbrauchsgefahr genügt nicht[282]. Die Kontrolle muss mit angemessenen und ausreichenden Garantien gegen Missbrauch verbunden sein. **§ 148 StPO genügt diesen Voraussetzungen**[283].   98

Briefkontrolle in einem **Insolvenzverfahren** verstößt gegen Art. 8, wenn sie zu lange dauert und deswegen unverhältnismäßig ist[284]. Es muss ein gerechter Ausgleich hergestellt werden zwischen den Interessen der Gläubiger an der Zahlung und denen des Schuldners auf Achtung seiner Rechte.   99

Schreibmaterial für Gefangene: Art. 8 wird verletzt, wenn sich Gefängnisbehörden weigern, dem Gefangenen das Notwendige für die **Korrespondenz mit dem Gerichtshof** zur Verfügung zu stellen, näm-   100

276   EGMR 7.1.2010 – 24407/04, Rn. 113 – *Onoufriou/Zypern*.
277   EGMR 4.7.2000 – 27915/95, Rn. 81 – *Niedbala/Polen*.
278   EGMR 25.3.1992 – 13590/88, Serie A, Bd. 233, S. 16 Rn. 33 – *Campbell/ Vereinigtes Königreich*; EGMR 19.4.2001 – 28524/95, Rn. 81 ff., Slg 01-III – *Peers/Griechenland* zur Öffnung von Gefangenenpost von der EKMR in dessen Gegenwart.
279   EGMR 14.6.2005 – 92/03, Rn. 20 – *Pisk-Piskowski/Polen*; EGMR 27.2.2007 – 6390/03, Rn. 12 – *Nowicki/Polen*.
280   EGMR 7.1.2010 – 24407/04, Rn. 113 – *Onoufriou/Zypern*.
281   EGMR 6.12.2005 – 20841/02, Rn. 28 – *Drozdowski/Polen*; EGMR 5.12.2006 – 6289/02, Rn. 50 – *Fazil Ahmet Tamer/Türkei*.
282   EGMR 25.6.2009 – 15035/03, Rn. 17 – *Konstantin Popov/Bulgarien*.
283   EGMR 5.7.2001 – 38321/97, Slg 01-VII Rn. 65 ff. – *Erdem/Deutschland*.
284   EGMR 11.12.2003 – 47778/99, Rn. 24 – *Bassani/Italien*; vgl. EGMR 23.3.2006 – 77955/01, Rn. 38 – *Campagnano/Italien*: 3 Jahre, 8 Monate zu lang.

lich Briefpapier und Umschläge[285]Briefmarken müssen nicht grundsätzlich gestellt werden, wohl aber dann, wenn der Gefangene mittellos ist[286]. Wenn Art. 8 insoweit verletzt ist, kann auch Art. 34 verletzt sein (→ Art. 34 Rn. 46 ff.). Ähnliche Grundsätze gelten für
Briefmarken, die der Gefangene **für einen Zivilprozess** benötigt[287].

VI. Rechtfertigungsgründe (Abs. 2)

1. Allgemeines

101   Für Art. 8-11 gilt in ähnlicher Weise, dass im ersten Absatz der Vorschrift eine Garantie bestimmter Rechte ausgesprochen wird und in
Abs. 2 ausnahmsweise Eingriffe zugelassen werden. Die Rechtsprechung zu diesen zweiten Absätzen ist sehr ähnlich. Der Gerichtshof
verwendet in ständiger Rechtsprechung die Formel: **Der Eingriff in
das Recht verstößt gegen die EMRK, es sei denn, er ist "gesetzlich
vorgesehen", verfolgt eines oder mehrere der in Abs. 2 genannten berechtigten Ziele und ist "in einer demokratischen Gesellschaft notwendig",** um diese Ziele zu erreichen[288]. Diese Grundsätze gelten, einerlei, ob der Staat selbst in ein Recht eingreift oder eine **positive
Schutzpflicht** verletzt (o. → Rn. 2). Zur Überprüfung durch den Gerichtshof → Rn. 110 ff.

2. Gesetzliche Grundlage

102   Notwendig ist zunächst, dass der Eingriff eine **ausreichende gesetzliche Grundlage** im staatlichen Recht hat. Gesetz iSv Art. 8 Abs. 2
wird **im materiellen Sinn,** nicht im formellen Sinn verstanden. Der
Begriff erfasst **auch untergesetzliches Recht und auch ungeschriebe-
nes Recht, auch Richterrecht**[289]. Dabei sieht der EGMR als Gesetz
die Vorschrift an, wie sie die staatlichen Gerichte auslegen[290]. Besteht
nur eine Kompetenz, ohne dass diese auch ausgefüllt wurde, reicht
dies zur Rechtfertigung eines Eingriffs nicht[291].

---

285 EGMR 3.6.2003 – 38565/97 – *Cotlet/Rumänien.*
286 EGMR 24.2.2009 – 63258/00, Rn. 87-92 – *Gagiu/Rumänien.*
287 EGMR 13.5.2008 – 65097/01, Rn. 36 – *N.N. u. T.A./Belgien.*
288 Vgl. zB EGMR 20.5.1999 – 21980/93 (GK), Slg 99-III Rn. 58 – *Bladet Trom-
     sö* ua/*Norwegen*; EGMR 25.5.2000 – 46346/99, Slg 00-VI – *Noack* ua/
     Deutschland betreffend Horno.
289 EGMR 10.11.2005 – 44774/98 (GK), Slg 05-XI Rn. 88 – *Leyla Sahin/Türkei*;
     EGMR 4.12.2008 – 27058/05, Rn. 52 – *Dogru/Frankreich.*
290 EGMR 28.4.2005 – 41604/98, Slg 05-IV Rn. 37 – *Buck/Deutschland.*
291 EGMR 3.4.2007 – 62617/00, Slg 07-I – *Copland/Vereinigtes Königreich.*

Höherrangiges Recht, Völkerrecht: Die gesetzliche Grundlage kann   103
fehlen, wenn die Vorschrift höherrangigem staatlichen Recht widerspricht[292] oder wenn Gemeinschaftsrecht dem entgegensteht[293]. Der
Ausdruck „gesetzlich" verweist auf das staatliche Recht einschließlich der im Staat geltenden **völkerrechtlichen Regeln.** Wenn geltend
gemacht wird, der Staat habe Völkerrecht verletzt, weil er in die territoriale Souveränität eines anderen Staates eingegriffen habe, verlangt der Gerichtshof den Nachweis überzeugender Anhaltspunkte,
dass die Behörden außerhalb des Hoheitsgebiets in einer Art und
Weise vorgegangen sind, die mit der Souveränität des andren Staates
unvereinbar und deswegen völkerrechtswidrig war[294].

Das Erfordernis „gesetzlich vorgesehen" ist Ausfluss des **allgemeinen**   104
Rechtsstaatsprinzips. Der Gerichtshof stellt deswegen nicht nur formale, sondern **auch qualitative Anforderungen.** Das Gesetz muss für
den Bürger zugänglich und vorhersehbar, es darf nicht willkürlich
sein[295].

Vorhersehbar in diesem Sinn ist ein Gesetz, wenn es mit hinreichen-   105
der Bestimmtheit gefasst ist, so dass der Bürger sein Verhalten nach
ihm ausrichten kann. Das Gesetz muss rechtsstaatlichen Anforderungen genügen[296], es muss eine gewisse Garantie gegen behördliche
Willkür bieten[297], also gerichtlichen Rechtsschutz vorsehen. Der Betroffene muss – notfalls mit sachkundiger Hilfe (rechtlicher Beratung) – in einem nach den Umständen angemessenen Umfang die
Folgen **vorhersehen** können, die eine bestimmte Handlung hat. Der
Gerichtshof erkennt an, dass eine **absolute Sicherheit dabei nicht**
möglich ist, weil das Gesetz notwendigerweise mehr oder weniger
unbestimmte Begriffe verwenden muss und insoweit von der Auslegung durch die Rechtsprechung abhängig ist, weil es sonst starr wäre
und veränderten Umständen nicht angepasst werden könnte. Es ist
dann Sache der Rechtsprechung, verbliebene Auslegungszweifel zu
beseitigen. Wenn aber die Rechtsprechung offenbar mit dem Gesetz
nicht übereinstimmt oder sich die Behörden bei ihrem Eingriff auf

---

292 Zur Verfassungsmäßigkeit des deutschen G10-Gesetzes EGMR 29.6.2006 –
     54934/00, Slg 06-XI Rn. 90 – *Weber u. Saravia/Deutschland.*
293 Zum Ausländerrecht EGMR 17.1.2006 – 51431/99, Rn. 79 – Aristimuno Men-
     dizabal/Frankreich.
294 EGMR 12.5.2005 – 46221/99 (GK), Slg 05-IV Rn. 90 – *Öcalan/Türkei*;
     EGMR 29.6.2006 – 54934/00, Slg 06-XI Rn. 87 – *Weber u. Saravia/Deutsch-
     land.*
295 EGMR 20.05.99 – 25390/94 (GK), Slg 99-III Rn. 59 – *Rekvényi/Ungarn.*
296 EGMR 29.6.2006 – 54934/00, Slg 06-XI Rn. 84 – *Weber u. Saravia/Deutsch-
     land.*
297 EGMR 24.11.2005 – 53886/00, Rn. 54 – *Tourancheau u. July/Frankreich.*

keine gesetzliche Vorschrift beziehen, kann das ein Hinweis auf mangelnde Vorhersehbarkeit sein[298].

106   **Grad der möglichen Bestimmtheit:** Ein Gesetz kann nicht jede mögliche Gestaltung regeln. Die erforderliche Bestimmtheit hängt von dem Inhalt der Regelung ab, ihrem Anwendungsbereich und der Zahl und der Rechtsstellung der Personen, an die sie gerichtet ist[299]. Von Personen, die daran gewöhnt sind, bei der Ausübung ihres Berufs große Sorgfalt walten zu lassen, wird erwartet, dass sie auch bei der Abschätzung von Risiken besonders sorgfältig verfahren[300]. Weil eine **Verfassung** allgemeiner Natur ist, nimmt der Gerichtshof an, dass der erforderliche Grad der Bestimmtheit bei ihr geringer sein kann, als bei einfachen Gesetzen[301]. Umgekehrt hat der Gerichtshof bei gesetzlichen Regelungen über die Zulassung von **Abhörmaßnahmen** eine größere Genauigkeit verlangt (vgl. dazu bei → Rn. 37 ff.). Die Androhung einer Sanktion für fehlendes Wohlverhalten genügt den Bestimmtheitsanforderungen nicht[302], ebensowenig wie die Berufung auf einen Verstoß gegen die guten Sitten[303]. In einem anderen Fall hat der EGMR einen Eingriff zur Bekämpfung der Erregung öffentlichen Ärgernisses als ausreichend angesehen[304].

107   **Ermessensentscheidung der Behörden:** Die Behörden dürfen keinen unbeschränkten Ermessensspielraum haben. Das Gesetz muss mit ausreichender Bestimmtheit den Anwendungsbereich, den Umfang des Ermessens und die Art seiner Ausübung regeln sowie ausreichende Garantien gegen Missbrauch vorsehen, um den Bürgern einen Mindestschutz zu sichern, auf den sie nach dem Grundsatz der Rechtsstaatlichkeit Anspruch haben[305], etwa durch die Möglichkeit einer gerichtlichen Überprüfung[306], auch wenn sie bei Ermessensentscheidungen auf eine Rechtskontrolle beschränkt ist.

108   **Einhaltung der staatlichen Gesetze:** In Umweltsachen hat der EGMR in vielen Fällen eine Verletzung von Art. 8 festgestellt, wenn **staatliches Recht nicht beachtet** worden war. Auch wenn das geschehen ist, kann aber ein Eingriff nach Abs. 2 gerechtfertigt sein. Die Einhaltung

---

298   EGMR 11.1.2007 – 6562/03, Rn. 39 – *Mkrtchyan/Armenien.*
299   EGMR 2.9.1996 – 17851/91, Rn. 48 – *Vogt/Deutschland.*
300   EGMR 14.2.2008 – 20893/03, Slg 08-II Rn. 52 – *July ua/Frankreich.*
301   EGMR 20.5.1999 – 25390/94 (GK), Slg 99-III Rn. 34 – *Rekvényi/Ungarn.*
302   EGMR 15.2.2005 – 68416/01, Slg 05-II Rn. 76 – *Steel ua/Vereinigtes Königreich.*
303   EGMR 25.11.1999 – 25594/94 (GK), Slg 99-VIII Rn. 41 – *Hashman u. Harrup/Vereinigtes Königreich.*
304   EGMR 25.8.1993 – 13308/87, Serie A, Nr. 266-B – *Chorherr/Österreich.*
305   EGMR 15.11.1996 – 15943/90, Slg 96-V Rn. 33 – *Domenichini/Italien.*
306   EGMR 15.11.1996 – 15943/90, Slg 96-V Rn. 33 – *Domenichini/Italien.*

staatlichen Rechts ist nur einer von vielen in Betracht zu ziehenden Umständen[307].

3. Verfolgung eines oder mehrerer der in Absatz 2 genannten berechtigten Ziele

Der Eingriff muss notwendig sein, um mindestens eines der in Abs. 2 109
genannten Ziele zu erreichen. Die Frage der Ziele ist in der Rechtsprechung nur selten streitig. Die mitgliedstaatlichen Amtswalter können die Ziele, die sie verfolgen wollen, grundsätzlich frei bestimmen[308]. Die Erfüllung von Rechtspflichten, die sich in der Folge des Beitritts zur EU ergeben, kann ein legitimes Ziel sein[309]. Von wesentlicher Bedeutung ist, ob der Eingriff notwendig war.

4. Notwendigkeit in einer demokratischen Gesellschaft – Verhältnismäßigkeit

Ein Eingriff ist notwendig, wenn er einem "dringendem sozialen Be- 110
dürfnis" entspricht, um das berechtigte Ziel zu erreichen und die angewandten Mittel **verhältnismäßig** sind. Der EGMR prüft, ob die von den Behörden zur Rechtfertigung angegebenen Gründe stichhaltig und ausreichend sind (→ Rn. 111). Die Konvention verlangt eine Notwendigkeit, also mehr als Nützlichkeit oder Zweckmäßigkeit. Dabei berücksichtigt der Gerichtshof die wesentlichen Merkmale der demokratischen Gesellschaft: Pluralismus, Toleranz und offene Geisteshaltung[310]. Der Gerichtshof verlangt bei seiner Prüfung (dazu → Rn. 111 f.) uU **besonders triftige Gründe,** zB wenn der fragliche Eingriff einem **sehr intimen Bereich** des Privatlebens einer Person betrifft, wie die Sexualität[311] oder bei der geheimen Telefonüberwachung (→ Rn. 37 ff.). Zu der erforderlichen Interessenabwägung weiter unten bei → Rn. 112 f. Dazu, dass dabei auch verfahrensrechtliche Pflichten eine Rolle spielen können, o. → Rn. 2, u. → Rn. 111 f. Regelmäßig haben die mitgliedstaatlichen Stellen einen „Beurteilungsspielraum" (margin of appreciation)[312].

---

307 EGMR 9.6.2005 – 55723/00, Slg 05-IV Rn. 97 f. – *Fadeyeva/Russland.*
308 Vgl. etwa EGMR 18.1.2001 – 27238/95 (GK) – *Chapman/Vereinigtes Königreich.*
309 EGMR 6.12.2012 – 12323/11, Slg 12-VI – *Michaud/Frankreich.*
310 EGMR 29.4.1999 – 25088/94 ua (GK), Slg 99-III Rn. 112 – *Chassagnou* ua/ *Frankreich.*
311 EGMR 25.7.2000 – 33985/96 ua, Slg 00-IX Rn. 89 – *Smith u. Grady/Vereinigtes Königreich.*
312 EGMR 23.9.2010 – 1620/03, Slg 10-V – *Schüth/Deutschland*; EMGR 28.3.1990 – 10890/84, Serie A, Nr. 173 – *Groppera Radio AG* ua/*Schweden.*

111 a) **Prüfdichte durch den EGMR: Wie eine innerstaatliche gesetzliche Regelung auszulegen ist, überlässt der Gerichtshof den staatlichen Gerichten.** Bei der Beurteilung, ob eine Maßnahme "notwendig in einer demokratischen Gesellschaft" ist, haben die Konventionsstaaten nach ständiger Rechtsprechung einen gewissen **Ermessensspielraum** (dazu → Rn. 112), ob ein "dringendes soziales Bedürfnis" besteht. Sie unterliegen der **europäischen Überwachung,** die sich sowohl auf das Gesetz bezieht, als auch auf die Entscheidung, die das Gesetz anwendet einschließlich gerichtlicher Entscheidungen. Der Gerichtshof entscheidet also abschließend darüber, ob eine Einschränkung mit den in Abs. 1 ausgesprochenen Garantien vereinbar ist. **Dabei setzt sich der Gerichtshof nicht an die Stelle der zuständigen staatlichen Behörden und Gerichte,** die die Lebensverhältnisse an Ort und Stelle besser kennen und direkten Kontakt zu den betroffenen Personen haben. Er überprüft unter dem Gesichtspunkt der Konvention die Entscheidung, die sie in Wahrnehmung ihres Ermessensspielraums getroffen haben[313]. Er beschränkt seine Prüfung aber nicht darauf, ob der beklagte Staat sein Ermessen angemessen, sorgfältig und in gutem Glauben ausgeübt hat, sondern **prüft vielmehr den Eingriff im Lichte aller Umstände des Falles und entscheidet, ob er "verhältnismäßig zu dem verfolgten berechtigten Ziel" ist und ob die von den staatlichen Behörden und Gerichten zur Rechtfertigung angeführten Gründe "stichhaltig und ausreichend"** sind. Dabei berücksichtigt der EGMR grundsätzlich keine neuen, von der Regierung vorgetragenen Gründe, die in der Begründung der Entscheidung nicht erwähnt werden[314]. Die angewendeten Regeln müssen mit der Konvention übereinstimmen und die Entscheidung muss sich auf eine **angemessene Bewertung der erheblichen Tatsachen** stützen[315]. Auch verfahrensrechtliche Pflichten können bei der Beurteilung von Bedeutung sein (→ Rn. 4, 73, 120).

112 **Der Ermessensspielraum der staatlichen Behörden und Gerichte ist je nach Sachlage unterschiedlich weit**[316]. Bei wesentlichen Aspekten der Existenz oder Identität einer Person ist der Ermessensspielraum begrenzt ebenso bei Eingriffen in die Pressefreiheit (dazu bei → Art. 10 Rn. 42 f.) und bei Beschränkungen des Umgangs mit Familienangehörigen (→ Rn. 67).Wenn der Staat einen Ausgleich zwischen wider-

---

313 EGMR 12.7.2001 – 25702/94 (GK), Rn. 154-155 – *K. u. T./Finnland.*
314 EGMR 9.10.2003 – 48321/99 (GK), Slg 03-X Rn. 103 – *Slivenko/Lettland.*
315 EGMR 2.9.1996 – 17851/91, Rn. 52 – *Vogt/Deutschland;* EGMR 20.5.1999 – 25390/94 (GK), Slg 99-III Rn. 42 – *Rekvényi/Ungarn.*
316 Dazu EGMR 10.4.2007 – 6339/05 (GK), Slg 07-I Rn. 77-81 – *Evans/Vereinigtes Königreich* zum Widerruf der Zustimmung zum Konservieren gemeinsam erzeugten Embryos.

streitenden privaten und öffentlichen Interessen oder zwischen verschiedenen Konventionsrechten herstellen muss, ist der Spielraum weit. Auch bei Regelungen mit ethischem oder moralischem Gehalt lässt der EGMR einen weiten Spielraum. Er berücksichtigt, ob es in den europäischen Staaten einen Konsens gibt[317].

Der Eingriff darf nicht **unverhältnismäßig** sein; der Gerichtshof **113** prüft, ob die staatlichen Stellen **eine Interessenabwägung** vorgenommen haben und einen gerechten Ausgleich zwischen den Interessen des Einzelnen an der Achtung seiner Konventionsrechte und den allgemeinen öffentlichen Interessen gefunden haben. Auch eine Abwägung zwischen einander widerstreitenden privaten Interessen kann erforderlich sein, zB den Interessen eines Kindes, das in staatlicher Obhut ist, und denen der Eltern. Der Gerichtshof erkennt an, dass in bestimmten Fällen individuelle Interessen Allgemeininteressen untergeordnet werden müssen, betont aber, **dass Demokratie nicht bedeutet, dass Mehrheitsmeinungen immer den Vorzug haben müssen.** Es muss vielmehr ein Gleichgewicht hergestellt werden, das auch Minderheiten eine gerechte Behandlung garantiert und jeden Missbrauch einer beherrschenden Stellung vermeidet[318]. Die Gesetzgebung zu einzelnen von Art. 8 erfassten Bereichen muss aber nicht eine Abwägung in jedem Einzelfall zulassen[319].

b) Einzelfälle: Hausdurchsuchungen und Beschlagnahmen sind **114** grundsätzlich zulässig, um Beweise für Strafverfahren zu erhalten[320]. Betroffenen Personen muss nach den Rechtsvorschriften und der Praxis wirksamer Schutz gegen Missbrauch gegeben werden. Der Grundsatz der **Verhältnismäßigkeit** muss beachtet werden. **Der EGMR berücksichtigt** die Schwere der Straftat, ob hinreichender Tatverdacht bestand, die Art und Weise der Durchsuchung und die Umstände, unter denen die Anordnung erging, insbesondere das schon vorliegende Beweismaterial, Inhalt und Umfang der Anordnung unter Berücksichtigung der Art der durchsuchten Räume und die getroffenen Schutzvorkehrungen, um den Eingriff auf das vernünftige Maß zu beschränken, ob die Anordnung von einem Richter getroffen worden ist, schließlich den Umfang möglicher Auswirkungen auf den

---

317 ZB EGMR 4.12.2007 – 44362/04 (GK), Slg 07-V – *Dickson/Vereinigtes Königreich* zum Recht eines Gefangenen auf künstliche Befruchtung der Ehefrau.
318 EGMR 29.4.1999 – 25088/94 ua (GK), Slg 99-III Rn. 112 – *Chassagnou* ua/ *Frankreich.*
319 EGMR 10.4.2007 – 6339/05 (GK), Slg 07-I Rn. 77 f. – *Evans/Vereinigtes Königreich* zur in-vitro- Befruchtung.
320 EGMR 15.2.2012 – 49458/06 – *Colon/Niederlande.*

guten Ruf des Betroffenen[321]. Eine richterliche Anordnung, nach Urkunden und Sachen zu suchen, die für die Ermittlungen von Bedeutung sind, ist zu ungenau[322].

115 **Durchsuchung einer Anwaltskanzlei:** Es ist eine besonders strenge Prüfung nötig (vgl. → Rn. 93), weil das Berufsgeheimnis und das Recht des Mandanten, sich nicht selbst zu beschuldigen, berücksichtigt werden muss. Einschränkungen sind möglich. **Der EGMR prüft,** ob wirksame Garantien gegen Missbrauch vorhanden sind, und berücksichtigt die Schwere der Straftat, wegen der durchsucht wird, ob ein Richter die Maßnahme angeordnet hat und ob sie danach richterlicher Überprüfung unterlag, ob ein hinreichender Tatverdacht bestand und die Anordnung angemessen begrenzt worden ist, ob ein Zeuge anwesend war (dazu weiter unten) und welche Auswirkungen die Durchsuchung auf die Arbeit und den Ruf des Anwalts hat[323]. Einschränkungen sind auch in den Beziehungen zu einem Mandanten nicht grundsätzlich ausgeschlossen, besonders dann, wenn Indizien vorliegen, die plausibel auf die Teilnahme des Anwalts an einer Straftat hinweisen oder auf bestimmte strafbare Praktiken, zB der Geldwäsche. Bei der Prüfung der Verhältnismäßigkeit berücksichtigt der Gerichtshof, ob die Durchsuchung nur der Beschaffung von Beweismitteln gegen den Mandanten zum Ziel hatte oder ob der Anwalt selbst verdächtigt wurde, an der Straftat teilgenommen zu haben[324]. Wesentlich ist, dass bei der Durchsuchung ein unabhängiger und ausreichend sachkundiger Beobachter anwesend war um sicherzustellen, dass vom Recht des Anwalts auf Verschwiegenheit gedeckte Unterlagen nicht beschlagnahmt werden[325].

116 **Eingriffe in das Familienleben:** Siehe auch bei → Rn. 67 ff. Besonders schwerwiegend sind Maßnahmen, die zur **Trennung** von Eltern bzw. Großeltern und Kindern führen, zB die Unterbringung eines Kindes in einer Pflegeeinrichtung oder bei Pflegeeltern. Bei der Beurteilung erkennt der Gerichtshof an, dass die maßgebenden Bedingungen sehr unterschiedlich sind. Er betont, dass das **Kindeswohl** in jedem Falle wesentliche Bedeutung haben muss. Wenn ein Kind lange in einer Pflegefamilie ist, kann sein Interesse, die de-facto-Familie nicht wieder zu ändern, das Interesse der Eltern an einer Familienzusammenführung überwiegen. Dass ein Kind in eine günstigere Umgebung ge-

---

321 EGMR 28.4.2005 – 41604/98, Slg 05-IV Rn. 45 – *Buck/Deutschland*: Durchsuchung von Privat- und Büroräumen wegen Verkehrsordnungswidrigkeit nach den Umständen des Falls unverhältnismäßig.
322 EGMR 22.12.2008 – 46468/06, Rn. 216 – *Aleksanyan/Russland*.
323 EGMR 9.4.2009 – 19856/04, Rn. 31 – *Kolesnichenko/Russland*.
324 EGMR 24.7.2008 – 18603/03, Rn. 41 f – *André ua/Frankreich*.
325 EGMR 22.12.2008 – 46468/06, Rn. 214 – *Aleksanyan/Russland*.

bracht werden kann, rechtfertigt allein nicht die zwangsweise Trennung von den Eltern[326].

Bei der Beurteilung, **ob ein Kind in Pflege** genommen werden muss, haben die staatlichen Behörden einen **weiten Ermessensspielraum**, nicht aber, wenn es um weitere Beschränkungen geht, zB des Rechts der Eltern auf **Umgang** mit dem Kind[327].   117

Ein Kind aus der Familie herauszunehmen und in Heimpflege zu geben, kann zum Schutz des Kindes notwendig sein, wenn die Eltern etwa aus gesundheitlichen Gründen die Sorge nicht ausüben können oder das Kind Gewalttätigkeiten oder Misshandlungen ausgesetzt ist oder sexuelle Übergriffe stattgefunden haben. Dazu können unangemessene Lebensbedingungen kommen, zB fehlender ausreichender Wohnraum, die allein aber eine so eingreifende Maßnahme in der Regel nicht rechtfertigen können. Die Behörden müssen andere Wege suchen, der Familie zu helfen[328].   118

Ein Kind gleich nach der Geburt der Mutter weg und in Obhut zu nehmen, ist eine besonders harte Maßnahme, die besonderer Begründung bedarf auch dazu, warum mildere Mittel nicht ausreichend gewesen wären[329]. Der Gerichtshof prüft die Einzelumstände und die jeweils getroffenen Maßnahmen. Er verlangt, dass ein **gerechter Ausgleich** hergestellt wird zwischen den Interessen des Kindes und der Eltern, wobei **die Kindesinteressen besonderes Gewicht** haben. Eltern haben keinen Anspruch nach Art. 8 auf Maßnahmen, die die Gesundheit oder Entwicklung des Kindes schädigen können[330].   119

Verfahrensrechtliche Garantien: Der Gerichtshof leitet sie auch aus Art. 8 ab (→ Rn. 4, 73). Elternteile müssen bei dem Entscheidungsprozess und insbesondere bei Fürsorge- und Unterbringungsmaßnahmen so ausreichend beteiligt sein, dass ihre Interessen angemessen geschützt sind[331]. Auch hier gilt aber wie bei Art. 6 (dort → Rn. 139 ff.) der Grundsatz, dass es grundsätzlich Aufgabe der staatlichen Gerichte ist, den Sachverhalt aufzuklären, Beweise zu erheben   120

---

326 EGMR 12.7.2001 – 25702/94 (GK) – *K. und T./Finnland.*
327 EGMR 7.8.1996 – 17383/90, Slg 96-III Rn. 64 – *Johanson/Norwegen*; EGMR 13.7.2000 – 25735/94 (GK), Slg 00-VIII Rn. 48 – *Elsholz/Deutschland*; EGMR 26.2.2002 – 46544/99, Slg 02-I – *Kutzner/Deutschland*; EGMR 26.2.2004 – 74969/01 – *Görgülü/Deutschland*; EGMR 10.11.2005 – 40324/98, Rn. 87 – *Süss/Deutschland*; vgl. Brückner FuR 2002, 385.
328 EGMR 21.9.2006 – 12643/02, Rn. 68 ff. – *Moser/Österreich.*
329 EGMR 12.7.2001 – 25702/94 (GK), Rn. 155 – *K. u. T./Finnland.*
330 EGMR 13.7.2000 – 25735/94 (GK), Slg 00-VIII Rn. 50 – *Elsholz/Deutschland.*
331 EGMR 8.7.1987 – 9749/82, Serie A, Bd. 121, S. 28 Rn. 64 – *W/Vereinigtes Königreich.*

und zu würdigen. Das Verfahren muss immerhin genügend Material für eine begründete Entscheidung liefern[332]. Der EGMR prüft also, ob sich der Betroffene in einem fairen Verfahren gegen Eingriffe wehren konnte. Im Fall Connors/Vereinigtes Königreich[333] ist der EGMR zum Ergebnis gekommen, dass der Eingriff nicht notwendig und nicht verhältnismäßig war, weil Behörden nicht verpflichtet waren, Eingriffe angemessen zu begründen. Auch Art. 8 verlangt, dass Gerichte **in angemessener Zeit** entscheiden[334].

121   Bei Gefahr im Verzug kann eine **Eilentscheidung** getroffen werden, die, wenn wirklich nötig, ohne vorherige Anhörung der Beteiligten ergehen kann. Dafür müssen aber insbesondere bei Unterbringung eines Babys mit der Geburt zwingende Gründe vorgetragen werden[335].

VII. Mehrere Verletzungen, Verhältnis zu anderen Artikeln

1. Mehrfache Verletzung von Art. 8

122   Wenn Art. 8 mehrfach verletzt ist, prüft der Gerichtshof das zum Teil besonders und stellt gegebenenfalls eine mehrfache Verletzung fest[336]; in dem Tenor wird häufig nur die Verletzung von Art. 8 als solche erwähnt, zum Teil erklärt er, eine weitere Prüfung sei nicht erforderlich, weil schon eine Verletzung festgestellt worden ist. Das ist nicht immer konsequent.

2. Verhältnis zu Art. 3

123   Bei Eingriffen in die körperliche Unversehrtheit, die nicht den für Art. 3 erforderlichen Grad der Schwere erreichen, kann Art. 8 verletzt sein (s. → Rn. 11; Art. 3. → Rn. 85). Wenn der Gerichtshof eine Verletzung von Art. 3 festgestellt hat, sieht er uU davon ab, auch noch die Verletzung von Art. 8 zu prüfen (→ Art. 3 Rn. 85).

---

332 EGMR 10.11.2005 – 40324/98, Rn. 95, 99 – *Süss/Deutschland*; vgl. aber EGMR 13.7.2000 – 25735/94 (GK), Slg 00-VIII Rn. 50 – *Elsholz/Deutschland*: Verletzung von Art. 8, weil kein psychologischer Sachverständiger bestellt worden ist und keine erneute Anhörung stattgefunden hat.
333 EGMR 27.5.2004 – 66746/01, Rn. 95 – *Connors/Vereinigtes Königreich*.
334 EGMR 9.5.2003 – 52763/99, Rn. 136 ff. – *Covezzi und Morselli/Italien*: 20 Monate bei Entscheidung über Elternrechte zu viel; vgl. auch EGMR 10.11.2005 – 40324/98, Rn. 100 – *Süss/Deutschland*.
335 EGMR 12.7.2001 – 25702/94 (GK), Rn. 166-168 – *K. u. T./Finnland*.
336 Vgl. zB EGMR 12.7.2001 – 25702/94 (GK) – *K. u. T./Finnland*.

3. Verhältnis zu Art. 6

Wenn der Gerichtshof eine Verletzung von Art. 8 wegen seiner ver- 124
fahrensrechtlichen Garantien angenommen hat (→ Rn. 120), ist
nicht selten auch Art. 6 verletzt (dazu → Art. 6 Rn. 254).

4. Verhältnis zu Art. 13

Der EGMR hat Ermittlungspflichten des Staates wie bei Art. 2 und 3 125
auch bei Art. 8 angenommen, zB wenn eine Person vertretbar mitteilt, dass ihr Haus und ihre beweglichen Sachen vom Repräsentanten des Staates vorsätzlich zerstört worden sind (→ Art. 13 Rn. 35).

5. Verhältnis zu Art. 14

Der Gerichtshof hat einige Fälle entschieden, die eine unterschiedli- 126
che Behandlung beim Erbrecht unehelicher Kinder betrafen (dazu bei
→ Art. 14 Rn. 30). Er prüft Art. 14 nicht, wenn die Rüge auf einen
Beschwerdepunkt hinausläuft, über den er unter dem Gesichtspunkt
eines anderen Art. schon entschieden hat, auch wenn das unter
einem anderen Blickwinkel geschehen ist[337].

VIII. Anträge

Wie sonst auch wird beantragt **festzustellen**, dass Art. 8 verletzt ist. 127
Wenn das durch mehrere Eingriffe oder Unterlassungen geschehen ist
(o. → Rn. 122), wird jeweils gesonderte Feststellung beantragt.
Wenn zugleich andere Artikel verletzt sind (o. → Rn. 123 f.), wird
beantragt, auch deren Verletzung festzustellen.

Zu Art. 46: In geeigneten Fällen kann beantragt werden, dass der 128
EGMR in seinem Urteil klarstellt, was zur Beendigung der Verlet-
zung oder als allgemeine Maßnahme zur Verhinderung künftiger
Verletzungen nötig ist[338] (vgl. → Art. 46 Rn. 5). Konkrete Abhilfe-
maßnahmen zu beantragen ist auch in anderen Fällen, zB auch in
Umweltfällen, denkbar.

Zu Art. 41: Zum Ersatz materieller Schäden vgl. → Art. 41 Rn. 9. Im 129
Erbrecht diskriminierte Bf. (o. → Rn. 126), zB nichteheliche Kinder,
können Ersatz eines Vermögensschadens geltend machen in der Hö-

---

337 ZB für Art. 14 iVm Art. 8 EGMR 25.7.2000 – 33985/96 ua, Slg 00-IX
     Rn. 115 – *Smith u. Grady/Vereinigtes Königreich.*
338 ZB das Urteil in der Sache *Görgülü/Deutschland*, EGMR 26.2.2004 –
     74969/01: dem Bf. muss Umgang zu seinem Kind ermöglicht werden.

he der Differenz zwischen dem tatsächlich Erhaltenen und dem Betrag, der ihnen ohne Diskriminierung zugeflossen wäre[339]. Zum Ersatz immaterieller Schäden → Art. 41 Rn. 11, 23. Wenn Art. 8 durch Verstoß gegen verfahrensrechtliche Pflichten verletzt ist, muss ein Antrag nach Art. 41 besonders begründet werden (→ Art. 41 Rn. 26). Zum Ersatz von Kosten und Auslagen → Art. 41 Rn. 30 ff.

Anhang: Artikel 8 EMRK im deutschen Ausländer- und Staatsangehörigkeitsrecht

I. Recht auf Staatsangehörigkeit

1   Ein Recht auf Erwerb einer Staatsangehörigkeit wird von der EMRK nicht garantiert. Die willkürliche Vorenthaltung der Staatsangehörigkeit kann aber Auswirkungen auf das Privatleben haben und unter bestimmten Umständen eine Verletzung von Art. 8 sein, wenn die Folgen der Ablehnung gravierend sind. Dieses wurde angenommen, wenn Voraussetzung für den Erwerb der Staatsangehörigkeit durch Geburt ist, dass nicht gleichzeitig eine andere Staatsangehörigkeit erworben wird.[1] Ferner wurde der Ausschluss des Staatsangehörigkeitserwerbs nach dem Vater, der die Vaterschaft anerkannt hatte und in der Geburtsurkunde aufgenommen war, aber nicht mit der Kindsmutter zum Zeitpunkt der Geburt verheiratet war, als Verletzung des Art. 8 angesehen.[2] Die Verweigerung der Einbürgerung wegen regierungskritischer Äußerungen könnte eine Verletzung von Art. 8 sein. Im konkreten Fall wurde das aber verneint.[3] Auch die Löschung aus einem Staatsangehörigkeitsregister wegen Nichteinhaltung von Fristen kann eine Verletzung sein.[4]

2   Auf aktuelle deutsche Fallgestaltungen des Aufenthalts- und Ausländerrechts lassen sich die Urteile des Gerichtshofs zu Fällen der **Staatensukzession** nur vorsichtig übertragen.[5] Denn die jeweils zu den

---

339   EGMR 22.12.2004 – 68864/01, Rn. 54 – *Merger ua/Frankreich.*
   1   EGMR 12.1.1999 – 31414/96, Slg 99-II – *Karassev/Finnland.*
   2   EGMR 11.10.2011 – 53124/09, Rn. 47 – *Genovese/Malta.*
   3   EGMR 13.1.2015 – 44230/06, Slg 15 Rn. 83 ff. – *Petropavlovskis/Lettland.*
   4   EGMR 26.6.2012 – 26828/06 (GK), Slg 12-IV Rn. 354 – *Kuric ua/Slowenien.*
   5   In der Literatur wird das aber zT ohne Einschränkung getan: *Thym* EuGRZ 2006, 541.

baltischen Staaten und zu den jugoslawischen Nachfolgestaaten ergangenen Entscheidungen behandeln keine Fälle von Migration durch die Beschwerdeführer oder ihre Vorfahren. In den entschiedenen Fallgestaltungen „brach" der Staat, dessen Staatsangehörigkeit die Beschwerdeführer besaßen, auseinander und zerfiel in selbstständige Partikularstaaten, mit den sich daraus ergebenen Auswirkungen auf das Staatsangehörigkeits- und Aufenthaltsrechts für die Bewohner. Diese Auswirkungen wurden von dem Gerichtshof anhand des Aspektes „Privatleben" überprüft.[6]

II. Aufenthaltsrecht von Ausländern[7]

Im Aufenthaltsrecht (Einwanderungsrecht) gibt die EMRK den Mitgliedstaaten einen weiten Ermessensspielraum. Art. 8 garantiert kein Recht auf Einreise und Aufenthalt, er gibt kein Recht auf einen besonderen Aufenthaltstitel. Art. 8 kann jedoch verletzt sein, wenn einem Ausländer, der sich um eine gerichtliche Regelung des Umgangsrechts zu seinem Kind bemüht, Aufenthalt und Wiedereinreise zur Teilnahme am Verfahren verweigert wird[8] oder wenn ein Aufenthaltstitel einer Heranwachsenden wegen eines längeren Auslandsaufenthalts nicht verlängert wird.[9] Wenn es im staatlichen Recht unterschiedliche Titel gibt, prüft der EGMR die rechtlichen und praktischen Auswirkungen. Wenn der Titel erlaubt, im Gastland einen Wohnsitz zu begründen und darin sein Recht auf Achtung der in Art. 8 garantierten Rechte wahrzunehmen, entspricht das den Anforderungen dieser Vorschrift. Der EGMR entscheidet also nicht darüber, ob dem Bf. ein anderer Aufenthaltstitel zuerkannt werden muss.[10] Zum **Fortfall der Opfereigenschaft** bei späterer günstiger Entscheidung, siehe die Entscheidung *Kuric*.[11]

3

---

6 EGMR 26.6.2012 – 26828/06 (GK), Slg 12-IV – *Kuric* ua/*Slowenien* prüft Privat- und Familienleben; EGMR 15.1.2007 (GK), 60654/00, Slg 07-I – *Sisojeva* ua/*Lettland*; EGMR 16.6.2005 – 60654/00, Rn. 104 und 108 – *Sisojeva/Lettland*, aber Kammerurteil infolge Streichens aus dem Verzeichnis gegenstandslos; EGMR 9.10.2003 (GK), Slg 03-X Rn. 96 ff. – *Slivenko/Lettland*.

7 S. Onlineveröffentlichung des Europarates: Ktistakis, *Protecting migrants under the European Convention on Human Rights and the European Social Charter,* A handbook for legal practitioners, Council of Europe Publishing.

8 EGMR 11.7.2000 – 29192/95 Slg 00-VIII – *Ciliz/Niederlande.*

9 EGMR 14.6.2011 – 38058/09 – *Osman/Dänemark.*

10 EGMR 18.10.2006 – 46410/99, Slg 06-XII Rn. 54 ff. – *Üner/Niederlande.*

11 EGMR 26.6.2012 – 26828/06 (GK), Slg 12-IV Rn. 259 – *Kuric* ua/*Slowenien.*

III. Auslieferung, Abschiebung und Ausweisung

4   Die **Auslieferung** (engl./frz. *extradition*) bezeichnet die Überstellung einer Person, die im Ausland einer Straftat verdächtig ist, aufgrund eines Rechtshilfeersuchens an einen Drittstaat.

Die **Abschiebung** ist im Deutschen lediglich eine Vollstreckungsmaßnahme: die Durchsetzung einer sich aus anderen Rechtsnormen ergebenden Ausreisepflicht. Das ist entweder eine **Ausweisung**sverfügung oder die Ablehnung einer (weiteren) Aufenthaltserlaubnis. In den Amtssprachen des Gerichtshofs wird mit *removal/deportation* oder *expulsion/mesures d'éloignement des étrangers* meist beides gemeint: sowohl der Grundverwaltungsakt als auch die Durchsetzung dieser Maßnahme.

5   In den Schutzbereich des Art. 8 unter dem Gesichtspunkt Privatleben wird auch dann durch eine **Ausweisung** eingegriffen, wenn diese nicht zwingend mit einer Aufenthaltsbeendigung verbunden ist (etwa im Fall der Duldungsausweisung). Dann jedenfalls führt die Ausweisung nach deutschem Recht zu einem Verlust des Aufenthaltstitels, vgl. § 11 Abs. 1 AufenthG, und damit zu einer gewollten Destabilisierung des Aufenthalts. Neue Aufenthaltserlaubnisse dürfen außer aus humanitären Gründen selbst dann nicht ausgestellt werden, wenn auf diese ansonsten ein Anspruch bestünde. Zwar prüft der Gerichtshof Fragen des Aufenthaltsrechts und des Abschiebungsschutzes meist zugleich unter dem Gesichtspunkt des Familienlebens (→ Rn. 9 f.), aber auch ein alleiniges Abstellen auf Gesichtspunkte des Privatlebens ist möglich.[12]

6   Die Mitgliedsstaaten müssen bei Aufenthaltsbeendigungen und Auslieferungen die sich aus Art. 3 (und 8 ergebenden Verpflichtungen beachten.[13] Staatliche Maßnahmen sind ein Eingriff in Art. 8, wenn der Betroffene im Aufenthaltsstaat persönliche oder Familienbindungen hat, die ausreichend stark sind und durch eine Abschiebung beeinträchtigt würden. Solche Maßnahmen müssen also nach Abs. 2 gerechtfertigt werden; sie müssen insbesondere verhältnismäßig sein.

7   Wenn **Familienbindungen** nicht bestehen, kann auch der weitere Aufenthalt allein durch den Aspekt **Privatleben** geschützt sein, wenn der Betroffene während langen Aufenthalts persönliche, soziale und wirtschaftliche Beziehungen geschaffen hat, die für das Privatleben we-

---

12 EGMR 23.6.2008 – 1638/03 (GK), Slg 08-III Rn. 63 – *Maslov/Österreich*; EGMR 18.10.2006 – 46410/99, Slg 06-XII Rn. 59 – *Üner/Niederlande*.
13 Zur Auslieferung: EGMR 20.2.2007 – 35865/03 – *M.A.H.A.M./Deutschland*; EGMR 18.10.2006 – 46410/99, Slg 06-XII Rn. 54 ff. – *Üner/Niederlande*.

sentlich sind.[14] Das gilt grundsätzlich auch, wenn der Aufenthalt des Beschwerdeführers irregulär ist. Es ist aber nicht allein wegen der Länge des bisherigen faktischen Aufenthalts verboten, den weiteren Aufenthalt eines Ausländers zu unterbinden.[15]

Art. 8 gibt auch **nicht das Recht, den Ort zu wählen, der am besten geeignet ist, ein Familienleben** aufzubauen. Der Staat muss nicht die von einem Ehepaar getroffene Wahl akzeptieren, wo es seinen Wohnsitz nehmen möchte und zulassen, dass sich nicht inländische Partner dort aufhalten.[16] Wenn aber das Asylverfahren über Jahre dauert und dadurch die Eheleute dazu gezwungen werden, an unterschiedlichen Orten zu leben, kann das Art. 8 verletzen.[17]   8

Der **Schutz des Familienlebens oder des Privatlebens des Ausländers kann aber eine Aufenthaltsbeendigung verbieten.** Unter Familienleben wird in diesen Fällen das auf dem Gebiet des Staates von Nicht-Staatsangehörigen **wirklich geführte Familienleben** mit anderen Familienmitgliedern verstanden, die sich dort rechtmäßig aufhalten. Der Schutz ist idR auf einen Kernbereich der Familie beschränkt. Der Gerichtshof prüft bei der Abschiebung eines Familienmitglieds, ob der Eingriff nach Abs. 2 gerechtfertigt ist, insbesondere **einem zwingenden sozialen Bedürfnis entspricht und verhältnismäßig** ist (vgl. unten → Rn. 14 ff.).   9

Faktische Inländer: Die oben aufgeführten Grundsätze gelten unabhängig davon, ob ein Ausländer als **Erwachsener oder als Kind** eingereist ist oder gar im Inland geboren ist. Selbst wenn Ausländer eine unbefristete Aufenthaltserlaubnis haben und in hohem Maße integriert sind, können sie Staatsangehörigen nicht gleichgesetzt werden. Allerdings muss ihre spezielle Situation berücksichtigt werden.[18]Aus der Rechtsprechung des EGMR zu Art. 8 ergibt sich nicht grundsätzlich die staatliche Pflicht, den Aufenthalt von im Inland geborenen oder als Kind eingereisten Ausländern zu legalisieren oder sogar un-   10

---

14 EGMR 26.6.2012 – 26828/06 (GK), Slg 12-IV – *Kuric ua/Slowenien;* EGMR 23.6.2008 – 1638/03 (GK), Slg 08- III Rn. 74 – *Maslov/Österreich;* EGMR 15.1.2007 – 60654/00 (GK), Slg 07-I – *Sisojeva ua/Lettland;* EGMR 16.6.2005 – 60654/00, Rn. 104 und 108 – *Sisojeva/Lettland,* aber Kammerurteil infolge Streichens aus dem Verzeichnis gegenstandslos; EGMR 9.10.2003 – 48321/99 (GK), Slg 03-X Rn. 96 ff. – *Slivenko/Lettland.*
15 EGMR 16.9.2004 – 11103/03 – *M.G.:/Deutschland;* EGMR 16.9.2004 – 11103/03 – *Ghiban/Deutschland;* EGMR 7.10.2004 – 33743/03 – *Dragan* ua/ *Deutschland.*
16 EGMR 16.9.2004 – 11103/03 – *M.G.:/Deutschland;* EGMR 16.9.2004 – 11103/03 – *Ghiban/Deutschland;* EGMR 7.10.2004 – 33743/03 – *Dragan* ua/ *Deutschland.*
17 EGMR 29.7.2010 – 24404/05, Rn. 61 ff. – *Mengesha Kimfe/Schweiz.*
18 EGMR 13.10.2011 – 41548/06, Rn. 46 – *Trabelsi/Deutschland;* EGMR 23.6.2008 – 1638/03 (GK), Slg 08-III Rn. 74 – *Maslov/Österreich.*

abhängig von ihren Eltern weiter zu ermöglichen. Die Rechtmäßigkeit einer Aufenthaltsbeendigung eines Ausländers, der seine gesamte oder einen beträchtlichen Teil seiner Kindheit im Inland verbracht hat, bedarf aber ernsthafter Gründe (*very serious reasons*). Die Abschiebung junger Menschen, insbesondere der zweiten oder dritten Einwanderergeneration, die keine Verbindungen zu ihrem förmlichen Heimatstaat haben, ist nur unter besonderen Voraussetzungen möglich.[19] Das deutsche Recht geht da mit §§ 25 a und – ab dem 1. Januar 2016 – b AufenthG nF in erfreulicher Konsequenz weiter. (Vgl. → Rn. 14 f.).

11   Der Gerichtshof nimmt auch bei faktischen Inländern eine **Interessenabwägung** unter Berücksichtigung aller Umstände vor. Die Ausweisung bzw. Abschiebung muss insbesondere einen **gerechten Ausgleich** zwischen dem Interesse des Bf. wegen der Achtung seines Familienlebens und dem Schutz der öffentlichen Ordnung, der Verhütung von Straftaten und dem Schutz der Gesundheit herstellen.

12   **Hinsichtlich des Nachzugs von Familienmitgliedern stellt der EGMR auf folgende Gesichtspunkte ab:** Das Ausmaß, in dem das Familienleben tatsächlich gelebt wird, die Bindungen zum Konventionsstaat, etwaige unüberwindbare Hindernisse für ein Familienleben im Herkunftsland, Gesichtspunkte der Einwanderungskontrolle (zB frühere Verstöße gegen Einreiserecht oder zu geringes Familieneinkommen[20]), ob Gründe der öffentlichen Ordnung gegen die Zuwanderung sprechen, ob die Betroffenen bei Aufnahme des Familienlebens wussten, dass ein Familienleben im Gastland unsicher war.[21] Ist letzteres der Fall, ist eine Abschiebung nur bei außergewöhnlichen Umständen eine Verletzung von Art. 8.[22] Auch die Ablehnung einer Aufenthaltsverlängerung kann im Sinne von Art. 8 Abs. 2 unverhältnismäßig sein.[23]

13   **Visumerfordernis:** Der Spielraum, den die Mitgliedsstaaten bei der Einwanderungskontrolle haben, umfasst grundsätzlich auch das Bestehen auf der Einreise des Ausländers mit korrektem Visum. Im Ein-

---

19   EGMR 13.10.2011 – 41548/06, Rn. 46 – *Trabelsi/Deutschland;* EGMR 23.6.2008 – 1638/03 (GK), Slg 08-III Rn. 74 – *Maslov/Österreich.*

20   EGMR 26.4.2007 – 16351/03 – *Konstantinov/Niederlande;* EGMR 20.10.2005 – 8876/04 – *Haydarie* ua/*Niederlande.*

21   EGMR 31.1.2006 – 50435/99, Slg 06-I Rn. 39 – *Rodrigues da Silva* ua/*Niederlande.*

22   EGMR 24.11.1998 – 40447/98 – *Mitchell/Vereinigtes Königreich;* diese wurden in EGMR 28.6.2011 – 55597/09 – *Nunnez/Norwegen* angenommen, in EGMR 3.11.2011 – 28770/05 – *Arvelo Aponte/Niederlande* bei vergleichbarem Sachverhalt aber nicht.

23   EGMR 14.6.2011 – 38058/09 – *Osman/Dänemark.*

zelfall kann aber das Bestehen auf dem Nachholen des Visumsver-
fahrens vor Erteilung einer Aufenthaltserlaubnis gegen Art. 8 (Familienleben)verstoßen. Im konkreten Fall wurde nach Ansicht der Großen Kammer das Kindeswohl der betroffenen inländischen Kinder
der Ausländerin nicht ausreichend durch den Mitgliedsstaat gewürdigt.[24]

Der Gerichtshof berücksichtigt bei der Abschiebung von Straftätern 14
folgende Gesichtspunkte: Art und Schwere der vom Bf. begangenen
Straftat (sog *Boultif-Kriterien,* die wörtlich in die Entscheidungen
Üner und *Maslov*[25] übernommen wurden), Dauer des Aufenthalts in
dem beklagten Staat, den Zeitraum zwischen der Straftat und der
Ausweisung und das Verhalten des Bf. in der Zwischenzeit, die
Staatsangehörigkeit aller betroffenen Personen, Einzelheiten des Familienlebens, zB Dauer der Ehe und Art des Zusammenlebens,
Kenntnis des Partners von der Straftat bei Aufnahme des Familienlebens, Vorhandensein von Kindern und ihr Alter, ihr Wohl, die
Schwierigkeiten, die sie wahrscheinlich bei einer Ausreise haben,
auch etwaige Schwierigkeiten des Partners im Herkunftsland.[26] Außerdem ist von Bedeutung, ob der Betroffene **besondere soziale, kulturelle oder familiäre Bindungen zum Gastland** oder zum Bestimmungsland entwickelt hat.[27]

Die o. (→ Art. 8 Rn. 2) erwähnten **positiven Handlungspflichten** des 15
Staates können auch hier bestehen; etwa bei den seltenen Fällen in
denen der Gerichtshof einen Aufenthalt im Mitgliedstaat fordert.[28]
Das bedeutet aber nicht, dass der Staat allgemein dazu verpflichtet
wäre, Flüchtlingen finanziell zu helfen, damit sie ein bestimmtes Lebensniveau aufrechterhalten können (vgl. → Art. 2 Rn. 10). Sie haben auch kein Recht auf Arbeit (vgl. die Zusammenfassung der
Rechtsprechung).[29]

Die Rechtsprechung des EGMR ist stark kasuistisch geprägt. Auffäl- 16
lig ist, dass der EGMR die Bundesrepublik in den letzten Jahren wegen der Ausweisung bzw. Abschiebung von Ausländern **nicht** unter
dem Gesichtspunkt der **Unverhältnismäßigkeit verurteilt hat.**

---

24 EGMR 3.10.2014 – 12738/10 (GK),– *Jeunesse/Niederlande.*
25 EGMR 23.6.2008 – 1638/03 (GK), Slg 08-III Rn. 63 – *Maslov/Österreich;*
    EGMR 18.10.2006 – 46410/99, Slg 06-XII Rn. 54 ff. – *Üner/Niederlande.*
26 EGMR 2.8.2001 – 54273/00, Slg 01-IX Rn. 48 – *Boultif/Schweiz.*
27 EGMR 18.10.2006 – 46410/99 (GK), Slg 06-XII Rn. 55 – *Üner/Niederlande.*
28 EGMR 14.6.2011 – 38058/09 – *Osman/Dänemark;* EGMR 11.7.2000 –
    29192/95 – *Ciliz/Niederlande.*
29 EGMR 26.4.2005 – 53566/99, Rn. 85 – *Müslim/Türkei.*

17 Bei der Abschiebung von Straftätern berücksichtigt der EGMR insbesondere die **Schwere der Straftat**.[30] Er akzeptiert insbesondere bei **Betäubungsmitteldelikten**, dass die Vertragsstaaten gegen die Verbreitung vorgehen.[31] Die Ausweisung bzw. Aufenthaltsbeendigung wegen einer Straftat ist keine Doppelbestrafung (vgl. Art. 4 Prot. 7 → Rn. 4).[32] Auch wegen einer psychischen Erkrankung schuldunfähige Straftäter, die sich einer Behandlung unterziehen und deren Unterbringung in einer geschlossenen Einrichtung unter Auflagen mangels Wiederholungsgefahr aufgehoben wurde, dürfen wegen rein potenzieller Wiederholungsgefahr eines Tötungsdelikts ausgewiesen werden, auch wenn zweifelhaft ist, dass sie in ihrem Herkunftsland weiter Zugang zu einer adäquaten medizinischen Betreuung haben.[33] Eine Ausweisung kann verhältnismäßig sein, obwohl der Bf. seit 13 Jahren in Deutschland lebt, verheiratet ist, eine Tochter hat, aber wegen schweren Diebstahls und Vergewaltigung zu 5 Jahren, 3 Monaten Gefängnis verurteilt worden ist.[34]

18 **Maßgebender Zeitpunkt:** Früher war maßgebend für die Prüfung der Zeitpunkt, in dem die Verwaltungsentscheidung erlassen wurde; spätere Umstände wurden also grundsätzlich nicht berücksichtigt.[35] Nach der Entscheidung *Maslov*[36] kann das Verhalten zwischen der endgültigen Ausweisung und der tatsächlichen Abschiebung relevant sein, wenn eine beträchtliche Zeitspanne dazwischen liegt. Das wurde im Fall *Trabelsi/Deutschland* bestätigt.[37] Nach deutschem Recht wird seit dem Gesetz zur Umsetzung aufenthalts- und asylrechtlicher Richtlinien der Europäischen Union vom 19. August 2007 (BGBl. I 1970) – Richtlinienumsetzungsgesetz – anders als bisher bei der Beurteilung der Rechtmäßigkeit einer Ausweisung auf die Sach- und Rechtslage im Zeitpunkt der letzten mündlichen Verhandlung oder Entscheidung abgestellt.[38]

19 **Einfluss von Art. 8 EMRK auf das AufenthG:** Nach § 60 Abs. 5 AufenthG darf ein Ausländer nicht abgeschoben werden, wenn das

---

30 Aus jüngster Zeit: EGMR 22.1.2013 – 66837/11 – *Mohamad El-Habach/Deutschland*.
31 EGMR 24.3.2015 – 37074/13 – *Kerkez/Deutschland*; EGMR 7.10.2014 – 15069/08 – *Loy/Deutschland*;
     EGMR 13.10.2011 – 41548/06, Rn. 46 – *Trabelsi/Deutschland*; EGMR 17.4.2003 – 52853/99, Rn. 46 – *Yilmaz/Deutschland*.
32 EGMR 18.10.2006 – 46410/99 (GK), Slg 06-XII Rn. 55 – *Üner/Niederlande*.
33 EGMR 23.4.2015 – 38030/12 – *Khan/Deutschland*.am 14.9.2015 wurde der Fall an die Große Kammer verwiesen.
34 EGMR 6.12.2007 – 69735/01 – *Chaio u. J.B./Deutschland*.
35 EGMR 6.12.2007 – 69735/01, Rn. 60 – *Chair u. S.B./Deutschland*.
36 EGMR 23.6.2008 – 1638/03 (GK), Slg 08-III Rn. 92 – *Maslov/Österreich*.
37 EGMR 13.10.2011 – 41548/06, Rn. 46 – *Trabelsi/Deutschland*.
38 BVerwGE 130, 20-28.

nach der EMRK unzulässig ist. Ihm soll dann nach § 25 Abs. 3 AufenthG eine Aufenthaltserlaubnis erteilt werden.

Das System der gestuften Ausweisungsgründe nach § 53 AufenthG aF (zwingende Ausweisung), § 54 AufenthG aF (Regelfallausweisung) und § 55 AufenthG aF (Ermessensausweisung) ist durch den Einfluss der Rechtsprechung des Gerichtshofs zu Art. 8 EMRK, insbesondere seit der Entscheidung *Maslov* (s. o.) der Großen Kammer, ziemlich durcheinandergeraten und ließ sich auch mit sonstigen europarechtlichen Vorschriften (Rückführungsrichtlinie) nur schlecht in Übereinstimmung bringen. Nach dem BVerwG[39] liegt ein Ausnahmefall von der Regelausweisung – und damit die Notwendigkeit einer behördlichen Ermessensentscheidung – bereits dann vor, wenn durch höherrangiges Recht oder Vorschriften der Europäischen Menschenrechtskonvention geschützte Belange des Ausländers eine Einzelfallwürdigung unter Berücksichtigung der Gesamtumstände des Falles gebieten. Den Behörden wurde angeraten, im Zweifel immer vorsorglich eine Ermessensausweisung zu prüfen, vgl. auch § 114 VwGO.

Zum **1. Januar 2016** trat eine **Neuregelung des Ausweisungsrechts** in Kraft (Art. 9 des Gesetzes zur Neubestimmung des Bleiberechts und der Aufenthaltsbeendigung BGBl. 2015 I 1386). Danach ist der Ausländer nach § 53 AufenthG nF zwingend auszuweisen, wenn das Ausweisungsinteresse (§ 54 AufenthG) das Bleibeinteresse (§ 55 AufenthG) überwiegt. Die Entscheidung steht nicht im Ermessen der Behörde. Sie ist vollständig gerichtlich überprüfbar. In der Gesetzesbegründung heißt es zu der Reform: sie sei notwendig, da die höchstrichterliche Rechtsprechung in der Vergangenheit eine Ausweisung anhand des Ist-, Regel- oder Ermessensausweisungsschemas zunehmend nicht mehr zugelassen habe.[40] Die Kriterien des Bleibeinteresses orientieren sich an den oben zitierten Entscheidungen des EGMR zu faktischen Inländern, insbesondere *Maslov, Üner* und *Trabelsi*. Zitiert wird in der Gesetzesbegründung allerdings nur eine Entscheidung eines Ausschusses des EGMR(!).[41]

20

21

---

39 BVerwGE 129, 367-381.
40 BR-Drs. 642/14, 31.
41 BR-Drs. 642/14, 56; EGMR 22.1.2013 – 66837/11 – *Mohamad El-Habach/ Deutschland.*

Artikel 9 Gedanken-, Gewissens- und Religionsfreiheit

(1) Jede Person hat das Recht auf Gedanken-, Gewissens- und Religionsfreiheit; dieses Recht umfasst die Freiheit, seine Religion oder Weltanschauung zu wechseln, und die Freiheit, seine Religion oder Weltanschauung einzeln oder gemeinsam mit anderen öffentlich oder privat durch Gottesdienst, Unterricht oder Praktizieren von Bräuchen und Riten zu bekennen.

(2) Die Freiheit, seine Religion oder Weltanschauung zu bekennen, darf nur Einschränkungen unterworfen werden, die gesetzlich vorgesehen und in einer demokratischen Gesellschaft notwendig sind für die öffentliche Sicherheit, zum Schutz der öffentlichen Ordnung, Gesundheit oder Moral oder zum Schutz der Rechte und Freiheiten anderer.

I. Allgemeines

1 Die in Art. 9 verankerte Freiheit ist ein Grundpfeiler der demokratischen Gesellschaft. Sie ermöglicht religiöses Leben und Vielfalt in der demokratischen Gesellschaft, indem diese zur Duldung verschiedener Religionen, Sekten und Weltanschauungen, aufgerufen ist. Sie schützt ebenso Atheisten, Agnostiker, Skeptiker und Gleichgültige.[1]

Die Garantie umfasst die Freiheit, einer Religion anzugehören oder nicht, sowie die, eine Religion zu praktizieren oder nicht[2] (und auch das Recht, eine Religion zu bekennen oder über sie zu schweigen, also seine Religion nicht zu offenbaren und auch nicht zu einem Verhalten gezwungen zu werden, aus dem auf eine Überzeugung Schlüsse gezogen werden können.) Der Staat darf nicht untersuchen, ob und welcher Religion eine Person angehört, allerdings ist die Rechtsprechung hinsichtlich verpflichtender Angaben zur Religionszugehö-

---

1 EGMR 25.5.1993 – 14307/88, Serie A 260-A, Rn. 31- *Kokkinakis/Griechenland*.
2 EGMR 18.2.1999 – 24645/94, Slg 99-I Rn. 34 – *Buscarini* ua/*San Marino*; EGMR 13.2.2003 – 41340/98, Slg 03-II Rn. 90 *Refah Partisi/Türkei*.

rigkeit auf staatlichen Dokumenten kasuistisch geprägt.[3] Eingriffe in die Ausübung des Rechts nach Art. 9 können gemäß Abs. 2 gerechtfertigt werden.[4]

Art. 18 des UN-Zivilpakts enthält eine entsprechende Vorschrift. **Art. 4 GG** schützt die Freiheit des Glaubens, des Gewissens und die Freiheit des religiösen und weltanschaulichen Bekenntnisses und gewährleistet die ungestörte Religionsausübung. **Art. 10 Grundrechtecharta** enthält eine entsprechende Vorschrift und garantiert darüber hinaus in Abs. 2 das Recht auf Wehrdienstverweigerung aus Gewissensgründen.

II. Gedanken- Gewissens- und Religionsfreiheit

Der EGMR definiert die in Art. 9 Abs. 1 genannten Freiheiten nicht und grenzt sie auch nicht begrifflich voneinander ab. So hat die Gedankenfreiheit in der Rechtsprechung des EGMR keine eigenständige Bedeutung gewonnen, sie geht in der häufig benutzen umfassenderen Formulierung **Religion und Weltanschauung** auf.

Unter den Schutz der Gedanken- Gewissens- und Religionsfreiheit fallen jedenfalls solche Überzeugungen, die ein gewisses Maß an Triftigkeit, Ernsthaftigkeit, Kohärenz und Bedeutung erreichen.[5]

Dabei ist festzustellen, dass der EGMR nur selten Überzeugungen mittels dieses Kriteriums aus dem Anwendungsbereich des Art. 9 ausschließt. Begleiteter Selbstmord ist vom EGMR nicht als Überzeugung im Sinn des Art. 9 eingeschätzt worden,[6] zur Frage, ob die „Wicca" Religion existiert und deswegen geschützt ist, kam es nicht, da der Beschwerdeführer seiner Mitwirkungspflicht nicht genügte.[7] Wenn der Staat eine Gemeinschaft als Religionsgemeinschaft behandelt, tut der EGMR das in der Regel auch.[8]

Absolut geschützt ist das *forum internum,* also religiöse Überzeugungen oder Weltanschauungen zu bilden und zu wechseln. In diesem

---

3 EGMR 3.6.2010 – 42837/06, Rn. 78 – *Dimitras/Griechenland* hinsichtlich der Pflicht, seine Überzeugung zu offenbaren, indem man keinen religiösen Eid ablegen möchte; EGMR 15.6.2010 – 7710/02, Rn. 95, 99 – *Grzelak/Polen* zu einem Strich im Schulzeugnis für das Fach Religion, wenn der Schüler nicht am Religionsunterricht teilnahm und ein Ersatzunterricht nicht angeboten wurde.
4 EGMR 12.2.2011 – 12884/03, Rn. 57 ff. – *Wasmuth/Deutschland* Eintrag in der Lohnsteuerkarte, keiner Religion anzugehören.
5 EGMR 1.7.2014 – 43835/11 (GK), Rn. 55 – *S.A.S./Frankreich.*
6 EGMR 29.4.2002 – 2346/02, Slg02-III Rn. 82 – *Pretty/Vereinigtes Königreich.*
7 EGMR 4.10.1977 – 7291/75 – *X/Vereinigtes Königreich.*
8 EGMR 1.10.2009 – 76836/01, Slg 09-IV Rn. 79-81 – *Kimlya* ua/*Russland.*

Bereich darf der Staat weder indoktrinieren, noch nach Überzeugungen diskriminieren.

Geschützt ist auch, sich zu einer Religionsgemeinschaft oder Weltanschauung allein und privat, oder in Gemeinschaft mit anderen, öffentlich oder in Kreisen Gleichgesinnter, insbesondere in Gottesdiensten oder sonst mit Worten oder Taten **zu bekennen**, oder das nicht zu tun. Religionsfreiheit schließt das Recht ein zu versuchen, **andere zB durch Lehre zu überzeugen**.[9]

4   Art. 9 schützt nicht alle Handlungen, die religiös motiviert oder begründet sind.[10] Das Verteilen von Flugblättern, die sich aus pazifistischer Überzeugung gegen die Nordirlandpolitik richten, fällt unter Artikel 10 und nicht unter Artikel 9.[11] Ähnlich wurde bei der Verteilung von Informationsmaterial durch Abtreibungsgegner vor Abtreibungskliniken geurteilt.[12] Eine Geldstrafe, zu der ein Apotheker verurteilt worden war, weil er aus religiösen Gründen sich weigerte, apothekenpflichtige, empfängnisverhütende Mittel zu verkaufen, stellt kein Eingriff in den Schutzbereich des Art. 9 dar.[13] Jedoch fällt die Verpflichtung eines Standesbeamten auch gleichgeschlechtliche Partnerschaften zu schließen für einen dieses aus religiösen Gründen ablehnenden Standesbeamten in den Schutzbereich des Artikel 9.[14] Ähnlich wurde in derselben Entscheidung die arbeitsrechtliche Verpflichtung eines Therapeuten auch homosexuelle Paare zu beraten angesehen.

Wenn es nur darum geht, Propaganda für eine politische islamistische Organisation zu machen, ist das kein Ausdruck religiöser Überzeugung iSv Art. 9, stattdessen ist die Meinungsfreiheit betroffen.[15]

5   **Zum Praktizieren religiöser Gebräuche** gehört das Recht, religiöse Kleidung zu tragen (Turban, **Kopftuch**) oder religiöse Haar- oder Barttracht, aber auch religiösen Speisevorschriften zu befolgen. Insoweit sind aber Einschränkungen nach Abs. 2 möglich (→ Rn. 10). Eine hinreichend enge, plausible Verbindung der Handlung mit dem praktizierten Glauben reicht aus; gefordert ist nicht, dass die Religion die Handlung (etwa das Tragen einer Ganzkörperverschleierung

9   EGMR 6.11.2008 – 58911/00, Rn. 23 – *Leela Förderkreis* eV ua/*Deutschland*.
10 EGMR 10.11.2005 – 44774/98 (GK), Slg 05-XI Rn. 105 *Leyla Sahin/Türkei*; zu den Lehren Oshos (Bhagwan) EGMR 6.11.2008 – 58911/00 Rn. 81 – *Leela Förderkreis* eV ua/*Deutschland*.
11 EKMR 12.10.1978 – 7050/75 DR 19, 5 – *Arrowsmith/Vereinigtes Königreich*.
12 EKMR 22.2.1995 – 22838/93 – *Van den Dungen/Niederlande*.
13 EGMR 4.10.2001 – 49853/99, Slg 01-X – *Pichon u. Sajous/Frankreich*.
14 EGMR 15.1.2013 – 48420/10, Slg 13-I (Auszüge) Rn. 103 – *Eweida/Vereinigtes Königreich*.
15 EGMR. 18.1.2001 – 41615/98 – *Zaoui/Schweiz*.

oder das Verzehren von Fleisch) zwingend vorschreibt.[16] Auch Gepflogenheiten von Minderheiten innerhalb der Religionsgemeinschaft sind ausreichend. Ferner muss der Beschwerdeführer nicht formal nachweisen, dass er – ausschließlich – aus religiösen Gründen handelt.[17]

III. Eingriff und positive Schutzpflicht

Staatliches Handeln, dass eine Handlung, die in den Anwendungsbereich der nach Art. 9 geschützten Freiheiten fällt, einschränkt, stellt einen Eingriff dar. Der Gerichtshof hat regelmäßig einen Eingriff in die Religionsfreiheit verneint, wenn allgemeine Gesetze ohne expliziten Bezug zur Religionsfreiheit oder einer bestimmten Überzeugung Auswirkungen auf einzelne Überzeugungen haben (können). Steuerzahler können nicht aus Gewissensgründen verlangen, dass Steuern nicht zu bestimmten Zwecken verwandt werden.[18] Die Verleihung einer elektronischen Steueridentifikationsnummer stellt keinen Eingriff in Art. 9 dar.[19]

Ferner greift ein staatliches Gericht nicht in die Religionsfreiheit eines jüdischen Strafverteidigers ein, wenn Verhandlungstermine auf wichtige jüdische Feiertage gelegt werden und Verlegungsanträge diesbezüglich abgelehnt werden.[20]

Nach der sprachlichen Fassung kann nur das Recht, die Religion oder Weltanschauung zu bekennen, rechtmäßig **eingeschränkt werden**.

Positive Schutzpflicht des Staates: Wie bei anderen Art. bestehen auch bei Art. 9 nicht nur negative, sondern auch positive Pflichten des Staates, wenn Maßnahmen erforderlich sind, um die ungestörte Religionsausübung zu gewährleisten. Das kann es erforderlich machen, Angehörige einer religiösen Gruppierung vor Angriffen anderer zu schützen.[21]

---

16 EGMR 1.7.2014 – 43835/11(GK), Rn. 55ff. – *S.A.S. /Frankreich.*
17 EGMR 1.7.2014 – 43835/11(GK), Rn. 55ff. – *S.A.S. /Frankreich.*
18 EKMR 15.12.1983 – 10358/83 DR 37, 142 – *C/Vereinigtes Königreich.*
19 EGMR 3.12.2009 – 40010/04 – *Skugar/Russland.*
20 EGMR 3.4.2012 – 28790/08, Slg 12-III (Auszüge) Rn. 34 ff. – *Francesco Sessa/ Italien* mit Entscheidungsbesprechung *Meyer-Ladewig/Petzold* NJW 2014, 3287.
21 EGMR 7.10.2014 – 28490/02, Rn. 164 *Begheluri* ua /*Georgien*; EGMR 3.5.2007 – 71156/01 Rn. 134 – 97 *Mitglieder des Gldani Zusammenschlusses der Zeugen Jehovas* ua/*Georgien.*

Art. 9 gibt allerdings kein Recht darauf, dass der Staat einer Religionsgemeinschaft Gebäude zur Verfügung stellt[22] oder ausländischen Priestern ohne Erfüllung der üblichen Voraussetzungen eine Aufenthaltserlaubnis ausstellt.[23]

9   **Grundsatz der Neutralität:** Staatliche Behörden müssen bei der Eintragung oder Anerkennung religiöser Gemeinschaften und allen anderen Maßnahmen den **Grundsatz der Neutralität** beachten.[24] Wenn Behörden Maßnahmen treffen, die **einen von mehreren rivalisierenden Religionsführer bevorzugen** oder darauf abzielen, die Gemeinschaft dazu zu zwingen, sich entgegen ihrer Weigerung einer einheitlichen Leitung zu unterstellen, ist das ein Eingriff in die Religionsfreiheit, der nach den Kriterien von Abs. 2 beurteilt und insbesondere gesetzlich vorgesehen sein muss.[25]

Ein Staat darf wohl von seinen Beamten wegen seiner Neutralitätspflicht verlangen, dass sie nicht an der Bewegung des islamischen **Fundamentalismus** teilnehmen, dessen Ziel es ist, den Vorrang bestimmter religiöser Vorschriften durchzusetzen.[26]

IV. Rechtfertigung von Eingriffen (Abs. 2)

10   Wegen der allgemeinen Anforderungen der Schranke (**gesetzlich vorgesehen, berechtigte Ziele, in einer demokratischen Gesellschaft notwendig**) vgl. die Anm. zu Art. 8 II.

11   Die ersten zwei Prüfungspunkte „gesetzlich vorgesehen" und die „Verfolgung berechtigter Ziele" bereiten in der Regel keine größeren Schwierigkeiten. Nur wenige Fälle entscheiden sich schon an diesem Prüfungspunkt: polizeiliche Durchsuchungen in Wohnungen und Vorladungen ohne Zusammenhang mit strafrechtlichen Ermittlungen bei Mitgliedern von nichtetablierten und nichtregistrierten Religions-

---

22 EGMR 18.9.2007 – 52336/99 – *Griechische Kirchengemeinde Münchenund Bayern* eV/*Deutschland.*
23 EGMR 14.2.2006 – 25525/03 (Kammerurteil) – *El Majjaoui* ua/*Niederlande,* die nachfolgende Entscheidung der Großen Kammer führte zur Streichung der Beschwerde wegen Erledigung: s. EGMR 20.12.2007 – 25525/03 (GK), Rn. 34 – *El Majjaoui* ua/*Niederlande.*
24 EGMR 9.7.2013 – 2330/09 (GK), Slg 13-V Rn. 159 – *Sindicatul "Pastorul Cel Bun"/Romania.*
25 EGMR 26.10.2000 – 30985/96, Slg 00-XI – *Hasan u. Chaoush/Bulgarien;* EGMR 13.12.2001 – 45701/99, Slg 01-XII – *Église Metropolitaine de Bessarabie* ua/*Moldau;* EGMR 16.12.2004 – 39023/97, Rn. 76 – *Supreme Holy Council of the Muslim Community/Bulgarien;* EGMR 22.1.2009 – 412/03, Rn. 103 – *Holy Synod of the Bulgarian Orthodox Church* ua/*Bulgarien:* der Kirche ist wünschenswert, rechtfertigt aber keinen Eingriff; vgl. weiter EGMR 15.9.2009 – 798/05 Rn. 95 – *Mirolubovs* ua/*Lettland.*
26 EGMR 13.2.2003 – 41340/98 (GK), Slg 03-II Rn. 94 – *Refah Partisi/Türkei.*

gemeinschaften wurden allerdings wegen mangelnder gesetzlicher Grundlage für rechtswidrig erklärt.[27] Dabei ist auch zu berücksichtigen, dass die herangezogene gesetzliche Grundlage so bestimmt formuliert ist, dass eine solche Maßnahme vorhersehbar erscheint.[28]

Notwendig in einer demokratischen Gesellschaft

Unter dem Punkt „notwendig" findet die eigentliche Prüfung der **Verhältnismäßigkeit des Mittels mit dem vom Staat verfolgten, berechtigten Ziel** statt: Sie hat bei der Prüfung von Eingriffen nach Abs. 2 besondere Bedeutung.[29]   12

Eine historisch tradierte Übung ist nicht schon deswegen notwendig in einer demokratischen Gesellschaft, wenn sie einer Pflicht zu einem Treuebekenntnis zu einer Religion gleichkommt: Es verstößt daher gegen Art. 9, wenn verlangt wird, dass neu gewählte Parlamentarier einen Eid auf die Evangelien leisten müssen, um ihr Amt antreten zu können.[30] Der EGMR berücksichtigt jedoch den historischen Zusammenhang und die Besonderheiten der Religion.[31]

Die **demokratische Gesellschaft** wird herangezogen, um die verschieden, auch widersprüchlichen Aufgaben des religiös neutralen Staates in einer pluralistischen Gesellschaft zu unterstreichen.[32] Sie dient damit einerseits zur Begründung eines Ermessensspielraums, wenn verschiedene demokratische Staaten verschiedene Lösungswege verfolgen; betont aber auch, dass der Staat gefordert ist, religiöse Vielfalt und Gepflogenheiten zu ertragen, wenn nicht ein anderes schützenswertes öffentliches Gut gefährdet wird. **Wenn in einem Staat mehrere Religionsgemeinschaften bestehen,** kann es notwendig sein, die Religionsfreiheit zu beschränken, um die Interessen der verschiedenen Gemeinschaften auszugleichen und sicherzustellen, dass der Glaube jeder Person geachtet wird (vgl. zu Abs. 2 → Rn. 21 ff.). **Der Staat hat dann die Rolle eines neutralen und unparteiischen Schlichters,** der die Ausübung der verschiedenen religiösen Glauben und Überzeugungen regelt, und das ist für die öffentliche Ordnung, die Harmonie und Toleranz in einer demokratischen Gesellschaft wesentlich. Er muss in diesem Sinne Toleranz gegenüber den verschiedenen   13

---

27 EGMR 10.2.2015 – 15452/07, Rn. 29 – *Dimitrova/Bulgarien;* EGMR 27.1.2011 – 77185/01, Rn. 51 – *Boychev* ua/*Bulgarien.*

28 S. zur Qualität einer Ermächtigungsgrundlage im religiösen Kontext: EGMR 26.10.2000 – 30985/96 (GK), Slg 00-XI Rn. 84 – *Hasan und Chaush /Bulgarien.*

29 EGMR 25.5.1993 – 14307/88, Serie A 260 – A, Rn. 49 – *Kokkinakis/Griechenland.*

30 EGMR 18.2.1999 – 24645/94 (GK), Slg 99-I Rn. 41 – *Buscarini/San Marino.*

31 EGMR 15.9.2009 – 798/05, Rn. 81 – *Mirolubovs* ua/*Lettland.*

32 EGMR 1.7.2014 – 43835/11 (GK), Rn. 126 ff. – *S.A.S./Frankreich.*

Gruppen sicherstellen, **darf aber nicht darüber entscheiden, ob ein Glaube oder die zum Bekenntnis benutzten Mittel legitim sind.**[33] Aufgabe der Behörden ist es nicht, bestehende Spannungen durch Aufgabe von Pluralismus zu beseitigen, sondern zu gewährleisten, dass sich unterschiedliche Gruppen tolerieren. Dabei gilt, dass sich Individualinteressen gelegentlich Gruppeninteressen unterordnen müssen, **Demokratie aber nicht notwendig meint, dass die Mehrheit stets überwiegen muss.** Es muss ein Ausgleich gefunden werden, der auch die Minderheitsinteressen berücksichtigt und einen Missbrauch der Mehrheit verhindert. Der Pluralismus muss auf Dialog und den Geist der Kooperation gegründet sein. Weil in solchen Fragen sehr unterschiedliche Auffassungen bestehen können, erkennt der EGMR einen Ermessensspielraum des Staates an.[34] Zum Verbot des islamischen Kopftuchs → Rn. 20, zum **Kruzifix** in öffentlichen Gebäuden siehe Art. 2 Zusatzprot. → Rn. 5.[35]

14 Der Staat hat einen **Ermessensspielraum,** der wegen der in den Mitgliedsstaaten bestehenden unterschiedlichen Auffassungen beträchtlich, aber einer europäischen Kontrolle unterworfen ist.[36]

Einzelfälle

15 Eine Verletzung hat der EGMR bei Beschränkungen der Bewegungsfreiheit angenommen, die eine Bevölkerungsgruppe erheblich daran gehindert hat, ihren Glauben auszuüben.[37] Dagegen verstößt es nicht gegen Art. 9, wenn eine Geldstrafe verhängt wird, weil eine Wohnung ohne notwendige Erlaubnis der Miteigentümergemeinschaft und baurechtliche Genehmigung für religiöse Versammlungen genutzt wird.[38] Eine Beschränkung der Religionsfreiheit, dadurch dass der Zugang zu gesundheitsgefährdenden Rauschmitteln, die bei religiösen Gottesdiensten benutzt werden, strafbewehrt ist, ist mit Art. 9 vereinbar.[39]

16 Die Verurteilung einer Privatperson, die Mitglied der Zeugen Jehovas ist, nach dem griechischen Gesetz gegen **Proselytismus** ist eine Verletzung von Art. 9.[40] Dagegen darf der Staat von seinem militärischem

---

33 EGMR 15.9.2009 – 98/05, Rn. 80 – *Mirolubovs* ua/*Lettland.*
34 EGMR 10.11.2005 – 44774/98, Slg 05-XI Rn. 108 f. – *Leyla Sahin/Türkei*; EGMR 27.6.2000 – 27417/95, Slg 00-VII Rn. 73 – *Cha'are Shalom Ve Tsedek/ Frankreich*; vgl. auch Rn. 20.
35 EGMR 18.3.2011 – 30814/06 (GK), Slg 11-III Rn. 29 ff. – *Lautsi u.a/Italien.*
36 EGMR 10.11.2005 – 44774/98 (GK), Slg 05-XI Rn. 109 – *Leyla Sahin/Türkei.*
37 EGMR 10.5.2001 – 25781/94 (GK), Slg 01-IV Rn. 245 – *Zypern/Türkei.*
38 EGMR 7.6.2005 – 74242/01 (Teilentscheidung) – *Tanyar* ua/*Türke.*
39 EGMR 6.5.2014 – 28167/07 – *Fränklin-Beentjes* ua/*Niederlande.*
40 EGMR 25.5.1993 – 14307/88, Serie A 260-A, Rn. 49 – *Kokkinakis/Griechenland.*

Personal verlangen, sich hinsichtlich missionarischer Betätigung im Dienst zurückzuhalten.[41] Das gilt entsprechend auch für Lehrer an öffentlichen Schulen (→ Rn. 20).

Ein Recht auf **Kriegsdienstverweigerung** aus Gewissensgründen folgt aus der Konvention nicht. Auch die Bestrafung wegen Verweigerung des Ersatzdienstes durch einen Kriegsdienstverweigerer verstößt nicht gegen Art. 9.[42] Der EGMR verweist dabei auf Art. 4 III lit. b. Sanktionen können aber Konventionsrechte nach Art. 9 verletzen, zB die häufig wiederholte Bestrafung wegen der Weigerung, Uniform zu tragen.[43] — 17

Die staatliche **Warnung vor Sekten** ist ein Eingriff in die Religionsfreiheit. Die Staaten dürfen prüfen, ob eine Bewegung oder ein Verein zur Verfolgung von angeblich religiösen Zielen Tätigkeiten ausübt, die der Bevölkerung oder der öffentlichen Sicherheit schaden. Der EGMR wägt zwischen der Religionsfreiheit und der Pflicht der Behörden ab, der Öffentlichkeit Informationen über Fragen des Allgemeininteresses zu geben.[44] — 18

Kirchensteuern

Der Staat muss Agnostikern die Möglichkeit geben, keine Kirchensteuern zu bezahlen,[45] Beiträge zu allgemeinen Verwaltungsaufgaben, die die Kirchen anstelle des Staates durchführen, sind aber möglich, s. zur schwedischen Kirchensteuer und Nichtgläubigensteuer.[46] — 19

Steuerzahler können aber nicht aus Gewissensgründen verlangen, dass Steuern nicht zu bestimmten Zwecken verwandt werden.[47]

Einschränkung des Tragens religiöser Symbole, insbesondere des islamischen Kopftuchs: Sie ist zulässig, wenn sie notwendig ist, um **Rechte und Freiheiten anderer, die öffentliche Ordnung oder Sicherheit zu schützen.**[48] Sicherheitskontrollen an Flughäfen und öffentlichen Gebäuden, Notwendigkeit eines Fotos ohne Kopftuch, Ver- — 20

---

41 EGMR 24.2.1998 – 23372/94, Slg 98-I Rn. 50 ff. – *Larissis/Griechenland.*
42 EGMR 27.10.2009 – 23459/03, Rn. 60,63 – *Bayatyan/Armenien.*
43 EGMR 3.6.2014 – 4017/08, Rn. 88 – *Burla/Türkei;* EGMR 24.1.2006 – 39437/98, Rn. 53 – *Ülke/Türkei.*
44 EGMR 6.11.2008 – 58911/00, Rn. 92 ff. – *Leela Förderkreis eV ua/Deutschland* zu Warnungen vor der Bhagwan-Bewegung.
45 EKMR 4.12.1983 – 10616/83, DR 40 – *Gottesmann/Schweiz.*
46 EKMR 11.4.1988 – 11581/85, DR 56-B 173 – *Darby/Schweden;* EGMR 28.8.2001 – 32196/96 – *Bruno/Schweden.*
47 EKMR 15.12.1983 – 10358/83, DR 37, 142 – *C/Vereinigtes Königreich.*
48 EGMR 15.1.2013 – 48420/10, Slg 13-I (Auszüge) Rn. 103 – *Eweida/Vereinigtes Königreich.*

pflichtung, auf dem Motorrad statt eines Turbans einen Helm zu tragen wurden nicht beanstandet.[49]

In Bildungseinrichtungen:

Der Grundsatz der **Laizität** an öffentlichen Schulen und Universitäten kann ein Verbot rechtfertigen. Das Tragen religiöser Symbole ist aber nicht notwendig mit dem Grundsatz der Laizität unvereinbar, es kommt auf die Umstände an. Die Behörden müssen sicherstellen, dass das Bekenntnis einer Religion an einer Schule nicht zu einer demonstrativen Handlung wird, die Zwang und Ausgrenzung anderer bedeutet. Sie müssen zB Anhänger fundamentalistischer Religionen daran hindern, andere unter Druck zu setzen, die eine Religion nicht praktizieren oder einer anderen angehören.[50] So kann **Lehrern** das Tragen von Kopftüchern in der Schule im Interesse der religiösen Neutralität staatlicher Schulen verboten werden.[51] Kreuze in öffentlichen Schulgebäuden verletzen nicht Artikel 2 Prot. 1, sondern fallen in die Ermessensfreiheit des Mitgliedsstaates.[52]

In der Öffentlichkeit:

In einer Entscheidung hat der EGMR das türkische Verbot des öffentlichen Tragens religiöser Bekleidung durch Privatleute außerhalb von religiösen Zeremonien für unzulässig gehalten.[53] Bezüglich des französischen Verbots, die **Burka** (Gesichtsschleier bis auf einen Augenschlitz) auf öffentlichen Plätzen zu tragen, hat der Gerichtshof den Aspekt der Gesichtsverschleierung betont. Dabei folgte es der Gesetzesbegründung, dass das offene Gesicht notwendig für ein gesellschaftliches Zusammenleben sei.[54] Die Entscheidung hat große Aufmerksamkeit erhalten.[55]

Am Arbeitsplatz:

Das Tragen einer Halskette mit Kreuz zur Arbeitskleidung kann nicht verboten werden, es sei denn wichtige Gründe aus der Natur des Arbeitsplatzes (etwa allgemeine Hygienevorschriften im Kran-

---

49 Vgl. die Zusammenstellung in EGMR 4.12.2008 – 27058/05, Rn. 64 – *Dogru/ Frankreich*.
50 EKMR. 3.5.1993 – 16278/90, DR 74,93 – *Kraduman/Türkei* – Verbot des Kopftuchs für Studenten an der Universität; ebenso EGMR 10.11.2005 – 44774/98, Slg 05-XI Rn. 116 ff. – *Leyla Sahin/Türkei*; EGMR 4.12.2008 – 27058/05, Rn. 71 – *Dogru/Frankreich*.
51 EGMR 15.2.2001 – 42393/98, Slg 01-V – *Dahlab/Schweiz*; vgl. Hofmann, NVwZ 2009, 74.
52 EGMR 18.3.2011 – 30814/06 (GK), Slg 11-III – *Lautsi u.a/Italien*.
53 EGMR 23.2.2010 – 41135/98, Rn. 49 – *Ahmet Arslan* ua /Türkei.
54 EGMR 1.7.2014 – 43835/11 (GK), Rn. 156 – *S.A.S./Frankreich*.
55 Grabenwarter, Struth, EuGRZ 2015, 1; Jung GA 2015, 35.

kenhaus oder Unfallschutzvorschriften beim Bedienen von Maschinen) liegen vor.[56]

Aus Artikel 9 folgt kein **Recht auf Aufenthalt** in einem Mitgliedsstaat   21
oder ein **Abschiebungsverbot** in einen Drittstaat, weil dort die Religion verfolgt wird.[57] Wenn die Verfolgung allerdings Rechte aus Art. 2 oder 3 der Konvention berührt, so folgt aus diesen Rechten ein Abschiebungsverbot (→ Art. 3 Rn. 80).

V. Träger des Rechts („victim" status)

Neben natürlichen Personen können Vereinigungen die in Art. 9 ga-   22
rantierten Rechte ihrer Mitglieder geltend machen (Art. 34).[58] Relevant wird die Frage vor allem bei staatlichen Registrierungserfordernissen von Religionsgemeinschaften.[59]

Die Formulierung, dass Religionsgemeinschaften die Rechte ihrer Mitglieder geltend machen, ist missverständlich. Eine Beschwerde einer Religionsgemeinschaft, dass ihre Anhänger diskriminiert werden, ist als unzulässig abgelehnt worden.[60] Eine Vereinigung kann also im Umkehrschluss, nur die Rechte ihrer Mitglieder aus Art. 9 als eigene geltend machen, die gerade in der kollektiven Vereinigung ihren Niederschlag gefunden haben. Ob sich Vereinigungen auch auf eine Verletzung ihrer Gewissensfreiheit berufen können, wurde in einer älteren Entscheidung der Kommission abgelehnt.[61] Auch auf eigene Gedanken- und Religionsfreiheit wird sie sich wohl nicht berufen können.

Kollektive Komponente von Artikel 9

Art. 9 schützt zusammen mit Art. 11 das Recht, sich frei und ohne   23
willkürliche staatliche Eingriffe zusammenzuschließen und eine juristische Person zu gründen.[62] Wenn ein gesetzlicher Rahmen für die Verleihung der Rechtsfähigkeit an eine religiöse Gruppierung besteht, muss der Staat allen, die das wünschen, eine faire Möglichkeit

---

56 EGMR 15.1.2013 – 48420/10, Slg 13-I (Auszüge) Rn. 95, 100 – *Eweida/Vereinigtes Königreich.*
57 EGMR 28.2.2006 – 27034/05, Slg 06-III, – *Z. und T./Vereinigtes Königreich.*
58 EGMR 27.6.2000 – 27417/95 (GK), Slg 00-VII Rn. 72 – *Cha'are Shalom Ve Tsedek/Frankreich.*
59 EGMR 2.10.2014 – 27191/06, Rn. 37 mwN – *Scientology Kirche Sankt Petersburg* ua/*Russland.*
60 EKMR 7.4.1997 – 34614/97 (Plenum) – *Scientology Kirche Deutschland eV/ Deutschland.*
61 EKMR 12.10.1988 – 11921/86, DR 57, 81 – *Kontakt-Informations-Therapie und Hagen/Österreich.*
62 EGMR 1.10.2009 – 76836/01, Slg 09-IV Rn. 84 – *Kimlya* ua/*Russland.*

geben, diesen Status zu erwerben.[63] Der Staat muss außerdem für ein zügiges Verfahren sorgen.[64]

Wenn der Staat ablehnt, eine **Religionsgemeinschaft zu registrieren,** prüft der EGMR das nach Art. 9 i.V. mit Art. 11, der das Leben in Gemeinschaften gegen unberechtigte staatliche Eingriffe schützt.[65]

24 **Die Autonomie religiöser Gemeinschaften** ist für einen Pluralismus unabdingbar und gehört zum Wesensgehalt der von Art. 9 gewährten Garantie. Art. 9 garantiert das unabhängige Bestehen von Religionsgemeinschaften als notwendige Voraussetzung für den Pluralismus in einer demokratischen Gesellschaft.

Innere Organisation von Religionsgemeinschaften: Die Gemeinschaft bestimmt, wer Mitglied sein kann und wer ausgeschlossen wird. Der Staat darf insoweit keinen Zwang ausüben. Art. 9 garantiert auch kein Recht darauf, in der Gemeinschaft Dissident zu sein, wohl aber das Recht, die Gemeinschaft zu verlassen.[66] Zur inneren Autonomie gehört auch das Recht, autonom über dienstrechtliche Angelegenheiten z.B der Priester oder die kirchliche Lehrerlaubnis von Religionslehrer zu entscheiden.[67]

Kirchliches Arbeitsrecht

25 Der EGMR hat sich seit dem Jahr 2010 mit dem kirchlichen Arbeitsrecht in verschiedenen Konstellationen auseinandergesetzt:

Als „klassischer" Eingriff in die Vereinigungsfreiheit, dadurch dass der Staat sich weigerte, eine neue Vereinigung von Priestern einer Religionsgemeinschaft, die sich arbeitsrechtlichen Problemen der angestellten Priester widmen wollte, in das staatliche Gewerkschaftsregister einzutragen, da diese von der Religionsgemeinschaft nach deren Vorschriften nicht anerkannt worden war.[68] Aus der Neutralitäts-

---

63 EGMR 12.3.2009 – 42967/98, Rn. 53 – *Löffelmann/Österreich.*
64 EGMR 21.7.2008 – 40825/98, Rn. 77 ff. – *Religionsgemeinschaft der Zeugen Jehovas/Österreich;* EGMR 1.10.2009 – 76836/01, Slg 09-IV Rn. 98 – *Kimlya ua/Russland.*
65 EGMR 2.10.2014 – 27191/06, Rn. 37 mwN – *Scientology Kirche Sankt Petersburg ua/Russland;* EGMR 15.7.2007 – 18147/02, Rn. 64, 72 – *Scientology Kirche Moskau/Russland;* EGMR 26.10.2006 – 30985/96, Slg 00-XI Rn. 62 – *Hasan u. Chaush/Bulgarien;* EGMR 31.7.2008 – 40825/98, Rn. 61 – *Religionsgemeinschaft der Zeugen Jehovas ua/Österreich.*
66 EGMR 15.9.2009 – 798/05, Rn. 80 – *Mirolubovs ua/Lettland.*
67 EGMR 12.6.2014 – 56030/07 (GK), Rn. 148 ff. – *Fernandez Martinez/Spanien* zu einer Lehrerlaubnis als Religionslehrer an staatlichen Schulen; EGMR 23.9.2008 – 48907/99, Rn. 42 – *Ahtinen/Finnland.* Zum deutschen Recht BVerfG NJW 2009, 1195; BGHZ 154, 306; OVG Koblenz NJW 2009, 1223; *Weber,* NJW 2009, 1179; *Schliemann,* NJW 2005, 392.
68 EGMR 9.7.2013 – 2330/09 (GK), Slg 13-V Rn. 168 – *Sindicatul „Pastorul Cel Bun"/Rumänien;* s. auch Urteilsbesprechung *Reichold,* EuZA 2014, 386.

pflicht des Staates, die die nationalen Gerichte bei der Ablehnung der Eintragung befolgt hatten, folgerte eine Mehrheit der Großen Kammer, dass keine Verletzung des Rechts auf Vereinigungsfreiheit vorläge.[69]

Kündigungsschutzklagen gegen die kündigende Religionsgemein- 26 schaft.[70] Nach Auffassung der Religionsgemeinschaft hatten die Beschwerdeführer gegen zentrale Loyalitätspflichten, die im Arbeitsverhältnis festgelegt waren, verstoßen; die Beschwerdeführer begründeten ihr Verhalten hingegen mit ihrem Recht auf Privatleben bzw. Religionsfreiheit.[71] Der EGMR hatte zu prüfen, ob die staatlichen Gerichte die verschiedenen Menschenrechtspositionen in einen angemessenen Ausgleich gebracht haben. Dabei ist die Nähe der Tätigkeit der Beschwerdeführer zur kirchlichen Lehre und deren Verkündungsauftrag bzw. der drohende Glaubwürdigkeitsverlust, aber auch die Auswirkungen der Kündigung auf das weitere Berufsleben des Beschwerdeführers zu berücksichtigen. In allen Fällen betont der EGMR, dass die Mitgliedsstaaten einen Gestaltungsspielraum besitzen.

VI. Verhältnis zu anderen Artikeln der Konvention

Mit Art. 9 steht **Art. 2 Prot. Nr. 1** in Zusammenhang (Recht der El- 27 tern, die Erziehung und den Unterrichtung entsprechend ihren eigenen religiösen und weltanschaulichen Überzeugungen sicher zu stellen).[72]

Eine **Verletzung von Artikel 14 zusammen mit Artikel 9** wird häufig 28 neben einer isolierten Verletzung von Artikel 9 gerügt. Der Unterschied in der rechtlichen Prüfung besteht darin, dass sobald der Anwendungsbereich des Artikels 9 im konkreten Fall eröffnet ist, das Diskriminierungsverbot nach Artikel 14 geprüft wird. Eine Prüfung der Eingriffsqualität oder der positiven Schutzpflicht in Artikel 9 entfällt.

---

69 EGMR 9.7.2013 – 2330/09 (GK), Sgl. 13-V Rn. 168 – *Sindicatul „Pastorul Cel Bun"/Rumänien*; s. auch Urteilsbesprechung *Reichold*, EuZA 2014, 386.
70 S. dazu *Grabenwarter* in *Kämper/Puttler*, Straßburg und das kirchliche Arbeitsrecht, 2013, 9.
71 EGMR 23.9.2010 – 425/03, Rn. 52 – *Obst/Deutschland*; EGMR 23.9.2010 – 1620/03, Slg 10-V Rn. 43 *Schüth/Deutschland*; EGMR 3.2.2011 – 18136/02, Rn. 38 ff. – *Siebenhaar/Deutschland*.
72 EGMR 13.9.2011 – 319/08, *Dojan/Deutschland* hinsichtlich der Pflicht von Eltern, ihre Kinder am schulischen Sexualkundeunterricht teilnehmen zu lassen, obwohl sie aus religiösen Gründen diesen Unterrichtsinhalt ablehnen, und EGMR 18.3.2011 – 30814/06 (GK), Slg 11-III Rn. 29 – *Lautsi u.a/Italien* Kruzifixe in öffentlichen Schulen.

Als Verstoß gegen Art. 14 iVm Art. 9 hat der Gerichtshof eine gerichtliche Entscheidung in Österreich gewertet, wonach einer den **Zeugen Jehovas** angehörenden Frau wegen etwaiger Schwierigkeiten bei Blutübertragungen die Personensorge für ein Kind nicht übertragen worden ist[73] (→ Art. 14 Rn. 27).

Auch Regelungen über die Befreiung vom Wehrdienst für Angehörige des Klerus fallen in den Anwendungsbereich von Art. 9, so dass Art. 14 gilt.[74]

Für die Verpflichtung von Standesbeamten auch homosexuelle Partnerschaften zu beurkunden, bzw. Psychologen auch homosexuelle Paare zu beraten: keine Verletzung von Artikel 14 zusammen mit Artikel 9.[75]

29 Es gibt ferner häufig Überschneidungspunkte des Anwendungsbereiches des Art. 9 mit dem der Meinungsfreiheit nach Art. 10, mit dem Recht auf Achtung des Privatlebens nach Art. 8 und mit der Vereinigungsfreiheit nach Art. 11. In der Rechtsprechung des EGMR ist eine gewisse Tendenz festzustellen, bei Beschwerden unter mehreren Artikeln die Beschwerde eher unter dem Blickwinkel eines „anderen" Freiheitsrechts, etwa Artikel 8 oder 10 oder Artikel 1 Prot. 1, zu prüfen.[76]

30 **Artikel 17** kann den Anwendungsbereich von Artikel 9 ausschließen. Ein Verein, der sich auf religiöse Überzeugungen stützt, aber die in der Konvention gewährten Rechte zu Zwecken nutzt, die ihren Werten, insbesondere dem Eintreten für eine friedliche Lösung internationaler Konflikte und die Unverletzlichkeit menschlichen Lebens, klar entgegenstehen, ist von dem Schutz der Konvention ausgeschlossen.[77]

VII. Deutsches Recht

31 **Deutsches Recht:** Aus Art. 4 I, 3 III 1, 33 Abs. 3 GG sowie Art. 136, 137 WRV i.V. mit Art. 140 GG wird die Pflicht zur weltanschaulichen Neutralität des Staates abgeleitet. Der Staat darf keine Staats-

---

73 EGMR 26.6.1993 – 12875/87, Serie A 255-C, Rn. 35 – *Hoffmann/Österreich*.
74 EGMR 12.3.2009 – 42967/98, Rn. 48 – *Löffelmann/Österreich*.
75 EGMR 15.1.2013 – 48420/10, Slg 13-I (Auszüge) Rn. 106, 109 – *Eweida/Vereinigtes Königreich*.
76 EGMR 13.7.2012 – 16354/06, Slg 12-IV, Rn. 28 *Mouvement Raelien* (Bewegung für den Empfang der Außerirdischen)/*Schweiz*, in dem es um die Nutzung gemeindlicher Anschlagstafeln für die Aufmerksamkeits-werbung für die Organisation ging, oder EGMR 26.6.2012 – 9300/07 (GK), Rn. 106 *Herrmann/Deutschland*, den Fall eines Jagdgegners und Tierschützers.
77 EGMR 12.6.2012 31098/08, Rn. 74 *Hizb-ut-Tahrir* ua/*Deutschland*.

kirche förmlich einführen, darf sich nicht mit einer Religionsgemeinschaft identifizieren[78] und darf nicht bestimmte Bekenntnisse privilegieren[79] oder Andersgläubige ausgrenzen. Er darf keine gezielte Beeinflussung im Dienst einer bestimmten Richtung betreiben. Das
Neutralitätsgebot verpflichtet auch dazu, Glauben und Lehre einer
Religionsgemeinschaft nicht zu bewerten.[80] Die Verpflichtung von
Lehrern an staatlichen Schulen, die eigene Zugehörigkeit zu einer Religion nicht durch Befolgung religiös begründeter Bekleidungsvor-
schriften sichtbar werden zu lassen, ist ein Eingriff in die Religionsfreiheit, der einer hinreichend bestimmten gesetzlichen Grundlage bedarf.[81] Ein landesweites gesetzliches Verbot religiöser Bekundungen
durch das äußere Erscheinungsbild schon wegen der bloß abstrakten
Eignung zur Begründung einer Gefahr für den Schulfrieden oder die
staatliche Neutralität in einer öffentlichen bekenntnisoffenen Ge-
meinschaftsschule ist unverhältnismäßig.[82]

Vertraglich vereinbarte Loyalitätsobliegenheiten in kirchlichen Ar-
beitsverhältnissen unterliegen der Überprüfung durch staatliche Gerichte, diese haben den Grundsatz der kirchlichen Autonomie im
Einzelfall mit den Interessen des Arbeitnehmers abzuwägen.[83]

Schutz vor Abschiebung im deutschen Recht: Nach deutschem Recht   32
ist eine Abschiebung unzulässig (§ 60 V AufenthaltsG iVm Art. 9
EMRK), wenn in dem Zielstaat der unveräußerliche Kern der Religionsfreiheit bedroht ist, das sog **religiöse Existenzminimum**.[84] Der
deutsche Schutz reicht insofern etwas weiter als der durch die Konvention (s. oben → Rn. 21).

Artikel 10 Freiheit der Meinungsäußerung

(1) [1]Jede Person hat das Recht auf freie Meinungsäußerung. [2]Dieses
Recht schließt die Meinungsfreiheit und die Freiheit ein, Informationen und Ideen ohne behördliche Eingriffe und ohne Rücksicht auf

---

78 BVerfGE 30, 415, 422; BVerfGE 93, 1, 17.
79 BVerfGE 19, 206, 216; BVerfGE 93, 1, 17.
80 BVerfGE 52, 233 – Schulgebet; BVerfGE 93, 1 – Kruzifix im Schulraum, BVerfG
    NJW 2002, 2626; NVwZ-RR 2002, 801; NJW 2003, 2815 – Kopftuch einer
    Verkäuferin; BVerwG NJW 2002, 3344 und zum Schächten BVerfG NJW 2002,
    302 mit Besprechung *Oebbeke*, NVwZ 2002, 302.
81 BVerfGE 108, 282; BVerfG NJW 2003, 3111, NJW 2009, 1289 – Kopftuch
    einer Lehrerin.
82 BVerfG NJW 2015, 1359.
83 Zum Fall eines wiederverheirateten Chefarztes eines „katholischen" Kranken-
    hauses: BVerfG NZA 2014, 1387 mit Anmerkung *Edenharter*.
84 BVerwG NVwZ 2004, 1000; NVwZ 2005, 704, 706; 2009, 1167; BVerwG
    NVwZ 2000, 1302.

Staatsgrenzen zu empfangen und weiterzugeben. [3]Dieser Artikel hindert die Staaten nicht, für Hörfunk-, Fernseh- oder Kinounternehmen eine Genehmigung vorzuschreiben.

(2) Die Ausübung dieser Freiheiten ist mit Pflichten und Verantwortung verbunden; sie kann daher Formvorschriften, Bedingungen, Einschränkungen oder Strafdrohungen unterworfen werden, die gesetzlich vorgesehen und in einer demokratischen Gesellschaft notwendig sind für die nationale Sicherheit, die territoriale Unversehrtheit oder die öffentliche Sicherheit, zur Aufrechterhaltung der Ordnung oder zur Verhütung von Straftaten, zum Schutz der Gesundheit oder der Moral, zum Schutz des guten Rufes oder der Rechte anderer, zur Verhinderung der Verbreitung vertraulicher Informationen oder zur Wahrung der Autorität und der Unparteilichkeit der Rechtsprechung.

I. Grundsätzliches

1   Die Interpretation und Anwendung der Meinungsfreiheit erfolgt in der Rechtsprechung des EGMR vor dem Hintergrund ihres Verständnisses als eine der wesentlichen Grundlagen einer demokratischen Gesellschaft und eine der elementaren Bedingungen für den Fortschritt einer solchen Gesellschaft und für die Persönlichkeitsentfaltung jedes Einzelnen.[1] Politische **Demokratie** erscheint dabei nicht

---

1 EGMR 19.1.2006 – 59491/00, Rn. 60 – *United Macedonian Organisation Ilinden* ua/*Bulgarien*.

nur als wesentliches Element der europäischen öffentlichen Ordnung; die EMRK sei vielmehr dazu bestimmt, die Ideale und Werte einer demokratischen Gesellschaft zu schützen und zu fördern. Demokratie sei das einzige politische Modell, das von der Konvention in Betracht gezogen werde und mit ihr vereinbar sei.[2]

Charakteristisch für eine demokratische Gesellschaft seien dabei **Pluralismus**, Toleranz und Aufgeschlossenheit bzw. Weltoffenheit.[3] Pluralismus sei dabei in letzter Instanz von den Konventionsstaaten zu garantieren[4] und stütze sich auf die aufrichtige Anerkennung von und den Respekt vor Vielfalt und dem Kräftespiel kultureller Traditionen, ethnischer und kultureller Identitäten, religiöser Überzeugungen und künstlerischer, literarischer und sozioökonomischer Ideen und Konzepte[5]. Selbst wenn diese Pluralität zu Spannungen führe, dürfe sich das Handeln des Staates nicht gegen den Pluralismus richten; er müsse vielmehr sicherstellen, dass sich die beteiligten Gruppierungen tolerierten.[6] Demokratie beschränkt sich nach diesem Verständnis daher nicht auf Mehrheitsentscheidungen; sie verlange vielmehr ein Gleichgewicht, das auch Minderheiten eine gerechte Behandlung sichere und jeden Missbrauch einer beherrschenden Stellung verhindere.[7]

Ein weiteres Charakteristikum der Demokratie ist nach Ansicht des Gerichtshofs, dass in ihr die Problemlösung gewaltlos und durch Dialog erfolge:[8] Es gehöre zum Wesen der Demokratie, dass dort verschiedene politische Programme vorgeschlagen und debattiert werden könnten.[9] Die **freie politische Debatte** stelle das Herzstück einer demokratischen Gesellschaft dar.[10]

2 Zum Ganzen s. nur EGMR 14.2.2006 – 28793/02, Rn. 63 – *Parti Populaire Démocrate-Chrétien/Modawien*.
3 S. nur EGMR 14.2.2006 – 28793/02, Rn. 64 – *Parti Populaire Démocrate-Chrétien/Modawien*.
4 EGMR 3.5.2007 – 1543/06, Rn. 64 – *Baczkowski ua/Polen*.
5 S. nur EGMR 3.5.2007 – 1543/06, Rn. 62 – *Baczkowski ua/Polen*.
6 S. nur EGMR 15.1.2009 – 74651/01, Slg 09-I (Auszüge) Rn. 65 – *Association of Citizens Radko and Paunkovski/FYRM*.
7 S. nur EGMR 14.2.2006 – 28793/02, Rn. 64 – *Parti Populaire Démocrate-Chrétien/Modawien*. Zur Bedeutung der Vereinigungsfreiheit speziell für Angehörige von Minderheiten s. EGMR 17.2.2004 – 44158/98 (GK), Slg 04-I Rn. 93 – *Gorzelik ua/Polen*.
8 S. nur EGMR 17.9.2009 – 13936/02, Slg 09-IV (Auszüge) Rn. 95 – *Manole ua/Modawien*.
9 S. nur EGMR 7.6.2012 – 38433/09 (GK), Slg 12-III Rn. 129 – *Centro Europa 7 s.r.l ua/Italien*.
10 S. nur EGMR 8.7.2014 – 53413/11, Rn. 104 – *Sik/Türkei*.

4   Weiter zeichne sie sich durch die **Kontrolle** der Regierung[11] und der Justiz[12] aus.

5   Eine besondere Rolle in einer demokratischen Gesellschaft komme dabei den **politischen Parteien** zu, die die Meinungen innerhalb der Bevölkerung eines Staates – in den politischen Institutionen, aber auch über die Medien – wiederspiegelten. Sie tragen damit nach der Ansicht des Gerichtshofes auf eine nicht zu ersetzende Weise zur politischen Debatte bei. Ohne ihren Wettbewerb könne es zudem keine freie Wahlen im Sinne des Art. 3 Prot. Nr. 1 geben.[13]

6   Während politische Parteien sich dadurch auszeichneten, dass sie als einzige Organisationen zur Wahl stünden und ihre Mitglieder die von ihnen vorgeschlagenen Gesellschaftsmodelle umsetzen könnten, wenn sie an die Macht kämen,[14] partizipierten die Bürger aber auch in großem Ausmaß durch sonstige **Vereinigungen** am demokratischen Prozess[15]. Letztere charakterisiert der Gerichtshof als soziale Wachhunde, wodurch ihnen ein der Presse vergleichbarer Schutz durch die Konvention zukomme.[16]

7   Diesen der **Presse** zukommenden Schutz begründet der Gerichtshof mit der wesentlichen Rolle, die diese in einer demokratischen Gesellschaft spiele, in der sie die Funktion habe, Informationen und Ideen über alle Fragen von öffentlichem Interesse zu verbreiten.[17] Sie trage damit zu den beiden oben beschriebenen Merkmalen der Demokratie – zur Meinungsbildung und – als öffentlicher Wachhund – zur Kontrolle der Regierung – bei.[18] In dieser Hinsicht spielen **Rundfunk** und **Fernsehen** für den Gerichtshof eine besondere Rolle, da Ton und Bild die Wirkung ihrer Berichterstattung noch verstärkten, zumal wenn sie innerhalb der häuslichen Privatsphäre empfangen würden.[19] Auch dem **Internet** misst er wegen seiner einfachen Zugänglichkeit

---

11   S. nur EGMR 8.7.2014 – 53413/11, Rn. 103 – *Sik/Türkei.*
12   S. nur EGMR 18.9.2012 – 3084/07, Rn. 38 – *Falter Zeitschriften GmbH/Österreich (Nr. 2).*
13   Zum Ganzen EGMR 14.2.2006 – 28793/02, Rn. 66 – *Parti Populaire Démocrate-Chrétien/Modawien.*
14   S. nur EGMR 20.10.2005 – 74989/01, Slg 05-X (Auszüge) Rn. 34 – *Ouranio Toxo ua/Griechenland.*
15   S. nur EGMR 3.5.2007 – 1543/06, Rn. 62 – *Baczkowski ua/Polen.*
16   EGMR 28.11.2013 – 39534/07, Rn. 34 – *Österreichische Vereinigung/Österreich.*
17   S. nur EGMR 10.7.2014 – 48311/10, Rn. 55 – *Axel Springer AG/Deutschland (Nr. 2).*
18   S. nur EGMR 16.7.2013 – 1562/10, Rn. 61 – *Remusko/Polen.*
19   S. nur EGMR 7.6.2012 – 38433/09 (GK), Slg 12-III Rn. 132 – *Centro Europa 7 s.r.l ua/Italien.*

und seiner enormen Speicherkapazität eine wichtige Rolle bei der Verbreitung von Information bei.[20]

II. Schutzbereich

1. Ideen

Art. 10 schützt **Werturteile**.[21]   8

Hinsichtlich der Themen, die diese Werturteile betreffen können, fin-   9
den sich in der Rechtsprechung des Gerichtshofs Passagen, die darauf hindeuten könnten, dass der Schutz auf (alle) Fragen von öffentlichem Interesse[22] beschränkt sein könnte. Diese Formulierung bezieht sich in erster Linie – aber nicht nur[23] – auf die Aufgabe der
Presse. Erklären könnte sie sich vor dem Hintergrund des vom Gerichtshof geäußerten Verständnisses, dass die Meinungsfreiheit kein
Selbstzweck sei, sondern ein Mittel, um eine pluralistische demokratische Gesellschaft zu errichten[24]. Im Wortlaut des Art. 10 Abs. 1 findet sich für eine derart einschränkende Auslegung jedoch keine Stütze. Art. 10 Abs. 2 und die Präambel der Konvention verweisen zwar
auf eine demokratische politische Ordnung bzw. eine demokratische
Gesellschaft. Wenn Abs. 2 die Notwendigkeit in einer demokratischen Gesellschaft als Voraussetzung für die Rechtfertigung eines
Eingriffs in die Meinungsfreiheit aufstellt, kann dies aber nicht zur
Konsequenz haben, dass bereits der Schutzbereich auf Fragen von öffentlichem Interesse beschränkt wird. Es deutet vielmehr darauf hin,
dass Themen, bei denen eine Einschränkung in einer demokratischen
Gesellschaft nicht erforderlich ist, in besonderer Weise geschützt sind
und sogar eine Rechtfertigung eines Eingriffes ausscheidet. Ebenso
wenig weist die Präambel auf eine einschränkende Auslegung der
Meinungsfreiheit hin. Die in der Konvention geschützten Grundfreiheiten werden dort nicht als der Demokratie dienende Rechte beschrieben. Vielmehr ist danach eine wahrhaft demokratische politische Ordnung die beste Sicherung für den Schutz dieser Grundfreiheiten, die dadurch als primäres Schutzgut erscheinen. Dies kommt
in einer anderen Entscheidung des Gerichtshofs besser zum Ausdruck, in der festgestellt wird, dass der Inhalt einer Meinungsäuße-

---

20 S. nur EGMR 11.3.2014 – 20877/10, Rn. 24 – *Akdeniz/Türkei*.
21 EGMR 2.10.2012 – 57942/10, Rn. 27 – *Rujak/Kroatien*.
22 S. nur EGMR 10.7.2014 – 48311/10, Rn. 55 – *Axel Springer AG/Deutschland (Nr. 2)*.
23 S. nur EGMR 11.2.2014 – 4678/07 ua, Rn. 62 – *Tesic/Serbien*.
24 EGMR 30.6.2009 – 35579/03 ua, Rn. 63 – *Etxeberria Barrena Arza Nafar-
    roako Autodeterminazio Bilgunea ua/Spanien*.

rung und insbesondere die Frage, ob diese auf öffentliches Interesse stoße, die Eröffnung des Schutzbereichs des Art. 10 nicht beeinflussen könne[25]. Der Schutz der Meinungsfreiheit ist danach mit anderen Formulierungen des Gerichtshofes besser dahin gehend zu verstehen, dass er nicht auf bestimmte Arten von Meinungen beschränkt ist,[26] sondern sich auf **alle Arten von Werturteilen** bezieht[27]. Er ist damit auch unabhängig von dem vom Äußernden verfolgten Zweck und der Rolle, in der er dies tut[28]. Die freie Meinungsäußerung gilt daher auch für Äußerungen kommerziellen, werblichen[29] oder unterhaltenden[30] Charakters sowie im beruflichen Bereich,[31] vor Gericht und im Gefängnis. Davon sind nicht nur Anwälte[32] und die Parteien während eines Gerichtsverfahrens[33] umfasst, sondern auch Gefangene,[34] Beamte,[35] Soldaten,[36] Richter[37] und Abgeordnete – selbst für Reden im Parlament[38].

10 Geschützt sind dabei nicht nur der Meinungsinhalt, sondern auch die **Mittel**[39] und die **Art und Weise,**[40] in der er ausgedrückt wird. Das beinhaltet nicht nur Worte, Gesten oder auch Schweigen,[41] die Wahl der (Landes-)Sprache,[42] das Zeigen von Symbolen[43] oder auch das Sammeln von Unterschriften,[44] sondern auch die Veröffentlichung von Fotos[45] sowie Rundfunk,[46] Internet[47] und Internetarchive[48]. Ge-

---

25 EGMR 17.1.2008 – 25145/05, Rn. 39 – *Vasilakis/Griechenland.*
26 S. nur EGMR 3.11.2009 – 23693/03, Rn. 45 – *Bojolyan/Armenien.*
27 EGMR 18.10.2011 – 10247/09, Rn. 68 – *Sosinoswka/Polen.*
28 S. nur EGMR 18.12.2012 – 3111/10, Slg 12-VI Rn. 50 – *Ahmet Yildirim/ Türkei.*
29 S. nur EGMR 16.7.2013 – 1562/10, Rn. 59 – *Remuszko/Polen.*
30 EGMR 16.12.2008 – 23883/06, Rn. 44 – *Khurshid Mustafa* ua/*Schweden.*
31 S. nur EGMR 9.7.2013 – 51160/06, Rn. 69 – *Giovanni/Italien.*
32 EGMR 9.4.2013 – 10656/05, Rn. 29 – *Andreiescu/Rumänien.*
33 EGMR 11.3.2014 – 11503/12, Rn. 30 – *Lolo/Polen.*
34 S. nur EGMR 24.7.2012 – 13801/07, Rn. 42 – *Marin Kostov/Bulgarien.*
35 S. nur EGMR 9.7.2013 – 51160/06, Rn. 69 – *Giovanni/Italien.*
36 S. nur EGMR 12.11.2013 – 25330, Rn. 70 – *Joksas/Litauen.*
37 S. nur EGMR 27.5.2014 – 20261/12, Rn. 88 – *Baka/Ungarn.*
38 EGMR 22.5.2012 – 25256/05 – *Ivo Hvalica/Slowenien.* Für Kommunalvertretungskörperschaften s. nur EGMR 22.6.2010 – 41029/06, Rn. 45 – *Kurlowicz/ Polen.*
39 S. nur EGMR 19.2.2013 – 40397/12 – *Neij* ua/*Schweden.*
40 S. nur EGMR 15.5.2014 – 19554/05, Rn. 64 – *Taranenko/Russland.*
41 EGMR 24.7.2012 – 40721/08, Rn. 41 – *Faber/Ungarn.*
42 S. nur EGMR 22.1.2013 – 49197/06 ua, Rn. 52 – *Sükran Aydin* ua/*Türkei.* Anders aber für die bei einer Parlamentsdebatte benutzte Sprache, EGMR 21.9.2010 – 39426/06 – *Birk-Levy/Frankreich.*
43 EGMR 24.7.2012 – 40721/08, Rn. 36 – *Faber/Ungarn.*
44 EGMR 6.11.2008 – 68294/01, Rn. 70 – *Kandzhov/Bulgarien.*
45 S. nur EGMR 10.1.2013 – 36769/08, Rn. 34 – *Ashby Donald* ua/*Frankreich.*
46 S. nur EGMR 10.5.2012 – 25329/03, 63 – *Frasila* ua/*Rumänien.*
47 S. nur EGMR 19.2.2013 – 40397/12 – *Neij* ua/*Schweden.*
48 S. nur EGMR 16.7.2013 – 33846/07, Rn. 59 – *Wegrzynowski* ua/*Polen.*

schützt sind damit auch der Stil[49] und insbesondere auch Übertreibungen und Provokationen[50].

In der Rechtsprechung des Gerichtshofes geht dieser Schutz so weit, 11 dass auch Protestaktionen umfasst sind – selbst wenn dabei **körperliche Gewalt** eingesetzt wird, um eine den Protestierenden missliebige Veranstaltung zu sprengen oder sich Zugang zum gewünschten Veranstaltungsort zu verschaffen.[51]

Insofern erscheint es widersprüchlich, wenn der Gerichtshof in Frage 12 stellt, dass „**verbale**" Gewalt von Art. 10 geschützt werde. Zwar betont er in ständiger Rechtsprechung, dass auch Aussagen, die verletzen, angreifen, kränken, beleidigen bzw. anecken, ärgern oder vor den Kopf stoßen (offend/ heurter), schockieren oder beunruhigen, dem Schutz des Art. 10 unterfallen.[52] Er hat jedoch in einem Fall bereits die Anwendbarkeit des Art. 10 auf Aussagen ausgeschlossen, die einer mutwilligen Verunglimpfung gleichkamen und allein in der Absicht gemacht wurden zu beschimpfen.[53] In Anbetracht der in Abs. 2 eröffneten Möglichkeit, Eingriffe ua mit Blick auf den Schutz des guten Rufes und der Rechte anderer sowie die Aufrechterhaltung der Ordnung zu rechtfertigen, ist jedoch fraglich, ob eine solch einschränkende Auslegung erforderlich ist. Dies gilt umso mehr, als die Konvention mit Art. 17 eine explizite Bestimmung enthält, dass sie nicht so auszulegen ist, dass sie das Recht begründe, eine Tätigkeit auszuüben oder eine Handlung vorzunehmen, die darauf abzielt, die in der Konvention festgelegten Rechte und Freiheiten abzuschaffen, so dass gut begründet werden müsste, wie daneben noch Raum für weitere einschränkende Auslegungen bestehen kann.

2. Informationen

Ebenso sind **Tatsachen** von Art. 10 umfasst.[54]   13

Fraglich ist, ob dies auf wahre Tatsachen begrenzt ist. In diese Rich- 14 tung könnten Formulierungen des Gerichtshofs deuten, dass der

---

49 EGMR 19.7.2011 – 23954/10, Rn. 20 – *Uj/Ungarn.*
50 S. nur EGMR 10.1.2012 – 29064/09 ua – *Floquet* ua/*Frankreich.*
51 EGMR 15.5.2014 – 19554/05, Rn. 70 f. – *Taranenko/Russland.*
52 S. nur EGMR 8.7.2014 – 53413/11, Rn. 101 – *Sik/Türkei.*
53 EGMR 2.10.2012 – 57942/10, Rn. 30 f. – *Rujak/Kroatien.* S. auch EGMR 19.7.2011 – 23954/10, Rn. 20 – *Uj/Ungarn.* Der Gerichtshof verweist dabei auf das Urteil vom 27.5.2003 – 43425/98, Rn. 34 – *Skalka/Polen.* Dort heißt es aber – im Rahmen der Rechtfertigungsprüfung –, dass eine angemessene Bestrafung keine Verletzung von Art. 10 Abs. 2 darstelle. Die Eingriffsqualität der Bestrafung und damit die Eröffnung des Schutzbereichs waren hingegen unstreitig, Rn. 30.
54 EGMR 2.10.2012 – 57942/10, Rn. 27 – *Rujak/Kroatien.*

Schutz des Art. 10 unter dem Vorbehalt stehe, dass in gutem Glauben gehandelt werde, um akkurate und verlässliche Informationen vorzulegen[55]. Dem Wortlaut des Art. 10 lässt sich eine solche Begrenzung jedoch nicht entnehmen. Nachdem die angeführte Passage in Rahmen der Ausführungen zur Rechtfertigung eines Eingriffs enthalten ist, ist sie daher besser dahin gehend zu verstehen, dass **auch falsche Informationen** dem Schutzbereich des Art. 10 unterfallen,[56] deswegen ergehende Eingriffe jedoch auf der Grundlage des Art. 10 Abs. 2 gerechtfertigt werden können.

15   Aus dem Wortlaut ergibt sich auch **keine Begrenzung auf öffentlich zugängliche Informationen.** Die Verhinderung der Verbreitung vertraulicher Informationen ist nach dem Gesetzesvorbehalt des Abs. 2 erst ein legitimes Ziel für Beschränkungen, so dass davon auszugehen ist, dass nach der Konvention jede Information in den Schutzbereich des Art. 10 fällt.

3. Empfang und Weitergabe

16   Art. 10 schützt sowohl das Empfangen von Informationen und Ideen als auch deren Weitergabe. Das Recht, Informationen zu **empfangen,** besteht dabei nicht nur, wenn der Besitzer der Weitergabe zustimmt.[57] Es impliziert nach neuerer Rechtsprechung auch ein Recht auf Zugang zu Informationen im Besitz des Staates.[58]

17   Die **Weitergabe** von Informationen und Ideen muss nicht zwingend gegenüber der Allgemeinheit erfolgen; auch ein Brief an einen einzigen Empfänger,[59] einschließlich einer Beschwerde an öffentliche Stellen,[60] und selbst die Kommunikation mit ausländischen Geheimdiensten[61] fällt unter Art. 10.

18   Die Weitergabe ist darüber hinaus auch nicht auf den Autor beschränkt. Auch durch das Verlegen von Druckwerken[62] und das Bereitstellen einer Internetplattform[63] werden Informationen und Ideen weitergegeben.

---

55 S. nur EGMR 29.4.2014 – 23605/09, Rn. 47 – *Salumäki/Finnland.*
56 S. auch EGMR 6.9.2005 – 65518/01, Slg 05-VIII Rn. 113 – *Salov/Ukraine.*
57 S. nur EGMR 3.4.2012 – 41723/06 (GK), Rn. 83 – *Gillberg/Schweden.*
58 S. nur EGMR 28.11.2013 – 39534/07, Rn. 35 f. – *Österreichische Vereinigung/ Österreich.* Anders noch EGMR 19.10.2005 – 32555/96 (GK), Slg 05-X Rn. 172 – *Roche/Vereinigtes Königreich*; EGMR 13.9.2005 – 42639/04 – *Jones/ Vereinigtes Königreich*, und früher.
59 EGMR 17.1.2008 – 25145/05, Rn. 39 – *Vasilakis/Griechenland.*
60 EGMR 24.7.2012 – 13801/07, Rn. 42 – *Marin Kostov/Bulgarien.*
61 EGMR 3.11.2009 – 23693/03, Rn. 45 – *Bojolyan/Armenien.*
62 S. nur EGMR 14.10.2010 – 4260/04, Rn. 42 – *Andrushko/Russland.*
63 S. nur EGMR 19.2.2013 – 40397/12 – *Neij ua/Schweden.*

4. Presse, Kunst und Wissenschaft

Art. 10 umfasst auch die **Pressefreiheit** und mit ihr die journalistische   19
Recherche.[64] Das beinhaltet Ermittlungen undercover,[65] aber auch
den Schutz der Vertraulichkeit journalistischer Quellen[66]. Die Herausgeber privat betriebener Zeitungen können dann frei entscheiden,
ob sie die ihnen übermittelten Artikel, Kommentare, Leserbriefe und
Anzeigen veröffentlichen sowie mit wem sie sonstige geschäftliche
Beziehungen eingehen wollen.[67]

Daneben fällt auch das künstlerische Schaffen einschließlich der In-   20
terpretation, Verbreitung und Ausstellung der **Kunst**werke in den
Schutzbereich des Art. 10.[68]

Art. 10 schützt schließlich auch die **Wissenschaftsfreiheit**.[69]   21

5. Persönlicher Schutzbereich

Geschützt sind neben natürlichen auch juristische Personen.[70]   22

III. Eingriff

Im Rahmen seines weiten Eingriffsbegriffs, bei dem der Gerichtshof   23
auf die abschreckende bzw. beeinträchtigende Wirkung der staatlichen Maßnahmen abstellt (→ Art. 11 Rn. 15), liegt ein Eingriff in
Art. 10 auch dann vor, wenn eine Maßnahme einen Journalisten
nicht in seiner Eigenschaft als Journalist betrifft, sondern allgemeine
Geltung hat.[71] Ebenso wenig muss sie direkt an ihn gerichtet sein: So
wird in sein Recht auch dann eingegriffen, wenn eine gerichtliche
Feststellung, dass sein Werk diffamierend sei oder falsche Informationen enthalte, in einem Verfahren ergeht, in dem er nicht Partei
ist.[72]

Der Gerichtshof hat auch die **Verweigerung des Zugangs** durch staat-   24
liche Stellen als Eingriff qualifiziert. Das gilt etwa für die Nichtmehr-
weitergewährung von Pressesubventionen für ein bestimmtes

---

64 S. nur EGMR 24.6.2014 – 27329/96, Rn. 62 – *Rosiianu/Rumänien*.
65 EGMR 16.7.2013 – 73469/10, Rn. 80 – *Nagla/Litauen*.
66 S. nur EGMR 16.7.2013 – 73469/10, Rn. 80 – *Nagla/Litauen*.
67 S. nur EGMR 16.7.2013 – 1562/10, Rn. 79 – *Remuszko/Polen*.
68 S. nur EGMR 7.6.2011 – 2777/10 – *Ehrmann* ua/*Frankreich*.
69 S. nur EGMR 8.6.2010 – 44102/04, Rn. 34 – *Sapan/Türkei*.
70 S. nur EGMR 18.12.2012 – 3111/10, Slg 12-VI Rn. 50 – *Ahmet Yildirim/ Türkei*.
71 EGMR 8.10.2009 – 12675/05, Rn. 49 – *Gsell/Schweiz*.
72 S. nur EGMR 23.10.2008 – 14888/03, Rn. 35 ff. – *Godlevskiy/Russland*.

Druckerzeugnis,[73] die Verweigerung einer Rundfunklizenz,[74] der Zuweisung einer Sendefrequenz[75] oder der Drehgenehmigung in einem
Gefängnis[76] sowie der Benutzung öffentlicher Plakatierungsflächen[77]
oder des Zugangs zu den Hoheitsgewässern[78]. Den Nichtzugang zu
privaten Einrichtungen prüfte der Gerichtshof hingegen unter dem
Blickwinkel konventionsrechtlicher Schutzpflichten → Rn. 68.

25   Erhält ein Träger der Meinungsfreiheit ein Amt nicht (erneut) übertragen, auf das er sich beworben hat, muss abgrenzt werden, ob ein
Eingriff in die Meinungsfreiheit vorliegt oder ein solcher in das von
der Konvention nicht geschützte Recht auf **Zugang zum und auf Beschäftigung im öffentlichen Dienst.** Hierzu ist auf den Kontext abzustellen: Handelt es sich um eine Reaktion auf eine Meinungsäußerung, liegt ein Eingriff in Art. 10 vor; wird hingegen auf die Fähigkeiten des Betroffenen abgestellt, das betreffende Amt auszuüben, oder
auf sein Verhalten im Dienst, ist die Meinungsfreiheit nicht betroffen.[79] Dieselbe Problematik kann sich bei **aufenthaltsrechtlichen
Maßnahmen** stellen: Werden diese wegen bestimmter Meinungsäußerungen getroffen, kann ein Eingriff in Art. 10 nicht damit verneint
werden, dass die Konvention auch kein Recht von Ausländern auf
Zugang zu und Verbleib in einem Drittstatt enthält.[80]

26   **Kein Eingriff** in Art. 10 liegt vor, wenn eine Verurteilung wegen Mitgliedschaft in und Unterstützung einer illegalen (bewaffneten) Vereinigung erfolgte, aber nicht wegen einer Meinungsäußerung.[81]

IV. Rechtfertigung

1. Grundsätzliches

27   Eingriffe in die Meinungsfreiheit können nach Abs. 2 **gerechtfertigt**
werden, wenn eine gesetzliche Grundlage (2.) sowie ein legitimer

---

73 EGMR 1.12.2005 – 74766/01 – *Verites Sante Pratique Sarl/Frankreich.*
74 S. nur EGMR 17.6.2008 – 32283/04, Rn. 74 – *Meltex Ltd.* ua/*Armenien.*
75 EGMR 7.6.2012 – 38433/09 (GK), Slg 12-III Rn. 138 – *Cento Europa 7 S.r.l.*
     ua/*Italien.*
76 EGMR 21.6.2012 – 34124/06, Rn. 41 – *Schweizerische Radio- und Fernsehgesellschaft SRG/Schweiz.* S. auch EGMR 20.1.2000 – 35402/97 – *Hogefeld/
     Deutschland.*
77 EGMR 13.7.2012 – 16354/06 (GK), Slg 12-IV Rn. 49, 57 f. – *Mouvement Raelien Suisse/Schweiz.*
78 EGMR 3.2.2009 – 31276/05, Rn. 30 – *Women on Waves* ua/*Portugal.*
79 S. nur EGMR 27.5.2014 – 20261/12, Rn. 88 – *Baka/Ungarn.* Zur Entlassung
     aus der Armee s. EGMR 12.11.2013 – 25330/07, Rn. 71 ff. – *Joksas/Litauen,* u.
     EGMR 9.7.2002 – 39336/98 – *Meral/Türkei.*
80 EGMR 20.5.2010 – 2933/03, Rn. 27 ff. – *Cox/Türkei.*
81 S. nur EGMR 5.6.2007 – 1375/03, *Kizil* ua/*Türkei.*

Zweck (3.) vorliegen und sie in einer demokratischen Gesellschaft zur Zweckerreichung notwendig sind (4.) (→ Art. 11 Rn. 22 ff.).

Zudem sind die Staaten nach **Art. 10 Abs. 1 S. 3** nicht gehindert, für **Hörfunk-, Fernseh- oder Kinounternehmen eine Genehmigung** vorzuschreiben. Für die Frage, ob auch in diesem Fall die Voraussetzungen des Abs. 2 einzuhalten sind, kann auf die systematische Stellung der Vorschrift in Abs. 1, dh vor Abs. 2, verwiesen werden. Diese gewinnt umso mehr Gewicht, als in Art. 11 der dort verankerte besondere Rechtfertigungsgrund – anders als bei Art. 10 – nicht in Abs. 1, sondern Abs. 2 steht.[82] Auch das Genehmigungserfordernis bedarf daher einer gesetzlichen Grundlage und muss in einer demokratischen Gesellschaft erforderlich sein.[83] Grundsätzlich muss es auch eines der in Abs. 2 genannten legitimen Ziele verfolgen. Das kann jedoch nicht dazu führen, dass die in Abs. 1 S. 3 enthaltene Rechtfertigungsmöglichkeit leerläuft. Der Gerichtshof hat daraus den Schluss gezogen, dass der Zweck eines Genehmigungserfordernisses nicht zwingend einer der in Abs. 2 aufgeführten sein muss, um legitim zu sein.[84] Im Hinblick auf die Entstehungsgeschichte betrachtet er vielmehr auch technische und praktische Aspekte – wie die begrenzte Zahl der Frequenzen und den Kapitalbedarf – als relevante Gründe.[85] Dasselbe gilt für die Erfüllung internationaler Verpflichtungen, aber auch die Art und die Ziele einer Anstalt,[86] ihre Möglichkeiten, sich in die landesweite, regionale bzw. lokale Rundfunklandschaft einzufügen,[87] sowie die Bedürfnisse des Publikums – wobei sowohl auf ein bestimmtes Publikum abgestellt werden kann als auch auf das Ziel, so vielen Zuhörern wie möglich gerecht zu werden.[88] Der Gerichtshof hat die Voraussetzung des Abs. 1 S. 3 als erfüllt angese-

28

---

82 Ebenso EGMR 28.3.1990 – 10890/84 (Plenum), Rn. 61 – *Groppera Radio AG ua/Schweiz.*
83 S. nur EGMR 30.9.2010 – 6754/05 – *92.9 Hit FM Radio GmbH/Österreich.*
84 EGMR 5.11.2002 – 38743/97, Slg 02-IX Rn. 37 – *Demuth/Schweiz.*
85 EGMR 28.3.1990 – 10890/84 (Plenum), Rn. 61 – *Groppera Radio AG* ua/*Schweiz.*
86 Im Rahmen der Erforderlichkeitsprüfung hat der Gerichtshof in der Entscheidung vom 28.3.1990 – 10890/84 (Plenum), Rn. 73 – *Groppera Radio AG* ua/*Schweiz*, betont, dass es sich in dem zu entscheidenden Fall nicht um eine Art Zensur handelte, die gegen den Inhalt oder die Tendenz des Programms gerichtet war, was dafür sprechen könnte, dass mit der Art und den Zielen einer Anstalt nicht der Inhalt oder die Tendenz des von ihr veranstalteten Programms gemeint sind.
87 S. nur EGMR 7.6.2012 – 38433/09 (GK), Slg 12-III Rn. 139 – *Centro Europa 7 S.R.L.* ua/*Italien.*
88 S. nur EGMR 30.9.2010 – 6754/05 – *92.9 Hit FM Radio GmbH/Österreich.*

hen, wenn das System[89] zur Qualität und Ausgewogenheit des Programms beitragen kann.[90, 91]

2. Gesetzliche Grundlage

29   Wie auch bei Art. 11 (→ Art. 11 Rn. 23 ff.) bedarf ein Eingriff, um gerechtfertigt werden zu können, einer gesetzlichen Grundlage.[92] Zu den inhaltlichen Anforderungen (→ Art. 11 Rn. 26 ff.), die diese Grundlage erfüllen muss, können im Rahmen des Art. 10 auch solche **prozedural**er Art zählen – insbesondere um Willkür zu verhindern.[93] Das betrifft Fälle, in denen eine besondere Gefahr für die Meinungsfreiheit gesehen wird, wie die Vorabkontrolle von Veröffentlichungen.[94] Weitere Anwendungsbereiche sind der Schutz journalistischer Quellen gegen Offenlegungsanordnungen,[95] Durchsuchungen[96] und Telefonüberwachungen[97] sowie das Blockieren von Internetseiten[98] und die Erteilung einer Rundfunkgenehmigung[99].

30   Während es im letzteren Fall darum geht, die Entscheidung zu begründen,[100] bestehen die verfahrensrechtlichen Sicherungen in den anderen Fällen in der verpflichtenden[101] **Kontrolle durch ein Ge-**

---

89   Das gilt selbst für ein Monopol, s. nur EGMR 21.9.2000 – 32240/96, Rn. 25 – *Tele 1 Privatfernsehen/Österreich*. Ein solches kann infolge des technischen Fortschritts aber nicht mehr auf die Knappheit von Frequenzen gestützt werden, ebd., Rn. 38.

90   S. nur EGMR 5.11.2002 – 38743/97, Slg 02-IX Rn. 34 – *Demuth/Schweiz*.

91   Zu(r Verweigerung von) Rundfunkgenehmigungen s. auch EGMR 7.11.2000 – 44802/98 – *United Christian Broadcasters Ltd/Vereinigtes Königreich*; EGMR 11.7.2000 – 38218/97 – *Brook/Vereinigtes Königreich*, u. EGMR 23.11.1999 – 35591/97 – *Leveque/Frankreich*.

92   Zum Verhältnis zu Art. 5 s. EGMR 6.11.2008 – 68294/01, Rn. 72 – *Kandzhov/Bulgarien*. Zum Vergleich mit Art. 7 s. nur EGMR 7.2.2002 – 28496/95, Rn. 62 – *E.K./Türkei*. Zum Vergleich mit Art. 8 Abs. 2 s. nur EGMR 22.11.2012 – 39315/06, Rn. 69 – *Telegraaf Media Nederland Landelijke Media B.V. ua/Niederlande*.

93   S. nur EGMR 11.10.2007 – 14034/02, Rn. 46 – *Glas Nadejda Eood ua/Bulgarien*.

94   EGMR 29.3.2011 – 50084/06, Slg 11-III (Auszüge) Rn. 105 – *RTBF/Belgien*.

95   EGMR 14.9.2010 – 38224/03 (GK), Rn. 88 – *Sanoma Uitgevers B.V./Niederlande*.

96   S. EGMR 16.7.2013 – 73469/10, Rn. 86 ff. – *Nagla/Lettland*.

97   S. EGMR 22.11.2012 – 39315/06, Rn. 94 ff. – *Telegraaf Media Nederland Landelijke Media B.V. ua/Niederlande*.

98   EGMR 18.12.2012 – 3111/10, Slg 12-VI Rn. 64 – *Ahmet Yildirim/Türkei*.

99   S. nur EGMR 17.6.2008 – 32283/04, Rn. 81 – *Meltex Ltd. ua/Armenien*.

100 S. nur EGMR 17.6.2008 – 32283/04, Rn. 81 – *Meltex Ltd. ua/Armenien*.

101 EGMR 14.9.2010 – 38224/03 (GK), Rn. 96 – *Sanoma Uitgevers B.V./Niederlande*.

richt[102] – oder eine andere unabhängige Instanz[103]. Zum Schutz journalistischer Quellen muss die Kontrollinstanz in der Lage sein, eine diesen Schutz beeinträchtigende Maßnahme zu verhindern.[104] Auch wenn das Verfahren nicht zwingend durchgeführt werden muss, bevor eine solche Maßnahme stattfinden kann, darf das gesammelte Material jedoch erst nach seinem Abschluss eingesehen werden.[105]

3. Legitimer Zweck

Weiter setzt eine Rechtfertigung voraus, dass eines der in Abs. 2 genannten legitimen Ziele verfolgt wird. Wie auch bei Art. 11 (→ Art. 11 Rn. 30) macht der Gerichtshof zum Vorliegen dieser Ziele grundsätzlich keine längeren Ausführungen. Die Anerkennung des Konzepts der wehrhaften Demokratie und der mit ihm verbundenen Treuepflicht der Beamten[106] sowie des Interesses an einer politisch neutralen Polizei[107] und Armee[108] stellen seltene Ausnahmen dar.[109]   31

Im Vergleich zu Art. 11 Abs. 2 S. 1 ist Art. 10 Abs. 2 jedoch einerseits enger, indem er die Freiheiten anderer nicht aufführt, auf der anderen Seite aber weitergehend, indem er auch die territoriale Integrität, den Schutz des guten Rufes (→ Rn. 53 ff.), die Aufrechterhaltung der Autorität und Unparteilichkeit der rechtsprechenden Gewalt (→ Rn. 55 f.) sowie die Verhinderung der Verbreitung vertraulicher Informationen (→ Rn. 62 ff.) als legitime Zwecke nennt. Mit Blick auf die französische Fassung versteht der Gerichtshof letzteren Grund in einem weiteren Sinne, in dem eine Weitergabe nicht nur durch eine   32

---

102 EGMR 16.7.2013 – 73469/10, Rn. 87 – *Nagla/Lettland* (Durchsuchung); EGMR 18.12.2012 – 3111/10, Slg 12-VI Rn. 64 – *Ahmet Yildirim/Türkei* (Blockieren von Internetseiten); EGMR 29.3.2011 – 50084/06, Slg 11-III (Auszüge) Rn. 105 – *RTBF/Belgien* (Vorabkontrolle von Veröffentlichungen).
103 EGMR 22.11.2012 – 39315/06, Rn. 100 ff. – *Telegraaf Media Nederland Landelijke Media B.V.* ua/*Niederlande* (Telefonüberwachung); EGMR 14.9.2010 – 38224/03 (GK), Rn. 90 – *Sanoma Uitgevers B.V./Niederlande* (Offenlegungsanordnung).
104 EGMR 14.9.2010 – 38224/03 (GK), Rn. 90, 92 – *Sanoma Uitgevers B.V./Niederlande*.
105 S. nur EGMR,16.7.2013 – 73469/10, Rn. 88 – *Nagla/Lettland*.
106 S. nur EGMR 29.5.2007 – 26870/04 – *Kern/Deutschland*. Zur Verpflichtung von Parlamentariern, einen Eid auf den Monarchen abzulegen, s. EGMR 8.6.1999 – 39511/98, Slg 99-V – *McGuinness/Vereinigtes Königreich*.
107 EGMR 20.5.1999 – 25390/94 (GK), Slg 99-III Rn. 41 – *Rekvenyi/Ungarn*.
108 EGMR 13.2.2007 – 30067/04 – *Erdel/Deutschland*.
109 Zur Überprüfung der fachlichen Qualifikation der aus dem öffentlichen Dienst der DDR übernommenen Beamten s. EGMR 22.11.2001 – 39793/98, Slg 01-XII – *Petersen/Deutschland*.

einer Geheimhaltungspflicht unterliegende Person, sondern auch durch jeden Dritten unterbunden werden können soll.[110]

4. Notwendig in einer demokratischen Gesellschaft

33   Wie auch bei Art. 11 muss ein Eingriff, um gerechtfertigt werden zu können, in einer demokratischen Gesellschaft notwendig sein. Dabei steht den Staaten grundsätzlich ein gewisser Beurteilungsspielraum zu.[111] (zum Ganzen s. → Art. 11 Rn. 31 ff.) Der Gerichtshof wendet jedoch einen äußerst strikten Maßstab an, wenn Volksvertreter[112] und insbesondere Oppositionspolitiker[113] betroffen sind. Auch bei Maßnahmen, die bereits vor einer Veröffentlichung greifen, hält er wegen der hiermit verbundenen Gefahren eine besonders sorgfältige Prüfung für erforderlich.[114] Dasselbe gilt für Eingriffe in die Vertraulichkeit journalistischer Quellen.[115] Generell betrachtet er den Spielraum als eingeschränkt, wenn es um die Presse geht[116] – es sei denn, es stehen konkurrierende Rechte auf dem Spiel, die ausbalanciert werden müssen, wofür der Gerichtshof einen breiten Spielraum zugesteht[117]. Einen weiteren Spielraum sieht er schließlich auch bei Fra-

---

110 EGMR 10.12.2007 – 69698/01 (GK), Slg 07-V Rn. 58 ff. – *Stoll/Schweiz*. S. auch EGMR 1.7.2014 – 56925/08, Rn. 40 – *A.B./Schweiz*.
111 EGMR 12.6.2014 – 40454/07, Rn. 47 – *Couderc ua/Frankreich*.
112 EGMR 15.3.2011 – 2034/07, Slg 11-I Rn. 50 – *Otegi Mondragon/Spanien* (Parlamentsabgeordneter); EGMR 22.6.2010 – 41029/06, Rn. 45 – *Kulowicz/ Polen* (Mitglied einer Kommunalvertretungskörperschaft); EGMR 16.7.2009 – 10883/05, Rn. 32 – *Willem/Frankreich* (Bürgermeister).
113 S. nur EGMR 10.10.2013 – 25689/10, Rn. 33 – *Jean-Jacques Morel/Frankreich*.
114 S. nur EGMR 18.12.2012 – 3111/10, Slg 12-VI Rn. 47 – *Ahmet Yildirim/ Türkei*. Zur Unverhältnismäßigkeit des Verbots vollständiger zukünftiger Ausgaben einer Zeitschrift als Zensur s. nur EGMR 5.10.2010 – 2318/09 ua, Rn. 16 – *Ölmez ua/Türkei*.
115 S. nur EGMR 28.6.2012 – 15054/07 ua, Rn. 102 – *Ressiot ua/Frankreich*.
116 S. nur EGMR 22.4.2013 – 48876/08 (GK), Slg 13-II (Auszüge) Rn. 102 – *Animal Defenders International/Vereinigtes Königreich*.
117 S. nur EGMR 19.6.2012 – 27306/07, Rn. 49 – *Krone Verlag GmbH/Östereich*.

gen der Religion,[118] der Moral[119] und der Wirtschaft[120] und Werbung[121].[122]

5. Insbesondere

a) **Politische Rede:** Handelt es sich um eine politische Rede, lässt   34
Art. 10 Abs. 2 nach der Rechtsprechung des Gerichtshofes kaum
Platz für Beschränkungen.[123] Selbst die Äußerungen verbotener Organisationen können deswegen nicht schon als solche verboten werden.[124] Für sie gelten dieselben Schranken wie sonst auch: Sie dürfen
nicht zu Gewalt, bewaffnetem Widerstand oder zu einem Umsturz
aufrufen und keine Hassbotschaften darstellen.[125]

Anstiftung zur Gewalt nimmt der Gerichtshof dann an, wenn gewalt-   35
sames Vorgehen oder blutige Rache befürwortet werden oder tiefer
und irrationaler Hass gegen bestimmte Personen zu Gewalt aufsta-

---

118 S. hierzu EGMR 2.5.2006 – 50692/99, Rn. 23 ff. – *Aydin Tatlav/Türkei*;
     EGMR 13.9.2005 – 42571/98, Slg 05-VIII Rn. 25 ff. – *A/Türkei* mit abw. M.
     der Richter Costa, Cabral Barreto u. Jungwiert, u. EGMR 10.7.2013 –
     44179/98, Rn. 65, 67, 70 ff. – *Murphy/Irland*.
119 S. hierzu EGMR 3.10.2006 – 62414/00 – *Palusinski/Polen*; EGMR 15.6.2006
     – 63403/00 – *S.B.* ua/*Belgien*, u. EGMR 18.10.2005 – 5446/03, Slg 05-XI –
     Perrin/Vereinigtes Königreich.
120 S. hierzu EGMR 10.1.2013 – 36769/08, Rn. 39 ff. – *Ashby Donald* ua/*Frank-
     reich*, u. EGMR 13.7.2012 – 16354/06 (GK), Slg 12-IV Rn. 62 ff. – *Mouve-
     ment Raelien Suisse/Schweiz* mit abw. M. der Richter Tulkens, Sajo, Lazarova
     Trajkovska, Bianku, Power-Vorde, Vucinic u. Yudkivska, der Richter Sajo, La-
     zarova Trajkovska u. Vucinic u. des Richters Pinto de Albuquerque.
121 Zu Einschränkungen der Rundfunkwerbung s. EGMR 22.4.2013 – 48876/08
     (GK), Slg 13-II (Auszüge) Rn. 102 ff. – *Animal Defenders International/Verei-
     nigtes Königreich*; EGMR 11.12.2008 – 21132/05, Slg 08-V Rn. 63 ff. – *TV
     Vest AS* ua/*Norwegen*; EGMR 10.7.2003 – 44179/98, Slg 03-IX (Auszüge)
     Rn. 70 ff. – *Murphy/Irland*, u. EGMR 28.6.2001 – 24699/94, Slg 01-VI
     Rn. 69 ff. – *VgT/Schweiz*.
122 EGMR 13.7.2012 – 16354/06 (GK), Slg 12-IV Rn. 61 – *Mouvement Raelien
     Suisse/Schweiz*. Beachte aber zur Ärzte- und Anwaltswerbung EGMR
     29.1.2008 – 16938/05 – *Villnow/Belgien*; EGMR 23.10.2007 – 7969/04 –
     Brzank/Deutschland; EGMR 23.10.2007 – 2357/05 – *Heimann/Deutschland*;
     EGMR 17.10.2002 – 37928/97, Rn. 39 ff. – *Stambuk/Deutschland*, u. EGMR
     9.3.1999 – 32813/96 – *Lindner/Deutschland*.
123 S. nur EGMR 10.7.2014 – 48311/10, Rn. 54 – *Axel Springer AG/Deutschland
     (Nr. 2)*.
124 S. nur EGMR 8.7.2014 – 53413/11, Rn. 104 f. – *Sik/Türkei*.
125 S. nur EGMR 17.6.2014 – 10752/09, Rn. 18 – *Belek* ua/*Türkei (Nr. 7)*.

cheln kann.[126],[127] Dasselbe gilt bereits für die Rechtfertigung der Begehung von Terrorakten,[128] die Verherrlichung einer Terrororganisation, die Preisung von Attentätern, die Herabwürdigung von deren Opfern oder den Aufruf zur Finanzierung einer solchen Organisation.[129] Eine bloß abstrakte Befürwortung physischer Gewalt reicht jedoch nicht. Das Handeln muss konkret geeignet sein, Gewalt hervorzurufen.[130]

36 Auch wenn kein Aufruf zur Gewalt vorliegt, können Eingriffe gegen **Hassbotschaften** nach neuester Rechtsprechung gerechtfertigt werden.[131] Aus den wenigen vorliegenden Entscheidungen, die zudem – wie die Minderheitenvoten[132] zeigen – innerhalb des Gerichtshofs umstritten waren, lassen sich sehr schwer die Kriterien für das Vorliegen von Hassbotschaften herausarbeiten, weil der Gerichtshof hierfür keine klare Definition gibt, unter die er dann subsumiert. Im Anschluss an die Aussage, dass eine Anstiftung zum Hass keinen Aufruf zur Gewalt erfordert, heißt es nur, dass Angriffe auf Personen im Wege der Beleidigung, des Lächerlichmachens oder der Verleumdung bestimmter Teile der Bevölkerung sowie die Anstiftung zur Dis-

---

126 Von einem Aufruf zur Gewalt unterscheidet der Gerichtshof die unversöhnliche Haltung einer Konfliktpartei, s. nur EGMR 22.11.2005 – 49564/99, Rn. 27 – *Keskin/Türkei*. Beachte aber EGMR 8.7.1999 – 26682/95 (GK), Slg 99-IV Rn. 62 – *Sürek/Türkei (Nr. 1)*.

127 Zu mehrdeutigen Symbolen s. EGMR 24.7.2012 – 40721/08, Rn. 53 ff. – *Faber/Ungarn* mit abw. M. der Richterin Keller; EGMR 3.11.2011 – 29459/10, Rn. 25 ff. – *Fratanolo/Ungarn*; EGMR 8.7.2008 – 33629/06, Slg 08-IV Rn. 49 ff. – *Vajnai/Ungarn*.

128 Zum Ganzen s. nur EGMR 8.7.2014 – 53413/11, Rn. 105 – *Sik/Türkei*. Für ein Beispiel der Rechtfertigung von Terrorismus s. EGMR 23.2.2010 – 38841/07 – *Tasdemir/Türkei*.

129 EGMR 17.12.2013 – 12606/11, Rn. 51 – *Yauvus ua/Türkei*. Für ein Beispiel s. EGMR 2.10.2008 – 36109/03, Rn. 42 f. – *Leroy/Frankreich*. Zum gerechtfertigten Verbot der Zuwiderhandlung gegen ein gegen die PKK ergangenes Betätigungsverbot s. EGMR 27.1.2011 – 16637/07, Rn. 60 ff. – *Aydin/Deutschland* mit abw. M. der Richterin Kalaydjieva.

130 Zum Ganzen s. nur EGMR 8.7.2014 – 53413/11, Rn. 106 – *Sik/Türkei*. Das Vorliegen einer solchen Gefahr wurde abgelehnt, wenn die Äußerungen im Rahmen einer rechtmäßigen und friedlichen Demonstration getätigt wurden, s. nur EGMR 29.11.2011 – 43807/07, Rn. 28 ff. – *Kilic ua/Türkei*. Beachte aber die abw. M. der Richter Sajo u. Tsotsoria zu EGMR 8.6.2010 – 4870/02 – *Gül ua/Türkei*.

131 EGMR 9.2.2012 – 1813/07, Rn. 55 – *Vejdeland ua/Schweden*; EGMR 16.7.2009 – 15615/07, Rn. 73 – *Feret/Belgien*. Anders noch EGMR 31.7.2007 – 41551/98, Rn. 30 – *Karatepe/Türkei*; EGMR 4.12.2003 – 35071/97, Slg 03-XI Rn. 51 – *Gündüz/Türkei*; EGMR 13.11.2003 – 59745/00, Slg 03-XI – *Gündüz/Türkei*.

132 Voten der Richter Spielmann u. Nussberger u. Zupancic zu EGMR 9.2.2012 – 1813/07 – *Vejdeland ua/Schweden*, u. der Richter Sajo, Zagrebelsky u. Tsotsoria zu EGMR 16.7.2009 – 15615/07 – *Feret/Belgien*. S. auch Votum des Richters Jungwiert zu EGMR 16.7.2009 – 10883/05, Rn. 35 ff. – *Willem/Frankreich*.

kriminierung genügen würden, damit der Staat dem Kampf gegen –
jetzt – rassistische Sprache – nicht Hassbotschaften – den Vorzug vor
einer unverantwortlichen Ausübung der Meinungsfreiheit gebe, die
die Würde, wenn nicht die Sicherheit, dieser Gruppen verletze.[133] Da
Toleranz und der Respekt vor der gleichen Würde aller Menschen
das Fundament einer demokratischen und pluralistischen Gesellschaft darstellten, könne es in demokratischen Gesellschaften grundsätzlich als notwendig angesehen werden, alle Meinungsäußerungen,
die auf Intoleranz basierenden Hass verbreiteten, förderten oder
rechtfertigten, zu ahnden oder sogar zu verhindern.[134] Von Hassbotschaften wird danach gesprochen, wenn die Botschaft sich nicht gegen den Staat,[135] sondern gegen eine bestimmte Bevölkerungsgruppe[136] richtet – ohne dass der Gerichtshof dabei auf seine Rechtsprechung hinsichtlich der Frage zurückgreift, wann ein Mitglied einer
diffamierten Gruppe persönlich diffamiert wird und gegen die Diffa-
mierung vorgehen kann[137]. Die entsprechenden Urteile betrafen Homosexuelle[138] und Ausländer,[139] während für eine Differenzierung
zwischen „Gläubigen" und „Ungläubigen" widersprüchliche Entscheidungen vorliegen[140]. Nach dieser Rechtsprechung ist eine Einschränkung der Meinungsfreiheit möglich, ohne dass die Voraussetzungen des Art. 17 gegeben sind.[141]

Dabei wird **Art. 17** vom Gerichtshof nicht nur im Rahmen der Zu-   37
lässigkeit[142] geprüft, sondern auch hinsichtlich der Frage, ob ein Ein-

---

133 EGMR 16.7.2009 – 15615/07, Rn. 73 – *Feret/Belgien*. Zur Anstiftung zur Dis-
     kriminierung s. auch EGMR 16.7.2009 – 10883/05, Rn. 35 ff. – *Willem/
     Frankreich*.
134 S. nur EGMR 16.7.2009 – 15615/07, Rn. 64 – *Feret/Belgien*.
135 S. EGMR 4.12.2003 – 35071/97, Slg 03-XI Rn. 48 – *Gündüz/Türkei*.
136 S. auch EGMR 31.7.2007 – 41551/98, Rn. 30 – *Karatepe/Türkei*, u. EGMR
     6.7.2006 – 59405/00, Rn. 57 – *Erbakan/Türkei*.
137 S. nur EGMR 31.7.2007 – 25968/02, Rn. 43 f. – *Dyuldin ua/Russland*.
138 EGMR 9.2.2012 – 1813/07, Rn. 54 f. – *Vejdeland ua/Schweden*.
139 EGMR 16.7.2009 – 15615/07, Rn. 69 – *Feret/Belgien*. S. auch EGMR
     4.11.2008 – 72596/01, Rn. 79 f. – *Balsyte-Lideikiene/Litauen*; EGMR
     10.7.2008 – 15948/03, Rn. 41 ff. – *Soulas ua/Frankreich*.
140 EGMR 29.4.2008 – 73715/01, Rn. 48 f. – *Kutlular/Türkei*; EGMR 27.11.2007
     – 6587/03, Rn. 29 f. – *Nur Radyo Ve Televizyon Yayinciligi A.S./Türkei*, einer-
     seits u. EGMR 13.1.2009 – 15719/03, Rn. 42 – *Mehmet Cevher Ilhan/Türkei*,
     andererseits.
141 EGMR 16.7.2009 – 15615/07, Rn. 82 – *Feret/Belgien*. S. auch EGMR
     10.7.2008 – 15948/03, Rn. 48 – *Soulas ua/Frankreich*.
142 Wie in EGMR 20.2.2007 – 35222/04 – *Pavel Ivanov/Russland*; EGMR
     13.12.2005 – 7485/03 – *Witzsch/Deutschland*; EGMR 16.11.2004 –
     23131/03, Slg 04-XI – *Norwood/Vereinigtes Königreich*, u. EGMR 24.6.2003
     – 65831/01, Slg 03-IX – *Garaudy/Frankreich* unter 1.i.

griff in einer demokratischen Gesellschaft notwendig ist[143]. Einschlägig erwies er sich in dessen Rechtsprechung bei totalitären Ideologien wie dem Nationalsozialismus,[144] der Bestreitung von Verbrechen gegen die Menschlichkeit,[145] der Leugnung des Holocaust[146] oder einer globalen und vehementen Attacke gegen eine ethnische[147] oder religiöse[148] Gruppe.

38   Journalisten können dabei grundsätzlich nicht für die Äußerungen von Dritten und deren Verbreitung zur Verantwortung gezogen werden.[149] Das bedeutet jedoch nicht, dass Herausgeber und Chefredakteure Autoren eines Artikels,[150] anynomen Briefes,[151] einer Erklärung[152] oder einer Petition[153] eine Bühne bieten dürften für Aussagen, die nach Art. 10 Abs. 2 gerechtfertigterweise unterbunden werden können[154].[155]

39   b) Schutz der in Art. 8 genannten Werte: aa) Grundsätzliches: Nach der Rechtsprechung des Gerichtshofes resultieren für die Konventionsstaaten aus Art. 8 Pflichten zum Schutz des Privatlebens, die auch zu Eingriffen in die Meinungsfreiheit führen können.[156] Das hierdurch geschützte Privatleben umfasst zum einen den guten Ruf. Es beinhaltet aber auch verschiedenste Aspekte der eigenen Persönlichkeit einschließlich des Rechts am eigenen Bild und der Selbstbestimmung über persönliche Daten.[157] Die zu deren Schutz ergehenden Maßnahmen können nach Art. 10 Abs. 2 gerechtfertigt werden,

---

143 EGMR 16.7.2009 – 15615/07, Rn. 52 – *Feret/Belgien*; EGMR 10.7.2008 – 15948/03, Rn. 23 – *Soulas ua/Frankreich*; EGMR 1.2.2000 – 32307/96 – *Schimanek/Österreich*.
144 EGMR 1.2.2000 – 32307/96 – *Schimanek/Österreich*.
145 EGMR 24.6.2003 – 65831/01, Slg 03-IX – *Garaudy/Frankreich*. Zu Kriegsverbrechen wie Folter und Hinrichtungen s. EGMR 15.1.2009 – 20985/05, Rn. 35 – *Orban ua/Frankreich*.
146 EGMR 13.12.2005 – 7485/03 – *Witzsch/Deutschland*. S. auch EGMR 20.4.1999 – 41448/98 – *Witzsch/Deutschland*.
147 EGMR 20.2.2007 – 35222/04 – *Pavel Ivanov/Russland*.
148 EGMR 16.11.2004 – 23131/03, Slg 04-XI – *Norwood/Vereinigtes Königreich*.
149 S. nur EGMR 10.10.2013 – 26547/07, Rn. 39 – *Print Zeitungsverlag GmbH/Österreich*.
150 S. nur EGMR 24.5.2007 – 11584/03 – *Demirel/Türkei*.
151 EGMR 10.10.2013 – 26547/07, Rn. 38 ff. – *Print Zeitungsverlag GmbH/Österreich*.
152 S. nur EGMR 17.2.2009 – 38991/02, Rn. 27 ff. – *Saygili ua/Türkei (Nr. 2)*.
153 EGMR 22.10.2007 – 21279/02 ua (GK), Slg 07-IV Rn. 61 ff. – *Lindon ua/Frankreich*.
154 S. nur EGMR 24.5.2007 – 11584/03 – *Demirel/Türkei*. AA abw. M. des Richters Maruste, EGMR 8.7.1999 – 24735/94 (GK) – *Sürek/Türkei (Nr. 3)*.
155 S. auch EGMR 9.11.2006 – 72331/01, Rn. 32 ff. – *Krone Verlags GmbH & Co KG/Österreich (Nr. 4)*.
156 EGMR 12.6.2014 – 40454/07, Rn. 46 – *Couderc ua/Frankreich*.
157 Zum Ganzen s. nur EGMR 12.6.2014 – 40454/07, Rn. 44 – *Couderc ua/Frankreich* u. Art. 8 Rn. 43, 45.

wenn sie einen gerechten Ausgleich zwischen den geschützten Werten und der Meinungsfreiheit darstellen.[158] Zur Beurteilung, ob ein solch fairer Ausgleich erzielt wurde, hat der Gerichtshof eine Reihe von Kriterien entwickelt:

Danach kann eine Maßnahme insbesondere damit begründet werden, dass es sich bei den Aussagen um Tatsachenbehauptungen handelt, die falsch sind[159]. Insoweit kann dem Äußernden sogar die Beweislast auferlegt werden.[160]   40

Hiervon unterscheidet der Gerichtshof Werturteile – zu denen er auch Schlussfolgerungen über die möglichen Motive und Absichten eines Dritten zählt[161]. Auch wenn sich die **Richtigkeit** derartiger Urteile – im Unterschied zu der von Tatsachenbehauptungen – nicht beweisen lässt, kann aber auch ihre Zulässigkeit davon abhängen, dass ihnen eine ausreichende Faktenlage zugrunde liegt.[162]   41

Journalisten[163] sind insoweit gehalten, in gutem Glauben zu handeln und die berichteten oder zugrunde gelegten Tatsachen vorab zu verifizieren. In bestimmten Situationen enthebt sie der Gerichtshof dieser Verpflichtung, insbesondere wenn die Journalisten vernünftigerweise auf die Glaubwürdigkeit ihrer Quellen vertrauen durften.[164] Ganz besonders gilt das für Berichte aus öffentlichen Quellen, hinsichtlich deren Wahrheitsgehalts keine weitere Recherche verlangt wird.[165] Entscheidend ist dabei die Situation zum Zeitpunkt, an dem die Äu-   42

---

158 S. nur EGMR 12.6.2014 – 40454/07, Rn. 46 – *Couderc* ua/*Frankreich*.
159 EGMR 3.6.2014 – 52517/13, Rn. 24 ff. – *Schuman/Polen*. Zur Bedeutung einer Richtigstellung s. EGMR 6.7.2010 – 37520/07, Rn. 75 – *Niskasaari* ua/*Finnland*; EGMR 23.10.2007 – 28700/03, Rn. 28 – *Flux* ua/*Moldawien*; EGMR 1.3.2007 – 510/04, Rn. 94 – *Tonsbergs Blad AS* ua/*Norwegen*, einerseits u. EGMR 22.12.2009 – 5962/03, Rn. 154 – *Makarenko/Russland*; EGMR 14.2.2008 – 36207/03, Rn. 66 – *Rumyana Ivanova/Bulgarien*, andererseits.
160 S. nur EGMR 19.9.2013 – 23160/09, Rn. 58 – *Stojanovic/Kroatien*.
161 S. nur EGMR 10.7.2014 – 48311/10, Rn. 63 – *Axel Springer AG/Deutschland (Nr. 2)*. Anders aber EGMR 4.4.2006 – 33352/02 – *Keller/Ungarn*.
162 S. nur EGMR 15.4.2014 – 40877/07, Rn. 51 – *Hasan Yazici/Türkei*.
163 Zur Anwendbarkeit dieser Anforderungen auf andere Personen s. EGMR 19.12.2013 – 10347/10, Rn. 38 – *Mika/Griechenland*, einerseits u. EGMR 15.2.2005 – 68416/01, Slg 05-II Rn. 90 – *Steel* ua/*Vereinigtes Königreich*, andererseits.
164 Zum Ganzen s. nur EGMR 3.4.2014 – 37840/10, Rn. 25 – *Amorim Giestas* ua/*Portugal*. Zur fehlenden Glaubwürdigkeit der Quelle s. EGMR 22.10.2009 – 25333/06, Rn. 68 – *Europapress Holding D.O.O./Kroatien*; EGMR 3.4.2003 – 57313/00 – *Harlanova/Lettland*, u. EGMR 16.10.2001 – 45710/99, Slg 01-X – *Verdens Gang* ua/*Norwegen*.
165 S. nur EGMR 2.10.2012 – 5126/05, Rn. 51 – *Yordanova* ua/*Bulgarien*. S. hierzu EGMR 20.5.1999 – 21980/93 (GK), Slg 99-III Rn. 68 ff. – *Bladet Tromso* ua/*Norwegen* mit abw. M. der Richter Palm, Fuhrmann u. Baka u. Greve.

ßerung gemacht wurde.[166] Guter Glaube liegt damit nicht erst dann vor, wenn die berichteten bzw. zugrunde gelegten Fakten mit der für eine strafrechtliche Verurteilung erforderlichen an Sicherheit grenzenden Wahrscheinlichkeit erwiesen wurden.[167]

43   Zum Zweiten berücksichtigt der Gerichtshof, wie die **Informationen** bzw. Fotos **erlangt** wurden:[168] Er untersucht dabei, ob Täuschung oder andere unzulässige Methoden angewandt wurden,[169] der Abgebildete zugestimmt hat, fotografiert zu werden, und ob er oder zumindest die Person, von der er sich fotografieren lassen hat, auch der Weitergabe an die Presse zugestimmt haben[170].

44   Drittens kommt es darauf an, ob die inkriminierte Aussage ein Thema von **öffentlichem Interesse** behandelt.[171] Das ist nicht schon dann ausgeschlossen, wenn die Privatsphäre berührt wird[172] – selbst dann nicht, wenn dadurch Rückschlüsse auf das Sexualleben einer Person möglich sind. Die Frage, ob sich Kirchenvertreter im Widerspruch zur von der Kirche proklamierten Ablehnung von Homosexualität verhalten, kann demnach öffentlich diskutiert werden.[173] Auch an dem Wissen über die Existenz eines nichtehelichen Kindes kann ein öffentliches Interesse bestehen. Das gilt insbesondere dann, wenn es sich um das Kind eines Staatsoberhauptes handelt, dessen Titel vererblich ist – selbst, wenn die diesbezüglichen Rechtsvorschriften nur die Erbfolge ehelicher Kinder vorsehen. Der Gerichtshof verweist insoweit auch darauf, dass das Verhalten des Vaters gegenüber dem Kind auch Rückschlüsse auf seine Persönlichkeit und auf seine Fä-

---

166   S. nur EGMR 3.4.2014 – 37840/10, Rn. 25 – *Amorim Giestas* ua/*Portugal*.

167   S. nur EGMR 17.4.2014 – 5709/09, Rn. 48 – *Brosa/Deutschland*.

168   S. nur EGMR 12.6.2014 – 40454/07, Rn. 50 – *Couderc* ua/*Frankreich*. Beachte aber EGMR 12.4.2012 – 30002/08, Rn. 80 – *Martin* ua/*Frankreich*, u. EGMR 17.12.2004 – 33348/96 (GK), Slg 04-XI Rn. 96 – *Cumpana* ua/*Rumänien*.

169   S. nur EGMR 17.1.2012 – 29576/09, Rn. 73 – *Lahtonen/Finnland*. Zum Bruch der ärztlichen Schweigepflicht s. EGMR 18.5.2004 – 58148/00, Slg 04-IV Rn. 46 ff. – *Editions Plon/Frankreich*. Dass ein Dritter die Informationen rechtswidrig erlangt hat, reicht dem Gerichtshof im Urteil vom 19.12.2006 – 62202/00, Slg 06-XV Rn. 59 ff. – *Radio Twist, A.S./Slowakei*, für eine Rechtfertigung nicht aus.

170   S. nur EGMR 12.6.2014 – 40454/07, Rn. 64 ff. – *Couderc* ua/*Frankreich*. Zur (fehlenden) Zustimmung der Hinterbliebenen eines Verbrechensopfers s. EGMR 14.6.2007 – 7111/01, Rn. 48 ff. – *Hachette Filipacchi Associés/Frankreich* mit abw. M. der Richter Loucaides u. Vajic.

171   S. nur EGMR 10.7.2014 – 48311/10, Rn. 57 – *Axel Springer AG/Deutschland (Nr. 2)*.

172   S. EGMR 18.3.2008 – 15601/02, Rn. 48 – *Kulis/Polen*. Anders aber EGMR 9.11.2006 – 64772/01, Rn. 72 ff. – *Leempoel* ua/*Belgien*.

173   EGMR 4.12.2012 – 59631/09, Rn. 75 f. – *Verlagsgruppe News GmbH* ua/ *Österreich*. S. auch EGMR 8.10.2009 – 8237/03, Rn. 44 – *Porubov/Russland*.

higkeit zulässt, seine Amtsgeschäfte wahrzunehmen.[174] Auch die Liebesbeziehung eines Ministerpräsidenten kann Elemente von öffentlichem Interesse enthalten.[175] Dasselbe gilt für den Gesundheitszustand eines Staatspräsidenten.[176] Nach Ansicht des Gerichtshofs sollen jedoch Veröffentlichungen mit dem alleinigen Ziel, die Neugier eines „bestimmten" Publikums an Einzelheiten des Privatlebens bestimmter Personen zu befriedigen, nicht zu einer Debatte von öffentlichem Interesse für die Gesellschaft beitragen können.[177] Hierzu zählt er Gerüchte über eine außereheliche Affäre einer Bundespräsidentengattin.[178]

Als viertes Kriterium untersucht der Gerichtshof, **wen die Äußerung** 45 **betraf.**[179] Politiker müssen sich nach seiner Ansicht grundsätzlich eine Beobachtung und Kommentierung all ihrer – insbesondere – dienstlichen Handlungen gefallen lassen.[180] Bei öffentlichen Bediensteten[181] geht er hingegen nicht davon aus, dass sie sich der Öffentlichkeit bewusst in demselben Ausmaß aussetzen wie Politiker.[182] Dennoch sind die Grenzen zulässiger Kritik ihnen gegenüber weiter als bei Privatpersonen, wenn sie in ihrer Funktion handeln.[183] Von letzteren grenzt der Gerichtshof schließlich Personen des öffentlichen Lebens ab und solche, die sich auf andere Weise in die Öffentlichkeit begeben haben,[184] – etwa ein von der Regierung ernannter, öffentlich auftretender Experte,[185] die Pressesprecherin eines Präsidentschaftskandidaten,[186] eine öffentlich auftretende Mitarbeiterin einer Nichtregierungsorganisation,[187] Publizisten[188] und Journalisten,[189] jemand, der extreme Ansichten äußert,[190] der Leiter einer religiösen

---

174 Zum Ganzen s. EGMR 12.6.2014 – 40454/07, Rn. 59 – *Couderc ua/Frankreich.*
175 S. nur EGMR 14.1.2014 – 69939/10, Rn. 54 – *Ojalo ua/Finnland.*
176 EGMR 18.5.2004 – 58148/00, Slg 04-IV Rn. 44 – *Editions Plon/Frankreich.*
177 S. nur EGMR 9.10.2012 – 42811/06, Rn. 35 – *Alkaya/Türkei.*
178 EGMR 4.6.2009 – 21277/05, Rn. 52 – *Standard Verlags GmbH/Österreich* mit abw. M. der Richter Jebens u. Spielmann.
179 S. nur EGMR 10.7.2014 – 48311/10, Rn. 57 – *Axel Springer AG/Deutschland (Nr. 2).*
180 S. nur EGMR 12.6.2014 – 40454/07, Rn. 49 – *Couderc ua/Frankreich.*
181 Hierzu scheint der Gerichtshof auch Universitätsprofessoren zu zählen, EGMR 22.4.2010 – 34050/05, Rn. 47 – *Haguenauer/Frankreich.*
182 S. nur EGMR 27.5.2014 – 33501/04 ua, Rn. 70 – *OOO Ivpress ua/Russland.*
183 S. nur EGMR 22.1.2013 – 22398/05, Rn. 129 – *Ümit Bilgic/Türkei.*
184 S. nur EGMR 19.6.2012 – 27306/07, Rn. 53 – *Krone Verlag GmbH/Österreich.*
185 EGMR 25.1.2007 – 3138/04, Rn. 25 – *Arbeiter/Österreich.*
186 EGMR 12.10.2010 – 184/06, Rn. 66 – *Saaristo ua/Finnland.*
187 EGMR 6.7.2010 – 37520/07, Rn. 72 – *Niskasaari ua/Finnland.*
188 S. nur EGMR 2.3.2010 – 41486/04, Rn. 24 – *Seleckis/Lettland.*
189 S nur EGMR 14.2.2006 – 69857/01 – *Katamadze/Georgien.*
190 S. nur EGMR 7.12.2006 – 35841/02, Rn. 65 – *Österreichischer Rundfunk/ Österreich.*

Einrichtung,[191] Firmen, die staatliche Gelder erhalten,[192] der Eigentümer eines der angesehensten Unternehmen eines Landes,[193] der anwaltliche Vertreter in einem Fall mit großer öffentlicher Anteilnahme,[194] Schauspieler[195] oder der Besitzer eines Stripteaselokals,[196] nicht jedoch ein Arzt, der Schwangerschaftsabbrüche durchführt,[197] oder ein hochrangiger Bankangestellter[198].[199] Ebenso wenig kann dies bei Opfern von Sorgerechtsstreitigkeiten oder Straftaten trotz des ihnen deswegen entgegengebrachten öffentlichen Interesses angenommen werden.[200] Sie werden als Privatpersonen betrachtet, die in besonderem Maße auf den Schutz ihrer Privatsphäre vertrauen können[201].

46   Fünftens stellt der Gerichtshof auf das **Vorverhalten** der betroffenen Person ab.[202] Dabei kann dieses Kriterium zum einen mit der Frage der Bekanntheit dieser Person verknüpft sein. Ist sie nicht selbst an die Öffentlichkeit getreten, hat sie nach dem eben Gesagten (→ Rn. 45) in erhöhtem Maße Anspruch auf Schutz.[203] Zum anderen kann dieses Kriterium dazu beitragen zu bestimmen, ob eine Frage von öf-

---

191 EGMR 18.9.2008 – 35916/04, Rn. 42 –*Chalabi/Frankreich.*
192 S. nur EGMR 27.11.2007 – 42864/05, Rn. 34 – *Timpul Info-Magazin* ua/ *Moldawien.*
193 EGMR 14.12.2006 – 10520/02, Rn. 36 – *Verlagsgruppe News GmbH/Österreich (Nr. 2).*
194 EGMR 23.6.2009 – 38435/05, Rn. 34 – *Bodrozic* ua/*Serbien.*
195 EGMR 7.2.2012 – 39954/08 (GK), Rn. 97 ff. – *Axel Springer AG/Deutschland.*
196 S. nur EGMR 10.7.2012, Rn. 64 f. – *Erla Hlynsdottir/Island.*
197 EGMR 12.2.2013 – 55558/10 – *Annen/Deutschland.*
198 EGMR 10.1.2012 – 34702/07, Rn. 38 – *Standard Verlags GmbH/Österreich (Nr. 3).*
199 Zu Personen, die rechtswidrige Taten begangen haben, s. nur EGMR 6.4.2010 – 25576/04, Rn. 83 – *Flinkkilä* ua/*Finnland,* einerseits u. EGMR 22.11.2011 – 14621/06, Rn. 32 f. – *Stanciulescu/Rumänien (Nr. 2),* u. EGMR 16.12.2010 – 24061/04, Rn. 51 – *Aleksey Ovchinnikov/Russland,* andererseits. Zu einer Person, die mit einem Beschuldigten flieht und sich hierzu in Interviews äußert, s. EGMR 13.12.2005 – 15653/02 ua, Rn. 44 – *Wirtschafts-Trend Zeitschriften-Verlagsgesellschaft m.b.H./Österreich (Nr. 3).*
200 S. nur EGMR 19.6.2012 – 27306/07, Rn. 54 – *Krone Verlag GmbH/Österreich.*
201 S. nur EGMR 12.6.2014 – 40454/07, Rn. 49 – *Couderc* ua/*Frankreich.*
202 S. nur EGMR 12.6.2014 – 40454/07, Rn. 50 – *Couderc* ua/*Frankreich.*
203 S. EGMR 4.12.2012 – 59631/09, Rn. 79 ff. – *Verlagsgruppe News GmbH* ua/ *Österreich.*

fentlichem Interesse besteht.[204] So hat der Gerichtshof das öffentliche Interesse an der Drogenabhängigkeit eines Modells mit der Tatsache begründet, dass sie diese öffentlich geleugnet hatte.[205] Hat der Betroffene die Informationen zuvor selbst publik gemacht, sind zudem die Auswirkungen einer erneuten Veröffentlichung als gering zu betrachten (→ Rn. 50).[206] Schließlich bestimmt ein etwaiges Vorverhalten darüber mit, in welchem Ton der Äußernde reagieren durfte.[207]

Als Sechstes nimmt der Gerichtshof auch die **Person des Äußernden** 47 ins Visier. Handelt es sich um Volksvertreter oder Journalisten, zeigt der Gerichtshof mittels einer eingehenden Prüfung den besonderen Stellenwert, den er ihrer Arbeit zumisst (→ Rn. 33). Äußern sich hingegen Beamte oder Richter, kann ein Eingriff auch damit begründet werden, dass sie die ihnen obliegende Pflicht zur Zurückhaltung nicht eingehalten haben.[208, 209] Dasselbe gilt, wenn Anwälte – die bei

---

204 S. EGMR 18.3.2008 – 15601/02, Rn. 48 – *Kulis/Polen*, u. EGMR 14.12.2006 – 5433/02, Rn. 46 – *Shabanov ua/Russland*. Sofern es um das Sexualleben im engeren Sinne eines Politikers ging, das nicht Bestandteil der Aspekte seines Privatlebens war, die er selbst an die Öffentlichkeit getragen hatte, hat der Gerichtshof zwar nicht ausdrücklich festgestellt, dass hieran kein öffentliches Interesse bestehe. Indem er eine diesbezügliche Verurteilung billigte, führte er aber auch insoweit das Vorverhalten des Betroffenen und die Themen, über die berichtet werden kann, parallel, s. nur EGMR 14.1.2014 – 69939/10, Rn. 55 ff. – *Ojalo ua/Finnland*. Anders aber EGMR 6.2.2001 – 41205/98, Slg 01-I Rn. 66, 68 – *Tammer/Estland*.
205 EGMR 18.1.2011 – 39401/04, Rn. 147 – *MGN Limited/Vereinigtes Königreich*.
206 EGMR 23.7.2009 – 12268/03, Rn. 52 f. – *Hachette Filipacchi Associés (Ici Paris)/Frankreich*.
207 S. nur EGMR 22.4.2010 – 34050/05, Rn. 50 – *Haguenauer/Frankreich*.
208 S. nur EGMR 7.12.2010 – 15966/06, Rn. 69, 76 ff. – *Poyraz/Türkei*. Beachte aber EGMR 27.5.2014 – 20261/12, Rn. 88, 98 ff. – *Baka/Ungarn*, u. EGMR 26.2.2009 – 29492/05, Rn. 88 – *Kudeshkina/Russland*, wo die Pflicht zur Zurückhaltung einer – sich im Wahlkampf befindenden – Richterin – anders als in den Minderheitenvoten der Richter Kovler u. Steiner u. Nicolaou – nicht angeführt wurde. Zur den möglichen Konsequenzen einer aktiven Mitgliedschaft in einer vom Verfassungsschutz beobachten, aber nicht verbotenen Partei s. EGMR 1.7.2008 – 16912/05 – *Lahr/Deutschland*; EGMR 13.2.2007 – 30067/04 – *Erdel/Deutschland*, u. EGMR 24.11.2005 – 27574/02 – *Otto/Deutschland*. Zur Überführung von Beamten der ehemaligen DDR s. EGMR 22.11.2001 – 39793/98, Slg 01-XII – *Petersen/Deutschland*, u. EGMR 22.11.2001 – 39799/98 – *Volkmer/Deutschland*.
209 Zu Lehrern bzw. Universitätsprofessoren s. EGMR 7.6.2011 – 48135/08 – *Gollnisch/Frankreich*, u. EGMR 18.5.2004 – 57383/00 – *Seurot/Frankreich*. Zur Loyalitätspflicht im Arbeitsverhältnis s. EGMR 11.12.2012 – 35745/05, Rn. 58 ff. – *Nenkova-Lalova/Bulgarien* mit abw. M. der Richter Ziemele, Nicolaou u. Bianku; EGMR 12.9.2011 – 28955/06 ua (GK), Slg 11-V Rn. 64 ff. – *Palomo Sanchez ua/Spanien*; EGMR 21.9.2004 – 56326/00 – *Carstea ua/Rumänien*; EGMR 18.1.2000 – 28962/95 – *Predota/Österreich*, einerseits u. EGMR 16.7.2009 – 20436/02, Rn. 46 ff. – *Wojtas-Kaleta/Polen*; EGMR 29.2.2000 – 39293/98, Rn. 45 ff. – *Fuentes Bobo/Spanien* mit abw. M. der Richter Caflisch u. Makarczyk, andererseits.

der Verteidigung von Mandanten im Interesse der Waffengleichheit grundsätzlich einen großen Spielraum haben[210] – gegen ihre Pflicht verstoßen, zur Funktionsfähigkeit der Justiz und zum Vertrauen in diese beizutragen[211].[212]

48 Als siebtes Kriterium untersucht der Gerichtshof die **Form** der Äußerung, wobei sich deren Beitrag zur Bestimmung der Notwendigkeit der Beschränkung in einer demokratischen Gesellschaft jedoch schwer einschätzen lässt. Denn einerseits soll sie einen Eingriff nicht allein rechtfertigen können.[213] Andererseits ließ der Gerichtshof eine Rechtfertigung aber – überwiegend, wenn Richter von der Äußerung betroffen waren – zu, wenn der Äußernde die von ihm intendierte Botschaft auch in einer weniger verletzenden Weise hätte ausdrücken können[214] bzw. wenn Anwälte sich in einer Weise abwertend geäußert haben, die nicht mit ihren Standespflichten vereinbar war (→ Rn. 56).

49 Achtens stellt der Gerichtshof auf den **Rahmen** ab, in dem eine Äußerung getätigt wurde: Erfolgte sie während eines mündlichen Austausches, so dass es keine Möglichkeit gibt, sie umzuformulieren oder zurückzuziehen, kann dies dazu beitragen, eine gegen sie gerichtete Maßnahme unverhältnismäßig erscheinen zu lassen.[215] Dasselbe gilt, wenn die Aussage in einer Veranstaltung fällt, bei der Vertreter unterschiedlicher Ansichten zugegen sind, die im unmittelbaren Anschluss widersprechen können.[216]

50 In diese Richtung wirkt auch die Berücksichtigung der **Auswirkungen** der Meinungsäußerung[217]: Hat eine Äußerung nur einen limitierten Adressatenkreis und infolgedessen nur beschränkte Wirkungen,

---

210 S. nur EGMR 15.7.2010 – 34875/07, Rn. 48 – *Dumas/Frankreich*. Ähnlich für Zeugen, EGMR 6.7.2010 – 37751/07, Rn. 62 – *Mariapori/Finnland*.
211 S. nur EGMR 3.2.2011 – 8921/05, Rn. 173 – *Igor Kabanov/Russland*.
212 S. nur EGMR 16.12.2003 – 66357/01 – *Böhm/Deutschland*.
213 EGMR 20.1.2009 – 12188/06, Rn. 43 – *Csanics/Ungarn*; EGMR 7.11.2006 – 12697/03, Slg 06-XIII Rn. 25 – *Mamere/Frankreich*.
214 Gegenüber Politikern brachte der Gerichtshof dieses Argument als eines von mehreren an in EGMR 9.10.2003 – 65924/01 – *Freiheitliche Partei Österreichs, Landesgruppe Niederösterreich/Österreich*; EGMR 6.2.2001 – 41205/98, Slg 01-I Rn. 67 – *Tammer/Estland*.
215 S. nur EGMR 15.3.2011 – 2034/07, Slg 11-I Rn. 54, 62 – *Otegi Mondragon/Spanien*.
216 S. nur EGMR 6.12.2007 – 73219/01, Rn. 41, 47, 49 – *Filatenko/Russland*.
217 S. nur EGMR 10.7.2014 – 48311/10, Rn. 57 – *Axel Springer AG/Deutschland (Nr. 2)*.

spricht dies gegen die Notwendigkeit der Maßnahme.[218] Dasselbe gilt, wenn die Auswirkungen begrenzt sind, weil die Tatsache bereits bekannt war[219] – es sei denn ihre beständige Wiederholung kann ein Klima fortwährender Belästigung hervorrufen[220].[221] Auch Zeitablauf reduziert den Schaden.[222]

Weiter kann eine Rechtfertigung ausgeschlossen sein, wenn die Sank- 51 tion nicht in einem **fairen Verfahren** ergangen ist oder kein effektiver Rechtsschutz gegen sie zur Verfügung steht.[223]

Das gilt schließlich auch, wenn die verhängte **Sanktion** nicht ange- 52 messen ist. Dem Gerichtshof kommt es dabei darauf an, Gefängnisstrafen – auch solche, die zur Bewährung ausgesetzt sind[224] –, auf außergewöhnliche Umstände zu beschränken. Darunter versteht er insbesondere die Verletzung anderer wesentlicher Rechte, wozu er Hassreden oder den Aufruf zu Gewalt zählt.[225] Die Anwendung sonstiger Sanktionen strafrechtlicher Art schließt er hingegen nicht

---

218 S. nur EGMR 3.9.2013 – 22398/05, Rn. 133 – *Ümit Bilgic/Türkei* (Brief); EGMR 15.12.2009 – 25464/05, Rn. 59 – *Gavrilovici/Moldawien* (Besprechung); EGMR 13.1.2009 – 39656/03, Rn. 29 – *Ayhan Erdogan/Türkei* (gerichtliche Verhandlung), u. EGMR 8.7.1999 – 24246/94 (GK), Rn. 48 – *Okcuoglu/Türkei* (Zeitschrift mit geringem Verbreitungsgrad). Dies blieb jedoch unbeachtet in EGMR 21.2.2012 – 34472/07, Rn. 40 ff. – *Gasior/Polen* mit abw. M. des Richters Björgvinsson; EGMR 21.1.2010 – 2179/08 – *Rukaj/Griechenland*; EGMR 3.2.2009 – 30699/02, Rn. 45, 48 – *Marin/Rumänien*; EGMR 17.7.2008 – 513/05, Rn. 38 ff. – *Schmidt/Österreich* mit abw. M. der Richter Rozakis, Vajic u. Spielmann; EGMR 8.1.2004 – 44998/98 – *A/Finnland*; EGMR 21.3.2002 – 43718/98 – *Wingerter/Deutschland*, u. EGMR 14.3.2002 – 46833/99, Rn. 35 ff. – *Diego Nafria/Spanien* mit abw. M. der Richter Casadevall u. Zupancic.
219 S. nur EGMR 25.1.2011 – 30865/08, Rn. 87 – *Reinboth* ua/*Finnland*. Beachte aber EGMR 16.12.2010 – 24061/04, Rn. 50 – *Aleksey Ovchinnikov/Russland*.
220 S. nur EGMR 19.6.2012 – 27306/07, Rn. 59 – *Krone Verlag GmbH/Österreich*.
221 Zu den Auswirkungen auf eine verstorbene Person s. EGMR 22.11.2011 – 17320/10, Rn. 39 – *John Anthony Mizzi/Malta* mit Minderheitenvoten der Richter Bratza u. Scicluna.
222 S. nur EGMR 20.11.2007 – 28702/03, Rn. 31 – *Flux/Moldawien*.
223 EGMR 27.5.2014 – 20261/12, Rn. 102 – *Baka/Ungarn*.
224 S. nur EGMR 19.12.2013 – 10347/10, Rn. 40 – *Mika/Griechenland*. Beachte aber EGMR 21.1.2010 – 2179/08 – *Rukaj/Griechenland*; EGMR 22.12.2009 – 5962/03, Rn. 154 – *Makarenko/Russland*, u. EGMR 11.3.2003 – 35640/97, Slg 03-IV Rn. 63 – *Lesnik/ Slowakei*.
225 Zum Ganzen s. nur EGMR 15.3.2011 – 2034/07, Slg 11-I Rn. 59 – *Otegi Mondragon/Spanien*, u. EGMR 15.5.2014 – 19554/05, Rn. 81 ff. – *Taranenko/ Russland*. Beachte aber EGMR 3.11.2009 – 23693/03, Rn. 62 – *Bojolyan/ Armenien*; EGMR 22.10.2009 – 69519/01, Rn. 85 ff. – *Pasko/Russland*; EGMR 3.10.2006 – 62414/00, Slg 06-XIV – *Palusinski/Polen*; EGMR 18.10.2005 – 5446/03, Slg 05-XI – *Perrin/Vereinigtes Königreich*, einerseits u. EGMR 21.2.2008 – 64116/00, Rn. 47 ff. – *Yalciner/Türkei*, andererseits.

aus.[226] Im Übrigen kommt es neben der Art auch auf die Höhe der Sanktion an.[227] Sie muss im rechten Verhältnis zum durch die Meinungsäußerung hervorgerufenen Schaden stehen – und auch zum Einkommen des Äußernden.[228]

53   bb) **Schutz des guten Rufes:** Vor diesem Hintergrund können Eingriffe in die Meinungsfreiheit dann gerechtfertigt werden, wenn der Äußernde nicht in gutem Glauben (→ Rn. 40 ff.) handelt.[229], [230]

54   Hinsichtlich des Schutzes des guten Rufes von Vertretern des Staates hat der Gerichtshof jedenfalls im Hinblick auf **Staatsoberhäupter** – sowohl in- als auch ausländische – entschieden, dass es nicht mit der Meinungsfreiheit vereinbar ist, wenn sie allein aufgrund ihrer Funktion mithilfe von Spezialgesetzen einen höheren Schutz ihres guten Rufes erhalten.[231]

55   Er verweist jedoch auf die Pflicht von Beamten und insbesondere von Richtern zur Zurückhaltung. Zudem bräuchten sie zur Erfüllung ihrer Aufgaben das Vertrauen der Öffentlichkeit.[232] Deswegen könne es sich als erforderlich erweisen, sie gegen beleidigende (offensant bzw. offensive, abusive and defamatory[233]) – bzw. bei Staatsanwälten

---

226   S. nur EGMR 29.4.2014 – 23605/09, Rn. 61 – *Salumäki/Finnland*. Beachte aber EGMR 22.6.2010 – 41029/06, Rn. 54 – *Kurlowicz/Polen*. S. auch EGMR 17.1.2012 – 29576/09, Rn. 79 – *Lahtonen/Finnland*, u. EGMR 20.4.2006 – 47579/99, Rn. 50 – *Raichinov/Bulgarien*, wo der Gerichtshof diese ebenfalls nur in außergewöhnlichen Situationen zulassen will.

227   S. nur EGMR 8.7.2014 – 53413/11, Rn. 108 – *Sik/Türkei*.

228   S. nur EGMR 4.3.2014 – 7942/05 ua, Rn. 125 – *Dilipak ua/Türkei*. Zur Unverhältnismäßigkeit der Verpflichtung, Erfolgshonorare zu erstatten, s. EGMR 18.1.2011 – 39401/04, Rn. 198 ff. – *MGN Limited/Vereinigtes Königreich*. Zu prozessualen Anforderungen s. EGMR 16.6.2005 – 55120/00, Slg 05-V (Auszüge) Rn. 112 ff. – *Independent News and Media and Independent Newspapers Ireland Limited/Ireland* mit abw. M. des Richters Cabral Barreto.

229   EGMR 3.6.2014 – 52517/13, Rn. 24 ff. – *Schuman/Polen*. Weiter noch EGMR 6.2.2001 – 41205/98, Slg 01-I Rn. 64 ff. – *Tammer/Estland*; EGMR 2.3.1999 – 34313/96 – *Immler/Deutschland*.

230   Zur Bezugnahme auf den Holocaust vor dem Hintergrund der deutschen Geschichte s. nur EGMR 8.11.2012 – 43481/09, Rn. 49 – *Peta Deutschland/Deutschland*. Zum Begriff „Nazi" s. EGMR 15.12.2009 – 25464/05, Rn. 56 – *Gavrilovici/Moldawien*; EGMR 14.12.2006 – 29372/02, Rn. 39 – *Karman/Russland*; EGMR 13.11.2003 – 39394/98, Slg 03-XI Rn. 43 f. – *Scharsach ua/Österreich*, einerseits u. EGMR 17.11.2005 – 56720/00 – *Metzger/Deutschland*; EGMR 21.3.2000 – 24773/94, Rn. 41 – *Andreas Wabl/Österreich*; EGMR 17.11.1998 – 34328/96 – *Peree/Niederlande*, andererseits. Zu einem Vergleich mit Joseph Göbbels s. EGMR 20.3.2003 – 71750/01 – *Krutil/Deutschland*.

231   S. nur EGMR 15.3.2011 – 2034/07, Slg 11-I Rn. 55 f. – *Otegi Mondragon/Spanien*. Zu Abgeordneten s. EGMR 16.11.2004 – 53678/00, Slg 04-X Rn. 51 f. – *Karhuvaara ua/Finnland*.

232   Bei Auflösung der Behörde und Pensionierung des betroffenen Beamten s. EGMR 7.11.2006 – 12697/03, Slg 06-XIII Rn. 28 – *Mamere/Frankreich*.

233   S. nur EGMR 26.11.2013 – 59545/10, Rn. 60 – *Blaja News SP. Z O.O./Polen*.

und Richtern auch unbegründete destruktive[234] – Angriffe im Dienst zu schützen.[235]

Im Ergebnis konnte ein Eingriff in die Meinungsfreiheit auch zu deren Schutz dann erfolgen, wenn die Äußerung nicht in gutem Glauben erfolgte.[236] Überwiegend wenn Richter von der Äußerung betroffen waren, ließ der Gerichtshof eine Rechtfertigung zudem auch dann zu, wenn der Äußernde die von ihm intendierte Botschaft auch in einer weniger verletzenden Weise hätte ausdrücken können[237] bzw. wenn Anwälte sich in einer Weise abwertend geäußert haben, die nicht mit ihren Standespflichten vereinbar war[238].   56

cc) **Schutz der Privatsphäre:** Der Schutz der Privatsphäre kann Eingriffe in die Meinungsfreiheit nach der Rechtsprechung des Gerichtshofs dann rechtfertigen, wenn er **kein öffentliches Interesse** an der Berichterstattung anerkennt (→ Rn. 44).[239] Zum Einfluss des Vorverhalten s. → Rn. 46.   57

Soweit der Gerichtshof darauf abstellt, dass es sich bei der betroffenen Person um eine reine Privatperson handelt, die sich nicht selbst an die Öffentlichkeit begeben hat (→ Rn. 45), wurde nicht das Verbot der Berichterstattung als solcher gerechtfertigt. In den Fällen, in denen der Gerichtshof nicht auf die Verletzung des Art. 10 erkannte, ging es vielmehr um Eingriffe in die Meinungsfreiheit wegen des **Öffentlichmachens bestimmter Informationen,** insbesondere der Identität.[240] Bei Personen, die in der Öffentlichkeit standen, konnte zwar der Namen genannt werden,[241] aber das Bekanntmachen weiterer In-   58

---

234 S. nur EGMR 11.2.2010 – 49330/07, Rn. 27 – *Alfantakis/Griechenland*.
235 Zum Ganzen s. nur EGMR 27.5.2014 – 46131/06, Rn. 35 – *Filip/Rumänien*.
236 S. nur EGMR 27.5.2014 – 46131/06, Rn. 39 ff. – *Filip/Rumänien*.
237 S. nur EGMR 23.8.2011 – 49910/06 – *Kovac/Kroatien*. Gegenüber Lehrern s. EGMR 27.6.2000 – 28871/95, Slg 00-VIII Rn. 74 – *Constantinescu/Rumänien* mit abw. M. des Richters Casadevall. S. auch EGMR 21.1.1999 – 25716/94 (GK), Slg 99-I Rn. 32 ff. – *Janowski/Polen* mit abw. M. der Richter Wildhaber, Bratza u. Rozakis, Bonello u. Casadevall.
238 S. nur EGMR 16.12.2003 – 66357/01 – *Böhm/Deutschland*.
239 S. nur EGMR 4.6.2009 – 21277/05, Rn. 52 ff. – *Standard Verlags GmbH/ Österreich*.
240 S. nur EGMR 19.6.2012 – 27306/07, Rn. 55 – *Krone Verlag GmbH/Österreich*. Beachte aber EGMR 10.1.2012 – 34702/07, Rn. 38, 43 ff. – *Standard Verlags GmbH/Österreich (Nr. 3)*, wo ohne Namensnennung die politische Dimension des Sachverhalts nicht sinnvoll hätte dargestellt werden können.
241 S. nur EGMR 17.1.2012 – 29576/09, Rn. 76 – *Lahtonen/Finnland*. Anders aber EGMR 14.11.2002 – 62746/00, Slg 02-X – *Wirtschafts-Trend Zeitschriften-Verlagsges. m.b.H./Österreich (Nr. 2)*.

formationen wie der Adresse[242] oder des Gesundheitszustandes[243] konnte zulässigerweise eingeschränkt werden. Insofern ist fraglich, ob das Abstellen darauf, wen die Äußerungen betrafen, nicht nur darüber entscheidet, ob die Berichterstattung anonymisiert werden muss.

59 Schließlich spielte auch die **Art der Erlangung** der Informationen bzw. der Fotos eine Rolle: Hat die Presse die Fotos gegen den Willen des Abgebildeten gemacht oder erhalten, war ein Eingriff zulässig.[244] Wurden die Fotos hingegen mit der Zustimmung des Abgebildeten gemacht und von der fotografierenden Person an die Presse weitergegeben, erwies sich die Verurteilung zu Schadensersatz in Höhe von 50 000 EUR als unverhältnismäßig.[245]

60 c) **Kunstfreiheit**[246] Auch wenn es sich um Kunstwerke handelt, wendet der Gerichtshof die genannten Kriterien an (→ Rn. 40 ff.).[247] Eingriffe in die Kunstfreiheit lassen sich im Rahmen deren Prüfung jedoch insofern schwerer rechtfertigen, als der Gerichtshof von einem geringeren Verbreitungsgrad von Kunstwerken und damit von deren eingeschränkter (Schadens-)Wirkung ausgeht[248]. Zudem lasse sich der Wahrheitsgehalt von Fiktion nicht erweisen. Dieser Ansatz führt jedoch nicht dazu, dass Maßnahmen gegen Kunstwerke gar nicht gerechtfertigt werden können, da der Gerichtshof Kunstwerke nicht generell als Fiktion ansieht, sondern sie seiner Ansicht nach auch nicht fiktionale Teile enthalten können, deren Wahrheitsgehalt – sofern es sich um Tatsachen handelt – bzw. deren Basieren auf einer ausrei-

---

242 S. EGMR 9.10.2012 – 42811/06, Rn. 36 ff. – *Alkaya/Türkei.*

243 EGMR 18.1.2011 – 39401/04, Rn. 151 – *MGN Limited/Vereinigtes König-reich* mit abw. M. des Richters Björgvinsson. Zur Berichterstattung über den Gesundheitszustand s. auch EGMR 14.12.2006 – 5433/02, Rn. 45 ff. – *Shaba-nov ua/Russland* mit abw. M. der Richter Lorenzen, Maruste u. Borrego Bor-rego.

244 S. nur EGMR 4.12.2012 – 59631/09, Rn. 86, 89 f., 94 f. – *Verlagsgruppe News GmbH ua/Österreich.*

245 EGMR 12.6.2014 – 40454/07, Rn. 64 ff., 72, 74 – *Couderc ua/Frankreich.*

246 Zur Interpretation von Karikaturen s. EGMR 20.10.2009 – 41665/07, Rn. 28 – *Alves Da Silva/Portugal;* EGMR 2.10.2008 – 36109/03, Rn. 39, 42 ff. – *Le-roy/Frankreich,* u.EGMR 25.1.2007 – 68354/01, Rn. 33 f. – *Vereinigung Bil-dender Künstler/Österreich.* Zum Jugendschutz s. EGMR 10.5.2011 – 1685/10, Rn. 22 ff. – *Karttunen/Finnland,* u. EGMR 22.6.2006 – 68238/01 – *V.D. ua/Frankreich.*

247 S. nur EGMR 2.10.2008 – 36109/03, Rn. 38 ff. – *Leroy/Frankreich,* u. EGMR 22.10.2007 – 21279/02 ua (GK), Slg 07-IV Rn. 55 ff. – *Lindon ua/Frankreich* mit abw. M. der Richter Rozakis, Bratza, Tulkens u. Sikuta. Insofern kann auch hier die Überlegung eine Rolle spielen, dass das Werk nicht neu ist, s. nur EGMR 16.2.2010 – 41056/04, Rn. 29 – *Akdas/Türkei.*

248 S. nur EGMR 11.3.2014 – 47318/07, Rn. 34 – *Jelsevar ua/Slowenien.*

chenden Faktenlage – im Falle von Werturteilen – festgestellt werden könne.[249]

d) **Wissenschaftsfreiheit**[250] Die genannten Kriterien (→ Rn. 40 ff.)   61
bestimmen schließlich auch die Rechtsprechung des Gerichtshofs zu wissenschaftlichen Werken.[251] Auch wenn er auch hinsichtlich der Wissenschaftsfreiheit auf den geringen Verbreitungsgrad der Werke hinweist,[252] bewirkt der wissenschaftliche Anspruch eines Werkes dabei nach seiner Ansicht, dass die Auswirkungen auf den Ruf eines Betroffenen beachtlich sind.[253] Die Überlegung, dass das Wissenschaftssystem durch weitere Forschung selbst dafür sorgt, dass falsche Aussagen widerlegt und nicht überzeugende Argumentationen durch bessere ersetzt werden können, spielt dabei keine Rolle.[254]

e) **Verhinderung der Verbreitung vertraulicher Informatio-**   62
nen[255] Art. 10 Abs. 2 erlaubt den Konventionsstaaten Beschränkungen der Meinungsfreiheit, um die Offenlegung vertraulicher Daten zu verhindern. Insoweit geht der Gerichtshof davon aus, dass Arbeitnehmer – im öffentlichen Dienst wie in der Privatwirtschaft – ihrem Arbeitgeber Loyalität, Zurückhaltung und Verschwiegenheit schulden.[256] Das bedeutet jedoch nicht, dass Eingriffe in die auch ihnen zustehende Meinungsfreiheit automatisch gerechtfertigt sind, wenn sie vertrauliche Informationen weitergeben. Der Gerichtshof verlangt

---

249 Zum Ganzen s. EGMR 22.10.2007 – 21279/02 ua (GK), Slg 07-IV Rn. 55 – *Lindon* ua/*Frankreich* mit abw. M. der Richter Rozakis, Bratza, Tulkens u. Sikuta.
250 Zur Nichtverlängerung des Vertrags eines Lehrbeauftragten s. EGMR 20.10.2009 – 39128/05, Rn. 44 ff. – *Lombardi Vallauri/Italien* mit abw. M. des Richters Cabral Barreto. Zur Herausgabe von Forschungsdaten s. EGMR 3.4.2012 – 41723/06 (GK), Rn. 84 ff. – *Gillberg/Schweden*.
251 S. nur EGMR 8.6.2010 – 44102/04, Rn. 33 ff. – *Sapan/Türkei*; EGMR 8.7.1999 – 23536/94 ua (GK), Slg 99-IV Rn. 64 ff. – *Baskaya* ua/*Türkei*. Insofern kann auch hier die Überlegung eine Rolle spielen, dass das Werk nicht neu ist, s. EGMR 27.11.2007 – 28582/02, Rn. 50 – *Asan/Türkei*.
252 S. nur EGMR 27.3.2008 – 20620/04, Rn. 32 – *Azevedo/Portugal*.
253 EGMR 13.2.2001 – 38318/97 – *Lunde/Norwegen*.
254 Zur Frage, ob eine geringe Qualität der Argumentation einen Eingriff rechtfertigen kann, s. EGMR 29.6.2004 – 64915/01, Slg 04-VI Rn. 73 ff. – *Chauvy* ua/*Frankreich*, einerseits u. EGMR 23.9.1998 – 24662/94 (GK), Rn. 46 ff. – *Lehideux* ua/*Frankreich*, andererseits.
255 Zum Zugang zu Informationen s. EGMR 28.11.2013 – 39534/07, Rn. 46 ff. – *Österreichische Vereinigung/Österreich* mit abw. M. des Richters Mose, u. EGMR 10.7.2006 – 19101/03 – *Sdruzeni Jihoceske Matky/Tschechien*.
256 S. nur EGMR 8.1.2013 – 40238/02, Rn. 93 – *Bucur* ua/*Rumänien*. Zur Möglichkeit, den aus dem Bruch einer vertraglichen Verschwiegenheitspflicht resultierenden Gewinn abzuschöpfen, auch wenn die Informationen nicht mehr vertraulich waren, s. EGMR 25.10.2005 – 68890/01, Slg 05-XII (Auszüge) Rn. 155 ff. – *Blake/Vereinigtes Königreich*.

vielmehr auch in diesem Fall eine **Abwägung** der von Art. 10 geschützten Interessen.[257]

63 Das beinhaltet zunächst die Frage, ob an der Veröffentlichung ein öffentliches **Interesse** besteht.[258] Auf der anderen Seite berücksichtigt der Gerichtshof den Schaden, der durch die Offenlegung entstehen könnte[259] – etwa für diplomatische Beziehungen und die Verhandlungsposition eines Staates[260]. Waren die weitergegebenen Informationen jedoch bereits bekannt, ist fraglich, ob noch von einem Schaden gesprochen werden kann.[261] Darüber hinaus gewichtet der Gerichtshof des Interesse an der Aufklärung von Unregelmäßigkeiten höher als das Interesse an der Aufrechterhaltung des (möglicherweise nicht gerechtfertigten) Vertrauens der Öffentlichkeit in die Integrität der öffentlichen Verwaltung.[262]

64 Insgesamt scheint der Gerichtshof die Weitergabe vertraulicher Daten dann zu akzeptieren, wenn dadurch **illegales Verhalten aufgedeckt** werden soll.[263] Das erklärt, warum die Ahndung von Verstößen gegen das richterliche Beratungsgeheimnis,[264] die Vertraulichkeit von Dokumenten mit Bezug zur Strafverteidigung[265] sowie die „Geheimhaltung des Polizeifunks"[266] ebenso gerechtfertigt werden kann wie diejenige der Weitergabe vertraulicher Informationen an den Geheimdienst eines fremden Staates[267].

65 Die Weitergabe vertraulicher Informationen über rechtswidriges Verhalten knüpft der Gerichtshof jedoch an die Erfüllung weiterer **Bedingungen:** Das betrifft zunächst die Gutgläubigkeit des Weiterge-

---

257 EGMR 28.6.2011 – 28439/08, Rn. 40 – *Pinto Coelho/Portugal.*
258 S. nur EGMR 8.10.2013 – 30210/06, Rn. 51, 54 f. – *Ricci/Italien.*
259 S. nur EGMR 8.1.2013 – 40238/02, Rn. 93 – *Bucur ua/Rumänien.*
260 EGMR 10.12.2007 – 69698/01 (GK), Slg 07-V Rn. 125 ff. – *Stoll/Schweiz.*
261 S. nur EGMR 15.12.2011 – 28198/09, Rn. 51, 54 ff. – *Mor/Frankreich.*
262 S. nur EGMR 8.1.2013 – 40238/02, Rn. 115 – *Bucur ua/Rumänien.*
263 S. nur EGMR 8.1.2013 – 40238/02, Rn. 93 – *Bucur ua/Rumänien.* Darauf deuten auch die Entscheidungen hin, in denen das offengelegte vertrauliche Verhalten nicht illegal war und der Gerichtshof nicht auf eine Verletzung von Art. 10 erkannte, EGMR 16.1.2014 – 45162/09, Rn. 54, 60 – *Tierbefreier eV/Deutschland.*
264 EGMR 24.1.2012 – 32844/10 ua, Rn. 43 ff. – *Seckerson ua/Vereinigtes Königreich.*
265 EGMR 9.11.2006 – 64772/01, Rn. 69 ff. – *Leempoel ua/Belgien.* Beachte aber EGMR 1.7.2014 – 56925/08, Rn. 53 ff. – *A.B./Schweiz*; EGMR 24.4.2008 – 17107/05, Rn. 35 ff. – *Campos Damaso/Portugal*; EGMR 20.11.2007 – 20528/05 – *Masschelin/Belgien*, u. EGMR 24.11.2005 – 53886/00, Rn. 73 ff. – *Tourancheau ua/Frankreich* mit abw. M. der Richter Costa, Tulkens u. Lorenzen, zu Verstößen gegen das Untersuchungsgeheimnis.
266 EGMR 25.3.2008 – 22107/05 – *Adamek/Deutschland.*
267 EGMR 22.10.2009 – 69519/01, Rn. 85 ff. – *Pasko/Russland.* Das gilt selbst in Fällen, in denen die Informationen nicht vertraulich waren, s. EGMR 3.11.2009 – 23693/03, Rn. 57 ff. – *Bojolyan/Armenien.*

benden hinsichtlich der Korrektheit der übermittelten Fakten.[268]
Zum zweiten darf dieser keine andere Möglichkeit als die Weitergabe
haben. Das bedeutet zum einen, dass die von ihm angestrebte Debatte nicht ohne die Offenlegung der vertraulichen Informationen geführt werden kann.[269] Zum anderen muss er zunächst – wenn möglich[270] – versuchen, Abhilfe beim Vorgesetzten oder einer anderen
zuständigen Stelle zu finden. Der Gang an die Öffentlichkeit kann
nur ultima ratio sein.[271] Schließlich stellt der Gerichtshof auf seine
Motivation ab: Handelt er aus Animosität oder zu eigenem (finanziellen) Nutzen, wirkt sich das in der Abwägung zu seinen Lasten
aus.[272, 273]

Kann die Verbreitung der Informationen nach diesen Kriterien nicht   66
gerechtfertigt werden, schließt der Gerichtshof eine Verurteilung
auch der beteiligten Journalisten nicht aus[274]: Zwar betont er die pri-
märe Verantwortung des Staates für den Schutz seiner vertraulichen
Dokumente.[275] Das ändere aber nichts daran, dass Journalisten diese
Qualifizierung hätten erkennen können[276].

f) Pressefreiheit[277]: Schutz journalistischer Quellen: Das bedeutet je-   67
doch nicht, dass damit auch eine Durchsuchung der Redaktionsräu-
me oder der Privatwohnungen von Journalisten gerechtfertigt wer-

---

268   S. nur EGMR 8.1.2013 – 40238/02, Rn. 93 – *Bucur* ua/*Rumänien*.
269   S. nur EGMR 8.10.2013 – 30210/06, Rn. 55, 58 – *Ricci/Italien*.
270   Zur Effektivität anderer Abhilfemöglichkeiten s. EGMR 8.1.2013 – 40238/02,
     Rn. 97 f. – *Bucur* ua/*Rumänien*.
271   Zum Ganzen s. nur EGMR 8.1.2013 – 40238/02, Rn. 93 – *Bucur* ua/*Rumäni-
     en*.
272   S. nur EGMR 8.1.2013 – 40238/02, Rn. 93 – *Bucur* ua/*Rumänien*.
273   Im Urteil vom 10.12.2007 – 69698/01 (GK), Slg 07-V Rn. 145 ff. – *Stoll/
     Schweiz*, stellt der Gerichtshof zudem darauf ab, daß die Berichterstattung ein-
     seitig sei. Beachte hierzu jedoch die abw. M. der Richter Zagrebelsky, Loren-
     zen, Fura-Standström, Jaeger u. Popovic, die zudem zu Recht drauf hinweist,
     dass es paradox ist, den Beschwerdeführer wegen der Veröffentlichung von
     vertraulichen Informationen zu bestrafen und ihm gleichzeitig Einseitigkeit
     vorzuwerfen, weil er den Bericht nur in Auszügen und nicht vollständig öffent-
     lich gemacht hat.
274   S. EGMR 10.12.2007 – 69698/01 (GK), Slg 07-V Rn. 162 – *Stoll/Schweiz*.
     Zur Anstiftung durch eine Journalisten s. EGMR 20.11.2007 – 20528/05 –
     Masschelin/Belgien. Beachte aber EGMR 19.12.2006 – 62202/00, Slg 06-XV
     Rn. 59 ff. – *Radio Twist, A.S./Slowakei*, wo ein Eingriff wegen der Veröffentli-
     chung eines illegal aufgezeichneten Telefongesprächs als Verletzung der Kon-
     vention angesehen wurde.
275   S. nur EGMR 10.12.2007 – 69698/01 (GK), Slg 07-V Rn. 143 – *Stoll/Schweiz*.
276   S. nur EGMR 1.7.2014 – 56925/08, Rn. 51 – *A.B./Schweiz*. Beachte aber
     EGMR 12.4.2012 – 30002/08, Rn. 80 – *Martin* ua/*Frankreich*, u. EGMR
     17.12.2004 – 33348/96 (GK), Slg 04-XI Rn. 96 – *Cumpana* ua/*Rumänien*.
277   Zur Verpflichtung, sich bei der Recherche an allgemeine Gesetze zu halten, s.
     EGMR 24.5.2011 – 22918/08 – *Mikkelsen* ua/*Dänemark*. Zur Pflicht, vor
     einer Veröffentlichung eines Interviews die Zustimmung des Interviewten ein-
     zuholen, s. EGMR 5.7.2011 – 18890/05, Rn. 65 ff. – *Wizerkaniuk/Polen*.

den kann, um den Verantwortlichen für die Weitergabe vertraulicher Informationen zu finden. Soweit ersichtlich ist seit dem Inkrafttreten des 11. Zusatzprotokolls bis zum Sommer 2014 keine einzige derartige Maßnahme vom Gerichtshof als gerechtfertigt angesehen worden.[278] Nur dann, wenn es nicht um journalistischen Quellen im engeren Sinne ging, dh wenn die „Quellen" nicht von sich aus die Presse kontaktiert hatten, sondern nicht wussten, dass sie als Quellen dienten, weil die Journalisten undercover agierten, war nach der Rechtsprechung des Gerichtshofs die Verpflichtung zur Herausgabe des recherchierten Materials zu Zwecken der Strafverfolgung möglich.[279],[280]

V. Schutzpflichten

68   Der Gerichtshof geht davon aus, dass die Konvention nicht nur Abwehrrechte enthalte, sondern die Staaten auch zu aktivem Tun verpflichten könne (→ Art. 11 Rn. 60 ff.). Im Rahmen des Art. 10 wird diese Schutzpflicht in dessen Rechtsprechung – neben dem Schutz gegen Gewalt[281] und zur Umsetzung von Gerichtsentscheidungen[282] – hauptsächlich im Hinblick auf audiovisuelle Medien aktiviert: Die Staaten müssten Pluralismus in diesem Bereich auf effektive Weise

---

278 EGMR 16.7.2013 – 73469/10, Rn. 95 ff. – *Nagla/Lettland*; EGMR 18.4.2013 – 26419/10, Rn. 59 ff. – *Saint-Paul Luxembourg S.A./Luxemburg*; EGMR 28.6.2012 – 15054/07 ua, Rn. 122 ff. – *Ressiot ua/Frankreich*; EGMR 12.4.2012 – 30002/08, Rn. 82 ff. – *Martin ua/Frankreich*; EGMR 27.11.2007 – 20477/05, Rn. 61 ff. – *Tillack/Belgien*; EGMR 22.11.2007 – 64752/01, Rn. 65 ff. – *Voskuil/Niederlande*; EGMR 15.7.2003 – 33400/96, Rn. 99 ff. – *Ernst ua/Belgien*; EGMR 25.2.2003 – 51772/99, Slg 03-IV Rn. 46 ff. – *Roemen ua/Luxemburg*. S. auch EGMR 22.11.2012 – 39315/06, Rn. 127 ff. – *Telegraaf Media Nederland Landelijke Media B.V. ua/Niederlande* mit abw. M. der Richter Myjer u. Lopez Guerra; EGMR 15.12.2009 – 821/03, Rn. 63 ff. – *Financial Times Ltd ua/Vereinigtes Königreich*.
279 EGMR 8.12.2005 – 40485/02, Slg 05-XIII – *Nordisk Film & TV A/S/Dänemark*. S. auch EGMR 27.5.2014 – 8406/06, Rn. 60 ff. – *Stichting Ostade Blade/Niederlande*.
280 Zur Zulässigkeit einer strategischen Telefonüberwachung, die nicht gezielt auf journalistische Quellen gerichtet und mit prozeduralen Garantien versehen ist, s. EGMR 29.6.2006 – 54934/00, Slg 06-XI Rn. 151 ff. – *Weber ua/Deutschland*.
281 S. EGMR 14.9.2010 – 2668/07 ua, Rn. 138 – *Dink/Türkei*, u. EGMR 16.3.2000 – 23144/93, Slg 00-III Rn. 40 ff. – *Özgür Gündem/Türkei*.
282 EGMR 10.5.2012 – 25329/03, Rn. 54 ff. – *Frasila ua/Rumänien*; EGMR 30.6.2009 – 32772/02 (GK), Slg 09-IV Rn. 78 ff. – *Verein gegen Tierfabriken Schweiz/Schweiz (Nr. 2)* mit abw.M. des Richters Malinverni ua. Die Nichtumsetzung einer Entscheidung zur Herausgabe von Informationen wurde hingegen als Eingriff qualifiziert, s. nur EGMR 24.6.2014, 27329/06 – *Rosianu/Rumänien*.

durch einen geeigneten Rahmen garantieren.[283] Art. 10 impliziert hingegen keine Pflicht des Staates, den Trägern der Meinungsfreiheit Zugang zu den Einrichtungen zu verschaffen, in denen diese ihre Meinung verbreiten wollen – sei es ein in Privateigentum stehendes Einkaufszentrum[284] oder eine bestimmte Zeitung[285]. Ebenso wenig muss er sicherstellen, dass die Post unerwünschte Werbung zustellt.[286]

VI. Verhältnis zu anderen Konventionsartikeln

Vor dem Hintergrund des Ansatzes des Gerichtshofes, denselben **69** Sachverhalt nicht separat unter dem Blickwinkel verschiedener Rechte zu prüfen (→ Art. 11 Rn. 64), kommt **Art. 6**, nicht Art. 10, zur Anwendung, wenn das rechtliche Gehör in einem gerichtlichen Verfahren beschränkt wird[287].

Art. 8, nicht Art. 10, erachtet der Gerichtshof als einschlägig, wenn **70** Briefe (von Strafgefangenen) nicht verschickt bzw. ihnen nicht zugestellt werden – selbst wenn hierbei auf den Inhalt des Briefes abgestellt wurde.[288] Bei Wohnungsdurchsuchungen[289] und Telefonüberwachungen[290] von Journalisten und der Beschlagnahme von Schriftstücken[291] wurde hingegen – zumindest auch – auf Art. 10 abgestellt.

Im Verhältnis zu **Art. 9** wird Art. 10 als lex specialis angesehen, wenn **71** es um das Verbreiten der eigenen Überzeugungen geht.[292]

Auf der anderen Seite wird **Art. 3 des Zusatzprotokolls Nr. 1** als lex **72** specialis zu Art. 10 betrachtet, sofern die Ausübung des Wahlrechts, insbesondere das Recht zu kandidieren, betroffen sind.[293]

---

283 S. nur EGMR 22.4.2013 – 48876/08 (GK), Slg 13-II (Auszüge) Rn. 134 – *Animal Defenders International/Vereinigtes Königreich*. Zur Konkretisierung s. EGMR 17.9.2009 – 13936/02, Slg 09-IV (Auszüge) Rn. 100 ff. – *Manole ua/ Moldawien*.
284 EGMR 6.5.2003 – 44306/98, Slg 03-VI Rn. 39 ff. – *Appleby ua/Vereinigtes Königreich* mit abw. M. des Richters Maruste.
285 S. nur EGMR 16.7.2013 – 1562/10, Rn. 79 – *Remuszko/Polen*. Zum Gegendarstellungsrecht s. EGMR 5.7.2005 –28743/03, Slg 05-IX – *Melnitchouk/ Ukraine*.
286 EGMR 20.9.2011 – 48703/08 – *Verein gegen Tierfabriken/Schweiz*.
287 S. nur EGMR 26.10.2004 – 52443/99 – *L.R. ua/Slowakei*.
288 S. nur EGMR 2.11.2010 – 14196/05 – *Mehmet Nuri Ozen/Türkei (Nr. 2)*.
289 S. nur EGMR 16.7.2013 – 73469/10, Rn. 104 – *Nagla/Lettland*.
290 S. nur EGMR 22.11.2012 – 39315/06, Rn. 88, 27 ff. – *Telegraaf Media Nederland Landelijke Media B.V. ua/Niederlande*.
291 S. nur EGMR 25.11.2003 – 43874/98 – *R.L./Schweiz*.
292 S. nur EGMR 24.11.2005 – 72596/01 – *Balsyte-Lideikiene/Litauen* u. Art. 9 Rn. 4.
293 S. nur EGMR 9.2.2010 – 36623/05, Rn. 32 – *Aukera Guztirak/Spanien*.

73 Zum Verhältnis zu Art. 11 s. → Art. 11 Rn. 66.

74 Zum Verhältnis zu Art. 17 s. → Rn. 36 f. u. Art. 17 Rn. 3.

Artikel 11 Versammlungs- und Vereinigungsfreiheit

(1) Jede Person hat das Recht, sich frei und friedlich mit anderen zu versammeln und sich frei mit anderen zusammenzuschließen; dazu gehört auch das Recht, zum Schutz seiner Interessen Gewerkschaften zu gründen und Gewerkschaften beizutreten.

(2) [1]Die Ausübung dieser Rechte darf nur Einschränkungen unterworfen werden, die gesetzlich vorgesehen und in einer demokratischen Gesellschaft notwendig sind für die nationale oder öffentliche Sicherheit, zur Aufrechterhaltung der Ordnung oder zur Verhütung von Straftaten, zum Schutz der Gesundheit oder der Moral oder zum Schutz der Rechte und Freiheiten anderer. [2]Dieser Artikel steht rechtmäßigen Einschränkungen der Ausübung dieser Rechte für Angehörige der Streitkräfte, der Polizei oder der Staatsverwaltung nicht entgegen.

I. Grundsätzliches

Die durch Art. 11 geschützten Freiheiten, sich zu versammeln und 1
sich zu vereinigen, stellen eigenständige Grundrechte dar. Sie dienen
aber dennoch auch dem Schutz der **Meinungsfreiheit**:[1] Ohne das
Recht, seine Überzeugungen und Ideen insbesondere in Vereinigungen zu teilen, wäre letztere nach Ansicht des EGMR nur von äußerst
beschränkter Reichweite.[2] Wie die Meinungsfreiheit werden daher
auch die Versammlungs- und die Vereinigungsfreiheit als fundamen-
tale Rechte in einer demokratischen Gesellschaft (→ Art. 10 Rn.
1 ff.) und als eine von deren Grundlagen verstanden.[3] Die Art und
Weise, wie ein Staat mit der Vereinigungsfreiheit umgeht, sage demnach auch etwas über den Zustand der **Demokratie** in diesem Staat
aus.[4]

II. Schutzbereich

Art. 11 umfasst die Versammlungs- (→ 1.) wie die Vereinigungsfrei- 2
heit (→ 2.).

1. Versammlungsfreiheit

Der Begriff der Versammlung ist **konventionsrechtlich autonom**. Für 3
die Einschlägigkeit des Art. 11 kommt es daher nicht darauf an, ob
eine Versammlung nach dem Recht des jeweilig betroffenen Staates
vorliegt. Entscheidend ist vielmehr, dass es sich um eine **Zusammen-
kunft mehrerer Personen**[5] **mit dem Ziel der Teilnahme an einem
kommunikativen Prozess** handelt. Die Teilnehmer müssen dabei
nicht zwingend dieselbe Meinung ausdrücken – auch eine kontrover-
se Diskussion schließt eine Versammlung nicht aus.[6],[7] Zur Abgrenzung zur Verbreitung einer Botschaft vor Journalisten s. → Rn. 66.

---

1 Zum Ganzen s. nur EGMR 14.2.2006 – 28793/02, Rn. 62 – *Parti Populaire
   Démocrate-Chrétien/Moldawien*.
2 EGMR 29.4.1999 – 25088/94 ua (GK), Slg 99-III Rn. 100 – *Chassagnou ua/
   Frankreich*.
3 S. nur EGMR 10.4. 2012 – 26648/03, Rn. 41 – *Strezelecki/Polen*.
4 S. nur EGMR 8.10.2009 – 37083/03, Slg 09-V Rn. 52 – *Tebieti Mühafize Cemiyyeti u. Israfilov/Aserbaidschan*.
5 Zu Zweifeln, dass hierfür bereits zwei Personen ausreichen, s. EGMR 12.6.2012
   – 26005/08, Rn. 29 – *Tatar/Ungarn*.
6 Zum Ganzen s. EGMR 12.6.2012 – 26005/08, Rn. 38 – *Tatar/Ungarn*.
7 Nicht umfasst ist ein Recht auf Sozialkontakte für Strafgefangene, EGMR
   4.5.2000 – 42117/98 – *Bollan/Vereinigtes Königreich*. Ebenso wenig soll die Tätigkeit, für die sich Menschen versammeln können, etwa eine bestimmte Form
   der Jagd, von Art. 11 geschützt sein, EGMR 24.11.2009 – 16072/06 ua – *Friend
   ua/Vereinigtes Königreich*.

4 Sachlich geschützt sind private Versammlungen sowie solche auf öffentlichen Verkehrsflächen, seien sie auf einen bestimmten Ort beschränkt oder als Demonstrationszug angelegt.[8] Dies umfasst auch die Bestimmung des Zeitpunkts und des Ortes, an dem sie stattfinden sollen, sowie deren Art und Weise.[9]

5 Nach dem Wortlaut der EMRK unterfallen jedoch nur **friedliche** Versammlungen dem Schutz der EMRK. Insoweit kommt es nach der Rechtsprechung des EGMR darauf an, ob die Veranstalter und die Teilnehmer gewalttätige Absichten haben. Mischt sich eine Gruppe gewaltbereiter Extremisten unter die Teilnehmer, nimmt das der Veranstaltung nicht den Schutz des Art. 11. Ebenso bleiben die Teilnehmer geschützt, die selbst friedlich sind.[10]

6 **Persönlich geschützt** sind die Veranstalter sowie die Teilnehmer.[11] Auch Vereinigungen können sich auf dieses Freiheitsrecht berufen.[12]

2. Vereinigungsfreiheit

7 **a) Grundsätzliches:** Auch die Definition der Vereinigung ist **konventionsrechtlich autonom**,[13] dh für den Schutz durch die EMRK kommt es nicht darauf an, ob ein Gebilde im jeweiligen Recht des betroffenen Staates als Vereinigung anerkannt wird. Entscheidend ist vielmehr, dass sich Menschen mit anderen **zusammenschließen, um ein gemeinsames Ziel zu erreichen**.[14] Vereinigungen im Sinne des Art. 11 sind demnach insbesondere die politischen Parteien,[15] Vereinigungen mit kulturellen, spirituellen, religiösen, minderheitenschüt-

---

8 EGMR 22.10.2013 – 26818/11, Rn. 32 – *Stowarzysenie „Poznanska Masa Krytyczna"/Polen.*

9 EGMR 27.11.2012 – 58050/08, Rn. 21 – *Saska/Ungarn.*

10 Zum Ganzen s. EGMR 12.6.2014 – 17391/06, Rn. 155 – *Primov ua/Russland.*

11 EGMR 22.10.2013 – 26818/11, Rn. 32 – *Stowarzysenie „Poznanska Masa Krytyczna"/Polen.*

12 EGMR 14.9.2010 – 6991/08 ua, Rn. 32 – *Hyde Park ua/Moldawien (Nr. 5 u.6).*

13 EGMR 6.12.2011 – 3049/08, Rn. 47 – *Poitevin ua/Frankreich.*

14 EGMR 12.12.2002 – 56400/00 – *Cesnieks/Lettland.*

15 EGMR 12.4.2011 – 12976/07, Rn. 78 – *Republikanische Partei Russlands/ Russland.* Zur Parteienfinanzierung s. EGMR 7.6.2007 – 71251/01, Slg 07-II – *Nationalistische Partei des Baskenlandes – Regionalorganisation Iparralde/ Frankreich.*

zenden, sozialwirtschaftlichen,[16] sozialen,[17] aber auch kommerziellen[18] Zwecken.[19]

Vereinigungsfreiheit ist auch die **negative Vereinigungsfreiheit**, dh das   8
Recht, einer Vereinigung fernbleiben oder aus ihr austreten zu können.[20]

b) Gewerkschaften: Ausdrücklich in Art. 11 genannt sind die Ge-   9
werkschaften, die durch gemeinschaftliches Vorgehen die beruflichen
Interessen ihrer Mitglieder schützen[21]. Art. 11 beinhaltet das Recht
zur Gründung, auf dessen Grundlage die Gewerkschaften über ihre
Satzung und ihre Mitglieder entscheiden und ihre eigenen Angelegenheiten
verwalten können.[22] Geschützt sind weiter das Recht zum Beitritt[23]
und das Recht, gehört zu werden – wobei der Gerichtshof den
Staaten – auch wegen der großen Unterschiede zwischen den jeweiligen
Systemen[24] – aber die freie Wahl hinsichtlich der Mittel zugesteht,
mit denen sie letztgenanntes Recht verwirklichen wollen[25]. In-

---

16 EGMR 18.10.2011 – 34960/04, Rn. 33 – *Vereinigte Mazedonische Organisation Ilinden* ua/*Bulgarien (Nr. 2)*.
17 EGMR 24.11.2009 – 16072/06 ua, Rn. 50 – *Friend* ua/*Vereinigtes Königreich*.
18 EGMR 12.12.2002 – 56400/00 – *Cesnieks/Lettland*.
19 Das Recht, in einer Organisation ein bestimmtes Amt zu übernehmen, soll nicht
    von Art. 11 geschützt sein, EGMR 23.11.2004 – 5140/02 – *Fedotov/Russland*.
    Ebenso wenig betrachtet der EGMR das Recht, seine Vereinsmitgliedschaft
    nicht offenbaren zu müssen, als von Art. 11 geschützt, fährt aber in diesem Fall
    mit seiner Prüfung unter den Annahme fort, dass ein Eingriff vorliege, EGMR
    3.6.2008 – 13148/04 – *Siveri* ua/*Italien*.
20 EGMR 22.9.2011 – 29953/08, Rn. 52 – *A.S.P.A.S.* ua/*Frankreich*. Eine Verletzung
    der Vereinigungsfreiheit hat der Gerichtshof angenommen, wenn das Ziel
    der Organisation den ethischen Überzeugungen der zur Mitgliedschaft Verpflichteten
    widerspricht, EGMR 6.12.2007 – 25708/03 ua – *Baudiniere* ua/
    Frankreich; EGMR 10.7.2007 – 2113/04, Rn. 80 ff. – *Schneider/Luxemburg*;
    EGMR 12.4.2001 – 35771/97 – *Thorkelsson/Island*; EGMR 24.9.1999 –
    25008/94 ua (GK), Slg 99-III Rn. 114 ff. – *Chassagnou* ua/*Frankreich*, oder
    wenn sie eine Organisation finanziell unterstützen müssen, aber keine Rechenschaft
    über die Verwendung ihrer Mittel erhalten, EGMR 27.4.2010 –
    20161/06, Slg 10-III Rn. 77 ff. – *Vördur Olafsson/Island*.
21 S. nur EGMR 8.10.2013 – 10684/04, Rn. 41 – *Familia Trade Unions General
    Federation/Rumänien*.
22 EGMR 27.2.2007 – 11002/05, Rn. 38 f. – *Associated Society of Locomotive
    Engineers & Firement (ASLEF)/Vereinigtes Königreich*.
23 S. nur EGMR 9.7.2013 – 2330/09 (GK), Slg 13-V (Auszüge) Rn. 135 – *Sindicatul
    "Postorul Cel Bun"/Rumänien*.
24 S. nur EGMR 11.1.2006 – 52562/99 ua (GK), Slg 06-I Rn. 58 – *Sorensen* ua/
    Dänemark.
25 S. nur EGMR 8.10.2013 – 10684/04, Rn. 43 – *Familia Trade Unions General
    Federation/Rumänien*.

zwischen hat er jedoch auch das Recht auf Kollektivverhandlungen anerkannt.[26]

10 Hinsichtlich des **Streikrechts** ist die Rechtsprechung nicht ganz eindeutig: Der Gerichtshof bezeichnet es zwar als wichtigen Aspekt.[27] In älteren Entscheidungen hatte er aber betont, dass es auch andere Mittel gebe, mit denen die Gewerkschaften ihre Aufgaben erfüllen könnten,[28] und gefolgert, dass Beschränkungen der Ausübung des Streikrechts nicht als solche ein Problem mit Blick auf Art. 11 darstellten[29]. Dennoch hat er die Prüfung des Falles unter der Annahme fortgesetzt, dass Art. 11 anwendbar ist.[30] Bereits zuvor hat er ein Streikverbot als Beschränkung der Macht der Gewerkschaften zum Schutz der beruflichen Interessen ihrer Mitglieder und damit als Eingriff in die Vereinigungsfreiheit angesehen.[31] Die Möglichkeit, die Arbeit für 3 Stunden zu verlangsamen, wurde ebenfalls unter die Vereinigungsfreiheit subsumiert[32] – die Teilnahme an einem nationalen Streiktag sogar unter Gewerkschaftsfreiheit[33]. In der insoweit jüngsten Entscheidung wurde die Teilnahme an einer Protestaktion gegen den Arbeitgeber während der Arbeitszeit wiederum dem Schutzbereich der Konvention unterstellt – diesmal jedoch dem der Versammlungsfreiheit.[34]

11 Art. 11 enthält jedenfalls keine speziellen Rechte für Gewerkschaftsmitglieder, etwa ein Recht, nicht **versetzt zu werden**.[35] Erfolgt eine solche Versetzung aber nicht aus dienstlichen Gründen, sondern als Sanktion für gewerkschaftliche Aktivitäten, ist die Gewerkschaftsfreiheit betroffen.[36]

12 c) **Nicht geschützte Vereinigungen:** Vereinigungen mit **öffentlich-rechtlichem Bezug** unterfallen nicht dem Schutzbereich des Art. 11.

---

26 S. nur EGMR 8.10.2013 – 10684/04, Rn. 42 – *Familia Trade Unions General Federation/Rumänien.* Zu Kollektivvereinbarungen s. EGMR 18.2.2014 – 38927/10 ua, Rn. 27 – *Tüm Bel-Sen/Türkei,* u. EGMR 12.11.2008 – 34503/97 (GK), Slg 08-V Rn. 153, 157 – *Demir ua/Türkei.*
27 S. nur EGMR 21.4.2009 – 68959/01, Rn. 24 – *Enerji Yap-Yol Sen/Türkei.*
28 EGMR 17.7.2007 – 74611/01 ua, Rn. 68 – *Dilek ua/Türkei;* EGMR 27.6.2002 – 38190/97, Slg 02-VI – *Federation of Offshore Workers' Trade Unions ua/ Norwegen.*
29 EGMR 27.6.2002 – 38190/97, Slg 02-VI – *Federation of Offshore Workers' Trade Unions ua/Norwegen.*
30 EGMR 27.6.2002 – 38190/97, Slg 02-VI – *Federation of Offshore Workers' Trade Unions ua/Norwegen.*
31 EGMR 10.1.2002 – 53574/99, Slg 02-I – *Unison/Vereinigtes Königreich.*
32 EGMR 17.7.2007 – 74611/01 ua, Rn. 57 – *Dilek ua/Türkei.*
33 EGMR 21.4.2009 – 68959/01, Rn. 24 – *Enerji Yap-Yol Sen/Türkei.*
34 EGMR 28.10.2010 – 4241/03, Rn. 46 – *Trofimchuk/Ukraine.*
35 EGMR 2.2.2010 – 30307/03, Rn. 33 – *Müslüm Ciftci/Türkei.*
36 EGMR 2.2.2010 – 30307/03, Rn. 35 – *Müslüm Ciftci/Türkei.*

Das gibt den Konventionsstaaten jedoch nicht die Möglichkeit, durch die Wahl der Rechtsform den Anwendungsbereich des Art. 11 weiter oder enger zu gestalten.[37] Der Gerichtshof nimmt die Zuordnung vielmehr mit Blick auf ihre Funktion(en), Organisation und Mitglieder vor.[38] Dabei kann berücksichtigt werden, ob die Vereinigung mit Hoheitsrechten ausgestattet ist und im öffentlichen Interesse tätig wird. Von Relevanz kann weiter sein, ob die Vereinigung durch den Staat gegründet wurde und nur durch ihn wieder aufgelöst werden kann. Ebenso können die Eingliederung in staatliche Strukturen[39] oder zumindest eine staatliche Aufsicht eine Rolle spielen. Auch die detaillierte staatliche Festlegung der Organisation,[40] die Streitschlichtungsmechanismen[41] und die Präsens von Repräsentanten des Staates in amtlicher Eigenschaft in den Organen der Vereinigung können in die Betrachtung einbezogen werden.[42] Dasselbe gilt für die Frage, ob die Mitglieder aufgrund ihrer beruflichen Funktion der Vereinigung angehören.[43] Insgesamt reicht es dem Gerichtshof nicht aus, dass eine Vereinigung vom Staat gegründet wurde und seiner Aufsicht unterliegt, um sie vom Anwendungsbereich des Art. 11 auszunehmen.[44] Andererseits ist es für einen solchen Ausschluss nach seiner Rechtsprechung aber nicht erforderlich, dass die Vereinigung hoheitlich oder im öffentlichen Interesse tätig wird oder in die Staatsorganisation eingegliedert ist.[45] Auf dieser Grundlage betrachtet er die Kammern der freien Berufe,[46] aber auch die österreichischen Betriebsräte[47] und Tourismusverbände,[48] die deutsche Rentenversicherung,[49] Universitäten[50] und die französischen Flurbereinigungsverbände[51] nicht als Vereinigungen im Sinne des Art. 11, wohl aber Jagdgesellschaften[52].

37 EGMR 29.4.1999 – 25088/94 ua (GK), Slg 99-III Rn. 100 – *Chassagnou* ua/*Frankreich*.
38 EGMR 6.11.2003 – 48047/99 – *Popov* ua/*Bulgarien*.
39 EGMR 18.11.2004 – 60781/00 – *Slawische Universität in Bulgarien/Bulgarien*.
40 S. nur EGMR 6.5.2008 – 17029/05 – *Nationale Notarkammer/Albanien*.
41 EGMR 4.7.2002 – 43311/98 – *Köll/Österreich*.
42 Zum Ganzen s. EGMR 6.12.2011 – 3049/08, Rn. 48 – *Poitevin* ua/*Frankreich*.
43 EGMR 6.5.2008 – 17029/05 – *Nationale Notarkammer/Albanien*.
44 S. nur EGMR 10.7.2007 – 2113/04 – *Schneider/Luxemburg*.
45 EGMR 14.9.1999 – 32441/96 – *Karakurt/Österreich*.
46 S. nur EGMR 6.5.2008 – 17029/05 – *Nationale Notarkammer/Albanien*.
47 EGMR 14.9.1999 – 32441/96 – *Karakurt/Österreich*.
48 EGMR 4.7.2002 – 43311/98 – *Köll/Österreich*.
49 EGMR 8.9.2005 – 71477/01 – *Ackermann ua/Deutschland*.
50 EGMR 18.11.2004 – 60781/00 – *Slawische Universität in Bulgarien/Bulgarien*.
51 S. nur EGMR 25.9.2012 – 50180/08 – *Bernellon/Frankreich*.
52 S. nur EGMR 10.7.2007 – 2113/04 – *Schneider/Luxemburg*.

13 Ebenso wenig können sich **bewaffnete Banden** auf Art. 11 berufen.[53]
    Die Tatsache allein, dass sich Vereinigungen – friedlich und mit lega-
    len Mitteln – gegen die bestehende (Verfassungs-[54])Ordnung wenden,
    nimmt sie hingegen nicht vom Schutzbereich der Vereinigungsfreiheit
    aus.[55]

14 **d) Persönlicher Schutzbereich:** Persönlich geschützt sind auch Ange-
    hörige des Klerus[56] und Beamte[57]. Auch die Vereinigungen selbst
    können sich auf dieses Freiheitsrecht berufen.[58]

III. Eingriff

1. Grundsätzliches

15 Der Gerichtshof vertritt einen weiten Eingriffsbegriff.[59] Dabei stellt
    er allein auf den Effekt einer Maßnahme der öffentlichen Gewalt[60] –
    auch in ihrer Funktion als Arbeitgeber[61] – ab. Auf die Art kommt es
    hingegen nicht an – auch eine bloße Erklärung der öffentlichen Ge-
    walt kann einen Eingriff darstellen[62]. Ein solcher liegt demnach vor,
    wenn eine Maßnahme eine **abschreckende** (chilling/dissuasif)[63] **bzw.
    beeinträchtigende** (affected/concerné)[64] **Wirkung** hat. Das ist nicht
    nur der Fall, wenn ein Grundrechtsträger an der Ausübung der ent-
    sprechenden Freiheit gehindert wird; es reicht aus, wenn ihm dabei

---

53 EGMR 27.4.2004 – 48083/99 – *Kilinc/Türkei*; EGMR 27.4.2004 – 47328/99 –
    Sirin/Türkei; EGMR 27.4.2004 – 60177/00 – *Ozupek* ua/*Türkei*.
54 EGMR 10.12.2002 – 25141/94, Rn. 30 – *Dicle für die Demokratische Partei
    (DEP) der Türkei/Türkei*.
55 EGMR 2.3.2006 – 46257/99, Rn. 35 – *Izmir Savas Karsitlari Dernegi* ua/
    Türkei.
56 EGMR 9.7.2013 – 2330/09 (GK), Slg 13-V (Auszüge) Rn. 140 ff. – *Sindicatul
    „Pastorul Cel Bun"/Rumänien*.
57 S. nur EGMR 25.9.2012 – 11828/08, Rn. 56 – *Gewerkschaft der Polizei in der
    Slowakei* ua/*Slowakei*.
58 EGMR 27.6.2002 – 38190/97, Slg 02-VI – *Federation of Offshore Workers'
    Trade Unions ua/Norwegen*.
59 In einigen Fällen wird das Vorliegen eines Eingriffs auch unterstellt, s. EGMR
    3.6.2008 – 13148/04 – *Siveri* ua/*Italien*, u. EGMR 7.12.2006 – 17582/05 – *Ar-
    tyomov/Russland*.
60 Zur Definition der öffentlichen Gewalt s. EGMR 20.10.2010 – 35016/03,
    Rn. 62 ff. – *Saliyev/Russland*; EGMR 20.10.2009 – 39128/05, Rn. 29 – *Lom-
    bardi Vallauri/Italien*, u. EGMR 16.12.2008 – 23883/06, Rn. 33 f. – *Khurshid
    Mustafa* ua/*Schweden*.
61 S. nur EGMR 12.11.2008 – 34503/97 (GK), Slg 08-V Rn. 109 – *Demir* ua/
    Türkei.
62 EGMR 25.9.2012 – 11828/08, Rn. 60 – *Gewerkschaft der Polizei in der Slowa-
    kei* ua/*Slowakei*.
63 S. nur EGMR 25.9.2012 – 11828/08, Rn. 60 – *Gewerkschaft der Polizei in der
    Slowakei* ua/*Slowakei*.
64 S. nur EGMR 27.11.2012 – 38676/08, Rn. 22 – *Disk* ua/*Türkei*.

ernsthafte Schwierigkeiten bereitet werden[65] – er zB eine weniger vorteilhafte Behandlung erhält.[66] Ein Eingriff kann also auch dann gegeben sein, wenn das grundrechtlich geschützte Verhalten trotzdem stattfinden kann.[67] Auch hebt ein etwa nachfolgender Freispruch den in einer Verhaftung liegenden Eingriff nicht auf[68].

Ein Eingriff liegt hingegen **nicht** vor, wenn keine Verbindung zwischen der Maßnahme und der grundrechtlichen Freiheit besteht.[69]   16

2. Eingriff in die Versammlungsfreiheit

Hinsichtlich der Versammlungsfreiheit kommen Maßnahmen vor, während und auch nach der Veranstaltung in Betracht wie zB ein Verbot, die Auflösung, die Verhaftung von Teilnehmern sowie Sanktionen,[70] aber auch das an einen potenziellen Teilnehmer gerichtete Verbot, zum Veranstaltungsort zu reisen,[71] sowie das Blockieren der Zufahrtsstraßen[72] bedürfen der Rechtfertigung.   17

Zur Eingriffsqualität einer vorherigen **Anmelde- oder Genehmigungspflicht** ist die Rechtsprechung nicht eindeutig: Der Gerichtshof hat insoweit festgestellt, dass diese nicht den Wesensgehalt der Versammlungsfreiheit beeinträchtigten.[73] Die Beeinträchtigung des Wesensgehalts ist aber nicht Voraussetzung für das Vorliegen eines Eingriffs (→ Rn. 15); vielmehr würde eine solche Beeinträchtigung dazu führen, dass eine Rechtfertigung ausscheidet (→ Rn. 22). Da eine Prüfung dieser Voraussetzung für die Rechtfertigung aber nur erforderlich ist, wenn ein Eingriff vorliegt, lässt sich diese Aussage dahin gehend interpretieren, dass eine vorherige Anmelde- oder Genehmigungspflicht Eingriffsqualität hat. In diese Richtung deutet auch die vom Gerichtshof aufgestellte Bedingung, dass der Zweck solcher Pflichten darin bestehen muss, den Behörden zu ermöglichen, Vorbereitungen zu treffen, um einen reibungslosen Verlauf der Versamm-   18

---

65 EGMR 12.4.2011 – 12976/07, Rn. 80 – *Republikanische Partei Russlands/ Russland.*
66 EGMR 27.4.2010 – 20161/06, Slg 10-III Rn. 52 ff. – *Vördur Olafsson/Island.*
67 EGMR 3.10.2013 – 21613/07, Rn. 84 – *Kasparov ua/Russland*; EGMR 3.5.2007 – 1543/06, Rn. 67 – *Baszkowski ua/Polen.*
68 EGMR 29.11.2007 – 25/02, Rn. 41 – *Balcik ua/Türkei.* S. auch EGMR 3.5.2007 – 1543/06, Rn. 68 – *Baszkowski ua/Polen.*
69 EGMR 5.6.2007 – 40885/02 – *Kaya/Türkei.* Zur Feststellung des Sachverhalts s. EGMR 10.4.2012 – 34320/04, Rn. 88 ff. – *Hakobyan ua/Armenien.*
70 EGMR 12.6.2014 – 17391/06, Rn. 93 – *Primov ua/Russland.*
71 EGMR 3.10.2013 – 21613/07, Rn. 84 – *Kasparov ua/Russland.* Beachte aber EGMR 14.9.2010 – 6991/08 ua, Rn. 32 – *Hyde Park ua/Moldawien (Nr. 5 u.6)*, u. EGMR 7.10.2008 – 5529/05, Rn. 25 ff. – *Patyi ua/Ungarn.*
72 EGMR 18.10.2011 – 48284/07, Rn. 42 – *Singartiyski ua/Bulgarien.*
73 EGMR 12.6.2014 – 17391/06, Rn. 117 – *Primov ua/Russland.*

lung zu garantieren[74]. Denn das Erfordernis eines legitimen Zwecks für staatliches Handeln kennzeichnet die Rechtfertigungs-, nicht die Eingriffsebene. Andererseits sieht der Gerichtshof im bloßen Vorliegen einer Anmelde-[75] oder Genehmigungspflicht[76] keinen abschreckenden Effekt. Diese Sichtweise ist jedoch nicht zwingend: Insbesondere das Erfordernis, bei einer Genehmigungspflicht auf die positive Antwort der Behörde warten zu müssen, kann die Veranstalter an einer effektiven weiteren Organisation hindern. Aber auch bei einer Anmeldepflicht können Papieraufwand, Übermittlungswege, Behördenöffnungszeiten uä insbesondere bei einer kurzfristig anberaumten Versammlung und einer sonst bestehenden hohen Arbeitsbelastung die Organisatoren von der Durchführung einer angedachten Veranstaltung abbringen. Nach dem Wortlaut des Abs. 2 kann es aber allein auf den beschränkenden Charakter ankommen. Da die Grundrechtsträger sowohl beim Bestehen einer Pflicht zur vorherigen Genehmigung als auch beim Vorliegen einer Verpflichtung zur vorangehenden Anmeldung nicht so agieren können, wie sie es sonst tun würden, und somit eine Beschränkung vorliegt, sollte der Eingriffscharakter für beide Maßnahmen bejaht werden.

3. Eingriff in die Vereinigungsfreiheit

19 Bei der Vereinigungsfreiheit stellt die **Auflösung** den offensichtlichsten Eingriff dar.[77] Aber auch der **Verweigerung der Eintragung** – der Vereinigung oder von Änderungen – wurde Eingriffsqualität zuerkannt[78] – mit der Begründung, dass dies die Tätigkeit beeinträchtigt und ernsthafte Schwierigkeiten hervorgerufen habe – ohne dass eine faktischen Lähmung der Aktivitäten als erforderlich angesehen wurde.[79] Das gilt insbesondere, wenn der Vereinigung dadurch die Rechtspersönlichkeit verweigert wird – weil das Unterschiede in der Rechtsfähigkeit bewirke.[80] Ausreichend ist bereits eine de facto Verweigerung, etwa indem nicht innerhalb der vorgesehenen Frist entschieden wird.[81] Auch die Möglichkeit, bei einer Verweigerung einen erneuten Antrag zu stellen, ändert nichts am Vorliegen eines Ein-

---

74 EGMR 12.6.2014 – 17391/06, Rn. 117 – *Primov ua/Russland.*
75 S. EGMR 25.9.2012 – 4471/06, Rn. 25 – *Balluch/Österreich.*
76 EGMR 17.11.2009 – 26258/07 ua – *Rai ua/Vereinigtes Königreich.*
77 S. nur EGMR 9.7.2013 – 35943/10, Slg 13-IV Rn. 36 – *Vona/Ungarn.*
78 S. nur EGMR 9.7.2013 – 2330/09, Slg 13-V (Auszüge) Rn. 149 – *Sindicatul „Pastorul Cel Bun"/Rumänien.*
79 EGMR 12.4.2011 – 12976/07, Rn. 80 – *Republikanische Partei Russlands/ Russland.*
80 S. nur EGMR 18.12.2008 – 28736/05, Rn. 33 – *Aliyev ua/Aserbaidschan.*
81 EGMR 18.12.2008 – 28736/05, Rn. 33 – *Aliyev ua/Aserbaidschan.*

griffs.[82] Konsequenterweise muss dann auch die **Suspendierung** als Eingriff gewertet werden. Das hat der Gerichtshof jedenfalls dann anerkannt, wenn die Vereinigung für einen beträchtlichen Zeitraum nicht arbeiten und die diesbezüglichen Folgen nicht wieder gutgemacht werden konnten.[83]

Liegt ein Eingriff in die Vereinigungsfreiheit vor, ist diejenige der Vereinigung, des Vorsitzenden, der Gründer und auch der Mitglieder betroffen.[84] Das gilt jedoch nicht, wenn die Vereinigung weiter Rechtspersönlichkeit besitzt: Dann liegt kein Eingriff in die Rechte der Mitglieder vor.[85]   20

4. Eingriff in die negative Vereinigungsfreiheit

In die negative Vereinigungsfreiheit wird eingegriffen durch eine Verpflichtung, einer Vereinigung beizutreten.[86] Unterfällt die Vereinigung als öffentlich-rechtliche nicht dem Schutzbereich des Art. 11 (→ Rn. 12), liegt im Beitrittsgebot zwar insoweit kein Eingriff; ein solcher liegt aber dennoch vor, wenn das Beitrittsgebot die Betroffenen davon abhält, eine andere konventionsrechtlich geschützte Vereinigung zu gründen.[87]   21

IV. Rechtfertigung

1. Art. 11 Abs. 2 S. 1

a) **Grundsätzliches:** Eingriffe in die Versammlungs- und Vereinigungsfreiheit können nach Art. 11 Abs. 2 S. 1 gerechtfertigt werden. Die dort enthaltenen – wie der Gerichtshof sie nennt – Ausnahmen sind abschließend und bedürften einer engen Auslegung.[88] Voraussetzung für eine Rechtfertigung sind dabei – kumulativ – das Vorliegen einer gesetzlichen Grundlage (→ b.) und eines legitimen Zwecks (→ c.) sowie die Notwendigkeit der Maßnahme in einer demokratischen Gesellschaft zur Zweckerreichung (→ d.). Wegen der zentralen Bedeutung der geschützten Rechte und deren enger Verbindung zum   22

---

82 EGMR 18.10.2011 – 34960/04, Rn. 30 – *Vereinigte Mazedonische Organisation Ilinden* ua/*Bulgarien (Nr. 2)*.
83 EGMR 5.10.2004 – 65659/01, Rn. 31 f. – *Präsidentenpartei Mordowiens/Russland*.
84 EGMR 10.6.2010 – 302/02, Rn. 101 – *Moskauer Zeugen Jehowas* ua/*Russland*.
85 EGMR 10.6.2010 – 302/02, Rn. 168 – *Moskauer Zeugen Jehowas* ua/*Russland*.
86 EGMR 6.12.2007 – 25708/03 ua – *Baudiniere* ua/*Frankreich*.
87 S. nur EGMR 6.11.2003 – 48047/99 – *Popov* ua/*Bulgarien*.
88 S. nur EGMR 5.4.2007 – 18147/02, Rn. 86 – *Kirche der Scientologen Moskau/Russland*.

Demokratieprinzip könnten hierzu nur überzeugende und zwingende Gründe herangezogen werden.[89] Zudem können nach dem Wortlaut des Abs. 2 S. 1 nur Eingriffe in die Ausübung der genannten Freiheiten gerechtfertigt werden; deren Wesensgehalt darf nicht angetastet werden.[90]

23　**b) Gesetzliche Grundlage:** Mit dem Erfordernis, dass ein Eingriff einer gesetzlichen Grundlage bedarf, verweist die Konvention auf Recht außerhalb ihrer selbst – in erster Linie auf das Recht des betreffenden Konventionsstaates[91]. Gesetz ist dabei nicht das Gesetz im formellen, sondern das **Gesetz im materiellen Sinne.** Ein Eingriff kann daher auch auf untergesetzliche Regelungen gestützt werden, wenn diese wiederum auf einer gesetzlichen Ermächtigung beruhen.[92] Gesetzliche Grundlage im Sinne der Konvention ist zudem nicht auf geschriebenes Recht beschränkt. Auch Richterrecht stellt eine gültige Rechtsgrundlage dar.[93]

24　Die gesetzliche Grundlage muss zum **Zeitpunkt** des Eingriffs bereits in Kraft getreten sein.[94] Entfällt sie später rückwirkend, macht dies den Eingriff konventionswidrig.[95]

25　Ob die gesetzliche Grundlage ihrerseits **mit höherrangigem Recht vereinbar** ist, ist in erster Linie von den konventionsstaatlichen Gerichten zu prüfen.[96] Dasselbe gilt auch für ihre **Auslegung und Anwendung.**[97] Kommen die konventionsstaatlichen Gerichte dabei zu dem Ergebnis, dass eine Maßnahme rechtswidrig ist, fehlt ihr die gesetzliche Grundlage.[98] Ansonsten überprüft der Gerichtshof die Vereinbarkeit der Maßnahme mit der Ermächtigungsgrundlage nur im

---

89　S. nur EGMR 26.7.2007 – 10519/03, Rn. 25 – *Barankevich/Russland.*
90　EGMR 12.11.2008 – 34503/97 (GK), Slg 08-V Rn. 97 – *Demir ua/Türkei.*
91　EGMR 9.7.2013 – 2330/09 (GK), Slg 13-V (Auszüge) Rn. 153 – *Sindicatul „Pastorul Cel Bun"/Rumänien.*
92　Zum Ganzen s. EGMR 21.4.2009 – 68959/01, Rn. 26 – *Enerji Yapi-Yol Sen/Türkei.* S. auch EGMR 11.4.2013 – 20372/ 11, Rn. 54 – *Vyerentsov/Ukraine.*
93　Zum Ganzen s. EGMR 14.9.2010 – 38224/03, Rn. 83 – *Sanoma Uitgevers B.V./Niederlande* (zu Art. 10).
94　EGMR 12.4.2011 – 12976/07, Rn. 84 – *Republikanische Partei Russlands/Russland.*
95　EGMR 3.5.2007 – 1543/06, Rn. 71 – *Baczkowski ua/Polen.* Bestimmt jedoch ein Verfassungsgericht, dass eine verfassungswidrige Norm für eine Übergangszeit weiter angewendet werden kann, stellt sie in dieser Zeit eine gültige Rechtsgrundlage dar, EGMR 3.4.2012 – 43206/07, Rn. 60 – *Kaperzynski/Polen* (zu Art. 10). S. auch EGMR 17.1.2012 – 30385/07, Rn. 33 – *Szerdahelyi/Ungarn,* für die Aufhebung von Verwaltungsentscheidungen.
96　EGMR 9.7.2013 – 2330/09 (GK), Slg 13-V (Auszüge) Rn. 153 – *Sindicatul „Pastorul Cel Bun"/Rumänien.*
97　S. nur EGMR 11.4.2013 – 20372/11, Rn. 54 – *Vyerentsov/Ukraine.*
98　EGMR 3.5.2007 – 1543/06, Rn. 70 – *Baczkowski ua/Polen;* EGMR 12.4.2007 – 63778/00, Rn. 38 – *Balkani/Bulgarien.*

Hinblick auf Willkür[99] oder offensichtliche Nichtbeachtung[100]. Soweit im Rahmen der Anwendung der gesetzlichen Grundlage Kriterien eine Rolle spielen, die im Rahmen der Erforderlichkeitsprüfung (→ d.) relevant sind, kann der Gerichtshof hierauf jedoch unter diesem Gesichtspunkt mit der entsprechenden Prüfungsdichte eingehen.[101]

Die Existenz einer gesetzlichen Grundlage alleine ist jedoch nicht ausreichend. Diese muss auch **zugänglich** und vorhersehbar sein[102] – wobei das erstere Kriterium erfüllt ist, wenn sie öffentlich gemacht wurde[103] bzw. zumindest die Betroffenen sie einsehen konnten[104].   26

Vorhersehbar ist die gesetzliche Grundlage, wenn sie ausreichend bestimmt ist, um den Adressaten zu ermöglichen, die Konsequenzen ihres Handelns vorherzusehen und demnach ihr Verhalten daran auszurichten. Der Gerichtshof schränkt dies jedoch in zwei Richtungen ein: Die Vorhersehbarkeit muss nur in einem Ausmaß gegeben sein, das den Umständen angemessen ist. Sie hänge daher in großem Maße von dem betreffenden Text ab, dem Bereich, den dieser betrifft,[105] sowie der Zahl der Adressaten und deren möglicher Qualifikation[106].   27

---

99 S. nur EGMR 9.7.2013 – 35943/10, Slg 13-IV Rn. 51 – *Vona/Ungarn*. Zur Kritik an einer ihres Erachtens zu tiefgehenden Prüfung s. die Minderheitenvoten in den Rs. v. 17.2.2004 – 39748/98 (GK), Slg 04-I – *Maestri/Italien*, u. v. 2.8.2001 – 37119/97 – *N.F./Italien*.

100 S. nur EGMR 11.12.2012 – 35745/05, Rn. 54 – *Nenkova-Lalova/Bulgarien* (zu Art. 10).

101 EGMR 24.11.2005 – 46336/99, Rn. 62 – *Ivanov ua/Bulgarien*; EGMR 20.10.2005 – 59489/00, Rn. 54 – *Vereinigte Mazedonische Organisation Ilinden – Pirin ua/Bulgarien*; EGMR 20.10.2005 – 44079/98, Rn. 110 – *Vereinigte Mazedonische Organisation Ilinden u. Ivanov/Bulgarien*; EGMR 3.2.2005 – 46626/99, Slg 05-I (Auszüge) Rn. 34 – *Partidul Comunistilor (Nepeceristi) u. Ungureanu/Rumänien*; EGMR 2.10.2001 – 29221/95 ua, Slg 01-IX Rn. 82 – *Stankov ua/Bulgarien*.

102 S. nur EGMR 17.2.2004 – 44158/98 (GK), Slg 04-I Rn. 64 – *Gorzelik ua/ Polen*.

103 EGMR 17.2.2004 – 39748/98 (GK), Slg 04-I Rn. 33 – *Maestri/Italien*; EGMR 2.8.2001 – 37119/97, Rn. 28 – *N.F./Italien*.

104 EGMR 22.10.2009 – 69519/01, Rn. 82 – *Pasko/Russland* (zu Art. 10).

105 Zum Disziplinarrecht der Soldaten s. EGMR 14.9.2010 – 51001/07 – *Rose/ Deutschland* (zu Art. 10); zum Staatsschutz EGMR 3.11.2009 – 23693/03, Rn. 51 – *Bojolyan/Armenien* (zu Art. 10); zum Verfassungsrecht EGMR 8.10.2009 – 12675/05, Rn. 53 – *Gsell/Schweiz* (zu Art. 10); zum Ehrschutz EGMR 12.7.2007 – 16657/03, Rn. 66 – *A/S Diena ua/Lettland* (zu Art. 10); zu Strafbestimmungen gegen Obszönität EGMR 18.10.2005 – 5446/03, Slg 05-XI – *Perrin/Vereinigtes Königreich* (zu Art. 10); zur Berechnung von Schadens und von Zinsen EGMR 22.2.2005 – 35839/97, Rn. 41 – *Pakdemirli/ Türkei* (zu Art. 10); zu Bestimmungen gegen separatistische Propaganda EGMR 28.9.1999 – 22479/93, Slg 99-VI Rn. 55 – *Öztürk/Türkei* (zu Art. 10).

106 Das gilt besonders, wenn es sich um Regeln über die Berufsausübung handelt, s. nur EGMR 19.1.2010 – 16893/06, Rn. 36 – *Laranjeria Marques da Silva/ Portugal* (zu Art. 10). Für Journalisten s. nur EGMR 25.1.2011 – 30865/08, Rn. 72 – *Reinboth ua/Finnland* (zu Art. 10).

Das bedeutet jedoch nicht – und das ist die zweite Einschränkung –, dass sich die Rechtslage zwingend ohne Einholung von Expertenrat erschließen muss. Begründet wird dies vom Gerichtshof damit, dass Gesetze generell-abstrakt seien und sich verändernden Situationen anpassen können müssten. Sie bedürften der Interpretation. Selbst die Tatsache, dass sie mehreren Auslegungen zugänglich seien, machten sie allein noch nicht zu unbestimmt. Insoweit erkennt es der Gerichtshof als Funktion der Rechtsprechung an, hier verbindliche Entscheidungen zu treffen.[107] Gesetzliche Grundlage ist damit der Text, wie ihn die zuständigen Gerichte interpretieren.[108] Das bedeutet einerseits, dass ein Redaktionsfehler ein Gesetz nicht schon unvorhersehbar macht.[109] Andererseits fehlt es einer Regelung nicht bereits dann an der Vorhersehbarkeit, wenn es erst wenige Präzedenzfälle gibt[110] oder bestimmte Einzelfragen noch nicht geklärt sind[111].

28   Die **Vorhersehbarkeit ist hingegen nicht gegeben,** wenn es zur Auslegung widersprüchliche Entscheidungen gibt,[112] gar keine Rechtsgrundlage bzw. Rechtsprechung angegeben wird oder die Rechtsprechung offensichtlich nicht mit der Gesetzgebung übereinstimmt.[113] Dasselbe gilt, wenn der Betroffene keine Kenntnis vom Vorliegen eines Tatbestandmerkmals haben konnte, weil ihm die staatliche Entscheidung, gegen die verstoßen zu haben ihm vorgeworfen wird, nicht mitgeteilt wurde.[114] Die Vorhersehbarkeit fehlt schließlich, wenn strafrechtliche Bestimmungen im Wege der Analogie angewandt werden.[115]

29   Insgesamt scheint es dem Gerichtshof – auch wenn er damit weniger die Adressaten als vielmehr die Rechtsanwendungsorgane in den Blick nimmt – darum zu gehen, dass die gesetzliche Grundlage einen

---

107   Insgesamt zur Vorhersehbarkeit s. nur EGMR 17.2.2004 – 44158/98 (GK), Slg 04-I Rn. 64 f.– *Gorzelik* ua/*Polen.*
108   S. nur EGMR 14.9.2010 – 38224/03, Rn. 83 – *Sanoma Uitgevers B.V./Niederlande* (zu Art. 10).
109   EGMR 5.12.2000 – 42015/98 – *Marlow/Vereinigtes Königreich* (zu Art. 10).
110   EGMR 25.10.2005 – 68890/01, Rn. 141 – *Blake/Vereinigtes Königreich* (zu Art. 10).
111   EGMR 17.11.2005 – 56720/00 – *Metzger/Deutschland* (zu Art. 10).
112   EGMR 17.1.2006 – 35083/97, Rn. 54 – *Goussev* ua/*Finnland* (zu Art. 10). Anders EGMR 28.9.1999 – 22479/93, Slg 99-VI Rn. 56 – *Öztürk/Türkei* (zu Art. 10). Die Vorhersehbarkeit ist jedoch nicht schon ausgeschlossen, wenn die Behörden nicht systematisch vorgehen, EGMR 24.11.2005 – 53886/00, Rn. 61 f. – *Tourancheau* ua/*Frankreich* (zu Art. 10), oder die Rechtsprechung von der des EGMR abweicht, EGMR 26.2.2002 – 29271/95, Rn. 30 – *Dichand* ua/*Österreich* (zu Art. 10).
113   EGMR 11.1.2007 – 6562/03, Rn. 39, 43 – *Mkrtchyan/Armenien.*
114   S. nur EGMR 2.12.2008 – 25471/02, Rn. 41 f. – *Gemici/Türkei* (zu Art. 10).
115   EGMR 25.1.2005 – 37096/97 ua, Slg 05-I Rn. 40 ff. – *Karademirci* ua/*Türkei* (zu Art. 10).

Schutz vor Willkür bietet. Die Einräumung von Ermessen schließt er dabei nicht aus. Dieses darf jedoch nicht unbegrenzt sein. Dessen Reichweite und die Art und Weise seiner Ausübung müssen vielmehr mit hinreichender Klarheit vorgegeben werden.[116] Während der Gerichtshof diese Anforderungen teilweise unter die Vorhersehbarkeit subsumiert,[117] weist er in anderen Entscheidungen den Schutz vor Willkür[118] oder die Vereinbarkeit mit dem Rechtsstaatsprinzip[119] als drittes, eigenständiges Kriterium aus – was dem Wechsel des Blickwinkels vom Normadressaten zum Normanwender besser entspricht.

c) **Legitimer Zweck:** Die zweite Bedingung für eine Rechtfertigung ist, dass mit der zu rechtfertigenden Maßnahme ein legitimer Zweck verfolgt wird. Welche Zwecke dabei als legitim angesehen werden können, ergibt sich aus der Aufzählung in Abs. 2. Das vom Gerichtshof postulierte Verständnis, dass die in Abs. 2 genannten Ausnahmen einer engen Auslegung bedürften (→ Rn. 22), hat jedoch nicht dazu geführt, dass er zu diesen eine vertiefende Dogmatik entwickelt hätte. Auch macht er zur Subsumtion keine längeren Ausführungen[120] (s. aber → Rn. 32). Soweit ersichtlich hat er – zumindest seit der Reform des konventionsrechtlichen Rechtsschutzsystems seit dem Inkrafttreten des 11. Zusatzprotokolls am 1. November 1998 – bis zum Sommer 2014 lediglich in einem einzigen Fall auf das Fehlen eines legitimen Zwecks erkannt.[121]

30

d) **Notwendig in einer demokratischen Gesellschaft:** Schließlich muss der Eingriff in einer demokratischen Gesellschaft als notwendig angesehen werden können. Die Erforderlichkeit muss damit zum einen nach dem Verständnis des Gerichtshofs nicht das Ausmaß der Unverzichtbarkeit erreichen;[122] andererseits reicht es aber auch nicht aus, dass die Maßnahme lediglich nützlich oder wünschenswert (useful or desirable/utile ou opportun) ist.[123]

31

116 Zum Ganzen s. nur EGMR 8.10.2009 – 37083/03, Slg 09-V Rn. 57 – *Tebieti Mühafize Cemiyyeti* ua/*Aserbaidschan.*
117 S. nur EGMR 7.6.2012 – 38433/09 (GK), Slg 12-III Rn. 143 – *Centro Europa 7 s.r.l.* ua/*Italien* (zu Art. 10).
118 EGMR 17.6.2008 – 32283/04, Rn. 80 f. – *Meltex Ltd.* ua/*Armenien* (zu Art. 10).
119 ZB EGMR 17.12.2013 – 12606/11, Rn. 36 – *Yavuz* ua/*Türkei* (zu Art. 10).
120 Zur Kritik s. die Minderheitenvoten der Richter Sajo u. Tsotsoria, EGMR 14.9.2010 – 2668/07 ua – *Dink/Türkei*; der Richter Spielman u. Malinverni, EGMR 8.10.2009 – 11751/03 – *Romanenko* ua/*Russland*; der Richter Zagrebelsky u. Popovic, EGMR 27.11.2007 – 28582/02 – *Asan/Türkei.*
121 EGMR 2.3.2006 – 46257/99, Rn. 34 ff. – *Izmir Savas Karsitlari Dernegi* ua/*Türkei.*
122 EGMR 30.5.2013 – 36673/04, Rn. 132 – *Malofeyeva/Russland.*
123 EGMR 5.4.2007 – 18147/02, Rn. 75 – *Scientology Kirche Moskau/Russland.*

32   Erforderlichkeit bedeutet dabei nach der Rechtsprechung des EGMR zum einen, dass die Maßnahme einem **dringenden gesellschaftlichen Bedürfnis** (pressing social need/besoin social impérieux) entspricht.[124] Dieses Bedürfnis muss sich auf die Erreichung der legitimen Zwecke beziehen.[125] Der Gerichtshof entwickelt damit im Rahmen des dringenden gesellschaftlichen Bedürfnisses nicht selbst solche Zwecke neben oder zusätzlich zu den in der Konvention genannten. Unter diesem Gesichtspunkt prüft er vielmehr, ob eine Gefahr für die dort aufgezählten legitimen Zwecke besteht, dh ob die Situation zu deren Schutz ein Tätigwerden erfordert.[126]

33   Zusätzlich zum Tätigwerden als solchem muss auch die konkret getroffene Maßnahme erforderlich sein. Sie muss in einem angemessenen **Verhältnis** (proportionate/proportionné) zum verfolgten Zweck stehen,[127] dh es muss ein **gerechter Ausgleich** (fair balance/juste équilibre) zwischen den Rechten und Interessen der Beteiligten gefunden worden sein.[128] Bei Sanktionen berücksichtigt der Gerichtshof dabei ihre Art und ihre Schwere.[129]

34   Insoweit verfügen die Konventionsstaaten über ein gewisses[130] bzw. eingeschränktes[131] **Ermessen.** Dieses ist nicht bei allen Sachverhalten gleich groß: Geht es um die öffentliche Debatte, ist es eingeschränkter.[132] Weiter ist es hingegen bei sozialen und politischen Fragen,[133] bei Freizeitbeschäftigungen[134] sowie bei Sachverhalten, bei denen große Unterschiede zwischen den verschiedenen Konventionsstaaten bestehen[135]. Im Bereich gewerkschaftlicher Rechte geht der Gerichtshof demnach von einem weiten Ermessensspielraum aus.[136]

---

124   S. nur EGMR 30.5.2013 – 36673/04, Rn. 132 – *Malofeyeva/Russland.*
125   S. nur EGMR 7.12.2006 – 10504/03, Rn. 39 – *Linkov/Tschechien.*
126   S. nur EGMR 9.7.2013 – 35943/10, Slg 13-IV Rn. 65 ff. – *Vona/Ungarn.*
127   S. nur EGMR 30.5.2013 – 36673/04, Rn. 132 – *Malofeyeva/Russland.*
128   S. nur EGMR 5.3.2009 – 31684/05, Rn. 42 – *Barraco/Frankreich.*
129   S. nur EGMR 8.10.2009 – 37083/03, Slg 09-V Rn. 82 – *Tebieti Mühafize Cemiyyeti ua/Aserbaidschan.*
130   S. nur EGMR 3.10.2013 – 21613/07, Rn. 86 – *Kasparov ua/Russland.*
131   S. nur EGMR 14.1.2014 – 47732/06, Rn. 25 – *Vereinigung der Opfer rumänischer Richter ua/Rumänien.*
132   EGMR 6.12.2007 – 25708/03 ua – *Baudiniere ua/Frankreich.*
133   S. nur EGMR 9.7.2013 – 2330/09 (GK), Slg 13-V (Auszüge) Rn. 133 – *Sindicatul „Pastorul Cel Bun"/Rumänien.*
134   EGMR 6.12.2007 – 25708/03 ua – *Baudiniere ua/Frankreich.*
135   S. nur EGMR 9.7.2013 – 2330/09 (GK), Slg 13-V (Auszüge) Rn. 133 – *Sindicatul „Pastorul Cel Bun"/Rumänien.*
136   S. nur EGMR 9.7.2013 – 2330/09 (GK), Slg 13-V (Auszüge) Rn. 133 – *Sindicatul „Pastorul Cel Bun"/Rumänien.*

Die Staaten unterliegen dabei der **Kontrolle durch EGMR**.[137] Diese   35
bezieht sich auf das angewandte konventionsstaatliche Recht,[138] aber
auch auf seine Anwendung[139] und die Frage, ob der Rechtsanwendung eine akzeptable Einschätzung der Tatsachenlage zu Grunde gelegt wurde[140].

Einerseits betont der EGMR so die Rolle der Staaten und das ihnen   36
zukommende Ermessen. Er setze sich bei seiner Prüfung nicht an ihre
Stelle.[141] Andererseits sieht er seine Rolle aber nicht darauf beschränkt, deren Ermessensausübung zu überprüfen.[142] Zusammen-
führen lassen sich beide Aspekte möglicherweise durch die Erklärung, dass er seine Prüfung im Lichte der Gründe durchführe, die
von den konventionsstaatlichen Gerichten angeführt wurden[143]. Diese Gründe müssten relevant und hinreichend (pertinent and suffici-
ent/pertinents et suffisants) sein. Der Gerichtshof vergewissere sich
dabei, dass Standards angewandt wurden, die mit der EMRK über-
einstimmten.[144] Die Relevanz und Hinlänglichkeit der Gründe
scheint so – neben dem dringenden gesellschaftlichen Bedürfnis und
der Verhältnismäßigkeit – kein 3. Aspekt zu sein, sondern vielmehr
darüber zu bestimmen, ob ein dringendes gesellschaftliches Bedürfnis
vorliegt.[145]

e) Insbesondere: aa) Versammlung: (1) Anmelde- und Genehmi-   37
gungspflicht: Im Ergebnis betrachtet der Gerichtshof die Pflicht, eine
Versammlung vorab anzumelden bzw. sie vorab genehmigen zu lassen, nicht bereits als solche als ungerechtfertigt (→ Rn. 18). Bei
Spontanversammlungen erkennt er jedoch einen Verstoß gegen die
Anmelde- bzw. Genehmigungspflicht unter besonderen Umständen
als berechtigt an.[146] Gedacht ist dabei an Fälle, in denen ein aktuelles

---

137 S. nur EGMR 14.12.2010 – 28003/03, Rn. 59 – *Hadep* ua/*Türkei.*
138 S. nur EGMR 10.7.2012 – 34202/06, Rn. 45 – *Berladir* ua/*Russland.*
139 S. nur EGMR 10.7.2012 – 34202/06, Rn. 45 – *Berladir* ua/*Russland.*
140 S. nur EGMR 14.1.2014 – 47732/06, Rn. 26 – *Vereinigung der Opfer rumäni-*
     scher Richter ua/*Rumänien.*
141 S. nur EGMR 30.5.2013 – 36673/04, Rn. 132 – *Malofeyeva/Russland.*
142 S. nur EGMR 30.5.2013 – 36673/04, Rn. 132 – *Malofeyeva/Russland.*
143 EGMR 3.10.2013 – 21613/07, Rn. 90 – *Kasparov* ua/*Russland.* Zu den Kon-
     sequenzen s. EGMR 20.10.2005 – 59489/00, Rn. 57 – *Vereinigte Mazedoni-*
     sche Organisation Ilinden – Pirin ua/*Bulgarien,* u. EGMR 3.2.2005 –
     46626/99, Slg 05-I (Auszüge) Rn. 52 – *Partidul Comunistilor (Nepeceristi)* ua/
     Rumänien.
144 Zum Ganzen s. nur EGMR 14.1.2014 – 47732/06, Rn. 26 – *Vereinigung der*
     Opfer rumänischer Richter ua/*Rumänien.*
145 S. nur EGMR 9.7.2013 – 35943/10, Slg 13-IV Rn. 70 – *Vona/Ungarn.* In an-
     deren Urteilen zählt der Gerichtshof die 3 Kriterien hingegen nebeneinander
     auf, s. nur EGMR 27.4.2010 – 20161/06, Slg 10-III Rn. 74 – *Vördur Olafs-*
     son/Island.
146 S. nur EGMR 18.6.2013 – 8029/07, Rn. 77 – *Gün* ua/*Türkei.*

Ereignis eine unmittelbare Reaktion erfordert, insbesondere in Situationen, in denen eine Verschiebung die Versammlung überholt erscheinen ließe.[147]

38   Zur **Konsequenz eines Verstoßes** gegen die Anmelde- oder Genehmigungspflicht äußert der Gerichtshof einerseits, dass die bloß formelle Rechtswidrigkeit keinen Eingriff rechtfertigen könne.[148] Andererseits billigt er den Staaten jedoch zu, Sanktion zu verhängen.[149] Nicht eindeutig ist, ob hierzu auch die Auflösung der Versammlung gehören kann: Einerseits heißt es, dass es Situationen geben könne, in denen die formelle Rechtswidrigkeit keine Auflösung rechtfertigen könne,[150] was bedeuten würde, dass eine Auflösung als Sanktion grundsätzlich möglich ist.[151] Andererseits wurden eine sofortige Auflösung einer formell rechtswidrigen Versammlung als unverhältnismäßig betrachtet[152] und – in der insoweit jüngsten Entscheidung – die Berücksichtigung weiterer Kriterien verlangt[153]. Klar scheint nur zu sein, dass eine Auflösung mittels des Einsatzes von Gewalt durch die Polizei als Verletzung des Art. 11 angesehen wurde.[154]

39   Eine Erklärung für die fehlende Eindeutigkeit könnte darin liegen, dass der Gerichtshof von den Staaten ein gewisses Maß an Toleranz[155] gegenüber den Demonstranten verlangt und damit ein eher unscharfes Kriterium verwendet. Nach dem Text der Konvention kann die Versammlungsfreiheit hingegen eingeschränkt werden, wenn die in Abs. 2 genannten Kriterien erfüllt sind. Ist eine Rechtfertigung möglich, besteht demnach kein Grund, von den Staaten ein gewisses Maß an Toleranz zu fordern. Scheidet eine Rechtfertigung hingegen aus, reicht es nicht aus, wenn sie das gewisse Maß an Toleranz zeigen. Dann besteht vielmehr ein Recht, die Versammlung uneingeschränkt durchzuführen. Insofern kann es nur darauf ankommen, ob eine Auflösung einer lediglich formell rechtswidrigen Versammlung angemessen ist und einen gerechten Ausgleich der zu berücksichtigenden Interessen darstellt. Hätte der Versammlung nichts entgegengestanden, wenn sie angemeldet bzw. genehmigt worden

---

147 S. nur EGMR 13.10.2009 – 25499/04, Rn. 33 – *Serkan Yilmaz/Türkei*.
148 S. nur EGMR 17.5.2011 – 28495/06 ua, Rn. 41 – *Akgöl ua/Türkei*.
149 S. nur EGMR 12.6.2014 – 17931/06, Rn. 118 – *Primov ua/Russland*.
150 EGMR 30.5.2013 – 36673/04, Rn. 136 – *Maloveyeva*/Russland.
151 S. EGMR 14.9.2010 – 6991/08 ua, Rn. 47 – *Hyde Park* ua/Moldawien *(Nr. 5 u. 6)*; EGMR 17.11.2009 – 26258/07 ua – *Rai* ua/*Vereinigtes Königreich*, u. EGMR 7.10.2008 – 10346/05, Rn. 37 – *Molnar/Ungarn*.
152 EGMR 27.1.2009 – 16999/04, Rn. 34 ff. – *Samüt Karabulut/Türkei*. S. auch EGMR 6.3.2007 – 73333/01, Rn. 49 ff. – *Ciloglu/Türkei*.
153 EGMR 12.6.2014 – 17931/06, Rn. 118 f. – *Primov ua/Russland*.
154 EGMR 13.10.2009 – 25499/04, Rn. 33 ff. – *Serkan Yilmaz/Türkei*.
155 S. nur EGMR 12.6.2014 – 17931/06, Rn. 118 – *Primov ua/Russland*.

wäre, scheint es jedoch unangemessen, sie nicht stattfinden zu lassen. Das gilt jedenfalls dann, wenn die Behörden die gegebenenfalls erforderlichen Sicherheitsvorkehrungen auch noch innerhalb des verbleibenden Zeitrahmens treffen können. Denn das Problem einer fehlenden Anmeldung oder Genehmigung sind nicht die Versammlung und ihre Durchführung; das Problem ist der Extraaufwand, dem die Behörden durch die Kurzfristigkeit ausgesetzt sind. Insofern bestünde ein gerechter Ausgleich eher im Ersatz dieses Aufwandes bzw. in der Auferlegung einer Geldbuße, deren Höhe die Zusatzkosten der Behörden widerspiegelt.

(2) Verbot und Auflösung: Ein Verbot einer Versammlung bzw. ihre Auflösung kann auch nicht damit gerechtfertigt werden, dass die vorgesehene **Dauer** überschritten wird[156] bzw. dass die Behörden eine kürzere Veranstaltungsdauer für ausreichend halten[157]. **40**

Werden das Verbot bzw. die Auflösung mit dem **Inhalt** der geäußerten Meinungen begründet, sollen dieselben Kriterien wie bei Art. 10 (→ Art. 10 Rn. 34 ff.) zur Anwendung gelangen. Sie kommen damit nur in seltenen Fällen in Betracht und erfordern detaillierteste Prüfung durch den Gerichtshof.[158] Er will dabei darauf abstellen, ob es sich um diffamierende Äußerungen handelt, zur Gewalt aufgerufen oder demokratische Prinzipien abgelehnt werden.[159] Demgegenüber hat er jedoch ein Versammlungsverbot für gerechtfertigt angesehen, das darauf gestützt wurde, dass das dabei vorgesehene Ausgeben schweinefleischhaltiger Nahrung wegen der offensichtlich diskriminierenden Botschaft die öffentliche Ordnung zu behindern drohe.[160] **41**

Behinderungen reichen nicht aus, um eine Versammlung zu verbieten oder aufzulösen.[161] Davon umfasst ist jedoch nicht die Blockade einer Straße.[162] Verkehrsstörungen hat der Gerichtshof hingegen zu den unvermeidlichen Behinderungen gezählt[163] – insbesondere, wenn sie kurz sind und sich der Verkehr umleiten lässt[164]. Die Verpflich- **42**

---

156 EGMR 3.10.2013 – 47137/07, Rn. 72 – *Tahirova/Aserbaidschan.*
157 EGMR 7.4.2009 – 18491/07, Rn. 53 – *Hyde Park ua/Moldawien (Nr. 4).*
158 Zum Ganzen s. EGMR 12.6.2014 – 17931/06, Rn. 135 – *Primov ua/Russland.* S. auch EGMR 31.3.2009 – 45095/ 06, Rn. 26 – *Hyde Park ua/Moldawien (Nr. 3),* u. EGMR 31.3.2009 – 33482/06, Rn. 30 – *Hyde Park ua/Moldawien.*
159 EGMR 23.10.2008 – 10877/04, Rn. 45 – *Sergey Kuznetsov/Russland.*
160 EGMR 16.6.2009 – 26787/07 – *Aktion Solidarität der Franzosen/Frankreich.*
161 S. nur EGMR 18.6.2013 – 8029/07, Rn. 74 – *Gün ua/Türkei.*
162 S. nur EGMR 12.6.2014 – 17931/06, Rn. 160 – *Primov ua/Russland.*
163 S. nur EGMR 12.6.2014 – 17931/06, Rn. 145 – *Primov ua/Russland.* S. aber EGMR 6.3.2007 – 73333/01, Rn. 51 ff. – *Ciloglu/Türkei.*
164 EGMR 12.6.2014 – 17931/06, Rn. 146 – *Primov ua/Russland.*

tung, die Versammlung an einen anderen **Ort** zu verlegen, hat er aber akzeptiert.[165]

43   Die Tatsache, dass am selben Ort mehrere Versammlungen stattfinden sollen, genügt für sich ebenfalls nicht für ein Verbot bzw. eine Auflösung.[166] So kann das Verbot einer **Gegendemonstration** auch nicht allein mit der Schutz der Demonstration begründet werden.[167] Protest gegen eine Versammlung begründet für sich allein noch keine Sicherheitsbedenken.[168] Selbst bei der Gefahr von Zusammenstößen sieht es der Gerichtshof zunächst als Aufgabe der Polizei an, die verschiedenen Gruppen zu trennen.[169] Erst bei **Gewalt** kommt eine Auflösung in Betracht.[170] Wird allein auf ein Gewaltrisiko abgestellt, muss dieses auf einer ausreichenden Faktenbasis – insbesondere hinsichtlich des Ausmaßes – ermittelt werden.[171] Beachtlich für eine Auflösung aufgrund von Gewaltakten kann zudem sein, von wem diese ausgingen. Eine rechtswidrige Maßnahme von Seiten der Polizei gibt den Versammlungsteilnehmern jedoch nicht das Recht, diese anzugreifen.[172] Agieren nur einzelne gewalttätig, kommt eine Auflösung zudem nur in Betracht, wenn es keine andere Möglichkeit gibt, die Gewalt zu beenden.[173]

44   **(3) Sanktionen:** Hinsichtlich der Verhängung von Sanktionen geht der Gerichtshof davon aus, dass Sanktionen strafrechtlicher Art, insbesondere Freiheitsstrafen, bei friedlichem Verlauf der Versammlung grundsätzlich nicht gerechtfertigt werden können.[174] Darüber hinaus sind Sanktion welcher Art auch immer unzulässig für die bloße Präsens bei einer Versammlung.[175] Verurteilt werden kann nur, wem selbst ein darüber hinausgehender Rechtsverstoß vorgeworfen werden kann.[176]

---

165   S. nur EGMR 10.7.2012 – 34202/06, Rn. 56 ff. –*Berladir ua/Russland*.
166   EGMR 31.3.2009 – 45094/06, Rn. 26 – *Hyde Park ua/Moldawien (Nr. 2)*.
167   EGMR 29.6.2006 – 76900/01, Slg 06-IX Rn. 45 – *Öllinger/Österreich*.
168   EGMR 21.10.2010 – 4916/07 ua, Rn. 74 – *Alekseyev/Russland*. S. auch EGMR 26.7.2007 – 10519/03, Rn. 29 ff. – *Barankevich/Russland*.
169   S. nur EGMR 18.10.2011 – 37586/07, Rn. 134 – *Vereinigte Mazedonische Organisation Ilinden ua/Bulgarien (Nr. 2)*.
170   EGMR 12.6.2014 – 17931/06, Rn. 137 – *Primov ua/Russland*.
171   S. nur EGMR 12.6.2014 – 17931/06, Rn. 150 – *Primov ua/Russland*.
172   EGMR 12.6.2014 – 17931/06, Rn. 157 ff. – *Primov* ua/*Russland*.
173   EGMR 18.6.2013 – 8029/07, Rn. 50 – *Gün* ua/*Türkei*.
174   S. nur EGMR 18.6.2013 – 8029/07, Rn. 83 – *Gün* ua/*Türkei*. So wurde in den Fällen, in denen der Gerichtshof auf eine Rechtfertigung des Eingriffs in die Versammlungsfreiheit erkannt hat, nur eine Geldbuße verhängt, EGMR 17.11.2009 – 26258/07 ua – *Rai ua/Vereinigtes Königreich*; EGMR 7.7.2009 – 10659/03 – *Skiba/Polen*; EGMR 4.5.2004 – 61821/00 – *Ziliberberg/Moldawien*.
175   EGMR 17.7.2008 – 33268/03, Rn. 90 ff. – *Ashughyan/Armenien*.
176   EGMR 5.3.2009 – 31684/05, Rn. 44 – *Barraco/Frankreich*.

bb) Vereinigungsfreiheit: (1) Verweigerung einer amtlichen (Wie-   45
der-)Eintragung: Die Staaten können die Registrierung von Vereinigungen davon abhängig machen, dass diese **angemessene Formvor-**
schriften erfüllen[177] – diese jedoch nicht nur vorschieben, um ihnen
nicht genehme Parteien oder Ansichten zu behindern[178]. Zulässig
sind etwa eine Mindestmitgliederzahl,[179, 180] sowie die Anforderung,
die Grundprinzipien der Vereinigung darzustellen[181] bzw. eine Liste
der Gründungsmitglieder vorzulegen[182]. Die Originaldokumente
können jedoch nicht verlangt werden.[183] Für Vereinigungen von Kir-
chenmitarbeitern kann es sich dabei auch um kirchliche Formvorschriften, etwa die Genehmigung durch den Erzbischof, handeln.[184]
Die Behörden können jedoch nicht die Einhaltung jeder einzelnen
Satzungsvorschrift überprüfen; das ist vielmehr in erster Linie Sache
der Vereinigung selbst.[185]

Was die **Ermittlung ihrer Ziele** anbelangt, kann ihr – ohne den Nach-   46
weis entgegengesetzter Aktivitäten – nicht unterstellt werden, dass
diejenigen der Satzung nur vorgeschoben sind, so dass insbesondere
bei Neugründungen eine diesbezügliche Versagung der Eintragung
nicht in Betracht kommt.[186] Zu den (un-) zulässigen Zielen s. → Rn.
48 ff.

Den Vereinigungen muss zudem die Möglichkeit bleiben, die von ih-   47
nen gewünschte **Rechtsform** zu wählen. So darf etwa nicht von ihnen
verlangt werden, sich als Parteien zu registrieren, wenn sie nicht an
Wahlen teilnehmen.[187]

---

177   S. nur EGMR 18.10.2011 – 41561/07 ua, Rn. 83 – *Vereinigte Mazedonische*
      Organisation Ilinden – Pirin ua/*Bulgarien (Nr. 2).*
178   EGMR 18.10.2011 – 41561/07 ua, Rn. 83 – *Vereinigte Mazedonische Organi-*
      sation Ilinden – Pirin ua/*Bulgarien (Nr. 2).*
179   EGMR 3.3.2009 – 20984/05 – *Jurai Lajda* ua/*Tschechien.* Beachte aber
      EGMR 12.4.2011 – 12976/07, Rn. 109 ff. – *Republikanische Partei Russlands/*
      Russland.
180   Zum Erfordernis, in einer Mindestzahl von Regionen tätig zu sein, bzw. umge-
      kehrt zur örtlichen Beschränkung der Tätigkeit bei lokalen Vereinigungen s.
      EGMR 12.4.2011 – 12976/07, Rn. 121 ff. – *Republikanische Partei Russlands/*
      Russland, u. EGMR 3.4.2008 – 40269/02, Rn. 53 – *Koretskyy* ua/*Ukraine.*
181   EGMR 3.3.2009 – 20984/05 – *Jurai Lajda* ua/*Tschechien.*
182   EGMR 18.10.2011 – 41561/07 ua, Rn. 93 – *Vereinigte Mazedonische Organi-*
      sation Ilinden – Pirin ua/*Bulgarien (Nr. 2).*
183   EGMR 10.6.2010 – 302/02, Rn. 176 – *Zeugen Jehovas Moskau* ua/*Russland.*
184   EGMR 9.7.2013 – 2330/09 (GK), Slg 13-V (Auszüge) Rn. 161 ff. – *Sindicatul*
      „*Pastorul Cel Bun*"/*Rumänien* mit abw. M. der Richter Spielmann, Villiger,
      Lopez Guerra, Bianku, Möse u. Jäderblom.
185   S. nur EGMR 12.4.2011 – 12976/07, Rn. 87 f. – *Republikanische Partei Russ-*
      lands/Russland.
186   S. nur EGMR 27.3.2008 – 34144/05, Rn. 28 ff. – *Emin* ua/*Griechenland.*
187   Zum Ganzen s. nur EGMR 18.10.2011 – 34960/04, Rn. 39 – *Vereinigte Ma-*
      zedonische Organisation Ilinden ua/*Bulgarien (Nr. 2).*

48   **(2) Verbot:** Parteiverbote kommen nur in den gravierendsten Fällen in Betracht.[188] Der Gerichtshof hält sie für gerechtfertigt, wenn die Partei ein Gesellschaftsmodell verfolgt, dass im **Widerspruch zum Konzept der demokratischen Gesellschaft** steht.[189] Dazu gehört etwa die Unterstützung einer Terrororganisation,[190] nicht jedoch die bloße Verfolgung derselben Ziele mit demokratischen Mitteln[191].

49   Dass eine Partei die bestehende Rechts- und selbst die bestehende **Verfassungsordnung ändern** will, rechtfertigt als solches jedoch kein Verbot. Entscheidend ist vielmehr, welche Änderungen sie anstrebt und welche Mittel sie hierzu einsetzt. Auch hier kommt es auf den Widerspruch zum Konzept der demokratischen Gesellschaft an: Sind die Ziele mit grundlegenden demokratischen Prinzipien vereinbar und die Mittel legal und demokratisch,[192] kommt ein Verbot nicht in Betracht. Ein solches hat jedoch vor der Konvention Bestand, wenn zu Gewalt aufgestachelt wird, eine Politik verfolgt wird, die die Demokratie missachtet, oder diese und die in ihr anerkannten Rechte zerstören will.[193] Der Gerichtshof wendet damit im Rahmen der Prüfung der Notwendigkeit eines Verbots in einer demokratischen Gesellschaft[194] dieselben Kriterien an, die er auch bei der Prüfung des Art. 17[195] zugrunde legt.

50   Nicht vereinbar mit dem Demokratieprinzip sind etwa die Einführung der Scharia[196] oder von unterschiedlichen Rechtsordnungen je

---

188   S. nur EGMR 12.4.2011 – 12976/07, Rn. 102 – *Republikanische Partei Russlands/Russland*. Zum vorläufigen Verbot der Tätigkeit s. EGMR 14.2.2006 – 28793/02, Slg 06-II Rn. 72 ff. – *Christlich-Demokratische Volkspartei/Moldawien*.
189   S. nur EGMR 15.1.2013 – 40959/09, Rn. 79 – *Eusko Abertzale Ekintza – Accion Nacionalista Vasca (EAE-ANV)/Spanien*.
190   S. nur EGMR 15.1.2013 – 40959/09, Rn. 70 ff. – *Eusko Abertzale Ekintza – Accion Nacionalista Vasca (EAE-ANV)/Spanien*.
191   S. nur EGMR 3.5.2007 – 51290/99, Rn. 32 – *Demokratik Kitle Partisi ua/Türkei*.
192   S. hierzu EGMR 10.12.2002 – 25141/94, Rn. 56 ff. – *Dicle für Demokratische Partei der Türkei (DEP)/Türkei*; EGMR 9.4.2002 – 22723/93 ua, Slg 02-II Rn. 54 f., 59 – *Yazar ua/Türkei*; EGMR 2.10.2001 – 29221/95 ua, Slg 01-IX Rn. 102 – *Stankov ua/Bulgarien*, u. EGMR 8.12.1999 – 23885/94 (GK), Rn. 40 – *Partei der Freiheit und der Demokratie (ÖZDEP)/Türkei*.
193   Zum Ganzen s. nur EGMR 9.7.2013 – 35943/10, Slg 13-IV Rn. 54 – *Vona/Ungarn*. Beachte hierzu das Minderheitenvotum der Richter Ress u. Rozakis zu EGMR 13.2.2003 – 41340/98 ua (GK), Slg 03-II – *Refah Partisi (Wohlfahrtspartei)/Türkei*.
194   S. nur EGMR 9.7.2013 – 35943/10, Slg 13-IV Rn. 54 – *Vona/Ungarn*.
195   EGMR 14.3.2013 – 26261/05 ua, Rn. 102, 105 – *Kasymakhunov ua/Russland*. Zum Verhältnis zu Art. 17 s. auch Art. 17 Rn. 4 ff.
196   S. nur EGMR 11.12.2006 – 13828/04 – *Kalifatstaat/Deutschland*. S. auch EGMR 14.3.2013 – 26261/05 ua, Rn. 111 – *Kasymakhunov ua/Russland*.

nach Religionszugehörigkeit[197]. Dass sich eine Partei von den Werten einer Religion leiten läßt,[198] stellt hingegen für sich allein ebenso wenig ein Problem dar wie der Einsatz für eine monarchische Ordnung[199]. Dasselbe gilt für den Wunsch nach rückwirkender Einführung von Strafvorschriften für Handlungen, die unter einem totalitären Regime begangen wurden,[200] das Proklamieren der Existenz einer nationalen Minderheit[201] bzw. umgekehrt das Bestreiten der nationalen Identität der Mehrheit[202]. Auch Bestrebungen nach Autonomie oder Sezession[203] oder sonstigen Änderungen von Staatsgrenzen[204] rechtfertigen – anders als Vertreibungen, die auf die ethnische Zugehörigkeit gestützt werden,[205] – keine Eingriffe in die Vereinigungsfreiheit. Die Staaten können jedoch Parteien, die ihre Mitglieder nach ethnischen, rassischen oder auch religiösen Gründen auswählen, von der Aufstellung von Kandidaten für öffentliche Wahlen ausschließen.[206] Kommunistische Parteien scheint der Gerichtshof nicht als solche für mit dem Demokratieprinzip für unvereinbar zu halten.[207]

Bei **anderen Vereinigungen** hat der EGMR darauf abgestellt, ob ihre   51
Methoden friedlich und legal sind,[208] was bei Einschüchterungen nicht der Fall ist.[209],[210] Aber auch bei Verstößen der Satzung gegen geltendes Recht hat der Gerichtshof eine Auflösung als gerechtfertigt angesehen, wenn (die Gefahr besteht, dass) die Vereinigung sich

---

197 EGMR 13.2.2003 – 41340/98 ua (GK), Slg 03-II Rn. 119 – *Refah Partisi (Wohlfahrtspartei)/Türkei*. Beachte aber das Minderheitenvotum des Richters Kovler. S. auch EGMR 14.3.2013 – 26261/05 ua, Rn. 110 – *Kasymakhunov ua/Russland*.
198 EGMR 13.2.2003 – 41340/98 ua (GK), Slg 03-II Rn. 100 – *Refah Partisi (Wohlfahrtspartei)/Türkei*.
199 EGMR 21.6.2007 – 57045/00, Rn. 47 – *Zhechev/Bulgarien*.
200 EGMR 7.12.2006 – 10504/03, Rn. 40 ff. – *Linkov/Tschechien*.
201 S. nur EGMR 27.3.2008 – 34144/05, Rn. 30 – *Emin ua/Griechenland*.
202 EGMR 15.1.2009 – 74651/01, Slg 09-I (Auszüge) Rn. 69 ff. – *Bürgervereinigung Radko ua/FYRM* mit abw. M. der Richterin Lazorova Trajkovska.
203 S. nur EGMR 27.3.2008 – 26698/05, Rn. 55 – *Tourkiki Enosi Xanthis ua/Griechenland*.
204 EGMR 21.6.2007 – 57045/00, Rn. 48 – *Zhechev/Bulgarien*.
205 EGMR 2.10.2001 – 29221/95 ua, Slg 01-IX Rn. 100 – *Stankov ua/Bulgarien*.
206 EGMR 7.12.2006 – 17582/05, Slg 06-XV – *Igor Artyomov/Russland*.
207 EGMR 3.2.2005 – 46626/99, Slg 05-I (Auszüge) Rn. 53 ff. – *Partidul Comunistilor (Neppeceristi) ua/Rumänien*. S. auch EGMR 13.4.2006 – 45963/99, Rn. 59 – *Tsonev/Bulgarien*.
208 S. nur EGMR 9.7.2013 – 35943/10, Slg 13-IV Rn. 64 – *Vona/Ungarn*. Zur Prüfung im Rahmen des Art. 17 s. EGMR 12.6.2012 – 31098/08, Rn. 73 f. – *Hizb Ut-Tahrir ua/Deutschland*.
209 EGMR 9.7.2013 – 35943/10, Slg 13-IV Rn. 66 – *Vona/Ungarn*.
210 Das Verbot einer Vereinigung, die Antisemitismus wiederbelebt, wurde auf der Grundlage von Art. 17 als nicht konventionswidrig eingestuft, EGMR 2.9.2004 – 42264/98, Slg- 04-VII (Auszüge) – *W.P. ua/Polen*.

(durch ihre Namensgebung)[211] Rechte zB als Gewerkschaft, nationale Minderheit oder Anwaltskammer anmaßt, die ihr nicht zustehen.[212]

52 Zur **Ermittlung der Ziele** einer Vereinigung sind die Staaten nicht auf deren offizielle Publikationen beschränkt. Um auch gegebenenfalls verdeckte Ziele erfassen zu können, müssen diese mit dem Handeln des Führungspersonals und den von diesem vertretenen Positionen abgeglichen werden. Das setzt jedoch voraus, dass deren Taten und Reden wie das seiner Mitglieder der Vereinigung zugerechnet werden können.[213] Unter gewissen Umständen können auch Unterlassen und Schweigen aktivem Tun gleichkommen und berücksichtigt werden.[214] Eine einzelne Rede eines ehemaligen Parteivorsitzenden genügt jedoch nicht.[215]

53 Ein Verbot kann zu dem **Zeitpunkt** erlassen werden, zu dem die Vereinigung begonnen hat, konkrete Schritte zur Umsetzung konventions- und demokratiewidriger Pläne zu unternehmen,[216] oder – falls bereits vorher eine unmittelbare Gefahr für die Demokratie[217] besteht – auch schon zu diesem früheren Zeitpunkt[218]. Das bedeutet insbesondere, dass eine Partei nicht erst verboten werden kann, wenn sie an die Macht gekommen ist.[219]

54 (3) **Verhältnismäßigkeit:** Die Nicht-Eintragung bzw. Auflösung dürfen nicht die einzige Rechtsfolge für Verstöße sein:[220] Insbesondere muss der Vereinigung, wenn ihre Satzung nicht mit dem geltenden

---

211 Zum Namen als Grund für einen gerechtfertigten Eingriff s. auch EGMR 31.8.1999 – 32367/96 – *Apeh Üldözötteinek Szövetsege ua/Ungarn.*
212 S. nur EGMR 11.1.2011 – 27798/08 – *Hayvan Yetistiricileri Sendikasi/Türkei.*
213 Zum Ganzen s. nur EGMR 9.7.2013 – 35943/10, Slg 13-IV Rn. 54 – *Vona/ Ungarn*; EGMR 15.1.2009 – 74651/01, Slg 09-I (Auszüge) Rn. 71 – *Bürgervereinigung Radko ua/FYRM.* Zur Zurechnung s. EGMR 13.2.2003 – 41340/98 ua (GK), Slg 03-II Rn. 113 ff. – *Refah Partisi (Wohlfahrtspartei)/ Türkei.*
214 S. nur EGMR 15.1.2013 – 40959/09, Rn. 76 – *Eusko Abertzale Ekintza – Accion Nacionalista Vasca (EAE-ANV)/Spanien.*
215 EGMR 10.12.2002 – 25141/94, Rn. 64 – *Dicle für Demokratische Partei der Türkei (DEP)/Türkei.* S. auch EGMR 2.10.2001 – 29221/95 ua, Slg 01-IX Rn. 101, 103 – *Stankov ua/Bulgarien.*
216 EGMR 9.7.2013 – 35943/10, Slg 13-IV Rn. 56 f. – *Vona/Ungarn.*
217 S. hierzu EGMR 13.2.2003 – 41340/98 ua (GK), Slg 03-II Rn. 107 ff. – *Refah Partisi (Wohlfahrtspartei)/Türkei.*
218 S. nur EGMR 9.7.2013 – 35943/10, Slg 13-IV Rn. 54 – *Vona/Ungarn*, u. EGMR 15.1.2009 – 74651/01, Slg 09-I (Auszüge) Rn. 76 – *Bürgervereinigung Radko ua/FYRM.*
219 S. nur EGMR 9.7.2013 – 35943/10, Slg 13-IV Rn. 54 – *Vona/Ungarn.*
220 EGMR 8.10.2009 – 37083/03, Slg 09-V Rn. 82 – *Tebieti Mühafize Cemiyyeti ua./Aserbaidschan.* S. auch EGMR 10.10.2006 – 61353/00, Rn. 32 ff. – *Tunceli Kültür Ve Dayanisma Dernegi/Türkei.* Beachte andererseits EGMR 21.3.2006 – 57898/00 – *Ertan ua/Türkei.*

Recht übereinstimmt, vorher – ausreichend[221] – Zeit gegeben werden, die Verstöße zu beheben.[222]

2. Art. 11 Abs. 2 S. 2

Art. 11 enthält in seinem 2. Absatz noch einen Satz 2, der sich auf 55 Angehörige der Streitkräfte, der Polizei oder der Staatsverwaltung bezieht. Den Begriff der **Staatsverwaltung** interpretiert der Gerichtshof dabei – mit Blick auf andere völker- und europarechtliche Instrumente, die sich nur auf Armee und Polizei beschränken, und die Staatspraxis[223] – eng.[224] Kommunalbeamte hat er demnach grundsätzlich vom Anwendungsbereich der Vorschrift ausgenommen[225] – nicht aber eine Kommunalgarde, die – wie die Polizei – hierarchisch strukturiert ist, nach den Regeln von Befehl, Gehorsam und Disziplin funktioniert und Zwangsmaßnahmen gegenüber Bürgern ergreifen und damit in deren Rechte eingreifen kann[226]. Elektriker im Staatsdienst fallen jedoch nicht unter den Begriff der Staatsverwaltung.[227]

Diese Rechtfertigungsmöglichkeit – die ebenfalls nur die Ausübung 56 der Rechte des Art. 11 betrifft – setzt voraus, dass es sich um **rechtmäßige** Einschränkungen handelt. Die Konvention verwendet mit dem Begriff der Rechtmäßigkeit damit eine andere Formulierung als die der gesetzlichen Grundlage.[228] Insofern muss nicht in einem Umkehrschluss geschlossen werden, dass Einschränkungen der Rechte der genannten Personengruppe allein von der Existenz einer solchen Grundlage abhängen. Der Gerichtshof prüft – jedenfalls in neueren Entscheidungen – vielmehr dieselben Kriterien wie bei der Rechtfertigung nach Abs. 2 Satz 1, dh neben der gesetzlichen Grundlage stellt

---

221 S. hierzu EGMR 8.10.2009 – 37083/03, Slg 09-V Rn. 77 – *Tebieti Mühafize Cemiyyeti ua./Aserbaidschan.*
222 S. nur EGMR 8.10.2009 – 37083/03, Slg 09-V Rn. 76 – *Tebieti Mühafize Cemiyyeti ua./Aserbaidschan,* u. EGMR 6.10.2009 – 35570/02, Rn. 40 – *Özbek ua./Türkei.*
223 EGMR 12.11.2008 – 34503/97 (GK), Slg 08-V Rn. 98 ff. – *Demir ua./Türkei.*
224 EGMR 2.8.2001 – 35972/97, Slg 01-VIII Rn. 31 – *Grande Oriente d'Italia di Palazzo Giustiniani/Italien.*
225 EGMR 12.11.2008 – 34503/97 (GK), Slg 08-V Rn. 97 – *Demir ua./Türkei.*
226 EGMR 10.4.2012 – 26648/03, Rn. 50, 54 – *Strzelecki/Polen.*
227 EGMR 27.3.2007 – 6615/03, Rn. 22 – *Karacay/Türkei.*
228 Anders EGMR 2.8.2001 – 35972/97, Slg 01-VIII Rn. 30 – *Grande Oriente d'Italia di Palazzo Giustiniani/Italien.*

er auch auf die Existenz eines legitimen Zwecks und die Notwendigkeit der Maßnahme in einer demokratischen Gesellschaft ab.[229]

57   Ausdrücklich auf Satz 2 Bezug genommen hat der Gerichtshof dann, wenn die Betroffenen als Polizisten klar in den Anwendungsbereich dieser Bestimmung fielen oder er sie ausdrücklich darunter subsumierte. Insoweit hat er die in Ungarn und Polen geltenden Verbote, einer Partei beizutreten,[230] ebenso wie das Gebot, sich öffentlich in einer unparteiischen und zurückhaltenden Weise zu äußern, – genauer gesagt, nachteilige Reaktionen auf eine Verletzung dieses Gebots – als gerechtfertigt angesehen[231].

58   In anderen Fällen, in denen Staatsbedienstete betroffen waren, hat er jedoch – allein – Satz 1 als Rechtfertigungsmaßstab herangezogen. Insoweit hat er das für sie geltende Verbot, eine Gewerkschaft zu gründen,[232] ebenso wie die Sanktionierung ihrer Teilnahme an Streikaktionen als Verletzung des Art. 11 eingestuft[233]. Ein Streikverbot für Beamte schließt er zwar nicht generell aus. Gelte es für Beamte, die Befehlsgewalt im Namen des Staates ausüben, könne es mit der Konvention vereinbar sein. Es dürfe sich jedoch nicht generell auf Beamte, sondern nur auf bestimmte Beamtengruppen beziehen.[234]

59   Diese Beschränkung auf die Prüfung des 1. Satzes ist möglich, wenn Satz 2 nicht als lex specialis verstanden wird, sondern es sich bei Satz 1 und Satz 2 um alternative Rechtfertigungsmöglichkeiten handelt. Aber auch dann kommt die Beschränkung der Prüfung nur in Betracht, wenn sich der Eingriff im konkreten Fall nach Satz 1 rechtfertigen lässt.[235] Eine Verletzung des Art. 11 kann hingegen bei alter-

---

229   EGMR 25.9.2012 – 11828/08, Rn. 63 ff. – *Gewerkschaft der Polizei in der Slowakei ua/Slowakei*; EGMR 10.4.2012 – 26648/03, Rn. 43 ff. – *Strezelecki/Polen*. S. bereits EGMR 12.11.2008 – 34503/97 (GK), Slg 08-V Rn. 97 – *Demir ua/Türkei*. Offengelassen in EGMR 20.5.1999 – 25390/94 (GK), Slg 99-III Rn. 61 – *Rekvenyi/Ungarn*.

230   EGMR 10.4.2012 – 26648/03, Rn. 40 ff. – *Strezelecki/Polen*; EGMR 20.5.1999 – 25390/94 (GK), Slg 99-III Rn. 59 ff. – *Rekvenyi/ Ungarn*.

231   EGMR 25.9.2012 – 11828/08, Rn. 63 ff. – *Gewerkschaft der Polizei in der Slowakei ua/Slowakei*.

232   EGMR 12.11.2008 – 34503/97 (GK), Slg 08-V Rn. 117 ff. – *Demir ua/Türkei*; EGMR 21.2.2006 – 28602/95, Slg 06-II Rn. 33 ff. – *Tüm Haber Sen ua/ Türkei*.

233   EGMR 15.9.2009 – 30946/04, Rn. 25 ff. – *Kaya ua/Türkei*; EGMR 21.4.2009 – 68959/01, Rn. 25 ff. – *Enerji Yapi-Yol Sen/Türkei*; EGMR 17.7.2008 – 23018/04 ua, Rn. 26 ff. – *Urcan ua/Türkei*; EGMR 17.7.2007 – 74611/01 ua, Rn. 58, 69 ff. – *Dilek ua/Türkei*; EGMR 27.3.2007 – 6615/03, Rn. 29 ff. – *Karacay/Türkei*.

234   Zum Ganzen s. EGMR 21.4.2009 – 68959/01, Rn. 32 – *Enerji Yapi-Yol Sen/ Türkei*.

235   S. hierzu EGMR 3.6.2008 – 13148/04 – *Siveri ua/Italien*.

nativen Rechtsfertigungsgründen nur festgestellt werden, wenn eine Rechtfertigung nach beiden Gründen ausscheidet.[236] Der Gerichtshof hat auf die Prüfung des 2. Satzes aber selbst in einem Fall verzichtet, in dem er ausdrücklich offengelassen hat, ob Lehrer zur Staatsverwaltung zählen, und die Einschlägigkeit des Satzes 2 unterstellt.[237] Damit führt er die Anforderungen des Satzes 1 und des Satzes 2 jedoch letztlich parallel und macht so Satz 2, der sich nur auf bestimmte Personen bezieht und damit einen engeren Anwendungsbereich hat, im Ergebnis überflüssig.

V. Schutzpflichten

Art. 11 ist nach der Rechtsprechung des Gerichtshofs nicht nur ein Abwehrrecht. Er kann die Konventionsstaaten auch zu aktivem Tun verpflichten. Zur Begründung verweist der Gerichtshof auf Art. 1, nach dem die Staaten jedem, der ihrer Jurisdiktion unterworfen ist, die in der Konvention niedergelegten Rechte und Freiheiten zusichern sollen.[238] Zudem ziele die Konvention nicht auf den Schutz nur theoretischer oder illusorischer Rechte ab, sondern auf den von konkreten und effektiven Rechten. Eine rein abwehrrechtliche Konzeption vertrage sich daher nicht mit dem Schutzzweck des Art. 11 und der Konvention im Allgemeinen.[239] Den Staat, der vom Gerichtshof als – in letzter Instanz – Garant des Prinzips des Pluralismus verstanden wird,[240] könne auch eine Schutzpflicht treffen.   60

Zur Konkretisierung heißt es, dass diese bestehen könne und sich auf die Sicherung des effektiven Genusses der Freiheitsrechte beziehe.[241] Unter bestimmten Umständen könne der Staat verpflichtet sein, hierzu in die Beziehungen zwischen Privaten einzugreifen.[242] Er müsse sicherstellen, dass rechtmäßige Versammlungen friedlich stattfinden könnten und alle Bürger dabei sicher seien.[243] Insofern bezieht sich   61

---

236 S. hierzu EGMR 2.8.2001 – 35972/97, Slg 01-VIII Rn. 17 ff. – *Grande Oriente d'Italia di Palazzo Giustiniani/Italien*.
237 EGMR 26.9.1995 – 17851/91 (GK), Rn. 68 – *Vogt/Deutschland*.
238 EGMR 11.1.2006 – 52562/99 ua, Slg 06-I Rn. 57 – *Sorensen ua/Dänemark*.
239 Zum Ganzen s. nur EGMR 20.10.2005 – 74989/01, Slg 05-X (Auszüge) Rn. 37 – *Ouranio Toxo ua/Griechenland*.
240 EGMR 24.11.1993 – 13914/88 ua, Rn. 38 – *Informationsverein Lentia ua/ Österreich*.
241 S. nur EGMR 18.12.2007 – 32124/02 ua, Rn. 41 – *Nurettin Aldemir ua/ Türkei*.
242 S. nur EGMR 6.11.2012 – 47335/06, Rn. 42 – *Redfearn/Vereinigtes Königreich*.
243 EGMR 18.12.2007 – 32124/02 ua, Rn. 40 – *Nurettin Aldemir ua/Türkei*. S. auch EGMR 20.10.2005 – 74989/01, Slg 05-X (Auszüge) Rn. 37 – *Ouranio Toxo ua/Griechenland*.

die Schutzpflicht insbesondere auf die Unterbindung von körperlicher Gewalt.[244] Es geht aber auch darum, einen Grundrechtsträger davor zu schützen, dass sein Arbeitgeber ihn allein wegen seiner Parteimitgliedschaft entlässt,[245] ihn mit finanziellen Mitteln bewegen will, auf seine Rechte als Gewerkschaftsmitglieder zu verzichten,[246] ihn sonst wegen seiner Zugehörigkeit zu einer Gewerkschaft diskriminiert[247] bzw. ihn umgekehrt zur Mitgliedschaft in einer Gewerkschaft verpflichtet[248].

62   Nach der Rechtsprechung des Gerichtshofs könne der Staat das Erreichen dieser Ziele nicht garantieren. Er schulde daher kein Ergebnis, sondern nur ein Tätigwerden. Dabei billigt er ihm einen weiten Ermessensspielraum hinsichtlich der zu treffenden Maßnahmen zu,[249] sofern diese geeignet und angemessen seien[250]. Kollidiert die Schutzpflicht mit einem konventionsrechtlichen Abwehrrecht, solle die Beurteilung aber nicht davon abhängen, ob der Fall aus der Sicht der Schutzpflicht oder aus derjenigen des Abwehrrechts betrachtet wird.[251] Deswegen solle der Ermessensspielraum bei beiden Herangehensweisen der gleiche sein.[252] Diese Prämisse ändert am weiten Ermessensspielraum des Staates hinsichtlich der Erfüllung seiner Schutzpflichten dann nichts, wenn dem Staat auch für die Rechtfertigung von Eingriffen ein weiter Ermessensspielraum zugestanden wird, wenn ein Ausgleich zwischen mehreren Konventionsrechten gefunden werden muss.[253]

63   Auch sonst geht der Gerichtshof davon aus, dass die im Falle einer konventionsrechtlichen Schutzpflicht anzuwendenden Kriterien sich nicht grundsätzlich von denen unterschieden, die hinsichtlich der Rechtfertigung eines Eingriffs eine Rolle spielen; beide Male komme es darauf an, einen gerechten Ausgleich zwischen den widerstreiten-

244   S. auch EGMR 20.10.2005 – 44079/98, Rn. 115 – *Vereinigte Mazedonische Organisation Ilinden u. Ivanov/Bulgarien.*
245   EGMR 6.11.2012 – 47335/06, Rn. 43 – *Redfearn/Vereinigtes Königreich.*
246   EGMR 2.7.2002 – 30668/96 ua, Rn. 46 ff. – *Wilson ua/Vereinigtes Königreich.*
247   EGMR 30.7.2009 – 67336/01, Rn. 123 f. – *Danilenkov ua/Russland.*
248   EGMR 11.1.2006 – 52562/99 ua (GK), Slg 06-I Rn. 65 ff. – *Sorensen* ua/ *Dänemark* mit (teilweise) abw. M. der Richter Rozakis, Bratza u. Vajic, des Richters Zupancic u. des Richters Lorenzen.
249   Zum Ganzen s. EGMR 24.7.2012 – 40721/08, Rn. 39 – *Faber/Ungarn.*
250   S. nur EGMR 6.11.2012 – 47335/06, Rn. 42 – *Redfearn/Vereinigtes Königreich.*
251   S. nur EGMR 9.7.2013 – 2330/09 (GK), Slg 13-V (Auszüge) Rn. 160 – *Sindicatul „Pastorul Cel Bun"/Rumänien.*
252   S. nur EGMR 29.10.2013 – 66456/09, Rn. 47 – *Ristamäki ua/Finnland* (zu Art. 8 u. 10).
253   S. nur EGMR 9.7.2013 – 2330/09 (GK), Slg 13-V (Auszüge) Rn. 160 – *Sindicatul „Pastorul Cel Bun"/Rumänien.*

den Interessen zu finden.[254] In Fällen von Gewalt stellte er hingegen lediglich darauf an, ob die getroffenen Maßnahmen ausreichend waren[255] bzw. alle geeigneten Maßnahmen getroffen wurden, die von den staatlichen Organen unter den gegebenen Umständen vernünftigerweise erwartet werden konnten[256].

VI. Verhältnis zu anderen Konventionsartikeln

Hinsichtlich des Verhältnisses des Art. 11 zu anderen Grundfreiheiten ist die Rechtsprechung des EGMR – was bei dem ausdifferenzierten System der Gesetzesvorbehalte der Konvention problematisch ist – vor allem von dem Grundgedanken geprägt, denselben Sachverhalt nicht separat unter dem Blickwinkel verschiedener Rechte zu prüfen.[257] Das gilt insbesondere für Sekundäreffekte.[258] Würdigte der Gerichtshof einen Fall unter dem Gesichtspunkt des Art. 11, ließ er daher grundsätzlich ergänzende Rügen, die auf Art. 6,[259] 7,[260] 13,[261]   64

254 S. nur EGMR 9.7.2013 – 2330/09 (GK), Slg 13-V (Auszüge) Rn. 132 – *Sindicatul „Pastorul Cel Bun"/Rumänien*.
255 EGMR 20.10.2005 – 74989/01, Slg 05-X (Auszüge) Rn. 43 – *Ouranio Toxo ua/Griechenland*.
256 EGMR 20.10.2005 – 44079/98, Rn. 115 – *Vereinigte Mazedonische Organisation Ilinden u. Ivanov/Bulgarien*.
257 S. nur EGMR 15.1.2013 – 40959/09, Rn. 84 – *Eusko Abertzale Ekintza – Accion nacionlista Vasca (EAE-ANV)/Spanien*. Anders noch EGMR 6.5.2003 – 44306/98, Slg 03-VI Rn. 39 ff., 52 – *Appleby ua/Vereinigtes Königreich*; EGMR 12.12.2002 – 57981/00 – *Salvanayagam/Vereinigtes Königreich*; EGMR 20.5.1999 – 25390/94 (GK), Slg 99-III Rn. 26 ff., 58 ff., 67 ff. – *Rekvenyi/Ungarn*.
258 S. nur EGMR 14.12.2010 – 28003/03, Rn. 92 – *Hadep ua/Türkei*.
259 S. nur EGMR 8.3.2011 – 2162/05, Rn. 47 – *The Arges College of Legal Advisers/Rumänien*. Auf Art. 6 wurde jedoch abgestellt in EGMR 29.11.2007 – 1939/02 – *Federatia sindicatelor constructorilor feroviari si cailor de Comunicatii/Rumänien*. Beide wurden jedoch geprüft in EGMR 27.6.2006 – 75569/01, Rn. 23 ff., 36 f. – *Cetinkaya/Türkei*.
260 EGMR 29.11.2007 – 25/02, Rn. 55 – *Balcik ua/Türkei*.
261 EGMR 7.12.2006 – 10504/04, Rn. 50 – *Linkov/Tschechien*. Beide wurden aber geprüft in EGMR 24.11.2005 – 46336/99 – *Ivanov ua/Bulgarien*. S. hierzu jedoch das Minderheitenvotum der Richter Botoucharova u. Hajiyev.

14[262] und Art. 1 des Zusatzprotokolls Nr. 1[263] gestützt waren, – selbst wenn er sie für zulässig erklärt hatte[264] – ungeprüft. Das gilt jedoch nicht für Rügen einer Verletzung des Art. 3.[265]

65 Hinsichtlich der Auflösung bzw. der verweigerten Registrierung von Religionsgemeinschaften stellt der Gerichtshof in neuerer Zeit auf Art. 9 – interpretiert im Lichte des Art. 11 – ab.[266]

66 Im Verhältnis zu **Art. 10** geht er davon aus, dass dieser lex generalis und Art. 11 lex specialis ist[267] – wobei er beide dann zT dahin gehend verbindet, dass er Art. 11 im Lichte des Art. 10 interpretiert.[268] Art. 10 und nicht Art. 11 wurde jedoch angewandt, wenn es lediglich

---

262 S. nur EGMR 14.12.2010 – 28003/03, Rn. 89 – *Hadep ua/Türkei*. Allein auf Art. 11 iVm Art. 14 wurde jedoch abgestellt in EGMR 31.5.2007 – 26740/02, Rn. 60 – *Grande Oriente d'Italia di Palazzo Giustiniani/Italien (Nr. 2)*. Beide wurden geprüft in EGMR 29.4.1999 – 25088/94 ua, Slg 99-III Rn. 103 ff., 120 f. – *Chassagnou ua/Frankreich*.

263 S. nur EGMR 3.5.2007 – 51290/99, Rn. 35 – *Demokratik Kitle Partisi ua/ Türkei*. Auf Art. 1 des Zusatzprotokolls Nr. 1 wurde jedoch abgestellt in EGMR 29.11.2007 – 1939/02 – *Federatia sindicatelor constructorilor feroviari si cailor de Comunicatii/Rumänien*, u. EGMR 13.2.2007 – 75252/02, Rn. 67 – *Evaldsson ua/Schweden*. Dieser Artikel wurde zudem zusätzlich geprüft in EGMR 29.4.1999 – 25088/94 ua, Slg 99-III Rn. 74 ff., 103 ff. – *Chassagnou ua/Frankreich*. S. auch EGMR 12.6. 2012 – 31098/08, Rn. 81 – *Hizb ut Tahrir/Deutschland*.

264 S. nur EGMR 14.12.2010 – 28003/03, Rn. 89, 92 – *Hadep ua/Türkei*.

265 S. nur EGMR 23.2.2010 – 44920/04, Rn. 32 ff. – *Eksi ua/Türkei*.

266 EGMR 12.6.2014 – 33203/08, Rn. 42 – *Bibelzentrum der Republik Tschuwaschien/Russland*; EGMR 9.7.2013 – 2330/09 (GK), Slg 13-V (Auszüge) Rn. 136 – *Sindicatul „Pastorul Cel Bun"/Rumänien*; EGMR 10.6.2010 – 302/02, Rn. 99, 103 – *Zeugen Jehovas Moskau/Russland*; EGMR 1.10.2009 – 76836/01 ua, Slg 09-IV Rn. 81 – *Kimlya ua/Russland*. S. auch bereits EGMR 26.10.2000 – 30985/96 (GK), Slg 00-XI Rn. 62, 65 – *Hasan ua/Bulgarien*. In EGMR 27.2.2007 – 952/03, Rn. 24 ff. – *Biserica Adevarat ortodoxa din Moldova ua/Moldawien*, u. EGMR 13.12.2001 – 45701/99, Slg 01-XII Rn. 101 ff., 140 f. – *Metropolische Kirche von Bessarabien ua/Moldawien*, wird allein Art. 9 herangezogen. S. auch Art. 9 Rn. 23.
     In der Entscheidung vom 10.6.2010 – 302/02, Rn. 161 – *Zeugen Jehovas Moskau /Russland*, wird jedoch für die erneute Registrierung einer Religionsgemeinschaft, die aus dem Register gestrichen wurde, auf Art. 11, interpretiert im Lichte des Art. 9, abgestellt – ohne dass ersichtlich würde, worin der Unterschied bestehen sollte zwischen einer Situation, in der einer Religionsgemeinschaft die mit einer Registrierung verbundenen Rechte von Anfang an verwehrt bleiben, und einer solchen, in der dies erst später geschieht. Es erscheint als einziges ein Hinweis auf EGMR 5.10.2006 – 72881/01, Slg 06-XI Rn. 74 f. – *Moskauer Zweig der Heilsarmee/Russland*. Hierauf berufen sich – zumindest indirekt – alle Entscheidungen, die auf Art. 11, interpretiert im Lichte des Art. 9, abstellen, EGMR 3.3.2009 – 20984/05 – *Lajda ua/Tschechien*; EGMR 5.4.2007 – 18147/02, Rn. 64 – *Kirche der Scientologen Moskau/Russland*. Die in der in Bezug genommenen Entscheidung vom 5.10.2006 genannten Verweise belegen jedoch ihrerseits nicht die Einschlägigkeit des Art. 11; der dort in Rn. 74 benannte lässt die Frage vielmehr offen, der dort in Rn. 75 zitierte stellt sogar auf Art. 9 ab.

267 S. nur EGMR 3.10.2013 – 21613/07, Rn. 82 – *Kasparov ua/Russland*.

268 S. nur EGMR 2.10.2012 – 1484/07, Rn. 83 – *Kakabadze ua/Georgien*.

um (Presse-) Erklärungen[269] oder Briefe insbesondere von Gewerkschaftsmitgliedern ging,[270] sowie in den Fällen, in denen die Eingriffsmaßnahme gezielt mit einer bestimmten Meinungsäußerung und nicht mit der Teilnahme an einer Demonstration[271] bzw. mit der Mitgliedschaft in einer Vereinigung[272] begründet wurde.

Maßnahmen im Zusammenhang mit Kapitalanteilen an einer Gesell-   67
schaft prüft der Gerichtshof unter dem Blickwinkel des **Art. 1 des Zusatzprotokolls Nr. 1**.[273]

Auf **Art. 3 des Zusatzprotokolls Nr. 1** wurde abgestellt in Fällen, in   68
denen der Verlust eines aktuell inngehabten Parlamentsmandats (auch in Folge der Auflösung einer Partei)[274] oder das Verbot einer Kandidatur bei Parlamentswahlen[275] im Vordergrund stand. Art. 11 wurde hingegen als einschlägig erachtet, wenn Art. 3 des Zusatzprotokolls Nr. 1 (bei Kommunalwahlen) nicht anwendbar ist[276] bzw. wenn in erster Linie die Nichtregistrierung einer politischen Partei oder deren Auflösung angegriffen wurde und der temporäre Verlust des negativen Wahlrechts sich lediglich als Folge dieser Entscheidung ergab[277].

---

269 EGMR 12.6.2012 – 26005/08, Rn. 39 – *Tatar/Ungarn*.
270 S. nur EGMR 9.10.2012 – 29723/11, Rn. 13 – *Szima/Ungarn*.
271 S. nur EGMR 8.6.2010 – 4870/02, Rn. 34 f. – *Gül ua/Türkei*. Beide wurden jedoch geprüft in EGMR 18.3.2003 – 39013/02 – *Lucas/Vereinigtes Königreich*.
272 S. nur EGMR 12.9.2011 – 28955/06 ua (GK), Slg 11-V Rn. 52 – *Palomo Sanchez ua/Spanien*. Anders aber EGMR 13.2.2007 – 30067/04 – *Erdel/Deutschland*; EGMR 24.2.2005 – 29918/96 ua – *Tanrikulu/Türkei*; EGMR 25.9.2003 – 41063/98 – *Tekin ua/Türkei*. Beide wurden geprüft in EGMR 24.11.2005 – 27574/02 – *Otto/Deutschland*.
273 EGMR 12.12.2002 – 56400/00 – *Cesnieks/Lettland*.
274 EGMR 5.4.2007 – 15394/02, Rn. 23 f. – *Ilicak/Türkei*; EGMR 11.6.2002 – 25144/94 ua, Slg 02-IV Rn. 31 ff., 47 – *Sadak ua/Türkei* (Nr. 2).
275 EGMR 7.12.2010 – 51762/07, Rn. 72 – *Eusko Abertzale Ekintza – Accion nacionlista Vasca (EAE-ANV)/Spanien* mit abw. M. der Richterin Gyulumyan; EGMR 16.3.2006 – 58278/00 (GK), Slg 06-IV Rn. 141 – *Zdanoka/Lettland*, mit (teilweise) abw. M. des Richters Wildhaber u. der Richter Spielman u. Jaeger.
276 EGMR 7.12.2010 – 51882/07, Rn. 73 f. – *Eusko Abertzale Ekintza – Accion nacionlista Vasca (EAE-ANV)/Spanien* mit (teilweise) abw. M.der Richterin Power.
277 EGMR 7.6.2007 – 71251/01, Slg 07-II Rn. 33 ff., insbes. Rn. 34 – *Parti Nationaliste Basque – Organisation Régionale d'Iparralde/Frankreich*; EGMR 3.5.2007 – 51290/99, Rn. 35 – *Demokratik Kitle Partisi ua/Türkei*; EGMR 7.12.2006 – 10504/03, Rn. 22 ff., 54 ff. – *Linkov/Tschechien*; EGMR 13.2.2003 – 41340/98 ua (GK), Slg 03-II Rn. 50 ff., 138 f. – *Refah Partisi ua/Türkei*.

Artikel 12 Recht auf Eheschließung

Männer und Frauen im heiratsfähigen Alter haben das Recht, nach den innerstaatlichen Gesetzen, welche die Ausübung dieses Rechts regeln, eine Ehe einzugehen und eine Familie zu gründen.

I. Allgemeines

1 Art. 12 beschränkt sich darauf, die Freiheit zur Eingehung einer Ehe und zur Gründung einer Familie zu schützen. Eine darüber hinausgehende Schutzpflicht für bestehende Ehen und Familien ergibt sich aus Art. 12 (anders als aus Art. 6 GG) nicht. Einschlägig ist diesbezüglich Art. 8. Der EGMR handhabt Art. 12 zurückhaltend. Er liest Art. 12 im Wortsinn. Die Mitgliedstaaten werden daher nicht gezwungen, das Institut der Ehe für gleichgeschlechtliche Paare zu öffnen. Art. 12 hat in der Rechtsprechung keine große Bedeutung gewinnen können.

2 Die Vorschrift ist aus Art. 16 der **Allgemeinen Erklärung der Menschenrechte** vom 10.12.1948 übernommen worden. Die Fassung stimmt weitgehend mit Art. 23 II **Zivilpakt** überein. **Art. 9 Grundrechtecharta** enthält eine entsprechende Regelung.

3 Anders als Art. 8 bis 11 kennt Art. 12 keinen Abs. 2, der unter bestimmten Voraussetzungen Einschränkungen rechtfertigt. Das ist wegen der doppelten Verweisung auf das innerstaatliche Recht nicht erforderlich (dazu → Rn. 7).

II. Recht auf Eheschließung: Inhalt der Garantie

4 **Berechtigte:** Art. 12 verleiht Männern und Frauen das Recht, mit einem Partner des anderen Geschlechts eine Ehe einzugehen. Einen Anspruch auf Eheschließung mit einem gleichgeschlechtlichen Partner gibt es bislang nicht.[1] Öffnet ein Mitgliedstaat das Institut für diese Paare, findet Art. 8 iVm Art. 14 an.[2] Der EGMR geht heute davon aus, dass Art. 12 verschiedengeschlechtliche Partner berechtigt, von denen einer sein Geschlecht durch Geschlechtsumwandlung erlangt hat.[3] Der EGMR hatte zunächst angenommen, dass das Recht nur für die Eheschließung zwischen **Männern und Frauen**, dh Perso-

---

1 EGMR 24.6.2010 – 30141/04, Slg 10-IV Rn. 60 ff. – *Schalk u. Kopf/Österreich.*
2 EGMR 7.11.2013 – 29381/09 (GK), *Vallianotos ua/Griechenland.*
3 EGMR 11.7.2000 – 28957/95 (GK), Rn. 97 ff. – *Goodwin/Vereinigtes Königreich*; EuGH NJW 2004, 1440.

nen unterschiedlichen Geschlechts, garantiert wird.[4] Inzwischen nimmt der EGMR an, dass **Art. 12 nicht unbedingt auf die Eheschließung zwischen Personen unterschiedlichen Geschlechts beschränkt ist.**

Die Freiheit der Eheschließung kommt auch Personen zugute, die　　5 sich im Strafvollzug befinden. Besondere Beschränkungen bedürfen der Rechtfertigung, etwa mit Blick auf Sicherheits- oder Vollzugsbelange.[5] Die Freiheit ist keine notwendige Voraussetzung der Eheschließung. Das Recht darauf steht ihnen wie alle anderen Konventionsrechte zu, solange das nicht dem Sinn der Freiheitsentziehung widerspricht. Gefangene haben grundsätzlich das Recht zu heiraten. Beschränkungen müssen begründet werden, zB mit Sicherheitserwägungen oder Störung der Ordnung. Der Hinweis darauf, dass dies von der Öffentlichkeit nicht akzeptiert würde oder die öffentliche Meinung verletze, genügt nicht. Eine vorherige Genehmigung kann vorgeschrieben werden, wobei den Behörden ein Ermessensspielraum eingeräumt werden kann. Eine Ablehnung kann nicht damit begründet werden, dass sich das Paar durch im Gefängnis verbotene Kommunikationsmittel kennen gelernt hat. Die Behörden dürfen die Art der Wahl oder der Beziehung nicht bewerten.[6]

Sachlicher Garantiegehalt: Die Mitgliedstaaten haben die Befugnis,　　6 das in Art. 12 begründete Recht inhaltlich auszugestalten; sie haben dabei aber den Verhältnismäßigkeitsgrundsatz zu beachten. Das staatliche Recht darf Art. 12 nicht auf eine Weise einschränken, **dass er in seinem Wesensgehalt berührt wird.**[7]

Den Kern der Garantie bildet das Recht jedes ehefähigen Erwachse-　　7 nen, **selbst zu entscheiden, ob und wen er oder sie heiraten will.** Das Recht hat also hier auch eine negative Seite, nämlich das Recht, nicht zu heiraten. Die Mitgliedstaaten können Ehevoraussetzungen und Ehehindernisse festlegen. Bestimmungen zur Festlegung des erforderlichen Alters ("im heiratsfähigen Alter") werden schon vom Wortlaut des Art. 12 angesprochen. Derartige Festlegungen haben auch dann Bestand, wenn sie eine Person betreffen, deren Religion eine frühere Eheschließung zulässt. Die Mitgliedstaaten können darüber hinaus weitere Voraussetzungen persönlicher und sozialer Art festle-

---

4 EGMR 17.10.1986 – 9532/81, Serie A, Bd. 106, S. 19 Rn. 49 ff. – *Rees/Vereinigtes Königreich.*
5 EGMR 5.1.2010 – 22933/02, *Frasik/Poland*; EGMR 5.1.2010 – 24023/03, *Jaremowicz/Poland.*
6 EGMR 5.1.2010 – 24023/03, Rn. 48 ff. – *Jaremowicz/Poland.*
7 EGMR 17.10.1986 – 9532/81, Serie A, Bd. 106, S. 19 Rn. 49 ff. – *Rees/Vereinigtes Königreich.*

gen. Regelungen dieser Art können verfahrensrechtlicher Natur sein (zB der Publizität, der feierlichen Eingehung) und materielle Vorschriften sein (zB über die Ehefähigkeit, Ehescheidung, Ehehindernisse und -verbote, Erfordernis der Vorlage einer Ehefähigkeitsbescheinigung). Bei der Erteilung der Genehmigung darf es nicht zu unbilligen Verzögerungen kommen.[8] Die Mitgliedstaaten können daher Polygamie verbieten, ohne dass dies Art. 12 verletzte.[9] Sie können Regelungen zur Bekämpfung des Inzests festlegen. Demgegenüber hat der EGMR ein gesetzliches Verbot der Heirat eines Schwiegerelternteils mit einem Schwiegerkind für unverhältnismäßig angesehen.[10] Art. 12 gewährleistet, dass das Verfahren zur Entscheidung über Ehehindernisse bzw. -verbote fehlerfrei durchgeführt werden muss.[11]

8   Art. 12 schützt auch die Freiheit der Wiederverheiratung geschiedener Personen. Mitgliedstaatliche Regelungen, die die Eheschließung nach einer Ehe von bestimmten Wartezeiten abhängig machen, bewirken daher eine Beeinträchtigung und müssen auf ihre Verhältnismäßigkeit geprüft werden.[12] Art. 12 gewährt kein Recht auf Scheidung.[13] Die Verschleppung eines Scheidungsverfahrens kann aber Art. 12 verletzen, indem die Wiederverheiratung verzögert wird.[14] Die Anforderungen aus Art. 12 fallen allerdings hinter dem zurück, was nach Art. 6 geboten ist.

9   Art. 12 kann durch aufenthaltsrechtliche Maßnahmen berührt werden (Einreiseverweigerung, Ausweisung, Auslieferung), wenn ein Rechtsträger dadurch in konkreten Heiratsplänen beeinträchtigt wird und eine Eheschließung außerhalb des Aufenthaltsstaats nicht möglich ist.[15] Zudem dürfen ausländerrechtliche Gebühren nicht übermäßig hoch sein.[16]

10 **Schranken:** Art. 12 enthält keine Regelung über Einschränkungen wie in Abs. 2 der Art. 8 -11. Die Mitgliedstaaten können die Freiheit zur Eheschließung ausgestalten und so einbinden. Der EGMR prüft deswegen bei Art. 12 nicht, ob eine Einschränkung in einer demokratischen Gesellschaft notwendig ist, weil ein dringendes soziales Be-

---

8   EGMR 18.12.1986 – 9697/82, Serie A, Bd. 112, *Johnston* ua/*Irland*.
9   EGMR 18.12.1986 – 9697/82, Serie A, Bd. 112, *Johnston* ua/*Irland*.
10 EGMR 18.12.1987 – 11329/85, Serie A, Bd. 128, *F./Schweiz*; EGMR 13.9.2005 – 36536/02, Rn. 34-40 – *B. u. L.v/Vereinigtes Königreich*.
11 EGMR 22.1.2013 – 33117/02, *Lashin/Russland* (zu Art. 8).
12 EGMR 18.12.1986 – 9697/82, Serie A, Bd. 112, *Johnston* ua/*Irland*.
13 EGMR 18.12.1986 – 9697/82, Serie A, Bd. 112, *Johnston* ua/*Irland*.
14 EGMR 19.7.2007 – 43151/04, Rn. 56 – *Charalambous/Zypern*; EGMR 27.11.2012 – 38380/08, *V.K./Kroatien*.
15 EKMR 12.7.1976 – 7175/75, DR 6, 138, *X./Deutschland*.
16 EGMR 14.12.2010 – 34848/07, *O'Donoghue* ua/*Vereinigtes Königreich*.

dürfnis besteht, sondern ob die Beschränkung willkürlich oder un-verhältnismäßig ist.[17] Auch hier ist **eine Interessenabwägung** notwen-dig.[18] Für die Anforderungen an das nationale Recht (Zugänglichkeit und Bestimmtheit) kann auf die Ausführungen zu Art. 8 II verwiesen werden. Erforderlich ist nicht nur, dass eine gesetzliche Grundlage vorhanden ist; sie muss auch hinreichend transparent und bestimmt gefasst sein.

Die Staaten dürfen eine rechtsfähige Person nicht daran hindern, eine Person ihrer Wahl zu heiraten, können aber Scheinheiraten von Aus-ländern verhindern, die eine Aufenthaltsberechtigung anstreben.[19]   11

Eine unterschiedliche Besteuerung Verheirateter und nicht verheirate-ter Personen wird durch Art. 12 nicht verhindert.[20]   12

III. Das Recht auf Familiengründung

Das Recht wird nur einem verheirateten Paar garantiert, die Adopti-on von Kindern gehört nicht dazu. Eine einzelne Person kann deswe-gen ein Recht auf **Adoption** eines Kindes nicht aus Art. 12 ableiten. Eingriffe können etwa staatliche Maßnahmen im Bereich der Gebur-tenkontrolle, der Familienplanung, der Begrenzung der erlaubten Kinderzahl oder Zwangssterilisationen sein. Die Schranken entspre-chen jenen im Bereich der Freiheit zur Eheschließung. Schutz-, Ge-währleistungs- und Förderpflichten nimmt der EGMR Art. 12 mit Blick auf das Recht zur Familiengründung (bislang) nicht.   13

IV. Verhältnis zu anderen Artikeln

Art. 8 (Recht auf Achtung des Familienlebens) enthält weitergehende Garantien, und umfasst auch die Beziehungen zwischen Mitgliedern einer nichtehelichen Familie und zwischen engen Verwandten.   14

Artikel 13 Recht auf wirksame Beschwerde

Jede Person, die in ihren in dieser Konvention anerkannten Rechten oder Freiheiten verletzt worden ist, hat das Recht, bei einer inner-staatlichen Instanz eine wirksame Beschwerde zu erheben, auch

---

17 EGMR 5.1.2010 – 24023/03, Rn. 50 – *Jaremowicz/Poland.*
18 Vgl. zB EGMR 18.12.1987 – 11329/85, Serie A, Bd. 128, *F./Schweiz*; EGMR 13.9.2005 – 36536/02 Rn. 34-40 – *B. u. L.v/Vereinigtes Königreich.*
19 EGMR 14.12.2010 – 34848/07, *O'Donoghue ua/Vereinigtes Königreich.*
20 EKMR 11.11.1986 – 11089/84, DR 49, 193 – *Lindsay/Vereinigtes Königreich.*

wenn die Verletzung von Personen begangen worden ist, die in amtlicher Eigenschaft gehandelt haben.

I. Übersicht

1   Art. 13 ist in der Rechtsprechung des Gerichtshofs von großer Bedeutung. Er enthält eine **verfahrensrechtliche Garantie** und kann nur zusammen mit der Behauptung einer Verletzung von materiellen Konventionsvorschriften geltend gemacht werden.

2   Die Vorschrift spiegelt den Grundsatz wider, dass der internationale Menschenrechtsschutz durch den EGMR nur subsidiär sein kann. Es ist in erster Linie Aufgabe der Konventionsstaaten, die Einhaltung der in der EMRK garantierten Rechte zu überwachen und wirksame Rechtsbehelfe vorzusehen, insbesondere Gerichte zu schaffen, und den Bürgern wirksamen Zugang zu ihnen zu geben. Eine Beschwerde an den Gerichtshof ist deshalb auch erst zulässig, wenn alle innerstaatlichen Rechtsbehelfe erschöpft sind (Art. 35 Abs. 1). Die Behörden und Gerichte der Konventionsstaaten sollen die Möglichkeiten haben, die Beschwerde zu prüfen und ihr ggf. abzuhelfen, bevor sie an den Gerichtshof in Straßburg weitergeleitet wird. Art. 13 baut damit auf der Verpflichtung der Mitgliedstaaten auf, im innerstaatlichen Recht für die Beachtung der materiellen Konventionsgarantien zu sorgen (für die Rechtslage in Deutschland → Einleitung Rn. 17 ff.).[1] Die Prüfung, ob alle innerstaatlichen Rechtsbehelfe erschöpft sind, überschneidet sich zuweilen mit der inhaltlichen Prüfung von Art. 13. Der Gerichtshof prüft dann entweder beides unter

---

[1]   Vgl. dazu insgesamt: EGMR 26.10.2000 – 30210/96 (GK), Slg 00-XI Rn. 152 = NJW 2001, 2694 (2700) – *Kudła/Polen.*

dem Gesichtspunkt von Art. 35 Abs. 1, verweist bei Art. 13 auf die vorangegangene Prüfung zur Erschöpfung des innerstaatlichen Rechtsweges oder er lässt umgekehrt die Frage bei Art. 35 Abs. 1 offen und verweist auf die nachfolgende Prüfung zu Art. 13.[2]

Art. 13 verlangt, im innerstaatlichen Recht einen **wirksamen Rechts-**   3 **behelf** (nicht notwendig eine Beschwerde im technischen Sinn) zur Verfügung zu stellen, mit dem die Konventionsrechte und -freiheiten **ihrem Wesen nach durchgesetzt** werden können, in welcher Form auch immer sie in der innerstaatlichen Rechtsordnung gewährleistet werden. Mit ihm muss erreicht werden können, dass über den Inhalt einer auf die Verletzung eines Konventionsrechts gestützten Beschwerde entschieden wird und angemessene Abhilfe erreicht werden kann. Wie Art. 13 im innerstaatlichen Recht umgesetzt wird, obliegt dem Spielraum der Mitgliedstaaten. Welche Verpflichtungen sich aus Art. 13 ergeben, hängt vom Inhalt der jeweiligen Beschwerde ab. Der Rechtsbehelf muss aber jedenfalls wirksam sein, was sowohl für dessen rechtliche Ausgestaltung gilt als auch für die Anwendung in der Praxis.[3] Letzteres fehlt zum Beispiel, wenn nur nach einer bestimmten Gesetzesauslegung ein Rechtsbehelf zugestanden wird, diese Auslegung aber nur vereinzelt von den Gerichten angewandt wird.[4]

Art. 13 verlangt keinen Rechtsbehelf **unmittelbar** gegen ein Gesetz.   4 Die Konventionsstaaten sind insbesondere nicht verpflichtet, eine Verfassungsbeschwerde oder ähnliche Rechtsbehelfe bereitzustellen.[5] Es muss keinen Rechtsbehelf geben, mit dem ein Gesetz auf eine Konventionsverletzung überprüft werden könnte.[6] Art. 13 gilt aber bei Verletzung der Konventionsrechte durch Gerichtsentscheidungen, auch für Entscheidungen letztinstanzlicher Gerichte.[7]

Gewisse Überschneidungen gibt es mit **Art. 6 Abs. 1 S. 1**, der das   5 Recht auf ein Gericht und auf Zugang zu diesem Gericht gewährt, sowie mit **Art. 5 Abs. 4** (habeas corpus-Garantie). Art. 13 bezieht

---

2 EGMR 10.3.2015 – 14097/12 ua, Rn. 43 ff. – *Varga* ua/*Ungarn*; EGMR 27.1.2015 – 36925/10 ua, Rn. 163 – *Neshkov* ua/*Bulgarien*.
3 Die wesentlichen Grundsätze zu Art. 13 sind zB zusammengefasst in: EGMR 23.2.2016 – 11138/10 (GK), Slg 16 Rn. 207 – *Mozer/Moldawien u. Russland*; EGMR 23.2.2012 – 27765/09 (GK), Slg 12-II Rn. 197 = NVwZ 2012, 809 (816 f.) – *Hirsi Jamaa* ua/*Italien*.
4 EGMR 17.4.2012 – 16967/10 Rn. 33 – *Kalinkin* ua/*Russland*.
5 EGMR 26.3.1987 – 9248/81, Rn. 77 – *Leander/Schweden*; EGMR 8.7.1986 – 9006/80 ua, Rn. 206 – *Lithgow* ua/*Vereinigtes Königreich*.
6 EGMR 13.11.2012 – 15966/04, Rn. 156 – *I.G.* ua/*Slowakei*; EGMR 12.9.2012 – 10593/08 (GK), Slg 12-V Rn. 208 – *Nada/Schweiz*.
7 EGMR 22.1.2009 – 45749/06, Rn. 81 = StV 2009, 561 – *Kaemena u. Thöneböhn/Deutschland*; EGMR 15.2.2007 – 19124/02, Rn. 55 f. = DVBl. 2007, 1161 – *Kirsten/Deutschland*.

sich auf alle in der EMRK garantierten Rechte und ist insofern weiter als Art. 5 und 6, die sich nur auf Freiheitsentziehungen bzw. im Fall des Art. 6 Abs. 1 S. 1 auf Streitigkeiten über zivilrechtliche Ansprüche und Verpflichtungen und über eine strafrechtliche Anklage beziehen. Art. 13 ist aber auch enger, weil er nicht verlangt, dass über den Rechtsbehelf ein Gericht entscheidet. Im Unionsrecht garantiert **Art. 47 Grundrechtecharta** das Recht auf einen wirksamen Rechtsbehelf.[8]

II. Voraussetzungen

6 Anders als der Wortlaut vermuten lassen könnte, ist Voraussetzung nicht, dass ein **Artikel der Konvention verletzt** worden ist. Mit dem garantierten Rechtsbehelf soll gerade geprüft werden, ob das geschehen ist.

7 Die bloße Behauptung einer Konventionsverletzung genügt nach der Rechtsprechung des EGMR nicht. Sie muss vielmehr **vertretbar** sein (**arguable claim**), um eine missbräuchliche Berufung auf Art. 13 auszuschließen. Was vertretbar ist, entscheidet sich nach den Umständen des Einzelfalles.[9] Es ist also nicht erforderlich, dass ein Erfolg der Beschwerde sicher ist. Die Tatsache allein, dass die Beschwerde erfolglos war, sagt nichts über ihre Wirksamkeit aus.[10]

8 Wenn eine Beschwerde, mit der die Verletzung eines Konventionsrechts gerügt wird, **offensichtlich unbegründet** iSv Art. 35 Abs. 3 lit. a ist, wird in der Regel auch keine vertretbare Behauptung einer Konventionsverletzung iSv Art. 13 vorliegen.[11] Das gleiche gilt, wenn der Bf. seine Beschwerde nicht ausreichend substantiell tatsächlich begründet hat.[12] Umgekehrt kann aus der Tatsache, dass eine Beschwerde nicht offensichtlich unbegründet (und damit unzulässig) ist, in der Regel geschlossen werden, dass ein arguable claim vorliegt,

---

8 Zum unionsrechtlichen Schadensersatzanspruch bei unangemessener Verfahrensdauer: *Scheel*, EuZW 2014, 138.
9 EGMR 26.3.1987 – 9248/81, Serie A, Bd. 116, S. 29 Rn. 77 – *Leander/Schweden*; EGMR 27.4.1988 – 9659/82 und 9658/82, Serie A, Bd. 131, S. 23 Rn. 52, 55 – *Boyle u. Rice/Vereinigtes Königreich*; EGMR 28.10.1999 – 28396/95 (GK), Slg 99-VII Rn. 75 = NJW 2001, 1195 – *Wille/Liechtenstein*.
10 EGMR 4.9.2014 – 68919/10, Rn. 55 = NJW 2015, 3359 (3361) – *Peter/Deutschland*; EGMR 20.1.2011 – 19606/08, Rn. 127 – *Payet/Frankreich*; EGMR 16.2.2000 – 27798/95 (GK), Slg 00-II Rn. 88 = ÖJZ 2001, 71 – *Amann/Schweiz*.
11 EGMR 12.12.2006 – 65422/01, Rn. 50 – *Dobál/Slowakei*; EGMR 21.2.1990 – 9310/81, Serie A, Bd. 172, S. 14 Rn. 33 = ÖJZ 1990, 418 – *Powell u. Rayner/Vereinigtes Königreich*.
12 EGMR 18.1.2005 – 36217/97, Rn. 88 – *Menteşe ua/Türkei*.

auch wenn letztlich eine Verletzung materieller Konventionsrechte abgelehnt worden ist.[13]

III. Wirksamkeit des Rechtsbehelfs

Die Verpflichtung der Konventionsstaaten aus Art. 13 kann von Fall zu Fall unterschiedlich sein. Bei der Ausgestaltung des Rechtsbehelfs haben die Konventionsstaaten einen Ermessensspielraum.[14] Wirksam im Sinne von Art. 13 ist der Rechtsbehelf, wenn mit ihm eine **angebliche Konventionsverletzung oder ihre Fortdauer verhindert werden oder angemessene Entschädigung für die Verletzung erlangt werden kann.**[15] Wenn eine Konventionsverletzung im Raum steht, muss die nationale Rechtsordnung einen Mechanismus zur Verfügung stellen, mit dem das mögliche Opfer staatliche Stellen für die Verletzung haftbar machen und angemessene Entschädigungsleistungen geltend machen kann.[16] Der Gerichtshof prüft die Gesamtsituation. Selbst wenn ein Rechtsbehelf für sich genommen nicht ausreichend ist, kann Art. 13 durch eine **Kombination mehrerer Rechtsbehelfe** Rechnung getragen sein.[17] Das Beschwerderecht auszuüben darf nicht auf ungerechtfertigte Weise durch Handlungen oder Unterlassungen staatlicher Behörden **behindert** werden.[18]

9

Eine **Rechtsmittelbelehrung** schreibt die Konvention nicht vor (→ Art. 6 Rn. 49). Wenn aber ein Gefangener nicht ausreichend über die zur Verfügung stehenden Rechtsmittel belehrt worden ist, kann das ein Verstoß gegen Art. 13 sein.[19]

10

---

13 EGMR 29.11.2005 – 37038/97, Rn. 117 – *Nuri Kurt/Türkei*.
14 EGMR 23.2.2016 – 11138/10 (GK), Slg 16 Rn. 207 – *Mozer/Moldawien u. Russland*; EGMR 20.1.2011 – 19606/08, Rn. 129 – *Payet/Frankreich*; EGMR 27.9.1999 – 33985/96 und 33986/96, Slg 99-VI Rn. 135 = NJW 2000, 2089 (2096) – *Smith u. Grady/Vereinigtes Königreich*.
15 Für überlange Gerichtsverfahren: EGMR 18.2.2016 – 10722/13, Rn. 85 = NLMR 2016, 70 (71) – *A.K./Liechtenstein (Nr. 2)*; EGMR 22.1.2009 – 45749/06, Rn. 78 f. = StV 2009, 561 – *Kaemena u. Thöneböhn/Deutschland*; EGMR 31.7.2003 – 50389/99, Slg 03-X Rn. 59 – *Doran/Irland*; EGMR 27.1.2005 – 55057/00, Rn. 38 – *Sidjimov/Bulgarien*.
16 EGMR 10.5.2001 – 28945/95 (GK), Slg 01-V Rn. 107 – *T.P. und K.M./Vereinigtes Königreich*.
17 EGMR 10.3.2015 – 14097/12 ua, Rn. 47 – *Varga ua/Ungarn*; EGMR 13.12.2012 – 22689/07 (GK), Slg 12-VI Rn. 79 – *De Souza Ribeiro/Frankreich*; EGMR 26.10.2000 – 30210/96 (GK), Slg 00-XI Rn. 157 = NJW 2001, 2694 (2700) – *Kudła/Polen*; EGMR 26.3.1987 – 9248/81, Rn. 77 – *Leander/Schweden*; EGMR 25.3.1983 – 5947/72 ua, Rn. 113 – *Silver ua/Vereinigtes Königreich*.
18 EGMR 18.1.2005 – 36217/97, Rn. 79 – *Menteşe ua/Türkei*; EGMR 27.6.2000 – 21986/93 (GK), Slg 00-VII Rn. 121 = NJW 2001, 2001– *Salman/Türkei*.
19 EGMR 29.4.2003 – 40679/98, Rn. 110 iVm Rn. 170 – *Dankewich/Ukraine*.

11 Die Konventionsstaaten können im Rahmen ihres Ermessensspielraums die **Zugangsvoraussetzungen für den Rechtsbehelf** näher bestimmen, zB Vorschriften über die Form und die Frist erlassen, solange sie das Recht nicht in seinem Wesensgehalt antasten. Die Schwelle für die Zulassung von Beschwerden darf nicht so hoch sein, dass eine wirkliche Prüfung nicht mehr stattfinden kann. Das staatliche Recht kann zB ein Beschwerderecht wegen Verletzung von Art. 9 nicht den einzelnen Mitgliedern einer religiösen Gemeinschaft, sondern nur den Führern geben.[20]

12 Der Rechtsbehelf muss einen genügenden **Prüfungsumfang** eröffnen. Er muss eine Entscheidung in der Sache ermöglichen.[21] Die Beschwerdeinstanz darf wegen eines Ermessensspielraums der Verwaltung nicht völlig von einer Überprüfung in der Sache absehen.[22] Eine Überprüfung von Ermessensentscheidungen nur auf „Vernunftwidrigkeit" genügt ebenfalls nicht.[23]

13 Anders als bei Art. 5 Abs. 4 und Art. 6 Abs. 1 sowie bei Art. 47 Grundrechtecharta ist bei Art. 13 **nicht erforderlich**, dass ein **Gericht** über den Rechtsbehelf entscheidet.[24] Auch die Entscheidung durch eine Behörde oder Kommission kann genügen. Erforderlich ist aber, dass die Behörde **ausreichende Kontroll- und Entscheidungsbefugnisse** hat.[25] Sie muss in einem Verfahren mit **prozessualen Garantien** entscheiden und die Möglichkeit haben, **Abhilfe** zu geben, zB durch Aufhebung der angefochtenen Entscheidung, aber auch durch Leistung von Schadensersatz oder auf sonstige Weise.[26] Die entscheidende Behörde muss insbesondere ausreichend **unabhängig** von der Ausgangsbehörde sein.[27] Eine Beschwerde an eine übergeordnete Behör-

---

20 EGMR 26.10.2000 – 30985/96, Slg 00-XI Rn. 98 f. – *Hasan u. Chaush/Bulgarien*.

21 Auch über die Verhältnismäßigkeit eines Eingriffs: EGMR 26.7.2011 – 41416/08, Rn. 125 f. – *M. ua/Bulgarien*

22 EGMR 26.10.2000 – 30985/96, Slg 00-XI Rn. 100 – *Hasan u. Chaush/Bulgarien*.

23 EGMR 8.7.2003 – 36022/97 (GK), Slg 03-VIII Rn. 141 f. = NVwZ 2004, 1465 (1470) – *Hatton ua/Vereinigtes Königreich (Flughafen Heathrow)*; EGMR 27.9.1999 – 33985/96 und 33986/96, Slg 99-VI Rn. 138 = NJW 2000, 2089 (2097) – *Smith u. Grady/Vereinigtes Königreich*.

24 EGMR 27.1.2015 – 36925/10 ua, Rn. 182 – *Neshkov ua/Bulgarien*; EGMR 26.4.2007 – 25389/05, Slg 07-II Rn. 53 – *Gebremedhin/Frankreich*; EGMR 25.3.1983 – 5947/72 ua, Rn. 113 – *Silver ua/Vereinigtes Königreich*.

25 EGMR 27.1.2015 – 36925/10 ua, Rn. 182 – *Neshkov ua/Bulgarien*; EGMR 26.4.2007 – 25389/05, Slg 07-II Rn. 53 – *Gebremedhin/Frankreich*; EGMR 26.3.1987 – 9248/81, Rn. 77 – *Leander/Schweden*; EGMR 25.3.1983 – 5947/72 ua Rn. 113 und 115 – *Silver ua/Vereinigtes Königreich*.

26 EGMR 25.3.1983 – 5947/72 ua, Rn. 115 – *Silver ua/Vereinigtes Königreich*.

27 EGMR 25.3.1983 – 5947/72 ua, Rn. 116 – *Silver ua/Vereinigtes Königreich*.

de oder an ein Ministerium genügt möglicherweise,[28] eine Beschwerde an einen Ombudsman nicht.[29] Beschwerden an übergeordnete
Stellen der Staatsanwaltschaft genügen nicht.[30] Eine Dienstaufsichts-
beschwerde ist ebenfalls nicht ausreichend, weil man mit ihr die Auf-
sichtsbehörde nicht zum Eingreifen zwingen kann.[31] Der Bf. muss
seine Argumente vortragen können und ausreichend beteiligt sein;
eine mündliche Verhandlung ist nicht notwendig.

IV. Einzelfälle

1. Rechtsbehelfe gegen überlange Gerichtsverfahren

Grundstein für die Rechtsprechung des EGMR zu Rechtsbehelfen   14
wegen überlanger Verfahren war das Urteil im Verfahren **Kudła/
Polen**.[32] Er entwickelte darin die Forderung, dass es einen nationalen
Rechtsbehelf geben müsse, mit dem man sich innerstaatlich gegen
eine zu lange Verfahrensdauer wehren kann. Der Gerichtshof be-
gründete seine – mit einer Rechtsprechungsänderung verbundene
Auffassung – mit den zahlreichen bei ihm anhängigen Fällen, die die
Dauer gerichtlicher Verfahren betrafen, und wies auf den Grundsatz
der Subsidiarität des europäischen Menschenrechtsschutzes hin.[33]
Das Recht auf ein Gerichtsverfahren in angemessener Frist sei weni-
ger wirksam, wenn es keine Möglichkeit gebe, eine diesbezügliche
Beschwerde zunächst einer staatlichen Behörde zu unterbreiten. Der
EGMR betonte, dies bedeute nicht, dass ein solcher Rechtsbehelf im
Wege eines Rechtsmittels gegen die Entscheidung in der Sache selbst
ausgestaltet sein müsse. Der Gerichtshof zeigte Beispiele auf, die
nach seiner Ansicht zeigen, dass es nicht unmöglich ist, einen solchen
Rechtsbehelf vorzusehen, ohne dass damit die Verfahrensdauer noch
weiter verlängert würde.[34] Der Gerichtshof hat deutlich gemacht,

---

28 EGMR 28.6.1984 – 7819/77 und 7878/77 – *Campbell u. Fell/Vereinigtes Kö-
    nigreich.*
29 EGMR 10.5.2001 – 28945/95 (GK), Slg 01-V Rn. 109 – *T.P. und K.M./Verei-
    nigtes Königreich.*
30 EGMR 27.1.2005 – 55057/00, Rn. 41 – *Sidjimov/Bulgarien.*
31 EGMR 8.6.2006 – 75529/01 (GK), Slg 06-VII Rn. 109 = NJW 2006, 2389
    (2392) – *Sürmeli/Deutschland*; EGMR 6.10.2005 – 23032/02, Slg 05-X
    Rn. 61-64 – *Lukenda/Slowenien.*
32 EGMR 26.10.2000 – 30210/96 (GK), Slg 00-XI Rn. 146 ff. = NJW 2001, 2694
    (2699 ff.) – *Kudła/Polen*; dazu: Meyer-Ladewig NJW 2001, 2679.
33 EGMR 26.10.2000 – 30210/96 (GK), Slg 00-XI Rn. 152 = NJW 2001, 2694
    (2699 f.) – *Kudła/Polen.*
34 EGMR 26.10.2000 – 30210/96 (GK), Slg 00-XI Rn. 154 = NJW 2001, 2694
    (2700) – *Kudła/Polen* unter Hinweis auf EGMR 5.10.1999 – 39521/98, Slg 99-
    VII = NJW 2001, 2691 – *Gonzalez Marin/Spanien*; EGMR 2.12.1999 –
    32082/96, Slg 99-IX = NJW 2001, 2692 – *Tomé Mota/Portugal.*

dass es sich dabei um präventive oder kompensatorische Rechtsbehelfe handeln könne.[35]

15   Ein Rechtsbehelf gegen überlange Verfahrensdauer ist dann wirksam iSv Art. 13, wenn er die behauptete Verletzung oder ihre Fortsetzung verhindert oder angemessene Widergutmachung für eine bereits eingetretene Verletzung leistet.[36] Die beste Lösung ist ein **präventiver** Rechtsbehelf, mit dem eine Konventionsverletzung verhindert werden kann.[37] Wenn das Verfahren schon so lange gedauert hat, dass die Konvention bereits verletzt ist, genügt ein solcher Rechtsbehelf nicht mehr. Es muss dann ein **kompensatorischer** Rechtsbehelf gegeben sein, mit dem der Bf. angemessene Wiedergutmachung auch für Nichtvermögensschäden erlangen kann. Als beste Lösung sieht der Gerichtshof eine Kombination aus beiden Möglichkeiten (Beschleunigung und Wiedergutmachung) an.[38] Nach Art. 13 genügt grundsätzlich aber auch ein Rechtsbehelf nur zur Erlangung von Entschädigung.[39] Bei der Ausgestaltung des Rechtsbehelfs haben die Konventionsstaaten einen Spielraum; sie können ihn in ihre Rechtsordnung einpassen und die Rechtstraditionen berücksichtigen. Diese Grundsätze gelten ausdrücklich auch bei Strafverfahren, dh auch für diese muss nicht zwingend ein präventiver Rechtsbehelf vorgesehen sein, wenn ein solcher zur Erlangung von Entschädigung effektiv genug ist.[40]

16   **Wiedergutmachung** kann grundsätzlich durch eine Reduktion oder einen Erlass von Kosten oder Auslagen gewährt werden, die der Bf. ansonsten im streitgegenständlichen Verfahren hätte bezahlen müssen.[41] Dies gilt allerdings dann nicht, wenn der Bf. diese Kosten ohnehin nicht hätte tragen müssen, weil er im zu Grunde liegenden innerstaatlichen Verfahren obsiegt hat.[42]

---

35 EGMR 26.10.2000 – 30210/96 (GK), Slg 00-XI Rn. 159 = NJW 2001, 2694 (2700) – *Kudła/Polen.*
36 EGMR 18.2.2016 – 10722/13, Rn. 85 = NLMR 2016, 70 (71) – *A.K./Liechtenstein (Nr. 2).*
37 EGMR 29.3.2006 – 64897/01 (GK), Rn. 76 – *Ernestina Zullo/Italien.*
38 EGMR 29.3.2006 – 36813/97 (GK), Slg 06-V Rn. 183 ff. = NJW 2007, 1259 (1264 f.) – *Scordino/Italien* (Nr. 1); EGMR 29.3.2006 – 64897/01 (GK), Rn. 76 ff. – *Ernestina Zullo/Italien*; EGMR 8.6.2006 – 75529/01 (GK), Slg 06-VII Rn. 100 = NJW 2006, 2389 (2390) – *Sürmeli/Deutschland.*
39 EGMR 10.3.2015 – 14097/12 ua, Rn. 49 – *Varga* ua/*Ungarn*; EGMR 29.3.2006 – 64897/01 (GK), Rn. 80 – *Ernestina Zullo/Italien.*
40 EGMR 28.10.2014 – 18393/09, Rn. 53 – *Panju/Belgien.*
41 EGMR 18.2.2016 – 10722/13, Rn. 86 = NLMR 2016, 70 (71) – *A.K./Liechtenstein (Nr. 2).*
42 EGMR 18.2.2016 – 10722/13, Rn. 94 ff. = NLMR 2016, 70 (72) – *A.K./Liechtenstein (Nr. 2).*

Kann ein Verfahren deutliche Auswirkungen auf das Familienleben   17
und damit auf **Art. 8** haben, wendet der Gerichtshof allerdings strengere Maßstäbe an. Ausnahmsweise **muss** neben der Möglichkeit der
Wiedergutmachung ein **präventiver** Rechtsbehelf zur Verfügung stehen, wenn ansonsten durch das Verstreichen von zu viel Zeit vollendete Tatsachen geschaffen würden (zB im Umgangsrecht).[43]

Der Rechtsbehelf muss **wirksam, angemessen und zugänglich** sein.   18
Ein präventiver Rechtsbehelf ist wirksam, wenn er geeignet ist, das
Verfahren zu beschleunigen und eine schnellere gerichtliche Entscheidung herbeizuführen. Hat ein Verfahren Auswirkungen auf andere,
ist für die Wirksamkeit eines Rechtsbehelfs von Bedeutung, ob dieser
wesentliche Auswirkungen auf die Dauer des Verfahrens insgesamt
hat.[44] Die Entscheidung über eine Entschädigung muss in **angemessener Zeit** ergehen und vollzogen werden. Der EGMR nimmt an, dass
für die Vollziehung eine Frist von sechs Monaten nicht überschritten
werden darf.[45] Der EGMR prüft auch, ob die Kostenvorschriften für
den Rechtsbehelf angemessen sind. Nicht konventionskonform wäre
es danach, wenn der Staat den Betroffenen wegen der schlechten Organisation der Justiz erst zu einem Rechtsbehelf zwingt und dann auf
der einen Seite eine Entschädigung leistet, auf der anderen Seite diese
durch die Erhebung von Kosten wieder vereitelt.[46]

Der EGMR überlässt es grundsätzlich den staatlichen Gerichten, die   19
Höhe der Entschädigung zu bestimmen. Die Prüfung des EGMR erstreckt sich darauf, ob den Anforderungen von Art. 13 Genüge getan
wurde. Wenn das der Fall ist, kann die Opfereigenschaft entfallen
sein (→ Art. 34 Rn. 30 ff.) mit der Folge, dass die Beschwerde unzulässig ist. Der EGMR prüft dabei nicht, ob den nationalen Gerichten
Fehler bei der Anwendung des innerstaatlichen Rechts unterlaufen
sind, sondern nur, ob das Ergebnis konventionsgerecht ist.[47] Richt-
wert für die Entschädigung sollten die Beträge sein, die der EGMR
üblicherweise als Entschädigung nach Art. 41 zuspricht (→ Art. 41
Rn. 28).[48] Es spricht eine Vermutung dafür, dass bei Verstößen gegen
Art. 6 Abs. 1 wegen der Verfahrensdauer ein Nichtvermögensschaden

---

43 EGMR 15.1.2015 – 62198/11, Rn. 137 = NJW 2015, 1433 (1437) – *Kuppin-
    ger/Deutschland* (mAnm *Steinbeiß-Winkelmann* NJW 2015, 1437; inzwischen
    gibt es in einem weiteren Fall einen weiteren Beschluss des BVerfG NJW 2015, 2561;
    dazu: *Peschel-Gutzeit* ZRP 2015, 170); EGMR 22.4.2010 – 4824/06 u.
    15512/08, Rn. 48 – *Macready/Tschechien*.
44 EGMR 18.1.2005 – 39832/98, Rn. 60 – *Todorov/Bulgarien*.
45 EGMR 29.3.2006 – 64897/01 (GK), Rn. 91 – *Ernestina Zullo/Italien*.
46 EGMR 29.3.2006 – 64897/01 (GK), Rn. 94 – *Ernestina Zullo/Italien*.
47 EGMR 29.3.2006 – 64897/01 (GK), Rn. 83 – *Ernestina Zullo/Italien*.
48 EGMR 18.2.2016 – 10722/13, Rn. 87 = NLMR 2016, 70 (71) – *A.K./Liechten-
    stein (Nr. 2)*.

entstanden ist, der aber im Einzelfall gering sein oder ganz entfallen kann. Grundsätzlich muss ein Ersatz für Nichtvermögensschäden aber möglich sein. Die staatlichen Gerichte müssen ausreichende Gründe für ihre Entscheidung geben. Wesen und Eigenart des Rechtsbehelfs können für die Höhe der Entschädigung eine Rolle spielen. So kann zB die Entschädigung geringer sein, wenn das staatliche Recht Rechtsbehelfe sowohl zur Beschleunigung als auch zur Wiedergutmachung vorsieht, sofern die Entscheidung in Übereinstimmung mit der jeweiligen Rechtstradition steht, schnell ergeht und vollzogen wird sowie ausreichend begründet ist.[49] Es können deshalb auch geringere Entschädigungen als solche, die der Gerichtshof normalerweise nach Art. 41 zuspricht, in Betracht kommen, wenn dies in dem betreffenden Land im Vergleich mit für andere Verletzungen zugesprochenen Entschädigungsbeträgen im Verhältnis steht.[50] Sind diese Bedingungen nicht erfüllt, kann eine höhere Entschädigung notwendig sein.

20 In **Strafverfahren** ist es auch möglich, die lange Verfahrensdauer bei der Strafzumessung zu berücksichtigen.[51] Das war auch in Deutschland der Fall, bevor der BGH im Jahr 2008 seine Rechtsprechung geändert hat.[52] Die Dauer des Verfahrens wird seitdem nicht mehr bei der Strafzumessung, sondern bei der Vollziehung der Strafe kompensiert. Das Gericht verurteilt zu einer schuldangemessenen Strafe und entscheidet in einem zweiten Schritt, welcher Teil der Strafe als Ausgleich für die Dauer des Verfahrens als bereits vollstreckt gilt. Das ermöglicht eine Kompensation auch bei zwingend vorgeschriebenen Strafen, zB bei lebenslanger Freiheitsstrafe. Der EGMR begrüßt diese Lösung.[53] Eine Wiedergutmachung dieser Art scheidet allerdings aus, wenn der Angeklagte freigesprochen oder das Verfahren ohne Schuldspruch eingestellt wird.[54]

21 **a) Rechtsbehelfe gegen unangemessene Verfahrensdauer nach deutschem Recht:** Vor Inkrafttreten des Gesetzes über den Rechtsschutz bei überlangen Gerichtsverfahren und strafrechtlichen Ermittlungsverfahren wurde versucht, den Rechtsschutz gegen überlange Ge-

---

49 EGMR 29.3.2006 – 64897/01 (GK), Rn. 99 – *Ernestina Zullo/Italien*.
50 EGMR 29.3.2006 – 64897/01 (GK), Rn. 82 – *Ernestina Zullo/Italien*.
51 EGMR 26.6.2001 – 26390/95, Rn. 27 – *Beck/Norwegen*.
52 BGH (Großer Strafsenat) NJW 2008, 860; krit. dazu *Ignor/Bertheau* NJW 2008, 2209.
53 EGMR 22.1.2009 – 45749/06, Rn. 86 f. = StV 2009, 561 – *Kaemena u. Thöneböhn/Deutschland*.
54 EGMR 13.11.2008 – 26073/03, Rn. 58 f. – *Ommer/Deutschland* (Nr. 2).

richtsverfahren auf verschiedenen Wegen zu gewährleisten.[55] Nach Auffassung der Großen Kammer des EGMR waren alle diese Rechtsbehelfe nicht wirksam iSv Art. 13.[56] Die **Verfassungsbeschwerde** genügt als Rechtsbehelf den Anforderungen von Art. 13 nicht, da das BVerfG keine Fristen setzen könne. Das Verfahren könne mit der Verfassungsbeschwerde weder beschleunigt werden noch könne eine angemessene Wiedergutmachung erlangt werden.[57] **Dienstaufsichtsbeschwerden** (nach § 26 Abs. 2 DRiG) sind nach ständiger Rechtsprechung des EGMR kein wirksamer Rechtsbehelf, da man mit ihnen die Aufsichtsinstanz nicht zwingen kann einzugreifen.[58] Eine Klage auf **Amtshaftung** nach § 839 BGB, Art. 34 GG stellt keinen wirksamen Rechtsbehelf iSv Art. 13 dar, da mit ihr kein Ersatz für Nichtvermögensschaden erlangt werden kann, den der EGMR nach Art. 41 in solchen Fällen üblicherweise gewährt (→ Art. 41 Rn. 28).[59] Auch eine außerordentliche **Untätigkeitsbeschwerde** entspricht nicht den Anforderungen von Art. 13, da sie kein im Gesetz vorgesehener Rechtsbehelf sei, der zudem nicht von allen Gerichten anerkannt sei.[60]

Der Gerichtshof hatte deshalb im Urteil **Sürmeli** ausdrücklich ermutigt, schnell ein Gesetz mit Vorschriften zu verabschieden, wie sie der Entwurf eines Gesetzes über die Rechtsbehelfe bei Verletzung des Rechts auf ein zügiges gerichtliches Verfahren (Untätigkeitsbeschwerdengesetz) vorsah.[61] Dieses Gesetz ist nicht verabschiedet worden.[62] Daraufhin hat der Gerichtshof im **Piloturteil Rumpf** im Jahr 2010 festgestellt, dass das Fehlen einer speziellen gesetzlichen Regelung zum Rechtsschutz bei überlanger Verfahrensdauer ein strukturelles Problem darstelle. Er hat Deutschland dazu verurteilt, „ohne Verzögerung und spätestens innerhalb eines Jahres" einen Rechtsbehelf ge- | 22

---

55 Vgl. dazu ausführlich die Vorauflage von *Meyer-Ladewig* EMRK, 3. Aufl. 2011, Art. 13 Rn. 33 ff. sowie *Ohrloff*, Der Rechtsschutz bei überlangen Gerichtsverfahren, 2014, S. 31 ff.
56 EGMR 8.6.2006 – 75529/01 (GK), Slg 06-VII Rn. 103-116 = NJW 2006, 2389 (2390 ff.) – *Sürmeli/Deutschland*.
57 EGMR 8.6.2006 – 75529/01 (GK), Slg 06-VII Rn. 103 ff. = NJW 2006, 2389 (2390 f.) – *Sürmeli/Deutschland*.
58 EGMR 8.6.2006 – 75529/01 (GK), Slg 06-VII Rn. 109 = NJW 2006, 2389 (2392) – *Sürmeli/Deutschland*.
59 EGMR 8.6.2006 – 75529/01 (GK), Slg 06-VII Rn. 113 f. = NJW 2006, 2389 (2392) – *Sürmeli/Deutschland*.
60 EGMR 8.6.2006 – 75529/01 (GK), Slg 06-VII Rn. 110 ff. = NJW 2006, 2389 (2392) – *Sürmeli/Deutschland* Nr. 110-112.
61 EGMR 8.6.2006 – 75529/01 (GK), Slg 06-VII Rn. 139 = NJW 2006, 2389 (2394) – *Sürmeli/Deutschland*.
62 Zu den Gründen hierfür: *Steinbeiß-Winkelmann* in Steinbeiß-Winkelmann/Ott, Rechtsschutz bei überlangen Gerichtsverfahren, 2013, Einführung Rn. 187 f.

gen überlange Verfahren einzuführen.[63] Am 3.12.2011 ist schließlich das **Gesetz über den Rechtsschutz bei überlangen Gerichtsverfahren und strafrechtlichen Ermittlungsverfahren** in Kraft getreten.[64] Es kombiniert für alle Gerichtszweige einen präventiven Rechtsbehelf (Verzögerungsrüge) mit einem verschuldensunabhängigen Anspruch auf Entschädigung für materielle und immaterielle Schäden, der auch für Verfahren vor dem BVerfG gilt.[65] Die richterrechtlich entwickelte außerordentliche Untätigkeitsbeschwerde ist damit obsolet,[66] weitergehende Ansprüche aus Amtshaftung (zB für entgangenen Gewinn) sollen indes durch die neue Regelung nicht ausgeschlossen werden.[67] Was die Verfassungsbeschwerde angeht, wird erwartet, dass der Beschwerdeführer Verzögerungsrüge eingelegt hat, um alle Rechtsmittel ausgeschöpft zu haben.[68] Ob auch eine Entschädigungsklage angestrengt worden sein muss bzw. deren Ausgang abgewartet werden muss, ist unter dem Gesichtspunkt der Subsidiarität der Verfassungsbeschwerde strittig, wobei das BVerfG dies inzwischen bejaht.[69]

23   Zu der Frage, ob das Gesetz auch in der Praxis wirksam ist, gewährt der EGMR einen gewissen Vertrauensbonus, sofern die Regelung auf den ersten Blick die konventionsrechtlichen Anforderungen an einen

---

63 EGMR 2.9.2010 – 46344/06, Rn. 73 = NJW 2010, 3355 (3358) – *Rumpf/ Deutschland*; auch in der Folgezeit wurde Deutschland weiter wegen Verletzung von Art. 13 verurteilt: EGMR 20.1.2011 – 21980/06 ua, Rn. 92 = FamRZ 2011, 533 – *Kuhlen-Rafsandjani/Deutschland* (Sorgerecht); EGMR 3.3.2011 – 39641/08, Rn. 36 – *Jahnke/Deutschland* (Strafverfahren); EGMR 21.4.2011 – 41599/09, Rn. 55 ff. = FamRZ 2011, 1283 – *Kuppinger/Deutschland* (Umgangsrecht); EGMR 21.7.2011 – 21965/09, Rn. 37 ff. = FamRZ 2011, 1557 – *Bellut/Deutschland* (Scheidungsverfahren); EGMR 29.9.2011 u. 13.10.2011 – 37111/04, 3810/06 ua – *Mianowicz/Deutschland* (Arbeits- und Verwaltungsgerichtsbarkeit).

64 BGBl. 2011 I 2302; Gesetzesbegründung v. 17.11.2010: BT-Drs. 17/3802; Erfahrungsbericht der Bundesregierung vom 17.10.2014: BT-Drs. 18/2950; zur Entstehungsgeschichte des Gesetzes ausführlich: *Steinbeiß-Winkelmann* in Steinbeiß-Winkelmann/Ott, Rechtsschutz bei überlangen Gerichtsverfahren, 2013, Einführung Rn. 213 ff.; zum Gesetz insgesamt ua: *Ohrloff*, Der Rechtsschutz bei überlangen Gerichtsverfahren, 2014, S. 67 ff.; *Reiter* NJW 2015, 2554; *v. Stein/ Brand* NZA 2014, 113; *Guckelberger* DÖV 2012, 289.

65 §§ 198-201 GVG, §§ 97 a ff. BVerfGG.

66 BT-Drs. 17/3802, 16 (Nr. 6); BGH NJW 2013, 385; krit.: *Peschel-Gutzeit* ZRP 2015, 170 (171) mwN.

67 BT-Drs. 17/3802, 16 (Nr. 6).

68 BVerfG BayVBl 2012, 314.

69 BVerfG 16.10.2014 – 2 BvR 437/12 – juris Rn. 15 (mwN auf Fälle, die allerdings unter unterschiedliche Regelungen der Überleitungsvorschrift des Art. 23 des Gesetzes fielen); noch offengelassen: BVerfG 6.6.2013 – 2 BvQ 26/11 – juris Rn. 4; vgl. *Steinbeiß-Winkelmann* in Steinbeiß-Winkelmann/Ott, Rechtsschutz bei überlangen Gerichtsverfahren, 2013, Einführung Rn. 379 ff.; *Althammer/ Schäuble* NJW 2012, 1 (5); *Schenke* NVwZ 2012, 257 (258); *Huerkamp/Wielpütz* JZ 2011, 139 (142).

wirksamen Rechtsbehelf erfüllt.[70] Der EGMR hat deshalb nach Inkrafttreten des Verzögerungsrügengesetzes Individualbeschwerden als unzulässig abgewiesen, wenn nicht zuvor ein Entschädigungsprozess durchlaufen worden ist.[71] Der EGMR behält sich dabei ausdrücklich eine Prüfung in der Zukunft vor, ob die deutschen Gerichte in der Lage sind, eine beständige und den Anforderungen der Konvention entsprechende Rechtsprechung zu entwickeln, wobei die Beweislast für die Wirksamkeit der Verzögerungsrüge in der Praxis bei der Regierung liege.[72] Der EGMR hat auch die Regelungen der §§ 97 a ff. BVerfGG als im Grundsatz effektiv beurteilt.[73] Dass das BVerfG im konkreten Fall keine Entschädigung zugesprochen hatte, macht die Beschwerde grundsätzlich nicht ineffektiv.[74] Inzwischen liegen einige Entscheidungen deutscher Gerichte nach dem Verzögerungsrügengesetz vor, die den Schluss nahelegen, dass sich der Rechtsbehelf als effektiv iSv Art. 13 herausgestellt hat.[75] Auf der Liste des Ministerkomitees des Europarats, das die Umsetzung des Rumpf-Urteils überwacht, steht Deutschland jedenfalls seit Anfang Dezember 2013 nicht mehr.

b) Regelungen in anderen Konventionsstaaten: Auch in anderen   24
Konventionsstaaten gibt es ausdrückliche gesetzliche Regelungen.
Deren Ausgestaltung zeigt eine Bandbreite von verschiedenen Modellen, vom rein präventiven Rechtsbehelf bis hin zu Entschädigungsregelungen und Kombinationen beider Varianten.[76]

Österreich hat in § 91 des Gerichtsorganisationsgesetzes eine beson-   25
dere Regelung getroffen. Danach kann eine Partei bei dem übergeordneten Gericht beantragen, eine angemessene Frist für den in Frage

---

70 EGMR 29.5.2012 – 53126/07, Rn. 39 f. = NVwZ 2013, 47 (48) – *Taron/ Deutschland*.
71 U.a. EGMR 29.5.2012 – 53126/07, Rn. 48 = NVwZ 2013, 47 (49) – *Taron/ Deutschland*; EGMR 29.5.2012 – 19488/09 – *Garcia Cancio/Deutschland*; EGMR 10.7.2012 – 23056/07 – *Mianowicz/Deutschland*; EGMR 22.1.2013 – 51314/10, Rn. 17 – *Havermann/Deutschland* (Art. 6); EGMR 22.1.2013 – 33071/10 – *Kurth/Deutschland*.
72 EGMR 29.5.2012 – 53126/07, Rn. 45 = NVwZ 2013, 47 (49) – *Taron/ Deutschland*.
73 EGMR 4.9.2014 – 68919/10 Rn. 54 ff. = NJW 2015, 3359 (3361) – *Peter/ Deutschland*.
74 EGMR 4.9.2014 – 68919/10 Rn. 57 = NJW 2015, 3359 (3361) – *Peter/ Deutschland*.
75 Vgl. *Steinbeiß-Winkelmann/Sporrer* NJW 2014, 177; BVerfG 8.12.2015 – 1 BvR 99/11 – Vz 1/15 –, www.bverfg.de; BVerfG NJW 2015, 3361.
76 Vgl. *Luczak*, Wirksame Beschwerdemöglichkeiten im Sinne der Art. 6 I, 13 EMRK im Auftrag des BMJ vom 30.4.2006), veröffentlicht in der Anlage zur BT-Drs. 16/7655; zu Italien, Polen, Frankreich und Österreich: *Hess*, in FS Rechberger, 2005, S. 211 (215 ff.); zu Frankreich, Spanien und Italien: *Ohrloff*, Der Rechtsschutz bei überlangen Gerichtsverfahren, 2014, S. 136 ff.

kommenden verfahrensrechtlichen Schritt zu setzen, wenn das zuständige Gericht das Verfahren verzögert, zB die Anberaumung eines Termins, die Einholung eines Sachverständigengutachtens oder die Vorbereitung einer Entscheidung. Über den Antrag entscheidet mit Vorrang eine Kammer des übergeordneten Gerichts, die mit drei Berufsrichtern besetzt ist. Die Entscheidung ist nicht anfechtbar. Der EGMR hat wiederholt entschieden, dass er diesen Rechtsbehelf als einen solchen ansieht, der nach Art. 35 erschöpft sein muss.[77] Für Verwaltungsverfahren ist in Art. 132 Bundesverfassungsgesetz (iVm § 73 Allgemeines Verwaltungsverfahrensgesetz) eine Beschwerde vorgesehen für den Fall, dass Verwaltungsbehörden pflichtwidrig nicht entscheiden. Nach Art. 130 der Verfassung entscheidet der Verfassungsgerichtshof. Auch diese Beschwerde muss nach Art. 35 Abs. 1 erschöpft sein.[78] Sie stellt grundsätzlich einen effektiven Rechtsbehelf dar; wegen Mängel in der praktischen Anwendung kann dennoch der Rechtsweg zum EGMR eröffnet sein.[79]

26 **Das portugiesische Recht** kennt einen Rechtsbehelf zur Beschleunigung von Strafverfahren in Art. 108 und 109 portugiesische StPO, der ausschließlich geschaffen wurde, um den Anforderungen der Konvention an zügige Verfahren gerecht zu werden. Dort sind für einzelne Verfahrensschritte gesetzliche Fristen vorgesehen. Wenn sie überschritten sind, können insbesondere die Staatsanwaltschaft und der Beschuldigte eine Beschleunigung des Verfahrens beantragen. Über einen solchen Antrag entscheidet im Ermittlungsverfahren der Generalstaatsanwalt, im gerichtlichen Verfahren ein oberer Richterrat. Auf den Antrag können insbesondere eine Untersuchung angeordnet oder Maßnahmen des Disziplinarrechts, des Verfahrens, der Organisation oder Rationalisierung der erforderlichen Methoden vorgeschlagen oder beschlossen werden. Außerdem gibt es auf der Grundlage von Art. 22 der portugiesischen Verfassung einen Schadensersatzanspruch für ungesetzliches staatliches Handeln, der nach ständiger Rechtsprechung auch für Fälle überlanger Verfahrensdauer gilt. Der EGMR sieht sowohl in der Entschädigungsrechtsprechung für das Zivilverfahren[80] als auch in der Beschwerdemöglichkeit im Rahmen eines Strafverfahrens[81] effektive Rechtsbehelfe.

---

77 Z.B. EGMR 30.1.2001 – 23459/94, Slg 01-I Rn. 25 – *Holzinger/Österreich.*
78 Vgl. EGMR 30.1.2001 – 30160/96, Rn. 33 – *Pallanich/Österreich.*
79 EGMR 24.2.2005 – 14206/02, Rn. 49 = ÖJZ 2006, 172 – *Kern/Österreich.*
80 EGMR 22.5.2003 – 58698/00, Slg 03-VIII – *Paulino Tomas/Portugal* (in HUDOC unter dem Datum der mündlichen Verhandlung – 27.3.2003 – veröffentlicht).
81 EGMR 2.12.1999 – 32082/96, Slg 99-IX = NJW 2001, 2692 – *Tomé Mota/Portugal.*

In **Italien** kann nach dem Gesetz **Pinto**[82] bei unangemessen langer 27
Verfahrensdauer Schadensersatz verlangt werden. Der Gerichtshof
hat das Gesetz zwar grundsätzlich als wirksamen Rechtsbehelf anerkannt, stellt jedoch Mängel in der Anwendung fest, die wiederum zu
einer Verletzung von Art. 13 führen.[83]

2. Verletzungen von Art. 2 und 3 EMRK

Bei Rechten grundlegender Bedeutung wie Art. 2 und 3, insbesondere 28
im Falle des Todes einer Person durch Gewaltanwendung, verlangt
Art. 13 einen **Rechtsbehelf auf Zahlung von Schadensersatz.**[84] Auch
Ersatz für immaterielle Schäden sollte grundsätzlich geltend gemacht
werden können.[85] Dies hängt jedoch von den Umständen des Einzelfalles ab.[86] Trägt der Staat (Mit-)Verantwortung für einen Suizid-
Tod, kommt ebenfalls grundsätzlich immaterieller Schadensersatz in
Frage.[87] Wenn Angehörige einen Zivilprozess anstrengen und sich
mit der Zahlung einer Entschädigung einverstanden erklären, können sie nicht mehr als Opfer iSv Art. 34 angesehen werden.[88]

Bei Verletzung von Art. 2 oder 3 begründen nicht nur diese beiden 29
Vorschriften selbst Ermittlungspflichten (→ Art. 2 Rn. 21 ff.; Art. 3
Rn. 14). Auch Art. 13 verlangt **gründliche und wirksame Ermittlungen,** die dazu geeignet sind, die für Folter oder Misshandlungen verantwortlichen Hoheitsträger zu identifizieren und zu bestrafen;
der Bf. muss an dem Ermittlungsverfahren wirksam beteiligt werden.[89] Sobald jemand behauptet, durch öffentliche Stellen gefoltert

---

82 Gesetz Nr. 89 vom 24.3.2001.
83 EGMR 29.3.2006 – 36813/97 (GK), Slg 06-V = NJW 2007, 1259 – *Scordino/
   Italien* (Nr. 1).
84 EGMR 29.4.2003 – 50390/99, Slg 03-V Rn. 66 – *McGlinchey ua/Vereinigtes
   Königreich.*
85 EGMR 12.6.2012 – 22999/06, Slg 12-III Rn. 46 – *Poghosyan u. Baghdasaryan/
   Armenien*; EGMR 29.4.2003 – 50390/99, Slg 03-V Rn. 66 – *McGlinchey* ua/
   Vereinigtes Königreich; EGMR 10.5.2001 – 29392/95, Slg 01-V Rn. 109 – *Z* ua/
   Zypern; EGMR 3.4.2001 – 27229/95, Slg 01-III Rn. 130 – *Keenan/Vereinigtes
   Königreich.*
86 EGMR 7.7.2009 – 58447/00, Rn. 40 – *Zavoloka/Lettland* (Tod einer Tochter).
87 EGMR 13.3.2012 – 2694/08, Rn. 60 – *Reynolds/Vereinigtes Königreich.*
88 EGMR 17.10.2000 – 41894/98, Slg 00-XI – *Hay/Vereinigtes Königreich.*
89 EGMR 17.7.2014 – 47848/08 (GK), Rn. 149 = NJW 2015, 2635 – *CLR/Rumä-
   nien*; EGMR 24.7.2014 – 28761/11, Slg 14-... Rn. 547 mwN = NVwZ 2015, 955 – *Al
   Nashiri/Polen* (geheime CIA-Gefängnisse); EGMR 13.12.2012 – 39630/09
   (GK), Slg 12-VI Rn. 255 mwN = NVwZ 2013, 631 – *El-Masri/Mazedonien*;
   EGMR 8.11.2005 – 34056/02, Slg 05-XI Rn. 191 = NJW 2007, 895 (899) –
   Gongadze/Ukraine; EGMR 10.5.2001 – 29392/95, Slg 01-V Rn. 109 – *Z* ua/
   Zypern; EGMR 3.4.2001 – 27229/95, Slg 01-III Rn. 123 – *Keenan/Vereinigtes
   Königreich*; EGMR 27.6.2000 – 21986/93 (GK), Slg 00-VII Rn. 121 = NJW
   2001, 2001 (2005) – *Salman/Türkei.*

oder unmenschlich behandelt worden zu sein, muss dieser Beschwerde sofort nachgegangen werden.[90] Auch ohne entsprechende Beschwerde des Betroffenen müssen bei Vorliegen genügender Anhaltspunkte für eine gegen Art. 3 verstoßende Behandlung Ermittlungen eingeleitet werden, da Betroffene in diesen Situationen oft nicht in der Lage sind, selbst eine Beschwerde vorzubringen.[91] Vor allem bei Folter in Gefängnissen müssen die Ermittlungsbehörden auf die extrem schwierige Lage des Betroffenen Rücksicht nehmen und alle Beweismöglichkeiten ausschöpfen.[92] Die Ermittler müssen unabhängig von den beschuldigten staatlichen Stellen sein, und zwar nicht nur institutionell, sondern auch in der Praxis.[93] Die Ermittlungen müssen zügig geführt werden.[94] Bei Todesfällen in Gefängnissen gelten besonders strenge ex-officio-Ermittlungspflichten zur Klärung der Umstände des Todes und zur Klärung der Frage, ob ein Suizid hätte verhindert werden können.[95] Geht es um die behauptete Verletzung der Schutzpflicht des Staates bei einem Handeln oder Unterlassen von **Privatpersonen**, verlangt Art. 13 nicht in jedem Fall staatliche Ermittlungen. Der Betroffene muss jedoch die Möglichkeit haben, durch ein Verfahren eine etwaige Pflichtverletzung des Staates feststellen zu lassen.[96]

30   Bei **schlechten Gefängnisbedingungen** muss es einen Rechtsbehelf geben, mit dem Betroffene erreichen können, dass die Verletzung von Art. 3 abgestellt wird. Hat der Betroffene die Einrichtung bereits verlassen, muss er Entschädigung verlangen können.[97] Der Gerichtshof sieht die Existenz beider Rechtsbehelfe – präventive und kompensatorische – als unabdingbar an.[98] Entscheidet eine Behörde über einen präventiven Rechtsbehelf, muss diese unabhängig von derjenigen sein, die den Strafvollzug ausführt, sie muss die effektive Beteiligung des Betroffenen sicherstellen, sie muss die Beschwerde zügig und gewissenhaft behandeln, sie muss über Mittel verfügen, um das zugrun-

---

90   EGMR 3.6.2004 – 33097/96 u. 57834/00, Slg 04-IV Rn. 136 – *Bati* ua/*Türkei*.
91   EGMR 3.6.2004 – 33097/96 u. 57834/00, Slg 04-IV Rn. 133 – *Bati* ua/*Türkei*.
92   EGMR 3.6.2004 – 33097/96 u. 57834/00, Slg 04-IV Rn. 134 – *Bati* ua/*Türkei*.
93   EGMR 17.7.2014 – 47848/08 (GK), Rn. 149 = NJW 2015, 2635 – *CLR/Rumänien*; EGMR 14.2.2012 – 9296/06, Rn. 107 – *Shumkova/Russland*; EGMR 3.6.2004 – 33097/96 u. 57834/00, Slg 04-IV Rn. 135 – *Bati* ua/*Türkei*.
94   EGMR 3.6.2004 – 33097/96 u. 57834/00, Slg 04-IV Rn. 136 – *Bati* ua/*Türkei*.
95   EGMR 14.2.2012 – 9296/06, Rn. 109 f. – *Shumkova/Russland* mwN.
96   EGMR 28.1.2014 – 35810/09 (GK), Rn. 177 = NVwZ 2014, 1641, 1646 – *O'Keeffe/Irland*; EGMR 10.5.2001 – 29392/95, Slg 01-V Rn. 109 – *Z* ua/*Zypern*.
97   EGMR 10.1.2012 – 42525/07, Rn. 97 f. = NVwZ-RR 2013, 284 (287) – *Ananyev/Russland* (Piloturteil).
98   EGMR 10.3.2015 – 14097/12 ua, Rn. 48 f. – *Varga* ua/*Ungarn* mwN; EGMR 27.1.2015 – 36925/10 ua, Rn. 181 – *Neshkov* ua/*Bulgarien*.

de liegende Problem auszumerzen, und sie muss bindende und durchsetzbare Entscheidungen treffen können. Abhilfe muss in angemessen kurzer Zeit geschaffen werden können.[99] Nicht effektiv ist ein Rechtsmittel, wenn sich der Betroffene über die Bedingungen in einer Arrestzelle beschwert und erst nach Ende des Arrestes über die Beschwerde entschieden wird.[100] Rechtsbehelfe zur Entschädigung dürfen dem Betroffenen keine übermäßige Beweislast aufbürden. Prozedurale Regeln bei der Prüfung der Beschwerde müssen fair sein (Art. 6 Abs. 1). Es darf nicht darauf ankommen, dass der Betroffene spezielle Personen nennt, die für seine unmenschliche Behandlung verantwortlich sind, da dies meist das Ergebnis eines Systemversagens ist.[101] Legt ein Insasse einen Rechtsbehelf ein, um sich gegen schlechte Gefängnisbedingungen zu wehren, darf dies keine negativen Konsequenzen für ihn haben.[102]

Entschädigung muss auch erlangt werden können für unmenschliche oder erniedrigende Behandlungen in anderen Einrichtungen, zB **Pflegeheimen** für Menschen mit geistigen Behinderungen.[103]   31

3. Beschwerden im Asyl- und Ausländerrecht und bei Auslieferung

Wenn sich ein Bf. gegen seine Nichtanerkennung als Asylberechtigter   32
und seine Abschiebung beschwert und vertretbar geltend macht, dass die Abschiebung ihn dem Risiko einer gegen Art. 3 verstoßenden Behandlung aussetzen würde (→ Art. 3 Rn. 64 ff.), muss das innerstaatliche Recht des abschiebenden Staates einen wirksamen Rechtsbehelf iSv Art. 13 vorsehen.[104] Der EGMR prüft, ob es wirksame Garantien gibt, die den Bf. gegen ein willkürliches direktes oder indirektes Verbringen in das Land, aus dem er geflohen ist, schützen.[105] Die Beschwerde muss eine unabhängige, umfassende und strenge Prüfung des Vorbringens über das Risiko einer Art. 3 zuwiderlaufenden Be-

---

99 EGMR 27.1.2015 – 36925/10 ua, Rn. 183 – *Neshkov* ua/*Bulgarien*.
100 EGMR 20.1.2011 – 19606/08, Rn. 131 ff. – *Payet/Frankreich*.
101 EGMR 27.1.2015 – 36925/10 ua, Rn. 184 – *Neshkov* ua/*Bulgarien*.
102 EGMR 27.1.2015 – 36925/10 ua, Rn. 191 – *Neshkov* ua/*Bulgarien*.
103 EGMR 17.1.2012 – 36760/06 (GK), Slg 12-I Rn. 219 – *Stanev/Bulgarien*.
104 EGMR 2.10.2012 – 33210/11, Rn. 78 ff. – *Singh* ua/*Belgien*; EGMR 11.7.2000 – 43258/98, Slg 00-VIII Rn. 36 – *G.H.H.* ua/*Türkei*.
105 EGMR 23.7.2013 – 41872/10, Slg 13-IV Rn. 133 – *M.A./Zypern*; EGMR 21.1.2011 – 30696/09 (GK), Slg 11-I Rn. 286 = NVwZ 2011, 413 (416) – *M.S.S./Griechenland u. Belgien*; EGMR 7.3.2000 – 43844/98, Slg 00-III = NVwZ 2001, 301 – *T. I./Vereinigtes Königreich*; EGMR 26. 4. 2005 – 53566/99, Rn. 72 – *Müslim/Türkei*.

handlung eröffnen.[106] Allzu strenge Beweislastregeln können die Wirksamkeit der Beschwerde in Frage stellen.[107] Zuweilen betont der Gerichtshof auch, dass die Wirksamkeit des Rechtsbehelfs eine besondere Beschleunigung verlangt.[108] Diese darf jedoch nicht zulasten von wesentlichen prozeduralen Garantien oder der Effektivität des Rechtsschutzes gehen.[109] Auch eine Vielzahl von Asylbewerbern darf nicht dazu führen, dass nationale Rechtssysteme versagen und Rechtsschutz unangemessen lange dauert.[110] Der Rechtsbehelf muss **aufschiebende Wirkung** haben (→ Art. 3 Rn. 79).[111] Dies gilt auch unter dem Dublin-Regime und auch bei Verweigerung der Einreise oder Zurückweisung an der Grenze,[112] nicht jedoch, wenn der Bf. geltend macht, seine Ausweisung würde Art. 8 verletzen.[113] Diese Grundsätze gelten auch bei einer Zurückschiebung.[114] Betroffene müssen ausreichend informiert werden über die ihnen zur Verfügung stehenden Rechtsmittel und Wege, ihre Beschwerden substantiieren zu können.[115] Zur Effektivität gehört auch, dass ein angerufenes Gericht in der Lage sein muss, das Vorbringen des Bf. zu prüfen. Ver-

---

106 EGMR 21.1.2011 – 30696/09 (GK), Slg 11-I Rn. 293 = NVwZ 2011, 413 (416) – *M.S.S./Griechenland u. Belgien*; EGMR 2.12.2008 – 32733/08 = NVwZ 2009, 965 (966) – *K.R.S./Vereinigtes Königreich*.
107 EGMR 26.7.2011 – 41416/08 Rn. 127 – *M. ua/Bulgarien*.
108 EGMR 21.1.2011 – 30696/09 (GK), Slg 11-I Rn. 293 = NVwZ 2011, 413 (416) – *M.S.S./Griechenland u. Belgien* unter Verweis auf EGMR 3.6.2004 – 33097/96 u. 57834/00, Slg 04-IV Rn. 136 – *Bati ua/Türkei*.
109 EGMR 13.12.2012 – 22689/07 (GK), Slg 12-VI Rn. 95 – *De Souza Ribeiro/ Frankreich*; EGMR 2.2.2012 – 9152/09, Rn. 136 ff. – *I.M./Frankreich*.
110 EGMR 22.4.2014 – 6528/11, Rn. 104 – *A.C. ua/Spanien*.
111 EGMR 5.7.2016 – 29094/09, Rn. 67 ff. – *A.M./Niederlande* zur Frage, ob dies auch für eine zweite Instanz gilt; EGMR 27.2.2014 – 70055/10, Rn. 94 ff. – *S.J./Belgien* (nach Verweisung an die GK am 19.3.2015 striking out-Urteil); EGMR 23.7.2013 – 41872/10, Slg 13-IV, Rn. 133 – *M.A./Zypern*; EGMR 23.2.2012 – 27765/09 (GK), Slg 12-II Rn. 199 = NVwZ 2012, 809 (816 f.) – *Hirsi Jamaa ua/Italien*; EGMR 26.7.2011 – 41416/08, Rn. 128 ff. – *M. ua/ Bulgarien* (auch wenn die nationale Sicherheit als Grund für die Abschiebung genannt wird); EGMR 21.1.2011 – 30696/09 (GK), Slg 11-I Rn. 293 = NVwZ 2011, 413 (416) – *M.S.S./Griechenland u. Belgien*; EGMR 26.4.2007 – 25389/05, Slg 07-II Rn. 58 – *Gebremedhin/Frankreich*; EGMR 5.2.2002 – 51564/99, Slg 02-I Rn. 79 – *Čonka/Belgien*; § 34 a Abs. 2 AsylVfG aF war konventionsrechtlich äußerst bedenklich und wurde deshalb im Jahr 2013 geändert.
112 EGMR 2.12.2008 – 32733/08 = NVwZ 2009, 965 – *K.R.S./Vereinigtes Königreich*; EGMR 26.4.2007 – 25389/05, Slg 07-II Rn. 66 – *Gebremedhin/Frankreich*.
113 EGMR 13.12.12 – 22689/07 (GK), Slg 12-VI Rn. 83 – *De Souza Ribeiro/ Frankreich*.
114 EGMR 23.2.2012 – 27765/09 (GK), Slg 12-II Rn. 205 = NVwZ 2012, 809 (816 f.) – *Hirsi Jamaa ua/Italien*.
115 EGMR 23.2.2012 – 27765/09 (GK), Slg 12-II Rn. 204 = NVwZ 2012, 809 (816 f.) – *Hirsi Jamaa ua/Italien*; zum Erfordernis, Informationen in einer dem Betroffenen (in diesem Fall einem Minderjährigen) verständlichen Sprache bereitzustellen: EGMR 5.4.2011 – 8687/08 – *Rahimi/Griechenland*.

geht nur eine Stunde zwischen Anrufung des Gerichts und Ausweisung, sind die Anforderungen von Art. 13 nicht erfüllt.[116] Auch wenn zum Zeitpunkt der Entscheidung des EGMR keine Gefahr einer Abschiebung mehr besteht, verliert der Bf. nicht notwendigerweise seinen Opferstatus im Hinblick auf eine Verletzung von Art. 13.[117]

Auch bei einer **Auslieferung** gewährleistet Art. 13 eine unabhängige   33
und gründliche Überprüfung der Behauptung, dass das Risiko einer Art. 3 zuwider laufenden Behandlung droht. Der Rechtsbehelf muss aufschiebende Wirkung haben.[118] Es ist deshalb von Bedeutung, wie schnell die Auslieferung vollzogen wird. Die Behörden müssen darauf achten, dass ein Rechtsbehelf noch möglich ist. Es verstößt aus diesem Grund gegen Art. 13, wenn der Betroffene von seiner Auslieferung erst kurz vor dem Verbringen zum Flughafen erfährt.[119]

4. Fehlende Umsetzung endgültiger Entscheidungen

Werden endgültige Entscheidungen innerstaatlicher Stellen nicht voll-   34
zogen (zB Zuerkennung von Entschädigung für den Verlust von Eigentum), sieht der Gerichtshof Mittel, mit denen ein fristgerechter Vollzug sichergestellt werden kann, zur Verhinderung einer Konventionsverletzung zwar als wertvoll an. Betroffene sollten aber nicht grundsätzlich gezwungen sein, eigens Verfahren zur Durchsetzung anstrengen zu müssen.[120] Es liegt in der Verantwortung des Staates, den Vollzug solcher Entscheidungen sicherzustellen. Auch bei einer hohen Zahl von abzuwickelnden Fällen muss der Staat für einen **Vollzug in angemessener Frist** sorgen.[121]

5. Sonstige Fälle

Eine **Ermittlungspflicht** hat der EGMR auch angenommen, wenn   35
vertretbar (arguable) behauptet wird, eine Person sei **aus dem Gewahrsam eines Staates verschwunden**.[122] Dasselbe gilt, wenn vertret-

---

116 EGMR 13.12.2012 – 22689/07 (GK), Slg 12-VI Rn. 94 – *De Souza Ribeiro/ Frankreich*.
117 EGMR 23.7.2013 – 41872/10, Slg 13-IV Rn. 118 – *M.A./Zypern*.
118 EGMR 5.7.2016 – 29094/09, Rn. 66 – *A.M./Niederlande*.
119 EGMR 12.4.2005 – 36378/02, Slg 05-III Rn. 460 – *Shamayev* ua/*Georgien u. Russland*.
120 EGMR 31.7.2012 – 604/07 ua, Rn. 71 – *Manushaqe Puto* ua/*Albanien*.
121 EGMR 31.7.2012 – 604/07 ua, Rn. 81 – *Manushaqe Puto* ua/*Albanien*.
122 EGMR 13.12.2012 – 39630/09 (GK), Slg 12-VI Rn. 258 = NVwZ 2013, 631 (637) – *El-Masri/Mazedonien*; EGMR 14.11.2000 – 24396/94, Rn. 91 – *Tas/ Türkei*.

bar geltend gemacht wird, **das Haus, die Wohnung oder das Eigentum** sei **durch Vertreter des Staates zerstört** worden.[123] Im Konflikt um Berg-Karabach hat der Gerichtshof festgestellt, dass Armenien Art. 13 verletzt hat, da aserbaidschanische Staatsangehörige keine Möglichkeit gehabt hätten, wirksame Beschwerden gegen den Verlust von Häusern und Eigentum einzulegen.[124]

36 Resultieren Konventionsverletzungen aus der **Umsetzung von völkerrechtlichen Bindungen,** zB Resolutionen des UN-Sicherheitsrates, können sich staatliche Stellen nicht darauf zurückziehen, sie seien bei der Umsetzung im Einzelfall an der materiellen Prüfung einer Konventionsverletzung gehindert. Es muss auf nationaler Ebene einen Mechanismus geben, mit dem die in Folge der Resolution ergriffenen Maßnahmen auf Konventionsverletzungen geprüft werden können.[125]

37 Anerkannt hat der EGMR, dass das Recht auf wirksame Beschwerde eingeschränkt sein kann bei geheim durchgeführten Maßnahmen wie zB einer **Telefonüberwachung.**[126] Die Beschwerdemöglichkeit muss aber so wirksam wie möglich sein.[127] Es genügt nicht, wenn mit einer Beschwerde zwar die strafrechtliche Verantwortlichkeit der handelnden staatlichen Akteure überprüft werden kann, nicht jedoch, ob die gesetzlichen Voraussetzungen für die Maßnahme vorlagen.[128]

38 Bei einer möglichen Verletzung der **Vorlagepflicht** an den **EuGH** (Art. 267 Abs. 3 AEUV) hält der EGMR bislang Art. 13 nicht für einschlägig, sondern prüft allein Art. 6 Abs. 1.[129]

39 In einem obiter dictum hat der Gerichtshof angedeutet, dass unter staatshaftungsrechtlichem Gesichtspunkt die **begrenzte Haftung von Richtern für judikatives Unrecht** ein Problem im Hinblick auf Art. 13

---

123 EGMR 30.1.2001 – 25801/94, Rn. 66 – *Dulas/Türkei;* EGMR 16.11.2000 – 23819/94, Rn. 114 – *Bilgin/Türkei;* EGMR 28.11.1997 – 23186/94 (GK), Slg 97-VIII Rn. 89 – *Mentes* ua/*Türkei.*

124 EGMR 16.6.2015 – 13216/05 (GK), Rn. 215 – *Chiragov* ua/*Armenien;* EGMR 16.6.2015 – 40167/06, Rn. 274 – *Sargsyan/Armenien.*

125 EGMR 12.9.2012 – 10593/08 (GK), Slg 12-V Rn. 210 ff. – *Nada/Schweiz.*

126 EGMR 31.7.2012 – 36662/04, Rn. 67 – *Drakšas/Litauen.*

127 EGMR 27.11.2012 – 7222/05, Rn. 63 – *Savovi/Bulgarien.*

128 EGMR 27.11.2012 – 7222/05, Rn. 64 – *Savovi/Bulgarien.*

129 EGMR 8.4.2014 – 17120/09 = NVwZ-RR 2015, 546 – *Dhabi/Italien;* EGMR 4.9.2012 – 30123/10 – *Ferreira Santos Pardal/Portugal;* EGMR 10.4.2012 – 4832/04, Rn. 99 – *Vergauwen/Belgien;* EGMR 20.9.2011 – 3989/07 u. 38353/07, Rn. 52 = NJOZ 2012, 2149 (2150) – *Ullens de Schooten u. Rezabek/Belgien;* dazu krit. *Schilling* EuGRZ 2014, 596.

darstellen kann, wenn es eine vertretbare Behauptung einer Konventionsverletzung gibt.[130]

V. Verhältnis zu anderen Artikeln

Bei **Verletzung der Ermittlungspflicht** geht Art. 13 den allgemeinen Verpflichtungen aus Art. 6 vor; letzterer wird nicht gesondert geprüft.[131] Geht es um das Verschwindenlassen von Personen, die sich in staatlichem Gewahrsam befinden, nimmt der Gerichtshof an, dass aus Art. 13 weitergehende Ermittlungspflichten resultieren als aus den Verpflichtungen eines Mitgliedstaates aus Art. 3 und 5.[132] Zu **Art. 2** → vgl. dort Rn. 50 ff., zu **Art. 3** → vgl. dort Rn. 85.   40

Hinsichtlich des **Zugangs zu einem Gericht** geben Art. 5 Abs. 4 und Art. 6 Abs. 1 weitergehende Garantien als Art. 13 und sind **leges speciales** (→ Art. 5 Rn. 119 und Art. 6 Rn. 253).[133]   41

Etwas anderes gilt aber, wenn **Art. 6 Abs. 1 wegen unangemessener Dauer des Verfahrens** verletzt ist und der Betroffene insoweit keinen Rechtsbehelf nach staatlichem Recht einlegen kann. Dann ist **auch Art. 13 verletzt.** Das hat der Gerichtshof grundlegend in der Sache Kudła/Polen entschieden (s. o. Rn. 14). In Abweichung von seiner bis dahin geltenden Rechtsprechung hat der Gerichtshof angenommen, dass es in solchen Fällen keine Überschneidung gebe und deshalb Art. 13 von Art. 6 Abs. 1 auch nicht absorbiert werde.[134] Die Frage, ob ein Bf. eine Verhandlung in angemessener Frist im Sinne von Art. 6 Abs. 1 hatte, sei von der weitergehenden Frage zu unterscheiden, ob er nach nationalem Recht einen wirksamen Rechtsbehelf zur Prüfung einer darauf gestützten Beschwerde hatte.   42

---

130 EGMR 12.6.2012 – 19673/03, Rn. 82 – *Gryaznov/Russland*.
131 EGMR 24.5.2005 – 36088/97, Rn. 99 – *Acar* ua/*Türkei*.
132 EGMR 24.7.2014 – 28761/11, Rn. 548 mwN = NVwZ 2015, 955 – *Al Nashiri/Polen* (geheime CIA-Gefängnisse); EGMR 13.12.2012 – 39630/09 (GK), Slg 12-VI Rn. 256 mwN = NVwZ 2013, 631 – *El-Masri/Mazedonien*.
133 Zu Art. 5 Abs. 4: EGMR 23.2.2016 – 11138/10 (GK), Slg 16 Rn. 208 – *Mozer/Moldawien u. Russland*; EGMR 25.3.1999 – 31195/96 (GK), Slg 99-II Rn. 69 = NJW 2000, 2883 (2886) – *Nikolova/Bulgarien*; EGMR 18.2.1999 – 27267/95 (GK), Slg 99-I Rn. 72 = NVwZ 2001, 304 (306) – *Hood/Vereinigtes Königreich*; zu Art. 6 Abs. 1: EGMR 9.10.1979 – 6289/73, Rn. 35 = EuGRZ 1979, 626 – *Airey/Irland*.
134 EGMR 26.10.2000 – 30210/96 (GK), Slg 00-XI Rn. 146 ff. = NJW 2001, 2694 (2699 ff.) – *Kudła/Polen*.

Artikel 14 Diskriminierungsverbot

Der Genuss der in dieser Konvention anerkannten Rechte und Freiheiten ist ohne Diskriminierung insbesondere wegen des Geschlechts,
der Rasse, der Hautfarbe, der Sprache, der Religion, der politischen
oder sonstigen Anschauung, der nationalen oder sozialen Herkunft,
der Zugehörigkeit zu einer nationalen Minderheit, des Vermögens,
der Geburt oder eines sonstigen Status zu gewährleisten.

I. Allgemeines

1   Die Vorschrift geht auf Art. 2 Abs. 1 der Allgemeinen Erklärung der
Menschenrechte zurück. Art. 2 Abs. 1 des Zivilpakts und Art. 2
Abs. 2 des Internationalen Pakts über wirtschaftliche, soziale und
kulturelle Rechte enthalten ähnliche Vorschriften. Art. 3 GG garantiert den Gleichheitssatz in darüber hinausgehender (Abs. 2 und 3)
und allgemeiner Form (Abs. 1). Art. 14 weist mit seiner Bezugnahme
auf bestimmte persönliche Eigenschaften Elemente einer **besonderen**
sowie dadurch, dass diese nicht abschließend sind (→ Rn. 16), solche
einer **allgemeinen Gleichheitsgewährung** auf.[1] Ihre Eigentümlichkeit
im Rechtsvergleich erfährt die Norm durch ihre Freiheitsakzessorie-
tät (→ Rn. 5 ff.) **Die Grundrechtecharta** enthält in Titel III – Gleichheit – eine Reihe von Einzelregelungen, in Art. 20 den allgemeinen
Gleichheitssatz, in Art. 21 das Diskriminierungsverbot.

2   Eine Sondervorschrift enthält **Art. 5 Prot. Nr. 7** hinsichtlich der Ehegatten. Eine enge Beziehung besteht zu dem aus Art. 6 Abs. 1 abgelei-

---

1 Vgl. *Sauer* in *Karpenstein/Mayer*, EMRK, 2. Aufl. 2015, Art. 14 Rn. 2-5; *Peters/
König* in *Dörr/Grote/Marauhn*, EMRK/GG-Konkordanzkommentar, 2. Aufl.
2013, Kap. 21 Rn. 16 ff.

teten Grundsatz der Waffengleichheit als Merkmal des fairen Verfahrens.

II. Protokoll Nr. 12

Eine erhebliche Erweiterung ist in Prot. Nr. 12 zur EMRK vorgesehen. Es ist am 4.11.2000 in Rom zur Unterschrift aufgelegt worden und auch durch Deutschland gezeichnet, aber nicht ratifiziert worden. Das Protokoll ist am 1.4.2005 (infolge der zehnten Ratifizierung) in Kraft getreten. Es sieht folgendes vor: 3

> "Artikel 1
>
> Generelles Diskriminierungsverbot
>
> (1) Der Genuss eines jeden auf Gesetz beruhenden Rechts ist ohne Diskriminierung insbesondere wegen des Geschlechts, der Rasse, der Hautfarbe, der Sprache, der Religion, der politischen oder sonstigen Anschauung, der nationalen oder sozialen Herkunft, der Zugehörigkeit zu einer nationalen Minderheit, des Vermögens, der Geburt oder eines sonstigen Status zu gewährleisten.
>
> (2) Niemand darf, insbesondere aus einem der in Abs. 1 genannten Gründe, von einer Behörde diskriminiert werden."

Ratifizierungsstand und Inhalt des 12. Prot.: Stand 11.7.2016 haben 19 Staaten das Protokoll ratifiziert. 19 weitere Staaten, die es gezeichnet haben, haben es noch nicht ratifiziert, darunter Deutschland, Frankreich, Italien, Russland, Vereinigtes Königreich. (Der jeweilige Stand der Ratifizierungen kann unter http://www.coe.int/en/web/conventions/full-list/-/conventions/treaty/177/signatures?p_auth=w3Qyjcqi abgerufen werden.) In dem Erläuternden Bericht wird darauf hingewiesen,[2] dass der Ausdruck Diskriminierung in demselben Sinne wie in Art. 14 der Konvention verwandt wird. Sie liegt also nicht vor, wenn eine objektive und vernünftige Rechtfertigung für eine unterschiedliche Behandlung besteht (→ Rn. 9); das ist auch in der Präambel zu Prot. Nr. 12 ausdrücklich gesagt. Art. 1 ist eine Vorschrift von allgemeinem Charakter über den Grundsatz der Nichtdiskriminierung; die Vorschrift giltnicht, wie Art. 14 EMRK, nur akzessorisch. Art. 1 Prot. Nr. 12 schützt gegen Diskriminierungen durch eine Behörde, womit auch Gerichte und gesetzgebende Organe umfasst werden, wie in dem Erläuternden Bericht ausdrücklich vermerkt[3] wird. Die Vertragsstaaten werden demgegenüber – wie auch über Art. 14 – grundsätzlich nicht verpflichtet, eine Diskriminierung   4

---

2 Expl. Rep., ETS 177, Nr. 20.
3 Expl. Rep., ETS 177, Nr. 30.

zwischen Privatpersonen zu verhindern oder ihr abzuhelfen.[4] Das Diskriminierungsverbot bezieht sich anders als nach Art. 14 EMRK nicht nur auf die in dieser Konvention anerkannten Rechte und Freiheiten, sondern auf den Genuss eines jeden, auf Gesetz beruhenden Rechtes.

III. Akzessorietät des geltenden Artikel 14

5 **Keine eigenständige Bedeutung:** Anders als Art. 1 Prot. Nr. 12 hat Art. 14 keine eigenständige Bedeutung; er gilt nur für den „Genuss der in dieser Konvention anerkannten Rechte und Freiheiten" (→ Rn. 7) und ergänzt somit andere materielle Vorschriften der EMRK. Seine Anwendung setzt voraus, dass der Sachverhalt, um den es geht, in den Anwendungsbereich eines oder mehrerer Vorschriften der Konvention oder Prot. dazu fällt. Das bedeutet, dass Art. 14 anwendbar ist, wenn der Gegenstand der Schlechterbehandlung eine Form der Ausübung des garantierten Rechts ist oder die gerügte Maßnahme eng mit der Ausübung eines garantierten Rechts verbunden ist.[5] Nicht notwendig ist dagegen, dass eine dieser Vorschriften verletzt ist.[6] Die erforderliche Akzessorietät ist zB angenommen worden für die **Verpflichtung Steuern zu zahlen** auf Vermögen oder Erbschaft, weil das in den Anwendungsbereich von Art. 1 Zusatzprot. fällt,[7] ebenso für staatliche Regelungen über Pensionen und Renten (Art. 1 Zusatzprot. → Rn. 14 f.).

6 **Der erforderliche Bezug** zu dem garantierten Recht besteht auch, soweit **die Maßnahme einen Eingriff in das Recht darstellt, aber nach Art. 8 bis 11 Abs. 2 oder durch sonstige Vorschriften gerechtfertigt ist.** Der Konventionsstaat darf also auch bei den nach dem Gesetz gerechtfertigten Einschränkungen des Konventionsrechts nicht diskriminieren. Gerade in diesem Bereich kann Art. 14 besonders wirksame Garantien geben. Dasselbe gilt für andere Eingriffe, soweit sie nach der Konvention zulässig sind und sich auf die Ausübung des jeweiligen Rechts auswirken (Art. 5 Abs. 1 S. 2, Art. 7 Abs. 2). Eine Verletzung von Art. 14 iVm diesem Recht kann also gegeben sein,

---

4 Näher *Lehner*, Zivilrechtlicher Diskriminierungsschutz und Grundrechte, 2013, S. 252 f. mwN; *Peters/König* in *Dörr/Grote/Marauhn*, EMRK/GG-Konkordanzkommentar, 2. Aufl. 2013, Kap. 21 Rn. 115 ff.
5 ZB EGMR 25.10.2005 – 59140/00 – *Okpisz/Deutschland* wegen Kindergelds für Ausländer.
6 EGMR, stRspr., vgl. Urteil v. 18.7.1994 – 13580/88 – *Karlheinz Schmidt/Deutschland*; EGMR 25.5.1999 – 37592/97, Slg 99-V – *Olbertz/Deutschland*.
7 EGMR 29.4.2008 – 13378/05 (GK), Slg 08-III Rn. 59 – *Burden/Vereinigtes Königreich*.

auch wenn das Recht selbst nicht verletzt ist. Vielmehr verlangt der Akzessorietätsgrundsatz nur, dass der Anwendungsbereich eines Freiheitsrechts eröffnet ist.[8] Denn Art. 14 schützt Personen oder Gruppen von Personen, die in vergleichbarer Lage sind, vor einer Diskriminierung. Eine vergleichbare Lage bestand etwa im Fall einer kompensatorischen Abgabepflicht im Kontext einer Feuerwehrdienstpflicht, die nur Männer traf, obwohl es sich um eine „übliche Bürgerpflicht" (Art. 4 Abs. 3 lit. b) handelte mit der Folge, dass der Schutzbereich des Art. 4 (Verbot der Zwangsarbeit) gar nicht eröffnet war.[9] Das gilt insbesondere auch dann, wenn Konventionsstaaten bei der Wahl der Mittel, mit denen das Konventionsrecht wirksam geschützt werden soll, einen weiten Ermessensspielraum (→ Rn. 12) haben.[10]

Die Diskriminierung ist **nur in Bezug auf den Genuss anerkannter Rechte und Freiheiten verboten,** also hinsichtlich solcher Rechte, die von dem Konventionsstaat in der Konvention oder in Prot. dazu anerkannt worden sind. Das gilt also nicht, wenn der Staat ein Zusatzprot. nicht ratifiziert hat (wie Deutschland das 7. und 12. Prot.) oder soweit er einen wirksamen Vorbehalt nach Art. 57 gemacht hat. In solchen Fällen wäre die Beschwerde ratione materiae unzulässig.   7

Diskriminierung bei über Konventionsgarantien hinausgehenden Rechten: Art. 14 gilt auch, wenn die Staaten über ihre Pflichten nach der Konvention hinausgehende Rechte eingeräumt haben, die in den Anwendungsbereich eines Konventionsartikels fallen. Bei Gewährung solcher Rechte darf also nicht diskriminiert werden.[11] Vgl. auch o. → Rn. 5.   8

---

8 *Sauer* in *Karpenstein/Mayer*, EMRK, 2. Aufl. 2015, Art. 14 Rn. 16; *Grabenwarter/Pabel*, EMRK, 2016, § 26 Rn. 4; *Peters/König* in *Dörr/Grote/Marauhn*, EMRK/GG-Konkordanzkommentar, 2. Aufl. 2013, Kap. 21 Rn. 35; *Grabenwarter*, ECHR, 2014, Art. 14 Rn. 4 ff.
9 EGMR 18.7.1994 – 13580/88 – *Karlheinz Schmidt/Deutschland*; vgl. hierzu auch *Sauer* in *Karpenstein/Mayer*, EMRK, 2. Aufl. 2015, Art. 14 Rn. 16; *Grabenwarter/Pabel*, EMRK, 2016, 2016, § 26 Rn. 5.
10 EGMR 27.10.1975 – 4464/70, EGMR-E 1, 158 – *Nationale Belgische Polizeigewerkschaft/Belgien.*
11 EGMR 22.1.2008 – 43546/02, Rn. 48-51 – *E.B./Frankreich* für Versagung der Genehmigung einer Adoption durch eine lesbische Frau; EGMR 22.7.2010 – 18984/02, Rn. 25, 34 – *P.B. u. J.S./Österreich*: Art. 8 garantiert kein Recht auf Erstreckung von Sozialversicherungsleistungen auf Partner; wenn das vorgesehen ist, gilt Art. 14.

IV. Die verbotene Diskriminierung

1. Ungleichbehandlung ohne sachlich rechtfertigende Gründe

9   Voraussetzung für die Anwendung ist zunächst, dass Personen in vergleichbarer oder rechtserheblich ähnlicher Lage unterschiedlich behandelt worden sind.[12] Der Gerichtshof hat anerkannt, dass Art. 14 nicht jede Ungleichbehandlung ausschließt, wenn auch der französische Text ("sans distinction aucune") darauf hindeuten könnte.[13] Unterschiedliche Gegebenheiten verlangen häufig eine unterschiedliche Lösung und rechtliche Unterscheidungen versuchen oftmals, tatsächliche Unterschiede auszugleichen.[14] Eine unterschiedliche Behandlung von Personen ist daher nur Diskriminierung, **wenn ihr eine sachliche und vernünftige Rechtfertigung fehlt.**[15] Das bedeutet, dass sie ein **berechtigtes Ziel verfolgen und dass ein angemessenes Verhältnis** zwischen den angewandten Mitteln und dem verfolgten berechtigten Ziel bestehen muss. Der EGMR prüft also 1., ob eine Ungleichbehandlung vorliegt und 2., ob es eine sachliche und vernünftige Rechtfertigung für sie gibt. Hier trägt der Staat die Beweislast, verfügt aber gleichzeitig über einen Ermessensspielraum in der Beurteilung. Auf der zweiten Stufe wird – vom EGMR nicht immer umfassend – die Verhältnismäßigkeit in Bezug auf die Ziel-Mittel-Relation geprüft.[16]

10   **Diskriminierung durch Gleichbehandlung:** Auch eine allgemeine Politik, die gerade auf eine gleichförmige Behandlung aufbaut, kann nach der Rspr. des EGMR wie eine Einzelmaßnahme infolge unverhältnismäßig nachteiliger Auswirkungen für eine bestimmte Personengruppe diskriminierend sein, auch wenn sie nicht auf diese Gruppe zielt. Die Diskriminierung kann sich dann aus den Umständen ergeben.[17] Während dieser Fall vielfach als Beispiel für eine mittelbare/indirekte Diskriminierung angeführt wird[18] und auch der EGMR

---

12 EGMR 13.7.2010 – 7205/07, Rn. 66 – *Clift/Vereinigtes Königreich.*
13 Vgl. auch *Grabenwarter/Pabel*, EMRK, 2016, § 26 Rn. 13.
14 EGMR 23.7.1968, EGMR-E 1, 31 Rn. 10 – *Belgischer Sprachenfall/Belgien.*
15 EGMR 29.4.2002 – 2346/02, Slg 02-III Rn. 87 – *Pretty/Vereinigtes Königreich.*
16 Vgl. näher *Peters/König* in *Dörr/Grote/Marauhn*, EMRK/GG-Konkordanzkommentar, 2. Aufl. 2013, Kap. 21 Rn. 224; *Sauer* in *Karpenstein/Mayer*, EMRK, 2. Aufl. 2015, Art. 14 Rn. 35 ff.; *Grabenwarter/Pabel*, EMRK, 2016, § 26 Rn. 13; *Grabenwarter*, ECHR, 2014, Art. 14 Rn. 5 ff.
17 EGMR 13.11.2007 – 57325/00 (GK), Slg 07-IV Rn. 175 – *D.H.* ua/*Tschechien* wegen Diskriminierung von Roma bei Anwendung der Regelungen über die Zuordnung zu Regel- und Sonderschulen.
18 Vgl. etwa *Peters/König* in *Dörr/Grote/Marauhn*, EMRK/GG-Konkordanzkommentar, 2. Aufl. 2013, Kap. 21 Rn. 78; *Sauer* in *Karpenstein/Mayer*, EMRK, 2. Aufl. 2015, Art. 14 Rn. 46; *Peters/Altwicker*, EMRK, 2. Aufl. 2012, § 33 Rn. 14.

selbst von einer indirekten Diskriminierung spricht[19], handelt es sich streng genommen um eine „Diskriminierung durch Gleichbehandlung"[20], da auch eine bloß mittelbare Diskriminierung in jedem Fall eine Ungleichbehandlung impliziert. Die überproportional häufige Zuweisung von Roma-Kindern an Sonderschulen resultierte indes gerade aus allgemein durchgeführten Einschulungstests. Die schematische Gleichbehandlung produzierte jedoch **diskriminierende Wirkungen**. Indirekt ist freilich die Beziehung zwischen der Merkmalsträgerschaft und der negativen Betroffenheit,[21] denn nicht alle Roma-Kinder wurden den Sonderschulen zugewiesen, wohl aber überdurchschnittlich viele. Dieser statistische Befund hat Folgen für die Beweislastfrage (u. → Rn. 24). Hingegen liegt eine „direkte Diskriminierung durch Gleichbehandlung"[22] vor, wenn eine sozialrechtliche Meldeobliegenheit Personen mit starken kognitiven Defiziten gleichermaßen erfasst wie Personen ohne solche Defizite.[23] Im Ergebnis kann man festhalten: **Art. 14 ist verletzt, wenn der Staat ohne sachliche und vernünftige Begründung Personen in eindeutig unterschiedlicher Lage nicht unterschiedlich behandelt.**[24]

---

19 EGMR 13.11.2007 – 57325/00 (GK), Slg 07-IV Rn. 184 – *D.H.* ua/*Tschechien*. Krit. zur Ausweitung des Diskriminierungsbegriffs *Langenfeld* in *Maunz/Dürig*, GG, 76. EL 2015, Art. 3 Abs. 2 Rn. 35 f.; *Heyden/von Ungern-Sternberg* EuGRZ 2009, 81 (82 ff.).

20 *Rieder*, Form oder Effekt? Art. 8 Abs. 2 BV und die ungleichen Auswirkungen staatlichen Handelns, Bern 2003, S. 212; ebenso *Waldmann*, Das Diskriminierungsverbot von Art. 8 Abs. 2 BV als besonderer Gleichheitssatz, Bern 2003, S. 380. Vgl. hierzu ausf. *Langenfeld* in *Maunz/Dürig*, GG, 76. EL 2015, Art. 3 Abs. 2, Rn. 35. Der Begriff findet auch Verwendung bei *Peters/Altwicker*, EMRK, 2. Aufl. 2012, § 33 Rn. 13.

21 *Langenfeld* in *Maunz/Dürig*, GG, 76. EL 2015, Art. 3 Abs. 2 Rn. 35 in Anlehnung an *Rieder*, Form oder Effekt? Art. 8 Abs. 2 BV und die ungleichen Auswirkungen staatlichen Handelns, Bern 2003, S. 212. Nach *Rieder*, ebd., wäre der vorliegende Fall als „indirekte Diskriminierung durch Gleichbehandlung" zu bezeichnen.

22 Begriff nach *Rieder*, Form oder Effekt? Art. 8 Abs. 2 BV und die ungleichen Auswirkungen staatlichen Handelns, Bern 2003, S. 212 f.

23 EGMR 14.2.2012 – 36571/06, Rn. 58 – *E./Vereinigtes Königreich*: „It appears to the Court that the situation of these two groups is sufficiently different to require the respondent State to objectively and reasonably justify its failure to treat them differently." Im Fall befand der EGMR (Rn. 61), dass entsprechende Mittel zur Berücksichtigung der besonderen Situation („steps to ensure that the applicant was not required to bear an excessive burden") vom Staat ergriffen wurden, mithin keine Diskriminierung vorlag. Hier offenbaren sich Elemente einer Schutz- bzw. Gewährleistungspflicht (u. Rn. 15).

24 EGMR 6.4.2000 – 34369/97 (GK), Slg 00-IV Rn. 44 – *Thlimmenos/Griechenland*: Keine sachliche und vernünftige Rechtfertigung dafür, alle Personen von dem Beruf des Wirtschaftsprüfers auszuschließen, die vorbestraft sind, auch wenn das deswegen der Fall ist, weil sie sich geweigert haben, aus religiösen Gründen eine Uniform zu tragen. Der Gesetzgeber hätte Ausnahmen vorsehen müssen.

11 **Ermessensspielraum der Staaten:** Die Konventionsstaaten haben bei
der Beurteilung, ob und in welchem Ausmaß Unterschiede in der im
übrigen gleichen Lage eine unterschiedliche rechtliche Behandlung
rechtfertigen, einen Ermessensspielraum. Das Ausmaß dieses Spielraums ist je nach den Umständen, dem Fall und seinem Hintergrund
unterschiedlich.[25] Insoweit gilt nichts anderes als bei den Rechtferti-
gungsgründen in den Abs. 2 von Art. 8 bis 11 (dazu → Art. 8
Rn. 118 ff.).

12 **Weiter Ermessensspielraum:** Wenn **Fragen von moralischer oder ethi-
scher Bedeutung** anstehen, bei denen es unter den Mitgliedsstaaten
keine einheitliche Auffassung gibt und sich das Recht in einem Stadium der Fortentwicklung befindet, lässt der EGMR den Mitgliedsstaaten einen **weiten Spielraum,**[26] ebenso bei **allgemeinen Maßnahmen in der Wirtschafts- und Sozialpolitik.**[27] Auch die Kürzung der
Pensionen von Angehörigen des öffentlichen Dienstes in der früheren
DDR, um Privilegierungen gegenüber anderen Personen in der DDR
auszugleichen, ist keine Diskriminierung, weil sie der sozialen Gerechtigkeit dient und damit ein berechtigtes Ziel verfolgt.[28]

13 **Enger Ermessensspielraum:** Für eine Ungleichbehandlung ausschließlich wegen des **Geschlechts bzw. der sexuellen Ausrichtung, der nationalen Herkunft oder der Geburt** verlangt der EGMR besonders
gewichtige Gründe.[29] In der Verengung des staatlichen Ermessens
spiegelt sich auch die besondere Schutzbedürftigkeit einzelner Merkmale wider, die zT auch in der Rechtsordnung besonders hervorgehoben sind.[30]

---

25 EGMR 8.7.1986 – 9006/80, EGMR-E 3, 185 Rn. 177 – *Lithgow* ua/*Vereinigtes
    Königreich*; EGMR 25.5.1999 – 37592/97, Slg 99-V – *Olbertz/Deutschland*;
    EGMR 29.4.1999 – 25088/94, Slg 99-III Rn. 91 – *Chassagnou* ua/*Frankreich*.
26 EGMR 26.2.2002 – 36515/97, Slg 02-I Rn. 41 – *Frette/Frankreich*: Ausschluss
    der Adoption durch Homosexuellen verstößt nicht gegen Art. 14; das wird heu-
    te anders beurteilt – Rn. 8, 19; EGMR 1.4.2010 – 57813/00, Rn. 68 f. – *S.H./
    Österreich*: Verbot der Eispende und unterschiedliche Behandlung der in vitro-
    und in vivo-Fertilisation verstößt gegen Art. 14. Ein weiter Spielraum wird heu-
    te noch bei der Ermöglichung gleichgeschlechtlicher Eheschließung mit der Fol-
    ge angenommen, dass der Ausschluss hiervon keine Verletzung von Art. 14 dar-
    stellt (u. Rn. 20).
27 EGMR 29.4.2008 – 13378/05 (GK), Slg 08-III Rn. 60 – *Burden/Vereinigtes Kö-
    nigreich*.
28 EGMR 2.3.2000 – 52442/99 – *Schwengel/Deutschland*.
29 EGMR 27.11.2007 – 77782/01, Rn. 48 – *Luczek/Polen*; EGMR 28.10.1987 –
    8695/79– *Abdulaziz/Vereinigtes Königreich*; EGMR 28.5.1985 – 9214/80 – *In-
    ze*; vgl. auch u. Rn. 17, 19, 27.
30 *Lehner*, Zivilrechtlicher Diskriminierungsschutz und Grundrechte, 2013,
    S. 231 ff., 237 f., 238 f. für die Merkmale Rasse, Geschlecht und Behinderung
    unter Bezugnahme auf die einschlägigen UN-Konventionen (Nw. ebd.). Beim
    Merkmal der sexuellen Ausrichtung gilt das aber im EMRK-Kontext nur einge-
    schränkt (u. Rn.19 f.).

Ungleichbehandlung durch divergierende Rechtsprechung: Wenn   14
staatliche Gerichte eine Vorschrift ohne ausreichende Begründung
widersprüchlich auslegen, so dass Rechtsbehelfe einiger Kläger Erfolg hatten, die anderer nicht, kann das eine Verletzung von Art. 14
sein.[31]

2. Schutz- und Gewährleistungspflichten

Positive staatliche Verpflichtungen aus Art. 14 können zum einen da-   15
raus resultieren, dass eine Gleichbehandlung diskriminierende Wirkungen entfaltet (o. → Rn. 10). Dann kann etwa bei ethnisch diskriminierender Einschulungspolitik eine staatliche Verpflichtung dahingehend erwachsen, „eine Lösung für Kinder mit besonderen schulischen Bedürfnissen zu finden."[32] Es geht also um die Ableitung spe-
zifischer Förderpflichten zur Effektuierung des Gewährleistungsge-
halts des Art. 14, mithin um staatliche **Gewährleistungspflichten**[33].
Nach Ansicht des EGMR können sogar Ungleichbehandlungen von
Personengruppen zulässig sein, „um ‚eine tatsächliche Ungleichheit'
unter ihnen zu beheben."[34] Hier geht es zum einen um die mögliche
Zulässigkeit sog positiver Diskriminierungen und zum anderen um
deren Gebotenheit.[35] Zu beachten ist aber die Wesensverschiedenheit
von Freiheits- und Gleichheitsgewährleistungen; bei letzteren sprechen gewichtige Gründe gegen Schutzpflichten, zumal wenn deren
Erfüllung mit Freiheitsbelastungen Dritter verbunden ist.[36] **Schutzpflichten** gegenüber Diskriminierungen durch Privatpersonen lassen
sich dogmatisch nur schwer aus Art. 1des 12. Zusatzprot. oder aus
Art. 14 (etwa iVm Art. 8) ableiten.[37] Der EGMR erkennt Schutzpflichten v.a. an im Zusammenhang mit rassistischen oder homophoben Gewalttaten. Die Vernachlässigung einschlägiger Schutzpflichten
aus Art. 2, 3, 9, 10 oder 11, aber auch von Pflichten zur Aufklärung
der Tatmotive hat der EGMR regelmäßig auch als Verstoß gegen

---

31 EGMR 12.1.2010 – 48107/99, Rn. 81 – *Paroisse Greco Catholique/Rumänien.*
32 EGMR 13.11.2007 – 57325/00 (GK), Slg 07-IV Rn. 198 – *D.H.* ua/*Tschechien.*
    Im Fall war dies freilich gerade der – nicht durchgreifende – Rechtfertigungsver-
    such Tschechiens für die massenhafte Sonderbeschulung gewesen.
33 Diesen Begriff verwenden ebenfalls – wenn auch in einem weiteren Sinn – *Gra-
    benwarter/Pabel*, EMRK, 2016, § 26 Rn. 35.
34 EGMR 13.11.2007 – 57325/00 (GK), Slg 07-IV Rn. 198 – *D.H.* ua/*Tschechien.*
35 Instruktiv *Sauer* in *Karpenstein/Mayer*, EMRK, 2. Aufl. 2015, Art. 14 Rn. 47;
    Peters/Altwicker, EMRK, 2. Aufl. 2012, § 33 Rn. 24; ausf. *Peters/König* in *Dörr/
    Grote/Marauhn*, EMRK/GG-Konkordanzkommentar, 2. Aufl. 2013, Kap. 21
    Rn. 88 ff.
36 Ausf. *Lehner*, Zivilrechtlicher Diskriminierungsschutz und Grundrechte, 2013,
    S. 107 ff., insbes. S. 146 ff. u. 209 ff.
37 Näher *Lehner*, Zivilrechtlicher Diskriminierungsschutz und Grundrechte, 2013,
    S. 252 ff.

Art. 14 eingestuft (u. → Rn. 19, 23, 27); die Unfähigkeit eines Justizsystems zu einem wirksamen Vorgehen gegen häusliche Gewalt gegen Frauen kann ebenfalls zu einem Verstoß gegen Art. 14 iVm dem
einschlägigen Freiheitsrecht führen (u. → Rn. 17).[38] Man kann in all
diesen Fällen auch von einer „passiven Diskriminierung"[39] sprechen.

V. Einzelne Merkmale

16   Art. 14 zählt einige Merkmale auf, derentwegen eine Diskrimini-
rung verboten ist. Die Aufzählung ist **nicht abschließend** („oder eines
anderen Status"). Die Worte „anderer Status" werden weit ausgelegt,
sie sind nicht auf eine unterschiedliche Behandlung wegen Merkmalen beschränkt, die eng mit der Person verbunden sind.[40] Der Verzicht auf eine abschließende Enumeration verhindert teilweise strin-
gente Begriffsbildungen,[41] andererseits zeigt das Diskriminierungsverbot hier eine spezifische Nähe zum Persönlichkeitsschutz, der stets
eine gewisse **Merkmalsoffenheit** mit sich bringt.[42] In gewisser Weise
erfüllt Art. 14 daher die Funktion einer „menschenrechtliche[n] Ge-
neralklausel"[43]. Unterschiede in der Aufzählung im Vergleich zu nationalen oder unionsrechtlichen Diskriminierungsverboten[44] fallen so
praktisch nicht ins Gewicht.[45] Je mehr unbenannte Gründe gefunden
werden, umso stärker nähert sich Art. 14 einer allgemeinen Gleich-
heitsverbürgung (→ Rn. 1) an. In jedem Fall muss die das Freiheitsrecht tangierende (→ Rn. 5 f.) staatliche Maßnahme an einen unter-
scheidungsfähigen Status anknüpfen, dh an ein **persönliches Charak-**

---

38 Vgl. zu diesem Komplex auch *Sauer* in *Karpenstein/Mayer*, EMRK, 2. Aufl.
    2015, Art. 14 Rn. 48, *Grabenwarter/Pabel*, EMRK, 2016, § 26 Rn. 35 f.
39 *Peters/Altwicker*, EMRK, 2. Aufl. 2012, § 33 Rn. 15 ff.
40 EGMR 13.7.2010 – 7205/07, Rn. 59 – *Clift/Vereinigtes Königreich*.
41 *Sauer* in *Karpenstein/Mayer*, EMRK, 2. Aufl. 2015, Art. 14 Rn. 26.
42 Zu einem persönlichkeitsrechtszentrierten Diskriminierungsschutz unter diesem
    Gesichtspunkt vgl. *Lehner*, Zivilrechtlicher Diskriminierungsschutz und Grund-
    rechte, 2013, S. 245 ff.
43 In etwas anderem Kontext: *von Arnauld* in *Klein/Menke*, Universalität – Schutz-
    mechanismen – Diskriminierungsverbote, 2008, S. 396 (405).
44 Art. 14 nennt im Gegensatz zu Art. 3 Abs. 3 S. 1 GG die Hautfarbe explizit (Un-
    terfall der ‚Rasse'), vor allem aber auch die nationale Herkunft, das Vermögen
    und die sonstige Anschauung sowie die Geburt (in Art. 3 Abs. 3 S. 1 GG: die
    Abstammung). Umgekehrt schützt Art. 3 Abs. 3 S. 1 GG das Merkmal der Hei-
    mat sowie Abs. 3 S. 2 die Behinderung. Art. 21 Abs. 1 GR-Charta schützt da-
    rüber hinaus genetische Merkmale, die Zugehörigkeit zu einer nationalen Min-
    derheit, das Alter und die sexuelle Ausrichtung.
45 Als Beispiel kann die Diskriminierung unehelicher Kinder herangezogen werden,
    diese wird vom EGMR unter das Merkmal der Geburt subsumiert (u. Rn. 30 f.).
    Im Kontext der Art. 3 Abs. 3 S. 1 GG kann diese Konstellation nach hA nicht
    unter das Merkmal der Abstammung subsumiert werden, freilich auch deswe-
    gen, weil hier schon Art. 6 Abs. 5 GG einschlägig ist; hierzu statt vieler *Langen-
    feld* in *Maunz/Dürig*, GG, 76. EL 2015, Art. 3 Abs. 3 S. 1, Rn. 43 f. mwN.

teristikum, anhand dessen Personen bzw. Personengruppen voneinander unterschieden werden können.[46]

1. Geschlecht

Die Gleichberechtigung von Frau und Mann ist ein wesentliches Ziel   17
der Mitgliedsstaaten des Europarates. Deswegen müssen für eine **Ungleichbehandlung nur wegen des Geschlechts sehr gewichtige Gründe**
vorgebracht werden.[47] Versagt ein Justizsystem darin, häusliche Gewalt gegen Frauen wirksam zu bekämpfen, kommt neben dem Frei-
heitsrechtsverstoß auch ein Verstoß gegen die Schutzpflicht aus
Art. 14 (o. Fn. 15) in Betracht.[48] Da die sexuelle Ausrichtung (→ Rn.
19) infolge der nicht abschließenden Merkmalsaufzählung in Art. 14
(→ Rn. 16) als unbenanntes Merkmal erfasst werden kann, kommt
es auf die im nationalen Recht diskutierte Frage, ob entsprechende
Diskriminierungen unter das Merkmal des Geschlechts zu subsumieren wären,[49] auf EMRK-Ebene nicht an.

Dienstpflichten: In dem Fall Karlheinz Schmidt/Deutschland[50] ging   18
es darum, ob es noch rechtfertigende Gründe dafür gibt, Frauen und
Männer dabei **unterschiedlich zu behandeln.** Der Gerichtshof hat das
offengelassen. Er hat eine Verletzung von Art. 14 angenommen und
das so begründet: Es gebe stets eine ausreichende Zahl von Freiwilligen, so dass keiner dazu gezwungen werde, Dienst zu leisten. Deswegen hätte die im Gesetz vorgesehene Abgabepflicht ihren Ausgleich-
scharakter verloren und sei zur einzigen Verpflichtung geworden.
Dann aber sei eine Differenzierung nach dem Geschlecht nicht ge-

---

46 So die Definition in EGMR 7.12.1972 – 5095/71 ua, Rn. 56 – *Kjeldsen* ua/
     Dänemark. Aus diesem Grund können weitere Merkmale hinzugenommen wer-
     den; vgl. die Aufzählung bei *Sauer* in *Karpenstein/Mayer*, EMRK, 2. Aufl. 2015,
     Art. 14 Rn. 28 f. m.Vw. ua auf EGMR 22.5.2008 – 15197/02 – *Petrov/Bulgarien*
     (Merkmal: Heirat) oder EGMR 10.3.2011 – 2700/10, Slg 11-II – *Kiyutin/Russ-
     land* (HIV-Infektion).
47 EGMR 22.2.1994, Serie A, Bd. 280, S. 29 Rn. 27 – *Burghartz/Schweiz*: Art. 8
     iVm Art. 14 verletzt durch Ungleichbehandlung von Frau und Mann bei der
     Möglichkeit, den eigenen Nachnamen mit dem Familiennamen zu verbinden;
     EGMR 16.11.2004 – 29865/96, Slg 04-X Rn. 55 ff. – *Ünal Tekeli/Türkei* für
     den Fall, dass eine Frau ihren Namen nicht nach Eheschließung beibehalten
     kann.
48 EGMR 9.6.2009 – 33401/02, Slg 09-III – *Opuz/Türkei* (Art. 2 u. 3 iVm 14);
     EGMR 28.5.2013 – 3564/11 – *Eremia/Moldawien* (Art. 3 iVm 14); EGMR
     16.7.2013 – 74839/10 – *Mudric/Moldawien* (Art. 3 iVm 14); EGMR 28.1.2014
     – 26608/11 – *T.M. u. C.M./Moldawien* (Art. 3 iVm 14).
49 Hierzu statt vieler *Langenfeld* in *Maunz/Dürig*, GG, 76. EL 2015, Art. 3 Abs. 2
     Rn. 23 mwN.
50 EGMR 18.7.1994 – 13580/88 – *Karlheinz Schmidt/Deutschland*.

rechtfertigt.[51] Ob also die Dienstpflicht an sich nur an Männer adressierbar ist, hat der Gerichtshof offen gelassen. Das BVerwG hat 2006 entschieden, dass die Beschränkung der allgemeinen Wehrpflicht auf Männer keine Diskriminierung iSd Art. 14 darstellt.[52] Der EuGH hat im Jahr 2000 indes in Bezug auf die (freiwillige) Verwendung von Frauen zum Dienst an der Waffe einen Verstoß gegen die damalige AntidiskriminierungsRL 76/2007/EWG angenommen.[53]

2. Geschlechtliche Ausrichtung

19 **Ungleichbehandlung wegen der sexuellen Ausrichtung:** Das in → Rn. 17 Gesagte gilt auch für sie, weil sie einen sehr intimen Bereich des Privatlebens betrifft.[54] Wenn wegen der sexuellen Ausrichtung unterschiedlich behandelt wird, sind zur Rechtfertigung besonders triftige Gründe notwendig[55]. Im Fall E.B./Frankreich[56] hat der Gerichtshof die Versagung der Genehmigung zur Adoption bei einer lesbischen Mutter als diskriminierend eingestuft. Art. 14 ist ferner weiter verletzt, wenn für hetero- und homosexuelle Handlungen im Strafrecht unterschiedliche Altersgrenzen festgesetzt werden oder junge Männer länger geschützt werden als junge Frauen.[57] Obgleich hier ein moralisch sensibler Bereich berührt ist, streitet die besondere Schutzbedürftigkeit für eine Verengung des staatlichen Ermessensspielraums (→ Rn. 12 f.). Wie auch bei dem Merkmal „Rasse" und

---

51 Vgl. dazu *Olbrich* VBlBW 1994, 405; *Müller* ThürVBl 1995, 193; *Bausback* BayVBl 1995, 737; *Kreuzer* Jura 1996, 481.

52 Beschl. v. 26.6.2006, Az.: 6 B 9/06, NJW 2006, 2871.

53 EuGH 11.1.2000, Rs. C-285/98 – *Kreil.* Infolgedessen wurde die zumindest missverständliche Vorschrift in Art. 12 a Abs. 4 S. 2 GG aF geändert (BGBl. 2000 I, 1755); verboten ist nun nur noch die Verpflichtung von Frauen zum Dienst an der Waffe im Verteidigungsfall.

54 EGMR 27.9.1999, 33985/96 Nr. 89, NJW 2000, 2089 – *Smith und Grady/ Vereinigtes Königreich.*

55 EGMR 24.7.2003, 40016/98 Nr. 37, ÖJZ 2004, 36 – *Karner/Österreich:* Verletzung, wenn ein Partner gleichen Geschlechts bei der Mietnachfolge diskriminiert wird.

56 EGMR 12.1.2008 – 43546/02 – *E.B./Frankreich;* vgl. anders jedoch für die Einzeladoption: EGMR 15.3.2012 – 25951/07, Slg 12-II Rn. 61 ff. – *Gas u. Dubois/Frankreich* mit dem Argument, dass zwar eine Ungleichbehandlung im Vergleich zu verheirateten Paaren vorliege, es aber den Vertragsstaaten obliege selbst zu entscheiden, ob sie gleichgeschlechtlichen Paaren die Eheschließung ermöglichen (u. Rn. 20). Konsequent daher EGMR 19.2.2013 – 19010/07 (GK), Slg 13-II Rn. 105 ff., 111 ff. – *X.* ua/*Österreich:* Verletzung von Art. 8 iVm Art. 14 in Bezug auf die Ungleichbehandlung im Vergleich zu unverheirateten aber nicht zu verheirateten verschiedengeschlechtlichen Paaren.

57 EGMR 9.1.2003 – 39392/98, Slg 03-I Rn. 47-49 – *L. und V./Österreich.*

Hautfarbe (u. → Rn. 23) können spezifische Schutzpflichten bei homophob begründeten Gewalttaten aktiviert werden.[58]

Ungleichbehandlung von Eheleuten und anderen Partnern: Sie ist grundsätzlich zulässig, zB darf der Staat im Steuerrecht Ehen und andere feste Verbindungen fördern.[59] Die Nichtzulassung gleichgeschlechtlicher Paare zur Eheschließung verstößt nicht gegen Art. 14.[60] Schafft ein Staat indes ein Alternativinstitut zur Ehe („zivile Partnerschaft"), begründet dessen Beschränkung auf verschiedengeschlechtliche Paare eine Verletzung von Art. 14.[61] Infolge der Nichtanerkennungspflicht gleichgeschlechtlicher Ehen ist es den Staaten erlaubt, die rechtliche Anerkennung einer Geschlechtsumwandlung von der Auflösung der (heterosexuell abgeschlossenen) Ehe abhängig zu machen.[62]   20

3. Rasse, Hautfarbe

Die Diskriminierung wegen dieser Merkmale ist eng verbunden mit der aufgrund der nationalen Herkunft (dazu → Rn. 29). Auch Diskriminierung wegen der ethnischen Herkunft ist **Rassendiskriminierung**.[63] Der **Begriff Rasse** bezieht sich auf die überholte Idee einer biologischen Einteilung von Menschen wegen ihrer morphologischen Züge wie Hautfarbe oder Gesichtsform. Die Rechtsordnung verwendet diesen Begriff als einen „'polemische[n]' Begriff" und gibt mit ihm (und dem Verbot jedweder Anknüpfung) eine Antwort „auf den kulturell-sozial bestimmten Rassenbegriff, aus dem ein Überlegenheitsanspruch hergeleitet wurde."[64] **Ethnische Unterscheidungen** haben ihren Ursprung in der Trennung sozialer Gruppen mit gemeinsamer Herkunft, Glauben, Sprache, Kultur oder traditionellem Ursprung oder Hintergrund.   21

---

58 EGMR 12.5.2015 – 73235/12, Rn. 80 – *Identoba/Georgien:* „Having regard to the reports of negative attitudes towards sexual minorities in some parts of the society, as well as the fact that the organiser of the march specifically warned the police about the likelihood of abuse, the law-enforcement authorities were under a compelling positive obligation to protect the demonstrators, including the applicants, which they failed to do." Der Gerichtshof kam zu einer Verletzung von Art. 10 u. 11 iVm 14.
59 EGMR 12.12.2006 – 13378/05, Rn. 57-59 – *Burden/Vereinigtes Königreich.*
60 EGMR 24.6.2010 – 30141/04, Rn. 98 ff. – *Kopf u. Schalk/Östereich,* m.Vw. auf den Ermessensspielraum der Vertragsstaaten (u. Rn. 12).
61 EGMR 7.11.2013 – 29381/09 (GK), Slg 13-VI Rn. 78 ff. – *Vallianatos ua/Griechenland.*
62 EGMR 16.7.2014 – 37359/09, Rn. 69 ff. – *Hämäläinen/Finnland.*
63 EGMR 22.12.2009 – 27996/06 (GK), Slg 09-VI Rn. 43 – *Sejdic u. Finci/Bosnien-Herzegowina.*
64 So *Dürig* in *Maunz/Dürig* (Grundwerk), Art. 3 Abs. 3 S. 1 Rn. 61, zitiert nach *Langenfeld* in *Maunz/Dürig,* GG, 76. EL 2015, Art. 3 Abs. 3 S. 1 Rn. 45.

22   **Rassendiskriminierung** ist besonders zu verurteilen. Die Konvention verlangt, dass die Behörden alle verfügbaren Mittel einsetzen, um sie zu bekämpfen und dazu beizutragen, dass Vielfalt nicht als Bedrohung, sondern als Reichtum verstanden wird. Eine unterschiedliche Behandlung, die ganz oder teilweise mit der ethnischen Herkunft einer Person begründet wird, kann in einer demokratischen Gesellschaft niemals gerechtfertigt sein.[65] Es kann aber in gewissen Grenzen notwendig sein, Gruppen unterschiedlich zu behandeln, um tatsächliche Ungleichheiten unter ihnen auszugleichen (→ Rn. 15).

23   **Gewaltanwendung aus rassistischen Gründen:** Der EGMR sieht sie als besonders schweren Angriff gegen die Menschenwürde. Er verlangt von den Mitgliedstaaten, sie mit allen zur Verfügung stehenden Mitteln zu bekämpfen. Insoweit ergeben sich aus Art. 14 iVm Art. 2 oder 3 **verfahrensrechtliche Pflichten.**[66] Wenn behauptet wird, dass eine Gewaltanwendung auf rassistischen Motiven beruht hat, erstreckt sich die **Ermittlungspflicht des Staates** aus Art. 2 (dort → Rn. 21 ff.) und 3 (dort → Rn. 14 ff.) insbesondere auf diese Frage. Eine Umkehr der Beweislast nimmt der EGMR aber nicht an, denn das würde bedeuten, dass der Staat das Fehlen subjektiver Motive bei den Tätern nachweisen müsste. Wird die Ermittlungspflicht aus Art. 2 oder 3 verletzt, stellt der EGMR neben der Verletzung dieser Artikel auch eine Verletzung von Art. 2 oder 3 iVm Art. 14 fest.[67] Die Grundsätze werden übertragen auf homophobe bzw. gegen eine Religion gerichtete Motive (o. → Rn. 19, u. → Rn. 27).

24   **Beweislast:** Bei einer überproportional häufigen Betroffenheit durch eine allgemeine Politik (→ Rn. 10) kann der Nachweis für den Bf. schwierig sein. Wenn er seine Rüge auf Statistiken stützt, kann das

---

65 Vgl. für den Fall der Ablehnung der Strafaussetzung zur Bewährung für eine Roma EGMR 25.3.2010 – 37193/07, Rn. 40 – *Pareskeva Todorova/Bulgarien;* vgl. auch EGMR 16.3.2010 – 15766/03 (GK), Slg 10-II – *Orsus ua/Kroatien* wegen Roma-Klassen in der Schule sowie EGMR 22.12.2009 – 27996/06 (GK), Slg 09-VI Rn. 43 f. – *Sejdic u. Finci/Bosnien-Herzegowina* wegen des Ausschlusses von Personen, die nicht zu den ‚konstituierenden' Ethnien des Staates zählen, von hohen Wahlämtern.

66 EGMR 16.2.2006 – 43233/98, Rn. 88 – *Osman/Bulgarien.*

67 EGMR 6.7.2005 – 43577/98, Slg 05-VII Rn. 157, 160 – 168 – *Nachova* ua/ *Bulgarien* (Art. 2 iVm Art. 14); EGMR 26.7.2007 – 55523/00 – *Angelova u. Illiev/Bulgarien* (Art. 2 u. 3 iVm Art. 14); EGMR 10.3.2009 – 44256/06 – *Turan Cakir/Belgien* (Art. 3 iVm 14); EGMR 10.6.2010 – 63106/00 – *Vasil Sashov Petrov/Bulgarien* (Art. 2 iVm Art. 14); EGMR 14.12.2010 – 44614/07 – *Milanović* (Art. 3 iVm Art. 14); EGMR 22.2.2011 – 24329/02 – *Soare* ua/*Rumänien* (Art. 2 u. 3 iVm Art. 14 geprüft, aber i.E. verneint); EGMR 24.7.2012 – 47159/08 – *B.S./Spanien* (Art. 3 iVm Art. 14); EGMR 2.10.2012 – 40094/05 – *Virabyan/Armenien* (Art. 3 iVm Art. 14); EGMR 11.3.2014 – 26827/08 – *Abdu/ Bulgarien* (Art. 3 iVm 14); EGMR 12.4.2016 – 64602/12 – *R.B./Ungarn* (Art. 3 iVm Art. 14 geprüft, aber i.E. verneint).

eine **widerlegbare Vermutung** begründen. Die Beweislast geht dann auf den Staat über, der beweisen muss, dass die unterschiedlichen Auswirkungen dieser Politik keine Diskriminierung darstellen.[68]

Verzicht auf das in Art. 14 geschützte Recht: Wenn der Betroffene   25
der diskriminierenden Behandlung zustimmt, ist ein Verzicht auf das Konventionsrecht möglich. Dieser muss aber eindeutig und in voller Kenntnis der Tatsachen erklärt sein, also auf der Grundlage eines **informierten Einverständnisses**. Ausgeschlossen ist ein Verzicht auf das Recht, nicht rassisch diskriminiert zu werden, denn das liefe einem öffentlichen Interesse zuwider.[69]

4. Sprache

Vgl. auch Art. 6 Abs. 3 lit. e. Im Belgischen Sprachenfall[70] hat der   26
Gerichtshof es als gerechtfertigt angesehen, **dass im schulischen Bereich die Sprache der Mehrheit vorgeschrieben wird.** Das muss dann – zumal im schulischen Bereich – erst recht für Migranten gelten.[71]

5. Religion

Art. 14 ist zB verletzt, bei **Weigerung einer Übertragung elterlicher**   27
Gewalt auf die Mutter im Wesentlichen deswegen, weil sie zu den Zeugen Jehovas gehört.[72] Im Fall unterlassenen Schutzes vor und unzureichender Aufklärung von Gewalttaten gegen religiöse Gruppen greifen die og (o. → Rn. 19, 23) Schutz-und Verfahrenspflichten aus Art. 2, 3 und 9 iVm Art. 14.[73]

6. Politische und sonstige Meinung

Vgl. → Art. 10 Rn. 44. Von Bedeutung sind Fälle von Berufsbe-   28
schränkungen oder Entlassungen wegen früherer Stasi- oder KGB-Tätigkeit (vgl. → Art. 10 Rn. 25 ff.).

---

68 EGMR 13.11.2007 – 57325/00 (GK), Slg 07-IV Rn. 189-195 – *D.H.* ua/*Tschechien* wegen Diskriminierung von Roma wegen Sonderschulen.
69 EGMR 13.11.2007 – 57325/00 (GK), Slg 07-IV Rn. 202-204 – *D.H.* ua/*Tschechien.*
70 EGMR 23.7.1968 – 1474/62, EGMR-E 1, 31 Rn. 33.
71 Ausf. und aus dem Blickwinkel des Art. 2 S. 1 ZP 1: *Langenfeld* in *Dörr/Grote/ Marauhn,* EMRK/GG-Konkordanzkommentar, 2. Aufl. 2013, Kap. 23 Rn. 26: „sprachliche[s] Territorialitätsprinzip".
72 EGMR 23.6.1993 – 12875/87– *Hoffmann/Österreich*: Verletzung von Art. 8 iVm Art. 14; vgl. auch EGMR 16.12.2003 – 64927/01, Slg 03-XII Rnn. 38-43 – *Palau-Martinez/Frankreich.*
73 EGMR 7.10.2014 – 28490/02 – *Begheluri* ua/*Georgien.*

7. Nationale Herkunft und soziale Herkunft, Vermögen

29 **Ausländerrecht:** Das Merkmal der nationalen Herkunft hängt eng mit dem der Rasse zusammen (o. → Rn. 21) und spielt im Ausländerrecht eine zentrale Rolle. Art. 16 erlaubt es, bestimmte Rechte der Ausländer (Art. 10, 11 und 14) zu beschränken. Der Staat ist auch grundsätzlich frei, die Einreise, den Aufenthalt und die Ausweisung von Ausländern zu regeln. Er kann Ausländer bestimmter Länder bei der Einreise bevorzugen,[74] solange das aus sachlichen Gründen und nicht deswegen geschieht, um eine rein rassistische Politik zu verfolgen.[75] Der Gerichtshof verlangt für eine unterschiedliche Behandlung nur wegen der Nationalität im Übrigen besonders gewichtige Rechtfertigungsgründe.[76] Im Falle Darby/Schweden[77] hat der Gerichtshof eine Verletzung von Art. 14 angenommen, weil dem Bf. eine Reduktion der Kirchensteuer mit der Begründung verweigert wurde, dass er nicht im Inland wohne; im Fall Okpicz/Deutschland[78], weil bei der Zahlung von Kindergeld zwischen Ausländern mit unbefristeter Aufenthaltsberechtigung und anderen unterschieden wurde. **Soziale Herkunft und Vermögen:** Während das Merkmal der sozialen Herkunft dem der Herkunft in Art. 3 Abs. 3 S. 1 GG entspricht,[79] handelt es sich bei dem des Vermögens um eine Besonderheit des Art. 14. Es spielt in der Rechtsprechung keine allzu große Rolle.[80]

8. Geburt

30 **Unterschiede zwischen ehelichen und nichtehelichen Kindern:** Diese können unter das Merkmal der Geburt subsumiert werden.[81] Sie haben in der Rechtsprechung eine große Rolle gespielt und zwar wegen des Verwandtschaftsverhältnisses zu dem Vater sowie zu den Verwandten der Mutter und wegen des **Erbrechts.**[82] **Die EMRK garantiert zwar kein Recht zu erben, die gesetzliche Erbfolge zwischen na-**

---

74 EGMR 18.2.1991 – 12313/86 – *Moustaquim/Belgien*: Zugehörigkeit zu einem bestimmten Rechtssystem.
75 EGMR 28.5.1985 – 9214/80, EGMR-E 3, 80 Rn. 84 – *Abdulaziz* ua/*Vereinigtes Königreich*.
76 EGMR 16.9.1996 – 17371/90, Slg 96-IV, Rn. 42, 46-50 – *Gaygusuz/Österreich*: Verweigerung von Unterstützungszahlungen in einer Notlage nach dem Arbeitslosenversicherungsgesetz wegen der Nationalität verletzt Art. 14.
77 EGMR 23.10.1990 – 11581/85 – *Darby/Schweden*.
78 EGMR 25.10.2005 – 59140/00 – *Okpicz/Deutschland*.
79 *Peters/König* in *Dörr/Grote/Marauhn*, EMRK/GG-Konkordanzkommentar, 2. Aufl. 2013, Kap. 21 Rn. 177.
80 *Peters/König* in *Dörr/Grote/Marauhn*, EMRK/GG-Konkordanzkommentar, 2. Aufl. 2013, Kap. 21 Rn. 188 mwN.
81 Vgl. zuletzt EGMR 7.2.2013 – 16574/08 (GK), Slg 13-I – *Fabris/Frankreich*.
82 Vgl. grundlegend EGMR 13.6.1979 – 6833/74 – *Marckx/Belgien*.

hen Verwandten fällt aber in den Anwendungsbereich von Art. 8 (→ Art. 8 Rn. 85).

Für eine unterschiedliche Behandlung eines nichtehelichen Kindes 31 müssen sehr gewichtige Gründe vorgebracht werden, sonst verstößt sie gegen Art. 14.[83] Eine Regelung, nach der eheliche Erben bei der Erbschaft an einem Bauernhof gegenüber nichtehelichen Kindern Vorrang haben, verletzt Art. 1 Zusatzprot. iVm Art. 14.[84] Sogar bei der Auslegung eines Testaments, das nicht zwischen leiblichen und adoptierten Kindern unterschied, hat der EGMR eine Diskriminierung angenommen.[85]

Beim **Sorgerecht** können Differenzierungen zwischen ehelichen und 32 nichtehelichen Vätern notwendig sein, weil die Interessenlage sehr unterschiedlich sein kann.[86] Im Allgemeinen aber können **nichteheliche Väter, die ein Familienleben mit ihren Kindern aufgenommen haben, gleiche Rechte wie eheliche Väter** beanspruchen.[87]

§ 1711 Abs. 2 BGB aF: Im Fall Elsholz/Deutschland[88] hat der Ge- 33 richtshof offengelassen, ob die Vorschrift auf ungerechtfertigte Weise zwischen Vätern nichtehelicher Kinder und geschiedenen Vätern unterschieden hat, weil im konkreten Fall die Anwendung der Vorschrift nicht zu einem anderen Ergebnis geführt hätte. Im Fall Sommerfeld hat der EGMR[89] eine Diskriminierung bei der Anwendung von § 1711 Abs. 2 BGB aF bejaht. Im Fall Zaunegger/Deutschland[90] hat der EGMR eine Verletzung von Art. 14 wegen unterschiedlicher Behandlung von Kindern nicht-verheirateter Väter und verheirateter Väter bei der gemeinsamen Sorge gem. **§ 1626 a Abs. 2 aF BGB** fest-

---

83 EGMR 28.10.1987 – 8695/79, EGMR-E 3, 693 – *Inze/Österreich*; EGMR 1.2.2000 – 34406/97, Slg 00-II Rn. 43 – *Mazurek/Frankreich*; EGMR 3.10.2000 – 28369/95, Slg 00-X Rn. 35– *Camp u. Bourimi/Niederlande*; EGMR 28.5.2009 – 3545/04, Rn. 40 – *Brauer/Deutschland* zur Diskriminierung durch das Nichtehelichengesetz und dazu *Leipold* ZEV 2009, 510; *Henrich* FamRZ 2009, 1293.
84 EGMR 28.10.1987 – 8695/79, EGMR-E 3, 693– *Inze/Österreich*.
85 EGMR 13.7.2004 – 69498/01, Slg 04-VIII – *Pla u. Puncernau/Andorra*: die Auslegung hätte nicht vor dem Hintergrund der Errichtungszeit des Testaments stattfinden dürfen, sondern so vorgenommen werden müssen, dass sie dem jetzt geltenden staatlichen Rechtssystem und der EMRK in der Auslegung durch den EGMR am besten entspricht; das geht sehr weit.
86 EGMR 24.2.1995 – 16424/90, Serie A, Bd. 307 Rn. 98 – *McMichael/Vereinigtes Königreich*.
87 EGMR 8.7.2003 – 30943/96 (GK), Slg 03-VIII Rn. 94 – *Sahin/Deutschland*; EGMR 19.7.2005 – 6638/03, Rn. 28 – *P.M./Vereinigtes Königreich* für Abzug von Unterhaltszahlungen von der Steuer.
88 EGMR 13.7.2000 – 25735/94 (GK), Slg 00-VIII Rn. 59 – *Elsholz/Deutschland*.
89 EGMR 8.7.2003 – 31871/96 (GK), Slg 03-VIII – *Sommerfeld/Deutschland*.
90 EGMR 3.12.2009 – 22028/04 – *Zaunegger/Deutschland*.

gestellt.[91] Ein vermuteter leiblicher Vater eines Kindes, mit dem er nie zusammengelebt hat, ist nicht in einer vergleichbaren Lage mit Vätern, deren Vaterschaft rechtlich anerkannt ist, oder mit Partnern, die mit Kindern lange in häuslicher Gemeinschaft gelebt haben.[92]

VI. Verhältnis zu anderen Vorschriften

34   Der Gerichtshof hält es idR nicht für erforderlich zu prüfen, ob auch Art. 14 verletzt ist, wenn er die Verletzung einer anderen Vorschrift der Konvention festgestellt hat.[93] Etwas anderes gilt dann, wenn eine Ungleichbehandlung bei der Ausübung des geltend gemachten Rechts einen wesentlichen Aspekt des Streitfalles ausmacht.[94] Das ist etwa der Fall, wenn Schutzpflichten in Bezug auf rassistisch o.ä. motivierten Gewalttaten nicht erfüllt werden (o. → Rn. 15, 19, 23, 27).

35   **Verhältnis zu Art. 1 Prot. 12:** Der EGMR stellt eine Verletzung von Art. 14 iVm einem anderen Art. fest und daneben eine Verletzung von Art. 1 Prot. 12.[95] Das ist schwer verständlich, denn Art. 1 Prot. 12 gibt weitergehende Garantien als Art. 14, weil er nicht akzessorisch ist (→ Rn. 3, 5). Er sollte deswegen Art. 14 vorgehen.

36   Wenn der Gerichtshof einen Eingriff nach den **Absätzen 2 von Art. 8 bis 11** für gerechtfertigt gehalten hat, haben die dafür maßgebenden Gründe häufig auch eine unterschiedliche Behandlung gerechtfertigt.[96]

37   Eine Diskriminierung kann auch **eine erniedrigende Behandlung** iSv Art. 3 sein (→ Art. 3 Rn. 22). Umgekehrt kann eine erniedrigende Behandlung in Form von rassistischer o.ä. Gewalttaten eine staatliche Diskriminierung bewirken, wenn staatliche Organe ihren Schutz- und Aufklärungspflichten nur unzureichend nachkommen (o. → Rn. 15, 19, 23, 27).

---

91 Dem ist BVerfGE 127, 132 aus Sicht des Art. 6 Abs. 2 GG beigetreten.
92 EGMR 18.3.2008 – 33375/03 – *Hülsmann/Deutschland.*
93 ZB EGMR 18.2.1999 – 24833/94, Slg 99-I Rn. 68– *Matthews/Vereinigtes Königreich*; EGMR 25.5.2000 – 46346/99 – *Günther-Noack* ua/*Deutschland*, die sog Horno-Entscheidung.
94 EGMR 29.4.1999 – 25088/94, Slg 99-III Rn. 89 – *Chassagnou* ua/*Frankreich.*
95 EGMR 22.12.2009 – 27996/06 (GK), Slg 09-VI – *Sejdic u. Finci/Bosnien-Herzegowina.*
96 ZB EGMR 20.5.1999 – 25390/94, Slg 99-III Rn. 68 – *Rekvenyi/Ungarn*; EGMR 27.6.2000 – 27417/95, Slg 00-VII Rn. 87 – *Cha'are Shalom Ve Tsedek/Frankreich.*

VII. Anträge

Wegen der Akzessorietät von Art. 14 (o. → Rn. 5) wird die Feststel-   38
lung beantragt, dass Art. 14 iVm einer anderen materiellen Vorschrift verletzt ist, zB Art. 14 iVm Art. 8. Wegen der gerechten Entschädigung nach Art. 41 ergeben sich keine Besonderheiten (vgl. die
Bemerkungen zu Art. 41).

Artikel 15 Abweichen im Notstandsfall

(1) Wird das Leben der Nation durch Krieg oder einen anderen öffentlichen Notstand bedroht, so kann jede Hohe Vertragspartei Maßnahmen treffen, die von den in dieser Konvention vorgesehenen Verpflichtungen abweichen, jedoch nur, soweit es die Lage unbedingt erfordert und wenn die Maßnahmen nicht in Widerspruch zu den sonstigen völkerrechtlichen Verpflichtungen der Vertragspartei stehen.

(2) Aufgrund des Absatzes 1 darf von Artikel 2 nur bei Todesfällen
infolge rechtmäßiger Kriegshandlungen und von Artikel 3, Artikel 4
Absatz 1 und Artikel 7 in keinem Fall abgewichen werden.

(3) ¹Jede Hohe Vertragspartei, die dieses Recht auf Abweichung ausübt, unterrichtet den Generalsekretär des Europarats umfassend über
die getroffenen Maßnahmen und deren Gründe. ²Sie unterrichtet den
Generalsekretär des Europarats auch über den Zeitpunkt, zu dem
diese Maßnahmen außer Kraft getreten sind und die Konvention wieder volle Anwendung findet.

I. Allgemeines

Aufbau: Abs. 1 erlaubt Konventionsstaaten, von bestimmten Kon-   1
ventionsrechten in ganz besonderen Ausnahmezuständen abzuweichen. Eingeschränkt wird diese Erlaubnis in Abs. 1 durch einen **Erforderlichkeitsvorbehalt** („jedoch nur, soweit es die Lage unbedingt
erfordert"; „to the extent strictly required by the exigencies of the situation"; „dans la stricte mesure où la situation l'exige"). **Abs. 2 verbietet Abweichungen von Art. 3** (Verbot der Folter), **Art. 4 Abs. 1**[1]
(Verbot der Sklaverei und Leibeigenschaft) **und Art. 7** (keine Strafe
ohne Gesetz) und definiert damit ein **„notstandsfestes Minimum".**[2]
Von **Art. 2** (Recht auf Leben) darf nur bei Todesfällen in Folge recht-

---

1 Soweit der EGMR ausführt, Art. 4 sei insgesamt notstandsfest, zB EGMR
  7.1.2010 – 25965/04, Slg 10-I Rn. 283 – *Rantsev/Zypern und Rußland*, erscheint
  dies angesichts des eindeutigen Wortlauts von Art. 15 Abs. 2 zweifelhaft.
2 *Menzel* DÖV 1968, 1 (2).

mäßiger Kriegshandlungen abgewichen werden. **Prot. Nr. 6**[3] (Verbot der Todesstrafe) schließt Abweichungen nach Art. 15 in seinem Art. 3 aus, erlaubte den Konventionsstaaten aber in Art. 2, die Todesstrafe für Taten vorzusehen, die in Kriegszeiten oder bei unmittelbarer Kriegsgefahr begangen werden. Prot. Nr. 6 wiederum wird modifiziert durch **Prot. Nr. 13**[4] (Verbot der Todesstrafe auch in Kriegszeiten), das Abweichungen nach Art. 15 in seinem Art. 2 ausschließt. **Abs.** 3 macht Vorgaben für das Verfahren und enthält namentlich die Pflicht, den Generalsekretär oder die Generalsekretärin des Europarats über Abweichungen und die getroffenen Maßnahmen zu unterrichten.

2   Art. 15 macht die Verbindung mit dem **humanitären Völkerrecht** deutlich.[5] Die von Art. 15 eröffnete Möglichkeit der teilweisen Derogation verdeutlicht, dass die Konvention im Grundsatz auch in Kriegs- und Notstandszeiten Geltung beansprucht.[6] Vorbild für Art. 15 ist **Art. 4 Zivilpakt.**[7]

II. Voraussetzungen

1. Krieg oder Notstand

3   Der Wortlaut von Art. 15 Abs. 1, wonach von Konventionsverpflichtungen nur abgewichen werden darf, wenn das Leben der Nation durch Krieg oder durch einen anderen öffentlichen Notstand bedroht wird, verdeutlicht, dass der öffentliche **Notstand dem Kriegszustand zumindest vergleichbar** sein muss. Die Schwelle ist höher als für den das Leben der Gemeinschaft bedrohenden Notstand in Art. 4 Abs. 3 lit. c. Der Fall eines Krieges hat bisher keine Rolle gespielt. Weder im Afghanistankonflikt (2001-2002) noch im Zweiten Irakkrieg

---

3 Prot. Nr. 6 vom 28.4.1983 ist nach fünf Ratifikationen (vgl. Art. 8 Abs. 1 Prot. Nr. 6) am 1.3.1985 in Kraft getreten. Bis auf Russland ist das Protokoll zwischenzeitlich von allen Konventionsstaaten ratifiziert worden (zuletzt von Monaco am 30.11.2005), vgl. die Chart of signatures and ratifications des Treaty Office im Internet.
4 Prot. Nr. 13 vom 3.5.2002 ist nach zehn Ratifikationen (vgl. Art. 7 Abs. 1 Prot. Nr. 13) am 1.7.2003 in Kraft getreten. Das Protokoll ist von Aserbaidschan und Russland nicht unterzeichnet und von Armenien bislang nicht ratifiziert worden, vgl. die Chart of signatures and ratifications des Treaty Office im Internet.
5 *Heintze* ZRP 2000, 506 (507).
6 *Lippold* ZaöRV 2016, 53 (59).
7 Internationaler Pakt über bürgerliche und politische Rechte vom 16.12.1966, in Kraft getreten am 23.3.1976, UNTS 999, 171. Vgl. dazu auch die Ausführungen des Gerichtshofs in EGMR 19.2.2009 – 3455/05 (GK), Rn. 109 f. – *A. ua/Vereinigtes Königreich.*

(2003-2004) wurden Erklärungen unter Art. 15 (oder Art. 4 Zivil-pakt) abgegeben.[8]

In *Hassan/Vereinigtes Königreich*[9] hat der EGMR bestätigt, dass es   4
**in internationalen bewaffneten Konflikten keiner formalen Derogati-
onserklärung** bedarf, um Personen gemäß der Dritten und Vierten
Genfer Konvention[10] zu internieren, ohne dabei an die strikten Vorgaben von Art. 5 Abs. 1 gebunden zu sein. Art. 5 bleibe in internationalen bewaffneten Konflikten zwar anwendbar, müsse aber im Lichte
der Normen des humanitären Völkerrechts interpretiert werden.[11]
Faktisch ist Art. 5 damit im Konfliktfall außer Kraft gesetzt.[12]

Zu den Konventionsstaaten, die sich auf das Vorliegen eines Not-   5
stands berufen haben, zählen zB[13] Irland[14] und das Vereinigte Königreich[15] im Nordirlandkonflikt,[16] Griechenland nach dem Militär-
putsch im April 1967,[17] die Türkei 1990 im Konflikt mit der PKK[18]
und das Vereinigte Königreich nach den Terroranschlägen vom
11.9.2001.[19] Die Ukraine hat am 5.6.2015 wegen der Krimkrise eine
Erklärung gem. Art. 15 abgegeben.[20] Nach den Terroranschlägen in
Paris am 13.11.2015 hat Frankreich am 24.11.2015 den Generalse-

---

8 Vgl. *Els Debuf*, Captured in War: Lawful Internment in Armed Conflict, 2013, zitiert nach EGMR 16.9.2014 – 29750/09 (GK), Rn. 42 – *Hassan/Vereinigtes Königreich*; zum Kriegsvölkerrecht vgl. EGMR 17.5.2010 – 36376/04 (GK), Slg 10-IV S. 35 – *Kononov/Lettland*.

9 EGMR 16.9.2014 – 29750/09 (GK) – *Hassan/Vereinigtes Königreich*.

10 Genfer Abkommen (III) über die Behandlung der Kriegsgefangenen vom 12.8.1949, UNTS 75, 135; Genfer Abkommen (IV) über den Schutz von Zivil-personen in Kriegszeiten vom 12.8.1949, UNTS 75, 287.

11 EGMR 16.9.2014 – 29750/09 (GK), Rn. 103 ff. – *Hassan/Vereinigtes König-reich*.

12 Vgl. dazu die abweichende Meinung der Judges Spano, Nicolaou, Bianku und Kalaydjieva unter VI in EGMR 16.09.2014 – 29750 (GK) – *Hassan/Vereinigtes Königreich*.

13 Siehe dazu auch EGMR, Factsheet - Derogation in time of emergency, Juli 2016, abrufbar auf der Internetseite des EGMR www.echr.coe.int; eine vollständige Liste findet sich auf der Internetseite der Europarats www.coe.int/en/web/ conventions/search-on-reservations-and-declarations/-/conventions/declarations/ results.

14 Vgl. EGMR 1.7.1961 – 332/57, Slg A-3 Rn. 17 – *Lawless/Irland (Nr. 3)*.

15 Vgl. EGMR 18.1.1978 – 5310/71 (Plenary), Slg A-25 Rn. 79 – *Irland/Vereinig-tes Königreich*.

16 Vgl. dazu und zu den Derogationserklärungen des Vereinigten Königreichs be-treffend die überseeischen Besitzungen *Menzel* DÖV 1968, 1 (3); zu den Dero-gationserklärungen des Vereinigten Königreichs im Nordirlandkonflikt EGMR 18.1.1978 – 5310/71 (Plenary), Slg A-25 Rn. 79 – *Irland/Vereinigtes Königreich*.

17 Vgl. EKMR 5.11.1969 – 3321/67, 3322/67, 3323/67, 3344/67 Commission's Report – *Dänemark ua/Griechenland*.

18 Vgl. EGMR 18.12.1996 – 21987/93, Slg 96-VI Rn. 70 – *Aksoy/Türkei*.

19 Vgl. EGMR 19.2.2009 – 3455/05 (GK), Slg 09-II Rn. 175 ff. – *A. ua/Vereinigtes Königreich*; die Maßnahmen sind am 14.3.2005 außer Kraft getreten.

20 Vgl. die Nachweise auf der Internetseite des Treaty Office des Europarats, www.conventions.coe.int.

kretär des Europarats gem. Art. 15 Abs. 3 S. 1 unter Hinweis auf das beigefügte Gesetz über Notstandsmaßnahmen informiert[21] und am 25.2., 25.5. und 22.7.2016 jeweils die Verlängerung des Notstands mitgeteilt.[22] Zuletzt hat die Türkei nach dem Putschversuch am 15.7.2016 am 21.7.2016 eine Erklärung gem. Art. 15 abgegeben.[23] Deutschland hat noch nie eine Derogationserklärung abgegeben.

6   Nachdem es in *Lawless/Irland* noch den Anschein hatte, die bloße Behauptung des Konventionsstaats, dass die Voraussetzungen von Art. 15 Abs. 1 vorliegen, könne genügen[24], hat der EGMR in *A. ua/ Vereinigtes Königreich*[25] die von der Kommission im Griechenland-fall aufgestellten Kriterien[26] übernommen, anhand derer er **über-prüft, ob ein Notstand vorliegt.** Ein solches nicht nur formales Nach-prüfungsrecht ist nicht selbstverständlich, handelt es sich bei der Fra-ge, ob ein Notstand vorliegt doch um eine innerstaatliche Frage poli-tischer Natur.[27]

7   Der EGMR hat für das Vorliegen eines Notstands folgende **vier Vor-aussetzungen** aufgestellt:[28] 1. **Der Notstand muss bestehen oder un-mittelbar bevorstehen,** es muss eine außerordentliche und unmittel-bar drohende Krisen- und Gefahrensituation bestehen. Anders als die Auslegung der Derogationsnorm im Zivilpakt (→ Rn. 2) durch den UN-Menschenrechtsausschuss muss der Notstand nicht zeitlich be-grenzt sein („temporary nature").[29] Er muss 2. **Auswirkungen auf die gesamte Nation** haben, nicht aber das gesamte Staatsgebiet be-

---

21 Siehe die Pressemitteilung des Generalsekretärs vom 25.11.2015, https://go.coe.i
    nt/T9hFs.
22 Siehe EGMR, Factsheet - Derogation in time of emergency, Juli 2016, Fn. 4.
23 Siehe die Mitteilung des Generalsekretärs vom 22.7.2016, https://go.coe.int/iiuh
    W; siehe auch EGMR, Factsheet - Derogation in time of emergency, Juli 2016,
    Fn. 5.
24 EGMR 1.7.1961 – 332/57, Slg A-3 – *Lawless/Irland (Nr. 3)*; krit. dazu *Ashauer*
    AVR 2007, 400 (418).
25 EGMR 19.2.2009 – 3455/05 (GK), Slg 09-II Rn. 176 – *A. ua/Vereinigtes König-
    reich*.
26 EKMR 5.11.1969 – 3321/67, 3322/67, 3323/67, 3344/67 Commission's Re-
    port Rn. 113 – *Dänemark ua/Griechenland*.
27 Vgl. dazu *Wurst* JZ 1967, 483 (484); *Menzel* DÖV 1968, 1 (6 f.).
28 So in Anlehnung an die EKMR im Griechenlandfall (Fn. 17) EGMR 19.2.2009
    – 3455/05 (GK), Slg 09-II Rn. 175 ff. – *A. ua/Vereinigtes Königreich*.
29 EGMR 19.2.2009 – 3455/05 (GK), Slg 09-II Rn. 178 – *A. ua/Vereinigtes König-
    reich*.

treffen,[30] und 3. eine **Bedrohung für das organisierte Gemeinschaftswesen** darstellen, ohne dass zwingend staatliche Institutionen gefährdet sein müssten.[31] Der Ausnahmecharakter muss 4. derart sein, dass **nach der Konvention zulässige, normale Maßnahmen oder Einschränkungen eindeutig unzureichend** sind, um die Sicherheit, die Gesundheit und die öffentliche Ordnung zu gewährleisten.[32] Im Nordirlandkonflikt hat der EGMR einen solchen Notstand angenommen,[33] ebenso hinsichtlich des Südostens der Türkei[34] und nach den Anschlägen vom 11.9.2001 in den USA wegen der Gefahr terroristischer Anschläge auch im Vereinigten Königreich.[35]

Es ist anerkannt, dass die Konventionsstaaten bei der Frage, ob ein Notstand gegeben ist, einen weiten **Beurteilungsspielraum** haben. Zunächst ist es Sache des Staates zu entscheiden, ob ihn ein öffentlicher Notstand bedroht und, wenn das der Fall ist, was er dagegen unternehmen muss. Die staatlichen Behörden stehen unmittelbar und fortlaufend mit den realen Verhältnissen und Bedürfnissen in Verbindung, die zur relevanten Zeit bestehen; sie sind deswegen grundsätzlich besser in der Lage als ein internationales Gericht, über das Bestehen eines solchen Notstands und das Ausmaß der erforderlichen Maßnahmen zu befinden. Der Beurteilungsspielraum ist jedoch nicht unbegrenzt, sondern geht einher mit der **Kontrolle durch den Gerichtshof**, die sich insbesondere bei der Notwendigkeit der Maßnahme auswirkt.[36]

8

---

30 Vgl. EGMR 26.5.1993 – 14553/89, 14554/89 (Plenary), Slg A 258-B Rn. 45 – *Brannigan u. McBride/Vereinigtes Königreich* (Notstand in Nordirland); EGMR 18.12.1996 – 21987/93, Slg 96-VI Rn. 70 – *Aksoy/Türkei* (Notstand in der Südost-Türkei); EGMR 26.11.1997 – 23878/94, 23879/94, 23880/94, 23881/94, 23882/94, 23883/94, Slg 97-VII Rn. 39 – *Sakik ua/Türkei* (Abweichungen in anderen als den in der Erklärung nach Art. 15 Abs. 3 genannten Regionen nicht zulässig).
31 EGMR 19.2.2009 – 3455/05 (GK), Slg 09-II Rn. 179 – *A. ua/Vereinigtes Königreich*.
32 EKMR 5.11.1969 – 3321/67, 3322/67, 3323/67, 3344/67 Commission's Report Rn. 113 – *Dänemark ua/Griechenland*; EGMR 19.2.2009 – 3455/05 (GK), Slg 09-II Rn. 176 – *A. ua/Vereinigtes Königreich*; noch nicht so deutlich EGMR 1.7.1961 – 332/57, Slg A-3 Rn. 28 – *Lawless/Irland (Nr. 3)*.
33 EGMR 1.7.1961 – 332/57, Slg A-3 Rn. 28 – *Lawless/Irland (Nr. 3)*; EGMR 18.1.1978 – 5310/71 (Plenary), Slg A-25 Rn. 205 – *Irland/Vereinigtes Königreich*.
34 EGMR 18.12.1996 – 21987/93, Slg 96-VI Rn. 69 f. – *Aksoy/Türkei*.
35 EGMR 19.2.2009 – 3455/05 (GK), Slg 09-II Rn. 181 – *A. ua/Vereinigtes Königreich*.
36 EGMR 18.1.1978 – 5310/71 (Plenary), Slg A-25 Rn. 207 – *Irland/Vereinigtes Königreich*; EGMR 18.12.1996 – 21987/93, Slg 96-VI Rn. 68 – *Aksoy/Türkei*; EGMR 19.2.2009 – 3455/05 (GK), Slg 09-II Rn. 173, 180 – *A. ua/Vereinigtes Königreich*; vgl. auch *Krieger* DVBl 2009, 1469 (1472 f.).

2. Notwendigkeit der Maßnahmen

9 Der Konventionsstaat darf unter den engen Voraussetzungen von
Art. 15 und unter Berufung darauf Regelungen treffen, die von Konventionsgarantien abweichen. Die Abweichung muss **unbedingt notwendig** sein. Dieser Erforderlichkeitsvorbehalt (→ Rn. 1) spiegelt den
Verhältnismäßigkeitsgrundsatz wider, der staatlichen Eingriffen in individuelle Rechte Grenzen setzt.[37] Die Verhältnismäßigkeit der Maßnahmen wird deshalb besonders geprüft; auch insofern räumt der
EGMR den Konventionsstaaten allerdings einen **weiten Beurteilungsspielraum** ein,[38] auch wenn der Wortlaut von Art. 15 Abs. 1 eine
deutlich strengere Verhältnismäßigkeitsprüfung fordert, als der ge-
wöhnliche Beeinträchtigungsstandard der Konvention.[39] Notwendig
ist eine Maßnahme dann, wenn sie eine **echte Reaktion** („genuine re-
sponse") auf die Notstandslage ist, durch deren besondere Umstände
voll gerechtfertigt wird und **angemessene Sicherungen** gegen Missbrauch („adequate safeguards against abuse") vorhanden sind.[40] Der
Gerichtshof berücksichtigt dabei Faktoren wie die **Natur der Rechte,
von denen abgewichen wird,** die **Dauer des Notstands** und die Umstände, die ihn verursacht haben.[41] Sind in der Erklärung nach
Abs. 3 S. 1 (→ Rn. 11 f.) Ausnahmen nur für bestimmte Gebiete genannt, sind Abweichungen von Konventionsgarantien in anderen Regionen nicht notwendig im Sinne von Abs. 1.[42] Auch wenn die Dauer
der Ausnahmemaßnahmen bei der Beurteilung der Notwendigkeit
eine Rolle spielt, erkennt der EGMR an, dass ein Notstand lange andauern kann, wie zB in Nordirland. Hat das oberste nationale Gericht festgestellt, dass die ergriffenen Maßnahmen nicht unbedingt
erforderlich waren, weicht der EGMR davon nur ab, wenn Art. 15

---

37 Vgl. UN Human Rights Committee (HRC), CCPR General Comment No. 29,
31.8.2001, CCPR/C/21/Rev. 1/Add.11, Ziff. 4.

38 Vgl. nur EGMR 19.2.2009 – 3455/05 (GK), Slg 09-II Rn. 184 – *A. ua/Vereinig-
tes Königreich.*

39 *Ashauer* AVR 2007, 400 (417 f.); vgl. auch das zustimmende Sondervotum von
Judge Martens in EGMR 26.5.1993 – 14553/89, 14554/89 (Plenary), Slg A
258-B Rn. 45 – *Brannigan u. McBride/Vereinigtes Königreich*; sa EGMR
7.12.1976 – 5493/72, Slg A-24 Rn. 48 – *Handyside/Vereinigtes Königreich*; zum
Beurteilungsspielraum im Rahmen von Art. 15 sa *O'Boyle* HRLJ 1998, 23.

40 EGMR 19.2.2009 – 3455/05 (GK), Slg 09-II Rn. 184 – *A. ua/Vereinigtes Königs-
reich*; sa EGMR 10.7.2001 – 41571/98 – *Marshall/ Vereinigtes Königreich*; vgl.
auch EGMR 18.12.1996 – 21987/93, Slg 96-VI Rn. 83 – *Aksoy/Türkei:* Fehlender (anwaltlicher) Beistand gekoppelt mit fehlender gerichtlicher Kontrolle führt
dazu, dass Gefangene dem Gefängnispersonal ausgeliefert sind.

41 EGMR 26.5.1993 – 14553/89, 14554/89 (Plenary), Slg A 258-B Rn. 43 – *Brannigan u. McBride/Vereinigtes Königreich*; EGMR 18.12.1996 – 21987/93, Slg
96-VI Rn. 68 – *Aksoy/Türkei:* nicht notwendig, Bf. 14 Tage ohne richterliche
Kontrolle in Einzelhaft zu halten (Rn. 78, 84).

42 EGMR 26.11.1997 – 23878/94, 23879/94, 23880/94, 23881/94, 23882/94,
23883/94, Slg 97-VII Rn. 39 – *Sakik ua/Türkei.*

oder die Rechtsprechung dazu falsch ausgelegt oder angewendet wurden oder die Entscheidung offensichtlich unangemessen ist.[43]

3. Übereinstimmung mit sonstigen völkerrechtlichen Verpflichtungen

Maßnahmen nach Abs. 1 dürfen nicht im Widerspruch zu den sonsti- 10 gen völkerrechtlichen Verpflichtungen des Konventionsstaats stehen. Hier kann insbesondere **Art. 4 Zivilpakt** (→ Rn. 2) von Bedeutung sein, der eine **amtliche Verkündung des Notstands** erfordert. Der Gerichtshof hat dafür eine Erklärung der Regierung an das Parlament ausreichen lassen.[44]

4. Unterrichtung (Abs. 3)

Der Generalsekretär oder die Generalsekretärin des Europarats muss 11 **ausreichend und rechtzeitig informiert werden**; andernfalls findet Art. 15 keine Anwendung.[45] Die Informationspflicht gilt nicht nur für den **Beginn** des Notstands (S. 1), sondern auch für die **Beendigung** der getroffenen Maßnahmen (S. 2). Genaue Vorgaben für diese Informationspflichten enthält Art. 15 Abs. 3 nicht, weder zum Zeitpunkt noch zum Inhalt. Die verfahrensrechtliche Pflicht nach S. 1 soll eine Überprüfung der Erklärung ermöglichen und vermeiden, dass sich Konventionsstaaten *ex post* in Verfahren vor dem Gerichtshof auf eine Derogation berufen.[46] Der Gerichtshof nimmt auch insofern ein Prüfungsrecht für sich in Anspruch.[47]

Zeitlich wird eine Unterrichtung nach S. 1 „ohne vermeidbare Verzö- 12 gerung" („without any avoidable delay")[48] bzw. „unverzüglich" („without delay")[49] verlangt. Der Gerichtshof hat es für ausreichend erachtet, dass der Generalsekretär nach 12 Tagen über das erlassene Gesetz mit Begründung informiert wurde;[50] die EKMR hat eine Un-

---

43 EGMR 19.2.2009 – 3455/05 (GK), Slg 09-II Rn. 174, 178 – *A. ua/Vereinigtes Königreich*.
44 EGMR 26.5.1993 – 14553/89, 14554/89 (Plenary), Slg A 258-B Rn. 73 – *Brannigan u. McBride/Vereinigtes Königreich*.
45 EKMR 4.10.1983 – 8007/77 Commission's Report Rn. 67 – *Zypern/Türkei*.
46 *Lippold* ZaöRV 2016, 53 (89).
47 EGMR 18.1.1978 – 5310/71 (Plenary), Slg A-25 Rn. 223 – *Irland/Vereinigtes Königreich*; EGMR 18.12.1996 – 21987/93, Slg 1996-VI Rn. 86 – *Aksoy/ Türkei*.
48 EKMR 26.9.1958 – 176/56 Commission's Report I Rn. 158 – *Griechenland/ Vereinigtes Königreich*; soweit dort von „unavoidable delay" gesprochen wird, ist das offensichtlich ein Fehler.
49 EGMR 1.7.1961 – 332/57, Slg A 3 Rn. 47 – *Lawless/Irland (Nr. 3)*.
50 EGMR 1.7.1961 – 332/57, Slg A 3 Rn. 47 – *Lawless/Irland (Nr. 3)*.

terrichtung erst nach drei[51] bzw nach vier Monaten[52] als verspätet angesehen. Diesen Anforderungen genügen die letzten Erklärungen unter Art. 15: Frankreich informierte den Generalsekretär zehn Tage, die Türkei einen Tag nach der Erklärung des Notstands. **Inhaltlich** müssen mit Blick auf Art. 33 (Staatenbeschwerde) und Art. 34 (Individualbeschwerde) sowohl die anderen Konventionsstaaten als auch der Gerichtshof aufgrund der Information in der Lage sein, Art und Ausmaß der Derogation einschätzen zu können[53]; dasselbe gilt für die Mitteilung gem. Abs. 3 S. 2.[54] Eine ausreichende Unterrichtung hat der Gerichtshof darin gesehen, dass der Erklärung das entsprechende nationale Gesetz beigefügt war.[55] Dementsprechend hat Frankreich den Informationsschreiben jeweils den Gesetzestext beigefügt (→ Rn. 5); die Türkei hat drei Tage nach der Erklärung gem. Art. 15 Informationen über die getroffenen Maßnahmen vorgelegt[56] sowie nachfolgend den Text der Notstandsverordnung vom 31.7.2016.[57]

Artikel 16 Beschränkung der politischen Tätigkeit ausländischer Personen

Die Artikel 10, 11 und 14 sind nicht so auszulegen, als untersagten sie den Hohen Vertragsparteien, die politische Tätigkeit ausländischer Personen zu beschränken.

I. Allgemeines

1   Art. 1 verpflichtet die Konventionsstaaten, die Konventionsrechte "allen ihrer Hoheitsgewalt unterstehenden Personen" zuzusichern. Art. 14 verbietet eine Diskriminierung ua wegen der Rasse, der Hautfarbe, der Sprache und der nationalen Herkunft. Diese Vorschriften zeigen deutlich, **dass sich der Grundrechtsschutz nach der**

---

51 EKMR 26.9.1958 – 176/56 Commission's Report I Rn. 158 – *Griechenland/ Vereinigtes Königreich.*
52 EKMR 5.11.1969 – 3321/67, 3322/67, 3323/67, 3344767, Commission's Report Rn. 45 f. – *Dänemark ua/Griechenland.*
53 So bereits im ersten Fall einer Abweichung nach Art. 15: EKMR 26.9.1958 – 176/56 Commission's Report I Rn. 158 – *Griechenland/Vereinigtes Königreich.*
54 Vgl. EGMR 29.11.1988 – 1209/84, 11234/84, 11266/84, 11386/85 (Plenary), Slg A 145-B Rn. 48 – *Brogan ua/Vereinigtes Königreich.*
55 Vgl. EGMR 1.7.1961 – 332/57, Slg A 3 Rn. 47 – *Lawless/Irland (Nr. 3)*; siehe dazu auch schon EKMR 26.9.1958 – 176/56 Commission's Report I Rn. 158 – *Griechenland/Vereinigtes Königreich.*
56 EGMR, Factsheet - Derogation in time of emergency, Juli 2016, Fn. 5 mwN.
57 http://www.coe.int/en/web/conventions/search-on-reservations-and-declarations/ -/conventions/declarations/results.

Konvention auf alle Personen, also auch auf Ausländer bezieht. Von diesem Grundsatz gibt es **einige Ausnahmen** in Regelungen, die zwischen Staatsangehörigen und Ausländern unterscheiden. Dazu zählt insbesondere Art. 16, vgl. aber auch Art. 2 bis 4 Prot. Nr. 4 über die Freizügigkeit, das Verbot der Ausweisung eigener Staatsangehöriger und der Kollektivausweisung ausländischer Personen sowie Art. 1 Prot. 7 über verfahrensrechtliche Schutzvorschriften für die Ausweisung von Ausländern. Ein Vorbild für die Regelung von Art. 16 gibt es in der Allgemeinen Erklärung der Menschenrechte nicht. Auch der Internationale Pakt für bürgerliche und politische Rechte weist keine vergleichbare Regelung auf. Allgemein wird die Bestimmung daher auch als anachronistisch angesehen.[1] Die Parlamentarische Versammlung des Europarats hatte sogar bereits 1977 das Ministerkomitee zur Prüfung der Abschaffung der Konventionsbestimmung aufgefordert.[2]

Die praktische Bedeutung von Art. 16 in der Rechtsprechung des Gerichtshofs ist gering. Die Leitentscheidung ist die Sache Piermont/Frankreich.[3] Die Bf. war eine Deutsche, die Mitglied des Europäischen Parlaments war und sich darüber beschwerte, dass sie in ihrer Meinungsfreiheit durch französische Behörden in Polynesien und Neu-Kaledonien beschränkt worden sei, nachdem sie an einer Demonstration gegen Atomversuche teilgenommen hatte. Der Gerichtshof hat entschieden, dass Art. 16 auf die Bf., die Staatsangehörige eines Mitgliedstaats der EU und Mitglied des Europäischen Parlaments sei, nicht angewendet werden könne. Die Ausführungen zur seinerzeit noch nicht in Kraft befindlichen Unionsbürgerschaft lassen erkennen, dass über Art. 20 AEUV eine Anwendung von Art. 16 EMRK auf Unionsbürger ausgeschlossen ist.

II. Zulässige Beschränkungen

Nur die ausdrücklich genannten Garantien in Art. 10 (Freiheit der Meinungsäußerung), Art. 11 (Versammlungs- und Vereinigungsfreiheit) und Art. 14 (Diskriminierungsverbot) dürfen beschränkt werden, nicht jedoch andere Rechte. Überdies ist eine Beschränkung nur wegen der politischen Tätigkeit von Ausländern zulässig (vgl. Art. 18). Insoweit entspricht die Vorschrift dem herkömmlichen Völ-

---

1   *Ehlers*, in: *Ehlers*, Europäische Grundrechte und Grundfreiheiten, 4. Aufl. 2014, § 2 Rn. 61; *Frowein*, in: *Frowein/Peukert*, EMRK-Kommentar, 3. Aufl. 2009, Art. 16 Rn. 1; *Mensching*, in: *Karpenstein/Mayer*, EMRK, 2012, Art. 16 Rn. 1.
2   Recommendation 799 <1977>.
3   EGMR v. 27.4.1995 – 15773/89, Serie A, Bd. 314, S. 24 Rn. 62 ff. – Piermont/Frankreich = InfAuslR 1996, 45.

kerrecht. Einschränkungen sind nur möglich für Ausländer, nach dem Urteil in der Sache Piermont (oben → Rn. 2) möglicherweise nicht bei Staatsangehörigen der Mitgliedsstaaten der EU. Ein sachlicher Grund für die Ungleichbehandlung im Sinne von Art. 14 ist wegen der Rechte aus Art. 10 und Art. 11 nach der ausdrücklichen Vorschrift in Art. 16 nicht notwendig. Die Einschränkungen der Konventionsrechte aus den Art. 10, 11 und 14 über Art. 16 sind nur zur Vermeidung außenpolitischer Konflikte zulässig,[4] was wiederum vom Gerichtshof nach Maßgabe von Art. 18 überprüft werden kann.

Artikel 17   Verbot des Missbrauchs der Rechte

Diese Konvention ist nicht so auszulegen, als begründe sie für einen Staat, eine Gruppe oder eine Person das Recht, eine Tätigkeit auszuüben oder eine Handlung vorzunehmen, die darauf abzielt, die in der Konvention festgelegten Rechte und Freiheiten abzuschaffen oder sie stärker einzuschränken, als es in der Konvention vorgesehen ist.

I. Allgemeines

1   Der EGMR versteht diese Bestimmung im Einklang mit der nach Schaffung der Konvention eingefügten Überschrift[1] als auf die Konventionsrechte bezogenes **Missbrauchsverbot**, insbesondere zu totalitären Zwecken.[2] Vorschriften mit vergleichbarer Zielsetzung finden sich in Art. 5 Abs. 1 des Internationalen Pakts über bürgerliche und politische Rechte bzw. des Internationalen Pakts über wirtschaftliche, soziale und kulturelle Rechte sowie in Art. 9 Abs. 2, Art. 18 und Art. 21 Abs. 2 GG.

II. Inhalt von Artikel 17

2   Art. 17 EMRK wurde in der Rechtsprechung des EGMR wie auch in der Spruchpraxis der früheren EKMR teils schon zur **Begrenzung des Schutzbereichs** einschlägiger Konventionsgewährleistungen teils erst auf **Ebene der Eingriffsrechtfertigung** im Rahmen der Abwägung herangezogen; eine in sich geschlossene ständige Rechtsprechung des

---

4 *Frowein*, in: *Frowein/Peukert*, EMRK-Kommentar, 3. Aufl. 2009, Art. 16 Rn. 4.
1 Vgl. *Mensching* in: *Karpenstein/Mayer*, EMRK-Kommentar, 2. Aufl. 2015, Art. 17 Rn. 10; näher zur Entstehungsgeschichte der Vorschrift *Le Mire* in: *Pettiti/ Decaux/Imbert*, La Convention européenne des droits de l'homme, Kommentar, 2. Aufl. 1999, Art. 17, S. 509 ff.
2 Vgl. zuletzt etwa EGMR 6.1.2011 – 34932/04 (GK), insoweit nicht abgedruckt in Slg 2011/I, 1 Rn. 87 – *Paksas/Litauen*.

EGMR ist insoweit ebenso wenig erkennbar, wie eine systematische Ableitung der unterschiedlichen dogmatischen Verortung des Art. 17 EMRK.[3] Der EGMR verweist jedoch in seiner jüngeren Rechtsprechung darauf, dass ein Ausschluss von der Berufung auf eine Konventionsgewährleistung nach Art. 17 EMRK nur ausnahmsweise und in extremen Fällen in Betracht kommt.[4] Angesichts dessen kann die Position des EGMR zur Anwendung von Art. 17 EMRK lediglich mittelbar und auch nur näherungsweise anhand der Bildung von Fallgruppen bestimmt werden. Praktische Bedeutung hat die Vorschrift bislang vor allem in zwei Fallgestaltungen erlangt. Zur Schutzbereichsbegrenzung ist sie von den Konventionsorganen insbesondere auf extremistische Meinungsäußerungen angewandt worden (→ Rn. 3); hinsichtlich ihrer Anwendung bei Parteiverboten ist demgegenüber ein Wandel der Rechtsprechung zu konstatieren (→ Rn. 4-6).

Der Gerichtshof hat neben **rassistischen Äußerungen**[5] insbesondere   3 die **Leugnung** „von eindeutig feststehenden historischen Tatsachen", namentlich **des Holocaust** in Anwendung von Art. 17 EMRK dem Schutzbereich der Meinungsäußerungsfreiheit aus Art. 10 EMRK entzogen.[6] Allerdings ist darauf hinzuweisen, dass der Gerichtshof diese Schutzbereichsbegrenzung bislang regelmäßig auf entsprechende Äußerungen begrenzt und den Beschwerdeführern im Übrigen den Schutz der Konventionsgewährleistungen gewährt hat.[7]

Dementsprechend hatte die EKMR zunächst in ihrer frühen Ent-   4 scheidung vom 20. Juli 1957 zum **Verbot der KPD** durch das Bundesverfassungsgericht[8] keine Notwendigkeit gesehen, dieses Verbot einer Rechtfertigungsprüfung anhand der von den Beschwerdeführern als verletzt gerügten Gewährleistungen aus Art. 9, 10 und 11 EMRK zu unterziehen, da bereits die allgemeine Vorschrift des

---

3   Vgl. hierzu *Mensching* in: *Karpenstein/Mayer*, EMRK-Kommentar, 2. Aufl. 2015, Art. 17 Rn. 6, 9 ff.; *Arai*, in: *Harris/O'Boyle/Warbrick*, Law of the European Convention on Human Rights, 2. Aufl. 2009, S. 449 f., jeweils mwN zur Entwicklung der Rspr.
4   Vgl. EGMR 6.1.2011 – 34932/04 (GK), insoweit nicht abgedruckt in Slg 2011/I, 1 Rn. 87 aE – *Paksas/Litauen* mit Übersicht zu derartigen Extremfällen in der bisherigen Rspr. in Rn. 88.
5   Vgl. exemplarisch etwa EGMR 23.9.1994 – 15890/89 (GK), série A, Bd. 298, 1 Rn. 35 aE = NStZ 1995, 237 (239) – *Jersild/Dänemark*.
6   Zuletzt etwa EGMR 20.10.2015 – 25239/13, Rn. 30 ff. – *M'Bala M'Bala/Frankreich*; eingehend und differenziert aufgearbeitet findet sich diese Rechtsprechungslinie bei *Hong* ZaöRV 70 (2010), 73 (77 ff.).
7   Vgl. etwa EGMR 24.6.2003 – 65831/01, Slg 2003/IX, 333 (360 ff.) = NJW 2004, 3691 (3693) – *Garaudy/Frankreich*; EGMR 23.9.1998 – 55/1997/839/1045 (GK), Slg 1998/VII, 2864 Rn. 47 ff. – *Lehideux und Isorni/Frankreich*.
8   BVerfGE 5, 85.

Art. 17 EMRK eingreife. Es sei offenkundig, dass es das Ziel der KPD sei, ein sozialistisch-kommunistisches System durch eine Revolution und Diktatur des Proletariats zu etablieren und dass die KPD diese Prinzipien weiterhin hochhalte.[9] Diese Herangehensweise hat allerdings soweit ersichtlich bereits in der weiteren Spruchpraxis der Kommission keine Fortsetzung gefunden.[10]

5 Endgültig aufgegeben wurde dieser Ansatz im Kontext der **Überprüfung von Parteiverboten**[11] in den Unterzeichnerstaaten in drei ersten Entscheidungen des EGMR zu Parteiverboten des türkischen Verfassungsgerichtshofs aus den Jahren 1998/1999.[12] Wiewohl sich die türkische Regierung in zwei dieser Fälle auf eine Anwendung von Art. 17 EMRK in der Ausgestaltung einer Schutzbereichsausnahme berufen hatte, führt der EGMR dazu jeweils aus, dass es den Behörden eines Staates, in dem eine Vereinigung mit ihren Aktivitäten die Institutionen gefährde, nicht verwehrt sei, diese zu schützen. Wie der Gerichtshof jedoch bereits entschieden habe, sei dem System der Konvention eine gewisse Form des Ausgleichs zwischen dem Gebot der Verteidigung der demokratischen Gesellschaft und dem des Schutzes der Grundrechte des Einzelnen eigen. Ein solcher Ausgleich setze voraus, dass der Eingriff der Behörden im Einklang mit Art. 11 Abs. 2 EMRK erfolge; erst am Ende dieser Prüfung könne der Gerichtshof im Lichte aller Umstände des Falles entscheiden, ob Art. 17 der Konvention anzuwenden sei.[13] Diese Formel wird vom Gerichtshof seitdem in ständiger Rechtsprechung seiner Prüfung von Parteiverboten in den Unterzeichnerstaaten der Konvention zugrunde ge-

---

9 Vgl. EKMR 20.7.1957 – 250/57, Yearbook 1955-1957, 222 – *KPD* ua/ *Deutschland.*
10 Vgl. EKMR 21.5.1976 – 6741/74, DR 5, 83 Rn. 1 – *X/Italien,* wo die EKMR dem dortigen Beschwerdeführer die Berufung auf die Konventionsgewährleistungen zwar nicht von vornherein unter Verweis auf Art. 17 EMRK verwehrt, allerdings auch nur eine apodiktische Rechtfertigungsprüfung vornimmt; vgl. dazu bereits O. *Klein* ZRP 2001, 397 (399).
11 Anders weiterhin für das Verbot eines Vereins, der zur gewaltsamen Vernichtung des Staates Israel aufrief, EGMR 12.6.2012 – 31098/08, Rn. 72 ff. – *Hizb Ut-Tahrir* ua/*Deutschland.*
12 Vgl. zur Entwicklung der Spruchpraxis der Konventionsorgane auch den Überblick bei *Jacobs, White & Ovey,* The European Convention on Human Rights, 5. Aufl. 2010, S. 123 ff.
13 Vgl. EGMR 30.1.1998 – 133/1996/752/951 (GK), Slg 1998/I, 1 Rn. 19-21, 32 sowie 60 – *Vereinigte Kommunistische Partei der Türkei* ua/*Türkei*; knapper EGMR, 25.5.1998 – 20/1997/804/1007 (GK), Slg 1998/III, 1233 Rn. 26 f., § 29 sowie § 53 – *Sozialistische Partei* ua/*Türkei,* Urteil vom 25. Mai 1998; ebenso ohne nähere Begründung auch EGMR 8.12.1999 – 23885/94 (GK), Slg 1999/ VIII, 293 Rn. 47 – *Partei der Freiheit und Demokratie (ÖZDEP)/Türkei:* ergänzende Würdigung jeweils erst am Ende der Rechtfertigungsprüfung.

legt.[14] Diese Rechtsprechungslinie des EGMR zu Parteiverboten der Unterzeichnerstaaten erscheint nicht zuletzt wegen der problematischen Vorwegnahme des Ergebnisses einer Prüfung am Maßstab der materiellen Konventionsgewährleistungen in der Entscheidung der EKMR zum KPD-Verbot[15] als überzeugend.

Insbesondere ist auch die Große Kammer des Gerichtshofs im Urteil 6
zum Verbot der türkischen Wohlfahrtspartei durch den türkischen Verfassungsgerichtshof in dieser Weise verfahren, obwohl sie unter Bezugnahme auf die Entscheidung der EKMR zum KPD-Verbot ausdrücklich darauf hinweist, dass sich nicht ausschließen lasse, dass eine politische Partei unter Berufung auf die Gewährleistungen der Konvention versuchen könnte, die Demokratie abzuschaffen.[16] Die Große Kammer berücksichtigt die **Wertung des Art. 17 EMRK** stattdessen auf Ebene der Prüfung der Vereinbarkeit des Parteiverbots mit Art. 11 EMRK, indem sie dieser abstrakte Grenzen voranstellt, innerhalb derer sich politische Gruppierungen unter dem Schutz der Konvention betätigen können.[17] Der Gerichtshof wählt hier in der Sache einen Mittelweg zwischen der Anwendung von Art. 17 EMRK in der Form einer Ausnahme vom Schutz der Konventionsgewährleistungen und einer „vollen" Rechtfertigungsprüfung unter Art. 11 Abs. 2 EMRK, indem er abstrakte Grenzen einer Berufung politischer Parteien auf die Konvention festlegt.[18] Er verselbstständigt damit letztlich die Kontrolle mitgliedstaatlicher Parteiverbote im Rahmen der Dogmatik der Vereinigungsfreiheit nach der Konvention dergestalt, dass er die „Erforderlichkeit" eines Parteiverbots anhand der Über-

---

14 Vgl. EGMR 13.2.2003 – 41340/98 ua (GK), Slg 2003/II, 209 Rn. 96 = NVwZ 2003, 1489 – *Refah Partisi* ua/*Türkei*; seit dieser Entscheidung wird der Einwand - soweit ersichtlich - von den Unterzeichnerstaaten nicht mehr vorgebracht und die Frage vom EGMR in der Konsequenz auch nicht mehr ausgeführt, vgl. etwa EGMR 20.10.2005 – 59489/00, Rn. 50 – *Vereinigte Mazedonische Organisation Ilinden - Pirin* ua/*Bulgarien*.

15 Kritisch insoweit bereits *Golsong* NJW 1957, 1349 (1350) zur Entscheidung der EKMR zum KPD-Verbot; daneben aus dem Schrifttum auch *Guradze*, Die Europäische Menschenrechtskonvention, Kommentar, 1968, Einleitung, § 9 Rn. 4; Art. 17 Rn. 6; *Frowein* in: *derselbe/Peukert*, EMRK-Kommentar, 3. Aufl. 2009, Art. 17 Rn. 3; *O. Klein* ZRP 2001, 397 (399 f.); *Merrills/Robertson*, Human rights in Europe, 4. Aufl. 2001, S. 214 f.

16 Vgl. EGMR 13.2.2003 – 41340/98 ua (GK), Slg 2003/II, 209 Rn. 99 = NVwZ 2003, 1489 – *Refah Partisi* ua/*Türkei*.

17 Vgl. zu diesen im Einzelnen EGMR 13.2.2003 – 41340/98 ua (GK), Slg 2003/II, 209 Rn. 97-100 mwN = NVwZ 2003, 1489 – *Refah Partisi* ua/*Türkei*.

18 In diese Richtung auch die Überlegungen bei *Koch* DVBl 2002, 1388 (1393); vgl. allgemein auch *Grabenwarter/Pabel*, EMRK, 5. Aufl. 2012, § 18, Rn. 24 mwN: „*Präzisierung bei der Feststellung der Grundrechtsschranken*".

schreitung dieser Grenzen durch die betreffende Partei gewissermaßen „vorab" prüft.[19]

III. Verhältnis zu anderen Artikeln

7 Die Anwendung von Art. 17 EMRK sperrt wie gesehen gegebenenfalls die Anwendbarkeit einzelner materieller Konventionsgewährleistungen zugunsten der Beschwerdeführer. Diese können sich gegenüber dem Unterzeichnerstaat jedoch weiter auf die übrigen, nicht
zum Missbrauch genutzten Gewährleistungen berufen.[20] In einigen
Fällen haben die Beschwerdeführer umgekehrt eine Verletzung bestimmter Konventionsrechte durch einen Konventionsstaat gerügt
und zugleich geltend gemacht, zusätzlich seien auch Art. 17 und 18
verletzt. Eine **eigenständige Prüfung** von Art. 17 und 18 führt der
Gerichtshof hier regelmäßig nicht (mehr) durch (vgl. die Nachweise
bei → Art. 18 Rn. 1).

Artikel 18 Begrenzungen der Rechtseinschränkungen

Die nach dieser Konvention zulässigen Einschränkungen der genannten Rechte und Freiheiten dürfen nur zu den vorgesehenen Zwecken
erfolgen.

1 Die Vorschrift bringt einen allgemeinen Gedanken zum Ausdruck,
der sich nur auf Konventionsrechte bezieht, die aufgrund eines Vorbehalts ihrerseits eingeschränkt werden dürfen (zB die Abs. 2 von
Art. 8 bis 11). **Selbstständige Bedeutung hat die Vorschrift nicht,** sie
kann nur i.V. mit anderen materiellen Artikeln angewendet werden.
Eine alleinige Verletzung von Art. 18 ist nicht möglich[1]. Wenn ein
Eingriff gerechtfertigt war und der Gerichtshof deswegen die Verletzung eines Konventionsartikels nicht festgestellt hat, ist auch Art. 18
nicht verletzt. Wenn Einschränkungen dagegen nicht zu den vorgesehenen Zwecken vorgenommen waren, ist auch der besondere Konventionsartikel verletzt. Im Fall Gousinski/Russland[2] hat der EGMR

---

19 Vgl. dazu auch *Pabel* ZaöRV 63 (2003), 921 (930): „*Mit dieser Zusammenfassung und Verallgemeinerung des Abwägungsvorgangs hat der EGMR im Rahmen der Verhältnismäßigkeitsprüfung gewissermaßen einen Parteiverbotstatbe-
stand geschaffen.*".
20 Grundlegend EGMR 1.7.1961 – 332/57, série A, Bd. 3, 25 Rn. 5-7 – *Lawless/
Irland*; vgl. auch *Mensching* in: *Karpenstein/Mayer*, EMRK-Kommentar,
2. Aufl. 2015, Art. 17 Rn. 12 f.
1 EGMR v. 30.4.2013 – 49872/11 Rn. 294 – Timoschenko/Ukraine = NJW 2014,
283 <288>; EGMR v. 13.11.2007 – 35615/06 Rn. 49 – Cebotari/Moldau.
2 EGMR v. 19.5.2004 – 70276/01 Rn. 76, Slg 04-IV – Gusinykiy/Russland. EGMR

eine Verletzung von Art. 18 i.V. mit Art. 5 festgestellt, weil ein Angebot der Behörden auf Abschluss eines Geschäftsvertrags gegen Fal-
lenlassen der Anklage zeige, dass die Haft nicht nur für die Zwecke
des Art. 5 angeordnet worden war. Im Übrigen ist Art. 18 immer **nur
unterstützend herangezogen worden**. Der Gerichtshof hat häufig ausgesprochen, **dass eine Prüfung der Beschwerde unter dem Gesichtspunkt von Art. 18 nicht notwendig sei,** wenn er die Verletzung einer
Konventionsgarantie festgestellt hat[3] oder nicht festgestellt hat.[4] In
einem Fall hat er sich darauf beschränkt auszuführen, der Bf. habe
nicht substantiiert vorgetragen, dass er Opfer von Einschränkungen
sei, die nicht zu den in der Konvention vorgesehenen Zwecken vorgenommen worden seien.[5] Von Amts wegen findet indessen aber
auch keine Prüfung einer Verletzung des Art. 18 durch den Gerichtshof statt.[6]

Im Zusammenhang mit einer behaupteten Verletzung von Art. 18 hat   2
der Gerichtshof wiederholt die Vermutung betont, dass die Behörden
der Konventionsstaaten in gutem Glauben handeln.[7] Entsprechend
obliegt dem Beschwerdeführer die volle Darlegungs- und Beweislast,
wobei die Anforderungen an einen Beweis für die Verletzung von
Art. 18 vom Gerichtshof selbst als sehr hoch angesehen werden[8].
Einen prima-facie-Nachweis lässt der Gerichtshof nicht ausreichen
und verneint ebenso eine dadurch eintretende Beweislastumkehr.[9]
Vielmehr scheint dagegen sogar die Schwere des Vorwurfs einer Konventionsverletzung für die Beweisintensität maßgeblich zu sein.[10]

3 Z.B. EGMR v. 18.12.1986 – EGMR-E 3, 333 – Bozano/Frankreich; EGMR
   v. 23.09.82 – EGMR-E 2, 148 – Sporrong u. Lönnroth/Schweden.
4 Z.B. EGMR v. 8.6.1976 – EGMR-E 1, 178 Rn. 108 – Engel ua/Niederlande;
   EGMR v. 16.11.2000 – 23819/94 Rn. 129 – Bilgin/Türkei.
5 EGMR v. 10.4.2001 – 26129/95, Slg 01-III Rn. 177– Tanli/Türkei.
6 EGMR v. 15.1.2007 – 60654/00 Rn. 129 – Sisojeva ua/Lettland = NVwZ 2008,
   979 <984>.
7 EGMR v. 3.7.2012 – 6492/11 Rn. 106 – Lutsenko/Ukraine = NJW 2013, 2409
   <2413>; EGMR v. 31.5.2011 – 5829/04 Rn. 255 – Chodorkowski/Russland =
   NJOZ 2012, 1902 <1911>.
8 EGMR v. 3.7.2012 – 6492/11 Rn. 107 – Lutsenko/Ukraine = NJW 2013, 2409
   <2413>; EGMR v. 31.5.2011 – 5829/04 Rn. 255 f. – Chodorkowski/Russland =
   NJOZ 2012, 1902 <1911>.
9 EGMR v. 31.5.2011 – 5829/04 Rn. 256 – Chodorkowski/Russland = NJOZ
   2012, 1902 <1911>.
10 EGMR v. 31.5.2011 – 5829/04 Rn. 260 – Chodorkowski/Russland = NJOZ
   2012, 1902 <1911>.

Abschnitt II Europäischer Gerichtshof für Menschenrechte

Artikel 19 Errichtung des Gerichtshofs

[1]Um die Einhaltung der Verpflichtungen sicherzustellen, welche die Hohen Vertragsparteien in dieser Konvention und den Protokollen dazu übernommen haben, wird ein Europäischer Gerichtshof für Menschenrechte, im Folgenden als „Gerichtshof" bezeichnet, errichtet. [2]Er nimmt seine Aufgaben als ständiger Gerichtshof wahr.

I. Aufgaben des Gerichtshofs

1 Der Artikel ist mit Wirkung vom 1.11.1998 durch das 11. Prot. neu gefasst worden. Er macht deutlich, dass die Aufgabe des Gerichtshofs es ausschließlich ist, über die Einhaltung von **Konventionsverpflichtungen** zu wachen, also grundsätzlich nicht über die Einhaltung staatlichen Rechts oder anderer völkerrechtlicher Instrumente zu entscheiden.[1] Insbesondere ist es nicht Aufgabe des Gerichtshofes darüber zu urteilen, ob ein staatliches Gericht falsche Tatsachen erhoben hat oder Irrtümer bei der Anwendung des nationalen Rechtes unterlaufen sind. Der Gerichtshof stellt die Ermittlung oder Beurteilung eines Sachverhaltes durch staatliche Behörden oder Gerichte grundsätzlich nicht in Frage, es sei denn es liege Willkür vor. Er setzt somit seine Beurteilung nicht an die Stelle der der staatlichen Gerichte, außer wenn sie und dann nur insoweit als diese Konventionsrechte verletzt haben.[2]Weitergehende Ausführungen zur Auslegung der Konvention durch den Gerichtshof: → Einleitung, Rn. 23-39.

2 Er nimmt seine Aufgabe war, indem er Staaten- und Individualbeschwerden prüft. Daneben erstellt der Gerichtshof auf Antrag des Ministerkommittees auch Gutachten, die jedoch nicht Rechte oder Freiheiten der Konvention oder der Zusatzprotokolle zum Gegenstand haben dürfen (Art. 47). Gemäß dem noch nicht in Kraft getretenen **Prot. Nr. 16** soll der Gerichtshof auch durch nationale Gerichte der Konventionsstaaten beantragte Vorabgutachten zu Konventionsrechten erstellen können.II.Ständiger Gerichtshof

3 Satz 2 stellt klar, dass der Gerichtshof ein **ständiger Gerichtshof** ist. Er hat seinen Sitz in Straßburg, dem Sitz des Europarates. Er kann auswärtige Sitzungen abhalten, er kann auch durch einzelne Richter

---

1 EGMR 21.7.2005 – 52367/99 Rn. 33 – *Mihailov/ Bulgarien*; EGMR 14.5.2002, 38621/97, Slg 02 -V; *Zehnalová und Zhenal/ Tschechien* (Entscheidung).
2 EGMR 21.1.1999 – 30544/96, Slg 1999-I Rn. 28-29 – *García Ruiz/ Spanien*.

an anderen Orten Untersuchungen vornehmen oder andere Aufgaben wahrnehmen (Art. 19 VerfO). Der Gerichtshof hat sich zur Erfüllung seiner Aufgabe selbst eine **Verfahrensordnung** gegeben, die im Laufe der Zeit mehrfach geändert wurde (Art. 25 d)).

Zusammenfassende Darstellung der Organisation des Gerichtshofs: → Einleitung, Rn. 40-46.

Artikel 20 Zahl der Richter

Die Zahl der Richter des Gerichtshofs entspricht derjenigen der Hohen Vertragsparteien.

Anzahl der Richter

Der Gerichtshof hat ebenso viele **Richter** wie die EMRK Konventionsstaaten hat. Zur Zeit sind es 47. Abweichend von Art. 38 S. 2 aF ist es nicht mehr vorgesehen, dass dem Gerichtshof jeweils nur ein Angehöriger jedes einzelnen Konventionsstaates angehören darf. Ein Staatsangehöriger eines Konventionsstaates kann somit für einen anderen Konventionsstaat vorgeschlagen und gewählt werden, so dass nunmehr letztendlich mehrere amtierende Richter aus einem Staat kommen können. Wer zur Zeit die Richter am Gerichtshofes sind, kann im Internet auf der Seite des Gerichtshofs abgerufen werden (http://www.echr.coe.int). 1

Artikel 21 Voraussetzungen für das Amt

(1) Die Richter müssen hohes sittliches Ansehen genießen und entweder die für die Ausübung hoher richterlicher Ämter erforderlichen Voraussetzungen erfüllen oder Rechtsgelehrte von anerkanntem Ruf sein.

(2) Die Richter gehören dem Gerichtshof in ihrer persönlichen Eigenschaft an.

(3) Während ihrer Amtszeit dürfen die Richter keine Tätigkeit ausüben, die mit ihrer Unabhängigkeit, ihrer Unparteilichkeit oder mit den Erfordernissen der Vollzeitbeschäftigung in diesem Amt unvereinbar ist; alle Fragen, die sich aus der Anwendung dieses Absatzes ergeben, werden vom Gerichtshof entschieden.

I. Allgemeine Voraussetzungen für das Richteramt

1 Die Voraussetzungen für das Richteramt müssen von dem Konventionsstaat bei der Aufstellung der Vorschlagsliste und von der **Parlamentarischen Versammlung** bei der Wahl der **Richter** beachtet werden. Richter am Gerichtshof sind zur Zeit überwiegend ehemalige hohe Richter aus den Konventionsstaaten oder Professoren mit besonderen Kenntnissen des Verfassungs- oder Völkerrechts. Es wurden jedoch auch Rechtsanwälte oder Angehörige der Kanzlei vorgeschlagen und gewählt. Alle haben Erfahrung auf dem Gebiet der Menschenrechte.

2 Die Parlamentarische Versammlung lässt sich bei der Wahl von weiteren Kriterien leiten, die über Art. 21 hinausgehen, um eine harmonische **Zusammensetzung des Gerichtshofs** sicherzustellen. Sie strebt zum Beispiel eine angemessene Vertretung beider Geschlechter an und verlangt, dass der Kandidat mindestens eine Amtssprache des Europarats (Englisch oder Französisch) ausreichend beherrscht.[1]

3 In dem noch nicht in Kraft getretenen **Prot. Nr. 15** ist vorgesehen, dass ein Kandidat bei seiner Nominierung das 65. Lebensjahr nicht vollendet haben darf.

II. Persönliche Eigenschaft, Unabhängigkeit und Unparteilichkeit

4 Abs. 2 stellt klar, dass die Richter nicht die Konventionsstaaten vertreten, für die sie gewählt worden sind, sondern dem Gerichtshof in ihrer persönlichen Eigenschaft angehören. Das ist von besonderer Bedeutung für die Wahrnehmung der Richter als **unabhängige** Richter, nicht zuletzt angesichts der Regelung, dass der für den Konventionsstaat gewählte Richter von Amts wegen Mitglied der Kammer und der Großen Kammer ist, die über eine Beschwerde gegen den Staat entscheidet für den er gewählt wurde (Art. 24 Abs. 2 lit. b, Art. 26 Abs. 1 lit. a VerfO).

5 Abs. 3 trägt der Tatsache Rechnung, dass der EGMR ein **ständiger Gerichtshof** ist. Die Richter müssen in Bezug auf weitere Tätigkeiten Gewähr für ihre **Unabhängigkeit** und Unparteilichkeit bieten. Sie dürfen zB nicht aktive Beamte eines Konventionsstaates sein oder eine andere politische, administrative oder berufliche Tätigkeit ausüben, die mit ihrer Unabhängigkeit und Unparteilichkeit unvereinbar wäre. Sie dürfen aber auch keine Tätigkeit ausüben, die mit einer Vollbeschäftigung als Richter unvereinbar wäre. Die Richter sind

---

1 EGMR 12.2.2008, Gutachten Rn. 29.

verpflichtet dem Präsidenten des Gerichtshofes jede Nebentätigkeit anzuzeigen. Bei Meinungsverschiedenheiten zwischen dem Präsidenten und dem betroffenen Richter hinsichtlich der Vereinbarkeit einer Tätigkeit mit dem Richteramt entscheidet das Plenum (Art. 4 VerfO).

Artikel 22 Wahl der Richter

Die Richter werden von der Parlamentarischen Versammlung für jede Hohe Vertragspartei mit der Mehrheit der abgegebenen Stimmen aus einer Liste von drei Kandidaten gewählt, die von der Hohen Vertragspartei vorgeschlagen werden.

I. Verfahren der Richterwahl

Die Richter werden von der **Parlamentarischen Versammlung** des Europarats gewählt. Sie besteht gemäß Art. 25 der Satzung des Europarates aus Parlamentsmitgliedern jedes Konventionsstaats. Dass damit eine parlamentarische Wahl vorgesehen ist, was sonst keineswegs bei internationalen Gerichten die Regel ist, verleiht den Richtern eine besondere demokratische Legitimation. Die Parlamentarische Versammlung wählt die Richter mit Mehrheit der abgegebenen Stimmen.   **1**

II. Wahl aus einer Vorschlagsliste

Die Konventionsstaaten erstellen eine **Vorschlagsliste** mit drei Kandidaten, wobei sie die Erfordernisse des Art. 21 Abs. 1 beachten und gewährleisten, dass deren Alter im Hinblick auf die Altersgrenze in Art. 23 Abs. 2 sie nicht daran hindern würde die volle Amtsperiode auszuüben. Sie tragen hierbei eine besondere Verantwortung, denn die Qualität des Gerichtshofs und damit des europäischen Menschenrechtsschutzes steht und fällt mit der Qualität der Richter.[1] Konventionsstaaten sollten zudem möglichst eine ausgewogene Liste vorlegen, die auch nach Möglichkeit Angehörige unterschiedlicher Berufe (Richter, Professoren, ggf. auch Rechtsanwälte) enthält. Es werden weitere Kriterien beachtet, die über den Wortlaut des Art. 21 Abs. 1 hinausgehen, jedoch hat der Gerichtshof zB festgestellt, dass die Parlamentarische Versammlung eine Liste nicht zurückweisen kann, nur weil sie keinen weiblichen Kandidaten enthält, sofern der Konventionsstaat alle erforderlichen und angemessenen Maßnahmen   **2**

---

1 *Engel*, EuGRZ 2012, 486.

getroffen hat, einen geeigneten weiblichen Kandidaten zu finden.[2] Zudem soll die Vorschlagsliste rechtzeitig vorgelegt werden, wenn sich die Notwendigkeit zB wegen des Ausscheidens eines Richters abzeichnet. Der Staat kann seine Liste als ganze dann nur bis zum Ende der Vorlagefrist zurücknehmen und durch eine neue ersetzen.[3] Jeder der Kandidaten auf der Liste sollte jeweils für sich geeignet für das Richteramt am Gerichtshof sein, also unabhängig von den anderen wählbar sein. Nur so wird eine echte Wahlmöglichkeit gewährleistet.

3   Das Ministerkommitee des Europarates hat einen aus eminenten Persönlichkeiten bestehenden **Evaluierungsausschuss** ins Leben gerufen, der vorab nichtöffentlich und vertraulich die Unterlagen der Kandidaten im Hinblick auf die Geeignetheit für das Richteramt prüft. Das Ergebnis wird nur der vorschlagenden Regierung mitgeteilt, die dann selber entscheidet, ob Neunominierungen erforderlich sind. Vor der eigentlichen Wahl hört ein Unterausschuss der Parlamentarischen Versammlung die Kandidaten persönlich an und gibt eine Empfehlung ab. Die Parlamentarische Versammlung nimmt dann die Wahl vor. Sie kann auch eine **Vorschlagsliste** komplett zurückweisen und den Konventionsstaat auffordern, eine neue vorzulegen, wenn einzelne Kandidaten auf der Liste den Anforderungen nicht entsprechen und somit die Liste eine echte Wahl zwischen geeigneten Kandidaten nicht ermöglicht. Dies ist in der Vergangenheit bereits geschehen. Es wird die Auffassung vertreten, dass von diesem Instrument öfter hätte Gebrauch gemacht werden können.[4] Ein ausscheidender Richter kann zwar im Amt bleiben, bis ein Nachfolger seinen Amtseid abgelegt hat, der Konventionsstaat bleibt jedoch verpflichtet eine Liste zur Wahl eines Nachfolgers vorzulegen. Dasselbe Verfahren, also Wahl aus einer Vorschlagsliste, ist anzuwenden, wenn ein neuer Konventionsstaat beigetreten ist.

III. Vorschläge aus Deutschland

4   Die **Vorschlagsliste** für Deutschland wird von der Bundesregierung erstellt. Federführend ist hier das BMJV, das das AA beteiligt. Das BMJV veröffentlicht hierzu Anzeigen, in denen geeignete Personen aufgefordert werden, ihr Interesse zu bekunden.

---

2 EGMR 12.2.2008, Gutachten Rn. 54.
3 EGMR 22.1.2010, Gutachten Nr. 2 Rn. 48-49.
4 *Engel*, EuGRZ 2012, 486.

Artikel 23 Amtszeit und Entlassung

(1) [1]Die Richter werden für neun Jahre gewählt. [2]Ihre Wiederwahl ist nicht zulässig.

(2) Die Amtszeit der Richter endet mit Vollendung des 70. Lebensjahrs.

(3) [1]Die Richter bleiben bis zum Amtsantritt ihrer Nachfolger im Amt. [2]Sie bleiben jedoch in den Rechtssachen tätig, mit denen sie bereits befasst sind.

(4) Ein Richter kann nur entlassen werden, wenn die anderen Richter mit Zweidrittelmehrheit entscheiden, dass er die erforderlichen Voraussetzungen nicht mehr erfüllt.

I. Entwicklung der Amtszeiten

Das Prot. Nr. 11 hatte die Amtszeit auf sechs Jahre beschränkt. Weil man sich durch eine einmalige und längere Amtszeit eine höhere **Unabhängigkeit** des Gerichtshofs und die Gewährleistung einer kontinuierlichen Arbeit versprach, hat das **Prot. Nr. 14** die Amtszeit auf neun Jahre verlängert und eine Wiederwahl ausgeschlossen. Art. 21 des Prot. Nr. 14 enthält außerdem eine Übergangsvorschrift. Danach verlängerte sich die Amtszeit der Richter, deren erste Amtszeit noch nicht abgelaufen war, bei Inkrafttreten des Protokolls am 1.6.2010 automatisch auf neun Jahre. Die übrigen Richter verbleiben für ihre restliche Amtszeit, die sich automatisch um zwei Jahre verlängert hat, im Amt. Die Amtszeit wird vom Zeitpunkt der Amtsübernahme der Richter an gerechnet. 1

II. Altersgrenze

Die Altersgrenze von 70 Jahren gemäß Art. 23 Abs. 2 steht mit der Tatsache in Zusammenhang, dass der Gerichtshof ein **ständiger Gerichtshof** ist; auch für die Gerichte der Konventionsstaaten sind üblicherweise Altersgrenzen bestimmt. Eine starre Altersgrenze mag Anlass für Kritik sein, es sprechen aber auch gute Gründe dafür eine gewisse Altersbegrenzung im Interesse der Arbeitsfähigkeit des Gerichts beizubehalten. In dem noch nicht in Kraft getretenen **Prot. Nr. 15** ist nunmehr vorgesehen, dass Art. 21 dahin gehend ergänzt wird, dass ein Kandidat bei seiner Nominierung das 65. Lebensjahr nicht vollendet haben darf, der Art. 23 Abs. 2 wird dann entfallen. 2

III. Tätigbleiben in Rechtssachen

3   Ein gewählter Richter bleibt im Amt bis sein Nachfolger seinen Eid leistet oder eine entsprechende Erklärung abgibt. Der ausgeschiedene Richter bleibt auch nach **Beendigung des Amts** weiterhin in Rechtssachen tätig, mit denen er bis dahin befasst gewesen ist. Dies wird in der Verfahrensordnung für die Kammer für die Große Kammer dahin gehend präzisiert, dass ausscheidende Richter weiter tätig bleiben, wenn sie an der Prüfung der Begründetheit der Beschwerde teilgenommen haben (Art. 26 Abs. 3, Art. 24 Abs. 4 VerfO).

IV. Entlassung des Richters

4   Die Regelung in Abs. 4 ist in Anlehnung an Art. 18 der Satzung des Internationalen Gerichtshofs verfasst worden. Eine **Entlassung** kann nur ausgesprochen werden, wenn der Richter die Voraussetzungen für sein Amt nicht mehr erfüllt, zB eine Tätigkeit aufgenommen hat, die nach Art. 21 Abs. 3 unzulässig ist. Bei Erreichung der Altersgrenze wird eine Entlassung nicht in Betracht kommen, da die Amtszeit ohne Weiteres endet. Über die Entlassung entscheiden die anderen Richter im Plenum mit zwei-Drittel-Mehrheit der sich im Amt befindlichen Richter. Der betroffene Richter ist vorher vom **Plenum** zu hören. Jeder Richter kann ein solches**Amtsenthebungsverfahren** in Gang setzen (Art. 7 VerfO).

V. Rücktritt

5   Die Amtszeit kann weiter durch **Rücktritt** enden. Eine Rücktrittserklärung wird an den Präsidenten des Gerichtshofs gerichtet, der sie an den Generalsekretär des Europarates weiterleitet. Durch den Rücktritt wird der Sitz des Richters frei. Er darf jedoch auch hier noch unter den Voraussetzungen der Art. 26 Abs. 3, Art. 24 Abs. 4 VerfO in Verfahren weiter tätig sein, bei denen er an der Prüfung der Begründetheit teilgenommen hat (Art. 6 VerfO).

Artikel 24   Kanzlei und Berichterstatter

(1) Der Gerichtshof hat eine Kanzlei, deren Aufgaben und Organisation in der Verfahrensordnung des Gerichtshofs festgelegt werden.

(2) ¹Wenn der Gerichtshof in Einzelrichterbesetzung tagt, wird er von Berichterstattern unterstützt, die ihre Aufgaben unter der Auf-

sicht des Präsidenten des Gerichtshofs ausüben. ²Sie gehören der Kanzlei des Gerichtshofs an.

I. Wissenschaftliche Mitarbeiter

Art. 3 Prot. Nr. 14 hat den früheren Art. 25 S. 1 als Art. 24 Abs. 1   1 übernommen und den früheren Satz 2 („Der Gerichtshof wird durch **wissenschaftliche Mitarbeiter** unterstützt.") gestrichen. Der Erläuternde Bericht bemerkt dazu, dass wissenschaftliche Mitarbeiter anders als beim EuGH nie eigenständig und unabhängig von der Kanzlei existiert haben.[1] Mit dem Abs. 2 wurde der nicht-richterliche Berichterstatter eingeführt.

II. Kanzlei

Die Aufgaben und die Struktur der **Kanzlei** sind in den Art. 15-18   2 VerfO beschrieben. Demnach ist es Aufgabe der Kanzlei und damit der Kanzleiangehörigen, den Gerichtshof bei Erfüllung seiner Aufgaben zu unterstützen. Der **Kanzler** ist hierbei verantwortlich für die Organisation und Tätigkeit der Kanzlei insgesamt. Er wird vom Plenum des Gerichtshofs gewählt und untersteht dem Präsidenten (Art. 15, Art. 17 VerfO). Zu seinen Aufgaben zählen die Verwaltung der Archive, der Schriftwechsel des Gerichtshofs, die Zustellung und die Beantwortung von Anfragen und Erteilung von Auskünften gegenüber der Presse. Eine weitere wichtige Aufgabe ist die Vorabprüfung aller eingehenden Beschwerden auf deren Einhaltung der formellen Kriterien nach Art. 47 VerfO. Sofern diese Kriterien erfüllt sind, bereiten Kanzleiangehörige unter Aufsicht der berichterstattenden Richter inhaltlich und rechtlich die eingehenden Beschwerden auf und verfassen Entscheidungsentwürfe nach deren Anweisungen. Die Arbeit der Kanzlei wird durch eine allgemeine Weisung geregelt, die der Kanzler vorbereitet und die vom Präsidenten genehmigt wird (Art. 17 VerfO).

III. Sektionskanzlei

Die juristischen Mitarbeiter der Kanzlei arbeiten in **Sektionen**. Jede   3 Sektion des Gerichtshofs hat eine Sektionskanzlei (Art. 26). Diese Arbeitseinheiten sind entsprechend den Staaten gegen die sich die Beschwerden richten zusammengefasst. Die Sektionen sind mit den er-

---

1 Erläuternder Bericht zum 14. Prot. in BT-Drs. 16/42, 18.

forderlichen Stellen besetzt. Ihr stehen die Sektionskanzler vor (Art. 18 VerfO).

IV. Bedienstete der Kanzlei

4   Alle Bediensteten der Kanzlei, einschließlich der nicht-richterlichen Berichterstatter werden vom Kanzler unter Aufsicht des Präsidenten des Gerichtshofs eingestellt (Art. 18 Abs. 3 VerfO). Der Gerichtshof ist mit einer gewissen **institutionellen Autonomie** in Personalfragen ausgestattet, wobei die Bediensteten der Kanzlei weiterhin Bedienstete des Europarates sind. Außerdem wird die Kanzlei von aus Konventionsstaaten entsandten Juristen unterstützt, die für eine begrenzte Dauer, sowie eingegliedert in die Struktur des Gerichtshofs, die Kanzlei bei ihren Aufgaben unterstützen.

V. Nicht-richterliche Berichterstatter

5   Die nicht-richterlichen Berichterstatter, die gemäß Abs. 2 den Einzelrichter unterstützen, sind erfahrene juristische Mitarbeiter der Kanzlei. Zwar werden alle Richterformationen von juristischen Mitarbeitern unterstützt, Art. 27A VerfO bestimmt jedoch noch einmal ausdrücklich, dass jeder **Einzelrichter** von einem nicht-richterlichen Berichterstatter unterstützt wird. Damit wird die besondere Verantwortung dieses Berichterstatters im Einzelrichterverfahren hervorgehoben, unter dem zur Zeit der weitaus größte Anteil der eingehenden Beschwerden beschieden wird. Er ist für die faktische und juristische Aufarbeitung der Beschwerden für den Einzelrichter verantwortlich. Ein Einzelrichter darf nach Art. 26 Abs. 3 keine Beschwerden gegen den Staat prüfen aus dem er selber kommt. Der nicht-richterliche Berichterstatter sollte jedoch das jeweilige Rechtssystem welches Hintergrund der Beschwerde ist kennen.[2] Der entscheidende Einzelrichter ist also in besonderem Maße vom nicht-richterlichen Berichterstatter abhängig, wenn es um Beschwerden geht, die in einer Sprache verfasst sind, die er unter Umständen nicht versteht oder aus Rechtssystemen kommen mit denen er wenig Erfahrung gemacht hat.

VI. Filtersektion

6   Außerdem wurde eine spezielle **Filtersektion** eingerichtet, die Beschwerden von Staaten mit einem hohen Beschwerdeaufkommen

---

2 Erläuternder Bericht zum 14. Prot. in BT-Drs. 16/42, 18.

vorab bearbeitet und eine rasche Prüfung hinsichtlich der Zulässigkeit und die schnelle Zuweisung der eingehenden Beschwerden an die passende Richterformation sicherstellen soll. Die Entscheidung über die Zulässigkeit der Beschwerden wird, falls die Beschwerde offensichtlich unzulässig ist, vom Einzelrichter gefällt oder die Beschwerde an die entsprechende reguläre Sektion weitergeleitet.

Artikel 25 Plenum des Gerichtshofs

Das Plenum des Gerichtshofs
a) wählt seinen Präsidenten und einen oder zwei Vizepräsidenten für drei Jahre; ihre Wiederwahl ist zulässig;
b) bildet Kammern für einen bestimmten Zeitraum;
c) wählt die Präsidenten der Kammern des Gerichtshofs; ihre Wiederwahl ist zulässig;
d) beschließt die Verfahrensordnung des Gerichtshofs;
e) wählt den Kanzler und einen oder mehrere stellvertretende Kanzler;
f) stellt Anträge nach Artikel 26 Absatz 2.

I. Plenum

Art. 5 **Prot. Nr. 14** hat den früheren Art. 26 als Art. 25 übernommen 1
und den Buchstaben f.) angefügt. Das Plenum, bestehend aus allen Richtern des Gerichtshofs, war zu groß geworden, als dass es noch Aufgaben der Rechtsprechung wahrnehmen konnte. Insoweit wird nun die Große Kammer tätig. Das Plenum hat also nur noch die in Art. 25 aufgezählten organisatorischen Aufgaben.

II. Wahl des Präsidenten des Gerichtshofes und des/der Vizepräsidenten

Gemäß Buchstabe a) gehört zu den Aufgaben des Plenums die Wahl 2
des **Präsidenten des Gerichtshofs** und eines oder mehrerer **Vizepräsidenten**. Es gibt zwei Vizepräsidenten. Aufgabe der Vizepräsidenten ist es, den Präsidenten des Gerichtshofs zu unterstützen und zu vertreten. Die Vizepräsidenten sind zugleich Sektionspräsidenten und haben den Vorsitz in den Sitzungen der Sektionen und Kammern, sofern nicht über eine Beschwerde gegen den Konventionsstaat verhandelt wird, für den sie gewählt sind (Art. 12, 13 VerfO).

III. Bildung der Kammern

3 Gemäß Buchstabe b) bestimmt das Plenum die Bildung der **Kammern** für einen bestimmten Zeitraum. Die Verfahrensordnung sieht die Bildung von mindestens vier **Sektionen** für drei Jahre vor und bringt zum Ausdruck, dass die von der Konvention sogenannten Kammern als Sektionen bezeichnet werden (Art. 25 Abs. 1 VerfO). Aus den Sektionen werden dann Kammern aus jeweils sieben Richtern gebildet, die in der Sache nach Art. 26 Abs. 1 entscheiden. Die Sektionen sind damit nach deutschem Verständnis übersetzte Kammern. Zur Zeit gibt es fünf reguläre Sektionen. Dass der Gerichtshof nach außen durch Sektionen entscheidet, von denen in der Konvention nicht die Rede ist, fördert nicht die Verständlichkeit und Übersichtlichkeit des Systems. Die Sektionen werden auf Vorschlag des **Präsidenten des Gerichtshofs** vom Plenum gebildet. Jeder Richter ist Mitglied einer Sektion. Die Zusammensetzung soll sowohl in geographischer Hinsicht als auch in Beziehung auf die Vertretung der Geschlechter ausgewogen sein und den unterschiedlichen Rechtssystemen der Konventionsstaaten Rechnung tragen. Es gibt demnach weder Fachsektionen noch regionale Sektionen. Es soll so sichergestellt werden, dass der Gerichtshof nach einheitlichen Maßstäben entscheidet. Unter besonderen Umständen kann der **Präsident des Gerichtshofs** die Zusammensetzung der Sektionen ändern, auf seinen Vorschlag hin kann eine weitere Sektion gebildet werden.

4 Einer Kammer gehört der **Sektionspräsident** und der für den betroffenen Staat gewählte Richter an, im Falle seiner Verhinderung ein Richter, der vom Präsidenten aus einer Liste von **ad hoc Richtern** des Vertragsstaates ausgewählt wird (Art. 26 VerfO). Die anderen Kammermitglieder werden vom Sektionspräsidenten bestellt, der insoweit hier freier ist als ein deutscher Vorsitzender, weil er an die strengen Anforderungen des deutschen Rechts an den gesetzlichen Richter nicht gebunden ist. Die restlichen Sektionsmitglieder sind Ersatzrichter.

IV. Wahl der weiteren Sektionspräsidenten

5 Gemäß Buchstabe c) wählt das Plenum weitere **Sektionspräsidenten**. Zur Zeit sind es drei, weil die zwei Vizepräsidenten des Gerichtshofes zugleich schon Kammer- und damit Sektionspräsidenten einer Sektion sind. Auch diese zusätzlichen Sektionspräsidenten werden vom Plenum für drei Jahre mit der absoluten Mehrheit der anwesenden gewählten Richter gewählt (Art. 8 VerfO).

V. Beschluss der Verfahrensordnung

Gemäß Buchstabe d) beschließt das Plenum die **Verfahrensordnung** 6 des Gerichtshofes. Anders als für den EuGH haben die Konventionsstaaten für den EGMR kein Statut als völkerrechtlichen Vertrag abgeschlossen. Der Gerichtshof hat damit eine größere Gestaltungsfreiheit und Flexibilität. [1] Die Konventionsstaaten sind davon ausgegangen, dass es einem internationalen Gericht dieses Ranges selbst überlassen bleiben kann, Einzelheiten seiner Organisation und seines Verfahrens zu bestimmen.

VI. Wahl des Kanzlers

Gemäß Buchstabe e) wählt das Plenum den **Kanzler** und einen oder 7 mehrere Stellvertreter: Der Kanzler muss die erforderlichen juristischen, administrativen und sprachlichen Kenntnisse haben. Er wird für fünf Jahre gewählt. Eine Wiederwahl ist unbeschränkt möglich.

VII. Herabsetzung der Richterzahl

Der in dem Buchstaben f) genannte Antrag nach Art. 26 Abs. 2 be- 8 zieht sich auf die Möglichkeit, dass das Plenum eine vorübergehende Herabsetzung der **Richterzahl** beantragt, worüber dann das **Ministerkomitee** entscheidet.

VIII. Sitzungen des Plenums

Die Sitzungen des Plenums werden vom **Präsidenten des Gerichtshofs** 9 einberufen. Er muss sie einberufen, wenn mindestens ein Drittel der Richter es verlangt, jedenfalls einmal im Jahr zur Erörterung von Verwaltungsfragen. Das Quorum ist zwei Drittel der Richter. Wird es nicht erreicht, vertagt der Präsident des Gerichtshofs die Sitzung (Art. 20 VerfO).

Artikel 26 Einzelrichterbesetzung, Ausschüsse, Kammern und Große Kammer

(1) [1]Zur Prüfung der Rechtssachen, die bei ihm anhängig gemacht werden, tagt der Gerichtshof in Einzelrichterbesetzung, in Ausschüssen mit drei Richtern, in Kammern mit sieben Richtern und in einer

---

1 Erläuternder Bericht zum 11. Prot. in BT-Drs. 13/858 S. 39 Nr. 70, 71.

Großen Kammer mit siebzehn Richtern. [2]Die Kammern des Gerichtshofs bilden die Ausschüsse für einen bestimmten Zeitraum.

(2) Auf Antrag des Plenums des Gerichtshofs kann die Anzahl der Richter je Kammer für einen bestimmten Zeitraum durch einstimmigen Beschluss des Ministerkomitees auf fünf herabgesetzt werden.

(3) Ein Richter, der als Einzelrichter tagt, prüft keine Beschwerde gegen die Hohe Vertragspartei, für die er gewählt worden ist.

(4) [1]Der Kammer und der Großen Kammer gehört von Amts wegen der für eine als Partei beteiligte Hohe Vertragspartei gewählte Richter an. [2]Wenn ein solcher nicht vorhanden ist oder er an den Sitzungen nicht teilnehmen kann, nimmt eine Person in der Eigenschaft eines Richters an den Sitzungen teil, die der Präsident des Gerichtshofs aus einer Liste auswählt, welche ihm die betreffende Vertragspartei vorab unterbreitet hat.

(5) [1]Der Großen Kammer gehören ferner der Präsident des Gerichtshofs, die Vizepräsidenten, die Präsidenten der Kammern und andere nach der Verfahrensordnung des Gerichtshofs ausgewählte Richter an. [2]Wird eine Rechtssache nach Artikel 43 an die Große Kammer verwiesen, so dürfen Richter der Kammer, die das Urteil gefällt hat, der Großen Kammer nicht angehören; das gilt nicht für den Präsidenten der Kammer und den Richter, welcher in der Kammer für die als Partei beteiligte Hohe Vertragspartei mitgewirkt hat.

I. Entstehungsgeschichte

1 Art. 26 ist durch Art. 6 Prot. Nr. 14 mit Wirkung vom 1.6.2010 aus Art. 27 übernommen und geändert worden. Hinzugekommen ist die Regelung über den Einzelrichter (Abs. 1 und 3), über die Herabsetzung der Richterzahl in Kammern (Abs. 2) und über Ersatzrichter (Abs. 4 S. 2).

II. Einzelrichter

2 Die **Befugnisse** des Einzelrichters ergeben sich aus Art. 27. Er kann eine Beschwerde für unzulässig erklären oder im Register streichen. Über Beschwerden, die gegen den Konventionsstaat gerichtet sind, für den der Einzelrichter gewählt ist, darf er nicht entscheiden (Abs. 3). Dies bedeutet eine Abweichung von der Regel, dass der nationale Richter der Kammer und der Großen Kammer automatisch angehört (Abs. 4 S. 1) und dem Ausschuss angehören kann (Art. 28 Abs. 3). Damit soll vermieden werden, dass der nationale Richter

Druck ausgesetzt sein könnte. Der Nachteil ist, dass der Einzelrichter über Fälle aus einem Land entscheiden muss, dessen Rechtssystem und Sprache er nicht notwendigerweise kennt. Allerdings wird er dabei von einem – vom Präsidenten des Gerichtshofs auf Vorschlag des Kanzlers ernannten – nichtrichterlichen Berichterstatter unterstützt (Art. 24 Abs. 2 EMRK, Art. 18A Abs. 2 VerfO), der besondere Erfahrung in der Rechtsprechung des Gerichtshofs hat und in der Regel auch das Rechtssystem und die Sprache des betroffenen Landes kennt.[1]

Zahl und Ernennung der Einzelrichter: Einzelheiten sind in Art. 27A VerfO geregelt. Der Präsident entscheidet nach Anhörung des Präsidiums (Art. 9A VerfO) über die Zahl der Einzelrichter, über ihre Amtszeit und ernennt sie. Er erstellt eine Liste der Konventionsstaaten und bestimmt den oder die Richter, die in erster Linie für die Prüfung von Beschwerden gegen den jeweiligen Staat verantwortlich sind. Die Liste der – derzeit 34 – als Einzelrichter tätigen Richter des Gerichtshofs ist auf der Homepage des Gerichtshofs veröffentlicht. Die Einzelrichter nehmen weiterhin ihre Aufgaben in der Sektion wahr (Art. 27 Abs. 2 VerfO), ihre Funktion als Einzelrichter üben sie jedoch außerhalb der Sektion aus.

Sonderfälle: Der Präsident des Gerichtshofs sowie die Sektionspräsidenten sitzen im Prinzip nicht als Einzelrichter, mit Ausnahme der in Art. 27A Abs. 2 VerfO vorgesehenen Fälle. Der Präsident einer Sektion kann bei der Entscheidung über die Zustellung einer Beschwerde einen Teil der Beschwerdepunkte für unzulässig erklären (Art. 54 Abs. 3 VerfO). Die Parteien werden hierüber brieflich informiert und im Übrigen daran erinnert, eine eventuelle Stellungnahme nur zu dem/den zugestellten Beschwerdepunkten abzugeben. Die vom Präsidenten des Gerichtshofs gem. Art. 39 Abs. 4 VerfO ernannten Vizepräsidenten einer Sektion als **diensthabende Richter** können als Einzelrichter fungieren, wenn sie Beschwerden im Rahmen der Prüfung eines Antrages auf Erlass einer einstweiligen Anordnung gleich mitentscheiden und für unzulässig erklären (Art. 54 Abs. 4 iVm Abs. 3 VerfO). Auch hier wird dem Beschwerdeführer brieflich die Entscheidung des Richters sowohl über den Antrag auf vorläufige Maßnahmen als auch über die Beschwerde als solche mitgeteilt.

3

4

---

1 Erläuternder Bericht zu Prot. 14 Nr. 58 und 59 (BT-Drs. 16/42, 31); *Jacob* DVBl 2015, 61 (63). Siehe dazu auch Art. 18A Abs. 2 S. 2 VerfO.

III. Ausschüsse

5   Die **Befugnisse** der Ausschüsse ergeben sich aus Art. 28. Sie können Individualbeschwerden für unzulässig erklären oder im Register streichen (Abs. 1 lit. a). In Fällen, in denen es eine gefestigte Rechtsprechung des Gerichtshofs gibt, können sie Beschwerden für zulässig erklären und durch Urteil über die Begründetheit entscheiden (Art. 28 Abs. 1 lit. b).

6   **Zusammensetzung** der Ausschüsse: Die Ausschüsse werden innerhalb der Sektionen für ein Jahr gebildet und bestehen aus drei Richtern derselben Sektion (Art. 27 Abs. 1 VerfO). Über die Zahl der Ausschüsse entscheidet der Präsident des Gerichtshofs nach Anhörung des Sektionspräsidenten (Art. 27 Abs. 1 S. 2 VerfO). Der Präsident einer Sektion gehört den Ausschüssen regelmäßig nicht an, ist jedoch auch nicht daran gehindert, im Ausschuss zu sitzen.[2] Den Vorsitz hat das rangälteste Mitglied (Art. 27 Abs. 4 VerfO). Auch der nationale Richter muss dem Ausschuss nicht angehören, kann aber von diesem eingeladen werden, teilzunehmen. Dann verdrängt er einen Richter des Ausschusses (Art. 28 Abs. 3).

IV. Kammern

7   Die Kammern mit sieben Richtern können sowohl über Individualbeschwerden (Art. 34) als auch über Staatenbeschwerden (Art. 33) entscheiden. Individualbeschwerden können sie direkt für unzulässig erklären oder aus dem Register streichen (Art. 54 Abs. 1 VerfO) oder dem Konventionsstaat zur Stellungnahme zustellen oder auch von den Parteien Informationen anfordern (Art. 54 Abs. 2 VerfO). Nach Eingang der Stellungnahmen der Parteien kann die Kammer eine Beschwerde weiterhin für unzulässig erklären oder sie im Register streichen. Ansonsten erklärt sie die Beschwerde (teilweise) für zulässig und entscheidet über ihre Begründetheit per Urteil (Art. 54A VerfO). In besonders gelagerten Fällen entscheiden Kammern auch über die Zulässigkeit gesondert (Art. 54 Abs. 1 S. 4 VerfO).[3]

8   **Zusammensetzung:** Die Kammern werden aus den – derzeit fünf – Sektionen gebildet (Art. 25 Abs. 1 und 5 VerfO), denen jeweils zwischen 9 und 10 Richter angehören. Vorsitzender der Kammer ist der

---

2   Siehe beispielsweise EGMR 17.6.2014 49538/12 – *Glotar Establishment und andere/Liechtenstein,* und EGMR 31.10.2013 – 32614/10 – *Rooney/Irland,* (Sektionspräsident M. Villiger). EGMR 3.7.2012 – 22655/11 – *Etute/Luxemburg* (Sektionspräsident D. Spielmann).

3   Etwa EGMR 24.3.2013 – 3869/08 – *Prak/Niederlande;* EGMR 31.5.2011 – 497/09 – *Koch/Deutschland.*

Sektionspräsident. Er kann allerdings seinen Vorsitz nicht führen, wenn die Kammer über eine Beschwerde gegen den Vertragsstaat berät, für den er gewählt worden ist (Art. 13 VerfO). Dann wird er regelmäßig durch den Vizepräsidenten der Sektion bzw. durch den rangältesten Richter vertreten (Art. 12 VerfO).

Neben dem Sektionspräsidenten ist der **nationale Richter** automa-   9
tisch Mitglied der Kammer, wenn diese über eine Beschwerde gegen den Konventionsstaat entscheidet, für den er gewählt worden ist (Art. 26 Abs. 4). Dies gilt auch für den Fall, dass der nationale Richter nicht der Sektion angehört, der die betreffende Beschwerde zugeordnet worden ist (Art. 26 Abs. 1 lit. a VerfO).[4] Der Präsident einer Sektion kann allerdings einen nationalen Richter in bestimmten Fällen von der Pflicht entbinden, an der Sitzung der Kammer teilzunehmen. Dies gilt bei vorbereitenden und verfahrensrechtlichen Fragen (Art. 26 Abs. 2 VerfO), darüber hinaus aber auch in Fällen, in denen eine Beschwerde a limine, also ohne vorherige Zustellung an den beklagten Konventionsstaat (vgl. Art. 54 Abs. 2 lit. b VerfO), für unzulässig erklärt wird und eine Mitwirkung des nationalen Richters nicht notwendig erscheint.[5]

Art. 26 Abs. 2 erlaubt die Herabsetzung der **Zahl der Mitglieder**   10
einer Kammer für einen bestimmten Zeitraum. Die durch Art. 6 Prot. Nr. 14 eingefügte Vorschrift soll eine größere Flexibilität ermöglichen. Die Hürden für eine Herabsetzung sind hoch: Antrag des Plenums des Gerichtshofs (Art. 25) und einstimmiger Beschluss des Ministerkomitees. Die Herabsetzung ist nur für begrenzte Zeit zulässig und soll nicht zur Folge haben, dass unterschiedlich große Kammern gleichzeitig tätig sind.[6]

V. Große Kammer

Zusammensetzung: Die Große Kammer besteht aus 17 Richtern und   11
mindestens drei Ersatzrichtern (Art. 24 Abs. 1 VerfO). Es können

---

4   Siehe etwa EGMR 18.12.2012 – 49278/09 (Entscheidung) – *Gray/Deutschland und Vereinigtes Königreich*; EGMR 21.10.2014 – 1891/10 – *Sciabica/Italien und Deutschland*; EGMR 1.2.2011 – 360/10 – *Mann/Portugal und Vereinigtes Königreich*.

5   Das gilt vor allem bei Beschwerden gegen zwei und mehr Konventionsstaaten, etwa EGMR 11.10.2011 – 16770/07 – *Vrancsik/Ungarn und Österreich* (ohne die Mitwirkung der österreichischen Richterin E. Steiner); EGMR 28.9.2010 – 57238/00 – *Herold Tele Media, S.R.O., Ivan Matusik und Günter Schuster/ Slowakei und Deutschland* (ohne die dt. Richterin A. Nußberger); EGMR 1.3.2010 – 20147/06 – *Cholakov/Bulgarien und Schweden* (ohne die schwedische Richterin E. Fura).

6   Erläuternder Bericht zu Prot. 14 Nr. 63.

auch mehr als drei Ersatzrichter bestellt werden, etwa wenn die Gefahr besteht, dass sich ein Verfahren wegen seiner Komplexität in die Länge zieht.[7] Der Großen Kammer gehören stets der Präsident des Gerichtshofs, die Vizepräsidenten (die gleichzeitig auch Sektionspräsidenten sind – Art. 10 S. 2 VerfO), die übrigen drei Sektionspräsidenten und der nationale Richter an. Die übrigen Richter werden nach Art. 26 VerfO ausgewählt. Die Besetzung der Großen Kammer ist im Übrigen unterschiedlich, je nachdem, ob sie nach Art. 30 durch Abgabe der Kammer vor dem Urteil oder nach Art. 43 durch Verweisung nach dem Urteil der Kammer zuständig wird.

12 Im Falle der **Abgabe** nach Art. 30 sind die Richter der abgebenden Kammer auch Mitglieder der Großen Kammer (Art. 24 Abs. 2 lit. c VerfO). Die Regelung soll die Bereitschaft der Kammern erhöhen, einen wichtigen Fall abzugeben. Bei einer **Verweisung** nach Art. 43 dürfen die Richter, die das Urteil gefällt haben, nicht in der Großen Kammer sitzen, mit Ausnahme des Präsidenten der betroffenen Kammer und des nationalen Richters (Art. 26 Abs. 5 S. 2). In der gängigen Praxis zieht sich allerdings der betroffene Präsident der Kammer aus der Großen Kammer zurück.[8]

13 Die übrigen Richter der Großen Kammer werden für jeden ihr zugewiesenen Fall unter den übrigen Richtern des Gerichtshofs vom Präsidenten durch Los bestimmt. Dabei soll auf eine ausgewogene Besetzung hinsichtlich der geographischen Lage des jeweiligen Staates und der unterschiedlichen Rechtssysteme geachtet werden (Art. 24 Abs. 2 lit. e VerfO). Ziel dieser Regelung ist es, jedem Richter es zu ermöglichen, in der Großen Kammer zu sitzen und eine möglichst große **Repräsentativität** der Großen Kammer zu erreichen,[9] ist sie doch berufen, für die Einheitlichkeit der Rechtsprechung des Gerichtshofs zu sorgen. Die Parteien werden im Übrigen nach der Entscheidung über die Abgabe oder den Verweis an die Große Kammer über die Besetzung derselben vom Gerichtshof informiert. Auch kann man in den Urteilen der Großen Kammer nachlesen, wenn sich die ursprüngliche Besetzung im Laufe des Verfahrens verändert hat.[10]

---

7 So waren etwa die Beschwerden EGMR 16.6.2015 – 13216/05 (GK), Rn. 5 – *Chiragov u.a./Armenien*, und EGMR 16.6.2015 – 40167/06 (GK), Rn. 5 – *Sargsyan/Aserbaidschan* mehr als fünf Jahre vor der Großen Kammer anhängig.

8 Siehe etwa EGMR 16.6.2015 – 64569/09 (GK) – *Delfi AS/Estland*; EGMR 30.9.2014 – 67810/10 (GK) – *Gross/Schweiz*; EGMR 3.4.2012 – 37575/04 (GK) – *Boulois/Luxemburg*; EGMR 28.9.2010 – 12050/04 (GK) – *Mangouras/ Spanien*.

9 Erläuternder Bericht zu Prot. 11 Nr. 80.

10 Siehe etwa EGMR 16.12.2010 – 25579/05 (GK), Rn. 7 – *A. B. und C./Irland*; EGMR 7.2.2012 – 39954/08 (GK), Rn. 4 – *Axel Springer AG/Deutschland*; EGMR 4.11.2014 – 29217/12 (GK), Rn. 5 – *Tarakhel/Schweiz*.

VI. Verhinderung eines Richters

Ersatzrichter: Ist ein Richter verhindert, an der Sitzung der Kammer   14
oder der Großen Kammer teilzunehmen, muss er dies dem Präsidenten der Kammer oder der Großen Kammer anzeigen (Art. 28 Abs. 1
VerfO). Das kann der Fall sein, wenn er ein persönliches Interesse an
der Sache hat oder vorher zB an der Entscheidung eines staatlichen
Gerichts in der Sache mitgewirkt hat.[11] Weitere Gründe werden in
Art. 28 Abs. 2 VerfO aufgeführt. In solchen Fällen werden Ersatzrichter herangezogen.

Richter ad hoc: Ist der **nationale Richter** verhindert zu sitzen, kann   15
er nicht ohne Weiteres durch einen nachrückenden Ersatzrichter ersetzt werden, da er de jure der Kammer angehört. In einem solchen
Fall muss regelmäßig ein Richter ad hoc ernannt werden. Nur in Fällen, in denen die Kammer beschließt, eine Beschwerde a limine, also
ohne vorherige Zustellung an den beklagten Konventionsstaat für
unzulässig zu erklären, braucht kein Richter ad hoc ernannt zu werden.[12] Für die Bestimmung eines Richters ad hoc hat Prot. Nr. 14
eine Neuregelung eingeführt (Art. 26 Abs. 4 S. 2). Konnten früher die
Konventionsstaaten einen Richter ad hoc während des Beschwerdeverfahrens bestimmen,[13] müssen sie nunmehr eine Reserveliste für
Richter ad hoc vorlegen, die auf der Website des Gerichtshofs veröffentlicht wird. Auf ihr sollen mindestens drei Richter stehen, die
auch für andere Staaten gewählte aktive Richter des Gerichtshofs
sein können.[14] Aus ihr wählt der Präsident des Gerichtshofs einen
Richter für den anstehenden Fall aus. Diese Regelung soll die Unabhängigkeit der Richter ad hoc stärken, die im Übrigen den Anforderungen von Art. 21 entsprechen müssen. Die Einzelheiten sind in
Art. 29 VerfO geregelt.

---

11 So war etwa die von 2004 bis 2010 am Gerichtshof wirkende deutsche Richterin Renate Jaeger zuvor Richterin am Bundesverfassungsgericht gewesen und
konnte daher an einigen Urteilen nicht mitwirken (siehe nur EGMR 17.2.2011
– 12884/03 – *Wasmuth/Deutschland*; EGMR 11.1.2007 – 20027/02 – *Herbst/
Deutschland*; EGMR 3.12.2009 – 22028/04 – *Zaunegger/Deutschland*; EGMR
6.11.2008 – 58911/00 – *Leela Förderkreis* e.V. .u.a/*Deutschland*.
12 Harris/O'Boyle/Warbrick, Law of the European Convention on Human Rights,
3. Aufl. 2014, S. 110. Siehe etwa die Deutschland betreffenden Entscheidungen
EGMR 8.9.2005 – 71477/01 – *Ackermann und Fuhrmann/Deutschland*,
EGMR 4.9.2006 – 33994/02 – *Ziegner-Koppaney/Deutschland*, und EGMR
11.12.2006 – 13828/04 – *Kalifatstaat/Deutschland*.
13 Siehe insoweit die Kritik im Erläuternden Bericht zu Prot. 14 Nr. 64.
14 Erläuternder Bericht zu Prot. 14 Nr. 64. So stehen derzeit etwa auf der Liste von
Andorra, Ungarn und Luxemburg drei aktive Richter des Gerichtshofs. Die
deutsche Richterin Angelika Nußberger erscheint etwa als Richterin ad hoc auf
den Listen von Litauen, Luxemburg, San Marino und der Schweiz.

Artikel 27 Befugnisse des Einzelrichters

(1) Ein Einzelrichter kann eine nach Artikel 34 erhobene Beschwerde für unzulässig erklären oder im Register streichen, wenn eine solche Entscheidung ohne weitere Prüfung getroffen werden kann.

(2) Die Entscheidung ist endgültig.

(3) Erklärt der Einzelrichter eine Beschwerde nicht für unzulässig und streicht er sie auch nicht im Register des Gerichtshofs, so übermittelt er sie zur weiteren Prüfung an einen Ausschuss oder eine Kammer.

I. Entstehungsgeschichte

1   Die Vorschrift ist durch Art. 7 des am 1.6.2010 in Kraft getretenen Prot. Nr. 14 eingefügt worden. Der Einzelrichter hat die Aufgaben der Dreierausschüsse nach Art. 28 aF übernommen. Aufgrund der Erklärung der Bundesregierung zur vorläufigen Anwendung von gewissen Vorschriften des Prot. Nr. 14 vom 12.5.2009 konnte das Einzelrichterverfahren auf Beschwerden gegen Deutschland bereits ab Juli 2009 angewendet werden. Die Einführung des Einzelrichters stellt eine der beiden wesentlichen in Prot. Nr. 14 vorgesehenen Neuerungen zur **Entlastung des Gerichtshofs** dar. Dessen Überlastung ergab sich ganz wesentlich aus der Bearbeitung der sehr zahlreichen unzulässigen Beschwerden und der Beschwerden, die sich aus der gleichen strukturellen Ursache wie vorherige Beschwerden ergaben, in denen der Gerichtshof eine Verletzung der Konvention festgestellt hatte.[1] Während der Gerichtshof es geschafft hat, die Zahl der anhängigen a priori unzulässigen Beschwerden auf ein verträgliches Maß zurückzuführen, bleibt die hohe Zahl von repetitiven Beschwerden, die zu Beginn des Jahres 2015 die Hälfte aller anhängigen Beschwerden ausmachten, besorgniserregend.[2]

II. Zuständigkeit des Einzelrichters

2   Der Einzelrichter kann Individualbeschwerden nach Art. 34 für unzulässig erklären oder sie im Register streichen. Für Staatenbeschwerden nach Art. 35 gilt die Regelung nicht. Ein Einzelrichter erklärt eine Beschwerde für unzulässig, wenn die Entscheidung **ohne weitere Prüfung** getroffen werden kann. Dies ist dann der Fall, wenn aus

---

1 Siehe Erläuternder Bericht zu Prot. 14 Nr. 7.
2 Siehe dazu die Presseerklärung des Präsidenten des Gerichtshofs vom 29.1.2015 und vom 28.1.2016 (abrufbar auf der Internetseite des Gerichtshofs).

dem Vortrag des Beschwerdeführers und des vorgelegten Materials hinreichend deutlich wird, dass die Beschwerde aus einem der in den Art. 34 und 35 genannten Gründen unzulässig ist (siehe Art. 49 Abs. 1 VerfO). Im Hinblick auf die Erfahrungen in der Praxis scheint es angebracht, daran zu erinnern, dass auch offensichtlich unbegründete Beschwerden unzulässig iSv Art. 35 Abs. 3 lit. a sind. Der Einzelrichter weist also nicht nur Beschwerden zurück, die die formellen Voraussetzungen nicht erfüllen (etwa Erschöpfung des innerstaatlichen Rechtsweges, verfristete Einlegung), sondern erklärt Beschwerden auch nach einer inhaltlichen Prüfung für unzulässig.[3] Der Gerichtshof hat auf seiner Internetseite einen ausführlichen, auf Deutsch übersetzten Leitfaden zu den Zulässigkeitsvoraussetzungen einer Beschwerde veröffentlicht.

Ein Einzelrichter kann nicht über Beschwerden entscheiden, die gegen den Konventionsstaat gerichtet sind, für den der Richter gewählt worden ist (Art. 26 Abs. 3). Dies gilt auch bei Beschwerden, die gegen mehrere Staaten gerichtet sind.   3

III. Verfahren vor dem Einzelrichter

1. Vorprüfung durch die Kanzlei (Art. 47 VerfO).

Die eingehenden Beschwerden werden zeitnah einer ersten Prüfung   4
durch die Juristen der Kanzlei des Gerichtshofs unterzogen. Zunächst wird geprüft, ob eine Beschwerde den **formalen Anforderungen** des mit Wirkung vom 1.1.2014 neu gefassten Art. 47 VerfO entspricht.[4] Ist dies nicht der Fall, wird die Beschwerde ohne weitere inhaltliche Prüfung durch die Kanzlei des Gerichtshofs zurückgewiesen. Der Beschwerdeführer wird über die Zurückweisung per Brief informiert, und zwar in der Sprache, in der die Beschwerde eingelegt wurde, sofern es sich dabei um eine Amtssprache eines Konventionsstaates handelt (Art. 34 Abs. 2 VerfO). Die Beschwerdeführer werden insbesondere auch über die Gründe der Zurückweisung aufgeklärt. Dieses Verfahren erlaubt es betroffenen Beschwerdeführern, eine –

---

3 *Henke* AnwBl 2015, 53; *Jacob* DVBl 2015, 61 (63).
4 Mit dem Inkrafttreten des neu gefassten Art. 47 VerfO am 1.1.2014 sind die formalen Anforderungen an die Einlegung einer Beschwerde deutlich strenger geworden, EGMR 9.9.2014 – 40139/14 und 41418/14 – *Malysh und Ivanin/Ukraine*. Insbesondere kann eine Beschwerde nur mittels des vollständig ausgefüllten und unterschriebenen offiziellen Beschwerdeformulars des Gerichtshofs eingereicht werden. Informationen zur Einlegung einer Beschwerde in zahlreichen Sprachen einschließlich des Merkblatts zum Ausfüllen des Beschwerdeformulars sind auf der Website des Gerichtshofs zu finden.

komplett[5] - neue den formalen Voraussetzungen genügende Beschwerde einzulegen, sofern die Beschwerdefrist von 6 Monaten iSv Art. 35 Abs. 1 noch nicht abgelaufen ist.[6] Erfahrungen aus der Praxis zeigen, dass bei einem zeitigen Einreichen einer Beschwerde zweite Versuche erfolgreich sind, dass aber Beschwerdeführer und insbesondere Rechtsanwälte dazu neigen, Beschwerden erst relativ kurz vor Ende der vergleichsweise lang bemessenen Beschwerdefrist einzulegen.[7] Das hat zur Folge, dass im Falle einer Zurückweisung einer Beschwerde nach Art. 47 VerfO keine oder sehr wenig Zeit mehr bleibt, eine neue, vollständige Beschwerde einzureichen. In diesem Zusammenhang ist darauf hinzuweisen, dass die Einreichung einer Beschwerde per Fax nicht möglich ist. Die Kanzlei des Gerichtshofs wird – mit Ausnahme der Eilanträge nach Art. 39 VerfO – auf Beschwerdeeingaben per Fax hin regelmäßig auch nicht tätig, sondern wartet erst den Eingang des Originals der Beschwerde ab. Nur der auf dem Originalumschlag befindliche Poststempel ist im Übrigen auch für die Berechnung der Sechsmonatsfrist iSv. Art. 35 Abs. 1 maßgeblich.

2. Prüfung durch den Einzelrichter

5   Erfüllt die Beschwerde die formalen Anforderungen des Art. 47 VerfO, wird die Zulässigkeit der Beschwerde geprüft. Eine gesonderte briefliche Bestätigung über den Eingang der Beschwerde und ihrer Vereinbarkeit mit Art. 47 VerfO erfolgt regelmäßig nicht. Wird aus den vom Bf. vorgelegten Unterlagen hinreichend deutlich, dass die Beschwerde unzulässig iSv Art. 34 und 35 ist, wird die Beschwerdeakte mit einem Bericht des zuständigen Juristen der Kanzlei dem **nichtrichterlichen Berichterstatter** (Art. 18A VerfO) zur Prüfung vorgelegt. Nachdem und nur wenn dieser sich versichert hat, dass die Voraussetzungen des Art. 27 Abs. 1 EMRK/Art. 49 Abs. 1 VerfO vorliegen, wird die Beschwerde dem Einzelrichter zur Entscheidung vorlegt. Ist der Einzelrichter nach Prüfung mit dem Vorschlag, die Beschwerde für unzulässig zu erklären, einverstanden, wird der Beschwerdeführer darüber brieflich benachrichtigt (Art. 52A Abs. 1 S. 3

---

5   Zu beachten ist, worauf Beschwerdeführer ausdrücklich hingewiesen werden, dass die Beschwerde komplett neu eingelegt werden muss. Insbesondere ist es nicht möglich, fehlende Unterlagen einfach nachzureichen und auf die bereits eingereichte Beschwerde zu verweisen.

6   *Harris/O'Boyle/Warbrick*, Law of the European Convention on Human Rights, 3. Aufl. 2014, S. 119.

7   Siehe dazu EGMR 2.2.2010 – 14448/09 – *Kopka/Deutschland*. Erinnert sei hier daran, dass mit dem Inkrafttreten von Protokoll Nr. 15 die Beschwerdefrist von sechs auf vier Monate verkürzt werden wird (vgl. Art. 4 Prot. Nr. 15).

VerfO), und zwar in der Sprache, in der er die Beschwerde eingelegt hat, sofern es sich dabei um eine Amtssprache eines Konventionsstaates handelt (Art. 34 Abs. 2 VerfO). Beschwerdeführer erhalten keine schriftlich ausgefertigte Entscheidung des Einzelrichters. Eine solche gibt es seit dem Jahre 2001 nicht mehr.[8] Wegen der unmittelbaren Bearbeitung der eingehenden unzulässigen Beschwerden bekommt ein Beschwerdeführer in der Regel auch nur diesen einen Brief in seiner Beschwerdeangelegenheit.

Die Benachrichtigung über die Entscheidung des Einzelrichters enthält – derzeit – auch keine **Gründe**.[9] Der Brief an den Beschwerdeführer beschränkt sich darauf, mitzuteilen, dass der Gerichtshof aufgrund aller zur Verfügung stehenden Unterlagen zu der Auffassung gelangt ist, dass die in Artikel 34 und 35 der Konvention niedergelegten Voraussetzungen nicht erfüllt waren. Diese weitgehend im Jahre 2009 eingeführte Praxis[10] wurde vor allem mit der Notwendigkeit gerechtfertigt, angesichts der Arbeitsüberlastung des Gerichtshofs Ressourcen einzusparen.[11] Nachdem die Zahl der anhängigen, für den Einzelrichter vorgemerkten Beschwerden auf ein vertretbares Maß zurückgegangen ist, hat der Gerichtshof während der Konferenz der Justizminister der Mitgliedstaaten des Europarates in Brüssel in der sogenannten Brüsseler Erklärung vom 27.3.2015 in Aussicht gestellt, nunmehr wieder Entscheidungen des Einzelrichters mit einer Kurzbegründung zu versehen.[12]

6

---

8 Vom 1.11.1998 (Tag der Errichtung des Gerichtshofs als ständigen Gerichtshof) bis zum Ende des Jahres 2000 erhielten Beschwerdeführer, deren Beschwerde von einem Dreierausschuss für unzulässig erklärt worden war, eine ausgefertigte, kurz begründete und nur in einer der beiden Amtssprachen des Gerichtshofs abgefassten Entscheidung über die Unzulässigkeit.

9 Art. 45 EMRK sieht grundsätzlich vor, dass der Gerichtshof seine Urteile und Entscheidungen begründen muss. Eine dem Art. 56 Abs. 1 VerfO entsprechende Vorschrift gibt es allerdings für den Einzelrichter in der Verfahrensordnung nicht. Für den Ausschuss dürfte es darauf ankommen, ob er seine Entscheidung dem Beschwerdeführer brieflich zur Kenntnis bringt (dies entspricht Art. 52A Abs. 1 S. 3 VerfO) oder anders entscheidet (siehe Art. 53 Abs. 5 aE VerfO). Ohnehin erhalten Beschwerdeführer eine Kurzbegründung.

10 In den Jahren 2001 bis 2008 wurden Beschwerdeführer mit einer standardisierten Kurzbegründung über die Entscheidung des Dreierausschusses (Art. 28 aF) informiert.

11 *Jacobs/White/Ovey*, The European Convention on Human Rights, 6. Aufl. 2014, S. 28; im Übrigen mit Hinweis auf die Praxis des US Amerikanischen Supreme Courts und des deutschen Bundesverfassungsgerichts (§ 93 d Abs. 1 S. 3 BVerfGG). Siehe auch *Henke* AnwBl 2015, 53.

12 Zu finden unter http://www.coe.int/de/web/portal/-/european-convention-on-human-rights. Siehe dazu auch die Presseerklärung des Präsidenten des Gerichtshofs vom 28.1.2016 (abrufbar auf der Internetseite des Gerichtshofs).

3. Abgabe des Verfahrens

7 Ist der Einzelrichter mit dem Vorschlag, die Beschwerde für unzulässig zu erklären, nicht einverstanden, verweist er die Beschwerde an einen Dreierausschuss oder an die Kammer (Art. 27 Abs. 3, Art. 52A Abs. 3 VerfO).

4. Abschluss des Verfahrens und Wiederaufnahme

8 Die Entscheidung des Einzelrichters ist endgültig (Art. 27 Abs. 2, siehe auch Art. 54 Abs. 3 und 4 VerfO) und kann insbesondere nicht vor einem anderen Spruchkörper des Gerichtshofs angefochten werden. Dies gilt übrigens auch für die Entscheidungen der Ausschüsse (Art. 28 Abs. 2) und der Kammern (→ Art. 29 Rn. 8).[13] Die Konvention enthält keine Regelung zur **Wiederaufnahme** eines Verfahrens.[14] Nach der Rechtsprechung des Gerichtshofs kann ein durch eine Unzulässigkeitsentscheidung abgeschlossenes Verfahren allerdings in Ausnahmefällen wieder aufgenommen werden, wenn ein offenbarer Irrtum über Tatsachen oder bei der Beurteilung der Zulässigkeitskriterien unterlaufen ist. Es handelt sich dabei um eine dem Gerichtshof innewohnende Kompetenz, in seinem Verantwortungsbereich aufgetretene Fehler im Interesse der Rechtspflege zu korrigieren.[15] Das Verfahren wird von demselben Spruchkörper des Gerichtshofs wieder eröffnet, der die Beschwerde zuvor auch für unzulässig erklärt hat.[16]

Artikel 28 Befugnisse der Ausschüsse

(1) Ein Ausschuss, der mit einer nach Artikel 34 erhobenen Beschwerde befasst wird, kann diese durch einstimmigen Beschluss

a) für unzulässig erklären oder im Register streichen, wenn eine solche Entscheidung ohne weitere Prüfung getroffen werden kann; oder

---

13 EGMR 10.4.2001 – 36445/97, Rn. 100 – *Sablon/Belgien*. Art. 81 VerfO ermöglicht lediglich die Berichtigung von Fehlern und offensichtlichen Unrichtigkeiten in Entscheidungen (und Urteilen). Die Art. 79 und 80 VerfO sind nur auf Urteile anwendbar.

14 Art. 37 Abs. 2 EMRK/Art. 43 Abs. 5 VerfO betreffen einzig die Wiedereintragung einer Beschwerde nach deren Streichung aus dem Register.

15 EGMR 26.10.2004 – 61603/00 – *Storck/Deutschland*; EGMR 5.7.2005 – 39464/98 – *Ölmez/Türkei*; EGMR 11.9.2012 – 20007/09, Rn. 19-23 – *Boelens/ Belgien* mwN.

16 Siehe etwa EGMR 2.6.2015 – 15928/14, Rn. 19-20 – *Lambrich/Deutschland*.

b) für zulässig erklären und zugleich ein Urteil über die Begründetheit fällen, sofern die der Rechtssache zugrunde liegende Frage der Auslegung oder Anwendung dieser Konvention oder der Protokolle dazu Gegenstand einer gefestigten Rechtsprechung des Gerichtshofs ist.

(2) Die Entscheidungen und Urteile nach Absatz 1 sind endgültig.

(3) Ist der für die als Partei beteiligte Hohe Vertragspartei gewählte Richter nicht Mitglied des Ausschusses, so kann er von Letzterem jederzeit während des Verfahrens eingeladen werden, den Sitz eines Mitglieds im Ausschuss einzunehmen; der Ausschuss hat dabei alle erheblichen Umstände einschließlich der Frage, ob diese Vertragspartei der Anwendung des Verfahrens nach Absatz 1 Buchstabe b entgegengetreten ist, zu berücksichtigen.

I. Entstehungsgeschichte und Allgemeines

Die Vorschrift ist durch Art. 8 des am 1.6.2010 in Kraft getretenen Prot. Nr. 14 neu gefasst worden und enthält – neben der Einführung des Einzelrichters durch Art. 27 – die andere wesentliche Entlastungsvorschrift, nämlich die **Ermächtigung der Dreierausschüsse**, in Fällen, in denen es eine gefestigte Rechtsprechung des Gerichtshofs gibt, durch Urteil eine Verletzung der Konvention festzustellen. Diese Neuerung ging auf einen deutsch-schweizerischen Vorschlag zurück.[1] Die ersten beiden Urteile des Gerichtshofs, die von einem Dreierausschuss nach dieser neuen Vorschrift behandelt wurden, wurden am 22.12.2009 verkündet.[2] Die Verkündung dieser Urteile bereits mehr als 6 Monate vor Inkrafttreten des Prot. Nr. 14 am 1.6.2010 war wegen der vorläufigen Anwendbarkeit dieser Vorschrift auf Beschwerden gegen Deutschland möglich geworden (→ Art. 27 Rn. 1).

II. Zusammensetzung der Ausschüsse

Der Ausschuss besteht aus drei Richtern, die im **Rotationsverfahren** aus dem Kreis der Sektionsmitglieder mit Ausnahme des Präsidenten der Sektion (siehe aber → Art. 26 Rn. 6) für ein Jahr bestimmt werden (Art. 27 Abs. 2 VerfO). Der nationale Richter muss nicht Mit-

---

1 Denkschrift zum Gesetzentwurf der Bundesregierung zu Prot. Nr. 14 vom 3.11.2005, BT-Drs. 16/42, S. 17.
2 EGMR 22.12.2009 – 21061/06, Rn. 3 – *Kressin/Deutschland*; EGMR 22.12.2009 – 10053/08 Rn. 3 – *Jesse/Deutschland*.

glied des Ausschusses sein,[3] kann aber nach Art. 28 Abs. 3 eingeladen werden, teilzunehmen und den Sitz eines Ausschussmitglieds einzunehmen (Art. 28 Abs. 3).[4] Dies wird etwa der Fall sein, wenn der Konventionsstaat der Behandlung der Beschwerde in einem Ausschuss nicht zugestimmt hat (Art. 28 Abs. 3 Hs. 2). Den Vorsitz führt das rangälteste Mitglied (Art. 27 Abs. 4 VerfO), allerdings nicht in Rechtssachen, die gegen den Konventionsstaat gerichtet sind, dessen Staatsangehörigkeit er hat oder für den er gewählt worden ist (Art. 13 VerfO).[5] Die Ausschüsse tagen ständig.

III. Befugnisse des Ausschusses

3 Die Befugnisse des Ausschusses ergeben sich aus Art. 28 Abs. 1. Nach Abs. 1 a kann der Ausschuss eine Beschwerde für unzulässig erklären oder im Register streichen, wenn eine solche Entscheidung **ohne weitere Prüfung** getroffen werden kann. Diese Formulierung ist ebenso gefasst wie Art. 27 Abs. 1 betreffend den Einzelrichter. Die Unzulässigkeit muss sich also aus dem vom Beschwerdeführer vorgelegten Material hinreichend ergeben (vgl. Art. 49 Abs. 1 VerfO). Insoweit haben die Ausschüsse ihre Befugnisse beibehalten, die sie vor Inkrafttreten von Prot. Nr. 14 innehatten. Weiterhin kann der Ausschuss Beschwerden auch auf Vorschlag des berichterstattenden Richters (Art. Art. 49 Abs. 2 lit. b VerfO) direkt unzulässig erklären oder auch erst, nachdem die Beschwerde dem beklagten Konventionsstaat zugestellt worden ist (dazu unter → Rn. 6).

4 Abs. 1 b ist durch Prot. Nr. 14 eingefügt worden und gibt dem Ausschuss die Befugnis, eine Beschwerde für zulässig zu erklären und durch **Urteil** über die Begründetheit zu entscheiden. Voraussetzung dafür ist, dass die für die Beschwerde entscheidende Auslegungsfrage in gefestigter Rechtsprechung des Gerichtshofs geklärt ist. Gefestigt ist eine Rechtsprechung dann, wenn es sich um eine ständige Rechtsprechung der Kammern des Gerichtshofs handelt oder wenn es dazu

---

3 Siehe zB EGMR 30.7.2015 – 55902/11 – *Ryzhenko/Ukraine*; EGMR 21.7.2015 – 58385/13 – *Ljajić/Serbien*; EGMR 7.7.2015 – 45559/06 – *Davidovs/Lettland*.
4 EGMR 23.7.2015 – 49994/14 – *D.P./Slowenien*; EGMR 16.7.2015 – 47008/12 – *Alexiou/Griechenland*.
5 Ein für einen Konventionsstaat gewählter Richter muss nicht notwendigerweise dessen Staatsangehörigkeit besitzen. Beispielsweise sitzt mit dem 2015 gewählten Richter C. Ranzoni nach L. Caflisch und M. Villiger zum dritten Mal ein Schweizer als für Liechtenstein gewählter Richter. Der für die Zeit von 1980 bis 1998 für Liechtenstein gewählte Richter Macdonald war sogar kanadischer Staatsangehöriger.

ein Piloturteil oder Grundsatzurteil – insbesondere der Großen Kammer – gibt.[6]

Art. 28 Abs. 1 gilt nur für Individualbeschwerden (Art. 34), nicht für   5
Staatenbeschwerden (Art. 33).

IV. Verfahren vor dem Ausschuss

1. Sofortige Entscheidung über einer Beschwerde

Abs. 1 a betrifft eigentlich **drei verschiedene Verfahrensarten.**[7] Die   6
erste Verfahrensart betrifft als unzulässig eingestufte Beschwerden,
die ein Einzelrichter an einen Ausschuss verwiesen hat, etwa weil er
Zweifel an dem Vorschlag zur Unzulässigkeit (oder am Vorschlag
zum Streichen aus dem Register) hat oder weil er dem Vorschlag
zwar zustimmt, die Entscheidung aber von drei Richterkollegen getragen
wissen möchte. In diesem Fall bekommt der Ausschuss das
vom nichtrichterlichen Berichterstatter (Art. 18A VerfO) abgezeichnete
und dem Einzelrichter vorgelegte **Votum zum Unzulässigkeitsvorschlag**
vorgelegt, ggf. in ergänzter Form. Stimmt der Ausschuss
diesem Vorschlag mit Einstimmigkeit zu, wird der Beschwerdeführer
über die Entscheidung genau wie im Verfahren vor dem Einzelrichter
brieflich benachrichtigt (Art. 53 Abs. 5 VerfO). Ebenso wie im Verfahren
vor dem Einzelrichter erhalten Beschwerdeführer keine
schriftlich ausgefertigte Entscheidung des Ausschusses. Der Mitteilungsbrief
enthält jedoch eine standardisierte Kurzbegründung. Insoweit
wurde für Beschwerden, die nach diesem insgesamt eher selten
angewandten Verfahren entschieden werden, die in den Jahren
2001-2008 angewandte Begründungspraxis der Ausschüsse nach
Art. 28 aF beibehalten (→ Art. 27 Rn. 6).

Das zweite Verfahren betrifft Beschwerden, deren Behandlung durch   7
eine Kammer oder einen Ausschuss von Anfang an gerechtfertigt erscheint
(Art. 49 Abs. 2 VerfO). In diesem Fall unterbreitet der vom
Sektionspräsidenten ernannte **berichterstattende Richter** dem Ausschuss,
dem er nicht notwendigerweise angehören muss, einen mit
Begründung versehenen Unzulässigkeitsvorschlag oder einen Vorschlag
zur Streichung der Beschwerde. Nimmt der Ausschuss diesen
Vorschlag an, wird die mit Gründen versehene Entscheidung ausgefertigt
und dem Beschwerdeführer übermittelt. Die Entscheidung ergeht
in einer der beiden Amtssprachen des Gerichtshofs, Englisch

---

6 Erläuternder Bericht zu Prot. 14 Nr. 68.
7 Dazu auch *Harris/O'Boyle/Warbrick*, Law of the European Convention on Human Rights, 3. Aufl. 2014, S. 121.

oder Französisch (Art. 34 Abs. 1 VerfO).[8] Sie ist endgültig (Art. 53 Abs. 4 VerfO) und wird auf der Internetseite des Gerichtshofs (HU-DOC) veröffentlicht. Insoweit haben die Ausschüsse einen Teil der Arbeit der Kammern übernommen, nämlich Beschwerden a limine für unzulässig zu erklären, bei denen aber eine nach außen begründete Entscheidung angezeigt erscheint. Dabei handelt es sich in der Regel nicht um repetitive Beschwerden, gleichwohl gibt es regelmäßig zu den in der Beschwerde aufgeworfenen Fragen bereits Rechtsprechung des Gerichtshofs.[9]

8   Das dritte Verfahren betrifft schließlich Fälle, in denen der Ausschuss **nach (teilweiser) Zustellung** der Beschwerde an den beklagten Konventionsstaat und nach Erhalt eventueller Stellungnahmen der Parteien zu dem Ergebnis kommt, dass die Beschwerde unzulässig ist oder aus dem Register gestrichen werden kann (→ Rn. 13). Auch in diesem Fall erhalten – beide – Parteien eine mit Gründen versehene Ausfertigung der Entscheidung. Diese Entscheidungen sind oft relativ kurz, da die Beschwerden in der Regel im Hinblick auf eine gefestigte Rechtsprechung des Gerichtshofs zu einem wiederholt auftretenden Problem in dem jeweiligen Konventionsstaat zugestellt worden waren[10] und auch häufig aus dem Register gestrichen werden, nachdem eine gütliche Einigung zwischen den Parteien erzielt wurde (→ Art. 39)[11] oder der Ausschuss die sogenannte einseitige Erledigungserklärung der beklagten Regierung (Art. 62A VerfO) angenommen hat (Art. 39 Rn. 9).[12]

---

8   Das Bundesjustizministerium fertigt deutsche, den Gerichtshof nicht bindende Übersetzungen auch der Unzulässigkeitsentscheidungen der Ausschüsse an, sofern sie Deutschland betreffen. Siehe etwa EGMR 24.3.2015 – 37074/13 – *Kerkez/Deutschland*; EGMR 13.1.2015 – 10152/13 – *Gramann/Deutschland*; EGMR 9.9.2014 – 28711/10 – *Traube/Deutschland*.

9   EGMR 20.9.2011 – 44455/07 – *Binder/Deutschland* (Unparteilichkeit); EGMR 9.10.2012 – 13545/10 – *Gähwiler/Schweiz* und 12.6.2012 – 36894/08 – *Vinkel/Deutschland* (Versagung von Prozesskostenhilfe); EGMR 13.3.2012 – 13556/07 –*Eifferl/Österreich* (mündliche Verhandlung); EGMR 19.3.2013 – 45971/08 – *Savasci/Deutschland* (Ausweisung).

10 Siehe etwa EGMR 7.7.2015 – 15767/12 – *Veselinović/Serbien*; EGMR 23.6.2015 – 6218/07 und 8 andere – *Kravchenko* u.a./*Ukraine*.

11 Siehe als Beispiel EGMR 23.6.2015 – 11781/13 – *Fuchshuber/Österreich*; EGMR 2.7.2015 – 10759/11 – *Danash/Bulgarien*; EGMR 17.6.2014 – 52808/12 und 10841/13 – *Beer/Deutschland*.

12 Siehe zB EGMR 31.3.2015 – 4800/12 – *Schulz/Deutschland*; EGMR 29.11.2011 – 15994/10 – *Bekermann/Liechtenstein*; EGMR 2.7.2015 – 9599/13 – *Nowak/Polen*.

2. Entscheidung nach Zustellung der Beschwerde

Das Verfahren nach Abs. 1 b setzt voraus, dass die vom Ausschuss   9
entschiedene Beschwerde zuvor an den betreffenden Konventionsstaat zugestellt worden ist (vgl. Art. 54 Abs. 2 lit. b VerfO). Über die
Zustellung einer Beschwerde entscheidet der Präsident der Sektion,
der die Beschwerde zugeteilt worden ist, auf Vorschlag des berichterstattenden Richters (vgl. Art. 49 Abs. 2 VerfO). Die Zustellung kann
die gesamte Beschwerde umfassen oder auch nur einen Teil. In letzterem Fall können die übrigen Beschwerdepunkte entweder gleich vom
Präsidenten der Sektion in seiner Eigenschaft als Einzelrichter für unzulässig erklärt werden (Art. 54 Abs. 3 S. 1 VerfO), oder eine Entscheidung darüber erfolgt durch den Ausschuss zu einem späteren
Zeitpunkt, d.h. nach Eingang der eventuellen Stellungnahmen der
Parteien (→ Rn. 12), meist in Form einer globalen Zurückweisung.[13]
Anders als die Kammer kann ein Ausschuss eine Beschwerde nicht
auch selbst zustellen (vgl. Art. 54 Abs. 2 lit. b) VerfO).

Die Parteien werden über die (teilweise) Zustellung der Beschwerde   10
informiert. In den diesbezüglichen Briefen des Gerichtshofs werden
sie über den **Ablauf des Verfahrens** informiert, insbesondere auch darüber, dass der Gerichtshof wegen seiner bestehenden gefestigten
Rechtsprechung zu dem/den in der Beschwerde aufgeworfenen Be-
schwerdepunkt/-en keine Stellungnahme der beklagten Regierung benötigt und das Verfahren an einen Ausschuss verweist.

Die Schreiben des Gerichtshofs erfolgen grundsätzlich in eine seiner   11
beiden **Amtssprachen** (Art. 34 Abs. 1 VerfO). Dem Schreiben, in dem
der Beschwerdeführer über die Zustellung der Beschwerde informiert
wird, liegt jedoch regelmäßig eine Übersicht über das Verfahren in
der von ihm bei Beschwerdeeinreichung benutzten Sprache bei, sofern es sich dabei um eine Amtssprache eines Konventionsstaats handelt. Im Übrigen kann der Präsident der Kammer auch den weiteren
Gebrauch einer Amtssprache eines Konventionsstaates nach Zustellung einer Beschwerde erlauben (Art. 34 Abs. 3 lit. a VerfO).

Nach dem Eingang einer eventuellen Stellungnahme der Regierung,   12
in der diese zu den zugestellten Beschwerdepunkten Stellung nehmen
und auch der Anwendung von Art. 28 Abs. 1 lit. b entgegentreten

---

13 Siehe z.B EGMR 21.10.2010 – 32763/08, Rn. 40-42 – *Schädlich* u.a./*Liechten-
    stein*; EGMR 27.7.2011 – 21965/09, Rn. 40-41 – *Bellut/Deutschland*; EGMR
    10.7.2014 – 63463/09, Rn. 48-50 – *Stöttinger/Österreich*.

kann (Art. 28 Abs. 3 Hs. 2),[14] den geltend gemachten Entschädigungsforderungen des Beschwerdeführers sowie der Stellungnahme der Regierung dazu entscheidet der Ausschuss über die **Zulässigkeit und Begründetheit** der Beschwerde. Die wesentliche durch Protokoll Nr. 14 eingeführte Neuerung bestand darin, dass die Ausschüsse per Urteil die Zulässigkeit und Begründetheit der Beschwerde feststellen können, und damit eine Verletzung der Konvention feststellen können.[15] Das Urteil des Ausschusses ist endgültig (Art. 28 Abs. 2) und kann insbesondere nicht Gegenstand eines Antrages auf Verweis an die Große Kammer sein.[16]

13   Wie oben ausgeführt (→ Rn. 8) kann der Ausschuss eine Beschwerde auch nach Zustellung insgesamt für unzulässig erklären, etwa weil sich aus der Stellungnahme der beklagten Regierung oder im Laufe des Verfahrens Gründe für deren Unzulässigkeit ergeben haben (vgl. Art. 35 Abs. 4). Oder er kann die Beschwerde (teilweise) aus dem Register streichen, etwa nach einer **gütlichen Einigung** zwischen den Parteien (Art. 39 Abs. 3) oder einer vom Ausschuss gebilligten **einseitigen Erledigungserklärung** der beklagten Regierung (Art. 62 VerfO).

14   In dem Verfahren nach Art. 28 Abs. 1 b) werden insbesondere **repetitive Beschwerden** gegen Staaten behandelt, in denen systemische Probleme bestehen.[17] Sie stellen derzeit eine der Hauptherausforderungen des Gerichtshofs dar.[18]

---

14 Ohne allerdings diesbzgl. ein Vetorecht zu haben (Erläuternder Bericht zu Prot. 14 Nr. 69). Vgl. EGMR 5.10.2010 – 28157/08, Rn. 5 – *Staniszewski/Polen*; EGMR 11.1.2011 – 41265/05, Rn. 4 – *Mazurek/Polen* – EGMR 13.1.2011 – 5179/09, Rn. 4 – *Kallitsis/Griechenland*. Auch Beschwerdeführer haben übrigens dem Verweis ihrer Beschwerde an einen Ausschuss widersprochen, EGMR 24.6.2010 – 39444/08, Rn. 4 – *Afflerbach/Deutschland*; EGMR 13.10.2011 – 37264/06, Rn. 6 – *Mianowicz/Deutschland*.

15 Erläuternder Bericht zu Prot. 14 Nr. 68.

16 Art. 43 Abs. 1 erwähnt nur Urteile der Kammer und wurde durch Protokoll Nr. 14 auch nicht entsprechend ergänzt.

17 Siehe etwa EGMR 11.2.2014 – 18904/09 u.a. – *Bacak und 44 andere/Türkei*; EGMR 31.7.2014 – 36762/06 ua – *Shtefan und 249 andere/Ukraine*; EGMR 16.12.2014 – 23387/12 u.a. – *Adžemović und 180 andere/Serbien*; EGMR 17.2.2015 – 2355/06 u.a. – *Karpenko und 24 andere/Russland*; EGMR 18.6.2009 – 54966/09 ua – *Oprea und 19 andere/Rumänien*; betreffend Deutschland siehe EGMR 10.7.2012. – 27366/07 u.a. – *Schellmann und JSP Programmentwicklung GmbH & Co KG und 22 andere/Deutschland*. Diese Entscheidung des Ausschusses betraf die Zurückweisung von Beschwerden über die Länge von Verfahren, nachdem das Gesetz über den Rechtsschutz bei überlangen Gerichtsverfahren und strafrechtlichen Ermittlungsverfahren am 2.12.2011 in Kraft getreten war.

18 Siehe dazu die Presseerklärungen des Präsidenten des Gerichtshofs vom 29.1.2015 und vom 28.1.2016 (abrufbar auf der Internetseite des Gerichtshofs).

Sofern der Ausschuss in allen oben genannten Verfahren keine Entscheidung trifft (etwa mangels Einstimmigkeit), übermittelt er die Beschwerde der Kammer (Art. 53 Abs. 6 VerfO). 15

Zur Frage der **Wiederaufnahme** eines von einem Ausschuss abgeschlossenen Verfahrens, mit dem eine Beschwerde für unzulässig erklärt worden ist, gelten die Ausführungen zum Einzelrichter (→ Art. 27 Rn. 8) entsprechend. Für Urteile der Ausschüsse gelten die Art. 79-81 iVm Art. 53 Abs. 7 VerfO. 16

Artikel 29 Entscheidungen der Kammern über die Zulässigkeit und Begründetheit

(1) [1]Ergeht weder eine Entscheidung nach Artikel 27 oder 28 noch ein Urteil nach Artikel 28, so entscheidet eine Kammer über die Zulässigkeit und Begründetheit der nach Artikel 34 erhobenen Beschwerden. [2]Die Entscheidung über die Zulässigkeit kann gesondert ergehen.

(2) [1]Eine Kammer entscheidet über die Zulässigkeit und Begründetheit der nach Artikel 33 erhobenen Staatenbeschwerden. [2]Die Entscheidung über die Zulässigkeit ergeht gesondert, sofern der Gerichtshof in Ausnahmefällen nicht anders entscheidet.

I. Zuständigkeit und Ablauf des Verfahrens

1. Zuständigkeit der Kammern

Die Kammern entscheiden über **Individualbeschwerden** (Abs. 1) in jenen Fällen, in denen keine Entscheidung und kein Urteil durch Einzelrichter oder Ausschuss nach Art. 27 oder 28 ergehen, sowie über **Staatenbeschwerden** (Abs. 2). Sie verfügen über **umfassende Entscheidungskompetenz.** 1

2. Spruchkörper, Form und Verfahren bei Individualbeschwerden

Der aus **sieben Richtern** bestehenden (Art. 26 Abs. 1) Kammer gehört grundsätzlich der für den beklagten Staat gewählte Richter an (Art. 26 Abs. 4); zudem der Präsident der jeweiligen Sektion (Art. 26 Abs. 1 lit. a) VerfO; zu weiteren Details der Kammerbesetzung vgl. Art. 26, 28 ff. VerfO). 2

Das Verfahren beginnt **schriftlich** (zu den Anforderungen an Form und Inhalt der Individualbeschwerde → Art. 34 Rn. 39 ff.; sowie

Art. 45 und insbesondere 47 VerfO). Die Kammer kann die Beschwerde sofort ganz oder teilweise für unzulässig erklären oder aus dem Register streichen (Art. 54 Abs. 1 VerfO). Andernfalls fordert sie ggf. zusätzliche Informationen der Parteien an (Art. 54 Abs. 2 lit. a) VerfO) oder stellt die Beschwerde dem beklagten Staat zu, was den Schriftsatzwechsel einleitet (Art. 54 Abs. 2 lit. b) VerfO). Erforderlichenfalls kann die Kammer eine mündliche Verhandlung abhalten (Art. 54 Abs. 5, Art. 59 Abs. 3 VerfO); zum Ablauf einer solchen vgl. Art. 63 ff. VerfO.

Sprache: Bis zur Zustellung der Beschwerde an den beklagten Staat kann der Beschwerdeführer in jeder Amtssprache eines Konventionsstaates Schriftsätze einreichen, danach nur noch in einer der Amtssprachen des Gerichtshofs, Englisch und Französisch, Art. 34 VerfO. **Vertretung:** Ab Zustellung der Beschwerde sollte und spätestens in einer – seltenen – mündlichen Verhandlung muss der Beschwerdeführer bis auf seltene Ausnahmefälle anwaltlich vertreten sein, Art. 36 VerfO; zur Vertretung des beklagten Vertragsstaates (in Deutschland oftmals ein MDgt. im BMJV) s. Art. 35 VerfO.

3 Eingereichte **Dokumente** sind grundsätzlich **öffentlich zugänglich** (Art. 40 Abs. 2); der Zugang kann auf Antrag oder von Amts wegen **beschränkt** werden, wenn dies zum Schutz der guten Sitten, der öffentlichen oder nationalen Sicherheit oder zum Schutze der Beschwerdeführer, betroffener Jugendlicher oder Dritter unbedingt erforderlich erscheint, Art. 33 Abs. 2 und 3 VerfO. Vgl. zum Verfahren → Einleitung Rn. 47 ff., → Art. 27 Rn. 4 ff. und → Art. 28 Rn. 6 ff.

3. Entscheidung über Zulässigkeit und Begründetheit

4 Die mit dem Inkrafttreten von Prot. Nr. 14 geänderte Fassung von Art. 29 stellt nunmehr klar, dass die Kammer über die Zulässigkeit und Begründetheit von Individualbeschwerden in der Regel **zusammen** entscheidet (arg e Abs. 1 S. 2)[1] – im Gegensatz zur Praxis bei Staatenbeschwerden, Abs. 2 S. 2.

5 **Entscheidungen** über die Unzulässigkeit bzw. **Urteile** über Zulässigkeit und Begründetheit ergehen mit einfacher Mehrheit (Art. 23 Abs. 2 VerfO). Eine Unzulässigkeitsentscheidung wird begründet (Art. 45 Abs. 1) und lässt erkennen, ob sie einstimmig oder per Mehrheitsentscheid erging (Art. 56 Abs. 1 VerfO). Zur Bekanntgabe der Entscheidung vgl. Art. 56 Abs. 2 VerfO und zu den detaillierteren Anforderungen an den Inhalt eines Urteils vgl. Art. 74 VerfO. Urteile

---

1 Erl. Bericht zu Prot. Nr. 14, BT-Drs. 16/42, S. 20 f.

können abweichende Meinungen einzelner Richter enthalten (Art. 45 Abs. 2; Art. 74 Abs. 2 VerfO).

Kammern können ausnahmsweise **vorläufige Maßnahmen** im Wege einstweiligen Rechtsschutzes anordnen, **Art. 39 VerfO,** wenn dem Beschwerdeführer ein reelles Risiko ernsthaften und irreversiblen Schadens droht.[2] Angesichts der Eilbedürftigkeit ist die Beachtung der in der Practice Direction zu Art. 39 VerfO niedergelegten Anforderungen an Form und Inhalt eines entsprechenden Antrags von besonderer Bedeutung.

6

4. Besonderheiten bei Staatenbeschwerden nach Art. 33

Die Kammern sind auch für die Entscheidung über die Zulässigkeit und Begründetheit von in der Praxis nicht sehr häufigen **Staatenbeschwerden** nach Art. 33 zuständig (Abs. 2 S. 1) und entscheiden hier in der Regel **vorab** über die Zulässigkeit (Abs. 2 S. 2). Das etwas abgewandelte Verfahren (vgl. Art. 46, 48, 51, 58 VerfO) trägt dem Umstand Rechnung, dass auf beiden Seiten Vertragsstaaten und also Hoheitsträger stehen. So wird der beklagte Staat in jedem Fall **unmittelbar** von der eingereichten Beschwerde in **Kenntnis** gesetzt (Art. 51 Abs. 1 VerfO). Auch haben die Parteien im Gegensatz zum Verfahren bei Individualbeschwerden **stärkere Mitwirkungsrechte** wie etwa die Möglichkeit, eine mündliche Verhandlung zu verlangen (Art. 51 Abs. 5 und 58 Abs. 2 VerfO im Gegensatz zu Art. 54 Abs. 5 und 59 Abs. 3 VerfO bei Individualbeschwerden).

7

II. Bindung an Vorabentscheidungen und neuer Vortrag

1. Bindung an Unzulässigkeitsentscheidung

Eine Unzulässigkeitsentscheidung kann grundsätzlich **in jedem Verfahrensstadium** ergehen, Art. 35 Abs. 4 S. 2 (→ Art. 35 Rn. 8 ff. zu den Zulässigkeitsvoraussetzungen im Einzelnen), insbesondere auch bereits vor einer etwaigen Zustellung an den Vertragsstaat („at once", Art. 54 Abs. 1 VerfO). Wird eine Beschwerde für unzulässig erklärt, ist diese Entscheidung sofort rechtskräftig (arg e Art. 42 iVm Art. 44 Abs. 2, die eine Überprüfbarkeit durch die Große Kammer nur für Urteile, also bei Einbeziehung der Begründetheit, vorsehen; s. Art. 28 Abs. 1 lit. b) für die Terminologie). Die Kammer kann eine Beschwerde auch für teilweise unzulässig erklären, um das weitere Verfahren durch die Beschränkung auf die zweifelhaften Fragen zu

8

---

2 Practice Direction zu Art. 39 VerfO.

beschleunigen. In jedem Fall ist die Unzulässigkeitsentscheidung im weiteren Verfahren bindend,[3] auch für die Große Kammer.[4]

Im Interesse effektiven Rechtsschutzes ist in Ausnahmefällen allerdings eine **Wiederaufnahme** des Verfahrens über den – auf Urteile beschränkten – Wortlaut von Art. 80 VerfO hinaus möglich.[5]

2. Bindung an Zulässigkeitsentscheidung und Berücksichtigung verspäteten Vorbringens

9   Grundsätzlich kann die Kammer eine vorab für zulässig erklärte Beschwerde aufgrund **rechtzeitig vorgebrachter Einreden** auch in einem späteren Verfahrensstadium noch für unzulässig erklären (Art. 35 Abs. 4 S. 2),[6] wird dies jedoch nur bei Vorliegen außergewöhnlicher Umstände oder zusätzlicher relevanter Informationen tun,[7] was dem Rechtsschutzinteresse des Beschwerdeführers Rechnung trägt.

Einreden des beklagten Staates müssen deshalb grundsätzlich **im ersten Abschnitt des Verfahrens** vorgebracht werden (Art. 55 VerfO), und zwar **konkret**, nicht pauschal.[8] Verspätetes Vorbringen des beklagten Staates wird berücksichtigt, wenn es von Amts wegen zu prüfen ist, wie die letztlich die Zuständigkeit des Gerichtshofs berührenden Unvereinbarkeitsmerkmale nach Art. 35 Abs. 3 lit. a)[9] oder die Einhaltung der Sechsmonatsfrist nach Art. 35 Abs. 1.[10] Im Übrigen werden spätere Einreden der Regierung nur **ausnahmsweise**,[11] insbesondere wenn bestimmte Tatsachen erst später eintreten[12] oder

---

3   EGMR 10.11.2005 – 40324/98, Rn. 68 – *Süss/Deutschland*.
4   EGMR 15.1.2007 – 60654/00 (GK), Slg 07-I S. 127 (153) Rn. 61 – *Sisojeva* ua/ *Lettland* mwN; EGMR 17.5.2010 – 36376/04 (GK), Slg 10-IV S. 35 (106) Rn. 183 – *Kononov/Lettland* mwN.
5   EGMR 16.6.2005 – 61603/00, Slg 05-V S. 111 (130 f.) Rn. 67 – *Storck/ Deutschland* mwN.
6   S. auch EGMR 19.10.2006 – 62094/00, Rn. 24 ff. – *Majadallah/Italien*.
7   EGMR 17.2.2005 – 56271/00, Rn. 51 mwN – *Sardinas Albo/Italien*; EGMR 30.1.2003 – 40877/98, Slg 03-I S. 231 (242) Rn. 31 – *Cordova/Italien*.
8   EGMR 9.7.2009 – 11364/03 (GK), Rn. 58 f. – *Mooren/Deutschland* mwN.
9   EGMR 8.2.2006 – 59532/00 (GK), Slg 06-III S. 51 (72) Rn. 64 ff. – *Blećić/Kroatien* mwN.
10   EGMR 25.1.2000 – 34979/97, Slg 00-I S. 449 (456) – *Walker/Großbritannien*.
11   EGMR 1.3.2006 – 56581/00 (GK), Slg 06-II S. 241 (255) Rn. 41 – *Sejdovic/ Italien*.
12   EGMR 18.12.2002 – 24952/94 (GK), Slg 02-X S. 221 (233 f.) Rn. 44 – *N.C./ Italien*.

bekanntwerden,[13] berücksichtigt, und auch das nur, wenn das neue Vorbringen **nicht seinerseits verspätet** ist.[14]

Wenn in der Zulässigkeitsentscheidung nicht alle Beschwerdeführer genannt sind, verlieren sie dadurch nicht die **Eigenschaft als Beschwerdeführer**.[15]   10

3. Neuer Vortrag zur Begründetheit

Mit der nun als Regel vorgesehenen gleichzeitigen Entscheidung über Zulässigkeit und Begründetheit dürfte die Frage, in welchem Umfang neuer Vortrag vorgebracht werden darf, an Bedeutung verlieren. Bei einer – nach dem Ermessen der Kammer weiterhin möglichen[16]– vorab ergehenden separaten Zulässigkeitsentscheidung wird **neuer Vortrag zur Begründetheit** dann berücksichtigt, wenn er den rechtzeitig vorgebrachten Vortrag durch zusätzlichen Tatsachenvortrag oder zusätzliche rechtliche Argumente **ergänzt oder untermauert**.[17] Auch können unter Umständen Tatsachen berücksichtigt werden, die dem beklagten Staat bei seiner ursprünglichen Entscheidung **nicht bekannt** waren.[18]   11

Die Einbringung gänzlich neuen Sachverhalts hingegen, oder auch die zusätzliche Geltendmachung weiterer Konventionsverletzungen, sind **nicht möglich**.[19] In der **rechtlichen Einordnung** einer behaupteten und durch rechtzeitigen Tatsachenvortrag belegten Konventionsverletzung ist der Gerichtshof **nicht** an die Einordnung durch den Beschwerdeführer **gebunden** und kann deshalb auch die Verletzung eines Artikels feststellen, auf den sich der Beschwerdeführer nicht ausdrücklich berufen hat (**jura novit curia**,[20] s. auch → Einl. Rn. 32).   12

---

13 EGMR 9.7.2009 – 11364/03 (GK), Rn. 57 – *Mooren/Deutschland* mwN; EGMR 22.3.2012 – 19508/07, Rn. 21 – *Granos Organicos Nacionales/ Deutschland*.
14 EGMR 18.12.2002 – 24952/94, Slg 02-X S. 221 (234) Rn. 45 – *N.C./Italien* unter Verweis auf die Sechsmonatsfrist in Art. 80 VerfO.
15 EGMR 22.12.2004 – 57742/00, Rn. 16 – *Lebègue/Frankreich*.
16 Erl. Bericht zu Prot. Nr. 14, BT-Drs. 16/42, S. 20.
17 EGMR 12.7.2001 – 25702/94 (GK), Slg 01-VII S. 191 (225) Rn. 147 – *K.u.T./ Finnland*; EGMR 25.4.1996 – 15573/89 (GK), Slg 96-II S. 637 (655) Rn. 51 – *Gustafsson/Schweden* mwN.
18 EGMR 20.3.1991 – 15576/89, Serie A Vol 201 S. 5 (30) Rn. 76 – *Cruz Varas ua/Schweden*.
19 EGMR 8.4.2004 – 26307/95 (GK), Slg 04-III S. 3 (41) Rn. 202 ff. – *Tahsín Acar/Türkei*; EGMR 8.7.1999 – 24246/94 (GK), Rn. 31 – *Okçuoğlu/Türkei*.
20 EGMR 31.5.2005 – 25165/94, Rn. 88 ff. – *Akdeniz/Türkei* mwN; EGMR 28.11.2000 – 29462/95, Slg 00-XII S. 191 (206) Rn. 63 – *Rehbock/Slowenien*.

III. Prozesskostenhilfe (PKH), Art. 100-105 VerfO

13   Das Verfahren ist kostenlos. Für erforderliche außergerichtliche Kosten eines Beschwerdeführers ohne ausreichende finanzielle Mittel
(Art. 101 VerfO) kann auf Antrag oder von Amts wegen (Art. 100
Abs. 1 VerfO) PKH gewährt werden. Dies ist frühestens ab dem Eingang der ersten Stellungnahme des beklagten Staates nach der Zustellung der Beschwerde bzw. nach Ablauf der entsprechenden Frist
möglich, wodurch sichergestellt werden soll, dass keine Anträge auf
PKH wegen Beschwerden ohne hinreichende Erfolgsaussichten bearbeitet werden müssen (Art. 100 Abs. 1 iVm Art. 54 VerfO). Die Bewilligung gilt bei einer Abgabe oder Verweisung an die Große Kammer weiter und ist bei einer Veränderung der die Bewilligung begrün-
denden Umstände jederzeit widerruflich oder modifizierbar (Art. 100
Abs. 2, Art. 105 VerfO).

14   Formelle Voraussetzungen für die Bewilligung von PKH: Der Beschwerdeführer muss eine Erklärung über sein Einkommen, sein Vermögen und seine Unterhaltspflichten abgeben und von einer zuständigen staatlichen Stelle beglaubigen lassen (Art. 102 Abs. 1 VerfO).
Der beklagte Staat kann die Möglichkeit der Stellungnahme erhalten
(Art. 102 Abs. 2 VerfO).

15   Umfang der PKH: Die finanzielle Unterstützung kann Honorar für
einen oder erforderlichenfalls auch mehrere Rechtsanwälte (Art. 103
Abs. 1 VerfO) sowie ggf. Reisekosten/Spesen des Beschwerdeführers
(Art. 103 Abs. 2 VerfO) umfassen. Die Höhe bestimmt der Kanzler
(Art. 104 VerfO), wobei die bewilligte Unterstützung in der Regel
niedrig sein und nur einen Teil der tatsächlich anfallenden Kosten
abdecken wird. Im Erfolgsfall wird die bewilligte Unterstützung von
einem etwaigen Entschädigungsanspruch nach Art. 41 abgezogen.[21]

Artikel 30 Abgabe der Rechtssache an die Große Kammer

Wirft eine bei einer Kammer anhängige Rechtssache eine schwerwiegende Frage der Auslegung dieser Konvention oder der Protokolle
dazu auf oder kann die Entscheidung einer ihr vorliegenden Frage zu
einer Abweichung von einem früheren Urteil des Gerichtshofs führen, so kann die Kammer diese Sache jederzeit, bevor sie ihr Urteil
gefällt hat, an die Große Kammer abgeben, sofern nicht eine Partei
widerspricht.

---

21   Practice Direction on Just Satisfaction Claims idF vom 1.1.2016, Ziff. 18.

Es gibt **zwei Wege** zur Großen Kammer: Die Verweisung nach   1
Art. 43 und die Abgabe nach Art. 30.

Voraussetzungen der Abgabe

1. Form und Verfahren

Derzeit ist positive Voraussetzung eine – nicht zu begründende,   2
Art. 72 Abs. 3 VerfO – **Abgabeentscheidung** der Kammer und negative Voraussetzung **fehlender Widerspruch** der Parteien (Art. 30 letzter
Hs.). Durch den Widerspruch soll den Parteien trotz der mit Art. 30
beabsichtigten Beschleunigung des Verfahrens die Möglichkeit gegeben werden, auf einer Anhörung durch zwei Spruchkörper zu bestehen, nämlich erst der Kammer und nach deren Entscheidung ggf.
auch der Großen Kammer infolge einer Verweisung nach Art. 43.[1]
Zu **Frist** und **Inhalt** eines etwaigen Widerspruchs vgl. Art. 72 Abs. 4
VerfO. Bereits bei Verabschiedung dieser Fassung war der Hoffnung
Ausdruck verliehen worden, dass die Parteien von dieser Möglichkeit
nur „außerordentlich selten" Gebrauch machen würden.[2] **Prot.
Nr. 15**[3] sieht nun ex nunc die Streichung dieser Widerspruchsmög-
lichkeit vor (Art. 3 und 8 Abs. 2 Prot. Nr. 15). Dadurch soll die Einheitlichkeit der Rechtsprechung des Gerichtshofs verbessert und die
Verfahren gerade bei schwierigen Auslegungsfragen oder in Diver-
genzfällen beschleunigt werden.[4]

2. Materielle Voraussetzung: Schwerwiegende Frage der Auslegung oder mögliche Abweichung von einem früheren Urteil

Infolge der fehlenden Begründung der Abgabeentscheidung (Art. 72   3
Abs. 3 VerfO) und des faktisch seltenen Widerspruchs sind die materiellen Kriterien für eine Abgabe schwer zu klassifizieren. Ein Beispiel
für eine **ausdrückliche Abweichung** von früherer Rechtsprechung findet sich im Urteil Scoppola/Italien.[5] In Fällen möglicher **Divergenz** ist
die Kammer mittlerweile – vorbehaltlich eines derzeit noch möglichen Widerspruchs einer Partei – nach Art. 72 Abs. 2 VerfO zur Abgabe **verpflichtet,** was ausdrücklich der Förderung der Einheitlichkeit

---

1 Erl. Bericht zu Prot. Nr. 11, BT-Drs. 13/858, 27.
2 Erl. Bericht zu Prot. Nr. 11, BT-Drs. 13/858, 27.
3 BGBl. 2014 II 1034.
4 Erl. Bericht zu Prot. Nr. 15, BT-Drs. 18/2847, S. 14 (Rn. 16 f.).
5 EGMR 17.9.2009 – 10249/03 (GK), Rn. 103 ff., 109 – *Scoppola/Italien.*

der Rechtsprechung dienen soll.[6] Eine Abgabe ist auch bei Fragen der Zulässigkeit einer Individualbeschwerde möglich, weil auch Zulässigkeitsfragen grundsätzlich bedeutsam sein können.

4   Eine Abgabe aufgrund von **schwerwiegenden Fragen der Auslegung** erfolgt häufig bei Fragen, die von besonders großer Bedeutung bzw. gesellschaftlich und/oder politisch umstritten sind und zu deren rechtlicher Beurteilung noch kein Konsens unter den Mitgliedsstaaten des Europarates besteht.[7] Die Prüfung durch die mit 17 statt lediglich 7 Richtern besetzte Große Kammer soll dem Urteil größere Legitimität und Autorität verleihen.[8]

5   **Beispiele** aus jüngerer Zeit reichen von Fragen der **Zuständigkeit für extraterritoriale Handlungen** etwa britischer Streitkräfte auf irakischem Boden im Zuge des **Irakkrieges**[9] oder der Republik Armenien in der Region Nagorny-Karabach[10] über die Voraussetzungen eines **Abbruchs lebensverlängernder Maßnahmen** (Art. 2),[11] die als „**extraordinary rendition**" bekanntgewordene Entführung von vermeintlich Terrorverdächtigen durch US-amerikanische Geheimdienste mit Unterstützung von Vertragsstaaten (Art. 3, 5, 8 und 13),[12] die Zulässigkeit der Speicherung von **DNA-Proben** und Fingerabdrücken (Art. 8)[13] oder auch die Frage der Zulässigkeit eines Verbots der **Vollverschleierung** muslimischer Frauen (Art. 8, 9).[14] In der Literatur wird eine abgabefreundliche Praxis insbesondere für Sachverhalte diskutiert, die Fragen europäischen und/oder internationalen Rechts aufwerfen.[15]

---

6   Stellungnahme des Gerichtshofs zur Brighton Konferenz (2012), Rn. 14 ff.
7   Jüngst etwa EGMR 5.6.2015 – 46043/14 (GK), Rn. 136 ff., 144 ff. – *Lambert* ua/*Frankreich*.
8   *Keller/Schmidtmadel* in *Pabel/Schmahl*, IntKomm zur EMRK, 13. EL 2010, Art. 30 Rn. 1.
9   EGMR 7.7.2011 – 27021/08 (GK), Slg 11-IV S. 305 (360 ff.) Rn. 74 ff. – *Al-Jedda/Großbritannien*.
10 EGMR 16.6.2015 – 13216/05 (GK), Rn. 167 ff. – *Chiragov* ua/*Armenien*.
11 EGMR 5.6.2015 – 46043/14 (GK), Rn. 136 ff. – *Lambert* ua/*Frankreich*.
12 EGMR 13.12.2012 – 39630/09 (GK), Slg 12-VI S. 265 – *El-Masri/EJR Mazedonien*.
13 EGMR 4.12.2008 – 30562/04 und 30566/04 (GK), Slg 08-V S. 167 – *S. u. Marper/Großbritannien*.
14 EGMR 1.7.2014 – 43835/11 (GK), Rn. 106 ff. – *S.A.S./Frankreich*.
15 Schmaltz, EuGRZ 2012, 606 (609 f.) mit weiteren Fallgruppen.

Artikel 31 Befugnisse der Großen Kammer

Die Große Kammer

a) entscheidet über nach Artikel 33 oder Artikel 34 erhobene Beschwerden, wenn eine Kammer die Rechtssache nach Artikel 30 an sie abgegeben hat oder wenn die Sache nach Artikel 43 an sie verwiesen worden ist;

b) entscheidet über Fragen, mit denen der Gerichtshof durch das Ministerkomitee nach Artikel 46 Absatz 4 befasst wird; und

c) behandelt Anträge nach Artikel 47 auf Erstattung von Gutachten.

Entstehungsgeschichte: Art. 31 lit. b) ist durch Art. 10 Prot. Nr. 14 eingefügt worden, um der Neuregelung in Art. 46 Abs. 4 Rechnung zu tragen (→Art. 46 Rn. 52 f.). — 1

Die Große Kammer **mit 17 Richtern** (zur Zusammensetzung der Großen Kammer vgl. Art. 26 Abs. 5 sowie Art. 24 VerfO) entscheidet über Individual- und Staatenbeschwerden als **Eingangsinstanz** bei Abgabe durch eine Kammer nach **Art. 30** oder ggf. als **Überprüfungsinstanz** auf Antrag einer Partei nach **Art. 43** (lit. a)). In beiden Fällen erstreckt sich die Überprüfungs- bzw. Entscheidungskompetenz der Großen Kammer auf Zulässigkeit und Begründetheit. Insbesondere ist sie – abgesehen von der sofortigen Rechtskraft einer Unzulässigkeitsentscheidung (→ Art. 29 Rn. 8) nicht an die rechtliche Beurteilung einer Zulässigkeitsfrage durch die Kammer gebunden.[1] Hinzu kommt seit Inkrafttreten von Prot. Nr. 14 die Befugnis, auf Antrag des Ministerkomitees nach **Art. 46 Abs. 4** zu überprüfen, ob ein Vertragsstaat ein vorangegangenes Urteil des Gerichtshofs befolgt hat (lit. b)). Schließlich ist sie für die praktisch seltene Erstellung von Gutachten nach Art. 47 zuständig (lit. c)). Nach Art. 2 Abs. 2 des noch nicht in Kraft getretenen Prot. Nr. 16 soll die Große Kammer auch für die in Prot. Nr. 16 vorgesehenen Gutachten zuständig sein (→ Art. 32 Rn. 2). — 2

Das **Verfahren** vor der Großen Kammer entspricht im Wesentlichen dem vor der Kammer (Art. 71 Abs. 1 VerfO). — 3

Artikel 32 Zuständigkeit des Gerichtshofs

(1) Die Zuständigkeit des Gerichtshofs umfasst alle die Auslegung und Anwendung dieser Konvention und der Protokolle dazu betref-

---

1 EGMR 13.2.2003 – 42326/98 (GK), Slg 03-III S. 51 (70) Rn. 22 – *Odiévre/ Frankreich* für eine Abgabe nach Art. 30; EGMR 28.4.2004 – 56679/00 (GK),Slg 04-III S. 285 (302) Rn. 32 – *Azainas/Zypern* für eine Verweisung nach Art. 43.

fenden Angelegenheiten, mit denen er nach den Artikeln 33, 34, 46 und 47 befasst wird.

(2) Besteht Streit über die Zuständigkeit des Gerichtshofs, so entscheidet der Gerichtshof.

1 Der Gerichtshof ist im Rahmen der Verfahren nach Art. 33, 34, 46 und 47 – **ausschließlich**[1] – zuständig für die Auslegung und Anwendung sämtlicher Angelegenheiten, die die Konvention und die Zusatzprotokolle betreffen (Abs. 1). Im Interesse **effektiven Rechtsschutzes** schließt dies die Auslegung der Reichweite von **Vorbehalten** einzelner Vertragsstaaten nach Art. 57 oder von Derogationen nach Art. 15 ein.[2] Bei der Auslegung berücksichtigt der Gerichtshof die in der Wiener Vertragsrechtskonvention niedergelegten völkerrechtlichen Auslegungsgrundsätze sowie sonstiges einschlägiges Völkerrecht[3] und dessen mehrheitliche Auslegung durch die Vertragsstaaten und weitere Institutionen.[4] Dementsprechend ist der Gerichtshof nicht an eine rechtliche Einordnung durch die Parteien gebunden (→ Einl. Rn. 32 und → Art. 29 Rn. 12).

2 Über die in Abs. 1 genannten Verfahren hinaus sieht das noch nicht in Kraft getretene **Prot. Nr. 16** eine weitere Zuständigkeit des Gerichtshofs für von Obergerichten der Vertragsstaaten im Zusammenhang mit einem anhängigen Fall erbetene **Gutachten** vor (Art. 1 Prot. Nr. 16). Anders als das ohne wesentliche Bedeutung gebliebene Gutachtenverfahren nach Art. 47 sollen die in Prot. Nr. 16 vorgesehenen – nicht bindenden (Art. 5 Prot. Nr. 16) – Gutachten auch die Auslegung und Anwendung der in der Konvention und ihren Protokollen geschützten Menschenrechte und Grundfreiheiten betreffen dürfen. Der damit angestrebte Austausch soll Konventionsverletzungen von vornherein vermeiden helfen und der EMRK unter Beachtung des Subsidiaritätsprinzips verbesserte Geltung verschaffen.[5]

---

1 EGMR 12.4.2005 – 36378/02, Slg 05-III S. 153 (235 f.) Rn. 293 – *Shamayev* ua/ *Russland und Georgien* mwN.
2 EGMR 23.1.2002 – 48321/99 (GK), Slg 02-II S. 467 (482) Rn. 57 ff. – *Slivenko* ua/*Lettland* mwN.
3 EGMR 18.12.1996 – 15318/89 (GK), Slg 96-VI S. 2217 (2231) Rn. 43 – *Loizidou/Türkei.*
4 EGMR 12.11.2008 – 34503/97 (GK), Slg 08-V S. 395 (425 ff.) Rn. 76 ff., 85 f. – *Demir u. Baykara/Türkei.*
5 Präambel Prot. Nr. 16 CETS (2013) 214 sowie explanatory report, Ziff. 1 f.

Artikel 33 Staatenbeschwerden

Jede Hohe Vertragspartei kann den Gerichtshof wegen jeder behaupteten Verletzung dieser Konvention und der Protokolle dazu durch eine andere Hohe Vertragspartei anrufen.

Staatenbeschwerden werden von einem Konventionsstaat oder mehreren Konventionsstaaten gegen einen anderen Konventionsstaat mit der Behauptung **eingelegt,** dieser Staat habe eines oder mehrere der in der Konvention und in den Prot. garantierten Rechte verletzt. Im Rahmen einer Staatenbeschwerde kann ein Konventionsstaat sowohl Verstöße gegen materiell-rechtliche als auch gegen Verfahrensvorschriften rügen („wegen **jeder** behaupteten Verletzung dieser Konvention").[1] Möglich ist eine Staatenbeschwerde auch, wenn ein Vertragsstaat sich weigert, entgegen Art. 46 I einem gegen ihn ergangenen Urteil des Gerichtshofs Folge zu leisten.

Mechanismen zur gerichtlichen bzw. schiedsgerichtlichen Beilegung von Streitigkeiten zwischen Parteien eines völkerrechtlichen Vertrags über Rechte und Pflichten aus diesem Vertrag finden sich in einer Vielzahl völkerrechtlicher Abkommen, so zum Beispiel in Art. 287 des VN-Seerechtsübereinkommens oder in Art. 1.1 des WTO Dispute Settlement Understanding.[2] Jedoch weist Art. 33 gegenüber den meisten zwischenstaatlichen Streitbeilegungsklauseln die Besonderheit auf, dass eine Staatenbeschwerde „**wegen jeder behaupteten Verletzung**" der EMRK eingeleitet werden kann. Das bedeutet, dass jeder Vertragsstaat der Konvention nicht nur die Verletzung eigener Rechte bzw. der Rechte seiner Staatsangehörigen, sondern **jede objektive Rechtsverletzung** der Konvention unabhängig von der persönlichen Beschwer rügen kann.[3] Diese Ausgestaltung der Staatenbeschwerde als objektiver Rechtsbehelf ist Ausdruck des **erga omnes-Charakters der Konvention.**[4] Es geht mithin nicht um Reziprozität, sondern um die Wahrung des „**public order of Europe**"[5].[6] Der Ge-

---

1 Vgl. *Rogge*, in *Hartig*, Trente ans de droit européen des droits de l'homme – Études à la mémoire de Wolfgang Strasser, 2007, S. 289 (290).
2 Zu den verschiedenen Formen völkerrechtlicher (schieds-)gerichtlicher Streitbeilegung siehe *Merrills*, International Dispute Settlement, 5. Aufl. 2011, S. 83 ff.
3 So bereits EKMR 11.1.1961 – 788/60, Slg 1961, S. 116 (139) – *Österreich/Italien.*
4 Vgl. *Schabas*, The European Convention on Human Rights – A Commentary, 2015, S. 725 f.
5 EKMR 11.1.1961 – 788/60, Slg 1961, S. 116 (140) – *Österreich/Italien*; siehe auch *Rogge*, in *Hartig*, Trente ans de droit européen des droits de l'homme – Études à la mémoire de Wolfgang Strasser, 2007, S. 289 (290 f.).
6 Siehe dazu auch *Frowein/Peukert*, Europäische MenschenRechtsKonvention – EMRK-Kommentar, 3. Aufl. 2009, Art. 33 Rn. 1.

meinschaft der Vertragsstaaten der Konvention kommt mithin durch Art. 33 eine „Wächterfunktion hinsichtlich der Einhaltung des europäischen Menschenrechtsschutzes" zu.[7]

3 Bisher sind nur wenige Staatenbeschwerden eingelegt worden. Dies geschieht in der Regel nur bei Fällen von grundsätzlicher Bedeutung und großer politischer Tragweite, insbesondere bei Menschenrechtsverletzungen großen Umfangs (zB die Problematiken Vereinigtes Königreich/Nordirland[8], Zypern/Türkei[9]).

4 Unter den tatsächlich eingelegten Staatenbeschwerden sind wiederum Verfahren, in denen eine objektive Verletzung der Konvention ohne unmittelbare oder mittelbare Betroffenheit des die Beschwerde erhebenden Konventionsstaats geltend gemacht wurde, die Ausnahme.[10] Vielmehr ähneln die meisten Staatenbeschwerden zwischenstaatlichen Verfahren zu Fragen des diplomatischen Schutzes, bei denen ein Staat die völkerrechtskonforme Behandlung seiner Staatsangehörigen gegenüber einem anderen Staat einfordert.[11]

5 In Parallelität zu völkergewohnheitsrechtlichen Grundsätzen gilt für Staatenbeschwerden das grundsätzliche Erfordernis, den nationalen Rechtsweg auszuschöpfen („exhaustion of local remedies"), bevor ein Verfahren nach Art. 33 eingeleitet werden kann, vgl. Art. 35 I. Dies gilt unabhängig davon, ob der Beschwerde erhebende Staat die Verletzung eigener Rechte oder eine objektive Verletzung der Konvention geltend macht.[12] Soweit sich die Staatenbeschwerde indes gegen eine allgemeine (Verwaltungs-)Praxis oder eine Gesetzeslage richtet, gegen die in der Regel keine effektiven Rechtsbehelfe zur Verfü-

---

7 *Grabenwarter/Pabel*, Europäische Menschenrechtskonvention, 6. Aufl. 2016, S. 51 f.; siehe auch *Harris/O'Boyle/Bates/Buckley*, Law of the European Convention on Human Rights, 3. Aufl. 2014, S. 115.
8 EGMR 18.1.1978 – 5310/71, Serie A, Bd. 25 – *Irland/Großbritannien*.
9 Zuletzt EGMR 12.5.2014 – 25781/94 – *Zypern/Türkei*.
10 Vgl. *Frowein/Peukert*, Europäische MenschenRechtsKonvention – EMRK-Kommentar, 3. Aufl. 2009, Art. 33 Rn. 3; *Schabas*, The European Convention on Human Rights – A Commentary, 2015, S. 726.
11 Siehe zB aus der Rechtsprechung des Ständigen Internationalen Gerichtshofs (1922-1945) und des Internationalen Gerichtshofs (ab 1946): StIGH 30.8.1924 – PCIJ Series A No 2 – *Mavrommatis Palestine Concessions*; IGH 19.6.2012 – [2012] ICJ Rep 324 - *Ahmadou Sadio Diallo*; siehe zum diplomatischen Schutz auch allgemein *Shaw*, International Law, 7. Aufl. 2014, S. 588 ff.
12 Vgl. EKMR 11.1.1961 – 788/60, Slg 1961, S. 116 (148 ff.) – *Österreich/Italien*; siehe auch *Harris/O'Boyle/Bates/Buckley*, Law of the European Convention on Human Rights, 3. Aufl. 2014, S. 116; *Kadelbach*, in *Dörr/Grote/Marauhn*, EMRK/GG – Konkordanz-Kommentar, Bd. 2, 2. Aufl. 2013, Kap. 30 Rn. 95; *Frowein/Peukert*, Europäische MenschenRechtsKonvention – EMRK-Kommentar, 3. Aufl. 2009, Art. 33 Rn. 9.

gung stehen, **entfällt dieses Erfordernis.**[13] Des Weiteren gilt die eben-
falls in Art. 35 I niedergelegte Sechsmonatsfrist gleichermaßen für
Staatenbeschwerden. Nicht anwendbar sind hingegen Art. 35 II und
III.

Die **Verfahrensregeln zur Staatenbeschwerde unterscheiden sich teil-**   6
weise von denjenigen zur Individualbeschwerde. Hier finden sich insbesondere in **Art. 46, 48, 51 und 58 VerfO abweichende Regelungen.**
Beispielsweise stellt Art. 46 VerfO deutlich geringere Anforderungen
an Form und Inhalt der Staatenbeschwerde als der neue Art. 47
VerfO hinsichtlich der Individualbeschwerde (siehe dazu → Art. 34
Rn. 44).[14]

Maßnahmen vorläufigen Rechtsschutzes gemäß Art. 39 VerfO kön-   7
nen auch im Rahmen von Staatenbeschwerden beantragt werden, so
beispielsweise jüngst in den von der Ukraine gegen Russland im
März bzw. Juni 2014 angestrengten Verfahren anlässlich der russischen Annexion der Krim sowie der Involvierung Russlands in den
Konflikt in der Ostukraine.[15]

Art. 55 untersagt es den Vertragsparteien der EMRK grundsätzlich,   8
Parallelverfahren vor anderen internationalen (Schieds-)Gerichten
einzuleiten und bestimmt damit, dass hinsichtlich der Anwendung
und Auslegung der EMRK ein Verfahren vor dem EGMR Vorrang
genießt (siehe auch Art. 55). In seinem **Gutachten zum Beitritt der**
Europäischen Union zur EMRK sah der **EuGH** in Art. 33 in seiner
gegenwärtigen Form eine Beeinträchtigung von **Art. 344 AEUV,** der
eine Art. 55 ähnliche Regelung für Streitigkeiten zwischen zwei oder
mehreren Mitgliedstaaten der Europäischen Union vorsieht.[16]

---

13 Vgl. EGMR 18.1.1978 – 5310/71, Serie A, Bd. 25, Rn. 159 – *Irland/Großbri-*
    tannien; zuletzt EGMR, 30.6.2009 – 13255/07, Rn. 40 – *Georgien/Russland (I).*
    siehe auch *Matscher*, in FS Adamovich, 2002, S. 417 (424); *Frowein/Peukert*,
    Europäische MenschenRechtsKonvention – EMRK-Kommentar, 3. Aufl. 2009,
    Art. 33 Rn. 9; *Schabas*, The European Convention on Human Rights – A Com-
    mentary, 2015, S. 728.
14 Der Gerichtshof handhabt diese Anforderungen recht großzügig, siehe beispiels-
    weise EGMR, 30.6.2009 – 13255/07, Rn. 34 – *Georgien/Russland (I).*
15 Vgl. EGMR 13.3.2014 – 20958/14 und EGMR 13.6.2014 – 43800/14 (siehe
    Pressemitteilung des EGMR vom 26.11.2014, http://hudoc.echr.coe.int/eng-pres
    s?i=003-4945099-6056223#{%22itemid%22:[%22003-4945099-6056223%22
    ]} (zuletzt besucht am 22. Juni 2016).
16 Siehe EuGH 18.12.2014 – Gutachten 2/13, Rn. 201-214.

Artikel 34   Individualbeschwerden

[1]Der Gerichtshof kann von jeder natürlichen Person, nichtstaatlichen Organisation oder Personengruppe, die behauptet, durch eine der Hohen Vertragsparteien in einem der in dieser Konvention oder den Protokollen dazu anerkannten Rechte verletzt zu sein, mit einer Beschwerde befasst werden. [2]Die Hohen Vertragsparteien verpflichten sich, die wirksame Ausübung dieses Rechts nicht zu behindern.

I. Allgemeines

1   Der Zugang zu **Individualbeschwerdeverfahren** bildet **in völkerrechtlichen Verträgen weiterhin die Ausnahme.** Zwischenstaatliche Streitigkeiten stellen trotz aller beachtlicher Entwicklungen, insbesondere in den vergangenen vier Jahrzehnten, den vorherrschenden Streitbeilegungsmechanismus in völkerrechtlichen Verträgen dar[1] (vgl. auch → Art. 33 Rn. 2). Der beachtliche Bedeutungszuwachs der (menschenrechtlichen) Individualbeschwerde wurde und wird weiterhin in erheblichem Maße vom Streitbeilegungssystem der EMRK befördert. Bereits vor Inkrafttreten von Prot. 11 war das Individualbeschwerdesystem der Konvention **Vorbild für eine ganze Reihe insbesondere regionaler Menschenrechtsregime,** allen voran desjenigen der **Amerika-**

---

1   Vgl. zB Art. 36 IGH-Statut, Art. 287 VN-SRÜ, Art. 1.1 WTO-DSU; siehe auch *Schabas*, The European Convention on Human Rights – A Commentary, 2015, S. 731. Beachte aber den mit erheblicher Geschwindigkeit wachsenden Bereich der Investor-Staat-Schiedsgerichtsbarkeit, siehe dazu *Kulick*, in *Kulick*, Reassertion of Control over the Investment Treaty Regime, 2016 (im Erscheinen).

nischen Menschenrechtskonvention (**AMRK**).[2] Das Verfahren nach Art. 34 ist im internationalen Vergleich einer der weitreichendsten Individualbeschwerdemechanismen. Jeder natürlichen Person sowie Personengruppen und – unter gewissen Voraussetzungen – juristischen Personen räumt es die Möglichkeit ein, eine Beschwerde vor dem Gerichtshof gegen denjenigen Konventionsstaat zu erheben, dessen Hoheitsgewalt (siehe dazu Art. 1) sie unterworfen ist bzw. sind. Im Vergleich dazu eröffnet beispielsweise Art. 44 AMRK den Weg der Individualbeschwerde zunächst nur zur Interamerikanischen Kommission für Menschenrechte (IAKMR). Der Weg zum Interamerikanischen Gerichtshof für Menschenrechte steht gemäß Art. 61 AMRK nur offen, sofern entweder ein Mitgliedstaat der AMRK oder die IAKMR einen von der IAKMR entschiedenen Fall vorlegt. Noch begrenzter sind die Möglichkeiten nach den VN-Menschenrechtspakten. Die Fakultativprotokolle zum **IPbpR** und zum **IPwskR** erlauben die Anrufung der Ausschüsse nur dann, wenn der fragliche Staat auch der Individualbeschwerde nach dem Fakultativprotokoll zugestimmt hat.[3]

Das Instrument der Individualbeschwerde hat das Schutzsystem der Konvention geprägt und mit Leben erfüllt. Die in großer Zahl eingehenden Individualbeschwerden geben dem Gerichtshof die Möglichkeit, die Konvention fortzuentwickeln. Die Zahl der Individualbeschwerden wächst ständig. Zur Fortentwicklung des Menschenrechtsschutzes nach der Konvention → Einl. Rn. 7 ff.   2

Ziel des Verfahrens nach Art. 34 ist der individuelle Rechtsschutz. Das Verfahren kommt nicht in Gang, wenn nicht ein Opfer Beschwerde einlegt. Das Rechtsschutzsystem hat aber neben dieser subjektiven Seite auch eine objektive. Denn der EGMR **entscheidet zwar über einen Einzelfall, entwickelt dabei aber zugleich mit seiner Rechtsprechung den Menschenrechtsschutz nach der Konvention im Allgemeininteresse fort.**[4] Überdies kann der EGMR aufgrund des Prinzips der Subsidiarität auch über eine Frage **entscheiden, wenn die**   3

---

2 Vgl. *Cançado Trindade*, The Access of Individuals to International Justice, 2011, S. 32 ff.
3 Vgl. Art. 1 FP zum IPbpR v. 16.12.1966, in Kraft seit dem 23.3.1976; Art. 2 FP zum IPwskR v. 10.12.2008, in Kraft seit dem 5.5.2013. Siehe auch *Schilling*, Internationaler Menschenrechtsschutz, 2. Aufl. 2010, S. 324 ff.
4 Vgl. *Schabas*, The European Convention on Human Rights – A Commentary, 2015, S. 735.

Beschwer nicht mehr gegeben, die Opfereigenschaft mithin fortgefallen ist[5] (vgl. auch → Rn. 30 ff.).[6]

II. Zulässigkeit ratione personae

4   Die **personellen Voraussetzungen der Zulässigkeit** einer Individualbeschwerde (**Zulässigkeit ratione personae**) finden sich nicht in Art. 35, sondern in Art. 34. Sie umfassen die Beschwerdefähigkeit (s. u. 1.), die richtige Bestimmung des Beschwerdegegners (s. u. 2.) und die Beschwerdebefugnis (sog. Opfereigenschaft, s. u. 3.).

1. Beschwerdefähigkeit

5   Der Bf. muss beschwerdefähig sein. Beschwerdefähig sind laut Art. 34 natürliche Personen (s. u. a)) sowie nichtstaatliche Organisationen und Personengruppen (s. u. b)).

6   **a) Natürliche Personen: Parteifähig** ist jede natürliche Person, nicht nur Staatsangehörige des beklagten Staates, auch Ausländer oder Staatenlose. Sie kann eine Beschwerde auch dann einlegen, wenn sie selbst als Repräsentant eines Staates schwere Menschenrechtsverletzungen zu verantworten hat. Eine **Verwirkung** von Menschenrechten gibt es nicht, beachte aber Art. 17. **Partei ist die Person ohne Rücksicht auf ihr Alter oder ihre Prozessfähigkeit.**[7]

7   **Zulässigkeitsvoraussetzung für das Verfahren ist grundsätzlich, dass es einen Bf. gibt, der Opfer der Konventionsverletzung ist.** Stirbt er, wird eine juristische Person aufgelöst, und wird das Verfahren nicht von einem Anderen fortgesetzt, stellt der EGMR das Verfahren nach Art. 37 I lit. c ein (s. zum Fortfall der Opfereigenschaft → Rn. 30 ff.). Weil aber der EGMR nicht nur subjektiven Rechtsschutz gewährt, sondern seine Aufgabe auch in der objektiven Fortentwicklung des Menschenrechtsschutzes sieht, **wendet er den genannten Grundsatz nicht mechanisch und ausnahmslos an.** Wenn ein Bf. nicht mehr existiert, kann uU ein anderer das Verfahren fortsetzen (→ Rn. 8). Der EGMR setzt das Verfahren auch in anderen Fällen **trotz Fortfalls der Opfereigenschaft** fort, wenn die Achtung der in der Konvention garantierten Menschenrechte dies erfordert, insbesondere wenn die Be-

---

5   EGMR 24.11.2005 – 49429/99, Rn. 78 – 80, Slg 05-XII – *Capital Bank* AD/*Bulgarien*; EGMR 2.11.2010 – 21272/03 (GK), Rn. 76 – *Sakhnovskiy/Russland*.
6   Zu den Zulässigkeitsvoraussetzungen einer Beschwerde vgl. *Rudolf/von Raumer* AnwBl 2009, 313 mit einem Prüfungsschema auf S. 324.
7   Vgl. dazu *Grabenwarter/Pabel*, Europäische Menschenrechtskonvention, 6. Aufl. 2016, S. 60.

deutung der aufgeworfenen Fragen über die persönlichen Interessen des Bf. hinausreicht und allgemeiner Natur ist.[8] Allerdings setzt der EGMR die Schwelle insoweit hoch an.[9]

Tod des Bf.: Tritt er während des Verfahrens vor dem Gerichtshof 8 ein, **können nahe Verwandte, Ehegatten und Erben das Verfahren fortsetzen,** wenn sie es wünschen und ein berechtigtes Interesse ("legitimate interest") daran haben.[10] Von Bedeutung ist nach **der Rechtsprechung des EGMR weiter, ob die betroffenen Rechte übertragbar sind.** Bei **eng mit der Person des Bf. verbundenen, höchstpersönlichen Rechten** hat er eine Fortsetzung abgelehnt, zB bei Beschwerden nach Art. 2, 3, 5, 8, 9 und 14.[11] Dieses Kriterium ist von Bedeutung, aber nicht immer entscheidend. So hat der EGMR das Verfahren auf Wunsch naher Verwandter fortgesetzt, obwohl es sich nicht um vermögensrechtliche und übertragbare Ansprüche handelte, wenn die Beschwerde eine moralische Dimension hatte; er hat anerkannt, dass dem Bf. nahestehende Personen ein berechtigtes Interesse daran haben können, dass auch nach dem Tod des Bf. entschieden wird.[12] Wenn es um eine Verletzung von Art. 6 geht, kann es darauf ankommen, ob der Angehörige selbst Partei im innerstaatlichen Gerichtsverfahren war oder ob das Verfahren direkte Auswirkungen auf Vermögensrechte des Angehörigen hatte und ob ein Allgemeininteresse an der Prüfung durch den EGMR besteht.[13] Bei **Erben** genügt, wenn die Partei testamentarisch als Erbe eingesetzt ist, auch wenn die Erbfolge noch streitig ist. Der **Neffe eines Bf.** kann ein Interesse daran haben, dass dem Bf. Gerechtigkeit widerfährt,[14] bei **einem Vetter** hat der EGMR ein solches nicht anerkannt.[15] Auch **juristische Personen** können als Rechtsnachfolger das Verfahren fortsetzen, aber nur, **wenn**

---

8 EGMR 24.11.2005 – 49429/99, Slg 05-XII – *Capital Bank AD/Bulgarien*; EGMR 23.7.2003 – 40016/98, Rn. 27 f. – *Karner/Österreich*.
9 Vgl. EKMR 26.2.1997 – 26255/95 – *Juklerod/Norwegen* (kein allgemeines Interesse hinsichtlich Frage der Speicherung von persönlichen Daten in einem Register für psychisch Kranke); EGMR 29.4.2003 – 28492/95, Rn. 38 – *Erdogan/Türkei* (kein allgemeines Interesse bei einer an den Folgen eines Hungerstreiks verstorbenen Gefängnisinsassin).
10 EGMR 31.7.2000 – 34578/97, Slg 00-IX– *Jeĉius/Litauen*; EGMR 21.1.2009 – 8713/03, Rn. 26 – *Janus/Polen*.
11 Vgl. die Zusammenstellung in EGMR 13.7.2010 – 26828/06, Rn. 276 – *Kuric ua/Slowenien*.
12 EGMR 17.5.2005, 74456/01, Rn. 26 – *Horváthova/Slowakien*; EGMR 29.7.2010, 8459/06, Rn. 39 – *Streltsov ua/Russland*; EGMR 29.7.2010 – 8549/06, Rn. 39 – *Streltsov/u.A./Russland*.
13 Vgl. die Zusammenstellung in EGMR 15.1.2008 – 17056/06, Rn. 25-33 – *Micallef/Malta*.
14 EGMR 13.12.2000, 33071/96 – Slg 00-XII – *Malhous/Tschechien*.
15 EGMR 13.7.2010 – 26828/06, Rn. 277 – *Kuric ua/Slowenien*.

sie ein berechtigtes Interesse haben, das auch nichtvermögensrechtlicher Art sein kann.[16]

9   Es gibt aber keinen Anspruch auf Fortsetzung des Verfahrens nach dem Tod des Bf.[17] Wenn nahe Verwandte nicht mitteilen, dass sie das Verfahren fortsetzen möchten, stellt der EGMR es nach Art. 37 I c ein.[18]

10   Tod des Bf. vor Beschwerdeeinlegung: Die Beschwerde ist unzulässig, es sei denn, ein Angehöriger ist mittelbar beschwert und damit selbst Opfer und verfolgt die Beschwerde weiter (→ Rn. 23).

11   Eine besondere Prozessfähigkeit kennt die Konvention nicht. Auch Individualbeschwerden von betreuten Personen und Minderjährigen werden geprüft,[19] die in der Praxis durch ihre Eltern oder sorgeberechtigten Personen vertreten werden. Es gibt Fälle, in denen das eigentliche Opfer nicht als Bf. auftritt, sondern dies eine andere Person tut. Wenn ein Familienmitglied Beschwerde gegen Menschenrechtsverletzungen an einem anderen Familienmitglied einlegt, ergeben sich keine Probleme, wenn die verletzte Person als Bf. bezeichnet wird und der Angehörige als Bevollmächtigter auftritt und eine Vollmacht für ihn vorgelegt wird. Der Gerichtshof akzeptiert unter besonderen Umständen insbesondere bei Verletzung von Art. 2 oder 3, dass ein Familienmitglied als Bf. auftritt, das selbst von dem Eingriff mit betroffen ist, weil es den Angriff miterlebt oder sich um das Opfer gekümmert hat, oder der Verletzte zu erkennen gegeben hat, dass er einverstanden ist und Interessenkonflikte nicht bestehen (vgl. → Rn. 23).[20] In der Sache Sanles/Spanien[21] erklärte der Gerichtshof die Beschwerde einer Schwägerin ratione personae für unzulässig, die wegen ihres Schwagers Beschwerde eingelegt hat, der erfolglos Sterbehilfe erbeten und sich inzwischen selbst getötet hatte.

12   Minderjährige als Bf.: In einigen Fällen hat der EGMR akzeptiert, dass sie von jemand anderem vertreten werden, als von der sorgeberechtigten Person, zB von den leiblichen Eltern eines in staatlicher

---

16 EGMR 18.9.2001 – 40669/98 – *S.G./Frankreich*; jüngst auch EGMR 17.7.2014 – 47848/08 (GK), Rn. 110 ff. – *Centre for Legal Resources im Namen von Valentin Câmpeanu/Rumänien*.
17 EGMR 24.9.2002 – 42295/98, Slg 02–VIII Rn. 33 – *Nerva ua/Vereinigtes Königreich*.
18 ZB EGMR 16.3.2000 – 23144/93, Slg 00-III Rn. 36 – *Özgür Gündem/Türkei*.
19 EGMR 6.12.2001 – 31178/96 – *Petersen/Deutschland*.
20 ZB für den Bruder EGMR 27.6.2000 – 22277/93, Slg 00-VII Rn. 54 – *Ilhan/Türkei*; für die Ehefrau bei deren zwangsweiser gynäkologischer Untersuchung im Gefängnis EGMR 22.7.2003 – 24209/94, Rn. 31 – *Y.F./Türkei*; vgl. Rn. 23.
21 EGMR 26.10.2000 – 48335/99, Slg 00-XI – *Sanles/Spanien*.

Pflegschaft stehenden Kindes.[22] Der Gerichtshof möchte auf diese Weise sicherstellen, dass bei Meinungsverschiedenheiten über die Interessen eines Kindes zwischen einem natürlichen Elternteil und dem von den Behörden eingesetzten Vertreter die Kindesinteressen wirksam vom EGMR geschützt werden können. Die staatlichen Regelungen über das Recht, vor Gericht aufzutreten, können anderen Zielen dienen als Art. 34 und müssen nicht immer maßgebend sein.[23] Wenn es aber um einen Streit zwischen den Eltern geht, kann der leibliche Elternteil, der das Sorgerecht nicht hat, nicht im Namen des Kindes auftreten.[24] Das gilt zB für Streitigkeiten zwischen der sorgeberechtigten Mutter und dem Vater wegen des Umgangsrechts.[25]

b) Nichtstaatliche Organisationen und Personengruppen: Beschwerdefähig können überdies sein: juristische Personen, nicht rechtsfähige Handelsgesellschaften, rechtsfähige und nicht rechtsfähige Vereine, politische Parteien, Kirchen, aber nicht Körperschaften und Anstalten des öffentlichen Rechts, sowie in Gestalt einer „Personengruppe" Individuen, die ein gemeinsames Interesse verfolgen.[26]   13

Nichtstaatliche Organisationen: Der EGMR unterscheidet zwischen „nichtstaatlichen Organisationen" iSd Art. 34 S. 1 und Regierungs- bzw. staatlichen Organisationen, die keine Beschwerde einlegen können. Letztere sind rechtsfähige Organisationen, die an der Ausübung staatlicher Gewalt teilhaben oder unter Regierungskontrolle öffentliche Aufgaben wahrnehmen. Ein Konventionsstaat soll nicht zugleich die Rolle des Beschwerdeführers und des Beschwerdegegners einnehmen können.[27] Entsprechend fordert der Gerichtshof, dass die fragliche Organisation **keine „öffentlichen Funktionen"** innehat, mithin in institutioneller und organisatorischer Hinsicht vom Staat unabhängig ist.[28] **Faktoren** zur Bestimmung der **institutionellen und organisatorischen Unabhängigkeit** sind nach der Rechtsprechung des EGMR ua die Rechtsnatur der Organisation und die ihr übertragenen Rechte, die Art ihrer Tätigkeit und das Ausmaß der Unabhängigkeit von Behörden. Bei Rundfunkanstalten, denen eine Unabhängigkeit ga-   14

---

22 EGMR 13.7.2000 – 39221/98 et al., Rn. 138 – *Scozzari u. Giunta/Italien.*
23 EGMR 13.7.2000 – 39221/98, Slg 00-VIII Rn. 138– *Scozzari u. Giunta/Italien*; EGMR 21.11.2006 – 10427/02, Rn. 82 – *Roda u. Bonfati/Italien*: Mutter und Bruder als Vetrtreter.
24 EGMR 6.12.2001 – 31178/96 – *Petersen/Deutschland.*
25 EGMR 1.12.2009 – 8673/05, Rn. 88 – *Eberhard/Slovenien.*
26 Vgl. *Frowein/Peukert,* Europäische MenschenRechtsKonvention – EMRK-Kommentar, 3. Aufl. 2009, Art. 34 Rn. 17.
27 EGMR 13.12.2007 – 40998/98, Rn. 81 – *Islamic Republic of Iran Shipping Lines/Türkei.*
28 Vgl. EGMR 23.9.2003 – 53984/00, Rn. 26 – *Radio France et al./Frankreich.*

rantiert wird, hat der EGMR angenommen, dass sie keine staatliche Organisation sind und also Beschwerde einlegen können.[29]

15 **Die individuellen Mitglieder der Personengruppe müssen eigene Interessen** geltend machen, eine **Popularklage ist unzulässig** (vgl. zu Umweltschutzverbänden → Rn. 25). Die Vereinigung ist nicht befugt, Beschwerde gegen Maßnahmen einzulegen, die sich gegen ihre Mitglieder wenden, wenn sie nicht behaupten kann, selbst verletzt zu sein.[30]

16 **Ausnahmen:** Eine **Kirche oder religiöse Vereinigung** kann die Verletzung in Art. 9 garantierter **Rechte ihrer Mitglieder** geltend machen.[31] Dasselbe hat der EGMR für eine **Loge** angenommen (Art. 11).[32] Eine **Gewerkschaft** kann Verletzung von Art. 11 geltend machen,[33] eine **Partei** kann rügen, Art. 3 Zusatzprot. sei verletzt, weil ein Kandidat daran gehindert worden sei, auf der Liste zu kandidieren.[34] Zu **Umweltschutzverbänden** → Rn. 25.

2. Beschwerdegegner

17 Die Beschwerde wird **gegen den Konventionsstaat** gerichtet, der durch seinen Verfahrensbevollmächtigten vertreten wird, in Deutschland ist das ein höherer Beamter oder eine höhere Beamtin (Ministerialdirigent) im Bundesministerium der Justiz. Die Eigenschaft eines Konventionsstaats als zulässiger Beschwerdegegner setzt nach der Rechtsprechung des EGMR voraus, dass dem Konventionsstaat das vom Beschwerdeführer gerügte Handeln oder Unterlassen zugerech-

---

29 So für den österreichischen ORF: EGMR 7.12.2006 – 35841/02, Rn. 47, 53 – *Österreichischer Rundfunk/Österreich*; für die französische Radio France: EGMR 23.9.2003 – 53984/00, Slg 03-X – *Radio France* ua/*Frankreich*; vgl. auch EGMR 18.12.2008 – 20153/04, Rn. 54-59 – *Unedic/Frankreich* (autonome Versicherungsgesellschaft, die kraft gesetzlicher Regelung Arbeitslosenversicherung leistet).

30 EGMR 25.5.2000 – 46346/99 – *Noack* ua/*Deutschland*; EGMR 7.10.2008 – 47550/06, Rn. 47 – *Preußische Treuhand/Deutschland*.

31 EGMR 27.6.2000 – 27417/95, Slg 00-VII Rn. 72 – *Cha'are Shalom Ve Tsedek/ Frankreich*; EGMR 6.11.2008 – 58911/00, Rn. 79 – *Leela Förderkreis* eV ua/ *Deutschland*.

32 EGMR 2.8.2001 – 35972/97, Slg 01-VIII – *Grande Oriente d' Italia di Palazzo* Giustiniani/*Italien*.

33 EGMR 27.6.2000 – 38190/97, Slg 02-VI – *Federation of offshore workers' trade unions* ua/*Norwegen*.

34 EGMR 8.7.2008 – 9103/04, Rn. 72 – *Georgian Labour Party/Georgien*.

net werden kann.[35] Insoweit wendet der Gerichtshof regelmäßig[36] die völkergewohnheitsrechtlichen Regeln zur Staatenverantwortlichkeit an, wie sie insbesondere in Art. 4 bis 10 der ILC-Artikel zur Staatenverantwortlichkeit[37] Ausdruck gefunden haben.[38]

3. Beschwerdebefugnis (Opfereigenschaft)

Der Bf. muss behaupten, selbst in seinem Konventionsrecht verletzt   18
zu sein, er muss nach dem Originalwortlaut der autoritativen englisch- und französischsprachigen Fassung von Art. 34 S. 1 „Opfer" („victim", „victime") einer Konventionsrechtsverletzung sein. Zu den Formerfordernissen einer Individualbeschwerde nach dem neuen Art. 47 VerfO siehe unten → Rn. 44. **Fehlt die Beschwerdebefugnis, weist der Gerichtshof die Beschwerde ratione personae als unzulässig zurück.**

Den **Begriff „Opfer"** legt der EGMR autonom aus. Es ist nicht ent-   19
scheidend, wie das staatliche Recht die Aktivlegitimation bestimmt. Wesentlich bei der Auslegung ist das Ziel der Konvention, wirksame und praktische Garantien zu geben.[39] Dabei behält es sich der EGMR vor, den Opferbegriff evolutiv auszulegen,[40] berücksichtigt jedoch andererseits bei seiner Bestimmung der Opfereigenschaft,

---

35 Die Frage der Zurechnung ist zugleich ein Problem der Begründetheit, wird vom Gerichtshof aber häufig im Rahmen der Zulässigkeit ratione personae geprüft, vgl. dazu *Peters/Altwicker*, Europäische Menschenrechtskonvention, 2. Aufl. 2012, S. 271.

36 Siehe aber EGMR 16.7.2014 – 60642/08 (GK), Rn. 114-115 – *Ališić et al./ Bosnien-Herzegowina, Kroatien, Mazedonien, Serbien und Slowenien*, wo die Große Kammer des Gerichtshofs hinsichtlich der Frage, ob die Handlungen von Staatsunternehmen den Beschwerdegegnern zurechenbar waren, nicht die völkergewohnheitsrechtlichen Regeln, sondern ohne weitere Erläuterung stattdessen die Standards zur aktiven Beschwerdeberechtigung „nichtstaatlicher Organisationen" (siehe oben Rn. 14) mutatis mutandis anwendete (im Anschluss an EGMR 30.11.2004 – 35091/02 et al., Rn. 44 – *Mykhaylenky et al./Ukraine*). Siehe dazu kritisch *Kulick*, NJOZ 2015, 1989-1990.

37 Vgl. Articles on the Responsibility of States for Internationally Wrongful Acts, with commentaries, 2001: Text adopted by the International Law Commission at its fifty-third session, in 2001, and submitted to the General Assembly as a part of the Commission's report covering the work of that session (A/ 56/10), Yearbook of the International Law Commission, 2001, vol. II, Part Two; siehe dazu *Crawford*, State Responsibility – The General Part, 2013, S. 113-211.

38 ZB EGMR 7.7.2011 – 27021/08 (GK), Rn. 84-86 – *Al-Jedda/Vereinigtes Königreich*; EGMR 18.10.2012 – 37679/08 (GK), Rn. 73 ff. – *Bureš/Tschechische Republik*.

39 EGMR 13.1.2005 – 34491/97, Rn. 83 – *Ceyhan Demir/Türkei*.

40 EGMR 12.5.2009 – 64972/01, Rn. 54 ff. – *Zietal/Polen*. Vgl. auch *Grabenwarter/Pabel*, Europäische Menschenrechtskonvention, 6. Aufl. 2016, S. 64.

wenn dem Bf. im innerstaatlichen Verfahren die Parteieigenschaft (insbesondere die Beschwerdebefugnis) zukam.[41]

20 **Voraussetzung für die Opfereigenschaft** ist nicht, dass ein **Schaden** entstanden ist. Die Konvention kann verletzt sein, ohne dass ein Nachteil eingetreten ist. Ob das der Fall ist, ist für Art. 41, aber nicht für Art. 34 von Bedeutung.[42]

21 **Prüfung von Amts wegen:** Der EGMR prüft in jedem Stadium des Verfahrens, ob der Bf. Opfer ist bzw. geblieben ist. Eine Rüge der Regierung ist nicht erforderlich (s. → Rn. 30).[43] Auf die frühere abweichende Rechtsprechung EGMR[44] kann nicht mehr zurückgegriffen werden.

22 **a) Persönliche Beschwer:** Der Bf. muss **selbst beschwert sein, eine Popularklage gibt es grundsätzlich nicht** (vgl. aber → Rn. 15 und 25).[45] Die Beschwerdeerhebung im Allgemeininteresse ist, anders als bei der Staatenbeschwerde nach Art. 33 (→ Art. 33 Rn. 2), im Rahmen der Individualbeschwerde nach Art. 34 ausgeschlossen.[46]

23 Allerdings wird eine Beschwer zunehmend auch in Fällen angenommen, in denen sich die Maßnahme gegen einen anderen richtet, zB **gegen den Ehegatten oder nahe Familienangehörige.** Die Witwe kann zB Beschwerde wegen Verletzung von Art. 2 und 3 aus Anlass des Todes ihres Ehegatten einlegen (vgl. → Rn. 8),[47] ebenso **Eltern,**[48] **Geschwister, Nichten und Neffen und Lebenspartner.**[49] Das gilt aber grundsätzlich **nicht für die Rüge der Verletzung anderer Artikel,** zB **Art. 5, 6 oder 13,**[50] es sei denn, sie betrifft eine Frage allgemeinen Interesses und der Bf. hat ein berechtigtes Interesse.[51] Die **Witwe** kann aber Beschwerde einlegen gegen die Verurteilung ihres früheren Ehegatten wegen Beleidigungen durch Presseartikel; sie hat ein legitimes

---

41 EGMR 15.10.2009 – 17056/06, Rn. 48 – *Micallef/Malta*; bestätigt von der Großen Kammer in EGMR 15.3.2012 – 4149/04 et al. (GK), Rn. 52 – *Aksu et al./Türkei.*
42 EGMR 5.10.2006 – 72881/01, Rn. 65 – *Moskauer Zweig der Heilsarmee/Russland.*
43 EGMR 12.10.2006 – 49438/99, Rn. 89 – *Staykov/Bulgarien.*
44 EGMR 25.11.1997 – 18954/91, Slg 97-VII Rn. 44 – *Zana/Türkei*; EGMR 8.12.1999 – 23885/94, Slg 99-VIIII Rn. 25 – *Freiheits- und Demokratiepartei (ÖZDEP)/Türkei.*
45 EGMR 27.06.00 – 22277/93, Slg 00-VII Rn. 52 – *Ilhan/Türkei.*
46 Vgl. auch *Schabas*, The European Convention on Human Rights – A Commentary, 2015, S. 737 f.
47 EGMR 27.6.2000 – 21986/93 – *Salman/Türkei.*
48 Z.B. EGMR 5.10.1999 – 33677/96 – *Grams/Deutschland*; EGMR 20.5.1999 – 21594/93 – *Ogur/Türkei.*
49 EGMR 13.1.2005 – 34491/9, Rn. 84 f. – *Ceyhan Demir ua/Türkei.*
50 EGMR 2.2.2006 – 55955/00, Rn. 22 – *Bic ua/Türkei.*
51 EGMR 5.7.2005 – 55929/00 – *Marie-Louise Loyen ua/Frankreich.*

Interesse daran, eine Verletzung der Konvention feststellen zu lassen.[52] **Erben** hat der EGMR für berechtigt gehalten, Verletzung von **Art. 5 V** zu rügen.[53]

Unternehmen (vgl. auch → Rn. 29): Wenn sich die streitige Maßnahme gegen ein Wirtschaftsunternehmen richtet, sind **Miteigentümer, Gesellschafter** u. auch Angehörige nur dann selbst betroffen, wenn sich die Maßnahme auch auf ihre Vermögensverhältnisse auswirkt. Dagegen sind **Anteilseigner** (zB **Aktionäre**) einer juristischen Person, auch deren Mehrheit, nicht befugt, sich über Maßnahmen gegen die Gesellschaft zu beschweren.[54] **Anteilseigner oder Direktoren** einer Gesellschaft können eine Beschwerde nicht wegen eines Verfahrens einlegen, an dem sie selbst nicht beteiligt waren. Ein **Alleineigentümer** kann das wegen Maßnahmen tun, die gegen seine Gesellschaft getroffen sind.[55] Im Übrigen muss die Rechtsfähigkeit der Vereinigung respektiert werden, es sei denn, es wäre bewiesen, dass ihre Organe – bzw. im Fall der Liquidation der Insolvenzverwalter – für sie keine Beschwerde einlegen können.[56]

24

Umweltschutzverbände: Der EGMR hat sie unter bestimmten Voraussetzungen als Bf. zugelassen, nämlich wenn sie die Interessen ihrer Mitglieder verteidigt haben, zB bei einer Klage der Vereinigung von Grundeigentümern gegen ein Sperrwerk[57] oder wenn sich die Klage eines Verbandes gegen die Vergrößerung einer Müllhalde in einem geographisch begrenzten Bereich richtet und Gründer und Leiter des Verbandes dort wohnen und die angegriffenen Maßnahmen erhebliche Auswirkungen auf ihr Privatleben und den Wert ihrer Grundstücke haben.[58] Im Fall *Collectif national d'information et d'opposition à l'usine Melox/Frankreich*[59] hat der EGMR darüber hinausgehend die Beschwerde eines Umweltverbandes für zulässig gehalten, mit der hauptsächlich das Allgemeininteresse verteidigt werden sollte, die aber auch Verbindung zu einem Recht hatte, auf das sich die Bf. als juristische Person berufen konnte. Das hat er damit begründet, dass

25

---

52 EGMR 28.9.1999 – 28114/95, Slg 99-VI Rn. 39 – *Dalban/Rumänien*; EGMR
    8.4.2008 – 7170/02, Rn. 95 – *Gradinar/Moldau*.
53 EGMR 5.7.2005 – 55929/00 – *Marie-Louise Loyen* ua/*Frankreich*.
54 EGMR 24.10.1995 – 14807/89, Rn. 59-72 – *Agrotexim* ua/*Griechenland*.
55 Auch drei Alleingesellschafter: EGMR 29.7.2010 – 36079/06, Rn. 39 – *Jafarli*
    ua/*Aserbaidschan*.
56 EGMR 17.6.2008 – 32283/04, Rn. 66 – *Mieltex Ltd.* ua/*Armenien*; EGMR
    7.6.2012 – 38433/09 (GK), Rn. 92 – *Centro Europa 7 S.r.l. u. Di Stefano/Italien*.
57 EGMR 27.4.2004 – 65243/00, Rn. 43 – *Gorraiz Lizarraga* ua/*Spanien*.
58 EGMR 24.2.2009 – 49230/07, Rn. 28 – *L'Erabliere A.S.B.L./Belgien*.
59 EGMR 28.3.2006 – 75218/01 – *Collectif national d'information et d'opposition à l'usine Melox/Frankreich*.

es auch um das Recht der Allgemeinheit ging, informiert zu werden und am Verfahren teilzunehmen. Im Fall Greenpeace ua/Deutschland[60] ging es um Staubpartikel aus Dieselmotoren. Der EGMR stellte zunächst fest, ein Verein könne sich nicht auf den Schutz der Gesundheit (Art. 8) berufen, prüfte dann aber doch in der Sache. Diese Entscheidungen lassen die Tendenz des EGMR erkennen, Umweltverbänden die Befugnis zuzuerkennen, Konventionsrechte auch jenseits des konkreten Nachweises persönlicher Beschwer geltend zu machen.

26 **b) Unmittelbare Beschwer:** Nach der Rechtsprechung bezeichnet der Begriff „Opfer" die Person, die von der streitigen Handlung oder Unterlassung direkt betroffen ist.[61] Es muss ein ausreichend direkter Zusammenhang zwischen dem Bf. und der gerügten Verletzung bestehen. Der Betroffene ist nicht Opfer, wenn die gerügte Maßnahme zeitweise oder endgültig keine Rechtswirkungen hat. Wenn sich die Maßnahme gegen den Bf. gerichtet hat und rechtskräftig oder sofort vollstreckbar ist, gibt es an einer unmittelbaren Beschwer und damit an der Opfereigenschaft keine Zweifel. Das gilt aber auch bei Verwaltungsentscheidungen gegen einen anderen, die unmittelbare Auswirkungen für den Bf. haben (zB **Verwaltungsakte mit Drittwirkung**).[62] Eine unmittelbare Beschwer kann auch dann vorliegen, wenn kein materieller oder immaterieller Schaden verursacht worden ist (→ Rn. 20).[63] Es genügt, wenn der Betroffene überzeugend nachweist, dass es **wahrscheinlich zu einer ihn persönlich betreffenden Maßnahme kommen** wird, ein Verdacht oder Mutmaßungen genügen nicht.[64] Die **bloße Androhung** einer Maßnahme kann, muss aber nicht die Opfereigenschaft begründen.[65] Im Falle einer Beschwerde wegen überlanger Verfahrensdauer nach Art. 6 I muss der Bf. selbst am Verfahren beteiligt gewesen sein (→ Art. 6 Rn. 188).

27 **Opfereigenschaft in Ausländersachen:** In diesem Bereich gibt es Besonderheiten.[66] Der Ausländer kann nicht geltend machen, Opfer einer Ausweisungsentscheidung zu sein, wenn sie nicht vollziehbar ist. Dasselbe gilt, wenn sie unbefristet ausgesetzt ist oder ihre Rechts-

---

60 EGMR 12.5.2009 – 18215/06 – *Greenpeace* ua/*Deutschland.* .
61 EGMR 28.10.1999 – 28342/95 (GK), Rn. 50 – *Brumarescu/Rumänien*.
62 Vgl. EGMR 1.4.2008 – 12534/03, Rn. 35 – *Stukus* ua/*Polen*.
63 EGMR 28.10.1999 – 28342/95 (GK), Rn. 50 – *Brumarecu/Rumänien*; EGMR 27.6.2000 – 22277/93, Slg 00-VII Rn. 52 – *Ilhan/Türkei*; EGMR 21.9.2006, 73604/01, Rn. 31, – *Monnat/Schweiz*.
64 EGMR 10.3.2004 – 56672/00 – *Senator Lines/Belgien u. 14 andere Nato-Staaten*.
65 EGMR 18.1.2001 – 41615/98 – *Zaoui/Schweiz* (Androhung der Beschlagnahme von Telefonanlagen bei Zuwiderhandlung).
66 Vgl. EGMR 15.1.2007 – 60654/00 (GK), Rn. 93 – *Sisojeva et al./Lettland*.

wirkung verloren hat. Der EGMR berücksichtigt, ob sich der Betroffene in einer ungewissen Lage befunden hat. Wenn die Situation geklärt ist, kommt auch eine Streichung im Register nach Art. 37 I b in Betracht (dort → Rn. 5). Zum **Wegfall der Opfereigenschaft** in Ausländersachen → Rn. 32.

c) Beschwer unmittelbar durch Gesetz: Beschwerde gegen Gesetz: 28
Wenn der Bf. lediglich durch ein Gesetz als solches betroffen ist, verneint der EGMR grundsätzlich die unmittelbare Betroffenheit. Jedoch erkennt der Gerichtshof eine Reihe von Ausnahmen an, in denen er eine lediglich potenzielle Betroffenheit („potential victim") genügen lässt. Eine Beschwer ist nach dieser Rechtsprechung gegeben, **wenn schon die durch bestehende Rechtsvorschriften geschaffene Rechtslage den Bf. beeinträchtigt.** Er muss dann nicht auf eine gegen ihn gerichtete Vollzugsmaßnahme, zB einen Verwaltungsakt oder ein Strafurteil warten. Das ist so, wenn er entweder sein Verhalten ändern muss oder eine Strafverfolgung riskiert oder einer Gruppe angehört, die der Gefahr ausgesetzt ist, unmittelbar durch das Gesetz betroffen zu sein.[67] Diese Ausnahmen handhabt der Gerichtshofs in jüngerer Zeit recht großzügig. Eine unmittelbare Beschwer durch ein Gesetz ist etwa angenommen worden bei der **Strafbarkeit der Homosexualität** zwischen einverstandenen Volljährigen (vgl. → Art. 8 Rn. 24), wegen der Beschwerde einer Mutter und ihres nichtehelichen Kindes über das belgische Recht, das die Herstellung von familien- und erbrechtlichen Beziehungen von einer Adoption abhängig machte.[68] Ferner erlaubt es der Gerichtshof in seiner jüngeren Rechtsprechung, dass Einzelpersonen Gesetze auch ohne den Nachweis eigener unmittelbarer Betroffenheit rügen können, welche den Sicherheitsbehörden **flächendeckende verdeckte Überwachungs- bzw. Abhörmaßnahmen** gestatten. Voraussetzung ist, dass das nationale Recht keine Rechtsmittel bereitstellt, gegen das Überwachungsgesetz vorzugehen und dass die jedenfalls abstrakte Gefahr besteht, dass die im Gesetz vorgesehenen Maßnahmen auch gegen den Beschwerdeführer gerichtet werden.[69] Darüber hinaus hat die Große Kammer im Fall S.A.S./Frankreich, in dem sich eine Muslima gegen ein Gesetz

---

67 EGMR 29.4.2008 – 13378/05, Rn. 24 – *Burden/Vereinigtes Königreich* (wegen bald anfallender Erbschaftssteuern); EGMR 22.12.2009 – 27996/06, Rn. 28 – *Sejdic u. Finci/Bosnien-Herzegowina* (wegen Diskriminierung von Sinti u. Roma durch Gesetz).
68 EGMR 13.6.1979 – 6833/74 – *Marckx/Belgien.*
69 EGMR 18.5.2010 – 26839/05, Rn. 124 – *Kennedy/Vereinigtes Königreich*, im Anschluss an EGMR 6.9.1978 – 5029/71, Rn. 36 – *Klass/Deutschland*; jüngst bestätigt in EGMR 4.12.2015 – 47143/06, Rn. 172 – *Zakharov/Russland.* Zur Opfereigenschaft bei Gesetzen über Abhörmaßnahmen siehe darüber hinaus auch Art. 8 Rn. 37 f.

wendete, welches das **Tragen von Kopftüchern in öffentlichen Räumen** untersagte, entschieden, dass sie durch das Gesetz unmittelbar betroffen sei, obwohl **gegen sie (noch) keine konkreten Maßnahmen zur Durchsetzung des Gesetzes gerichtet wurden,** da sie ihr Verhalten aufgrund dieses Gesetzes unter Sanktionsandrohung umstellen musste.[70]

29 **Juristische Person, Gesellschaft** (vgl. auch o. → Rn. 14, 24): In der Regel ist **sie selbst, nicht ihre Teilhaber** beschwert. Das kann ausnahmsweise anders sein, zB wenn erwiesen ist, dass die juristische Person durch ihre Organe nicht Beschwerde zum EGMR erheben kann oder wenn die GmbH in **Liquidation ist und ein Verwalter** für sie handelt, gegen dessen Handlungen sich die Beschwerde richtet, weil die Gesellschaft selbst dann nicht mehr Beschwerde einlegen kann, oder wenn sich die Beschwerde gegen mangelnde gerichtliche Kontrolle bei der Einsetzung des Verwalters richtet.

30 **d) Fortfall der Opfereigenschaft: Unzulässigkeit der Beschwerde:** Dass die Beschwer nachträglich entfällt, führt nicht automatisch zur Unzulässigkeit ratione personae. Nach dem Prinzip der Subsidiarität sollen die Konventionsstaaten die Möglichkeit haben, vor der Entscheidung des EGMR die Verletzung wieder gut zu machen. Dies darf jedoch keine Auswirkungen auf die Möglichkeit des Bf. haben, eine Konventionsverletzung durch den Gerichtshof feststellen zu lassen.[71] Nur wenn der Konventionsstaat die Verletzung der Konventionsrechte des Bf. durch die angegriffene Maßnahme ausdrücklich anerkennt und entsprechende Abhilfe geschaffen hat, entfällt die Opfereigenschaft (siehe im Einzelnen unten → Rn. 31 ff.).[72] Auf der anderen Seite ist die Opfereigenschaft zentrale Zulässigkeitsvoraussetzung ratione personae. Weil die Konventionsstaaten dazu verpflichtet sind, einer Konventionsverletzung abzuhelfen, wird die Opfereigenschaft **während des gesamten Verfahrens** vor dem EGMR geprüft.[73] Er streicht die Beschwerde nach Art. 37 I b im Register, wenn die Opfereigenschaft unter den oben genannten Voraussetzungen entfallen ist, wendet diesen Grundsatz aber flexibel an (o. → Rn. 7). Es gibt Fälle, in denen der EGMR angenommen hat, der Bf. sei weiterhin Opfer, und dann zu dem Ergebnis gekommen ist, die Streitigkeit sei einer Lösung zugeführt worden und deswegen nach **Art. 37 I b im Register zu streichen** (vgl. → Rn. 32). Wenn der Bf. nach Einlegung einer Be-

---

70 EGMR 1.7.2014 – 43835/11 (GK), Rn. 57 – *S.A.S./Frankreich.*
71 EGMR 2.11.2010 – 21272/03 (GK), Rn. 76 ff. – *Sakhnovskiy/Russland.*
72 *Grabenwarter/Pabel,* Europäische Menschenrechtskonvention, 6. Aufl. 2016, S. 65.
73 EGMR 18.5.2004 – 49806/99, Slg 04-III Rn. 46 – *Prodan/Moldau.*

schwerde gegen aufenthaltsbeendende Maßnahmen eine Aufenthaltserlaubnis erhalten hat (vgl. → Rn. 32), prüft der EGMR das idR
nach Art. 34, zT auch i.V. mit Art. 37 II b.[74]

Fortfall der Opfereigenschaft durch Maßnahmen des beklagten Staa-   31
tes: Die Opfereigenschaft kann aus **rechtlichen Gründen entfallen,**
wenn ein Rechtsbehelf des Bf. bei staatlichen Gerichten Erfolg hatte.
Dabei reicht nicht aus, dass ein Rechtsbehelf erst Erfolg hatte, nachdem das verbotene Ereignis schon stattgefunden hatte.[75] Die Opfrei-
genschaft kann auch entfallen, wenn der Bf. **sonst Genugtuung erhal-**
ten hat, also auch unabhängig von einem Rechtsbehelf (vgl. auch →
Rn. 38).[76] **Grundsätzlich verlangt der Gerichtshof aber für den Fort-**
fall der Opfereigenschaft (1), dass der beklagte Staat den Eingriff
aufhebt und ausdrücklich oder jedenfalls implizit **anerkennt, dass**
eine Konventionsverletzung vorgelegen hat, auch wenn ein Konventionsartikel nicht genannt wird, und (2), dass er die Konventionsverletzung angemessen **wiedergutmacht,** also entweder durch strafrechtliche Verfolgung des Täters und Zahlung einer Entschädigung oder
auf andere Weise, bei langen Strafverfahren auch durch Kompensation bei Vollzug der Strafe (→ Rn. 38).[77] Hier legt der EGMR indes
einen strengen Maßstab an.[78] Wie eine angemessene Wiedergutmachung auszusehen hat, hängt von den Umständen des Einzelfalls
ab,[79] wobei die Höhe einer etwaigen Entschädigung in Geld einen
wichtigen Faktor darstellt.[80] **Beispiele aus der Rechtsprechung:** Wenn
Gerichtsverfahren wegen Schadensersatz unangemessen lange dauern, gibt es keine angemessene Wiedergutmachung.[81] Bei Strafverfahren gegen Täter der Verletzung von Art. 3 befindet der EGMR nicht
anstelle der staatlichen Gerichte über Schuld und Angemessenheit
der Strafe, wenn aber ein offenbares Missverhältnis zwischen der
Schwere der Tat und der Strafe besteht, fällt die Opfereigenschaft
nicht weg.[82] Die Einstellung des Strafverfahrens, das die Konvention

---

74 Vgl. mit einer Analyse der Rechtsprechung EGMR 15.6.2006 – 58822/00,
    Rn. 42 – *Shevanova/Lettland.*
75 EGMR 3.5.2007 – 1543/06, Rn. 67 – *Baczowski* ua/*Polen* für den Fall der ge-
    richtlichen Aufhebung einer Verbotsentscheidung, nachdem die Versammlung
    trotz des Verbots stattgefunden hatte.
76 EGMR 12.10.2006 – 49438/99, Rn. 89 – *Staykov/Bulgarien.*
77 Vgl. EGMR 29.3.2006 – 64897/01, Rn. 73 – *Zullo/Italien* mit weiteren Nach-
    weisen.
78 Vgl. *Grabenwarter/Pabel,* Europäische Menschenrechtskonvention, 6. Aufl.
    2016, S. 65.
79 EGMR 1.6.2010 – 22978/05 (GK), Rn. 116 – *Gäfgen/Deutschland.*
80 EGMR 26.6.2012 – 26828/06 (GK), Rn. 261 – *Kurić et al./Slowenien.*
81 EGMR 1.6.2010 – 22978/05 (GK), Rn. 127 – *Gäfgen/Deutschland.*
82 EGMR 1.6.2010 – 22978/05 (GK), Rn. 124 f. – *Gäfgen/Deutschland* (Geldstra-
    fe auf Bewährung bei Verstoß gegen Art. 3 durch Polizisten nur symbolisch).

verletzt hat, kann die Opfereigenschaft entfallen lassen, wenn die Konventionsverletzung anerkannt ist. Dafür genügt nicht, dass festgestellt wird, dass die Taten lange zurückliegen.[83] Wenn das BVerfG die Gerichtsentscheidung, mit der die Konvention verletzt worden ist, aufhebt und die Sache zurückverweist, ist das eine ausreichende Wiedergutmachung.[84] Im Fall Mathew/Niederlande[85] hat der EGMR nicht ausreichen lassen, dass ein staatliches Gericht die Haftbedingungen als an der Grenze des Akzeptablen bezeichnet hat, weil es damit eine Verletzung von Art. 3 nicht anerkannt habe. Die **Entschädigung muss nicht notwendig derjenigen entsprechen, die der EGMR nach Art. 41 gewähren würde,** darf aber nicht offensichtlich unangemessen sein[86] (vgl. → Rn. 36).

32   **Wegfall der Opfereigenschaft aus tatsächlichen Gründen in Ausländersachen** (vgl. auch → Rn. 27): Es handelt sich um Fälle der **Erledigung der Hauptsache.** Grundsätzlich existiert jedoch nach der Rechtsprechung des EGMR in diesen Fällen die Opfereigenschaft fort, selbst wenn die Gefahr der Abschiebung nicht mehr besteht.[87] Die Opfereigenschaft entfällt indes, wenn ein Bf., der sich unter Berufung auf Art. 3 gegen eine Abschiebung wendet, von sich aus in einen anderen Staat wechselt.[88] Wenn sich ein Bf. gegen seine Ausweisung wehrt, fällt seine Eigenschaft als Opfer nur unter folgenden Voraussetzungen fort: (1) Anerkennung der Konventionsverletzung durch den Staat, (2) Aufhebung der Ausweisungsverfügung, (3) Anerkennung des Aufenthaltsrechts. Wenn der Bf. längere Zeit der Ungewissheit hat erdulden müssen, bleibt er insoweit Opfer.[89] Zum Teil hat der EGMR den Fortfall der Opfereigenschaft schon angenommen, wenn die zuständige Behörde ihre Ausweisungsentscheidung aufhebt und feststellt, dass eine Ausweisung in ein bestimmtes Land nicht möglich ist.[90] In diesem Bereich ist vor dem Hintergrund der Flüchtlingssituation in Europa seit dem Spätsommer 2015 mit erheblichen Entwicklungen zu rechnen.

33   **Fortfall der Opfereigenschaft durch Vergleich:** Wenn sich der Bf. auf eine vergleichsweise Einigung einlässt, etwa Entschädigung annimmt, kann das den Fortfall der Opfereigenschaft bedeuten (vgl. auch →

---

83 EGMR 13.11.2008 – 26073/03, Rn. 73 – *Ommer/Deutschland*, Nr. 2.
84 EGMR 15.5.2008 – 58364/00, Rn. 22 – *Lück/Deutschland*.
85 EGMR 29.9.2005 – 24919/03, Rn. 51 – *Mathew/Niederlande*.
86 EGMR 17.5.2005 – 74456/01, Rn. 32 – *Horvathova/Slowakei*.
87 Zusammenfassend EGMR 13.12.2012 – 22689/07 (GK), Rn. 77-83 – *De Souza Ribeiro/Frankreich*.
88 EGMR 11.07.00 – 43258/98, Slg, 00-VIII, Rn. 28 – *G.H.H. ua/Türkei*.
89 EGMR 15.6.2006 – 58822/00, Rn. 44-48 – *Shedanova/Lettland*.
90 EGMR 11.10.2001 – 51342/99 – *Kalantari/Deutschland*.

Rn. 31, 38), uU auch einen Verzicht auf Konventionsrechte. Wer sich zB in einem Vergleich verpflichtet, die umstrittene Äußerung nicht zu wiederholen, kann sich nicht mehr darauf berufen, Opfer einer Verletzung von Art. 10 zu sein.[91] Entscheidendes Kriterium ist, ob die getroffene Vergleichsregelung dazu bestimmt bzw. geeignet ist, die Folgen der behaupteten Konventionsverletzung mit zu umfassen.[92]

Weitere Einzelfälle: Bei einer Rüge der Verletzung von Schutzpflichten aus Art. 2 ist die strafgerichtliche Verurteilung des Täters (im Fall: eines russischen Soldaten) wegen Mordes eine Anerkennung der Konventionsverletzung,[93] erforderlich ist dann eine angemessene Wiedergutmachung (→ Rn. 31). Wenn eine streitige Verurteilung **im Wiederaufnahmeverfahren** aufgehoben worden ist, **ohne dass in dem neuen Urteil auf die behauptete Konventionsverletzung eingegangen wird,** genügt das nicht.[94] Es genügt ebenfalls nicht, wenn ein Strafurteil wegen Beleidigung durch nationale Gerichte aufgehoben wird, sofern nicht darüber hinaus eine ausreichende Entschädigung gewährt wird (vgl. zur Entschädigung → Rn. 36 ff.).[95] Ebenso ist nicht ausreichend, dass der Bf. von einem staatlichen Gericht Entschädigung für U-Haft nach seinem Freispruch erhalten hat, in dem Urteil aber nichts darüber steht, ob die Haft mit Art. 5 im Einklang stand.[96] Dagegen hat der EGMR bei Rüge der Verletzung von Art. 6 (faires Verfahren) den Fortfall der Opfereigenschaft bei Freispruch angenommen.[97] Der Bf. bleibt indes Opfer iSd Art. 34, sofern er eine Haftstrafe vor dem Freispruch bereits angetreten hatte.[98] Vgl. für die Fälle, in denen der Bf. verstorben ist, → Rn. 8. **Die Opfereigenschaft fällt nicht fort,** wenn bei einer verspäteten Vollstreckung eines Urteils (Verletzung von Art. 6) die Verspätung nicht anerkannt und Entschädigung gewährt wird.[99] Wenn sich eine **politische Partei** während des Verfahrens vor den staatlichen Gerichten **selbst auflöst, um Nachteile zu vermeiden,** fällt die Opfereigenschaft nicht fort.[100]

91 EGMR 4.6.2009 – 2177/05, Rn. 36 – *Standard Verlags-GmbH/Österreich.*
92 *Frowein/Peukert,* Europäische MenschenRechtsKonvention – EMRK-Kommentar, 3. Aufl. 2009, Art. 34 Rn. 39.
93 EGMR 16.10.2008 – 17945/03, Rn. 74 – *Salatkhanovy/Russland.*
94 EGMR 28.9.1999 – 28114/95, Slg 99-VI Rn. 44 – *Dalban/Rumänien*; EGMR 27.6.2000 – 28871/95, Slg 00-VIII Rn. 40 ff. – *Constantinescu/Rumänien.*
95 EGMR 28.9.1999 – 28114/95, Slg 99-VI Rn. 44 – *Dalban/Rumänien.*
96 EGMR 6.4.2000 – 26772/95, Slg 00-IV Rn. 41 ff. – *Labita/Italien.*
97 EGMR 19.12.2006 – 39863/02, Rn. 14 – *Yavuz/u. Osman/Türkei.*
98 EGMR 10.11.2009 – 10309/03, Rn. 47 – *Arat/Türkei.*
99 EGMR 24.5.2005 – 20940/03, Rn. 19 – *Dumbraveanu/Moldau.*
100 EGMR 8.12.1999 – 23885/94, Slg 99-VIII Rn. 26 – *Freiheits- und Demokratiepartie (ÖZDEP)/Türkei.*

35 **Verletzung wegen der Verfahrensdauer in Strafsachen:** Die Opfereigenschaft entfällt, wenn das Strafgericht die Verletzung ausreichend anerkannt und das Strafmaß deswegen ausdrücklich und messbar herabgesetzt[101] oder das Verfahren eingestellt hat[102] und wenn ggf. eine angemessene Entschädigung in Geld geleistet wurde.[103] Wenn das nur unter Hinweis auf die Verletzung von Art. 6 geschieht, nicht aber ausdrücklich und messbar auch wegen der Verletzung von Art. 5 III, fällt die Opfereigenschaft insoweit nicht weg, selbst dann nicht, wenn das Strafgericht darauf hingewiesen hat, dass die Verletzung von Art. 6 wegen U-Haft des Betroffenen besonders schwerwiege.[104] **Wenn nach der neuen Rechtsprechung des BGH eine schuldangemessene Strafe verhängt und dann ausgesprochen wird, dass ein bestimmter Teil als verbüßt gilt, fällt die Opfereigenschaft fort** (vgl. → Art. 13 Rn. 20, → Art. 6 Rn. 209).

36 **Entschädigung in Geld:** Wenn der Bf. eine Entschädigung für die Konventionsverletzung erhalten hat, prüft der EGMR, ob sie angemessen ist und orientiert sich an seiner Rechtsprechung zu Art. 41. Andererseits betonte der Gerichtshof im Fall Gäfgen/Deutschland, dass im Falle einer Verletzung von Art. 3 eine Entschädigung in Geld ggf. erforderlich, jedoch keinesfalls ausreichend sein kann.[105] Bei Verstoß gegen Art. 6 I wegen der Verfahrensdauer nimmt er an, dass es eine starke, aber nicht unwiderlegliche Vermutung dafür gibt, dass ein Nichtvermögensschaden entstanden ist. Es kann sein, dass im Einzelfall der Schaden minimal oder gar nicht entstanden ist. U.U. kann die Entschädigung auch geringer sein, als die vom EGMR nach Art. 41 üblicherweise gewährte, zB weil die Entschädigung neben einem Rechtsbehelf zur Beschleunigung des Verfahrens vorgesehen ist oder die Entschädigung nach der Rechtsordnung und dem Lebensstil des betroffenen Staates angemessen ist sowie schnell und begründet gewährt und gezahlt wird.[106] In bestimmten Fällen kann auch genügen, dass der Bf. Anwaltsgebühren erstattet bekommt. Die Höhe darf aber nicht offensichtlich unzureichend sein.[107]

---

101 EGMR 15.7.1982, 8130/78, Rn. 24 – *Eckle/Deutschland*; EGMR 26.6.2001 – 26390/95, Rn. 27 – *Beck/Norwegen*; EGMR 10.11.2005 – 65745/01, Rn. 104 – *Dzelili/Deutschland*.
102 EGMR 16.6.2009 – 1379/06 – *Oleksy/Polen*; EGMR 17.11.2005 – 72438/01 – *Sprotte/Deutschland*.
103 EGMR 12.2.2013 – 54689/12 – *Stokić/Serbien*.
104 EGMR 1.10.11.2005 – 65745/01, Rn. 85 – *Dzelili/Deutschland*.
105 EGMR 1.6.2010 – 22978/05 (GK), Rn. 119 – *Gäfgen/Deutschland*.
106 EGMR 29.3.2006 – 64897/01, Rn. 97, 99 – *Ernestino Zullo/Italien*; EGMR 29.3.2006 – 86813/97, Rn. 195 – *Scordino/Italien*, Nr. 1.
107 EGMR 13.11.2008 – 10597/03, Rn. 69 – *Ommer/Deutschland (I)*.

Genugtuung bei vorsätzlichen Misshandlungen mit Todesfolge: Bei 37
solchen Verletzungen von Art. 2 genügt die Zahlung einer Entschädigung nicht. Es muss ein Strafverfahren durchgeführt werden. **Dasselbe gilt bei vorsätzlichen Misshandlungen, die gegen Art. 3 verstoßen.**[108] Wäre es anders, könnte der Staat die Sache durch Zahlung aus der Welt schaffen, ohne ausreichende Maßnahmen zur Strafverfolgung und Bestrafung der Verantwortlichen zu treffen.[109] Der EGMR prüft dann ob das Strafverfahren wirksam war,[110] was sich auch auf den Ausgang des Verfahrens bezieht.

Wenn durch die Konventionsverletzung kein Schaden verursacht 38
worden ist, kann es genügen, dass der Verstoß seitens der Behörden eingeräumt und bedauert wird. Das gleiche gilt, wenn der Bf. nicht vorgetragen hat, dass ein Schaden entstanden ist.[111] Wenn der Bf. wegen der streitigen Maßnahme eine **Entschädigung erhalten,** sie angenommen und auf weitere Rechtsbehelfe verzichtet hat, ist er nicht mehr Opfer.[112] Im Fall Krastanov/Bulgarien[113] hatte der Bf. auf Entschädigung für die Verletzung geklagt und Ersatz erhalten. Die Behörden haben aber **kein Strafverfahren** gegen die Verantwortlichen eingeleitet. Der EGMR hat die Beschwerde in der Sache geprüft.

III. Zulässigkeit ratione materiae, ratione temporis und ratione loci

Die Beschwerde ist **ratione materiae** unzulässig, wenn Verletzung ei- 39
nes Rechts gerügt wird, das in der Konvention und vom beklagten Staat ratifizierten Prot. nicht geschützt wird,[114] wenn der Schutzbereich eines Konventionsrechts nicht eröffnet ist oder wenn ein wirk-

---

108 EGMR 24.7.2008 – 41461/02, Rn. 78 – *Vladimir Romanov/Russland* m.w.Nachw.
109 EGMR 2.9.1998, Slg 98-VI S. 2431 Nr. VI74 – *Yasa/Türkei*; EGMR 18.5.2000 – 41488/98, Slg 00-VI, Rn. 89 – *Velokova/Bulgarien*; EGMR 27.6.2000 – 21986/93, Rn. 83 – *Salman/Türkei*.
110 EGMR 20.12.2007 –7888/03, Rn. 55 f. – *Nikolova u. Velichkova/Bulgarien*.
111 EGMR 10.10.2000 – 22948/93, Slg 00-X Rn. 67– *Akkoc/Türkei* für den Fall der Aufhebung einer Disziplinarmaßnahme.
112 EGMR 17.10.2000 – 41894/98, Slg 00-XI – *Hay/Vereinigtes Königreich*; EGMR – 4.5.2000 – 45305/99, Slg 00-V – *Powell/Vereinigtes Königreich*; EGMR 11.1.2000 – 24520/94, Slg 00-I – *Caraher/Vereinigtes Königreich* (Annahme einer Entschädigung in einem Schadensersatzprozess wegen des Todes von Familienangehörigen); EGMR 16.10.2008 – 17945/03, Rn. 76 – *Salathanovy/Russland* (Wegfall der Opfereigenschaft nach Verurteilung des Täters und Zahlung einer Entschädigung an den Angehörigen).
113 EGMR 30.9.2004 – 50222/99, Rn. 48 – *Krastanov/Bulgarien*.
114 ZB das Recht auf politisches Asyl, vgl. EGMR 4.2.2005 – 46827/99 u. 46951/99, Rn. 66 – *Mamtkulov u. Askarov/Türkei*.

samer und in der konkreten Situation anwendbarer Vorbehalt nach Art. 57 besteht.[115]

40 Wenn die Maßnahme, über die sich der Bf. beklagt, vor Inkrafttreten der Konvention oder eines Prot. vorgenommen worden ist, besteht im Einklang mit dem allgemeinen völkerrechtlichen Grundsatz der Nichtrückwirkung völkerrechtlicher Verträge (vgl. Art. 28 WVK) Unzulässigkeit **ratione temporis** (vgl. → Einl. Rn. 20; → Art. 35 Rn. 39; Art. 1 Zusatzprot. 1 → Rn. 55 ff.). Wenn das gerügte Verhalten vor dem Zeitpunkt der Ratifikation einsetzte, aber noch Auswirkungen nach der Ratifikation zeitigt, geht der EGMR von der Zulässigkeit der Individualbeschwerde aus, sofern es sich um eine **fortdauernde Verletzungshandlung** handelt, die auch noch nach Inkrafttreten der Konvention andauert.[116] In diesem Fall ist die Konvention ab dem Zeitpunkt des Inkrafttretens für den fraglichen Konventionsstaat auf den Sachverhalt anwendbar, wobei die Geschehnisse vor Inkrafttreten der Konvention im Rahmen der rechtlichen Beurteilung mitberücksichtigt werden.[117]

41 Überdies muss auch der örtliche Anwendungsbereich eröffnet sein (Zulässigkeit **ratione loci**). Art. 1 knüpft hier nicht an das Staatsgebiet der Konventionsstaaten, sondern an die effektive Ausübung von Hoheitsgewalt durch einen Konventionsstaat an, sodass auch eine extraterritoriale Anwendung der EMRK uU in Betracht kommt (siehe dazu ausführlich → Art. 1 Rn. 30 ff.).[118]

IV. Beschwerdegegenstand

42 Zulässiger Beschwerdegegenstand können **alle Maßnahmen oder Unterlassungen**[119] der **Exekutive, Legislative und Judikative** eines Konventionsstaats sein.[120]

---

115 Siehe *Peters/Altwicker*, Europäische Menschenrechtskonvention, 2. Aufl. 2012, S. 265 f.

116 EGMR 9.4.2009 – 71463/01 (GK), Rn. 142 – *Šilih/Slowenien*.

117 Vgl. *Peters/Altwicker*, Europäische Menschenrechtskonvention, 2. Aufl. 2012, S. 261 f.

118 Grundlegend dazu EGMR 23.3.1995 – 15318/89, Rn. 62 – *Loizidou/Türkei*.

119 Zu Schutzpflichten allgemein siehe *Grabenwarter/Pabel*, Europäische Menschenrechtskonvention, 6. Aufl. 2016, S. 157 ff.; siehe auch *Harris/O'Boyle/Bates/Buckley*, Law of the European Convention on Human Rights, 3. Aufl. 2014, S. 82.

120 Vgl. *Frowein/Peukert*, Europäische MenschenRechtsKonvention – EMRK-Kommentar, 3. Aufl. 2009, Art. 34 Rn. 47-48.

V. Rechtsschutzbedürfnis

Ein Rechtsschutzbedürfnis besteht nur, wenn der Beschwerdeführer   43
den innerstaatlichen Rechtsweg ausgeschöpft hat (vgl. Art. 35 I). Insoweit gilt wie beispielsweise im Rahmen der Verfassungsbeschwerde
vor dem BVerfG die formelle und materielle Subsidiarität der Individualbeschwerde, sodass eine Beschwerde nach Art. 35 IV ua auch
dann zurückzuweisen ist, wenn der Beschwerdeführer die in Frage
stehenden Menschenrechtsverletzungen nicht tatsächlich in der Sache
gegenüber den staatlichen Instanzen vorgebracht hat.[121] Darüber hinaus ist ein **besonderes Rechtsschutzbedürfnis** neben der Opfereigenschaft **nicht erforderlich**. Insoweit gilt dasselbe wie bei dem Rechtsschutzbedürfnis neben der Beschwer bei einem Rechtsmittel nach
deutschem Recht. **Das Rechtsschutzbedürfnis kann dann nur unter
besonderen Umständen fehlen,** möglicherweise dann, wenn der Bf.
mit seiner Beschwerde keinen Vorteil erlangen kann. Wenn dem Bf.
kein erheblicher Nachteil entstanden ist, kann das dazu führen, dass
die Beschwerde unzulässig ist (Art. 35 III b).

VI. Form der Beschwerde

Art. 47 VerfO regelt im Einzelnen, **welchen Inhalt die Individualbe-**   44
schwerde haben muss (vgl. → Einl. Rn. 48). Sie muss grundsätzlich
unter Verwendung des von der Kanzlei zur Verfügung gestellten gegenwärtig (Stand: Juli 2016) dreizehnseitigen Formulars erhoben
werden.[122] Die erforderlichen Angaben (vgl. Art. 47 I VerfO) umfassen ua: Name, Geburtsort und -datum, Staatsangehörigkeit und
Adresse des Beschwerdeführers; den Namen des Staates, gegen den
die Beschwerde gerichtet ist; eine präzise und verständliche Darstellung des Sachverhalts, der behaupteten Verletzung der Konvention
einschließlich einer entsprechenden Begründung sowie der Erfüllung
der Zulässigkeitskriterien nach Art. 35 Abs. 1 EMRK. Die Darstellung von Sachverhalt, Verletzung und Erfüllung der Zulässigkeitsvoraussetzungen müssen laut Art. 47 II lit. a VerfO in einer Form präsentiert werden, „dass der Gerichtshof die Art und den Gegenstand
der Beschwerde bestimmen kann, ohne Einsicht in andere Unterlagen
zu nehmen." **Art. 47 VerfO nF,** der seit Anfang 2014 in Kraft ist, hat

---

121 Vgl. dazu EGMR 10.7.2001 – 25657/94, Rn. 375. – *Avsar/Türkei.*
122 Siehe das Formular auf der Website des Gerichtshofs: http://www.echr.coe.int/
      Pages/home.aspx?p=applicants/forms&c= (zuletzt besucht am 26.6.2016) so-
      wie das zehnseitige Merkblatt, ebenfalls erhältlich auf der Website des Ge-
      richtshofs: http://www.echr.coe.int/Documents/Application_Notes_ENG.pdf
      (zuletzt besucht am 26.6.2016).

die **Formanforderungen** somit **erheblich verschärft** und erlaubt insbesondere eine Zurückweisung der Beschwerde durch den Gerichtshof, wenn die in Art. 47 I bis III VerfO genannten Anforderungen nicht erfüllt wurden, vgl. Art. 47 V.1 VerfO.[123]

45 **Vertretung des Bf.; Vollmacht:** Einen Vertretungszwang gibt es erst nach Zustellung der Beschwerde an die Regierung des beklagten Staates, es sei denn der Präsident der Kammer entscheidet, dass eine Vertretung nicht erforderlich ist (Art. 36 II VerfO) bzw. dass der Antragsteller sich in der mündlichen Verhandlung selbst vertreten kann (Art. 36 III VerfO). Wenn der Bf. im Falle eines Vertretungserfordernisses keinen Anwalt bestellt, kann der EGMR die Beschwerde im Register streichen (vgl. → Art. 37 Rn. 16). Hat er einen Vertreter, muss eine schriftliche Vollmacht vorgelegt werden (Art. 45 III VerfO). Wenn die Regierung den Verdacht äußert, die Vollmacht sei **gefälscht,** geht der EGMR zunächst von der Annahme aus, dass beide Parteien in gutem Glauben handeln. Die Vollmacht kann nur durch ausreichende Beweise entkräftet werden. **Eine Beglaubigung der Vollmacht** verlangt die Konvention nicht, auch dann nicht, wenn sie im staatlichen Recht erforderlich ist.[124] Die Vertretung kann jede Person („advocate") übernehmen, die in einem Konventionsstaat als Rechtsanwalt zugelassen und in dem Staatsgebiet eines Konventionsstaats (ggf. auch in einem anderen als dem Staat der Zulassung) ansässig ist (Art. 36 IV lit. a VerfO).

VII. Verpflichtung, das Beschwerderecht nicht zu behindern

46 Gemäß Art. 34 S. 2 dürfen die **Konventionsstaaten** Personen nicht daran hindern, Individualbeschwerden beim Gerichtshof einzulegen. Aus Art. 34 folgt also eine **verfahrensrechtliche Verpflichtung,** die für das wirksame Funktionieren des Kontrollmechanismus von wesentlicher Bedeutung ist. Art. 34 S. 2 garantiert also die Effektivität des Rechts zur Einlegung der Staatenbeschwerde.[125] Er steht überdies in einem gewissen Zusammenhang mit Art. 38, nach dem die Konventionsstaaten bei Ermittlungen Hilfe leisten müssen.

47 **Eine Verletzung von Art. 34 kann mit einer Individualbeschwerde gerügt werden.** Der EGMR prüft **sogar ohne Rüge,** wenn das nach den

---

123 Siehe zu alledem auch *Grabenwarter/Pabel*, Europäische Menschenrechtskonvention, 6. Aufl. 2016, S. 49 ff.

124 EGMR 14.10.2008 – 40631/02, Rn. 36 – *Timergaliyev/Russland*.

125 Vgl. EGMR 10.3.2009 – 39806/05, Rn. 87 – *Paladi/Moldau*.

vorgetragenen Tatsachen angemessen ist.[126] **Die Zulässigkeitsvoraus-setzungen des Art. 35** gelten für diese Rüge nicht, zB ist die Erschöpfung innerstaatlicher Rechtsbehelfe nicht erforderlich.[127] Im Falle einer Behinderung dieser Art **spricht der Gerichtshof aus,** dass der beklagte Staat seine Verpflichtungen aus Art. 34 S. 2 missachtet hat.

Recht auf freien Verkehr mit dem EGMR: Art. 34 garantiert, dass Bf.   48
frei mit dem Gerichtshof verkehren können, ohne in irgendeiner Form **einem Druck der staatlichen Behörden** ausgesetzt zu sein, ihre Beschwerde zurückzunehmen oder zu ändern.[128] Druck in diesem Sinne ist nicht nur unmittelbarer Zwang oder Einschüchterung, son-dern **auch indirekte Handlungen oder Kontakte mit dem Ziel, den Bf. abzuraten oder ihn zu entmutigen, Beschwerde einzulegen oder sie weiter zu verfolgen.**[129] Bei der Bewertung, ob Kontakte zwi-schen Behörden des beklagten Staates und dem Bf. gegen Art. 34 S. 2 verstoßen, berücksichtigt der Gerichtshof die Umstände des Falles (vgl. → Rn. 49), insbesondere, dass Bf. furchtsam sein können und verletzbar sind.[130] Auch die besonderen örtlichen und politischen Verhältnisse werden berücksichtigt, zB die **begründete Furcht vor Re-pressalien** im Südosten der Türkei. Wenn Anhaltspunkte dafür beste-hen, dass ein Strafverfahren betrieben wird, um den Bf. unter Druck zu setzen, um ihn dazu zu bewegen, seine Beschwerde zurückzuneh-men, ist das eine Verletzung von Art. 34.[131] Bereits ein Brief der Strafverfolgungsbehörden an den Anwalt des Beschwerdeführers, in denen die mögliche Einleitung eines Strafverfahrens gegen den An-walt wegen seiner Vertretung des Beschwerdeführers vor dem EGMR angedeutet wurde, kann einen „chilling effect" haben und somit eine Verletzung von Art. 34 darstellen.[132]

Befragung des Bf.: Eine Verletzung von Art. 34 S. 2 kann nach den   49
Umständen zB darin bestehen, dass ein Bf. von den Behörden, insbe-sondere den für behauptete Menschenrechtsverletzung verantwortli-chen Behörden, zu der Beschwerde vernommen wird.[133] Es kommt auf die Umstände an. Im Allgemeinen prüft der EGMR, ob die Be-

---

126 EGMR 12.4.2005 – 36378/02, Slg 05-III Rn. 468 – *Chamaiev/Georgien u. Russland.*
127 EGMR 6.11.2008 – 30209/04, Rn. 78 – *Ponushkov/Russland.*
128 Siehe EGMR 23.9.1998 – 115/1997/899/1111, Rn. 43 – *Petra/Rumänien.*
129 Ebenda.
130 Vgl. EGMR 24.6.2008 – 64536/01, Rn. 217 – *Iambor/Rumänien (I).*
131 EGMR 19.12.2006 –14385/04, Rn. 143 – *Oferta Plus SRL/Moldau.*
132 Vgl. EGMR 23.10.2007 – 29089/06, Rn. 68 – *Colibaba/Moldau.*
133 Vgl. EGMR 27.6.2000 – 21986/93, Rn. 130-133 – *Salman/Türkei*; EGMR 16.12.2000 – 23819/94, Rn. 133 – *Bilgin/Türkei*; EGMR 30.1.2001 – 25801/94, Rn. 79 f. – *Dulas/Türkei*; EGMR 13.7.2006 –26853/04, Rn. 249 f. – *Popov/Russland* zur Befragung eines inhaftierten Bf. durch Gefängnisbeamte.

hörden nach den Umständen des Falles **Druck ausgeübt** haben, zB auf Rücknahme der Beschwerde, oder nur allgemeine Fragen gestellt haben.[134]

50 **Zeit und Mittel zur Vorbereitung der Beschwerde:** Das Recht auf wirksame Beschwerdeausübung umfasst den Grundsatz der Waffengleichheit und das Recht des Bf., **ausreichende Zeit und Mittel zur Vorbereitung zu haben.**[135]

51 **Schreibmaterial und Unterlagen für Gefangene:** Eine Verletzung ist angenommen worden, wenn Gefängnisbehörden auf Schreiben von Gefangenen an den Gerichtshof unwillig reagieren und ihm **kein Schreibmaterial zur Verfügung stellen** (vgl. → Art. 8 Rn. 100). Dies ist insbesondere vor dem Hintergrund der verschärfen Formerfordernisse zur Einlegung einer Individualbeschwerde nach Art. 47 I VerfO von Relevanz. **Briefmarken** müssen nur ausnahmsweise zur Verfügung gestellt werden, nämlich wenn der Gefangene mittellos ist.[136] Allerdings verwarf der Gerichtshof eine Beschwerde eines mittellosen bulgarischen Gefangenen, der deshalb seine Beschwerde nicht einlegen konnte, weil die Gefängnisverwaltung sich weigerte, ihm das Porto zur Übersendung der Beschwerde auszulegen, mit der Begründung, er hätte seine Unterlagen stattdessen mit der finanziellen Unterstützung einer Nichtregierungsorganisation übersenden können.[137] Wenn der Staat einem Gefangenen Unterlagen, zB gerichtliche Entscheidungen, die der EGMR angefordert hatte, nicht oder verspätet zur Verfügung stellt, verletzt das Art. 34.[138] Der Staat ist aber nicht immer verpflichtet, dem Gefangenen **Kopien** zur Verfügung zu stellen oder Geräte, mit denen er kopieren kann. Etwas anderes gilt nur unter besonderen Umständen, zB wenn der Gefangene keinen Verteidiger hat und das Fehlen der Unterlagen die Beschwerde unzulänglich macht.[139] Der Gerichtshof berücksichtigt also auch, ob die Unterlagen wesentlich sind. Eine Verletzung von Art. 34 ist festgestellt worden, wenn dem Bf. eine zur Begründung seiner Ansprüche nach Art. 41 erforderliche ärztliche Untersuchung verweigert wurde[140] oder dem Rechtsanwalt die Einsicht in Krankenakten.[141]

---

134 ZB EGMR 16.6.2005 – 60654/00, Rn. 129 – *Sisojeva* ua/*Lettland*; EGMR 16.6.2005 – 62208/00, Rn. 54 – *Labzov/Russland*; EGMR 31.5.2005 – 27601/95, Rn. 148 – *Togcu/Türkei*.

135 EGMR 4.2.2005 – 46827/99, Slg 05 – *Mamatkulov u. Abdurasulovic/Türkei*.

136 EGMR 15.9.2009 – 65014/01, Rn. 70 f. – *Pacula/Lettland*; EGMR 24.2.2009 – 63258/00, Rn. 89-92 – *Gagiu/Rumänien*.

137 EGMR 16.12.2014 – 57123/08, Rn. 101-102 – *Dimcho Dimov/Bulgarien*.

138 EGMR 24.6.2008 – 64536/01, Rn. 216 – *Iambor/Rumänien (I)*.

139 EGMR 15.10.2009 – 2295/06, Rn. 96 – *Chaykovskiy/Ukraine*.

140 EGMR 27.3.2008 – 44009/05, Rn. 139 f. – *Shtukaturos/Russland*.

141 EGMR 11.7.2006 – 41088/05, Rn. 158 – *Boicenco/Moldau*.

Briefe an den EGMR: Die Behörden dürfen nicht verhindern, dass   52
der Gefangene die Beschwerde tatsächlich absendet.[142] Werden ferner während des Verfahrens vor dem Gerichtshof Briefe oder sonstige Korrespondenz im Zusammenhang mit dem Verfahren nicht weitergeleitet oder wird ihre Weiterleitung erheblich verzögert, verletzt
das in der Regel Art. 34.[143] Das Gleiche gilt, wenn Gefängnisbehörden **Briefe an den EGMR zensieren.** Wenn sie Briefe an den EGMR
öffnen, verstößt das gegen **Art. 8** (→ Art. 8 Rn. 97), verletzt aber für
sich genommen und ohne weitere Behinderungen nicht Art. 34,[144]
wohl aber, wenn Post vom Gerichtshof geöffnet und Anlagen entnommen werden.[145]

Behinderung von Kontakten mit Rechtsanwalt: Ein Verstoß kann   53
auch darin bestehen, dass einem Bf. in Haft der Kontakt zu seinem
Bevollmächtigten im Verfahren vor dem EGMR verwehrt wird[146]
oder nur mit Trennscheibe möglich ist oder begründeter Verdacht besteht, dass Gespräche mit dem Anwalt abgehört werden.[147] Die Kosten einer durch Verschulden des Staates abgesagten oder abgebroche-
nen Reise zur Aufklärung des Sachverhalts können dem Staat auferlegt werden.[148]

VIII. Aufschiebende Wirkung und vorläufige Maßnahmen

Eine aufschiebende Wirkung hat die Einlegung der Beschwerde   54
nicht,[149] die **Vollstreckung** einer angefochtenen Entscheidung einer
Behörde oder eines Gerichts bleibt möglich.

Der Gerichtshof kann nach **Art. 39 VerfO vorläufige Maßnahmen**   55
anordnen, was insbesondere bei der Rüge von Verletzungen von
Art. 2 und 3 in Betracht kommt. Vorläufige Maßnahmen können sowohl auf Antrag einer Streitpartei als auch vom Gerichtshof proprio
motu angeordnet werden. **Die Anordnung bindet die Mitgliedstaaten**
und eine **Missachtung stellt grundsätzlich eine Verletzung der Konvention dar.**[150] Der Gerichtshof nimmt insoweit eine Verletzung von
Art. 34 an, wenn die Gefahr besteht, dass bei Abwarten vollendete

---

142 EGMR 7.6.2007 – 30138/02, Rn. 61 – *Nurmagomedov/Russland.*
143 EGMR 7.10.04 – 60776/00, Rn. 27 f. – *Poleshchuk/Russland;* EGMR 3.6.03 –
     38565/97 – *Cotlet/Rumänien.*
144 EGMR 20.1.2004 – 34221/96, Rn. 92 – *P./Polen.*
145 EGMR 6.11.2008 – 30209/04, Rn. 84 – *Ponushkov/Russland.*
146 EGMR 27.3.2008 – 44009/05, Rn. 140 – *Shtukaturov/Russland.*
147 EGMR 19.12.2006 – 14385/04, Rn. 147, 156 – *Offerta Plus SRL/Moldau.*
148 EGMR 12.4.2005 – 36378/02, Slg 05-III Rn. 476, 509, 536 – *Chamaiev/Geor-
     gien u. Russland.*
149 BFH StE 2003, 208.
150 Vgl. zB EGMR 10.3.2009 – 39806/05 (GK), Rn. 85 – *Paladi/Moldau.*

Tatsachen geschaffen werden und der Gerichtshof die Beschwerde nicht mehr wirksam prüfen kann und dem Bf. damit der von der Konvention gewährte Schutz genommen wird.[151] Nichtsdestotrotz ziehen gelegentlich manche Mitgliedstaaten die Bindungswirkung vorläufiger Maßnahmen weiterhin in Zweifel.[152]

56   Folglich ergeben sich zur **Pflicht, vorläufige Anordnungen zu befolgen,** aus der Rechtsprechung folgende Grundsätze:[153] Art. 34 ist verletzt, wenn der Staat nicht alle Maßnahmen trifft, die vernünftigerweise zur Befolgung der Anordnung getroffen werden müssen.[154] Ob der Schaden, der durch die Anordnung vermieden werden soll, trotz Nichtbefolgung der Anordnung nicht eingetreten ist, ist unerheblich. Die Staaten dürfen ihre Beurteilung, ob die Gefahr eines irreparablen Schadens besteht, nicht an die Stelle der Beurteilung des EGMR setzen. Sie dürfen auch nicht darüber entscheiden, wann die Anordnung zu befolgen ist und in welchem Ausmaß. Wenn der Staat Informationen hat, die in diesem Zusammenhang von Bedeutung sind, muss er den EGMR unterrichten, der die Anordnung ändern oder aufheben kann. Der Gerichtshof prüft nicht erneut, ob die Anordnung gerechtfertigt war. Der Staat muss nachweisen, dass er sie befolgt hat oder dass es objektive Hinderungsgründe gegeben hat und er alles getan hat, um sie zu beseitigen und den EGMR entsprechend unterrichtet hat. Die Befolgung einer einstweiligen Anordnung ist dringend und darf nicht verzögert werden.[155] Der Staat darf also nicht etwa abwarten, ob sich eine Gefahr konkretisiert.[156] Schließlich besteht die Pflicht, eine vorläufige Anordnung zu befolgen, unabhängig davon, ob sich die Gefahr auch tatsächlich aus ex post-Sicht realisiert hat.[157]

Artikel 35 Zulässigkeitsvoraussetzungen

(1) Der Gerichtshof kann sich mit einer Angelegenheit erst nach Erschöpfung aller innerstaatlichen Rechtsbehelfe in Übereinstimmung

---

151 Vgl. EGMR 20.7.2007 – 35865/03, Rn. 119-123 – *Al-Moayad/Deutschland* (daher hier letztlich keine Verletzung, weil Bundesregierung nicht von dem Antrag nach Art. 39 VerfO wusste).

152 ZB Russland: EGMR 27.11.2014 – 51857/13, Rn. 62 – *Amirov/Russland*; Belgien: EGMR 4.9.2014 – 140/10, Rn. 140 f. – *Trabelsi/Belgien.*

153 Vgl. EGMR 10.3.2009 – 39806/05 (GK), Rn. 87-92 – *Paladi/Moldau*; EGMR 7.7.2009 – 25336/04, Rn. 184, 188-195 – *Grori/Albanien.*

154 EGMR 10.3.2009 – 39806/05 (GK), Rn. 88 – *Paladi/Moldau.*

155 Urteil in der Sache EGMR 7.7.2009 – 25336/04, Rn. 186 – *Grori/Albanien:* 17 Tage zu spät.

156 EGMR 10.8.2006 – 24668/03, Slg 06-X Rn. 81 – *Oleachea Cahuas/Spanien.*

157 Vgl. EGMR 14.3.2013 – 28005/08, Rn. 223 – *Salakhov et al./Ukraine*; EGMR 10.3.2009 – 39806/05 (GK), Rn. 92 – *Paladi/Moldau.*

mit den allgemein anerkannten Grundsätzen des Völkerrechts und nur innerhalb einer Frist von sechs Monaten nach der endgültigen innerstaatlichen Entscheidung befassen.

(2) Der Gerichtshof befasst sich nicht mit einer nach Artikel 34 erhobenen Individualbeschwerde, die

a) anonym ist oder

b) im Wesentlichen mit einer schon vorher vom Gerichtshof geprüften Beschwerde übereinstimmt oder schon einer anderen internationalen Untersuchungs- oder Vergleichsinstanz unterbreitet worden ist und keine neuen Tatsachen enthält.

(3) Der Gerichtshof erklärt eine nach Artikel 34 erhobene Individualbeschwerde für unzulässig,

a) wenn er sie für unvereinbar mit dieser Konvention oder den Protokollen dazu, für offensichtlich unbegründet oder für missbräuchlich hält oder

b) wenn er der Ansicht ist, dass dem Beschwerdeführer kein erheblicher Nachteil entstanden ist, es sei denn, die Achtung der Menschenrechte, wie sie in dieser Konvention und den Protokollen dazu anerkannt sind, erfordert eine Prüfung der Begründetheit der Beschwerde, und vorausgesetzt, es wird aus diesem Grund nicht eine Rechtssache zurückgewiesen, die noch von keinem innerstaatlichen Gericht gebührend geprüft worden ist.

(4) [1]Der Gerichtshof weist eine Beschwerde zurück, die er nach diesem Artikel für unzulässig hält. [2]Er kann dies in jedem Stadium des Verfahrens tun.

I. Einleitung

1. Entstehungsgeschichte

1 Die Zulässigkeitsvoraussetzungen für die Individualbeschwerde an die Kommission waren bis zum 31.10.1998 in den Art. 26 und 27 enthalten. Das 11. Protokoll änderte diese nicht, sondern übernahm sie vielmehr in Art. 35 für den durch Protokoll 11 etablierten Gerichtshof. Das im Zuge der Reform des Beschwerdesystems des Ge-

richts erlassene[1] und am 1.6.2010 in Kraft getretene 14. Protokoll, insbesondere dessen Art. 12, fasste Abs. 3 neu und führte in lit. b eine neue Zulässigkeitsvoraussetzung ein („nicht erheblicher Nachteil"). Für die Änderungen durch Protokoll 14 ist folgende **Übergangsregelung** zu beachten: Nach Art. 20 Abs. 2 Protokoll 14 gilt die Neufassung nicht für Beschwerden, die vor Inkrafttreten des Protokolls für zulässig erklärt worden sind. In den ersten beiden Jahren nach Inkrafttreten darf die Neuregelung nicht vom Einzelrichter und nicht vom Ausschuss angewendet werden, sondern nur von einer Kammer und der Großen Kammer. Einzelrichter und Ausschüsse sprachen die ersten Urteile zu dem neuen Zulässigkeitskriterium in Art. 35 Abs. 3 lit. b also erst nach dem 1.6.2012.[2]

Im Zuge der weiteren Reform des Gerichts, die auf der Konferenz 2 von Brighton 2012 beschlossen wurde, verkürzt das noch nicht in Kraft getretene 15. Protokoll vom 24.6.2013 die Frist aus Abs. 1 zur Einreichung der Beschwerde an den EGMR von bisher sechs Monaten auf vier. Darüber hinaus wird die sogenannte zweite Sicherheitsklausel in Abs. 3 lit. b gestrichen, nach der der EGMR die Beschwerde trotz Bestehen eines nur unerheblichen Nachteils berücksichtigt, wenn noch kein nationales Gericht die Sache geprüft hat. Das Protokoll tritt nach seinem Art. 7 iVm Art. 6 der Konvention in Kraft, wenn es von allen Staaten des Europarates ratifiziert wurde. Dies ist bislang noch nicht geschehen. Am 25.7.2016 waren lediglich 31 der 47 Mitglieder des Europarates dem Protokoll beigetreten.[3]

2. Systematik und Natur der Zulässigkeitsvoraussetzungen

Art. 35 EMRK ist (gemeinsam mit den ausführenden Bestimmungen 3 aus Art. 47 der VerfO) die zentrale Norm, die die **Zulässigkeitsvoraussetzungen einer Individualbeschwerde vor dem EGMR** bestimmt. Zwar enthält Art. 34 die Voraussetzungen über die Aktiv- und Passivlegitimation. Diese finden aber über die Voraussetzung in Art. 35 Abs. 3 lit. a („unvereinbar mit dieser Konvention") im Rahmen des Art. 35 Anwendung, so dass Art. 35 sämtliche Zulässigkeits-

---

1 *Meyer-Ladewig/Petzold* NJW 2011, 3126 (3126); *Cali/Koch/Bruch* Human Rights Quarterly 2013, 955; *O'Meara*, iCourts Working Paper Series, 2015, 1; S.u. Rn. 50.

2 Vgl. *Buyse*, Significantly Insignificant? The Life in the Margins of the Admissibility Criterion in Article 35 § 3 (B) ECHR in *Leyh/Haeck/Herrera/Contreras Garduno*, Liber Amicorum Leo Zwaak, 2013, S. 107.

3 Vgl. den Status der Ratifikationen unter: http://www.coe.int/de/web/conventions/full-list/-/conventions/treaty/213/signatures?p_auth=bj2IZbAX (zuletzt aufgerufen am 25.7.2016). Ausführlich zur Entstehungsgeschichte: *Schabas*, European Convention on Human Rights, Commentary, 2015, Art. 35, S. 754-762.

voraussetzungen der Individualbeschwerde vor dem EGMR normiert.[4]

4   Die Zulässigkeitsvoraussetzungen sind **verfahrensrechtlicher** Art, haben jedoch eine enge Verbindung zu den materiellen Vorschriften der EMRK, insbesondere Art. 6 und 13 über das Recht auf ein faires Verfahren und den gesetzlichen Richter.[5] So können auch bei der Prüfung von Art. 35 gewisse Fragen des materiellen Rechts, die in den Bereich der Verletzungen der Rechte aus Art. 6 und 13 EMRK fallen würden, nicht vermieden werden. Insbesondere die Voraussetzungen aus Art. 35 Abs. 3 lit. a („Unvereinbarkeit mit den Bestimmungen der Konvention" und „offensichtlich unbegründet") verlangen eine **kursorische Prüfung der Begründetheit.**[6] Dieser Vorgriff ist nicht unproblematisch. Die mangelnde Prüftiefe einer kursorischen Prüfung sowie die eventuell resultierende Konsequenz der Unzulässigkeit der Beschwerde wird in der Literatur stark für ihre Beschränkung des in Art. 6 EMRK garantierten Rechts auf den Zugang zu Gericht kritisiert.[7] Befürworter der Regelung in Art. 35 sehen demgegenüber in ihr die **Förderung der Rolle und Funktion des EGMR als „Verfassungsgericht Europas"** verwirklicht.[8] Art. 35, insbesondere seine Neufassung nach Inkrafttreten von Protokoll 14 und dem absehenden Inkrafttreten von Protokoll 15, dient danach der Wahrung dieser Funktion. Sie unterstützt das Gericht v.a. im Kampf gegen die Flut von Individualbeschwerden, die es jährlich erreicht.[9] Dazu ermöglicht sie die notwendige Filterung der Beschwerden, die der Gerichtshof nun in einem einfachen Verfahren durch den Einzelrich-

---

4   *Schäfer* in *Karpenstein/Mayer*, EMRK Kommentar, 2012, Art. 35 EMRK Rn. 1. Zu möglichen Modifikationen, sobald die EU die EMRK ratifiziert hat: *Korenika*, The EU Accession to the ECHR, 2015, 378 (389 ff.).
5   EGMR 26.10.2000 – 30210/96 (GK), Slg 00-XI Rn. 152 – *Kudla/Polen.*
6   S. u., Rn. 42, 43.
7   Siehe bei *Vogiatzis*, International and Comparative Law Quarterly 2016, 185 (199); *Gerards*, Human Rights Law Review 2014, 148 (154); *Shelton*, Human Rights Law Review 2016, 1 (16); *Buyse*, Significantly Insignificant? The Life in the Margins of the Admissibility Criterion in Article 35 § 3 (B) ECHR in *Leyh/ Haeck/Herrera/Contreras Garduno*, Liber Amicorum Leo Zwaak, 2013, S. 107.
8   Vgl. zuletzt: *Keller/Kühne* ZaöRV 2016, 245; *De Londras/ Dzehtsiarou* Human Rights Law Review 2015, 523 (530); ausführlich: *Follesdal/Peters/Ulfstein*, Constituting Europe, The European Court of Human Rights in a National, European and Global Context, 2013.
9   Das Gericht ist im Jahr durchschnittlich mit etwa 54000 Beschwerden konfrontiert, wobei die Anzahl der Beschwerden im Zeitraum von 2006-2012 stetig gestiegen ist und erst nach Inkrafttreten des 14. Protokolls wieder auf den Wert von 2006 abgefallen ist. Siehe die Statistiken des Gerichts von 2015 unter: http:// echr.coe.int/Documents/Stats_analysis_2015_ENG.pdf, 7 (zuletzt aufgerufen am 25.7.2016).

ter oder Richterausschuss bescheiden kann.[10] Die verfassungsgerichtliche Funktion ist ob der praktischen Herausforderungen, denen sich
der EGMR zu stellen hat, der einzig gangbare Weg für den EGMR.
Die **Entscheidung der Vertragsstaaten für diesen „verfassungsgericht-
lichen Weg"** zeigt sich an den jüngsten Änderungen der Vorschrift
durch das 15. Protokoll, insbesondere an der Verkürzung der Beschwerdefrist aus Abs. 1 auf vier Monate, der Einführung des neuen
Grundes in Abs. 3 lit. b („nicht erheblicher Nachteil") durch Protokoll 14 sowie der Streichung der zusätzlichen Voraussetzung in
Abs. 3 lit. b durch Protokoll 15, welche im Falle der Änderungen des
14. Protokolls bereits in Kraft sind bzw. im Falle der Änderungen des
15. Protokolls in absehbarer Zeit in Kraft treten werden. Auch der
EGMR hatte diesen Weg zu seiner Entlastung im Vorfeld der Verhandlungen über das 14. Protokoll vorgeschlagen.[11] Zudem prüft
der EGMR die Zulässigkeitsvoraussetzungen selbst ohne übertriebene Förmlichkeit,[12] was ein Eingehen auf die Umstände des Einzelfalles erlaubt.

Die **Änderungen der Zulässigkeitsvoraussetzungen durch Protokoll   5
14 haben bereits Wirkung** gezeigt. Waren in 2011 noch 151.600 Beschwerden vor dem Gericht anhängig, sind es nach den Statistiken
aus 2015 nur noch 64.850. In 2015 wurden 87 % der in diesem Jahr
behandelten Beschwerden für unzulässig erklärt.[13] Damit hat sich die
Zahl der vor dem EGMR anhängigen Fälle nahezu halbiert.[14] Allerdings besteht auch die Gefahr, dass die in Protokoll 15 vorgesehene
weitere Verengung der Zulässigkeitsvoraussetzungen für die Beschwerde vor dem EGMR das allgemeine Recht auf den Zugang zu
diesem Gericht ad absurdum führt.[15]

---

10 *Cameron*, The Court and the Member States: procedural aspects, in: *Follesdal/
    Peters/Ulfstein*, Constituting Europe, The European Court of Human Rights in
    a National, European and Global Context, 2013, S. 33 f.; *Shelton*, Human
    Rights Law Review 2016, 1 (19).
11 *EGMR*, Preliminary Opinion of the Court in Preparation for the Brighton Con-
    ference, 20.2.2012. Unter: https://www.coe.int/t/dgi/brighton-conference/Docu-
    ments/Court-Preliminary-opinion_en.pdf (letzter Zugriff am 25.7.2016).
12 EGMR 27.6.2000 – 22277/93, Slg 2000-VII, Rn. 51 – *Ilhan/Türkei*; EGMR
    19.3.1991 – 11069/84, Slg A, 200, Rn. 34 – *Cardot/Frankreich*.
13 Siehe *EGMR*, Statistical Analysis 2015, unter: http://echr.coe.int/Documents/
    Stats_analysis_2015_ENG.pdf (letzter Zugriff 25.7.2016).
14 [3] *Europarat*, The Court in Facts and Figures, 2015, 3 unter: http://echr.coe.int/
    Documents/Facts_Figures_2015_ENG.pdf (letzter Zugriff 25.7.2016). Für die
    Statistiken des Jahres 2011 vergleiche: http://www.echr.coe.int/Documents/
    Stats_analysis_2011_ENG.pdf (letzter Zugriff 25.7.2016).
15 Jedenfalls dann, wenn damit kaum noch Beschwerden vor den EGMR gelangen.
    Dazu: Cameron, The Court and the Member States: procedural aspects, in: *Fol-
    lesdal/Peters/Ulfstein*, Constituting Europe, The European Court of Human
    Rights in a National, European and Global Context, 2013, 37 (54).

6   Im Zusammenhang mit der Diskussion der Funktion des EGMR als Verfassungsgericht Europas steht die **Subsidiarität des Individual-rechtsschutzes** durch den EGMR im Verhältnis zu dem vor den nationalen Gerichten der Mitgliedstaaten.[16] Auch diese Funktion von Art. 35 hat der EGMR in seinen Entscheidungen hervorgehoben.[17] Insbesondere die Zulässigkeitsvoraussetzungen aus Art. 35 Abs. 1 (Rechtswegerschöpfung) und Art. 35 Abs. 3 lit. b EMRK (fehlende Prüfung durch ein nationales Gericht) sind Ausdruck des Subsidiaritätsgrundsatzes.[18] Der Grundsatz spiegelt sich darüber hinaus in Art. 35 Abs. 3 lit. b über den Missbrauch des Beschwerderechts sowie in der Rechtsprechung des EGMR wider, dass es kein Gericht der vierten Instanz sei → s. u. Rn. 44. Des Weiteren drückt sich die Subsidiarität der Prüfung durch den EGMR in der Praxis des Gerichts aus, sich bezüglich der Erhebungen des Sachverhalts auf die Feststellungen der nationalen Gerichte zu verlassen.[19]

3. Beweislast

7   Der **Beschwerdeführer** hat gem. Art. 46D VerfO die Beweislast für die Erfüllung der Zulässigkeitsvoraussetzungen. Zwei Phasen müssen bei der Prüfung der Zulässigkeit unterschieden werden.[20] Vor Weiterleitung der Beschwerde an die beklagte Regierung analysiert das Gericht das Vorliegen der Zulässigkeitsvoraussetzungen von Amts wegen.[21] Nach Weiterleitung der Beschwerde an die beklagte Regierung untersucht der EGMR kraft Amtes: die **Unzulässigkeit der Beschwerde ratione temporis, loci, personae und materiae**,[22] die Einhaltung der **Sechsmonatsfrist** (→ s. u. Rn. 22 ff.) sowie die **Opfereigenschaft** (→ Art. 34 Rn. 18 ff.). Im Übrigen prüft das Gericht das Vorliegen oder Nichtvorliegen der Zulässigkeitsvoraussetzungen nur nach Einrede des beklagten Staates.[23] Denn bestreitet der beklagte Staat das Vorliegen der Zulässigkeitsvoraussetzungen, hat dieser gem.

---

16   *Spano*, Human Rights Law Review 2014, 487. *Follesdal*, Law and Contemporary Problems 2016, 147.
17   EGMR 16.9.1996 – 21893/93, Slg 96-IV Rn. 65 – *Akdivar und andere/Türkei*.; EGMR 26.10.2000 – 30210/96 (GK), Slg 00-XI Rn. 152 – *Kudla/Polen*.
18   *Spielmann*, Centre for European Legal Studies Working Paper Series, 2012, 1 (27).
19   EGMR 20.12.2011 – 18299/03 und 27311/03, 2011-VI Rn. 237 – *Finogenov and others v. Russia*.
20   *Harris/O'Boyle/Warbrick*, Law of the European Convention on Human Rights, 2009, S. 758.
21   *Harris/O'Boyle/Warbrick*, Law of the European Convention on Human Rights, 2009, S. 758.
22   EGMR 8.3.2006 – 59532/00, Slg 2006-III Rn. 66 – *Blecic/Kroatien*.
23   ZB EGMR 2.6.2005 – 11084/02, Rn. 22 – *H.G. u. G.B./Österreich*.

Art. 55 VerfO die Beweislast dafür. Er muss die fehlende Zulässigkeit einredehalber geltend machen.[24] Die Einrede der Unzulässigkeit sowie weitere Einreden des beklagten Staates müssen nach Art. 55 VerfO – soweit ihre Natur und die Umstände es zulassen – in den schriftlichen oder mündlichen Stellungnahmen **zur Zulässigkeit der Beschwerde** vorgebracht werden.[25] Erhebt der Staat eine Einrede nicht mit ausreichender Klarheit und ihrem Wesen nach, so ist er mit dieser Einwendung **später ausgeschlossen (Estoppel).**[26] Ebenso ist ein Staat mit Einwendungen über die Zulässigkeit einer Beschwerde vor der Großen Kammer ausgeschlossen, wenn er sie nicht im vorhergehenden Verfahren vor der Kammer geltend gemacht hat.[27] Zur Erschöpfung innerstaatlicher Rechtsbehelfe hat der Gerichtshof eine besondere Verteilung der Darlegungslast entwickelt (s. u. → Rn. 20).

Der Beschwerdeführer kann noch nach Einlegung der Beschwerde bis zur Entscheidung über die Zulässigkeit **nachträglich ergänzende Angaben** zur Erfüllung der Zulässigkeitsvoraussetzungen liefern. Dies gilt auch, wenn innerstaatliche Rechtsbehelfe erst dann eingelegt worden sind.[28] Es muss aber über diese Rechtsbehelfe vor der Zulässigkeitsentscheidung entschieden worden sein (→ Rn. 19).

II. Zulässigkeitsvoraussetzungen

1. Erschöpfung des innerstaatlichen Rechtswegs (Abs. 1)

a) **Allgemeines:** Art. 35 Abs. 1 spiegelt den allgemeinen völkerrechtlichen Grundsatz wider, dass der internationale (Menschen-)Rechtsschutz **subsidiär ist.**[29] **In erster Linie ist es Aufgabe der staatlichen Instanzen, insbesondere der Gerichte, einen effektiven Menschenrechtsschutz zu gewährleisten.** Das Recht auf Inanspruchnahme dieses

8

---

24 EGMR 11.10.2005 – 11039/02 Rn. 27 – *Savitchi/Moldau.*
25 Siehe Art. 54 oder 54A Abs. 1 VerfO; EGMR 17.7.2014 – 32541/08 und 43441/08 (GK), Rn. 79 – *Svinarenko und Slyadnev/Russland.*
26 EGMR 26.10.2000 – 30985/96 Slg 00-XI Rn. 54 – *Hasan u. Chaush/Bulgarien.*
27 EGMR 5.7.2016 – 23755/07 (GK) Rn. 67, – *Buzadji – Moldawien.*
28 EGMR 16.7.1971 – 2614/65, Slg A, 13 – *Ringeisen/Österreich*; EGMR 28.6.2001 – 24699/94, Slg 01-VI – *VGT Verein gegen Tierfabriken/Schweiz.*
29 Zum Charakter dieser Regel als allgemeines völkerrechtliches Prinzip EGMR 1.3.2010 – 46113/99 (GK), Slg 10-I – Rn. 69 und 97 – *Demopoulus und andere/Türkei*; IGH, 21.3.1959 – Interhandel – Schweiz/Vereinigte Staaten von Amerika. In den internationalen Menschenrechtsabkommen findet sich die Regel der Erschöpfung des innerstaatlichen Rechtswegs etwa in: Art. 41 Abs. 1 lit. c des IPbpR, Art. 5 Abs. 2 lit. b des 1. Fakultativprotokolls zum IPbpR; Art. 3 Abs. 1 des 1. Fakultativprot. 1 zum IPsökR, Art. 7 Abs. 5 des 3. Fakultativprot. der UN Kinderrechtskonvention; Art. 11 des Abkommens zur Beseitigung aller Formen der Rassendiskriminierung; Art. 21 Abs. 1 lit. c der Konvention gegen Folter. Vgl. mwN *Frowein/Peukert*, EMRK Kommentar, 3. Aufl. 2009, Art. 35 Rn. 1.

Rechtsschutzes vor den staatlichen Gerichten wird durch die Konvention in den Art. 6 Abs. 1 und 13 garantiert.[30] Zweck der Regelung in Art. 35 Abs. 1 ist, den Konventionsstaaten die Möglichkeit zu geben, ihnen vorgeworfene Konventionsverletzungen zu verhindern oder ihnen abzuhelfen, bevor sie dem Gerichtshof unterbreitet werden.[31] Deswegen müssen die von dem Beschwerdegegner vor dem EGMR gegen die Zulässigkeit der Beschwerde vorgebrachten Gründe denjenigen entsprechen, die vor den staatlichen Gerichten vorgetragen wurden. Auch der Vortrag der Regierung darf nicht zu dem vor den staatlichen Gerichten in Widerspruch stehen.[32] Art. 35 beruht auf der Annahme, dass die innerstaatlichen Rechtsordnungen einen effektiven Rechtsbehelf vorsehen.[33] Internationale Rechtsbehelfe müssen allerdings nicht eingelegt werden; im Gegenteil: ihre Einlegung kann wegen Art. 35 Abs. 2 lit. b EMRK sogar kontraproduktiv sein und zur Unzulässigkeit der Beschwerde vor dem EGMR führen (s. u. → Rn. 37). Dabei obliegt dem EGMR die Bestimmung, ob es sich bei dem fraglichen Gericht um ein internationales oder nationales handelt. [34]

9   Der Gerichtshof wendet Art. 35 Abs. 1 **ohne übertriebene Förmlichkeit an.**[35] Die Regel hat keinen absoluten Charakter. Die Umstände des Einzelfalles werden berücksichtigt; die Frage, **was dem Beschwerdeführer zumutbar** ist, hat Gewicht (s. u. → Rn. 18). Der Gerichtshof berücksichtigt nicht nur die theoretisch vorgesehenen Rechtsbehelfe, sondern auch den Zusammenhang, in dem sie stehen sowie die persönliche Lage des Beschwerdeführers und prüft, ob er unter Berücksichtigung aller Umstände des Einzelfalles alles getan hat, was vernünftigerweise von ihm erwartet werden konnte, um die innerstaatlichen Rechtsbehelfe auszuschöpfen.[36]

10   **b) Erschöpfung des Rechtswegs:** Art. 35 Abs. 1 EMRK verlangt von dem Beschwerdeführer die Einlegung aller existierenden und effektiven Rechtsbehelfe mit hinreichender Aussicht auf Erfolg, deren Einlegung dem Beschwerdeführer individuell möglich und zumutbar ist.[37]

---

30 *Schabas*, European Convention on Human Rights, Commentary, 2015, Art. 35, S. 765.
31 *EGMR*, Practical Guide on Admissibility Criteria, 2014, Rn. 63.
32 EGMR 19.2.2009 – 3455/05, Rn. 154 – *A.* ua/*Vereinigtes Königreich.*
33 EGMR 28.7.1999 – 25803/94 (GK), Slg 1999-V Rn. 74 – *Selmouni/Frankreich*; EGMR 26.10.2000 – 30210/96 (GK), Slg 00-XI, Rn. 152 – *Kudla/Polen.*
34 EGMR 31.10.2006 – 41183/02, Slg 05-XII – *Jelicic/Jugoslawien.*
35 EGMR 1.3.2006 – 56581/00, Slg 06-II Rn. 43 – *Sejdovic/Italien.*
36 EGMR 27.6.2000 – 21986/83, Slg 00-VII Rn. 68 – *Salman/Türkei.*
37 Vgl. *EGMR*, Practical Guide on Admissibility Criteria, 2014, 22 ff.

aa) Rechtsbehelf: Rechtsbehelf ist jedes förmliche oder nichtförmliche Mittel, welches der Rechtsverletzung des Beschwerdeführers abhelfen kann.[38] Rechtsbehelfe können sowohl horizontal im Instanzenzug in einem Gerichtszweig, als auch gerichtsübergreifend vor unterschiedlichen Gerichten erlangt werden.[39]

(1) Vertikal: Abs. 1 verpflichtet den Beschwerdeführer regelmäßig   11
dazu, die Rechtsbehelfe einzulegen, **die nach dem Recht des Konventionsstaates im Instanzenzug normalerweise verfügbar und ausreichend sind** eine Konventionsverletzung oder ihre Fortsetzung zu verhindern, oder Wiedergutmachung für die behauptete Verletzung zu erhalten.[40] Wenn es im staatlichen Recht einen Rechtsbehelf gibt, der den Gerichten ermöglicht, die behauptete Konventionsverletzung wenigstens im Kern zu prüfen, muss er eingelegt werden. Es genügt nicht, dass der Beschwerdeführer einen anderen Rechtsbehelf ohne Erfolg versucht, mit dem der Eingriff aus anderen und nicht mit der Konventionsverletzung zusammenhängenden Gründen angegriffen werden kann.[41] **Außerordentliche Rechtsbehelfe,** wie etwa der Antrag auf Wiederaufnahme des Verfahrens, müssen dementsprechend nicht eingelegt werden (→ Rn. 14, 25). Dieser hindert nicht den Eintritt der Rechtskraft (→ Art. 6 Rn. 21 zu den Ausnahmen).

Rechtsbehelfe der oben beschriebenen Art können sein: **Klage** vor   12
den Verwaltungsgerichten, **Zivilprozesse.** Eine **Klage auf Schadensersatz** kann ein effektiver Rechtsbehelf sein, wenn damit eine gerichtliche Entscheidung über die Rechtsverletzung und angemessener Ersatz erlangt werden kann.[42] Bei Rügen der Verletzung von Art. 5 kann das so sein, wenn der Beschwerdeführer rügt, er sei unrechtmäßig festgenommen worden und die Haft beendet ist. Wenn die Haft noch andauert, ist ein Rechtsbehelf lediglich effektiv, wenn mit ihm die Entlassung herbeigeführt wird.[43] Ein effektiver Rechtsbehelf kann auch eine **Strafanzeige** sein, zB bei angeblichen Verstößen gegen Art. 2 und 3, weil auf diesem Wege Menschenrechtsverletzungen

---

38 EGMR 1.3.2006 – 56581/00 (GK), Slg 06-II, Rn. 43 – *Sejdovic/Italien*; EGMR 28.7.1999 – 25803/94 (GK), Slg 99-V Rn. 74 – *Selmouni/Frankreich*, und EGMR 23.4.1996 – 16839/90, Slg 96-II Rn. 33 – *Remli v. Frankreich*; EGMR 16.9.1996 – 21893/93 Slg 96-IV Rn. 66 – *Akdivar und andere/Türkei*.

39 *Schäfer* in *Karpenstein/Mayer*, EMRK Kommentar, 2012, Art. 35 EMRK Rn. 21 ff., 39 ff.

40 Anders *Grabenwarter/Pabel*, Europäische Menschenrechtskonvention, 6. Aufl. 2016, § 13 Rn. 28, welche die vertikale Rechtswegerschöpfung als Erschöpfung „aller in Betracht kommenden Rechtsmittel" bezeichnen.

41 EGMR 28.4.2004 – 56679/00, Slg 04-III Rn. 38 – *Azinas/Zypern*.

42 Vgl. EGMR 4.5.2001 – 30054/96, Slg 01-III Rn. 108 – *Kelly ua/Vereinigtes Königreich*.

43 Vgl. die Zusammenfassung der Rechtsprechung EGMR 6.11.2008 – 74012/01 Rn. 40 – *Yosifov/Bulgarien*.

festgestellt werden können.[44] Wenn das Verfahren eingestellt wird, ist ggf. Beschwerde einzulegen oder das **Klageerzwingungsverfahren** durchzuführen. Bei Freiheitsentziehungen muss der Beschwerdeführer **Haftbeschwerde** einlegen oder einen Antrag auf Entlassung stellen.

Gegen negative Entscheidungen müssen die nach den Prozessordnungen gegebenen Rechtsmittel form- und fristgerecht eingelegt worden sein, **also Beschwerde, Berufung, Revision** bzw., wenn das Rechtsmittel nur auf Zulassung zur Verfügung steht, der Antrag auf Zulassung bzw. eine **Nichtzulassungsbeschwerde** und zwar unter Beachtung der Vorschriften über die Rechtsmittelfrist, von Begründungsanforderungen, eines Vertretungszwangs, des Erfordernisses von Kostenvorschüssen usw.

Während in anderen Ländern Verfassungsbeschwerden nicht stets eine effektive Beendigung der Rechtsverletzung des Beschwerdeführers darstellen,[45] ist **in Deutschland auch die Verfassungsbeschwerde zum BVerfG** nach der ständigen Rechtsprechung des Gerichtshofs ein Rechtsbehelf, der erschöpft sein muss.[46] Das gilt allerdings nicht für Beschwerden wegen überlanger Verfahrensdauer nach Art. 6 Abs. 1 in anderen als Strafverfahren, und zwar unabhängig davon, ob sie noch anhängig oder beendet sind (→ Art. 13 Rn. 14). Wenn in einem Parallelfall schon eine abweichende Entscheidung ergangen ist, muss die Verfassungsbeschwerde nicht erneut eingelegt werden,[47] zumal wenn die Verfassungsbeschwerde dann keine Abhilfe schaffen kann.[48] In verwaltungsgerichtlichen Verfahren muss grundsätzlich die **Untätigkeitsklage nach § 75 VwGO, § 88 SGG** erhoben werden; der EGMR erkennt aber Ausnahmen an, wenn über den Widerspruch verhältnismäßig schnell entschieden worden ist. Das Gericht berücksichtigt, dass der Beschwerdeführer damit eine Kontrollmöglichkeit verliert.[49] Droht eine Amtshandlung, zB eine **Abschiebung,** muss ein Rechtsbehelf, der **keine aufschiebende Wirkung** hat, nicht erschöpft werden (→ Art. 13 Rn. 33). Die **Anhörungsrüge** nach § 321 a ZPO, § 356 a StPO, § 29 a FGG, § 78 a ArbGG, § 152 a VwGO, 178 a SGG, § 133 a FGO und § 69 a GKG muss erhoben

---

44 Vgl. zB EGMR 27.6.2000 – 21986/83, Slg 00-VII Rn. 68 – *Salman/Türkei.*
45 EGMR 28.1.2014 – 35810/09 (GK), Slg 14-I Rn. 186 – *O'Keefe/Irland.*
46 EGMR 4.12.2008 – 44036/02 Rn. 85 – *Adam/Deutschland*; Schilling, Internationaler Menschenrechtsschutz, 2004, S. 698.
47 Vgl. *Wittinger* NJW 2001, 1238; vgl. die Fälle im Anschluss an die Entscheidung des EGMR 17.12.2009 – 19359/04 Slg 09-IV – *M./Deutschland*, wie etwa: EGMR 28.6.2012 – 3300/10 – *S/Deutschland.*
48 EGMR 28.6.2012 – 3300/10 Rn. 59 – *S/Deutschland.*
49 EGMR 11.6.2009 – 17878/04 Rn. 57 – *Evelyne Deiwick/Deutschland.*

werden, weil sie die Gerichte zu einer Überprüfung und Entscheidung zwingt.

(2) Horizontal: Hat der Beschwerdeführer die Wahl zwischen mehreren Rechtsbehelfen und ist nicht deutlich, welcher am effektivsten ist, legt der EGMR Art. 35 zugunsten des Beschwerdeführers aus.[50] Wenn der Beschwerdeführer einen Rechtsbehelf ohne Erfolg eingelegt hat, muss er **nicht noch einen weiteren Rechtsbehelf** ergreifen, der zur Verfügung steht, aber voraussichtlich kaum erfolgreicher wäre.[51] So wird es idR **nicht erforderlich sein, zB neben einer Strafanzeige Klage auf Schadensersatz zu erheben.**[52] Das gilt jedenfalls, wenn die Klage nur auf eine Garantiehaftung gestützt werden kann und die Ermittlungspflicht des Staates mit dem Ziel der Feststellung der Verantwortlichen illusorisch machen würde.[53]   13

bb) Existent und effektiv: Beschwerdeführer sind verpflichtet, diejenigen Rechtsmittel einzulegen, die **theoretisch und praktisch zu der Zeit vorhanden** sind, zu der sie einen Ausgleich für die Verletzung ihrer Rechte ersuchen.[54] Dabei können solche Rechtsbehelfe nicht als existent und vorhanden angesehen werden, denen noch eine weitere Entscheidung vorgeschaltet ist, etwa beim Vorabentscheidungsverfahren des EuGH gem. Art. 268 AEUV, oder die anderweit von einer Ermessensentscheidung des Gerichts,[67] oder einer vorgeschalteten Entscheidung abhängig sind. Letzteres gilt etwa, wenn eine Berufung nur aufgrund Entschließung des Justizministers erreicht werden kann.[55]   14

Dazu müssen **Rechtsbehelfe effektiv sein,** sie müssen also der Rechtsverletzung des Beschwerdeführers wirksam Abhilfe leisten können.[56] Kann ein Rechtsbehelf diesen Erfolg nicht herstellen, insbesondere auch die **zugrundeliegende Entscheidung nicht aufheben,** ist er nicht effektiv. Dies ist etwa bei bestimmten informellen Rechtsbehelfen der Fall, beispielsweise bei einer Beschwerde beim Ombudsmann,[57] Petitionen, Gnadengesuchen, Anträgen auf Wiederaufnahme des Verfahrens,[58] Dienstaufsichtsbeschwerden.

---

50 EGMR 20.3.2008 – 15339/02, Slg 08-II Rn. 110 – *Budayeva* ua/*Russland.*
51 EGMR 29.4.1999 – 25642/94 (GK), Slg 99-III – *Aquilina/Malta.*
52 EGMR 20.5.2008 – 68881/01– *Hüseyin Simsek/Türkei;* EGMR 13.5.2008 – 52515/99 – *Juhnke/Türkei.*
53 EGMR 27.6.2000 – 21986/83, Slg 00-VII Rn. 68 – *Salman/Türkei;* EGMR 20.5.1999 – 21594/93 (GK), Slg 99-III – *Ogur/Türkei.*
54 EGMR 1.3.2006 – 56581/00 (GK), Slg 06-II Rn. 46 – *Sejdovic/Italien.*
55 EGMR 9.10.1990 – Slg D.R. No. 66, p. 242 – *Byloos/Belgien.*
56 EGMR 26.10.2000 – 30210/96 (GK), Slg 00-XI Rn. 152 – *Kudla/Polen;* EGMR 28.7.1999 – 25803/94 (GK), Slg 99-V, Rn. 74 – *Selmouni/Frankreich.*
57 EGMR 23.5.2001 – 25316/94, Slg 01-V – *Denizci* ua/*Zypern.*
58 EGMR 22.5.2001 – 33592/96, Slg 01-V – *Baumann/Frankreich.*

Es bestehen gewisse Überschneidungen zwischen den Voraussetzungen der Effektivität und der individuellen Zumutbarkeit.[59] Kommt es bei letzterer auf die Betrachtung des Einzelfalles des Beschwerdeführers an, so ist bei dem ersten **Kriterium** auf die **generelle Eignung des Rechtsbehelfs zur Beseitigung der Rechtsverletzung** abzustellen. Denn ein Rechtsbehelf kann zwar grundsätzlich die Rechtsverletzung beseitigen, es kann dem Beschwerdeführer aber im Einzelnen (etwa aufgrund überlanger Verfahrensdauer) nicht zuzumuten sein, ihn einzulegen.[60]

Schließlich ist zu berücksichtigen, dass die **Ineffektivität und Nichtabhilfe eines Rechtsbehelfs auch eine Verletzung von Art. 13 darstellen** kann. Die Einzelheiten dieser Fragen untersucht der Gerichtshof daher in der Regel im Rahmen der Begründetheit einer Verletzung dieses Artikels.[61]

15   cc) **Mit Aussicht auf Erfolg:** Der eingelegte Rechtsbehelf muss vor dem zuständigen Rechtsbehelfsorgan zumindest der Aussicht nach positiv beschieden werden können. Jedoch muss ein Rechtsbehelf auch dann eingelegt werden, wenn **wegen seiner Erfolgsaussichten Zweifel bestehen.**[62] Die Rechtsprechung dazu ist aber großzügig. Der Beschwerdeführer ist nicht zur Einlegung **aussichtsloser Rechtsbehelfe** verpflichtet, insbesondere, wenn sich dies schon durch die ständige Rechtsprechung der staatlichen Gerichte ankündigt.[63] War der Beschwerdeführer von einem Rechtsanwalt dahin gehend beraten worden, dass ein Rechtsbehelf keine Erfolgsaussicht hat, musste er ihn nicht einlegen. Dasselbe gilt, wenn er durch Hinweise auf die Rechtsprechung oder sonst nachweist, dass ein Rechtsbehelf aussichtslos war.[64] Schließlich kann der Beschwerdeführer auch von der Einlegung derjenigen Rechtsbehelfe befreit sein, die das angerufene Gericht in seiner bisherigen Rechtsprechung nie positiv entschieden hat.

16   dd) **Einlegung:** Die Einlegung verlangt die Geltendmachung des Rechtsbehelfs durch den Beschwerdeführer oder – gem. Art. 36 Abs. 1 VerfO seinen Vertreter – nach und in Übereinstim-

---

59 *Harris/O'Boyle/Warbrick*, Law of the European Convention on Human Rights, 2009, S. 768.
60 EGMR 26.1.2006 – 77617/01 Rn. 86 – *Mikheyev/Russland*.
61 Vgl. EGMR 5.7.2016 – 44898/10 (GK) Rn. 79 – *Jeronovics/Litauen*.
62 EGMR 2.12.1999 – 32082/96 (Beschl.), Slg 99-IX Rn. 2 – *Tome Mota/Portugal*.
63 EGMR 30.1.2000 – 25801/94 – *Dulas/Türkei*; EGMR 21.1.1999 – 29183/95, Slg 99-I – *Fressoz u. Roire/Frankreich*; EGMR 28.9.1999 – 29340/95, Slg 99-VI – *Civet/Frankreich*; EGMR 2.12.1999 – 32082/96 (Beschl.), Slg 99-IX – *Tomé Mota/Portugal*.
64 EGMR 17.7.2008 – 25904/07 – *NA/Vereinigtes Königreich*.

mung mit den Form- und Fristvorschriften des staatlichen Rechts.[65] Dies verlangt die Einhaltung sämtlicher Formvorschriften wie auch die Leistung eines Kostenvorschusses, wenn das vorgeschrieben ist.[66] Außerdem muss der Beschwerdeführer an dem **Rechtsbehelfsverfahren aktiv teilnehmen** und die zur Wahrung seiner Rechte notwendigen Anträge stellen, zB **Beweisanträge, Anträge auf Richterablehnung, auf Wiedereinsetzung in den vorigen Stand, auf Wiedereröffnung der mündlichen Verhandlung zur Wahrnehmung des rechtlichen Gehörs.** Tut er das nicht, beseitigt er zB Beweismittel, führt das zur Unzulässigkeit.[67] Auch anderweitige prozedurale Fehler gehen zulasten des Beschwerdeführers.[68] Allerdings können dem Beschwerdeführer Mängel bei der Einlegung eines Rechtsmittels nicht entgegengehalten werden, wenn das nationale Gericht trotz der Mängel des Verfahrens die Entscheidung in der Sache geprüft hat.[69]

In dem Rechtsbehelfsverfahren vor den staatlichen Gerichten muss   17
der beim EGMR **gerügte Konventionsverstoß** wenigstens **der Sache nach geltend gemacht** worden sein.[70] Der Rechtsbehelf des Beschwerdeführers muss das zuständige Gericht in die Lage versetzt haben, den Konventionsverstoß zu prüfen.[71] In materieller Hinsicht genügt es in Deutschland, wenn sich der Beschwerdeführer auf die Verletzung eines Grundrechts beruft, das ein Konventionsrecht umfasst. Allerdings gehört dazu auch die Beibringung der entsprechenden Beweise, die das staatliche Gericht in die Lage versetzen, diese Untersuchung vorzunehmen. Bringt der Beschwerdeführer im Rahmen der Beschwerde vor dem EGMR Beweise ein, die nicht Gegenstand der Verfahren vor den nationalen Gerichten waren, ist der Voraussetzung der Einlegung nicht genüge getan und die Subsidiarität der Konventionsbeschwerde nicht gewahrt.[72]

In aller Regel werden die Rechtsbehelfe durch den Beschwerdeführer oder seinen Prozessbevollmächtigten eingelegt. Dem Zweck der Regelung wird auch dann Genüge getan, wenn der Rechtsbehelf nicht vom Beschwerdeführer selbst, **sondern von einem anderen eingelegt ist,** zB vom Arbeitgeber des Opfers[73] oder von Gewerkschaften we-

65 EGMR 19.3.1991 – 11069/84, Slg A, 200, Rn. 34 – *Cardot/Frankreich*; EGMR
    13.11.2003 – 23145/93, 25091/94, Rn. 604 f – *Elci/Türkei*; EGMR 1.6.2010 –
    22978/05 (GK), Slg 10-IV Rn. 143 – *Gäfgen/Deutschland*.
66 EGMR 5.6.2003 – 74789/01 (Beschl.), Slg 03-IX – *Reuther/Deutschland*.
67 EGMR 18.10.2005 – 75307/01 Rn. 88-90 – *Siddik Aslan ua/Türkei*.
68 EGMR 1.6.2010 – 22978/05 (GK), Slg 10-IV Rn. 143 – *Gäfgen/Deutschland*.
69 EGMR 1.6.2010 – 22978/05 (GK), Slg 10-IV Rn. 143 – *Gäfgen/Deutschland*.
70 EGMR 1.6.2010 – 22978/05 (GK), Slg 10-IV Rn. 142 – *Gäfgen/Deutschland*.
71 EGMR 11.3.2004 – 68864/01 (Beschl.) – *Merger und Cros/Frankreich*.
72 EGMR 1.3.2007 – 510/04 Rn. 54 – *Tönsbergs blad und Haukom/Norwegen*.
73 EGMR 20.5.1999 – 21594/93, Slg 99-III Rn. 67 – *Ogur/Türkei*.

gen derselben Sache.[74] Andererseits hat der Gerichtshof eine Beschwerde als unzulässig zurückgewiesen, in der die Rechtsbehelfe durch eine inzwischen aufgelöste und aus den Beteiligten bestehende Vereinigung eingelegt worden waren und die Beschwerdeführer selbst nicht an den Verfahren teilgenommen hatten.[75]

18   **ee) Individuelle Möglichkeit und Zumutbarkeit:** Dem Beschwerdeführer muss es den Umständen im Einzelfall nach möglich und zumutbar gewesen sein, den Rechtsbehelf einzulegen. So kann von den **Verwandten eines Getöteten** nicht erwartet werden, dass sie einen Rechtsbehelf einlegen, den sie wegen Unkenntnis wesentlicher Einzelheiten, insbesondere aufgrund mangelnder Ermittlungen der Behörden, nicht ausreichend begründen können.[76] Von einem **Gläubiger, der einen Titel gegen eine staatliche Einrichtung erwirkt** hat, wird nicht erwartet, dass er Rechtsbehelfe einlegt, zB auf Vollstreckung klagt.[77] Von einem **Gefangenen** wird nicht verlangt, dass er einen Rechtsbehelf eingelegt hat, über den er nicht angemessen belehrt oder unterrichtet worden ist.[78] Von einem **Asylbewerber,** der erfolglos Anträge und einen Folgeantrag gestellt und die aufschiebende Wirkung seiner Klage beantragt hat, wird uU nicht verlangt, erneut Verfahren anzustrengen.[79] Einem **rechtlich nicht unterrichteten Beschwerdeführer ohne Anwalt** wird nicht vorgeworfen, dass er bestimmte Formalitäten für einen PKH-Antrag nicht erfüllt.[80] Jedoch muss der Beschwerdeführer auch **gegen eine überlange Dauer des Verfahrens** (Beschwerde nach Art. 6 Abs. 1) Rechtsbehelfe einlegen, wenn sie zur Verfügung stehen (→ Art. 13 Rn. 14). Zu den in Deutschland – außer in Strafverfahren – fehlenden Rechtsbehelfen → Art. 13 Rn. 24 ff.

19   **ff) Zeitpunkt: Maßgebender Zeitpunkt** für die Prüfung ist die Einlegung der Beschwerde beim EGMR. Davon werden Ausnahmen anerkannt.[81] Grundsätzlich muss der Rechtsbehelf vor Erhebung der Beschwerde an den EGMR eingelegt worden sein. Dazu muss abschließend über den Rechtsbehelf entschieden worden sein. Es reicht aus,

---

74 EGMR 27.6.2002 – 38190/97 (Beschl.), Slg 02-V – *Federation of Offshore workers' trade unions* ua/*Norwegen.*
75 EGMR 16.5.2000 – 51609/99 (Beschl.) – *Loulmet* ua/*Frankreich.*
76 EGMR 27.2.2007 – 56760/00 Rn. 42– *Akpinar u. Altun/Türkei.*
77 EGMR 7.6.2005 – 71186/01 Rn. 72– *Fuklev/Ukraine*; EGMR 24.2.2005 – 43883/02 Rn. 16 –*Plotnikovy/Russland.*
78 EGMR 29.4.2003 – 40679/98 Rn. 110 – *Dankewich/Ukraine.*
79 EGMR 28.9.2000 – 51342/99 (Beschl.) Rn. 59 – *Kalantari/Deutschland.*
80 EGMR 27.11.2003 – 65436/01, Slg 03-XI Rn. 33, 36 – *Henaf/Frankreich.*
81 EGMR 22.5.2001 – 33592/96 Slg 01-V Rn. 47 – *Baumann/Frankreich*; EGMR 5.9.2002 – 77784/01 (Beschl.), Slg 02-VIII – *Nogolica/Kroatien*; EGMR 18.1.2005 – 16552/02 Rn. 30 – *Pikic/Kroatien.*

wenn vor Entscheidung über die Zulässigkeit über ihn beschieden wurde;[82] jede abschließende Entscheidung über ihn muss jedenfalls vor diesem Zeitpunkt ergangen sein.[83]

Wurden die geschilderten Rechtsbehelfe nicht eingelegt, sind sie **wegen Verstoßes gegen Frist- oder Formvorschriften von staatlichen Gerichten als unzulässig verworfen worden,** oder hat der Beschwerdeführer seine Rechte nicht ausreichend in dem Verfahren verteidigt, ist auch die Individualbeschwerde nach Art. 34 **unzulässig.**[84]

c) Beweislast: Im Allgemeinen muss gem. Art. 55 VerfO die beklagte   20
Regierung Einreden gegen die Unzulässigkeit der Beschwerde vorbringen. Für Art. 35 Abs. 1 hat der EGMR eine bestimmte Verteilung der Beweislast entwickelt. Danach muss **die beklagte Regierung** den Gerichtshof davon überzeugen, dass ein Rechtsbehelf theoretisch und praktisch zur Verfügung steht, dass er also zugänglich und geeignet ist, der Beschwerde abzuhelfen und dass er angemessene Erfolgsaussichten hat.[85] Wenn ihr das gelingt, **muss der Beschwerdeführer nachweisen,** dass er den Rechtsbehelf form- und fristgerecht eingelegt hat[86] oder dass der Rechtsbehelf unter den besonderen Umständen des Falles weder angemessen noch effektiv war[87] oder dass der Beschwerdeführer aus besonderen Gründen von der Einlegung befreit war.[88] Ein solcher besonderer Grund kann die Untätigkeit der Behörden gegenüber ernsthaften Vorwürfen sein.[89] Der Gerichtshof verlangt ua **Nachweise aus der Rechtsprechung,** dass Rechtsbehelfe in den fraglichen Fällen effektiv waren. Der Beschwerdeführer kann Angaben zu Art. 35 bis zur Entscheidung über die Zulässigkeit nachreichen (→ Rn. 25).

d) Staatenbeschwerden: Die Regel der Erschöpfung innerstaatlicher   21
Rechtsbehelfe **gilt auch für Staatenbeschwerden** (vgl. Art. 46

---

82 EGMR 20.5.2008 – 68881/01, Rn. 59 – *Hüseyin Simsek/Türkei.*
83 EGMR 13.5.2008 – 52519/99 Rn. 63 – *Juhnke/Türkei.*
84 Vgl. für die wegen Verstoßes gegen den Subsidiaritätsgrundsatz unzulässige Verfassungsbeschwerde EGMR 8.4.2004 – 11057/02 – *Haase/Deutschland*; vgl. für einen Verstoß gegen die Begründungspflicht bei einem Rechtsmittel EGMR 28.9.1999 – 29340/95 Slg 99-VI Rn. 42 – *Civet/Frankreich.*
85 EGMR 1.3.2006 – 56581/00, Slg 06-II Rn. 43 – *Sejdovic/Italien*; EGMR 16.9.1996 – 21893/93, Slg 96-IV Rn. 68 – *Akdivar und andere/Türkei.*
86 EGMR 16.9.2004 – 66491/01 (Beschl.) – *Grässer/Deutschland.*
87 EGMR 28.7.1999 – 25803/94 (GK), Slg 99-V Rn. 74-77 – *Selmouni/Frankreich.*
88 EGMR 16.9.1996 – 21893/93, Slg 96-IV Rn. 68 – *Akdivar und andere/Türkei.*
89 Vgl. EGMR 29.4.1999 – 25642/94 (GK), Slg 99-III Rn. 39 – *Aquilina/Malta*; EGMR 28.7.1999 – 25803/94 (GK), Slg 99-V Rn. 74-77 – *Selmouni/Frankreich*; EGMR 2.12.1999 – 32082/96 (Beschl.), Slg 99-IX – *Tomé Mota/Portugal.*

lit. d VerfO, der eine Darstellung dazu in der Beschwerde verlangt).[90]
Dies gilt insbesondere, wenn Beschwerdeführer Interessen ihres Staates bzw. seiner Staatsangehörigen wahrnehmen.[91] Dann kommt es darauf an, dass die fraglichen Personen die innerstaatlichen Rechtsbehelfe erschöpft haben.[92]

Wenn die Staatenbeschwerde, wie häufig der Fall, allgemeiner Natur ist und eine konventionswidrige Gesetzgebung oder die Häufung bestimmter typischer Menschenrechtsverletzungen rügt, wird ein Rechtsbehelf kaum in Betracht kommen. Insbesondere findet die Regel aus Art. 35 Abs. 1 in all denjenigen zwischenstaatlichen Verfahren keine Anwendung, in denen sich ein Staat über die **Praktiken eines anderen Staates** beschwert, um mit der Beschwerde vor dem EGMR eine Beendigung dieser Praxis oder ihrer Wiederholung zu erreichen, oder wo eine Praxis des beklagten Staates besteht, die ein anderweitiges Vorgehen gegen diese Übung zwecklos erscheinen lässt.[93]

2. Sechs-Monats-Frist (Art. 35 Abs. 1)

22   Art. 35 Abs. 1 verlangt die Einlegung der Beschwerde „innerhalb einer Frist von sechs Monaten nach der endgültigen innerstaatlichen Entscheidung".

a) **Zweck der Regelung:** Die Sechs-Monats-Frist dient der Rechtssicherheit der beteiligten Parteien und soll sicherstellen, dass Beschwerden wegen Konventionsverletzungen in angemessener Zeit gerügt und behandelt werden. Für den Gerichtshof begrenzt die Frist den Zeitraum der Überprüfung, insbesondere, da mit dem Voranschreiten der Zeit eine Überprüfung der einer Beschwerde zugrundeliegenden Fakten immer problematischer wird.[94] Zudem soll dem Beschwerdeführer die nötige Zeit gegeben werden, um eine Beschwerde vor dem Gerichtshof vorzubereiten.[95] Auch hier zeigt sich die enge Verknüpfung der Zulässigkeitsvoraussetzungen mit Fragen der Begründetheit: Bisweilen kann eine Beurteilung der Einhaltung der Frist

---

90 EGMR 3.7.2014 – 13255/07, Slg 2014 Rn. 111 ff. – *Georgien/Russland*. Die Regel ist allerdings nicht anwendbar, wenn der Fall bereits vor dem EGMR anhängig ist, und eine der Parteien trotz Aufforderung durch den Gerichtshof zur Frage der Verletzung von Konventionsrechten keine Angaben macht. Vgl. EGMR 12.5.2014 – 25781/94 (GK), Slg 2014-II – *Zypern/Türkei*.
91 *Schilling*, Internationaler Menschenrechtsschutz, 2004, Rn. 735.
92 ZB EGMR 10.5.2001 – 25781/94 (GK), Slg 01-IV Rn. 99 – *Zypern/Türkei*.
93 EGMR 3.7.2014 – 13255/07, Slg 2014 Rn. 125 – *Georgien/Russland*.
94 EGMR 25.1.2000 – 34979/97 (Beschl.), Slg 00-I – *Walker/Vereinigtes Königreich*; EGMR 26.10.2004 – 10786/04 (Beschl.) – *Alzery/Schweden*.
95 EGMR 29.6.2012 – 27396/06 (GK) Rn. 39 – *Sabri Güneş/Türkei*.

untrennbar mit einer Verletzung von Art. 13 verbunden sein, so dass der EGMR diese Fälle dann vorrangig im Rahmen der Diskussion dieses Artikels behandelt.[96]

b) Beweislast für die Einhaltung der Frist: Die Einhaltung der Frist   23
wird vom Gerichtshof von Amts wegen geprüft. Macht der Beschwerdegegner gegen die Zulässigkeit der Beschwerde die Nichteinhaltung der Frist geltend, obliegt ihm gem. Art. 55 VerfO der Beweis für die Nichteinhaltung. Dies umfasst auch den Beweis der Kenntnis des Beschwerdeführers von der endgültigen Entscheidung iSd Abs. 1.

c) Beginn der Frist: Anknüpfungspunkt für den Beginn der Frist ist   24
gem. Art. 35 Abs. 1 primär die „endgültige[...] innerstaatliche Entscheidung". Die Bestimmung des maßgeblichen Zeitpunktes ist aber abhängig von den Umständen des Einzelfalles; das innerstaatliche Recht sowie die innerstaatliche Rechtspraxis sind nicht entscheidend für den Beginn des Fristlaufs.[97]

aa) Rechtskräftige, innerstaatliche Entscheidung oder Entscheidung   25
über einen existenten und effektiven Rechtsbehelf: Die rechtskräftige innerstaatliche Entscheidung ist maßgebliches Ereignis für den Beginn des Laufs der Frist nach Art. 35 Abs. 1. Alternativ ist die Entscheidung über einen existenten und effektiven Rechtsbehelf ausschlaggebend. Hat der Beschwerdeführer etwa versucht, **eine Behörde zu Ermittlungen zu drängen,** darf er abwarten, ob sie angestellt werden und Beschwerde einlegen, wenn er daran zweifelt.[98] Hat der Beschwerdeführer einen **ineffektiven Rechtsbehelf** eingelegt, läuft die Frist uU schon vom dem Zeitpunkt, ab dem er die Umstände kannte oder hätte kennen müssen, die den Rechtsbehelf ineffektiv machen bzw. ab Beendigung des Verfahrens.[99] Anderenfalls könnte der Beschwerdeführer den Beginn der Frist durch Einlegung aussichtsloser oder nicht effektiver Rechtsbehelfe beliebig hinauszögern.[100]

Die og Grundsätze gelten auch für die Beurteilung außerordentlicher Rechtsbehelfe: Wenn der Beschwerdeführer einen Rechtsbehelf eingelegt hat, dessen Einlegung nicht erforderlich war (→ Rn. 11), **läuft die Frist ab der Entscheidung über den ordentlichen Rechtsbehelf.**[101]

96 EGMR 19.6.2012 – 29400/05 Rn. 80 – *Communist Party of Russia/Russland.* S.o., Rn. 4.
97 EGMR 29.6.2012 – 27396/06 (GK) Rn. 52, 55 – *Sabri Günes/Türkei.*
98 EGMR 31.3.2005 – 38187/97 Rn. 196 – *Adali/Türkei* – drei Monate nach dritter Aufforderung.
99 EGMR 3.2.2005 – 56363/00 Rn. 34 – *Biyan/Türkei*; EGMR 16.11.2004 – 29865/96, Slg 04-X Rn. 37 – *Unal Tekeli/Türkei.*
100 EGMR 5.1.2006 – 14881/04 (Beschl.) – *Fernie/Vereinigtes Königreich.*
101 Vgl. EGMR 25.3.2010 – 37193/07 Rn. 25 – *Pareskova Todorova/Bulgarien.*

Dementsprechend beginnt auch bei Anträgen auf **Wiederaufnahme des Verfahrens** die Frist ab Rechtskraft der Entscheidung. Wird die Beschwerde sechs Monate nach Zurückweisung des Antrags auf Wiederaufnahme eingelegt, ist sie verspätet. Wenn der Antrag Erfolg hat, kann etwas Anderes gelten, aber nur insoweit, als der Grund für die Wiederaufnahme mit der Beschwerde nach der EMRK zusammenfällt und vom für die Wiederaufnahme zuständigen Gericht geprüft worden ist. Dann läuft die Frist ab Rechtskraft der Entscheidung im wieder aufgenommenen Verfahren.[102]

Alles in allem ist die Entscheidung, wann ein Rechtsbehelf aussichtsreich und effektiv ist, für den Beschwerdeführer nicht immer leicht zu überblicken. Empfehlenswert ist daher, wenn Erfolg oder Misserfolg der Einlegung eines **Rechtsbehelfs zweifelhaft** sind, die Einlegung der Beschwerde beim EGMR in der Form des Art. 47 VerfO und unter ausdrücklichem Hinweis auf den noch laufenden Rechtsbehelf.[103] Diese Maßnahme unterbricht den Fristlauf: Die Beschwerde wird dann im Register unter der Bedingung registriert, dass der Beschwerdeführer das Gericht fortlaufend über den Erfolg der Beschwerde informiert.[104]

26   **bb) Kenntnis des Beschwerdeführers von der Entscheidung: Die Frist beginnt,** wenn der Beschwerdeführer wirksam und ausreichend von der endgültigen Entscheidung **Kenntnis erlangt** hat. Wann das war, muss der Staat dartun (→ Rn. 20). Im Zweifel wird das Datum der wirklichen Kenntnisnahme angesetzt.[105] Wenn die Entscheidung nach staatlichem Recht zugestellt werden muss, ist das Datum der Zustellung an den Beschwerdeführer[106] oder seinen Vertreter oder Prozessbevollmächtigten entscheidend.[107] Wenn eine Zustellung nicht vorgeschrieben ist, stellt der Gerichtshof in einem ersten Schritt auf das Datum der **schriftlichen Abfassung bzw. der Abfassung und Unterzeichnung des Urteils ab;**[108] jedenfalls, so die Parteien von dem

---

102 Vgl. EGMR 13.1.2009 – 35738/03 Rn. 23 f. – *Sapeyan/Armenien.*
103 Die Beschwerde muss entweder in der Form des Art. 47 Abs. 1-3 VerfO ergehen, oder zumindest den Beschwerdeführer eindeutig erkennen lassen und die Gründe für die Nichtbefolgung der Formalia nach Art. 47 Abs. 5 VerfO angeben sowie die Rechtsverletzung der Konvention darstellen.
104 EGMR 24.8.2004 – 6638/03 (Beschl.) – *P.M./Vereinigtes Königreich.* Vgl. bei: *Harris/O'Boyle/Warbrick,* Law of the European Convention on Human Rights, 2009, S. 777; vgl. *Schäfer* in *Karpenstein/Mayer,* EMRK Kommentar, 2012, Art. 35 EMRK Rn. 55.
105 EGMR 30.11.1999 – 34374/97 Rn. 31, Slg 1999-VIII – *Baghli/Frankreich.*
106 EGMR 29.8.1997 – 22714/93, Slg 97-V Rn. 33 – *Worm/Österreich.*
107 EGMR, 23.9.2004 – 52991/99, Slg 2004-X – *Celik/Türkei.*
108 EGMR 29.3.2001 – 36706/97 Rn. 38 – *Haralambidis* ua/*Griechenland.*

Inhalt Kenntnis nehmen können.[109] Dabei können auch Indizien für die Kenntnisnahme von der Entscheidung maßgeblich sein, wie etwa der Zeitpunkt des Zugangs eines Bußgeldbescheides, welcher Gegenstand des Verfahrens war.[110] Allerdings kann einem Beschwerdeführer bei fehlender Zustellung des Urteils nicht zugemutet werden, jeden Tag vor Gericht zu erscheinen und Informationen über das zugrundeliegende Urteil einzuholen.[111]

Wenn keine Rechtsbehelfe gegeben sind, zB bei Entscheidungen höchster Gerichte, wird aufgrund der oben genannten Grundsätze auf die Zustellung oder Kenntnis von dieser abgestellt, zB bei Freiheitsentziehung auf den Zeitpunkt der Entlassung, auch wenn eine Präventivhaft später in eine U-Haft umgewandelt worden ist.[112] Bei mehreren Haftperioden nach Art. 5 Abs. 1 lit. a und 5 Abs. 1 lit. c stellt der Gerichtshof einheitlich auf das Ende der letzten Periode der Untersuchungshaft ab (→ Art. 5 Rn. 84). Bei Weigerungen des Staates, einem Gerichtsurteil Folge zu leisten, wird auf das Ende der Untätigkeit abgestellt.[113]
27

cc) Fehlende Rechtsschutzmöglichkeit: Wenn weder ein Rechtsbehelf noch eine gerichtliche Entscheidung vorliegen, läuft die Frist ab der Rechtsverletzung des Beschwerdeführers, also ab dem Zeitpunkt, in dem die umstrittene Handlung vorgenommen worden ist oder in dem der Beschwerdeführer von ihr **Kenntnis erlangt hat oder hätte erlangen müssen.**[114]
28

dd) Andauernde Verletzungen: Im Falle einer noch andauernden Verletzung der in der EMRK garantierten Rechte des Beschwerdeführers beginnt die Frist aus Abs. 1 nicht zu laufen. Sie beginnt jeden Tag von Neuem. Nur das Ende der andauernden Verletzung setzt die Frist in Gang.[115]
29

Andauernde Verletzungen liegen zB vor, wenn die Konventionsverletzung anhält, etwa im Falle häuslicher Gewalt,[116] oder weil eine gesetzliche Vorschrift fort gilt, die gegen die Konvention verstößt,[117] oder bei Unterlassungen des Staates. Beispielsfälle für letztere sind

---

109 EGMR 25.3.1999 – 31423/96 (GK), Slg 99-II Rn. 30 – *Papachelas/Griechenland.*
110 EGMR 13.3.2001 – 33179/96 (Beschl.), Abschn. B.2.– *Karatas/Türkei.*
111 EGMR 13.3.2001 – 33179/96 (Beschl.), Abschn. B.2. – *Karatas/Türkei.*
112 EGMR 31.7.2000 – 34578/97, Slg 00-IX Rn. 44 – *Jecius/Litauen.*
113 EGMR 25.3.1999 – 31107/96, Slg 00-XI Rn. 50 – *Iatrides/Griechenland.*
114 EGMR 8.11.2005 – 34056/02, Slg 05-XI Rn. 155 – *Gongadze/Ukraine*; EGMR 29.6.2012 – 27396/06 (GK) Rn. 54 – *Sabri Günes/Türkei.*
115 EGMR 29.6.2012 – 27396/06 (GK) Rn. 54 – *Sabri Günes/Türkei.*
116 EGMR 9.6.2009 – 33401/02, Slg 09-III Rn. 110 f. – *Opuz/Türkei.*
117 EGMR 22.10.1981 – 7525/76, Slg A, 22 – *Dudgeon v. the United Kingdom.*

die Verletzung der staatlichen Untersuchungspflichten bei getöteten oder verschwundenen Personen,[118] oder bei Nichtumsetzung von Rechtsbehelfen und Maßnahmen zum Schutz der Rechte des Beschwerdeführers.[119] Keine **andauernde Verletzung** liegt **bei den andauernden Folgen einer Entscheidung** vor. So sind Enteignungen keine andauernden Verletzungen (→ Art. 1 Zusatzprotokoll Rn. 55), wohl aber Eigentumsverletzungen, insbesondere bei andauernder Verweigerung des Zugangs, der Nutzung, des Gebrauchs und der Verfügungsgewalt über eine Sache.[120]

Im Falle der **Konventionsverletzung unmittelbar durch Gesetz**[121] (→ Art. 34 Rn. 28) steht dem Beschwerdeführer für gewöhnlich kein Rechtsbehelf zur Verfügung. Allerdings muss der Beschwerdeführer, wenn nach staatlichem Recht ein Rechtsbehelf gegeben ist, zB eine Verfassungsbeschwerde, diesen einlegen und die Frist läuft ab endgültiger Entscheidung über den Rechtsbehelf.[122]

Im Falle der Verletzung staatlicher Untersuchungspflichten können **Beschwerdeführer** trotz der soeben etablierten Grundsätze **nicht unbegrenzt mit der Einlegung der Beschwerde warten.** Wenn der Tod feststeht, müssen die Beschwerdeführer in angemessener Zeit Beschwerde einlegen, nachdem sie sich des Fehlens angemessener Ermittlungen gewahr wurden.[123] Bei Verschwundenen weist der EGMR Beschwerden als unzulässig zurück, wenn sich die Beschwerdeführer übermäßig und unbegründet Zeit mit der Einlegung der Beschwerde gelassen haben. Wann dies der Fall ist, entscheidet der EGMR nach den Umständen, was die Rechtssicherheit nicht befördert. Im Fall Varnava ua/Türkei hat er drei Jahre nach Einrichtung eines Rechtsbehelfs durch den Beschwerdegegner Türkei akzeptiert.[124]

30   **d) Fristablauf:** Die Frist endigt mit dem Ablauf von sechs Monaten nach der innerstaatlichen Entscheidung. Innerhalb dieser Frist muss die Beschwerde erhoben werden. Maßgeblich für die Bestimmung **des Ablaufs der Frist** ist gem. Art. 47 Abs. 6 lit. a VerfO das **Absen-**

---

118   Grundlegend dazu EGMR 18.9.2009 – 16064/90 (GK), Slg 09-V Rn. 156 ff. – *Varnava* ua/*Türkei.*
119   EGMR 25.3.1999 – 31107/96 (GK), Slg 99-II, Rn. 50 – *Iatrides/Griechenland.*
120   EGMR 7.10.2008 – 47550/06, Rn. 56 – *Preußische Treuhand/Deutschland.*
121   Vgl. etwa: EGMR 22.10.1981 – 7525/76, Slg A, 45 – *Dudgeon v. the United Kingdom.*
122   EGMR 29.4.2008 – 13378/05 (GK), Slg 08-III Rn. 43 – *Burden/Vereinigtes Königreich.*
123   EGMR 1.3.2001 – 73065/01 (Beschl.) – *Bulut und Yavuz/*Türkei; EGMR 18.9.2009 – 16064/90 (GK), Slg 09-V Rn. 158 – *Varnava* ua/*Türkei.*
124   EGMR 18.9.2009 – 16064/90 (GK), Slg 09-V, Rn. 167 ff. – *Varnava* ua/ *Türkei.*

dedatum des Beschwerdeformulars und der notwendigen Beschwerdeunterlagen nach Art. 47 Abs. 1-3 VerfO. Wenn dies nicht belegt ist,
kommt es auf den **Eingang bei der Kanzlei des EGMR** an. Nach
Art. 47 Abs. 6 lit. a VerfO ist das Datum der Beschwerde idR das der
ersten Mitteilung des Beschwerdeführers, in welcher der Gegenstand
der Beschwerde, sei es auch nur kurz, dargelegt wurde. Der EGMR
kann gem. Art. 47 lit. b VerfO aber auch ein anderes Datum festsetzen.

Der Beschwerdeführer kann die Beschwerdefrist voll ausschöpfen.
Wenn er aber seine Beschwerde am letzten Tag absendet, erwartet
der Gerichtshof, dass er alle notwendigen Maßnahmen ergreift, um
eine Verzögerung der Zustellung zu vermeiden; Fehler des Anwalts
werden dem Beschwerdeführer zugerechnet.[125] Wenn später während
des laufenden Verfahrens ein **neuer Beschwerdegegenstand** unterbreitet wird, der bisher nicht berücksichtigt werden konnte, kommt es
auf das Datum dieses Schriftsatzes an.[126] Wenn der Beschwerdeführer gebeten wird, das **Formular ausgefüllt zurückzusenden** oder sonst
weitere Informationen zu geben und eine erhebliche Zeit verstreicht,
bis er das tut, prüft der Gerichtshof die Umstände, bevor er das Datum der Beschwerde bestimmt. War zB das Formular für die Individualbeschwerde erst zehn Monate nach Erhalt zurückgeschickt worden, ist das spätere Datum maßgebend.[127] Wenn **Gefängnisbehörden
die Versendung der Beschwerde verzögern**, geht das nicht zulasten
des Beschwerdeführers.[128]

e) Fristberechnung: Die Fristberechnung durch den EGMR erfolgt   31
eigenständig auf Grundlage der Rechtsprechung des Gerichts.[129] Die
Frist beginnt demgemäß am Tag nach dem maßgebenden Zeitpunkt,
also zB am Tag nach der Zustellung der letzten gerichtlichen Entscheidung. Die Monate werden als Kalendermonate berechnet ohne
Rücksicht auf ihre tatsächliche Länge.[130] Dass der letzte Tag der
Frist auf einen Samstag oder Sonntag oder einen Feiertag fällt, ändert am Fristablauf nichts.[131] Nationale Fristbestimmungen, wie et-

---

125 EGMR 2.2.2010 – 14448/09 (Beschl.) – *Kopka/Deutschland*.
126 EGMR 28.8.2001 – 48539/99 (Beschl.) – *Allan/Vereinigtes Königreich*.
127 EGMR 11.7.2000 – 47337/99 – *Gaillard/Frankreich*; EGMR 30.1.2003 –
    52787/99 – *NEE/Italien* (ein Jahr zu spät). Vgl. EGMR 18.2.1999 – 24645/94
    (GK), Slg 99-I Rn. 23 – *Buscarini* ua/*San Marino* (acht Monate zu spät sind
    nicht ausschlaggebend); EGMR 10.6.2003 – 34644/97 Rn. 27 – *Paulescu/
    Rumänien* (vier Monate nicht ausschlaggebend).
128 EGMR 7.10.2004 – 60776/00 Rn. 35 – *Poleshchuk/Russland*.
129 EGMR 29.6.2012 – 27396/06 (GK) Rn. 41 – *Sabri Günes/Türkei*.
130 EGMR 26.9.2006 – 35349/05, Slg 06-X Rn. 31 – *Fleri Soler* ua/*Malta*; EGMR
    29.6.2012 – 27396/06 (GK) Rn. 44 – *Sabri Günes/Türkei*.
131 EGMR 29.6.2012 – 27396/06 (GK) Rn. 49, 59 – *Sabri Günes/Türkei*.

wa die Feiertagsregelung aus § 193 BGB, finden keine Anwendung.[132] Anderenfalls müsste der EGMR einen europaweiten Feiertagskalender erstellen, um individuell Fristenden berechnen zu können.[133]

3. Anonyme Beschwerden (Abs. 2 lit. a)

32 Anonyme Beschwerden vor dem EGMR sind unzulässig. Gem. Art. 35 und Art. 47 Abs. 1 lit. a muss der Beschwerdeführer in der Beschwerde eindeutig identifiziert werden. Die Voraussetzung bezieht sich allerdings zuvörderst auf die beim Gerichtshof eingereichten **Beschwerdeunterlagen** iSd Art. 47 VerfO. Diese müssen sowohl die Identifikation des Beschwerdeführers erlauben als auch die Zuordnung der geltend gemachten Menschenrechtsverletzung zu einem realen Geschehen. Insofern können unter einem Pseudonym erhobene Beschwerden zulässig sein, solange und soweit sich die Beschwerde mit hinreichender Deutlichkeit auf echte Geschehnisse bezieht und deutlich wird, dass hinter den Pseudonymen reale Personen stehen.[134] Der Gerichtshof kann dazu auf Antrag des Beschwerdeführers gem. Art. 47 Abs. 4 VerfO entscheiden, dass die Identität eines Beschwerdeführers nicht der Öffentlichkeit preisgegeben werden soll oder die **Vertraulichkeit des Verfahrens** anordnen (Art. 40 Abs. 1 EMRK und 33 VerfO) und so die Identität des Beschwerdeführers im Verfahren schützen. Enthalten die Beschwerdeunterlagen allerdings keinerlei Hinweise, die eine Identifikation des Beschwerdeführers erlauben, handelt es sich um eine unzulässige anonyme Beschwerde iSd Art. 35 Abs. 2 lit. a der Konvention.[135]

4. Res judicata und litis pendens (Abs. 2 lit. b)

33 Nach Abs. 2 lit. b der Konvention sind Beschwerden unzulässig, die „im Wesentlichen mit einer schon vorher vom Gerichtshof geprüften Beschwerde übereinstimm[en] oder schon einer anderen internationalen Untersuchungs- oder Vergleichsinstanz unterbreitet worden ... [sind] und keine neuen Tatsachen ... [enthalten].“ Zu unterscheiden ist also die bereits erfolgte Prüfung durch den EGMR (res iudicata)

---

132 AA noch *Peukert* in *Frowein*, EMRK-Kommentar, 3. Auflage 2009, Art. 35 EMRK Rn. 44. Der Fall wurde nun allerdings durch das Urteil Sabri Günes EMRK. Der Fall wurde nun allerdings durch das Urteil Sabri Günes von der Großen Kammer entschieden.
133 EGMR 29.6.2012 – 27396/06 (GK) Rn. 56 – *Sabri Günes/Türkei*.
134 EGMR 16.9.2003 – 36378/02 (Beschl.) – *Shamayev und andere/Georgien und Russland*.
135 EGMR 15.9.2009 – 7245/09 (Beschl.) Slg 09 – *Blondje/Niederlande*.

und die Entscheidung oder Anhängigkeit vor anderen internationalen Untersuchungsinstanzen (litis pendens). Beide Zulässigkeitsvoraussetzungen entspringen **allgemeinen Rechtsgrundsätzen** und finden sich in den Zulässigkeitskriterien vieler internationaler Gerichte wieder.[136] Ihr Ziel ist der Schutz der Rechtskraft sowie die Vermeidung der Anhängigkeit einer Vielzahl paralleler Verfahren vor diversen internationalen Gerichten.[137]

a) **Res iudicata:** Die Übereinstimmung mit einer bereits vor dem EGMR geprüften Beschwerde normiert den Grundsatz, „dass eine einmal rechtshängig gemachte Sache nicht erneut anhängig gemacht werden kann".[138]

34

Die Unzulässigkeit erstreckt sich dabei nach der Rechtsprechung des Gerichts auf den Beschwerdegegenstand, die Beschwerdeführer und den der Beschwerde zugrunde liegenden Sachverhalt,[139] wobei das Gericht für die Bestimmung des Beschwerdegegenstandes nicht die seitens der Parteien vorgebrachten Argumente, sondern allein den Sachverhalt als maßgeblich ansieht.[140] Maßgebliche Kriterien der Bestimmung der Verfahrensidentität sind damit Beschwerdeführer und Sachverhalt.[141]

aa) **Beschwerdeführer:** Wenn mehrere Personen Opfer eines Eingriffs sind, kann jeder von ihnen Beschwerde erheben. Dabei schadet es auch nicht, wenn der eine Teil der Betroffenen sich an den EGMR, der andere an eine weitere internationale Menschenrechtsinstanz wendet, solange diese Personengruppen nicht identisch sind.[142] Wenn aber zunächst das Opfer der Verletzung Beschwerde vor dem EGMR eingereicht hat, und diese dann von einem Verwandten wiederholt wird, ist die erneute Beschwerde unzulässig.[143] Wenn vorher über eine Staatenbeschwerde entschieden worden ist, hindert das weitere

35

---

136 Vgl. bei *Sands/Mackenzie/Shany*, Manual on International Courts and Tribunals, 1999; vgl. bei *Peukert* in *Frowein*, EMRK-Kommentar, 3. Auflage 2009, Art. 35 EMRK Rn. 49.

137 EGMR 20.9.2012 – 14902/04 Rn. 520 – *OAO Neftyanaya Kompaniya Yukos/Russland*.

138 *Peukert* in *Frowein*, EMRK-Kommentar, 3. Auflage 2009, Art. 35 EMRK Rn. 49.

139 EGMR 26.10.12 – 4819/10 (Beschl.) Rn. 28 – *Vojnovic/Kroatien*; EGMR 30.6.2009 – 32772/02 (GK) Slg 09-IV Rn. 63 – *Verein gegen Tierfabriken Schweiz (VgT) /Schweiz Nr. 2*.

140 EGMR 21.2.1990 – 9310/81, Slg A, 172, Rn. 29 – *Powell, Rayner/Vereinigtes Königreich*.

141 Missverständlich insoweit *Schäfer* in *Karpenstein/Mayer*, EMRK Kommentar, 2012, Art. 35 EMRK Rn. 79.

142 EGMR 14.2.2006 – 15472/02 (Beschl.) – *Folgero/Norwegen*.

143 Vgl. EKMR 28.5.1975 – 6231/73, Slg D.R. 2, 72 – *Hess/Vereinigtes Königreich*.

Personen nicht, Beschwerde einzulegen.[144] Ebenso wenig wird die Beschwerde unzulässig, wenn sich neben einem Opfer andere Personen, wie etwa Interessenverbände, mit einer Beschwerde an den Gerichtshof wenden.

36   **bb) Sachverhalt:** Wenn die wiederholte Beschwerde **neue entscheidungserhebliche Tatsachen** enthält, ist sie zulässig.[145] Neue rechtliche Argumente genügen nicht. Die wiederholte Beschwerde ist unzulässig, wenn die vorherige in der Sache geprüft worden ist, auch wenn sie als unzulässig zurückgewiesen worden ist, weil sie offensichtlich unbegründet war oder ratione materiae unzulässig. Bei anderen förmlichen Mängeln, zB des Fehlens der Erschöpfung von Rechtsbehelfen, ist die Wiederholung der Beschwerde möglich.[146] Zulässig kann auch eine neue Beschwerde sein, die rügt, ein staatliches Gericht habe nach Feststellung einer Konventionsverletzung durch den EGMR das im staatlichen Recht vorgesehene Wiederaufnahmeverfahren aus Gründen abgelehnt, die zu formalistisch seien.[147] Wenn nach Zustellung an den Beschwerdegegner eine weitere Beschwerde eingereicht wird, entscheidet der EGMR über sie gesondert, wenn sie einen neuen Sachverhalt betrifft.[148]

37   **b) litis pendens:** Im Zeitpunkt der Zulässigkeitsprüfung darf die Beschwerde vor dem Gerichtshof nicht vor der anderen internationalen Instanz anhängig oder schon beschieden sein. Die anderen internationalen Instanzen können insbesondere **Ausschüsse nach den UN-Menschenrechtspakten** sein, auch andere Kontrollgremien der UN oder Investitionsschiedsgerichte.[149] Der EGMR **beschränkt sich nicht auf eine formale Prüfung,** sondern vergleicht im Wesentlichen die Identität der Parteien, der erhobenen Beschwerden, den Umfang der Verfahren sowie der ersuchten Rechtsfolgen.[150] Während es bei der Frage der Identität der Parteien wiederum darauf ankommt, ob diese mit denen in dem Verfahren vor dem EGMR personenidentisch

---

144   EGMR 18.9.2009 – 16064/90 (GK), Slg 09-V Rn. 118 – *Varnava* ua/*Türkei.*
145   M. krit. Anm. *Hertig Randall/Ruedin* AJP 2008, 651 (654).
146   EGMR 4.5.2000 – 31657/96 (Beschl.) – *Buscarini/San Marino.*
147   EGMR 30.6.2009 – 32772/02 (GK), Slg 09-IV Rn. 91 ff. – *Verein gegen Tierfabriken Schweiz (VgT) /Schweiz Nr. 2.* Krit. Cremer, Europäische Grundrechte-Zeitschrift 493 (500 f.).
148   EGMR 28.9.2006 – 55956/00, Rn. 51 – *Vatevi/Bulgarien.*
149   EGMR 7.4.2009 – 2096/05 (Beschl.) – *Peraldi/Frankreich* für UN Arbeitsgruppe über willkürliche Haft. EGMR 20.9.2012 – 14902/04, Rn. 525, 526 – *OAO Neftyanaya Kompaniya Yukos/Russland* für ein Investitionsschutzverfahren nach der Energy Charta. MwN *Schabas*, The European Convention on Human Rights, A Commentary, 2015, 777 f.
150   EGMR 20.9.2012 – 14902/04, Rn. 521– *OAO Neftyanaya Kompaniya Yukos/ Russland.*

sind,[151] ist hinsichtlich des Umfangs der Verfahren die Frage entscheidend, ob die andere Kontrollinstanz nach ihrer Art, ihrer Verfahrensweise und der Wirkung ihrer Entscheidung **so ausgestaltet ist, dass sie die Zuständigkeit des EGMR in dem fraglichen Verfahren ausschließt.**[152]

5. Unvereinbarkeit mit der Konvention (Abs. 3 lit. a)

Nach Art. 35 Abs. 3 lit. a ist eine Beschwerde unzulässig, wenn sie „unvereinbar mit dieser Konvention" ist. Die Voraussetzung bezieht sich auf den Anwendungsbereich der Konvention und damit auf die **Grenzen der Zuständigkeit des Gerichtshofs.**[153] Der Anwendungsbereich der Konventionsrechte bestimmt sich gemeinhin nach der zeitlichen (ratione temporis), örtlichen (ratione loci), persönlichen (ratione personae) und sachlichen (ratione materiae) Anwendbarkeit der Konvention. Entsprechend kann sich eine Unzuständigkeit des EGMR und danach eine Unzulässigkeit der Beschwerde ergeben. | 38

a) Unvereinbarkeit ratione temporis: Ratione temporis ist die Beschwerde unzulässig, wenn der die Menschenrechtsverletzung begründende Eingriff vor Inkrafttreten der Konvention oder des Protokolls durch den Konventionsstaat gelegen hat (→ Einl. Rn. 28, 34 f.; Art. 34 Rn. 40; Art. 1 Zusatzprotokoll Rn. 55). Darüber hinaus begrenzen Staaten bei ihrer Ratifikation der EMRK häufig die zeitliche Anwendbarkeit der Konvention in einer Erklärung, die die retroaktive Anwendung der Konvention ausschließt.[154] Folglich sind die Konventionsstaaten in der Regel nur für Eingriffe nach Ratifikation der EMRK verantwortlich **und der EGMR ist für Eingriffe vor Ratifikation durch den jeweiligen Mitgliedstaat unzuständig.**[155] Ob die Beschwerde ratione temporis unzulässig ist, prüft der Gerichtshof **von Amts wegen,** also auch ohne Rüge der Regierung nach Art. 55 VerfO. | 39

---

151 EGMR 20.9.2012 – 14902/04, Rn. 525, 526 – *OAO Neftyanaya Kompaniya Yukos/Russland*.
152 EGMR 2.6.2004 – Slg 2004 – Gutachtenzuständigkeit des EGMR zur Menschenrechtskommission der GUS-Staaten mit Überblick über die Spruchpraxis der EKMR.
153 *Schäfer* in *Karpenstein/Mayer*, EMRK Kommentar, 2012, Art. 35 EMRK Rn. 89; vgl. *Nußberger* Current Legal Problems, 2012, 241 (245).
154 *Europarat*, Practical Guide on Admissibility Criteria, 2014, Rn. 199.
155 Allerdings hat die EKMR die Anwendbarkeit der Konvention im Falle einer fehlenden Erklärung durch die Vertragspartei (Frankreich) noch retroaktiv geprüft: EKMR 13.12.1982 – 9587/81 (Beschl.), Slg DR 29, 235 Rn. 8 – *X/ Frankreich*. Nun: EGMR 2.3.2010 – 61498/08, Slg 10-II Rn. 128 – *Al-Saadoon und Mufdhi/Vereinigtes Königreich*; EGMR 21.6.2016 – 5809/08 (GK), Rn. 95 – *Al-Dulimi und Montana Management/Schweiz*.

Maßgeblich bei der Prüfung ist der Zeitpunkt des Eingriffs. Dabei sind der zugrundeliegende Sachverhalt, seine zeitliche Dimension sowie die verletzten Konventionsrechte ausschlaggebend.[156] Hat der Beschwerdeführer etwa vergeblich gegen einen Eingriff geklagt und Rechtsmittel eingelegt, über die nach Ratifizierung entschieden worden ist, hat das nicht zur Folge, dass der EGMR prüfen und entscheiden kann.

Bei Verletzungen der prozeduralen Garantien nach Art. 2 und 3 der Konvention können diese auch dann noch in den temporalen Anwendungsbereich der Konvention fallen, wenn die materielle Verletzungshandlung bereits vor Ratifikation des Staates erfolgte.[157] Denn die Verletzung dieser Pflichten – zB unterlassene Ermittlungen im Rahmen von Verletzungen des Rechts auf Leben gem. Art. 2 – kann getrennt von der materiellen Verletzungshandlung betrachtet werden.[158] Dabei ist bei der Beurteilung jedoch letztlich maßgeblich, dass die Konventionsrechte in effektiver Weise durchgesetzt werden.[159] Insofern sollte zwischen der materiellen und der prozeduralen Verletzung der Konventionsrechte eine **echte Verbindung bestehen (genuine link).**[160] Diese kann typischerweise angenommen werden, wenn zwischen materieller und prozeduraler Verletzungshandlung in etwa nicht mehr als 10 Jahre liegen.[161] Folglich kann bei andauernden Verletzungen der Gerichtshof aufgrund des fortdauernden Charakters der Verletzung seine Zuständigkeit ratione temporis begründen, wenn die vor Ratifikation begangene Unterlassung, welche die Verletzungshandlung begründet, nach Ratifikation noch andauert.[162]

Bei Rügen wegen unangemessener Verfahrensdauer gem. Art. 6 Abs. 1 berücksichtigt der EGMR Tatsachen vor Ratifizierung der Konvention, insbesondere die bis zum Inkrafttreten der Konvention verstrichene Zeit (→ Art. 6 Rn. 192). Bei Prüfung der **Fairness** eines Verfahrens berücksichtigt der EGMR, ob sich Garantien im früheren Verfahren auf das spätere ausgewirkt haben. Bei Art. 10 prüft der EGMR die Verurteilung des Beschwerdeführers nach Inkrafttreten, auch wenn die bestrafte Äußerung davor lag.

---

156 EGMR 9.4.2009 – 71463/01 (GK), Rn. 146 – *Silih/Slowenien*.
157 EGMR 9.4.2009 – 71463/01 (GK), Rn. 148 – *Silih/Slowenien*.
158 EGMR 9.4.2009 – 71463/01 (GK), Rn. 153 ff. – *Silih/Slowenien*; vgl. EGMR 8.12.2009 – 22465/03, Slg Rn. 57 – *Sandru ua/Rumänien*; EGMR 18.9.2009 – 16064/90 (GK), Slg 09-V, Rn. 136 ff. – *Varnava ua/Türkei*.
159 EGMR 9.4.2009 – 71463/01 (GK), Rn. 163 – *Silih/Slowenien*.
160 EGMR 21.10.2013 – 55508/07, 29520/09 (GK), Slg 13-V Rn. 146 – *Janowiec and Others v. Russia*.
161 EGMR 17.9.2014 – 10865/09, 45886/07, 32431/08 (GK), Slg 2014 Rn. 204, 205 – *Mocanu ua/Rumänien*.
162 EGMR 9.4.2009 – 71463/01 (GK), Rn. 140-146 – *Silih/Slowenien*.

b) Unvereinbarkeit ratione loci: Die Unzuständigkeit des EGMR ra- 40
tione loci wird von der Konvention nur in dem nicht mehr relevanten Art. 56 Abs. 1 angesprochen (sog **Kolonialklausel,** nach der Staaten durch Erklärung die Geltung der EMRK für diejenigen Hoheitsgebiete ausschließen können, für die sie verantwortlich sind). Darüber hinaus wird die territoriale Anwendbarkeit der EMRK ausschließlich bei der Frage der Zuständigkeit des Gerichts ratione personae relevant. Denn die Anwendbarkeit der Konvention beurteilt
sich nach Art. 1 EMRK nicht danach, wo der maßgebliche Eingriff in
die Rechte der EMRK stattgefunden hat, sondern ob der Eingriff infolge der Ausübung der Hoheitsgewalt eines Konventionsstaates geschehen ist.[163] Insofern kann die Konvention auch **extraterritorial,**
dh auf dem Hoheitsgebiet eines anderen Staates oder außerhalb Europas, zur Anwendung kommen (→ Art. 1 Rn. 30).[164]

c) Unvereinbarkeit ratione personae: Die Beschwerde kann **ratione** 41
personae unzulässig sein, wenn der Beschwerdeführer keine Individualbeschwerde erheben kann (→ Art. 34 Rn. 4 ff., 10 f., 18, 30),
oder sie gegen einen Staat, oder eine internationale Organisation
richtet,[165] der oder die die Konvention bzw. das in Anspruch genommene Protokoll nicht ratifiziert haben oder dem[166] oder der[167] die
Verletzungshandlung oder Unterlassung nicht zugerechnet werden
kann (→ Art. 1 Rn. 18, 21). Bei staatlichen Handlungen oder Unterlassungen im Zuständigkeitsbereich internationaler Organisationen

---

163 Vgl. *Schäfer* in *Karpenstein/Mayer*, EMRK Kommentar, 2012, Art. 35 EMRK
      Rn. 100.
164 EGMR 18.12.1996 – 1531/89 (GK), Slg Rn. 52 – *Loizidou/Türkei*; EGMR
      12.12.2001 – 52207/99, Slg 2001-XII Rn. 61 – *Bankovic*; EGMR 7.7.2011 –
      55721/07 (GK), Slg 11-IV – *Al Skeini ua/Vereinigtes Königreich*. Vgl. auch bei
      Grabenwarter, European Convention on Human Rights, Commentary, 2014,
      Art. 1, Rn. 11 ff.
165 EGMR 20.1.2009 – 13645/05 (Beschl.), Slg 09-I – *Cooperative Producenten-*
      organisatie van de Nederlanse Kokkelvisserij U.A./Niederlande, betreffend die
      EU. Zur Anwendbarkeit der EMRK bei der Umsetzung von Beschlüssen des
      Sicherheitsrates der Vereinten Nationen zuletzt: EGMR 21.6.2016 – 5809/08
      (GK), Rn. 95 – *Al-Dulimi und Montana Management/Schweiz*. M krit. Anm.
      A. Peters, EJIL Talk: The New Arbitrariness and Competing Constitutiona-
      lisms: Remarks on ECtHR Grand Chamber Al-Dulimi, unter: http://www.ejil-
      talk.org/the-new-arbitrariness-and-competing-constitutionalisms-remarks-on-
      ecthr-grand-chamber-al-dulimi/?pfstyle=wp (zuletzt aufgerufen 25.7.2016).
166 Für die Grundsätze der Zurechnung: EGMR 12.12.2001 – 52207/99 (Beschl.),
      Slg 01-XII Rn. 66 – *Bankovic ua/Belgien* ua; EGMR 7.7.2011 – 55721/07
      (GK), Slg 11-IV Rn. 130 – *Al Skeini ua/Vereinigtes Königreich*; EGMR
      7.7.2011 – 27021/08 (GK), Slg 11-IV Rn. 74 – *Al-Jedda/Vereinigtes König-*
      reich; EGMR 8.7.2004 – 48787/99 (GK), 04-VII Rn. 311 – *Ilascu ua/Molda-*
      wien und Russland; EGMR 7.10.2008 – 47550/06 (Beschl.) – *Preußische*
      Treuhand /Polen.
167 EGMR 2.5.2007 – 71412/01 and 78166/01 (Beschl. GK), Rn. 151 – *Behrami/*
      Frankreich und Saramati/Frankreich, Deutschland und Norwegen.

kommt es darauf an, ob die maßgeblichen Akte staatliche Umsetzungsakte der Entscheidungen dieser Organisationen waren und insoweit dem Mitgliedstaat zugerechnet werden können.[168]

42   d) **Unvereinbarkeit ratione materiae:** Die Zuständigkeit des EGMR ratione materiae richtet sich nach dem Umfang der in der EMRK garantierten Rechte. Auch diese Zulässigkeitsvoraussetzung wird vom Gericht in jedem Stadium des Verfahrens von Amts wegen geprüft.[169] **Ratione materiae** ist die Beschwerde daher unzulässig, wenn sich der Beschwerdeführer auf ein Recht beruft, das in der Konvention oder einem Protokoll nicht geschützt wird,[170] zu dem der beklagte Staat einen Vorbehalt eingelegt hat,[171] oder das auf den zugrundeliegenden Sachverhalt nicht anwendbar ist.[172] Die Mehrzahl der Beschwerden die aufgrund des letzten Grundes für unzulässig erklärt werden, betreffen die Anwendbarkeit der Rechte aus Art. 6, 8, und 1 des 1. Protokolls (→ Art. 6 Rn. 254; → Art. 8 Rn. 122, 124; → Art. 1 Protokoll 1, Rn. 63).

6. Offensichtlich unbegründete Beschwerden (Abs. 3 lit. a)

43   Eine Beschwerde ist offensichtlich unbegründet, wenn die vorgetragenen Tatsachen offenbar keine Verletzung von Konventionsrechten erkennen lassen. Die Voraussetzung, die ebenfalls eine Prüfung in der Sache vorausnimmt,[173] ist Ausdruck der Subsidiarität der Rechtsprechung des Gerichts (→ Rn. 6). Sie ist mittlerweile zu einem wichtigen Werkzeug avanciert, um die Flut der jährlich das Gericht erreichenden Beschwerden effektiv zu filtern.[174] Grundsätzlich haben sich dazu in der Rechtsprechung des EGMR vier verschiedene Fallgruppen herausgebildet.

44   a) **Vierte Instanz:** Die sogenannte „Vierte Instanz Doktrin" besagt im Wesentlichen, dass der EGMR im Verhältnis zu den nationalen Gerichten keine „Superrevisionsinstanz" ist. Beschwerden sind also

---

168 EGMR 12.9.2012 – 10593/08 (GK), Slg 12-V Rn. 121 – *Nada/Schweiz*; EGMR 21.6.2016 – 5809/08 (GK), Rn. 95 – *Al-Dulimi und Montana Management/Schweiz*.
169 EGMR 27.4.2010 – 7/08 (GK), Slg 2010 Rn. 131 – *Tanase/Moldawien*.
170 ZB das Recht auf Freizügigkeit: EGMR 16.4.2002 – 65964/01 (Beschl.) – *Penafiel Salgado/Spanien*.
171 EGMR 23.10.2001 – 57381/00 (Beschl.), Slg 01-XI – *Kozlova und Smirnova/Litauen*.
172 *Europarat*, Practical Guide on Admissibility Criteria, 2014, Rn. 225 ff., insbesondere zu den dabei auftauchenden Fragestellungen des materiellen Rechts.
173 *Schäfer* in *Karpenstein/Mayer*, EMRK Kommentar, 2012, Art. 35 EMRK Rn. 115.
174 *Harris/O'Boyle/Warbrick*, Law of the European Convention on Human Rights, 2009, S. 758.

unzulässig, wenn sie mit dem Ziel verfolgt werden, nationale Gerichtsurteile vor einer internationalen Instanz zu überprüfen.[175] Nationale Gerichte sind nach der „Vierten Instanz Doktrin" am besten in der Lage, die Glaubhaftigkeit der vom Beschwerdeführer beigebrachten Beweise zu prüfen.[176]

Während die Doktrin sich nach diesen Grundsätzen zunächst nur auf die tatsächlichen bzw. prozeduralen Entscheidungsgrundlagen nationaler Urteile bezog, hat der EGMR sie mittlerweile auch auf die materiellen Entscheidungsgrundlagen ausgeweitet.[177] Für die Überprüfung der Faktenlage vor den nationalen Gerichten bedarf es grundsätzlich zwingender Gründe.[178] Eine Überprüfung der materiellen Entscheidungsgründe nationaler Entscheidungen kommt nur in Betracht, wenn die Entscheidung der nationalen Gerichte so willkürlich und unverhältnismäßig war, dass sie als Verletzung des Rechts auf ein faires Verfahren nach Art. 6 angesehen werden muss.[179] Im Zweifel werden Fragestellungen der „Vierten Instanz" also als materielle Rechtsverletzungen von Art. 6 im Rahmen der Begründetheit diskutiert.[180]

b) Fehlen einer offensichtlichen Verletzung der Konventionsgarantien: Eine Beschwerde ist des Weiteren unzulässig, wenn sie offensichtlich keine Verletzung der Konventionsgarantien offenbart. Dies ist etwa der Fall, wenn es zu der der Beschwerde zugrundeliegenden Fragestellung bereits eine eindeutige Rechtsprechungslinie des EGMR gibt,[181] oder sich nach einer Prüfung der materiellen Rechtsfragen keine Verletzung bzw. eine gerechtfertigte und verhältnismäßige Verletzung der Konventionsrechte ergibt.[182]   45

c) Unsubstantiierte Beschwerden: Nach Art. 47 VerfO müssen Beschwerden vor dem EGMR mit den nötigen Unterlagen eingereicht   46

---

175 EGMR 2.2.2010 – 3738/04, Rn. 22 – *Aktar/Türkei*.
176 Vgl. EGMR 4. 3.2010 – 20808/02, Slg 2010, Rn. 67 – *Shalimov/Ukraine*; EGMR 18.3.2008 – 9939/02, Rn. 53 – *Pekinel/Türkei*.
177 Vgl. EGMR 7.7.2009 – 12278/03, Rn. 76 – *Padalevicius/Litauen*; EGMR 7.10.2004 – 76809/01, Rn. 49 – *Baumann/Österreich*; EGMR 13.11.2007 – 25717/03, Rn. 19 – *Oganova/Georgia*. Der EGMR überprüft daher weder, ob der durch das nationale Gericht festgestellte Sachverhalt den Tatsachen entspricht, noch ob das innerstaatliche Recht richtig ausgelegt oder angewandt wurde, oder ob die innerstaatlichen Behörden zu einem Ergebnis gelangt sind, welches mit dem innerstaatlichen Recht in Einklang steht.
178 Vgl. EGMR 10.4.2001 – 26129/95, Slg 2001-III Rn. 110 – *Tanli/Türkei*.
179 EGMR 24.11.2009 – 27577/04 Rn. 17 – *Sentürk/Türkei*.
180 Für eine vertiefte Auseinandersetzung vgl. *Schürer* Europäische Grundrechte-Zeitschrift 2014, 512 (513).
181 EGMR 29.9.2009 – 18324/04 (Beschl.) – *Galev/Bulgarien*.
182 EGMR 15.9.2015 – 12209/10 (Beschl.) – *Macalin Moxamed Sed Dahir/ Schweiz*.

werden, die erlauben, dass der Gerichtshof eine Entscheidung über die Beschwerde fällen kann.[183] Welche Dokumente beigebracht werden müssen, ist in Art. 47 VerfO näher bestimmt. Ebenfalls bedeutet Art. 44C VerfO, dass das Gericht, soweit Beschwerdeführer nicht aktiv an der Feststellung einer Verletzung durch die Beibringung von Beweisen und Unterlagen mitarbeiten, „die ihm angebracht erscheinenden Schlüsse ziehen" kann. Folglich kann der EGMR Beschwerden, die diesen Anforderungen nicht genügen, gem. Art. 35 Abs. 3 lit. a als unsubstantiiert und damit für offensichtlich unzulässig erklären.

47 d) **Unklare und weit hergeholte Beschwerden:** Auch unklare und konfuse Beschwerden, aus denen das Gericht objektiv keine eindeutige Aussage mit Bezug auf eine Verletzung der Konventionsrechte herleiten kann, werden gem. Art. 35 Abs. 3 lit. a als offensichtlich unzulässig verworfen.[184]

7. Missbrauch des Beschwerderechts (Abs. 3 lit. a)

48 Der Grund des Missbrauchs des Beschwerderechts wird – im Verhältnis zu den übrigen Gründen aus Art. 35 Abs. 3 EMRK – selten als Unzulässigkeitsgrund einer Beschwerde bemüht. Missbrauch wird vom EGMR im Einklang mit dem allgemeinen Verständnis als zweckwidrige und schädigende Ausübung eines Rechts verstanden.[185] In der Rechtsprechung des Gerichts haben sich dafür hauptsächlich zwei Fallgruppen herausbildet. Erstens, kann ein Missbrauch des Beschwerderechts in den Fällen angenommen werden, in denen der Beschwerdeführer seine **Beschwerde wissentlich auf unwahre oder falsche Behauptungen zu Fakten**[186] **oder auf gefälschte Unterlagen**[187]stützt, um den EGMR zu täuschen. Zweitens liegt Missbrauch vor, wenn der Beschwerdeführer den Gerichtshof mit **provozierenden, drohenden oder schikanösen Eingaben** überzieht.[188]

Eine **Täuschungsabsicht** ist dabei anzunehmen, wenn der Beschwerdeführer nicht glaubhaft erklären kann, warum er keine vollständigen und richtigen Angaben zu den Hauptpunkten seiner Beschwer-

---

183 Art. 47 Abs. 2 lit. a VerfO.
184 *Europarat*, Practical Guide on Admissibility Criteria, 2014, Rn. 404.
185 EGMR 5.11.2013 – 50634/11, 50775/11, 60759/11 uvm (Beschl.), Rn. 35 f. – *Simitzi-Papachistou* ua/*Griechenland*.
186 EGMR 18.5.2004 – 67208/01 (Beschl.) – *Rehak/Tschechien*.
187 EGMR 30.3.2004 – 46640/99 (Beschl.) – *Jian/Rumänien*.
188 EGMR 5.11.2013 – 50634/11, 50775/11, 60759/11, uvm (Beschl.), Rn. 36. – *Simitzi-Papachistou* ua/*Griechenland*.

de[189] gemacht hat.[190] Dasselbe gilt, wenn es der Beschwerdeführer von Anfang an unterlässt, den Gerichtshof über eine wesentliche Tatsache zu informieren oder über eine spätere wichtige Entwicklung während des laufenden Verfahrens, die den Gerichtshof an einem Urteil in Ansehung aller Fakten hindert.[191] Auch hier muss die Absicht mit ausreichender Sicherheit festgestellt werden. Ein der **Täuschung ähnlicher Fall** des Missbrauchs ist gegeben, wenn sich der Beschwerdeführer bewusst entgegen Art. 39 auf **Erklärungen in Vergleichsverhandlungen** beruft.[192] Allerdings gilt Art. 39 nicht absolut (→ Art. 39 Rn. 1). Der Beschwerdeführer muss sich nicht auf Vergleichsverhandlungen einlassen.[193] Dennoch kann er sich einer einseitigen Erklärung der Regierung anschließen. Dann streicht der EGMR die Beschwerde nach Art. 37 im Register (→ Art. 39 Rn. 9).

Drohungen oder Provokationen des Beschwerdeführers können noch   49
nicht angenommen werden, wenn sich der Beschwerdeführer lediglich polemisch oder sarkastisch äußert. Sie müssen jedes erträgliche Maß überschreiten; das Verhalten des Beschwerdeführers muss eine Missachtung des Gerichts darstellen[194] und er muss sein Verhalten trotz Abmahnung fortsetzen.

Schikanöse Eingaben bezeichnen jedes Verhalten des Beschwerdeführers, das offensichtlich dem Zweck des Beschwerderechts nach der Konvention widerspricht und das das gute Funktionieren des Gerichtshofs oder den geordneten Verfahrensablauf vor ihm gefährdet. Sie wurden seitens des EGMR bejaht, wenn ein Beschwerdeführer **zahlreiche, bereits in der Vergangenheit als unzulässig beschiedene Beschwerden** erneut vor dem EGMR geltend macht, bzw. wenn er in unverhältnismäßiger Zahl Rechtsbehelfe in einer begrenzten Angelegenheit einlegt.[195] Allerdings schadet es nicht, wenn der Beschwerdeführer **Publizität und Propaganda** sucht.[196] **Missbrauch** wurde jedoch seitens des EGMR angenommen, wenn der Beschwerdeführer in politischem Interesse den Medien Interviews gibt, die eine unver-

---

189 EGMR 30.9.2014 – 67810/10, Rn. 28 ff., 35 – *Gross/Schweiz*.
190 EGMR 19.6.2006 – 23130/04 – *Hüttner/Deutschland*.
191 EGMR 30.9.2014 – 67810/10, Rn. 28 ff., 35 – *Gross/Schweiz*.
192 EGMR 18.1.2005 – 74153/01 – *Popov/Moldawien*.
193 EGMR 9.10.1997 – Slg 97-VI, Rn. 165 – *Andronicou u. Constantinou/Zypern*; EGMR 22.6.2006 – 23795/02, Rn. 21 – *Chebotarev/Russland*.
194 ZB EGMR 4.2.2003 – 61164/00, Slg 03-II – *Düringer ua/Frankreich*; EGMR 18.5.2004 – 67208/01 (Beschl.) – *Rehak/Tschechien*; EGMR 15.9.2009 – 798/05 – *Mirolubovs ua/Lettland*.
195 EGMR 5.11.2013 – 50634/11, 50775/11, 60759/11 uvm (Beschl.), Rn. 36, 43. – *Simitzi-Papachistou ua/Griechenland*.
196 EGMR 18.2.1999 – 24645/94 (GK), Slg 99-I Rn. 21 – *Buscarini ua/San Marino*.

antwortliche und frivole Haltung gegenüber dem vor dem EGMR schwebenden Verfahren offenbaren.[197]

III. Nicht erheblicher Nachteil (de minimis) (Abs. 3 lit. b)

50   Gem. Art. 35 Abs. 3 lit. b ist eine Individualbeschwerde unzulässig, wenn der Gerichtshof „der Ansicht ist, dass dem Beschwerdeführer kein erheblicher Nachteil entstanden ist, es sei denn, die Achtung der Menschenrechte,… in dieser Konvention und den Protokollen… erfordert eine Prüfung der Begründetheit der Beschwerde, und vorausgesetzt, es wird aus diesem Grund nicht eine Rechtssache zurückgewiesen, die noch von keinem innerstaatlichen Gericht gebührend geprüft worden ist."

1. Ziel und Zweck der Regelung

51   Der der Vorschrift zugrunde liegende Grundsatz de minimis non curat praetor wurde vor Erlass des 14. Protokolls in der Rechtsprechung des Gerichts vereinzelt erwähnt,[198] fand aber bis auf einige abweichende Voten keinen Niederschlag in der Rechtsprechung.[199] Seit dem Inkrafttreten von Protokoll 14 spiegelt sich in dem neu eingefügten Abs. 3 lit. b die Verfassungsgerichtsfunktion des EGMR wider (→ Rn. 4, zur Übergangsregelung → Rn. 1).[200] Die Regelung dient der Filterung der das Gericht erreichenden Beschwerden. Ihr Ziel ist es, das Gericht von der Entscheidung über Beschwerden zu entlasten, die wegen unbedeutender Bedeutung oder Belastung des Beschwerdeführers nur eine geringfügige Menschenrechtsverletzung behandeln, damit das Gericht in Zeiten steigender Beschwerdezahlen die Aufgabe des effektiven Menschenrechtsschutzes als Teil der öffentlichen Ordnung in Europa nach wie vor erfüllen kann.[201] Dennoch ist die

---

197 EGMR 15.9.2009 – 798/05, Rn. 65 – *Mirolubovs* ua/*Lettland*.

198 ZB EGMR 19.12.1972, DR 43, 24 – *X/Vereinigtes Königreich*.

199 EGMR 22.10.1981 – 7525/76 Slg A, 45, Abweichende Meinung des Richters Matscher – *Dudgeon/Vereinigtes Königreich*. Vgl. jedoch den kurz vor Erlass des 14. Protokolls ergangenen Fall EGMR 19.1.2010 – 22051/07 (Beschl.) – *Stephan Bock/Deutschland*, in dem der EGMR entschied, die Beschwerde sei missbräuchlich, wenn der Beschwerdeführer den EGMR wegen eines Betrages von 7,99 EUR verweigerter Beihilfe bei Monatsbezügen von 4.500 EUR in Anspruch nähme und die zu entscheidende Frage geklärt sei.

200 Kritisch dazu, ob das Kriterium diese Funktion auch erfüllen kann: *Shelton*, Human Rights Law Review, 1 (19). Vgl. *Keller/Kühne* ZaöRV 245-307 (259).

201 EGMR 1.7.2010 – 25551/05 (Beschl.), Slg 10-V – *Korolev/Russland*; *Europarat*, Explanatory Report to Protocol 14 to the Convention for the Protection of Human Rights and Fundamental Freedoms, Amending the Control System of the Convention, CETS Nr. 194, 19.5.2004, Rn. 78.

Regel bereits erheblich in die Kritik geraten.[202] Die Literatur verweist auf die mangelnde Effektivität der Regelung: nach den Statistiken des Gerichts machten die durch Art. 35 Abs. 3 lit. b ausgesonderte Beschwerden bei Weitem nicht das Gros der für unzulässig erklärten Beschwerden aus.[203] Darüber hinaus adressierten sie nicht das eigentliche Problem des Gerichtshofs. Dieser habe damit zu kämpfen, dass einige wenige Staaten systematisch die Konventionsrechte missachteten und darüber hinaus nicht die gegen sie ergangenen Urteile umsetzten. Dies führe zu einer Vielzahl analoger Beschwerden.[204] Diese berechtigte Kritik wird bei zukünftigen Reformen des EGMR und der EMRK zu berücksichtigen sein.

Demgegenüber beschlossen die Mitgliedstaaten auf der Konferenz von Interlaken in 2010, weitere Möglichkeiten in Betracht zu ziehen, den Grundsatz de minimis non curat praetor anzuwenden.[205] Im Sinne dieses Beschlusses sieht das 15. Protokoll die Streichung der zweiten Sicherheitsklausel (→ Rn. 57) in Abs. 3 lit. b (Prüfung durch ein innerstaatliches Gericht) vor. Die Änderungen geben dem EGMR weiteren Spielraum, unerhebliche Beschwerden als unzulässig zu verwerfen (→ Rn. 2, 4). Die Effektivität dieser Modifikationen wird ähnlich sorgfältig überprüft werden müssen.

Ob Beschwerden wegen der neuen Vorschrift unzulässig sind, prüft der EGMR von Amts wegen.[206]

2. Voraussetzungen

Art. 35 Abs. 3 lit. b benennt drei wesentliche Voraussetzungen: Erstens, dem Beschwerdeführer darf kein erheblicher Nachteil entstanden sein (→ Rn. 53 ff.), zweitens, die Achtung der Menschenrechte nach der Konvention und dem Protokoll darf nicht erfordern, dass die Beschwerde in der Sache geprüft wird (→ Rn. 56), und drittens darf die Beschwerde nicht zurückgewiesen werden, wenn sie ein staatliches Gericht noch nicht geprüft hat (→ Rn. 57). Letztere Voraussetzung fällt allerdings mit Inkrafttreten von Protokoll 15 weg. 52

---

202 *Shelton*, Human Rights Law Review 2016, 1; *Buyse*, Significantly Insignificant? The Life in the Margins of the Admissibility Criterion in Article 35 § 3 (B) ECHR in *Leyh/Haeck/Herrera/Contreras Garduno*, Liber Amicorum Leo Zwaak, 2013, S. 107; *Sottiaux/Vrielink* FS Marc Bossuyt, 2013, S. 676.
203 *Shelton*, Human Rights Law Review 2016, 1 (17).
204 *Shelton*, Human Rights Law Review 2016, 1 (18); *Cameron* in *Follesdal/Peters/Ulfstein*, Constituting Europe, 2013, 56; *Christoffersen* in *Christoffersen/Rask Madsen*, The European Court of Human Rights between Law and Politics, 2011, S. 181 ff.
205 Vgl. EGMR 1.7.2010 – 25551/05 (Beschl.), Slg 10-V – *Korolev/Russland*.
206 EGMR 1.6.2010 – 36659/04 (Beschl.) – *Mihai Ionescu/Rumänien*.

53 a) **Kein erheblicher Nachteil:** Nachteil iSd Art. 35 ist jeder Konventionsverstoß bzw. die konkrete Rechtsverletzung des Beschwerdeführers. Die Ausfüllung des unbestimmten Rechtsbegriffs der **Erheblichkeit** muss durch die Rechtsprechung des Gerichts geschehen.[207] In einer der ersten Entscheidungen nach Inkrafttreten des 14. Protokolls, Korolev/Russland, hat der EGMR etabliert, dass die Verletzung ein **Minimum an Schwere** aufweisen muss. Für die Beurteilung im Einzelfall wären hauptsächlich zwei Kriterien maßgeblich: die **subjektive Beurteilung des Falles** durch den Beschwerdeführer sowie die **objektive Betrachtung der maßgeblichen Verletzung**.[208] Diese Liste hat das Gericht im Laufe der Zeit erweitert bzw. weiter modifiziert. Nunmehr sind maßgeblich: die **Natur** des verletzten Rechts, die **Schwere** der Verletzung und/oder die **persönliche Situation** des Beschwerdeführers.[209]

54 aa) **Natur des verletzten Rechts:** Bei der Auslegung der EMRK nach der **Natur des verletzten Rechts** ist der Gerichtshof unterschiedlich streng. So wird auch bei weniger gewichtigen Verletzungen von Art. 2 und 3, wenn es so etwas gibt, wohl immer ein erheblicher Nachteil eingetreten sein. Zu Art. 5 kann als Beispiel der Fall K-F gegen Deutschland dienen,[210] in dem die in § 163 c Abs. 3 StPO für das Festhalten einer Person vorgeschriebene Frist von 12 Stunden um 45 Minuten überschritten worden war. Die EKMR hatte in diesem Fall wegen der Geringfügigkeit der Überschreitung keine Verletzung von Art. 5 gesehen. Bei **Verletzungen von Art. 6 aufgrund der Dauer staatlicher Verfahren** kommt es auf die Beeinträchtigung des Beschwerdeführers im konkreten Fall durch die Verfahrensdauer oder die in dem Verfahren verhängte Strafe bzw. die durch das Verfahren hervorgerufenen Folgen bei dem Beschwerdeführer an.[211] In Fällen der Verletzung von Art. 9 hat der Gerichtshof bisher immer einen erheblichen Nachteil angenommen.[212] Bei einer Verletzung von Art. 10 kommt es auf den **Beitrag der Meinungsäußerung zu einer Debatte**

---

207 *Europarat*, Explanatory Report to Protocol 14 to the Convention for the Protection of Human Rights and Fundamental Freedoms, Amending the Control System of the Convention, CETS Nr. 194, 19.5.2004, Rn. 80.

208 EGMR 1.7.2010 – 25551/05 (Beschl.), Slg 10-V – *Korolev/Russland*. Vgl. bei *Schabas*, The European Convention on Human Rights, A Commentary, 2015, Art. 35, 783.

209 EGMR 18.10.2011 – 13175/03, Rn. 34 – *Giusti/Italien*.

210 EGMR 27.11.1997 – 25629/94 – *K.-F. v. Germany*.

211 Vgl. EGMR 9.6.2011 – 16347/02 Rn. 47-50 – *Luchaninova/Ukraine*.

212 EGMR 17.12.2013 – 14150/08 Rn. 39 – *Vartic/Rumänien*; EGMR 14.3.2014 – 26118/10, Rn. 34 – *EON/Frankreich*.

von allgemeinem Interesse bzw. darauf an, ob es sich um eine Äußerung in der Presse oder in Nachrichtenmedien handelt.[213]

bb) Schwere der Verletzung und/oder Situation des Beschwerdefüh-   55
rers: Für die Beurteilung der Situation des Beschwerdeführers sind
die besonderen Umstände des Einzelfalles maßgeblich, beispielsweise
die finanzielle Bedeutung einer Strafe/Geldbuße oder des sonstigen
Schadens für den Beschwerdeführer,[214] oder sein Verhalten im Verfahren vor den nationalen Gerichten.[215] Sie müssen nach objektiven
Kriterien gerechtfertigt werden können.[216] Denn die Konventionsverletzung kann einen erheblichen Nachteil mit sich bringen, ohne finanzielle Interessen zu berühren, etwa, wenn sie von prinzipieller Bedeutung ist,[217] oder wenn sie eine grundlegende Frage klärt, die auf
nationaler Ebene diskutiert wird.[218]

Bei der finanziellen Bedeutung wird ein geringer Betrag häufig noch
keine Rechtsverletzung des Beschwerdeführers ausmachen.[219] Dabei
ist die subjektive Auffassung des Beschwerdeführers von Bedeutung,
sie muss aber auch objektiv berechtigt sein. Wäre es anders, könnte
die neue Vorschrift keine Bedeutung gewinnen; die meisten Beschwerdeführer werden ihre Sache für bedeutend halten. So kommt
es sowohl auf die wirtschaftliche Lage des Beschwerdeführers, als
auch auf die wirtschaftliche Lage des Staates und der Region an. In
Rumänien kann auch eine Pension von 90 EUR einen finanziellen
Nachteil für die Beschwerdeführerin bedeuten.[220] Im Falle einer Strafe in Höhe von 135 EUR für eine französische Richterin hingegen
sah der EGMR keinen ausreichenden finanziellen Nachteil.[221] Darüber hinaus kann auch in den Fällen, in denen der Beschwerdeführer vor den nationalen Gerichten Fristen versäumt hat, abwesend
oder inaktiv war, ein fehlendes Interesse seitens des Beschwerdeführers und somit eine fehlende Erheblichkeit der Rechtsverletzung[222]
angenommen werden (→ Rn. 16).

---

213 EGMR 3.6.2014 – 19219/07 (Beschl.), Rn. 67 – *Sylka/Polen*.
214 EGMR 1.7.2010 – 25551/05 (Beschl.), Slg 10-V – *Korolev/Russland*.
215 EGMR 28.10.2014 – 15048/09 Rn. 75 – *Hebat Aslan u. Firas/Türkei*.
216 EGMR 3.6.2014 – 19219/07 (Beschl.), Rn. 27 – *Sylka/Polen*.
217 EGMR 3.6.2014 – 19219/07 (Beschl.), Rn. 35 – *Sylka/Polen*.
218 EGMR 14.3.2013 – 26118/10 Rn. 34-35 – *EON/Frankreich*.
219 Vgl. 90 EUR im Fall EGMR 1.6.2010 – 36659/04 (Beschl.), Rn. 39 – *Ionescu/*
    Rumänien; EGMR 25.9.2012 – 1848/12 (Beschl.) – *Pavel Uhl/Tschechische*
    Republik (48 EUR); EGMR 31.7.2014 – 36762/06, 9624/07, 27900/08,
    Rn. 30 f. – *Shtefan/Ukraine* (Werte unter 65 EUR).
220 EGMR 17.12.2013 – 11770/08, Rn. 19 ff., 22 – *Jenita Mocanu/Rumänien*.
221 EGMR 17.1.2012 – 65421/10 (Beschl.) – *Fernandez/Frankreich*.
222 EGMR 13.3.2012 – 45175/04 (Beschl.), Rn. 18 – *Shefer/Russland*.

Der EGMR hat schließlich einen erheblichen Nachteil abgelehnt, wenn die **Verletzung des Beschwerdeführers nicht maßgeblich für den Ausgang des Falles** war: im Fall Jancev/Ehemalige Jugoslawische Republik Mazedonien etwa war der Beschwerdeführer zu Recht Beklagter eines Prozesses und verantwortlich für die Rechtsverletzung eines anderen. Insofern lehnte der EGMR seine Beschwerde über eine Verfahrensverletzung in dem Prozess ab. [223] In Savu/Rumänien hatte der Beschwerdeführer das Ziel seiner Beschwerde, den urkundlichen Nachweis seines Eigentums an einem Stück Land, bereits im Rahmen eines parallelen Gerichtsprozesses erlangt und konnte dementsprechend nicht als benachteiligt gelten.[224]

56 **b) Weitere Prüfung auf Grundlage der EMRK:** Die Achtung der Konventionsrechte stellt eine erste Sicherheitsklausel gegen das Ausfiltern wichtiger Beschwerden mit unerheblichem Nachteil für den Beschwerdeführer dar, die vor dem EGMR geklärt werden sollten. Die Fassung übernimmt die Formulierung in Art. 37 Abs. 1 S. 2, Art. 38 Abs. 2 lit. b aF (jetzt Art. 39). Für die Beurteilung der Achtung der Konventionsrechte kommt es nach einer **Gesamtbetrachtung** auf die Art der Beschwerde an, auf Art und Umfang der gerügten Verletzung, ob die aufgeworfenen Fragen in der Rechtsprechung geklärt sind, oder eine Frage grundsätzlicher Bedeutung für den europäischen ordre public aufwerfen,[225] ob eine Wiederholungsgefahr besteht oder ein Strukturmangel[226] und welche Maßnahmen die Regierung zu früheren Urteilen dieser Art getroffen hat.[227] Ebenso ist maßgeblich, ob die Frage bereits in einem Pilot-Urteil des EGMR behandelt und dementsprechend für eine Vielzahl von Fällen geklärt worden ist.[228] Die Sache darf nicht nur noch historisch von Interesse sein.[229]

57 **c) Gebührende Prüfung durch ein nationales Gericht:** Die zweite Sicherheitsklausel gegen das Ausfiltern anderweit relevanter Beschwerden stellt die fehlende gebührende Prüfung durch ein nationales Ge-

---

223 EGMR 4.10.2011 – 18716/09 (Beschl.) – *Jancev/Frühere Republik Macedonien.*

224 EGMR 11.10.2011 – 29218/05 (Beschl.), Rn. 25 – *Pantelimon und Vasicica Savu/Rumänien.*

225 EGMR 25.4.1978 – 5856/72, Slg Nr. A, 26 Rn. 2 – *Tyrer/Vereinigtes Königreich*; EGMR 3.6.2014 – 19219/07 (Beschl.), Rn. 37 – *Sylka/Polen.*

226 EGMR 30.9.1985 – 9300/81, Slg A, 96 Rn. 15-18 – *Can/Österreich*; EGMR 30.3.2009 – 19324/02 (GK) Rn. 51– *Leger/Frankreich.*

227 EGMR 7.5.2002 – 59498/00, Slg 02-III – *Burdov/Russland*; EGMR 15.1.2009 – 33509/04, Slg 09-I – *Burdov/Russland.*

228 EGMR 31.7.2014 – 36762/06 9624/07 27900/08, Rn. 31 – *Shtefan ua/Ukraine*; EGMR 10.5.2011 –37346/05, Rn. 75 – *Finger/Bulgarien.*

229 EGMR 1.6.2010 – 36659/04 (Beschl.), Rn. 39 – *Ionescu/Rumänien.*

richt dar. Sie verhindert ein Ausfiltern derjenigen Beschwerden, die keine anderweitige Prüfung durch ein Gericht erhalten haben. Die Einschränkung soll eine Rechtsverweigerung verhindern.[230] Erforderlich ist, dass ein **staatliches oder europäisches Gericht** den vom Beschwerdeführer in seiner Beschwerde vorgetragenen Sachverhalt gebührend geprüft hat.[231]

Staatliches Gericht im Sinne dieses Absatzes ist ein Gericht jedes nationalen Gerichtszweigs, auch ein Strafgericht. Entscheidend ist, dass es über den der Beschwerde zugrunde liegenden Sachverhalt entschieden hat.

Gebührend geprüft worden ist der Fall, wenn eine Prüfung des Beschwerdegegenstands stattgefunden hat. Dh der Beschwerdeführer muss die Rechtsverletzung vor einem staatlichen Gericht gerügt und das Gericht muss auch darüber entschieden haben. Dasselbe gilt, wenn das staatliche Gericht die Rechtsverletzung von Amts wegen untersucht und darüber entschieden hat. Es kommt nicht auf die Richtigkeit der Entscheidung an. Es muss ein faires Verfahren stattgefunden haben. Damit entsprechen die Kriterien allerdings nicht denen der Prüfung von Art. 6 Abs. 1, denn anderenfalls müsste es in Art. 35 Abs. 3 lit. b „gerechte" („equitablement") und nicht „gebührende" Prüfung heißen.[232] Nicht notwendig ist, dass die Verletzung eines bestimmten Konventionsartikels geprüft worden ist. Es genügt, dass der Sachverhalt anhand einer entsprechenden Vorschrift des staatlichen Rechts, zB einer Verfassung mit ähnlichen Garantien geprüft worden ist, wenn also über die Rechtsfrage entschieden worden ist. Wenn die Entscheidung nicht rechtskräftig ist, ist die Beschwerde nach Art. 35 Abs. 1 unzulässig.

Im Falle **letztinstanzlicher Entscheidungen** gibt Art. 35 Abs. 3 lit. b dem Beschwerdeführer nicht das Recht, etwaige Verfahrensfehler in weiteren staatlichen Verfahren geltend zu machen. Die de minimis Regelung kann trotzdem zur Anwendung kommen. Außerdem steht es mit Ziel und Zweck der Regelung in Art. 35 Abs. 3 lit. b im Einklang, wenn Beschwerden gegen Entscheidungen letzter Instanzen nicht von ihr erfasst werden.[233] Dies gilt jedoch dann **nicht, wenn das nationale Recht keinen adäquaten Rechtsbehelf zur Verfügung**

---

230 EGMR 3.6.2014 – 19219/07 (Beschl.), Rn. 38 – *Sylka/Polen*; EGMR 10.5.2011 – 37346/05, Rn. 73 – *Finger/Bulgarien*.
231 EGMR 3.6.2014 – 19219/07 (Beschl.), Rn. 38 – *Sylka/Polen*.
232 EGMR 3.4.2012 – 49639/09 (Beschl.), Rn. 48 – *Liga Portuguesa de Futebol Profissional/Portugal*.
233 EGMR 1.7.2010 – 25551/05 (Beschl.), Slg 10-V – *Korolev/Russland*.

stellt.[234] Gegen Deutschland ist dies insbesondere in den Fällen angenommen worden, die eine **überlange Verfahrensdauer** (dh einen Verstoß gegen Art. 6 Abs. 1) rügen, denn dann stehen Rechtsbehelfe nicht zur Verfügung.[235]

IV. Unzulässigkeitsentscheidung des Gerichtshofs (Abs. 4)

58 Der Gerichtshof kann unzulässige Beschwerden gem. Art. 35 Abs. 4 in jedem Stadium des Verfahrens **zurückweisen**; auch nach früherer Zulässigkeitserklärung, wenn er der Meinung ist, dass die für zulässig erklärte Beschwerde aus einem der in Art. 35 genannten Gründen unzulässig ist oder geworden ist,[236] auch wegen Unvereinbarkeit mit der Konvention.[237]

Die Entscheidung erfolgt durch **Beschluss** (decision). Diese trifft entweder der Einzelrichter (Art. 27), der Ausschuss (Art. 28 Abs. 1 lit. a), die Kammer (Art. 29 Abs. 1) oder die Große Kammer. Letztere kann die Zulässigkeitsentscheidung der Kammer noch während der Prüfung der Begründetheit ändern, wenn sie feststellt, dass die Beschwerde als unzulässig zurückgewiesen werden muss.[238]

Wird die Beschwerde für unzulässig erklärt, ist die Sache damit **endgültig erledigt** (→ Art. 29 Rn. 2, 5, 8 f.). Die Entscheidung kann nicht angefochten werden. Zur Möglichkeit der **Wiederaufnahme** → Art. 28 Rn. 8, 16. Sie ist allerdings gem. Art. 80 der VerfO ausdrücklich auf Urteile beschränkt.

Artikel 36 Beteiligung Dritter

(1) In allen bei einer Kammer oder der Großen Kammer anhängigen Rechtssachen ist die Hohe Vertragspartei, deren Staatsangehörigkeit der Beschwerdeführer besitzt, berechtigt, schriftliche Stellungnahmen abzugeben und an den mündlichen Verhandlungen teilzunehmen.

(2) Im Interesse der Rechtspflege kann der Präsident des Gerichtshofs jeder Hohen Vertragspartei, die in dem Verfahren nicht Partei ist, oder jeder betroffenen Person, die nicht Beschwerdeführer ist, Gele-

---

234 EGMR 23.11.2010 – 12977/09 (Beschl.) – *Dudek/Deutschland.*
235 EGMR 23.11.2010 – 12977/09 (Beschl.) – *Dudek/Deutschland.* mwN
236 EGMR 9.2.2006 – 73443/01 – *Freinmanis/Lettland*; EGMR 10.1.2012 – 73485/01 (Beschl.) – *Vasilevskiy/Lettland.*
237 EGMR 9.4.2002, – 51346/99, Slg 02-III – *Cisse/Frankreich*; EGMR 8.6.2006 – 22860/02, Slg 06-VII – *Wos/Polen.*
238 EGMR 13.2.2003 – 42326/98, Slg 03-III – *Odièvre/Frankreich*; EGMR 8.3.2006 – 595321/00, Slg 2006-III *–Blecic/Kroatien.*

genheit geben, schriftlich Stellung zu nehmen oder an den mündlichen Verhandlungen teilzunehmen.

(3) In allen bei einer Kammer oder der Großen Kammer anhängigen Rechtssachen kann der Kommissar für Menschenrechte des Europarats schriftliche Stellungnahmen abgeben und an den mündlichen Verhandlungen teilnehmen.

I. Allgemeines

Aus Art. 36, ergänzt durch Art. 44 VerfO, ergeben sich die Voraussetzungen und die Art der Beteiligung Dritter am Verfahren. Drittbeteiligungen sind sowohl in Verfahren von Individual- als auch Staatenbeschwerden möglich (vgl. Art. 44 Abs. 1 VerfO). Dabei sind die **Voraussetzungen und der Umfang einer Beteiligung des Dritten unterschiedlich** ausgestaltet. Grds. beteiligungsfähig sind Konventionsstaaten (Abs. 1), betroffene Personen (Abs. 2) sowie der Menschenrechtskommissar (Abs. 3).[1] Das 11. Prot. hat Abs. 1 aus Art. 48 Buchst. b) aF übernommen, und Abs. 2 dem Art. 37 Abs. 2 VerfO aF nachgebildet, während Abs. 3 durch Art. 13 Prot. 14 eingefügt wurde.[2] Durch die Beteiligung am Verfahren wird der Dritte jedoch **nicht Partei des Verfahrens** und unterliegt daher keiner Bindung nach Art. 46.[3]

Mit seinem Gutachten vom 18.12.2014 hat der EuGH den **Entwurf eines Beitrittsabkommens der EU zur EMRK** mit dem europäischen Primärrecht für unvereinbar erklärt.[4] Gegenstand der Kritik des EuGH war insbes. der vorgesehene **Mitbeschwerdegegner-Mechanismus** („co-respondent mechanism"). Art. 3 Abs. 1 des Entwurfs des Beitrittsabkommens sah vor, Art. 36 einen vierten Abs. hinzuzufügen, wonach die EU oder einer ihrer Mitgliedsstaaten unter bestimmten Umständen Mitbeschwerdegegner werden können, wobei zugleich eine Parteistellung des so beteiligten Mitbeschwerdegegners vorgesehen war. Der EuGH kritisierte, dass die Modalitäten des so vorgesehenen Mitbeschwerdegegner-Mechanismus den Erhalt der besonderen Merkmale des Unionsrechts nicht gewährleiste.[5] Insgesamt kann das Gutachten des EuGH nicht überzeugen.[6] Die, dem Gutach-

---

1 *Grabenwarter* FS Klein, 2013, S. 1057 (1058-61).
2 S. a. *Schabas*, ECHR, 2015, Art. 33 S. 726, Art. 36 S. 789-90.
3 S. a. BT-Drs. 13/858, 28 (Denkschrift zum 11. Prot. zu Art. 36).
4 EuGH 18.12.2014 – Gutachten 2/13.
5 EuGH 18.12.2014 – Gutachten 2/13, Rn. 235.
6 Ebenso *Odermatt*, New York University Journal of International Law and Politics 2014-2015, 783 (792-3); *Grabenwarter/Pabel*, EMRK, 6. Aufl. 2016, § 5 Rn. 16; aA wohl *Halberstam*, German Law Journal 2015, 105.

ten zugrundeliegende Befürchtung des EuGH, dass der EGMR das Unionsrecht bindend auslegen könnte,[7] ist nicht gerechtfertigt.[8] Die EMRK ist ein völkerrechtlicher Vertrag, über dessen Auslegung der EGMR mit Bindungswirkung für die Vertragsparteien entscheidet. Dies würde zwar (mittelbare) Auswirkungen auf die Auslegung des Unionsrechts haben, doch ist dies in Art. 6 Abs. 2 EUV ausdrücklich angelegt.

II. Beteiligungsrecht des Heimatstaates des Beschwerdeführers (Abs. 1)

3 Abs. 1 gibt dem Konventionsstaat, dessen Staatsangehörigkeit der Beschwerdeführer hat, ein **Recht auf Beteiligung**. Mit Zustellung der Beschwerde an den beklagten Staat übersendet die Kanzlei eine Kopie an den Staat, der Anspruch auf Beteiligung hat (Art. 44 Abs. 1 lit. a VerfO). Der Heimatstaat ist auch über eine etwaige mündl. Verhandlung zu informieren (Art. 44 Abs. 1 lit. a VerfO). Dies gibt ihm die Möglichkeit einem Staatsangehörigen bei der Durchsetzung seiner Rechte behilflich zu sein, wie etwa Deutschland das im Falle Soering/Vereinigtes Königreich getan hat.[9] Es sind jedoch auch Fälle denkbar, in denen eine mögliche Beteiligung des Heimatstaates diesem Zweck zuwiderläuft. Dies kann insbes. dann der Fall sein, wenn es um die Ausweisung des Bf. in seinen Heimatstaat geht, und der Bf. dort Repressionen zu fürchten hat.[10] Der beteiligungsberechtigte Staat muss binnen zwölf Wochen von seinem Beteiligungsrecht Gebrauch machen, dh mitteilen, dass er sich am Verfahren beteiligen möchte (Art. 44 Abs. 1 lit. b VerfO). In besonderen Fällen kann der Präsident der Kammer eine abweichende Frist vorsehen (Art. 44 Abs. 1 lit. b VerfO).

4 Das Beteiligungsrecht des Konventionsstaats ist **relativ stark ausgestaltet**, hat aber **keine Parteistellung** zur Folge. Demnach kann der Konventionsstaat bspw. keinen ad-hoc Richter (Art. 26 Abs. 4) ernennen. Die starke Ausgestaltung des Beteiligungsrechts zeigt sich neben dem Recht in englischer oder französischer Sprache eine **Stellungnahme** abzugeben (Art. 44 Abs. 6 S. 1 VerfO iVm Art. 34 Abs. 1, Abs. 4 lit. a S. 1 VerfO), vor allem in dem ausdrücklichen Recht zur **Teilnahme an der mündlichen Verhandlung** (Art. 39 Abs. 1). Ins-

---

7   Vgl. zB EuGH 18.12.2014 – Gutachten 2/13, Rn. 224-5, 230.
8   S. a. *Grabenwarter/Pabel*, EMRK, 6. Aufl. 2016, § 5 Rn. 16.
9   EGMR 7.7.1989 – 14038/88, Ser. A 161 = NJW 1990, 2183 – *Soering/Vereinigtes Königreich*.
10 *Schabas*, ECHR, 2015, Art. 33 S. 726, Art. 36 S. 792.

bes. aber gewährt der Gerichtshof dem beteiligten Konventionsstaat auf Anfrage ein in der Regel unbeschränktes **Einsichtsrecht der gesamten Verfahrensakte.**[11]

Die mit dem Beteiligungsrecht korrespondierende Frage eines **grundrechtlichen Anspruchs deutscher Staatsangehöriger auf Ausübung des Beteiligungsrechts** lässt sich mit Blick auf die Grundsätze eines Anspruchs auf Ausübung diplomatischen Schutzes beantworten.[12] Art. 36 Abs. 1 bildet Charakteristika des diplomatischen Schutzes ab,[13] stellt im Vergleich zu einer möglichen Staatenbeschwerde nach Art. 33 jedoch die „mildere Form" des diplomatischen Schutzes dar. Durch eine Staatenbeschwerde können die Konventionsstaaten die Interessen ihrer Staatsangehörigen wahrnehmen, wovon allerdings sehr selten Gebrauch gemacht wird.[14] Wie auch beim diplomatischen Schutz[15] handelt es sich jedoch bei einer möglichen Interessenwahrnehmung nach Art. 33,[16] als auch bei dem Beteiligungsrecht nach Art. 36 Abs. 1 um ein **originäres Recht des Staates, dessen Ausübung in seinem Ermessen steht.**[17] Das GG gebietet zwar den Schutz deutscher Staatsangehöriger und ihrer Interessen gegenüber dritten Staaten,[18] doch lässt sich hieraus kein subjektives Recht auf Ausübung diplomatischen Schutzes ableiten. Es besteht lediglich ein Anspruch auf ermessensfehlerfreie Entscheidung.[19] Diese Grundsätze lassen sich auch auf das Beteiligungsrecht vor dem EGMR übertragen.

III. Beteiligungsrecht anderer Konventionsstaaten und betroffener Personen (Abs. 2)

Abs. 2 gibt dem Präsidenten des Gerichtshofs die Möglichkeit, einen anderen Konventionsstaat oder eine betroffene dritte Person heranzuziehen. Aus Abs. 2 folgt jedoch **kein Beteiligungsrecht** des Dritten. Die Entscheidung über die Zulassung einer Drittbeteiligung liegt al-

---

11 *Harris/O'Boyle/Warbrick*, Law of the European Convention on Human Rights, 3. Aufl. 2014, S. 152.
12 *Wenzel* in *Karpenstein/Mayer*, EMRK, 2. Aufl. 2015, Art. 36 Rn. 4.
13 *Harris/O'Boyle/Warbrick*, Law of the European Convention on Human Rights, 3. Aufl. 2014, S. 115.
14 *Schabas*, ECHR, 2015, Art. 33 S. 726, Art. 36 S. 788.
15 Vgl. hierzu *Ipsen*, Völkerrecht, 6. Aufl. 2014. § 5 Rn. 131-6; s. a. PCIJ, The Mavrommatis Palestine Concessions (Griechenland/Vereinigtes Königreich), PCIJ Ser. A No. 2 (1924), 12.
16 Vgl. den bisher einzigen Fall idS EGMR 5.4.2000 – 34382/97, ECHR 2000-IV 1 – *Dänemark/Türkei*.
17 *Harris/O'Boyle/Warbrick*, Law of the European Convention on Human Rights, 3. Aufl. 2014, S. 152.
18 BVerfGE 40, 141 (171).
19 BVerfGE 55, 349 (365).

lein beim Präsidenten des Gerichtshofs; dabei handelt es sich um eine Ermessensentscheidung.[20] Der Präsident kann einen anderen Konventionsstaat oder eine betroffene dritte Person zur Beteiligung auffordern.[21] Die Zulassung der Drittbeteiligung erfolgt in der Regel jedoch **auf Antrag des interessierten Dritten.**[22] Dieser ist in englischer oder französischer Sprache innerhalb von zwölf Wochen nach Zustellung der Beschwerde an den beklagten Konventionsstaat zu stellen und gebührend dahin gehend zu begründen („duly reasoned"), weshalb die Drittbeteiligung im Interesse der Rechtspflege steht (Art. 44 Abs. 3 lit. b VerfO). Weitere Formerfordernisse bestehen nicht.[23] Die Verwendung einer anderen Sprache kann auf Antrag bewilligt werden (Art. 44 Abs. 3 lit. b iVm 34 Abs. 4 lit. a S. 2 VerfO; Einzelheiten in Art. 34 Abs. 4 lit. b – lit. d VerfO).

7　Zum Kreis möglicher Drittbeteiligter nach Abs. 2 zählen zunächst **andere Konventionsstaaten.** Anderen Konventionsstaaten ist damit eine vielfältige Möglichkeit zur Beteiligung gegeben. Diese ist deutlich breiter als zB eine mögliche Drittbeteiligung nach Art. 62 IGH-Statut an Verfahren vor dem IGH. Dort ist eine Beteiligung als Dritter nur zulässig, wenn die Rechte des, die Beteiligung wünschenden, Staates durch den Verfahrensgegenstand betroffen sind.[24] Im Falle der EMRK wirken Urteile des EGMR zwar nur zwischen den Parteien des Verfahrens, doch hat die Auslegung der Konvention Auswirkungen auf alle Vertragsstaaten. Nach Art. 36 Abs. 2 ist eine Drittbeteiligung anderer Konventionsstaaten bereits dann möglich und insbes. auch von Bedeutung, wenn die Beschwerde **grundsätzliche Fragen der Auslegung der Konvention oder des allg. Völkerrechts** betrifft,[25] oder wenn die **Rechtslage in anderen Konventionsstaaten**

20　*Van den Eynde,* Netherlands Quarterly of Human Rights 31/2013, 271 (277).

21　Vgl. zB EGMR 18.2.2009 – 55707/00 (GK), ECHR 2009-II 71, Rn. 6 – *Andrejeva/Lettland.*

22　Vgl. zB EGMR 24.6.2004 – 59320/00, ECHR 2004-VI 41, Rn. 6 = NJW 2004, 2647 – *Caroline v. Hannover/Deutschland.*

23　*Van den Eynde,* Netherlands Quarterly of Human Rights 31/2013, 271 (288).

24　IGH 15.6.1954 – Case of the Monetary Gold removed from Rome in 1943, ICJ Reports 1954, 19 (Italien/Frankreich, Vereinigtes Königreich, Nordirland u. USA); 21.3.1984 – Case concerning the Continental Shelf, ICJ Reports 1984, 3 (Libyen/Malta); s. a. *Oellers-Frahm,* ZaöRV 44/1984, 840.

25　Vgl. EGMR 30.6.2005 – 45036/98 (GK), ECHR 2005-VI 107, Rn. 9 = EuGRZ 2007, 662 – *Bosphorus/Irland*; 2.5.2007 – 71412/01, 78166/01 (GK) – *Behrami/Frankreich* u. *Saramati/Frankreich, Deutschland, Norwegen*; 22.5.2012 – 126/05 (GK), NVwZ-RR 2013, 617 – *Scoppola/Italien* (Drittbeteiligung durch das Vereinigte Königreich, das ein gegen es in einer ähnliche Sache ergangenes Urteil für falsch erachtete und daher Italien unterstützte); 4.11.2014 – 29217/12 (GK), NVwZ 2015, 127 – *Tarakhel/Schweiz* (Italien wurde auch die Teilnahme an der mündl. Verhandlung gestattet).

identisch oder ähnlich ist,[26] oder sie durch den Verfahrensgegenstand direkt betroffen sind.[27] In der Praxis machen die Konventionsstaaten von der Drittbeteiligungsmöglichkeit eher zurückhaltend Gebrauch.[28] Die Unterschiede zu zB Art. 62 IGH-Statut sowie die breite Drittbeteiligungsmöglichkeit anderer Konventionsstaaten rechtfertigt sich gerade aus der Natur und dem Charakter der EMRK als objektives Schutzsystem der Menschenrechte (vgl. auch → Art. 33 Rn. 2).[29]

Daneben können auch betroffene Personen als Dritte am Verfahren 8 beteiligt werden. Dabei kann es sich sowohl um natürliche Personen als auch juristische Personen handeln, wobei der Begriff der juristischen Personen nicht nur solche des nationalen Rechts, einschließlich nichtrechtsfähiger Personenverbände erfasst, sondern auch solche die nach dem Völkerrecht mit Rechten und Pflichten ausgestattet sind, also insbes. internationale Organisationen.[30] Bei den möglichen Drittbeteiligten aus dem Kreis der betroffenen Personen ist zunächst zwischen **indirekt betroffenen** und **direkt betroffenen Personen** zu differenzieren. Erstere stellen den überwiegenden Anteil der nach Abs. 2 am Verfahren beteiligten Dritten.[31] Hierbei handelt es sich um solche Dritte, die über besondere Expertise in Bezug auf den Beschwerdegegenstand verfügen,[32] insbes. also **Nichtregierungsorganisationen sowie internationale Organisationen,**[33] oder ein besonderes

---

26 Bspw. EGMR 18.3.2011 – 30814/06 (GK), ECHR 2011-III 61 – *Lautsi et al./ Italien.*
27 Vgl. die Drittbeteiligung Italiens in EGMR 4.11.2014 – 29217/12 (GK), NVwZ 2015, 127 – *Tarakhel/Schweiz.*
28 *Schabas,* ECHR, 2015, Art. 33 S. 726, Art. 36 S. 793; s. zB EGMR 22.5.2012 – 126/05 (GK), NVwZ-RR 2013, 617 – *Scoppola/Italien* (Drittbeteiligung durch das Vereinigte Königreich, das ein gegen es in einer ähnlichen Sache ergangenes Urteil für falsch erachtete und daher Italien unterstützte).
29 Vgl. EGMR 11.1.1961 – 788/60, S. 18-9 – *Österreich/Italien*; vgl. auch *Harris/ O'Boyle/Warbrick,* Law of the European Convention on Human Rights, 3. Aufl. 2014, S. 115; *Schabas,* ECHR, 2015, Art. 33 S. 725-6.
30 Vgl. *Harris/O'Boyle/Warbrick,* Law of the European Convention on Human Rights, 3. Aufl. 2014, S. 152 Fn. 306; *Schabas,* ECHR, 2015, Art. 33 S. 726, Art. 36 S. 792-3.
31 *Schabas,* ECHR, 2015, Art. 33 S. 726, Art. 36 S. 792-3; *Wenzel* in *Karpenstein/ Mayer,* EMRK, 2. Aufl. 2015, Art. 36 Rn. 9.
32 *Harris/O'Boyle/Warbrick,* Law of the European Convention on Human Rights, 3. Aufl. 2014, S. 153; *Jacobs/White/Ovey,* The European Convention on Human Rigths, 6. Aufl. 2014, S. 29.
33 S. zB EGMR 8.3.2006 – 59532/00 (GK), ECHR 2006-III 51, Rn. 10 = NJW 2007, 347 – *Blečić/Kroatien*; 16.12.2010 – 25579/05 (GK), ECHR 2010-VI 185 = NJW 2011, 2107 – *A, B u. C/Irland*; 19.2.2013 – 19010/07 (GK), ECHR 2013-II 1 = NJW 2013, 2173 – *X ua/Österreich*; *Grabenwarter/Pabel*, EMRK, 6. Aufl. 2016, § 13 Rn. 68.

Interesse am Ausgang des Verfahrens haben.[34] Abs. 2 bildet damit die im Völkerrecht sowie im anglo-amerikanischen Raum bekannten amicus curiae Eingaben ab.[35] Drittbeteiligungen durch Nichtregierungsorganisationen nehmen zu, auch wenn deren Auswirkungen auf den Ausgang des Verfahrens eher ungewiss und von unterschiedlichen Faktoren abhängig sind.[36] Anträge auf Drittbeteiligung werden eher selten abgelehnt,[37] der Gerichtshof betrachtet sie vielmehr als wünschenswert.[38] Abgelehnt werden Anträge auf Drittbeteiligung im Regelfall dann, wenn der Gerichtshof sie nicht für relevant hält, insbes. wenn sie keine ausreichende Verbindung zum Beschwerdegegenstand oder den Parteien aufweisen.[39]

9 Bei den **direkt betroffenen Personen** handelt es sich dagegen um solche, die durch den Verfahrensgegenstand direkt betroffen sind. Bspw. internationale Organisationen, deren Rechtsordnung durch das Verfahren berührt ist.[40] Dies stellt zurzeit, dh jedenfalls bis zu einem möglichen Beitritt, die einzige **Möglichkeit für die EU** dar sich an Verfahren vor dem Gerichtshof zu beteiligen.[41] Des Weiteren kommen als direkt betroffene Personen **Privatpersonen** in Betracht. Das kann besonders bedeutsam sein, wenn das Beschwerdeverfahren seinen Ursprung in einem Streit zwischen zwei Privatpersonen hat und der Unterlegene der Bf. ist. Die obsiegende Partei ist dann nicht mehr beteiligt.[42] Das Verfahren vor dem Gerichtshof wird grds. zwischen dem Beschwerdeführer und dem beklagten Konventionsstaat geführt, wo-

---

34 Vgl. EGMR 23.9.2010 – 1620/03, ECHR 2010-V 397 = NZA 2011, 279 – *Schüth/Deutschland*; 28.6. 2012 – 15054/07, 15066/07, NJW 2013, 3709 – *Ressiot ua/Frankreich*; 19.2.2013 – 19010/07 (GK), ECHR 2013-II 1 = NJW 2013, 2173 – *X ua/Österreich*.

35 Vgl. hierzu *Hennebel*, Revue trimestrielle des droits de l'homme 2007, 641; *Grabenwarter/Pabel*, EMRK, 6. Aufl. 2016, § 13 Rn. 68.

36 Vgl. *Van den Eynde*, Netherlands Quarterly of Human Rights 31/2013, 271 (279, 292-3).

37 S. *Van den Eynde*, Netherlands Quarterly of Human Rights 31/2013, 271 (280-1).

38 Vgl. *Hodson*, NGOs and the Struggle for Human Rights in Europe, 2011, S. 52; *Harris/O'Boyle/Warbrick*, Law of the European Convention on Human Rights, 3. Aufl. 2014, S. 154-5.

39 S. *Van den Eynde*, Netherlands Quarterly of Human Rights 31/2013, 271 (281).

40 Vgl. *Wenzel* in *Karpenstein/Mayer*, EMRK, 2. Aufl. 2015, Art. 36 Rn. 10.

41 Bspw. EGMR 30.6.2005 – 45036/98 (GK), ECHR 2005-VI 107, Rn. 9 = EuGRZ 2007, 662 – *Bosphorus/Irland*; s. a. Anm. *Dörr*, JuS 2006, 422.

42 Bspw. EGMR 20.11.1989 – 10572/83, Ser. A 165 = EuGRZ 1996, 302 – *markt intern/Deutschland* (Die obsiegende Partei war nicht als Drittbeteiligter beteiligt); 24.6.2004 – 59320/00, ECHR 2004-VI 41, Rn. 6, 47 = NJW 2004, 2647 – *Caroline v. Hannover/Deutschland* (Die obsiegende Partei konnte als Drittbeteiligte nach Art. 36 Abs. 2 Stellungnahmen einreichen); 21.7.2011 – 28274/08, ECHR 2011-V 229 – *Heinisch/Deutschland*, m. krit. Anm. *Bauer*, ArbRAktuell 2011, 404.

durch die Belange der obsiegenden Partei nur noch mittelbar Berücksichtigung finden können, obwohl eine Entscheidung des Gerichtshofs auch für sie Konsequenzen haben kann.[43] Das BVerfG hat in seinem Beschluss v. 14.10.2004 auf diese Fragen hingewiesen und deutlich gemacht, dass sich daraus Einschränkungen für die Anwendung eines Urteils des EGMR ergeben können (vgl. auch → Art. 46 Rn. 37 ff.).[44] Man könnte diese Problematik durch Beteiligung der betroffenen anderen Partei entschärfen. In der Praxis stellt sich jedoch das Problem, dass die **andere Partei regelmäßig kaum Möglichkeiten hat, von der Beschwerde Kenntnis zu erlangen.**[45] Die einzige Möglichkeit ergibt sich aus den wöchentlichen Zusammenstellungen zugestellter Beschwerden, deren Durchsicht für die obsiegende Partei kaum zumutbar ist.[46] Eine zusätzliche Hürde ergibt sich aus der Befristung des Zulassungsantrags zur Drittbeteiligung (→ Rn. 7). In Verfahren gegen Deutschland unterrichtet die Verfahrensbevollmächtigte die betroffene Person von dem Verfahren, um ihr die Möglichkeit zu geben, einen Zulassungsantrag beim EGMR zu stellen.[47] Besser wäre es, der Gerichtshof würde dies in solchen Fällen von sich aus tun.[48] Ein weiteres, sich in diesem Zusammenhang stellendes Problem ergibt sich aus der **fehlenden Möglichkeit** für betroffene Personen für ihre Drittbeteiligung **Prozesskostenhilfe in Anspruch zu nehmen.**[49] In Deutschland besteht nach dem EGMRKHG die Möglichkeit für antragsberechtigte Drittbeteiligte Kostenhilfe zu erhalten.[50]

Im Gegensatz zur Stellung der nach Abs. 1 beteiligten Konventionsstaaten ist die **verfahrensrechtliche Stellung** der nach Abs. 2 Drittbeteiligten **deutlich schwächer** ausgestaltet.[51] Das Hauptmittel der Beteiligung erschöpft sich in der Möglichkeit schriftliche Stellungnahmen einzureichen, die in englischer oder französischer Sprache verfasst sein müssen (Art. 44 Abs. 6 S. 1 VerfO iVm Art. 34 Abs. 1, Abs. 4 lit. a S. 1 VerfO). Nach Art. 44 Abs. 5 VerfO kann die Kanzlei   10

---

43 Vgl. EGMR 21.7.2011 – 28274/08, ECHR 2011-V 229 – *Heinisch/Deutschland*, m. krit. Anm. *Bauer*, ArbRAktuell 2011, 404.
44 BVerfGE 111, 307 = NJW 2004, 3407 (insbes. 3411).
45 *Grabenwarter/Pabel*, EMRK, 6. Aufl. 2016, § 13 Rn. 16 („erfährt ein betroffener Dritter nur durch Zufall oder mit Hilfe dritter Stellen vom Beginn der Frist").
46 *Grabenwarter/Pabel*, EMRK, 6. Aufl. 2016, § 13 Rn. 16.
47 *Grabenwarter/Pabel*, EMRK, 6. Aufl. 2016, § 13 Rn. 16.
48 Ebenso *Grabenwarter/Pabel*, EMRK, 6. Aufl. 2016, S. 96 § 13 Rn. 16.
49 Dazu *Wenzel* in *Karpenstein/Mayer*, EMRK, 2. Aufl. 2015, Art. 36 Rn. 11; *Grabenwarter/Pabel*, EMRK, 6. Aufl. 2016, § 16 Rn. 10.
50 BGBl. 2013 I 829.
51 Hierzu *Harris/O'Boyle/Warbrick*, Law of the European Convention on Human Rights, 3. Aufl. 2014, S. 154-5; vgl. auch *Grabenwarter/Pabel*, EMRK, 6. Aufl. 2016, § 13 Rn. 68.

Umfang und Inhalt der Stellungnahmen beschränken, wovon sie im Regelfall Gebrauch macht und die Möglichkeit zur Stellungnahme auf Ausführungen allg. Art beschränkt.[52] Den Parteien des Verfahrens wird Gelegenheit zur Erwiderung auf die Stellungnahme gegeben (Art. 44 Abs. 6 S. 2 VerfO), worauf den Drittbeteiligten im Regelfall keine weitere Erwiderungsmöglichkeit eingeräumt wird. Zur mündlichen Verhandlung werden Drittbeteiligte nach Abs. 2 nur ausnahmsweise zugelassen (Art. 44 Abs. 3 lit. a aE VerfO).[53] Zwar mag diese schwache Ausgestaltung der Position der Drittbeteiligten grds. angemessen sein, doch können sich jedenfalls bei direkt betroffenen Personen **gewisse Divergenzen ergeben**. Hier wäre eine flexiblere Handhabung des Art. 44 Abs. 5 VerfO wünschenswert.[54]

IV. Beteiligungsrecht des Menschenrechtskommissars (Abs. 3)

11   Der durch Prot. 14 eingefügte **Abs. 3 soll die Rolle des Menschenrechtskommissars stärken**. Aufgrund seiner Kenntnisse und Erfahrungen versprach man sich, dass der Menschenrechtskommissar dem Gerichtshof insbes. in Verfahren, die strukturelle Probleme betreffen, hilfreich sein würde.[55] Zuvor bestand für den Menschenrechtskommissar lediglich eine Drittbeteiligungsmöglichkeit nach Abs. 2. Durch die Schaffung des Abs. 3 ist die **verfahrensrechtliche Position** des Menschenrechtskommissars **der der Konventionsstaaten nach Abs. 1 angenähert**. Ein eigenes Beschwerderecht des Menschenrechtskommissars folgt aus der ausdrücklichen Aufnahme der Drittbeteiligungsmöglichkeit jedoch nicht.[56] Der Menschenrechtskommissar unterliegt nicht den Beschränkungen einer Drittbeteiligung nach Abs. 2; insbes. hat er ein Recht zur Teilnahme an der mündlichen Verhandlung.[57] Allerdings unterliegt das Beteiligungsrecht der Frist des Art. 44 Abs. 2 VerfO. Auch wird der Menschenrechtskommissar

---

52   *Harris/O'Boyle/Warbrick*, Law of the European Convention on Human Rights, 3. Aufl. 2014, S. 154-5; s. a. *Hennebel*, Revue trimestrielle des droits de l'homme 2007, 641.

53   Vgl. zB EGMR 23.2. 2012 – 27765/09 (GK), ECHR 2012-II 97 = NVwZ 2012, 809 – *Hirsi Jamaa* ua/*Italien* (Der Gerichtshof hat den UNHCR zur mündl. Verhandlung zugelassen); 4.11.2014 – 29217/12 (GK), NVwZ 2015, 127 – *Tarakhel/Schweiz* (Italien wurde die Teilnahme an der mündl. Verhandlung gestattet, da es direkt durch den Beschwerdegegenstand betroffen war); s. a. *Harris/O'Boyle/Warbrick*, Law of the European Convention on Human Rights, 3. Aufl. 2014, S. 138, 154.

54   *Wenzel* in *Karpenstein/Mayer*, EMRK, 2. Aufl. 2015, Art. 36 Rn. 13.

55   BT-Drs. 16/42, 21-2 (Denkschrift zum Prot. 14 zu Art. 36); vgl. auch *Schabas*, ECHR, 2015, Art. 33 S. 726, Art. 36 S. 791.

56   S. *Haeck/Zwaak*, Netherlands Quarterly of Human Rights 27/2009, 66 (70).

57   *Harris/O'Boyle/Warbrick*, Law of the European Convention on Human Rights, 3. Aufl. 2014, S. 138.

nicht über anhängige Beschwerden in Kenntnis gesetzt. Eine andere Regelung hatte man aufgrund der begrenzten Kapazitäten und der andernfalls hohen Arbeitsbelastung der Kanzlei abgelehnt.[58]

Vor Schaffung des Abs. 3 hat der Menschenrechtskommissar seine bis dahin nach Abs. 2 bestehende Beteiligungsmöglichkeit nur **sehr zurückhaltend wahrgenommen**. Seine Stellungnahmen waren jedoch stets von großer Bedeutung.[59] Auch nach Schaffung des Abs. 3 sprechen insbes. das Mandat des Menschenrechtskommissars sowie begrenzte Ressourcen gegen eine intensive Nutzung der Beteiligungsmöglichkeit. Bisher ist nur ein Fall bekannt, in dem der Menschenrechtskommissar von seinem Beteiligungsrecht nach der Hinzufügung von Abs. 3 auf eigene Initiative Gebrauch gemacht hat.[60] **12**

Artikel 37 Streichung von Beschwerden

(1) [1]Der Gerichtshof kann jederzeit während des Verfahrens entscheiden, eine Beschwerde in seinem Register zu streichen, wenn die Umstände Grund zur Annahme geben, dass

a) der Beschwerdeführer seine Beschwerde nicht weiterzuverfolgen beabsichtigt;

b) die Streitigkeit einer Lösung zugeführt worden ist oder

c) eine weitere Prüfung der Beschwerde aus anderen vom Gerichtshof festgestellten Gründen nicht gerechtfertigt ist.

[2]Der Gerichtshof setzt jedoch die Prüfung der Beschwerde fort, wenn die Achtung der Menschenrechte, wie sie in dieser Konvention und den Protokollen dazu anerkannt sind, dies erfordert.

(2) Der Gerichtshof kann die Wiedereintragung einer Beschwerde in sein Register anordnen, wenn er dies den Umständen nach für gerechtfertigt hält.

---

58 Vgl. BT-Drs. 16/42, 35 Rn. 88 (Erläuternde Bericht zum 14. Prot.).
59 *Schabas*, ECHR, 2015, Art. 33 S. 726, Art. 36 S. 795.
60 EGMR 17.7.2014 – 47848/08 (GK), ECHR 2014, Rn. 5, 6, 17 – *Centre for Legal Resources on behalf of Valentin Câmpeanu/Rumänien*.

I. Allgemeines (Dispositionsmaxime)

1   Die im deutschen Prozessrecht geltende **Dispositionsmaxime** bedeutet, dass ein Gericht Rechtsschutz nicht von Amts wegen, sondern
auf Antrag des Beteiligten gewährt. Die Beteiligten können über das
Verfahren verfügen. Sie entscheiden, ob es weitergeführt oder beendet wird, ob ein Antrag zurückgenommen werden soll, ein Vergleich
abgeschlossen werden soll oder ob Rechtsmittel eingelegt werden sollen. Im Verfahren vor dem Gerichtshof gilt die Dispositionsmaxime
nur beschränkt. Das Verfahren kommt grundsätzlich nur auf Antrag
eines Beteiligten in Gang (Art. 34). Er kann seinen Antrag zurücknehmen oder nicht weiterverfolgen (Art. 37 Abs. 1 S. 1 lit. a). Er
kann einen Vergleich abschließen (Art. 39). Wenn er den Antrag zu-
rücknimmt oder eine gütliche Einigung zustande kommt, wird der
Gerichtshof in aller Regel die Beschwerde im Register streichen. Insofern herrscht praktisch die Dispositionsmaxime. Theoretisch nicht
uneingeschränkt,[1] denn der Gerichtshof prüft, ob die Achtung der
Menschenrechte eine Fortsetzung der Prüfung erfordert (Art. 37
Abs. 1 S. 2). Er kann von sich aus die Wiedereintragung in das Register und die Fortsetzung der Prüfung anordnen (Art. 37 Abs. 2,
Art. 43 Abs. 5 VerfO). Es kommt vor, wenn auch nicht häufig, dass
er einen Vergleich aus diesen Gründen zurückweist und die Prüfung
fortsetzt.[2]

II. Gründe für die Streichung im Register

2   Das 11. Prot. hat die Regelung aus dem früheren Art. 30 übernommen; sie gilt für Individual- und Staatenbeschwerden. Art. 37 ermöglicht dem Gerichtshof, Beschwerden ohne Entscheidung in der Sache
aus dem Register zu streichen. Eine Entscheidung oder ein Beschluss
nach Art. 37 ist dabei **in jedem Stadium des Verfahrens** möglich
(Art. 43 Abs. 1 VerfO), also auch bevor die Beschwerde für zulässig

---

1   S. a. *Schabas*, ECHR, 2015, Art. 33 S. 726, Art. 37 S. 798.
2   EGMR 29.3.2005 – 72713/01, Rn. 7, 36 – *Ukrainian Media Group/Ukraine.*

erklärt wurde.[3] Die Regelung des Art. 37 steht dabei sowohl der Großen Kammer, der Kammer, den Ausschüssen und dem Einzelrichter zur Verfügung (Art. 27 Abs. 1, 28 Abs. 1).[4]

Eine Streichung aus dem Register setzt voraus, dass eine der in Art. 37 Abs. 1 S. 1 angeführten Alternativen erfüllt ist. Eine Beschwerde kann jedoch dann nicht aus dem Register gestrichen werden, wenn die weitere Prüfung der Beschwerde zur Achtung der Menschenrechte erforderlich ist (s. u. → Rn. 17). 3

1. Keine Absicht, die Beschwerde weiterzuverfolgen (Abs. 1 S. 1 lit. a)

Nach Art. 37 Abs. 1 S. 1 lit. a kommt eine Streichung in Betracht, wenn der Bf. dem Kanzler mitteilt, dass er seine **Beschwerde nicht mehr weiterverfolgen möchte,** also eine ausdrückliche Zurücknahme der Beschwerde vorliegt.[5] Eine Zustimmung des beklagten Konventionsstaats ist nicht erforderlich (anders bei einer Staatenbeschwerde, s. u. → Rn. 5).[6] Eine Zurücknahme kann auch darin zu sehen sein, dass sich der Bf. in einem Vergleich dazu verpflichtet hat, auf das Verfahren vor dem EGMR zu verzichten, wenn dies eindeutig feststeht.[7] Die Streichung kann aber auch beschlossen werden, wenn die Umstände Anlass zu der Annahme geben, dass der Bf. das Beschwerdeverfahren **nicht mehr betreiben will.**[8] Der Gerichtshof hat das angenommen, wenn er über lange Zeit nichts vom Bf. hört, dieser insbes. auf Schreiben des EGMR nicht reagiert, und keine Schriftsätze vorlegt (vgl. Art. 44E VerfO).[9] Der Gerichtshof hat, wenn der Bf. an ihn gerichtete Briefe des Gerichtshofs nicht beantwortet, den Bf. auf die Möglichkeit nach Abs. 1 S. 1 lit. a hingewiesen und nach einiger 4

---

3   *Cremer,* in *Dörr/Grote/Marauhn,* EMRK/GG, 2. Aufl. 2013, Kap. 32 Rn. 28; sa *Harris/O'Boyle/Warbrick,* Law of the European Convention on Human Rights, 3. Aufl. 2014, S. 130-1.
4   *Cremer,* in *Dörr/Grote/Marauhn,* EMRK/GG, 2. Aufl. 2013, Kap. 32 Rn. 28.
5   EGMR 5.6.2014 – 31021/08, Rn. 91 = NJW 2015, 2319 – *I. S./Deutschland.*
6   *Cremer,* in *Dörr/Grote/Marauhn,* EMRK/GG, 2. Aufl. 2013, Kap. 32 Rn. 30.
7   EGMR 4.10.2006 – 76642/01, ECHR 2006-XIV 369, Rn. 30-1 = NJOZ 2007, 5200 – *Association SOS Attentats/Frankreich.*
8   *Schabas,* ECHR, 2015, Art. 33 S. 726, Art. 37 S. 798.
9   Vgl. EGMR 23.5.2001– 25316/94, ECHR 2001-V 225, Rn. 368 – *Denizci/ Zypern* (vier Monate nach dem Aufforderungsschreiben); 21.3.2000 – 25283/94, Rn. 14 – *M.C. u.a./Vereinigtes Königreich* (Keine Äußerung nach acht Monaten).

Zeit die Sache im Register gestrichen.[10] Dieses Verfahren ist angemessen; eine Belehrung sollte jedenfalls gegeben werden.

5 Handelt es sich bei der **Beschwerde** um eine solche **eines Konventionsstaates** (Art. 33 EMRK), so bedarf es zur Streichung der Beschwerde aus dem Register neben der Mitteilung, dass die Beschwerde nicht mehr weiterverfolgt werden soll, auch des Einverständnisses des/der anderen betroffenen Konventionsstaates/Konventionsstaaten (Art. 43 Abs. 2 VerfO).

2. Lösung der Streitigkeit (Abs. 1 S. 1 lit. b)

6 Nach Art. 37 Abs. 1 S. 1 lit. b kann eine Beschwerde aus dem Register gestrichen werden, wenn **die Streitigkeit einer Lösung zugeführt wurde**; im Regelfall also dann, wenn die zugrundeliegende Beschwer entfallen ist.[11] Der häufigste Fall, der einer gütlichen Einigung, ist speziell in Art. 39 geregelt; Art. 37 findet insoweit keine Anwendung (lex specialis derogat legi generali).[12] Nach der Rspr. **des EGMR** ist die **Streitigkeit einer Lösung zugeführt worden**, wenn (1.) die Umstände, die Gegenstand der Beschwerde sind, nicht mehr vorliegen, und (2.) die Auswirkungen einer möglichen Konventionsverletzung behoben sind sowie (3.) der Bf. ausreichende Wiedergutmachung erhalten hat.[13] Dies kann insbes. der Fall sein, wenn der beklagte Konventionsstaat aufgrund einer **Musterentscheidung** (Pilotentscheidung) Maßnahmen zur Beseitigung der Konventionsverletzung getroffen hat. Ähnlich gelagerte Beschwerden können dann nach Art. 37 Abs. 1 S. 1 lit. b aus dem Register gestrichen werden. Zur Streichung einer Sache, in der eine Pilotentscheidung ergangen ist, sa → Art. 46 Rn. 8. Der Gerichtshof streicht die Sache uU auch dann aus dem Register, **wenn der Bf. noch geltend machen kann, Opfer einer Verletzung zu sein,** zB weil der Staat eine Abhilfeentscheidung getroffen, aber die Konventionsverletzung nicht zugestanden hat, also ein Fall

---

10 Vgl. zB EGMR 23.5.2000 – 26757/95, Rn. 12-4 – *Wójcik/Polen* (nach acht Monaten); 19.9.2000 – 43362/98, Rn. 21 – *Yakan/Türkei* (vier Monaten nach dem Belehrungsschreiben); 30.9.2010 – 35524/06 – *Artemi und Gregory/Zypern* u.a. (13 Monate nach dem Belehrungsschreiben).; sa Fn. 3.

11 Vgl. EGMR 4.10.2006 – 76642/01, ECHR 2006-XIV 369, Rn. 32-5 = NJOZ 2007, 5200 – *Association SOS Attentats/Frankreich*.

12 Sa *Cremer*, in *Dörr/Grote/Marauhn*, EMRK/GG, 2. Aufl. 2013, Kap. 32 Rn. 32.

13 EGMR 15.1.2007 – 60654/00, ECHR 2007-I 127, Rn. 97 = NVwZ 2008, 979 – *Sisojeva* u.a./*Lettland*; sa *Schabas*, ECHR, 2015, Art. 33 S. 726, Art. 37 S. 798; *Harris/O'Boyle/Warbrick*, Law of the European Convention on Human Rights, 3. Aufl. 2014, S. 131.

des Wegfalls der Beschwer vorliegt (→ Art. 34 Rn. 30 ff.).[14] Eine
Streichung kann dann auch gegen den Willen des Bf. erfolgen.[15]

In Ausländersachen kommt es darauf an, ob der Bf. immer noch Ge-   7
fahr läuft, abgeschoben zu werden (zum Fortfall der Opfereigenschaft in Ausländersachen → Art. 34 Rn. 27, 32). Für eine Streichung kann ausreichen, dass die Behörde angemessene Maßnahmen
zur Regelung des Aufenthalts angeboten hat, auch wenn der Bf. davon bisher keinen Gebrauch gemacht hat.[16] Im Fall Taskin/Deutsch-
land hat der EGMR die Beschwerde im Register gestrichen, nachdem
die deutschen Behörden eine **Aufenthaltserlaubnis** aus humanitären
Gründen gewährt bzw. zugesichert haben.[17]

Eine Streichung ist aber auch möglich, wenn die Beteiligten nur mit-   8
teilen, dass die Sache intern geregelt worden sei, weiter, wenn die Sache endgültig erledigt und die Beschwer fortgefallen ist.[18] Das
kommt auch in anderen Fällen in Betracht, in denen die Beschwer
fortgefallen ist (→ Art. 34 Rn. 30 ff.). Wenn die Streitigkeit entsprechend den Kriterien des EGMR einer Lösung zugeführt wurde (s. o.
→ Rn. 6), wird in der Regel zugleich ein Wegfall der Beschwer anzunehmen sein. In diesem Fall kann der Gerichtshof die Beschwerde
ohne Prüfung in der Sache aus dem Register streichen, dh ohne Prüfung, ob tatsächlich eine Konventionsverletzung vorlag, deren Opfer
der Bf. war, dessen Beschwer allerdings nachträglich entfallen ist.[19]
Dies ist prozessökonomisch sinnvoll, insbes. vor dem Hintergrund
der stetig steigenden Zahl an Beschwerden.[20] Die Rechtsposition des
Bf. wird hierdurch nicht verkürzt, da die Möglichkeit der Wiedereintragung der Beschwerde besteht (s. u. → Rn. 21-2).

---

14 Vgl. EGMR 4.10.2006 – 76642/01, ECHR 2006-XIV 369, Rn. 30-1 = NJOZ
    2007, 5200 – *Association SOS Attentats/Frankreich*; 20.12.2007 – 25525/03,
    Rn. 28, 33 – *El Majjaoui u.a./Niederlande*; 6.9.2011 – 51599/08 – *N. I./Belgi-
    en.*
15 EGMR 6.9.2011 – 51599/08 – *N. I./Belgien*; *Schabas*, ECHR, 2015, Art. 33
    S. 726, Art. 37 S. 797.
16 EGMR 15.1.2007 – 60654/00, ECHR 2007-I 127, Rn. 102 = NVwZ 2008, 979
    – *Sisojeva u.a./Lettland.*
17 EGMR 23.7.2002 – 56132/00, NJW 2003, 2003 (2004) – *Taskin/Deutschland.*
18 Bspw. EGMR 27.2.2001 – 37838/97 – *Abdouni/Frankreich* (Aufhebung einer
    Gerichtsentscheidung über die Abschiebung).
19 *Schabas*, ECHR, 2015, Art. 33 S. 726, Art. 37 S. 798; *Wenzel*, in *Karpenstein/
    Mayer*, EMRK, 2. Aufl. 2015, Art. 37 Rn. 7.
20 Auch wenn diese seit 2014 leicht rückläufig sind, vgl. Annual Report 2014
    S. 165; Annual Report 2015, S. 187.

3. Weitere Prüfung nicht gerechtfertigt (Abs. 1 S. 1 lit. c)

9 Art. 37 Abs. 1 S. 1 lit. c gibt eine **Auffangregelung,** nach der eine Streichung im Register auch dann beschlossen werden kann, wenn eine **weitere Prüfung aus anderen Gründen nicht gerechtfertigt** ist. Die Regelung gibt dem Gerichtshof einen weiten Spielraum.[21] Aufgrund dieses weiten Spielraums hat sich eine umfangreiche Kasuistik entwickelt, die die Bildung von Fallgruppen notwendig macht (sa → Rn. 16). Teils lassen sich die in der Rechtsprechung des Gerichtshofs der lit. c subsumierten Fallgestaltungen systematisch den vorgehenden Varianten zuordnen. Die Abgrenzung einzelner Fallgruppen zu Fällen der lit. a und lit. b ist damit nicht immer eindeutig.

10 a) **Tod des Beschwerdeführers:** Einen Anwendungsfall stellt der Tod des Bf. dar. Die Fortführung der Beschwerde durch den Erben oder nahe Angehörige ist möglich.[22] Der Gerichtshof hat die Beschwerde aber aus dem Register gestrichen, wenn die Erben, nahe Verwandte oder Angehörige nicht oder erst sehr spät[23] mitgeteilt haben, dass sie das Verfahren weiter betreiben wollen[24] oder mitgeteilt haben, dass sie das nicht wünschen,[25] oder der Erbe kein berechtigtes Interesse hat. Der Bevollmächtigte des Verstorbenen kann das Verfahren nicht fortsetzen.[26]

11 b) **Einseitige Erklärung des beklagten Konventionsstaates:** Eine Streichung kommt auch bei einer **einseitigen Erklärung des beklagten Konventionsstaates** in Betracht, mit der er die Konventionsverletzung anerkennt und Abhilfe zusagt (Art. 62A Abs. 3 VerfO; sa → Art. 39 Rn. 9);[27] aber nicht, wenn die anerkannte Konventionsverletzung mit einer anderen derart eng verknüpft ist, dass diese untrennbar zusammenhängen.[28] In der bisherigen Rechtsprechung war nicht zwangsweise Voraussetzung, dass der beklagte Konventionsstaat die Konventionsverletzung ausdrücklich anerkennt,[29] auch wenn er dies in

---

21 *Schabas,* ECHR, 2015, Art. 33 S. 726, Art. 37 S. 799.
22 EGMR 30.3.2009 – 19324/02, Rn. 43 – *Léger/Frankreich.*
23 EGMR 29.4.2004 – 53468/99, Rn. 32 – *Mora do Vale/Portugal.*
24 EGMR 16.3.2000 – 23144/93, ECHR 2000-III 1, Rn. 34 – *Özgür Gündem/ Türkei;* vgl. auch. EGMR 30.3.2009 – 19324/02, Rn. 44 – *Léger/Frankreich.*
25 Bspw. EGMR 14.3.2000 – 29697/96, Rn. 10 – *Gladkowski/Polen.*
26 EGMR 29.4.2003 – 28492/95, Rn. 38 – *Sevgi Erdogan/Türkei.*
27 EGMR 26.6.2001 – 37453/97, ECHR 2001-VI 223, Rn. 23-32 – *Akman/ Türkei; Grabenwarter/Pabel,* EMRK, 6. Aufl. 2016, § 13 Rn. 73; *Schabas,* ECHR, 2015, Art. 33 S. 726, Art. 37 S. 799.
28 EGMR 29.1.2009 – 43276/06, Rn. 25 – *Missenjov/Estland;* sa *Grabenwarter/ Pabel,* EMRK, 6. Aufl. 2016, § 13 Rn. 73.
29 EGMR 6.5.2003 – 26307/95 (GK), ECHR 2003-VI 1, Rn. 84 – *Tahsin Acar/ Türkei.*

der Regel tat.[30] Voraussetzung war jedoch, dass der beklagte Staat die Konventionswidrigkeit des Gegenstands des Verfahrens in irgendeiner Form anerkennt oder jedenfalls bedauert.[31] Nach der seit September 2012 und der seit 1. Januar 2016 geltenden Fassung der VerfO ist eine **ausdrückliche Anerkennung der Konventionsverletzung erforderlich** (Art. 62A Abs. 1 lit. b VerfO). Bereits nach der bisherigen Rspr. konnte eine Beschwerde auch dann im Register gestrichen werden, wenn der Bf. die Fortsetzung der Prüfung wünscht.[32] Auch dies ist nun ausdrücklich in der VerfO kodifiziert (Art. 62A Abs. 3 VerfO).

Eine einseitige Erklärung des beklagten Staats ist **regelmäßig nur** 12 **nach dem Scheitern von Vergleichsverhandlungen** (Verhandlungen zur Erzielung einer gütlichen Einigung) möglich (Art. 62A Abs. 1 lit. a VerfO; hierzu a. → Art. 39 Rn. 9). Unter besonderen, außergewöhnlichen Umständen, kann der beklagte Konventionsstaat auch ohne vorherige Vergleichsverhandlungen eine einseitige Erklärung abgeben (Art. 62A Abs. 2 VerfO).[33]

Zwar ist diese Rechtsprechung mit Blick auf die steigende hohe Zahl 13 an Beschwerden und der damit einhergehenden starken Beanspruchung des Gerichtshofs zu erklären, doch ist sie insbes. mit Blick auf den menschenrechtlichen Charakter des Beschwerdeverfahrens sowie die Beeinträchtigung der verfahrensrechtlichen Situation des Bf. **kritisch zu sehen**.[34] Allerdings kann für diese Rechtsprechung angeführt werden, dass die Kapazitäten des Gerichtshofs nicht zur Disposition des Bf. stehen können, wenn der beklagte Staat die Konventionsverletzung anerkannt und sich verpflichtet hat, eine Entschädigung zu leisten.[35] Dennoch rückt sie den Bf. in eine prozessual unglückliche Lage, indem seine Position bei Verhandlungen um eine gütliche Einigung dadurch geschwächt wird, dass dem beklagten Staat ein Mittel zur einseitigen Beendigung des Verfahrens zur Hand gegeben wird.[36]

In neueren Entscheidungen hat der Gerichtshof ausdrücklich betont, 14 dass die Möglichkeit der Streichung einer Beschwerde aufgrund einer

---

30 Vgl. EGMR 2.6.2009 – 29705/05 – *Kunkel/Deutschland.*
31 EGMR 27.9.2007 – 6301/05, Rn. 39 – *The Estate of Nitschke/Schweden;* 16.7.2009 – 43376/06, Rn. 62-3 – *Prencipe/Monaco.*
32 EGMR 26.6.2001 – 37453/97, ECHR 2001-VI 223, Rn. 25 – *Akman/Türkei;* 6.5.2003 – 26307/95 (GK), ECHR 2003-VI 1, Rn. 75 – *Tahsin Acar/Türkei;* 11.2.2014 – 30671/08, Rn. 37 = NJOZ 2015, 1990 – *Maširević/Serbien.*
33 Sa *Grabenwarter/Pabel,* EMRK, 6. Aufl. 2016, § 13 Rn. 73.
34 Vgl. auch *Glas,* Netherlands Quarterly of Human Rights 30/2012, 495 (499).
35 *Harris/O'Boyle/Warbrick,* Law of the European Convention on Human Rights, 3. Aufl. 2014, S. 129; sa *Grabenwarter/Pabel,* EMRK, 6. Aufl. 2016, § 13 Rn. 73.
36 Vgl. hierzu allg. *Sardaro,* European Human Rights Law Review 2003, 632.

einseitigen Erklärung des beklagten Konventionsstaates nicht dazu dient, die Ablehnung einer gütlichen Einigung durch den Bf. zu unterlaufen.[37] Stattdessen hat der Gerichtshof hervorgehoben, dass an die einseitige Erklärung des Konventionsstaates **inhaltliche Anforderungen** zu stellen sind. Besondere Bedeutung kommt dabei auch der Ausnahmeklausel des Abs. 1 S. 2 zu (s. hierzu auch → Rn. 16).[38] Der Gerichtshof prüft bei seiner Entscheidung über eine Streichung der Beschwerde aus dem Register, ob **die einseitige Erklärung des beklagten Konventionsstaats mit der Achtung der Menschenrechte vereinbar** ist.[39] Dabei stellt er auf Folgendes ab: 1., ob die Konventionsverletzung eindeutig anerkannt ist (hierzu → Rn. 11), 2., ob die vorgesehene Entschädigung angemessen ist. Der Gerichtshof stellt damit auch Anforderungen an die Wiedergutmachung der Konventionsverletzung;[40] insbes. hat eine Entschädigung in Geld, soweit diese erfolgt, angemessen zu sein,[41] 3., ob die Streichung im Register dem Bf. weitergehende Rechte nimmt und 4., ob die zu entscheidenden Rechtsfragen bereits in der Rechtsprechung geklärt sind.[42] Er berücksichtigt dabei die Art der Beschwerde, Art und Umfang etwa von der Regierung in früheren Fällen zur Durchführung von Urteilen des EGMR getroffener Maßnahmen und deren Auswirkungen auf diesen Fall, und ob der Tatsachenvortrag prima facie glaubhaft ist.[43] An der Vereinbarkeit der einseitigen Erklärung mit der Achtung der Menschenrechte kann es fehlen, wenn der der Beschwerde zugrundeliegende Sachverhalt zwischen den Parteien streitig ist, keine gefestigte Rechtsprechung des Gerichtshofs besteht, oder trotz entsprechender Entscheidungen in Parallelfällen ein strukturelles Problem, das Ge-

---

37 EGMR 16.7.2009 – 43376/06, Rn. 61 – *Principe/Monaco*.
38 *Wenzel*, in *Karpenstein/Mayer*, EMRK, 2. Aufl. 2015, Art. 37 Rn. 16, 22.
39 Vgl. die Aufzählung der verschiedenen Kriterien in EGMR 6.5.2003 – 26307/95 (GK), ECHR 2003-VI 1, Rn. 76 – *Tahsin Acar/Türkei*; sa *Schabas*, ECHR, 2015, S. 726, Art. 37 S. 799.
40 S. EGMR 16.7.2009 – 43376/06, Rn. 60-4 – *Principe/Monaco*.
41 EGMR 16.7.2009 – 43376/06, Rn. 63 – *Principe/Monaco* (sie darf nicht ex gratia erfolgen); 27.9.2007 – 6301/05, Rn. 39 – *The Estate of Nitschke/Schweden*; 27.5.2010 – 9095/08 – *Facondis/Zypern* (der vorgesehene Entschädigungsbetrag war dem ähnlich, was der Gerichtshof in vgl. Fällen zusprechen würde).
42 EGMR 1.4.2008 – 35000/05, NJW 2009, 1403 (1404) – *Orlowski/Deutschland*; 15.5.2008 – 58364/00, NJOZ 2009, 5003 (5008) – *Lück/Deutschland*; 2.6.2009 – 29705/05 – *Kunkel/Deutschland*; sa *Harris/O'Boyle/Warbrick*, Law of the European Convention on Human Rights, 3. Aufl. 2014, S. 129-30.
43 Dazu etwa EGMR 29.3.2005 – 72713/01, Rn. 7, 36 – *Ukrainian Media Group/Ukraine*; 7.1.2010 – 25965/04, ECHR 2010-I 65, Rn. 195-6 = NJW 2010, 3003 – *Rantsev/Zypern u. Russland*.

genstand des Verfahrens ist, nicht beseitigt wurde,[44] oder aber die Beschwerde grds. Fragen aufwirft und schwerste Menschenrechtsverletzungen zum Gegenstand hat.[45]

Die Beendigung des Verfahrens durch eine einseitige Erklärung wirft **15** auch mit Blick auf nationales Recht Fragen auf. Vorschriften über die **Wiederaufnahme rechtskräftig abgeschlossener Verfahren** setzen meist eine Feststellung der Konventionsverletzung durch den EGMR voraus, woran es bei einseitigen Erklärungen trotz vollständiger oder teilweiser Anerkennung der Konventionsverletzung durch den beklagten Staat fehlt.[46] Lässt das nationale Recht in solchen Fällen eine Wiederaufnahme nicht zu, oder ist die Rechtslage in einem Konventionsstaat nicht geklärt, sollte die Beschwerde bei Verfahren gegen diesen Konventionsstaat nicht aus dem Register gestrichen werden.[47]

c) **Weitere Fallgruppen:** Eine Beschwerde kann bei **fehlender Mitwir-** **16** **kung des Bf.** aus dem Register gestrichen werden, also wenn der Bf. seinen verfahrensrechtlichen Pflichten nach Art. 44C Abs. 1 VerfO nicht nachkommt. Der Gerichtshof hat allerdings auch in Fällen, in denen der Bf. es unterließ, Stellungnahmen einzureichen,[48] die Beschwerde in Anwendung der lit. c aus dem Register gestrichen. Eine klare Abgrenzung zu lit. a besteht insoweit nicht.[49] Eine Streichung ist auch möglich, wenn der Bf. mit dem beklagten Konventionsstaat einen Vergleich geschlossen hat, der weitgehend den Ansprüchen entspricht, die nach der Konvention geltend gemacht worden sind, so dass seine **Opfereigenschaft entfallen ist** (sa → Art. 34 Rn. 33). Diese Fälle könnten auch unter lit. b gefasst werden.[50] Wenn der Bf. **entgegen Art. 36 VerfO keinen Anwalt bestellt,** kann die Beschwerde gestrichen werden. Vorstehende Anwendungsfälle sind als nicht **ab-**

---

44 *Harris/O'Boyle/Warbrick*, Law of the European Convention on Human Rights, 3. Aufl. 2014, S. 130; sa EGMR 6.5.2003 – 26307/95 (GK), ECHR 2003-VI 1, Rn. 76 – *Tahsin Acar/Türkei*; vgl. auch EGMR 2.9.2010 – 46344/06, EuGRZ 2010, 700, Rn. 59-75 = NJW 2010, 3355 (mAnm Meyer-Ladewig) – *Rumpf/ Deutschland.*

45 EGMR 7.1.2010 – 25965/04, ECHR 2010-I 65, Rn. 195-6 = NJW 2010, 3003 – *Rantsev/Zypern u. Russland*; hierzu *Pati*, NJW 2011, 128 (129), der die Entscheidung begrüßt.

46 Vgl. auch EGMR 6.12.2011 – 50098/07, Rn. 19-25 – *Rozhin/Russland.*

47 *Wenzel*, in *Karpenstein/Mayer*, EMRK, 2. Aufl. 2015, Art. 37 Rn. 18; vgl. auch EGMR 29.6.2010 – 665/08, Rn. 17-24, 29 – *Hakimi/Belgien.*

48 EGMR 10.11.2005 – 5142/04, Rn. 35-8 – *Hun/Türkei* (fehlende Beibringung eines medizinischen Gutachtens); 10.11.2005 – 21784/04, Rn. 31-5 – *Mürüvvet Küçük/Türkei* (Verweigerung der Teilnahme an einer medizinischen Untersuchung).

49 *Wenzel*, in *Karpenstein/Mayer*, EMRK, 2. Aufl. 2015, Art. 37 Rn. 10.

50 *Wenzel*, in *Karpenstein/Mayer*, EMRK, 2. Aufl. 2015, Art. 37 Rn. 12.

schließende Aufzählung von Fallgruppen zu sehen.[51] Aufgrund des weiten Anwendungsbereichs des Art. 37 Abs. 1 S. 1 lit. c ist die Entwicklung neuer Fallgruppen nicht ausgeschlossen.[52]

III. Fortsetzung der Prüfung (sog Ausnahmeklausel, Abs. 1 S. 2)

17 Von der Regel der Streichung im Register in den vorstehenden Fällen gibt es **Ausnahmen**.[53] Nach der Rechtsprechung des Gerichtshofs ist zwar Hauptziel der Konvention, Individualrechtsschutz zu gewähren. Zweck des Systems ist aber auch, über Fragen grundsätzlicher Bedeutung zu entscheiden und allgemeine Standards für den Menschenrechtsschutz zu entwickeln.[54] Nach Art. 37 Abs. 1 S. 2 setzt der EGMR die Prüfung fort, wenn die **Achtung der Menschenrechte das erfordert**. Der Rechtsprechung des Gerichtshofs lässt sich entnehmen, dass dies bei schwersten Menschenrechtsverletzungen anzunehmen ist.[55] Das gilt für alle Fälle des Art. 37 Abs. 1 S. 1.[56] So kann das Verfahren trotz des Todes des Bf. auch dann fortgesetzt werden, wenn über eine bedeutende Frage allgemeinen Interesses zu entscheiden ist, selbst wenn dies kein Angehöriger beantragt.[57] Bspw. ist eine Beschwerde nach Art. 8 wegen Verweigerung des Umgangs nicht erledigt, wenn das Kind volljährig geworden ist.[58] Zur Bedeutung der Ausnahmeklausel bei einseitigen Erklärungen des beklagten Konventionsstaats s. o. → Rn. 14.

IV. Verfahren

18 Die Entscheidung, die Sache im Register zu streichen, ergeht **durch Beschluss** (Entscheidung), wenn die Beschwerde **noch nicht für zulässig** erklärt worden ist, **anderenfalls durch Urteil** (Art. 43 Abs. 3 VerfO). Wird die Beschwerde aus dem Register gestrichen, entschei-

---

51 Vgl. die Zusammenfassung der Rechtsprechung EGMR 4.10.2006 – 76642/01, ECHR 2006-XIV 369, Rn. 37 = NJOZ 2007, 5200 – *Association SOS Attentats/Frankreich*.

52 Vgl. auch *Harris/O'Boyle/Warbrick*, Law of the European Convention on Human Rights, 3. Aufl. 2014, S. 131.

53 *Cremer*, in *Dörr/Grote/Marauhn*, EMRK/GG, 2. Aufl. 2013, Kap. 32 Rn. 31.

54 EGMR 24.7.2003 – 40016/98, ECHR 2003-IX 199, Rn. 27 = ÖJZ 2004, 36 – *Karner/Österreich*; sa *Schabas*, ECHR, 2015, Art. 33 S. 726, Art. 37 S. 800.

55 S. EGMR 24.2.2009 – 63258/00, Rn. 5 – *Gagiu/Rumänien*; 13.4.2010 – 32940/08, 4126/08, 43616/08, Rn. 56-7 – *Tehrani et al./Türkei*.

56 Vgl. EGMR 12.4.2006 – 1444/02, NVwZ 2007, 429 (430 Rn. 10) – *Fazilet Partisi u. Kutan/Türkei*.

57 EGMR 24.7.2003 – 40016/98, ECHR 2003-IX 199, Rn. 25-6 = ÖJZ 2004, 36 – *Karner/Österreich*.

58 EGMR 10.11.2005 – 40324/98, NJW 2006, 2241, Rn. 72 – *Süss/Deutschland*.

det der Gerichtshof über die **Kosten**; er kann dem Bf. Kostenersatz zusprechen (Art. 43 Abs. 4 VerfO). Dabei legt er die Grundsätze zugrunde, die für Art. 41 gelten.[59] Diese Regelung erlaubt es dem Gerichtshof dem beklagten Staat die Kosten aufzuerlegen, falls die Erledigung der Streitigkeit auf Bemühungen des Bf. beruht.[60] Dabei gelten allerdings die allg. Grundsätze, dh der Bf. hat seine Kosten und Auslagen nachzuweisen.[61]

Ergeht die **Kostenentscheidung im Rahmen einer Entscheidung,** mit der eine nicht für zulässig erklärte Beschwerde im Register gestrichen wird, übermittelt der Kammerpräsident die Entscheidung dem Ministerkomitee (Art. 43 Abs. 4 S. 2 VerfO). Im Gegensatz zu einer Streichung aus dem Register durch Urteil (s. u. → Rn. 20) überwacht das Ministerkomitee lediglich die Erfüllung der Kostenregelung.[62] Eine Wiedereintragung der Beschwerde in das Register wegen Nichterfüllung der Kostenregelung scheint eher ausgeschlossen (vgl. unten → Rn. 21-2). **19**

Auch das **Urteil,** mit dem eine für zulässig erklärte Beschwerde im Register gestrichen wird, wird nach Art. 43 Abs. 3 VerfO iVm Art. 46 Abs. 2 **dem Ministerkomitee übermittelt,** damit es nach Art. 46 Abs. 2 die **Erfüllung etwaiger Verpflichtungen überwachen** kann, die zur Bedingung des Absehens von einer Weiterverfolgung der Beschwerde oder der Beilegung der Streitigkeit übernommen worden sind.[63] Dies ist gerade mit Blick auf den Hauptanwendungsfall des Art. 37 Abs. 1 S. 1 lit. b, dh einseitige Erklärungen, von Bedeutung. Kommt es aufgrund der einseitigen Erklärung zu einer Streichung der Beschwerde aus dem Register durch Entscheidung, weil die Beschwerde noch nicht für zulässig erklärt wurde, führt das zu „Überwachungslücken".[64] Das Ministerkomitee überwacht im Falle einer Entscheidung lediglich die Erfüllung der Kostenregelung, nicht aber weiterer Verpflichtungen (sa → Rn. 19). Hier kann der Gerichtshof durch Wiedereintragung der Beschwerde in das Register Abhilfe schaffen (s. u. → Rn. 22). **20**

---

59 EGMR 20.12.2007 – 25525/03, Rn. 39 – *El Majjaoui u.a./Niederlande*; 6.9.2011 – 51599/08 – *N. I./Belgien*.
60 *Wenzel,* in *Karpenstein/Mayer*, EMRK, 2. Aufl. 2015, Art. 37 Rn. 28.
61 EGMR 6.9.2011 – 51599/08 – *N. I./Belgien*.
62 *Cremer,* in *Dörr/Grote/Marauhn*, EMRK/GG, 2. Aufl. 2013, Kap. 32 Rn. 42.
63 *Cremer,* in *Dörr/Grote/Marauhn*, EMRK/GG, 2. Aufl. 2013, Kap. 32 Rn. 36.
64 S. *Wenzel,* in *Karpenstein/Mayer*, EMRK, 2. Aufl. 2015, Art. 37 Rn. 27; s. aber *Cremer,* in *Dörr/Grote/Marauhn*, EMRK/GG, 2. Aufl. 2013, Kap. 32 Rn. 37.

V. Wiedereintragung in das Register (Abs. 2)

21 Die Möglichkeit der Wiedereintragung einer aus dem Register gestrichenen Beschwerde stellt eine **Sonderregelung zur Endgültigkeit von Entscheidungen** dar.[65] Sie besteht unabhängig davon, ob die Streichung auf einer Entscheidung oder einem Urteil beruht. Art. 37 Abs. 2 lässt die Wiedereintragung zu, **wenn der Gerichtshof dies nach den Umständen für gerechtfertigt hält.** Eine nähere Definition der Voraussetzungen enthält Abs. 2 dagegen nicht. Die VerfO verengt den Anwendungsbereich des Abs. 2, indem sie außergewöhnliche Umstände voraussetzt (Art. 43 Abs. 5 VerfO). Sowohl die Formulierung des Art. 37 Abs. 2 als auch die der VerfO stellen die Wiedereintragung in das Ermessen des Gerichtshofs.

22 Für die Frage der Wiedereintragung der Beschwerde in das Register wird es damit darauf ankommen, ob die Wiedereintragung **zur Achtung der Menschenrechte**, wie sie in der Konvention und den Zusatzprotokollen enthalten sind, **erforderlich ist.**[66] Dies wird im Regelfall dann anzunehmen sein, wenn sich im Nachhinein herausstellt, dass die Voraussetzungen für eine Streichung der Beschwerde aus dem Register nicht vorlagen.[67] Einen weiteren Anwendungsfall können einseitige Erklärungen darstellen, aufgrund derer eine Beschwerde durch Entscheidung aus dem Register gestrichen wurde. Aufgrund der fehlenden Überwachung der in der einseitigen Erklärung übernommenen Verpflichtungen durch das Ministerkomitee kann es zu „Überwachungslücken" kommen (sa oben → Rn. 20). Hier kann der Gerichtshof Abhilfe schaffen, indem er eine Beschwerde wieder in das Register einträgt, wenn der beklagte Staat seinen Verpflichtungen aus der einseitigen Erklärung nicht nachkommt.[68]

Artikel 38 Prüfung der Rechtssache

Der Gerichtshof prüft die Rechtssache mit den Vertretern der Parteien und nimmt, falls erforderlich, Ermittlungen vor; die betreffenden Hohen Vertragsparteien haben alle zur wirksamen Durchführung der Ermittlungen erforderlichen Erleichterungen zu gewähren.

---

65 *Cremer*, in *Dörr/Grote/Marauhn*, EMRK/GG, 2. Aufl. 2013, Kap. 32 Rn. 41.
66 *Cremer*, in *Dörr/Grote/Marauhn*, EMRK/GG, 2. Aufl. 2013, Kap. 32 Rn. 41.
67 Vgl. EGMR 27.8.2002 – 52676/99 – *Nehru/Niederlande*; sa *Schabas*, ECHR, 2015, Art. 33 S. 726, Art. 37 S. 801.
68 Vgl. EGMR 6.5.2003 – 26307/95 (GK), ECHR 2003-VI 1, Rn. 76 – *Tahsin Acar/Türkei*; *Schabas*, ECHR, 2015, Art. 33 S. 726, Art. 37 S. 801.

I. Überblick

1. Allgemeines und Entstehungsgeschichte

Art. 38 hat die Sachverhaltsermittlung zum Gegenstand und ordnet hierzu die Geltung des Amtsermittlungsprinzips (s. u. → Rn. 2, 6-19) an und schreibt Kooperationspflichten (s. u. → Rn. 20-27) fest. Einzelheiten der Sachverhaltsermittlung sind der VerfO und deren Anhang vorbehalten.[1] Art. 38 ist durch Art. 14 Prot. 14 geändert worden. Die früheren Abs. 1 lit. b und 2 sind in Art. 39 übernommen worden, in dem die Vorschriften über den Vergleich zusammengefasst sind. Die Neufassung des Art. 38 hat zur Folge, dass der Gerichtshof in jedem Stadium des Verfahrens Ermittlungen anstellen kann.[2] Die Novellierung des Art. 38 ist auch im Zusammenhang mit der Neufassung der Art. 28 u. 29 zu sehen, wonach nunmehr eine gemeinsame Entscheidung über die Zulässigkeit und Begründetheit bei Individualbeschwerden vorgesehen ist (Art. 28, Abs. 1, 29 Abs. 1; bzgl. Staatenbeschwerden vgl. Art. 29 Abs. 2; vgl. die Übersicht über das Verfahren → Einl. Rn. 47 ff., → Art. 29 Rn. 4 ff.).[3] Die Ausweitung der Ermittlungstätigkeit des Gerichtshof auf die Verfahrensphase vor einer etwaigen Zulässigkeitserklärung hat zugleich zur Folge, dass die in Art. 38 stipulierte Mitwirkungspflicht, insbes. diejenigen des beklagten Konventionsstaats, verschärft wurden,[4] dh bereits zu einem früheren Zeitpunkt gelten.

1

---

1 Vgl. *Schabas*, ECHR, 2015, Art. 38 S. 805, 807.
2 BT-Drs. 16/42, 35 Rn. 90 (Erläuternder Bericht zum 14. Prot. zu Art. 38).
3 BT-Drs. 16/42, 35 Rn. 90 (Erläuternder Bericht zum 14. Prot. zu Art. 38); vgl. auch *Cremer*, in *Dörr/Grote/Marauhn*, EMRK/GG, 2. Aufl. 2013, Kap. 32 Rn. 24.
4 *Cremer*, in *Dörr/Grote/Marauhn*, EMRK/GG, 2. Aufl. 2013, Kap. 32 Rn. 24.

2. Untersuchungsgrundsatz

2 Für den Gerichtshof gilt, wenn auch in eingeschränkter Form, der Untersuchungsgrundsatz (**Inquisitionsmaxime, Amtsermittlungsprinzip**). Er ermittelt den Sachverhalt von Amts wegen und ist an das Vorbringen und die Beweisanträge der Beteiligten nicht gebunden. Der Bf. bestimmt mit seiner Beschwerde den Gegenstand des Verfahrens (**Dispositionsmaxime**; dazu → Art. 37 Rn. 1). Der EGMR kann aber daraufhin alle Ermittlungen anstellen, die er für erforderlich hält, ohne an Beweisanträge gebunden zu sein (Art. A1 Abs. 1 Anhang VerfO).[5] An ein Geständnis der Beteiligten ist er nicht gebunden, auch wenn es naturgemäß faktisch von großer Bedeutung ist. Wenn der beklagte Staat einen Vorwurf einräumt, wird der Gerichtshof das in aller Regel nicht in Frage stellen, obwohl er es könnte.

3 Gegenstand der Sachverhaltsermittlung sind stets nur Tatsachen (s. u. → Rn. 5-9, 10); es gilt der Grundsatz *jura novit curia*.[6] Das nationale Recht wird im Regelfall als Tatsachenfrage behandelt, also wie eine solche ermittelt. Anders nur, wenn und soweit es mit der Auslegung der Konvention im direkten Zusammenhang steht.[7]

4 Eine **Beweisführungslast existiert nicht**; eine **Feststellungslast hingegen schon** (s. u. → Rn. 19). Zur Feststellung einer Konventionsverletzung wendet der Gerichtshof den **Beweismaßstab** des „über berechtigte Zweifel erhabenen" („beyond reasonable doubt") Beweises an (s. u. → Rn. 10, 15).[8]

II. Ermittlungen nach Art. 38 Hs. 1

1. Feststellung des Sachverhalts

5 Der Gerichtshof muss prüfen, ob der beklagte Konventionsstaat ein Konventionsrecht verletzt hat. Dazu ist eine Feststellung des Sachverhalts erforderlich. Dem Gerichtshof liegt die Sachverhaltsschilderung des Bf. in der Beschwerde vor (vgl. Art. 47 VerfO zum Inhalt der Beschwerdeschrift; sa → Art. 34 Rn. 18, 44).[9] Er bittet den beklagten Staat um Stellungnahme dazu (Art. 54 Abs. 2 lit. b VerfO). Aufgrund

---

5 Sa *Jacobs/White/Ovey*, The European Convention on Human Rights, 6. Aufl. 2014, S. 29-30.

6 *Schabas*, ECHR, 2015, Art. 38 S. 815.

7 *Thienel*, German Yearbook of International Law 50/207, 543 (558-61).

8 EGMR 18.1.1978 – 5310/71, EGMR-E 1, 232 (249-50 Rn. 161) – *Irland/Vereinigtes Königreich*; 10.7.2001 – 25657/94, ECHR 2001-VII 83, Rn. 282 – *Avşar/Türkei*.

9 Vgl. auch *Harris/O'Boyle/Warbrick*, Law of the European Convention on Human Rights, 3. Aufl. 2014, S. 118-9.

dieses Materials und der von den Beteiligten vorgelegten Urkunden kann er sich in den meisten Fällen ein ausreichendes Bild von dem Sachverhalt machen.[10] Der Gerichtshof kann die Verfahrensparteien jedoch auch auffordern, weitere Stellungnahmen und Informationen beizubringen (Art. 54 Abs. 2 lit. c, 59 Abs. 1 VerfO). Darüber hinaus kann der Gerichtshof jede Person oder Organisation mit der Bitte um eine Stellungnahme oder ein Gutachten zum Beschwerdegegenstand ersuchen (Art. A1 Abs. 2 VerfO). Wenn der Bf. ein Fehlverhalten von Repräsentanten des Staates rügt und der beklagte Staat das zugesteht, wird der Gerichtshof in der Regel keinen Anlass sehen, daran zu zweifeln und wird diesen Sachverhalt zugrunde legen. Er muss das aber nicht tun (vgl. → Rn. 2). Zu Ermittlungen bei behaupteten Verletzungen des Art. 2, vgl. → Art. 2 Rn. 32 ff.

Wenn über den streitigen Vorfall Ermittlungen durch staatliche Be-   6
hörden vorgenommen worden sind, wenn insbesondere die Staatsanwaltschaft oder die staatlichen Gerichte Zeugen vernommen haben, **verwertet der Gerichtshof die Ergebnisse aus den Akten und dem Urteil.** Er nimmt an, dass es wegen der Subsidiarität seiner **Aufgaben in erster Linie Sache der staatlichen Justizbehörden** ist, den Sachverhalt zu ermitteln, und dass sie dafür besser ausgerüstet sind, sowie früheren und unmittelbaren Zugriff zu Beweismitteln haben.[11] Der Gerichtshof überlässt deswegen die **Beweiserhebung und Beweiswürdigung in erster Linie den staatlichen Gerichten** und setzt seine Beweiswürdigung regelmäßig nicht an die Stelle der staatlichen Gerichte.[12] Der Gerichtshof ist an dieses Ergebnis nicht gebunden, weicht davon aber nur aus besonderen und zwingenden Gründen ab.[13] Bei **Beschwerden nach Art. 2 und 3 prüft der Gerichtshof besonders sorgfältig** und berücksichtigt, dass nach staatlichem Recht eine Person nur verantwortlich gemacht werden kann, wenn ihre Schuld nachgewiesen ist, während die Verantwortlichkeit des Staates nach der Konvention davon unabhängig ist (vgl. auch → Rn. 15).[14]

Besondere Fragestellungen ergeben sich in Fällen, in denen der be-   7
klagte Konventionsstaat **Urkunden und Dokumente** nicht vorlegen

---

10 Vgl. *Schabas*, ECHR, 2015, Art. 38 S. 807.
11 EGMR 4.5.2001 – 28883/95, ECHR 2001-III 475, Rn. 117 – *McKerr/Vereinigtes Königreich*; 18.12.2012 – 2944/06, 8300/07, 50184/07, 332/08 u. 39630/09, Rn. 96 – *Aslakhanova* u.a./*Russland*; 24.7.2014 – 7511/13, Rn. 393 – *Husayn/Polen*; sa *Schabas*, ECHR, 2015, Art. 38 S. 807.
12 Sa *Harris/O'Boyle/Warbrick*, Law of the European Convention on Human Rights, 3. Aufl. 2014, S. 143.
13 S. zB EGMR 22.9.1993 – 15473/98, EuGRZ 1994, 106, Rn. 29-31 – *Klaas/Deutschland*; 10.7.2001 – 25657/94, ECHR 2001-VII 83, Rn. 283 – *Avşar/Türkei*.
14 EGMR 10.4.2001 – 26129/95, ECHR 2001-III 211, Rn. 111– *Tanli/Türkei*.

oder beibringen möchte, und sich dabei auf **Sicherheitsbedenken oder Vertraulichkeit** der entsprechenden Unterlagen **beruft.**[15] Der Gerichtshof prüft, ob die Weigerung des betroffenen Konventionsstaats auf **nachvollziehbaren und stichhaltigen Erwägungen** beruht bzw. ob die Weigerung danach gerechtfertigt ist.[16] Auf nationale Rechtsvorschriften kann sich der betroffene Konventionsstaat dabei nicht berufen.[17] Vielmehr hat der Gerichtshof hervorgehoben, dass die Konventionsstaaten ihrer völkerrechtlichen Verpflichtung aus Art. 38 nachzukommen haben. Dies gründet sich nicht zuletzt auch auf dem Grundsatz pacta sunt servanda (sa Art. 26 der Wiener Vertragskonvention).[18] Bei der Prüfung, ob die Nichtvorlage aufgrund der Vertraulichkeit der Dokumente und damit einhergehender Sicherheitsbedenken gerechtfertigt werden kann, berücksichtigt der Gerichtshof auch, ob den Bedenken des Konventionsstaates **auf andere Weise als durch Nichtvorlage der Urkunden und Dokumente Rechnung getragen werden kann:**[19] So zB durch Schwärzung entsprechend sensibler Passagen,[20] durch den Ausschluss der Öffentlichkeit in der mündlichen Verhandlung (vgl. hierzu auch → Art. 40 Rn. 3)[21] oder durch Beschränkung des Rechts der Akteneinsicht durch die Öffentlichkeit (vgl. hierzu auch → Art. 40 Rn. 5).[22] Soweit ein Konventionsstaat sich ohne eine nachvollziehbare und stichhaltige Begründung weigert, die entsprechenden Urkunden und Dokumente beizubringen, kann der Gerichtshof dies bei der Beweiswürdigung berücksichtigen

---

15 Hierzu *Ciorciari/Franzblau*, Columbia Human Rights Law Review 46/2014-2015, 32-33; sa *Schabas*, ECHR, 2015, Art. 38 S. 814.
16 EGMR 21.10.2013 – 55508/07, 29520/09 (GK), ECHR 2013-V 203, Rn. 205 – *Janowiec/Russland*; 3.7.2014 – 13255/07 (GK), Rn. 99, 106 = NVwZ 2015, 569 – *Georgien/Russland (I)*; 12.4.2008 – 27243/03, Rn. 107 – *Musikhanova/ Russland*; 12.2.2009 – 2512/04, Rn. 55 – *Nolan u. K./Russland*; 28.10.2010 -35079/04, Rn. 145 – *Israilova/Russland*; siehe insbes. die ausführliche Zusammenfassung in EGMR 24.7.2014 – 28761/11, Rn. 360-6 = NVwZ 2015, 955 (956-7) – *Al Nashiri/Polen*.
17 EGMR 12.2.2009 – 2512/04, Rn. 56 – *Nolan u. K./Russland*; 1.7.2010 – 39081/02, Rn. 170 – *Davydov* u.a./*Ukraine*; 21.10.2013 – 55508/07, 29520/09 (GK), ECHR 2013-V 203, Rn. 206 – *Janowiec/Russland*; 3.7.2014 – 13255/07 (GK), Rn. 105 = NVwZ 2015, 569 – *Georgien/Russland (I)*.
18 EGMR 21.10.2013 – 55508/07, 29520/09 (GK), ECHR 2013-V 203, Rn. 211 – *Janowiec/Russland*.
19 Vgl. auch *Schabas*, ECHR, 2015, Art. 40 S. 828.
20 EGMR 12.2.2009 – 2512/04, Rn. 55 – *Nolan u. K./Russland*.
21 EGMR 21.10.2013 – 55508/07, 29520/09 (GK), ECHR 2013-V 203, Rn. 215 – *Janowiec/Russland*; sa *Schabas*, ECHR, 2015, Art. 40 S. 827.
22 EGMR 12.4.2008 – 27243/03, Rn. 107 – *Musikhanova/Russland*; 28.10.2010 -35079/04, Rn. 145 – *Israilova/Russland*; 21.10.2013 – 55508/07, 29520/09 (GK), ECHR 2013-V 203, Rn. 215 – *Janowiec/Russland*; 3.7.2014 – 13255/07 (GK), Rn. 108 = NVwZ 2015, 569 – *Georgien/Russland (I)*; *Schabas*, ECHR, 2015, Art. 40 S. 828.

(s. u. → Rn. 18; vgl. auch → Rn. 19).[23] Auf Antrag stellt der Gerichtshof auch eine Verletzung der Mitwirkungspflicht aus Art. 38 fest (s. u. → Rn. 25, 27).[24]

Neuer Vortrag ist im Rahmen der Zulässigkeitsentscheidung zulässig 8
(→ Art. 29 Rn. 9), wird aber nicht berücksichtigt, wenn er den Behörden bei der angegriffenen Entscheidung nicht bekannt war.[25]

Neue Beweismittel können grundsätzlich berücksichtigt werden. 9
Wenn es sich aber um Beweise handelt, die vom obersten Gericht des Staates nicht verwertet werden dürfen, weil er nur eine Rechtsprüfung vornimmt, berücksichtigt sie auch der EGMR nicht, weil das staatliche Gericht entgegen dem Subsidiaritätsgrundsatz nicht dazu Stellung nehmen konnte und der EGMR selbst über die Wiederaufnahme eines staatlichen Gerichtsverfahrens entscheiden müsste.[26]

2. Notwendigkeit von Ermittlungen

Alle für die rechtliche Beurteilung nach der Konvention wesentlichen 10
Tatsachen müssen festgestellt sein. Das gilt für **alle Tatsachen, die für die Entscheidung in prozessualer und materieller Hinsicht notwendig sind,** also für die Entscheidung über die Zulässigkeit und die Begründetheit der Beschwerde. Welche Tatsachen das sind, hängt davon ab, welche Pflichten eine bestimmte Konventionsvorschrift dem Staat auferlegt, in prozessualer Hinsicht sind es die Voraussetzungen nach Art. 35. Ermittlungen sind notwendig, wenn die für die Entscheidung erheblichen Tatsachen nicht bereits aus den schriftlichen Unterlagen festgestellt werden können und wenn sie nicht offenkundig sind (s. → Rn. 5-6). Der Gerichtshof verschafft sich **grundsätzlich volle Überzeugung von den Tatsachen.** Absolute Gewissheit ist nicht erforderlich und selten möglich. Es genügt, wenn die Tatsachen auf eine Weise festgestellt worden sind, so **dass keine vernünftigen Zweifel mehr bestehen.**[27] Ob ein solcher Grad an Überzeugung erreicht worden ist, hängt von der Beweiswürdigung ab (dazu bei → Rn. 15).

---

23 EGMR 8.1.2009 – 27251/03, Rn. 134-40 – *Shakhgiriyeva* u.a./*Russland*;
    3.7.2014 – 13255/07 (GK), Rn. 109 = NVwZ 2015, 569 – *Georgien/Russland*
    (I); vgl. auch *Meyer-Ladewig*, NVwZ 2009, 1531 (1534-5).
24 EGMR 3.7.2014 – 13255/07 (GK), Rn. 110 = NVwZ 2015, 569 – *Georgien/*
    Russland (I).
25 EGMR 14.1.2003 – 27751/95, Rn. 90 – *K.A./Finnland.*
26 EGMR 1.3.2007 – 510/04, Rn. 54 – *Tonsbergs Blad As* u.a./*Norwegen.*
27 EGMR 18.1.1978 – 5310/71, EGMR-E 1, 232 (249-50 Rn. 161) – *Irland/Vereinigtes Königreich*; 27.6.2000 – 21986/93 (GK), ECHR 2000-VII 365, Rn. 100 =
    NJW 2001, 2001 – *Salman/Türkei*; 10.4.2001 – 26129/95, ECHR 2001-III 211,
    Rn. 109, 122, 142 – *Tanli/Türkei*; 10.7.2001 – 25657/94, ECHR 2001-VII 83,
    Rn. 282 – *Avşar/Türkei.*

3. Beweisverfahren

11　Die Zulässigkeit von Beweismitteln ist nicht beschränkt. Der Gerichtshof entscheidet frei, ob und welche Ermittlungen er für erforderlich hält. So kann der Gerichtshof die Parteien zur Beibringung weiterer Informationen oder Beweise auffordern (Art. 44 Abs. 1 VerfO; vgl. Art. 53 Abs. 2, Art. 54 Abs. 2, 59 Abs. 1 VerfO) oder auch eigene Ermittlungen anstellen (sa → Rn. 5). Verfahren der Beweiserhebung sind im Regelfall nicht öffentlich, finden also in camera statt, soweit der Präsident nicht anders entscheidet (Art. A1 Abs. 5 VerfO). Dritten kann die Anwesenheit bei Beweiserhebungen genehmigt werden, wobei Umfang und Art der Mitwirkung Dritter durch den Gerichtshof bestimmt werden (Art. A1 Abs. 6 VerfO).[28] In der Praxis spielt die Heranziehung von Urkunden eine große Rolle, die Vernehmung von Zeugen und Sachverständigen sowie Ortsbesichtigungen (s. o. → Rn. 14) sind dagegen selten.

12　Nach Art. A1 Abs. 1 VerfO kann der Gerichtshof jede Ermittlungstätigkeit aufnehmen, von der er sich eine Aufklärung des Sachverhaltes verspricht. Im Einzelnen kann der Gerichtshof insb.

- **Auskünfte, Stellungnahmen bzw. Berichte** von jeder Person oder Institution seiner Wahl erbitten. Die Beteiligten werden der Anforderung entsprechen müssen, nicht notwendig aber nichtstaatliche Institutionen und Privatpersonen;
- **Urkunden** von den Beteiligten anfordern;
- **Zeugen** vernehmen;
- **Sachverständige** bestellen und anhören sowie **Statistiken** verwerten;[29]
- **Ortsbesichtigungen** durchführen oder sonst **Augenschein** einnehmen;
- oder on-site proceedings durchführen (vgl. u. → Rn. 14).[30]

13　Die Kammer kann **Zeugen und Sachverständige in der mündlichen Verhandlung** vernehmen. Sie werden dann vom Kanzler geladen (Art. A5 Abs. 1 VerfO) und haben vor der Vernehmung einen Eid zu leisten oder eine feierliche Erklärung abzugeben (Art. A6 VerfO). Der Konventionsstaat in dessen Gebiet der Zeuge, Sachverständige oder die sonst zu ladende Person seinen bzw. ihren Wohnsitz hat, ist für die Zustellung der Ladung verantwortlich (Art. A5 Abs. 4

28　Sa *Schabas*, ECHR, 2015, Art. 38 S. 808.
29　Vgl. zB EGMR 13.11.2007 – 57325/00, ECHR 2007-IV 241, Rn. 180 = NVwZ 2008, 533 – *D.H. u.a./Tschechien* (Verwendung von Statistiken für den Nachweis einer Diskriminierung).
30　Zu den einzelnen Möglichkeiten sa *Harris/O'Boyle/Warbrick*, Law of the European Convention on Human Rights, 3. Aufl. 2014, S. 144-5.

VerfO). Die Parteien des Verfahrens haben soweit möglich Namen und Anschrift der Zeugen und Sachverständigen sowie weiterer Personen mitzuteilen (Art. A5 Abs. 3 VerfO). Der Bf. kann ebenfalls als Zeuge vernommen werden.[31] Zwangsmittel zur Vorführung von Zeugen stehen dem Gerichtshof nicht zur Verfügung.[32] Konventionsstaaten trifft jedoch eine Pflicht, Sorge dafür zu tragen, dass geladene Zeugen erscheinen, die sich in ihrem Territorium aufhalten oder ihrer Kontrolle unterstehen (Art. A5 Abs. 4 S. 3 VerfO). Einzelheiten der Vernehmung von Zeugen und Sachverständigen sind im Anhang zur Verfahrensordnung geregelt (Art. A7, A8 VerfO).[33]

Die Kammer kann eines oder mehrere ihrer Mitglieder oder andere   14 Richter des Gerichtshofs **beauftragen, eine Beweisaufnahme durchzuführen** (vgl. Art. A1 Abs. 3 u. 4 VerfO). Sie kann zur Unterstützung der Richter unabhängige externe Sachverständige bestellen.[34] Zeugenvernehmungen oder Ortsbesichtigungen (zB eines Gefängnisses) werden häufig an drei Richter übertragen, die dann in den beklagten Konventionsstaat reisen und dort tätig werden (sog on-site proceedings).[35] Dies geschah bisher selten; eine übermäßige Nutzung ist auch zukünftig kaum zu erwarten.[36] Allerdings werden gerade bei schwersten Menschenrechtsverletzungen on-site proceedings gefordert.[37] Das Verfahren und die Modalitäten der Ermittlungen bei on-site proceedings sind ebenfalls im Anhang zur VerfO geregelt (vgl. Art. A4 – A7 VerfO). Wenn eine Delegation von Richtern ermittelt, leitet der Delegationsleiter die Verhandlungen und die Delegation übt die Befugnisse der Kammer aus (Art. A4 Abs. 1 VerfO). Die Parteien können bei den Ermittlungsmaßnahmen anwesend sein. Wenn ein Beteiligter nicht erscheint, hat das keine negativen Auswirkungen für seine Beschwerde, solange er sie aufrechterhält. Der EGMR setzt dann seine Prüfung fort (Art. A3 VerfO).[38]

---

31 S. zB EGMR 25.5.1998 – 24276/94, Rn. 45 – *Kurt/Türkei*.
32 Sa *Schabas*, ECHR, 2015, Art. 38 S. 808; *Harris/O'Boyle/Warbrick*, Law of the European Convention on Human Rights, 3. Aufl. 2014, S. 146.
33 Sa *Schabas*, ECHR, 2015, Art. 38 S. 810.
34 Sa *Schabas*, ECHR, 2015, Art. 38 S. 807-8.
35 Vgl. hierzu auch *Leach/Paraskeva/Uzelac*, Netherlands Quarterly of Human Rights, 28/2010, 41; *Harris/O'Boyle/Warbrick*, Law of the European Convention on Human Rights, 3. Aufl. 2014, S. 145.
36 S. zB EGMR 12.4.2005 – 36378/02, ECHR 2005-III 153 – *Shamayev u.a./ Georgien u. Russland*; vgl. *Meyer-Ladewig*, NVwZ 2009, 1531 (1531); *Harris/ O'Boyle/Warbrick*, Law of the European Convention on Human Rights, 3. Aufl. 2014, S. 144; vgl. auch *Jacobs/White/Ovey*, The European Convention on Human Rights, 6. Aufl. 2014, S. 30.
37 S. *Sadaro*, European Human Rights Law Review 2003, 618.
38 EGMR 20.5.1999 –21594/93, ECHR 1999-III 519, Rn. 69 = NJW 2001, 1991 – *Ogur/Türkei*.

4. Beweiswürdigung

15　Der Gerichtshof würdigt die Beweise unter Berücksichtigung aller Umstände des Falles, einschließlich der Erklärungen der Parteien. Es gibt keine Einschränkungen bei der Zulässigkeit von Beweismitteln und keine besonderen Regelungen für die Beweiskraft und die Beweiswürdigung. **Es gilt der Grundsatz der freien Beweiswürdigung.**[39] Der EGMR berücksichtigt **auch Indizien und nicht widerlegte Vermutungen,** wenn sie ausreichend gewichtig, genau und nicht widersprüchlich sind.[40] Dabei gewichtet der Gerichtshof die einzelnen Beweismittel entsprechend ihrer Aussagekraft.[41] Zur Feststellung einer Konventionsverletzung ist regelmäßig erforderlich, dass dieselbe „über berechtigte Zweifel erhaben" („beyond reasonable doubt") bewiesen werden kann (sa → Rn. 4, 10).[42] Entgegen einiger Kritik hieran,[43] hat der Gerichtshof in seiner Rechtsprechung bereits früh klargestellt, dass dieser Beweismaßstab auch durch ein Bündel hinreichend überzeugender, klarer und übereinstimmender Indizien oder aus ähnlichen, unwiderlegten Tatsachenvermutungen erfüllt sein kann.[44] **Der notwendige Grad der Überzeugung des EGMR und die Verteilung der Beweislast** (hierzu → Rn. 19) hängen von den Besonderheiten des Falles, der Art der gerügten Verletzung und dem in Frage stehenden Konventionsrecht ab (vgl. auch → Art. 2 Rn. 32 ff.).[45] Wesentlich ist dabei, dass der EGMR nicht über die Verantwortlichkeit einzelner Personen entscheidet, welche sich auf die Unschulds-

---

39　EGMR 3.7.2014 – 13255/07 (GK), Rn. 138 = NVwZ 2015, 569 – *Georgien/Russland (I)*; sa *Schabas*, ECHR, 2015, Art. 38 S. 810.
40　EGMR 18.1.1978 – 5310/71, Ser. A No. 25 = EGMR-E 1, 232 (249-50 Rn. 161) – *Irland/Vereinigtes Königreich*; 18.7.2000, 25625/94, EuGRZ 1979, 149, Rn. 7– *Ekinci/Türkei*.
41　EGMR 18.1.1978 – 5310/71, Ser. A No. 25 = EGMR-E 1, 232 Rn. 210 (nicht in dt. Fundstelle abgedruckt) – *Irland/Vereinigtes Königreich*; sa *Amerasinghe*, Evidence in International Litigation, 2005, S. 187-8.
42　EGMR 18.1.1978 – 5310/71, Ser. A No. 25 = EGMR-E 1, 232 (249-50 Rn. 161) – *Irland/Vereinigtes Königreich*; 10.7.2001 – 25657/94, ECHR 2001-VII 83, Rn. 282 – *Avşar/Türkei*; 3.7.2014 – 13255/07 (GK), Rn. 93 = NVwZ 2015, 569 – *Georgien/Russland (I)*; sa *Harris/O'Boyle/Warbrick*, Law of the European Convention on Human Rights, 3. Aufl. 2014, S. 148.
43　Vgl. hierzu EGMR 18.1.1978 – 5310/71, Ser. A No. 25 = EGMR-E 1, 232 (249-50 Rn. 161) – *Irland/Vereinigtes Königreich*.
44　EGMR 18.1.1978 – 5310/71, Ser. A No. 25 = EGMR-E 1, 232 (249-50 Rn. 161) – *Irland/Vereinigtes Königreich*; 10.7.2001 – 25657/94, ECHR 2001-VII 83, Rn. 282 – *Avşar/Türkei*; sa *Harris/O'Boyle/Warbrick*, Law of the European Convention on Human Rights, 3. Aufl. 2014, S. 148.
45　S. zB EGMR 18.1.1978 – 5310/71, Ser. A No. 25 = EGMR-E 1, 232 (249-50 Rn. 161) – *Irland/Vereinigtes Königreich*; 24.7.2014 – 7511/13, Rn. 394 – *Husayn/Polen*; sa *Schabas*, ECHR, 2015, Art. 38 S. 810; *Harris/O'Boyle/Warbrick*, Law of the European Convention on Human Rights, 3. Aufl. 2014, S. 147.

vermutung berufen können, sondern über die Verantwortung des Staates nach der Konvention.[46]

So ist es bei indirekten **Diskriminierungen** ausreichend, wenn der Bf. 16 eine Ungleichbehandlung darlegen sowie weitere Tatsachen, die eine Diskriminierung nahelegen, vortragen kann. Diese müssen ausreichend gewichtig und widerspruchsfrei sein; verlässliche Statistiken können genügen.[47] Der beklagte Konventionsstaat trägt dann die materielle Beweislast dafür, dass die Ungleichbehandlung nicht diskriminierend ist (→ Art. 14 Rn. 9). Der Sache nach handelt es sich hierbei um eine Umkehr der materiellen Beweislast (hierzu → Rn. 19).

Vermutung bei Verletzung oder Tod in Haft: Wenn nur der Staat 17 über die Ereignisse gänzlich oder in großen Teilen Kenntnis haben kann, zB bei einer Person in **Haft**, nimmt der Gerichtshof eine starke tatsächliche Vermutung für die Verantwortung staatlicher Stellen an, wenn während der Haft Verletzungen erlitten wurden oder der Tod eintritt, ohne dass dafür seitens des Staates eine überzeugende Erklärung geliefert werden kann.[48] Die Beweislast liegt dann insoweit beim Staat.[49] Wenn eine Person bei guter Gesundheit in Haft genommen wurde und bei ihrer Entlassung verletzt ist, muss der Staat dafür eine plausible Erklärung geben (vgl. → Art. 2 Rn. 36; → Art. 3 Rn. 54).[50]

Bei der Beweiswürdigung kann der Gerichtshof das Verhalten der 18 **Beteiligten berücksichtigen.** Geben sie keine Erklärung ab, obwohl das nach Sachlage von ihnen erwartet werden kann, kann der Gerichtshof daraus den Schluss ziehen, dass die Behauptung der Gegenseite zutrifft (sa → Rn. 25).

---

46 EGMR 29.9.2005 – 24919/03, ECHR 2005-IX 57, Rn. 156 – *Mathew/Niederlande*.
47 Vgl. zB EGMR 13.11.2007 – 57325/00, ECHR 2007-IV 241, Rn. 180 = NVwZ 2008, 533 – *D.H. u.a./Tschechien* (Verwendung von Statistiken für den Nachweis einer Diskriminierung).
48 *Meyer-Ladewig*, NVwZ 2009, 1531 (1534-5).
49 Bspw. EGMR 28.7.1999 – 25803/94 (GK), ECHR 1999-V 149, Rn. 87 = NJW 2001, 56 – *Selmouni/Frankreich*; 27.6.2000 – 21986/93 (GK), ECHR 2000-VII 365, Rn. 100 = NJW 2001, 2001 – *Salman/Türkei*; 10.4.2001 – 26129/95, ECHR 2001-III 211, Rn. 142– *Tanli/Türkei*; sa *Grabenwarter*, ECHR, 2016, Art. 2 Rn. 25.
50 *Grabenwarter*, ECHR, 2016, Art. 3 Rn. 12.

5. Beweislast

19 In der Literatur wird häufig nicht ausdrücklich zwischen formeller und materieller Beweislast differenziert.[51] Dies ist zu präzisieren: es **gibt keine Beweisführungslast,**[52] weil der Gerichtshof von Amts wegen ermittelt (o. → Rn. 2). Es gibt aber eine **materielle Beweislast** (Feststellungslast), die darüber entscheidet, zu wessen Nachteil es gereicht, wenn bestimmte Feststellungen nicht getroffen werden konnten. Als Grundsatz gilt, **dass der Bf. den Nachteil tragen muss, wenn nicht festgestellt werden kann,** dass die Beschwerde zulässig ist oder dass der beklagte Konventionsstaat für eine Konventionsverletzung verantwortlich ist bzw. sich konventionswidrig verhalten hat. Der beklagte Konventionsstaat hat allerdings den Nachteil zu tragen, wenn nicht nachgewiesen werden kann, dass das konventionswidrige Verhalten gerechtfertigt war.[53] Der EGMR hat aber immer wieder betont, dass dieser Grundsatz nicht ausnahmslos gilt und insbesondere auf die Mitwirkungspflicht des Staates hingewiesen (vgl. → Rn. 23-5).[54] Deswegen hat der Gerichtshof eine Reihe von **Beweislast-Regeln** entwickelt,[55] zB zur

- **Erschöpfung der Rechtsbehelfe** nach Art. 35 Abs. 1 (vgl. dazu → Art. 35 Rn. 20);
- **Beendigung der Sechs-Monats-Frist** nach Art. 35 Abs. 1 (vgl. dazu → Art. 35 Rn. 23);
- Feststellung einer Konventionsverletzung, zB in Fällen der Art. 2 und 3. So muss der Staat beweisen, dass er seinen **Ermittlungspflichten** nachgekommen ist (vgl. → Art. 2 Rn. 33, 36; → Art. 3 Rn. 14). Ist eine Person **bei guter Gesundheit in Haft genommen worden und war sie bei der Entlassung verletzt,** muss der Staat eine plausible Erklärung dafür geben (s. o. → Rn. 17);[56]
- **Umkehr der Beweislast, Anscheinsbeweis** (s. → Art. 2 Rn. 36);
- **Diskriminierung** (Art. 14): Der Staat muss überzeugend erklären, dass es für die unterschiedliche Behandlung rechtfertigende Gründe gab (s. o. → Rn. 16; → Art. 14 Rn. 9);[57]

---

51 S. bspw. *Wenzel*, in *Karpenstein/Mayer*, EMRK, 2. Aufl. 2015, Art. 38 Rn. 9.
52 EGMR 18.1.1978 – 5310/71, EGMR-E 1, 232 (249 Rn. 160) – *Irland/Vereinigtes Königreich*; vgl. a. *Amerasinghe*, Evidence in International Litigation, 2005, S. 77.
53 *Thienel*, German Yearbook of International Law 50/207, 543 (553-4); *Harris/O'Boyle/Warbrick*, Law of the European Convention on Human Rights, 3. Aufl. 2014, S. 148.
54 Bspw. EGMR 8.4.2004 – 26307/95 (GK), ECHR 2004-III 1, Rn. 253 – *Tahsin Acar/Türkei*.
55 Allg. hierzu *Schabas*, ECHR, 2015, Art. 38 S. 810-2.
56 S. auch *Grabenwarter*, ECHR, 2016, Art. 2 Rn. 25, Art. 3 Rn. 12.
57 EGMR 13.11.2007 – 57325/00, ECHR 2007-IV 241, Rn. 177 = NVwZ 2008, 533 – *D.H. u.a./Tschechien.*

■ Prüfung, ob ein Eingriff nach den Abs. 2 der Art. 8 bis 11 ausnahmsweise gerechtfertigt ist. Der Gerichtshof erwartet **eine stichhaltige und ausreichende Begründung** staatlicher Stellen. Wird sie nicht gegeben, stellt er eine Verletzung fest (vgl. → Art. 8 Rn. 101, 111).

■ **Erstattung der Kosten.** Der Bf. muss nachweisen, dass die Kosten tatsächlich entstanden sind und angemessen waren.

III. Mitwirkungspflicht der Beteiligten, Art. 38 Hs. 2

1. Allgemeines

Ohne dass dies in der EMRK besonders gesagt ist, gilt, dass die **Verfahrensbeteiligten besondere Mitwirkungspflichten** haben. Das zeigt die Fassung von Art. 38: Der Gerichtshof prüft die Rechtssache „mit den Vertretern der Parteien". Sie haben dem Gerichtshof alle wesentlichen Informationen zu geben.[58] Für den Staat ergibt sich das aus dem in Art. 1 zum Ausdruck gebrachten allgemeinen Gedanken iVm Art. 34 S. 2; für Ermittlungen schreibt Art. 38 ausdrücklich Mitwirkungspflichten vor. Der beklagte Konventionsstaat hat danach „alle zur wirksamen Durchführung der Ermittlungen erforderlichen Erleichterungen zu gewähren".   **20**

Die VerfO regelt die Mitwirkungspflichten der Beteiligten ausdrücklich. Art. 44A bestimmt, dass die Parteien zur Mitwirkung verpflichtet sind. Das gilt auch für Staaten, die nicht beklagt sind, wenn ihre Mitwirkung nötig ist. Auch der **Anhang zur VerfO** statuiert verfahrensrechtliche Mitwirkungspflichten der Parteien (vgl. Art. A2 – 5 VerfO). Art. A2 Abs. 1 VerfO verpflichtet die Parteien des Verfahrens den Gerichtshof bei der Durchführung von Ermittlungen zu unterstützen. Abs. 2 der Vorschrift enthält besondere Mitwirkungspflichten des beklagten Konventionsstaats bei Ermittlungen auf seinem Staatsgebiet („on-site proceedings"; sa Art. A5 Abs. 5.; allg. hierzu → Rn. 14).   **21**

Eine nähere Präzisierung haben die Mitwirkungspflichten der Parteien zur Ermittlung des Sachverhaltes durch die Rechtsprechung des EGMR erfahren. Es gibt Fälle, in denen **nur die Regierung Zugang zu wesentlichen Informationen** hat oder nur sie von bestimmten Ereignissen Kenntnis hat. Wenn sie die Informationen dann ohne ausreichende Erklärung nicht oder verspätet gibt, kann der Gerichtshof daraus Schlüsse ziehen; uU nimmt er dann eine **Umkehr der Beweis-**   **22**

---

58 BT-Drs. 13/858, 14 Rn. 93 (Erläuternder Bericht zum 11. Prot.); BT-Drs. 13/858, 28 (Denkschrift zum 11. Prot. zu Art. 38).

last an (sa → Rn. 19).[59] Für die Bf. ergibt sich das aus allgemeinen Überlegungen.[60] Wenn ein Bf. eine Beschwerde einlegt, hat er Anspruch darauf, dass der Gerichtshof die Beschwerde prüft. Das kann der Gerichtshof aber nur aufgrund einer ausreichenden Sachverhaltsdarstellung. Es gibt **Bereiche, über die nur der Bf. informieren** kann. Tut er das nicht, wird ihm das idR zum Nachteil gereichen. Wie im deutschen Prozessrecht wird man annehmen müssen, dass es zwischen der Amtsermittlungspflicht des Gerichts und der Mitwirkungslast des Bf. eine Beziehung gibt: Je weniger der Bf. beiträgt, desto weniger muss der Gerichtshof von sich aus ermitteln. Zu Mitwirkungspflichten bei Ermittlungen s. u. → Rn. 23-4. Eine besondere Mitwirkungspflicht der Parteien besteht bei der Beweisaufnahme (dazu auch → Rn. 13-4, 24). Zur Beweislast s. u. → Rn. 19.

2. Mitwirkungspflichten der Beteiligten bei Ermittlungen

23   Für Ermittlungen ist die Mitwirkungspflicht für den beklagten Konventionsstaat in Art. 38 besonders erwähnt (vgl. auch Art. A2 Abs. 1 VerfO: Die Parteien unterstützen den EGMR bei allen Ermittlungsmaßnahmen). Die **Mitwirkung des beklagten Staates** ist von besonderer Bedeutung, weil in vielen Fällen nur er Zugang zu den erforderlichen Informationen hat. Der Gerichtshof hat besonders hervorgehoben, dass die Mitwirkungspflicht des beklagten Konventionsstaates bei der Aufklärung des Sachverhaltes auch im Zusammenhang mit der Effektivität der Individualbeschwerde zu sehen ist und eine Verletzung der Mitwirkungspflicht die Rechtsschutzmöglichkeiten des Bf. nach Art. 34 beeinträchtigt.[61]

24   Der **beklagte Staat muss die notwendigen Hilfen** geben, um eine angemessene und wirksame Prüfung der Beschwerde zu ermöglichen.[62] Art. A2 Abs. 2 VerfO erwähnt die Verpflichtungen des Staates, auf dessen Gebiet Ermittlungen stattfinden („on-site proceedings"). Danach hat der betroffene Konventionsstaat die **Bewegungsfreiheit und Sicherheit** für die Delegation, den Bf., die Zeugen, die Sachverständigen und für weitere Personen, die durch die Delegation vernommen werden sollen, zu gewährleisten; der Delegation solche Räumlichkeiten zur Verfügung zu stellen, die für eine ordnungsgemäße Durchfüh-

---

59   EGMR 18.620.2002 – 25656/94, Rn. 266, 327 – *Orhan/Türkei.*
60   EGMR 23.5.2001 – 25316/94, ECHR 2001-V 225, Rn. 368 – *Denizci* u.a./ *Zypern.*
61   S. zB EGMR 21.10.2013 – 55508/07, 29520/09 (GK), ECHR 2013-V 203, Rn. 209 – *Janowiec/Russland.*
62   EGMR 8.7.1999 – 23763 /94 (GK), ECHR 1999-IV 457, Rn. 70– *Tanrikulu/ Türkei.*

rung erforderlich sind; die Delegation bei der Durchführung der Ermittlungen zu unterstützen; und ist verantwortlich dafür, dass für Personen, einschließlich Zeugen und Sachverständige, daraus keine Nachteile erwachsen, dass sie vor der Delegation aussagen oder diese unterstützen. Im Einzelnen ist der betroffene Konventionsstaat zB dazu verpflichtet, bei der **Ermittlung von Zeugen** zu helfen (Art. A5 Abs. 3 VerfO); uU zu ermitteln, wer an polizeilichen Aktionen teilgenommen hat; wenn notwendig, Nachforschungen über den Aufenthalt von Zeugen anzustellen;[63] die Zeugen **zu laden** (Art. A5 Abs. 4 VerfO), und ihr Erscheinen sicherzustellen, wenn sie sich unter seiner Kontrolle befinden (Art. A5 Abs. 4 S. 3 VerfO);[64] den Zeugen etwa erforderliche Aussagegenehmigungen zu verschaffen; Richtern und Sachverständigen **die Einreise und den Zugang zu staatlichen Gebäuden** zu verschaffen, zB den Zugang zu **Gefängnissen, psychiatrischen Anstalten** und anderen Orten, an denen Personen gegen oder ohne ihren Willen festgehalten werden; Zugang zu den Gefangenen zu verschaffen;[65] **Einsicht in Akten** zu gewähren und **Akten rechtzeitig und vollständig zu übersenden;**[66] sowie **Verhandlungsräume** zur Verfügung zu stellen. Bei elektronischer Übermittlung von Unterlagen, zB Zeugenaussagen, hat der beklagte Konventionsstaat sicherzustellen, dass diese den Gerichtshof erreichen.[67] Eine Verletzung der Mitwirkungspflicht aus Art. 38 scheidet aber aus, wenn der Konventionsstaat vernünftigerweise davon ausgehen konnte, dass die Unterlagen den Gerichtshof erreicht haben.[68] Wenn über die Echtheit einer Fotokopie gestritten wird, muss der Staat Einsicht in das Original gewähren und kann sich nicht darauf zurückziehen, dass die Urkunde geheim sei.[69]

3. Folgen der Verletzung von Mitwirkungspflichten

Verletzen die Parteien des Verfahrens die ihnen nach Art. 38 sowie der VerfO **obliegenden Mitwirkungspflichten,** so kann dies Auswirkungen auf das weitere Verfahren haben. Nach Art. 44B kann der Kammerpräsident die geeigneten Maßnahmen treffen, wenn ein Beteiligter den Mitwirkungspflichten nicht nachkommt. Nach Art. 44C   25

63 EGMR 25.5.2005 – 25660/94, Rn. 141, 142 – *Süheyla Aydin/Türkei*.
64 EGMR 17.2.2004 – 25760/94, ECHR 2004-II 1, Rn. 112 – *Ipek/Türkei*.
65 EGMR 12.4.2005 – 36378/02, ECHR 2005-III 153, Rn. 496 – 504 – *Chamaiev u.a./Georgien u. Russland*.
66 EGMR 5.7.2005 – 49790/99 – *Trubnikov/Russland*; 23.4.2015 – 36367/09, Rn. 132 – *Kagirov/Russland*.
67 EGMR 28.5.2014 – 1413/05, Rn. 19 – *Sibgatullin/Russland*.
68 EGMR 28.5.2014 – 1413/05, Rn. 20-1 – *Sibgatullin/Russland*.
69 EGMR 13.6.2000 – 23531/94, ECHR 2000-VI 303, Rn. 67 – *Timurtas/Türkei*.

kann der EGMR angemessene Schlüsse ziehen, wenn angeforderte Informationen nicht gegeben werden. Insb. kann der Gerichtshof dies bei der Beweiswürdigung berücksichtigen. Wenn der Staat keine zufriedenstellende Begründung für sein Unterlassen gibt, kann der EGMR das **bei der Beweiswürdigung berücksichtigen**.[70] Wenn der Staat seinen Verpflichtungen zur Mitwirkung nicht oder zu spät nachkommt, kann der Gerichtshof annehmen, dass die Angaben des Bf. zutreffen.[71] Legt der Staat zB wesentliche Urkunden nicht vor und kann er nicht hinreichend begründen, dass sie die Behauptungen des Bf. nicht stützen, muss er eine überzeugende und ausreichende Erklärung abgeben, wie sich die streitigen Ereignisse abgespielt haben.[72] Tut er das nicht, stellt der EGMR eine Verletzung fest.[73] Eine solche Umkehr der Beweislast (→ Rn. 19) setzt aber voraus, dass der Bf. eine schlüssige Darstellung gegeben hat.[74] Zum Einwand der Vertraulichkeit der angeforderten Urkunden und Dokumente s. o. → Rn. 7. Verstößt der beklagte Konventionsstaat gegen seine Mitwirkungspflichten, so rechtfertigt dies allein jedoch nicht die Prüfung der Beschwerde einzustellen (Art. 44C Abs. 2 VerfO). Gegenteiliges wäre bei Individualbeschwerden kaum mit dem menschenrechtlichen Charakter des Verfahrens zu vereinbaren.

26 **Verstößt der Bf. gegen seine Mitwirkungspflichten bei Ermittlungen,** so kann dies zur Streichung der Beschwerde aus dem Register führen. Eine Streichung der Beschwerde nach Art. 37 Abs. 1 S. 1 lit. a kommt insbes. in Betracht, wenn der Bf. auf Informationsbitten nicht in angemessener Zeit reagiert. Hieraus kann der Gerichtshof den Schluss ziehen, dass der Bf. seine Beschwerden nicht weiter zu betreiben beabsichtigt (hierzu → Art. 37 Rn. 4-5). Aber auch ohne entsprechende Aufforderungen oder Informationsbitten hat der Gerichtshof bei fehlender Mitwirkung Beschwerden aus dem Register gestrichen (vgl. → Art. 37 Rn. 16). Meistens hatte der Gerichtshof in diesen Fällen zu-

---

70 Bspw. EGMR 24.5.2005 – 25660/94, Rn. 143, 147, 154 – *Süheyla Aydin/ Türkei*; 12.11.2013 – 23502/06, Rn. 154-61, 179, 183 – *Benzer u.a./Türkei*.
71 EGMR 3.7.2014 – 13255/07 (GK), Rn. 140 = NVwZ 2015, 569 – *Georgien/ Russland (I)*; vgl. auch EGMR 24.4.2003 – 24351/94, ECHR 2003-V 1,Rn. 272 – *Aktas/Türkei*; 9.5.2003 – 27244/95, Rn. 127-135 – *Tepe/Türkei*; 21.10.2013 – 51534/08 u.a., Rn. 386 – *GakaYeva u.a./Russland*; 21.10.2013 – 55508/07, 29520/09 (GK), ECHR 2013-V 203, Rn. 203 – *Janowiec/Russland*; sa, ECHR, 2015, Art. 38 S. 813-4.
72 EGMR 12.4.2008 – 27243/03, Rn. 105 – *Musikhanova/Russland*; 28.10.2010 – 35079/04, Rn. 143 – *Israilova/Russland*; 21.10.2013 – 55508/07, 29520/09 (GK), ECHR 2013-V 203, Rn. 203-4 – *Janowiec/Russland*.
73 EGMR 21.10.2013 – 55508/07, 29520/09 (GK), ECHR 2013-V 203, Rn. 204 – *Janowiec/Russland*.
74 EGMR 31.5.2005 – 27601/95, Rn. 95 – *Togcu/Türkei*; 24.3.2005 – 21894/93, ECHR 2005-II 247, Rn. 211 – *Akkum u.a./Türkei*.

vor auf die Möglichkeit der Streichung der Beschwerde hingewiesen.[75]

Feststellung der Verletzung der Mitwirkungspflicht im Urteil: Der Bf. 27
kann die Feststellung beantragen, dass der beklagte Konventionsstaat seinen Mitwirkungspflichten (vgl. → Rn. 23-4) nicht genügt hat. Der EGMR prüft dann, ob der beklagte Staat seiner Mitwirkungspflicht aus Art. 38 Hs. 2 nachgekommen ist und stellt ggf. eine Verletzung von Art. 38 im Urteil fest.[76] Dies gilt sogar dann, wenn die Beschwerde ansonsten unbegründet war, also die gerügte Menschenrechtsverletzung nicht festgestellt werden kann.[77] Der Gerichtshof stellt sich auf den Standpunkt, dass die prozessualen Verpflichtungen nach der Konvention, wie etwa die Mitwirkungspflichten bei der Ermittlung des Sachverhaltes, unabhängig von einer etwaigen Verletzung der materiellen Standards der Konvention durchgesetzt werden müssen.[78]

IV. Kosten der Beweisaufnahme

Die Konvention enthält keine Regelung zur Kostenverteilung der Be- 28
weisaufnahme. Eine entsprechende Regelung findet sich dagegen im
Anhang zur VerfO. Nach Art. A5 Abs. 6 VerfO trägt der Staat die
Kosten, wenn eine von ihm beantragte Ermittlungsmaßnahme durchgeführt worden ist, sofern die Kammer nicht anders entscheidet. Selbiges gilt bei Ermittlungsmaßnahmen auf dem Territorium eines Konventionsstaates („on-site proceedings") für die Vernehmung von Häftlingen. In allen anderen Fällen entscheidet die Kammer, ob die Kosten dem Europarat oder demjenigen Beteiligten oder Drittbeteiligten angelastet werden sollen, der die Maßnahme beantragt hat. Der Kammerpräsident setzt die Höhe der Kosten fest.

Beweisvereitelung: Wenn ein Staat durch Verletzung seiner Pflicht 29
nach Art. 34, 38 eine beabsichtigte Beweisaufnahme oder den Kontakt des EGMR zu dem Bf. verhindert, kann der Gerichtshof ihm die durch die Absage entstandenen Kosten auferlegen.

---

75 EGMR 10.11.2005 – 5142/04, Rn. 30, 35-8 – *Hun/Türkei* (fehlende Beibringung eines medizinischen Gutachtens); 10.11.2005 – 21784/04, Rn. 31-5 – *Mürüvvet Küçük/Türkei* (Verweigerung der Teilnahme an einer medizinischen Untersuchung).
76 Vgl. zB EGMR 14.11.2000 – 24396/94, Rn. 54 – *Taş/Türkei*; 15.1.2004 – 27699/95, Rn. 57-61 – *Tekdag/Türkei*; 12.4.2005 – 36378/02, ECHR 2005-III 153, Rn. 504 – *Shamayev u.a./Georgien u. Russland*; 12.2.2009 – 2512/04, Rn. 55 – *Nolan u. K./Russland*.
77 *Schabas*, ECHR, 2015, Art. 38 S. 812-3.
78 EGMR 7.10.2004 – 60776/00, Rn. 26-7 – *Poleshchuk/Russland*; 21.10.2013 – 55508/07, 29520/09 (GK), ECHR 2013-V 203, Rn. 209 – *Janowiec/Russland*.

Artikel 39 Gütliche Einigung

(1) Der Gerichtshof kann sich jederzeit während des Verfahrens zur Verfügung der Parteien halten mit dem Ziel, eine gütliche Einigung auf der Grundlage der Achtung der Menschenrechte, wie sie in dieser Konvention und den Protokollen dazu anerkannt sind, zu erreichen.

(2) Das Verfahren nach Absatz 1 ist vertraulich.

(3) Im Fall einer gütlichen Einigung streicht der Gerichtshof durch eine Entscheidung, die sich auf eine kurze Angabe des Sachverhalts und der erzielten Lösung beschränkt, die Rechtssache in seinem Register.

(4) Diese Entscheidung ist dem Ministerkomitee zuzuleiten; dieses überwacht die Durchführung der gütlichen Einigung, wie sie in der Entscheidung festgehalten wird.

I. Allgemeines

1   Art. 39, der die Möglichkeit einer gütlichen Einigung der am Verfahren beteiligten Parteien vorsieht, ist Ausdruck der **Dispositionsmaxime** (s. → Art. 37 Rn. 1). Die Regelung zeigt aber auch, dass der Dispositionsgrundsatz bei Verfahren vor dem Gerichtshof **nicht unbeschränkt** gelten kann. Die Beendigung des Verfahrens nach Abschluss einer gütlichen Einigung liegt in der Hand des Gerichtshofs (s. → Rn. 10).[1] Hierin kommt der objektive Rechtsschutzcharakter der EMRK sowie der menschenrechtliche Charakter des Verfahrens vor dem Gerichtshof zum Ausdruck (vgl. auch → Art. 37 Rn. 1, 8, 13). Die heutige Regelung des Art. 39, der durch Art. 15 Prot. 14 neu gefasst wurde, stärkt die proaktive Rolle des Gerichtshofs bei der Hinwirkung auf eine gütliche Einigung (→ Rn. 6-7).[2] Abs. 1 ist aus Art. 38 Abs. 1 b aF übernommen, Abs. 2 aus Art. 38 Abs. 2 aF, und Abs. 3 enthält die Regelung des Art. 39 in seiner aF. Durch das 14. Prot. neu hinzugekommen ist Abs. 4 (hierzu → Rn. 12-3).

2   Die Konvention geht davon aus, dass eine **gütliche Einigung** wünschenswert ist.[3] Die Zahl der erzielten gütlichen Einigungen hat in den letzten Jahren stets zugenommen.[4] Dies ist nicht ohne Kritik ge-

---

1 S. a. *Schabas*, ECHR, 2015, Art. 39 S. 822.
2 S. a. *Schabas*, ECHR, 2015, Art. 39 S. 821.
3 BT-Drs. 13/858, S. 41 Rn. 94 (Erläuternder Bericht zum 11. Prot); *Schabas*, ECHR, 2015, Art. 39 S. 816; vgl. auch *Haeck/Zwaag*, Netherlands Quarterly of Human Rights, 28/2010, 237 (240).
4 Vgl. EGMR, Annual Report 2014, S. 177; EGMR, Annual Report 2015, S. 199; *Schabas*, ECHR, 2015, Art. 39 S. 821; vgl. auch *Harris/O'Boyle/Warbrick*, Law of the European Convention on Human Rights, 3. Aufl. 2014, S. 128.

blieben. Betont wird v. a., dass eine ausgeglichene gütliche Einigung ein gewisses Gleichgewicht der Parteien erfordere, woran es zwischen dem Bf. und dem beklagten Konventionsstaat fehlen kann (vgl. mit Blick auf die Möglichkeit einer einseitigen Erklärung, → Art. 37 Rn. 11-5; sowie u. → Rn. 9).[5] Dennoch können gütliche Einigungen zu einer Entlastung des Gerichtshofs in Fällen führen, in denen eine gefestigte Rspr. besteht oder bereits ein Piloturteil ergangen ist. Art. 39 in seiner jetzigen Fassung regelt im Wesentlichen nur die Folgen einer gütlichen Einigung, hinsichtlich des Verfahrens nur wenige Fragen (dazu → Rn. 5).

II. Möglicher Inhalt eines Vergleichs

Aus der Konvention lässt sich nur wenig zu den Anforderungen an   3
den Inhalt und die Form einer gütlichen Einigung entnehmen. Aus Art. 39 Abs. 1 folgt lediglich, dass die **gütliche Einigung** zur **Achtung der Menschenrechte,** so wie sie in der Konvention und den Zusatzprotokollen anerkannt sind, **geeignet sein** muss, also der Vergleich auf der Grundlage der Achtung der Menschenrechte abgeschlossen worden sein muss (Abs. 1). Der Vergleich muss folglich inhaltlich Respekt für den Menschenrechtsschutz unter Beachtung der Rechtsprechung des Gerichtshofs bezeugen. Eine Anerkennung einer Konventionsverletzung durch den beklagten Staat ist nicht erforderlich und erfolgt im Regelfall auch nicht (anders bei der einseitigen Erklärung, s. → Art. 37 Rn. 11; sowie u. → Rn. 9). Die Möglichkeit eines Vergleichs eröffnet dem beklagten Konventionsstaat vielmehr die Feststellung einer Konventionsverletzung zu vermeiden.[6] Entscheidend ist die Art und Höhe der Entschädigung bzw. Wiedergutmachung sowie die Schwere der (behaupteten) Menschenrechtsverletzung. Letztere ist aber per se kein Grund die Prüfung fortzusetzen. Der Gerichtshof prüft das, bevor er die Sache aus dem Register streicht (→ Rn. 10).

In den meisten Fällen wird vereinbart, dass der beklagte Staat   4
dem Bf. ohne Anerkennung einer Rechtspflicht **einen bestimmten Betrag zahlt.**[7] Es sind aber auch **auch andere Verpflichtungen** möglich, zB

---

5   *Grabenwarter/Pabel*, EMRK, 6. Aufl. 2016, § 13 Rn. 70-1.
6   S. *Aurescu*, Chinese Journal of International Law 6/2007, 363 (367); *Grabenwarter/Pabel*, EMRK, 6. Aufl. 2016, § 13 Rn. 71.
7   S. Beispiel einer mögl. gütlichen Einigung in EGMR 14.12.2006 – 8722/02, Rn. 13-4 – *B./Deutschland*; 31.5.2016 – 58461/13 – *Burgstaller/Österreich*; 24.5.2016 – 64337/12 – *Marek/Deutschland*; 31.5.2016 – 4784/15 – *Calderon Silva/Niederlande*; 2.6.2016 – 32136/15 u. 37379/15 – *Spirea u. Negreanu/Rumänien*; sa *Harris/O'Boyle/Warbrick*, Law of the European Convention on Human Rights, 3. Aufl. 2014, S. 127.

eine Sache zurückzugeben, dem Bf. den Aufenthalt zu erlauben, eine Wiederaufnahme eines gerichtlichen (Straf-)Verfahrens zuzusagen, von der Strafvollstreckung abzusehen oder eine Strafe ganz oder teilweise im Gnadenwege zu erlassen. Möglich ist auch die Verpflichtung, den Entwurf eines Änderungsgesetzes im Parlament einzubringen oder eine Gesetzesänderung zu prüfen.[8]

5   Wurde unter **Anwendung von Art. 75 Abs. 1 VerfO** die Frage einer gerechten Entschädigung nach Art. 41 vorläufig offen gelassen, so kann eine gütliche Einigung auch lediglich hierüber erfolgen. Im Falle eins **Piloturteils**, bei dem Art. 75 Abs. 1 VerfO zur Anwendung kam, verlangt die Rechtsprechung des Gerichtshofs, dass sich die gütliche Einigung nicht nur auf eine individuelle Entschädigung des Bf. beschränken darf, sondern auch allgemeine Zusagen zur Behebung des strukturellen Mangels enthalten muss, damit die gütliche Einigung mit der Achtung der Menschenrechte vereinbar ist.[9] In der VerfO in der Fassung vom 1. Januar 2016 ist dies einer ausdrücklichen Regelung zugeführt worden. Hiernach kann der Gerichtshof in seinem Urteil des Pilotverfahrens die Frage der gerechten Entschädigung vorläufig offen lassen (Art. 61 Abs. 5 VerfO), hat aber im operativen Teil des Urteils einzelne oder mehrere Maßnahmen zu bezeichnen, die der beklagte Konventionsstaat zur Abhilfe zu ergreifen hat (Art. 61 Abs. 3 VerfO). Erzielen die Parteien des Pilotverfahrens eine gütliche Einigung über die Frage der gerechten Entschädigung, so hat der **betroffene Konventionsstaat** in der gütlichen Einigung **eine Erklärung** über die Umsetzung der im Politurteil genannten allg. Maßnahmen, die **Entschädigung des Bf.** sowie anderer **betroffener Personen in Parallelverfahren abzugeben** (Art. 61 Abs. 7 VerfO).[10] Der Gerichtshof kann Parallelverfahren bis zur Umsetzung der im Pilotverfahren genannten allg. Maßnahmen aussetzen (Art. 61 Abs. 2 VerfO), deren Prüfung aber bei einem Unterlassen der Umsetzung der allg. Maßnahmen fortführen (Art. 61 Abs. 8 VerfO).

---

8 *Harris/O'Boyle/Warbrick*, Law of the European Convention on Human Rights, 3. Aufl. 2014, S. 127; vgl. auch *Grabenwarter/Pabel*, EMRK, 6. Aufl. 2016, § 13 Rn. 71.
9 EGMR 28.9.2005 – 31443/96 (GK), ECHR 2005-IX 1, Rn. 36-8 = EuGRZ 2005, 563 – *Broniowski/Polen*; EGMR 28.4.2008 – 35014/97 (GK), NVwZ 2009, 1419 (1420 Rn. 33-6) – *Hutten-Czapska/Polen*; vgl. auch *Grabenwarter/Pabel*, EMRK, 6. Aufl. 2016, § 13 Rn. 71.
10 Vgl. auch EGMR 28.4.2008 – 35014/97 (GK), NVwZ 2009, 1419 (1420 Rn. 33-6) – *Hutten-Czapska/Polen*.

III. Das Verfahren bei den Vergleichsverhandlungen

1. Rolle des Gerichtshofs und Zulässigkeit von gütlichen Einigungen (Abs. 1)

Nach Art. 39 Abs. 1 kann sich der Gerichthof den Beteiligten **zu Ver-** 6
gleichsverhandlungen zur Verfügungen halten und so die **Parteien**
hierbei unterstützen. Einzelheiten sind in Art. 62 VerfO geregelt. Danach nimmt der Kanzler nach den Weisungen der Kammer oder ihres
Präsidenten mit dem Ziel einer gütlichen Einigung Kontakt mit den
Parteien auf, sobald die Beschwerde für zulässig erklärt worden ist
(Art. 62 Abs. 1 VerfO). Die Kammer trifft alle Maßnahmen, um eine
solche Einigung zu erleichtern. Der Gerichtshof macht auf Wunsch
Vergleichsvorschläge, wobei es idR um die Höhe eines an den Bf. zu
zahlenden Betrages geht.[11] Wenn der Bf. einen solchen Vorschlag ablehnt, läuft er Gefahr, dass der ihm später zugesprochene Betrag im
Wege einer einseitigen Verpflichtungserklärung der Regierung geringer ausfällt (vgl. → Art. 37 Rn. 13; sa → Rn. 9). Vergleichsverhandlungen sind auch schon **vor der Zulässigkeitserklärung** möglich (vgl.
auch Art. 54A Abs. 2 VerfO),[12] auch wenn dem Gerichtshof hier
noch keine proaktive Rolle zukommt, er sich aber dennoch zur Verfügung der Parteien halten sollte. Die VerfO fordert die Verfahrensparteien ausdrücklich auf bereits vor der Zulässigkeitserklärung Vor-
schläge einer gütlichen Einigung vorzubringen (Art. 54A VerfO).[13]
Möglich sind gütliche Einigungen auch in Verfahren von Staatenbeschwerden.[14]

Vergleichsverhandlungen sind **auch über die Höhe einer gerechten** 7
Entschädigung nach Art. 41 möglich, nämlich nach Erlass eines die
Konventionsverletzung feststellenden Urteils, das die Frage der Ent-
schädigung offen lässt (vgl. Art. 75 IV VerfO; vgl. auch → Rn. 5).

2. Vertraulichkeit (Abs. 2)

Vergleichsverhandlungen und das sich darauf beziehende Verfahren 8
sind **vertraulich** (Art. 39 Abs. 2 iVm. Art. 62 Abs. 2, 33 Abs. 1
VerfO). Die Beteiligten sind nicht berechtigt, im Zusammenhang mit
diesen Verhandlungen abgegebene Erklärungen anderer mitzutei-

---

11 S. a. *Harris/O'Boyle/Warbrick*, Law of the European Convention on Human
   Rights, 3. Aufl. 2014, S. 127-8.
12 Vgl. *Harris/O'Boyle/Warbrick*, Law of the European Convention on Human
   Rights, 3. Aufl. 2014, S. 127; *Cremer*, in *Dörr/Grote/Marauhn*, EMRK/GG,
   2. Aufl. 2013, Kap. 32 Rn. 24.
13 S. a. *Schabas*, ECHR, 2015, Art. 39 S. 821.
14 *Schabas*, ECHR, 2015, Art. 39 S. 820.

len.[15] Auch im streitigen Verfahren dürfen Argumente und Einge-
ständnisse, die im Vergleichsverfahren gemacht worden sind, nicht
erwähnt oder geltend gemacht werden, (Art. 62 Abs. 2 S. 2 VerfO).
Das ist aber kein absolutes Verbot, Unterlagen, die sich auf Vergleichsverhandlungen beziehen, einem Dritten zu zeigen oder mit
ihm darüber zu sprechen, etwa mit einem Anwalt. Streitige Informationen dürfen aber nicht publiziert werden, sei es in Medien oder in
Briefen, die von vielen Personen gelesen werden können.[16] Wer gegen
diese Grundsätze verstößt, läuft Gefahr, dass der EGMR seine Beschwerde für missbräuchlich ansieht (→ Art. 35 Rn. 48).[17] Wenn der
Staat von solchen Umständen erfährt, muss er den Gerichtshof informieren und darf nicht selbst einschreiten.

3. Einseitige Erklärung des betroffenen Konventionsstaates

9   Wenn Vergleichsverhandlungen scheitern, ist grundsätzlich die Folge,
dass das Verfahren seinen Fortgang nimmt.[18] Der beklagte Konventionsstaat hat aber die Möglichkeit, eine einseitige Erklärung abzugeben mit dem Ziel, dass der EGMR die Beschwerde nach Art. 37
Abs. 1 S. 1 lit. c im Register streicht (Art. 62 A Abs. 1 lit. a VerfO).[19]
Der beklagte Konventionsstaat muss dann in der Erklärung ausdrücklich anerkennen, dass die Konventionsrechte, deren Verletzung
mit der Beschwerde gerügt wird, tatsächlich verletzt worden sind
und Abhilfe zusagen (Art. 62A Abs. 1 lit. b VerfO), idR die Zahlung
eines bestimmten Geldbetrages, dessen Höhe der Rechtsprechung des
EGMR zu Art. 41 entspricht – uU mit geringen Abstrichen (→
Art. 37 Rn. 14). Die einseitige Erklärung ist in einer öffentlichen
mündlichen Verhandlung unter Beachtung der Vertraulichkeit der
Vergleichsverhandlungen (s. hierzu → Rn. 8) abzugeben (Art. 62A
Abs. 1 lit. c).[20] Schließt sich der Bf. der einseitigen Erklärung an, dh
stimmt er dieser zu, so behandelt der Gerichtshof die einseitige Er-
klärung als gütliche Einigung und streicht die Beschwerde aus dem
Register (vgl. auch → Rn. 10).[21] Auch im Falle einer einseitigen Er-

---

15   BT-Drs. 13/858, S. 41 Rn. 93 (Erläuternder Bericht zum 11. Prot).
16   EGMR 15.9.2009 – 798/05, NVwZ 2010, 1541 (1544 Rn. 68-70) – *Mirolubovs* ua/*Lettland* (kein Missbrauch, weil der Bf. nicht wusste, wie die Unterlagen
in die Hände anderer gekommen waren); s. aber EGMR 13.12.2011 –
47447/08, NJW-RR 2013, 118 (119) – *Deceuninck/Frankreich*.
17   S. a. *Harris/O'Boyle/Warbrick*, Law of the European Convention on Human
Rights, 3. Aufl. 2014, S. 128-9; *Schabas*, ECHR, 2015, Art. 39 S. 823.
18   *Grabenwarter/Pabel*, EMRK, 6. Aufl. 2016, § 13 Rn. 70.
19   S. a. *Grabenwarter/Pabel*, EMRK, 6. Aufl. 2016, § 13 Rn. 73.
20   S. a. *Schabas*, ECHR, 2015, Art. 39 S. 823.
21   Bspw. EGMR 17.5.2016 – 8632/13 – *Pestana Campos/Portugal*.

klärung prüft der EGMR, ob die Achtung der Menschenrechte eine
Fortsetzung des Verfahrens erfordert (Art. 37 Abs. 1 S. 2 iVm
Art. 62A Abs. 3 VerfO). Ausführlich hierzu → Art. 37 Rn. 11-5.

IV. Streichung im Register (Abs. 3)

Wird dem Gerichtshof von den Parteien oder dem Kanzler (Art. 62   10
Abs. 3 VerfO) mitgeteilt, dass eine gütliche Einigung erzielt worden
ist, prüft er, ob das **auf der Grundlage der Achtung der Menschenrechte geschehen ist** (Art. 39 Abs. 1 iVm Art. 62 Abs. 3 VerfO). Wenn
nur die Regierung den Vergleich vorträgt und der Bf. geltend macht,
er habe unter psychologischem Zwang unterschrieben, prüft der
EGMR das nicht, sondern nimmt an, es sei keine gütliche Einigung
zustande gekommen.[22] Wenn ein Vergleich auf der genannten
Grundlage abgeschlossen ist, **streicht er die Sache im Register**
(Art. 39 Abs. 3).[23] Der Gerichtshof setzt die Prüfung der Beschwerde
trotz einer gütlichen Einigung selten fort, dh er streicht die Beschwerde aufgrund einer gütlichen Einigung meist aus dem Register. Teils
wird gefordert die Streichung nicht vorzunehmen, wenn die Beschwerde schwerste Menschenrechtsverletzungen betrifft.[24] Tatsächlich hat der Gerichtshof einzelne gütliche Einigungen aufgrund der
Schwere und Art der streitgegenständlichen Menschenrechtsverletzung nicht anerkannt und die Streichung nicht vorgenommen.[25] Die
Streichung der Beschwerde aus dem Register geschieht, unabhängig
vom Stadium des Verfahrens, durch eine kurze Entscheidung (Beschluss), die den Sachverhalt gestrafft schildert, die abgegebenen Erklärungen der Beteiligten zu der erzielten Einigung wiedergibt und
feststellt, dass die gütliche Einigung auf der Achtung der Menschenrechte, wie sie in der Konvention und den Zusatzprotokollen dazu
niedergelegt sind, beruht und die Sache aus dem Register streicht

---

22 EGMR 12.7.2006 – 21425/04, Rn. 11 – *Terekhova/Russland* (wobei der Gerichtshof auch festhielt, dass der Vergleich außerhalb des Verfahrens nach
Art. 39 geschlossen wurde).
23 S. aus neueren Entscheidungen zB EGMR 31.5.2016 – 58461/13 – *Burgstaller/
Österreich*; 24.5.2016 – 64337/12 – *Marek/Deutschland*; 31.5.2016 – 4784/15
– *Calderon Silva/Niederlande*; 2.6.2016 – 32136/15 u. 37379/15 – *Spirea u. Ne-
greanu/Rumänien*; sa *Harris/O'Boyle/Warbrick*, Law of the European Convention on Human Rights, 3. Aufl. 2014, S. 128.
24 *Grabenwarter/Pabel*, EMRK, 6. Aufl. 2016, § 13 Rn. 70.
25 Bspw. EGMR 29.3.2005 – 72713/01, Rn. 3 – *Ukrainian Media Group/Ukraine*
(Fortsetzung der Prüfung aufgrund der Ernsthaftigkeit der behaupteten Verletzung des Art. 10); vgl. auch *Harris/O'Boyle/Warbrick*, Law of the European
Convention on Human Rights, 3. Aufl. 2014, S. 128.

(Art. 39 Abs. 3 iVm Art. 62 Abs. 3, 43 Abs. 3 S. 1 VerfO).[26] Die Entscheidung wird dem Ministerkomitee zur Überwachung zugeleitet (Art. 39 Abs. 4 iVm Art. 62 Abs. 3, 43 Abs. 3 S. 2 VerfO). Vor Inkrafttreten des 14. Prot. wurden Beschwerden, die bereits für zulässig erklärt wurden, noch durch Urteil aus dem Register gestrichen, wenn die Verfahrensparteien eine gütliche Einigung erzielt hatten. Hintergrund der Änderung ist die Annahme, dass der Erlass eines Urteils, auch wenn nur zur Feststellung einer gütlichen Einigung, stigmatisierende Wirkung haben könnte, was möglicherweise Auswirkungen auf die Vergleichsbereitschaft des beklagten Konventionsstaats haben könnte.[27] Dies kann vor dem Hintergrund, dass beklagte Konventionsstaaten durch eine gütliche Einigung eine Feststellung einer Konventionsverletzung verhindern können, bezweifelt werden.[28] Die Änderung hat allerdings aufgrund der Einfügung von Abs. 4 und die damit einhergehende Ausweitung der Überwachungskompetenzen des Ministerkomitees keine negativen Auswirkungen für den Bf. (s. u. → Rn. 12). Eine Streichung kommt nach gescheiterten Vergleichsverhandlungen aber auch bei einer **einseitigen Erklärung** der Staaten in Betracht (→ Art. 37 Rn. 11-5; vgl. auch. → Rn. 9).

V. Rechtsnatur des Vergleichs

11 Eine gütliche Einigung ist kein Prozessvergleich. Sie beendet die Rechtshängigkeit nicht, es bedarf vielmehr **zusätzlich der Entscheidung** des Gerichtshofs über die Streichung im Register. Anders als sonst bei Verfahren nach der Dispositionsmaxime haben es die Parteien nicht in der Hand, die Sache von sich aus und durch ihre Einigung zu beenden (vgl. → Art. 37 Rn. 1). Die aufgrund der Entscheidung des Gerichtshofs nach Art. 39 Abs. 3 iVm Art. 62 Abs. 3, 43 Abs. 3 S. 1 VerfO festgestellte gütliche Einigung der Verfahrensparteien zeitigt völkerrechtliche Bindungen nach der EMRK.[29]

---

26 S. zB EGMR 14.12.2006 – 8722/02 – *B./Deutschland*; sa *Harris/O'Boyle/Warbrick*, Law of the European Convention on Human Rights, 3. Aufl. 2014, S. 128; *Cremer*, in *Dörr/Grote/Marauhn*, EMRK/GG, 2. Aufl. 2013, Kap. 32 Rn. 34.

27 BT-Drs. 16/42, 36 Rn. 94 (Erläuternder Bericht zum 14. Prot. zu Art. 39).

28 S. a. *Schabas*, ECHR, 2015, Art. 39 S. 822.

29 S. *Frowein*, JZ 1969, 213 (215-7); *Grabenwarter/Pabel*, EMRK, 6. Aufl. 2016, § 13 Rn. 71.

VI. Überwachung der Einhaltung des Vergleichs (Abs. 4)

Der Kammerpräsident übermittelt die Entscheidung dem **Ministerko-** 12
mitee des Europarats, das nach Art. 39 Abs. 4 nunmehr die **Durch-**
führung aller gütlichen Einigungen überwacht (Art. 39 Abs. 4 iVm
Art. 62 Abs. 3, 43 Abs. 3 S. 2 VerfO). Abs. 4 wurde durch Art. 15
Prot. 14 neu hinzugefügt. Zuvor war eine Überwachung der Durchführung einer gütlichen Einigung nur dann möglich, wenn die Streichung der Beschwerde aus dem Register aufgrund der gütlichen Einigung durch Urteil erfolgte. Dies war nur dann der Fall, wenn die Beschwerde bereits für zulässig erklärt wurde. Andernfalls konnte eine
Streichung nur durch Entscheidung ergehen, was zu Überwachungslücken führte. Diese wurden durch Einfügung des Abs. 4 geschlossen.[30]

Es kann die Frage aufkommen, ob die Prüfung einer aufgrund einer 13
gütlichen Einigung aus dem Register gestrichenen Beschwerde fortge-
führt werden kann, dh die Beschwerde wieder in das Register einge-
tragen werden kann. Vieles spricht dafür eine **Anwendung des**
Art. 37 Abs. 2 hier **auszuschließen** und stattdessen das in Art. 46
Abs. 4 u. 5 geregelte Verfahren zu befolgen.[31] Art. 39 enthält für gütliche Einigungen eine dem Art. 37 speziellere Regelung (s. → Art. 37
Rn. 6). Auch die VerfO sieht eine Wiedereintragung ausdrücklich nur
bei einer Streichung aufgrund des Art. 37 vor, erwähnt Art. 39 hierbei jedoch nicht (Art. 43 Abs. 5 VerfO).

Artikel 40 Öffentliche Verhandlung und Akteneinsicht

(1) Die Verhandlung ist öffentlich, soweit nicht der Gerichtshof auf
Grund besonderer Umstände anders entscheidet.

(2) Die beim Kanzler verwahrten Schriftstücke sind der Öffentlichkeit zugänglich, soweit nicht der Präsident des Gerichtshofs anders
entscheidet.

I. Überblick

Art. 40 betrifft sowohl die mündliche Verhandlung (mündliche An- 1
hörung, Abs. 1) als auch die in der Kanzlei verwahrten Schriftstücke
(Abs. 2), und schreibt hinsichtlich beidem den Grundsatz der Öffent-

---

30 Vgl. auch *Wenzel*, in *Karpenstein/Mayer*, EMRK, 2. Aufl. 2015, Art. 39 Rn. 12.
31 So wohl auch *Wenzel*, in *Karpenstein/Mayer*, EMRK, 2. Aufl. 2015, Art. 39
    Rn. 13.

lichkeit fest. Eine **mündliche Verhandlung** kann stattfinden; was **vor der GrK häufig,** sonst aber sehr selten der Fall ist.[1] Ob eine mündliche Verhandlung stattfindet; steht im Ermessen der jeweiligen Kammer bzw. des Präsidenten des Gerichtshofs (Art. 54 Abs. 3, Art. 59 Abs. 3, 71 Abs. 2 VerfO). Hinsichtlich des Ablaufs der mündlichen Verhandlung vgl. **Art. 63 bis 70 VerfO.** Vgl. zum Ablauf des Verfahrens insgesamt → Einl. Rn. 47 ff.; → Art. 29 Rn. 4 ff.

II. Öffentlichkeit der Verhandlung (Abs. 1)

2   Art. 40 Abs. 1 schreibt den **Grundsatz der Öffentlichkeit** mündlicher Verhandlungen auch für Verfahren des EGMR fest.[2] Die Konvention folgt damit dem in Art. 6 Abs. 1 niedergelegten Konventionsstandard der Öffentlichkeit gerichtlicher Verfahren.[3] Dementsprechend hat grds. jeder Zutritt zu dem Verhandlungsraum, einschließlich der Presse (Art. 63 Abs. 2 VerfO). Kameras sind lediglich im Hof und Foyer des Gerichtshofs zulässig. Bild- und Tonaufnahmen aus dem Verhandlungssaal stellt der Gerichtshof im Internet zur Verfügung.[4]

3   **Ausnahmen:** Der Gerichtshof kann unter besonderen Umständen anders entscheiden und die **Öffentlichkeit** während der ganzen Verhandlung oder teilweise **ausschließen.** Die Entscheidung kann von Amts wegen oder auf Antrag eines Beteiligten oder einer anderen Person, zB eines Zeugen, ergehen. Anträge sind zu begründen; dabei ist auch anzugeben, ob der Ausschluss der Öffentlichkeit von der mündlichen Verhandlung insgesamt oder teilweise gelten soll (Art. 63 Abs. 3 VerfO). Mögliche **Gründe für den Ausschluss** (Art. 63 Abs. 2 VerfO) sind: das Interesse der Moral, der öffentlichen Ordnung, der nationalen Sicherheit in einer demokratischen Gesellschaft, Interessen von Jugendlichen und der Schutz des Privatlebens. Wenn die Kammer es für unbedingt erforderlich hält, also unter besonders außergewöhnlichen Umständen, kann sie die Öffentlichkeit auch ausschließen, wenn sonst die Interessen der Rechtspflege beeinträchtigt würden. Ein Ausschluss der Öffentlichkeit ist äußerst selten;[5] meist

---

1   S. a. *Harris/O'Boyle/Warbrick*, Law of the European Convention on Human Rights, 3. Aufl. 2014, S. 138.
2   S. a. *Jacobs/White/Ovey*, The European Convention on Human Rights, 6. Aufl. 2014, S. 24.
3   *Schabas*, ECHR, 2015, Art. 40 S. 826.
4   *Harris/O'Boyle/Warbrick*, Law of the European Convention on Human Rights, 3. Aufl. 2014, S. 138.
5   Vgl. zB EGMR 8.7.1987 – 9580/81, Ser. A No. 120, Rn. 6(c) = EGMR-E 3, 599 – *H./Vereinigtes Königreich*; *Schabas*, ECHR, 2015, Art. 40 S. 826-7; s. aber *Frowein/Peukert*, EMRK, 3. Aufl. 2009, Art. 40 Rn. 1.

aber auch kaum vorstellbar.[6] Im Übrigen stehen dem Gerichtshof mit der Anonymisierung und dem Verzicht auf eine mündliche Verhandlung weitere Mittel zum Schutz der Privatsphäre und Interessen Jugendlicher zur Verfügung (vgl. Art. 47 Abs. 3, sa → Rn. 1).[7] Zum Schutz von Staatsgeheimnissen und sonstigen vertraulichen Informationen s. → Art. 38 Rn. 7.

Beratungen sind stets nicht öffentlich und bleiben geheim (Art. 22   4 Abs. 1 VerfO). Neben den Richtern können der Kanzler oder sein Vertreter, weitere Beschäftigte der Kanzlei und Dolmetscher bei Beratungen anwesend sein (Art. 22 Abs. 2 VerfO). Die Zulassung anderer Personen bedarf stets einer Entscheidung des Gerichtshofs (Art. 22 Abs. 2 VerfO).

III. Öffentlichkeit von Urkunden (Abs. 2)

Alle in der Kanzlei verwahrten **Urkunden sind der Öffentlichkeit**   5 **grds. zugänglich** (Art. 33 Abs. 1 VerfO). Dies bezieht sich insbes. auf Entscheidungen und Urteile der Kammern; auf solche der Ausschüsse nur beschränkt (Art. 33 Abs. 4 VerfO; s. u. → Rn. 6). Auch hier kann der Kammerpräsident aus den erwähnten Gründen (vgl. o. → Rn. 3) von Amts wegen oder auf Antrag einer Partei oder einer sonst betroffenen Person anders entscheiden (Art. 33 Abs. 1 VerfO). Entsprechende Anträge sind zu begründen, wobei anzugeben ist, ob sämtliche Unterlagen oder nur ein Teil davon der Öffentlichkeit nicht zugänglich sein soll (Art. 33 Abs. 3 VerfO). Eine weitere Möglichkeit der Beschränkung der Öffentlichkeit von Unterlagen stellt auch die Anonymisierung dar (Art. 47 Abs. 3 VerfO).[8] Zum Schutz geheimer und vertraulicher Dokumente und Urkunden s. → Art. 38 Rn. 7.

Der Grundsatz der Öffentlichkeit der Unterlagen **gilt nicht unbe-**   6 **schränkt.** Er erstreckt sich nicht auf Entscheidungen von Einzelrichtern und auf solche Entscheidungen der Ausschüsse, die nicht mit einer Begründung versehen sind, dem Bf. also nur durch Formbrief zugestellt werden (Art. 33 Abs. 4 VerfO iVm Art. 53 Abs. 5 VerfO). Der Bf. kann in diesem Fall lediglich seine Beschwerde sowie die mit dem Gerichtshof geführte Korrespondenz einsehen.[9]

---

6 Vgl. *Wenzel*, in *Karpenstein/Mayer*, EMRK, 2. Aufl. 2015, Art. 40 Rn. 4.
7 S. a. *Harris/O'Boyle/Warbrick*, Law of the European Convention on Human Rights, 3. Aufl. 2014, S. 136.
8 S.a. *Wenzel*, in *Karpenstein/Mayer*, EMRK, 2. Aufl. 2015, Art. 40 Rn. 7.
9 *Wenzel*, in *Karpenstein/Mayer*, EMRK, 2. Aufl. 2015, Art. 40 Rn. 6.

Artikel 41　Gerechte Entschädigung

[1]Stellt der Gerichtshof fest, dass diese Konvention oder die Protokolle dazu verletzt worden sind, und gestattet das innerstaatliche Recht der Hohen Vertragspartei nur eine unvollkommene Wiedergutmachung für die Folgen dieser Verletzung, so spricht der Gerichtshof der verletzten Partei eine gerechte Entschädigung zu, wenn dies notwendig ist.

I. Allgemeines

1　Urteile des Gerichtshofs sind grundsätzlich **feststellende Urteile** (zu den Verpflichtungen aus ihnen → Art. 46 Rn. 21 ff.). Eine Ausnahme ist Art. 41. Das Gericht kann den beklagten Staat unmittelbar und direkt **dazu verurteilen, eine gerechte Entschädigung** in bestimmter Höhe zu leisten. Als gerechte Entschädigung kann der partielle oder vollständige Ausgleich eines materiellen oder immateriellen Schadens sowie von Kosten und Auslagen erfolgen.[1] In der Praxis hat das große Bedeutung. Die verletzte Partei im Sinne von Art. 41 ist das Opfer der Menschenrechtsverletzung, dh der Bf., auch wenn Familienangehörige das Verfahren für einen verstorbenen Bf. fortsetzen (→ Art. 34 Rn. 8).

1　Zur Funktion der Genugtuung („satisfaction") und Unterschieden zum Schadensersatz *Dörr*, in *Dörr/Grothe/Marauhn*, EMRK/GG, 2. Aufl. 2013, Kap. 33 Rn. 5 f.

Die Regelung ist grundsätzlich auf **Individualbeschwerden** zuge- 2
schnitten, gilt aber in bestimmten Fällen ebenso bei **Staatenbeschwerden.**[2] Ob es im Fall einer Staatenbeschwerde allerdings gerechtfertigt
ist, eine gerechte Entschädigung zu gewähren, hängt vom Einzelfall
ab. Zu berücksichtigen sind bei der Entscheidung zB Art und Hintergrund der Staatenbeschwerde sowie ob Opfer einer Verletzung identifiziert werden können. Richtet sich die Staatenbeschwerde etwa gegen systemische Probleme in einem anderen Staat kann es aus Sicht
des Gerichtshofs ungerechtfertigt sein, eine gerechte Entschädigung
zuzuerkennen. Macht der beschwerdeführende Staat die Verletzung
der Konventionsrechte seiner Staatsbürger durch einen anderen Staat
geltend und ähnelt die Beschwerde damit einer Individualbeschwerde, dann kann die Gewährung einer Entschädigung – unter Berücksichtigung der Umstände des Einzelfalls – angemessen erscheinen.[3]
Wird im Fall einer Staatenbeschwerde eine Entschädigung gewährt,
soll diese den einzelnen Opfern zugutekommen.[4]

II. Voraussetzungen

1. Feststellung einer Konventionsverletzung

Die Feststellung einer Konventionsverletzung ist Voraussetzung für 3
eine gerechte Entschädigung (Ausnahme: Art. 43 Abs. 4 VerfO →
Rn. 31). Sie allein genügt aber nicht. Eine Entschädigung wird nicht
in allen Fällen gewährt, sondern nur, wenn der Gerichtshof sie für
angemessen hält (→ Rn. 29). **Hat die Beschwerde nur teilweise Erfolg,** wird dies bei der Entscheidung nach Art. 41 nicht immer berücksichtigt, kann im Einzelfall aber zur Kürzung des Anspruchs führen (→ Rn. 37).

2. Unvollkommene Wiedergutmachung nach innerstaatlichem Recht

Dieses Erfordernis drückt aus, dass sich die Entschädigung eines Ver- 4
letzten auf die vollständige Wiedergutmachung beschränkt.[5] Es gibt
keinen Strafschadensersatz. Auch bei schweren Konventionsverletzungen lehnt es der Gerichtshof ab, eine Entschädigung als Strafe

---

2 EGMR 12.5.2014 – 25781/94 (GK) (Art. 41), Rn. 43 – *Zypern/Türkei*; vgl. auch
   Art. 46 e VerfO.
3 EGMR 12.5.2014 – 25781/94 (GK) (Art. 41), Rn. 43 ff. – *Zypern/Türkei*.
4 EGMR 12.5.2014 – 25781/94 (GK) (Art. 41), Rn. 46 – *Zypern/Türkei*.
5 *Bydlinski*, in: *Fenyves* ua, Tort Law in the Jurisprudence of the European Court
   of Human Rights, 2011, S. 129, Rn. 2/20.

(punitive damages) auszusprechen, die es im US-amerikanischen Recht gibt.[6]

5 Regelmäßig prüft der Gerichtshof die Frage einer gerechten Entschädigung, Ausgleich für materielle und immaterielle Schäden, **auch dann, wenn nach innerstaatlichem Recht eine Entschädigung möglich ist.** Es ist nach dem Gerichtshof unzumutbar, einen Bf., der vor seiner Beschwerde bereits den Rechtsweg erschöpft hat, darauf zu verweisen, erneut im innerstaatlichen Recht gegebene Rechtsbehelfe zu erschöpfen. Es würde das Verfahren zudem auf eine Weise verlängern, die mit dem Zweck des Menschenrechtsschutzes nicht vereinbar wäre.[7] Ausgangspunkt dieser Rechtsprechung waren Fälle, in denen es fraglich schien, inwiefern die Konventionsverletzung überhaupt einer vollständigen Wiedergutmachung zugänglich war.[8] Der Gerichtshof wendet sie inzwischen jedoch **auf alle Arten von Konventionsverletzungen** an, ohne in jedem Fall die Frage der Wiederherstellung des Ausgangszustandes (restitutio in integrum) zu erörtern und weitgehend unabhängig von Entschädigung[9] oder Möglichkeit der Wiederaufnahme[10] nach innerstaatlichem Recht. Eine Entschädigung wird aber zurückgewiesen, wenn ein Wiederaufnahmeverfahren zum Zeitpunkt der Entscheidung über die Entschädigung bereits abgeschlossen ist.[11] Der Gerichtshof kann eine Entschädigung auch zusprechen, wenn eine **vollkommene Wiedergutmachung nach nationalem Recht möglich, aber bis zum Urteil nicht erfolgt ist; er kann die Entscheidung auch hilfsweise** treffen, nämlich für den Fall, dass die in erster Linie angeordnete Rückgabe einer enteigneten Sache binnen bestimmter Frist nicht geschieht (→ Rn. 20).

6 Bei der Frage, ob ein Bf. eine gerechte Entschädigung erlangen kann, hat das Erfordernis der **unvollkommenen Wiedergutmachung** nach innerstaatlichem Recht daher **kaum praktische Bedeutung** erlangt. In einigen italienischen Fällen hat der Gerichtshof eine gerechte Ent-

---

6 EGMR 23.11.2010 – 60041/08 u. 60054/08, Slg 10-VI Rn. 97 – *Greens und M.T./Vereinigtes Königreich*; EGMR 18.9.2009 – 16064/90 ua (GK), Slg 09-V Rn. 223 – *Varnava ua/Türkei*: kein Ausspruch, dass der Staat eine Summe zahlen muss für jeden Tag, an dem er das Urteil nicht vollzogen hat.

7 EGMR 31.10.1995 – 14556/89 (Art. 50), Slg A330-B Rn. 40 – *Papamichalopoulos/Griechenland* (ÖJZ 1994, 177); EGMR 20.5.1999 – 21594/93, Slg 99-III Rn. 98 – *Oğur/Türkei* (NJW 2001,1991); EGMR 26.10.2004 – 27265/95 (Art. 41), Rn. 30 – *Terrazzi S.R.L./Italien*.

8 EGMR 13.6.1994 – 10588/83 ua, Slg A285-C Rn. 17 – *Barberà ua/Spanien*; EGMR 10.3.1972 – 2832/66 (Art. 50), Slg A14 Rn. 16 – *De Wilde ua/Belgien*.

9 EGMR 25.6.2009 – 12157/05, Rn. 108 f. – *Liivik/Estland*; EGMR 11.7.2006 – 54810/00, Slg 06-IX Rn. 127, 129 – *Jalloh/Deutschland* (NJW 2006, 3117).

10 EGMR 22.1.2013 – 11867/09, Rn. 65 – *Soltész/Slowakai*.

11 EGMR 27.9.1990 (Art. 50) – 12489/86, Slg A255-D Rn. 14 – *Windisch/Österreich* (ÖJZ 1994, 141).

schädigung in Hinblick auf einen materiellen Schaden mit der Begründung versagt, das innerstaatliche Recht erlaube Wiedergutmachung, weil der Bf. die früheren Mieter auf Schadensersatz verklagen könne.[12] Auf diese Rechtsprechung wird weiterhin zurückgegriffen und ein Bf. auf den nationalen Rechtsweg verwiesen, wenn es um einen materiellen Schaden geht, der erstmals vor dem EGMR geltend gemacht wurde.[13]

3. Schaden

Ob der Gerichtshof zugunsten eines Bf. eine Konventionsverletzung   7
feststellt und ob ein Bf. einen Schaden erlitten hat, sind unterschiedliche Fragen. Die Feststellung der Konventionsverletzung erlegt dem betroffenen Staat in jedem Fall die Pflichten auf, die **Verletzung zu beenden** sowie im Sinne der Wiedergutmachung weitestgehend die **Situation vor der Konventionsverletzung wieder herzustellen**.[14] Sie gibt dem Gerichtshof zudem das Recht über eine **gerechte Entschädigung** zu befinden.[15] Eine solche kann dann zugesprochen werden, **wenn nachweisbar ein Schaden eingetreten ist.** Die Entschädigung, wenn sie denn gewährt wird (→ Rn. 29), kann Ersatz für materielle Schäden (→ Rn. 9), immaterielle Schäden (→ Rn. 11) und Ersatz für Kosten und Auslagen umfassen (→ Rn. 30 ff.).

Der Gerichtshof entnimmt dem Adjektiv „gerechte" und der Formu-   8
lierung „wenn dies notwendig ist", dass ihm bei der Zuerkennung der Entschädigung ein gewisser **Ermessensspielraum** zusteht.[16] Daraus leitet er ab, dass in bestimmten Fällen als Entschädigung für verschiedene Schäden **eine Summe global festgesetzt** werden kann,[17] zB wenn **materielle und immaterielle Schäden im Einzelfall nur schwer abzugrenzen** sind, der materielle Schaden **schwer zu berechnen** ist

---

12 EGMR 21.4.2005 – 64663/01, Slg 05-III Rn. 67-69 – *Lo Tufo/Italien* (aA der Richter Spielmann und Loucaides, die auf die Rechtsprechung De Wilde ua/Belgien verweisen); EGMR 8.12.2005 – 68008/01, Rn. 29-31 – *Frateschi/Italien*.

13 EGMR 8.9.2015 – 41246/98 (Art. 41), Rn. 55 – *Ünal Akpınar İnşaat, Sanayi, Turizm, Madencilik ve Ticaret S.A./Türkei*; EGMR 23.10.2012 – 6334/05, Rn. 172 – *Süzer et Eksen Holding A.Ş./Türkei*.

14 EGMR 31.10.1995 – 14556/89 (Art. 50), Slg Serie A 330-B Rn. 34 – *Papamichalopoulos ua/Griechenland* (ÖJZ 1994, 177).

15 *Dörr* in: *Dörr/Grothe/Marauhn*, EMRK/GG, 2. Aufl. 2013, Kap. 33 Rn. 10.

16 EGMR 15.2.2008 – 38311/02 (GK), Rn. 44 – *Kakamoukas ua/Griechenland* (NJW 2009, 655); EGMR 6.11.1980 – 7367/76, Slg A 39 Rn. 114 – *Guzzardi/Italien*.

17 EGMR 16.11.2010 – 24768/06, Rn. 85 – *Perdigao/Portugal*; EGMR 6.4.2000 – 35382/97 (GK), Slg 00-IV Rn. 29 – *Comingersoll S.A./Portugal*.

oder besser im Rahmen der **Umsetzung** der Entscheidung **beziffert** werden kann.[18]

9   **a) Materieller Schaden (Vermögensschaden):** Materieller Schaden ist der tatsächlich durch die **Konventionsverletzung direkt und eindeutig verursachte Verlust,** also die dadurch eingetretene Einbuße an Vermögenswerten in Gestalt der Minderung oder Zerstörung vorhandener Vermögensgüter oder des entgangenen Gewinns. Der Schaden muss in der Regel feststehen, zB ein behaupteter entgangener Gewinn nicht auf Vermutung oder Wahrscheinlichkeit basieren[19] (vgl. aber → Rn. 21). Ein **direkter Schaden** ist eingetreten, wenn zB eine Sache enteignet worden ist (vgl. → Rn. 20) oder zerstört wurde. Schaden ist aber auch die **mittelbare Einbuße,** wie **entgangener Unterhalt** einer Witwe oder von Familienangehörigen bei der Tötung des Ehemannes, soweit sie unterhaltsberechtigt sind,[20] ebenso entgangenes Einkommen eines Unterhaltsverpflichteten,[21] **Krankenkosten bei Folter,** im Fall des Todes **Beerdigungskosten**[22] oder auch Kosten, die für eine Beurteilung des Schadens aufgewandt werden mussten. **Finanzielle Verpflichtungen,** die einem Beschwerdeführer unter Verletzung der Konvention auferlegt wurden (zB Bußgelder, Geldstrafen[23] oder **Gerichtskosten des Gegners**[24] sind als materieller Schaden ebenfalls ausgleichsfähig. Des Weiteren gehören **Einbußen an Einkünften,**[25] **entgangene Nutzung, Zinsverluste** (zB bei verspäteter Vollstreckung eines Zahlungsurteils), durch **Inflation** eingetretene Verluste[26] und auch **entgangene Chancen**[27] dazu, zB der Verlust eines Kundenstamms bei konventionswidrigem Widerruf einer Konzession oder Erlaubnis für einen Gewerbebetrieb oder einen freien Beruf.

---

18   Z.B. EGMR 7.6.2005 – 69338/01, Rn. 49 – *Calheiros Lopes* ua/*Portugal*: nach billigem Ermessen eine Summe für materielle und immaterielle Schäden; EGMR 18.2.2009 – 55707/00 (GK), Slg 09-II Rn. 112 – *Andrejeva/Lettland*.
19   EGMR 7.6.2012 – 38433/09 (GK), Slg 12-III Rn. 219 – *Centro Europa 7 S.R.L. und Di Stefano/Italien* (NVwZ-RR 2014, 48).
20   EGMR 6.7.2005 – 43577/98 (GK), Slg 05-VII Rn. 171 – *Nachova* ua/*Bulgarien* (EuGRZ 2005, 693); EMGR 10.4.2001 – 26129/95, Slg 01-III Rn. 181 – *Tanli/ Türkei;* EGMR 27.6.2000 – 21986/93 (GK), Slg 00-VII Rn. 137 – *Salman/ Türkei* (NJW 2001, 2001).
21   EGMR 18.12.2012 – 2944/06 ua, Rn. 257ff. – *Aslakhanova* ua/*Russland*; EGMR 31.5.2005 – 25165/94, Rn. 149 – *Akdeniz/Türkei.*
22   EGMR 16.1.2014 – 5269/08, Rn. 283 – *Shchiborshch u. Kuzmina/Russland*; EGMR 30.11.2004 – 48939/99 (GK), Slg 04-VII Rn. 167 – *Öneryildiz/Türkei.*
23   EGMR 8.7.1999 – 23536/94 u. 24408/94 (GK), Slg 99-IV Rn. 88 – *Başkaya u. Okçuoğlu/Türkei* (NJW 2001, 1995).
24   EGMR 10.7.2012 – 46443/09, Rn. 85-87 – *Björk Eiðsdóttir/Island.*
25   EGMR 10.5.2001 – 29392/95 (GK), Slg 01-V Rn. 127 – *Z.* ua/*Vereinigtes Königreich* (ZfJ 2005, 154).
26   EGMR 28.5.2002 – 33202/96 (GK) (Art. 41), Slg 00-I Rn. 23 – *Beyeler/Italien* (NJW 2003, 658).
27   Z.B. EGMR 4.3.2010 – 71835/01, Rn. 118 – *Patrikove/Bulgarien.*

Verletzung von Verfahrensrechten: Wenn ein Verstoß gegen Art. 6 I 10
wegen überlanger Dauer eines Verfahrens festgestellt worden ist,
kommt ein Ersatz für Vermögensschäden nur in Ausnahmefällen in
Betracht, weil die Kausalität eines Schadens meistens nicht nachweisbar ist (→ Rn. 16). Ausnahmsweise ist zugunsten des Bf. ein Verlust
der Chance, bei konventionsgerechter Ausgestaltung des Verfahrens
doch zum eigenen Vorteil Einfluss zu nehmen, als materieller Schaden anerkannt worden.[28] Wenn ein **rechtskräftiges Urteil** unter Verstoß gegen Art. 6 **aufgehoben** worden ist, wird als Schaden der im
Urteil zugesprochene Betrag festgesetzt.[29]

b) Immaterieller Schaden: Vom materiellen Schaden unterscheidet 11
der Gerichtshof einen immateriellen Schaden, selbst in Fällen, in denen er einen Betrag global festsetzt.[30] Immaterieller Schaden nach
der Konvention geht über die nach deutschem Recht ersatzfähigen
Nichtvermögensschäden hinaus, da Grundlage nicht der Eingriff in
ein geschütztes Rechtsgut (vgl. zB § 253 II BGB) sein muss. Der Gerichtshof gewährt vielmehr Schadensersatz für Nichtvermögensschäden **als Ausgleich gerade für die psychologischen Wirkungen der
Konventionsverletzung,** darunter für Besorgnisse, Furcht, Frustration, Unannehmlichkeiten und Ungewissheiten. Für das Ob und die
Höhe sind die Schwere der Verletzung, das Gewicht des Eingriffs,
aber auch das Verhalten des Betroffenen[31] von Bedeutung. Bei Folter
wird eine Entschädigung unter anderem für erlittene Schmerzen gewährt, bei anderen Konventionsverletzungen als Ausgleich für damit
verbundene Ungewissheit und Schwierigkeit für weitere Planungen
(zB bei unangemessener Dauer gerichtlicher Verfahren dazu →
Rn. 26) oder als Ausgleich für Besorgnisse („distress"), zB bei konventionswidrigem Ausschluss vom Umgangsrecht, bei einem Verstoß
gegen Art. 5 IV[32] oder gegen die Unschuldsvermutung.[33] Der Bf.
muss zu einem etwaigen Nichtvermögensschaden vortragen,[34] einen
Nachweis für Nichtvermögensschäden muss er nicht erbringen, der

---

28 Z.B. EGMR 21.6.2011 – 33681/05, Rn. 68 – *Idakiev/Bulgarien*; EGMR
    1.7.1997 – 17820/91, Slg 97-IV Rn. 78 – *Pammel/Deutschland* (EuGRZ 1997,
    310): Wegen Dauer eines Verfahrens vor BVerfG keine Möglichkeit, höhere
    Pacht zu verlangen; 15.000,- DM.
29 EGMR 2.4.2009 – 34615/02, Rn. 56 – *Kravchenko/Russland*.
30 EGMR 24.3.2015 – 44958/05, Rn. 65ff. – *Zaiȩt/Rumänien*.
31 EGMR 15.7.2003 – 44978/98, Rn. 72 – *Berlin/Luxemburg*.
32 EGMR 9.7.2009 – 11364/03 (GK), Rn. 130 – *Mooren/Deutschland* (EuGRZ
    2009, 566).
33 EGMR 15.1.2015 – 48144/09, Rn. 69 – *Cleve/Deutschland* (NLMR 2015, 21).
34 Z.B. in EGMR 26.11.2015 – 3690/10, Rn. 81-83 – *Annen/Deutschland* reichte
    der Vortrag wohl nicht aus.

Gerichtshof entscheidet nach billigem Ermessen.[35] Zur Höhe →
Rn. 21-24

12 Auch **juristische Personen** und **Personenvereinigungen** können immaterielle Schäden erleiden und Ersatz dafür erhalten. Dabei können
der Ruf einer Gesellschaft eine Rolle spielen, die Ungewissheit für die
Planung bei langer Verfahrensdauer, Störungen des Managements
und in geringem Umfang Unsicherheit und Unbequemlichkeit für die
Geschäftsführer.[36] Bei einer Partei: Immaterieller Schaden durch
Frustration der Mitglieder bei Verletzung von Art. 11;[37] bei einer Religionsgemeinschaft: rechtswidrige Einmischung des Staates und dadurch Furcht und Unsicherheit der Mitglieder.[38]

4. Ursächlicher Zusammenhang

13 **Der Schaden muss eindeutig durch die festgestellte Konventionsverletzung verursacht worden sein.** Den Nachweis dafür, dass Konventionsverletzung und Schaden zusammenhängen, hat grundsätzlich der
Bf. zu erbringen.[39] Vor allem wann von der **Kausalität** zwischen
Konventionsverletzung und **materiellem Schaden** ausgegangen werden kann, ist anhand der Rechtsprechung des Gerichtshofs nur
schwer einzuschätzen. Der ursächliche Zusammenhang wird häufig
wegen eines fehlenden „klaren", „direkten" oder wegen eines „nicht
hinreichenden" Kausalzusammenhangs abgelehnt.[40]

14 Bei Verletzungen von **Verfahrensgarantien,** insbesondere soweit **in
Art. 5 enthalten und in Art. 6,** wird der Zusammenhang selten festzustellen sein. Der Gerichtshof geht in vielen Fällen von dem Grundsatz aus, dass er **über den Ausgang des Verfahrens ohne Konventionsverletzung nicht spekulieren** und deswegen nicht feststellen könne, ob der Bf. einen materiellen oder immateriellen Schaden erlitten
hat, den er ohne Verletzung der in **Art. 5** enthaltenen Verfahrensgarantien oder von **Art. 6** nicht erlitten hätte. Häufige, aber nicht zwin-

---

35 EGMR 14.6.2011 – 16903/03 (Art. 41), Rn. 15 – *Denisova u. Moiseyeva/Russ-
land.*
36 EGMR 6.4.2000 – 35382/97 (GK), Slg 00-IV Rn. 29 – *Comingersoll S.A./Portu-
gal.*
37 EGMR 8.12.1999 – 23885/94 (GK), Slg 99-VIII Rn. 57 – *Freiheits- und Demokratiepartei (ÖZDEP)/Türkei.*
38 EGMR 16.9.2010 – 412/03 u. 35677/04, Rn. 34 f. – *Holy Synod of the Bulgarian Orthodox Church (Metropolitan Inokentiy) ua/Bulgarien.*
39 Ausdrücklich EGMR 7.5.1974 – 1936/63, Slg A17 Rn. 40 – *Neumeister/Öster-
reich*; angedeutet zB in 23.7.2013 – 4458/10, Rn. 133 – *Mikalauskas/Malta*; sa
Practice Directions (Just Satisfaction Claims) vom 1.7.2014, Rn. 11.
40 Zu den Kategorien *Kellner u. Durant*, in *Fenyves* ua, Tort Law in the Jurisprudence of the European Court of Human Rights, 2011, S. 449 (467-470).

gende Folge der Verneinung des Kausalzusammenhangs aufgrund des „**Spekulationsverbots**":[41] Der Gerichtshof verneint die Gewährung einer gerechten Entschädigung als nicht notwendig (vgl. aber → Rn. 25 zum SE wg. Verlust von Chancen).[42] In anderen Fällen beschäftigt sich der Gerichtshof gründlicher mit der Frage, ob der gerügte Schaden tatsächlich im Zusammenhang mit der von ihm festgestellten Konventionsverletzung steht. Eine Aufzählung entscheidender Faktoren findet sich in der Entscheidung Kingsley/Vereinigtes Königreich.[43] Insgesamt lässt sich der Rechtsprechung jedoch keine klare Linie dazu entnehmen, wann ein ursächlicher Zusammenhang zwischen der Verletzung der Verfahrensrechte und dem behaupteten Schaden verneint oder bejaht wird.

Für die Verletzung der in **Art. 5** enthaltenen Verfahrensgarantien   15
wird dementsprechend eine Entschädigung nur für Schäden gewährt, die als **Folge einer Freiheitsentziehung entstanden** sind, die der Bf. nicht erlitten hätte, wenn er in den Genuss der Garantien von Art. 5 gekommen wäre.[44] Im Fall Kolanis/Vereinigtes Königreich hat der Gerichtshof dem Bf. bei Verletzung von Art. 5 IV eine Entschädigung von 6.000 EUR für einen immateriellen Schaden zugesprochen, weil der Bf. ohne Verletzung möglicherweise früher entlassen worden wäre.[45] Auch sonst nimmt der Gerichtshof immer häufiger an, dass ein gerechter Ausgleich für den **Verlust von Chancen** angemessen ist (→ Rn. 25).

Bei **Art. 6** (überlange Verfahrensdauer) sind negative Folgen des Aus-   16
gangs des Verfahrens nicht kausal verursacht, weil es nur auf die Dauer, nicht auf das Ergebnis des Prozesses in der Sache ankommt. Die Konventionsverletzung kann aber Ursache für andere Schäden

---

41 *Kellner u. Durant*, in *Fenyves* (Hrsg.), Tort Law in the Jurisprudence of the European Court of Human Rights, 2011, S. 449 (478).
42 Z.B. EGMR 20.10.2015 – 25703/11, Rn. 117 – *Dvorski/Kroatien*; EGMR 17.7.2014 – 32541/08 ua (GK), Rn. 149 – *Svinarenko u. Slyadnev/Russland* (NJW 2015, 3423); EGMR 13.2.2001 – 24479/94, Slg 01-I Rn. 52 – *Lietzow/Deutschland* (NJW 2002, 2013); EGMR 12.10.1999 – 25277/94 ua, Rn. 78ff. – *Perks* ua/*Vereinigtes Königreich* differenziert zwischen den Bf.; EGMR 25.3.1999 – 31195/96 (GK), Slg 99-II Rn. 76 – *Nikolova/Bulgarien* (NJW 2000, 2883) mit einer Übersicht über die Rechtsprechung zu dieser Frage bei Verletzung von Art. 5 III, IV; EGMR 18.2.1999 – 27267/95 (GK), Slg 99-1 Rn. 85 – *Hood/Vereinigtes Königreich* (NVwZ 2001, 304): Verletzung von Art. 5 III.
43 EGMR 28.5.2002 – 35605/07 (GK), Slg 02-IV Rn. 42 – *Kingsley/Vereinigtes Königreich*.
44 EGMR 18.12.1999 – 27267/95 (GK), Slg 99-I Rn. 84 – *Hood/Vereinigtes Königreich* (NVwZ 2001, 304).
45 EGMR 21.6.2005 – 517/02, Slg 05-V Rn. 92 – *Kolanis/Vereinigtes Königreich*; wegen unspezifischer immaterieller Schäden: EGMR 7.6.2011 – 277/05, Slg 11-III Rn. 69 f. – *S.T.S./Niederlande* (NJW 2012, 2331); EGMR 23.2.1984 – 9019/80, Slg A75 Rn. 40 – *Luberti/Italien* (NJW 1986, 765).

sein, zB bei überlanger Dauer eines Verfahrens über die Entziehung einer Erlaubnis für eine Klinik Aufschub der Suche nach anderen Lösungen, Schwierigkeiten bei dem Betrieb des Unternehmens, Aufschub seines Verkaufs.[46] Der Gerichtshof ist restriktiv im Hinblick auf die Annahme einer Kausalität zwischen überlanger Dauer und materiellem Schaden, bejaht aber regelmäßig einen mit der Überlänge in hinreichendem Zusammenhang stehenden immateriellen Schaden (→ Rn. 26).

17 Wenn der Gerichtshof festgestellt hat, dass eine **in Aussicht genommene Abschiebung gegen Art. 3 verstoßen würde**, kann Art. 41 anwendbar sein und eine immaterielle Entschädigung zugesprochen werden, obwohl ein Schaden noch nicht eingetreten ist (→ aber Rn. 29).[47]

5. Art und Höhe der Entschädigung

18 **a) Naturalrestitution (restitutio in integrum):** Ein Urteil des Gerichtshofs, das eine Verletzung feststellt, verpflichtet den beklagten Staat, die Konventionsverletzung abzustellen und Ersatz für die Folgen zu leisten und zwar so, dass der Zustand vor der Verletzung soweit wie möglich wieder hergestellt wird.[48] Dem Staat steht grundsätzlich ein Ermessensspielraum zu, wenn es darum geht, die Konventionsverletzung zu beenden (→ Art. 46 Rn. 22). Ist eine Naturalrestitution nach der Art der Verletzung möglich, muss der beklagte Staat sie vornehmen.[49] Der Gerichtshof hat weder die Befugnis noch die praktische Möglichkeit, das selbst zu tun.[50] Der Gerichtshof ordnet auch keine neuen Ermittlungen an, wenn der Staat gegen seine

---

46 Z.B. EGMR 10.3.1980, – 6232/73 (Art. 50), Slg A36 Rn. 19 – *König/Deutschland* (NJW 1981, 505).

47 EGMR 7.7.1989 – 14038/88, Slg A161 Rn. 126 – *Soering/Vereinigtes Königreich* (NJW 1990, 2183); EGMR 5.7.2005 – 2345/02, Slg 05-VI Rn. 60 – *Said/Niederlande.*

48 EGMR 31.10. 1995 – 14556/89 (Art. 50), Slg A 330-B Rn. 34 – *Papamichalopoulos/Griechenland* (ÖJZ 1994, 177); EGMR v. 6.4.2000 – 35382/97 (GK), Slg 00-IV Rn. 29 – *Comingersoll S.A./Portugal*; EGMR 25.7.2000 – 33985/96 (Art. 41), Slg 00-IX Rn. 18 – *Smith u. Grady/Vereinigtes Königreich* (NJW 2001, 809); EGMR 25.3.2014 – 71243/01 (GK) (Art. 41), Slg 14 Rn. 33 – *Vistiņš and Perepjolkins/Latvia.*

49 EGMR 19.10.2000 – 31107/96 (GK) (Art. 41), Slg 00-XI Rn. 33 – *Iatridis/Griechenland* (EuGRZ 1999, 32).

50 EGMR 28.11.2002 – 25701/94 (GK) (Art. 41), Slg 00-XII Rn. 73 – *früherer König von Griechenland/Griechenland* (NJW 2003, 1721).

Ermittlungspflichten nach Art. 2 oder 3 verstoßen hat (→ Art. 2 Rn. 27).[51]

In neuerer Rechtsprechung weist der Gerichtshof **im Rahmen von**   19
Art. 41 aber auf **Maßnahmen** hin, die er als geeignet ansieht, die Folgen der von ihm festgestellten **Konventionsverletzung zu beseitigen.** Bei einer Verletzung von Art. 6 bringt er zB zum Ausdruck, dass die Wiederaufnahme des Verfahrens[52] die beste Wiedergutmachung wäre, bei Verletzung von Art. 1 Prot. Nr. 1 zB die Wiedergutmachung durch die Rückgabe,[53] die Beendigung des Restitutionsverfahrens[54] oder die Befolgung des letztinstanzlichen Urteils[55]. **Verpflichtungsurteile** erlässt der EGMR dahin gehend, dass der beklagte Staat verpflichtet wird, die Vollstreckung des Urteils sicherzustellen,[56] und zwar unter Umständen auch, wenn das Urteil nicht gegen eine staatliche Stelle ergangen war.[57] Wenn ein Verstoß gegen **Art. 6** festgestellt worden ist, weil der Staat ein gegen ihn ergangenes **Zahlungsurteil nicht befolgt,** kann der Schaden die offene Summe zuzüglich Zinsen umfassen,[58] z.T wird nur ein Ausgleich für Zinsverlust gewährt.[59]

Bei **Enteignungen** unterscheidet der Gerichtshof bei Gewährung einer   20
gerechten Entschädigung zwischen rechtmäßigem und unrechtmäßigem Entzug von Eigentum: Wenn eine Enteignung rechtmäßig war und nur deswegen gegen Art. 1 Prot. Nr. 1 verstoßen hat, weil keine ausreichende Entschädigung gewährt worden war, spricht der Gerichtshof eine Entschädigung zu, die sich an die zu Art. 1 Prot. Nr. 1 entwickelten Kriterien anlehnt und nicht dem vollen Wert des

---

51 Er bringt aber zum Ausdruck, dass neue Ermittlungen unter Aufsicht des Ministerkomitees stattfinden sollten, vgl. EGMR 22.7.2014 – 50275/08, Rn. 75 – *Ataykaya/Türkei.*
52 EGMR 21.6.2011 – 33681/05, Rn. 70 – *Idakiev/Bulgarien*; EGMR 27.11.2008 – 36391/02 (GK), Slg 08-V Rn. 72 – *Salduz/Türkei* (NJW 2009, 3707); ausführlich *Laffranque*, in: *Seibert-Fohr/Villinger*, Judgments of the European Court of Human Rights – Effects and Implementation, 2015, S. 75 (102).
53 EGMR 23.1.2001 – 28342/95 (GK) (Art. 41), Slg 01-I Rn. 22 – *Brumărescu/Rumänien.*
54 EGMR 9.6.2015 – 35355/08, Rn. 57 – *Velcheva/Bulgarien.*
55 EGMR 16.7.2013 – 41064/05, Rn. 77 – *Hadzhigeorgievi/Bulgarien.*
56 EGMR 12.7.2007 – 7111/05, Rn. 30 – *Pylnov/Russland.*
57 EGMR 19.10.2006 – 36496/02 – *Kesyan/Russland*; keine Konventionsverletzung und damit keine Verpflichtung dagegen in EGMR 3.4.2012 – 54522/00 (GK) – *Kotov/Russland* (NJOZ 2013, 1355).
58 Vgl. EGMR 9.10.2014 – 39483/05 u. 40527/10, Rn. 232 – *Liseytseva u. Maslov/Russland*; EGMR 14.6.2005 – 61651/00, Rn. 31 – *Rusatommet/Russland*, EGMR 27.9.2005 – 2507/03, Slg 05-VIII Rn. 70 – *Amat G Ltd ua/Georgien*; EGMR 10.12.2009 – 11867/08 ua, Rn. 20-23 – *Ramus/Ukraine*; EGMR 13.12.2005 – 10558/03, Rn. 27 – *Anatskiy/Ukraine*: Verurteilung zur Zahlung des nach dem staatlichen Urteil geschuldeten Betrags.
59 Vgl. EGMR 6.4.2000 – 35382/97 (GK), Slg 00-IV Rn. 29 – *Comingersoll S.A./Portugal*: kein Ersatz im Wert der Forderung.

Grundstücks entsprechen muss.[60] War die Enteignung unrechtmäßig muss die Konventionsverletzung vollständig kompensiert werden.[61] Wenn eine **Naturrestitution durch Rückgabe enteigneter Sachen möglich** ist, hat der Gerichtshof den beklagten Staat in einigen Fällen dazu verurteilt, die Sachen, zB **enteignete Grundstücke**, binnen bestimmter Frist zurückzugeben, ersatzweise einen bestimmten Betrag zu zahlen.[62] Dabei stellt der Gerichtshof auf den Wert im Zeitpunkt des Verlusts des Eigentums ab, zuzüglich Inflationsausgleich.[63]

21 **b) Schadensersatz in Geld:** Der Gerichtshof entscheidet **nach billigem Ermessen, er geht nicht über den Antrag hinaus** und ermittelt wegen der Höhe eines materiellen Schadens nicht in allen Einzelheiten. Wenn eine Sache entzogen ist oder zerstört wird, wird grundsätzlich deren Wert ersetzt,[64] bei Schädigung einer Sache die Wertminderung. Bei **verspäteter Zahlung** einer Enteignungsentschädigung wird ein Inflationsausgleich gegeben,[65] bei **Nutzungsbeschränkung** eines Grundstücks ein geschätzter Betrag,[66] bei einem **Bauverbot** Entschädigung in Höhe der entgangenen Mieteinnahmen.[67] **Bei Verlust eines Arbeitsplatzes** oder der Möglichkeit, einen freien Beruf auszuüben, kann die Berechnung des Schadens schwierig sein, weil er von vielen nicht genau bestimmbaren Umständen abhängt, und das umso mehr, je länger das Ereignis zurückliegt. Der Gerichtshof schätzt nach billigem Ermessen.[68]

---

60 EGMR 28.11.2002 – 25701/94 (Art. 41), Rn. 76-78 – *früherer König von Griechenland/Griechenland* (NJW 2003, 1721).

61 Z.B. durch Rückgabe EGMR 6.12.2011 – 7097/10, Rn. 106 – *Gladyshave/ Russland.*

62 EGMR 23.1.2001 – 28342/95 (GK) (Art. 41), Slg 01-I Rn. 22 – *Brumărescu/ Rumänien*; EGMR 31.10.1995 – 14556/89 (Art. 50), Slg Serie A 330-B Rn. 34 – *Papamichalopoulos ua/Griechenland*; EGMR 13.11.2007 – 33771/02, Slg 07-V Rn. 138 – *Driza/Albanien.*

63 EGMR 22.12.2009 – 58858/00, Rn. 105 – *Guiso Gallisay/Italien* setzt sich kritisch mit der früheren Rechtsprechung auseinander, die auf den aktuellen Wert zum Zeitpunkt der EGMR-Entscheidung, also einschließlich der Werterhöhung durch zwischenzeitliche Bebauung abgestellt hat – vgl. EGMR 31.10.1995 – 14556/89 (Art. 50), Slg A 330-B Rn. 34, 39 – *Papamichalopoulos ua/Griechenland.*

64 Ggfs. geschätzt: EGMR 17.2.2004 – 25760/94, Slg 04-II Rn. 228 f. – *Ipek/ Türkei.*

65 EGMR 9.7.1997 – 19263/92, Slg 97-IV Rn. 35-39 – *Akkus/Türkei* (ÖJZ 1998, 356); ähnlich: EGMR 14.4.2015 – 22432/03, Rn. 63 – *Chinnici/Italien*; EGMR 6.11.2014 – 28177/12, Rn. 66 – *Azzopardi/Malta* zu der Berechnung, wenn noch keine Entschädigung gezahlt wurde.

66 EGMR 26.10.04 – 27265/95 (Art. 41), Rn. 37 – *Terazzi/Italien*, EGMR 12.7.2011 – 18290/02, Rn. 83 – *Maioli/Italien.*

67 EGMR 14.10.2004 – 67629/01, Rn. 77 – *Assymomitis/Griechenland.*

68 Z.B. EGMR 12.3.2014 – 26828/06 (GK) (Art. 41), Rn. 90 – *Kurić ua/Slowenien* (NJOZ 2015, 819); EGMR 7.4.2005 – 70665/01 Rn. 47-49 – *Rainys u. Gasparavicius/Litauen.*

Entgangener Gewinn, entgangene Chancen oder entgangene Unter- 22
haltszahlungen werden überschlägig berechnet, vom beklagten Staat
nicht bestrittene Beträge werden idR angesetzt.[69] Der Gerichtshof
akzeptiert bei der Frage der Höhe eines entgangenen Gewinns Un-
wägbarkeiten und bestimmt die angemessene Entschädigung für den
materiellen Schaden nach Ermessen.[70]

Bei **Schadensersatz wegen immaterieller Schäden,** der neben Ersatz 23
materieller Schäden gewährt werden kann, sind die gewährten Beträge je nach den besonderen Umständen des Einzelfalls recht unterschiedlich, aber grundsätzlich eher bescheiden. Der EGMR entscheidet nicht wie ein Zivilgericht über Schadensersatzansprüche, sondern
nach billigem Ermessen,[71] in der Regel ohne auszuführen, wie es zu
einem bestimmten Betrag gekommen ist. Für die Bemessung der immateriellen Entschädigung gibt es interne Richtlinien, die jedoch
nicht veröffentlicht sind.[72] Bei der Bemessung berücksichtigt der
EGMR unter anderem den Lebensstandard in dem Staat, gegen den
sich die Beschwerde richtet,[73] sowie das Ziel der Entschädigung ($\rightarrow$
Rn. 11). **Der Betrag soll im Verhältnis zum Gewicht der Verletzung**
angemessen sein; dabei werden in ähnlichen Fällen zugesprochene
Beträge berücksichtigt.[74] Der Betrag kann geringer sein, wenn der Bf.
schon eine innerstaatliche Feststellung der Verletzung erhalten hat.
Wenn er einen angemessenen Betrag erhalten hat, kann das den Fortfall der Opfereigenschaft bewirken ($\rightarrow$ Art. 34 Rn. 31). Wenn das
nicht so ist, kann er nach Art. 41 die Differenz erhalten zwischen
dem erhaltenen und dem angemessenen Betrag. Ein zusätzlicher Betrag wird gewährt, wenn der Bf. auf die Zahlung des ihm innerstaatlich zugesprochen Betrags hat warten müssen.[75] Ein Ausgleich imma-

---

69 Z.B. EGMR 10.4.2001 – 26129/95, Slg 01-III Rn. 182, 183 – *Tanli/Türkei*;
    EGMR 25.7.2000 – 33985/96 ua (Art. 41), Slg 00-IX Rn. 18 ff. – *Smith und*
    Grady/Vereinigtes Königreich (NJW 2001, 809).
70 Z.B. EGMR 30.11.2004 – 48939/99 (GK), Slg 04-XII Rn. 166 – *Öneryildiz/*
    Türkei.
71 EGMR 18.9.2009 – 16064/90 (GK), Slg 09-V Rn. 224 f. 224 f. – *Varnava* ua/
    Zypern (NVwZ-RR 2011, 251).
72 *Harris/O'Boyle/Warbrick,* Law of the European Convention on Human Rights,
    3. Aufl. 2014, S. 156; kritisch zur Transparenz: *Lambert Abdelgawad,* in: Sei-
    bert-Fohr/Villinger, Judgments of the European Court of Human Rights – Ef-
    fects and Implementation, 2015, S. 115 (130).
73 *Harris/O'Boyle/Warbrick,* Law of the European Convention on Human Rights,
    3. Aufl. 2014, S. 156.
74 EGMR 15.2.2008 – 38311/02 (GK), Rn. 39, 44 – *Kakamoukas* ua/*Griechen-*
    land (NJW 2009, 655).
75 EGMR 29.1.2006 – 16813/97 (GK), Slg 06-V Rn. 268-271 – *Scordino/Italien*
    Nr. 1 (NJW 2007, 1259).

terieller Schäden erfolgt unter anderem nicht, wenn der Gerichtshof dies für unangemessen („ not appropriate") hält (→ Rn. 29).[76]

24 Einige **Beispiele** aus der jüngeren Rechtsprechung:[77]

- 750 EUR bei verzögerter Entscheidung des Bewährungsausschusses (EGMR 29.1.2013 – 1497/10 – *Betteridge/Vereinigtes Königreich*)
- 1.000 EUR für die Bedingungen, unter denen der Bf. als Asylsuchender in Griechenland festgehalten wurde (EGMR 21.1.2011 – 30696/09 (GK), Slg 11-I – *M.S.S./Belgien und Griechenland* – NVwZ 2011, 413)
- 1.200 EUR bei Verletzung von Art. 5 III durch Fortdauer der U-Haft wegen Unmöglichkeit die Sicherungsleistung zu entrichten (EGMR 19.3.2015 – 76392/12 – *Kolakovic/Malta*)
- 2.000 EUR für den fehlenden Zugang zu einem Anwalt nach der Festnahme des minderjährigen Bf. (EGMR 27.11.2008 – 36391/02 (GK), Slg 08-V – *Salduz/Türkei* – NJW 2009, 3707)
- 2.200 EUR bei Verletzung von Art. 1 Prot. Nr. 1 durch fehlende vollständige Umsetzung eines innerstaatlichen Urteils (EGMR 19.7.2011 – 43590/04 – *Stoycheva/Bulgarien*)
- 2.600-9.000 EUR bei Verletzung von Art. 6, 13 und Art. 1 Prot. Nr. 1 wegen fehlender Durchsetzung von Urteilen (EGMR 1.7.2014 – 29920/05 ua – *Gerasimov ua/Russland*)
- 2.700 EUR bei Nichtvollstreckung eines Urteils über 3 1/2 Jahre (EGMR 14.10.2014 – 63389/13 – *Pop-Ilić ua/Serbien*)
- 3.000 EUR für jeden der Bf. bei Verletzung von Art. 1 Prot. Nr. 1 wegen unverhältnismäßig niedriger Enteignungsentschädigung (EGMR 25.3.2014 – 71243/01 (GK) – *Vistiņš u. Perepjolkins/ Lettland*)
- 3.000 EUR für die Verletzung von Art. 10 durch den Erlass einer einstweiligen Verfügung, die dem Bf. die Verteilung eines Flugblattes verbot (EGMR 17.4.2014 – 5709/09 – *Brosa/Deutschland* – NJW 2014, 3501)
- 3.000 EUR bei Verletzung von Art. 3 durch die Haftbedingungen (ua Isolation, mangelhafte Belüftung, Licht, Heizung, Hygiene) (EGMR 8.7.2014 – 15018/11 ua – *Harakchiev u. Tomulov/ Bulgarien*)

---

76 *Dörr* in: *Dörr/Grothe/Marauhn*, EMRK/GG, 2. Aufl. 2013, Kap. 33, Rn. 26; vgl. auch EGMR 28.5.2002 – 35605/07 (GK), Slg 02-IV Rn. 43 – *Kingsley/ Vereinigtes Königreich*.
77 Siehe ausführlich auch *Karen Reid*, A Practitioner's Guide to the European Convention on Human Rights, 4. Aufl. 2011, S. 831 ff.

- 4.000 EUR bei Verletzung von Art. 6 durch die Entscheidung über die Entlassung eines Richters durch ein nicht unparteiisches Gericht (EGMR 30.4.2015 – 6899/12 – *Mitrinovski/„frühere jugoslawische Republik Mazedonien"*)
- 4.500 EUR bei mehr als 7 Jahren U-Haft (EGMR 21.7.2015 – 25381/12 – *Grujović/Serbien*)
- 5.000 EUR für die fehlende Auseinandersetzung mit dem Vorwurf des Bf., er sei Opfer einer polizeilichen Tatprovokation geworden (EGMR 8.1.2013 – 25282/07 – *Baltiņš/Lettland*)
- 5.000 EUR für die Verletzung von Art. 6 II durch Ausführungen in einem Urteil, die dem Freispruch des Bf. widersprachen (EGMR 15.1.2015 – 48144/09 – *Cleve/Deutschland* – NLMR 2015, 21)
- 5.000 EUR bei Freiheitsentziehung des Bf. ohne Rechtsgundlage (EGMR 30.6.2015 – 5772/12 – *Grabowski/Polen*)
- 5.000 EUR bei Ausschluss eines biologischen Vaters vom Umgangsrecht (EGMR 21.12.2010 – 20578/07 – *Anayo/Deutschland* – NJW 2011, 3565)
- 6.000 EUR bei Verletzung von Art. 5 III wegen 3 Jahren und 9 Tagen U-Haft, in denen insgesamt 24 Wochen keine Sitzung stattfand (EGMR 9.7.2015 – 8824/09 u. 42836/12 – *El Khoury/Deutschland*)
- 7.500 EUR bei Verletzung von Art. 3 wegen Überbelegung des Gefängnisses sowie Verletzung der Rechte des Bf. aus Art. 5 I, II und IV (EGMR 19.2.2013 – 16262/05 – *Zuyev/Russland*)
- 8.000 EUR bei Verurteilung aufgrund von mit polizeilicher Tatprovokation gewonnenen Beweismitteln (EGMR 23.10.2014 – 54648/09 – *Furcht/Deutschland* – NJW 2015, 3631)
- 8.000 EUR bei Verletzung von Art. 14 iVm Art. 8 wegen Diskriminierung des aufgrund seiner HIV-Infektion entlassenen Bf. (EGMR 3.10.2013 – 552/10, Slg 13-V – *I.B./Griechenland*)
- 10.000 EUR bei Verletzung von Art. 6 wegen krasser Missinterpretation eines Urteil des Gerichtshofs zulasten der Bf. im Wiederaufnahmeverfahren, die Willkür gleichkam (EGMR 5.2.2015 – 22251/08 (GK) – *Bochan/Ukraine* (No.2))
- 10.000 EUR bei Verletzung von Art. 3 durch die fehlende Untersuchung von Misshandlungsvorwürfen (EGMR 18.6.2015 – 59075/09 – *Mehdiyev/Aszerbaidschan*)
- 12.000 EUR bei Verletzung von Art. 10: Ein gegen die Bf. verhängtes Verbot der Wiedereinreise wurde auf ihre Äußerungen gestützt (EMRK 20.5.2010 – 2933/03 – *Cox/Türkei*)
- 15.000 EUR bei Verletzung von Art. 8 und Art. 13 wegen der Länge des familiengerichtlichen Verfahrens und des Fehlens eines

effektiven Beschleunigungsrechtsbehelfs (EGMR 15.1.2015 – 62198/11 – *Kuppinger/Deutschland* – NJW 2015, 1433)

- 15.000 EUR bei Verurteilung entgegen Art. 10 zu Bußgeld, Schadens- und Kostenersatz (EGMR 23.4.2015 – 28369/10 (GK) – *Morice/Frankreich*)

- 19.500 EUR wegen mangelnder Untersuchung von häuslicher Gewalt gegenüber der minderjährigen Bf. und schleppendem Sorgerechtsverfahren, in das die Jugendliche nicht einbezogen wurde (EGMR 3.9.2015 – 10161/13 – *M. und M./Kroatien*)

- 20.000 EUR bei Verletzung von Art. 8 wegen der mangelnden Durchsetzung von Entscheidungen, die die Rückkehr der Tochter des Bf. nach Italien anordneten (EGMR 15.1.2015 – 4097/13 – *M.A./Österreich*)

- 20.000 EUR bei Verletzung von Art. 5 I, III durch Verlängerung der U-Haft über die gesetzlich erlaubte Zeitspanne hinaus (EGMR 15.1.2015 – 48982/08 – *Yuriy Rudakov/Russland*)

- 26.000 EUR bei Verletzung von Art. 3 und Art. 13 durch Haft in überfüllten Gefängnissen mit schlechten Sanitäranlagen und wenig Aktivitäten außerhalb des Haftraums (EGMR 16.7.2015 – 44753/12 – *Gégény/Ungarn*)

- 30.000 EUR bei Verletzung von Art. 3, Art. 2 und Art. 6 durch die mangelnde Untersuchung des Todes des Ehemanns der Bf., der bei der gewaltsamen Unterdrückung von Anti-Regierungsprotesten in Bukarest 1990 erschossen wurde (EGMR 17.9.2014 – 10865/09 ua – *Mocanu* ua/*Rumänien*)

- 30.000 EUR bei Verletzung von Art. 5 und Art. 7 dadurch, dass die Haftentlassung der Bf. sich aufgrund einer Rechtsprechungsänderung um fast 9 Jahre verzögerte (EGMR 21.10.2013 – 42750/09, Slg 13-VI – *Del Río Prada/Spanien*)

- 40.000 EUR bei Verletzung von Art. 2 aufgrund des Todes des Sohnes der Bf. während des Militärdienstes (EGMR 24.4.2014 – 39583/05 – *Perevedentsevy/Russland*)

- je 60.000 EUR bei Verschleppung und mutmaßlicher Tötung (EGMR 15.1.2015 – 14705/09 ua – *Malika Yusupova* ua/*Russland*)

- 60.000 EUR bei Verletzung von Art. 3 und Art. 34 durch Auslieferung des Bf. an die USA (EGMR 4.9.2014 – 140/10, Rn. 179 – *Trabelsi/Belgien* – NLMR 2014, 383)

- 65.000 EUR für jeden der Bf., deren Kinder von Soldaten getötet wurden (EGMR 2.7.2013 – 44125/06 – *Gülbahar Özer* ua/ *Türkei*); ebenso zB EGMR 22.7.2014 – 50275/08 – *Ataykaya/ Türkei* bei Verletzung von Art. 2 (materiell- und verfahrensrechtlich)

- 70.000 EUR bei Verletzung von Art. 5, Art. 7 wegen Fortdauer der Sicherungsverwahrung über die zum Zeitpunkt der Verurteilung bestehende Höchstfrist hinaus (EGMR 13.1.2011 – 27360/04 ua – *Schummer/Deutschland* (Nr. 1))
- 100.000 EUR bei Verletzung von Art. 3, 5, 8, 13 und 6 aufgrund der Inhaftierung des Bf. in Polen und der vom Gerichtshof festgestellten Unterstützung der CIA durch die polnische Regierung (EGMR 24.7.2014 – 7511/13 – *Husayn (Abu Zubaydah)/Polen*)
- 180.000 EUR bei willkürlicher Haft entgegen freisprechendem Urteil (EGMR 8.7.2004 – 48787/99 (GK) – Slg 04-VII – *Ilascu/ Moldawien u. Russland* – NJW 2005, 1849)

c) Entschädigung bei Verletzung von Verfahrensgarantien: Verlust 25 **von Chancen:** Auch in Fällen der Verletzung von Verfahrensgarantien spricht der Gerichtshof fallbezogen eine immaterielle Entschädigung zu und beruft sich nicht immer auf das „Spekulationsverbot" (→ Rn. 14).[78] In weiteren Fällen weist er zwar darauf hin, dass ihm eine Spekulation über den Ausgang des Verfahrens nicht möglich sei, kommt dann aber dazu, dass ein wirklicher „Verlust von Chancen" („loss of opportunities") eingetreten ist, wenn zum Beispiel ohne die gerügten und festgestellten Verfahrensfehler immerhin eine Chance bestanden hätte, stärker auf das Verfahren Einfluss zu nehmen.[79] Auf den Verlust von Chancen stützt der Gerichtshof eine Entschädigung auch bei der **Verletzung anderer Konventionsrechte**, wenn diese zB auf eine fehlerhafte Abwägung durch die nationalen Gerichte zurückzuführen ist.[80]

Bei Verletzung von Art. 6 I wegen der unangemessenen **Dauer des** 26 **Verfahrens** spricht der Gerichtshof **üblicher Weise eine gerechte Entschädigung als Ersatz für immaterielle Schäden zu.** Er nimmt eine starke, aber widerlegbare Vermutung dafür an, dass ein Nichtvermögensschaden entstanden ist. Die Höhe wird nach den Umständen des Falles nach billigem Ermessen bestimmt. Sie richtet sich insbesondere nach der Dauer und der Zahl der Instanzen, aber auch nach der Bedeutung der Sache für den Bf. und seinem Verhalten im Prozess. Bei Sachen besonderer Bedeutung wird eine höhere Entschädigung ge-

---

78 EGMR 9.7.2009 – 11364/03 (GK), Rn. 127, 130 – *Mooren/Deutschland* (EuGRZ 2009, 566).
79 EGMR 29.6.2011 – 34869/05 (GK), Rn. 72 – *Sabeh El Leil/Frankreich* (NJOZ 2012, 1333); EGMR 12.4.2005 – 46387/99 ua, Rn. 57-60 – *Whitfield ua/Vereinigtes Königreich* hinsichtlich des Bf. Clarke; EGMR 13.7.2000 – 25735/94 (GK), Slg 00-VIII Rn. 70 f. – *Elsholz/Deutschland* (NJW 2001, 2315).
80 Z.B. Verletzung von Art. 8: EGMR 28.6.2012 – 1620/03, Rn. 23 – *Schüth/ Deutschland* (NZA 2013, 1425); EGMR 9.5.2006 – 18249/02, Rn. 71 – *C./ Finnland* (FamRZ 2006, 997); Verletzung von Art. 1 Prot. Nr. 1 EGMR 19.7.2011 – 43590/04, Rn. 78 – *Stoycheva/Bulgarien.*

währt, zB bei Arbeitssachen, zivilen Statussachen, Entmündigungssachen, Streitigkeiten über Pensionen oder besonders wichtigen Verfahren über Gesundheit oder Leben. Die Summe wird entsprechend der Zahl der Instanzen reduziert, ebenso bei verzögerndem Verhalten des Bf.,[81] bei Sachen geringer Bedeutung oder wenn der Bf. als Erbe nur kurz beteiligt war. Beträge, die der Bf. bereits vom beklagten Staat erhalten hat, werden abgezogen.[82] Im Einzelfall können sich wegen besonderer Umstände Abweichungen ergeben, zB bei Gesundheitsschäden als Folgen langer Verfahrensdauer.[83] In einigen Fällen hat der Gerichtshof trotz langer Dauer eine **Entschädigung ganz verweigert** (→ Rn. 29), zB weil die Dauer nicht unwesentlich auf das Verhalten des Bf. zurückging.[84] Wenn bei langer Dauer eines Strafverfahrens die Strafe deswegen gemildert oder als zum Teil verbüßt erklärt worden ist (→ Art. 13 Rn. 20) und die U-Haft auf die Strafe angerechnet worden ist, kann das den Gerichtshof dazu veranlassen anzunehmen, dass die Feststellung der Verletzung allein eine hinreichende Entschädigung ist.[85]

27   **Dass es sich um verbundene Verfahren** mehrerer Beteiligter handelt, hat Einfluss auf die Höhe der Entschädigung. Der EGMR berücksichtigt die Zahl der Beteiligten und bestimmt die Höhe der Entschädigung für den Einzelnen so, dass die insgesamt zugesprochenen Beträge mit seiner Rechtsprechung und der Bedeutung des Verfahrens in Einklang stehen.[86]

28   **Überlange Verfahrensdauer in deutschen Fällen:** Die Bedeutung der gerechten Entschädigung für die Verletzung von Art. 6 I durch überlange Verfahrensdauer ist in Deutschland mit der Einführung der Verzögerungsrüge und einer möglichen Entschädigung (§ 198 GVG) stark zurückgegangen.[87] Nach Inkrafttreten des Gesetzes zum Rechtsschutz bei überlangen Gerichtsverfahren und strafrechtlichen

---

81 Das kann auch dazu führen, dass die Verletzung von Art. 6 trotz Überlänge verneint wird, EGMR 24.1.2008 – 42852/02, Rn. 59 – *Bunčič/Slowenien*.

82 *Kissling/Kelliher*, in: *Fenyves* ua, Tort Law in the Jurisprudence of the European Convention on Human Rights, 2011, S. 579 Rn. 11/209; siehe z.B. EGMR 7.1.2016 – 39380/13, Rn. 115 – *Vrtar/Kroatien*.

83 EGMR 31.7.2003 – 50389/99, Slg 03-X Rn. 75 f. – *Doran/Irland*: 25 000 EUR für beide Bf. bei 8 Jahren und 5 Monaten Dauer.

84 EGMR 15.7.2003 – 44978/98 – *Berlin/Luxemburg*: keine Entschädigung bei 17 Jahren Verfahrensdauer für 2 Instanzen; EGMR 21.4.2015 – 44547/10, Rn. 73 – *Piper/Vereinigtes Königreich*.

85 EGMR 13.11.2008 – 10597/03, Rn. 68 – *Ommer/Deutschland (Nr. 1)*; EGMR 29.7.2004 – 49746/99, Rn. 68 – *Cevizovic/Deutschland* (NJW 2005, 3125).

86 EGMR 15.2.2008 – 38111/02 (GK), Rn. 48 – *Kakamoukas* ua/*Griechen*land (NJW 2009, 655).

87 Für die früheren Entschädigungsbeträge siehe *Mayer/Ladewig*, EMRK, 3. Aufl. 2011, Art. 41 Rn. 23.

Ermittlungsverfahren[88] **verwies** der Gerichtshof Bf. auf den **nationalen Rechtsweg**, unter der Voraussetzung, dass die innerstaatlichen Gerichte eine **konsistente** und den **Erfordernissen der Konvention entsprechende Rechtsprechung etablieren** würden.[89] Dies dürfte in Hinblick auf die Gewährung einer gerechten Entschädigung grundsätzlich gelungen sein.[90] **Grundlage der Festsetzung der Entschädigung**: Vom Gerichthof zugesprochene Entschädigungen orientieren sich an einem Grundbetrag von 1.000 bis 1.500 EUR pro Jahr der Dauer des Verfahrens, nicht der Verzögerung.[91] Die innerstaatliche Rechtsprechung zu § 198 GVG legt zwar in der Regel die Dauer der Verzögerung der Entschädigung zugrunde,[92] kommt aber zu ähnlichen Ergebnissen (→ Art. 6 Rn. 209). **Absehen von einer Entschädigung**: Von einer Entschädigung nach § 198 GVG kann nach Abs. 2 Satz 2 im Einzelfall abgesehen werden. In der Praxis sind aber nur geringfügige Verfahrensverzögerungen regelmäßig entschädigungslos hinzunehmen.[93] Bei darüber hinausgehenden, aber noch unterjährigen Verzögerungen kann zwar die bloße Feststellung der Unangemessenheit der Verfahrensdauer ausreichen. Es bedarf aber einer Abwägung aller Belange des Einzelfalls.[94] Bei Verzögerungen ab einem Jahr dürfte eine Entschädigung wohl nur ausnahmsweise zu versagen sein, wobei insbesondere die Verfahrensförderung des Gerichts im Anschluss an die Verzögerung und das Verhalten des Betroffenen in den Blick zu nehmen ist.[95] Eine solche Praxis dürfte im Wesentlichen der Rechtsprechung des Gerichtshofs entsprechen, der bei Individualbeschwerden, die die überlange Verfahrensdauer betreffen, nur ausnahmsweise vom Zuspruch einer immateriellen Entschädigung absieht.[96]

---

88 BGBl. I 2011, 2302.
89 Z.B. EGMR 29.5.2012 – 53126/07, Rn. 45 – *Taron/Deutschland* (NVwZ 2013, 47).
90 *Steinbeiß-Winkelmann/Sporrer* NJW 2014, 177.
91 EGMR 10.11.2004 – 64897/01, Rn. 26 – *Ernestina Zullo/Italien*; EGMR 29.3.2006 – 64897/01 (GK), Rn. 140ff, insbes. 141 – *Ernestina Zullo/Italien*.
92 Vgl. zB BSG 12.2.2015 – B 10 ÜG 7/14 R (juris); Landessozialgericht Berlin-Brandenburg 25.8.2015 – L 37 SF 21/15 ZVW (juris) Rn. 32.
93 BGH Urteil vom 10. April 2014 – III ZR 335/13 Rn. 37 (NJW 2014, 1967).
94 BGH Urteil vom 23. Januar 2014 – III ZR 37/13, Rn. 62 (BGHZ 200, 20, 35).
95 BGH Urteil vom 23. Januar 2014 – III ZR 37/13, Rn. 63 (BGHZ 200, 20, 35).
96 Z.B. jeweils ohne Begründung EGMR 9.6.2005 – 26384/02, Rn. 37 – *Vokhmina/Russland*; EGMR 4.4.2000 – 30342/96, Rn. 56 – *Academy Trading Ltd.* ua/ *Griechenland*.

6. Absehen von einer Entschädigung

29 Der Gerichtshof spricht eine Entschädigung zu, wenn das nach seiner Auffassung notwendig ist. Er spricht keine Entschädigung zu, wenn die Feststellung der Konventionsverletzung an sich schon ausreichende „Entschädigung" ist.[97] Die Gewährung oder die Nichtgewährung steht in **seinem billigen Ermessen.** Soweit Kosten und Auslagen zu erstatten sind, wird insoweit jedenfalls eine Entschädigung gewährt (dazu → Rn. 31 ff.). Im Übrigen kann der Gerichtshof trotz des Vorliegens eines Schadens eine Entschädigung unter Berücksichtigung der Umstände des Falles **ablehnen. Dies erfolgt regelmäßig ohne Begründung, so dass eine klare Linie schwer erkennbar ist.** Zum Teil spielt das Verhalten des Bf. eine Rolle, zB in Strafverfahrensfällen,[98] in Fällen überlanger Verfahrensdauer, in denen der EGMR die mangelnde Verfahrensförderung durch den Bf. rügt,[99] oder auch in äußerungsrechtlichen Fällen.[100] Wenn eine Abschiebung Art. 3 verletzen würde, ein Bf. aber noch nicht abgeschoben wurde, betrachtet der Gerichtshof die Feststellung der Konventionsverletzung oft als ausreichend.[101] Wenn die Folgen einer Konventionsverletzung durch staatliche Maßnahmen schon ausgeglichen worden sind, gegebenenfalls ohne dass eine Verletzung ausdrücklich anerkannt wurde, sieht der Gerichtshof von einer Entschädigung ab.[102] Er hat das auch im Fall Aziz/Zypern[103] getan, weil sein Ausspruch, der beklagte Staat müsse seine Gesetzgebung reformieren, zusammen mit der Feststellung der Verletzung ausreiche.

III. Kosten und Auslagen

30 Als Teil der gerechten Entschädigung nach Art. 41 können **Gerichtskosten und Auslagen vor den staatlichen Gerichten und vor dem Ge-**

---

97 Vgl. zB EGMR 18.7.2013 – 2312/08 u. 34179/08 (GK), Slg 13-IV Rn. 91 – *Maktouf u. Damjanović/Bosnien-Herzegowina.*

98 Ausdrücklich weil die Getöteten einen Bombenanschlag vorbereitet hatten siehe EGMR 27.9.1995 – 18984/91 (GK), Slg A 234 Rn. 219 – *McCann ua/Vereinigtes Königreich*; EGMR 9.7.2013 – 66060/09 ua (GK), Slg 13-III Rn. 136 – *Vinter ua/Vereinigtes Königreich* (NJOZ 2013, 1582); EGMR 6.6.2013 – 18071/05, Rn. 258 – *Mashkadova ua/Russland*; EGMR 28.4.2005 – 41604/98, Slg 05-IV Rn. 63 – *Buck/Deutschland* (NJW 2006, 1495), wo sich Halter eines Wagens geweigert hatte, Fahrer anzugeben.

99 EGMR 13.7.2006 – 38033/02, Rn. 51 – *Stork/Deutschland* (NVwZ 2007, 1035); EGMR 15.7.2003 – 44978/98, Rn. 72 – *Berlin/Luxemburg.*

100 Z.B. EGMR 15.10.2015 – 27510/08 (GK), Rn. 295 – *Perinçek/Schweiz.*

101 Z.B. EGMR 28.3.2013 – 2964/12, Rn. 97 – *I.K./Österreich* (ÖJZ 2014, 140).

102 Vgl. EGMR 21.6.1983 – Nr. 8130/78 (Art. 50), Rn. 14 – *Eckle/Deutschland*; EGMR 7.6.2012 – Nr. 38433/09 (GK), Slg. 12 Rn. 81 – *Centro Europa 7 S.R.L. und Di Stefano/Italien* (NVwZ-RR 2014, 48).

103 EGMR 22.6.2004 – 69949/01, Slg 04-V Rn. 43 – *Aziz/Zypern.*

richtshof in Straßburg erstattet werden, **Anwaltskosten** dafür, **Reise-
und Aufenthaltskosten** auch zu Zeugenvernehmungen durch den Gerichtshof, **Übersetzungskosten.**

Voraussetzungen für die Erstattung: Die Kosten und Auslagen wer-   31
den nur erstattet, soweit sie **tatsächlich entstanden sind, notwendig
waren,** um die festgestellte Konventionsverletzung abzuwenden oder
ihr abzuhelfen und wenn sie der Höhe nach angemessen sind.[104] Sie
müssen **einzeln aufgeführt** werden[105] und im Zusammenhang mit
einer für **zulässig erklärten Rüge** entstanden sein.[106] Sie können nach
Art. 43 Abs. 4 VerfO auch bei Streichung einer Beschwerde aus dem
Register zugesprochen werden, dh ohne Feststellung einer Konventionsverletzung. Eine Erstattung ist nicht möglich, wenn die Kosten
und Auslagen unabhängig davon entstanden wären, ob die Konvention durch ein fehlerhaftes Verfahren verletzt worden ist oder nicht.
Vgl. zur Erstattung bei teilweiser Feststellung einer Verletzung →
Rn. 37.

Erstattet werden auch Kosten und **Auslagen für Rechtsbehelfsverfah-**   32
ren vor staatlichen Instanzen, soweit sie entstanden und notwendig
waren,[107] also idR die nach staatlichem Recht angefallenen Gebühren. **Sie werden nur erstattet, soweit die Verfahren die später festgestellte Konventionsverletzung abwenden sollten oder sich dagegen
richteten,** zB bei Verstößen gegen Art. 6 I wegen der Dauer des Verfahrens nur für Rechtsbehelfe, die zur Beschleunigung eingelegt worden sind, nicht für Rechtsbehelfe wegen der Hauptsache,[108] bei fehlender mündlicher Verhandlung nur diesbezüglich entstandene Verfahrenskosten.[109] Kostenerstattung wird zB gewährt für Gerichtsverfahren, mit denen gegenüber der Bf. konventionswidrig die Veröffentlichung eines Zeitschriftenartikels verhindert werden sollte,[110]

---

104 Z.B. EGMR 19.10.2000 – 31107/96 (Art. 41), Slg 00-XI Rn. 54 – *Iatridis/
Griechenland* (EuGRZ 1999, 316); EGMR 8.7.1999 – 23536/94 (GK), Slg 99-
IV Rn. 98 – *Başkaya und Okçuoğlu/Türkei* (NJW 2001, 1995).
105 EGMR 16.12.2010 – 25579/05 (GK), Slg 10-VI Rn. 281 – *A., B. und C/Irland*
(NJW 2011, 2107); siehe auch § 60 Abs. 2 VerfO.
106 EGMR 26.2.2004 – 74969/01, Rn. 68 – *Görgülü/Deutschland* (NJW 2004,
3397).
107 Z.B. EGMR 12.4.2006 – 58675/00 (GK), Slg 06-VI Rn. 62 – *Martinie/Frank-
reich.*
108 EGMR 3.2.2005 – 37040/02, Rn. 49 – *Riepl/Österreich* (ÖJZ 2005, 766);
ebenso: EGMR 10.7.2014 – 63463/09, Rn. 57 – *Stöttinger/Österreich.*
109 EGMR 11.6.2015 – 19844/08, Rn. 53 – *Becker/Österreich.*
110 EGMR 7.2.2012 – 39954/08 (GK) Rn. 116 – *Axel Springer AG/Deutschland*
(NJW 2012, 1058).

oder für Verfahren, in denen sich der Bf. gegen eine Art. 10 widersprechende Verteilung von Sendefrequenzen wehrt.[111]

33 **Anwaltsgebühren für Vertretung vor EGMR:** Bei der Erstattung sieht sich der Gerichtshof nicht an staatliche Gebührenordnungen gebunden, kann sich aber daran orientieren.[112] Der Gerichtshof prüft, ob das berechnete Honorar insgesamt angemessen ist. Eine **Abrechnung nach Stunden** ist grundsätzlich möglich. Der Gerichtshof verlangt die Angabe der Arbeitsstunden des Rechtsanwalts, prüft ihre Angemessenheit[113] und wenn möglich, ob Stundenhonorare dem entsprechen, was für vergleichbare Fälle in dem beschwerdegegnerischen Staat berechnet wurde.[114] Honorarabsprachen binden den Gerichtshof nicht, er stellt fest, ob das Honorar der Höhe nach angemessen ist. Wenn der Rechtsanwalt mehrere Bf. vertritt, kann das mindernd berücksichtigt werden.[115] Für die Erstattung **genügt, dass das Honorar geschuldet wird,** es muss nicht gezahlt sein.[116] Wenn Honorar auch für nicht erstattungsfähige Tätigkeit gezahlt worden ist, kürzt der Gerichtshof entsprechend.[117]

34 **Beispiele für Stundenhonorare:** Gazsó/Ungarn 200 EUR;[118] Finger/Bulgarien 80 Euro;[119] Södermann/Schweden 1.800-2000 SEK (199-220 EUR);[120] Liberty ua/Vereinigtes Königreich ca. 180 GBP (227 EUR);[121] Iatrides/Griechenland 117 EUR;[122] Geering/Niederlande 175 EUR.[123]

35 **Honorar für die Vertretung im Beschwerdeverfahren vor dem Gerichtshof:** Der Gerichtshof gewährt **durchweg zwischen 1.500**

---

111 EGMR 7.6.2012 – 38433/09 (GK), Slg 12-III Rn. 224 – *Centro Europa 7 S.R.L. u. Di Stefano/Italien* (NVwZ-RR 2014, 48).
112 EGMR 8.7.1999 – 23536/94 (GK), Slg 99-IV Rn. 98 – *Başkaya und Okçuoğlu/Türkei* (NJW 2001, 1995).
113 Z.B. EGMR 19.2.2009 – 3455/05 (GK), Slg 09-II Rn. 256 – *A. ua/Vereinigtes Königreich* (NJOZ 2010, 1903).
114 EGMR 10.5.2011 – 37346/05, Rn. 142 – *Finger/Bulgarien.*
115 EGMR 23.9.2004 – 54178/00, Rn. 52 – *Osmanov* ua/*Bulgarien.*
116 Ausdrücklich EGMR 28.9.2004 – 46572/99, Rn. 66 – *Sabou* ua/*Rumänien*; ebenso: EGMR 10.5.2011 – 37346/05, Rn. 140ff – *Finger/Bulgarien*; abw. wohl EGMR 27.9.2005 – 28537/02, Rn. 67 – *"Iza" Ltd.* ua/*Georgien*, wo die Vorlage eines Honorarvertrags ohne genaue Angaben über die Stundenzahl nicht ausgereicht hat, aber auch noch weitere Angaben fehlten.
117 EGMR 8.1.2004 – 47169/99, Slg 04-I (Auszüge) Rn. 60 – *Voggenreiter/Deutschland* (NJW 2005, 41).
118 EGMR 16.7.2015 – 48322/12, Rn. 48 – *Gazsó/Ungarn.*
119 EGMR 10.5.2011 – 37346/05, Rn. 142 – *Finger/Bulgarien.*
120 EGMR 12.11.2013 – 5786/08 (GK), Slg 13-VI Rn. 122, 124 – *Södermann/Schweden* (NJW 2014, 607).
121 EGMR 1.7.2008 – 58243/00, Rn. 79, 80 – *Liberty* ua/*Vereinigtes Königreich.*
122 EGMR 19.10.2000 – 31107/98 (GK) (Art. 41), Slg 00-XI Rn. 57 – *Iatridis/Griechenland* (EuGRZ 1999, 316).
123 EGMR 14.2.2008 – 30810/03, Rn. 29 – *Geerings/Niederlande.*

und **4.000 EUR** als Ersatz für Anwaltshonorare, in einzelnen Fällen, vor allem in Anpassung an die nationalen Verfahrenskosten, (zum Teil wesentlich) mehr.[124] Wenn der Beteiligte **nicht vertreten ist**, erhält er etwa 500 EUR als Ersatz für Auslagen. Honorare für mehrere Rechtsanwälte akzeptiert der Gerichtshof nur in besonders schwierigen Fällen oder Fällen besonders großer Bedeutung.[125]

Beispiele für Kostenerstattung in deutschen Fällen (gerundet):

- 2.095 EUR für die Kosten und Auslagen des innerstaatlichen Gerichtsverfahrens bei Verletzung von Art. 8 (EGMR 14.3.2013 – 18734/09 u. 9424/11, Rn. 64 – *B.B. u. F.B./Deutschland*)
- 2.683 EUR für die Kosten und Auslagen des innerstaatlichen Gerichtsverfahrens bei einem Fall zur Meinungs- und Äußerungsfreiheit (EGMR 17.4.2014 – 5709/09, Rn. 63 – *Brosa/Deutschland* – NJW 2014, 3501)
- 3.862 EUR für Übersetzungskosten (EGMR 26.6.2012 – 9300/07 (GK), Rn. 127 – *Herrmann/Deutschland* – NJW 2012, 3629)
- 4.000 EUR für zusätzliche aufgrund der Dauer der Untersuchungshaft entstandene Kosten, Kosten für das Verfahren vor dem BVerfG und dem EGMR soweit sie die Rüge nach Art. 5 III betrafen (EGMR 9.7.2015 – 8824/09 u. 42836/12, Rn. 109 – *El Khoury/Deutschland*)
- 4.150 EUR (5.000 EUR abzüglich 850 EUR Verfahrenskostenhilfe) für Kosten und Auslagen des Verfahrens vor dem EGMR bei Verletzung von Art. 6 (EGMR 19.7.2012 – 26171/07, Rn. 61 – *Hümmer/Deutschland* – NJW 2013, 3225)
- 4.404 EUR als Ersatz für Kosten und Auslagen für die Vertretung vor dem Gerichtshof (EGMR 15.1.2015 – 62198/11, Rn. 152 – *Kuppinger/Deutschland* – NJW 2015, 1433)
- 5.000 EUR pauschal für alle Kosten bei Verletzung von Art. 6 II (EGMR 15.1.2015 – 48144/09, Rn. 72 – *Cleve/Deutschland* – NLMR 2015, 21)
- 7.140 EUR (je 3.570 EUR für Anwaltskosten vor BVerfG und EGMR) bei Verletzung von Art. 7 durch die Anordnung nachträglicher Sicherungsverwahrung (EGMR 7.6.2012 – 65210/09, Rn. 90 – *G./Deutschland*).

---

124 Z.B. EGMR 28.1.2014 – 35810/09 (GK), Rn. 209 – *O'Keefe/Irland* (NVwZ 2014, 1641): 85.000 EUR für Kosten und Auslagen; EGMR 12.6.2012 – 13221/08 ua – *Lindheim ua/Norwegen*: 200.000 EUR insgesamt, 47.000 EUR für das Verfahren vor dem EGMR.

125 EGMR 19.10.2000 – 31107/96 (GK) (Art. 41), Slg 00-XI Nr. 55, 56 – *Iatridis/Griechenland* (EuGRZ 1999, 316).

- 8.500 EUR pauschal für Anwaltskosten für die Verfahren vor LG, BGH und EGMR (EGMR 23.10.2014 – 54648/09, Rn. 83 – *Furcht/Deutschland*)
- 26.736 EUR, davon 6.736 EUR für die vom Bf. angegebenen Kosten für das Verfahren vor den innerstaatlichen Gerichten sowie pauschal 20.000 EUR für Anwaltskosten für das Verfahren vor dem EGMR (EGMR 19.7.2012 – 497/09, Rn. 94 – *Koch/Deutschland* – NJW 2013, 2953)
- 32.256 EUR für Kosten und Auslagen, davon je 5.000 für die Vertretung vor dem BVerfG und EGMR (EGMR 7.2.2012 – 39954/08 (GK), Rn. 116ff – *Axel Springer AG/Deutschland* – NJW 2012, 1058)
- 36.338 EUR für Kosten und Auslagen, davon je 5.000 für die Vertretung vor dem Bundesverfassungsgericht und dem EGMR (EGMR 10.7.2014 – 48311/10, Rn. 80, 82 – *Axel Springer AG/Deutschland* (Nr. 2) – NJW 2015, 1501)

36   Beträge die der Bf. im **Wege der PKH** erhalten hat, werden von der Entschädigung abgezogen, oder der Verfahrensteil, für den es Prozesskostenhilfe gab, wird nicht berücksichtigt.[126]

37   Wenn der Gerichtshof die **Beschwerde nur teilweise für zulässig oder begründet gehalten hat,** führt das nicht immer dazu, dass er einen Teil der Kosten für nicht notwendig hält.[127] In vielen Urteilen hat der Gerichtshof dies aber berücksichtigt und nur einen Teil der Kosten zugesprochen, weil einzelne Beschwerdepunkte für unzulässig erklärt worden sind[128] oder der Beschwerdeführer nur teilweise Erfolg hatte.[129] In der Sache Öztürk/Deutschland[130] hat der Gerichtshof angenommen, dass Kosten, die eine **Rechtsschutzversicherung** getragen hat, nicht tatsächlich entstanden waren und deswegen nicht erstattet werden können. Andererseits schadet es nach der Rechtsprechung nicht, wenn eine Organisation die Kosten übernimmt; der Gerichtshof stellt darauf ab, ob der Bf. zunächst selbst Kostenschuldner

---

126 Z.B. EGMR 20.5.1999 – 21594/93, Slg 99-III Rn. 102 – *Ogur/Türkei* (NJW 2001, 1991); EGMR 23.2.2012 – 29226/03 (GK), Rn. 129 – *Creangă/Rumänien*; EGMR 21.12.2010 – 20587/07, Rn. 80 – *Anayo/Deutschland* (NJW 2011, 3565); EGMR 6.10.2005 – 74025/01 (GK), Slg 05-IX Rn. 98 – *Hirst/ Vereinigtes Königreich (No. 2)* (ÖJZ 2005,195).
127 EGMR 25.7.2000 – 33985/96 ua (Art. 41), Slg 00-IX Rn. 30 – *Smith u. Grady/Vereinigtes Königreich* (NJW 2000, 2089); EGMR 14.3.2000 – 30280/96, Rn. 42 – *Jordan/Vereinigtes Königreich*.
128 Z.B. EGMR 19.2.2013 – 16262/05, Rn. 111 – *Zuyev/Russland*.
129 EGMR 1.6.2010 – 22978/05 (GK), Slg 10-IV Rn. 198 – *Gäfgen/Deutschland* (NJW 2010, 3145).
130 EGMR 23.10.1984 – 8544/79, Rn. 8 – *Öztürk/Deutschland* (EuGRZ 1985, 144).

war.[131] Auch dass der Rechtsanwalt wegen der finanziellen Situation des Bf. seine Honorarforderung zunächst nicht geltend macht, schadet nicht.[132]

IV. Verfahren

1. Entscheidung durch den Gerichtshof

Über die Entschädigung entscheidet der Gerichtshof. Parallele Verfahren vor staatlichen Gerichten müssen nicht stattfinden, jedenfalls gilt für sie nicht, dass sie nach Art. 35 vorher betrieben werden müssen. Wenn der Gerichtshof einen Betrag zuerkannt hat, können die Staaten darüber hinausgehen, das hat aber keine Grundlage in Art. 41 oder Art. 46.[133]   38

2. Entschädigung nur auf Antrag

Eine gerechte Entschädigung nach Art. 41 wird nur gewährt, wenn der Bf. sie **rechtzeitig beantragt**. Nur in Ausnahmefällen hatte der Gerichtshof auch ohne Antrag eine Entschädigung zugesprochen, wenn Rechte mit absolutem Charakter verletzt wurden.[134] Er hat diese Praxis nach dem Urteil im Fall Borodin/Russland intern überprüft und versucht, sie aufzugeben.[135] Äußert sich der Bf. nicht, wird ihm i.d.R eine Entschädigung versagt. Der Bf. muss seine Ansprüche auf gerechte Entschädigung nach Art. 60 VerfO im Schriftsatz über die Begründetheit geltend machen. In der Regel wird die Frage einer gerechten Entschädigung dann behandelt, wenn dem Beschwerdeführer die Stellungnahme der Regierung zu seiner Beschwerde übermittelt wird. Mit der Möglichkeit der Erwiderung fordert der Gerichtshof den Bf. auf, zur Höhe einer etwaigen gerechten Entschädigung   39

---

131 EGMR 24.2.1983 – 7525/76 (Art. 50), Slg A59 Rn. 21– *Dudgeon/Vereinigtes Königreich* (NJW 1984, 541); EGMR 14.9.2010 – 38224/03 (GK), Rn. 110 – *Sanoma Uitgevers B.V./Niederlande.*

132 EGMR 25.4.1983 – 8398/78, Slg A64 Rn. 47 – *Pakelli/Deutschland* (NStZ 1983, 373).

133 EGMR 6.7.2006 – 13600/02, Rn. 68 f., 76 – *Baybaşın/Niederlande.*

134 Z.B. für Verletzung von Art. 3: EGMR 6.11.2012 – 41867/04, Rn. 166 – *Borodin/Russland*; Art. 3 und Art. 5: EGMR 21.6.2011 – 20641/04, Rn. 129 – *Chudun/Russland.*

135 *Laffranque,* in: *Seibert-Fohr/Villinger,* Judgments of the European Court of Human Rights – Effects and Implementation, 2015, S. 75 (88).

Stellung zu nehmen.[136] Verspätete Anträge werden zurückgewiesen.[137]

40 Die Ansprüche sind **zu beziffern und zu belegen und zu ordnen,** geschieht das nicht oder verspätet, können sie zurückgewiesen werden (Art. 60 II VerfO).[138] Bei Unklarheiten im Einzelnen ist der Gerichtshof uU bereit, die Höhe nach billigem Ermessen festzulegen,[139] und hat vereinzelt auch Auslagen geschätzt, obwohl der Bf. sie nicht detailliert angegeben und belegt hatte.[140] Fehlen Nachweise und Belege, kann der Antrag auf eine gerechte Entschädigung, insbesondere in Gestalt des materiellen Schadensersatzes oder des Ausgleichs von Kosten und Auslagen, aber **zurückgewiesen** werden. In der Regel gelten strenge Maßstäbe. Bei Verurteilung wegen Verletzung von Art. 10 durch Verbot eines Buches muss der entgangene Gewinn detailliert nachgewiesen werden,[141] Kosten und Auslagen müssen genau dargelegt und belegt werden.[142]

3. Entscheidung im Urteil

41 Der Gerichtshof entscheidet nach Möglichkeit in dem Urteil, mit dem er eine Verletzung feststellt, auch über die Entschädigung (Art. 75 I VerfO). Der Ausspruch geht dahin, **dass der beklagte Staat an den Bf. einen bestimmten Betrag binnen drei Monaten** von dem Tage, an dem das Urteil endgültig wird (Art. 44 II) **zu zahlen hat, nach Ablauf dieser Frist zuzüglich Zinsen** in Höhe des um drei Prozentpunkte erhöhten Zinsfußes für Spitzenrefinanzierungsfaszilitäten der EZB. Das Urteil ist insoweit ein Leistungsurteil.

42 Ist die Frage der Entschädigung **noch nicht zur Entscheidung reif,** behält sich der Ausschuss oder die Kammer die Entscheidung vor und bestimmt das weitere Verfahren (Art. 75 I 2. Halbsatz VerfO). Dabei kann zB über immaterielle Entschädigung sowie Kosten und Auslagen auch bereits entschieden und allein die Frage der materiellen Ent-

---

136 *Harris/O'Boyle/Warbrick*, Law of the European Convention on Human Rights, 3. Aufl. 2014, S. 158.
137 Z.B. EGMR 15.12.2015 – 9154/10 (GK), Rn. 170 – *Schatschaschwili/ Deutschland.*
138 Z.B. EGMR 18.02.99 – 24645/94 (GK), Slg 99-I Rn. 48 – *Buscarini* ua/*San Marino* (NJW 1999, 2957).
139 Z.B. EGMR 20.5.1999 – 21594/93 (GK), Slg 99-III Rn. 102 – *Ogur/Türkei* (NJW 2001, 1991); EGMR 29.7.2004 – 49746/99, Rn. 73 – *Cevizovic/ Deutschland* (NJW 2005, 3125).
140 Z.B. EGMR 25.3.2014 – 71243/01 (GK) (Art. 41), Rn. 50, 51 – *Vistiņš u. Perepjolkins/Lettland.*
141 EGMR 13.1.2005 – 36215/97, Rn. 32 – *Dagtekin/Türkei.*
142 EGMR 24.7.2014 – 22205/13, Rn. 239 – *Čalovskis/Lettland.*

schädigung zurückgestellt werden.[143] Die spätere Entscheidung wird möglichst in derselben Besetzung getroffen (Art. 75 II VerfO). Wenn sich die Parteien auf eine Entschädigung einigen, prüft der Gerichtshof, ob die Einlegung der Billigkeit entspricht und streicht, wenn das – wie fast immer – der Fall ist, die Sache im Register (Art. 75 IV VerfO).

4. Aufrechnung, Pfändbarkeit

Der Gerichtshof hat wiederholt zum Ausdruck gebracht, dass der aufgrund Art. 41 festgesetzte Betrag **unpfändbar** sein sollte. Sonst würde der Zweck einer Entschädigung für immaterielle Schäden verfehlt und das System von Art. 41 pervertiert. Der Gerichtshof hat sich aber außerstande gesehen, eine Feststellung dieser Art zu treffen und hat die Entscheidung der Einsicht der staatlichen Stellen überlassen.[144] Auch eine **Aufrechnung des Staates** gegen die Entschädigungsforderung wird wegen des besonderen völkerrechtlichen Charakters der Entschädigung für nicht zulässig gehalten. Es wird erforderlich sein, bei diesen Fragen **auf das staatliche Recht** abzustellen.[145]   43

In der Literatur zum **deutschen Recht** herrscht bisher die Auffassung vor, dass es nicht richtig sein könne, Entschädigungsansprüche gegen den Staat nach Art. 41 anders zu behandeln, als entsprechende Ansprüche nach staatlichem Recht (vgl. § 851 ZPO).[146] Der BGH hat dagegen entschieden, dass die vom Gerichtshof einem Bf. zugesprochene Entschädigung wegen der durch eine Menschenrechtsverletzung infolge überlanger Verfahrensdauer erlittenen **immateriellen Schäden nicht abtretbar** und **pfändbar** ist, ebenso bei Eröffnung des Insolvenzverfahrens über das Vermögen des Beschwerdeführers nicht in die Insolvenzmasse fällt. Gleiches gilt für die zuerkannte Erstattung der Kosten für das Verfahren vor dem Gerichtshof, nicht jedoch für die zuerkannten Mehrkosten.[147] Er begründet dies unter anderem damit, dass der vom Gerichtshof bezweckte Ausgleich der Menschenrechtsverletzung nicht erreicht werden könne, wenn der Ausgleichsanspruch in die Masse fiele. Für eine vom Gerichtshof zuer-   44

---

143 EGMR 5.4.2011 – 26771/07, Rn. 76 – *Gera de Petri Testaferrata Bonici Gha-xaq/Malta*.
144 EGMR 28.7.1999 – 25803/94 (GK), Slg 99-V Rn. 133 – *Selmouni/Frankreich* (NJW 2001, 56); EGMR 7.8.1996 – 15175/89, Slg 96-III Rn. 18, 19 – *Allenet de Ribemont/Frankreich* (ÖJZ 1997, 115).
145 So auch EGMR 22.6.1972 – 2614/65 (Art. 50), Slg A15 Rn. 27 – Ringeisen/ Österreich.
146 Ausführlich *Dörr* in: *Dörr/Grothe/Marauhn*, EMRK/GG, 2. Aufl. 2013, Kap. 33 Rn. 119.
147 BGH IX ZR 180/10 v. 24.3.2011 (NJW 2011, 2296) Rn. 41-44.

kannte materielle Entschädigung ist diese Frage nicht geklärt. Der BGH stellt allerdings ausdrücklich auf den Zweck der Zahlung ab und sieht die zuerkannten Mehrkosten nicht als Kompensation der Opfereigenschaft, sondern mittelbar zur Befriedigung der Gläubiger bestimmt. Dies spricht dafür, dass eine nach Art. 41 zugesprochene materielle Entschädigung ebenso wenig zu privilegieren wäre, wie die im entschiedenen Fall zuerkannten Mehrkosten.

5. Überwachung

45　Das Ministerkomitee des Europarats prüft die Erfüllung der Zahlungsverpflichtungen durch den Staat (vgl. Art. 46 II).

46　**Verfahren in Deutschland:** Der oder die Verfahrensbevollmächtigte der Bundesregierung veranlasst die Zahlung. Sie wird im Innenverhältnis nach dem Veranlasserprinzip vom Bund oder einem Land getragen; wenn der Bund sie schuldet und das BVerfG an der Verletzung zB wegen der Verfahrensdauer Anteil hatte, insoweit von ihm aus dem eigenen Haushalt (§ 4 II LastG).

Artikel 42　Urteile der Kammern

Urteile der Kammern werden nach Maßgabe des Artikels 44 Absatz 2 endgültig.

I. Allgemeines

1　Der EGMR entscheidet über die Zulässigkeit, wenn das gesondert geschieht, durch eine "**Entscheidung**" (**decision**). In der Sache entscheiden der Ausschuss, die Kammer und die Große Kammer durch **Urteil**. Auch die Entscheidung, eine Beschwerde im Register zu streichen (Art. 37) ergeht durch Urteil, wenn die Beschwerde für zulässig erklärt war. Die EMRK beschränkt sich in Art. 42 darauf, die Endgültigkeit (Rechtskraft) des Urteils unter Verweisung auf Art. 44 II zu regeln und in Art. 45 zu bestimmen, dass eine Begründung erforderlich ist. Im Übrigen überlässt sie es der VerfO, Einzelheiten zu regeln.

II. Entscheidungen und Urteile zur Streichung der Sache im Register

2　Wenn die Sache durch Entscheidung (engl. „decision", frz. „décision") im Register gestrichen wird (→ Art. 27, 28), ist diese Entscheidung endgültig. Wenn das durch Urteil geschieht, enthält das Urteil in dieser Hinsicht **keinen Ausspruch zur Sache** und beschränkt sich darauf, die Streichung im Register anzuordnen. Ein Urteil dieser Art kann eine Kostenentscheidung enthalten (Art. 43 IV VerfO).[1] Auch nach dem Urteil gemäß Art. 37 ist eine Verweisung an die Große Kammer möglich, wenngleich das in der Praxis nicht vorkommen wird. Es gelten also auch für dieses Urteil Art. 43, 44 II. Sowohl für die Streichung durch Entscheidung als auch durch Urteil gilt Art. 37 II. Der Gerichtshof kann die Wiedereintragung einer Beschwerde in sein Register anordnen, wenn er dies den Umständen nach für gerechtfertigt hält. Eine solche „Wiederaufnahme" ist nach Art. 43 V VerfO wegen ungewöhnlicher Umstände möglich.[2]

III. Urteile in der Sache

Wird die Beschwerde nicht durch eine Entscheidung für unzulässig   3
erklärt und nicht im Register gestrichen, entscheidet die Kammer in der Sache, dh darüber, ob ein Konventionsrecht verletzt worden ist oder nicht. Zum Urteil durch Ausschüsse → Art. 28.

1. Sachlicher Inhalt des Urteils

Das Urteil ist hinsichtlich der Konventionsverletzung ein **Feststel-**   4
lungsurteil, hinsichtlich einer ggfs. gewährten gerechten Entschädigung nach Art. 41 ein **Leistungsurteil**.

Beim EGMR wird häufig beantragt, im Urteil darüber hinausgehen-   5
de Anordnungen oder Feststellungen zu treffen. Das ist nur beschränkt möglich. Insbesondere kann der Gerichtshof **nicht Verwaltungsakte oder Urteile staatlicher Instanzen aufheben** oder feststellen, dass sie nichtig sind, **die Nichtigkeit von staatlichen Gesetzen anordnen** oder feststellen oder die **Unpfändbarkeit** von Entschädigungszahlungen bestimmen (→ Art. 41 Rn. 43). Er ordnet in der Regel nicht die Wiederaufnahme des Verfahrens an (→ Art. 46 Rn. 28). Es bleibt den Konventionsstaaten überlassen, wie sie einem Urteil Folge leisten wollen, dabei haben sie einen **Ermessensspielraum** (vgl. → Art. 46 Rn. 4). Dazu, dass der EGMR in einigen Fällen **konkretere Anweisungen** zur Durchführung des Urteils gibt, vgl. → Art. 46 Rn. 6 ff.

---

1 Siehe dazu auch die Information des Gerichtshofs in Unilateral declarations: policy and practice (Sept. 2012).
2 Vgl. EGMR 5.7.2016 – 44898/10 (GK) Rn. 67-70 – *Jeronovičs/Lettland.*

2. Förmlicher Inhalt des Urteils

6   Das Urteil enthält nach Art. 74 VerfO die Namen des Präsidenten und der Richter der Kammer, des Kanzlers und Stellvertretenden Kanzlers, den Tag, an dem das Urteil gefällt und den Tag, an dem es verkündet wird, die Bezeichnung der Parteien, die Namen der Prozessbevollmächtigten, Rechtsbeistände und Berater, die Darstellung des Prozessverlaufs, den Sachverhalt, eine Zusammenfassung des Parteivortrags, die Entscheidungsgründe, den Tenor, uU die Entscheidung über eine gerechte Entschädigung nach Art. 41 und die Zahl der Richter, die die Mehrheit gebildet haben. Die Richter können **Sondervoten** beifügen (Art. 45 II – zustimmende, abweichende, teilweise zustimmende und teilweise abweichende Meinungen).

7   Zum Ausspruch über die gerechte Entschädigung vgl. → Art. 41, zur Begründung → Art. 45. Die **Sprache des Urteils:** Es ergeht in englischer oder französischer oder in beiden Amtssprachen (Art. 76 VerfO).

8   **Veröffentlichung:** Urteile sind der Öffentlichkeit zugänglich (Art. 33 IV VerfO). Sie sind im Internet abrufbar (unter hudoc.echr.coe.int.). Vgl. zur Veröffentlichung → Art. 44 Rn. 10. Über Entscheidungen des Einzelrichters und des Richterkomitees informiert der EGMR regelmäßig (Art. 33 IV 2 VerfO).

9   Das Urteil wird vom Präsidenten der Kammer oder des Ausschusses und dem Kanzler unterschrieben (Art. 77 I VerfO).

10 **Verlautbarung des Urteils:** Die Konvention regelt die Frage nicht, sie überlässt sie der VerfO. Das Urteil einer Kammer kann vom Kammerpräsidenten oder einem von ihm beauftragten Richter in öffentlicher Sitzung verkündet werden, sonst und bei Urteilen eines Ausschusses gilt die Übermittlung als Verkündung (Art. 77 II VerfO). Die Frist für den Antrag auf Verweisung an die Große Kammer nach Art. 43 stellt auf das Datum des Urteils ab, deswegen muss sichergestellt werden, dass die Parteien möglichst umgehend von dem Urteil erfahren.[3]

11 **Mitteilung des Urteils:** Es wird dem Ministerkomitee des Europarats zugeleitet. Der Kanzler übermittelt eine beglaubigte Kopie den Parteien, dem Generalsekretär des Europarats, Drittbeteiligten, einschließlich des Menschenrechtskommissars des Europarats, und allen anderen unmittelbar betroffenen Personen (Art. 77 III VerfO).

---

3 Denkschrift zum 11. Prot. BT-Drs. 13/858, 29 zu Art. 42.

3. Endgültigkeit des Urteils (Rechtskraft)

Es geht hier um die **formelle Rechtskraft**. Art. 42 verweist auf Art. 44   12
II. Diese Regelung trägt der Möglichkeit einer Verweisung nach
Art. 43 Rechnung. Kammerurteile werden erst rechtskräftig, wenn
feststeht, dass eine Verweisung an die Große Kammer nicht stattfindet.

Urteile von Ausschüssen nach Art. 28 I b sind endgültig (Art. 28 II).   13

Vgl. wegen eines Antrags auf **Auslegung** des Urteils, auf **Wiederauf-**   14
nahme des Verfahrens und wegen der Möglichkeit der **Berichtigung**
des Urteils → Art. 44 Rn. 4 ff.).

Artikel 43 Verweisung an die Große Kammer

(1) Innerhalb von drei Monaten nach dem Datum des Urteils der
Kammer kann jede Partei in Ausnahmefällen die Verweisung der
Rechtssache an die Große Kammer beantragen.

(2) Ein Ausschuss von fünf Richtern der Großen Kammer nimmt den
Antrag an, wenn die Rechtssache eine schwerwiegende Frage der
Auslegung oder Anwendung dieser Konvention oder der Protokolle
dazu oder eine schwerwiegende Frage von allgemeiner Bedeutung
aufwirft.

(3) Nimmt der Ausschuss den Antrag an, so entscheidet die Große
Kammer die Sache durch Urteil.

I. Allgemeines

Die Sache kann nach **Art. 30** durch Abgabe der Kammer vor ihrem   1
Urteil oder nach **Art. 43** durch Verweisung nach dem Urteil an die
Große Kammer gelangen.[1]

Eine Verweisung an die Große Kammer nach dem Urteil der Kam-   2
mer muss nach Art. 43 I auf **Ausnahmefälle** beschränkt sein. Die
EMRK geht davon aus, dass normalerweise die Kammer endgültig
entscheidet. Wäre es anders, könnten die vom 11. Prot. beabsichtigte
Vereinfachung (Entscheidung durch einen Gerichtshof) und Beschleunigung nicht erreicht werden, weil doch wieder eine „quasi-
Rechtsmittelinstanz" entscheidet.[2] Aus diesen Gründen ist es wün-

---

1 Vgl. zu dem zugrunde liegenden Kompromiss bei Abfassung des 11. Prot. Denkschrift zum 11. Prot., BT-Drs. 13/858, 23 bei A. III.
2 Ausführlich *Schmaltz* EuGRZ 2012, 606 (611).

schenswert, dass der Ausschuss von fünf Richtern, der nach Art. 43 II über die Verweisung entscheidet, die Voraussetzungen eng auslegt.[3] Bisher sind dementsprechend nur wenige Fälle nach Art. 43 an die Große Kammer verwiesen worden (im Jahre 2015 waren es 15 Fälle von 135 Anträgen, 80 davon seitens der Regierung; 7 Verfahren wurden nach Art. 30 abgegeben; zum Vergleich: 2015 gab es 22 Urteile der Großen Kammer).[4]

II. Verweisung nur bei Urteilen der Kammer

3   Eine Verweisung nach Art. 43 ist möglich, **wenn eine Kammer ein Urteil** erlassen hat. **Urteile der Ausschüsse** sind nach Art. 28 II endgültig. Urteile erlässt eine Kammer in Bezug auf Beschwerden in der Sache, uU auch bei Streichung einer Sache im Register nach Art. 37. Wenn ein **Einzelrichter** nach Art. 27 oder ein **Ausschuss** nach Art. 28 eine Beschwerde für unzulässig erklärt, geschieht das durch eine Entscheidung (engl. „decision", frz. „décision"), nicht durch Urteil. Es steht außer Frage, dass bei der Prüfung der Zulässigkeit auch Fragen grundsätzlicher Bedeutung auftauchen können. Immerhin ist eine Abgabe nach Art. 30 möglich.

III. Antrag auf Verweisung (Art. 43 Abs. 1)

4   **Antrag:** Eine Verweisung ist **nur auf Antrag möglich,** anders als die Abgabe nach Art. 30, die von Amts wegen geschieht. Den Antrag kann jede Partei stellen, also der Bf. und der beklagte Staat, nicht eine Person, die nach Art. 36 beteiligt worden ist. Die Verweisung ist nur insgesamt, nicht beschränkt auf bestimmte Fragen oder Beschwerdepunkte, möglich.[5] Insoweit ist die Rechtslage anders als bei der Zulassung der Revision nach deutschem Recht. Stellt nur einer von mehreren Bf. einen Verweisungsantrag, beschränkt sich die Prüfung nicht auf die ihn betreffenden Verletzungen, insbesondere wenn der andere Bf. im Nachhinein ausdrücklich erklärt hat, dass der An-

---

3 Denkschrift zum 11. Prot., BT-Drs. 13/858, 29 zu Art. 43; vgl. auch The General Practice Followed by the Panel of the Grand Chamber when Deciding on Requests for Referral in Accordance with Article 43 of the Convention (Oktober 2011) (www.echr.coe.int).
4 Angaben aus dem Annual Report 2015, weitere Statistiken auf der Internetseite des Gerichtshofs (www.echr.coe.int).
5 EGMR 26.4.2016 – 10511/10 (GK) Rn. 88, 89 – *Murray ./. Niederlande*; EGMR 12.7.2001 – 25702/94 (GK), Slg 01-VII Rn. 137-141– *K. und T./Finnland* (NJW 2003, 809).

trag auch für ihn gelten solle.[6] Die Große Kammer prüft nur Rügen, die bereits Gegenstand des Kammerverfahrens waren.[7]

Der Antrag kann **nur „in Ausnahmefällen"** gestellt werden (→ Rn. 7 ff.). **Frist: Drei Monate** seit Datum des Urteils, also nicht ab Verkündung oder sonstiger Verlautbarung. Den Parteien muss deswegen zur Kenntnis gebracht werden, an welchem Tage das Urteil ergeht (Vgl. Art. 42 Rn. 10). **5**

Form des Antrags: Schriftlich an die Kanzlei. In dem Antrag muss die schwerwiegende Frage (Art. 43 II) dargelegt werden, die nach Meinung des Antragstellers eine Prüfung durch die Große Kammer rechtfertigt (Art. 73 I VerfO). **6**

IV. Voraussetzungen für die Verweisung (Art. 43 Abs. 2)

Schwerwiegende Frage: Die Rechtssache muss eine schwerwiegende Frage der Auslegung oder Anwendung der Konvention oder des Prot. aufwerfen oder eine schwerwiegende Frage von allgemeiner Bedeutung. Die Fassung ist nicht gleichlautend, aber ähnlich wie in Art. 30 und führt wohl zum selben Ergebnis. Art. 43 erwähnt die Divergenz von einem früheren Urteil nicht. Es ist aber anzunehmen, dass dann eine schwerwiegende Frage der Auslegung entschieden werden muss.[8] Der Ausschuss legt diese Voraussetzungen sehr streng aus. **7**

Eine schwerwiegende Auslegungsfrage liegt nach dem Erläuternden Bericht[9] vor, wenn eine wichtige Frage aufgeworfen wird, die bisher nicht entschieden worden ist oder wenn die Entscheidung über sie für künftige Fälle und für die Fortentwicklung der Rechtsprechung von Bedeutung ist. Eine **schwerwiegende Frage der Anwendung der Konvention** oder der Prot. kann vorliegen, wenn ein Urteil eine erhebliche Änderung innerstaatlicher Rechtsvorschriften oder einer Verwaltungspraxis erforderlich macht. Das weitere Kriterium einer **schwerwiegenden Frage von allgemeiner Bedeutung** hat Auffangcharakter und geht über die anderen Kriterien wohl nicht hinaus. Der Erläuternde Bericht erwähnt wesentliche politische Fragen oder wirtschaftliche Fragen der politischen Zielsetzung. **8**

---

6 EGMR 17.12.2004 – 33348/96 (GK), Slg 04-XI Rn. 62 ff. – *Cumpănă and Mazăre/Rumänien.*
7 EGMR 20.10.2015 – 11882/10 (GK), Rn. 80 – *Pentikäinen/Finnland.*
8 *Harris/O'Boyle/Warbrick*, Law of the European Convention on Human Rights, 3. Aufl. 2014, S. 125.
9 Explanatory Report – ETS 155 – Human Rights (Protocol No. 11), Rn. 100-102.

9   Nachdem die Verweisungsentscheidung nicht begründet wird, lässt sich im Einzelfall nicht nachvollziehen, welcher der drei in Art. 43 II genannten Fälle der Entscheidung zugrunde liegt. Der Ausschuss hat eine Darstellung der Verweisungspraxis veröffentlicht (The General Practice Followed by the Panel of the Grand Chamber when Deciding on Requests for Refferral in Accordance with Article 43 of the Convention (Oktober 2011)), in der **sieben Fallgruppen,** in denen eine Verweisung erfolgen mag, aufgezählt und mit zahlreichen Beispielsfällen erläutert sind.[10]

V. Entscheidung des Ausschusses

10   Über den Antrag entscheidet der Ausschuss, der mit seiner Annahme des Antrags die Sache an die Große Kammer verweist. Er kann den Antrag nur annehmen, wenn er davon überzeugt ist, dass eine Frage grundsätzlicher Bedeutung aufgeworfen wird (Art. 73 II VerfO).

11   Der **Ausschuss der Großen Kammer** besteht aus **fünf Richtern,** nämlich aus dem Präsidenten des EGMR, den Präsidenten der Sektionen mit Ausnahme der, deren Kammer vorher entschieden hat, und weiteren Richtern, die im Rotationsverfahren aus den Richtern bestimmt werden, die an der Kammerentscheidung nicht mitgewirkt haben. Der für den beklagten Staat gewählte Richter oder ein Richter mit der Staatsangehörigkeit dieses Staates kann nicht Mitglied im Ausschuss sein. Verhinderte Sektionspräsidenten werden von den Vizepräsidenten vertreten, verhinderte Richter durch einen anderen Richter (vgl. Art. 24 V VerfO).

12   **Der Ausschuss prüft den Antrag** auf Grundlage der Akten. Wenn die Partei ihn nicht ausreichend begründet hat, kann er den Antrag auch ablehnen. Die Begründung mag in Fällen Schwierigkeiten aufwerfen, in denen die Partei einer Abgabe an die Große Kammer nach Art. 30 widersprochen hatte (dazu → Art. 30). Ein solcher Widerspruch führt aber in der Praxis des Ausschusses nicht zwingend zu einer Abweisung des Verweisungsantrags.[11]

13   Der Ausschuss berät in **nicht öffentlicher Sitzung.** Seine Beratungen sind geheim (Art. 22 I VerfO). Er entscheidet mit Mehrheit der Stimmen (Art. 23 VerfO). Die Entscheidung, den Antrag abzulehnen,

---

10   Siehe auch *Schmaltz* EuGRZ 2012, 606 (613ff.).
11   Z.B. EGMR 6.2.2003 – 46827/99 ua, Rn. 11 – *Mamatkulov u. Abdurasulovic/ Türkei* und EGMR 4.2.2005 – 46827/99 ua (GK), Slg 05-I Rn. 6 – *Mamatkulov u. Askarov/Türkei.*

braucht nicht begründet zu werden (Art. 73 II 3 VerfO). Mit der Ablehnung wird das Kammerurteil endgültig (Art. 44 II c EMRK).

VI. Folgen der Annahme des Antrags

Wenn der Ausschuss den Antrag annimmt, wird die Sache damit an die Große Kammer verwiesen, die endgültig durch Urteil entscheidet (Art. 43 III EMRK). Sie kann das aufgrund einer mündlichen Verhandlung tun oder im schriftlichen Verfahren (Art. 71 iVm Art. 59 III VerfO). Die Große Kammer entscheidet dann über die Sache, soweit sie von der Kammer für zulässig erklärt worden ist, also nicht, soweit die Kammer die Beschwerde für unzulässig erklärt hat ($\rightarrow$ Art. 29 Rn. 8), **vollen Umfangs und nicht nur über die schwerwiegende Frage,** die zu der Verweisung geführt hat.[12] Die Zulassungsgründe sind danach also nicht mehr erheblich. **Eine teilweise Verweisung ist nicht möglich.** Die Große Kammer kann aber den Prüfungsumfang (zunächst) auf bestimmte Punkte beschränken, wenn das angemessen ist.[13] Wie auch sonst kann der EGMR **neue Tatsachen** berücksichtigen.[14] **Die GrK kann auch über die Zulässigkeit neu entscheiden** (Art. 35 IV), aber nur im negativen Sinn, dh sie kann die für zulässig erklärte Beschwerde für unzulässig erklären, wenn sie hätte für unzulässig erklärt werden müssen.[15] Sie kann aber nicht umgekehrt eine für unzulässig erklärte Beschwerde für zulässig erklären.[16] Sie kann auch nicht die Entscheidung des Ausschusses überprüfen, dass die Sache an die Große Kammer verwiesen wird. Insoweit ist die Große Kammer gebunden.[17]

Vortrag der Beteiligten: Die Beteiligten können neu vortragen. Sie sind mit einem Vortrag zu einem Punkt, den sie vor der Kammer zugestanden hatten, nicht grundsätzlich ausgeschlossen, es sei denn, sie hätten ihren Vortrag entgegen Treu und Glauben grundlegend geändert.[18]

14

15

---

12 EGMR 11.7.2002 – 36590/97 (GK), Slg 02-V Rn. 35 f. – Göç/Türkei.
13 EGMR 6.5.2003 – 26307/95 (GK), Slg 04-III Rn. 64 – *Tahsin Acar/Türkei* (NJW 2004, 2357): Die GK beschränkte sich darauf, ob nach einseitiger Erklärung der Regierung die Beschwerde von der Kammer nach Art. 37 gestrichen werden durfte.
14 EGMR 12.7.2001 – 25702/94 (GK), Slg 01-VII Rn. 140, 141, 147 – *K. u. T./Finnland* (NJW 2003, 809).
15 EGMR 28.4.2004 – 56679/00 (GK), Slg 04-III Rn. 32 – *Azinas/Zypern*.
16 Z.B. EGMR 16.3.2010 – 42184/05 (GK), Slg 10-II Rn. 57 – *Carson* ua/*Vereinigtes Königreich*.
17 EGMR 24.10.2002 – 36732/97 (GK) Rn. 26-29 – *Pisano/Italien*.
18 EGMR 13.2.2003 – 41390/98 (GK), Slg 03-II Rn. 56 – *Refah Partisi/Türkei* (NVwZ 2003, 1489).

16 Wenn der Ausschuss den Antrag angenommen hat, fällt die Sache bei
    der GrK an. Der Antrag kann nach der Rechtsprechung nicht zu-
    rückgenommen werden. In der Sache Edwards u. Lewis/Vereinigtes
    Königreich[19] hat die Regierung erklärt, sie verfolge die Verweisung
    nicht länger und sei mit dem Kammerurteil zufrieden. Die GrK hat
    sich daraufhin darauf beschränkt, das Kammerurteil wiederzugeben
    und zu erklären, dass sie sich ihm nach Prüfung anschließe. Das ist
    ein Ausweg, es wäre aber einfacher, eine Rücknahme des Antrags auf
    Verweisung zuzulassen. Das wird jedenfalls vor der Ausschussent-
    scheidung möglich sein.

Artikel 44 Endgültige Urteile

(1) Das Urteil der Großen Kammer ist endgültig.

(2) Das Urteil einer Kammer wird endgültig,
a) wenn die Parteien erklären, dass sie die Verweisung der Rechtssa-
    che an die Große Kammer nicht beantragen werden;
b) drei Monate nach dem Datum des Urteils, wenn nicht die Verwei-
    sung der Rechtssache an die Große Kammer beantragt worden
    ist; oder
c) wenn der Ausschuss der Großen Kammer den Antrag auf Verwei-
    sung nach Artikel 43 abgelehnt hat.

(3) Das endgültige Urteil wird veröffentlicht.

I. Rechtskraft

1 Urteile haben formelle und materielle Rechtskraft (→ Art. 46
   Rn. 12). Art. 42 betrifft die formelle Rechtskraft. Sie tritt ein, dh das
   Urteil wird endgültig, bei Urteilen des Ausschusses nach Art. 28 II
   und der Großen Kammer mit Erlass des Urteils. Urteile der Kammern werden unter den Voraussetzungen des Abs. 2 endgültig, (a)
   wenn die Parteien erklären, dass sie Verweisung nach Art. 43 an die
   Große Kammer nicht beantragen werden, oder, (b) wenn ein Verweisungsantrag nicht gestellt worden ist, drei Monate nach dem Datum
   des Kammerurteils, oder (c) wenn der Ausschuss der Großen Kammer den Antrag auf Verweisung abgelehnt hat (→ Art. 43 Rn. 13).

---

19 EGMR 27.10.2004 – 39647/98 (GK), Slg 04-X – *Edwards u. Lewis/Vereinigtes*
    Königreich.

II. Wirkungen der Rechtskraft

1. Bindungswirkung

Die Urteile **binden die Beteiligten** (Art. 46 I). Dabei geht es um die   2
materielle Rechtskraft (→ Art. 46 Rn. 12). Im Verhältnis zwischen
den Beteiligten steht verbindlich fest, dass eine Konventionsverletzung stattgefunden hat oder nicht.

Der Gerichtshof kann erlassene **Urteile nicht zurücknehmen und**   3
nicht mehr ändern, es sei denn, dass es sich um **rein redaktionelle**
Fragen handelt (formelle Rechtskraft). Der EGMR ist an sein Urteil
gebunden, wenn es verkündet oder von der Kanzlei auf andere Weise
den Beteiligten übermittelt worden ist. In diesem Zeitpunkt wird das
Urteil existent und wirksam, vorher ist es ein Entwurf. Der EGMR
kann das Urteil im Wege der Auslegung erläutern (→ Rn. 4), auf
einen Antrag auf Wiederaufnahme des Verfahrens neu entscheiden
(→ Rn. 5 ff.) und das Urteil berichtigen (→ Rn. 9).

2. Antrag auf Auslegung des Urteils (Art. 79 VerfO)

Nach Art. 79 VerfO kann jede Partei die Auslegung eines Urteils **in-**   4
nerhalb eines Jahres nach der Verkündung beantragen (Abs. 1). Der
Antrag muss genau bezeichnen, inwieweit eine Auslegung des Tenors
begehrt wird (Abs. 2). Zuständig ist der Ausschuss (Art. 53 VII
VerfO) oder die Kammer, die das Urteil beschlossen hat. Sie kann
den Antrag abweisen, wenn eine Prüfung nicht gerechtfertigt ist.
Wenn der ursprüngliche Spruchkörper nicht zusammentreten kann,
bildet oder ergänzt der Präsident des EGMR ihn durch Los (Abs. 3).
Wenn der Antrag nicht abgewiesen wird, erhält die andere betroffene
Partei Gelegenheit, Stellung zu nehmen. Eine mündliche Verhandlung
ist möglich, aber nicht notwendig. Der Ausschuss oder die Kammer
entscheidet durch Urteil (Abs. 4), in dem das ursprüngliche Urteil
ausgelegt wird. Eine Ermächtigung, den Entscheidungssatz abzuän-
dern ergibt sich daraus nicht.[1] Die Möglichkeit des Ministerkomitees, den Gerichtshof um Auslegung eines Urteils zu ersuchen, sieht
Art. 46 III vor (→ Art. 46 Rn. 50).

3. Wiederaufnahme des Verfahrens (Revision: Art. 80 VerfO)

a) **Voraussetzungen:** Auch hier fehlt eine Regelung in der EMRK.   5
Einzelheiten ergeben sich aus Art. 80 VerfO, der für Kammern und

---

[1] *Cremer* in: *Dörr/Grothe/Marauhn*, EMRK/GG, 2. Aufl. 2013, Kap. 32 Rn. 52.

entsprechend für Ausschüsse gilt (Art. 53 VII VerfO). Eine Wiederaufnahme des Verfahrens ist eine **Durchbrechung der Bindungswirkung** des Urteils, seiner Rechtskraft, und deswegen nach Art. 80 VerfO nur unter **engen Voraussetzungen** zulässig. Es muss eine Tatsache bekannt werden, die im Zeitpunkt des Urteils dem EGMR unbekannt war. Weitere Voraussetzung ist, dass die Tatsache der Partei, die den Antrag stellt, nach menschlichem Ermessen nicht bekannt sein konnte.

6 **Beispiele:**[2] Ein Anwendungsfall ist das **Versterben** des Bf.: Verstirbt ein Bf. vor Urteilserlass ohne Kenntnis des Prozessvertreters, kann das Urteil aufgehoben und die Sache im Register gestrichen werden, wenn keine Verwandten den Wunsch geäußert haben, sie weiter zu betreiben,[3] es kann aber auch auf Zahlung an Erben geändert werden,[4] dabei kommt es aber wohl auf die Umstände des Einzelfalls an.[5] Beispiele für Fälle, in denen sich eine Partei auf „neue" Erkenntnisse beruft: Im Fall Juhas Đurić/Serbien[6] wies der EGMR die Wiederaufnahme zurück, da vom Bf. vorgelegte „neue" Entscheidungen für den ursprünglichen Fall nicht entscheidend seien; im Fall Bugajny ua/Polen[7] wies der Gerichtshof die Wiederaufnahme zurück, da Informationen, die zum Zeitpunkt des Verfahrens öffentlich zugänglich waren, nicht „neu" sind (auch wenn die Bf. diesbezüglich nicht vollständig vorgetragen haben); im Fall Naumoski/„die frühere jugoslawische Republik Mazedonien"[8] ließ der Gerichtshof die Wiederaufnahme zu, weil er in einem Längeverfahren von einem falschen Datum einer Gerichtsentscheidung ausgegangen war. Korrekturen in Bezug auf die **gerechte Entschädigung:** Eine Korrektur ist nicht möglich, wenn der Bf. unterlassen hat, einen Antrag nach Art. 41 auf Entschädigung zu stellen und deswegen nichts erhalten hat.[9] Im Fall Epple/Deutschland[10] hat der EGMR genügen lassen, dass der Bf. nicht aufgefordert worden war, seine Ansprüche nach Art. 41 geltend

---

2 Siehe auch *Philipp Leach*, Taking a Case to the European Court of Human Rights, 3. Aufl. 2011, S. 82.
3 EGMR 20.9.2011 – 64541/01, Rn. 10 – *Bolovan/Rumänien*; EGMR 27.6.2006 – 70829/01, Rn. 7 – *Gabay/Türkei*.
4 EGMR 18.12.2001 – 41803/98, Rn. 13 – *Pupillo/Italien*; EGMR 1.10.2002 – 52975/99 Rn. 12 – *Gucci/Italien*.
5 Vgl. zB EGMR 4.11.2014 – 604/07 ua, Rn. 9ff. – *Manushaqe Puto* ua/*Albanien*.
6 EGMR 10.4.2012 – 48155/06, Rn. 58, 60 – *Juhas Đurić/Serbien*.
7 EGMR 15.12.2009 – 22531/05, Rn. 25 – *Bugajny* ua/*Polen*.
8 EGMR 5.12.2013 – 25248/05, Rn. 8ff. – *Naumoski/„die frühere jugoslawische Republik Mazedonien"*.
9 EGMR 2.10.2003 – 42210/98, Rn. 12 – *Andrea Corsi/Italien*.
10 EGMR 15.12.2005 – 77909/01, Rn. 11 – *Epple/Deutschland*.

zu machen; im Fall Bortesi/Italien,[11] dass die Regierung nicht aufgefordert worden war, zum Vortrag des Bf. Stellung zu nehmen. Im Fall
Baumann/Österreich[12] hat der EGMR die Wiederaufnahme bewilligt, weil er den Vortrag der Regierung zur Kostenerstattung nicht
richtig verstanden hatte, was die Parteien erst nach Erlass des Urteils
bemerken konnten, im Fall Fonyodi/Ungarn[13] kam es zur Wiederaufnahme, weil der EGMR Unterlagen des Bf. zu seinem Antrag nach
Art. 41 übersehen hatte.

b) **Antrag:** Er muss **binnen sechs Monaten** seit Kenntnis der Partei   7
von der Tatsache gestellt werden (Art. 80 I VerfO). Der Antrag muss
das Urteil bezeichnen und die Angaben enthalten, aus denen sich ergibt, dass die Voraussetzungen erfüllt sind. Die zur Begründung die-
nenden Unterlagen müssen in Kopie beigefügt werden.

c) **Entscheidung durch den Ausschuss oder die Kammer:** Es entschei-   8
det **der ursprüngliche Spruchkörper.** Ist das nicht mehr möglich, bildet oder ergänzt der Präsident des EGMR ihn durch Los (Art. 80 III
VerfO). Er prüft, ob ein Wiederaufnahmegrund vorliegt. Ist das nicht
der Fall, weist er den Antrag ab. Anderenfalls übermittelt der Kanzler den Antrag der anderen Partei und gibt ihr Gelegenheit zur Stellungnahme. Wenn der Ausschuss oder die Kammer es so beschließt,
findet eine mündliche Verhandlung statt. Der Spruchkörper entscheidet durch Urteil, für das Art. 42 bis 45 gelten.[14]

4. Urteilsberichtigung (Art. 81 VerfO)

Der Gerichtshof kann **Schreib- und Rechenfehler oder andere offen-**   9
sichtliche Unrichtigkeiten von Amts wegen oder auf Antrag einer
Partei berichtigen. Der Antrag muss innerhalb eines Monats nach Erlass der Entscheidung oder des Urteils gestellt werden.

III. Veröffentlichung des Urteils

Das Urteil ist ab seinem Erlass der Öffentlichkeit zugänglich: Die   10
Kanzlei gibt eine Presserklärung heraus und die Urteile werden in
das Internet eingestellt (hudoc.echr.coe.int.). Die Endgültigkeit wird
(bei Eintritt) auf dem Urteil vermerkt. Eine Auswahl der Urteile und
Entscheidungen wird in der amtlichen Sammlung veröffentlicht und

---

11 EGMR 8.12.2009 – 71399/01, Rn. 12 f. – *Bortesi/Italien.*
12 EGMR 9.6.2005 – 76809/01, Rn. 11, 13 – *Baumann/Österreich.*
13 EGMR 7.4.2009 – 30799/04, Rn. 8 – *Fonyodi/Ungarn.*
14 Z.B. EGMR 10.7.1996 – 13416/87, Slg 96-III – *Pardo/Frankreich*: EGMR er-
    klärt den Antrag für zulässig und entscheidet neu.

zwar in beiden Amtssprachen (Englisch und Französisch – Art. 78 VerfO; vgl. den Recueil des Arrêts et Décisions; Reports of Judgments and Decisions, Karl Heymanns Verlag, Köln, inzwischen über die Internetseite hudoc.echr.coe.int. abzurufen). Für die Herausgabe ist die Kanzlei verantwortlich.

Artikel 45 Begründung der Urteile und Entscheidungen

(1) Urteile sowie Entscheidungen, mit denen Beschwerden für zulässig oder für unzulässig erklärt werden, werden begründet.

(2) Bringt ein Urteil ganz oder teilweise nicht die übereinstimmende Meinung der Richter zum Ausdruck, so ist jeder Richter berechtigt, seine abweichende Meinung darzulegen.

1   **Umfang der Begründungspflicht:** Zu begründen sind Urteile und Entscheidungen über die Zulässigkeit einer Beschwerde. Eine Begründungspflicht gilt danach **für alle Urteile** des Gerichtshofs, also auch die zur Streichung der Sache im Register und wegen der Entscheidung über die gerechte Entschädigung nach Art. 41.

2   Es steht **im Ermessen des Gerichtshofs,** wie er die Begründung fasst. Bei der Entscheidung über die Zulässigkeit oder Unzulässigkeit einer Beschwerde genügt eine kurze Begründung.[1] Im Fall der Unzulässigkeitserklärung durch den Einzelrichter nach Art. 27 erhält der Bf. keine Entscheidung, er wird über sie durch einen Brief der Kanzlei unterrichtet (Art. 52A I); ebenso im Fall der Unzulässigkeitserklärung durch Ausschuss nach Art. 28 (aber Art. 53 V VerfO). Insbesondere werden die Zulässigkeitsentscheidungen nur sehr kurz begründet. Art. 56 I VerfO bestimmt für solche Entscheidungen, dass anzugeben ist, ob sie **einstimmig oder durch Mehrheitsentscheidung** getroffen worden sind. Nach Art. 74 I k VerfO ist im Urteil die Zahl der Richter, die die Mehrheit gebildet haben, anzugeben.

3   **Nicht begründet** werden müssen andere Entscheidungen, zB des Ausschusses von fünf Richtern der Großen Kammer nach Art. 43. Wegen des Inhalts eines Urteils im Übrigen vgl. Art. 42 Rn. 4 ff.

---

1   Vgl. den Erläuternden Bericht, BT-Drs. 13/858, 42 Rn. 105.

Artikel 46 Verbindlichkeit und Durchführung der Urteile

(1) Die Hohen Vertragsparteien verpflichten sich, in allen Rechtssachen, in denen sie Partei sind, das endgültige Urteil des Gerichtshofs zu befolgen.

(2) Das endgültige Urteil des Gerichtshofs ist dem Ministerkomitee zuzuleiten; dieses überwacht seine Durchführung.

(3) [1]Wird die Überwachung der Durchführung eines endgültigen Urteils nach Auffassung des Ministerkomitees durch eine Frage betreffend die Auslegung dieses Urteils behindert, so kann das Ministerkomitee den Gerichtshof anrufen, damit er über diese Auslegungsfrage entscheidet. [2]Der Beschluss des Ministerkomitees, den Gerichtshof anzurufen, bedarf der Zweidrittelmehrheit der Stimmen der zur Teilnahme an den Sitzungen des Komitees berechtigten Mitglieder.

(4) Weigert sich eine Hohe Vertragspartei nach Auffassung des Ministerkomitees, in einer Rechtssache, in der sie Partei ist, ein endgültiges Urteil des Gerichtshofs zu befolgen, so kann das Ministerkomitee, nachdem es die betreffende Partei gemahnt hat, durch einen mit Zweidrittelmehrheit der Stimmen der zur Teilnahme an den Sitzungen des Komitees berechtigten Mitglieder gefassten Beschluss den Gerichtshof mit der Frage befassen, ob diese Partei ihrer Verpflichtung nach Absatz 1 nachgekommen ist.

(5) [1]Stellt der Gerichtshof eine Verletzung des Absatzes 1 fest, so weist er die Rechtssache zur Prüfung der zu treffenden Maßnahmen an das Ministerkomitee zurück. [2]Stellt der Gerichtshof fest, dass keine Verletzung des Absatzes 1 vorliegt, so weist er die Rechtssache an das Ministerkomitee zurück; dieses beschließt die Einstellung seiner Prüfung.

I. Allgemeines

1   **Entstehungsgeschichte: Abs. 1 und 2** waren ohne sachliche Änderung vom 11. Prot. aus Art. 53, 54 EMRK aF übernommen. **Abs. 3 bis 5** sind durch Art. 16 Prot. 14 eingefügt worden. Sie verfolgen das Ziel, stärkere Druckmittel für die Durchführung von Urteilen des EGMR zu geben.

2   Aus Art. 46 folgt die **völkerrechtliche Verbindlichkeit rechtskräftiger Urteile.**

3   **Pflichten der Staaten aus dem Urteil:** Sie sind nach Art. 46 dazu verpflichtet, die festgestellte Konventionsverletzung abzustellen (→ Rn. 22). Sie müssen die dafür erforderlichen individuellen Maßnahmen treffen und durch allgemeine Maßnahmen sicherstellen, dass sich Konventionsverletzungen dieser Art nicht wiederholen.

4   **Rechtsprechung des EGMR:** Nach dem EGMR sind seine Urteile im Grunde feststellende Urteile.[1] Entsprechend beschränkt er sich grundsätzlich auf die Feststellung einer Konventionsverletzung und verurteilt darüber hinaus nach Lage des Einzelfalls zur Zahlung einer gerechten Entschädigung nach Art. 41. Grundlage für diese Rechtsprechung ist, dass **der beklagte Staat vorbehaltlich der Überwachung durch das Ministerkomitee nach Art. 46 II in der Wahl der Mittel frei ist, mit denen er seinen Rechtspflichten nach Art. 46 I nachkommen will, sofern sie nur mit den Schlussfolgerungen in dem Urteil übereinstimmen** (→ Rn. 22). Inzwischen geht der EGMR weiter. Zunächst gestützt auf Art. 41, dann (auch) unter Bezugnahme auf Art. 46 hat er individuelle oder generelle Maßnahmen zur Abhilfe von Konventionsverletzungen empfohlen oder angeordnet, in Ur-

---

1   Z.B. EGMR 26.6.2012 – 26828/06 (GK), Slg 12-IV (Auszüge) Rn. 406 – *Kurić ua/Slowenien*; EGMR 13.6.1979 – 6833/74, Slg A31 Rn. 58 – *Marckx/Belgien*.

teilen der Großen Kammer, in Piloturteilen und auch in einfachen Urteilen.[2] Um insoweit mehr Klarheit für den beklagten Staat und das Ministerkomitee zu schaffen, macht der EGMR in diesen Urteilen **deutlicher, was zur Umsetzung des Urteils erforderlich ist.**

II. Allgemeine und individuelle Maßnahmen im Urteil

Klarstellung in der Urteilsbegründung: In der Urteilsbegründung benennt der EGMR mit unterschiedlicher Intensität allgemeine und/oder individuelle Maßnahmen, die geeignet sind, der Konventionsverletzung abzuhelfen. Er **äußert die Ansicht,** eine neue Verhandlung vor einem unabhängigen Gericht wäre die beste Art der Wiedergutmachung,[3] oder er stützt sich auf Art. 46[4] und **empfiehlt** der Regierung, allgemeine und/oder individuelle Maßnahmen zu ergreifen (zB einer Bf. die Überprüfung einer Entscheidung zu ermöglichen und für alle von ähnlichen Entscheidungen Betroffenen einen Zugang zu Gericht zu schaffen)[5] oder erklärt diese für wünschenswert.[6] Er verwendet auch **deutliche Formulierungen:** Der Staat „sollte" bestimmte Maßnahmen ergreifen (zB als individuelle Maßnahmen: den Bf. in eine spezialisierte medizinische Einrichtung verlegen,[7] eine neue Untersuchung eines Todesfalls unter Aufsicht des Ministerkomitees einleiten[8] oder dem Bf. mindestens den Umgang mit seinem Kind ermöglichen)[9] oder „muss" bestimmte Reformen einführen.[10] Das sind **keine bindenden Hinweise,** aber Klarstellungen, die den Ermessensspielraum der betroffenen Staaten insofern einschränken als sie Ausgangspunkt für die Überwachung des Ministerkomitees sind.[11] Fallgruppen lassen sich angesichts der Vielzahl unterschiedlicher Fälle kaum noch bilden.[12] Ob der EGMR auf zu ergreifende allgemeine

5

---

2 *Sicilianos,* in: *Seibert-Fohr/Villinger,* Judgments of the European Court of Human Rights – Effects and Implementation, 2015, S. 285 (287ff.).

3 Z.B. EGMR 13.11.2003 – 53968/00, Rn. 39 – *Ismael Günes/Türkei.*

4 Auch „Art. 46-Urteile" genannt (*Jahn* ZaöRV 2014, 1 (19)) oder Semi-Piloturteile.

5 Z.B. EGMR 17.7.2012 – 64791/10, Rn. 89, 90 – *M.D.* ua/*Malta.*

6 Z.B. EGMR 7.10.2010 – 30078/06, Rn. 67 – *Konstantin Markin/Russland.*

7 EGMR 27.11.2014 – 51857/13, Rn. 118 – *Amirov/Russland.*

8 EGMR 22.7.2014 – 50275/08, Rn. 75 – *Ataykaya/Türkei*; EGMR 30.6.2015 – 57722/12, Rn. 68 – *Grabowski/Polen.*

9 EGMR 26.2.2004 – 74969/01, Rn. 64 – *Görgülü/Deutschland* (NJW 2004, 339).

10 Z.B. EGMR 15.5.2012 – 23893/03, Rn. 182 – *Kaverzin/Ukraine.*

11 *Sicilianos,* in: *Seibert-Fohr/Villinger,* Judgments of the European Court of Human Rights – Effects and Implementation, 2015, S. 285 (296).

12 Überblick bei *Breuer* in *Karpenstein/Mayer,* EMRK, 2. Aufl. 2015, Art. 46 Rn. 10-16 a.

oder individuelle Maßnahmen hinweist, wird **nicht durch einen entsprechenden Antrag** des Bf. bestimmt.[13]

6　**Klarstellung im Tenor: In bestimmten Fällen geht der EGMR weiter und ordnet im Tenor die zu ergreifende Maßnahme an.** Individuelle **Maßnahmen**: zB Rückgabe von zu Unrecht entzogenem Eigentum und Entschädigung für den Fall, dass das nicht binnen bestimmter Frist geschieht (bei Verletzung von Art. 1 Prot. Nr. 1).[14] Eine solche Verurteilung ist **bindend**, das Urteil ist insoweit ein Leistungsurteil. Im Fall Ilaşcu ua/Moldawien u. Russland[15] hat der EGMR ausgesprochen, dass die beklagten Staaten alles unternehmen müssen, „um die willkürliche Freiheitsentziehung... der Bf. zu beenden und ihre sofortige Freilassung zu gewährleisten".[16] Weitere Beispiele:[17] Verpflichtung, die Vollstreckung der der Beschwerde zugrunde liegenden Urteile sicherzustellen im Fall Đurić ua/Bosnien-Herzegowina (Tenor Nr. 5 a);[18] Verpflichtung, das gegen die Bf. unter Verletzung von Art. 4 Prot. Nr. 7 eröffnete Strafverfahren zu beenden im Fall Grande Stevens ua/Italien;[19] Verpflichtung zu rechtlichen Maßnahmen und einer Verwaltungspraxis hinsichtlich Entschädigungen, die sicherstellen, dass es nicht zu überlangen Gerichtsverfahren kommt im Fall Vlad ua/Rumänien (Tenor Nr. 6).[20] Im Fall A.C. ua/Spanien (Tenor Nr. 6) äußerte der Gerichtshof die Ansicht, der Staat müsse garantieren, die Bf. bis zum Abschluss ihrer Verfahren nicht abzuschieben.[21] Auch **generelle Maßnahmen** ordnet der EGMR im Tenor an.[22] Ob und inwiefern diese Rechtsprechung des EGMR eine Ergänzung der Tätigkeit des Ministerkomitees darstellt, die ihre Grundlage in der

---

13　Vgl. EGMR 20.11.2014 – 47708/08 (GK), Rn. 234 – *Jaloud/Niederlande*.
14　Z.B. EGMR 31.10.1995 – 14556/89 (Art. 50), Slg A 330B Rn. 34-40 und Tenor Nr. 2, 3 – *Papamichalopoulos/Griechenland* (ÖJZ 1994, 177); EGMR 23.1.2001 – 28342/95 (GK) (Art. 41), Slg 01-I Rn. 22ff. – *Brumărescu/Rumänien*.
15　EGMR 8.7.2004 – 48787/99, Slg 04-VII Rn. 490 und Tenor Nr. 22 – *Ilaşcu ua/ Moldawien u. Russland* (NJW 2005, 1849).
16　ähnlich EGMR 8.4.2004 – 71503/01, Slg 04-II Rn. 203 und Tenor Nr. 14 a – *Assanidze/Georgien* (NJW 2005, 2207).
17　Für Beispiele bis 2010 siehe *Meyer-Ladewig*, EMRK, 3. Aufl. 2011, Art. 46 Rn. 6.
18　EGMR 20.1.2015 – 79867/12 ua, Rn. 45ff. – *Đurić ua/Bosnien-Herzegowina*.
19　EGMR 4.3.2014 – 18640/10 ua, Rn. 237 – *Grande Stevens ua/Italien* (NJOZ 2015, 712).
20　EGMR 26.11.2013 – 40756/06 ua, Rn. 162-164 – *Vlad ua/Rumänien*.
21　EGMR 22.4.2014 – 6528/11 ua, Rn. 112 – *A.C. ua/Spanien*.
22　EGMR 16.7.2013 – 43098/09, Slg 13-IV Rn. 145 Tenor Nr. 4 c – *McCaughey ua/Vereinigtes Königreich*.

Konvention findet oder kritisch zu betrachten ist, wird in der Literatur unterschiedlich beurteilt.[23]

III. Piloturteil-Verfahren

Piloturteil-Verfahren: In diesem Zusammenhang ist die Entwicklung   7
wesentlich, welche die Rechtsprechung des EGMR in Fällen genommen hat, in denen ein **struktureller Mangel** erkennbar ist, die also große Breitenwirkung haben. Das Ministerkomitee des Europarats hat in seiner Entschließung vom 12.5.2004 (DHRes. 2004 (3)) deutlich gemacht, dass ein Interesse daran besteht, dem beklagten Staat zu helfen, allgemeine Abhilfemaßnahmen zu erkennen und den EGMR aufgefordert, **auf erkennbare strukturelle Probleme und ihre Ursachen hinzuweisen.** In seiner Empfehlung vom 12.5.2004 (Rec. (2004) 6) hat es den Mitgliedstaaten empfohlen, bei festgestellten strukturellen Mängeln die Wirksamkeit im staatlichen Recht vorhandener Rechtsbehelfe zu prüfen und erforderlichenfalls wirksame Rechtsbehelfe zu schaffen. Das auf dieser Grundlage entwickelte Piloturteil-Verfahren hieß das Ministerkomitee in einer Empfehlung vom 24.2.2010 (Rec (2010) 3) gut, indem es in der Präambel die Piloturteile als wichtige Anleitung und Hinweisgeber für die Vertragsstaaten hervorhob. Seit dem 1.4.2011 hat das Piloturteil-Verfahren eine Grundlage in Art. 61 VerfO.

Der Fall Broniowski/Polen: Das erste Piloturteil erging im Fall Bro-   8
niowski/Polen,[24] in dem es um **Ansprüche auf Entschädigung für jenseits des Bug verlorenes Vermögen ging, die der polnische Staat gesetzlich vorgesehen, dann aber nicht erfüllt hatte.** Der EGMR hat eine Verletzung von Art. 1 Prot. Nr. 1 festgestellt. Wegen der zahlreichen betroffenen Personen hat der EGMR auch im Tenor der Entscheidung **ausdrücklich festgestellt, dass die Verletzung auf ein strukturelles Problem zurückgeht, nämlich das Versagen der polnischen Gesetzgebung und Verwaltung.** Zur Durchführung des Urteils seien allgemeine Maßnahmen notwendig, die alle betroffenen Personen, nicht nur die Bf., berücksichtigen müssten. Der EGMR stellte in seinem Urteil Überlegungen dazu an, welche gesetzlichen Regelungen notwendig seien. Die Beteiligten schlossen daraufhin einen Vergleich, in dem auch von allgemeinen gesetzlichen Maßnahmen die Rede war,

---

23 Zur Grundlage in der EMRK *Sicilianos*, in: *Seibert-Fohr/Villinger*, Judgments of the European Court of Human Rights – Effects and Implementation, 2015, S. 285; kritisch *Jahn* ZaöRV 2014, 1.
24 EGMR 22.6.2004 – 31443/96 (GK), Slg 04-V Rn. 189-194, Tenor Nr. 4 – *Broniowski/Polen* (NJW 2005, 2521).

worauf der EGMR die Sache mit Urteil vom 28.9.2005[25] nach Art. 37 im Register strich.[26] In diesem Urteil (Rn. 34-36) wies der EGMR darauf hin, er habe mit seinem Urteil in der Hauptsache ein **Piloturteil-Verfahren (Pilot-judgment-procedure)** angewendet. Ein Urteil werde als **Piloturteil** bezeichnet, um eine möglichst schnelle und wirksame Lösung eines allgemeinen Problems zu erreichen. Auf diese Weise würden viele Wiederholungsfälle vermieden, und das System werde entlastet. Der EGMR betonte weiter, dass bei Prüfung, ob nach einem Vergleich die Sache im Register gestrichen werden könne (Art. 37), eine Berücksichtigung nicht nur der Interessen der Bf., sondern auch der allgemeinen Maßnahmen erforderlich sei. Das schließe aber nicht aus, die Sache nach einem Vergleich im Register zu streichen, auch wenn die allgemeinen Maßnahmen noch nicht verwirklicht seien.

9 **Beispiele Piloturteil-Verfahren (iSd Art. 61 VerfO):**[27]

Gazsó ua/Ungarn (16.7.2015 – 48322/12, Rn. 33) wegen fehlendem effektiven Rechtsbehelf gegen überlange Zivilverfahren. Im Tenor: Verpflichtung zur Einführung eines Rechtsbehelfs binnen eines Jahres. Neue Parallelverfahren werden vertagt.

Rutkowski ua/Polen (7.7.2015 – 72287/10 ua, Rn. 203-206) wegen fehlendem effektiven Rechtsbehelf gegen überlange Verfahrensdauer trotz einer 2004 geschaffenen gesetzlichen Regelung.

Varga ua/Ungarn (10.3.2015 – 14097/12, ua Rn. 98-100): erniedrigende Behandlung aufgrund der Unterbringungsbedingungen in den Gefängnissen und fehlender Rechtsbehelf. Im Tenor: Verpflichtung, binnen sechs Monaten einen Zeitplan zur Einführung von Abhilfemaßnahmen vorzulegen.

Neshkov ua/Bulgarien (27.1.2015 – 36925/10, ua Rn. 271): unmenschliche und erniedrigende Haftbedingungen. Im Tenor: Abhilfemaßnahmen müssen binnen 18 Monaten zur Verfügung stehen. Die Vertagung anhängiger oder zukünftiger Beschwerden wurde abgelehnt.

Ališić ua/Bosnien-Herzegowina, Kroatien, Serbien, Slowenien und Mazedonien (16.7.2014 – 60642/08, Rn. 144): Versäumnis von Seiten der serbischen und slowenischen Regierungen, es bestimmten An-

---

25 EGMR 28.9.2005 – 31443/96 (GK), Slg 05-XI – *Broniowski/Polen* (NJW 2006, 1312).
26 Vgl. dazu *Wildhaber*, EuGRZ 2005, 689 (691).
27 Weitere Fälle mit Maßnahmen und Umsetzungsstand siehe Factsheet Piloturteile (Juli 2015) auf der Internetseite des EGMR (http://www.echr.coe.int/Documents/FS_Pilot_judgments_ENG.pdf).

legern zu ermöglichen, auf ihre vor dem Zerfall Jugoslawiens eingelegten Ersparnisse zuzugreifen. Im Tenor: Vertagung aller Parallelfälle gegen Serbien und Slowenien für ein Jahr, binnen dem diese Staaten Abhilfemaßnahmen ergreifen müssen.

Gerasimov ua/Russland (1.7.2014, – 29920/05 ua Rn. 218): überlange Verzögerungen bei der Vollstreckung von Gerichtsentscheidungen,
die bestimmte Leistungen zusprachen. Im Tenor: Verpflichtung, binnen einem Jahr Abhilfemaßnahmen einzurichten und die Bf. anhängiger Parallelfälle binnen zwei Jahren zu entschädigen.

Begründung des EGMR für Entscheidungen in Piloturteil-Verfahren, 10
Inhalt und Verfahren: Der Gerichtshof hat seine Rechtsprechung
fortentwickelt[28] und mit Art. 61 VerfO ist das Piloturteil-Verfahren
seit dem 1.4.2011 in der VerfO verankert. Es hat sich eine **ständige**
Rechtsprechung zur **Begründung** von Piloturteilen entwickelt:[29]
Art. 46 verpflichtet den beklagten Staat, indirekte und allgemeine
Maßnahmen zu treffen, und zwar auch für andere Personen in der
Lage des Bf. In einem Piloturteil kann der EGMR strukturelle Män-
gel aufzeigen, die der Konventionsverletzung zugrunde liegen, und
Maßnahmen bezeichnen, die der Staat zur Abhilfe ergreifen muss.
Die Überwachung ist Aufgabe des Ministerkomitees nach Art. 46 II.
Ziel des Piloturteilverfahrens ist es, einen strukturellen Mangel
schnell und wirksam zu beheben und den beklagten Staat dazu zu
veranlassen, große Zahlen von Beschwerden dieser Art zu lösen. Dies
entspricht dem Subsidiaritätsgrundsatz. Der EGMR kann die Prüfung gleicher Beschwerden gegen den Staat für eine bestimmte Zeit
aussetzen. Wenn es in dieser Zeit keine Lösung gibt, muss der
EGMR die Prüfung wieder aufnehmen. **Inhalt:** Nach
Art. 61 III VerfO bezeichnet der Gerichtshof in seinem Piloturteil die
Art des strukturellen Problems sowie die Art der Abhilfemaßnahmen. Regelmäßig berücksichtigt der EGMR bei Bestimmung der Abhilfemaßnahmen den den Vertragsstaaten zustehenden Ermessensspielraum. Nach Art. 61 IV VerfO kann der EGMR eine **Frist zur Ur-**
teilsbefolgung setzen, idR sehen die Urteile 6-18 Monate vor, um
eine Maßnahme einzuführen oder unter Überwachung des Ministerkomitees einen Zeitplan für die Umsetzung zu erstellen.[30] Die Entscheidung über **gerechte Entschädigung** erfolgt inzwischen meist im

---

28 Dazu *Breuer* EuGRZ 2012, 1; Piloturteile bis 2010 bei *Meyer-Ladewig*, EMRK
    3. Aufl. 2011, Art. 46 Rn. 9.
29 Vgl. EGMR 27.1.2015 – 36925/10 ua, Rn. 267 – *Neshkov* ua/*Bulgarien*.
30 Z.B. EGMR 10.3.2015 – 14097/12 ua Rn. 113 – *Varga* ua/*Ungarn* (6 Monate
    für einen Zeitplan) (NLMR 2015, 160); EGMR 27.1.2015 – 36925/10 ua,
    Rn. 290 – *Neshkov* ua/*Bulgarien* (18 Monate um einen wirksamen Rechtsbehelf
    zur Verfügung zustellen).

Piloturteil, sie kann aber vertagt werden (Art. 61 V VerfO). Regelmäßig bestimmt der Gerichtshof die weitere **Verfahrensweise mit Parallelfällen** (Art. 61 VI VerfO), dh er entscheidet, ob Parallelverfahren ausgesetzt werden[31] und ggfs. welche Pflicht der beklagte Staat in dieser Zeit gegenüber den Bf. erfüllen muss.[32] **Verfahren:** In der Regel wird mehr nicht die Große Kammer befasst, sondern von der Kammer entschieden (und dann ggfs. die Große Kammer angerufen).[33] Die Parteien werden zur Stellungnahme aufgefordert (Art. 61 II VerfO). Der Widerspruch einer Partei hindert den Gerichtshof aber nicht daran, das Piloturteil-Verfahren durchzuführen.[34]

11 **Kritik:** Gegen das Piloturteil-Verfahren werden auch derzeit ua wegen fehlender Grundlage in der Konvention Bedenken geäußert, obwohl die Vertragsstaaten die Verfahrensweise in der Praxis wohl grundsätzlich anerkennen.[35] Problematisch erscheint die Abgrenzung zwischen Piloturteilen nach Art. 61 VerfO und ähnlichen Urteilen, die (auch) strukturelle und systemische Probleme feststellen (Semi-Piloturteile) und in denen der EGMR Handlungsempfehlungen in Urteilsgründe oder in den Tenor aufnimmt.[36] Die Urteile scheinen sich weniger inhaltlich als in der Verfahrensweise zu unterscheiden: Vor einem Piloturteil holt der Gerichtshof nach Art. 61 II VerfO eine Stellungnahme der Parteien ein.[37]

IV. Formelle und materielle Rechtskraft

12 Urteile des EGMR erwachsen in **formelle Rechtskraft**, endgültige Urteile sind nicht mehr anfechtbar (Art. 42, 44). **Die verpflichtende Wirkung,** die sich aus dem Urteil ergibt, ist die **materielle Rechtskraft,** von der in Art. 46 die Rede ist. Die Urteile sind in der Sache verbindlich.

---

31 Abgelehnt zB in EGMR 10.3.2015 – 14097/12 ua, Rn. 116 – *Varga* ua/*Ungarn* (NLMR 2015, 160); EGMR 2.9.2010 – 46344/06, Rn. 74 f. – *Rumpf/Deutschland* (NJW 2010, 3355).
32 Z.B. EGMR 15.1.2009 – 33509/04, Slg 09-I Rn. 142-146 – *Burdov/Russland* (Nr. 2).
33 Siehe EGMR 16.7.2014 – 60642/08 – *Ališić* ua/*Bosnien-Herzegowina* ua (NLMR 2014, 327).
34 Z.B. EGMR 7.7.2015 – 72287/10 ua, Rn. 196, 205 – *Rutkowski* ua/*Polen.*
35 Vgl. *Cremer* in *Dörr/Grote/Marauhn*, EMRK/GG, 2. Aufl. 2013, Kap. 32, Rn. 120; *Breuer* EuGRZ 2012, 1 (3).
36 Z.B. EGMR 18.12.2012 – 2944/06 ua, Rn. 218-221 – *Aslakhanova* ua/*Russland*; EGMR 15.5.2012 – 23892/03, Rn. 180 – *Kaverzin/Ukraine* und die Urteile in Rn. 6.
37 *Sicilianos*, in: *Seibert-Fohr/Villinger*, Judgments of the European Court of Human Rights – Effects and Implementation, 2015, 285 (289 f.).

V. Bindungswirkung innerhalb der Grenzen des Streitgegenstands

Die Verpflichtung, ein Urteil zu befolgen, gilt in den **jeweiligen perso-** **nellen, sachlichen und zeitlichen Grenzen des Streitgegenstands.**[38] Dem Urteil kommt grundsätzlich keine über den Einzelfall hinausgehende Bindungswirkung zu (vgl. aber → Rn. 7 und → Rn. 32).[39] Zu den persönlichen Grenzen → Rn. 14, zu den sachlichen Grenzen → Rn. 19 und zu den zeitlichen Grenzen → Rn. 20.   13

Die persönlichen Grenzen: Die Verpflichtung, das Urteil zu befolgen, gilt **nur für den beklagten Staat,** der an dem Verfahren beteiligt war, das durch das Urteil abgeschlossen worden ist, nicht für drittbeteiligte Staaten und nicht für Staaten, die an dem Verfahren nicht beteiligt waren. Eine § 31 I BVerfGG entsprechende Vorschrift enthält die Konvention nicht.[40] Urteile, die in Verfahren **gegen andere Konventionsstaaten** ergehen, können über Sachverhalte und Rechtsfragen entscheiden, die auch in einem am Verfahren nicht beteiligten Staat von Bedeutung sind. Ein Urteil gegen einen anderen Staat kann zeigen, dass eine gesetzliche Regelung in einem nicht beteiligten Staat konventionswidrig ist. Eine Bindung des nicht beteiligten Staates ergibt sich dann nicht aus Art. 46 I.   14

Nach der Rechtsprechung des BVerfG **gibt das Urteil den nicht beteiligten Staaten Anlass, ihre nationale Rechtsordnung zu überprüfen** und sich bei einer möglicherweise erforderlichen Änderung an der einschlägigen Rechtsprechung des Gerichtshofs zu orientieren.[41] Dass solche Urteile für einen nicht beteiligten Staat nicht ohne rechtliche Bedeutung sind, ergibt sich aus Folgendem: 15

Art. 1 verpflichtet die Konventionsstaaten, die Konventionsrechte zu gewährleisten. Maßgebend sind die in der EMRK und den Prot., soweit sie der Konventionsstaat ratifiziert hat, garantierten Rechte und Freiheiten. **Sie sind zu lesen in der Gestalt, die sich in der Rechtsprechung des EGMR entwickelt hat.**[42] In der Rechtsprechung spiegelt sich der aktuelle Entwicklungsstand der Konvention und ihrer Prot. wider. **Die Konvention in der Auslegung durch den EGMR ist durch Art. 59 II GG in den Vorrang des Gesetzes einbezogen.**[43] Der Ge-   16

---

38 BVerfG NJW 1986, 1425; BVerfG NJW 2004, 3407.
39 *Cremer,* in *Dörr/Grote/Marauhn,* EMRK/GG, 2. Aufl. 2013, Kap. 32 Rn. 111.
40 BVerfG NJW 2004, 3407.
41 BVerfG NJW 2004, 3407, 3409; *Walter* in *Dörr/Grote/Marauhn,* EMRK/GG, 2. Aufl. 2013 Kap. 31 Rn. 13.
42 Dazu *Cremer* in *Dörr/Grote/Marauhn,* EMRK/GG, 2. Aufl. 2013, Kap. 4 Rn. 36.
43 BVerfG NJW 2004, 3407, 3410; vgl. Art. 1 Rn. 3.

richtshof hat insoweit **Richterrecht** geschaffen, mit dem die EMRK fortentwickelt worden ist und das an der völkerrechtlichen Verbindlichkeit der Konvention teilhat. Es ist weder wünschenswert noch rechtlich möglich, zwischen der Konvention selbst und der dazu ergangenen Rechtsprechung zu differenzieren. Mit einer Präjudizien-Bindung in der Art des anglo-amerikanischen Rechts hat das nichts zu tun. Es handelt sich vielmehr um dasselbe Phänomen, das auch in Staaten mit einer kontinentalen Rechtstradition anzutreffen ist. Was insbesondere ältere Gesetze, wie zB das BGB zum Inhalt haben, ergibt sich nicht nur aus dem Gesetzestext, sondern vor allem auch aus der höchstrichterlichen Rechtsprechung dazu. In besonderem Maße gilt das für knapp formulierte und allgemein gehaltene Verfassungstexte, wie das GG und die Rechtsprechung des BVerfG zeigen. Je älter die Texte sind, desto mehr Gewicht gewinnt das Richterrecht. Für die EMRK gilt nichts Anderes. Aus Art. 1 ergibt sich die Verpflichtung der Konventionsstaaten, dem Rechnung zu tragen, zwar nicht im Sinne einer Rechtskraftbindung, sondern einer sogenannten Orientierungswirkung.[44]

17 Es kann immerhin der Fall eintreten, **dass ein Konventionsstaat ein Urteil für unrichtig hält.** Er wird, wenn es gegen einen anderen Staat ergangen ist, in einem späteren Verfahren gegen ihn selbst vortragen, die Verhältnisse seien anders und die in seiner Rechtsordnung gefundene Lösung konventionsgemäß. Man wird dem Konventionsstaat das Recht nicht absprechen können, mit Reaktionen bis zum Urteil gegen ihn zu warten, nämlich abzuwarten, ob der EGMR auch in diesem Verfahren an seiner Auffassung festhält.[45] Jedenfalls bei einer **ständigen Rechtsprechung** des Gerichtshofs wird aber eine Bindung nach Art. 1 anzunehmen sein.[46] Die Rechtsprechung des EGMR hat (nach dem BVerfG) dann eine faktische **Orientierungs- und Leitfunktion.**[47] Im Übrigen ist unverkennbar, dass der Gerichtshof von einem einmal eingeschlagenen Weg nur unter sehr besonderen Umständen abweicht, insbesondere von einem Urteil der Großen Kammer. Er sieht sich zwar nicht formell verpflichtet, seinen früheren Entscheidungen zu folgen, vertritt aber die Auffassung, es sei im Interesse der Rechtssicherheit, der Berechenbarkeit und der Gleichheit vor dem

---

44 *Grabenwarter/Pabel*, Europäische Menschenrechtskonvention, 5. Aufl. 2012, § 16 Rn. 8.

45 Beispiel für eine Änderung der Rechtsprechung: EGMR 12.11.2008 – 34503/97, Slg 08 Rn. 153 – *Demir u. Baykara/Türkei* (NZA 2010, 1425).

46 Vgl. etwa den Verweis auf die Pflicht der Staaten ähnliche Verletzungen, wie die in Urteilen des Gerichtshofs festgestellten, zu verhindern: EGMR 7.2.2013 – 16574/08 (GK), Slg 13-I Rn. 75 – *Fabris/Frankreich* (NJW-RR 2014, 645).

47 BVerfG 128, 326 Rn. 89; vgl. auch BVerwG NVwZ 2002, 87.

Gesetz, dass er sich nicht ohne triftigen Grund von seinen Präzeden-zentscheidungen entferne.[48]

Für das **deutsche Recht** ist außerdem das **Gebot der völkerrechts-freundlichen Auslegung** wichtig.[49] Die Konvention in der Auslegung durch den Gerichtshof hat besondere Bedeutung für die Auslegung des GG und anderer Gesetze, auch soweit sie vor der Konvention er-lassen worden sind. Sie ist „**Auslegungshilfe bei der Bestimmung von Inhalt und Reichweite von Grundrechten und rechtsstaatlichen Grundsätzen**" des GG, wobei zu beachten ist, dass die EMRK nur Mindeststandards garantiert (Art. 53), das staatliche Recht also da-rüber hinaus gehen kann. Der Grundsatz der Völkerrechtsfreundlich-keit besagt, „**dass das GG und das übrige staatliche Recht nach Möglichkeit so auszulegen sind, dass ein Konflikt mit völkerrechtli-chen Verpflichtungen Deutschlands nicht besteht**".[50]   18

Die sachlichen Grenzen der Bindungswirkung: Das Urteil bindet nur soweit, als es über den Streitgegenstand, also den mit der Beschwerde gerügten Konventionsverstoß, entschieden hat. Insoweit gilt nichts anderes als im deutschen Prozessrecht. Präjudizielle Rechtsverhältnis-se werden von der Bindungswirkung nicht erfasst.   19

Die zeitlichen Grenzen der Bindungswirkung: Wenn sich der maßge-bende Sachverhalt geändert hat, ist das Urteil nicht mehr ohne Wei-teres bindend. Behörden und Gerichte müssen dann prüfen, worin der im Urteil festgestellte Konventionsverstoß gelegen hat, und in-wieweit eine geänderte Tatsachenbasis eine Anwendung des Urteils nicht oder nur in modifizierter Form erlaubt. Das müssen die Gerich-te in ihren Entscheidungen begründen.[51]   20

VI. Verpflichtung des Konventionsstaates aus dem Urteil

1. Allgemeines

Das Urteil des EGMR ist ein Feststellungsurteil. Nur soweit es nach Art. 41 zu einer Leistung (gerechte Entschädigung) verurteilt, ist es   21

---

48 Z.B. EGMR 26.6.2012 – 9300/07, Rn. 78 – *Herrmann/Deutschland* (NJW 2012, 3629); EGMR 22.5.2012 – 126/05, Rn. 94 – *Scoppola/Italien (Nr. 3)* (NVwZ-RR 2013, 617); zur gerichtsinternen Bindungswirkung der gefestigten Rechtsprechung der Kammern und der Großen Kammer, die in Art. 28 Abs. 1 lit. b EMRK zum Ausdruck kommt, *Cremer* in *Dörte/Grote/Marauhn*, EMRK/GG, 2. Aufl. 2013, Kap. 4 Rn. 125 f.
49 Für die EMRK: BVerfG NJW 2004, 3407, 3408; für die Rechtsprechung des In-ternationalen Gerichtshofs: BVerfGE 2 BvR 1579/11 Rn. 11 (www.bundesver-fassungsgericht.de).
50 Vgl. insbesondere BVerfG NJW 2004, 3407, 3408.
51 BVerfG NJW 2004, 3407, 3411.

ein **Leistungsurteil**, u.U, kann es auch ein **Verpflichtungsurteil** sein, ein Gestaltungsurteil nicht. Eine kassatorische Wirkung fehlt ihm. Der EGMR kann keinen Verwaltungsakt, kein Urteil und keine Rechtsnorm aufheben, so dass seine Urteile keine unmittelbare Änderung der Rechtslage herbeiführen können.[52] Dennoch ergeben sich aus dem Feststellungsurteil Rechtswirkungen (materielle Rechtskraft): Fest steht, dass der Staat in Bezug auf den konkreten Streitgegenstand die Konvention verletzt oder eingehalten hat. Wenn im Urteil eine Verletzung festgestellt ist, kann der Staat nicht mehr geltend machen, das Handeln seiner Organe sei konventionsgemäß gewesen.[53]

22 **Welche Verpflichtungen das Urteil auslöst,** hängt von seinem Inhalt ab. Wenn der EGMR festgestellt hat, dass die Konvention nicht verletzt worden ist, ist nichts zu veranlassen. Die Feststellung einer Konventionsverletzung begründet für den beklagten Staat **die Verpflichtung, die Konventionsverletzung abzustellen und Ersatz** für die Folgen zu leisten, **wenn möglich im Wege der Naturalrestitution** (der EGMR spricht von restitutio in integrum), nämlich dadurch, dass die Lage vor der Verletzung so weit wie möglich wieder hergestellt wird (→ Art. 41 Rn. 18ff). Der Staat hat dabei einen **Ermessensspielraum,** wie er seine Pflichten aus dem Urteil erfüllen will. **Er muss unter der Aufsicht des Ministerkomitees nach Abs. 2 individuelle oder allgemeine Maßnahmen in seiner Rechtsordnung treffen, um die Verletzung abzustellen und den Folgen soweit wie möglich abzuhelfen.**[54] Bei strukturellen Mängeln (→ Rn. 7) muss er die notwendigen Abhilfemaßnahmen, entsprechend dem Grundsatz der Subsidiarität, erforderlichenfalls auch für bereits anhängige Beschwerden treffen, damit der EGMR nicht immer wieder über Fälle dieser Art entscheiden muss.[55]

23 **Bindung an konkrete Aussagen des EGMR über Durchführungsmaßnahmen:** Konkrete Aussagen des EGMR in einem Urteil sind bindend in den in Rn. 6 genannten Fällen, in denen er zB eine Haftentlassung (im Tenor) anordnet, dagegen nicht, wenn er in der Urteilsbegründung eine Wiederaufnahme als beste Wiedergutmachung bezeichnet (→ Rn. 28). In anderen Fällen, auch bei **strukturellen Män-**

---

52 BVerfGE 128, 326 Rn. 82; *Paulus,* in: *Seibert-Fohr/Villinger,* Judgments of the European Court of Human Rights – Effects and Implementation, S. 267 (275).
53 BVerfG NJW 2004, 3407, 3409.
54 Z.B. EGMR 4.12.2015 – 47143/06 (GK), Rn. 311 – *Roman Zakharov/Russland.*
55 EGMR 6.7.2006 – 8196/02, Slg 06-IX Rn. 77 – *Salah/Niederlande;* EGMR 22.6.2004 – 31443/96 (GK), Slg 04-V Rn. 192 f. – *Broniowski/Polen* (NJW 2005, 2521).

geln (→ Rn. 7), kann zweifelhaft sein, wie weit eine rechtliche Bindung reicht; insoweit wird eine gewisse Zurückhaltung angebracht sein. Das Ministerkomitee wird jedenfalls bei seiner Überwachung nach Art. 46 II prüfen, ob den Anforderungen des EGMR Rechnung getragen ist. Das zu tun, empfiehlt sich schon **zur Vermeidung weiterer Beschwerden.** Wegen des Zeitablaufs können sich Veränderungen ergeben (→ Rn. 20, 41).[56]

Umsetzung: Ob die notwendigen Maßnahmen getroffen sind, **kontrolliert nicht der EGMR, sondern das Ministerkomitee** (→ Rn. 43, 46). Der EGMR kann über eine erneute Beschwerde wegen eines im Urteil nicht beschiedenen Zeitraums oder neuer Tatsachen entscheiden.[57] Maßnahmen, die der verurteilte Staat aufgrund des Urteils trifft, können neue Fragen nach der Konvention aufwerfen.[58] Vgl. zur Zuständigkeit des Gerichtshofs bei Überwachung der Durchführung seiner Urteile → Rn. 49 ff.   **24**

Grundlagen für die Verbindlichkeit von Urteilen des EGMR nach deutschem Recht: Die Bindungswirkung ergibt sich aus Art. 46 EMRK i.V. mit dem Zustimmungsgesetz sowie aus dem Rechtstaatsprinzip (Art. 20 III GG, Art. 59 II GG i.V. mit Art. 19 IV GG).[59] Die Verpflichtung, Urteile zu beachten, ist nicht auf die zum auswärtigen Handeln berufene Exekutive beschränkt, sondern richtet sich an alle institutionellen Glieder der staatlichen Gewalt.[60] Die Gewährleistungspflicht nach Art. 1 EMRK kann nur erfüllt werden, wenn alle Träger öffentlicher Gewalt gebunden sind, also außer der Exekutive auch die Legislative und Judikative. Daraus folgt, dass **alle staatlichen Organe die Verpflichtungen aus dem Urteil in ihrem jeweiligen Zuständigkeitsbereich erfüllen müssen.** Wenn das BVerfG in der Sache entschieden hatte und der EGMR seiner Auffassung nicht gefolgt ist, kann die EGMR-Entscheidung einer rechtserheblichen Änderung der Sach- und Rechtslage gleichstehen und damit das BVerfG auch im Fall einer rechtskräftigen Vereinbarkeitserklärung erneut entscheiden.[61]   **25**

---

56 *Meyer-Ladewig/Petzold* NJW 2005, 15, 18.
57 EGMR 5.2.2015 – 22251/08 (GK), Rn. 33 ff. – *Bochan/Ukraine (Nr. 2).*
58 EGMR 30.6.2009 – 32772/02 (GK), Slg 09-IV Rn. 64 ff. – *Verein gegen Tierfabriken (VgT)/Schweiz (Nr. 2)* (NJW 2010, 3699).
59 Vgl. BVerfG NJW 2004, 3407, 3409.
60 *Cremer* in: *Dörr/Grote/Marauhn*, EMRK/GG, 2. Aufl. 2013, Kap. 32 Rn. 82ff.
61 BVerfGE 128, 326 Rn. 82; dazu *Paulus*, in: *Seibert-Fohr/Villinger*, Judgments of the European Court of Human Rights – Effects and Implementation, 2015, 267 (273).

2. Konventionsverletzung durch Verwaltungsakt

26   In den meisten Fällen sind Konventionsrechte durch einen Verwaltungsakt oder durch ein Urteil verletzt worden, die auf einem an sich
nicht konventionswidrigen Gesetz beruhen, welches im Einzelfall unrichtig angewendet worden ist (zB Verletzungen von in Art. 5 enthaltenen Verfahrensgarantien und Art. 6). Der Staat muss eine andauernde Verletzung beenden, zB unrechtmäßig durch Verwaltungsakt
angeforderte Leistungen nicht erzwingen. **Lag der Konventionsverstoß im Erlass eines Verwaltungsakts, muss er nach den Vorschriften
des Verwaltungsverfahrensrechts aufgehoben werden.** Die Behörde
kann zB eine Abschiebungsandrohung gegen einen Ausländer zurücknehmen,[62] Verbote von Publikationen oder Versammlungen aufheben.[63] Das wird bei Verwaltungsakten idR nicht schwierig sein.
Für **deutsche Fälle** gilt, dass eine konventionswidrige Verwaltungspraxis geändert werden kann.[64] In Bezug auf einen Verwaltungsakt,
der nach Feststellung des EGMR die Konvention verletzt, hat die Behörde nach § 51 Abs. 1 Nr. 3 (L)VwVfG iVm § 580 Nr. 8 ZPO auf
Antrag des Bf. über die Aufhebung oder Änderung eines unanfecht-
baren Verwaltungsakts zu entscheiden (zeitliche Grenze: § 35
EGZPO, Frist: § 51 Abs. 3 (L)VwVfg). Für bestandskräftige Verwaltungsakte siehe die eher restriktive Entscheidung des BVerwG vom
22.10.2009 in BVerwGE 135, 137.

3. Konventionsverletzung durch Urteil

27   Ist mit dem Urteil eines Gerichts gegen die Konvention verstoßen
worden, **ändert das Urteil des EGMR an der Rechtskraft des Urteils
eines innerstaatlichen Gerichts nichts.** Bei Urteilen ist der Staat durch
die Rechtskraft und die Unabhängigkeit der Justiz gebunden. Auch
hier kann er von einer Vollstreckung absehen, wenn er Gläubiger ist.
Er kann das Urteil aber nicht selbst aufheben. Das kann nur im Wege
der Wiederaufnahme des Verfahrens geschehen. **Wenn ein innerstaatliches Gericht erneut über eine Sache entscheiden kann, muss es das
Urteil des EGMR beachten:** Die innerstaatlichen Gerichte sind aus
Sicht des EGMR dazu verpflichtet, im Einklang mit der innerstaatlichen Ordnung und dem Grundsatz der Rechtssicherheit die Konven-

---

62 Vgl. etwa Entschließung CM/ResDH(2014)215 zu EGMR 28.2.2008 –
    37201/06 (GK), Slg 08-II – *Saadi/Italien* (NVwZ 2008, 1330); Entschließung
    ResDH(2001)119 zu EGMR 15.11.1996 – 22414/93 (GK), Slg 96-V – *Chahal/
    Vereinigtes Königreich.*
63 Z.B. Entschließung ResDH(2004)78 zu EGMR 2.10.2001 – 29221/95 ua, Slg
    01-IX – *Stankov and the United Macedonian Organisation Ilinden/Bulgarien.*
64 BVerfG NJW 2004, 3407, 3410.

tionsrechte in der Auslegung der Rechtsprechung des EGMR zu gewährleisten.[65]

Wiederaufnahme: In der Empfehlung No.R(2000)2 regt das Ministerkomitee die Vertragsstaaten dazu an, Möglichkeiten der Wiederaufnahme von Verfahren, in denen eine Konventionsverletzung festgestellt wurde, zu prüfen und zu gewährleisten. Auch der Gerichtshof hebt die Wichtigkeit der Wiederaufnahmeverfahren regelmäßig hervor[66] und bezeichnet vielfach die Wiederaufnahme eines Verfahrens in seiner Urteilsbegründung als Mittel der angemessenen Wiedergutmachung.[67] **Die EMRK enthält keine Wiederaufnahmepflicht. Der EGMR ordnet die Wiederaufnahme in der Regel nicht an.**[68] Wenn aber das innerstaatliche Recht eine Wiederaufnahme zulässt, kann die negative Entscheidung des innerstaatlichen Gerichts, zB weil sie auf eine neue Begründung gestützt wurde, eine erneute Verletzung der Konvention sein.[69] **Eine Wiederaufnahme ist nach deutschem Recht in allen Gerichtsverfahren zulässig,** wenn der EGMR eine Verletzung der EMRK oder eines Prot. festgestellt hat und das Urteil auf dieser Verletzung beruht (§ 359 Nr. 6 StPO, § 580 Nr. 8 ZPO).[70] Noch nicht geklärt ist, ob eine Wiederaufnahme nach diesen Vorschriften auch nach Abgabe einer einseitigen Erklärung in Betracht kommt, in der die Regierung regelmäßig eine Konventionsverletzung ausdrücklich anerkennt (Art. 37 → Rn. 15).[71] Denkbar wäre eine entsprechende Auslegung des Wiederaufnahmegrunds.[72]

Umfang der Bindung für das deutsche Gericht: Das Gericht muss die Konvention wie anderes Gesetzesrecht des Bundes berücksichtigen. Zur Bindung an Gesetz und Recht nach Art. 20 III GG gehören auch die Berücksichtigung der EMRK in der Auslegung durch den EGMR und das Urteil des EGMR nach Art. 46. Das erfordert zunächst, dass

28

29

65 EGMR 7.2.2013 – 16574/08 (GK), Slg 13-I Rn. 75 – *Fabris/Frankreich* (NJW-RR 2014, 645).
66 Z.B. EGMR 16.9.2010 – 46128/07 – *Schelling/Österreich (Nr. 2).*
67 Z.B. EGMR 23.3.2010 – 15869/02 (GK), Slg 10-III Rn. 79 – *Cudak/Litauen*; EGMR 1.3.2006 – 56581/00 (GK), Slg 06-II Rn. 126 – *Sejdovic/Italien.*
68 EGMR 30.6.2009 – 32772/02 (GK), Slg 09-IV Rn. 89 – *Verein gegen Tierfabriken (VtG)/Schweiz (Nr. 2)* (NJW 2010, 3699); EGMR 12.5.2005 – 46221/99 (GK), Slg 05-IV Rn. 210 – *Öcalan/Türkei*; EGMR 8.7.2003 – 15227/03, Slg 03-IX – *Lyons ua/Vereinigtes Königreich* (EuGRZ 2004, 777); EGMR 20.9.1993 – 14647/89, Slg A 261-C Rn. 47 – *Saidi/Frankreich* (ÖJZ 1994, 322); anders EGMR 26.1.2006 – 62710/00 – Tenor Ziff. 3 a – *Longoci/Rumänien*).
69 EGMR 30.6.2009 – 32772/02 (GK), Slg 09-IV Rn. 65, 94 – *Verein gegen Tierfabriken (VtG)/Schweiz (Nr. 2)* (NJW 2010, 3699).
70 Dazu *Braun* NJW 2007, 1620.
71 Zu der Frage in anderen Konventionsstaaten: EGMR 6.3.2012 – 42801/07 – *Sroka/Polen*; der Fall *Jeronovičs/Lettland* (44898/10) wurde im Feb. 2015 an die GK abgegeben.
72 Vgl. zur Auslegung eines Wiederaufnahmegrundes zB BAG NJW 1985, 1485.

die EMRK und das Urteil zur Kenntnis genommen werden und in die Entscheidung einfließen, wobei wiederum der Grundsatz der völkerrechtsfreundlichen Auslegung zu beachten ist. **Berücksichtigen heißt, auf den Fall anwenden, wenn nicht Verfassungsrecht entgegensteht** (BVerfG NJW 2004, 3407, 3411).

4. Änderung der Rechtsnorm, die der festgestellten Verletzung zu Grunde lag?

30 Wenn das innerstaatliche Recht die Behörde oder das Gericht **dazu gezwungen hat, so zu entscheiden,** wird zT angenommen, die Befolgungspflicht aus Art. 46 I verpflichte den Staat dazu, das Recht zu ändern. Das kann so sein, folgt dann aus Art. 1 (→ Rn. 16). Das muss aber nicht so sein, nämlich dann nicht, wenn in künftigen Fällen mit einer **völkerrechtsfreundlichen Auslegung** geholfen werden kann (→ Rn. 18).

31 Die Bindungswirkung von Art. 46 I hat jedenfalls nicht zur Folge, **dass staatliche Gerichte eine vom EGMR für konventionswidrig gehaltene Rechtsvorschrift nicht mehr anwenden dürfen.**[73] Die Feststellung und damit die Rechtskraft beziehen sich auf die Konventionsverletzung durch einen bestimmten Verwaltungsakt oder durch ein bestimmtes Urteil. Das präjudizielle Rechtsverhältnis wird nicht erfasst (→ Rn. 19). Wird das Recht nicht geändert, können und werden ähnliche Fälle durch andere Bf. nach Straßburg gelangen.[74] Art. 1 verpflichtet in solchen Fällen dazu, allgemeine Maßnahmen zu treffen, um künftige Konventionsverletzungen zu verhüten (→ Art. 1 Rn. 6). Aus dieser Verpflichtung, nicht aus Art. 46 I, folgt dann die Notwendigkeit von Rechtsänderungen, dh die Regierung muss solche Änderungen vorbereiten; wenn es sich um Gesetze handelt, Gesetzentwürfe dem Parlament vorlegen. Art. 46 II bezieht sich nur auf Art. 46 I. Das Ministerkomitee prüft aber im Verfahren nach Art. 46 II EMRK seit vielen Jahren, ob die Konventionsstaaten allgemeine Maßnahmen getroffen haben. Es kann deswegen angenommen werden, dass sich insoweit **Völkergewohnheitsrecht** gebildet hat. Es wird von den Konventionsstaaten respektiert. Eine andere Praxis wäre nicht nur ungerecht, weil sie den Gleichheitssatz verletzen würde, sondern auch unklug, weil sie weitere Verurteilungen durch den EGMR zu Folge hätte.

---

73 Offen gelassen in BVerfGE 92, 91, 108; BVerwG NJW 1999, 1649, 1651.
74 Siehe zB EGMR 24.11.2015 – 64931/14 – *Bauer/Deutschland* (als Nachfolgefall zu EGMR 21.12.2010 – 20578/07 – *Anayo/Deutschland*).

5. Konventionsverletzung durch eine Rechtsnorm selbst

Es gibt Fälle, in denen nicht ein Durchführungsakt der Exekutive   32
oder ein Urteil der Judikative die Konvention verletzt, sondern das
Recht selbst. **Beispiele:** Stichtagsregelung, durch die nichteheliche
Kinder unter bestimmten Voraussetzungen kein gesetzliches Erbrecht
nach ihrem Vater hatten;[75] in bestimmten Familienkonstellationen
ein fehlendes Umgangsrecht biologischer Väter unter Berücksichtigung des Kindeswohls.[76] Der Staat ist in solchen Fällen aus Art. 46 I
verpflichtet, die andauernde Verletzung durch die Rechtsnorm zu beenden. Er muss **also für eine Gesetzesänderung** sorgen, den Entwurf
eines Änderungsgesetzes vorbereiten und dem Parlament zuleiten. Er
wird dabei auf die völkerrechtliche Verpflichtung des Staates hinweisen, an die auch das Parlament gebunden ist. In seinen Urteilen
spricht der EGMR ausdrücklich von der Verpflichtung, generelle
und/oder individuelle Maßnahmen in die innerstaatliche Rechtsordnung aufzunehmen.[77]

6. Konventionsverletzung und EU-Recht

Eine Individualbeschwerde **gegen die EU** bzw. gegen Akte von EU-   33
Organen wird nach der derzeitigen Rechtsprechung des Gerichtshofs
als *ratione personae* **unzulässig** zurückgewiesen, da die EU bisher
nicht Vertragspartei der EMRK ist.[78] Art. 6 Abs. 2 EUV sieht den
Beitritt der Union zur EMRK vor. Nachdem das Gutachten des
EuGH vom 18.12.2014[79] zu der Frage, ob der Entwurf des Beitritts-
vertrags mit den Verträgen vereinbar ist, ablehnend war, gibt es noch
keine klare Perspektive eines Beitritts.

Verantwortlichkeit der Mitgliedstaaten: Hinsichtlich der Verantwort-   34
lichkeit der Mitgliedstaaten vertritt der EGMR die Auffassung, dass
die EMRK einerseits der Übertragung von Hoheitsrechten auf eine
internationale Organisation nicht entgegen steht (auch wenn diese
selbst nicht nach der EMRK verantwortlich ist), die Vertragsstaaten

---

75 EGMR 28.5.2009 – 3545/04 – *Brauer/Deutschland* (NJW-RR 2009, 1603).
76 EGMR 21.12.2010 – 20578/07 – *Anayo/Deutschland* (NJW 2011, 3565);
    EGMR 15.9.2012 – 17080/07 – *Schneider/Deutschland* (NJW 2012, 2781);
    weitere (deutsche) Fälle, die zu Gesetzesänderungen führten, bei *Breuer* in *Kar-
    penstein/Mayer*, EMRK, 2. Aufl. 2015, § 46 Rn. 63 b.
77 Z.B. EGMR 17.2.2004 – 39748/98 (GK), Slg 04-I Rn. 47 – *Maestri/Italien.*
78 Z.B. EGMR 31.3.2015 – 28827/11, Rn. 71 – *Andreasen/Vereinigtes Königreich
    und 26 weitere Mitgliedstaaten der EU* mit einem Überblick über die diesbezüg-
    liche Rspr. des EGMR; EGMR 9.12.2008 – 73274/01 – *Connolly/15 Mitglied-
    staaten der EU;* EGMR 18.2.1999 – 24833/94 (GK), Slg 99-I Rn. 32 –
    Matthews/Vereinigtes Königreich (NJW 1999, 3107).
79 Gutachten 2/13, 18.12.2014.

andererseits nach Art. 1 für das Handeln ihrer Organe grundsätzlich verpflichtet bleiben.[80] Für das Primärrecht[81] sowie für den Vollzug von Unionsrecht, bei denen sie über einen echten Beurteilungsspielraum verfügen,[82] bleiben die Staaten voll verantwortlich. In Fällen, in denen dem Konventionsstaat kein Beurteilungsspielraum zusteht, gilt eine „Vermutungsregel".[83] Der EGMR sieht staatliches Handeln in Erfüllung internationaler Verpflichtungen als gerechtfertigt an, so lange die betreffende internationale Organisation einen Grundrechtsschutz aufweist, der mit dem der EMRK vergleichbar ist.[84] Das Konventionsrecht wird dann nicht mehr im Einzelnen geprüft.

VII. Kontrolle durch das BVerfG

35 Das BVerfG hat schon früher angenommen, dass eine Konventionsverletzung eine Verletzung der **Menschenwürde** sei[85] und gegen das **Willkürverbot** verstoßen kann.[86] In seinen Urteilen zum Görgülü-Fall und zur Sicherungsverwahrung geht das BVerfG darüber hinaus und macht deutlich, dass es dazu berufen ist, Verletzungen des Völkerrechts nach Möglichkeit zu verhindern und zu beseitigen und die Anwendung völkerrechtlicher Verträge, insbesondere der EMRK, durch die deutschen Gerichte zu überprüfen. **Es ist also möglich, mit einer Verfassungsbeschwerde zu rügen, „staatliche Organe hätten eine Entscheidung des EGMR missachtet oder nicht berücksichtigt".** Eine Rüge kann auf eine Verletzung des in Frage stehenden Grundrechts i. V. mit dem Rechtsstaatsprinzip (Art. 20 III GG) gestützt werden.

36 Zu einer **richtungsweisenden Entwicklung** hat der Fall Görgülü/Deutschland[87] geführt, in dem der Gerichtshof eine Verletzung von Art. 8 wegen Verweigerung des Sorgerechts und des Umgangs festgestellt hatte. Das BVerfG musste in dieser Sache viermal entscheiden, weil sich die zuständige Behörde und das Oberlandesgericht beharr-

---

80 EGMR 30.6.2005 – 45036/98 (GK), Slg 05-VI Rn. 152, 153 – *Bosphorus Hava Yollri Turizm ve Ticaret Anonim Sirketi/Irland* (NJW 2006,197); die Entwicklung ausführlich bei *Sauer*, Jurisdiktionskonflikte im Mehrebenensystem, 2008, S. 303 ff.

81 Z.B. EGMR 18.2.1999 – 24833/94 (GK), Slg 99-I Rn. 33 – *Matthews/Vereinigtes Königreich* (NJW 1999, 3107).

82 Z.B. EGMR 15.11.1996 – 17862/91 (GK), Slg 96-V Rn. 30 – *Cantoni/Frankreich*.

83 Dazu *Ludwigs* EuGRZ 2014, 273, 278; zur Widerlegung der Vermutung, *Baumann* EuGRZ 2011, 1 (3ff.).

84 Z.B. EGMR 30.6.2005 – 45036/98 (GK), Slg 05-VI Rn. 155 – *Bosphorus Hava Yollri Turizm ve Ticaret Anonim Sirketi/Irland* (NJW 2006,197).

85 BVerfGE 15, 249, 255.

86 BVerfGE 64, 135, 157.

87 EGMR 26.2.2004 – 74969/01 – *Görgülü/Deutschland* (NJW 2004, 3397).

lich weigerten, dem Urteil des EGMR Rechnung zu tragen.[88] Das BVerfG hat einen Beschluss aufgehoben[89] und musste noch in Bezug auf drei weitere Beschlüsse entscheiden.[90] In dem ersten Beschluss vom 14.10.2004 (NJW 2004, 3407) hat es klarstellende Ausführungen und grundsätzliche Bemerkungen gemacht, die zT zu begrüßen waren und die Verpflichtung deutscher Gerichte zur Anwendung der Konvention und zur Durchführung von Urteilen des EGMR gestärkt haben, die aber auch zu Zweifeln Anlass gegeben und verunsichert haben.[91]

Einschränkung der Bindung? Das BVerfG hat in seiner Entscheidung   37
vom 14.10.2004 die Verpflichtung zur Anwendung der Konvention und von Urteilen des EGMR eingeschränkt und zwar in folgender Hinsicht:

a) **Die Anwendung dürfe nicht zu einer Minderung des Grundrechts-**   38
schutzes nach dem GG führen. Das trifft zu, denn die EMRK garantiert nur Mindeststandards (Art. 53). Darüber hinaus gehende Gewährleistungen des innerstaatlichen Rechts bleiben unberührt.

b) **Nach der Entscheidung des BVerfG wirkt der Grundsatz der Völ-**   39
kerrechtsfreundlichkeit nur im Rahmen des Systems des GG, das
nicht auf das letzte Wort verzichtet. Deswegen dürfe der Gesetzgeber (und wohl auch der Richter) ausnahmsweise Völkervertragsrecht nicht beachten, wenn nur so ein Verstoß gegen tragende Grundsätze der Verfassung abzuwenden ist. Ein solcher Fall ist nicht vorstellbar. Der Hinweis des BVerfG hängt damit zusammen, dass die EMRK anders als z.B. in Österreich in Deutschland keinen Verfassungsrang hat.[92] Bei Konflikten mit der EMRK muss der Richter das GG völkerrechtsfreundlich auslegen, wenn er das nicht kann, ist er an die Verfassung gebunden. Wenn das GG mit der Konvention und der Rechtsprechung des EGMR nicht übereinstimmt, muss es geändert werden. Auch der Verfassungsgeber ist an die Konvention gebunden, einen deutschen Souveränitätsvorbehalt gibt es nicht, weil er mit Art. 1, 46 EMRK nicht vereinbar ist.[93] Es gibt Beispiele dafür, dass die Rechtsprechung des EGMR Konventionsstaaten dazu verpflichtet

---

88 Vgl. insbesondere OLG Naumburg FamRZ 2004, 1510.
89 BVerfG NJW 2004, 3407.
90 BVerfG NJW 2005, 1105; BVerfG NJW 2005, 1765 und NJW 2005, 2685.
91 Dazu ua *Wildhaber* EuGRZ 2005, 743; *Meyer-Ladewig/Petzold* NJW 2005, 15; zum Fall Görgülü in der deutschen Justiz *Lamprecht* NJW 2007, 2744.
92 Kritisch dazu *Zuleeg* EuGRZ 2005, 681 (682 f.).
93 Vgl. *Wildhaber* EuGRZ 2005, 743.

hat, ihre Verfassung zu ändern.[94] Jedenfalls darf nicht der Eindruck erweckt werden, dass sich Konventionsstaaten hinter ihrer Verfassung verstecken können, wenn sie ein missliebiges Urteil nicht respektieren wollen.

40 c) Nach der Entscheidung des BVerfG müssen die staatlichen Organe die Auswirkungen des Urteils des EGMR auf die staatliche Rechtsordnung berücksichtigen, das Urteil in die Rechtsordnung „einpassen", und das besonders dann, wenn ein in seinen Rechtsfolgen ausbalanciertes Teilsystem des staatlichen Rechts betroffen ist und wenn bei „mehrpoligen Rechtsverhältnissen" beteiligte Rechtspositionen und Interessen im Straßburger Verfahren „nicht vollständig abgebildet" werden. Ob eine solche Einschränkung aus Art. 46 abgeleitet und auch mit Art. 53 gerechtfertigt werden kann ist viel diskutiert (→ Art. 53 Rn. 3).[95] Aus Sicht der EMRK trifft es nicht zu, dass bei „einpoligen" Rechtsverhältnissen eine Bindung besteht, bei „mehrpoligen" nur eingeschränkt. Eine Einpassung mag in bestimmten Fällen nötig sein, sie darf aber im Ergebnis den Feststellungen im Urteil des EGMR nicht widersprechen. Es ist tägliche Praxis des EGMR, bei der Interessenabwägung in „mehrpoligen Rechtsverhältnissen" auch die „nicht abgebildeten" Interessen zu berücksichtigen, wie das zB das Urteil in der Sache Caroline von Hannover/Deutschland[96] deutlich zeigt und ebenso das Urteil in der Sache Görgülü/Deutschland (→ Rn. 36).[97] Der EGMR verlangt, dass die staatlichen Organe einen gerechten Interessenausgleich hergestellt haben, gesteht ihnen einen Ermessensspielraum zu und prüft in seinem Urteil, ob der Staat diesen Spielraum überschritten oder einen gerechten Ausgleich gefunden hat. Stellt er eine Verletzung fest, ist der Staat gebunden und kann aufgrund seiner Pflicht aus Art. 46 EMRK nicht das Recht für sich in Anspruch nehmen, die Interessen anders abzuwägen. Dem wird aber die Aufforderung an den EGMR gegenüber gestellt, insbesondere in multipolaren Verhältnissen eine Konventionsverletzung stets zu verneinen, wenn nationale Gerichte einen differenzierten Ka-

---

94 Z.B. das Urteil zu EGMR 22.9.2012 – 27886/06 ua (GK), Slg 09-VI – *Sejdić u. Finci/Bosnien-Herzegowina* (NJOZ 2011, 428), das noch nicht umgesetzt ist vgl. Interim Resolution CM/ResDH(2013)259; *Meyer-Ladewig/Petzold* NJW 2005, 15, 16, 19.
95 Problem und Beispielfälle dazu bei *Hoffmann-Riem* EuGRZ 2006, 492, 497 f.; zur Diskussion *Ludwigs* EuGRZ 2014, 273, 282.
96 EGMR 24.6.2004 – 59320/00, Slg 04-VI – *von Hannover/Deutschland* (NJW 2004, 2647).
97 Kritisch *Hoffmann-Riem* EuGRZ 2006, 492, 497; zur Frage, ob der EGMR den Ermessensspielraum einhält *Paulus*, in: *Seibert-Fohr/Villinger*, Judgments of the European Court of Human Rights – Effects and Implementation, 2015, 267 (277).

talog von Kriterien im konkreten Fall willkürfrei abgewogen haben.[98]

d) Nach dem BVerfG kann die Bindung an ein Urteil des EGMR ent- 41
fallen, wenn sich **die maßgebenden Tatsachen oder rechtlichen Verhältnisse geändert haben.** Das trifft zu, denn die Bindungswirkung
hat zeitliche Grenzen und gilt nur insoweit, als über den Streitgegenstand entschieden worden ist (→ Rn. 19, 20). Nach der Entscheidung
des BVerfG müssen sich die staatlichen Gerichte jedenfalls gebührend
mit dem Urteil des EGMR auseinandersetzen und bei Veränderungen
ermitteln, worin der Konventionsverstoß nach dem Urteil des EGMR
gelegen hat und inwieweit eine geänderte Tatsachenbasis eine Anwendung nicht erlaubt.[99]

e) **Ergebnis:** Bei aller Kritik darf nicht übersehen werden, dass die 42
Entscheidungen des BVerfG in der Sache Görgülü den Einfluss der
Konvention und der Rechtsprechung des EGMR auf das deutsche
Recht gestärkt haben.[100] In der nachfolgenden Rechtsprechung ist
das BVerfG auf die Möglichkeit, von Entscheidungen des EGMR abzuweichen, nicht eingegangen.[101] Nach dem Leiturteil des BVerfG
zur Sicherungsverwahrung vom 4.5.2011 kann die möglichst scho-
nende Einpassung der EGMR-Rechtsprechung in das vorhandene
ausdifferenzierte nationale Rechtssystem durch ihre Einbeziehung in
die verfassungsrechtliche Verhältnismäßigkeitsprüfung erfolgen. Dies
zielt nicht auf eine „schematische Parallelisierung" verfassungsrecht-
licher Begriffe,[102] sondern erfordert vielmehr eine „Übersetzung" der
Konzepte der Konvention in die des Grundgesetzes.[103] Für die **Praxis**
dürfte wesentlich sein, dass das BVerfG die Einhaltung der EMRK
und die Befolgung der Urteile des EGMR kontrolliert (→ Rn. 35)
und dass Urteile des EGMR Anlass geben können, die eigene Rechtsprechung zu ändern (→ Rn. 25).

---

98 *Masing* EuGRZ 2011, 232, 233.
99 BVerfG NJW 2004, 3407, 3411.
100 Vgl. *Esser* StV 2005, 348, 355.
101 *Grabenwarter/Pabel*, EMRK § 16 Rn. 2; *Walter* in *Dörr/Grote/Marauhn*,
    EMRK/GG, 2. Aufl. 2013, Kap. 31 Rn. 10.
102 BVerfGE 128, 326 Rn. 92, 94..
103 *Paulus*, in: *Seibert-Fohr/Villinger*, Judgments of the European Court of Human
    Rights – Effects and Implementation, 2015, 267 (273).

VIII. Überwachung der Durchführung (Abs. 2)

1. Allgemeines

43   Die Überwachung der Durchführung obliegt zunächst und im Wesentlichen **dem Ministerkomitee des Europarats** und ist eine wichtige Aufgabe.[104] Das Konventionssystem würde in Frage gestellt, wenn einzelne Staaten dazu übergingen, die Verpflichtung aus einem gegen sie ergangenen Urteil nicht zu befolgen. Die Durchführung der Urteile dauert zum Teil bedauerlich lange.[105] Bisher ist es aber nur ganz vereinzelt vorgekommen, dass ein Urteil nicht befolgt wurde. Zur Zuständigkeit des Gerichtshofs → Rn. 49 ff. Er prüft grundsätzlich nicht, ob der beklagte Staat das Urteil befolgt hat, weil das Sache des Ministerkomitees ist.

2. Verfahren vor dem Ministerkomitee

44   **a) Allgemeines:** Das Urteil (oder im Fall von Art. 39 die Entscheidung über die Streichung im Register nach einem Vergleich (Art. 39 IV)) wird dem Ministerkomitee zugeleitet (Art. 46 II). Seit dem 1.1.2011 kann die Umsetzung von Urteilen, unter anderem in Fällen dringender individueller Maßnahmen, gravierender systemischer Probleme, Pilot- und Staatenverfahren, in der „enhanced procedure" überwacht werden. Das Ministerkomitee betraut das Sekretariat dann mit einer intensiveren und aktiveren Koordination der zu ergreifenden Maßnahmen mit dem betroffenen Staat.[106] Es setzt die Sache auf die Tagesordnung;[107] die Sitzungen werden üblicherweise von den Ständigen Vertretungen der Konventionsstaaten in Straßburg wahrgenommen. Die Arbeitslast ist erheblich.[108] In der Sache werden die Sitzungen insbesondere vom Generaldirektor für Menschenrechte des Europarats und seiner Abteilung vorbereitet, die zum Umsetzungsverfahren umfangreich auf ihrer Internetseite informieren (Execution Department: siehe www.coe.int/execution). Der Staat erarbeitet den sogenannten „action report".[109] Wenn die Angaben nicht ausreichend sind, wird die Sache vertagt. Das Ministerkomitee kann **Zwischenresolutionen** verabschieden. Das Prüfungsver-

---

104   Beteiligung der PV auf der Grundlage von Entschließung Nr. 1226 (2000).
105   Siehe Entschließung Nr. 2075 (2015) der PV in der Sitzung v. 30.9.2015.
106   Siehe CM/Del/Dec(2010)1100 vom 6.12.2010, Anwendungsbereich und Funktionsweise der zweigleisigen Überwachung: CM/Inf/DH(2010)37 vom 6.9.2010 und CM/Inf/DH(2010)45 final vom 7.12.2010.
107   Rule 3 der Rules of the Committee of Ministers for the supervision of the execution of judgments and of the terms of friendly settlements v. 10.5.2006.
108   Beispielhaft: Annual Report 2014 (www.coe.int/execution).
109   CM/Del/Dec(2009)1059 v. 8.6.2009; Inhalt siehe CM/Inf/DH(2009)29rev.

fahren wird mit einer **Schlussresolution** abgeschlossen, in der die getroffenen Maßnahmen geschildert werden. Der jeweilige Stand der Umsetzung kann im Internet abgerufen werden (www.coe.int/execution); die Resolutionen finden sich unter hudoc.echr.coe.int.

b) Zahlung einer Entschädigung: Der beklagte Staat legt Urkunden   45
vor, aus denen sich die Zahlung ergibt.[110] In Deutschland werden die Zahlungen von einem Land oder der Bundesregierung (BMJV) bewirkt. Der Verfahrensbevollmächtigte der Bundesregierung im BMJV veranlasst das Notwendige.

c) Allgemeine Maßnahmen: Das Ministerkomitee prüft, ob außer   46
der Zahlung **allgemeine Maßnahmen zur Verhinderung künftiger Menschenrechtsverletzungen notwendig sind** und überwacht, dass sie getroffen werden.

Wenn die Konventionsverletzung einen **Einzelfall** betrifft, sind allge-   47
meine Maßnahmen möglicherweise nicht notwendig. Im Übrigen kommt in Betracht: Unterrichtung der Gerichte und von Verwaltungsbehörden über das Urteil, Vorbereitung von Gesetzesänderungen, der Änderung anderer Rechtsnormen oder von Verwaltungsanweisungen. Allgemeine Maßnahmen können auch die personelle Verstärkung von Gerichten oder Verwaltungsbehörden sein oder gesetzliche Maßnahmen zur Beschleunigung des Verfahrens.

d) *Konventionsverletzung unmittelbar durch eine Rechtsvor-*   48
schrift: Vgl. → Rn. 32. Der beklagte Staat berichtet, was er veranlasst hat, um eine Gesetzesänderung zu bewirken. Wegen des erforderlichen parlamentarischen Gesetzgebungsverfahrens kann es lange dauern, bis eine Gesetzesänderung in Kraft tritt. Das Ministerkomitee beendet das Verfahren nach Art. 46 II bis dahin in der Regel nicht; Zwischenresolutionen sind möglich.

3. Verfahren vor dem Gerichtshof

Neue Konventionsverletzung:[111] Der EGMR kann mit einer neuen   49
Beschwerde angerufen werden, wenn sich nach dem Urteil eine neue Konventionsverletzung ergeben hat (→ Rn. 24), er den gerügten Sachverhalt also noch nicht in dem früheren Urteil geprüft hat. Wenn die Beschwerde im Wesentlichen mit der früher geprüften übereinstimmt, ist sie nach Art. 35 II b unzulässig. Ebenso wenig befasst sich der Gerichtshof mit einer Beschwerde, die die mangelhafte Umset-

---

110   Einzelheiten siehe die Information in CM/Inf/DH(2008)7 final v. 15.1.2009.
111   Ausführlich *Cremer* EuGRZ 2012, 493.

zung seiner früheren Entscheidung durch den beschwerdegegnerischen Staat zum Gegenstand hat. Er erklärt eine solche vielmehr *ratione materiae* für unzulässig.[112] Eine gegenüber einem früheren Urteil neue Verletzung kann sich vor allem unter zwei Gesichtspunkten ergeben: 1. Maßnahmen zur Durchführung des früheren Urteils werfen eine „neue Frage" auf, die eine neue Konventionsverletzung darstellen und Gegenstand einer neuen Individualbeschwerde sein kann, zB wenn innerstaatliche Stellen das erste Urteil im Verfahren der Wiederaufnahme[113] oder in einem neuen Verfahren[114] umsetzen wollten; 2. Rüge einer Verletzung im Anschluss an das vom EGMR verkündete Urteil („continuing violation") in weiteren, noch nicht geprüften Zeiträumen, etwa hinsichtlich der Dauer eines Verfahrens[115] oder der Untersuchungshaft[116] oder hinsichtlich der Nichtdurchsetzung eines innerstaatlichen Urteils.[117] Das kommt in die Nähe der Überwachung der Durchführung von Urteilen, für die in erster Linie das Ministerkomitee zuständig ist, der Gerichtshof beschränkt seine Prüfung aber auf den neuen Zeitraum und die neuen Rügen. Die Feststellung, ob eine „neue Frage" vorliegt, ist nach der Rechtsprechung des Gerichtshofs von den Umständen des Einzelfalls abhängig und nicht immer eindeutig.[118] Der Gerichtshof analysiert in der Regel die Begründung der angegriffenen Entscheidung und berücksichtigt den Stand der Umsetzung des vorhergehenden Urteils unter Überwachung des Ministerkomitees.[119]

IX. Überwachungsmöglichkeiten Abs. 3 bis 5

50   **Abs. 3: Auslegung des Urteils.** Die Parteien können nach Art. 79 VerfO die Auslegung des Urteils beantragen (Frist: ein Jahr nach Verkündung). Diese Möglichkeit bleibt bestehen. Art. 46 III EMRK enthält eine neue Regelung für Auslegungsfragen, die sich bei Überprüfung des Vollzugs durch das Ministerkomitee ergeben und sieht für

---

112 EGMR 18.9.2012 – 12214/07, Rn. 50 – *Egmez/Zypern (Nr. 2)*.
113 EGMR 30.6.2009 – 32772/02 (GK), Slg 09-IV Rn. 62 ff. – *Verein gegen Tierfabriken (VtG)/Schweiz (Nr. 2)* (NJW 2010, 3699); EGMR 11.10.2011 – 5056/10, Rn. 41 ff. – *Emre/Schweiz.*
114 EGMR 18.10.2011 – 41561/07 u. 20972/08, Rn. 64-66 – *The United Macedonian Organisation Ilinden – PIRIN ua/Bulgarien (Nr. 2)*; EGMR 26.7.2011 – 29157/09, Rn. 68 – *Liu/Russia (Nr. 2)*.
115 EGMR 25.10.2001 – 44531/98, Rn. 13 – *Rongoni/Italien.*
116 EGMR 15.11.2011 – 23687/05, Rn. 93-96 – *Ivantoc ua/Moldawien u. Russland.*
117 EGMR 10.4.2008 – 21071/05, Rn. 36, 37 – *Wasserman/Russland.*
118 EGMR 18.9.2012 – 12214/07, Rn. 54 – *Egmez/Zypern (Nr. 2)*.
119 Z.B. EGMR 30.6.2009 – 32772/02 (GK), Slg 09-IV Rn. 62, 67 – *Verein gegen Tierfabriken (VtG)/Schweiz (Nr. 2)* (NJW 2010, 3699); EGMR 11.5.2010 – 29061/08 – *Steck-Risch ua/Liechtenstein.*

dieses Gremium die Möglichkeit vor, den Gerichtshof anzurufen und zu beantragen, die Auslegungsfrage zu beantworten. Die Anrufung bedarf einer Zweidrittelmehrheit, was verdeutlicht, dass davon nur in Ausnahmefällen Gebrauch gemacht werden sollte. Das Ziel der Neuregelung ist nur, das Urteil auszulegen, und nicht, darüber zu entscheiden, ob von Staaten getroffene Maßnahmen ausreichend sind.[120] Für solche Fälle ist Abs. 4 gedacht.

Verfahren: Einzelheiten sind in Art. 91-93 VerfO geregelt. Eine Frist   51
für den Antrag ist nicht bestimmt. Das Ministerkomitee muss die Auslegungsfrage klar umreißen, die erforderlichen Unterlagen beifügen und eine Kontaktperson benennen. Über den Antrag entscheidet der Spruchkörper, der das Urteil gefällt hat. Wenn das nicht mehr möglich ist, bildet oder ergänzt ihn der Präsident durch Los (Art. 92). Die VerfO schreibt eine Anhörung der Beteiligten nicht vor, die aber sinnvoll wäre. Die Entscheidung – ein Urteil ist nicht vorgesehen – ist endgültig und wird dem Ministerkomitee und den Beteiligten übermittelt (Art. 93 VerfO).

Anrufung des Gerichtshofs bei Weigerung des Staats, das Urteil zu   52
befolgen (Abs. 4, 5): Die vom 14. Prot. eingefügten Abs. 4 und 5 binden den Gerichtshof in das Verfahren bei der Überwachung ein. Jetzt kann der Gerichtshof auf Antrag des Ministerkomitees darüber entscheiden, ob der Staat seiner Verpflichtung nach Abs. 1 nachgekommen ist, das Urteil zu befolgen. **Voraussetzungen:** 1. der Staat weigert sich, was nicht ausdrücklich ausgesprochen werden muss, sondern sich aus seinem Verhalten ergeben kann; 2. das Ministerkomitee hat den Staat gemahnt und 3. ein Beschluss des Ministerkomitees mit Zweidrittelmehrheit, den Gerichtshof anzurufen. Die Regelung gibt dem Ministerkomitee ein **weiteres Druckmittel,** um die Befolgung des Urteils zu bewirken. Damit ist die Hoffnung verbunden, dass diese letzte Möglichkeit ihre Wirkung nicht verfehlt.[121]

Verfahren: Der Gerichtshof entscheidet durch die Große Kammer   53
(Art. 31 b) durch Urteil (Art. 99 VerfO). Einzelheiten des Verfahrens sind in Art. 94 bis 99 VerfO geregelt. Der Antrag muss begründet und mit den erforderlichen Unterlagen bei der Kanzlei gestellt werden (Art. 95 VerfO). Die Zusammensetzung der Großen Kammer ergibt sich aus Art. 24 II g VerfO. Der Präsident beteiligt die Parteien (Art. 97 VerfO). Der Gerichtshof prüft, ob die Voraussetzungen für den Antrag vorliegen, und entscheidet, wenn das der Fall ist, ob der verurteilte Staat seinen Pflichten nachgekommen ist. Er befasst sich

---

120   Erläuternder Bericht zum 14. Prot., BT-Drs. 16/42, 97.
121   Erläuternder Bericht zum 14. Prot., BT-Drs. 16/42, 100.

also nicht noch einmal mit der im Urteil festgestellten Konventions-
verletzung, es geht nur um die Befolgung des Urteils.[122] Wenn der
Gerichtshof eine Verletzung von Abs. 1 feststellt, gibt er die Sache
nach Abs. 5 an das Ministerkomitee zurück, das sein Verfahren nach
Abs. 2 fortsetzt. Wenn er keine Verletzung feststellt, beschließt das
Ministerkomitee die Einstellung seiner Prüfung (Abs. 5 S. 2).

X. Weitere mögliche Sanktionen gegen Staaten, die dem Urteil nicht folgen

54 Eine Zwangsvollstreckung im eigentlichen Sinne ist auch mit den
neuen Abs. 4 und 5 nicht möglich. Das **Ministerkomitee** kann durch
Resolutionen politischen Druck erzeugen, ebenso die **Parlamentarische Versammlung**. Der **Generalsekretär** des Europarats kann von
seinen Möglichkeiten nach Art. 52 Gebrauch machen und Informationen erbitten. Als letzte Maßnahme bleibt die Möglichkeit, dem beklagten Staat nach Art. 8 der Satzung des Europarats sein Recht auf
Vertretung vorläufig zu entziehen. Das ist zB in der Parlamentarischen Versammlung für die Russische Föderation wegen des Tsche-
tschenien-Kriegs zeitweise geschehen. Der Mitgliedstaat kann
schließlich vom Europarat ausgeschlossen werden. Andere Konventionsstaaten können Staatenbeschwerden nach Art. 33 auf die Nichtbefolgung eines Urteils stützen.

Artikel 47 Gutachten

(1) Der Gerichtshof kann auf Antrag des Ministerkomitees Gutachten über Rechtsfragen erstatten, welche die Auslegung dieser Konvention und der Protokolle dazu betreffen.

(2) Diese Gutachten dürfen keine Fragen zum Gegenstand haben, die
sich auf den Inhalt oder das Ausmaß der in Abschnitt I dieser Konvention und in den Protokollen dazu anerkannten Rechte und Freiheiten beziehen, noch andere Fragen, über die der Gerichtshof oder
das Ministerkomitee auf Grund eines nach dieser Konvention einge-
leiteten Verfahrens zu entscheiden haben könnte.

(3) Der Beschluss des Ministerkomitees, ein Gutachten beim Gerichtshof zu beantragen, bedarf der Mehrheit der Stimmen der zur
Teilnahme an den Sitzungen des Komitees berechtigten Mitglieder.

---

122 Erläuternder Bericht zum 14. Prot., BT-Drs. 16/42 99.

Artikel 48   Gutachterliche Zuständigkeit des Gerichtshofs

Der Gerichtshof entscheidet, ob ein vom Ministerkomitee gestellter Antrag auf Erstattung eines Gutachtens in seine Zuständigkeit nach Artikel 47 fällt.

Artikel 49   Begründung der Gutachten

(1) Die Gutachten des Gerichtshofs werden begründet.

(2) Bringt das Gutachten ganz oder teilweise nicht die übereinstimmende Meinung der Richter zum Ausdruck, so ist jeder Richter berechtigt, seine abweichende Meinung darzulegen.

(3) Die Gutachten des Gerichtshofs werden dem Ministerkomitee übermittelt.

Der EGMR kann auf Antrag des Ministerkomitees Gutachten über   1
Rechtsfragen erstatten, die die Auslegung der EMRK betreffen.[1] Die Regelung ist bei der Neufassung der EMRK durch das Prot. Nr. 11 übernommen worden, obwohl sie reformbedürftig ist. Der für die Vorbereitung von Prot. Nr. 11 zuständige Ausschuss des Europarats hatte sich dafür ausgesprochen, die Diskussion über eine Reform dieser Vorschriften auf einen späteren Zeitpunkt zu verschieben.[2] Auch künftig werden Art. 47 bis 49 deshalb keine größere praktische Bedeutung gewinnen.

Das liegt vor allem an dem weitreichenden Ausschluss von Prüfungs-   2
gegenständen in Art. 47 Abs. 2. Dem Gutachtenverfahren entzogen sind danach sämtliche Fragen zur Auslegung der materiellen Garantien der EMRK. Auch verfahrensrechtliche Fragen, die sich im Rahmen einer Individual- oder Staatenbeschwerde stellen könnten, fallen nicht in den Anwendungsbereich des Gutachtenverfahrens. Das betrifft v.a. Fragen zur Zulässigkeit von Beschwerden.[3] Auf diese Weise soll verhindert werden, dass der Gerichtshof Fragen entscheiden muss, mit denen er sich möglicherweise später in einem konkreten Beschwerdeverfahren beschäftigen muss.[4] Die Einschränkungen nach

---

1 Vgl. Art. 82-90 VerfO.
2 Denkschrift zu Prot. Nr. 11, BT-Drs. 13/858, S. 30 zu Art. 47 bis 49.
3 EGMR 2.6.2004 – o. Az. (GK), Slg 04/VI 271 – NJW 2005, 123 (Rn. 26 f.).
4 EGMR 2.6.2004 – o. Az. (GK), Slg 04/VI 271 – NJW 2005, 123 (Rn. 33).

Art. 47 Abs. 2 sind so strikt, dass es **bisher nur zwei Anwendungsfälle** gab.[5]

3 Ist der Gerichtshof der Auffassung, dass ein Gutachtenantrag nicht in seine Zuständigkeit nach Art. 47 fällt, so stellt er dies in einer begründeten Entscheidung fest, bei der auch Sondervoten zulässig sind.[6]

4 Das – noch nicht in Kraft getretene und von Deutschland bislang nicht unterzeichnete – Prot. Nr. 16 vom 2.10.2013[7] würde dem EGMR über Art. 47 ff. hinaus eine Zuständigkeit für die Abgabe von sog „advisory opinions" geben. Die höchsten Gerichte eines Mitgliedstaates (die diese selbst durch Abgabe einer Erklärung gegenüber dem Europarat bestimmen) können danach dem EGMR grundlegende Fragen zur Auslegung oder Anwendung der Konvention vorlegen (Art. 1 Abs. 1). Eine Pflicht zur Vorlage besteht nicht. Sie ist nur im Zusammenhang mit einem konkret anhängigen Fall zulässig (Art. 1 Abs. 2). Abstrakte Rechtsfragen können daher nicht gestellt werden. Aus dem erläuternden Bericht geht hervor, dass die nationalen Gerichte Anfragen in der jeweiligen Landessprache stellen können.[8] Der Gerichtshof entscheidet in einer Panel-Besetzung von fünf Richtern, ob er die Vorlagefrage annimmt. Ihm ist dabei ein bestimmtes Ermessen eingeräumt (Art. 2 Abs. 1). Um den Dialog zwischen dem Gerichtshof und den nationalen Gerichten zu fördern, ist vorgesehen, dass der EGMR seine Antwort begründet, sowohl wenn er es ablehnt, über die Vorlagefrage zu entscheiden, als auch wenn er eine Stellungnahme abgibt (Art. 2 Abs. 1 S. 2 und Art. 4 Abs. 1). Hat der Gerichtshof eine Vorlagefrage angenommen, ist die Große Kammer für die Abgabe der Stellungnahme zuständig (Art. 2 Abs. 2). Um das nationale Gerichtsverfahren nicht über Gebühr durch eine Vorlage zu verlängern, gehen die Mitgliedstaaten davon aus, dass der EGMR die Vorlage mit hoher Priorität behandeln wird.[9] Die vom Gerichtshof gegebene Antwort ist für das Gericht des Mitgliedstaates

---

5 EGMR (GK), Gutachten vom 12.2.2008, NJW 2009, 2109 zur Befugnis der Parlamentarischen Versammlung, eine Liste für die Richterwahl ohne weibliche Kandidaten zurückzuweisen, und vom 22.1.2010 über Fragen zur Rücknahme einer der Parlamentarischen Versammlung vorgelegten Kandidatenliste durch einen Mitgliedstaat. In einem weiteren Verfahren hatte es der EGMR (GK) mit Entscheidung vom 2.6.2004, NJW 2005, 123 einstimmig abgelehnt, ein Gutachten zu erstatten.

6 Art. 87 Abs. 2 und Art. 88 Abs. 2 VerfO.

7 http://conventions.coe.int/Treaty/Commun/QueVoulezVous.asp?NT=214&CM= 8&DF=24/07/2015&CL=ENG (Text und erläuternder Bericht, Ratifikationsstand).

8 Erl. zu Art. 1 Rn. 13.

9 Erl. zu Art. 2 Rn. 17.

nicht bindend (Art. 5). Die Parteien des nationalen Rechtsstreits sind nicht gehindert, sich anschließend mit einer Individualbeschwerde an den Gerichtshof zu wenden.[10]

Artikel 50 Kosten des Gerichtshofs

Die Kosten des Gerichtshofs werden vom Europarat getragen.

Kosten ist umfassend gemeint, nämlich **Personal- und Sachkosten.** 1 Dazu gehören die Gehälter für die Richter und das angestellte Personal, einschließlich der Kosten für die soziale Sicherung.[1] Aus Art. 50 ergibt sich, dass diese Kosten vom Europarat getragen werden, der seinerseits von den Mitgliedstaaten finanziert wird. Der Gerichtshof hat also kein eigenes Budget, sondern sein Budget ist Teil des allgemeinen Haushalts des Europarats, über den das Ministerkomitee entscheidet. Zum Teil wird die Tatsache kritisch gesehen, dass der Europarat damit Einfluss auf die finanzielle Ausstattung des Gerichtshofs hat und ein getrenntes Budget, ähnlich wie beim Bundesverfassungsgericht, befürwortet.[2] Im Jahr 2015 betrug das Budget für den Gerichtshof etwa 69 Mio. EUR.

Der **EGMR ist kein Organ des Europarats.**[3] Er hat seine Rechts- 2 grundlage nicht in der Satzung des Europarats, sondern allein in der EMRK. Er ist aber vielfach mit dem Europarat verbunden. Das zeigen Art. 22 (Wahl der Richter durch die Parlamentarische Versammlung), Art. 46 Abs. 2 (Überwachung der Durchführung von Urteilen durch das Ministerkomitee), insbesondere aber Art. 50.

Artikel 51 Vorrechte und Immunitäten der Richter

Die Richter genießen bei der Ausübung ihres Amtes die Vorrechte und Immunitäten, die in Artikel 40 der Satzung des Europarats und den auf Grund jenes Artikels geschlossenen Übereinkünften vorgesehen sind.

Die Regelung gibt den Richtern dieselben Vorrechte und Immunitä- 1 ten, wie sie in Art. 40 der Satzung des Europarats vorgeschrieben sind. Diese Vorschrift bestimmt, dass dem Europarat, den Vertretern der Mitgliedstaaten und dem Sekretariat im Gebiet der Mitgliedstaa-

---

10 Erl. zu Art. 5 Rn. 26.
 1 Denkschrift zu Prot. Nr. 11, BT-Drs. 13/858, S. 30.
 2 *Frowein* in: Frowein/Peukert, EMRK, 3. Aufl. 2009, Erl. zu Art. 50.
 3 Str., vgl. *Thienel* in: Karpenstein/Mayer, EMRK, 2. Aufl. 2015, Art. 50 Rn. 1.

ten die Immunitäten und Vorrechte zustehen, die für ihre Amtstätigkeit erforderlich sind.[1]

2   Zu den in Art. 51 erwähnten Übereinkünften gehört insbesondere das **Sechste Prot. zum Allgemeinen Abkommen über die Vorrechte und Befreiungen des Europarates** vom 5.3.1996.[2] Nach dessen Art. 1 erhalten die Richter zusätzlich zu den Vorrechten und Befreiungen in Art. 18 des Allgemeinen Abkommens (ua Immunität für Amtshandlungen und Steuerfreiheit ihrer vom Europarat gezahlten Bezüge)[3] für sich, ihren Ehegatten und minderjährige Kinder dieselben Vorrechte, Immunitäten, Ausnahmen und Erleichterungen, wie sie Diplomaten nach Völkerrecht gewährt werden. Art. 3 gewährt Richtern Immunitäten auch nach Ablauf des Amtes. Nach Art. 4 S. 1 werden die Vorrechte und Immunitäten nicht zum persönlichen Vorteil der Richter gewährt, sondern um die unabhängige Amtsausübung zu gewährleisten. Nach Art. 4 S. 2 kann nur das Plenum des Gerichtshofs die Immunität aufheben. Nach Art. 2 und Art. 5 gelten die Vorrechte und Immunitäten auch für ad hoc-Richter (Art. 26 Abs. 4 S. 2) sowie für den Kanzler und teilweise für den stellvertretenden Kanzler des EGMR. Art. 6 bestimmt, dass Urkunden und Papiere des EGMR unverletzlich sind.

3   Die Resolution CM/Res (2009)5 vom 23.9.2009 über den Status und die Dienstbedingungen der Richter des EGMR und des Menschenrechtskommissars bekräftigt in deren Art. 2 die dargestellten Regelungen. Darüber hinaus enthält sie Regelungen über Gehälter, Residenzpflicht, Urlaub, Krankheit, Auslagenersatz, sozialen Schutz und Pension.[4]

4   **Immunität für Verfahrensbeteiligte** (ua **Beschwerdeführer, Prozessvertreter, Zeugen, Sachverständige**): Das Europäische Übereinkommen über die an Verfahren vor dem EGMR teilnehmenden Personen vom 5.3.1996, das seit 1.1.1999 in Kraft ist und in Deutschland seit dem 1.11.2001 gilt,[5] gewährt ein besonderes Immunitätsrecht (Art. 2), ungehinderten schriftlichen Verkehr mit dem Gerichtshof (Art. 3) sowie Reisefreiheit, um am Verfahren vor dem Gerichtshof teilzunehmen (Art. 4).

---

1   BGBl. 1950 I 263.
2   BGBl. 2001 II 564.
3   BGBl. 1954 II 639.
4   Geändert mit Resolution CM/Res(2013)4 vom 27.3.2013.
5   BGBl. II 2001 358.

Abschnitt III Verschiedene Bestimmungen

Artikel 52 Anfragen des Generalsekretärs

Auf Anfrage des Generalsekretärs des Europarats erläutert jede Hohe Vertragspartei, auf welche Weise die wirksame Anwendung aller Bestimmungen dieser Konvention in ihrem innerstaatlichen Recht gewährleistet wird.

Vor Prot. Nr. 11 war diese Vorschrift unter bestimmten Umständen einziges Kontrollinstrument, namentlich wenn Konventionsstaaten sich nicht dem Individualbeschwerdeverfahren (Art. 25 Abs. 1 aF) und der Jurisdiktion des Gerichtshofs (Art. 46 aF) unterworfen hatten. Auch nach Prot. Nr. 11 hat Art. 52 seinen Sinn behalten. Das Individualbeschwerdeverfahren nach der EMRK ist effizient, aber es kommt spät, weil der Bf. die innerstaatlichen Rechtsbehelfe erschöpft haben muss und dann auch der EGMR seine Zeit benötigt, bis er sein Urteil erlässt. Art. 52 gibt dem Generalsekretär ein Instrument an die Hand, früher und auf allgemeinere Weise zu reagieren, somit auch stärker auf präventive Weise tätig zu werden. Er kann seine Anfragen an alle Mitgliedstaaten richten oder gezielt an einen einzelnen Mitgliedstaat. 1

Der Generalsekretär hat bislang nur wenige Male zu diesem Instrument gegriffen. In den ersten fünf Fällen (1964, 1970, 1975, 1983, 1988) richteten sich die Anfragen an alle Mitgliedstaaten.[1] 1999 wandte sich der Generalsekretär an Russland mit Fragen im Zusammenhang mit dem Tschetschenien-Krieg.[2] 2002 erhielt Moldawien eine Anfrage zum Umgang mit einer Oppositionspartei.[3] In den Jahren 2005 und 2006 richtete der Generalsekretär zwei Anfragen an die Mitgliedstaaten zu Menschenrechtsverletzungen bei geheimen Überstellungen von Terrorverdächtigen.[4] 2

Das Bundesverfassungsgericht hat in seinem Görgülü-Beschluss vom 14.10.2004 ua Art. 52 herangezogen für seine Begründung der Pflicht aller deutschen Gerichte, die Entscheidungen des Gerichtshofs zu berücksichtigen.[5] 3

---

1 Dazu: *Frowein* in: Frowein/Peukert, EMRK, 3. Aufl. 2009, Art. 52 Rn. 2.
2 Ausführlich dazu: *Brummer*, Der Europarat, 2008, S. 137 f.
3 SG/Inf (2002) 20 vom 6.5.2002.
4 SG/Inf (2006) 5 vom 28.2.2006; SG/Inf (2006) 13 vom 14.6.2006; aufgegriffen von EGMR 24.7.2014 – 28761/11 Rn. 241 ff. und 430 – *Al Nashiri/Polen* und EGMR 24.7.2014 – 7511/13 Rn. 235 ff. und 432 – *Husayn (Abu Zubaydah)/ Polen*.
5 BVerfGE 111, 307 (323).

Artikel 53   Wahrung anerkannter Menschenrechte

Diese Konvention ist nicht so auzulegen, als beschränke oder beeinträchtige sie Menschenrechte und Grundfreiheiten, die in den Gesetzen einer Hohen Vertragspartei oder in einer anderen Übereinkunft, deren Vertragspartei sie ist, anerkannt werden.

1   Art. 53 bringt den Grundsatz zum Ausdruck, dass die EMRK ebenso wie andere Übereinkünfte dieser Art **Mindeststandards** enthält. Die Konventionsstaaten können in ihren nationalen Gesetzen oder in anderen völkerrechtlichen Vereinbarungen darüber hinausgehen.

2   Art. 53 wird immer wieder auch in Individualbeschwerdeverfahren als verletztes Recht gerügt. Der Gerichtshof prüft Beschwerden in der Regel nicht anhand von Art. 53.[1] Ausgeschlossen ist dies jedoch nicht.[2]

3   Welche Wirkungen Art. 53 in mehrpoligen Grundrechtsverhältnissen entfaltet und welche Rolle dabei der Görgülü-Beschluss des BVerfG[3] spielt, unterliegt keiner einheitlichen Einschätzung.[4]

4   Art. 53 hat im Gutachten des EuGH zum Beitritt der EU zur EMRK eine Rolle gespielt. Der EuGH hat darin eine Abstimmung von Art. 53 mit Art. 53 GRC gefordert.[5]

Artikel 54   Befugnisse des Ministerkomitees

Diese Konvention berührt nicht die dem Ministerkomitee durch die Satzung des Europarats übertragenen Befugnisse.

1   Art. 54 stellt klar, dass die Befugnisse des Ministerkomitees nach der Satzung des Europarats[1] fortbestehen. Diese sieht **Sanktionen** vor, wenn ein Mitgliedstaat seine Verpflichtungen zum Schutze der Menschenrechte (Art. 3 der Satzung → vgl. Art. 46 Rn. 54) verletzt. Dem Mitgliedstaat kann das **Recht auf Vertretung vorläufig entzogen** und er kann vom Ministerkomitee **aufgefordert werden, seinen Austritt**

---

1   EGMR 14.10.2014 – 30746/03 – *Pubblicita Grafiche Perri S.R.L./Italien*; EGMR 14.12.2006 – 36202/03 Rn. 17 – *Martynov/Ukraine*; EGMR 25.9.1997 – 23178/94 (GK) Rn. 120, Slg 1997-VI – *Aydin/Türkei*.

2   Vgl. EGMR 9.11.2006 – 64772/01 Rn. 87 – *Leempoel ua/Belgien*; EGMR 12.7.2005 – 36220/97 Rn. 86, Slg 2005-VII – *Okyay ua/Türkei*; EGMR 27.11.1992 – 13441/87 Rn. 94 = ÖJZ 1993, 353 – *Olsson/Schweden (Nr. 2)*.

3   BVerfGE 111, 307.

4   S. dazu die Vorauflage sowie ausführlich: *Thienel* in: Karpenstein/Mayer, EMRK, 2. Aufl. 2015, Art. 53 Rn. 5 ff.

5   Gutachten 2/13 EU:C:2014:2454 vom 18.12.2014 (Rn. 189).

1   BGBl. 1950 I 263.

zu erklären. Wenn er dieser Aufforderung nicht nachkommt, kann das Ministerkomitee beschließen, dass der Staat von einem bestimmten Zeitpunkt an dem Europarat nicht mehr angehört (Art. 8 der Satzung).

Artikel 55 Ausschluss anderer Verfahren zur Streitbeilegung

Die Hohen Vertragsparteien kommen überein, dass sie sich vorbehaltlich besonderer Vereinbarungen nicht auf die zwischen ihnen geltenden Verträge, sonstigen Übereinkünfte oder Erklärungen berufen werden, um eine Streitigkeit über die Auslegung oder Anwendung dieser Konvention einem anderen als dem in der Konvention vorgesehenen Beschwerdeverfahren zur Beilegung zu unterstellen.

Die Vorschrift bestimmt, dass für die Entscheidung über Streitigkeiten wegen der Auslegung oder Anwendung der EMRK **Verfahren vor dem EGMR Vorrang haben.** Obwohl die Vorschrift nur Staatenbeschwerden betreffen kann,[1] kommt in ihr das grundsätzliche **Auslegungsmonopol** des EGMR für die Konvention zum Ausdruck.[2]   1

Artikel 56 Räumlicher Geltungsbereich

(1) Jeder Staat kann bei der Ratifikation oder jederzeit danach durch eine an den Generalsekretär des Europarats gerichtete Notifikation erklären, dass diese Konvention vorbehaltlich des Absatzes 4 auf alle oder einzelne Hoheitsgebiete Anwendung findet, für deren internationale Beziehungen er verantwortlich ist.

(2) Die Konvention findet auf jedes in der Erklärung bezeichnete Hoheitsgebiet ab dem dreißigsten Tag nach Eingang der Notifikation beim Generalsekretär des Europarats Anwendung.

(3) In den genannten Hoheitsgebieten wird diese Konvention unter Berücksichtigung der örtlichen Notwendigkeiten angewendet.

(4) Jeder Staat, der eine Erklärung nach Absatz 1 abgegeben hat, kann jederzeit danach für eines oder mehrere der in der Erklärung bezeichneten Hoheitsgebiete erklären, dass er die Zuständigkeit des Gerichtshofs für die Entgegennahme von Beschwerden von natürli-

---

1 Zum Verhältnis von Art. 55 zu Art. 344 AEUV im Rahmen des Beitritts der EU zur EMRK: Gutachten des EUGH 2/13 EU:C:2014:2454 vom 18.12.2014 (Rn. 206 ff.).
2 EKMR, Entscheidung vom 28.6.1996, 25781/94, CYP/TUR.

chen Personen, nichtstaatlichen Organisationen oder Personengruppen nach Artikel 34 anerkennt.

1 Die Vorschrift stellt eine typische sog „Kolonialklausel" dar, die **für Deutschland keine Bedeutung** hat. Von ihr haben Frankreich, die Niederlande und das Vereinigte Königreich Gebrauch gemacht.[1] Der Gerichtshof ist sich bewusst, dass diese historische Vorschrift als veraltet angesehen werden könnte, lehnt es jedoch zu Recht ab, sie ohne Änderung der Konvention durch die Mitgliedstaaten unangewendet zu lassen.[2]

2 Das **Verhältnis zu Art. 1** hat den Gerichtshof bereits mehrfach beschäftigt. Er unterscheidet dabei strikt zwischen Fällen, in denen ausnahmsweise nach Art. 1 die Konvention außerhalb des eigenen Staatsgebietes Anwendung findet (zB bei effektiver Kontrolle eines Gebietes mittels militärischer Besetzung) und den Anwendungsfällen von Art. 56. Der Gerichtshof hat klar festgehalten, dass die Rechtsprechung zu Art. 1 („effective control") das von Art. 56 geschaffene System nicht ersetzt.[3] Unklar ist insofern, warum der Gerichtshof wenig später, wenn auch zweifelnd, letztlich offen gelassen hat, ob ein Mitgliedstaat die Verpflichtung zur Einhaltung der Konvention trifft (Art. 1), auch wenn es um ein Gebiet geht, dass grundsätzlich unter Art. 56 fallen würde, eine Erklärung nach dieser Vorschrift aber nicht abgegeben wurde.[4]

3 Abs. 3 legt der Gerichtshof restriktiv aus.[5] Es muss „der positive und eindeutige Beweis einer Notwendigkeit" vorliegen. Die örtlichen Notwendigkeiten, wenn sie sich auf den besonderen rechtlichen Status eines Gebiets beziehen, müssen zwingender Natur sein.[6]

---

1 Näher: *Frowein* in: Frowein/Peukert, EMRK, 3. Aufl. 2009, Erl. zu Art. 56; zu Andorra vor seinem Beitritt zum Europarat: EGMR 26.6.1992 – 12747/87 – *Drozd und Janousek/Frankreich und Spanien*; zu Guernsey: EGMR 24.11.1986 – 9063/80 Rn. 62 – *Gillow/Vereinigtes Königreich*.

2 EGMR 11.12.2012 – 35622/04 Rn. 74 – *Chagos Islanders/Vereinigtes Königreich*; EGMR 19.9.2006 – 15305/06, Slg 2006-XIV S. 291 (298) – *Quark Fishing Ltd./Vereinigtes Königreich*.

3 EGMR 7.7.2011 – 55721/07 (GK), Slg 2011-IV Rn. 140 = NJW 2012, 283, 286 f. – *Al-Skeini ua/Vereinigtes Königreich*; EGMR 19.9.2006 – 15305/06, Slg 2006-XIV S. 291 (298) – *Quark Fishing Ltd./Vereinigtes Königreich*; EGMR 25.11.1999 – 50887/99, Slg 1999-IX S. 392 – *Yonghong/Portugal (Macao)*.

4 EGMR 11.12.2012 – 35622/04 Rn. 67 ff. mwN, insbes. Rn. 75 – *Chagos Islanders/UK*; näher auch: *Johann* in: Karpenstein/Mayer, EMRK, 2. Aufl. 2015, Art. 56 Rn. 3.

5 EGMR 27.4.1995 – 15773/89, 15774/89 Rn. 59 – *Piermont/Frankreich (Frz. Polynesien)*.

6 EGMR 11.1.2005 – 66289/01, Slg 2005-I Rn. 60 – *PY/Frankreich (Neu-Kaledonien)*; EGMR 18.2.1999 – 24833/94 (GK) Rn. 59 = NJW 1999, 3107, 3110 – *Matthews/UK (Gibraltar)*; EGMR 25.4.1978 – 5856/72, Serie A, Bd. 26, S. 18-19, Rn. 38 = NJW 1979, 1089 – *Tyrer/UK*.

Artikel 57 Vorbehalte

(1) [1]Jeder Staat kann bei der Unterzeichnung dieser Konvention oder bei der Hinterlegung seiner Ratifikationsurkunde einen Vorbehalt zu einzelnen Bestimmungen der Konvention anbringen, soweit ein zu dieser Zeit in seinem Hoheitsgebiet geltendes Gesetz mit der betreffenden Bestimmung nicht übereinstimmt. [2]Vorbehalte allgemeiner Art sind nach diesem Artikel nicht zulässig.

(2) Jeder nach diesem Artikel angebrachte Vorbehalt muss mit einer kurzen Darstellung des betreffenden Gesetzes verbunden sein.

I. Begriff

Vorbehalte sind **einseitige Erklärungen,** die ein Staat bei der Unterzeichnung oder Ratifikation eines völkerrechtlichen Vertrages abgibt und durch die die Rechtswirkungen einzelner Vertragsbestimmungen in der Anwendung auf diesen Staat ausgeschlossen oder geändert werden sollen.[1]   1

Wenn ein Staat eine "Interpretationserklärung" abgibt, muss sie ausgelegt werden. Sie ist ein Vorbehalt, wenn sie die völkerrechtlichen Verpflichtungen rechtswirksam ändern soll. Sie kann aber auch nur zum Ausdruck bringen, wie der Staat eine bestimmte Vorschrift des völkerrechtlichen Vertrages versteht. Der Gerichtshof stellt bei dieser Auslegung auf den "substantive content" ab, der sich hinter der Bezeichnung der Erklärung verbirgt,[2] oder versucht, die hinter der Erklärung stehende Absicht einer Regierung zu erkunden.[3]   2

II. Vorbehalte nach der EMRK

Vorbehalte sind nach Art. 57 zulässig. Die allgemeinen völkerrechtlichen Regelungen zu Vorbehalten[4] werden dadurch in zulässiger Weise modifiziert. Viele Konventionsstaaten haben Vorbehalte zur Konvention und den Zusatzprotokollen eingelegt. Dass dies einseitig möglich ist, wurde zum Teil kritisiert.[5] Der Europarat wirkt darauf   3

---

1 Art. 2 Abs. 1 lit. d Wiener Übereinkommen über das Recht der Verträge vom 23. Mai 1969 (BGBl. 1985 II 926).
2 EGMR 4.7.2001 – 48787/99 (GK) – *Ilascu ua/Moldau und Russland*; EGMR 29.4.1988 – 10328/83, Serie A, Bd. 132, S. 24, Rn. 49 = EuGRZ 1989, 21 – *Belilos/Schweiz*.
3 EGMR 4.7.2001 – 48787/99 (GK) – *Ilascu ua/Moldau und Russland*.
4 Art. 19 ff. Wiener Übereinkommen über das Recht der Verträge vom 23. Mai 1969 (BGBl. 1985 II 926).
5 *Frowein* in: Frowein/Peukert, EMRK, 3. Aufl. 2009, Art. 57 Rn. 1 f.

hin, von der Einlegung solcher Vorbehalte abzusehen und eingelegte Vorbehalte darauf zu prüfen, ob sie wirklich notwendig sind. In einigen Protokollen wird ein **Verbot von Vorbehalten** ausdrücklich bestimmt (Art. 4 Prot. Nr. 6, Art. 3 Prot. Nr. 13, Art. 9 Prot. 16).

1. Zulässigkeit

4   Ein Vorbehalt muss **zu einem bestimmten Konventionsartikel** erklärt werden und dies zum **Zeitpunkt der Unterzeichnung oder Ratifikation** (Abs. 1 S. 1). **Territoriale Vorbehalte** sind nicht zulässig. Der Staat kann die Anwendung der Konvention nicht für einen Teil seines Staatsgebiets ausschließen.[6]

5   Der Vorbehalt muss sich **auf ein bestimmtes Gesetz beziehen,** also auf ein bereits in Kraft befindliches Gesetz und nicht auf solche, die nach der Ratifikation in Kraft treten (Abs. 1 S. 1).[7] Es ist nicht möglich, einen auf eine bestimmte gesetzliche Regelung bezogenen Vorbehalt später auf andere Vorschriften zu beziehen.[8]

6   **Vorbehalte allgemeiner Art** sind **nicht zulässig** (Abs. 1 S. 2). Damit sind insbesondere Vorbehalte gemeint, die zu unklar und so weit sind, dass ihre genaue Bedeutung und Tragweite nicht erkennbar wird.[9]

7   Ein Vorbehalt muss eine kurze **Darstellung des Gesetzes,** das mit der EMRK nicht übereinstimmt, enthalten (Abs. 2). Dabei handelt es sich nicht nur um ein förmliches Erfordernis, sondern um eine wesentliche Bedingung mit Beweiswirkung, die zur Rechtssicherheit beiträgt. Sie verdeutlicht, dass die Wirkung des Vorbehalts nicht über

---

6   EGMR 4.7.2001 – 48787/99 (GK) – *Ilascu ua/Moldau und Russland*; EGMR 23.3.1995 – 15318/89 (GK) – *Loizidou/Türkei.*

7   EGMR 2.11.2006 – 69966/01, Slg 2006-XIII Rn. 37 – *Dacosta Silva/Spanien*; EGMR 3.10.2000 – 29477/95, Slg 00-X Rn. 25 mwN = ÖJZ 2001, 194 – *Eisenstecken/Österreich*; EGMR 26.4.1995 – 16922/90, Serie A, Bd. 312, S. 19 Rn. 41 = ÖJZ 1995, 633 – *Fischer/Österreich.*

8   EGMR 18.7.2013 – 56422/09 Rn. 61 mwN – *Schädler-Eberle/Liechtenstein*; EGMR 2.11.2006 – 69966/01, Slg 2006-XIII Rn. 36 f. – *Dacosta Silva/Spanien*: auf Disziplinarrecht der Streitkräfte bezogener Vorbehalt kann nicht später auf Disziplinarrecht der Guardia Civil bezogen werden.

9   EGMR 18.7.2013 – 56422/09 Rn. 62 mwN – *Schädler-Eberle/Liechtenstein*; EGMR 23.10.2001 – 57381/00, Slg 01-XI, S. 397 – *Kozlova u. Smirnova/Lettland*; EGMR 4.7.2001 – 48787/99 (GK) – *Ilascu ua/Moldau und Russland*; EGMR 25.8.1993 – 13308/87, Serie A, Bd. 266 Rn. 18 = ÖJZ 1994, 173 – *Chorherr/Österreich*; EGMR 29.4.1988 – 10328/83, Serie A, Bd. 132, Rn. 55 = EuGRZ 1989, 21 – *Belilos/Schweiz.*

die ausdrücklich genannten Gesetze hinausgeht.[10] Es ist nicht notwendig, das Gesetz zu beschreiben. Es genügt ein Hinweis auf das Gesetzblatt, in dem es veröffentlicht ist.[11] Ein Vorbehalt, der nur auf eine allgemeine Vorschrift in der Verfassung verweist und nicht die Gesetzesvorschriften genau bezeichnet, die von dem Vorbehalt erfasst sein sollen, ist nicht genau genug und deswegen unwirksam.[12] Der Vorbehalt kann sich auch auf mehrere Gesetze beziehen. Sie müssen dann ausreichend deutlich bezeichnet sein.[13] Ein Mitgliedstaat kann von diesem Erfordernis nicht befreit werden, auch wenn es erhebliche praktische Schwierigkeiten bereiten sollte, alle von dem Vorbehalt betroffenen Gesetze im Einzelnen aufzulisten und zu beschreiben.[14]

2. Prüfung durch den Gerichtshof

Der Gerichtshof hat keine Zweifel an seiner Kompetenz zur Prüfung der Vereinbarkeit von Vorbehalten mit Art. 57.[15] Der EGMR prüft, ob die Konventionspflichten eines Staates durch einen Vorbehalt gültig eingeschränkt worden sind. Stellt der EGMR fest, dass ein Vorbehalt den Anforderungen von Art. 57 nicht genügt, ist der betreffende Mitgliedstaat ohne Einschränkungen an die Konvention gebunden.   8

3. Wirkungen

Wenn der Vorbehalt zulässig ist, tritt eine Konventionsbindung insoweit nicht ein. Eine Beschwerde ist **ratione materiae** unzulässig. Der Gerichtshof legt die Vorbehalte dabei jedoch eng aus, da sie den Menschenrechtsschutz verkürzen.[16]   9

---

10   EGMR 18.7.2013 – 56422/09 Rn. 63 mwN – *Schädler-Eberle/Liechtenstein*; EGMR 3.10.2000 – 29477/95, Slg 00-X Rn. 24 = ÖJZ 2001, 194 – *Eisenstecken/Österreich*; EGMR 29.4.1988 – 10328/83, Serie A, Bd. 132, Rn. 59 = EuGRZ 1989, 21 – *Belilos/Schweiz*.
11   EGMR 18.7.2013 – 56422/09 Rn. 64 mwN – *Schädler-Eberle/Liechtenstein*; EGMR 25.8.1993 – 13308/87, Serie A, Bd. 266 Rn. 20 = ÖJZ 1994, 173 – *Chorherr/Österreich*.
12   EGMR 3.10.2000 – 29477/95, Slg 00-X Rn. 29 = ÖJZ 2001, 194 – *Eisenstecken/Österreich*.
13   EGMR 23.10.2001 – 57381/00, Slg 01-XI, S. 397 f. – *Kozlova u. Smirnova/Lettland*.
14   EGMR 4.3.2014 – 18640/10 Rn. 209 – *Grande Stevens/Italien*; EGMR 2.11.10 – 37586/06 Rn. 54 – *Liepājnieks/Lettland*.
15   Ausdrücklich festgehalten in EGMR 29.4.1988 – 10328/83, Serie A, Bd. 132, Rn. 50 = EuGRZ 1989, 21 – *Belilos/Schweiz*; vgl. auch EGMR 3.10.2000 – 29477/95, Slg 00-X Rn. 24 ff. mwN = ÖJZ 2001, 194 – *Eisenstecken/Österreich*.
16   EGMR 18.7.2013 – 56422/09 Rn. 65 mwN – *Schädler-Eberle/Liechtenstein*.

4. Deutsche Vorbehalte und Erklärungen

10   Zur **Konvention** sind **keine Vorbehalte** Deutschlands mehr in Kraft. Einen zunächst eingelegten Vorbehalt zu Art. 7[17] hat Deutschland am 5.10.2001 zurückgenommen (→ Art. 7 Rn. 22).[18]

11   Das **Zusatzprotokoll** ist am 13.2.1957 mit folgender Erklärung ratifiziert worden:[19]

> "Die Bundesrepublik Deutschland macht sich die Auffassung zu eigen, dass Artikel 2 Satz 2 des Zusatzprotokolls keine Verpflichtung des Staates begründet, Schulen religiösen oder weltanschaulichen Charakters zu finanzieren oder sich an ihrer Finanzierung zu beteiligen, da diese Frage nach der übereinstimmenden Erklärung des Rechtsausschusses der Beratenden Versammlung und des Generalsekretärs des Europarats außerhalb des Rahmens der Konvention über Menschenrechte und Grundfreiheiten sowie des Zusatzprotokolls liegt."

12   **Zum Prot. Nr. 6** hat die Bundesrepublik Deutschland bei Hinterlegung der Ratifikationsurkunde erklärt (→ Art. 1 Prot. Nr. 6 Rn. 5):[20]

> "dass sich nach ihrer Auffassung die Verpflichtungen aus dem Protokoll Nr. 6 in der Abschaffung der Todesstrafe im Geltungsbereich des jeweiligen Staates erschöpfen und nichtstrafrechtliche innerstaatliche Rechtsvorschriften unberührt bleiben. Die Bundesrepublik Deutschland hat ihren Verpflichtungen aus dem Protokoll bereits durch Artikel 102 Grundgesetz genügt."

13   Zum Prot. Nr. 7 hatte Deutschland im Zuge der Unterzeichnung ebenfalls Erklärungen abgegeben.[21] Da Deutschland das Protokoll nicht ratifiziert hat, kommen diese jedoch nicht zum Tragen.

Artikel 58 Kündigung

(1) Eine Hohe Vertragspartei kann diese Konvention frühestens fünf Jahre nach dem Tag, an dem sie Vertragspartei geworden ist, unter Einhaltung einer Kündigungsfrist von sechs Monaten durch eine an den Generalsekretär des Europarats gerichtete Notifikation kündigen; dieser unterrichtet die anderen Hohen Vertragsparteien.

(2) Die Kündigung befreit die Hohe Vertragspartei nicht von ihren Verpflichtungen aus dieser Konvention in Bezug auf Handlungen, die sie vor dem Wirksamwerden der Kündigung vorgenommen hat und die möglicherweise eine Verletzung dieser Verpflichtungen darstellen.

---

17   BGBl. 1954 II 14.
18   BGBl. 2003 II 1580.
19   BGBl. 1957 II 226.
20   BGBl. 1989 II 814.
21   Wortlaut unter http://conventions.coe.int.

(3) Mit derselben Maßgabe scheidet eine Hohe Vertragspartei, deren Mitgliedschaft im Europarat endet, als Vertragspartei dieser Konvention aus.

(4) Die Konvention kann in Bezug auf jedes Hoheitsgebiet, auf das sie durch eine Erklärung nach Artikel 56 anwendbar geworden ist, nach den Absätzen 1 bis 3 gekündigt werden.

Ein Europaratsstaat, dessen Mitgliedschaft im Europarat nach Art. 7   1
(Austritt) oder Art. 8 (Ausschluss) der Satzung des Europarates endet, scheidet auch als Konventionsstaat aus (Abs. 3). Die EMRK ist eine **geschlossene Konvention**; nur Europaratsstaaten können Konventionsstaaten sein.

Außerdem ist eine Kündigung der EMRK durch einen Vertragsstaat   2
möglich (Abs. 1, 2). Das ist bisher nur einmal geschehen durch Griechenland im Jahre 1969, das die EMRK 1974 dann erneut ratifiziert hat.[1] Möglich ist es wohl, Zusatzprotokolle isoliert zu kündigen.[2] Als unwirksam wird hingegen eine Kündigung angesehen, wenn sie allein dem Zweck dient, bei einem späteren erneuten Beitritt zur Konvention einen Vorbehalt anzubringen, da damit die Voraussetzungen von Art. 57 umgangen werden.[3]

Abs. 2 regelt die Wirkungen eines Ausscheidens aus der Konvention.   3
Er legt seinem Wortlaut nach eindeutig fest, dass ein Mitgliedstaat für alle Handlungen verantwortlich bleibt, die er vor dem Wirksamwerden des Ausscheidens vorgenommen hat.[4] Was diese Formulierung für die Zulässigkeit von Individual- und Staatenbeschwerden nach dem Ausscheiden hat, lässt der Wortlaut offen. Nimmt man die Formulierung streng, dass die Mitgliedstaaten für Handlungen vor dem Ausscheiden verantwortlich bleiben, muss es auch nach Wirksamwerden des Ausscheidens möglich sein, sich gegen solche Handlungen mit einer Beschwerde zu wehren. Gleiches müsste für Urteile des Gerichtshofs und das Verfahren im Ministerkomitee zu deren Überwachung gelten. Zum Teil wird vertreten, dass ein Mitgliedstaat auch trotz Ausscheidens aus der Konvention zumindest an einen Kernbestand von Rechten der EMRK als Völkergewohnheitsrecht gebunden bleibt.[5]

---

1 EGMR 24.6.1993 – 14556/89, Serie A, Bd. 260-B Rn. 40 – *Papamichalopoulos/ Griechenland.*
2 *Arndt* in: Karpenstein/Mayer, EMRK, 2. Aufl. 2015, nach Art. 59 Rn. 7 ff.
3 *Arndt/Engels* in: Karpenstein/Mayer, EMRK, 2. Aufl. 2015, Art. 58 Rn. 4.
4 Zweifelhaft insofern *Arndt/Engels* in: Karpenstein/Mayer, EMRK, 2. Aufl. 2015, Art. 58 Rn. 9, die auf den Eintritt der mit der Handlung verbundenen Wirkungen abstellen.
5 *Arndt/Engels* in: Karpenstein/Mayer, EMRK, 2. Aufl. 2015, Art. 58 Rn. 2 mwN.

Artikel 59   Unterzeichnung und Ratifikation

(1) [1]Diese Konvention liegt für die Mitglieder des Europarats zur Unterzeichnung auf. [2]Sie bedarf der Ratifikation. [3]Die Ratifikationsurkunden werden beim Generalsekretär des Europarats hinterlegt.

(2) Die Europäische Union kann dieser Konvention beitreten.

(3) Diese Konvention tritt nach Hinterlegung von zehn Ratifikationsurkunden in Kraft.

(4) Für jeden Unterzeichner, der die Konvention später ratifiziert, tritt sie mit der Hinterlegung seiner Ratifikationsurkunde in Kraft.

(5) [1]Der Generalsekretär des Europarats notifiziert allen Mitgliedern des Europarats das Inkrafttreten der Konvention, die Namen der Hohen Vertragsparteien, die sie ratifiziert haben, und jede spätere Hinterlegung einer Ratifikationsurkunde.

Geschehen zu Rom am 4. November 1950 in englischer und französischer Sprache, wobei jeder Wortlaut gleichermaßen verbindlich ist, in einer Urschrift, die im Archiv des Europarats hinterlegt wird. Der Generalsekretär übermittelt allen Unterzeichnern beglaubigte Abschriften.

1   Die EMRK ist am 3.9.1953 gemäß Abs. 3 nach Hinterlegung von 10 Ratifikationsurkunden, auch der deutschen, in Kraft getreten.

2   **Beitritt der EU (Abs. 2):** Die Vorschrift ist durch Art. 17 Prot. Nr. 14 eingefügt worden, um den im Vertrag von Lissabon vorgesehenen Beitritt der EU zur Konvention zu ermöglichen. Der Erläuternde Bericht zu Prot. Nr. 14 weist darauf hin, dass weitere Änderungen der Konvention erforderlich sind, die in einem Änderungsprotokoll oder in einem Beitrittsvertrag zwischen der EU und den Konventionsstaaten ihren Platz haben können.[1] Nachdem der EuGH in seinem Gutachten vom 18.12.2014 die Frage, ob der bislang ausgearbeitete Entwurf eines Beitrittsvertrages mit den Unionsverträgen vereinbar ist, verneint hat, ist nicht abzusehen, wann ein solcher Beitritt Realität werden könnte.[2]

---

1   Rn. 101.
2   Gutachten 2/13 EU:C:2014:2454 vom 18.12.2014.

Zusatzprotokoll
zur Konvention zum Schutz der Menschenrechte und Grundfreiheiten

In der Fassung der Bekanntmachung vom 22. Oktober 2010
(BGBl. II S. 1198, 1218)

(Übersetzung)

Deutschland ist Vertragsstaat.[1]

Das Protokoll wird auch als Prot. Nr. 1 bezeichnet.

Die Unterzeichnerregierungen, Mitglieder des Europarats –

entschlossen, Maßnahmen zur kollektiven Gewährleistung gewisser Rechte und Freiheiten zu treffen, die in Abschnitt I der am 4. November 1950 in Rom unterzeichneten Konvention zum Schutz der Menschenrechte und Grundfreiheiten (im Folgenden als „Konvention" bezeichnet) noch nicht enthalten sind –

haben Folgendes vereinbart:

Artikel 1 Schutz des Eigentums

[1]Jede natürliche oder juristische Person hat das Recht auf Achtung ihres Eigentums. [2]Niemandem darf sein Eigentum entzogen werden, es sei denn, dass das öffentliche Interesse es verlangt, und nur unter den durch Gesetz und durch die allgemeinen Grundsätze des Völkerrechts vorgesehenen Bedingungen.

Absatz 1 beeinträchtigt jedoch nicht das Recht des Staates, diejenigen Gesetze anzuwenden, die er für die Regelung der Benutzung des Eigentums im Einklang mit dem Allgemeininteresse oder zur Sicherung der Zahlung der Steuern oder sonstigen Abgaben oder von Geldstrafen für erforderlich hält.

---

1 BGBl. 1956 II 1880.

I. Allgemeines

1 Art. 1 gehört zu den **wichtigsten Menschenrechtsgarantien**. Es verwundert, dass er nicht in der EMRK selbst, sondern in dem ersten Zusatzprotokoll verankert ist, denn der Schutz des Eigentums wird in fast allen Verfassungen der Konventionsstaaten garantiert.[1] Weil viele Individualbeschwerden auf eine Verletzung von Art. 1 gestützt werden, ist die Rechtsprechung zu dieser Vorschrift reich.[2]

II. Aufbau der Vorschrift

2 Der EGMR betont in ständiger Rechtsprechung, dass die **Vorschrift drei unterschiedliche Regelungen** enthält. Die erste Regelung ist in Abs. 1 S. 1 zum Ausdruck gekommen. Sie ist allgemeiner Natur und verankert den Grundsatz des Rechts auf Achtung des Eigentums. Die zweite Regelung in Abs. 1 S. 2 betrifft die Enteignung und macht sie von bestimmten Voraussetzungen abhängig. Die dritte Regel in Abs. 2 erkennt an, dass die Konventionsstaaten dazu berechtigt sind, die Benutzung des Eigentums im Allgemeininteresse zu regeln.[3]

3 Die drei Regeln stehen nicht beziehungslos nebeneinander. **Die zweite und dritte Regel sind Sonderfälle für Eingriffe in das Eigentum.** Sie müssen deswegen im Licht des allgemeinen Grundsatzes in Abs. 1 S. 1 verstanden werden.[4]

---

1 Vgl. Art. 14 GG; vgl. auch Art. 17 Grundrechtecharta.
2 Vgl. *von Raumer* ZOV 2010, 73.
3 EGMR 8.12.2011 – 5631/05, Rn. 50 – *Althoff/Deutschland.*
4 EGMR 23.11.2000 – 25701/94 (GK), Slg. 00-XII Rn. 50 – *früherer König von Griechenland u.a./Griechenland.*

III. Reihenfolge der Prüfung

Der EGMR prüft zunächst, **ob in ein Eigentumsrecht eingegriffen**   4
worden ist, dann, ob es sich um eine **Enteignung**, um eine **Nutzungs-**
beschränkung oder um einen **sonstigen Eingriff** handelt, der allgemein Abs. 1 S. 1 zugeordnet wird. Schließlich prüft der EGMR, ob
der Eingriff **gesetzlich vorgesehen** war und im öffentlichen Interesse
liegt sowie ob er **verhältnismäßig** war.

IV. Verpflichtungen der Konventionsstaaten

1. Negative Unterlassens- und positive Handlungspflichten

Wie bei anderen Artikeln auch, entnimmt der Gerichtshof aus Art. 1   5
sowohl eine negative Verpflichtung, nicht in das Eigentum einzugreifen, als **auch positive Handlungsverpflichtungen**, nämlich dazu, das
Eigentum zu schützen. Das sind materielle Schutzpflichten, der Staat
ist danach dazu verpflichtet, vor Gefahren für das Eigentum zu
schützen, insbesondere wenn zwischen Schutzmaßnahmen, die der
Eigentümer berechtigterweise erwarten kann, und der Nutzung des
Eigentums eine direkte Beziehung besteht. Der EGMR behandelt solche Fälle nach Abs. 1 S. 1[5]. Das kann im **Umweltschutz** so sein, insbesondere bei gefährlichen Anlagen. Bei Naturkatastrophen kann
auch eine Schutzpflicht aus Art. 2 bestehen, die weiter geht.[6] Zu den
materiellen Schutzpflichten kommen **verfahrensrechtliche Pflichten**
(→ Rn. 6).

2. Verfahrensrechtliche Verpflichtungen

Verfahrensrecht: Im Wortlaut der Vorschrift werden verfahrensrecht-   6
liche Pflichten nicht erwähnt. Der EGMR hat aber solche Pflichten
ebenso wie bei anderen Artikeln auch aus Art. 1 abgeleitet. Die Staaten sind danach verpflichtet, dem Betroffenen angemessene Gelegenheit zu geben, der zuständigen Behörde seinen Fall vorzutragen, um
die in sein Recht eingreifenden Maßnahmen wirksam anzufechten. [7]
Bei der Prüfung, ob das geschehen ist, berücksichtigt der EGMR das
Verfahren insgesamt.[8] Es kann gegen Art. 1 verstoßen, wenn der

---

5 Überblick über die aktuelle Rechtsprechung des EGMR zu staatlichen Schutzpflichten aus Art. 1 Prot. Nr. 1 in: EGMR 3.4.2012 -54522/00 (GK), Rn. 109 –
   114 – *Kotov/Russland.*
6 vgl. EGMR 20.3.2008 – 15339/02, Rn. 171-176 – *Budayeva u.a./Russland.*
7 EGMR 28.4.2016 – 22653/08, Rn. 57 – *Vasilevski/die ehemalige jugoslawische*
   Republik Mazedonien.
8 EGMR 20.7.2004 – 37598/97, Rn. 56 – *Bäck/Finnland.*

Staat keinen ausreichenden **Rechtschutz der am Insolvenzverfahren Beteiligten** vor widerrechtlichen Handlungen des Insolvenzverwalters gewährt.[9]

7 **Zu den verfahrensrechtlichen Pflichten** gehört insbesondere, **ein gerichtliches Verfahren mit ausreichenden prozessualen Garantien** zur Verfügung zu stellen, das den Gerichten ermöglicht, in einem Streit zwischen Privatpersonen über Eigentumsfragen wirksam zu entscheiden.[10] Wenn ein Gericht in einem solchen Verfahren über die Auslegung staatlichen Rechts entschieden hat, prüft der Gerichtshof nur, ob die Entscheidung willkürlich oder offensichtlich unvernünftig ist, nicht aber, ob dem Gericht Tatsachen- oder Rechtsirrtümer unterlaufen sind.[11] Die Folge ist, dass bei einer Verletzung von Art. 6 I wegen der Dauer eines Verfahrens über Eigentumsrechte auch Art. 1 Prot. Nr. 1 verletzt ist.

V. Begriff des Eigentums

1. Wortlaut

8 Der englische Wortlaut verwendet den Begriff "possessions" in Abs. 1, in Abs. 2 den Begriff "property", der französische Text enthält in Abs. 1 S. 1 den Begriff "biens", in Abs. 1 S. 2 "propriété" und in Abs. 2 den Begriff "biens". Die deutsche Übersetzung verwendet einheitlich das Wort "Eigentum" und das ist zutreffend, wie die Rechtsprechung des EGMR zeigt.[12]

2. Eigentum

9 **Autonome Auslegung:** Der EGMR legt diesen Begriff wie in anderen Fällen **autonom aus** und misst ihm eine selbständige Bedeutung zu, die **unabhängig von der Einordnung nach staatlichem Recht** ist. Es kommt darauf an, ob der Bf. eine Rechtsposition hat, die von Art. 1 geschützt wird.[13] Der Bf. muss nachweisen, dass dies der Fall ist.

---

9 EGMR 3.4.2012 – 54522/00 (GK), Rn. 117 – *Kotov/Russland.*

10 EGMR 25.7.2002 – 48553/99, Rn. 96 – *Sovtransavto/Ukraine*; vgl. für aktienrechtliche Vorschriften über die Verschmelzung von AG und die Rechte von Minderheitsaktionären EGMR 19.7.2007 – 71440/01, Rn. 52 – 56 – *Freitag/ Deutschland*: faires Verfahren vorgesehen, keine Verletzung.

11 EGMR 11.1.2007 – 73049/01 (GK), Slg. 07- I Rn. 83 – *Anheuser-Busch Inc./ Portugal.*

12 z.B. EGMR 13.6.1979 – 6833/74 (GK), Serie A, Nr. 31 Rn. 63 – *Marckx/Belgien.*

13 EGMR 23.11.2000 – 25701/94 (GK), Slg. 00-XII Rn. 60 – *früherer König von Griechenland u.a./Griechenland.*

a) Bestehendes Eigentum: Art. 1 schützt nicht nur bestehende Rech- 10
te. Er gibt aber kein Recht auf Erwerb von Eigentum.[14] Chancen,
z.B. **good will,** haben dagegen Eigentumscharakter. **Künftiges Einkommen** zählt zu den geschützten Rechtspositionen, wenn es verdient ist oder ein durchsetzbarer Anspruch darauf besteht (→
Rn. 12 ff.)

b) Eigentum und andere Rechte: Der Eigentumsbegriff ist nicht auf 11
das Eigentum an Sachen beschränkt. Es werden auch bestimmte
Rechte und Interessen erfasst, die einen Vermögenswert darstellen
und deswegen dem Eigentum gleichgesetzt werden können.[15] Eigentum im Sinne von Art. 1 sind auch **Aktien,**[16] weiter **dingliche Rechte**
an einem Grundstück, das **Pfandrecht** oder Sicherungseigentum an
einer beweglichen Sache, aber auch **das Recht, das Eigentum zu nutzen,** z.B. das Grundstück zu verkaufen, zu vermieten, zu bebauen,
darauf zu jagen.[17] Auch andere Rechte an einem Grundstück fallen
darunter, z.B. das **Miet- oder Pfandrecht.** Ein Gebäude, das der Bf.
auf fremden Boden unter Verletzung von Vorschriften des Baurechts
errichtet und bewohnt hat, ist Eigentum i.S. von Art. 1,[18] auch die
langjährige Nutzung eines Hauses auf öffentlichem Grund kann
Rechte begründen, die geschützt werden.[19]

Weitere Eigentumsrechte: Eigentum im Sinne von Art. 1 sind **weiter** 12
**Ansprüche auf vermögensrechtliche Leistungen, Forderungen, Zah-
lungsansprüche.** Die Forderungen müssen tatsächlich existieren,[20] es
muss eine **berechtigte Erwartung** auf Realisierung bestehen.[21] Der
EGMR stellt nicht darauf ab, ob der Anspruch vertretbar geltend gemacht werden kann (arguable claim), sondern verlangt, dass der Anspruch eine **ausreichende Grundlage im geschriebenen staatlichen
Recht hat oder in einer ständigen Rechtsprechung.**[22] Der Anspruch
muss also **durchsetzbar** sein (→ vgl. auch Rn. 17). Bei der Frage, ob
der Anspruch eine ausreichende Grundlage im geschriebenen innerstaatlichen Recht hat, betont der Gerichtshof immer wieder, dass die

---

14 EGMR 13.6.1979 – 6833/74 (GK), Serie A, Nr..31 Rn. 50 – *Marckx/Belgien*:
    Keine Verletzung bei Ausschluss eines Erbrechts für nichteheliches Kind; EGMR
    23.11.1983 – 8919/80, Rn. 47 – 49 – *Van der Mussele/Belgien*: Keine Verlet-
    zung, wenn Rechtsanwalt im PKH-Verfahren keine Gebühr erhält.
15 EGMR 23.2.1995 – 15375/89, Rn. 53 – *Gasus Dosier u.a./Niederlande.*
16 EGMR 19.7.2007 – 71440/01, Rn. 51 – *Freitag/Deutschland.*
17 EGMR 29.4.1999 – 25088/94 (GK), Slg. 99-III Rn. 74 – *Chassagnou u.a./
    Frankreich*: Zwangsweise Übertragung des Jagdrechts auf einen Jagdverband.
18 EGMR 30.11.2004 – 48939/99 (GK), – *Öneryildiz/Türkei.*
19 EGMR 29.3.2010, – 34044/02 (GK), Rn. 68 – *Depalle/Frankreich.*
20 EGMR 23.11.1983 – 8919/80 (GK), Rn. 47 – 49 – *Van der Mussele/Belgien.*
21 EGMR 27.9.2001 – 40862/98, Slg. 01-X – *Lenz/Deutschland.*
22 EGMR 21.6.2006 – 1513/03 (GK), Rn. 68 – *Draon/Frankreich.*

Auslegung des innerstaatlichen Rechts in erster Linie den innerstaatlichen Behörden und Gerichten obliegt und der Gerichtshof diese Auslegung nicht in der Art einer „Superrevisionsinstanz" durch seine eigene Auslegung ersetzt, sofern keine Willkür vorliegt.[23]

13 **Zu Forderungen**, die nach Art. 1 geschützt werden, zählen Ansprüche auf **Arbeitsentgelt** oder andere bereits tatsächlich existierende, also nicht nur künftige Einkünfte,[24] Ansprüche aus einem **Kaufvertrag**,[25] auf Erstattung oder Reduzierung von Mehrwertsteuer.[26] Zum Anspruch auf Rückübereignung eines Grundstücks, das nicht für den vorgesehenen Zweck verwendet wurde →Rn. 20, zu streitigen Forderungen → Rn. 17.

14 **Ansprüche auf Sozialleistungen** fallen unter den genannten Voraussetzungen unter Art. 1. Art. 1 verpflichtet die Staaten nicht zu Sozialleistungen im Einzelfall oder auch nur zur Etablierung eines Sozialversicherungssystems.[27] Die Staaten können frei entscheiden, ob und in welcher Höhe sie solche Leistungen gewähren wollen, wenn sie aber einen Anspruch darauf begründen, gilt Art. 1, einerlei, ob die Leistung von der Zahlung von Beiträgen abhängt oder nicht.[28]

15 Ein Anspruch aus einem **Sozialversicherungsverhältnis** mit Pflichtbeiträgen ist ein Recht im Sinne von Art. 1; ebenso **Pensionsansprüche**, wenn sie auf einem Arbeitsverhältnis oder besonderer Absprache mit dem Arbeitgeber beruhen, also im staatlichen Recht vorgesehen sind. **Aus Art. 1 ergibt sich kein Recht auf eine Pension oder eine Pension in bestimmter Höhe.**[29] Wenn der Staat jedoch ein Sozialversicherungssystem aufbaut gilt damit wegen der Eröffnung des Schutzbereichs von Art. 1 Prot. Nr. 1 auch das **Diskriminierungsverbot** in Art. 14 und muss der Staat daher diskriminierungsfreie Leitungstatbestände schaffen.[30] Dabei hat der Staat generell, aber hat die Bundesrepublik Deutschland für **Rentenregelungen früherer DDR Staatsbediensteter** mit Blick auf den einzigartigen Kontext der Wiedervereinigung in besonderem Maße einen **Ermessensspielraum bei der Beurteilung der Vergleichbarkeit** verschiedener Leistungstatbestände.[31]

---

23 EGMR 17.12.2013 – 36294/08, Rn. 25 – *Gebr. Arnhold OHG i.L./Deutschland.*
24 EGMR 22.5.2006 – 6213/03, Slg. 06-VI – *Lederer/Deutschland.*
25 EGMR 5.1.2000 – 33202/96 (GK), Slg. 00-I Rn. 105 – *Beyeler/Italien.*
26 EGMR 9.1.2007 – 803/02, Rn. 31 – *Inter Splav/Ukraine*; EGMR 21.1.2009 – 3991/03, Rn. 57 – „*Bulves" AD/Bulgarien.*
27 EGMR 6.11.2012 – 49372/10, Rn. 27 – *Stürmer u.a./Deutschland.*
28 EGMR 16.10.2012 – 49646/10 u.a., Rn. 25 – *Lessing und Reichelt /Deutschland*; EGMR 15.9.2009 – 10373/05, Rn. 38 – *Moskal/Polen.*
29 EGMR 4.11.2008 – 42184/05,Rn. 67 – *Carson/Vereinigtes Königreich.*
30 EGMR 16.10.2012 – 49646/10 u.a., Rn. 27 – *Lessing u.a./Deutschland.*
31 EGMR 16.10.2012 – 49646/10 u.a., Rn. 30 – *Lessing u.a./Deutschland.*

Meyer-Ladewig/von Raumer

Dieser Ermessensspielraum berechtigt die Staaten auch **Pensionen zu kürzen.**[32] Für eine solche Kürzung bedarf es aber wie bei jedem Eingriff in bestehendes Eigentum einer **gesetzlichen Grundlage,** mit der die Kürzung vereinbar sein muss.[33] Bei der Kürzung von Ansprüchen muss der von Art. 1 geforderte **gerechte Ausgleich der Interessen** hergestellt werden, den Betroffenen darf keine übermäßige Bürde auferlegt werden.[34] Auch dabei ist das **Diskriminierungsverbot** des Art. 14 zu beachten.[35] Im Fall Driha/Rumänien[36] hat der EGMR angenommen, ein Steuerabzug von einer Pension aufgrund widersprüchlicher gerichtlicher Entscheidungen zur selben Vorschrift verstoße gegen Art. 1, im Fall Schwengel/Deutschland[37] hat der EGMR die Beschwerde eines Angehörigen des **öffentlichen Dienstes in der früheren DDR** nach Art. 14 iVm. Art. 1 Prot. Nr. 1 geprüft und für unzulässig erklärt, mit der die Herabsetzung der Pension zur Anpassung an die Pension im Übrigen gerügt wird.[38] Im Fall Carson/Großbritannien hat der EGMR einen Verstoß gegen Art. 14 iVm Art. 1 Prot. Nr. 1 mit dem Argument verneint, die gerügte rentenrechtliche Ungleichbehandlung ausländischer Rentenempfänger aus Staaten, die keine zwischenstaatlichen Rentenabkommen mit Großbritannien haben zu britischen Rentenempfängern und solchen aus Staaten mit einem Rentenabkommen sei gerechtfertigt, weil sich beide Gruppen nicht in einer **relevant vergleichbaren Situation** befänden.[39] Ein Verstoß gegen Art. 1 liegt vor, wenn die Pension **ganz entzogen** wird.[40]

Eingreifen des Gesetzgebers: Der allen Konventionsartikeln immanente Grundsatz der Rechtsstaatlichkeit verlangt, dass der Staat ein Urteil befolgt. Wenn ein **Gesetzgeber daraufhin zum Nachteil des Bf. eingreift,** bricht er damit den erforderlichen gerechten Ausgleich zwi-   16

---

32 Vgl. EGMR 2.2.2006 – 51466/99, Rn. 4 – *Buchheit u.a./Deutschland* zu Regelungen für den Abbau von Überversicherungen.
33 EGMR 17.4.2012 – 31925/08, Rn. 73 – 81 – *Grudic/Serbien.*
34 Vgl. EGMR 2.2.2006 – 51466/99, Rn. 4 – *Buchheit u.a./Deutschland.*
35 EGMR 12.4.2006 – 65731/01 (GK), Slg. 06-VI – *Stec u.a./Vereinigtes Königreich.*
36 EGMR 21.2.2008 – 29556/02, Rn. 25, 32 f. – *Driha/Rumänien.*
37 EGMR 2.3.2000 – 52442/99 – *Schwengel/Deutschland.*
38 Ebenso EGMR 27.9.2001 – 40862/98, Slg. 01-X – *Lenz/Deutschland* zur Herabsetzung der Pension eines Journalisten in der früheren DDR.
39 EGMR 16.3.2010 – 42184/05 (GK), Rn. 90 – Carson u.a./Vereinigtes Königreich.
40 EGMR 12.10.2004 – 60669/00, Slg. 04-IX Rn. 45 – *Kjartan Asmundsson/ Island.*

schen den widerstreitenden Interessen, so dass Art. 1 verletzt ist.[41] Der Erlass **rückwirkender Gesetze,** mit denen in Gerichtsverfahren über Ansprüche eingegriffen wird, verletzt grundsätzlich, aber nicht immer den von Art. 1 verlangten gerechten Ausgleich. Im Fall Draon/ Frankreich[42] hat der EGMR angenommen, ein Gesetz, das Schadensersatzansprüche mit Behinderung geborener Kinder, deren Behinderung vor der Geburt nicht festgestellt worden ist, rückwirkend ausschließt, verstoße gegen Art. 1.

17 **Streitige Forderungen:** Eine berechtigte Erwartung besteht nicht, wenn die Auslegung des staatlichen Rechts umstritten ist und die Auffassung des Bf. letztlich von den zuständigen Gerichten zurückgewiesen worden ist.[43] An einer hinreichend gefestigten ständigen Rechtsprechung zur Begründung einer berechtigten Erwartung kann es aber auch fehlen, wenn zu einer klärungsbedürftigen Rechtsfrage nur **erstinstanzliche Entscheidungen** vorliegen, eine höchstrichterliche Klärung aber noch aussteht.[44] In seiner Entscheidung in der Sache Meyer/Deutschland hatte der Gerichtshof allerdings selbst ein **Urteil des Bundesverwaltungsgerichts,** das für eine bestimmte Fallgruppe das Bestehen von (Restitutions-) Ansprüchen festgestellt hatte, nicht als ausreichende Grundlage für eine berechtigte Erwartung angesehen, sondern erst eine später erfolgende **gesetzgeberische Klarstellung** zum Bestehen solcher Ansprüche. Die anlässlich dieser Gesetzesnovelle gleichzeitig mit der grundsätzlichen Anspruchsklarstellung eingeführte Ausschlussklausel für einige besondere Fälle wie den des Beschwerdeführers hatte er deshalb nicht als Eingriff in eine bereits zuvor durch bestehende Rechtsprechung begründete berechtigte Erwartung angesehen. Der Gerichtshof hatte das damit begründet, das Bundesverwaltungsgericht habe zwar vor der Gesetzesnovelle die Auffassung vertreten, in Fällen wie denen des Beschwerdeführers bestünden Restitutionsansprüche, sei jedoch in einem späteren Urteil nach dem gerügten gesetzgeberischen Eingriff in diesen Anspruch (durch Einführung der Auschlussklausel) von dieser früheren

---

41 Vgl. EGMR 19.3.1997 – 18357/91, Slg. 97-II Rn. 41– *Hornsby/Griechenland;* vgl. aber zum Fehlen eines Eingriffs in eine berechtigte Erwartung durch eine Gesetzesänderung bei widersprüchlicher Rechtsprechung des Bundesverwaltungsgerichts: EGMR 22.3.2016 – 16722/10, Rn. 40-42 – *Meyer/Deutschland* Rn. 17.

42 EGMR 21.6.2006 – 1513/03 (GK), Rn. 81 – *Draon/Frankreich.*

43 Zum Fehlen einer berechtigten Erwartung der Nachkommen der Opfer von Massakern der Waffen-SS in Griechenland auf eine Entschädigung des deutschen Staates: EGMR 31.5.2011 – 24120/06 – *Sfountouris u.a./Deutschland;* EGMR 11.1.2007 – 73049/01 (GK), Slg. 07-I Rn. 65 – *Anheuser-Busch Inc./ Portugal.*

44 EGMR 17.12.2013 – 36294/08, Rn. 28 – *Gebr. Arnhold OHG i.L./Deutschland.*

Einschätzung der (alten) Rechtslage abgerückt. Der Gerichtshof führte insoweit aus, er müsse bei der Beurteilung, ob eine berechtigte Erwartung vorliege, das **Gesamtbild der nationalen Rechtsprechung** berücksichtigen, das in diesem Fall wegen der **divergierenden Entscheidungen des Bundesverwaltungsgerichts** nicht eindeutig das Bestehen eines Anspruchs vor dessen gesetzgeberischer Klarstellung belegt habe[45]. Er wies damit letztlich das Argument des Beschwerdeführers zurück, maßgeblich für die Frage, ob eine berechtigte Erwartung auf Realisierung des Anspruchs bestanden habe, sei alleine die höchstrichterliche Rechtsprechung vor dem gerügten gesetzgeberischen Eingriff gewesen, die zu diesem Zeitpunkt noch ausschließlich zu seinen Gunsten gewesen sei und die (nur) bis dahin unklare Rechtslage noch vor der Gesetzesnovelle geklärt habe.

Eingeklagte Ansprüche, über die noch nicht entschieden ist, hat der   18
EGMR in einigen Entscheidungen als Eigentumsrechte angesehen, und das auch bei zweifelhaftem Ausgang, der aber bei der Interessenabwägung eine Rolle spielen kann.[46] Wenn ein Urteil die Forderung bestätigt hat, schadet es danach erst Recht nicht, dass noch Rechtsmittel möglich sind, sofern sie keine aufschiebende Wirkung haben. Zum Teil hat der EGMR aber eine berechtigte Erwartung erst nach Rechtskraft des zusprechenden Urteils angenommen,[47] weil vorher nur eine Hoffnung bestehe, aber kein Recht iS der Vorschrift.[48]

Durchsetzbares Urteil: Wenn nach staatlichem Recht, insbesondere   19
nach in der Sache gesprochenen Urteilen staatlicher Gerichte eine Forderung besteht, die ausreichend festgestellt ist, so dass sie durchgesetzt werden kann, besteht ein Eigentumsrecht.[49] Wenn das Urteil dann nicht binnen angemessener Frist vollstreckt wird, ist das eine Verletzung von Art. 6 und Art. 1 Prot. Nr. 1 ($\rightarrow$ Art. 6 Rn. 50). Es verletzt auch Art. 1 wenn eine titulierte Forderung gegen eine staatliche Institution nicht durchgesetzt werden kann, weil diese insolvent ist.[50]

Ansprüche bei enteigneten Grundstücken: Wenn ein Grundstück vor   20
Inkrafttreten der Konvention enteignet worden ist und lange Zeit eine Nutzung des Grundstücks unmöglich ist, ist die bloße Hoffnung auf Anerkennung des Fortbestands des Eigentums kein nach Art. 1

---

45 EGMR 22.3.2016 – 16722/10, Rn. 40-42 – *Meyer/Deutschland.*
46 EGMR 3.7.2007 – 25101/05 – *Mordechai Poznanski u.a./Deutschland.*
47 EGMR 29.4.2008 – 19462/04, Rn. 56 – *Sahin Karakoç/Türkei.*
48 EGMR 10.2.2005, – 21824/02, Rn. 28 f. – *Andrianesis u.a./Griechenland.*
49 EGMR 9.12.1994 – 13427/87, Serie A, Bd. 301-B Rn. 58-62 – *Stran Griechische Raffinerien u.a./Griechenland.*
50 EGMR 24.9.2013 – 43870/04, Rn. 52-56 – *de Luca/Italien.*

geschützter Vermögenswert.[51] Eine berechtigte Erwartung besteht aber, wenn das Grundstück zwar vor Inkrafttreten der Konvention oder ausserhalb deren räumlichen Geltungsbereichs, wie etwa in der ehemaligen DDR enteignet worden ist, der Eigentümer oder sein Erbe aber **begründete und fristgemäß angemeldete Restitutionsansprüche** etwa nach dem Vermögensgesetz auf Rückgabe des Grundstückes hat.[52] Wenn das Grundstück **nicht für den öffentlichen Zweck verwendet** worden ist oder wenn erhebliche Zeit zwischen dem Enteignungsbeschluss und der Verwirklichung des öffentlichen Vorhabens verstreicht, nimmt der Gerichtshof eine berechtigte Erwartung auf Rückgabe des Grundstücks an (→ Rn. 42).

21 **Geistiges Eigentum** (Urheberrechte, Patent- und Warenzeichenrechte usw.) wird durch Art. 1 geschützt, Markenrechte aber nicht schon mit der Anmeldung, obwohl schon damit bestimmte Rechte entstehen.[53] Ein **erworbener Kundenstamm**[54] und auch der **good will**[55] eines Unternehmens, aber auch einer Rechtsanwaltskanzlei oder Steuerberatungspraxis sind Vermögenswerte, die der EGMR dem Eigentum grundsätzlich zurechnet[56]. Rechtsanwaltskanzleien sind Einrichtungen mit einem gewissen Wert, privatrechtlicher Natur und sind Eigentum iS von Art. 1.[57] Das spielt insbesondere eine Rolle, wenn zur Ausübung eines Berufs oder Gewerbes eine **Genehmigung** erforderlich ist und diese **zurückgenommen oder beschränkt** wird.[58]

---

51 EGMR 12.7.2001 – 33071/96 (GK), Slg. 00-XII – *Malhous/Tschechien.*
52 EGMR 8.12.2011 – 5631/05, Rn. 40-47 – *Althoff u.a./Deutschland.*
53 EGMR 11.11.2007 – 73049/01 (GK), Slg. 07-I Rn. 78 – *Anheuser – Busch Inc./ Portugal.*
54 EGMR 11.3.2012 – 23780/08, Rn. 89 – *Malik/Vereinigtes Königreich.*
55 EGMR 11.3.2012 – 23780/08, Rn. 93 – *Malik/Vereinigtes Königreich.*
56 Zur Abgrenzung von zukünftigem Einkommen, good will und Kundenstamm: EGMR 27.11.2012 – 21252/09, Rn. 25, 26 – *Tipp 24 AG/Deutschland.*
57 EGMR 22.5.2006 – 6213/03, Slg. 06-VI – *Lederer/Deutschland* für Hochschullehrer.
58 Vgl. den Überblick über die aktuelle Rechtsprechung in EGMR 13.3.2012 – 23780/08, Rn. 89-94 – *Malik/Vereinigtes Königreich* ; EGMR 25.5.1999 – 37592/97, Slg. 99-V– *Olbertz/Deutschland:* Kundenstamm eines Steuerberaters; EGMR 9.11.1999 – 37595/97, Slg. 99-VIII – *Döring/Deuts*chland: Klientel eines Rechtsanwalts; EGMR 6.2.2003 – 71630/01,Slg. 03-II – *Wendenburg u.a./ Deutschland* zur Aufhebung der Singularzulassung von Anwälten; EGMR 20.4.1999 – 33099/96, Slg. 99-V – *Hoerner Bank GmbH/Deutschland:* Kundenstamm für Nachlassabwicklung; EGMR 19.10.2000 – 31107/96 (GK), Slg. 99-II Rn. 54 – *Iatridis/Griechenland:* Kundenstamm eines Kinos, das dem Bf. entzogen worden ist.

Künftiges Einkommen ist nur ein geschützter Vermögenswert, wenn   22
es verdient ist oder ein durchsetzbarer Anspruch darauf besteht.[59]
Auch **gesetzlich eingeräumte Privilegien** können Eigentum sein, wenn
sie eine berechtigte Erwartung auf Erwerb von Eigentum begründen.[60]

Öffentliches Eigentum: Ob das Vermögen eines Staatsoberhaupts   23
dessen Privatvermögen ist oder eine Rechtsstellung eigener Art hat
und quasi öffentliches Eigentum ist mit der Folge, dass es nicht nach
Art. 1 geschützt wird, hat in dem Fall des früheren Königs von Grie-
chenland/Griechenland.[61] eine Rolle gespielt. Der EGMR hat eine gewisse Sonderstellung festgestellt, ist aber zu dem Ergebnis gekommen, dass das Vermögen der königlichen Familie deren Privateigentum sei.

Das **Erbrecht** wird von Art. 1 nicht geschützt. Nach dem Erbfall   24
kann sich der Erbe auf den Schutz des Eigentums berufen.

VI. Eingriff

Eine Verletzung von Art. 1 setzt voraus, dass **ein Eingriff in das Ei-**   25
gentum vorgenommen worden ist. Es muss sich um einen Eingriff
durch staatliche Stellen handeln. Im Insolvenzverfahren ist der Staat
zwar nicht für Handlungen oder Unterlassungen des Insolvenzverwalters verantwortlich, muss aber dennoch ein funktionsfähiges System von Rechtsmitteln gegen rechtswidrige Handlungen des Insolvenzverwalters etablieren (→ Rn. 6).[62] Ein Eingriff kann auch die
rückwirkende Anwendung eines Gesetzes sein, das Eigentum entzieht, und zwar auch dann, wenn es um einen Rechtsstreit zwischen
Privatpersonen geht.[63] Art. 1 gilt nicht für gesetzliche Regelungen,
die privatrechtliche Leistungspflichten zwischen einzelnen Personen
begründen, z.B. Unterhaltspflichten.

---

59 EGMR 27.11.2012 – 21252/09, Rn. 25, 26 – *Tipp 24 AG/Deutschland*: kein
    Eingriff in bestehendes Eigentum durch gesetzliches Verbot der Glücksspielver-
    mittlung im Internet aber (zulässige) Benutzungsregelung; EGMR 8.1.2004 –
    47169/99, Slg. 04-I Rn. 44 – *Voggenreiter/Deutschland*; EGMR 26.9.2000 –
    37637/97 – *Andrews/Vereinigtes Königreich*: Kein Anspruch darauf, die Geset-
    zgebung über Feuerwaffen unverändert zu lassen.
60 EGMR 6.2.2003 – 71630/01, Slg. 03-II – *Wendenburg u.a./Deutschland* zur
    Aufhebung der Singularzulassung für Anwälte.
61 EGMR 23.11.2000 – 25701/94 (GK), Slg. 00-XII Rn. 65 – *früherer König von
    Griechenland u.a./Griechenland*.
62 EGMR 3.4.2012 – 54522/00 (GK), Rn. 116, 117 – *Kotov/Russland*.
63 EGMR 11.1.2007 – 73049/01 (GK), Slg. 07-I Rn. 82 – *Anheuser-Busch Inc./
    Portugal*: keine Verletzung, weil faires Gerichtsverfahren; Rn. 16, 30.

26 Wenn **Eigentum entzogen** worden ist, ist das unzweifelhaft ein Eingriff. Dasselbe gilt für **Beschränkungen des Rechts**, mit der Sache wie ein Eigentümer zu verfahren, also es z.B. zu nutzen, zu vermieten oder zu verkaufen. Wenn staatliche Stellen dem Eigentümer den Zugang zu seinem Grundstück andauernd und uneingeschränkt verweigern, ist das ein Eingriff, der unter Art. 1 fällt.[64] **Vorläufige Bauverbote** sind ein Eingriff, wenn auch möglicherweise keine Enteignung, fallen aber unter Art. 1, insbesondere wenn sie über eine lange Zeit bestehen.[65]

27 Der Eingriff kann eine **Enteignung** sein, dann fällt er unter Abs. 1 S. 2. Ist er eine **Nutzungsbeschränkung**, dann fällt er unter Abs. 2. Wenn der Eingriff unter keine dieser Kategorien fällt, wird er nach allgemeinen Kriterien gemäß Abs. 1 S. 1 geprüft.[66]

28 Ein Eingriff in das Eigentum ist auch die **Zerstörung eines Hauses** oder einer Wohnung durch Sicherheitskräfte[67] oder der **Abriss** aufgrund behördlicher Anordnung.[68] Der Eingriff kann auch darin bestehen, dass dem Bf. der **Zugang zu seinem Eigentum verwehrt** wird (→ Rn. 26). Ein Staat ist aber nicht verpflichtet, einem Ausländer, dem ein Grundstück auf seinem Staatsgebiet gehört, zu erlauben, ständig in dem Staat zu leben, damit er sein Eigentum nutzen kann.[69]

29 Der Eingriff kann auch ein Urteil sein, mit dem ein staatliches Gericht ein früheres **rechtskräftiges Urteil aufhebt, das den Bf. Eigentumsrechte einräumt**,[70] oder die **verspätete Vollstreckung** eines Urteils (→ Art. 6 Rn. 50).

VII. Enteignung (Abs. 1 S. 2)

1. Begriff

30 a) Förmliche Enteignung: Enteignung ist **Entziehung des Eigentums**. Darüber, dass sie vorliegt, kann bei förmlichen Enteignungen kein Zweifel sein, z.B. bei Enteignungen von Grundstücken, auch im Rahmen einer **Bodenreform** (zu den deutschen Fällen → Rn. 57), eines

---

64 EGMR 12.5.2014 – 25781/94 (GK), Slg. 01-IV Rn. 187 – *Zypern/Türkei*; Rn. 28.
65 EGMR 28.12.1984 – 7151/75 u.a., Serie A, Nr. 88 Rn. 60 – *Sporrong u.a./ Schweden*.
66 Für Ausübung eines Vorkaufsrechts EGMR 5.1.2000 – 33202/96 (GK), Slg. 00-I– *Beyeler/Italien*.
67 Z.B. EGMR 30.1.2001 – 25801/94, Rn. 60 – *Dulas/Türkei*..
68 EGMR 5.4.2011 – 21482/03, Rn. 39 – *Yildirir/Türkei*.
69 EGMR 19.9.2000 – 42389/98, Slg. 00-X – *Ilic/Kroatien*.
70 EGMR 23.1.2001 – 28342/95 (GK), Slg. 99-VII Rn. 74 – *Brumarescu/Rumänien*.

Umlegungsverfahrens,[71] bei **Verstaatlichung** von Industriebetrieben. Keine Enteignung liegt vor, wenn das Eigentum nicht entzogen wird, die wesentlichen Befugnisse eines Eigentümers nicht angetastet werden, das Eigentum also weiter genutzt, verkauft usw. werden kann.[72] Enteignung ist auch die teilweise Entziehung einer begründeten Forderung durch rückwirkendes Gesetz.[73]

b) Faktische Enteignung: Wenn keine förmliche Enteignung vorgenommen worden ist, kann auch eine **de-facto-Enteignung** ausreichen, um unter Abs. 1 S. 2 zu fallen. Denn nach der Rechtsprechung will die Konvention Rechte garantieren, die praktisch und effizient sind. Der EGMR prüft deswegen, ob die getroffene Maßnahme **Wirkungen hat, die Eigentum faktisch entzieht und deswegen einer Enteignung gleichgesetzt werden kann.**[74] In italienischen Fällen hat der Gerichtshof von **indirekter Enteignung** gesprochen.[75] Eine faktische Enteignung liegt z.B. vor, wenn Streitkräfte ein Grundstück besetzen mit der Folge, dass die Eigentümer es nicht mehr nutzen und nicht mehr darüber verfügen können[76] oder wenn der Staat ein Haus in Besitz nimmt und Eigentumsrechte daran geltend macht, obwohl rechtskräftig festgestellt war, dass die Enteignung rechtswidrig war.[77] Auch die staatliche Gewährung von Restitutionsansprüchen auf ein Grundstück zu Gunsten der Erben eines im Dritten Reich Enteigneten ist eine Entziehung des Eigentums des derzeitigen Eigentümers des Grundstücks[78] aber auch des Inhabers eines konkurrierenden Restitutionsanspruches, der durch den vorrangigen Restitutionsanspruch untergeht.[79] Die **Zwangsversteigerung** eines Grundstücks ist eine Enteignung, aber auch als Benutzungsregelung angesehen worden (→ Rn. 50). Die Ausübung eines **Vorkaufsrechts** kann eine Enteignung in diesem Sinne sein.[80]

31

---

71 EGMR 15.11.1996 – 15508/89, Slg. 96-V Rn. 44 – *Prötsch/Österreich.*
72 EGMR 18.12.1984 – 7151/75 u.a., Serie A, Nr. 88 Rn. 62 – *Sporrong u.a./ Schweden.*
73 EGMR 21.6.2006 – 1513/03 (GK), Rn. 72 – *Draon/Frankreich*; vgl. auch Rn. 25.
74 EGMR 23.1.2001 – 28342/95 (GK), Rn. 76 – *Brumarescu/Rumänien.*
75 Z.B. EGMR 14.12.2010 – 68610/01 – *Gautieri u.a./Italien.*
76 EGMR 24.6.1993 – 14556/89, Serie A, Nr. 260-B Rn. 41 ff. – *Papamichalopoulos u.a./Griechenland.*
77 EGMR 23.1.2001 – 28342/95 (GK), Rn. 76 – *Brumarescu/Rumänien.*
78 EGMR 8.12.2011 – 35023/04, Rn. 36 – 39 – *Göbel/Deutschland.*
79 EGMR 8.12.2011 – 5631/05, Rn. 40 – 47 – *Althoff u.a./Deutschland; von Raumer* ZOV 2012, 2 (5).
80 EGMR 3.7.1995 – 13616/88, Serie A, Nr. 320-A Rn. 35 – *Hentrich/Frankreich*: Vorkauf durch Steuerbehörde.

32 c) **Beschlagnahme:** Die **Beschlagnahme oder Entziehung** von Sachen ist eine Enteignung.[81] Vielfach wird die Beschlagnahme (z.b. durch den Zoll) als **Benutzungsregelung** verstanden (→ Rn. 50). Eine Enteignung liegt nicht vor, wenn es sich nicht um eine endgültige Entscheidung handelt, sondern um eine provisorische[82] Maßnahme, die nur gilt, bis ein Konsolidierungsplan in Kraft tritt.

2. Voraussetzungen

33 Die Enteignung muss gesetzlich vorgesehen sein und vom öffentlichen Interesse verlangt werden, sie muss auf gesetzmäßige Weise durchgeführt werden und die allgemeinen Grundsätze des Völkerrechts beachten.

34 a) **Gesetzlich vorgesehen:** Abs. 1 S. 2 erlaubt eine Eigentumsentziehung nur unter den durch Gesetz vorgesehenen Bedingungen. Der Erlass eines Gesetzes ist auch in Abs. 2 vorausgesetzt. Eine gesetzliche Grundlage wird außerdem vom **Rechtsstaatsprinzip** verlangt, das als eines der Grundprinzipien einer demokratischen Gesellschaft in allen Konventionsartikeln enthalten ist.[83] **Die Einhaltung staatlichen Rechts prüft der Gerichtshof nur beschränkt,** das zu tun ist in erster Linie Sache der staatlichen Gerichte. Wenn aber das staatliche Recht **offensichtlich falsch** angewendet wurde oder die Gerichte zu willkürlichen Ergebnissen gekommen sind, ist Art. 1 verletzt.[84]

35 **Gesetz:** Das Erfordernis des Gesetzes ist, wie auch sonst (→ Art. 8 Rn. 102 ff.) **formal und qualitativ** zu verstehen. Es kann sich um ein Gesetz oder eine Rechtsverordnung handeln, auch um eine auf gesetzlicher Grundlage ergangene Regierungsanordnung.[85] Die Rechtsnorm muss mit dem staatlichen Recht des Konventionsstaats im Einklang stehen, insbesondere mit der Verfassung.[86] Das Gesetz muss **für den Bürger zugänglich,** darf **nicht willkürlich** sein. Das Gesetz

---

81 Z.B. EGMR 7.12.1976 – 5493/72 (GK), Serie A, Nr. 24 Rn. 63 – *Handyside/ Vereinigtes Königreich.* Einziehung eines Schulbuchs.
82 EGMR 29.9.1987 – 9816/82, Serie A, Nr. 124-E Rn. 64 – *Poiss/Österreich.*
83 EGMR 25.6.1996 – 19776/92, Slg. 96-III Rn. 50 – *Amuur/Frankreich*; EGMR 23.11.2000 – 25701/94 (GK), Slg. 00-XII Rn. 79 – *früherer König von Griechenland/Griechenland.*
84 EGMR 5.1.2000 – 33202/96 (GK), Slg. 00-I Rn. 108 – *Beyeler/Italien.*
85 EGMR 15.7.2010 – 44174/06, Rn. 47 – *Chagnon u.a./Frankreich.*
86 EGMR 23.11.2000 – 25701/94 (GK), Slg. 00-XII Rn. 79 – *früherer König von Griechenland/Griechenland.*

muss **ausreichend bestimmt, in seiner Anwendung vorhersehbar** und grundsätzlich[87] abstrakt generell gefasst sein.[88]

b) **Öffentliches Interesse:** Bei der Prüfung, ob die Enteignung vom öffentlichen Interesse verlangt wird, geht der EGMR davon aus, dass **die staatlichen Behörden** dies wegen ihrer unmittelbaren Kenntnis der gesellschaftlichen und sonstigen Bedingungen grundsätzlich **besser beurteilen können**, als der internationale Richter. Die staatlichen Stellen haben einen weiten **Ermessensspielraum**. Der EGMR respektiert ihre Entscheidung, es sei denn, dass sie offensichtlich einer vernünftigen Begründung entbehrt.[89]   36

Wenn die Enteignung tatsächlich **nur zum Vorteil weniger Personen** geschieht, schadet das nicht unbedingt, wenn sie z.B. im **Interesse der sozialen Gerechtigkeit** vorgenommen wird.[90] Ein **Vorkaufsrecht für Kunstwerke** dient der Kontrolle des Kunstmarkts und ist ein berechtigtes Ziel im öffentlichen Interesse.[91]   37

Wenn eine **Sache aufgrund EU-Rechts beschlagnahmt** wird, stellt die Beachtung des Gemeinschaftsrechts ein sachliches und berechtigtes öffentliches Interesse dar. Der EGMR überlässt es weitgehend den Organen der EU, Gemeinschaftsrecht auszulegen und beschränkt sich auf die Prüfung, ob die Wirkung ihrer Entscheidungen mit der Konvention vereinbar ist.[92]   38

Ein öffentliches Interesse ist z.B. bei Enteignungen im Rahmen einer **Flurbereinigung** angenommen worden.[93]   39

c) **Verhältnismäßigkeit des Eingriffs:** Bei Eingriffen in das Recht auf Achtung des Eigentums **muss ein gerechter Ausgleich** zwischen den Erfordernissen des Allgemeininteresses und denen des Schutzes der Grundrechte einzelner Personen hergestellt werden. Dieser Grund-   40

---

87   Zu zulässigen Gesetzen, die ausnahmsweise auch einzelne Personen betreffen können: EGMR 23.11.2000, 25701/94 (GK), Slg. 00-XII Rn. 79 – *früherer König von Griechenland/Griechenland.*
88   EGMR 3.7.1995 – 13616/88, Serie A, Nr. 320-A Rn. 42 – *Hentrich/Frankreich.*
89   EGMR 12.6.2012 – 13221/08 und 2139/10, Rn. 96 – *Lindheim u.a./ Norwegen*; EGMR 23.11.2000 – 25701/94 (GK), Slg. 00-XII Rn. 87 – *früherer König von Griechenland/Griechenland.*
90   EGMR 21.2.1986 – 8793/79, Serie A, Nr. 98 Rn. 41, 45 – *James u.a./Vereinigtes Königreich.*
91   EGMR.5.1.2000 – 33202/96 (GK), Slg. 00-I Rn. 112 – *Beyeler/Italien.*
92   EGMR 30.6.2005 – 45036/98 (GK), Slg. 05-VI – *Bosphorus./Irland*; vgl. für Berücksichtigung anderer völkerrechtlicher Grundsätze auch bei Klagen wegen Verbrechen gegen die Menschlichkeit – Immunität ausländischer Staaten – EGMR 12.12.2002 – 59021/00, Slg. 02-X – *Kalogeropoulou u.a./Griechenland u.a.*; vgl. auch BGHZ 155, 279 zur Ablehnung der Anerkennung eines griechischen Urteils auf Schadensersatz wegen Kriegsverbrechen durch die Wehrmacht.
93   EGMR 15.11.1996 – 15508/89, Slg. 96-V Rn. 44 – *Prötsch/Österreich.*

satz gilt allgemein für Maßnahmen nach Art. 1, insbesondere bei Maßnahmen, mit denen einer Person ihr Eigentum entzogen wird.

41 **Zwischen den angewendeten Mitteln und dem verfolgten Ziel muss ein angemessenes Verhältnis bestehen, es muss ein gerechter Ausgleich vorhanden sein, so dass dem Bf. keine unverhältnismäßigen Lasten auferlegt werden.**[94] Das macht eine Gesamtprüfung der Umstände und Interessen erforderlich einschließlich des Verhaltens der Beteiligten[95] und der vom Staat eingesetzten Mittel und deren Durchsetzung.[96] Dabei ist zu berücksichtigen, dass der Staat einen Ermessensspielraum bei der Wahl seiner Mittel zur Durchsetzung legitimer staatlicher Interessen etwa zur Bekämpfung schwerer Verbrechen hat.[97] Bei der Beurteilung, ob dem Bf. eine unverhältnismäßige Last auferlegt worden ist, kann auch eine Rolle spielen, ob er gegenüber anderen Beteiligten **diskriminiert** worden ist. Art. 14 wird dann nicht gesondert geprüft.[98] Eine **Ungleichbehandlung** verschiedener Betroffener kann also bedeutsam sein und einige Personen unverhältnismäßig belasten.[99]

42 **Wenn das Vorhaben nicht durchgeführt worden ist,** wegen dem das Grundstück enteignet worden ist, oder wenn das Grundstück nicht für den vorgesehenen öffentlichen Zweck verwendet worden ist, fehlt es an einem gerechten Ausgleich.[100] Dasselbe gilt, wenn zwischen der Enteignung und der Verwirklichung des im öffentlichen Interesse geplanten Vorhabens lange Zeit vergeht. Wenn das nicht auch im öffentlichen Interesse ist, kann es dem Betroffenen eine zusätzliche Last auferlegen.[101]

43 **Angemessene Entschädigung:** Ein gerechter Ausgleich besteht in der Regel nur, wenn eine Entschädigung vorgesehen wird, die dem Wert der enteigneten Sache entspricht, also in angemessenem Verhältnis zum Marktwert steht. Gibt es keine solche Entschädigung, ist der

---

94 EGMR 24.7.2012 – 55167/11, Rn. 47 – *Waldemar Nowakowski/Polen;* EGMR 18.12.1984 – 7151/75 u.a. (GK), Serie A, Nr. 88 Rn. 69 – *Sporrong u.a./Schweden;* EGMR 3.7.1997 – 17849/91, Rn. 38 – *Pressos Compania Naviera S.A. u.a./Belgien.*
95 EGMR 20.6.2013 – 57404/08, Rn. 49 – 54 – *Lavrechov/Tschechische Republik.*
96 EGMR 5.1.2000 – 33202/96 (GK), Slg. 00-I Rn. 114 – *Beyeler/Itali*en: verspätete Ausübung eines Vorkaufsrechts ist Verletzung; zur Entschädigung nach Art. 41 EGMR 5.1.2000 – 33202/96 (GK), Slg. 00-I – *Beyeler/Italien.*
97 EGMR 10.4.2012 – 20496/02, Rn. 70 – *Silickiene/Litauen.*
98 EGMR 12.10.2004 – 60669/00, Slg. 04-IX Rn. 45, 47 – *Kjartan Asmundsson/Island.*
99 Z.B. EGMR 29.4.1999 – 25088/94 (GK), Slg. 99-III Rn. 85 – *Chassagnou u.a./Frankreich*: Benachteiligung kleiner Grundeigentümer.
100 EGMR 15.1.2008 – 6489/03, Rn. 27-34 – *Karaman/Türkei.*
101 EGMR 20.7.2010 – 37546/02, Rn. 26 – *Kececioglu u.a./Türkei.*

Meyer-Ladewig/von Raumer

Eingriff idR. unverhältnismäßig. **Ein Recht auf vollständige Entschädigung wird aber nicht gewährt,** denn berechtigte Ziele des öffentlichen Interesses können für eine geringere Entscheidung als nach dem vollen Marktwert sprechen.[102] Es muss jedoch eine „fair balance" zwischen dem öffentlichen Interesse an einer bezahlbaren Entschädigung und dem Interesse des betroffenen Eigentümers bestehen.[103] Wird gar keine Entschädigung gewährt, kann der Eingriff nur in außergewöhnlichen Umständen als gerechtfertigt angesehen werden. Das Fehlen einer Entschädigung macht die Enteignung also nicht immer, aber doch idR. rechtswidrig.[104] **Bei Benutzungsregelungen** ist eine fehlende Entschädigung zu berücksichtigen, führt allein aber nicht zu einer Verletzung.[105]

Fälle, in denen eine volle Entschädigung verlangt wird, sind z.B. die 44
Enteignung von Grundstücken zum Straßenbau oder für andere Zwecke des öffentlichen Interesses,[106] der Abriss eines gutgläubig erworbenen Hauses, das ohne Baugenehmigung errichtet war.[107] Eine geringere Entschädigung wird akzeptiert bei Enteignungen im Rahmen einer Wirtschaftsreform oder zur Herbeiführung einer größeren sozialen Gerechtigkeit,[108] außerdem bei grundlegenden Änderungen in der Verfassungsordnung eines Landes, wie z.B. beim Übergang von der Monarchie zur Republik,[109] das sind Fälle, in denen ein weiter Ermessensspielraum eingeräumt wird.[110] Zu diesen Fällen zählen auch Maßnahmen bei der deutschen Wiedervereinigung.[111]

---

102 EGMR v 25.3.1999 – 31423/96 (GK), Slg. 99-II Rn. 48 – *Papachelas/Griechenland:* Keine pauschale Wertminderung ohne Berücksichtigung wirklicher Vorteile.
103 EGMR 25.3.2014 – 71243/01 (GK), Rn. 115 – 131 – *Vistins u.a./Lettland.*
104 EGMR 1.9.1997 – 13092/87, 13964/88, Serie A, Bd. 301 Rn. 71 – *Heilige Klöster (Holy Monasteries)/Griechenland;* EGMR 23.11.2000 – 25701/94 (GK), Slg. 00-XII Rn. 89 – *früherer König von Griechenland/Griechenland:* Bei der entschädigungslosen Enteignung eines früheren griechischen Königs anlässlich der Abschaffung der Monarchie sind keine außergewöhnlichen Umstände erkennbar, die das Absehen von einer Entschädigung rechtfertigen.
105 EGMR 29.3.2010 – 34044/02 (GK), Slg. 10-III Rn. 91 – *Depalle/Frankreich.*
106 dazu und zum Folgenden EGMR 29.3.2006 – 36813/97 (GK), Slg. 06-V Rn. 96-98, (zu *Scordino/Italien (Nr. 1.).*
107 EGMR 24.11.2009 – 21482/03, Rn. 45 – *Yildirir/Türkei.*
108 EGMR 21.2.1986 – 8793/79, Serie A, Nr. 98 Rn. 54 – *James u.a./Vereinigtes Königreich* zur Reform der Landpacht; EGMR 8.7.1986 – 9006/80 u.a. (GK), Serie A, Nr. 102 – *Lithgow u.a./Vereinigtes Königreich* zur Nationalisierung von Unternehmen als Teil eines wirtschaftlichen, sozialen und politischen Reformprogramms.
109 EGMR 23.11.2000 – 25701/94 (GK), Slg. 00-XII Rn. 89 – *früherer König von Griechenland u.a./Griechenland.*
110 EGMR 28.9.2004 – 44912/98 (GK), Slg. 04-IX Rn. 35 – *Kopecki/Slowakei.*
111 EGMR 8.12.2011 – 35023/04, Rn. 47-53 – *Göbel/Deutschland;* EGMR 30.6.2005 – 46720/99 (GK), Slg. 05-VI Rn. 77, 111 f. – *Jahn u.a./Deutschland;* EGMR 12.12.2002 – 37290/97, Slg. 02-X Rn. 61 – *Wittek/Deutschland.*

45 Entschädigung bei Verletzung positiver Schutzpflicht: (→ Rn. 5) Auch in solchen Fällen muss nicht in jedem Fall der volle Marktwert des verlorenen Eigentums ersetzt werden. Z.B. bei Schäden durch Naturereignisse, gegen die der Staat nicht alles Erforderliche getan hat, berücksichtigt der EGMR alle Umstände und die von den Behörden getroffenen Maßnahmen, die Schwierigkeit der Lage und die Zahl der Betroffenen sowie wirtschaftliche, soziale und humanitäre Gesichtspunkte.[112]

46 **Bei der Bemessung der Entschädigung** muss auch die Dauer der Eigentumsentziehung berücksichtigt werden, ebenso die Dauer, bis der Bf. Entschädigung erhält.[113] Der Gerichtshof hat wiederholt ausgesprochen, dass eine ungewöhnliche **Verzögerung bei der Entscheidung über die Entschädigung**[114] **oder bei der Zahlung** der Entschädigung für die Enteignung den finanziellen Verlust der enteigneten Person vergrößert und sie in eine ungewisse Lage bringt, insbesondere wenn man die Geldentwertung in bestimmten Staaten berücksichtigt. Dasselbe gilt für eine ungewöhnliche **Dauer der Verwaltungs-** und **der gerichtlichen Verfahren** zur Festsetzung der Entschädigung. In solchen Fällen müssen die enteigneten Personen eine unverhältnismäßige Last tragen, die den erforderlichen gerechten Ausgleich zwischen den Erfordernissen der Allgemeininteressen und dem Schutz der Menschenrechte einzelner Personen aufhebt, so dass Art. 1 verletzt ist.[115]

47 Bei der Beurteilung der **Verhältnismäßigkeit** berücksichtigt der EGMR auch sonst das Verhalten der Behörden, z.B. das sie lange Zeit warten, bis sie eine Entscheidung treffen.[116]

VIII. Regelung der Benutzung des Eigentums (Abs. 2)

48 Die Regelung muss nach Auffassung des Staates erforderlich sein. Aber auch hier muss der Eingriff gesetzlich vorgesehen und nach innerstaatlichem Recht rechtmäßig sein (→ Rn. 33 ff.) und im Allgemeininteresse vorgenommen worden sein, er muss einen gerechten

---

112 Für eine Schlammlawine EGMR 20.3.2008 – 15339/02, Slg. 08-II Rn. 182 185 – *Budayeva u.a./Russland*.
113 Z.B. EGMR 21.2.1997 – 19632/92, Slg. 97-I Rn. 54 – *Guillemin/Frankreich*; EGMR 14.11.2000 – 36436/97, Rn. 44 ff. – *Piron/Frankreich*.
114 EGMR 15.7.2005 – 16163/02, Rn. 34 – *Nastou/Griechenland (Nr. 2)*.
115 Vgl. EGMR 9.7.1997 – 19263/92, Slg. 97-IV Rn. 29 – *Akkus/Türkei*: Eine Verzögerung von 17 Monaten; EGMR 14.11.2000 – 27697/95 – *Yasar u.a./Türkei*: Auszahlung nach zwei Jahren nach zweijährigem Gerichtsverfahren; EGMR 23.9.1998 – 19639/92, Rn. 48 ff. – *Aka/Türkei.*.
116 EGMR 5.1.2000 – 33202/96 (GK), Slg. 00-I Rn. 120 ff. – *Beyeler/Italien* für die Ausübung eines Vorkaufsrechts.

Ausgleich herstellen zwischen den angestrebten Allgemeininteressen und den Erfordernissen des Schutzes der Grundrechte einzelner Personen,[117] aber **nicht notwendig eine Entschädigung** vorsehen (→ Rn. 43). Die angewendeten Mittel müssen zum verfolgten Ziel verhältnismäßig sein, wobei die Staaten einen weiten Ermessensspielraum haben.[118]

Beispiele: Wohnraumbewirtschaftung, auch Räumungsschutz;[119] **Mietpreisbindung;**[120] **Pfändung, Baubeschränkung;**[121] **Abrissverfügung wegen fehlender Baugenehmigung;**[122] sonstige **Nutzungsbeschränkungen,** z.b. durch **Straßenbau** in unmittelbarer Nähe;[123] **Insolvenzverwaltung,**[124] die eine Verletzung sein kann, wenn sie zu lange dauert, weiter zwangsweise Einbringung des **Jagdrechts in einen Jagdverband;**[125] Verpflichtung zur Duldung der Jagd auf einem Grundstück;[126] **Zulassungserfordernisse für Rechtsanwälte;**[127] Beschränkungen durch RBerG;[128] **Genehmigungserfordernisse für Steuerberater,** Rücknahme bei nachträglicher Überprüfung;[129] Regelung über den Besitz von **Feuerwaffen;**[130] Notwendigkeit der **Zulassung eines Kfz.;**[131] **Beschlagnahme eines Flugzeugs** aufgrund EU-VO[132];

49

---

117 S. Rn. 40 und EGMR 23.2.1995 – 15375/89, Rn. 62 – *Gasus Dosier u.a./ Niederlande*; EGMR 25.5.1999 – 37592/97, Slg. 99-V – *Olbertz/Deutschland*.

118 EGMR 22.5.2006 – 6213/03, Slg. 06-VI – *Lederer/Deutschland*; EGMR 16.7.2009 – 20082/02, Rn. 72 78 – *Zehentner/Österreich*: Verletzung bei Zwangsvollstreckung aus einem Titel gegen einen nicht Prozessfähigen.

119 EGMR 28.1.2014 – 30255/09, Rn. 95 – 100 – Bitto u.a./Slowakei; EGMR 28.7.1999 – 22774/93 (GK), Rn. 46 – *Immobiliare Saffi/Italien*: Räumungsschutz im Allgemeininteresse, aber Unmöglichkeit der Durchsetzung auf acht Jahre unverhältnismäßig; EGMR 3.8.2000 – 22671/93, Rn. 26 – *G.L./Italien*: Unverhältnismäßig, wenn jahrelang keine Räumungsvollstreckung möglich.

120 EGMR 19.12.1989 – 10522/83 (GK), Serie A, Nr. 169 Rn. 44 – *Mellacher u.a./Österreich*; EGMR 19.6.2006 – 35014/97 (GK) – *Hutten-Czapska/Polen*: Verletzung bei Mietpreisbindung.

121 EGMR 18.12.1984 -7151/75 u.a (GK), Serie A, Nr. 88 Rn. 64 – *Sporrongu.a./ Schweden*.

122 EGMR 8.11.2005 – 4251/02, Rn. 35 – *Saliba/Malta*: keine Verletzung.

123 EGMR 24.11.2005 – 32730/03 – *Ouzounoglou/Griechenland*.

124 EGMR 17.7.2003 – 32190/96, Slg. 03-IX Rn. 67 – *Luordo/Italien*.

125 EGMR 29.4.1999 – 25088/94 (GK), Slg. 99-III Rn. 71, 75 – *Chassagnou u.a./ Frankreich*.

126 EGMR 26. 6. 2012 – 9300/07 (GK), Rn. 62 – *Herrmann /Deutschland*.

127 EGMR 9.11.1999 – 37595/97, Slg. 99-VIII – *Döring/Deutschland*: Nachträgliche Überprüfung von Rechtsanwaltszulassungen, die durch DDR-Behörden ausgesprochen waren; zur Rücknahme einer Zulassung Rn. 22.

128 EGMR 20.4.1999 – 33099/96, Slg. 99-V – *Hoerner Bank GmbH/Deutschland*.

129 EGMR 25.5.1999 – 37592/97, Slg. 99-V – *Olbertz/Deutschland*: Überprüfung der durch DDR-Behörden vorgenommenen Bestellungen sind im öffentlichen Interesse und verhältnismäßig.

130 EGMR 26.9.2000 – 37657/97 – *Andrews/Vereinigtes Königreich*.

131 EGMR 24.5.2005 – 45214/99, Rn. 45 – *Sildedzis/Polen*.

132 EGMR 30.6.2005 – 45036/98 (GK), Slg. 05-VI – *Bosphorus./Irland*.

Benutzungs- und Erhaltungsauflagen eines Familienfideikommisses;[133] Auch **steuerrechtliche Regelungen** können darunter fallen, z.b. Verweigerung einer Reduktion. Es besteht regelmäßig kein Anspruch darauf, dass Steuersätze unverändert bleiben. Eine **konfiskatorische Besteuerung** kann eine Verletzung sein.[134]

50 Auch eine Eigentumsentziehung kann eine Benutzungsregelung sein, z. B. eine **Beschlagnahme von Guthaben** in DM-Ost bei der anlässlich des Umtausches in DM-West vorgenommenen Herkunftsüberprüfung,[135] die **Beschlagnahme eines Busses wegen Straftaten**[136] oder von Geld, weil es **aus Drogengeschäften** stammt.[137] Der unschuldige Eigentümer beschlagnahmter Sachen muss grundsätzlich einen Rückgabeanspruch haben, ebenso der Täter nach Freispruch vom Schmuggelvorwurf.[138] **Die Zwangsversteigerung eines Grundstücks** ist als Benutzungsregelung verstanden worden,[139] aber auch als Enteignung (→ Rn. 31).

IX. Sonstige Eingriffe (Abs. 1 S. 1)

51 **Abs. 1 S. 1 ist eine Auffangregelung,** die bei Eingriffen in das Eigentumsrecht herangezogen wird, die weder eine Enteignung, noch eine Nutzungsbeschränkung sind, sondern z.B. die Verletzung einer positiven Schutzpflicht. Der EGMR wendet diese Regelung auch dann an, wenn im Einzelfall schwierig festzustellen ist, ob eine Enteignung vorgenommen worden ist. Denn Abs. 1 S. 2 ist ein Unterfall von S. 1.[140] Er kann diese Frage offen lassen, weil die Folgen der Einordnung dieselben sind (Notwendigkeit eines Gesetzes, im Allgemeininteresse, Verhältnismäßigkeit).

52 Beispiele: Genehmigung für eine **Enteignung als vorläufige Maßnahme;**[141] vorläufige Übertragung von Grundbesitz zur Vorbereitung

---

133 EGMR 14.5.2013 – 26367/10, Rn. 20 – *Fürst von Thurn und Taxis/Deutschland.*

134 EGMR 10.6.2003 – 27793/95 – *M.A. u.a./Finnland.*

135 EGMR 15.11.2001 – 53991/00, Slg. 01-XII – *Honecker u.a./Deutschland*: gerechtfertigt.

136 EGMR 10.4.2003 – 38602/02, Slg. 03-IV – *Yildirim/Italien.*

137 EGMR 27.6.2002 – 41661/98, Slg. 02-VI – *Butler/Vereinigtes Königreich*; EGMR 24.10.1986 – 9118/80, Serie A, Nr. 108 – *Agosi/Vereinigtes Königreich*: Beschlagnahme geschmuggelter Goldmünzen.

138 EGMR 8.1.2008 – 5457/03, Rn. 36 – *Jucys/Litauen* wegen Beschlagnahme geschmuggelter Pelze.

139 EGMR 16.7.2009 – 20082/02, Rn. 71 – *Zehentner/Österreich.*

140 EGMR 5.1.2000 – 33202/96 (GK), Slg. 00-I Rn. 106 – *Beyeler/Italien.*

141 EGMR 18.12.1984 – 7151/75 u.a. (GK), Serie A, Nr. 88 Rn. 65 – *Sporrong u.a./Schweden.*

einer Flurbereinigung;[142] Schuldenreduzierung in Insolvenzverfahren;[143] Unmöglichkeit der Vollstreckung einer Arbitrage;[144] Entziehung eines Kinos, das der Bf. betrieben hat, das aber nicht ihm gehörte;[145] Entzug einer Pension;[146] Nichtbefolgung eines Urteils auf Zahlung von Pension;[147] Stilllegung eines Baus trotz Baugenehmigung;[148] Nichtbefolgung eines Urteils auf Abriss eines Gebäudes[149] oder einer Mauer;[150] Ausübung eines **Vorkaufsrechts für ein Kunstwerk**.[151] Ob die Aufhebung der **Singularzulassung für Anwälte** ein Eingriff ist, hat der Gerichtshof offen gelassen, weil er jedenfalls gerechtfertigt wäre.[152]

Prüfung durch den Gerichtshof: Wenn ein Eingriff weder unter   53
Abs. 1 S. 2 noch unter Abs. 2 fällt, heißt das nicht, dass Abs. 1 S. 1 verletzt oder nicht verletzt ist. Der EGMR prüft vielmehr auch hier, ob der Eingriff **gesetzlich vorgesehen**, also nach staatlichem Recht rechtmäßig war.[153] Rechtmäßigkeit in diesem Sinne bedeutet auch, dass der Staat ein rechtskräftiges Urteil befolgt.[154] Der EGMR prüft dann weiter, ob mit dem Eingriff ein **berechtigtes Ziel** verfolgt worden ist, ob er insbesondere im Allgemeininteresse lag und ob ein **gerechter Ausgleich** hergestellt worden ist (→ Rn. 40 ff.). Er hat dies verneint, wenn ein Beamter im Disziplinarverfahren entlassen und außerdem seiner Pension für verlustig erklärt worden ist.[155]

X. Regelungen zur Sicherung der Zahlung von Steuern und Abgaben

Solche Regelungen sind nach Abs. 2 zulässig. Auch sie sind Eingriffe   54
in das Eigentumsrecht, denn sie entziehen Teile des Vermögens, nämlich den Betrag, den er zahlen muss. Die Pflicht zur Zahlung von Sozialabgaben ist ein Eingriff in das Eigentum des Abgabenschuld-

---

142 EGMR 29.9.1987 – 9816/82, Serie A, Nr. 124-E Rn. 62 ff. – *Poiss/Österreich.*
143 EGMR 20.7.2004 – 37598/97, Slg. 04-VIII – *Bäck/Finnland.*
144 EGMR 9.12.1994 – 13427/87, Serie A, Bd. 301-B Rn. 67 – *Stran Griechische Raffinerien u.a./Griechenland.*
145 EGMR 19.10.2000 – 31107/96, Slg. 99-II Rn. 55 – *Iatridis/Griechenland.*
146 EGMR 28.4.2004 – 56679/00 (GK) – *Azinas/Zypern.*
147 EGMR 28.3.2000 – 41209/98 – *Georgiadis/Griechenland*: Unverhältnismäßig.
148 EGMR 10.4.2004 – 67629/01, Rn. 51 – *Assymomitis/Griechenland.*
149 EGMR 20.7.2000 – 15918/89, Rn. 34 – *Antonetto/Italien.*
150 EGMR 18.11.2004 – 66725/01, Rn. 33 – *Fotopoulou/Griechenland.*
151 EGMR 5.1.2000 – 33202/96 (GK), Slg. 00-I Rn. 106 – *Beyeler/Italien.*
152 EGMR 6.2.2003 – 71630/01, Slg. 03-II – *Wendenburg u.a./Deutschland.*
153 EGMR 19.10.2000 – 31107/96, Slg. 99-II Rn. 58 – *Iatridis/Griechenland.*
154 EGMR 19.3.1997 – 107/1995/613/701, Slg. 97-II Rn. 41 – *Hornsby/Griechenland.*
155 EGMR 28.4.2004 – 56679/00 (GK) – *Azinas/Zypern.*

ners.[156] Der Gerichtshof prüft die Verhältnismäßigkeit und wägt dabei im Falle von Sozialabgaben ab, ob die Interessen der sozialen Absicherung der Leistungsempfänger mit den Interessen der Eigentumsrechte des Abgabenschuldners in einem ausgewogenen Verhältnis stehen.[157] Dabei gesteht er den Staaten einen weiten Gestaltungsspielraum zu, der seine Grenze nur bei offensichtlich fehlender oder diskriminierender Begründung findet[158]. Eine sonstige Abgabe ist z.b. ein Erschließungsbeitrag.[159]

XI. Ratione temporis

55 Konventionsrechte gelten ab dem **Tage der Ratifikation** durch den Konventionsstaat. Wenn eine Beschwerde auf einen **davor liegenden Eingriff gestützt wird, ist sie ratione temporis unzulässig** (→ Einl. Rn. 20; →Art. 34 Rn. 40; →Art. 35 Rn. 39). Für Eingriffe in Vermögensrechte nach Art. 1 gilt: **Enteignungen sind ein einmaliger Eingriff** und haben keine andauernden Auswirkungen.[160] Auch die bloße Hoffnung, dass der Fortbestand des Eigentumsrechts später anerkannt werde, ist kein Vermögenswert, der nach Art. 1 geschützt ist.[161] Dagegen ist die Anwendung von Vorschriften zur Wohnraumbewirtschaftung nach Inkrafttreten der Konvention **eine fortdauernde Verletzung,**[162] ebenso die verspätete Zahlung der Entschädigung.[163]

56 **Wiedergutmachung von Unrecht vor der Ratifizierung: Der Staat ist nicht dazu verpflichtet,** Unrecht wieder gut zu machen, das vor der Ratifizierung geschehen ist, z.B. die Rückgabe von Grundstücken oder eine Entschädigung vorzusehen.[164] **Prüfung von trotzdem erlassenen Entschädigungsregelungen:** Der Gerichtshof prüft etwaige staatliche materielle oder verfahrensrechtliche Regelungen nicht, es sei denn sie sind offensichtlich willkürlich oder verstoßen krass ge-

---

156 EGMR 2.6.2016 – 23646/09, Rn. 66 – *Geotech Kancev GmbH/Deutschland.*
157 EGMR 2.6.2016 – 23646/09, Rn. 69-73 – *Geotech Kancev GmbH/Deutschland.* Zu einer Zollstrafe EGMR 11.1.2007 – 35533/04, Rn. 44-48 – *Mamidakis/Griechenland.*
158 EGMR 2.6.2016 – 23646/09, Rn. 69 – *Geotech Kancev GmbH/Deutschland.*
159 EGMR 13.7.2006 – 38033/02, Rn. 29 – *Stork/Deutschland.*
160 EGMR 8.3.2006 – 59532/00 (GK), Slg. 06-III Rn. 86 – *Blecic/Kroatien*; Art. 35 Rn. 42.
161 EGMR 12.7.2001 – 33071/96 (GK), Slg. 00-XII – *Malhous/Tschechien.*
162 EGMR 19.6.2006 – 35014/97 (GK), Slg. 06-VIII – *Hutten-Czapska/Polen.*
163 EGMR 29.7.2004 – 53468/99, Rn. 35 – *Mora do Vale u.a./Portugal.*
164 EGMR 28.9.2004 – 44912/98 (GK), Rn. 35 – *Kopecky/Slowakei*; EGMR 24.5.2005 – 40732/98, Rn. 53 – *J.S. u. a./Polen*; EGMR 7.10.2008 – 47550/06, Rn. 64 – *Preußische Treuhand./Polen*, auch die in Rn. 57 ff. zitierten Urteile zu deutschen Fällen.

gen Grundprinzipien der Konvention. Wenn der Staat gesetzlich Ansprüche begründet, können sich Fragen nach Art. 6 oder Art. 1 Prot. Nr. 1 stellen.[165] Voraussetzung für Art. 1 ist dann, dass die Ansprüche Eigentum iS dieser Vorschrift sind. Art. 6 kann verletzt sein, wenn Entschädigungsregeln nicht ausreichend klar angewendet werden, z.B. wenn es widersprüchliche Entscheidungen des obersten Gerichts gibt, denn das hat Rechtsunsicherheit zur Folge.[166] Auch Art. 14 kann bei ungerechtfertigten unterschiedlichen Regelungen oder Anwendung verletzt sein.

Folgen der Wiedervereinigung, Entscheidungen zur Bodenreform in der früheren DDR: Die **erste Entscheidung** war die der EKMR v. 4.3.1996 Weidlich u.a./Deutschland[167]. Sie hat eine Beschwerde für ratione temporis unzulässig erklärt und ist damit der früheren Spruchpraxis nach dem Zweiten Weltkrieg gefolgt, nach der die Bundesrepublik nicht für Eingriffe des Deutschen Reichs haftet. **57**

Die **zweite wesentliche Entscheidung** ist die der GK Maltzahn u.a./Deutschland,[168] in der es um die Entschädigung für Enteignungen in der früheren sowjetischen Besatzungszone und in der ehemaligen DDR ging. Der EGMR hat auf seine Rechtsprechung verwiesen (Rn. 56) und die Beschwerde für ratione temporis unzulässig erklärt. **58**

Die **dritte wichtige Entscheidung** ist das Urteil der GK v. 30.6.2005, 46720/99 – Jahn u.a./Deutschland, in der es um die Entschädigung sogenannter Neubauern ging. Eine Kammer des EGMR hatte am 22.1.2004[169] entschieden, dass Art. 1 verletzt sei. Daraufhin hat die deutsche Regierung die GK angerufen. Sie hat entschieden, dass weder Art. 1 Prot. Nr. 1, noch Art. 14 EMRK verletzt sei und das wie folgt begründet: Die Verurteilung zur Auflassung an das Land ist eine Enteignung. Sie war gesetzlich vorgesehen, lag im öffentlichen Interesse und stellte trotz des Fehlens einer Entschädigung einen gerechten Ausgleich her zwischen dem Schutz des Eigentums und den Erfordernissen des Allgemeininteresses.[170] Die Rückübertragungspflicht nach dem **Vermögensgesetz** ist eine Enteignung, die aber im **59**

---

165 EGMR 8.6.2006 – 22860/02, Slg. 06-VII Rn. 72 – *Wos/Polen.*
166 EGMR 6.12.2007 – 30658/05, Slg. 07-V Rn. 33 – *Beian/Rumänien (Nr. 1).*
167 EKMR 4.3.1996 – 19048/91 u.a., DR 85, 5 – *Weidlich u.a./Deutschland.*
168 EGMR 2.3.2005 – 71916/01 (GK), Slg. 05-V – *Maltzan u.a./Deutschland.*
169 EGMR 30.6.2005 – 46720/99 u.a. (GK), Slg. 05-VI Rn. 82 – 93 – *Jahn u.a./ Deutschland.*
170 EGMR 30.6.2005 – 46720/99 u.a.(GK), Slg. 05-IV Rn. 79, 87, 92, 99 – 117 – *Jahn.u.a./Deutschland*; vgl. dazu auch Hornickel NVwZ 2004, 567; Cremer EuGRZ 2004, 134; Dörr JuS 2004, 808; Heidhaus JA 2004, 601; Kolb NJW 2005, 325.

öffentlichen Interesse und nicht unverhältnismäßig ist,[171] dagegen ist auf den Verkaufszwang nach dem Sachenrechtsbereinigungsgesetz Abs. 1 S. 1 angewendet worden.[172]

60 Der Fall **Broniowski/Polen**[173] lag anders. Dort war Art. 1 Prot. Nr. 1 verletzt, weil Polen gesetzlich Entschädigungsansprüche begründet und nicht erfüllt hat.

61 **Weitere Aspekte** der Folgen der Wiedervereinigung zeigen die Urteile des EGMR in den Verfahren Forrer-Niedenthal/Deutschland und Althoff/Deutschland. In dem Urteil v. 20.2.2003, 47316/99 – *Forrer-Niedentahl/Deutschland*, ging es um Art. 327 § 1 EGBGB (**Heilung von Fehlern eines Kaufvertrags zur Übertragung von Grundeigentum in Volkseigentum**).[174] Die Regelung war ein Eingriff in Art. 1, war gesetzlich vorgesehen und verfolgte ein berechtigte Ziel, war also kein Verstoß gegen Art. 1.[175] Im Urteil Althoff/Deutschland ging es um die **Konkurrenz von Restitutionsansprüchen** der Bundesregierung, die diese im Wege der Legalzession von den Erben in der NS Zeit verfolgter und enteigneter Juden erworben hatte, nachdem diese in den USA mit deutschen Geldern entschädigt worden waren zu Restitutionsansprüchen auf den gleichen Vermögenswert eines in der DDR Zeit Enteigneten. Zwar gehen grundsätzlich die Restitutionsansprüche des Erstgeschädigten, hier also des in der NS Zeit Enteigneten und damit auch der Bundesregierung, auf die diese übergegangen sind, denen des in der DDR Zeit Zweitgeschädigten vor und bringen letztere zum Erlöschen, jedoch hatte nur der Zweitgeschädigte seine Ansprüche fristgemäß angemeldet, nicht aber die Bundesregierung. Damit war nach Ablauf der Anmeldefrist zunächst nur der Zweitgeschädigte anspruchsberechtigt. Die spätere Gesetzesänderung, mit der der Bundestag nach Fristablauf nachträglich die Anmeldefrist (nur) für die Bundesregierung verlängerte mit der Folge, dass deren Ansprüche nun doch noch denen des Zweitgeschädigten vorgingen, sah der Gerichtshof als einen Eingriff in die berechtigte Erwartung des Zweitgeschädigten auf Restitution, der zwar auf gesetzlicher Grundlage und in öffentlichem Interesse, aber nicht in verhältnismäßiger Form erfolgte.[176]

---

171 EGMR 9.3.2006 – 58182/00 – *Mitzon/Deutschland*; vgl. zum Vermögensgesetz auch EGMR 12.12.2002 – 37290/97, Slg. 02-X – *Wittek/Deutschland*.
172 EGMR 12.1.2006 – 77207/01 – *Senkpiel/Deutschland*: kein Verstoß.
173 EGMR 28.9.2005 – 31443/96 (GK), Slg. 05-IX – *Broniowski/Polen*.
174 EGMR 20.2.2003 – 47316/99 – *Forrer-Niedenthal/Deutschland*.
175 Vgl. zur Treuhandverwaltung einer Spende der PDS EGMR 5.12.2002 – 53871/00, Slg. 02-X – *Islamische Religionsgemeinschaft e.V./Deutschland*.
176 EGMR 8.12.2011 – 5631/05, Rn. 50 – 54, 58, 61, 62 – 74 – *Althoff u.a./Deutschland*.

Danach gilt: Der Staat haftet nicht für Enteignungen vor Ratifizie-   62
rung der EMRK oder durch Vorgängerstaaten. Er ist auch nicht dazu
verpflichtet, Vermögen zurückzugeben oder für den Verlust zu entschädigen. Wenn er aber Ansprüche begründet, können sie in den
Schutzbereich von Art. 1 fallen.

XII. Verhältnis zu anderen Artikeln

Art. 6 I: In einigen Fällen hat der EGMR eine Prüfung von Art. 1   63
Prot. Nr. 1 nicht für erforderlich gehalten, weil er eine Verletzung
von Art. 6 (Verfahrensdauer) festgestellt hatte.[177] Wenn ein Urteil
entgegen Art. 6 **zu spät vollstreckt** worden ist, ist häufig auch Art. 1
verletzt.[178] In vielen Fällen, in denen der EGMR eine Verletzung von
Art. 1 Prot. Nr. 1 festgestellt hat, weil die Entschädigung zu spät gezahlt wurde (Inflationsverlust; → Rn. 46), hat er eine gesonderte Prüfung von Art. 6 I wegen der Verfahrensdauer nicht für nötig gehalten
und das im Tenor festgestellt.[179] Wenn Art. 1 Prot. Nr. 1 wegen unangemessen später Durchsetzung eines Räumungsurteils verletzt ist
(→ Rn. 49) ist auch Art. 6 verletzt.

Eine Verletzung von Art. 1 iVm. **Art. 14 EMRK** wird häufig ge-   64
rügt.[180]

XIII. Antrag

Der Antrag geht wie üblich dahin **festzustellen, dass Art. 1 Prot.**   65
Nr. 1 verletzt ist. Bei Anträgen auf gerechte Entschädigung nach
Art. 41 ist besonders die **Entschädigung für materielle Schäden** bedeutsam. Die Höhe des Schadens muss genau berechnet und belegt
sein, die Berechnung verdeutlicht werden. Wenn eine Sache entzogen
worden ist, kann beantragt werden, **den beklagten Staat zur Rückga-**
be zu verurteilen. Das kann auch in der Form geschehen, dass für die
Rückgabe eine Frist bestimmt wird und danach eine Entschädigung
zu zahlen ist (→ Art. 41 Rn. 19, 20). Wenn ein Kundenstamm verloren gegangen ist, muss **der entgangene Gewinn genau begründet und**

---

177 Z.B. EGMR 10.2.1993 – 11491/85, Rn. 23 – *Zanghi/Italien*; EGMR 1.3.2001
     – 44486/98 – *Tebaldi/Italien*; vgl. zum Verhältnis zu Art. 6: Art. 6 Rn. 259.
178 Art. 6 Rn. 259; vgl. EGMR 20.12.2005 – 19603/03, Rn. 17 – *Bezugly/Ukrai-*
     ne: 1 Jahr 2 Monate keine Verletzung.
179 Z. B. EGMR 18.9.2001 – 19695/92, Rn. 40 – *Necati Tosun/Türkei*; EGMR
     24.5.2005 – 42667/98, Rn 24 – *Eksinozlugil/Türkei*; vgl. auch EGMR
     21.6.2006 – 1513/03 (GK), Rn. 95 – *Draon/Frankreich* für Verletzung von
     Art. 1 Prot. Nr. 1. durch rückwirkendes Gesetz.
180 Z. B. EGMR 1.2.2000 – 34406/97, Slg. 00-II – *Mazurek/Frankreich*: Diskrimi-
     nierung von Kindern aus ehebrecherischer Beziehung beim Erbrecht.

belegt werden (→ Art. 41 Rn. 9, 40). Daneben kann Ersatz **immateriellen Schadens** beantragt werden (→ Art. 41 Rn. 11,12). Was die Verpflichtung des Staates aus Art. 46 zur Durchführung des Urteils angeht, kann beantragt werden, dass der EGMR konkrete Aussagen macht (→ Art. 46 Rn. 5). Wenn ein **struktureller Mangel** deutlich wird, kann beantragt werden, dass der EGMR das feststellt (→ Art. 46 Rn. 7 ff.).

Artikel 2 Recht auf Bildung

[1]Niemandem darf das Recht auf Bildung verwehrt werden. [2]Der Staat hat bei Ausübung der von ihm auf dem Gebiet der Erziehung und des Unterrichts übernommenen Aufgaben das Recht der Eltern zu achten, die Erziehung und den Unterricht entsprechend ihren eigenen religiösen und weltanschaulichen Überzeugungen sicherzustellen.

I. Allgemeines

1. Sonstige völker- und europarechtliche Normen

1 Das Recht auf Bildung wird ebenso wie das auf das Bildungs- und Erziehungswesen bezogene Elternrecht in einer Vielzahl anderer völker- und europarechtlicher Normen gewährleistet. Bereits **Art. 26 Abs. 1 und 2 der Allgemeinen Erklärung der Menschenrechte**[1] enthält eine im Vergleich zu Art. 2 differenziertere sowie um Bildungs- und Erziehungsziele ergänzte Regelung des Rechts auf Bildung. Absatz 3 der Norm beinhaltet das vorrangige Recht der Eltern, „die Art der Bildung zu wählen, die ihren Kindern zuteil werden soll." Diese Garantien sind in anderen internationalen Verträgen aufgegriffen und insbesondere mit einem Fokus auf bestimmte Personengruppen reformuliert worden. Neben der differenzierten Gewährleistung des Bildungsrechtes in **Art. 13 Abs. 1 und 2 des Internationalen Paktes**

---

1 A/RES/217 A (III) vom 10.12.1948.

über wirtschaftliche, soziale und kulturelle Rechte[2] und der dort in Absatz 3 enthaltenen Verpflichtung der Vertragsstaaten, die Freiheit der Eltern zur religiösen und sittlichen Erziehung ihrer Kinder in Übereinstimmung mit ihren eigenen Überzeugungen sicherzustellen, anerkennt **Art. 28 Abs. 1 des Übereinkommens über die Rechte des Kindes**[3] ein originäres Recht des Kindes auf Bildung, wohingegen **Art. 18 Abs. 1 Satz 2 und 3** des Übereinkommens ohne Bezug zum Bildungswesen klarstellt, dass für die Erziehung und Entwicklung des Kindes in erster Linie die Eltern verantwortlich sind, deren Grundanliegen dabei das Wohl des Kindes ist.[4] **Art. 10 der Europäischen Sozialcharta**[5], die Deutschland in der nicht-revidierten Fassung aus dem Jahr 1961 ratifiziert hat, enthält zahlreiche Verpflichtungen der Vertragsstaaten im Hinblick auf das Recht auf berufliche Ausbildung.

Auf die diskriminierungsfreie Gewährleistung des Bildungsrechts für Menschen mit Behinderungen und die sukzessive Implementierung eines inklusiven Schulwesens zielt **Art. 24 des Übereinkommens über die Rechte von Menschen mit Behinderungen.**[6] Gemäß **Art. 10 des Übereinkommens zur Beseitigung jeder Form von Diskriminierung der Frau**[7] verpflichten sich die Vertragsstaaten alle geeigneten Maßnahmen zu treffen, um Frauen im Bildungsbereich die gleichen Rechte zu gewährleisten wie Männern. **Art. 22 des Abkommens über die Rechtsstellung von Flüchtlingen**[8] regelt den Zugang von Flüchtlingen zu öffentlichen Bildungs- und Erziehungsanstalten. **Art. 5 e v.) des Internationalen Übereinkommens zur Beseitigung jeder Form von Rassendiskriminierung**[9] befasst sich mit dem Recht auf Erziehung und Ausbildung ohne Unterschied der Rasse, der Hautfarbe, des nationalen Ursprungs oder des Volkstums. Unmittelbar auf den Schutz gegen Diskriminierung im Bildungswesen zielt gleichermaßen das

2

---

2 BGBl. 1973 II 1570, 1976 II 428. Zu Art. 13 IPwskR: *Deutsches Institut für Menschenrechte*, Die »General Comments« zu den VN-Menschenrechtsverträgen, 2005, S. 263 ff.; instruktiv zu dieser Norm ferner: *Lorenzmeier* NVwZ 2006, 759; *Riedel/Söllner* JZ 2006, 270.

3 BGBl. 1992 II 122. Hierzu: *Schmahl*, Kinderrechtskonvention mit Zusatzprotokollen, 2. Aufl. 2013, Artikel 28/29; *Verheyde*, in *Alan et al*, A Commentary on the United Nations Convention on the Rights of the Child, 2006, Article 28.

4 Zu dem auf die Würde und die Rechte des Kindes aufbauenden Katalog von Bildungs- und Erziehungszielen, die in Art. 29 Abs. 1 des Übereinkommens normiert sind: *Deutsches Institut für Menschenrechte*, Die »General Comments« zu den VN-Menschenrechtsverträgen, 2005, S. 538 ff.

5 BGBl. 1964 II 1261.

6 BGBl. 2008 II 1419. Zu Art. 24: *Krajewski* JZ 2010, 120; *Riedel/Arend* NVwZ 2010, 1346.

7 BGBl. 1985 II 647.

8 BGBl. 1953 II 559.

9 BGBl. 1969 II 961.

UNESCO-Übereinkommen gegen Diskriminierung im Unterrichtswesen.[10]

3 **Art. 14 der Charta der Grundrechte der Europäischen Union** lehnt sich an Art. 2 an und garantiert neben dem „Recht der Eltern, die Erziehung und den Unterricht ihrer Kinder entsprechend ihren eigenen religiösen, weltanschaulichen und erzieherischen Überzeugungen sicherzustellen" (Abs. 3), ebenfalls ein Recht auf Bildung (Abs. 1), das jedoch um die ausdrückliche Gewährleistung des Zugangs zur beruflichen Aus- und Weiterbildung (Abs. 1), der unentgeltlichen Teilnahme am Pflichtschulunterricht (Abs. 2) sowie der Freiheit zur Gründung von Lehranstalten (Abs. 3) ergänzt wird.[11]

2. Bundesdeutsche Normen

4 Ob im deutschen Recht **Art. 7 GG** oder sonstigen Normen des Grundgesetzes ein **Recht auf Bildung** entnommen werden kann, wird nicht einheitlich beurteilt. Während das BVerwG und andere Gerichte von einem in Art. 2 Abs. 1 GG enthaltenen Recht auf Bildung ausgehen[12], hat das BVerfG die Frage bislang offen gelassen.[13] Mit nur leicht variierenden Formulierungen enthalten allerdings die Verfassungen zahlreicher Bundesländer explizite Verbürgungen des Rechtes auf Bildung.[14] In **Art. 6 Abs. 2 Satz 1 GG** wird ein **allgemeines Elternrecht** normiert, das grundsätzlich auch in Bezug auf das staatliche Bildungs- und Erziehungswesen zu berücksichtigen ist. **Art. 7 Abs. 2 GG** enthält darüber hinaus das **Recht der Erziehungsberechtigten, über die Teilnahme des Kindes am Religionsunterricht zu entscheiden.**

---

10 BGBl. 1968 II 385.

11 Zum Recht auf Bildung und zum Elternrecht in der GrCh: *Augsberg* in *von der Groeben/Schwarze/Hatje*, Europäisches Unionsrecht, 7. Aufl. 2015, Art. 14; *Bernsdorff* in *Meyer*, Charta der Grundrechte der Europäischen Union, 4. Aufl. 2014, Art. 14; *Caspar* European Journal for Education Law and Policy 5 (2001), 21.

12 BVerwGE 105, 44 (47); 56, 155 (158); 47, 201 (204); HessStGH NJW 1982, 1381 (1385).

13 BVerfGE 45, 400 (417); ferner: BVerfGE 53, 185 (203); BVerfG NVwZ 1997, 782 (782).

14 Art. 11 Abs. 1 Verf BW, Art. 128 Abs. 1 Verf BY, Art. 20 Abs. 1 Satz 1 BerlVerf, Art. 29 Abs. 1 Verf BB, Art. 27 Abs. 1 BremVerf, Art. 8 Satz 1 Verf MV, Art. 4 Abs. 1 Verf ND, Art. 8 Abs. 1 Satz 1 Verf NW, Art. 31 Satz 1 Verf RP, Art. 24 a Abs. 1 SVerf, Art. 7 Abs. 1 Verf SN, Art. 25 Abs. 1 Verf LSA, Art. 10 Abs. 3 Satz 2 Verf SH und Art. 20 Satz 1 Verf TH. Zu den Gewährleistungen im Landesverfassungsrecht: *Poscher/Rux/Langer*, Das Recht auf Bildung, 2009, S. 107 ff.

3. Vorbehalt der Bundesrepublik Deutschland

Deutschland hat bei Hinterlegung der Ratifikationsurkunde am   5
13.2.1957 folgende vom EGMR[15] als Vorbehalt bezeichnete Erklärung abgegeben: „Die Bundesrepublik Deutschland macht sich die
Auffassung zu eigen, dass Art. 2 Satz 2 des Zusatzprotokolls keine
Verpflichtung des Staates begründet, Schulen religiösen oder weltanschaulichen Charakters zu finanzieren oder sich an ihrer Finanzierung zu beteiligen, da diese Frage nach der übereinstimmenden Erklärung des Rechtsausschusses der Beratenden Versammlung und des
Generalsekretärs des Europarats außerhalb des Rahmens der Konvention über Menschenrechte und Grundfreiheiten sowie des Zusatzprotokolls liegt."[16]

II. Normstruktur

Art. 2 grenzt den staatlichen Bildungs- und Erziehungsauftrag vom   6
Elternrecht ab. Damit spiegelt die Norm das aus der nationalen
Rechtsprechung bekannte und in Einzelfällen nur schwer auflösbare
Spannungsverhältnis, das zwischen staatlichen Bildungs- und Erzie-
hungsaktivitäten, dem Recht der Eltern auf Erziehung ihrer Kinder
entsprechend den eigenen Überzeugungen und dem Recht des Kindes
auf Bildung besteht.[17]

Nach Ansicht der Konventionsorgane stellt **Art. 2 ein einheitliches**   7
Ganzes dar, bei dem die beiden Sätze der Norm im Wege der systematischen Interpretation im Lichte des jeweils anderen Satzes auszulegen sind.[18] Dabei wird das Elternrecht jedoch vom Recht auf Bil-

---

15 EGMR 27.8.2013 – 61145/09, NVwZ 2014, 1293 (1293 Rn. 16) – *Huhle/*
    Deutschland.
16 BGBl. 1957 II 226. Hierzu: *Boehmer/Walter* ZaöRV 23 (1963), 175 (184 f.);
    Partsch in *Bettermann/Neumann/Nipperdey*, Die Grundrechte, Bd. I/1, 1966,
    S. 235 (471 und 474).
17 *Frowein/Peukert*, EMRK-Kommentar, 3. Aufl. 2009, Art. 2 des 1. ZP Rn. 7;
    Grabenwarter, European Convention on Human Rights, 2014, P1-2, Rn. 1;
    ders./Pabel, Europäische Menschenrechtskonvention, § 22 Rn. 81 und 83; *Lan-*
    genfeld in *Dörr/Grote/Marauhn*, EMRK/GG, Bd. II, 2. Aufl. 2013, Kap. 24
    Rn. 4.
18 EGMR 19.10.2012 – 43370/04, 8252/05, 18454/06 (GK), Slg 2012-V Rn. 136
    – *Catan* ua/*Moldawien u. Russland*; 13.9.2011 – 319/08, KirchE 58, 196 (207)
    – *D.* ua/*Deutschland*; 18.3.2011 – 30814/06 (GK), Slg 2011-III Rn. 60 – *Soile*
    Lautsi ua/*Italien*; 3.11.2009 – 30814/06, KirchE 54, 310 (319 Rn. 47) – *Soile*
    Lautsi/Italien; 9.10.2007 – 1448/04, NVwZ 2008, 1327 (1327 Rn. 47) – *Hasan*
    u. Eylan Zengin/Türkei; 29.6.2007 – 15472/02, Slg 2007-III Rn. 84 – *Folgerø*
    ua/*Norwegen*; 18.12.1996 – 21787/93, Slg 1996-VI Rn. 25 – *Valsamis/Grie-*
    chenland; 18.12.1996 – 24095/94, Slg 1996-VI Rn. 26 – *Efstratiou/Griechen-*
    land; 7.12.1976 – 5095/71 ua, Série A Vol. 23 Rn. 52 – *Kjeldsen* ua/*Dänemark*;
    EKMR 9.3.1977 – 6853/74, DR 9, 27 (30) – *40 Mütter/Schweden*.

dung in Satz 1 beherrscht.[19] Dieses Recht hat der EGMR als **fundamentales Recht des Kindes** bezeichnet, auf das das Elternrecht in Satz 2 lediglich »aufgesetzt« ist.[20] Auch wenn Art. 2 mögliche Konflikte zwischen den Eltern und ihren Kindern im Hinblick auf Bildungs- und Erziehungsfragen grundsätzlich nicht regelt[21], ergibt sich hieraus für die Eltern bei der Wahrnehmung der ihnen obliegenden **Erziehungsverantwortung** eine auf die Wahrung des Bildungsrechts des Kindes bezogene Verpflichtung.[22] Wann jedoch religiöse oder weltanschauliche Überzeugungen den Bildungsinteressen des Kindes zuwiderlaufen und das Elternrecht deshalb durch das Recht des Kindes auf Bildung begrenzt wird, ist eine abstrakt nur schwer zu beantwortende Frage, die letztendlich unter Bezugnahme auf den freilich unbestimmten Begriff des Kindeswohls im Einzelfall zu beantworten ist.[23] In der Literatur werden diesbezüglich Freiräume der Eltern hervorgehoben, die dort an ihre Grenzen stoßen, wo die Bildungschan-

---

19 EGMR 29.6.2007 – 15472/02, Slg 2007-III Rn. 84 – *Folgerø* ua/*Norwegen*; 25.2.1982 – 7511/76, Série A Vol. 48 Rn. 36 und 40 – *Campbell u. Cosans/ Vereinigtes Königreich*; 7.12.1976 – 5095/71 ua, Série A Vol. 23 Rn. 50 und 52 – *Kjeldsen* ua/*Dänemark*; EKMR 4.7.1995 – 25212/94, DR 82-A, 129 (132) – *Martin Klerks/Niederlande*; 2.10.1989 – 14135/88, DR 62, 292 (296) – *P.D. u. L.D./Vereinigtes Königreich*; 6.3.1987 – 11533/85, DR 51, 125 (128) – *Ingrid Jordebo Foundation of Christian Schools u. Ingrid Jordebo/Schweden*. Ähnlich auch: *Grabenwarter/Pabel*, Europäische Menschenrechtskonvention, § 22 Rn. 81.

20 EGMR 29.6.2007 – 15472/02, Slg 2007-III Rn. 84 – *Folgerø* ua/*Norwegen*; EKMR 11.12.1985 – 10476/83, DR 45, 143 (148) – *W. und K.L. /Schweden*; 2.5.1978 – 7782/77, DR 14, 179 (180) – *X./Vereinigtes Königreich*. Siehe auch: *Wildhaber* in *Golsong* ua, Internationaler Kommentar zur Menschenrechtskonvention, Art. 2 Rn. 13 und 68.

21 *Grabenwarter*, European Convention on Human Rights, 2014, P1-2, Rn. 11; *ders./Pabel*, Europäische Menschenrechtskonvention, § 22 Rn. 94; *Wildhaber* in *Golsong* ua, Internationaler Kommentar zur Menschenrechtskonvention, Art. 2 Rn. 8. Ausführlicher hierzu auch: *Vermeulen* in *van Dijk et al*, Theory and Practice of the European Convention on Human Rights, 4th ed. 2006, S. 907 f.

22 EGMR 13.9.2011 – 319/08, KirchE *58*, 196 (208) – *D.* ua/*Deutschland*; 29.6.2007 – 15472/02, Slg 2007-III Rn. 84 – *Folgerø* ua/*Norwegen*; 11.9.2006 – 35504/03, Slg 2006-XIII Rn. 1 – *Konrad/Deutschland*; 7.12.1976 – 5095/71 ua, Série A Vol. 23 Rn. 52 – *Kjeldsen* ua/*Dänemark*; EKMR 30.6.1993 – 17678/91 – *B.N. und S.N./Schweden*; 9.7.1992 – 19844/92, Rn. 1 – *Renata Leuffen/Deutschland*; *Beiter*, The Protection of the Right to Education by International Law, 2006, S. 160; *Hodgson* The International Journal of Children's Rights 4 (1996), 237 (259 f.).

23 Für den Vorrang des Bildungsrechts vor dem Elternrecht im Fall der Verweisung eines Kindes mit Behinderung in eine spezielle Förderschule entgegen dem Willen der Eltern, siehe: EKMR 4.7.1995 – 25212/94, DR 82-A, 129 (132 f.) – *Martin Klerks/Niederlande*; 5.2.1990 – 13887/88, DR 64, 158 (165 f.) – *Diana Graeme/Vereinigtes Königreich*; 2.10.1989 – 14135/88, DR 62, 292 (296 f.) – *P.D. u. L.D./Vereinigtes Königreich*.

Hanschmann

cen des Kindes in einer nicht mehr vertretbaren Weise beeinträchtigt werden und sich hieraus eine Gefahr für das Kindeswohl ergibt.[24]

III. Recht auf Bildung (Satz 1)

Das in Satz 1 normierte Recht auf Bildung enthält ein **subjektives** **Teilhaberecht** in dem Sinne, dass der diskriminierungsfreie und effektive Zugang zu den zu einem bestimmten Zeitpunkt vorhandenen staatlichen Bildungseinrichtungen sowie die Nutzung des dort jeweils angebotenen Unterrichts geschützt werden.[25] Umfasst sind aufgrund des Wortlautes der Vorschrift und des Grundsatzes des „effet utile" dabei **alle Stufen des Bildungssystems,** dh neben Einrichtungen der Elementar- und Sekundarbildung auch weiterführende Schulen sowie Hochschulen.[26] Jedenfalls für die höhere Ausbildung kann der Zugang allerdings von mit dem Diskriminierungsverbot in Art. 14 EMRK vereinbaren Voraussetzungen abhängig gemacht werden, die sich auf die Eignung, Qualifikation oder sonstige Kriterien (zB Über-

8

---

24 *Langenfeld* in *Dörr/Grote/Marauhn,* EMRK/GG, Bd. II, 2. Aufl. 2013, Kap. 24 Rn. 8.
25 So bereits in: EGMR 23.7.1968 – 1474/62, Série A Vol. 6 Rn. 3 f. – *Belgischer Sprachenfall.* Ebenso: EGMR 27.5.2014 – 16032/07, Rn. 31 – *Velyo Velev/ Bulgarien;* 27.8.2013 – 61145/09, NVwZ 2014, 1293 (1293 Rn. 17) – *Huhle/ Deutschland;* 19.10.2012 – 43370/04, 8252/05, 18454/06 (GK), Slg 2012-V Rn. 137 – *Catan ua/Moldawien u. Russland;* 21.6.2011 – 5335/05, Slg 2011-III Rn. 49 – *Ponomaryovi/Bulgarien;* 16.3.2010 – 15766/03 (GK), Slg 2010-II Rn. 153 ff. – *Oršuš ua/Kroation;* 29.6.2007 – 15472/02, Slg 2007-III Rn. 84 – *Folgerø ua/Norwegen;* EKMR 6.3.1987 – 11533/85, DR 51, 125 (128) – *Ingrid Jordebo Foundation of Christian Schools u. Ingrid Jordebo/Schweden; Langenfeld,* in *Dörr/Grote/Marauhn,* EMRK/GG, Bd. II, 2. Aufl. 2013, Kap. 23 Rn. 7 und 13; *Villiger,* Handbuch der EMRK, 2. Aufl. 1999, § 31 Rn. 676.
26 Mit besonders ausführlicher Begründung, siehe: EGMR 10.11.2005 – 44774/98 (GK), Slg 2005-XI Rn. 134 ff. – *Leyla Şahin/Türkei.* St. Rspr.: EGMR 27.5.2014 – 16032/07, Rn. 31 – *Velyo Velev/Bulgarien;* 27.8.2013 – 61145/09, NVwZ 2014, 1293 (1293 Rn. 17) – *Huhle/Deutschland;* 2.4.2013 – 25851/09, 29284/09 und 64090/09, NVwZ 2014, 929 (929 Rn. 43) –*Tarantino ua/Italien;* 21.6.2011 – 5335/05, Slg 2011-III Rn. 49 – *Ponomaryovi/Bulgarien;* 7.2.2006 – 60856/00, Slg 2006-II Rn. 41 – *Mürsel Eren/Türkei;* zust.: *Beiter,* The Protection of the Right to Education by International Law, 2006, S. 161; *Frowein/ Peukert,* EMRK-Kommentar, 3. Aufl. 2009, Art. 2 des 1. ZP Rn. 2; *Vermeulen,* The Right to Education (Article 2 of Protocol No. 1), in *van Dijk et al,* Theory and Practice of the European Convention on Human Rights, 4th ed. 2006, S. 897; *Wildhaber* in *Golsong* ua, Internationaler Kommentar zur Menschenrechtskonvention, Art. 2 Rn. 23.

schreiten eines Zeitrahmens) beziehen können.[27] Erfüllt ein Bewerber die Zulassungsvoraussetzungen, besteht ein **Anspruch auf Zulassung**.[28] Die sozialverträgliche Erhebung von **Schul- oder Studiengebühren** ist grundsätzlich zulässig, wobei aber mindestens der Elementarunterricht unentgeltlich sein muss und im Übrigen der **Gestaltungsspielraum der Konventionsstaaten** mit der Höhe der Ausbildungsstufe größer wird.[29]

9 Die effektive Gewährleistung des Rechts auf Bildung erfordert darüber hinaus, dass der Einzelne Nutzen aus einer absolvierten Ausbildung ziehen kann. Daraus folgt eine **Verpflichtung der Konventionsstaaten zur offiziellen Anerkennung** derjenigen Abschlüsse, die an den Bildungseinrichtungen im jeweils eigenen Hoheitsbereich ordnungsgemäß abgelegt worden sind.[30] Eine Verpflichtung zur Anerkennung von Ausbildungen oder Abschlüssen aus anderen Konventionsstaaten besteht nicht.[31] Berechtigte der Rechte aus Satz 1 sind alle

---

27 EGMR 9.7.2013 – 37222/04, Rn. 34, 41 und 51 ff. – *Altinay/Türkei*; 2.4.2013 – 25851/09, 29284/09 und 64090/09, NVwZ 2014, 929 (929 ff. Rn. 43 ff.) – *Tarantino* ua/*Italien*; 7.2.2006 – 60856/00, Slg 2006-II Rn. 48 – *Mürsel Eren/Türkei*; 16.11.1999 – 48041/99, Rn. 3 – *Lukach*. Ebenso: *Bitter* in *Karpenstein/Mayer*, Konvention zum Schutz der Menschenrechte und Grundfreiheiten, Art. 2 ZP I Rn. 11; *Wildhaber* in *Golsong* ua, Internationaler Kommentar zur Menschenrechtskonvention, Art. 2 Rn. 54.

28 EGMR 7.2.2006 – 60856/00, Slg 2006-II Rn. 48 – *Mürsel Eren/Türkei*. Ebenso: *Bitter* in *Karpenstein/Mayer*, Konvention zum Schutz der Menschenrechte und Grundfreiheiten, Art. 2 ZP I Rn. 11; *Frenz*, Handbuch Europarecht, Bd. 4, 2009, Rn. 2410; *Frowein/Peukert*, EMRK-Kommentar, 3. Aufl. 2009, Art. 2 des 1. ZP Rn. 2.

29 Andeutungsweise präferiert der Gerichtshof eine Verpflichtung zur Unentgeltlichkeit zumindest auch für jenen Teil der Sekundarausbildung, der Voraussetzung dafür ist, dass ein qualifizierter Beruf erlernt werden kann. Siehe: EGMR 21.6.2011 – 5335/05, Slg 2011-III Rn. 55 ff. – *Ponomaryovi/Bulgarien*. Ferner auch: *Grabenwarter*, European Convention on Human Rights, 2014, P1-2, Rn. 9 und 11; *Langenfeld* in *Dörr/Grote/Marauhn*, EMRK/GG, Bd. II, 2. Aufl. 2013, Kap. 23 Rn. 11; *Velu/Ergec*, Convention européenne des droits de l'homme, 2ᵉ éd. 2014, Rn. 774.

30 So bereits: EGMR 23.7.1968 – 1474/62, Série A Vol. 6 Rn. 4 – *Belgischer Sprachenfall*. St. Rspr.: EGMR 19.10.2012 – 43370/04, 8252/05, 18454/06 (GK), Slg 2012-V Rn. 140 – *Catan* ua/*Moldawien u. Russland*; 11.1.2011 – 40385/06, Rn. 51 – *Ali/Vereinigtes Königreich*; 29.6.2007 – 15472/02, Slg 2007-III Rn. 84 – *Folgerø* ua/*Norwegen*; 13.12.2005 – 55762/00 und 55974/00, Slg 2005-XII Rn. 63 – *Timishev/Russland*; 10.11.2005 – 44774/98 (GK), Slg 2005-XI Rn. 136 iVm Rn. 152 – *Leyla Şahin/Türkei*; 7.12.1976 – 5095/71 ua, Série A Vol. 23 Rn. 52 – *Kjeldsen* ua/*Dänemark*. Weitergehender für Mitgliedstaaten der EU: *Frenz*, Handbuch Europarecht, Bd. 4, 2009, Rn. 2411 f.; *Grabenwarter*, European Convention on Human Rights, 2014, P1-2, Rn. 8.

31 EKMR 10.10.1985, DR 45, 300 (302) – *Halina Glazewska/Schweden*; 9.10.1978 – 7864/77, DR 16, 82 (83 f.) – *X./Belgien*; *Bitter* in *Karpenstein/Mayer*, Konvention zum Schutz der Menschenrechte und Grundfreiheiten, Art. 2 ZP I Rn. 11; *Wildhaber* in *Golsong* ua, Internationaler Kommentar zur Menschenrechtskonvention, Art. 2 Rn. 59.

der Hoheitsgewalt eines Staates[32] unterworfene natürliche Personen, dh auch Ausländer und Staatenlose unabhängig von ihrem jeweiligen Aufenthaltsstatus.[33] Juristische Personen sind hingegen nicht berechtigt, da das Recht auf Bildung seinem Wesen nach auf diese nicht anwendbar ist.[34]

Aus der am Ende des Entstehungsprozesses bewusst gewählten[35] negativen Formulierung des Art. 2 Satz 1 folgt, dass der Einzelne gegenüber dem Staat **keinen Anspruch hat auf die Schaffung oder Subventionierung nicht vorhandener Bildungseinrichtungen,** die besondere Gestaltung des Unterrichtsprogramms oder die Etablierung neuer Schulformen (wie etwa dem Homeschooling).[36] Gleichwohl weist das auf der Menschenwürde basierende Recht auf Bildung insofern eine sozialrechtliche Dimension auf, als es den Staat zur **Vorhaltung eines Bildungssystems** verpflichtet, weil anders das Recht in der modernen Gesellschaft weder in seinem Mindestgehalt verwirklicht, noch ein Pluralismus in der Erziehung sichergestellt werden kann, welcher nach Ansicht des Gerichtshofes wesentlich ist für den Erhalt

10

---

32 Für die Ausübung nur tatsächlicher Kontrolle über einen Teil eines anderen Konventionsstaates: EGMR 19.10.2012 – 43370/04, 8252/05, 18454/06 (GK), Slg 2012-V Rn. 103 ff., 137 und 150 – *Catan* ua/*Moldawien u. Russland*.

33 Für Kinder und Jugendliche ohne Aufenthaltsstatus: *Hanschmann* RdJB 2010, 80 (87 ff.). Allg.: *Langenfeld* in *Dörr/Grote/Marauhn*, EMRK/GG, Bd. II, 2. Aufl. 2013, Kap. 23 Rn. 25 und 30 f.

34 EGMR 7.4.1997 – 34614/97, EuGRZ 1997, 616 (618 Rn. 1) – *Scientology Kirche Deutschland* eV/*Deutschland*; 23.7.1968 – 1474/62, Série A Vol. 6 Rn. 3 – *Belgischer Sprachenfall*; EKMR 6.3.1987 – 11533/85, DR 51, 125 (128) – *Ingrid Jordebo Foundation of Christian Schools u. Ingrid Jordebo/Schweden*. M. krit. Anm.: *Wildhaber* in *Golsong* ua, Internationaler Kommentar zur Menschenrechtskonvention, Art. 2 Rn. 17 f.

35 Hierzu: *Fawcett*, The Application of the European Convention on Human Rights, 1969, S. 352 f.; *Guradze*, Die Europäische Menschenrechtskonvention, 1968, S. 261.

36 So bereits: EGMR 23.7.1968 – 1474/62, Série A Vol. 6 Rn. 3 – *Belgischer Sprachenfall*; st. Rspr.: EGMR 27.8.2013 – 61145/09, NVwZ 2014, 1293 (1293 f. Rn. 17) – *Huhle/Deutschland*; 18.3.2011 – 30814/06 (GK), Slg 2011-III Rn. 61 – *Soile Lautsi* ua/*Italien*; 10.11.2005 – 44774/98 (GK), Slg 2005-XI Rn. 137 – *Leyla Şahin/Türkei*; EKMR 6.3.1987 – 11533/85, DR 51, 125 (128) – *Ingrid Jordebo Foundation of Christian Schools u. Ingrid Jordebo/Schweden*. Für Unterrichtsangebote in Gefängnissen: EGMR 24.9.2013 – 29343/10, Rn. 63 – *Epistatu/Rumänien*. Weitere Nachweise bei: *Beiter*, The Protection of the Right to Education by International Law, 2006, S. 163.

der demokratischen Gesellschaft iSd Konvention.[37] Die konkrete Ausgestaltung der Bildungsinfrastruktur liegt allerdings im Gestaltungsspielraum der einzelnen Konventionsstaaten und kann mit Rücksicht auf die jeweils gegebenen wirtschaftlichen und sozialen Umstände sowie die vorhandenen Bedürfnisse und Ressourcen nach Ort und Zeit variieren.[38] Hiervon umfasst sind die strukturelle Organisation des Bildungswesens[39], die Regelung der Schulpflicht einschließlich ihrer Dauer[40] und die Festlegung der Bildungs- und Erziehungsziele, der Leistungsanforderungen und Benotungsstufen sowie der Fächer, curricularen Inhalte und methodisch-didaktischen Vorgehensweisen.[41]

---

37 Zu dieser institutionellen Garantie und den Pluralismusanforderungen: EGMR 13.9.2011 – 319/08, KirchE 58, 196 (208) – D. ua/*Deutschland*; 3.11.2009 – 30814/06, KirchE 54, 310 (319 Rn. 47) – *Soile Lautsi/Italien*; 29.6.2007 – 15472/02, Slg 2007-III Rn. 84 – *Folgerø* ua/*Norwegen*; 11.9.2006 – 35504/03, Slg 2006-XIII Rn. 1 – *Konrad/Deutschland*; 23.7.1968 – 1474/62, Série A Vol. 6 Rn. 3 – *Belgischer Sprachenfall*; EKMR 30.6.1993 – 17678/91 – *B.N. und S.N./Schweden*; 9.7.1992 – 19844/92, Rn. 1 – *Renata Leuffen/Deutschland*. Siehe auch: *Delbrück* GYIL 35 (1992), 92 (101); *Khol*, ZaöRV 30 (1970), 263 (284 f.); *Langenfeld* in *Dörr/Grote/Marauhn*, EMRK/GG, Bd. II, 2. Aufl. 2013, Kap. 23 Rn. 9 f. und 34; *Palm-Risse*, Der völkerrechtliche Schutz von Ehe und Familie, 1990, S. 370.

38 EGMR 9.7.2013 – 37222/04, Rn. 33 – *Altinay/Türkei*; 21.6.2011 – 5335/05, Slg 2011-III Rn. 53 – *Ponomaryovi/Bulgarien*; 11.9.2006 – 35504/03, Slg 2006-XIII Rn. 1 – *Konrad/Deutschland*; 7.2.2006 – 60856/00, Slg 2006-II Rn. 44 – *Mürsel Eren/Türkei*; 10.11.2005 – 44774/98 (GK), Slg 2005-XI Rn. 136 und 154 – *Leyla Şahin/Türkei*; 30.11.2004 – 46254/99 und 31888/02, Rn. 3 – *Henryk Bulski* ua/*Polen*; 17.6.2004 – 71860/01, Slg 2004-VI – *Çiftçi/Türkei*; 23.7.1968 – 1474/62, Série A Vol. 6 Rn. 5 – *Belgischer Sprachenfall*; EKMR 30.6.1993 – 17678/91 – *B.N. und S.N./Schweden*.

39 Speziell zur Zulässigkeit der Gesamtschule: *Frenz*, Handbuch Europarecht, Bd. 4, 2009, Rn. 2408 und 1418; *Langenfeld* in *Dörr/Grote/Marauhn*, EMRK/GG, Bd. II, 2. Aufl. 2013, Kap. 23 Rn. 11 mit Fn. 43.

40 EGMR 11.9.2006 – 35504/03, Slg 2006-XIII Rn. 1 – *Konrad/Deutschland*; EKMR 30.6.1993 – 17678/91 – *B.N. und S.N./Schweden*; 9.7.1992 – 19844/92, Rn. 1 – *Renata Leuffen/Deutschland*; 6.3.1984 – 10233/83, DR 37, 105 (108) – *Familie H./Vereinigtes Königreich*. Einhellig auch die Literatur: *Wildhaber* in *Golsong* ua, Internationaler Kommentar zur Menschenrechtskonvention, Art. 2 Rn. 24; *Bannwart-Maurer*, Das Recht auf Bildung und das Elternrecht, 1975, S. 119 f.; *Blum*, Die Gedanken-, Gewissens- und Religionsfreiheit nach Art. 9 der Europäischen Menschenrechtskonvention, 1990, S. 141; *Cohen-Jonathan*, La Convention européenne des droits de l'homme, 1989, S. 496 mit Fn. 182; *Palm-Risse*, Der völkerrechtliche Schutz von Ehe und Familie, 1990, S. 371.

41 EGMR 9.7.2013 – 37222/04, Rn. 45 – *Altinay/Türkei*; 13.9.2011 – 319/08, KirchE 58, 196 (208) – *D.* ua/*Deutschland*; 18.3.2011 – 30814/06 (GK), Slg 2011-III Rn. 62 – *Soile Lautsi* ua/*Italien*; 29.6.2007 – 15472/02, Slg 2007-III Rn. 84 – *Folgerø* ua/*Norwegen*; 7.2.2006 – 57325/00, Rn. 47 – *D.H.* ua/*Tschechische Republik*; 18.12.1996 – 21787/93, Slg 1996-VI Rn. 28 – *Valsamis/Griechenland*; 18.12.1996 – 24095/94, Slg 1996-VI Rn. 29 – *Efstratiou/Griechenland*; 7.12.1976 – 5095/71 ua, Série A Vol. 23 Rn. 53 – *Kjeldsen* ua/*Dänemark*. Für weitere Beispiele: *Wildhaber* in *Golsong* ua, Internationaler Kommentar zur Menschenrechtskonvention, Art. 2 Rn. 34 ff.

Hanschmann

Konkret besteht keine Verpflichtung, Schulunterricht in einer ande- 11
ren **Sprache** als der des betreffenden Landes zu gewährleisten (→
Art. 14 Rn. 26).[42] Wenn der Staat aber in der Elementarstufe eine
Schulbildung in einer bestimmten, von den Eltern gewünschten Sprache zur Verfügung stellt, muss er das auch für die Sekundarstufe
tun.[43] Des Weiteren haben die Konventionsorgane bislang aus Art. 2
Satz 1 weder einen Anspruch auf eine **inklusive Beschulung** behinder-
ter Kinder hergeleitet[44], noch einen Anspruch darauf, mit staatlicher
Unterstützung eine spezielle Förderschule besuchen zu können[45].[46]

Ein vom Gerichtshof anerkannter Gestaltungsspielraum besteht auch 12
hinsichtlich der in den Konventionsstaaten stark divergierenden **Be-**
rücksichtigung von Religion bzw. Weltanschauung im Schulwesen.
Daher obliegt es dem Staat, ob er Religions- oder Ethikunterricht an-
bietet oder nicht.[47] Gleichfalls kann das Tragen religiöser Zeichen
oder Kleidung in Bildungseinrichtungen ohne Verstoß gegen Art. 2
Satz 1 verboten werden (für das an eine Lehrerin adressierte Verbot,
während des Unterrichts ein Kopftuch zu tragen, siehe → Art. 9
Rn. 20).[48]

Auch wenn das Recht auf Bildung keinen expliziten Gesetzesvorbe- 13
halt enthält, handelt es sich nicht um ein absolutes Recht. **Einschrän-**
kungen des Rechts müssen aber verhältnismäßig und vorhersehbar
sein und ein berechtigtes Ziel verfolgen, das nicht notwendig eines
der in Art. 8-11 Abs. 2 genannten Ziele sein muss. Keinesfalls dürfen

---

42 Grundlegend: EGMR 23.7.1968 – 1474/62, Série A Vol. 6 Rn. 3, 6, 11 und 25 –
    Belgischer Sprachenfall; ferner: EGMR 19.10.2012 – 43370/04, 8252/05,
    18454/06 (GK), Slg 2012-V Rn. 137 – *Catan ua/Moldawien u. Russland*;
    10.5.2001 – 25781/94, Slg 2001-IV Rn. 277 – *Zypern/Griechenland*. Ausführli-
    cher, i.E. aber ebenso: *Langenfeld* in *Dörr/Grote/Marauhn*, EMRK/GG, Bd. II,
    2. Aufl. 2013, Kap. 23 Rn. 1 mit Fn. 26 und Kap. 24 Rn. 14.
43 EGMR 10.5.2001 – 25781/94, Slg 01- IV Rn. 278 – *Zypern/Griechenland*.
44 EKMR 4.7.1995 – 25212/94, DR 82-A, 129 (132 f.) – *Martin Klerks/Niederlan-*
    de; 5.2.1990 – 13887/88, DR 64, 158 (165 f.) – *Diana Graeme/Vereinigtes Kö-*
    nigreich; 2.10.1989 – 14135/88, DR 62, 292 (296 f.) – *P.D. u. L.D./Vereinigtes*
    Königreich. Zur generellen Zulässigkeit eines Sonderschulsystems. EGMR
    7.2.2006 – 57325/00, Rn. 47 – *D.H. ua/Tschechische Republik*.
45 EKMR 4.12.1989 – 14688/89, DR 64, 188 (194 f.) – *André Simpson/Vereinig-*
    tes Königreich.
46 Zur systematischen Auslegung des Art. 2 Satz 1 iVm Art. 24 BRK in diesem Zu-
    sammenhang: *Bitter* in *Karpenstein/Mayer*, Konvention zum Schutz der Men-
    schenrechte und Grundfreiheiten, Art. 2 ZP I Rn. 15 iVm Rn. 2.
47 Zum obligatorischen Ethikunterricht an Berliner Schulen: EGMR 6.10.2009 –
    45216/07, Slg 2009-IV, S. 415 – *Johanna Appel-Irrgang ua/Deutschland*. Zur
    fehlenden Verpflichtung, Ethikunterricht anzubieten hingegen: EGMR
    15.6.2010 – 7710/02, Rn. 104 f. – *Grzelak/Polen*. Ebenso: *Bitter* in *Karpenstein/*
    Mayer, Konvention zum Schutz der Menschenrechte und Grundfreiheiten,
    Art. 2 ZP I Rn. 14.
48 Für das Verbot des Tragens des Kopftuches an türkischen Universitäten: EGMR
    10.11.2005 – 44774/98 (GK), Slg 2005-XI Rn. 134 ff. – *Leyla Şahin/Türkei*.

Einschränkungen das Recht auf Bildung in seinem Kernbereich antasten oder andere in der Konvention enthaltene Rechte verletzen.[49] Das schließt **Disziplinarmaßnahmen** nicht notwendig aus, die einen Schüler oder Studenten zeitweise oder ganz von der Einrichtung ausschließen, um die Einhaltung interner Regeln zu gewährleisten.[50] Der Ausschluss von der Universität für die Dauer von zwei Semestern allein wegen der Forderung nach optionalen Lehrveranstaltungen in kurdischer Sprache stellt jedoch eine Verletzung des Art. 2 dar.[51] Werden Schüler wegen des Verdachts einer infektiösen Krankheit vom Unterricht ausgeschlossen, liegt ein Verstoß gegen das Recht auf Bildung vor, wenn der Ausschluss über mehrere Monate aufrechterhalten bleibt, obgleich eine Gefahr der Ansteckung nicht mehr besteht.[52] Der Ausschluss wegen wiederholter Täuschungsversuche steht hingegen mit dem Bildungsrecht in Einklang.[53] In körperlichen Züchtigungen, die ohne Rüge des Art. 2 Satz 1 angegriffen worden sind, hat der Gerichtshof keine Verletzung der Rechte aus Art. 3 und 8 gesehen.[54] Sieht man das Recht auf Bildung jedoch zutreffend in der Menschenwürdegarantie verankert und auf die Heranbildung einer autonomen Persönlichkeit ausgerichtet, wird man körperliche

---

49 EGMR 23.7.1968 – 1474/62, Série A Vol. 6 Rn. 5 – *Belgischer Sprachenfall*. St. Rspr.: EGMR 27.5.2014 – 16032/07, Rn. 32 – *Velyo Velev/Bulgarien*; 9.7.2013 – 37222/04, Rn. 34 – *Altinay/Türkei*; 2.4.2013 – 25851/09, 29284/09 und 64090/09, NVwZ 2013, 929 (929 f. Rn. 44 f.) – *Tarantino ua/Italien*; 19.10.2012 – 43370/04, 8252/05, 18454/06 (GK), Slg 2012-V Rn. 140 – *Catan ua/Moldawien u. Russland*; 11.1.2011 – 40385/06, Rn. 52 f. – *Ali/Vereinigtes Königreich*; 3.3.2009 – 36458/02, Rn. 41 – *İrfan Temel ua/Türkei*; 7.2.2006 – 60856/00, Slg 2006-II Rn. 44 – *Mürsel Eren/Türkei*; 10.11.2005 – 44774/98 (GK), Slg 2005-XI Rn. 154 f. – *Leyla Şahin/Türkei*; 25.2.1982 – 7511/76, Série A Vol. 48 Rn. 41 – *Campbell u. Cosans/Vereinigtes Königreich*; EKMR 17.1.1996 – 24515/94, DR 84-A, 98 (100) – *Bahri Sulak/Türkei*; 9.7.1992 – 19844/92, Rn. 1 – *Renata Leuffen/Deutschland*. Siehe auch: *Wildhaber* in *Golsong* ua, Internationaler Kommentar zur Menschenrechtskonvention, Art. 2 Rn. 111 f.

50 EGMR 3.3.2009 – 36458/02, Rn. 45 – *İrfan Temel ua/Türkei*; 10.11.2005 – 44774/98 (GK), Slg 2005-XI Rn. 156 – *Leyla Şahin/Türkei*; 18.12.1996 – 21787/93, Slg 1996-VI Rn. 29 – *Valsamis/Griechenland*; 18.12.1996 – 24095/94, Slg 1996-VI Rn. 30 – *Efstratiou/Griechenland*; EKMR 6.1.1993 – 14524/89, DR 74, 14 (21) – *Kemal Yanasik/Türkei*. Für den Ausschluss beim Verdacht der Begehung einer Straftat in der Schule zumindest bis zum Abschluss der polizeilichen Untersuchung: EGMR 11.1.2011 – 40385/06, Rn. 54 und 56 – *Ali/Vereinigtes Königreich*.

51 EGMR 3.3.2009 – 36458/02, Rn. 38 ff. – *İrfan Temel ua/Türkei*.

52 EGMR 6.10.2015 – 37991/12, Rn. 47 ff. – *Memlika/Griechenland*.

53 EKMR 17.1.1996 – 24515/94, DR 84-A, 98 (99 f.) – *Bahri Sulak/Türkei*.

54 EGMR 25.3.1993 – 13134/87, Série A Vol. 247 Rn. 29 ff. – *Costello-Roberts/Vereinigtes Königreich*. Zur Ablehnung körperlicher Züchtigungen als einer weltanschaulichen Überzeugung iSd Art. 2 Satz 2, siehe Rn. 16.

Hanschmann

Züchtigungen in der Schule als einen Verstoß gegen Art. 2 Satz 1 sehen.[55]

Die Rechtsprechung des Gerichtshofes zur **Diskriminierung von Kindern von Roma** lässt deutlich erkennen, dass ein segregatives Bildungswesen, in dem bestimmte Gruppen von Schülerinnen und Schülern ohne die Gewährleistung der Durchlässigkeit dauerhaft in speziellen Schulen oder Klassen separiert werden, einen Verstoß gegen das Diskriminierungsverbot aus Art. 14 iVm dem Recht auf Bildung darstellt.[56] Diesbezüglich können sich für die Konventionsstaaten auch bestimmte Pflichten zur Förderung und – im Interesse der Förderung – zur formalen Ungleichbehandlung benachteiligter Minderheiten ergeben (→ Art. 14 Rn. 10 und 24).[57]

14

IV. Recht der Eltern (Satz 2)

Art. 2 Satz 2, in dem (neben Art. 8) ein allgemeines elterliches Erziehungsrecht erblickt wird[58], gewährleistet den Eltern einen gegenüber dem Staat bestehenden subjektiven **Anspruch auf Achtung ihrer religiösen und weltanschaulichen Überzeugungen** bei der Unterrichtung und Erziehung der eigenen Kinder. Dadurch enthält die Vorschrift zugleich eine **materielle Vorgabe für die Ausgestaltung des Bildungswesens** durch den Staat, die darauf gerichtet ist, einen Pluralismus in der Bildung und Erziehung von Kindern und Jugendlichen zu gewährleisten, den die Konventionsorgane als wesentlich für den Er-

15

---

55 Hierzu: *Delbrück*, GYIL 35 (1992), 92 (98 ff. und 102); *Frenz*, Handbuch Europarecht, Bd. 4, 2009, Rn. 2457.
56 EGMR 30.5.2013 – 7973/10, Rn. 61 ff. – *Lavida* ua/*Griechenland*; 29.1.2013 – 11146/11, Rn. 105, 110 ff. und 127 ff. – *Horváth u. Kiss/Ungarn*; 11.12.2012 – 59608/09, Rn. 75 ff. – *Sampani* ua/*Griechenland*; 16.3.2010 – 15766/03 (GK), Rn. 143 ff. – *Oršuš* ua/*Kroation*; 5.6.2008 – 32526/05, Rn. 66 ff. – *Sampanis* ua/*Griechenland*; 13.11.2007 – 57325/00 (GK), Slg 2007-IV Rn. 175 ff. – *D.H.* ua/*Tschechische Republik*.
57 Krit. hierzu: *Folz* RdJB 2009, 395 (400 ff.); *Heyden/von Ungern-Sternberg* EuGRZ 2009, 81 (83 ff.). Dagegen wiederum: *Altwicker*, Menschenrechtlicher Gleichheitsschutz, 2011, S. 300 mit Fn. 999. Allg. zur Rechtsprechung des EGMR zur Diskriminierung von Roma-Kindern: *van den Bogaert* ZaöRV 71 (2011), 719 (731 ff.). Zu den möglichen Folgen dieser Rechtsprechung für das hochgradig selektive deutsche Bildungssystem: *Langenfeld* in *Dörr/Grote/Marauhn*, EMRK/GG, Bd. II, 2. Aufl. 2013, Kap. 23 Rn. 37.
58 *Bitter* in *Karpenstein/Mayer*, Konvention zum Schutz der Menschenrechte und Grundfreiheiten, Art. 2 ZP I Rn. 21; *Frowein/Peukert*, EMRK-Kommentar, 3. Aufl. 2009, Art. 2 des 1. ZP Rn. 5; *Grabenwarter/Pabel*, Europäische Menschenrechtskonvention, § 22 Rn. 91; *Langenfeld* in *Dörr/Grote/Marauhn*, EMRK/GG, Bd. II, 2. Aufl. 2013, Kap. 24 Rn. 4. Siehe auch: EGMR 19.10.2012 – 43370/04, 8252/05, 18454/06 (GK), Slg 2012-V Rn. 138 – *Catan* ua/*Moldawien u. Russland*; EKMR 13.5.1982 – 8811/79, DR 29, 104 (111) – *Sieben Personen/Schweden*.

halt der demokratischen Gesellschaft iSd Konvention betrachten.[59] Berechtigt sind, wie sich aus dem Wortlaut sowie aus dem Vergleich mit anderen völkerrechtlichen Normen (vgl. Art. 13 Abs. 3 IPwskR, Art. 18 Abs. 4 IPbpR oder Art. 18 Abs. 1 Satz 1 KRK) ergibt, nur die sorgeberechtigten Eltern, nicht hingegen andere Erziehungsberechtigte[60] oder juristische Personen[61].[62] Die Berechtigung endet mit der nach dem jeweiligen Recht der Konventionsstaaten bestimmten Mündigkeit des Kindes in religiösen bzw. weltanschaulichen Angelegenheiten,[63] spätestens jedoch mit der Volljährigkeit des Kindes.[64] Die bloße Möglichkeit, dass die eigenen Kinder in der Zukunft an einem Unterricht teilnehmen, der die religiösen und weltanschaulichen Überzeugungen nicht hinreichend achtet, reicht für eine Geltendmachung des Elternrechts aus Satz 2 nicht aus.[65]

16 Der **Begriff** der religiösen und weltanschaulichen Überzeugungen wird weit verstanden. Gemeint sind alle Ansichten der Eltern, die einen bestimmten Grad an Verbindlichkeit, Ernsthaftigkeit und Schlüssigkeit aufweisen, in einer demokratischen Gesellschaft Achtung verdienen, mit der menschlichen Würde vereinbar sind und – aufgrund der inneren Systematik des Art. 2 (→ Rn. 6 f.) – gerade auch dem Recht des Kindes auf Bildung aus Satz 1 nicht zuwiderlau-

---

59 EGMR 19.10.2012 – 43370/04, 8252/05, 18454/06 (GK), Slg 2012-V Rn. 138 – *Catan* ua/*Moldawien u. Russland*; 13.9.2011 – 319/08, KirchE 58, 196 (208) – *D.* ua/*Deutschland*; 11.9.2006 – 35504/03, Slg 2006-XIII Rn. 1 – *Konrad/ Deutschland*; EKMR 30.6.1993 – 17678/91 – *B.N. und S.N./Schweden*; 9.7.1992 – 19844/92, Rn. 1 – *Renata Leuffen/Deutschland*; *Bitter* in *Karpenstein/Mayer*, Konvention zum Schutz der Menschenrechte und Grundfreiheiten, Art. 2 ZP I Rn. 21; *Frowein/Peukert*, EMRK-Kommentar, 3. Aufl. 2009, Art. 2 des 1. ZP Rn. 8; *Grabenwarter/Pabel*, Europäische Menschenrechtskonvention, § 22 Rn. 81; *Langenfeld* in *Dörr/Grote/Marauhn*, EMRK/GG, Bd. II, 2. Aufl. 2013, Kap. 24 Rn. 5 und 60.
60 Für Adoptiveltern: EKMR 11.7.1977 – 7626/76, DR 11, 160 (163 f.) – *X./ Vereinigtes Königreich*. Für eine nur vorübergehende Inobhutnahme der Kinder durch den Staat und den damit einhergehenden Sorgerechtsentzug: EGMR 24.3.1988 – 10465/83, Série A Vol. 130 Rn. 95 – *Olsson/Schweden*. Hierzu: *Palm-Risse*, Der völkerrechtliche Schutz von Ehe und Familie, 1990, S. 368 ff.
61 EGMR 7.4.1997 – 34614/97, EuGRZ 1997, 616 (618 Rn. 1) – *Scientology Kirche Deutschland* eV/*Deutschland*; EKMR 6.3.1987 – 11533/85, DR 51, 125 (128) – *Ingrid Jordebo Foundation of Christian Schools u. Ingrid Jordebo/ Schweden*. Offener: *Velu/Ergec*, Convention européenne des droits de l'homme, 2ᵉ éd. 2014, Rn. 778; differenziert und zutreffend demgegenüber: *Bitter* in *Karpenstein/Mayer*, Konvention zum Schutz der Menschenrechte und Grundfreiheiten, Art. 2 ZP I Rn. 23.
62 Differenziert hierzu: *Langenfeld* in *Dörr/Grote/Marauhn*, EMRK/GG, Bd. II, 2. Aufl. 2013, Kap. 24 Rn. 31.
63 *Bannwart-Maurer*, Das Recht auf Bildung und das Elternrecht, 1975, S. 120 f.
64 *Wildhaber* in *Golsong* ua, Internationaler Kommentar zur Menschenrechtskonvention, Art. 2 Rn. 10.
65 EGMR 16.9.2014 – 21163/11, Rn. 43 f. – *Mansur Yalçin* ua/*Türkei*. Ebenso: *Bitter* in *Karpenstein/Mayer*, Konvention zum Schutz der Menschenrechte und Grundfreiheiten, Art. 2 ZP I Rn. 23.

fen. Der Begriff „Überzeugung" meint mehr als „Meinung" oder „Idee" iSd Art. 10, verlangt aber nicht, dass die auf die Erziehung ihrer Kinder bezogenen Überzeugungen der Eltern Teil eines geschlossenen Weltbildes sind.[66] Die gesellschaftliche Anerkennung oder Akzeptanz, die eine religiöse oder weltanschauliche Überzeugung genießt, sind ebenso unerheblich wie die Zahl ihrer jeweiligen Anhänger.[67] In der Ablehnung körperlicher Strafen in Schulen hat der EGMR eine weltanschauliche Überzeugung iSd Satz 2 gesehen.[68] Die Bevorzugung bestimmter Sprachen zählt nach Ansicht des Gerichtshofes hingegen nicht dazu (→ Rn. 11 mit Fn. 42), obgleich die Sprache wichtiges Element und Ausdruck einer auf die eigene Identität bezogenen weltanschaulichen Überzeugung sein kann und das Erfordernis der systematischen Auslegung des Art. 2 eine Berücksichtigung jüngerer Entwicklungen im völkerrechtlichen Schutz von Regional- und Minderheitensprachen[69] nahe legt.[70]

Wie sich insbesondere aus der Ersetzung des Wortes „berücksichtigen" durch das Wort „achten" im Entstehungsprozess der Norm ergibt, meint **„achten" (respecter/respect)** mehr als ein bloßes „anerkennen" oder „in Erwägung ziehen" elterlicher Erziehungsvorstellungen. Im Einzelfall können den Staat im Hinblick auf die organisatorische oder programmatische Ausgestaltung des Bildungswesens   17

---

66 EGMR 18.3.2011 – 30814/06 (GK), Slg 2011-III Rn. 58 – *Soile Lautsi ua/Italien*; 29.6.2007 – 15472/02, Slg 2007-III Rn. 84 – *Folgerø ua/Norwegen*; 18.12.1996 – 21787/93, Slg 1996-VI Rn. 25 – *Valsamis/Griechenland*; 18.12.1996 – 24095/94, Slg 1996-VI Rn. 26 – *Efstratiou/Griechenland*; enger noch: EGMR 25.2.1982 – 7511/76, Série A Vol. 48 Rn. 36 – *Campbell u. Cosans/Vereinigtes Königreich*. Hierzu auch: *Grabenwarter/Pabel*, Europäische Menschenrechtskonvention, § 22 Rn. 85; *Langenfeld* in *Dörr/Grote/Marauhn*, EMRK/GG, Bd. II, 2. Aufl. 2013, Kap. 24 Rn. 13.

67 EGMR 25.2.1982 – 7511/76, Série A Vol. 48 Rn. 37 – *Campbell u. Cosans/Vereinigtes Königreich*; EKMR 13.5.1982 – 8811/79, DR 29, 104 (115 f.) – *Sieben Personen/Schweden*; vgl. auch: EGMR 13.8.1981 – 7601/76, Série A Vol. 44 Rn. 63 – *Young, James u. Webster/Vereinigtes Königreich*. Ebenso: *Palm-Risse*, Der völkerrechtliche Schutz von Ehe und Familie, 1990, S. 385.

68 EGMR 25.2.1982 – 7511/76, Série A Vol. 48 Rn. 36 – *Campbell u. Cosans/Vereinigtes Königreich*.

69 Bspw. Art. 14 des Rahmenübereinkommens zum Schutz nationaler Minderheiten (BGBl. 1997 II 31) oder Art. 7 f, Art. 7 g und Art. 8 der Europäischen Charta der Regional- und Minderheitensprachen (BGBl. 1998 II 1314). Allg. zu Bildungsrechten von Angehörigen nationaler Minderheiten: *Hofmann* ZaöRV 65 (2005), 587 (608 ff.); *Mouthaan* European Public Law 13 (2007), 433; *Wilson* International Journal on Minority and Group Rights 10 (2004), 315.

70 Krit. zur restriktiven Sichtweise des EGMR auch: *Bannwart-Maurer*, Das Recht auf Bildung und das Elternrecht, 1975, S. 115 ff.; *Blum*, Die Gedanken-, Gewissens- und Religionsfreiheit nach Art. 9 der Europäischen Menschenrechtskonvention, 1990, S. 140; *Villiger*, Handbuch der EMRK, 2. Aufl. 1999, § 31 Rn. 677 mit Fn. 25; *Wildhaber* in *Golsong* ua, Internationaler Kommentar zur Menschenrechtskonvention, Art. 2 Rn. 134 f.

auch Pflichten zur Ergreifung positiver Maßnahmen treffen.[71] Da das Elternrecht in erster Linie als Abwehrrecht konzipiert ist und der staatliche Bildungs- und Erziehungsauftrag auch angesichts der Heterogenität elterlicher Erziehungsvorstellungen erfüllt werden können muss, folgt daraus jedoch kein Bestimmungs- oder Einflussnahmerecht der Eltern in Bezug auf die Gestaltung der staatlich verantworteten Bildung und Erziehung.[72]

18 Das Elternrecht bezieht sich auf **alle staatlichen Aufgaben hinsichtlich der Bildung und Erziehung,** weshalb die Überzeugungen der Eltern nicht nur bei der Wissensvermittlung zu respektieren sind.[73] Umfasst sind vielmehr auch die eingesetzten pädagogischen Mittel, die äußerliche Gestaltung der Schule (zB das Anbringen von Kruzifixen im Klassenzimmer, hierzu unten → Rn. 24) sowie Ordnungsmaßnahmen, da diese integraler Bestandteil des Bildungs- und Erziehungsprozesses sind und sich auf die Entwicklung und Formung der Persönlichkeit der Schülerinnen und Schüler auswirken.[74] Betroffen sind ferner nicht nur Fächer, die unmittelbar und schwerpunktmäßig religiöse oder weltanschauliche Fragen behandeln (Religions-, Ethik- oder Philosophieunterricht), sondern das gesamte curriculare Programm der staatlichen Schulen.[75] Ob der Unterricht freiwillig ist oder eine Pflicht zur Teilnahme besteht, ist dabei irrelevant.[76] Institu-

---

71 EGMR 18.3.2011 – 30814/06 (GK), Slg 2011-III Rn. 60 – *Soile Lautsi* ua/*Italien*; 29.6.2007 – 15472/02, Slg 2007-III Rn. 84 – *Folgerø* ua/*Norwegen*; 18.12.1996 – 21787/93, Slg 1996-VI Rn. 27 – *Valsamis/Griechenland*; 18.12.1996 – 24095/94, Slg 1996-VI Rn. 28 – *Efstratiou/Griechenland*; 25.2.1982 – 7511/76, Série A Vol. 48 Rn. 37 – *Campbell u. Cosans/Vereinigtes Königreich; Beiter,* The Protection of the Right to Education by International Law, 2006, S. 166 f.; *Grabenwarter/Pabel,* Europäische Menschenrechtskonvention, § 22 Rn. 86; *Langenfeld* in *Dörr/Grote/Marauhn,* EMRK/GG, Bd. II, 2. Aufl. 2013, Kap. 24 Rn. 16.
72 *Frenz,* Handbuch Europarecht, Bd. 4, 2009, Rn. 2471; *Grabenwarter/Pabel,* Europäische Menschenrechtskonvention, § 22 Rn. 91. Siehe auch: EKMR 6.3.1984 – 10233/83, DR 37, 105 (108) – *Familie H./Vereinigtes Königreich.*
73 EGMR 18.3.2011 – 30814/06 (GK), Slg 2011-III Rn. 63 – *Soile Lautsi* ua/*Italien*; 29.6.2007 – 15472/02, Slg 2007-III Rn. 84 – *Folgerø* ua/*Norwegen*; 18.12.1996 – 21787/93, Slg 1996-VI Rn. 27 – *Valsamis/Griechenland*; 18.12.1996 – 24095/94, Slg 1996-VI Rn. 28 – *Efstratiou/Griechenland*; 7.12.1976 – 5095/71 ua, Série A Vol. 23 Rn. 51 – *Kjeldsen* ua/*Dänemark*; *Langenfeld* in *Dörr/Grote/Marauhn,* EMRK/GG, Bd. II, 2. Aufl. 2013, Kap. 24 Rn. 12; *Villiger,* Handbuch der EMRK, 2. Aufl. 1999, § 31 Rn. 677; *Wildhaber* in *Golsong* ua, Internationaler Kommentar zur Menschenrechtskonvention, Art. 2 Rn. 32, 79, 143 und 161 f.
74 EGMR 25.2.1982 – 7511/76, Série A Vol. 48 Rn. 33 – *Campbell u. Cosans/ Vereinigtes Königreich.*
75 EGMR 13.9.2011 – 319/08, KirchE 58, 196 (208) – *D.* ua/*Deutschland;* 7.12.1976 – 5095/71 ua, Série A Vol. 23 Rn. 51 – *Kjeldsen* ua/*Dänemark*; *Blum,* Die Gedanken-, Gewissens- und Religionsfreiheit nach Art. 9 der Europäischen Menschenrechtskonvention, 1990, S. 143.
76 EKMR 9.3.1977 – 6853/74, DR 9, 27 (29 f.) – *40 Mütter/Schweden.*

tionell erstreckt sich die Achtungspflicht aus Satz 2 neben der Schule auch auf außerschulische Stellen (zB Kindergärten, Vorschulen, Jugend- und Sozialämter), soweit der Staat dort bildungs- und/oder erziehungsbezogene Aktivitäten vornimmt.[77] Hierfür spricht nicht nur die von Satz 1 abweichende kumulative Nennung der Begriffe „Erziehung" und „Unterricht", sondern auch der **Erziehungsbegriff der Konventionsorgane,** wonach Erziehung „der gesamthafte Prozess ist, durch den in einer Gesellschaft die Erwachsenen ihre Überzeugungen, Kultur und andere Werte an die Jugend weiterzugeben sich bemühen, während sich Unterricht oder Ausbildung insbesondere auf die Vermittlung von Wissen und auf die geistige Entfaltung bezieht."[78]

Das Recht der Eltern auf Achtung ihrer religiösen und weltanschauli-   19
chen Überzeugungen, dem im Verhältnis zum Bildungsrecht des Kindes eine dienende Funktion zukommt (→ Rn. 7), steht der **Festlegung der Schulpflicht** nicht entgegen.[79] Solange der Grundsatz der Verhältnismäßigkeit gewahrt wird, kann die Schulpflicht auch zwangsweise durchgesetzt werden, ohne dass darin ein Verstoß gegen das Eltern-

---

77 *Palm-Risse,* Der völkerrechtliche Schutz von Ehe und Familie, 1990, S. 371 und 377; *Wittinger,* Familien und Frauen im regionalen Menschenrechtsschutz, 1999, S. 127; so auch schon: *Guradze,* Die Europäische Menschenrechtskonvention, 1968, S. 262; *Partsch,* Die Rechte und Freiheiten der europäischen Menschenrechtskonvention, in *Bettermann/Neumann/Nipperdey,* Die Grundrechte, Bd. I/1, 1966, S. 235 (471).
78 EGMR 25.2.1982 – 7511/76, Série A Vol. 48 Rn. 33 – *Campbell u. Cosans/ Vereinigtes Königreich.* M. krit. Anm. zu diesem zu stark auf die Eltern fokussierten Begriff von Erziehung, der nicht in Einklang steht mit der dominierenden Stellung des Bildungsrechts aus Satz 1 gegenüber dem Erziehungsrecht in Satz 2: *Bitter* in *Karpenstein/Mayer,* Konvention zum Schutz der Menschenrechte und Grundfreiheiten, Art. 2 ZP I Rn. 10; *Delbrück* GYIL 35 (1992), 92 (93 ff.); *Wildhaber* in *Golsong* ua, Internationaler Kommentar zur Menschenrechtskonvention, Art. 2 Rn. 21; instruktiv zu dieser Kritik ferner die Bildungsziele in Art. 29 Abs. 1 KRK.
79 EGMR 11.9.2006 – 35504/03, Slg 2006-XIII Rn. 1 – *Konrad/Deutschland;* EKMR 30.6.1993 – 17678/91 – *B.N. und S.N./Schweden;* 9.7.1992 – 19844/92, Rn. 1 – *Renata Leuffen/Deutschland;* 6.3.1984 – 10233/83, DR 37, 105 (108) – *Familie H./Vereinigtes Königreich.* Einhellig auch die Literatur: *Bannwart-Maurer,* Das Recht auf Bildung und das Elternrecht, 1975, S. 119 f.; *Blum,* Die Gedanken-, Gewissens- und Religionsfreiheit nach Art. 9 der Europäischen Menschenrechtskonvention, 1990, S. 141; *Cohen-Jonathan,* Convention européenne des droits de l'homme, 1989, S. 496 mit Fn. 182; *Langenfeld* in *Dörr/Grote/Marauhn,* EMRK/GG, Bd. II, 2. Aufl. 2013, Kap. 23 Rn. 1 mit Fn. 19 und Kap. 2 Rn. 8; *Palm-Risse,* Der völkerrechtliche Schutz von Ehe und Familie, 1990, S. 371; *Velu/Ergec,* Convention européenne des droits de l'homme, 2e éd. 2014, Rn. 782; *Wildhaber* in *Golsong* ua, Internationaler Kommentar zur Menschenrechtskonvention, Art. 2 Rn. 24.

recht liegt.[80] Ein Recht auf Heimunterricht ergibt sich demnach aus Art. 2 Satz 2 nicht; vielmehr liegt die Frage, ob Heimunterricht als zulässig erachtet wird, im Beurteilungsspielraum der Konventionsstaaten.[81] Lässt der Staat Heimunterricht zu, kann er – ebenso wie bei Privatschulen (→ Rn. 26) – bildungs- und erziehungsbezogene Standards setzen und den Erfolg des Heimunterrichts kontrollieren.[82]

20 Das Elternrecht in Satz 2 hindert den Staat nicht daran, im Unterricht **Informationen und Kenntnisse zu vermitteln, die direkt oder indirekt religiöser oder weltanschaulicher Art** sind.[83] Wenn dies durch die Geschichte des jeweiligen Landes oder die soziale Zusammensetzung der Bevölkerung gerechtfertigt ist, darf der Unterricht darüber hinaus bestimmten Religionen einen größeren Raum einräumen als anderen Religionen oder Weltanschauungen.[84] Umgekehrt liegt es im Gestaltungsspielraum der Konventionsstaaten, einen **Ethikunterricht** vorzusehen, der nicht nur keine Religion oder Weltanschauung besonders gewichtet, sondern der darüber hinaus Ideen und Vorstellungen aufgreift, die einer bestimmten Religion oder Weltanschauung

---

80 Für die Entziehung des Aufenthaltsbestimmungsrechts und des Rechts zur Regelung von Schulangelegenheiten in Verbindung mit der Anordnung einer Pflegschaft: EKMR 9.7.1992 – 19844/92, Rn. 1 – *Renata Leuffen/Deutschland*. Für die Verhängung eines Bußgeldes und einer zur Vollstreckung der entsprechenden Zahlungsverpflichtung festgesetzten Erzwingungshaft: EGMR 13.9.2011 – 319/08, KirchE 58, 196 (211 f.) – *D. ua/Deutschland*.
81 EGMR 11.9.2006 – 35504/03, Slg 2006-XIII Rn. 1 – *Konrad/Deutschland*. Darauf bezieht sich auch die deutsche Rechtsprechung zum Homeschooling: OVG Bremen NordÖR 2009 158 (161); OVG Münster NWVBl. 2008, 152 (155); VGH München NVwZ-RR 2007, 763 (764 f.); VG Dresden KirchE 49, 185 (193); VG Stuttgart KirchE 50, 39 (48 f.). Für die Ablehnung der Befreiung von einzelnen Elementen des Unterrichts bezieht sich das OVG Münster auf die Entscheidung des EGMR v. 6.10.2009 – 45216/07, Slg 2009-IV B. 3. – *Johanna Appel-Irrgang ua/Deutschland*): OVG Münster, NWVBl. 2012 235 (236).
82 EKMR 30.6.1993 – 17678/91 – *B.N. und S.N./Schweden*; 6.3.1984 – 10233/83, DR 37, 105 (108) – *Familie H./Vereinigtes Königreich*.
83 EGMR 16.9.2014 – 21163/11, Rn. 64 – *Mansur Yalçin ua/Türkei*; 13.9.2011 – 319/08, KirchE 58, 196 (208) – *D. ua/Deutschland*; 9.10.2007 – 1448/04, NVwZ 2008, 1327 (1328 Rn. 51) – *Hasan u. Eylan Zengin/Türkei*; 29.6.2007 – 15472/02, Slg 2007-III Rn. 84 – *Folgerø ua/Norwegen*; 25.5.2000 – 51188/99, Slg 00-VI Rn. 1 – *Jiménez Alonso und Jiménez Merino/Spanien*; 7.12.1976 – 5095/71 ua, Série A Vol. 23 Rn. 53 – *Kjeldsen ua/Dänemark*; EKMR 13.5.1982 – 8811/79, DR 29, 104 (116) – *Sieben Personen/Schweden*; *Grabenwarter/Pabel*, Europäische Menschenrechtskonvention, § 22 Rn. 86; *Villiger*, Handbuch der EMRK, 2. Aufl. 1999, § 31 Rn. 678.
84 Für das Christentum in Norwegen: EGMR 29.6.2007 – 15472/02, Slg 2007-III Slg 2007-III Rn. 89 – *Folgerø ua/Norwegen*; für den Islam in der Türkei: EGMR 16.9.2014 – 21163/11, Rn. 71 – *Mansur Yalçin ua/Türkei*; 9.10.2007 – 1448/04, NVwZ 2008, 1327 (1328 Rn. 63) – *Hasan u. Eylan Zengin/Türkei*. Siehe hierzu auch: *Augsberg/Engelbrecht* JZ 2010, 450 (452 f.).

gegenüber kritisch sind oder diesen sogar widersprechen.[85] Satz 2
vermittelt Eltern nicht das Recht, sich gegen die Integration solcher
Unterrichtskonzepte in die Curricula zu wehren oder ihre Kinder
einer solchen Bildung und Erziehung in der Schule zu entziehen, da
die Konvention kein Recht garantiert, nicht mit Meinungen konfrontiert zu werden, die den eigenen Überzeugungen widersprechen und
andernfalls nahezu jeder schulische Unterricht Gefahr liefe, undurch-
führbar zu werden.[86] Gegen den Willen der Eltern darf der Staat ferner **Sexualkundeunterricht** in den Unterrichtsplan aufnehmen.[87]

Das Achtungsgebot des Satz 2 fordert allerdings, dass der Unterricht   21
an staatlichen Schulen **objektiv, kritisch, pluralistisch und im Geiste
der Toleranz** gegenüber unterschiedlichen religiösen und weltanschaulichen Auffassungen organisiert, gestaltet und durchgeführt
wird.[88] Die Grenze zieht der Gerichtshof dort, wo der Staat eine –
begrifflich nur schwer zu bestimmende[89] – **Indoktrinierungsabsicht**

85 EGMR 13.9.2011 – 319/08, KirchE 58, 196 (211) – *D.* ua/*Deutschland*;
    6.10.2009 – 45216/07, Slg 2009-IV B. 3. – *Johanna Appel-Irrgang* ua/*Deutsch-
    land.*
86 EGMR 18.3.2011 – 30814/06 (GK), Slg 2011-III Rn. 62 – *Soile Lautsi* ua/*Itali-
    en*; 6.10.2009 – 45216/07, Slg 2009-IV B. 3. – *Johanna Appel-Irrgang* ua/
    Deutschland; 29.6.2007 – 15472/02, Slg 2007-III Rn. 84 und 89 – *Folgerø* ua/
    Norwegen; 7.12.1976 – 5095/71 ua, Série A Vol. 23 Rn. 53 – *Kjeldsen* ua/
    Dänemark; EKMR 13.5.1982 – 8811/79, DR 29, 104 (116) – *Sieben Personen/
    Schweden*; Grabenwarter, European Convention on Human Rights, 2014, P1-2,
    Rn. 18 und 20.
87 EGMR 13.9.2011 – 319/08, KirchE 58, 196 (208) – *D.* ua/*Deutschland*;
    25.5.2000 – 51188/99, Slg 00-VI Rn. 1 – *Jiménez Alonso und Jiménez Merino/
    Spanien*; 7.12.1976 – 5095/71 ua, Série A Vol. 23 Rn. 54 – *Kjeldsen* ua/*Däne-
    mark*. Hierzu auch: *Riedel* EuGRZ 1978, 264.
88 EGMR 13.9.2011 – 319/08, KirchE 58, 196 (208 f.) – *D.* ua/*Deutschland*;
    18.3.2011 – 30814/06 (GK), Slg 2011-III Rn. 62 – *Soile Lautsi* ua/*Italien*;
    3.11.2009 – 30814/06, KirchE 54, 310 (319 f. Rn. 47) – *Soile Lautsi/Italien*;
    9.10.2007 – 1448/04, NVwZ 2008, 1327 (1328 f. Rn. 52, 54 f., 57, 64 und 68
    – *Hasan u. Eylan Zengin/Türkei*; 29.6.2007 – 15472/02, Slg 2007-III Rn. 84 –
    Folgerø ua/*Norwegen*; 25.5.2000 – 51188/99, Slg 00-VI Rn. 1 – *Jiménez Alonso
    und Jiménez Merino/Spanien*; 18.12.1996 – 21787/93, Slg 1996-VI Rn. 28 –
    Valsamis/Griechenland; 18.12.1996 – 24095/94, Slg 1996-VI Rn. 29 – *Efstra-
    tiou/Griechenland*; EKMR 9.7.1992 – 19844/92, Rn. 1 – *Renata Leuffen/
    Deutschland*; 13.5.1982 – 8811/79, DR 29, 104 (116) – *Sieben Personen/
    Schweden*; *Langenfeld* in *Dörr/Grote/Marauhn*, EMRK/GG, Bd. II, 2. Aufl.
    2013, Kap. 24 Rn. 15; *Villiger*, Handbuch der EMRK, 2. Aufl. 1999, § 31
    Rn. 678.
89 *Blum*, Die Gedanken-, Gewissens- und Religionsfreiheit nach Art. 9 der Europä-
    ischen Menschenrechtskonvention, 1990, S. 144. Allg. zur Kritik am Begriff der
    Indoktrination: *Hufen* RdJB 1978, 381 (384); *Preuß* RdJB 1977, 114 (115);
    Stroß, Indoktrination, in *Lenzen*, Pädagogische Grundbegriffe, Bd. 1, 7. Aufl.
    2007, S. 722 (725); ebenfalls m. krit. Anm., allerdings konstruktiver: *Huster*
    Neue Sammlung 41 (2001), 399 (404 ff.); *Jestaedt*, Schule und außerschulische
    Erziehung, in *Isensee/Kirchhof*, HStR VII, 3. Aufl. 2009, § 156 Rn. 70.

verfolgt, die als Nichtachtung der religiösen und weltanschaulichen Überzeugungen der Eltern angesehen werden könnte.[90]

22 Die **Möglichkeit, die Kinder auf eine Privatschule zu schicken** entlastet nicht von der Pflicht, im staatlichen Unterricht für Pluralität und Neutralität zu sorgen. Denn in der modernen Gesellschaft ist es vor allem der Staat, der ein für die gesamte Bevölkerung zugängliches und akzeptables Bildungswesen zur Verfügung stellt, welches den für eine demokratische Gesellschaft essentiellen Pluralismus in der Ausbildung und Erziehung zu gewährleisten hat.[91]

23 Sofern ein **Religionsunterricht** angeboten wird, der sich nicht auf die religionswissenschaftlich orientierte und in neutraler Weise vorgenommene Vermittlung von Wissen über Religionen beschränkt, sondern eine religiöse Erziehung bezweckt und/oder die Schülerinnen und Schüler zur Auseinandersetzung mit und zur Teilnahme an religiösen Aktivitäten wie Gebeten, Psalmen, religiösen Texten oder Theaterstücken anhält, muss die diskriminierungsfreie Möglichkeit der **Befreiung** vorgesehen sein, damit Schülerinnen und Schüler nicht in eine Konfliktsituation zwischen dem in der Schule erteilten Religionsunterricht und den religiösen oder weltanschaulichen Überzeugungen ihrer Eltern geraten.[92] Wenn für einen Befreiungsantrag verlangt wird, dass Eltern ihre religiöse oder weltanschauliche Überzeugung offenbaren, kann das Art. 8 und 9 verletzen (→ Art. 9 Rn. 1)

---

90 EGMR 13.9.2011 – 319/08, KirchE 58, 196 (208 f.) – *D.* ua/*Deutschland*; 18.3.2011 – 30814/06 (GK), Slg 2011-III Rn. 62 – *Soile Lautsi* ua/*Italien*; 29.6.2007 – 15472/02, Slg 2007-III Rn. 84 – *Folgerø* ua/*Norwegen*; 30.11.2004 – 46254/99 und 31888/02, Rn. 3 – *Henryk Bulski* ua/*Polen*; 25.5.2000 – 51188/99, Slg 00-VI Rn. 1 – *Jiménez Alonso und Jiménez Merino/Spanien*; 7.12.1976 – 5095/71 ua, Série A Vol. 23 Rn. 53 und 54 – *Kjeldsen* ua/*Dänemark*; *de Wall* Jura 2012, 960 (964).
91 EGMR 13.9.2011 – 319/08, KirchE 58, 196 (208) – *D.* ua/*Deutschland*; 3.11.2009 – 30814/06, KirchE 54, 310 (319 Rn. 47) – *Soile Lautsi/Italien*; 29.6.2007 – 15472/02, Slg 2007-III Rn. 84 und 101 – *Folgerø* ua/*Norwegen*; 11.9.2006 – 35504/03, Slg 2006-XIII Rn. 1 – *Konrad/Deutschland*; 7.12.1976 – 5095/71 ua, Série A Vol. 23 Rn. 50 – *Kjeldsen* ua/*Dänemark*; EKMR 9.7.1992 – 19844/92, Rn. 1 – *Renata Leuffen/Deutschland*; *Frowein/Peukert*, EMRK-Kommentar, 3. Aufl. 2009, Art. 2 des 1. ZP Rn. 3.
92 EGMR 16.9.2014 – 21163/11, Rn. 72 – *Mansur Yalçin* ua/*Türkei*; 9.10.2007 – 1448/04, NVwZ 2008, 1327 (1328 f. Rn. 53 ff.) – *Hasan u. Eylan Zengin/Türkei*; 29.6.2007 – 15472/02, Slg 2007-III Rn. 85 ff. – *Folgerø* ua/*Norwegen*; *Frowein/Peukert*, EMRK-Kommentar, 3. Aufl. 2009, Art. 2 des 1. ZP Rn. 9; *Grabenwarter/Pabel*, Europäische Menschenrechtskonvention, § 22 Rn. 86 und 91; *Langenfeld* in *Dörr/Grote/Marauhn*, EMRK/GG, Bd. II, 2. Aufl. 2013, Kap. 24 Rn. 20.

Hanschmann

und den Antrag unzumutbar erschweren, was wiederum einen Verstoß gegen Art. 2 Satz 2 begründet.[93]

Bezüglich der Anbringung von **Kruzifixen in Schulgebäuden** geht der   24
Gerichtshof entgegen einer vorangegangenen Kammerentscheidung[94]
nunmehr unter Hinweis auf einen fehlenden Konsens zwischen den
Konventionsstaaten hinsichtlich der Verwendung religiöser Symbole
in staatlichen Schulen davon aus, das darin keine Verletzung des Elternrechts liegt. Zwar sei das Kruzifix „vor allem ein religiöses Symbol", dessen Anbringung der Staat zu verantworten habe. Allerdings
handele es sich beim Kruzifix an der Wand um „ein wesentlich passives Symbol", dem man keinen Einfluss auf Schülerinnen und Schüler
beimessen könne, der mit einem Religionsunterricht oder der Teilnahme an religiösen Aktivitäten vergleichbar wäre. Entscheidend für
die Bewertung der Auswirkungen der durch die Anbringung von
Kruzifixen bedingten erhöhten Sichtbarkeit des Christentums seien
aber nicht nur das Symbol selbst, sondern die Gesamtumstände der
Verwendung, zu denen etwa die Öffnung des schulischen Umfeldes
für andere Religionen und Weltanschauungen, Ausgleichs- und Befreiungsregelungen zugunsten andersgläubiger Schülerinnen und
Schüler oder das Angebot freiwilligen Religionsunterrichts in den
Schulen für alle anerkannten Bekenntnisse gehören (→ Art. 9
Rn. 20).[95] Die einseitige **Privilegierung** bestimmter Religionen oder

---

93 EGMR 16.9.2014 – 21163/11, Rn. 76 – *Mansur Yalçin* ua/*Türkei*; 15.6.2010 –
    7710/02, Rn. 87 – *Grzelak/Polen*; 6.10.2009 – 45216/07, Slg 2009-IV B. 3. –
    Johanna Appel-Irrgang ua/*Deutschland*; 9.10.2007 – 1448/04, NVwZ 2008,
    1327 (1329 Rn. 73 ff.) – *Hasan u. Eylan Zengin/Türkei*; 29.6.2007 – 15472/02,
    Slg 2007-III Rn. 98 ff. – *Folgerø* ua/*Norwegen*. Anders hingegen für die nicht
    vom elterlichen Einverständnis abhängige Teilnahme an einer von lokalen Behörden organisierten Friedensdemonstration von Schülerinnen und Schülern
    (EKMR 4.3.1987 – 11356/85, Rn. 2 – *Cederberg-Lappalainen/Schweden*) oder
    bei einer schulischen Ordnungsmaßnahme infolge der aus religiösen Gründen
    erfolgenden Weigerung, an einer Schul- und Militärparade zum Nationalfeiertag
    teilzunehmen (EGMR 18.12.1996 – 21787/93, Slg 1996-VI Rn. 37 iVm
    Rn. 31 ff. – *Valsamis/Griechenland*.
94 EGMR 3.11.2009 – 30814/06, KirchE 54, 310 (319 ff. Rn. 47 ff.) – *Soile Lautsi/
    Italien*: Verletzung des Art. 2 iVm Art. 9 unter Verweis auf den eindeutig christlichen Symbolgehalt des Kruzifixes, mit dem Schülerinnen und Schüler aufgrund
    der Schulpflicht unausweichlich im Unterricht konfrontiert sind, sowie den in
    der Schule in besonderer Weise zu beachtenden Neutralitätsgrundsatz, die negative Religionsfreiheit und die besondere Beeinflussbarkeit von Schülerinnen und
    Schülern. Zust.: *Michel* Jura 2010, 690; krit. hingegen: *Erkens* BRJ 2010, 145;
    de Wall Jura 2012, 960 (962 ff.); differenzierter und weiter ausgreifend: *Augsberg/Engelbrecht* JZ 2010, 450; *Álvarez* JÖR 62 (2014), 287 (299 f.).
95 EGMR 18.3.2011 – 30814/06 (GK), Slg 2011-III Rn. 63 ff. – *Soile Lautsi* ua/
    Italien. Zu dieser Entscheidung: *de Wall* Jura 2012, 960 (962 ff.); *Streinz*
    BayVBl 2014, 421 (426 f.); *Walter* EuGRZ 2011, 673; m. krit. Anm.: *Álvarez*
    JÖR 62 (2014), 287 (300 f. und 307 ff.).

Weltanschauungen ist nach der Rechtsprechung daher konventionswidrig.[96]

V. Privatschulen

25 Aus Art. 2 folgt **keine Pflicht des Staates, Privatschulen finanziell zu unterstützen** oder sich an den Kosten für den Besuch einer den religiösen oder weltanschaulichen Überzeugungen der Eltern entgegenkommenden Privatschule zu beteiligen.[97] Dafür spricht neben dem Wortlaut des Art. 2 vor allem der im Entstehungsprozess der Norm deutlich geäußerte Wille der Konventionsstaaten, keine finanziellen Verpflichtungen einzugehen.[98] Unabhängig davon haben neben Deutschland weitere Staaten entsprechende Pflichten in Vorbehalten explizit ausgeschlossen.[99] Soweit der Staat jedoch Privatschulen fördert, ist er an das **Diskriminierungsverbot in Art. 14 EMRK** gebunden, wobei nach Ansicht der Kommission prinzipiell keine Diskriminierung vorliegt, wenn nur konfessionelle Privatschulen eine staatliche Förderung erhalten.[100]

26 Obwohl Art. 2 im Unterschied zu vielen anderen Normtexten, die ebenfalls das Recht auf Bildung bzw. ein schulbezogenes Elternrecht verbürgen, die Privatschulfreiheit nicht ausdrücklich erwähnt, die Entstehungsgeschichte insoweit gegensätzliche Positionen aufweist und die Konventionsstaaten durch das in Satz 2 normierte Recht der Eltern nicht zur Erfüllung von deren Wünschen verpflichtet sind, wird das **Recht zur Errichtung und zum Betreiben von Privatschulen**

---

96 EGMR 18.3.2011 – 30814/06 (GK), Slg 2011-III Rn. 60, 71 und 74 – *Soile Lautsi* ua/*Italien*. Ebenso: *Walter* EuGRZ 2011, 673 (677).
97 EGMR 23.7.1968 – 1474/62, Série A Vol. 6 Rn. 13 – *Belgischer Sprachenfall*; EKMR 6.9.1995 – 23419/94, DR 82-A, 41 (45) – *Verein Gemeinsam Lernen/ Österreich*; 11.12.1985 – 10476/83, DR 45, 143 (148) – *W. und K.L. /Schweden*; 2.5.1978 – 7782/77, DR 14, 179 (180) – *X./Vereinigtes Königreich*; 9.3.1977 – 6853/74, DR 9, 27 (30) – *40 Mütter/Schweden*. So auch die Literatur: *Frowein/Peukert*, EMRK-Kommentar, 3. Aufl. 2009, Art. 2 des 1. ZP Rn. 1 und 11; *Grabenwarter/Pabel*, Europäische Menschenrechtskonvention, § 22 Rn. 93; *Guradze*, Die Europäische Menschenrechtskonvention, 1968, S. 263; *Langenfeld* in *Dörr/Grote/Marauhn*, EMRK/GG, Bd. II, 2. Aufl. 2013, Kap. 24 Rn. 5 und 10; *Villiger*, Handbuch der EMRK, 2. Aufl. 1999, § 31 Rn. 676; *Wildhaber* in *Golsong* ua, Internationaler Kommentar zur Menschenrechtskonvention, Art. 2 Rn. 46 und 72; *Wittinger*, Familien und Frauen im regionalen Menschenrechtsschutz, 1999, S. 128.
98 *Cohen-Jonathan*, La Convention européenne des droits de l'homme, 1989, S. 492 und 495 f.; *Frowein/Peukert*, EMRK-Kommentar, 3. Aufl. 2009, Art. 2 des 1. ZP Rn. 11; *Wittinger*, Familien und Frauen im regionalen Menschenrechtsschutz, 1999, S. 128.
99 Zum deutschen Vorbehalt, s. o. Rn. 5.
100 EKMR 6.9.1995 – 23419/94, DR 82-A, 41 (45 f.) – *Verein Gemeinsam Lernen/Österreich*.

Hanschmann

vor allem unter Verweis auf die Verpflichtung der Konventionsstaaten zur Achtung der religiösen und weltanschaulichen Überzeugungen der Eltern als von Art. 2 geschützt angesehen.[101] Gibt es Privatschulen, mit denen die Staaten eine größere Pluralität ihrer Bildungssysteme sicherstellen und den ebenso vielfältigen wie heterogenen Bildungs- und Erziehungsvorstellungen von Eltern entgegenkommen können, ist unstreitig, dass dem Staat die Befugnis zukommt, **Standards** vorzugeben und deren Einhaltung zu kontrollieren.[102] Vor allem können Privatschulen ungeachtet einer besonderen religiösen oder weltanschaulichen Ausrichtung auf ein gewisses Maß an Offenheit, Pluralismus und Toleranz verpflichtet sowie die Beachtung des Bildungsrechts des Kindes und anderer Garantien der Konvention eingefordert werden.[103]

---

101 EKMR 6.9.1995 – 23419/94, DR 82-A, 41 (45) –*Verein Gemeinsam Lernen/ Österreich*; 30.6.1993 – 17678/91, Rn. 1 – *B.N. und S.N./Schweden*; 6.3.1987 – 11533/85, DR 51, 125 (128 f.) – *Ingrid Jordebo Foundation of Christian Schools u. Ingrid Jordebo/Schweden*; *Beiter*, The Protection of the Right to Education by International Law, 2006, S. 169 f.; *Bitter* in *Karpenstein/Mayer*, EMRK, Art. 2 ZP I Rn. 26; *Blum*, Die Gedanken-, Gewissens- und Religionsfreiheit nach Art. 9 der Europäischen Menschenrechtskonvention, 1990, S. 145; *Cohen-Jonathan*, La Convention européenne des droits de l'homme, 1989, S. 495 f.; *Frowein/Peukert*, EMRK-Kommentar, 3. Aufl. 2009, Art. 2 des 1. ZP Rn. 1 und 11; *Langenfeld* in *Dörr/Grote/Marauhn*, EMRK/GG, Bd. II, 2. Aufl. 2013, Kap. 24 Rn. 5, 10 und 29; *Vermeulen* in *van Dijk et al*, Theory and Practice of the European Convention on Human Rights, 4th ed. 2006, S. 902; *Villiger*, Handbuch der EMRK, 2. Aufl. 1999, § 31 Rn. 679; *Wittinger*, Familien und Frauen im regionale Menschenrechtsschutz, 1999, S. 127 f.; zurückhaltender: *Fawcett*, The Application of the European Convention on Human Rights, 1969, S. 353; *Grabenwarter/Pabel*, Europäische Menschenrechtskonvention, § 22 Rn. 92; *Partsch* in *Bettermann/Neumann/Nipperdey*, Die Grundrechte, Bd. I/1, 1966, S. 235 (472 und 474); *Wildhaber* in *Golsong* ua, Internationaler Kommentar zur Menschenrechtskonvention, Art. 2 Rn. 50 f.; unklar: *Jarass*, Charta der Grundrechte der Europäischen Union, 2. Aufl. 2013, Art. 14 Rn. 17.

102 *Bitter* in *Karpenstein/Mayer*, Konvention zum Schutz der Menschenrechte und Grundfreiheiten, Art. 2 ZP I Rn. 26; *Cohen-Jonathan*, La Convention européenne des droits de l'homme, 1989, S. 492 f.; *Frenz*, Handbuch Europarecht, Bd. 4, 2009, Rn. 2445 und 2448; *Grabenwarter*, European Convention on Human Rights, 2014, P1-2, Rn. 10; *ders./Pabel*, Europäische Menschenrechtskonvention, § 22 Rn. 93. Vgl. auch: Art. 5 Abs. 1 b Hs. 1 des UNESCO-Übereinkommens gegen Diskriminierung im Unterrichtswesen vom 14. Dezember 1960.

103 EGMR 19.10.2012 – 43370/04, 8252/05, 18454/06 (GK), Slg 2012-V Rn. 139 – *Catan ua/Moldawien u. Russland*; 13.9.2011 – 319/08, KirchE 58, 196 (207 f.) – *D. ua/Deutschland*; 25.3.1993 – 13134/87, Série A Vol. 247 Rn. 27; 7.12.1976 – 5095/71 ua, Série A Vol. 23 Rn. 50 – *Kjeldsen ua/Dänemark*; *Bannwart-Maurer*, Das Recht auf Bildung und das Elternrecht, 1975, S. 61 ff. und 105 f.; *Beiter*, The Protection of the Right to Education by International Law, 2006, S. 170 f.; *Wildhaber* in *Golsong* ua, Internationaler Kommentar zur Menschenrechtskonvention, Art. 2 Rn. 52. Siehe auch: Art. 14 Abs. 3 GrCh und Art. 29 Abs. 2 iVm Abs. 1 KRK.

VI. Verhältnis zu anderen Artikeln

27 Art. 2 steht in einem engen Zusammenhang mit dem **Recht auf Achtung des Privat- und Familienlebens**, der **Gedanken-, Gewissens- und Religionsfreiheit** sowie der **Meinungsfreiheit**. Insbesondere zur Austarierung des potenziell konflikthaften Verhältnisses zwischen dem Bildungsrecht des Kindes, der Schulhoheit des Staates und dem Erziehungsrecht der Eltern zieht der EGMR regelmäßig diese in Art. 8, 9 und 10 EMRK garantierten Rechte heran.[104] Soweit es um das Verhältnis des elterlichen Erziehungsrechts zum staatlichen Bildungs- und Erziehungswesen geht, ist dabei allerdings Art. 2 Satz 2 gegenüber den elterlichen Rechten aus Art. 8, 9 und 10 EMRK grundsätzlich die speziellere Norm.[105]

28 Als integraler Bestandteil auch der im 1. ZP gewährten Garantien (vgl. 5 1. ZP) fordert **Art. 14 EMRK** darüber hinaus, dass das Recht auf Bildung ebenso wie das Erziehungsrecht der Eltern diskriminierungsfrei gewährt wird. Ungleichbehandlungen sind unter Berücksichtigung eines Beurteilungsspielraumes der Konventionsstaaten folglich nur dann gerechtfertigt, wenn damit ein legitimer Zweck verfolgt wird und die eingesetzten Mittel in Bezug und den angestrebten Zweck nicht unverhältnismäßig sind (→ Art. 14 Rn. 10 und 24).[106]

---

104 EGMR 13.9.2011 – 319/08, KirchE 58, 196 (207) – *D.* ua/*Deutschland*; 18.3.2011 – 30814/06 (GK), Slg 2011-III Rn. 60 – *Soile Lautsi* ua/*Italien*; 3.11.2009 – 30814/06, KirchE 54, 310 (319 Rn. 47) – *Soile Lautsi/Italien*; 6.10.2009 – 45216/07, Slg 2009-IV, S. 415 (428) – *Johanna Appel-Irrgang* ua/*Deutschland*; 9.10.2007 – 1448/04, NVwZ 2008, 1327 (1327 Rn. 47) – *Hasan u. Eylan Zengin/Türkei*; 29.6.2007 – 15472/02, Slg 2007-III Rn. 84 – *Folgerø* ua/*Norwegen*; 10.11.2005 – 44774/98 (GK), Slg 2005-XI Rn. 155 – *Leyla Şahin/Türkei*; 18.12.1996 – 21787/93, Slg 1996-VI Rn. 25 – *Valsamis/Griechenland*; 18.12.1996 – 24095/94, Slg 1996-VI Rn. 26 – *Efstratiou/Griechenland*; 7.12.1976 – 5095/71 ua, Série A Vol. 23 Rn. 52 – *Kjeldsen* ua/*Dänemark*; vgl. ferner: EKMR 13.5.1982 – 8811/79, DR 29, 104 (111) – *Sieben Personen/Schweden*.

105 EGMR 18.3.2011 – 30814/06 (GK), Slg 2011-III Rn. 59 – *Soile Lautsi* ua/*Italien*; *Blum*, Die Gedanken-, Gewissens- und Religionsfreiheit nach Art. 9 der Europäischen Menschenrechtskonvention, 1990, S. 137; *Grabenwarter/Pabel*, Europäische Menschenrechtskonvention, § 22 Rn. 94; hierzu ferner: *Langenfeld* in *Dörr/Grote/Marauhn*, EMRK/GG, Bd. II, 2. Aufl. 2013, Kap. 24 Rn. 36; *Velu/Ergec*, Convention européenne des droits de l'homme, 2ᵉ éd. 2014, Rn. 782.

106 *Wildhaber* in *Golsong* ua, Internationaler Kommentar zur Menschenrechtskonvention, Art. 2 Rn. 6. Siehe auch: Art. 14.

Hanschmann

Bei der Auslegung und Anwendung des Art. 2 berücksichtigt der Ge-   29
richtshof schließlich **andere völkerrechtliche Regeln,** wie bspw. die
unter I. genannten Normen.[107]

Artikel 3 Recht auf freie Wahlen

Die Hohen Vertragsparteien verpflichten sich, in angemessenen Zeitabständen freie und geheime Wahlen unter Bedingungen abzuhalten,
welche die freie Äußerung der Meinung des Volkes bei der Wahl der
gesetzgebenden Körperschaften gewährleisten.

I. Allgemeines

Art. 3 des Zusatzprotokolls lässt sich die Aussage entnehmen, dass   1
die Mitgliedstaaten der EMRK ein Regierungssystem errichten müssen, das jedenfalls in den Grundzügen demokratischer Praxis entspricht. Die Bestimmung verlangt, dass die **Minimalanforderungen
an demokratische Selbstbestimmtheit der gesetzgebenden Körperschaft** gewährleistet sein müssen. Die EMRK sichert die Menschenrechte in einer „wahrhaft demokratische(n)-politische(e) Ordnung".[1]
Die Bestimmung begründet ein politisches Grundrecht, auch wenn
sie nicht von einem subjektiven Recht spricht. Während Art. 25 Zivilpakt als Individualrecht gefasst ist ("Jeder Staatsbürger hat das
Recht..."), formuliert Art. 3 eine staatliche Verpflichtung in verbind-
licher Form. Die Grundrechtecharta garantiert ein aktives und passives Wahlrecht in Art. 39 und 40.

In den amtlichen Fassungen spricht Art. 3 von "undertake"   2
bzw. "s'engagent". In der deutschen Übersetzung ist von "verpflichten sich" die Rede. Art. 3 weicht in der Betonung der objektiven Di-

---

107 So schon in der Entscheidung zum Belgischen Sprachenstreit: EGMR
     23.7.1968 – 1474/62, Série A Vol. 6 Rn. 8 – *Belgischer Sprachenfall.* St. Rspr.,
     siehe nur: EGMR 19.10.2012 – 43370/04, 8252/05, 18454/06 (GK),
     Slg 2012-V Rn. 136 – *Catan ua/Moldawien u. Russland;* 21.6.2011 – 5335/05,
     Slg 2011-III Rn. 57 – *Ponomaryovi/Bulgarien;* 13.12.2005, 55762/00
     und 55974/00, Rn. 64 – *Timishev/Russland.*
  1 4. Begründungserwägung der EMRK.

mension von den übrigen Artikeln ab, ohne dass daraus geschlossen werden könnte, dass die sich aus Art. 3 ergebenden Verpflichtungen nicht subjektiv einforderbar oder nicht justiziabel wären. Der Grund für die Wortwahl liegt vor allem darin, dass Art. 3 staatsorganisationsrechtliche Grundfragen thematisiert, die sich außerhalb der unmittelbaren Freiheitssphäre der einzelnen bewegen. Art. 3 begründet eine **Verpflichtung der Konventionsstaaten, positive Maßnahmen zu treffen**, die die Durchführung allgemeiner Wahlen sicherstellen.[2] Zudem muss sichergestellt sein, dass sich das Wahlergebnis auch institutionell in der Besetzung der Legislativmandate niederschlägt. Weitergehende Aussagen über die Stellung der Legislative im Gesamtaufbau des Staats und ihrer Rechte gegenüber anderen Funktionen lassen sich Art. 3 bislang nur ansatzweise entnehmen.

3 Der EGMR prüft ein **Wahlgesetz** nicht abstrakt. Eine Beschwer nach Art. 3 kann sich nur mit Blick auf die Durchführung einer konkreten Wahl ergeben. Bf. können hierbei durch Vorschriften des nationalen Wahlgesetzes unmittelbar betroffen sein und ihre Beschwerde gegen das Gesetz richten.[3] Auch die Anwendung eines Wahlgesetzes kann gerügt werden.

II. Staatsorganisationsrecht und Wahlen

4 Art. 3 darf nicht als Bestimmung angesehen werden, die die Mitgliedstaaten zur Einführung eines bestimmten Regierungssystems zwingt. Auch bei der **Ausgestaltung der staatsorganisationsrechtlichen Strukturen** – insbesondere hinsichtlich der Stellung des Parlaments – sind die Mitgliedstaaten weitgehend frei. Aus Art. 3 ergibt sich, dass **die Existenz einer gesetzgebenden Körperschaft vorausgesetzt wird**, deren Zusammensetzung durch die Wahlen bestimmt wird. Ein Gebot der Unmittelbarkeit der Wahl sieht Art. 3 nicht vor (anders Art. 38 GG). Die Erfordernisse der Allgemeinheit und der Gleichheit der Wahl werden nicht im Text des Protokolls, wohl aber in der Rechtsprechung des EGMR anerkannt. Der EGMR geht in ständiger Rechtsprechung davon aus, dass in das Konzept demokratischer Wahlen die Idee der Gleichheit der Bürgerinnen und Bürger eingeschrieben ist.

5 Das Recht gilt nach dem Wortlaut von Art. 3 für Wahlen **der gesetzgebenden Körperschaften**. Was das ist, muss im Lichte der Verfas-

---

2 EGMR 2.3.1987 – 9267/81, EGMR-E 3, 376 Rn. 48 ff. – *Mathieu-Mohin/Belgien*.

3 EGMR 8.7.2008 – 10226/03 (GK), Slg 08-III Rn. 73 – *Yumak u. Sadak/Türkei*.

sungsstruktur eines jeden Konventionsstaats bestimmt werden. Grundsätzlich müssen die Mandatsträger der Institution gewählt werden, die im Zentrum des Legislativprozesses (Gesetzgebung) steht. Sieht die Verfassungsordnung eines Mitgliedstaats vor, dass mehrere Organe an der Gesetzgebung beteiligt sind, muss die Kreation jedenfalls von einem dieser Organe den Anforderungen von Art. 3 entsprechen.[4] Es fallen darunter die **Parlamentswahlen** (BT- und Landtagswahlen), auch die Wahlen zum **Europäischen Parlament**,[5] auch zu anderen Institutionen, wenn sie an der Gesetzgebung mitwirken, zB Regionalräte.[6] Nicht unter Art. 3 fallen Wahlen zu **kommunalen Vertretungskörperschaften**, die nicht Teil der gesetzgebenden Gewalt sind, sondern im wesentlichen Verwaltungsaufgaben haben oder nur begrenzte Befugnisse, Satzungen zu erlassen.[7] Nicht erfasst werden Präsidentschaftswahlen.[8] Ebenfalls fallen Referenden nicht in den Schutzbereich von Art. 3.[9]

In der **Ausgestaltung des Wahlsystems** selbst wird den Mitgliedstaa-   6
ten das Recht zugesprochen, Einzelheiten zu regeln. Sie verfügen diesbezüglich über einen weiten **Ermessensspielraum**. Die in der Rechtsprechung dazu entwickelten Grundsätze sind in dem Urteil Yumak u. Sadak/Türkei[10] zusammengefasst. Art. 3 hängt eng zusammen mit Art. 10 und 11, listet aber keine Rechtfertigungsgründe auf. Deswegen können auch andere als die in Art. 10 II und Art. 11 II genannten Gründe eine Einschränkung rechtfertigen. Die Maßnahmen müssen auch nicht wie in Art. 8 bis 11 "in einer demokratischen Gesellschaft notwendig" sein oder einem "dringenden sozialen Bedürfnis" entsprechen. Sie dürfen aber nicht willkürlich und nicht unverhältnismäßig sein.

Die Mitgliedstaaten sind gehalten, die inhaltlichen und organisatori-   7
schen Einzelheiten des Wahlrechts festzulegen. Sie können insbesondere festlegen, dass ein **Verhältniswahlrecht**, ein **Mehrheitswahlrecht** oder ein anderes System gelten soll, ob der Wähler eine oder mehrere Stimmen hat, wie die **Wahlbezirke** bestimmt werden sollen usw. Wesentlich ist, dass die Freiheit der Meinungsäußerung (Art. 10) und

---

4 EGMR 22.12.2009 – 27996/06 (GK), Slg 09-VI – *Sejdic* ua/*Bosnia u. Herzegovina.*
5 EGMR 18.2.1999 – 24833/94, Slg 99-I Rn. 40 ff.– *Matthews/Vereinigtes Königreich.*
6 EGMR 11.1.2005 – 66289/01, Slg 05-I Rn. 36 – *Py/Frankreich*; EGMR 1.7.2004 – 36681/97, Rn. 50 – *Santoro/Italien.*
7 EGMR 15.6.2000 – 52492/99 – *Xuereb/Malta.*
8 EGMR 27.5.2004 – 35584/02 – *Guliyer/Aserbaidschan.*
9 EGMR 7.9.1999 – 31981/96, Slg 99-VI – *Hilbe/Liechtenstein.*
10 EGMR 8.7.2008 – 10226/03 (GK), Slg 08-III Rn. 109 – *Yumak u. Sadak/Türkei.*

der Gleichheitssatz (Art. 14) bei der Wahl beachtet werden. Die Staaten unterliegen dabei der Überprüfung durch den Gerichtshof, der prüft, ob solche Regelungen das Recht nicht so verkürzen, dass es in seinem Wesensgehalt angetastet wird und seine Wirksamkeit verliert, ob sie ein berechtigtes Ziel verfolgen und die dabei angewandten Mittel nicht unverhältnismäßig sind. Das Wahlrecht wird unter Berücksichtigung der politischen Entwicklung des Landes beurteilt, so dass Einschränkungen in einem Staat akzeptabel sein können, in einem anderen nicht.[11]

8 **Die Staaten können grundsätzlich frei festlegen, in welchem zeitlichen Abstand Wahlen stattfinden.** Vier Jahre sind für das **aktive** Wahlrecht akzeptabel, zehn sind zu viel.[12] Eine Periodizität von sechs oder sieben Jahren dürfte schon auf Bedenken stoßen.

9 Auch **Mindestanteile von Stimmen** für die Vertretung im Parlament sind zulässig. Sie sollen ausreichend repräsentative Mehrheiten fördern und eine übermäßige Parteizersplitterung im Parlament vermeiden. Die Konvention schreibt nicht vor, dass alle Stimmen das gleiche Gewicht für das Ergebnis oder alle Kandidaten gleiche Chancen haben müssen. Kein Wahlsystem kann verlorene Stimmen gänzlich ausschließen.[13]

10 Bei der **Einsetzung von Wahlkommissionen** haben die Staaten einen weiten Ermessensspielraum. Der EGMR prüft, ob die freie Wahl gewährleistet ist und ob die Besetzung Ausgewogenheit und eine gewisse Unabhängigkeit garantiert und ob es Garantien gegen Missbrauch gibt.[14]

11 Der EGMR prüft, ob die Regelungen des Wahlrechts in das Recht der Bevölkerung eingreifen, sich frei auszudrücken.[15] **Insbesondere dürfen die Regelungen des Wahlrechts nicht die freie Meinungsäußerung des Volkes bei der Wahl behindern.**[16] Das Gesetz muss bemüht sein, die Integrität und Wirksamkeit des Wahlverfahrens zu gewährleisten, das darauf abzielt, den Willen des Volkes festzustellen. Dabei

---

11 EGMR 19.10.2004 – 17707/02, Slg 04-X Rn. 55 – *Melnychenko/Ukraine.*
12 EGMR 11.1.2005, 66289/01, Slg 05-I Rn. 56 f. – *Py/Frankreich.*
13 EGMR 7.6.2001 – 56618/00, Slg 01-VI – *Federacion Nacionalista Camaria/ Spanien:* 6 %-Klausel zulässig; EGMR 8.7.2008 – 10226/03 (GK), Slg 08-III Rn. 107,146 – *Yumak u. Sadak/Türkei:* 10%- Klausel verstößt wegen praktischer Korrekturmöglichkeiten nicht gegen Art. 3.
14 EGMR 8.7.2008 – 9103/04, Slg 08-IV Rn. 103,110 – *Georgian Labour Party/ Georgien.*
15 EGMR 16.3.2006 – 58278/00 (GK), Slg 06-IV Rn. 110, 115– *Zdanoka/Lettland.*
16 EGMR 2.3.1987 – 9267/81, EGMR-E 3, 376 Rn. 52 – *Mathieu-Mohin* ua/ *Belgien;* EGMR 18.02. 1999 – 24833/94, Slg 99-I Rn. 63 – *Matthews/Vereinigtes Königreich.*

muss als Grundsatz gelten, dass ein Wahlrecht kein Privileg ist, deswegen muss es im Zweifel gegeben sein. **Der Grundsatz ist das allgemeine Wahlrecht.** Das Wahlrecht muss **Garantien gegen Missbrauch und Willkür** geben.[17] Letztlich geht es um eine Effektivitätsbeurteilung, die auf eine Einschätzung hinausläuft, inwieweit eine faire Mitsprache der Wahlbevölkerung bei der Besetzung der Legislativkörperschaft gesichert ist.

III. Persönlicher Anwendungsbereich

Art. 3 gibt ein **subjektives Recht, zu wählen und bei Wahlen zu kandidieren,** garantiert also das aktive und passive Wahlrecht.[18] Art. 3 lässt es zu, wenn die Mitgliedstaaten das Wahlrecht nur eigenen Staatsangehörigen einräumen. Zwar ergibt sich dies (anders als bei Art. 25 IPBPR) nicht unmittelbar aus dem Wortlaut. Der Entstehungsgeschichte und der Funktion von Art. 3 entspricht es aber, den Mitgliedstaaten die diesbezügliche Freiheit zur Begrenzung des persönlichen Anwendungsbereichs einzuräumen. Den Mitgliedstaaten steht es natürlich frei, das Wahlrecht auch Drittstaatsangehörigen einzuräumen (vgl. zB Art. 22 AEUV); dies hat dann diskriminierungsfrei zu geschehen. **Politische Parteien** können sich auf Art. 3 berufen, wenn das Wahlsystem eine Kandidatur von Parteien vorsieht.[19] Der willkürliche Ausschluss der Kandidaten einer Partei kann deren Recht aus Art. 3 verletzen.[20] 12

IV. Aktives Wahlrecht

Art. 3 formuliert **Anforderungen an die Wahl.** Sie muss allgemein, frei und geheim sein, in angemessenen Zeitabständen und unter Bedingungen abgehalten werden, die eine **freie Meinungsäußerung** gewährleisten. Der Verlust des Wahlrechts bei längerem Auslandsaufenthalt verstößt nicht gegen Art. 3.[21] Die Mitgliedstaaten müssen keine positiven Schritte unternehmen, um die Ausübung des Wahlrechts zu erleichtern (zB: keine Pflicht zur Einführung von Briefwah- 13

---

17 EGMR 19.10.2004 – 17707/02, Slg 04-X Rn. 58 f. – *Melnychenko/Ukraine.*
18 EGMR 6.10.2005 – 74025/01 (GK), Slg 05-IX Rn. 57 – *Hirst/Vereinigtes Königreich* Nr. 2; EGMR 6.4.2000 – 26772/95, Slg 00-IV Rn. 201– *Labita/Italien.*
19 EGMR 8.7.2008 – 9103/04, Slg 08-IV – *Georgian Labour Party/Georgien*; EGMR 10.7.2012 – 58369/10 – *Staatkundig Gereformeerde Partij/Niederlande.*
20 EGMR 11.1.2007 – 55066/00 – *Russian Conservative Party/Russland.*
21 EGMR 7.5.2013 – 19840/09 – *Shindler/Vereinigtes Königreich*; EGMR 15.4.2014 – 29991/07- *Oran/TUR.*

len für im Ausland lebende Staatsbürger.[22] Der EGMR hat allerdings angedeutet, dass sich seine Einschätzung ändern könnte.[23]

14 **Wahlen müssen allgemein sein.** Gewisse Einschränkungen sind zulässig. Jeder Ausschluss einer Personengruppe muss aber mit den Zielen von Art. 3 Zusatzprot. vereinbar sein.[24] Es ist **nicht zu akzeptieren, dass ganze Bevölkerungsgruppen** ausgeschlossen werden.[25] **Strafgefangenen** kann das Wahlrecht nicht unterschiedslos aberkannt werden, wenn auch bestimmte Beschränkungen für eine begrenzte Gruppen zulässig sein können, zB für Täter, die ein öffentliches Amt erheblich missbrauchen oder deren Verhalten den Rechtsstaat oder demokratische Grundwerte gefährden.[26] Der Entzug des Wahlrechts muss in verhältnismäßigem Bezug zur Art oder der Schwere der Straftat stehen.[27] Der Entzug muss nicht von einem Richter angeordnet werden, sondern kann auch gesetzlich vorgesehen sein.[28] Unverhältnismäßig ist der Entzug des Wahlrechts für alle vorsätzlich begangenen Straftaten.[29] Unzulässig ist auch, einer **Gruppe von betreuten Personen** ohne individuelle Prüfung nur deswegen das Wahlrecht zu entziehen, weil sie ganz oder teilweise unter Betreuung gestellt sind.[30] Im Fall Vito Santo Santoro/Italien[31] hat der EGMR nicht beanstandet, dass Personen unter Polizeiüberwachung nicht wählen dürfen, wohl aber dass der Betroffene so spät im Register gelöscht wurde, dass Wahlen vor Ablauf der Frist stattfanden.

15 **Wohnsitzvoraussetzungen** können sinnvoll sein, weil ein Bürger, der nicht im Wahlkreis wohnt, mit den täglichen Problemen des Landes weniger vertraut ist und weniger von ihnen betroffen ist und weil auswärts wohnende Kandidaten schwieriger oder gar nicht am Wahlkampf teilnehmen können. Dort wohnende Bürger können bei der Auswahl der Kandidaten und dem Wahlprogramm besser Einfluss nehmen. Ob die Kandidaten integer sind und ob sie Interessen wirksam im Parlament vertreten können, können die Wähler bei ihnen bekannten Kandidaten besser beurteilen. Es besteht ein unmittelbarer

---

22 EGMR 15.3.2012 – 42202/07 (GK), Slg 12-II – *Sitaropoulus* ua/*Griechenland.*
23 EGMR 7.5.2013- 19840/09 – *Shindler/Vereinigtes Königreich.*
24 EGMR 6.10.2005 – 74025/01, Slg 05-IX Rn. 62 – *Hirst/Vereinigtes Königreich* Nr. 2.
25 EGMR 22.6.2004 – 69949/01, Slg 04-V Rn. 28 – *Aziz/Türkei* für Ausschluss der türkischen Bevölkerungsgruppe.
26 EGMR 6.10.2005 – 74025/01, Slg 05-IX Rn. 68 ff. – *Hirst/Vereinigtes Königreich* Nr. 2; EGMR 8.4.2010 – 20201/04, Rn. 28 – *Frodl/Österreich.*
27 EGMR 22.5.2012 – 126/05 (GK) – *Scoppola/Italien.*
28 EGMR 22.5.2012 – 126/05 (GK) – *Scoppola/Italien.*
29 EGMR 17.9.2013 – 29411/07 – *Söyler/Türkei.*
30 EGMR 20.5.2010 – 38832/06, Rn. 44 – *Alajos Kiss Ungarn.*
31 EGMR 1.7.2004 – 36681/97, Slg 04-VI Rn. 59 – *Vito Santo Santoro/Italien.*

Zusammenhang zwischen dem Wahlrecht und dem direkten Betroffensein von Handlungen gewählter politischer Instanzen.[32]

Frei bedeutet, dass es keinen Druck auf die Wahl eines Kandidaten   16
geben darf, die Wahl darf nicht ungebührlich beeinflusst werden. Es
muss auch ermöglicht werden, dass der Wähler seine Stimme frei abgibt, ohne dass von Privaten eine Bedrohung ausgeht. Die Behörden
müssen die Kandidaten bekannt machen und Informationen über sie
geben.[33] Zur Freiheit der **Wahl** gehört auch, dass die Parteien angemessene Möglichkeiten haben müssen, ihre Kandidaten für die Wahl
zu präsentieren. Art. 11 garantiert die Freiheit politischer Parteien
und steht mit Art. 3 Zusatzprot. in Zusammenhang, denn eine freie
Meinungsäußerung des Volkes bei Wahlen ist ohne Mitwirkung einer
Vielzahl von Parteien nicht vorstellbar.[34] Die Anordnung, dass bestimmte Teile der Bevölkerung in besonderen Wahllokalen wählen
müssen, kann Art. 3 verletzen.[35]

Art. 3 verpflichtet die Mitgliedstaaten vom Wortlaut her nicht, die   17
Gleichheit der Wahl zu gewährleisten. Gleichwohl thematisiert der
EGMR die Gleichheit der Wahl unter Art. 3 und verlangt bei manifester Beeinträchtigung eine Rechtfertigung. Die Mitgliedstaaten sind
nicht gehalten, eine strikte Erfolgschancengleichheit (Mehrheitswahlsystem) oder Erfolgswertgleichheit (Verhältniswahlsystem) zu gewährleisten.[36] Sperrklauseln werden vom EGMR aber als Beeinträchtigung des Rechts aus Art. 3 angesehen.[37] Bislang hatte der
EGMR nicht über die in einigen Mitgliedstaaten vorhandenen Regelungen zu entscheiden, wonach die stärkste Fraktion eine „Mehrheitsprämie" bekommt; sie dürften im Grundsatz konventionsrechtlich unbedenklich sein. Die Differenzierung der **staatlichen Finanzierung von Parteien** berührt Art. 3 und ist rechtfertigungsbedürftig.[38]

Art. 3 formuliert Anforderungen an die Führung von **Wählerlisten**.   18
Alle Wähler müssen sich eintragen dürfen, damit die Wahlen frei und
gleich sind. Wenn Listen nicht genau sind, kann das die Wirksamkeit

---

32 EGMR 19.10.2004 – 17707/02, Slg 04-X Rn. 56, 58 – *Melnychenko/Ukraine.*
33 EGMR 11.1.2007 – 55266/06, Slg 07-I Rn. 72 f. – *Russian Conservative Party
    of Entrepreneurs* ua/*Russland.*
34 Vgl. EGMR 27.8.2008 – 10226/03 (GK), Slg 08-III Rn. 108 – *Yumak u. Sadak/
    Türkei.*
35 EGMR 25.9.2014 – 12535/06 – *Karimov/Aserbaidschan* (Soldaten).
36 EGMR 8.7.2008 – 10226/03 (GK), Slg 08-III Rn. 108 – *Yumak u. Sadak/
    Türkei.*
37 EGMR 29.11.2007 – 10547/07, 34049/07, *Partija „Jaunie Demokrati" und Partija „musu Zeme"/Lettland* (Unbedenklichkeit einer 5%-Hürde); EGMR
    8.7.2008 – 10226/03 (GK), Slg 08-III – *Yumak u. Sadak/Türkei* (Unzulässigkeit
    einer 10%-Hürde).
38 EGMR 10.5.2012 – 7819/03, Slg 12-III – *Özgörlük/Türkei.*

der Rechte aus Art. 3 beeinträchtigen, zB wenn Wähler nicht aufgenommen sind oder eine Mehrfachregistrierung möglich ist.[39]

19 Die Mitgliedstaaten sind verpflichtet, **Unregelmäßigkeiten während des Wahlvorgangs** zu bekämpfen. Kommt es zu Beeinträchtigungen, kann dies das Wahlrecht aus Art. 3 verletzen.[40] Ein Wahlprüfungsverfahren muss transparent und fair ausgestaltet sind.[41] **Das Wahlergebnis ist zu respektieren;** spätere Eingriffe sind grundsätzlich unzulässig. Wenn der Wille des Volkes frei und demokratisch zum Ausdruck gekommen ist, darf eine spätere Wahlrechtsänderung das Ergebnis nicht in Frage stellen. Von diesem Grundsatz darf nur abgewichen werden, wenn das im Interesse der demokratischen Ordnung zwingend erforderlich ist.[42]

V. Passives Wahlrecht

20 Art. 3 beschränkt die Freiheit der Mitgliedstaaten bei der **Formulierung von Anforderungen an das passive Wahlrecht,** also das Recht zu kandidieren. Die Kontrolldichte des EGMR ist hier (noch) geringer als bei der Kontrolle von Eingriffen in das aktive Wahlrecht.[43] Der EGMR beschränkt sich hier im Wesentlichen auf eine Willkürprüfung.

21 **Regelungen über die Registrierung von Kandidaten** sind zulässig, das Verfahren muss aber Garantien gegen willkürliche Entscheidungen und Missbrauch vorsehen, muss fair sein und den Erfordernissen der Rechtssicherheit Rechnung tragen, wirksame Rechtsbehelfe vorsehen. Das Gebot der Rechtssicherheit verlangt, dass das Verfahren eine gewisse Stetigkeit hat und nicht kurz vor der Wahl geändert wird. Gerichtliche Entscheidungen müssen beachtet werden.[44]

22 Die Mitgliedstaaten können auch beim **passiven Wahlrecht** Anforderungen wohnsitzrechtlicher Art stellen. Sie können Kandidaten etwa abverlangen, dass sie fünf Jahre in dem Gebiet gewohnt haben, damit sie ausreichende Kenntnis von den entscheidenden Aufgaben und Fragen gewinnen können.[45]

---

39 EGMR 8.7.2008 – 9103/04, Slg 08-IV Rn. 82 f. – *Georgian Labour Party/Georgien.*
40 EGMR 25.9.2014 – 12535/06 – *Karimov/Aserbaidschan.*
41 EGMR 8.7.2008 – 9103/04, Slg 08-IV – *Georgische Arbeiterpartei/Georgien;* EGMR 8.4.2010 – 18705/06 – *Namat Aliyev/Aserbaidschan.*
42 EGMR 8.7.2008 – 10226/03 (GK), Slg 08-III Rn. 107 – *Yumak u. Sadak/Türkei.*
43 EGMR 12.11.2013 – 14507/07 – *Ochetto/Italien.*
44 EGMR 11.6.2009 – 77568/01, Rn. 61-63, 66 – *Petkov ua/Russland.*
45 EGMR 19.4.2004 – 17707/02, Slg 04-X Rn. 58 – *Melnychenko/Ukraine.*

Es ist möglich, bestimmte Personen als Kandidaten auszuschließen 23
(zB Inhaber eines öffentlichen Amtes[46]; bestimmte Bedienstete von
Gemeindeverwaltungen[47]; Richter[48]; Personen, die ein öffentliches
Amt missbraucht haben oder deren Verhalten demokratische Grundsätze bedroht – vgl. Art. 17; zeitweiser Ausschluss des Wahlrechts für
Personen, die Mitglieder der Mafia sind[49]) oder als Voraussetzung
für eine Kandidatur bestimmen, dass ausreichende **Kenntnisse der
Staatssprache** nachgewiesen werden.[50] **Politische Loyalität** kann von
Beamten, aber nicht von Kandidaten verlangt werden. Verfassungs-
treue kann aber verlangt werden.[51] Ein Ausschluss im Wege der Lus-
tration ist nicht grundsätzlich ausgeschlossen, das Verfahren muss
aber bestimmten Anforderungen genügen (vgl. Art. 8 Rn. 50).[52]
Möglich ist eine Einschränkung des passiven Wahlrechts für Personen, die ein öffentliches Amt missbraucht haben oder deren Verhalten die Rechtsstaatlichkeit oder demokratische Grundsätze bedroht
(vgl. Art. 17). Dagegen hat der EGMR den Ausschluss von Personen
mit doppelter Staatsangehörigkeit nicht akzeptiert.[53]

Informationspflichten können Kandidaten auferlegt werden, zB über 24
ihr Vermögen und ihre Einkünfte, denn sie ermöglichen dem Wähler,
eine informierte Wahl zu treffen. Dann muss auch möglich sein,
einen Kandidaten von der Liste zu streichen, der unwahre Angaben
gemacht hat. Die Disqualifizierung von Kandidaten muss verhältnismäßig und es muss ein faires Verfahren vorgesehen sein. Das ist zB
nicht der Fall, wenn ein rechtskräftiges Urteil durch ein Aufsichts-
rechtsmittel beseitigt worden ist und dadurch Grundsätze der
Rechtssicherheit und der Rechtsstaatlichkeit verletzt sind. Ein Wähler kann sich aber nicht auf Verletzung seines aktiven Wahlrechts berufen, wenn ein Kandidat oder eine Partei ausgeschlossen wurde.[54]

Die Pflicht zur Hinterlegung eines bestimmten Geldbetrages durch 25
die Partei und Rückzahlung, wenn sie einen bestimmten Stimmanteil
erreicht hat, ist nicht als Verstoß gegen Art. 3 angesehen worden,

---

46 EGMR 1.7.1997 – 18747/91, 19376/92, ua, Slg 97-IV, S. 1233 ff. Nr. 39 ff. –
    Gitonas ua/*Griechenland.*
47 EGMR 29.9.1998 – 3111/10, Slg 98-VI Rn. 75 – *Ahmet* ua/*Vereinigtes König-
    reich.*
48 EGMR 29.6.2000 – 47135/99 – *Brike/Lettland.*
49 EGMR 6.4.2000 – 26772/95, Slg 00-IV Rn. 203 – *Labita/Italien* – aber nicht
    nach Freispruch.
50 EGMR 9.4.2002 – 46726/99, Slg 02-II Rn. 34 – *Podkolzina/Lettland.*
51 EGMR 6.1.2011 – 34932/04, (GK), Slg 11-I – *Paksas/LTU.*
52 Vgl. EGMR 24.6.2008 – 3669/03, Rn. 112,116,125,132 – *Adamsons/Lettland.*
53 EGMR 27.4.2010 – 7/07 (GK), Slg 10-III Rn. 172 ff. – *Tanase/Moldau.*
54 EGMR 11.1.2007 – 55066/00, Slg 07-I Rn. 62, 65 – *Russian Conservative Party
    of Entrepreneurs* ua/*Russland.*

weil sie dem Ziel dient, ausreichende Mehrheiten zu erreichen und wenn die Höhe nicht unverhältnismäßig ist. Der Anspruch auf Rückzahlung fällt unter den Schutz von Art. 1 Zusatzprot.[55]

26 Der **Status der gewählten Abgeordneten muss respektiert** werden, weil sonst das Recht auf freie Wahlen illusorisch wäre.[56] Wenn ein Gremium darüber entscheidet, wer das Mandat erhält, muss das aufgrund ausreichend bestimmt gefasster Vorschriften in einem fairen Verfahren geschehen, das Gremium muss ein Mindestmaß an Unabhängigkeit haben.[57]

VI. Schutz der Mandatsausübung

27 Art. 3 gewährleistet das Recht, ein Mandat auszuüben. Ein automatischer Mandatsverlust bei Parteiauflösung verletzt dieses Recht.[58] Das Recht ist seinem Wesen nach nicht absolut; die Staaten können Einzelheiten regeln, zB auch über die Voraussetzungen für das aktive und das passive Wahlrecht.

VII. Verhältnis zu anderen Artikeln

28 Bei Eingriffen in die Pressefreiheit (Art. 10) vor einer Wahl muss **Art. 10** unter Berücksichtigung von Art. 3 Zusatzprot. ausgelegt werden. Wenn eine politische Partei unter Verletzung **von Art. 11** aufgelöst worden ist, hält der Gerichtshof eine gesonderte Prüfung von Art. 3 Zusatzprot. nicht für erforderlich.[59]

Artikel 4 Räumlicher Geltungsbereich

Jede Hohe Vertragspartei kann im Zeitpunkt der Unterzeichnung oder Ratifikation dieses Protokolls oder zu jedem späteren Zeitpunkt an den Generalsekretär des Europarats eine Erklärung darüber richten, in welchem Umfang sie sich zu Anwendung dieses Protokolls auf die in der Erklärung abgegebenen Hoheitsgebiete verpflichtet, für deren internationale Beziehungen sie verantwortlich ist.

---

55 EGMR 11.1.2007 – 55066/00, Slg 07-I Rn. 94 – *Russian Concervative Party of Entrepreneurs* ua/*Russland.*
56 EGMR 11.1.2007 – 55066/00, Slg 07-I Rn. 49 f. – *Russian Conservative Party of Entrepreneurs* ua/*Russland.*
57 EGMR 2.3.2010 – 78039/01, Slg 10-II Rn. 47 ff. – *Grosaru/Rumänien.*
58 EGMR 11.6.2002 – 25144/94, 26149/95, ua, Slg 02-IV Rn. 33 – *Sadak* ua/ *Türkei Nr. 2.*
59 ZB EGMR 30.1.1998 – 19392/92, Slg 98-I Rn. 64 – *Vereinigte Kommunistische Partei der Türkei (United Communist Party of Turkey)* ua/*Türkei.*

Jede Hohe Vertragspartei, die eine Erklärung nach Absatz 1 abgegeben hat, kann jederzeit eine weitere Erklärung abgeben, die den Inhalt einer früheren Erklärung ändert oder die Anwendung der Bestimmungen dieses Protokolls auf irgendein Hoheitsgebiet beendet.

Eine nach diesem Artikel abgegebene Erklärung gilt als eine Erklärung im Sinne des Artikels 56 Absatz 1 der Konvention.

Artikel 5 Verhältnis zur Konvention

Die Hohen Vertragsparteien betrachten die Artikel 1, 2, 3 und 4 dieses Protokolls als Zusatzartikel zur Konvention; alle Bestimmungen der Konvention sind dementsprechend anzuwenden.

Artikel 6 Unterzeichnung und Ratifikation

Dieses Protokoll liegt für die Mitglieder des Europarats, die Unterzeichner der Konvention sind, zur Unterzeichnung auf; es wird gleichzeitig mit der Konvention oder zu einem späteren Zeitpunkt ratifiziert. Es tritt nach Hinterlegung von zehn Ratifikationsurkunden in Kraft. Für jeden Unterzeichner, der das Protokoll später ratifiziert, tritt es mit der Hinterlegung seiner Ratifikationsurkunde in Kraft.

Die Ratifikationsurkunden werden beim Generalsekretär des Europarats hinterlegt, der allen Mitgliedern die Namen derjenigen Staaten, die das Protokoll ratifiziert haben, notifiziert.

Geschehen zu Paris am 20. März 1952 in englischer und französischer Sprache, wobei jeder Wortlaut gleichermaßen verbindlich ist, in einer Urschrift, die im Archiv des Europarats hinterlegt wird. Der Generalsekretär übermittelt allen Unterzeichnerregierungen beglaubigte Abschriften.

Die Vorschriften geben keine Individualrechte, sondern enthalten **die üblichen Begleitvorschriften.** Art. 4 über den räumlichen Geltungsbereich entspricht Art. 56 EMRK. Art. 5 macht deutlich, dass die Vorschriften des Prot. Nr. 1 wie ein Teil der EMRK zu behandeln sind. Art. 6 regelt die Unterzeichnung, die Ratifikation und das Inkrafttreten und enthält insoweit eine für Ergänzungsprotokolle typische Vorschrift.

Protokoll Nr. 4
zur Konvention zum Schutz der Menschenrechte und Grundfreiheiten, durch das gewisse Rechte und Freiheiten gewährleistet werden, die nicht bereits in der Konvention oder im ersten Zusatzprotokoll enthalten sind

In der Fassung der Bekanntmachung vom 22. Oktober 2010
(BGBl. II S. 1198, 1220)

(Übersetzung)

Deutschland ist Vertragsstaat.[1] Am 15.4.2016 hatten 43 Staaten das Prot. ratifiziert, weitere zwei hatten es gezeichnet.[2]

Die Unterzeichnerregierungen, Mitglieder des Europarats –

entschlossen, Maßnahmen zur kollektiven Gewährleistung gewisser Rechte und Freiheiten zu treffen, die in Abschnitt I der am 4. November 1950 in Rom unterzeichneten Konvention zum Schutz der Menschenrechte und Grundfreiheiten (im Folgenden als „Konvention" bezeichnet) und in den Artikeln 1 bis 3 des am 20. März 1952 in Paris unterzeichneten ersten Zusatzprotokolls zur Konvention noch nicht enthalten sind –

haben Folgendes vereinbart:

Artikel 1 Verbot der Freiheitsentziehung wegen Schulden

Niemandem darf die Freiheit allein deshalb entzogen werden, weil er nicht in der Lage ist, eine vertragliche Verpflichtung zu erfüllen.

1 Die Vorschrift ist fast wortgleich mit Art. 11 Zivilpakt. Sie hat **keine praktische Bedeutung** gewonnen. Sie verbietet das Institut des „Schuldturms",[1] nicht aber eine **Beugehaft** (vgl. Art. 5 Abs. 1 Buchst. b), auch **nicht die Erzwingungshaft** nach § 901 ZPO zur Abgabe einer eidesstattlichen Versicherung in der Zwangsvollstreckung. Sie gilt nur für **vertragliche** zivilrechtliche oder öffentlich-rechtliche Verpflichtungen,[2] nicht dagegen für solche, die sich aus einer **gesetzlichen Vorschrift** ergeben und **nicht für Ersatzfreiheitsstrafen** anstelle von Geldstrafen, weil es sich nicht um vertragliche Verpflichtungen

---

1 BGBl. 1968 II 423.
2 http://www.coe.int/de/web/conventions/full-list/-/conventions/treaty/046/signatures (letzter Abruf am 15.4.2016).
1 *Elberling* in *Karpenstein/Mayer*, EMRK, 2. Aufl. 2015, Art. 1 Prot. Nr. 4 Rn. 1.
2 Allerdings nicht nur für Geldzahlungsverpflichtungen, vgl. *Elberling* in *Karpenstein/Mayer*, EMRK, 2. Aufl. 2015, Art. 1 Prot. Nr. 4 Rn. 2.

handelt.[3] Wenn eine Freiheitsstrafe nach Art. 5 Abs. 1 Buchst. a EMRK gerechtfertigt ist, weil sie auf der Verurteilung durch ein staatliches Gericht beruht, findet Art. 1 Prot. Nr. 4 keine Anwendung. Ob die Umwandlung einer aufgrund Verstoßes gegen Bewährungsweisungen fällig gewordenen Bürgschaft in Freiheitsentziehung unter Art. 1 Prot. Nr. 4 fiele, hat der EGMR ausdrücklich offen gelassen.[4]

Eine Inhaftierung wegen (des Verdachts) eines **Delikts**, dessen **Tatbe-** **2** **stand teilweise durch die Nichterfüllung einer vertraglichen begründeten Schuld** erfüllt wird (zB Eingehungsbetrug oder Beförderungserschleichung), bedeutet keinen Verstoß gegen Art. 1 Prot. Nr. 4,[5] auch dann nicht, wenn der Bf. vorträgt, die Verurteilung wegen eines solchen Delikts sei nur vorgeschoben, um ihn in Wahrheit wegen Zahlungsunfähigkeit einzusperren.[6]

Artikel 2 Freizügigkeit

(1) Jede Person, die sich rechtmäßig im Hoheitsgebiet eines Staates aufhält, hat das Recht, sich dort frei zu bewegen und ihren Wohnsitz frei zu wählen.

(2) Jeder Person steht es frei, jedes Land, einschließlich des eigenen, zu verlassen.

(3) Die Ausübung dieser Rechte darf nur Einschränkungen unterworfen werden, die gesetzlich vorgesehen und in einer demokratischen Gesellschaft notwendig sind für die nationale oder öffentliche Sicherheit, zur Aufrechterhaltung der öffentlichen Ordnung, zur Verhütung von Straftaten, zum Schutz der Gesundheit oder der Moral oder zum Schutz der Rechte und Freiheiten anderer.

(4) Die in Absatz 1 anerkannten Rechte können ferner für bestimmte Gebiete Einschränkungen unterworfen werden, die gesetzlich vorgesehen und in einer demokratischen Gesellschaft durch das öffentliche Interesse gerechtfertigt sind.

---

3 EKMR 12.4.1996 – 26241/95 – *Barajas/Frankreich*; EGMR 2.7.2002 – 33402/96, Slg. 02-V Rn. 51 – *Göktan/Frankreich*.
4 EGMR 27.7.2010 – 28221/08, Rn. 39 – *Gatt/Malta*.
5 EGMR 17.10.2000 – 53254/99 – *Karalevicius/Litauen u. Russland*.
6 EGMR 30.3.2006 – 9369/02 – *Ilie/Rumänien; Elberling* in *Karpenstein/Mayer*, EMRK, 2. Aufl. 2015, Art. 1 Prot. Nr. 4 Rn. 5.

I. Allgemeines

1 Abs. 1 garantiert **jeder Person**,[1] die sich rechtmäßig im Hoheitsgebiet eines Konventionsstaates aufhält, das **Recht der Bewegungsfreiheit**, was das Recht einschließt, in ein anderes Land einzureisen, wenn das nach dem Recht diese Landes erlaubt ist.[2] Abs. 2 gibt das Recht, jedes Land zu verlassen und die Abs. 3 bis 4 regeln mögliche Einschränkungen. Die Vorschrift ist ähnlich aufgebaut wie Art. 8 bis 11 EMRK. Auch hier müssen **Einschränkungen "gesetzlich vorgesehen" sein, eines der in Abs. 3 genannten berechtigten Ziele verfolgen und "in einer demokratischen Gesellschaft notwendig"** sein. Wenn Einschränkungen **nur für bestimmte Gebiete** vorgesehen werden, muss das durch das öffentliche Interesse in einer demokratischen Gesellschaft gerechtfertigt sein.[3]

2 **Art. 12 IPBPR** enthält eine entsprechende Regelung, ebenso **Art. 45 Grundrechtecharta.** Auch in **Art. 20 AEUV** wird die Freizügigkeit für Unionsbürgerinnen und Unionsbürger garantiert.[4]

II. Bewegungs- und Niederlassungsfreiheit (Abs. 1)

1. Voraussetzung: Rechtmäßiger Aufenthalt

3 Art. 2 garantiert **nicht das Recht, in ein anderes Land einzureisen und sich dort aufzuhalten.**[5] Auch andere Art. der Konvention oder der Prot. gewährleisten ein solches Recht Nichtstaatsangehörigen nicht; anderes gilt allerdings gem. Art. 3 Abs. 2 Prot. 4 für die (Wieder-)Einreise Staatsangehöriger. Abs. 1 betrifft deswegen nur Personen, die sich **rechtmäßig** in einem Konventionsstaat aufhalten und gibt ihnen das Recht, sich innerhalb dieses Staates frei zu bewegen. Das Wort "rechtmäßig" verweist auf das Recht des betroffenen Konventionsstaates. Staatsangehörige dieses Staates haben immer das in Abs. 1 gewährte Recht, **Ausländer nur, wenn und solange sie das Recht zum Aufenthalt haben.** Wenn Ausländern während der Dauer

---

1 Anders als Art. 11 GG, der lediglich ein Deutschengrundrecht formuliert, während die Bewegungsfreiheit von Ausländern verfassungsrechtlich durch Art. 2 Abs. 1 GG geschützt wird; vgl. dazu *Hoppe* in *Karpenstein/Mayer*, EMRK, 2. Aufl. 2015, Art. 2 Prot. Nr. 4 Rn. 1 u. Verw. auf BVerfGE 35, 382, 399.

2 EGMR 26.11.2009 – 34383/03, Rn. 44 – *Gochev/Bulgarien.*

3 EGMR 13.12.2005 – 55762/00, Slg. 05-XII Rn. 45 – *Timishev/Russland*: Einrichtung eines Checkpoints in Inguschetien.

4 Zum Sonderstatus türkischer Staatsangehöriger nach Art. 6 und 7 ARB 1/80 in Hinblick auf ihre danach über den Wortlaut der Normen hinaus garantierten Freizügigkeitsrechte innerhalb der EU vgl. *Hoppe* in *Karpenstein/Mayer*, EMRK, 2. Aufl. 2015, Art. 2 Prot. Nr. 4 Rn. 3.

5 Vgl. EGMR 27.4.1995 – 15773/89, Rn. 49 – *Piermont/Frankreich.*

des Verfahrens über die Aufenthaltserlaubnis vorläufig der Aufenthalt in einem bestimmten Gebiet gestattet wird, ist ihr Aufenthalt nur rechtmäßig, wenn sie die Bedingungen einhalten.[6] Wenn dem Bf. eine Ausweisungsverfügung übermittelt wird, hält er sich von diesem Zeitpunkt an nicht mehr rechtmäßig in dem Land auf.[7]

2. Bewegungs- und Niederlassungsfreiheit

Geschützt wird das Recht, sich innerhalb des Staatsgebiets frei zu bewegen, **seinen Wohnsitz frei zu wählen, seine Wohnung frei zu verlassen und zu betreten.** Dabei ordnet der EGMR Wohnsitzauflagen und andere Einschränkungen der Bewegungsfreiheit einheitlich dem Begriff der Bewegungsfreiheit im Sinne von Art. 2 des Protokolls zu.[8] Ein Eingriff ist zB die Auflage, an einem bestimmten Ort Aufenthalt oder Wohnsitz zu nehmen oder den Aufenthaltsort oder Wohnsitz nicht zu verlassen oder Meldepflichten bei Behörden einzuhalten, wobei die erstgenannten Auflagen regelmäßig schwerer wiegen.[9] Ein Eingriff in die Niederlassungsfreiheit hat der EGMR bereits dann gesehen, wenn eine Registrierung des Wohnsitzes verweigert wird, die für die Ausübung weiterer Rechte erforderlich ist und die fehlende Registrierung bußgeldbewehrt ist.[10] In die Niederlassungsfreiheit wird auch dann eingegriffen, wenn in einem bestimmten Bezirk nur mit einer behördlichen Genehmigung eine Wohnung gemietet werden darf.[11]

4

III. Ausreisefreiheit (Abs. 2)

Das Recht ist, anders als das Recht, in ein Land einzureisen, gegenwärtig nicht mehr problematisch; zur Zeit der kommunistischen Diktaturen war es in vielen Staaten Mittel- und Osteuropas nicht gewährleistet, in denen die Konvention zwar nicht galt, vielfach aber Art. 12 des Zivilpakts. Ein Eingriff liegt zB dann vor, wenn die Ausreise von behördlicher Genehmigung abhängig gemacht wird, oder in der **Wegnahme der Personalpapiere.**[12] Auch ein Verbot, seine Kin-

5

---

6 EGMR 20.11.2007 – 44294/04 – *Omwenyeke/Deutschland*.
7 EGMR 27.4.1995 – 15773/89, Rn. 44 – *Piermont/Frankreich*.
8 EGMR 20.4.2010 – 19675/06, Rn. 41-43 – *Villa/Italien*; EGMR 22.2.2007 – 1509/02, Slg. 07-I Rn. 46 – *Tatishvili/Russland*.
9 *Hoppe* in *Karpenstein/Mayer*, EMRK, 2. Aufl. 2015, Art. 2 Prot. Nr. 4 Rn. 8.
10 EGMR 22.2.2007 – 1509/02, Slg. 07-I Rn. 44-46 – *Tatishvili/Russland*.
11 EGMR 23.2.2016 – 43494/09, Rn. 105 – *Garib/Niederlande*.
12 EGMR 13.11.2003 – 66485/01, Rn. 69, 73 – *Napijalo/Kroatien*; EGMR 22.5.2001 – 33592/96, Slg 01-V Rn. 62 f. – *Baumann/Frankreich*.

der in einen anderen Staat zu bringen, ist ein Eingriff.[13] Das Recht umfasst nicht die Befugnis, das gesamte Vermögen ohne Einschränkungen in einen anderen Staat zu verlagern.[14]

IV. Einschränkungen

6 Die Rechte können nach Abs. 3 **eingeschränkt** werden. Die Regelung ist ähnlich gefasst wie die **Abs. 2** der **Art. 8 bis 11** (vgl. → Art. 8 Rn. 101 ff.). Die Einschränkung muss **gesetzlich vorgesehen** sein, ein **berechtigtes Ziel verfolgen** und **in einer demokratischen Gesellschaft notwendig** sein. Eingriffe in die Rechte aus Abs. 1 und 2 unterliegen dabei stets einer **strikten Verhältnismäßigkeitsprüfung.** Verlangt wird insofern, dass die Maßnahme zur Zielerreichung geeignet ist[15] und Beschränkungen nicht gleichsam automatisch ohne Einzelfallabwägung eintreten.[16]

7 Die **Auflage, seinen Wohnsitz nicht zu verlassen bzw. das Wegnehmen des Passes,** kann in **Strafverfahren** gerechtfertigt sein.[17] Die Haftentlassung kann mit der **Auflage** verbunden werden, das Land nicht zu verlassen. Einer Person, gegen die wegen des **Verdachts ermittelt wird, sie gehöre der organisierten Kriminalität** an, kann aufgegeben werden, ihren Wohnsitz nicht zu verlassen und sich regelmäßig bei der Polizei zu melden.[18] Besondere Auflagen für Personen, die unter dem Verdacht stehen, **Mafiosi** zu sein, sind möglich, müssen aber notwendig und nach den tatsächlichen Verhältnissen angemessen sein auch nach einem Freispruch des Betroffenen können sie zu präventiven Zwecken aufrechterhalten werden, wenn sich während des Verfahrens konkrete Anhaltspunkte für eine bestehende Gefährlichkeit des Bf. ergeben haben, namentlich dafür, er könne zukünftig Straftaten begehen, auch wenn sie für eine Verurteilung nicht ausreichend waren.[19] Wenn eine Person nicht mehr als Angeklagter oder

---

13 EGMR 26.10.2000 – 40655/98 – *Texeira* ua/*Italien*: aber gerechtfertigt, wenn es darauf abzielt, die Durchführung des Verfahrens über das Sorgerecht zu sichern.

14 *Esser* in *Löwe-Rosenberg*, StPO Band 11: EMMRK/IPBPR, 26. Aufl. 2012, Art. 2 Prot. Nr. 4 Rn. 6.

15 EGMR 2.12.2014 – 43978/09, Rn. 41 – *Battista/Italien*: betreffend Ausreiseverbot wegen Nichtzahlung von Kindesunterhalt.

16 EGMR 2.12.2014 – 43978/09, Rn. 44 – *Battista/Italien*; EGMR 27.11.2012 – 29713/05, Slg 12-VI Rn. 34 f. – *Stamose/Bulgarien*: betreffend Ausreiseverbot wegen vorheriger Verletzung der Einwanderungsgesetze eines anderen Landes durch den Bf.

17 EGMR 13.10.2005 – 31008/02, Rn. 41 – *Fedorov* ua/*Russland*.

18 EGMR 22.2.1994 – 12954/87, Rn. 39– *Raimondo/Italien*: Konventionsverletzung nur wegen eines Verfahrensfehlers.

19 EGMR 6.4.2000 – 26772/95 (GK), Slg. 00-IV Rn. 195 ff. – *Labita/Italien*.

Zeuge betroffen ist, darf ihr Pass allerdings nicht mehr einbehalten werden.[20] Als zulässig ist eine Anordnung des Bürgermeisters angesehen worden, dass ein wegen **Drogenhandels Verdächtiger einen bestimmten Stadtbezirk 14 Tage nicht betreten darf**.[21]

Beispiele für Anwendungsfälle außerhalb von Strafverfahren: 8
Einem Bf., gegen den eine **Abschiebungsanordnung** ergangen ist, kann während des Rechtsbehelfsverfahrens auferlegt werden, sich in einem bestimmten Bereich aufzuhalten, dasselbe gilt während des Verfahrens über ein Aufenthaltsrecht.[22] Einschränkungen sind auch bei einer Person in **Abschiebehaft** möglich.[23] Es kann auch gerechtfertigt sein, einer Person einen Pass wegen **Nichterfüllung der Wehrpflicht** zu verweigern.[24] In einigen Staaten gibt es Ausreisebeschränkungen bei **Steuerschulden**. Das ist nicht ausgeschlossen, muss aber verhältnismäßig sein und darf insbesondere nicht auf eine De-facto-Freiheitsentziehung für Zahlungsunfähigkeit hinauslaufen.[25] Ausreisebeschränkungen sind auch in **Insolvenzverfahren** möglich, auch dann muss aber selbstverständlich die **Verhältnismäßigkeit gewahrt** werden.[26] Bei einem **Ausreiseverbot** als Folge der **Nichtzahlung von Kindesunterhalt** sind die persönliche Situation und die finanzielle Leistungsfähigkeit des Betroffenen sowie die Möglichkeit, auch im (insbesondere europäischen) Ausland Ansprüche auf Kindesunterhalt zu vollstrecken, in die Abwägung (→ Rn. 6) mit einzustellen.[27] Soll das Ausreiseverbot weitere **Verstöße gegen Einwanderungsgesetze anderer Länder** durch den Bf. verhindern, ist die Schwere des vorherigen Verstoßes, der zu seiner Abschiebung geführt hatte, die Gefahr einer Wiederholung eines solchen Verstoßes, seine familiäre, finanzielle und persönliche Situation und sein Strafregister bei der Abwägung zu berücksichtigen.[28] Wenn die **Anmietung von Wohnungen in Problembezirken** einer Stadt von einer **Genehmigung** abhängig gemacht wird, für die ua die Fähigkeit berücksichtigt wird, selbst für den eigenen Lebensunterhalt aufkommen zu können, ist der darin liegende Eingriff in die Niederlassungsfreiheit nach Auffassung des EGMR gerechtfertigt.[29]

---

20 EGMR 22.5.2001 – 33592/96, Slg. 01-V Rn. 66 – *Baumann/Frankreich*.
21 EGMR 4.6.2002 – 33129/96, Slg. 02-IV Rn. 57-59 – *Olivieira/Niederlande*.
22 EKMR 1.12.1986 – 12068/86, DR 51, 237 – *P./Deutschland*.
23 EKMR 26.5.1970 – 4436/70, DR 53, 169 – *X./Deutschland*.
24 EKMR 20.2.1995 – 19583/92, DR 80, 43 Rn. 1 – *Peltonen/Finnland*.
25 EGMR 23.5.2006 – 46343/99, Rn. 116, 122 f. – *Riener/Bulgarien*.
26 EGMR 17.7.2003 – 32190/96, Slg. 03-IX – *Luordo/Italien*; EGMR 11.12.2003
    – 47778/99, Rn. 24 – *Bassani/Italien*.
27 EGMR 2.12.2014 – 43978/09, Rn. 43-45 – *Battista/Italien*.
28 EGMR 27.11.2012 – 29713/05, Slg. 12-VI Rn. 35 – *Stamose/Bulgarien*.
29 EGMR 23.2.2016 – 43494/09, Rn. 121 ff. – *Garib/Niederlande*.

9 Eine **Kasuistik möglicher Gründe für Ausreiseverbote und sonstiger Einschränkungen der Bewegungsfreiheit,** mit denen sich die Rechtsprechung des EGMR bereits (zustimmend oder ablehnend) befasst hat, findet sich in *Battista/Italien*.[30]

10 Bei längeren Bewegungsbeschränkungen verlangt der EGMR, dass die **Verhältnismäßigkeit periodisch überprüft** wird und sich das Verbot nicht automatisch verlängert. Je länger die Maßnahme dauert, desto eher kann sie unverhältnismäßig sein. Die Prüfung muss dem Gericht ermöglichen, alle Umstände zu berücksichtigen und insbesondere die Verhältnismäßigkeit mit umfassen.[31]

11 Aus der reichhaltigen Kasuistik der Rechtsprechung des EGMR sei verwiesen auf folgende **Beispiele:** So wurde die Aufrechterhaltung von Beschränkungen der Bewegungsfreiheit für 4 Jahre, 10 Monate während eines Ermittlungsverfahrens für nicht unverhältnismäßig gehalten,[32] ebenso 4 Jahre und 6 Monate,[33] dagegen wurde eine Verletzung gesehen bei 6 Jahren, 3 Monaten während eines Strafverfahrens,[34] bei 6 Jahren, 4 Monaten wegen anhängigem zivilrechtlichem Vollstreckungsverfahren[35] und bei 10 Jahren und 4 Monaten, wiederum in einem Strafverfahren.[36]

12 **Abs. 4** regelt mögliche Beschränkungen für bestimmte Gebiete. Er gilt nur für den Fall des Abs. 1.

V. Verhältnis zu anderen Artikeln

13 Art. 2 betrifft lediglich **Beschränkungen der Bewegungsfreiheit,** während **Art. 5 Abs. 1 EMRK vor Freiheitsentziehungen schützt.**[37] Das Verbot der Einreise in die Schweiz für einen in der von Schweizer Staatsgebiet umschlossenen italienischen Exklave Campione d'Italia am Luganer See wohnenden Italiener greift daher nicht in dessen Recht aus Art. 5 Abs. 1 EMRK, sondern in sein Recht aus Art. 2 ein,[38] anders als im Fall eines Bf., der wegen des Verdachts, er gehöre einer „Familie von Mafiosi" an, auf eine bewachte Insel verbannt

---

30 Umfassende Kasuistik mit Verweisen auf die weiteren Entscheidungen in: EGMR 2.12.2014 – 43978/09, Rn. 35 f. – *Battista/Italien*.
31 EGMR 26.11.2009 – 34383/03, Rn. 49-51 – *Gochev/Bulgarien*.
32 EGMR 22.11.2005 – 14183/02, Rn. 59-67 – *Antonenkov ua/Ukraine*.
33 EGMR 13.10.2005 – 31008/02, Rn. 36 – *Fedorov ua/Russland*.
34 EGMR 24.4.2008 – 70786/01, Rn. 38 – *Rosengren/Rumänien*.
35 EGMR 26.11.2009 – 34383/03, Rn. 51 ff. – *Gochev/Bulgarien*.
36 EGMR 7.12.2006 – 15007/02, Rn. 90-94 – *Ivanov/Ukraine*.
37 EGMR 6.11.1980 – 7367/76, Rn. 92 – *Guzzardi/Italien*.
38 EGMR 12.9.2012 – 10593/08, Slg. 12-V Rn. 225 – *Nada/Schweiz*.

wurde. Hier liegt ein Eingriff in Art. 5 Abs. 1 EMRK vor.[39] Zur Abgrenzung der Anwendbarkeit von Art. 5 EMRK und Art. 2 bei polizeilichen Einkesselungen vgl. das Urteil des EGMR v. 15.3.2012.[40] Zur Abgrenzung zu Art. 5 EMRK vgl. iÜ → Art. 5 EMRK Rn. 10. Eine Verletzung von Art. 2 kann zugleich eine Verletzung von **Art. 8 EMRK** bedeuten.[41]

Artikel 3 Verbot der Ausweisung eigener Staatsangehöriger

(1) Niemand darf durch eine Einzel- oder Kollektivmaßnahme aus dem Hoheitsgebiet des Staates ausgewiesen werden, dessen Angehöriger er ist.

(2) Niemandem darf das Recht entzogen werden, in das Hoheitsgebiet des Staates einzureisen, dessen Angehöriger er ist.

Vorbild waren **Art. 9 der Allgemeinen Erklärung der Menschenrechte** (Niemand darf willkürlich des Landes verwiesen werden) und **Art. 13 Abs. 2 der Erklärung:** Jedermann hat das Recht, in sein Land zurückzukehren. Nach **Art. 12 Abs. 4 IPBPR** darf niemandem willkürlich das Recht entzogen werden, in sein eigenes Land einzureisen.   1

Abs. 1 verbietet die **Einzel- oder Kollektivausweisung** von Staatsangehörigen. **Kollektivausweisungen** sind solche, bei denen die Betroffenen ohne individuelle Prüfung nach generellen Kriterien (zB Rasse oder Religion) zum Verlassen des Landes gezwungen werden (zum Verbot der Kollektivausweisung von Ausländern vgl. → Prot. 4 Art. 4 Rn. 1). Die Regelung betrifft **nur Staatsangehörige des betroffenen Landes.** Wer das ist, wird grundsätzlich vom staatlichen Recht bestimmt, auch wenn eine willkürliche Versagung unter bestimmten Umständen Art. 8 EMRK verletzen kann.[1] In Deutschland kann gem. Art. 16 Abs. 1 S. 1 GG die deutsche Staatsangehörigkeit nicht entzogen werden.   2

Abs. 2 garantiert **Staatsangehörigen** zudem das **Recht, in das eigene Land einzureisen,** ganz gleich ob das zu ständigem oder nur vorübergehendem Aufenthalt erfolgt.   3

Die **Auslieferung** eigener Staatsangehöriger zum Zweck der Strafverfolgung verbietet Art. 3 nicht. Das Schutzniveau ist danach niedriger   4

---

39 EGMR 6.11.1980 – 7367/76, Rn. 95 – *Guzzardi/Italien.*
40 EGMR 15.3.2012 – 39692/09 ua (GK), Slg. 12-II – *Austin* ua/*Vereinigtes Königreich.*
41 EGMR 12.9.2012 – 10593/08(GK), Slg.12-V Rn. 166 ff. – *Nada/Schweiz.*
 1 EGMR 9.10.2003 – 48321/99(GK), Slg. 03-X Rn. 77 – *Slivenko* ua/*Lettland.*

als das von Art. 16 Abs. 2 GG, der die Auslieferung Deutscher nur an Mitgliedstaaten der Europäischen Union[2] oder an einen internationalen Gerichtshof[3] zulässt, soweit rechtsstaatliche Grundsätze gewahrt sind. Dazu rechnen – abgesehen vom Erfordernis eines förmlichen Gesetzes als Rechtsgrundlage der Auslieferung – neben dem Verhältnismäßigkeitsgrundsatz ua das Recht auf den gesetzlichen Richter, die richterliche Unabhängigkeit, das Rückwirkungs- und das Doppelbestrafungsverbot, die Unschuldsvermutung, der *Nemo-tenetur*-Grundsatz und der Gehörsanspruch.[4]

5 Für **Ausländer** gilt Art. 3 **nicht;**[5] vgl. aber Art. 4.

Artikel 4 Verbot der Kollektivausweisung ausländischer Personen

Kollektivausweisungen ausländischer Personen sind nicht zulässig.

1 Auch **Art. 19 Abs. 1 Grundrechtecharta** verbietet Kollektivausweisungen. Der EGMR hat im Anschluss an die EKMR die Kollektivausweisung definiert als jede Maßnahme der zuständigen Behörden, durch die Ausländer **als Gruppe** gezwungen werden, das Land zu verlassen, außer wenn eine solche Maßnahme nach und **auf der Grundlage einer angemessenen und objektiven Prüfung der einzelnen Fälle** jedes betroffenen Ausländers getroffen wird.[1] Gemeint sind also Ausweisungen von Personengruppen **nach generellen Kriterien** (zB der Staatsangehörigkeit, der ethnischen Herkunft) ohne Einzelprüfung. Der Schutzbereich von Art. 4 ist unabhängig vom Status und Grund des Aufenthalts eröffnet, insbesondere auch bei Personen, die sich illegal im Staatsgebiet aufhalten; umfasst sind auch Staatenlose.[2] Soweit ein Staat Hoheitsgewalt auch außerhalb seines Territoriums ausübt, zB bei Zurückweisung von Migranten auf hoher See, bevor

---

2 Aufgrund eines Europäischen Haftbefehls, in Deutschland gem. §§ 80 ff. IRG.
3 Z.B. gem. Jugoslawien-StrafgerichtshofG v. 10.4.1995, BGBl. 1995 I 485; vgl. auch *Esser* in *Löwe/Rosenberg*, StPO Band 11: EMMRK/IPBPR, 26. Aufl. 2012, Art. 3 Prot. Nr. 4 Fn. 31.
4 *Esser* in *Löwe/Rosenberg*, StPO Band 11: EMRK/IPBPR, 26. Aufl. 2012, Art. 3 Prot. Nr. 4 Rn. 14.
5 EKMR 24.5.1974 – 6242/73, DR 46, 202 – *I.B./Deutschland.*
1 EKMR 16.12.1988 – 14457/88, – DR 59, 277 – *A.* ua/*Niederlande*; EGMR 23.2.1999 – 45917/99 – *Andric/Schweden*; EGMR 20.9.2007 – 45223/05, Slg. 07-IV Rn. 81 – *Sultani/ Frankreich*; EGMR 3.7.2014(GK) – 13255/07, Rn. 167 – *Georgien/Russland.*
2 EGMR 3.7.2014 – 13255/07 (GK), Rn. 168, 170 – *Georgien/Russland*; *Esser* in *Löwe/Rosenberg*, StPO Band 11: EMRK/IPBPR, 26. Aufl. 2012, Art. 4 Prot. Nr. 4 Rn. 20.

sie Staatsterritorium erreichen, ist Art. 4 Prot. Nr. 4 ebenfalls anwendbar.[3]

Eingriffe in Art. 4 Prot. Nr. 4 können nicht gerechtfertigt werden.[4]   2
Im Fall *Conka/Belgien* hat der EGMR eine Verletzung von Art. 4
trotz individueller Prüfung angenommen **bei einer gleichzeitigen Ausweisung zahlreicher Roma**, weil Zweifel, dass es sich dennoch um
eine Kollektivausweisung handelte, nicht ausgeschlossen werden
konnten (Ankündigung von Politikern, Anweisungen an die Verwaltung, gleichartiges Vorgehen vor Abschluss des Asylverfahrens).[5]
Auch im Fall der **Ausweisung tausender Georgier aus Russland** seit
Oktober 2006 wurde trotz formell getroffener gerichtlicher Einzelfallentscheidungen eine Massenausweisung angenommen aufgrund
entsprechender Rundschreiben und Weisungen, der schieren Fallzahl
und der Existenz einer koordinierten Politik der Verhaftung und
Ausweisung.[6] Schon nicht einmal der Anschein von Einzelfallentscheidungen bestand schließlich im Fall der massenweisen **Zurückweisung lybischer Flüchtlinge auf dem Mittelmeer** durch Italien.[7]

Artikel 5 Räumlicher Geltungsbereich

(1) Jede Hohe Vertragspartei kann im Zeitpunkt der Unterzeichnung
oder Ratifikation dieses Protokolls oder zu jedem späteren Zeitpunkt
an den Generalsekretär des Europarats eine Erklärung darüber richten, in welchem Umfang sie sich zur Anwendung dieses Protkolls auf
die in der Erklärung angegebenen Hoheitsgebiete verpflichtet, für deren internationale Beziehungen sie verantwortlich ist.

(2) Jede Hohe Vertragspartei, die eine Erklärung nach Absatz 1 abgegeben hat, kann jederzeit eine weitere Erklärung abgeben, die den Inhalt einer früheren Erklärung ändert oder die Anwendung der Bestimmungen dieses Protokolls auf irgendein Hoheitsgebiet beendet.

(3) Eine nach diesem Artikel abgegebene Erklärung gilt als eine Erklärung im Sinne des Artikels 56 Absatz 1 der Konvention.

(4) Das Hoheitsgebiet eines Staates, auf das dieses Protokoll aufgrund der Ratifikation oder Annahme durch diesen Staat Anwendung findet, und jedes Hoheitsgebiet, auf welches das Protokoll aufgrund einer von diesem Staat nach diesem Artikel abgegebenen Er-

---

3 EGMR 23.2.2012 – 27765/09, Rn. 178, 180 – *Hirsi Jamaa* ua/*Italien*.
4 *Hoppe* in *Karpenstein/Mayer*, EMRK, 2. Aufl. 2015, Art. 4 Prot. Nr. 4 Rn. 5.
5 EGMR 5.2.2002 – 51564/99, Slg. 02-I Rn. 60-63 – *Conka/Belgien*.
6 EGMR 3.7.2014 – 13255/07 (GK), Rn. 174-176 – *Georgien/Russland*.
7 EGMR 23.2.2012 – 27765/09 (GK), Rn. 185 – *Hirsi Jamaa* ua/*Italien*.

klärung Anwendung findet, werden als getrennte Hoheitsgebiete betrachtet, soweit die Artikel 2 und 3 auf das Hoheitsgebiet eines Staates Bezug nehmen.

(5) Jeder Staat, der eine Erklärung nach Absatz 1 oder 2 abgegeben hat, kann jederzeit danach für eines oder mehrere der in der Erklärung bezeichneten Hoheitsgebiete erklären, dass er die Zuständigkeit des Gerichtshofs, Beschwerden von natürlichen Personen, nichtstaatlichen Organisationen oder Personengruppen nach Artikel 34 der Konvention entgegenzunehmen, für die Artikel 1 bis 4 dieses Protokolls insgesamt oder für einzelne dieser Artikel annimmt.

Artikel 6 Verhältnis zur Konvention

Die Hohen Vertragsparteien betrachten die Artikel 1 bis 5 dieses Protokolls als Zusatzartikel zur Konvention; alle Bestimmungen der Konvention sind dementsprechend anzuwenden.

Artikel 7 Unterzeichnung und Ratifikation

(1) [1]Dieses Protokoll liegt für die Mitglieder des Europarats, die Unterzeichner der Konvention sind, zur Unterzeichnung auf; es wird gleichzeitig mit der Konvention oder zu einem späteren Zeitpunkt ratifiziert. [2]Es tritt nach Hinterlegung von fünf Ratifikationsurkunden in Kraft. [3]Für jeden Unterzeichner, der das Protokoll später ratifiziert, tritt es mit der Hinterlegung der Ratifikationsurkunde in Kraft.

(2) Die Ratifikationsurkunden werden beim Generalsekretär des Europarats hinterlegt, der allen Mitgliedern die Namen derjenigen Staaten, die das Protokoll ratifiziert haben, notifiziert.

Zu Urkund dessen haben die hierzu gehörig befugten Unterzeichneten dieses Protokoll unterschrieben.

Geschehen zu Straßburg am 16. September 1963 in englischer und französischer Sprache, wobei jeder Wortlaut gleichermaßen verbindlich ist, in einer Urschrift, die im Archiv des Europarats hinterlegt wird. Der Generalsekretär übermittelt allen Unterzeichnerstaaten beglaubigte Abschriften.

Protokoll Nr. 6 zur Konvention zum Schutz der Menschenrechte und Grundfreiheiten über die Abschaffung der Todesstrafe

In der Fassung der Bekanntmachung vom 22. Oktober 2010
(BGBl. II S. 1198, 1223)
(SEV 114)

(Übersetzung)

Das Prot. ist von Deutschland ratifiziert worden.[1] Es ist am 1.3.1985 in Kraft getreten (Stand 15.4.2016: 46 Ratifikationen, weitere 1 Zeichnung).[2]

Die Mitgliedstaaten des Europarats, die dieses Protokoll zu der am 4. November 1950 in Rom unterzeichneten Konvention zum Schutz der Menschenrechte und Grundfreiheiten (im Folgenden als „Konvention" bezeichnet) unterzeichnen –

in der Erwägung, dass die in verschiedenen Mitgliedstaaten des Europarats eingetretene Entwicklung eine allgemeine Tendenz zugunsten der Abschaffung der Todesstrafe zum Ausdruck bringt –

haben Folgendes vereinbart:

Artikel 1 Abschaffung der Todesstrafe

[1]Die Todesstrafe ist abgeschafft. [2]Niemand darf zu dieser Strafe verurteilt oder hingerichtet werden.

I. Allgemeines

Satz 1 hat denselben Wortlaut wie **Art. 102 GG**: Die Todesstrafe ist abgeschafft. Satz 2 gibt jeder Person das Recht, dass sie nicht zu dieser Strafe verurteilt und nicht hingerichtet wird. Auch **Art. 2 Abs. 2 Grundrechtecharta** verbietet die Todesstrafe.

Die Vorschrift hängt mit **Art. 2 EMRK** zusammen (→ Art. 2 Rn. 41), der in Abs. 1 S. 2 deutlich macht, dass eine Tötung durch Vollzug eines Todesurteils nicht gegen die Vorschrift verstößt. Diese Lücke füllt das Prot. Nr. 6, ein **Zusatzprot., das die Todesstrafe abschafft**. Weder die Allgemeine Erklärung der Menschenrechte noch der IPBPR verbieten die Todesstrafe (vgl. aber Art. 6 IPBPR mit seinen Einschrän-

---

1 BGBl. 1988 II 663.
2 http://www.coe.int/de/web/conventions/full-list/-/conventions/treaty/114/signature s (letzter Abruf am 15.4.2016).

kungen). Das Prot. Nr. 6 und dann das **Prot. Nr. 13** (vgl. zu Art. 2) sind das Ergebnis einer andauernden Entwicklung in den Europaratsstaaten, die seit langem in Richtung auf Abschaffung der Todesstrafe geht.[1] Ein solcher Schritt ist dann auch durch das Prot. Nr. 2 zum IPBPR vollzogen worden, das am 11.7.1991 in Kraft getreten ist.[2] Der einzige Europaratsstaat, der das Prot. Nr. 6 (zwar gezeichnet, aber) nicht ratifiziert hat, ist Russland.[3] Das Prot. Nr. 13 wurde außer von Russland auch von Armenien und Aserbaidschan nicht ratifiziert. Armenien und Russland haben es auch nicht unterzeichnet.[4]

II. Auslieferung und Abschiebung bei drohender Todesstrafe

3 **Vor Geltung des Prot. Nr. 6** hat eine **Auslieferung oder Abschiebung in ein Land, in dem der betroffenen Person die Todesstrafe drohte,** allein nicht gegen Art. 2 verstoßen. Im Falle *Soering/Vereinigtes Königreich*[5] ist der Gerichtshof zu der Feststellung eines Verstoßes nur wegen besonderer weiterer Umstände gekommen. Der Fall hatte auch verfahrensmäßig besondere Bedeutung, weil zum ersten Mal in der Geschichte der Konvention ein Staat, nämlich Deutschland, die Sache gegen einen anderen Staat, nämlich das Vereinigte Königreich, vor den Gerichtshof gebracht hat, um dem Bf., seinem Staatsangehörigen, zu helfen. Die EKMR hat aber schon früh nicht ausgeschlossen, dass sich auch Fragen nach Art. 2 stellen können, wenn ein Ausländer in ein Land abgeschoben wird, in dem er der ernsthaften Gefahr ausgesetzt ist, dass er getötet wird.[6] Eine Verletzung von Art. 2 und 3 EMRK kann jedenfalls gegeben sein, wenn die Todesstrafe in einem Verfahren verhängt wird, das nicht fair war (→ Art. 2 Rn. 42). Die Konsequenz ist, dass eine Abschiebung oder Auslieferung jedenfalls gegen Art. 2 oder 3 verstößt, wenn dem Betroffenen ein faires Verfahren offenkundig verweigert wird oder die ernsthafte Gefahr besteht, dass dies geschieht, und das wahrscheinliche Ergebnis die Todesstrafe ist.[7]

---

1 Vgl. dazu auch *Calliess* NJW 1989, 1019.
2 Vgl. Denkschrift zum Prot. Nr. 6, BT-Drs. 11/1468, 9.
3 http://www.coe.int/de/web/conventions/full-list/-/conventions/treaty/114/signatures (letzter Abruf am 15.4.2016).
4 http://www.coe.int/de/web/conventions/full-list/-/conventions/treaty/187/signatures (letzter Abruf am. 15.4.2016).
5 EGMR 7.7.1989 – 14038/88.
6 EGMR 24.4.2002 – 62806/00 – *S.R./Schweden*; EGMR 15.3.2001 – 58128/00 – *Ismaeli/Deutschland*; vgl. auch EGMR 19.2.1998 – 25894/94, Slg. 98-I Rn. 75-78 – *Bahaddar/Niederlande*.
7 EGMR 8.11.2005 – 13284/04, Slg. 05-XI Rn. 42 – *Bader* ua/*Schweden*.

Nach Inkrafttreten von Prot. Nr. 6 und Nr. 13 und auch Art. 19 **4**
Abs. 2 Grundrechtecharta stellt sich die Frage neu (→ Art. 2 Rn. 42).
Der EGMR hat in der Sache *Al-Shari* ua/*Italien*[8] entschieden, dass
eine **Auslieferung gegen das Prot. Nr. 6 verstößt**, wenn nachgewiesen
ist, dass der Betroffene der **ernsthaften Gefahr der Todesstrafe** ausgesetzt würde. Voraussetzung ist, dass für den Betroffenen ein wirkli-
ches Risiko („real risk") besteht, mit dem Tode bestraft zu werden.[9]
Dass eine solche Gefahr besteht, muss glaubhaft gemacht werden.

Die **Bundesrepublik Deutschland** hat bei der **Hinterlegung der Ratifi-** **5**
kationsurkunde erklärt, "dass sich nach ihrer Auffassung die Verpflichtungen aus dem Prot. Nr. 6 in der Abschaffung der Todesstrafe
im Geltungsbereich des jeweiligen Staates erschöpfen und nichtstraf-
rechtliche innerstaatliche Rechtsvorschriften unberührt bleiben. Die
Bundesrepublik Deutschland hat ihren Verpflichtungen aus dem
Prot. bereits durch Art. 102 GG genügt".[10] Weil Vorbehalte nach
Art. 4 Prot. Nr. 6 verboten sind, kann es sich dabei nur um eine **In-**
terpretationserklärung handeln. Die Denkschrift[11] nimmt an, dass
sich aus dem 6. Prot. nur Auswirkungen für das Strafrecht herleiten
lassen, also nicht für das Ausländerrecht. Das trifft so nicht zu. Es
steht zu hoffen, dass diese Frage keine praktische Bedeutung erlangen wird. § 60 Abs. 3 AufenthaltsG bestimmt, dass ein Ausländer
nicht in einen Staat abgeschoben werden darf, wenn die Gefahr der
Todesstrafe besteht. Nach § 60 Abs. 5 AufenthaltsG besteht ein Ab-
schiebungshindernis auch dann, wenn die Abschiebung nach der
EMRK unzulässig ist. **Art. 11 des Europäischen Auslieferungsüber-**
einkommens[12] sieht vor, dass eine Auslieferung an einen Staat, der
die Tat mit Todesstrafe bedroht, nur bei Zusicherung zulässig ist,
dass die Todesstrafe nicht verhängt oder nicht vollstreckt wird (vgl.
auch § 8 IRG).[13] Der BGH hat 1999 entschieden, dass deutsche Ermittlungsergebnisse im Rahmen eines eigenen Rechtshilfeersuchens

---

8 EGMR 5.7.2005 – 57/03.
9 Vgl. auch EGMR 8.2.2000 – 40907/98, Slg. 01-II Rn. 1 – *Dougoz/Griechen-*
land; EGMR 15.3.2001 – 58128/00 – *Ismali/Deutschland*; EGMR 8.3.2001 –
58073/00 – *Yang Chun Jin/Ungarn*; EGMR 14.12.2000 – 44190/98, Slg. 01-VII
– *Nivette/Frankreich*; EGMR 4.10.2010 – 61498/08, Slg. 10-II – *Al-Saadoon u.*
Mufdhi/Vereinigtes Königreich; EGMR 24.7.2014 – 28761/11, Rn. 576 – *Al*
Nashiri/Polen; zur Entwicklung der Rechtsprechung des EGMR von dem Fall
Soering/Vereinigtes Königreich (EGMR 7.7.1989 – 14038/88) über den „prozeduralen Lösungsansatz" im Fall *Öcalan/Türkei* (EGMR 12.3.2003 – 46221/99
(GK), Slg. 05-IV) bis zur causa *Al-Shari* ua/*Italien* vgl. auch *Schübel-Pfister* in
Karpenstein/Mayer, EMRK, 2. Aufl. 2015, Art. 1 Prot. Nr. 13 Rn. 8 ff.
10 BGBl. 1989 II 814.
11 BT-Drs. 11/1468, 11 zu Art. 1.
12 BGBl. 1964 II 1369.
13 Dazu *Kubiciel* in *Ambos/König/Rackow*, Rechtshilferecht in Strafsachen,
1. Aufl. 2015, § 8 IRG Rn. 21.

dem *ersuchten* Staat nur dann zur Verfügung gestellt werden dürfen, wenn sichergestellt ist, dass sie von diesem nicht zum Zweck der Verhängung oder Vollstreckung der Todesstrafe verwertet werden können.[14]

Artikel 2 Todesstrafe in Kriegszeiten

[1]Ein Staat kann in seinem Recht die Todesstrafe für Taten vorsehen, die in Kriegszeiten oder bei unmittelbarer Kriegsgefahr begangen werden; diese Strafe darf nur in den Fällen, die im Recht vorgesehen sind, und in Übereinstimmung mit dessen Bestimmungen angewendet werden. [2]Der Staat übermittelt dem Generalsekretär des Europarats die einschlägigen Rechtsvorschriften.

Für die in dem Art. umschriebenen Taten in Kriegszeiten oder bei unmittelbarer Kriegsgefahr ist es nach dem Prot. Nr. 6 noch zulässig, die Todesstrafe vorzusehen. Für Deutschland hat das wg. Art. 102 GG keine praktische Bedeutung. **Das Prot. Nr. 13 schafft die Todesstrafe gänzlich, also auch in Kriegszeiten ab.**

Artikel 3 Verbot des Abweichens

Von diesem Protokoll darf nicht nach Artikel 15 der Konvention abgewichen werden.

Auch in Notstandsfällen nach Art. 15 EMRK ist ein Abweichen nicht erlaubt. Das unterstreicht die Bedeutung des Prot. 6.

Artikel 4 Verbot von Vorbehalten

Vorbehalte nach Artikel 57 der Konvention zu Bestimmungen dieses Protokolls sind nicht zulässig.

Auch diese Sonderregelung zu Art. 57 EMRK macht deutlich, dass im Prot. Nr. 6 besonders wichtige Fragen geregelt sind. Zu der von Deutschland bei der Hinterlegung der Ratifikationsurkunde abgegebenen Erklärung → Art. 1 Prot. Nr. 6 Rn. 5.

---

14 BGH NStZ 1999, 634; vgl. *Kubiciel* in *Ambos/König/Rackow*, Rechtshilferecht in Strafsachen, 1. Aufl. 2015, § 8 IRG Rn. 79; aA noch OLG Karlsruhe NStZ 1991, 138 m. krit. Anm. *Lagodny*.

Artikel 5 Räumlicher Geltungsbereich

(1) Jeder Staat kann bei der Unterzeichnung oder bei der Hinterlegung seiner Ratifikations-, Annahme- oder Genehmigungsurkunde einzelne oder mehrere Hoheitsgebiete bezeichnen, auf die dieses Protokoll Anwendung findet.

(2) [1]Jeder Staat kann jederzeit danach durch eine an den Generalsekretär des Europarats gerichtete Erklärung die Anwendung dieses Protokolls auf jedes weitere in der Erklärung bezeichnete Hoheitsgebiet erstrecken. [2]Das Protokoll tritt für dieses Hoheitsgebiet am ersten Tag des Monats in Kraft, der auf den Eingang der Erklärung beim Generalsekretär folgt.

(3) [1]Jede nach den Absätzen 1 und 2 abgegebene Erklärung kann in Bezug auf jedes darin bezeichnete Hoheitsgebiet durch eine an den Generalsekretär gerichtete Notifikation zurückgenommen werden. [2]Die Rücknahme wird am ersten Tag des Monats wirksam, der auf den Eingang der Notifikation beim Generalsekretär folgt.

Artikel 6 Verhältnis zur Konvention

Die Vertragsstaaten betrachten die Artikel 1 bis 5 dieses Protokolls als Zusatzartikel zur Konvention; alle Bestimmungen der Konvention sind dementsprechend anzuwenden.

Artikel 7 Unterzeichnung und Ratifikation

[1]Dieses Protokoll liegt für die Mitgliedstaaten des Europarats, welche die Konvention unterzeichnet haben, zur Unterzeichnung auf. [2]Es bedarf der Ratifikation, Annahme oder Genehmigung. [3]Ein Mitgliedstaat des Europarats kann dieses Protokoll nur ratifizieren, annehmen oder genehmigen, wenn er die Konvention gleichzeitig ratifiziert oder sie früher ratifiziert hat. [4]Die Ratifikations-, Annahme- oder Genehmigungsurkunden werden beim Generalsekretär des Europarats hinterlegt.

Artikel 8 Inkrafttreten

(1) Dieses Protokoll tritt am ersten Tag des Monats in Kraft, der auf den Tag folgt, an dem fünf Mitgliedstaaten des Europarats nach Ar-

tikel 7 ihre Zustimmung ausgedrückt haben, durch das Protokoll gebunden zu sein.

(2) Für jeden Mitgliedstaat, der später seine Zustimmung ausdrückt, durch das Protokoll gebunden zu sein, tritt es am ersten Tag des Monats in Kraft, der auf die Hinterlegung der Ratifikations-, Annahme- oder Genehmigungsurkunde folgt.

Artikel 9 Aufgaben des Verwahrers

Der Generalsekretär des Europarats notifiziert den Mitgliedstaaten des Rates
a) jede Unterzeichnung;
b) jede Hinterlegung einer Ratifikations-, Annahme- oder Genehmigungsurkunde;
c) jeden Zeitpunkt des Inkrafttretens dieses Protokolls nach den Artikeln 5 und 8;
d) jede andere Handlung, Notifikation oder Mitteilung im Zusammenhang mit diesem Protokoll.

Zu Urkund dessen haben die hierzu gehörig befugten Unterzeichneten dieses Protokoll unterschrieben.

Geschehen zu Straßburg am 28. April 1983 in englischer und französischer Sprache, wobei jeder Wortlaut gleichermaßen verbindlich ist, in einer Urschrift, die im Archiv des Europarats hinterlegt wird. Der Generalsekretär des Europarats übermittelt allen Mitgliedstaaten des Europarats beglaubigte Abschriften.

Protokoll Nr. 7
zur Konvention zum Schutz der Menschenrechte und Grundfreiheiten

(in einer zwischen Deutschland, Liechtenstein, Österreich und der Schweiz abgestimmten Übersetzung)

Deutschland hat das Siebte Prot. gezeichnet, aber bisher nicht ratifiziert (Stand 21.8.2016: 44 Ratifikationen, weitere 2 Zeichnungen)

Die Mitgliedstaaten des Europarats, die dieses Protokoll unterzeichnen –

entschlossen, weitere Maßnahmen zur kollektiven Gewährleistung gewisser Rechte und Freiheiten durch die am 4. November 1950 in Rom unterzeichnete Konvention zum Schutz der Menschenrechte und Grundfreiheiten (im folgenden als „Konvention" bezeichnet) zu treffen –

haben Folgendes vereinbart:

Artikel 1 Verfahrensrechtliche Schutzvorschriften in Bezug auf die Ausweisung ausländischer Personen

(1) Eine ausländische Person, die sich rechtmäßig im Hoheitsgebiet eines Staates aufhält, darf aus diesem nur aufgrund einer rechtmäßig ergangenen Entscheidung ausgewiesen werden; ihr muss gestattet werden,
a) Gründe vorzubringen, die gegen ihre Ausweisung sprechen,
b) ihren Fall prüfen zu lassen und
c) sich zu diesem Zweck vor der zuständigen Behörde oder einer oder mehreren von dieser Behörde bestimmten Personen vertreten zu lassen.

(2) Eine ausländische Person kann ausgewiesen werden, bevor sie ihre Rechte nach Absatz 1 Buchstaben a, b und c ausgeübt hat, wenn eine solche Ausweisung im Interesse der öffentlichen Ordnung erforderlich ist oder aus Gründen der nationalen Sicherheit erfolgt.

I. Allgemeines

Weil Art. 6 I EMRK nicht für Ausweisungsverfahren gilt (vgl. → Art. 6 Rn. 166), gibt das Siebte Prot. besondere Regelungen. Eine Verletzung der Vorschrift ist häufig gerügt worden, die Rüge hatte

1

aber nur selten Erfolg. **Deutschland hat das 7. Prot.** zwar am 19. März 1985 unterzeichnet, jedoch bislang **nicht ratifiziert.**

II. Ausländer (Abs. 1)

2   Art. 1 betrifft **nur die Ausweisung,** nicht die Auslieferung. Geschützt werden ausschließlich Personen, die sich als Ausländer **rechtmäßig im Hoheitsgebiet** aufhalten. Das trifft nicht zu, wenn die Person in einem Hafen oder Flughafen angekommen ist und die Einreisekontrolle noch nicht passiert hat. Der Aufenthalt muss sich bereits in gewissem Maße verstetigt haben.[1] Der Ausdruck „rechtmäßig" **verweist auf das staatliche Recht.** Ein Ausländer hält sich nur dann und solange rechtmäßig auf, als er die Bedingungen erfüllt, die für seinen Aufenthalt ausgesprochen sind, und die Aufenthaltserlaubnis noch nicht abgelaufen ist. Geschützt wird ein Ausländer, der sich viele Jahre rechtmäßig in dem Land aufgehalten hat, auch dann, wenn er zeitweilig Auslandsreisen unternommen hat.[2]

III. Verfahrensgarantien

1. Abs. 1

3   Es muss eine **rechtmäßig ergangene Ausweisungsentscheidung** vorliegen. Auch das verweist auf das staatliche Recht. Es muss sich um eine Entscheidung handeln, die von der zuständigen Behörde des Staates rechtswirksam erlassen worden ist. Dabei müssen auch die nationalen verfahrensrechtlichen Bestimmungen, z.B. die aufschiebende Wirkung eines Rechtsbehelfs bis zur Zustellung der ihn verwerfenden Entscheidung, beachtet werden.[3] Der Begriff „Ausweisung" wird autonom ausgelegt und nicht notwendig so verstanden wie im staatlichen Recht. Der Begriff umfasst mit Ausnahme der Auslieferung jede Maßnahme, die den Ausländer dazu zwingt, das Land zu verlassen, in dem er sich rechtmäßig aufgehalten hat. Das kann auch ein Verbot der Wiedereinreise nach einer Auslandsreise sein.[4]

4   **Abs. 1 Buchst. a:** Der Betroffene hat das Recht, Gründe vorzubringen, die gegen die Ausweisung sprechen. Ein Recht auf mündliche Anhörung ist damit nicht eingeräumt.[5]

---

1   *Hoppe* in *Karpenstein/Mayer* EMRK, 2. Aufl. 2015, Rn. 3.
2   EGMR 12.2.2009 – 2512/04 Rn. 110 – *Nolan.u. K./Russland.*
3   EGMR 26.3.2016 – 28026/05, Rn. 82 – *Sharma./. Lettland.*
4   EGMR 12.2.2009 – 2512/04, Rn. 112 – *Nolan u.K. /Russland.*
5   *Frowein* in: *Frowein/Peukert,* EMRK, 3. Aufl. 2009, Rn. 5.

Abs. 1 Buchst. b: Die Behörde muss den Fall unter Berücksichtigung 5
der vorgetragenen Gründe prüfen. Das bedeutet nicht, dass der Betroffene ein Recht auf einen Rechtsbehelf hat oder darauf, solange in
dem Staat zu bleiben, bis darüber entschieden ist. Allerdings hat er
einen Anspruch darauf, zu einer beabsichtigten Entscheidung gehört
zu werden, auf die er mit – dann nochmals zu prüfenden – Einwän-
den reagieren können muss.[6]

Abs. 1 Buchst. c: Der Betroffene darf sich vertreten lassen. Das staat- 6
liche Recht bestimmt die Einzelheiten. Dabei kann auch der Kreis der
Vertretungsbefugten beschränkt werden.[7]

2. Abs. 2

Als Grundsatz gilt, dass der Ausländer sein Recht aus Abs. 1 7
Buchst a bis c **vor der Ausweisung** wahrnehmen kann. Davon macht
Abs. 2 eine Ausnahme für den Fall, dass eine sofortige Ausweisung
im Interesse der öffentlichen Ordnung erforderlich ist oder aus Gründen der nationalen Sicherheit erfolgt. Dann kann der Bf. darauf verwiesen werden, sein Recht nach der Ausweisung wahrzunehmen. Bei
der Entscheidung ist dem Grundsatz der **Verhältnismäßigkeit** Rechnung zu tragen.[8] Es ist Sache des beklagten Staates, die Voraussetzungen darzulegen, wobei im Fall der nationalen Sicherheit eine
knappe Begründung ausreichen wird. Die sofortige Vollziehung muss
in der nationalen Praxis die Ausnahme darstellen.[9]

Artikel 2 Rechtsmittel in Strafsachen

(1) Wer von einem Gericht wegen einer Straftat verurteilt worden ist,
hat das Recht, das Urteil von einem übergeordneten Gericht nach-
prüfen zu lassen. Die Ausübung dieses Rechts und die Gründe, aus
denen es ausgeübt werden kann, richten sich nach dem Gesetz.

(2) Ausnahmen von diesem Recht sind für Straftaten geringfügiger
Art, wie sie durch Gesetz näher bestimmt sind, oder in Fällen möglich, in denen das Verfahren gegen eine Person in erster Instanz vor
dem obersten Gericht stattgefunden hat oder in denen eine Person

---

6 EGMR 8.6.2006 – 10337/04, Rn. 59 – *Lupsa* ua/*Rumänien*; vgl. dazu *Hoppe* in
   Karpenstein/Mayer, EMRK, 2. Aufl. 2015, Rn. 6.
7 *Hoppe* in *Karpenstein/Mayer*, EMRK, 2. Aufl. 2015, Rn. 7.
8 Vgl. Explanatory Report (ZP 7) Rn. 15.
9 *Hoppe* in *Karpenstein/Mayer*, EMRK, 2. Aufl. 2015, Rn. 8.

nach einem gegen ihren Freispruch eingelegten Rechtsmittel verurteilt worden ist.

I. Allgemeines

1 Eine entsprechende Regelung gibt es in **Art. 14 V Zivilpakt**. Die Regelung geht über Art. 6 EMRK hinaus, der ein Gericht und den Zugang zu einem Gericht garantiert, aber kein Rechtsmittel (→ Art. 6 Rn. 49). Mit der Rechtsmittelgarantie ist der Grundsatz eng verknüpft, dass ein Urteil hinreichend begründet werden muss.[1]

II. Rechtsmittel gegen Verurteilung wegen einer Straftat

2 Ein Rechtsmittel **wird nur gegen eine gerichtliche Entscheidung** garantiert, idR ein Strafurteil. Der EGMR grenzt wie bei Art. 6 u.a. nach der Schwere der Sanktion ab (näher → Art. 6 Rn. 23 ff.).[2] Wenn das Verfahren nicht als Strafsache iS von Art. 6 I EMRK angesehen worden ist, fällt es auch nicht unter Art. 2 Prot. 7.[3] Gegen einen Freispruch aus Mangel an Beweisen wird kein Rechtsmittel garantiert.

III. Das Rechtsmittel

3 Erforderlich ist ein **echtes Rechtsmittel mit Devolutiveffekt,** über das also ein übergeordnetes Gericht entscheidet. Das staatliche Recht bestimmt Einzelheiten (Abs. 1 S. 2). Es hat einen **Ermessensspielraum,** muss aber eine echte substantielle Überprüfung der erstinstanzlichen Verurteilung gewährleisten.[4] So kann es die Gründe bestimmen, aus denen das Rechtsmittel eingelegt werden kann. Das Rechtsmittel kann zB auf eine **Rechtsprüfung** beschränkt sein.[5] Ebenso ist eine Begrenzung des Rechtsmittels **auf den Schuldspruch oder die Strafzumessung** möglich. Auch im Übrigen kann das staatliche Recht Einzelheiten, zB über **Formen und Fristen** bestimmen, es darf das Recht auf ein Rechtsmittel aber nicht in seinem Wesen antasten.[6] Staatliche Regelungen müssen ähnlich wie bei dem Zugang zum Gericht nach

---

1 *Esser* in *Löwe/Rosenberg*, StPO, 26. Aufl. 2012, Rn. 992.
2 EGMR 31.8.1999 – 34311/96 – *Hübner/Österreich*; EGMR 12.5.2010 – 32435/06, Rn. 28 – *Kammerer/Österreich.*
3 EKMR 2.9.1993 – 17571/90, Rn. 3 – *Borelli/Schweiz.*
4 *Esser* in *Löwe/Rosenberg*, StPO, 26. Aufl. 2012, Rn. 994.
5 Vgl. EGMR 18.1.2000 – 27618/95, Rn. 4, Slg. 00-I – *Pesti* ua/*Österreich.*
6 EGMR 29.6.2000 – 32092/96 – *Poulsen/Dänemark.*

Meyer-Ladewig/Harrendorf/König

Art. 6 I ein **berechtigtes Ziel** verfolgen.[7] Wenn das Rechtsmittel einer **Zulassung** bedarf, schadet das nicht.[8]

IV. Ausnahmen (Abs. 2)

Von einem Rechtsmittel **kann abgesehen werden** bei Straftaten ge-   4
ringfügiger Art, bei einem erstinstanzlichen Urteil eines obersten Gerichts, weil dann ein übergeordnetes Gericht nicht vorhanden ist[9]
und bei Verurteilung auf ein Rechtsmittel der Staatsanwaltschaft gegen einen Freispruch.

Ob es sich um Straftaten **geringfügiger Art** handelt, hängt von der   5
gesetzlichen Strafandrohung ab. Wird eine Freiheitsstrafe angedroht,
ist die Straftat nicht geringfügig.[10] Der EGMR geht von der gesetzlich angedrohten Höchststrafe aus, die im Einzelfall nicht verwirkt
sein muss.[11] Eine Ordnungsstrafe wegen Ungebühr kann geringfügig
sein;[12] entsprechendes gilt für Ordnungswidrigkeiten.

Artikel 3 Recht auf Entschädigung bei Fehlurteilen

Ist eine Person wegen einer Straftat rechtskräftig verurteilt und ist
das Urteil später aufgehoben oder die Person begnadigt worden, weil
eine neue oder eine neu bekannt gewordene Tatsache schlüssig be-
weist, dass ein Fehlurteil vorlag, so muss sie, wenn sie aufgrund eines
solchen Urteils eine Strafe verbüßt hat, entsprechend dem Gesetz
oder der Übung des betreffenden Staates entschädigt werden, sofern
nicht nachgewiesen wird, dass das nicht rechtzeitige Bekanntwerden
der betreffenden Tatsache ganz oder teilweise ihr zuzuschreiben ist.

Eine entsprechende Regelung ist in Art. 14 VI Zivilpakt enthalten.   1
Praktische Bedeutung hat Art. 3 nicht gewonnen. Im deutschen
Recht sind Regelungen im Gesetz über die Entschädigung für Straf-
verfolgungsmaßnahmen (StrEG) getroffen worden.

---

7 EGMR 13.2.2001 – 29731/96 – NJW 2001, 2387 – *Krombach/Frankreich*.
8 EGMR 5.10.2006 – 12555/03, Rn. 25 – ÖJZ 2007, 298 – *Müller/Österreich*.
9 Im deutschen Recht ist das nur ausnahmsweise der Fall, zB bei der Präsidenten-
   anklage nach Art. 61 GG vor dem BVerfG oder den Ministeranklagen nach einzelnen Landesverfassungen (zB nach Art. 61 der Bayrischen Verfassung). Dabei
   wird allerdings davon ausgegangen, dass die daraufhin ergehenden verfassungs-
   gerichtlichen Entscheidungen keinen strafgerichtlichen Verurteilungen entsprechen (vgl. dazu *Esser* in *Löwe/Rosenberg*, StPO, 26. Aufl. 2012, Rn. 998).
10 EGMR 23.4.2009 – 31001/03, Rn. 26 – *Kambourov/Bulgarien*.
11 *Esser* in *Löwe/Rosenberg*, StPO, 26. Aufl. 2012, Rn. 997.
12 EGMR 22.2.1996 – 18892/91, Rn. 37 – *Putz/Österreich*.

2 **Voraussetzungen für die Entschädigung:** Es muss sich um eine rechtskräftige Verurteilung handeln. Der Betroffene muss die Strafe mindestens teilweise verbüßt haben. Das Urteil muss später aufgehoben oder eine Begnadigung muss ausgesprochen worden sein, weil eine neue oder neu bekannt gewordene Tatsachen bewiesen, dass es sich um ein Fehlurteil gehandelt hat. Eine Aufhebung des Urteils, weil die Verurteilung wegen offenkundig fehlerhafter Rechtsanwendung erfolgte[1] oder dem Betroffenen die Tat nicht nachgewiesen werden konnte, genügt also nicht, es muss bewiesen sein, dass das Urteil unrichtig war. Nicht notwendig ist dagegen, dass das Urteil auch rechtswidrig gewesen ist.

3 **Ausnahmen:** Eine Entschädigung muss nicht gewährt werden, wenn es dem Verurteilten selbst zuzuschreiben ist, dass die urteilsvernichtende Tatsache nicht rechtzeitig bekannt geworden ist. Ob der Anspruch auch dann – nicht nur teilweise – ausgeschlossen ist, wenn andere als der Betroffene eine Mitverantwortung daran tragen, dass entscheidungsrelevante Tatsachen nicht bekannt wurden, ist umstritten.[2]

4 Es muss die nach staatlichem Recht zu gewährende Entschädigung gezahlt werden.[3]

Artikel 4 Recht, wegen derselben Sache nicht zweimal vor Gericht gestellt oder bestraft zu werden

(1) Niemand darf wegen einer Straftat, wegen der er bereits nach dem Gesetz und dem Strafverfahrensrecht eines Staates rechtskräftig verurteilt oder freigesprochen worden ist, in einem Strafverfahren desselben Staates erneut verfolgt oder bestraft werden.

(2) Absatz 1 schließt die Wiederaufnahme des Verfahrens nach dem Gesetz und dem Strafverfahrensrecht des betreffenden Staates nicht aus, falls neue oder neu bekannt gewordene Tatsachen vorliegen oder das vorausgegangene Verfahren schwere, den Ausgang des Verfahrens berührende Mängel aufweist.

(3) Von diesem Artikel darf nicht nach Artikel 15 der Konvention abgewichen werden.

---

1 EGMR 2.11.2010 – 32463/06 – *Bachowski/Polen* für den Fall einer politisch motivierten Verurteilung.
2 *Dafür* die Vorauflage; mit Recht *zweifelnd Grabenwarter/Pabel,* 6. Aufl. 2016, § 24 Rn. 160.
3 Vgl. das Gesetz über die Entschädigung von Strafverfolgungsmaßnahmen (StrEG) v. 8.3.1971, BGBl. I S. 157.

Eine ähnliche Regelung findet sich in Art. 14 I Zivilpakt, Art. 103 III 1
GG und Art. 50 Grundrechtecharta.

Abs. 1 spricht den Grundsatz **ne bis in idem** aus und verbietet die 2
Wiederholung eines durch rechtskräftige Entscheidung abgeschlossenen **Strafverfahrens** (nicht allein einer erneuten Verurteilung).[1] Eine
rechtskräftige Verurteilung kann auch durch einen Strafbefehl erfolgen.[2] Der Grundsatz hängt mit dem Gebot des fairen Verfahrens zusammen.[3] Was **Strafverfahren** sind, wird autonom ausgelegt,[4] der
Gerichtshof zieht die zu Art. 6 und 7 entwickelten Grundsätze heran
(ausführlich: → Art. 6 Rn. 23 ff.; → Art. 7 Rn. 6 ff.).[5] Auch eine
durch eine Verwaltungsbehörde verhängte Sanktion kann eine Verurteilung iSd EMRK sein.[6] **Zusatz- oder Nebenstrafen** wie die Entziehung der Fahrerlaubnis, auch durch eine andere Behörde und selbst,
wenn sie keine automatische Folge der strafrechtlichen Verurteilung
sind, gelten nicht als zweite Bestrafung, wenn es sich um eine direkte
und vorhersehbare Konsequenz der eigentlichen Verurteilung handelt..[7] Die Vorschrift gilt nur für Strafverfahren **in demselben Staat**[8]:
Im internationalen Bereich gelten besondere Übereinkommen.[9] In
den meisten Konventionsstaaten bestehen überdies Vorschriften über
die Anrechnung von im Ausland verbüßten Strafen auf die wegen
derselben Tat im Inland verhängte.[10] Die Berücksichtigung einer ausländischen Sanktion bei der inländischen Strafverfolgung ist auch ein
Gebot des fairen Verfahrens.[11]

Der Betroffene darf **nicht wegen derselben Straftat,** wegen der er 3
rechtskräftig verurteilt oder freigesprochen ist, **erneut vor Gericht gestellt oder bestraft** werden. Es muss sich bei der ersten Entscheidung

---

1 EGMR 23.10.1995 – 15963/90, Rn. 53 – *Gradinger/Österreich.*
2 *Esser* in *Löwe/Rosenberg*, StPO, 26. Aufl. 2012, Art. 6 EMRK Rn. 1029, dort
   auch zu §§ 153 Abs. 2 und 153 a StPO.
3 EGMR 20.7.2004 – 50178/99, Rn. 35, Slg. 04-VIII – *Nikitin/Russland.*
4 EGMR 11.12.2012 – 3653/05, Rn. 105 ff. – *Asadbeyli* ua/*Aserbeidschan.*
5 EGMR 10.2.2009 – 14939/03 Rn. 52, 107 f. – *Zolotukhin/Russland.*
6 *Sinner* in *Karpenstein/Mayer*, 2. Aufl. 2015, Rn. 3 u.Verw. auf EGMR
   23.10.1995 – 15963/90, Rn. 55 – *Gradinger/Österreich;* vgl. auch EGMR
   4.3.2014 – 18640/10 18647/10 18663/10, Rn. 101, 222 – *Grande Stevens* ua/
   Italien für den Fall von Geldstrafen, die von der italienischen Finanzaufsichtsbehörde CONSOB wegen des Vorwurfs von Marktmanipulationen verhängt wurden; EGMR 16.6.2009 – 13079/03, Rn. 41 ff. – *Ruotsalainen/Finnland.*
7 *Sinner* in *Karpenstein/Mayer*, 2. Aufl. 2015, Rn. 5 unter Verw. auf EGMR
   28.10.1999 (GK) – 26780/95 Rn. 38 – *Escoubet/Belgien; Grabenwarter/Pabel*,
   6. Aufl. 2016, § 24 Rn. 147 m. weiteren Verw.
8 EKMR 21.10.1993 – DR 75, 127 Rn. 3 – *Baragiola/Schweiz;* vgl. auch Explanatory Report zum ZP 7 Rn. 27.
9 Zum Schengener Übereinkommen EuGH v. 11.2.2002, C 187/01, 385/01.
10 Im deutschen Recht nach § 51 Abs. 3 StGB, 450 a StPO; vgl. auch die Einstellungsmöglichkeit nach § 153 c Abs. 2 StPO.
11 *Sinner* in *Karpenstein/Mayer*, 2. Aufl. 2015, Rn. 6.

um eine **rechtskräftige** Entscheidung handeln, gegen die Rechtsmittel nicht mehr zur Verfügung stehen, die also formell rechtskräftig ist.[12] Ob der Bf. im zweiten Verfahren freigesprochen oder verurteilt wird, ist unerheblich, denn Art. 4 verbietet auch eine neue Verhandlung.[13]

4   Die Rechtsprechung war zunächst zur Frage **derselben Straftat** nicht einheitlich, seit dem Urteil der GrK in der Sache *Zolotukhin/Russland* v. 10.2.2009[14] gilt aber: Verboten ist die Verfolgung oder Bestrafung einer zweiten Straftat, **soweit sie sich auf dieselben oder im Wesentlichen gleichen Tatsachen stützt,** die denselben Beschuldigten betreffen und nach Ort und Zeit zusammengehören. Es kommt also nur auf die Tatsachen an, nicht auf die rechtliche Bewertung. Nicht ausgeschlossen ist also eine erneute Verhandlung oder Bestrafung wegen späterer Wiederholung der Straftat bei anderer Gelegenheit, denn dann handelt es sich um neue Tatsachen, eine neue Handlung.

5   Hatte das Gericht zunächst **keine Kenntnis vom früheren Verfahren,** entfällt eine Verletzung des Art. 4, wenn es das das Verfahren einstellt, sobald es von der früheren Verhandlung erfährt. Voraussetzung ist aber, dass das Gericht die Verletzung des Grundsatzes ne bis in idem anerkennt und ihr mit der Einstellung ausdrücklich abhilft.[15]

6   Wie **Abs. 2** verdeutlicht, sind spätere **Wiederaufnahmeverfahren,**[16] auch zu Ungunsten des Verurteilten, nicht ausgeschlossen. Ebenfalls zulässig sind Verfahren, **die nicht Strafverfahren** sind (→ Rn. 2, zB Disziplinarverfahren, Schadensersatzverfahren vor Zivilgerichten). Auch eine Ausweisung wegen der Verurteilung ist keine Doppelbestrafung (→ Art. 8 Rn. 78).

7   **Abs. 3** verbietet, von diesem Art. in **Notstandsfällen** nach Art. 15 EMRK abzuweichen. Das verdeutlicht den Stellenwert des Grundsatzes *ne bis in idem.*

Artikel 5 Gleichberechtigung der Ehegatten

Hinsichtlich der Eheschließung, während der Ehe und bei Auflösung der Ehe haben Ehegatten untereinander und in ihren Beziehungen zu ihren Kindern gleiche Rechte und Pflichten privatrechtlicher

---

12   EGMR 20.7.2004 – 50178/99, Rn. 37, Slg. 04-VIII – *Nikitin/Russland.*
13   EGMR 10.2.2009 – 14939/03, Rn. 110 f. – *Zolothukin/Russland.*
14   14939/03 Rn. 82-84; dazu *Jung* GA 2010, 472 ff.; in die gleiche Richtung gehen die Entscheidungen EGMR 11.12.2012 – 3653/05 Rn. 156 ff. – *Asadbeyli* ua/ *Aserbeidschan* und EGMR 16.6.2009 – 13079/03, Rn. 48 ff. – *Ruotsalainen/ Finnland.*
15   EGMR 10.2.2009 – 14939/03, Rn. 115-119 – *Zolotukhin/Russland.*
16   EGMR 20.7.2004 – 50178/99, Rn. 45 f., Slg. 04-VIII – *Nikitin/Russland.*

Art. Dieser Artikel verwehrt es den Staaten nicht, die im Interesse der Kinder notwendigen Maßnahmen zu treffen.

Es handelt sich um eine **Sondervorschrift zu Art. 14 EMRK** iVm [1] Art. 8. Art. 23 IV Zivilpakt formuliert eine entsprechende Vorschrift als Staatenverpflichtung; vgl. auch Art. 3 II GG.

Die **Gleichberechtigung** wird **garantiert** für **Ehegatten in ihren Bezie-** [2] **hungen zueinander und zu den Kindern.** Der Art. aber gilt nur für Rechte und Pflichten des Privatrechts, außerdem hinsichtlich der Eheschließung, während der Ehe und bei Auflösung der Ehe. Im Einzelnen haben die Konventionsstaaten einen weiten **Regelungsspielraum,** auch für die Vorschriften über die Eingehung der Ehe (dazu bei Art. 12 EMRK). Ein **Recht auf Ehescheidung** ergibt sich weder aus Art. 12 EMRK, noch aus Art. 5 Prot. 7.[1] Auf verwaltungs-, steuer-, arbeits- oder strafrechtliche Fragen ist die Norm so wenig anwendbar wie auf soziale oder kirchliche Beziehungen.[2] Die Staaten können ein gemeinsames Sorgerecht nach Scheidung der Ehe ausschließen.[3]

Dass der Staat Maßnahmen **im Kindesinteresse** treffen kann, wird in [3] Satz 2 ausdrücklich gesagt. Danach ist es auch möglich, Regelungen zu treffen, die insoweit zu einer Ungleichbehandlung von Vater und Mutter führen.[4]

Verhältnis zu anderen Art.: Art. 7 Prot. 7 macht deutlich, dass die [4] Vorschrift die EMRK, insbesondere **Art. 8 und 14,** ergänzt und nicht beschränkt oder ersetzt.[5]

Artikel 6 Räumlicher Geltungsbereich

(1) Jeder Staat kann bei der Unterzeichnung oder bei der Hinterlegung seiner Ratifikations-, Annahme- oder Genehmigungsurkunde einzelne oder mehrere Hoheitsgebiete bezeichnen, auf die dieses Protokoll Anwendung findet, und erklären, in welchem Umfang er sich verpflichtet, dieses Protokoll auf diese Hoheitsgebiete anzuwenden.

---

1 *Grabenwarter/Pabel*, 6. Aufl. 2016, § 26 Rn. 23 m. Verw.; Explanatory Report (ZP 7) Rn. 39.
2 *Grabenwarter/Pabel*, 6. Aufl. 2016, § 26 Rn. 23 u. Verw. auf EGMR 7.10.2010 – 30078/06, Rn. 61 – *Markin/Russland*; in diesem Sinne auch der Explanatory Report (ZP 7) Rn. 35.
3 EGMR 22.11.2001 – 36222/97 – *R. W. u. C. T. G.-W./Österreich.*
4 *Grabenwarter/Pabel*, 6. Aufl. 2016, § 26 Rn. 23.
5 EGMR 22.2.1994 – 16213/90, Rn. 23 – *Burghartz/Schweiz.*

(2) Jeder Staat kann jederzeit danach durch eine an den Generalsekretär des Europarats gerichtete Erklärung die Anwendung dieses Protokolls auf jedes weitere in der Erklärung bezeichnete Hoheitsgebiet erstrecken. Das Protokoll tritt für dieses Hoheitsgebiet am ersten Tag des Monats in Kraft, der auf einen Zeitabschnitt von zwei Monaten nach Eingang der Erklärung beim Generalsekretär folgt.

(3) Jede nach den Absätzen 1 und 2 abgegebene Erklärung kann in bezug auf jedes darin bezeichnete Hoheitsgebiet durch eine an den Generalsekretär gerichtete Notifikation zurückgenommen oder geändert werden. Die Rücknahme oder Änderung wird am ersten Tag des Monats wirksam, der auf einen Zeitraum von zwei Monaten nach Eingang der Notifikation beim Generalsekretär folgt.

(4) Eine nach diesem Artikel abgegebene Erklärung gilt als eine Erklärung im Sinne des Artikels 56 Absatz 1 der Konvention.

(5) Das Hoheitsgebiet eines Staates, auf das dieses Protokoll aufgrund der Ratifikation, Annahme oder Genehmigung durch diesen Staat Anwendung findet, und jedes Hoheitsgebiet, auf welches das Protokoll aufgrund einer von diesem Staat nach diesem Artikel abgegebenen Erklärung Anwendung findet, können als getrennte Hoheitsgebiete betrachtet werden, soweit Artikel 1 auf das Hoheitsgebiet eines Staates Bezug nimmt.

(6) Jeder Staat, der eine Erklärung nach Absatz 1 oder 2 abgegeben hat, kann jederzeit danach für eines oder mehrere der in der Erklärung bezeichneten Hoheitsgebiete erklären, dass er die Zuständigkeit des Gerichtshofs, Beschwerden von natürlichen Personen, nichtstaatlichen Organisationen oder Personengruppen nach Artikel 34 der Konvention entgegenzunehmen, für die Artikel 1 bis 5 dieses Protokolls annimmt.

Artikel 7 Verhältnis zur Konvention

Die Vertragsstaaten betrachten die Artikel 1 bis 6 dieses Protokolls als Zusatzartikel zur Konvention; alle Bestimmungen der Konvention sind dementsprechend anzuwenden.

Artikel 8 Unterzeichnung und Ratifikation

Dieses Protokoll liegt für die Mitgliedstaaten des Europarats, welche die Konvention unterzeichnet haben, zur Unterzeichnung auf. Es bedarf der Ratifikation, Annahme oder Genehmigung. Ein Mitgliedstaat des Europarats kann dieses Protokoll nur ratifizieren, annehmen oder genehmigen, wenn er die Konvention gleichzeitig ratifiziert oder sie früher ratifiziert hat. Die Ratifikations-, Annahme- oder Genehmigungsurkunden werden beim Generalsekretär des Europarats hinterlegt.

Artikel 9 Inkrafttreten

(1) Dieses Protokoll tritt am ersten Tag des Monats in Kraft, der auf einen Zeitabschnitt von zwei Monaten nach dem Tag folgt, an dem sieben Mitgliedstaaten des Europarats nach Artikel 8 ihre Zustimmung ausgedrückt haben, durch das Protokoll gebunden zu sein.

(2) Für jeden Mitgliedstaat, der später seine Zustimmung ausdrückt, durch das Protokoll gebunden zu sein, tritt es am ersten Tag des Monats in Kraft, der auf einen Zeitabschnitt von zwei Monaten nach Hinterlegung der Ratifikations-, Annahme- oder Genehmigungsurkunde folgt.

Artikel 10 Aufgabe des Verwahrers

Der Generalsekretär des Europarats notifiziert allen Mitgliedstaaten des Europarats
a) jede Unterzeichnung;
b) jede Hinterlegung einer Ratifikations-, Annahme- oder Genehmigungsurkunde;
c) jeden Zeitpunkt des Inkrafttretens dieses Protokolls nach den Artikeln 6 und 9;
d) jede andere Handlung, Notifikation oder Erklärung im Zusammenhang mit diesem Protokoll.

Zu Urkund dessen haben die hierzu gehörig befugten Unterzeichneten dieses Protokoll unterschrieben.

Geschehen zu Straßburg am 22. November 1984 in englischer und französischer Sprache, wobei jeder Wortlaut gleichermaßen verbindlich ist, in einer Urschrift, die im Archiv des Europarats hinterlegt wird. Der Generalsekretär des Europarats übermittelt allen Mitgliedstaaten des Europarats beglaubigte Abschriften.

Es handelt sich um die üblichen Schlussartikel.

Protokoll Nr. 12
zur Konvention zum Schutze der Menschenrechte und Grundfreiheiten

(nichtamtliche Übersetzung des BMJ)

Das Prot. ist am 1.4.2005 in Kraft getreten. Nach dem Stand vom 21.8.2016 haben es 19 Staaten ratifiziert, weitere 19 gezeichnet. Deutschland hat es gezeichnet, aber nicht ratifiziert.

Die Mitgliedsstaaten des Europarats, die dieses Protokoll unterzeichnen –

eingedenk des grundlegenden Prinzips, nach dem alle Menschen vor dem Gesetz gleich sind und Anspruch auf den gleichen Schutz durch das Gesetz haben,

entschlossen, weitere Maßnahmen zu treffen, um die Gleichheit aller Menschen durch die kollektive Gewährleistung eines allgemeinen Diskriminierungsverbots mittels der am 4. November 1950 in Rom unterzeichneten Konvention zum Schutze der Menschenrechte und Grundfreiheiten (im Folgenden als "Konvention" bezeichnet) zu fördern,

in Bekräftigung der Tatsache, dass der Grundsatz der Nichtdiskriminierung die Vertragsstaaten nicht daran hindert, Maßnahmen zur Förderung der vollständigen und wirksamen Gleichbehandlung zu treffen, sofern es eine objektive und vernünftige Rechtfertigung für diese Maßnahmen gibt –

haben Folgendes vereinbart:

Artikel 1 Generelles Diskriminierungsverbot

(1) Der Genuss eines jeden auf Gesetz beruhenden Rechtes ist ohne Diskriminierung insbesondere wegen des Geschlechts, der Rasse, der Hautfarbe, der Sprache, der Religion, der politischen oder sonstigen Anschauung, der nationalen oder sozialen Herkunft, der Zugehörigkeit zu einer nationalen Minderheit, des Vermögens, der Geburt oder eines sonstigen Status zu gewährleisten.

(2) Niemand darf, insbesondere aus einem der in Absatz 1 genannten Gründe, von einer Behörde diskriminiert werden.

Das Protokoll gilt für Deutschland nicht (s.o). Die Grundrechtechar- 1
ta gibt in Art. 20 einen allgemeinen Gleichheitssatz. Auch Art. 26 Zivilpakt enthält ihn. Deutschland hat insoweit einen Vorbehalt erklärt.

Die Vorschrift gibt ein allgemeines Diskriminierungsverbot und geht 2
damit über Art. 14 hinaus, der nur akzessorisch gilt, beschränkt auf
den Anwendungsbereich der von der Konvention garantierten Freiheitsrechte. Das Diskriminierungsverbot aus Art. 1 12. ZP bezieht
sich auch auf sämtliche Rechte, die durch die Rechtsordnungen der
Mitgliedsstaaten gewährleistet werden.[1] Diskriminierung wird hier
ebenso verstanden wie bei Art. 14, nämlich als Ungleichbehandlung
ohne sachliche und vernünftige Rechtfertigung (→ Art. 14 Rn. 9).[2]
Deutschland verweigert sich bislang einer Ratifizierung, da – so die
Bundesregierung – das allgemeine Diskriminierungsverbot aus Art. 1
des 12. ZP dahingehend ausgelegt werden könnte, dass zB Differenzierungen nach der Staatsangehörigkeit im Sozial- und Arbeitsgeneh-
migungsrecht und im Ausländer- und Asylrecht möglicherweise nicht
mehr zulässig wären. Es sollte daher zunächst die Entwicklung der
Rechtsprechung des EGMR in Bezug auf diejenigen Staaten abgewartet werden, die das 12. ZP ratifiziert haben.[3] Auch neun Jahre nach
dieser Erklärung ist nicht absehbar, ob und wann das 12. ZP von
Deutschland ratifiziert werden wird.

Der EGMR orientiert sich bei der Prüfung, ob eine Verletzung von 3
Art. 1 vorliegt, an **vier Fallgruppen von Diskriminierung,** die im explanatory report ausgeführt sind:
i.   bei der Inanspruchnahme eines jeden Rechtes, das speziell
        einem Individuum nach nationalem Recht eingeräumt ist;
ii.   bei der Inanspruchnahme eines jeden Rechts, das aus einer ein-
        deutigen Verpflichtung einer Behörde nach nationalem Recht
        abgeleitet werden kann, dort also, wo eine Behörde (zuvor
        schon) nach nationalem Recht zu einem bestimmten Verhalten
        verpflichtet ist;
iii.   bei der Ausübung behördlichen Ermessens (zB bei der Gewäh-
        rung von Zuschüssen);
iv.   bei jedem anderen Tun oder Unterlassen einer Behörde (zB im
        Vorgehen von Ordnungskräften gegen Ausschreitungen).[4]

---

1 *Grabenwarter/Pabel,* EMRK, 5. Aufl. 2012, § 26 Rn. 25; *Esser* in *Löwe/Rosen-*
  berg, StPO, 26. Aufl. EMRK Art. 14 Rn. 45.
2 EGMR 22.12.2009 – 27996/06, Rn. 55 – *Sejdic u. Finci/Bosnien-Herzegowina.*
3 Vgl. Antwort der Bundesregierung vom 6.9.2007 auf die Große Anfrage von
  BÜNDNIS 90/DIE GRÜNEN, BT-Drs. 16/6314, S. 9.
4 EGMR 9.12.2010 – 7798/08, Rn. 104 – *Savez Crkava* ua/*Kroatien* u.Verw. auf
  explanatory report zum 12. ZP, Rn. 22.

4 Zur möglichen **Drittwirkung** des Art. 1 12. ZP führt der explanatory report aus, das Diskriminierungsverbot gelte zwar in erster Linie für staatliches Handeln. Er will aber eine Geltung im Verhältnis zwischen Privaten nicht ganz ausschließen. Er befürwortet eine solche Drittwirkung insbesondere im öffentlichen Bereich, wo gewöhnlich gesetzliche Regelungen bestehen, zB bei der Daseinsvorsorge, aber auch bei willkürlicher Verweigerung von Beschäftigung oder von Zugang zu für die Öffentlichkeit bestimmten Einrichtungen.[5]

5 In den wenigen **Entscheidungen des EGMR** zum 12. ZP hat er bis Mitte 2016 lediglich in drei Fällen eine Verletzung festgestellt, die alle das passive Wahlrecht in Bosnien-Herzegowina betrafen.[6] Dabei wurde in zwei Fällen zugleich eine – zumindest teilweise – Verletzung von Art. 14 festgestellt.[7] In allen drei Fällen hat er hervorgehoben, dass der in Art. 1 12. ZP zugrunde gelegte Diskriminierungsbegriff demjenigen in Art. 14 entspreche.[8] Der Unterschied zwischen beiden Garantien besteht daher lediglich in der Reichweite ihrer Anwendbarkeit.[9]

Artikel 2 Räumlicher Geltungsbereich

(1) Jeder Staat kann bei der Unterzeichnung oder bei der Hinterlegung seiner Ratifikations-, Annahme- oder Genehmigungsurkunde einzelne oder mehrere Hoheitsgebiete bezeichnen, auf die dieses Protokoll Anwendung findet.

(2) Jeder Staat kann jederzeit danach durch eine an den Generalsekretär des Europarats gerichtete Erklärung die Anwendung dieses Protokolls auf jedes weitere in der Erklärung bezeichnete Hoheitsgebiet erstrecken. Das Protokoll tritt für dieses Hoheitsgebiet am ersten Tag des Monats in Kraft, der auf einen Zeitabschnitt von drei Monaten nach Eingang der Erklärung beim Generalsekretär folgt.

(3) Jede nach den Absätzen 1 und 2 abgegebene Erklärung kann in Bezug auf jedes darin bezeichnete Hoheitsgebiet durch eine an den Generalsekretär gerichtete Notifikation zurückgenommen oder geän-

---

5 Explanatory report zum 12. ZP Rn. 25-28.
6 EGMR (GK) 22.12.2009 – 27996/06 – *Sejdic u. Finci/Bosnien-Herzegowina*; EGMR (GK) 15.7.2014 – 3681/06 – *Zornic ./. Bosnien-Herzegowina*; EGMR 9.6.2016 – 41939/07 – *Pilav ./. Bosnien-Herzegowina*.
7 *Sejdic u. Finci/Bosnien-Herzegowina* und *Zornic ./. Bosnien-Herzegowina*.
8 EGMR (GK) 22.12.2009 – 27996/06, Rn. 53, 55 – *Sejdic u. Finci/Bosnien-Herzegowina*; EGMR (GK) 15.7.2014 – 3681/06, Rn. 27 – *Zornic ./. Bosnien-Herzegowina*; EGMR 9.6.2016 – 41939/07, Rn. 40 – *Pilav ./. Bosnien-Herzegowina*.
9 *Sauer* in *Karpenstein/Mayer*, 2. Aufl. 2015, Rn. 6.

dert werden. Die Rücknahme oder Änderung wird am ersten Tag des Monats wirksam, der auf einen Zeitabschnitt von drei Monaten nach Eingang der Notifikation beim Generalsekretär folgt.

(4) Eine nach diesem Artikel abgegebene Erklärung gilt als eine Erklärung im Sinne des Artikels 56 Absatz 1 der Konvention.

(5) Jeder Staat, der eine Erklärung nach Absatz 1 oder 2 abgegeben hat, kann jederzeit danach für eines oder mehrere der in der Erklärung bezeichneten Hoheitsgebiete erklären, dass er die Zuständigkeit des Gerichtshofs, Beschwerden von natürlichen Personen, nichtstaatlichen Organisationen oder Personengruppen nach Artikel 34 der Konvention entgegenzunehmen, für Artikel 1 dieses Protokolls annimmt.

Artikel 3 Verhältnis zur Konvention

Die Vertragstaaten betrachten die Artikel 1 und 2 dieses Protokolls als Zusatzartikel zur Konvention; alle Bestimmungen der Konvention sind dementsprechend anzuwenden.

Artikel 4 Unterzeichnung und Ratifikation

Dieses Protokoll liegt für die Mitgliedstaaten des Europarats, welche die Konvention unterzeichnet haben, zur Unterzeichnung auf. Es bedarf der Ratifikation, Annahme oder Genehmigung. Ein Mitgliedstaat des Europarats kann dieses Protokoll nur ratifizieren, annehmen oder genehmigen, wenn er die Konvention gleichzeitig ratifiziert oder bereits zu einem früheren Zeitpunkt ratifiziert hat. Die Ratifikations-, Annahme- oder Genehmigungsurkunden werden beim Generalsekretär des Europarats hinterlegt.

Artikel 5 Inkrafttreten

(1) Dieses Protokoll tritt am ersten Tag des Monats in Kraft, der auf einen Zeitabschnitt von drei Monaten nach dem Tag folgt, an dem zehn Mitgliedstaaten des Europarats nach Artikel 4 ihre Zustimmung ausgedrückt haben, durch das Protokoll gebunden zu sein.

(2) Für jeden Mitgliedstaat, der später seine Zustimmung ausdrückt, durch dieses Protokoll gebunden zu sein, tritt es am ersten Tag des Monats in Kraft, der auf einen Zeitabschnitt von drei Monaten nach

der Hinterlegung der Ratifikations-, Annahme- oder Genehmigungsurkunde folgt.

Artikel 6 Aufgaben des Verwahrers

Der Generalsekretär des Europarats notifiziert allen Mitgliedsstaaten
des Europarats
a) jede Unterzeichnung;
b) jeder Hinterlegung einer Ratifikations-, Annahme- oder Genehmigungsurkunde;
c) jeden Zeitpunkt des Inkrafttretens dieses Protokolls nach den Artikeln 2 und 5;
d) jede andere Handlung, Notifikation oder Mitteilung im Zusammenhang mit diesem Protokoll.

Zu Urkund dessen haben die hierzu gehörig befugten Unterzeichneten dieses Protokoll unterschrieben.

Geschehen zu Rom am 4. November 2000 in englischer und französischer Sprache, wobei jeder Wortlaut gleichermaßen verbindlich ist,
in einer Urschrift, die im Archiv des Europarats hinterlegt wird. Der
Generalsekretär des Europarats übermittelt allen Mitgliedstaaten des
Europarats beglaubigte Abschriften.

Es handelt sich um die üblichen Schlussartikel. Vgl. zudem bei →
Art. 14 EMRK Rn. 3 f.

Protokoll Nr. 13
zur Konvention zum Schutze der Menschenrechte und Grundfreiheiten über die vollständige Abschaffung der Todesstrafe

In der Fassung der Bekanntmachung vom 22. Oktober 2010
(BGBl. II S. 1198, 1226)

(Übersetzung)

Das Prot. ist seit 1.7.2003 in Kraft. Deutschland hat es ratifiziert (BGBl. 2004 II S. 982). Stand am 21.8.2016: 44 Ratifikationen, eine weitere Zeichnung.

Die Mitgliedstaaten des Europarats, die dieses Protokoll unterzeichnen,

in der Überzeugung, dass in einer demokratischen Gesellschaft das Recht jedes Menschen auf Leben einen Grundwert darstellt und die Abschaffung der Todesstrafe für den Schutz dieses Rechts und für die volle Anerkennung der allen Menschen innewohnenden Würde von wesentlicher Bedeutung ist;

in dem Wunsch, den Schutz des Rechts auf Leben, der durch die am 4. November 1950 in Rom unterzeichnete Konvention zum Schutz der Menschenrechte und Grundfreiheiten (im Folgenden als „Konvention" bezeichnet) gewährleistet wird, zu stärken;

in Anbetracht dessen, dass das Protokoll Nr. 6 zur Konvention über die Abschaffung der Todesstrafe, das am 28. April 1983 in Straßburg unterzeichnet wurde, die Todesstrafe nicht für Taten ausschließt, die in Kriegszeiten oder bei unmittelbarer Kriegsgefahr begangen werden;

entschlossen, den letzten Schritt zu tun, um die Todesstrafe vollständig abzuschaffen,

haben Folgendes vereinbart:

Artikel 1 Abschaffung der Todesstrafe

[1]Die Todesstrafe ist abgeschafft. [2]Niemand darf zu dieser Strafe verurteilt oder hingerichtet werden.

Das Protokoll Nr. 13 erweitert die durch Art. 2 im Protokoll Nr. 6   1
auf Friedenszeiten beschränkte Abschaffung der Todesstrafe zu einem **allgemeinen** Verbot dieser Sanktion und unterstreicht – wie

bereits Art. 3 und 4 des Protokolls Nr. 6 – die Bedeutung dieser Garantie dadurch, dass es verbietet, von ihr nach Art. 15 abzuweichen oder Vorbehalte nach Art. 57 zu erklären. Einen weiteren, über Art. 1 des Protokolls Nr. 6 hinausgehenden Regelungsgehalt enthält das Protokoll Nr. 13 nicht. In Deutschland ist die Todesstrafe nach Art. 102 GG abgeschafft. Vgl. im Übrigen die Kommentierung zu Prot. 6.

Artikel 2 Verbot des Abweichens

Von diesem Protokoll darf nicht nach Artikel 15 der Konvention abgewichen werden.

Artikel 3 Verbot von Vorbehalten

Vorbehalte nach Artikel 57 der Konvention zu diesem Protokoll sind nicht zulässig.

Artikel 4 Räumlicher Geltungsbereich

(1) Jeder Staat kann bei der Unterzeichnung oder bei der Hinterlegung der Ratifikations-, Annahme- oder Genehmigungsurkunde einzelne oder mehrere Hoheitsgebiete bezeichnen, auf die dieses Protokoll Anwendung findet.

(2) [1]Jeder Staat kann jederzeit danach durch eine an den Generalsekretär des Europarats gerichtete Erklärung die Anwendung dieses Protokolls auf jedes weitere in der Erklärung bezeichnete Hoheitsgebiet erstrecken. [2]Das Protokoll tritt für dieses Hoheitsgebiet am ersten Tag des Monats in Kraft, der auf einen Zeitabschnitt von drei Monaten nach Eingang der Erklärung beim Generalsekretär folgt.

(3) [1]Jede nach den Absätzen 1 und 2 abgegebene Erklärung kann in Bezug auf jedes darin bezeichnete Hoheitsgebiet durch eine an den Generalsekretär gerichtete Notifikation zurückgenommen oder geändert werden. [2]Die Rücknahme oder Änderung wird am ersten Tag des Monats wirksam, der auf einen Zeitabschnitt von drei Monaten nach Eingang der Notifikation beim Generalsekretär folgt.

Artikel 5 Verhältnis zur Konvention

Die Vertragsstaaten betrachten die Artikel 1 bis 4 dieses Protokolls als Zusatzartikel zur Konvention; alle Bestimmungen der Konvention sind dementsprechend anzuwenden.

Artikel 6 Unterzeichnung und Ratifikation

[1]Dieses Protokoll liegt für die Mitgliedstaaten des Europarats, welche die Konvention unterzeichnet haben, zur Unterzeichnung auf. [2]Es bedarf der Ratifikation, Annahme oder Genehmigung. [3]Ein Mitgliedstaat des Europarats kann dieses Protokoll nur ratifizieren, annehmen oder genehmigen, wenn er die Konvention gleichzeitig ratifiziert oder bereits zu einem früheren Zeitpunkt ratifiziert hat. [4]Die Ratifikations-, Annahme- oder Genehmigungsurkunden werden beim Generalsekretär des Europarats hinterlegt.

Artikel 7 Inkrafttreten

(1) Dieses Protokoll tritt am ersten Tag des Monats in Kraft, der auf einen Zeitabschnitt von drei Monaten nach dem Tag folgt, an dem zehn Mitgliedstaaten des Europarats nach Artikel 6 ihre Zustimmung ausgedrückt haben, durch das Protokoll gebunden zu sein.

(2) Für jeden Mitgliedstaat, der später seine Zustimmung ausdrückt, durch dieses Protokoll gebunden zu sein, tritt es am ersten Tag des Monats in Kraft, der auf einen Zeitabschnitt von drei Monaten nach der Hinterlegung der Ratifikations-, Annahme- oder Genehmigungsurkunde folgt.

Artikel 8 Aufgaben des Verwahrers

Der Generalsekretär des Europarats notifiziert allen Mitgliedstaaten des Europarats
a) jede Unterzeichnung;
b) jede Hinterlegung einer Ratifikations-, Annahme- oder Genehmigungsurkunde;
c) jeden Zeitpunkt des Inkrafttretens dieses Protokolls nach Artikel 4 und 7;
d) jede andere Handlung, Notifikation oder Mitteilung im Zusammenhang mit diesem Protokoll.

Zu Urkund dessen haben die hierzu gehörig befugten Unterzeichneten dieses Protokoll unterschrieben.

Geschehen zu Wilna am 3. Mai 2002 in englischer und französischer Sprache, wobei jeder Wortlaut gleichermaßen verbindlich ist, in einer Urschrift, die im Archiv des Europarats hinterlegt wird.

Der Generalsekretär des Europarats übermittelt allen Mitgliedstaaten des Europarats beglaubigte Abschriften.

Das Protokoll ist am 1.7.2003 nach der 10. Ratifizierung gemäß seinem Art. 7 in Kraft getreten. Deutschland hat es ratifiziert. Es schafft die Todesstrafe gänzlich, auch in Kriegszeiten, ab (vgl. → Art. 2 EMRK Rn. 41 und die Kommentierung zu Art. 2 Prot. 6). Zur Auslieferung und Abschiebung bei drohender Todesstrafe → Art. 2 Rn. 20, → Art. 1 Prot. 6 Rn. 3.

Stichwortverzeichnis

Fette Zahlen bezeichnen die Artikel, magere die Randnummern.